2002年4月6日，党和国家领导人江泽民、朱镕基、李瑞环、胡锦涛、尉健行、李岚清等来到北京朝来森林公园，参加首都全民义务植树活动

马占成 摄影

■2002年9月28日，温家宝副总理在中南海接见中国可持续发展林业战略研究项目组的部分专家和领导

国家林业局办公室 供稿

■2002年6月，周生贤局长在广东省江门市考察速生丰产林基地建设工作

国家林业局办公室 供稿

2002 年 4 月，李育材副局长在江苏省考察林木种苗基础建设工作

国家林业局办公室 供稿

2002 年 11 月，国家林业局党组成员、中国林科院院长江泽慧在中国林科院接待芬兰总统塔里娅·哈洛宁女士

国家林业局办公室 供稿

2002 年 8 月，中央纪委驻国家林业局纪检组组长、国家林业局党组成员杨继平在新疆维吾尔自治区调研林业工作

国家林业局办公室 供稿

■马福副局长在广东省考察自然保护区建设工作

国家林业局办公室 供稿

■2002年9月，雷加富副局长在陕西省商洛地区调研林业工作

国家林业局办公室 供稿

■祝列克副局长在内蒙古自治区锡林郭勒盟考察防沙治沙工作

国家林业局办公室 供稿

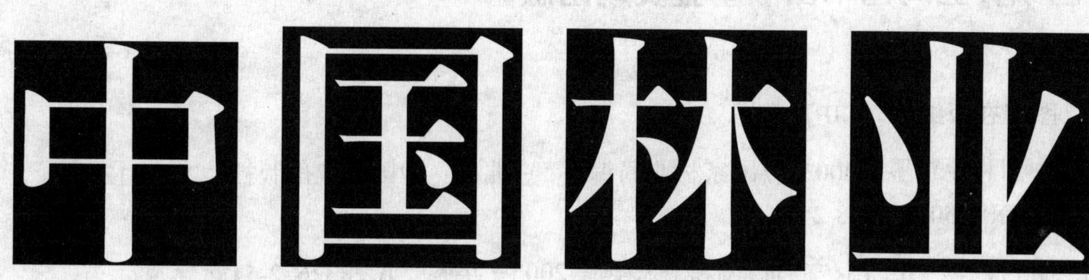

CHINA FORESTRY
YEARBOOK 2003

国家林业局 编纂

中国林业出版社

国家林业局图书出版基金资助出版

图书在版编目（CIP）数据

中国林业年鉴（2003）/国家林业局编纂．－北京：中国林业出版社，2003.12
ISBN 7-5038-3598-2

Ⅰ．中…　Ⅱ．国…　Ⅲ．林业－中国－2003－年鉴　Ⅳ．F326.2-54

中国版本图书馆 CIP 数据核字（2003）第 106904 号

出版　中国林业出版社（100009　北京西城区刘海胡同 7 号）
E-mail：cfphz@public. bta. net. cn　**电话**　66181326
发行　中国林业出版社
印刷　中国科学院印刷厂
版次　2003 年 12 月第 1 版
印次　2003 年 12 月第 1 次
开本　787mm×1092mm　1/16
印张　37.25
插页　36
字数　1343 千字
书号　ISBN 7-5038-3598-2
定价　120.00 元

中国林业年鉴编辑委员会

中国林业年鉴编辑委员会特约委员

中国林业年鉴特约编辑

国家林业局办公室　涂先喜
国家林业局植树造林司　朱新飞
国家林业局森林资源管理司　邹连顺
国家林业局野生动植物保护司　罗　颖
国家林业局森林公安局　敖孔华
国家林业局政策法规司　周全锋
国家林业局发展计划与资金管理司　汤晓文
　　吕红频
国家林业局科学技术司　尹刚强
国家林业局国际合作司　黄一川
国家林业局人事教育司　李　明
国家林业局林业工作站管理总站　许　绠
国家林业局国有林场和林木种苗工作总站
　　欧国平
国家林业局世界银行贷款项目管理中心
　　王　俊
国家林业局宣传办公室　曹　靖
中国林学会　上官秀玲
中国水土保持学会　黄　元
国家林业局西北华北东北防护林建设局
　　熊善松
北京市林业局　张云飞
天津市林业局　张步峰
河北省林业局　孙　阁
山西省林业厅　胡岚平
内蒙古自治区林业厅　乔　云
内蒙古森林工业（集团）总公司　张　良
辽宁省林业厅　王树森
吉林省林业厅　王志新
吉林森林工业（集团）总公司　肖彦元
黑龙江省林业厅　崔祥娟
龙江森林工业（集团）总公司　王文操
大兴安岭林业集团公司　刘庚正
上海市农林局　许东新
江苏省林业局　戴怀宝
浙江省林业局　卢苗海
安徽省林业厅　薛胜平
福建省林业厅　陈玉华
江西省林业厅　钟世富
山东省林业局　刁训禄
河南省林业厅　徐　忠
湖北省林业局　赵光柏
湖南省林业厅　蒋红星
广东省林业局　谭成略
广西壮族自治区林业局　江秀奎
海南省林业局　张其光
重庆市林业局　张来国
四川省林业厅　李国明
贵州省林业厅　杨胜德
云南省林业厅　武建雷
西藏自治区林业局　陈　平
陕西省林业厅　王　莉
甘肃省林业厅　何　熙
青海省林业局　王恩光
宁夏回族自治区林业局　刘方圆
新疆维吾尔自治区林业局　蔡立新
新疆生产建设兵团林业局　贾寿珍

编 辑 说 明

一、《中国林业年鉴》是一部综合反映我国社会主义林业建设重要活动、发展水平、基本成就与经验教训的大型资料性工具书。每年出版一卷，反映上年度情况。2003年卷为第十七卷，收录限2002年的资料。

二、年鉴的基本任务，是为我国林业战线和有关部门的各级生产和管理人员、科技工作者、林业院校师生和广大社会读者全面、系统地提供我国森林资源消长、森林培育、林政保护、森林工业、林业经济、科学技术、专业理论研究、院校教育以及体制改革等方面的年度信息和相关资料。

三、第十七卷编纂内容设19个栏目。统计资料除另有说明外，均不含台湾省数字。

四、年鉴编写实行条目化，条目标题力求简洁、规范。长条设黑体和楷体两级层次标题。全卷编排按内容分类。条头设【 】。按分类栏目设书眉。

五、年鉴撰稿及资料收集由国家林业局机关各司、局，各直属单位承担；其中“各省、自治区、直辖市林业”由各省（区、市）林业厅（局）承担。

六、释文中的计量单位执行1984年国务院《关于在我国统一实行法定计量单位的命令》和1984年6月文化部出版局、国家计量局下发的《贯彻〈中华人民共和国法定计量单位〉的联合通知》等规定。数字用法按国家技术监督局1995年12月发布的《出版物上数字用法的规定》执行。

七、条目、文章一律署名，文责自负。

《中国林业年鉴》编辑部

栏　　目（2003）

目　录

特　辑

中国林业概述

重要林业法律法规

森林培育与生态环境建设

林业六大重点工程

森林资源保护与林政管理

森林资源保护

林业科学技术

林 业 教 育

国有林场（苗圃）、林业工作站建设

林业计划统计

林业财务和会计

精神文明建设

各省、自治区、直辖市林业

人 事 劳 动

社 会 团 体

大事记与重要会议

特　　辑

国家领导人重要讲话

中共中央政治局委员、中央书记处书记、国务院副总理温家宝在听取《中国可持续发展林业战略研究》课题汇报时的讲话

（2002 年 1 月 18 日）

各位院士、各位专家、同志们：

今天，我们召开会议，听取国家林业局关于中国可持续发展林业战略研究的汇报。开展这项研究，是根据江泽民总书记的要求提出的。江总书记在 1996 年和 1998 年两次指出，要从宏观管理入手，建立和完善环境与发展综合决策的机制。我在去年 6 月全国林业科学技术大会上提出建议，要组织多学科的专家，开展林业战略研究。国家林业局抓得很紧，现在这项工作有了实质性进展。刚才，江泽慧院长汇报了林业战略研究大纲的主要内容，各部门的同志也提出了一些很好的建设性意见。

下面，我就进一步做好这项研究工作，讲三点意见。

一、充分认识林业在国家可持续发展中的重要战略地位

1992 年 6 月联合国环境与发展大会以来，环境与经济、社会的协调，人和自然的协调与和谐的可持续发展，已成为国际社会的广泛共识。大会通过的《关于森林问题的原则声明》、《气候变化框架公约》和《生物多样性公约》等重要国际性公约，"赋予林业以首要地位"。进入 21 世纪，经济、社会的可持续发展，对林业建设提出了更新、更高的要求。

我国是世界上最大的发展中国家，人口众多，人均资源占有量较少，又处在工业化发展阶段，经济与生态环境协调发展的任务十分艰巨。天然林资源锐减，水土流失严重，荒漠化不断扩大，沙尘暴频繁发生，生物多样性受到破坏，水资源严重短缺，生态环境恶化等问题，已经

成为影响民族生存和社会发展的重大问题。林业是经济和社会可持续发展的重要基础，是生态建设最根本、最长期的措施。在可持续发展战略中，应该赋予林业重要的地位；在生态建设中，应该赋予林业首要的地位。

近年来，党中央、国务院比以往任何时候都更加重视林业的发展，把林业重点工程列入国民经济和社会发展第十个五年计划，把生态建设作为西部大开发的根本措施和切入点，不断加大对林业的投入，启动了天然林资源保护、三北和长江中下游等地区防护林体系建设、退耕还林、环北京地区防沙治沙、野生动植物保护和自然保护区建设、重点地区以速生丰产用材林为主的林业产业基地建设六大重点工程，有力地推动林业的发展。

二、开展林业战略研究的必要性和紧迫性

党中央、国务院十分重视决策民主化、科学化，在重大战略问题上，广泛听取包括专家学者在内的各方面意见，经过科学论证，反复比较，逐步取得共识，取得最佳方案。林业是涉及生态、经济和社会发展的重大问题，必须从宏观战略上研究发展思路。经过广泛发扬民主和充分科学论证，可以减少决策的失误，避免大的损失。当前，我国正在加快林业发展步伐，推动生态环境建设，亟需有一套正确的方针、政策和科学的规划来指导。因此，加强林业发展战略的研究，刻不容缓。

国家林业局、中国林业科学研究院组织的《中国可持续发展林业战略研究》，在组织形式上，邀请院士和各部门、各学科的专家参加，共同进行全面、深入的林业宏观战略研究，这在新中国林业发展史上还是第一次。科研人员参与政府宏观战略研究，是科技体制改革和政府决策民主化的一大进步，是政府宏观管理方式的创新。在研究方法上，提出要采取自然规律与经济规律结合，林业学科与其他学科结合，宏观与微观结合，国内与国际结合的开放式方法，运用系统的科学依据、定量和定性的例证分析，揭示出带有全局性、宏观性和根本性的科学规律，很有新意。特别是项目研究内容突破了以往就林业论林业的局限，抓住了国家亟待解决的重大问题，使研究更有针对性。

《中国可持续发展林业战略研究》课题组经过几个月的努力，编写了研究大纲，本着解放思想、实事求是、与时俱进、开拓创新的精神，以可持续发展理论为指导，以建设现代林业，实现山川秀美为目标，以九大战略性问题为核心，以跨越式发展为途径，提出中国可持续发展林业重大战略及实施对策，内容比较全面，涵盖广、跨度大，结构也比较合理。我原则同意该项目作为国家重大战略研究项目，按程序立项，由国家林业局管理，有关部门积极支持和配合，并依照《大纲细目》开展研究。

三、贯彻“三个代表”的重要思想，高质量完成林业战略研究

江泽民总书记在“七一”讲话中强调指出：“要促进人和自然的协调与和谐，使人们在优美的生态环境中工作和生活。坚持实施可持续发展战略，正确处理经济发展同人口、资源、环境的关系，改善生态环境和美化生活环境，改善公共设施和社会福利设施，努力开创生产发展、生活富裕和生态良好的文明发展道路。”这段论述充分体现了“三个代表”的重要思想，为我们正确理解可持续发展的科学内涵，做好林业战略研究，指明了方向。

下面，我就项目研究工作，提几点要求：

*一是项目研究要体现宏观性、战略性。*林业战略研究将为国家制定林业发展规划和政策提

供科学依据，指导新世纪上半叶的林业发展。因此，战略目标的确定和实施，必须符合中国林业所处的历史发展阶段，既要高屋建瓴，又要脚踏实地。要把眼光放远，将林业置于国民经济中长期可持续发展中加以全盘考虑。

二是解放思想，实事求是。这是指导中国可持续发展林业战略研究的基本原则。要适应林业面临的新形势、新任务，坚持用科学态度和与时俱进的精神，大胆探索，勇于创新，使这项研究工作的成果，更加符合新时期林业发展的实际，更加具有指导意义和实践价值。

三是深入实际，调查研究。林业战略研究离不开地方和基层的实践和经验，离不开基本国情和林情。参加研究工作的同志，一定要深入实际，调查研究，充分掌握第一手资料，分析新情况，研究新问题，总结经验，把握规律。

四是博采众长，集成创新。要发扬科学民主，广泛吸纳相关部门的专家、学者参与，听取不同的观点和意见，运用国内外最新的研究成果，博采众长，为我所用。突出抓好项目各专题研究成果的集成，在此基础上，进行理论创新、制度创新和科技创新，探索有中国特色的林业发展道路。

五是团结协作，确保质量。研究工作由国家林业局牵头，参研人员涉及到多个学科和部门。要以通力协作的团队精神，加强专题组之间、部门之间的交流与合作，实现资源、信息、成果共享。要依据《大纲细目》制定阶段性的项目实施计划和质量要求，扎扎实实推进研究工作，确保高质量，高水平地完成研究任务。

我相信，有国家林业局的高度重视，有各位院士、专家积极参与，有国家各有关部门的支持配合，一定能够按计划、高质量地完成这项研究任务。我们要在以江泽民同志为核心的党中央领导下，团结协作，开拓创新，努力探索符合中国可持续发展要求的林业发展道路。预祝研究工作取得丰硕成果！

中共中央政治局委员、中央书记处书记、国务院副总理温家宝在《中国可持续发展林业战略研究》阶段成果汇报会上的总结讲话

（2002年9月28日）

刚才，中国林业科学研究院江泽慧院长代表项目组汇报了《中国可持续发展林业战略研究》的阶段性成果，四位院士作了发言，各部门的同志也对项目取得的成果给予了充分的肯定，发表了很好的意见。

下面我讲三点意见。

一、林业战略研究具有十分重要的意义

改善生态环境，实现可持续发展，是当今世界各国普遍关注的重大问题。我们党和政府越来越重视这项工作，可持续发展已经摆到经济社会发展的重要战略位置。林业是经济和社会可

持续发展的重要基础，是生态建设最根本、最长期的措施。在可持续发展中，应该赋予林业以重要地位；在生态建设中，应该赋予林业以首要地位。为了贯彻落实江泽民总书记关于建设秀美山川的重要指示精神，国家林业局组织开展林业战略研究，这是一件具有十分重要意义的工作。去年6月，我在全国林业科学技术大会上提出，要加强林业发展战略的研究，进一步理清林业发展的思路。并提出当前需要着重研究的一些重大战略问题，主要是：全国林业布局和地区布局问题；农业结构调整中的林业发展问题；城市规划建设中的绿化问题；西部大开发中的退耕还林、森林保护和建设问题；治理水土流失和荒漠化的总体规划问题；林业发展与水资源合理配置问题，等等。这都需要从宏观和战略上进一步加强研究，从理论和实践上作出更科学的回答。这些问题不仅涉及林业科学本身，而且涉及到自然科学和社会科学，生产关系和生产力，经济基础和上层建筑各个方面。希望林业科技工作者同其他学科的科技人员相互配合，组成多学科的研究队伍，从民族生存大计和可持续发展的战略高度，科学分析林业发展所面临的多样化需求，通过深入的科学研究、理论概括和实践总结，揭示出一些带有全局性、根本性和关键性的科学规律，提出林业发展和生态建设的指导思想、战略重点和总体规划，为党和政府决策提供科学依据。

林业科学技术大会后，国家林业局立即着手组织林业发展战略研究的工作。

今年1月18日，召开了《中国可持续发展林业战略研究》大纲细目汇报会，正式启动了项目研究工作。在项目领导小组和专家领导小组精心周密的组织下，参加这项研究的各位院士、专家经过8个多月的辛勤工作，顺利地完成了第一阶段的研究任务，出版了《中国可持续发展林业战略研究总论》样书和两本调查报告文集。同志们交了一份很好的答卷。这份答卷是总结过去、反映现在、指导未来的一部力作，是发扬科学民主、多学科合作的成果，必将对新时期我国林业发展产生重要的指导作用。

二、林业战略研究成果显著

今天汇报的研究成果，大家一致认为有深度，有创新，有突破，归纳起来，有以下三个方面的重要成果：

一是在战略思想上，提出了“确立以生态建设为主的林业可持续发展道路；建立以森林植被为主体的国土生态安全体系；建设山川秀美的生态文明社会”的总体战略思想。其核心是“生态建设、生态安全和生态文明”。“三生态”战略体现了“三个代表”的重要思想，突出了林业在中国可持续发展战略中的地位和作用，明确了中国林业要实现由以木材生产为主向以生态建设为主的历史性转变，充分发挥林业的生态效益、经济效益和社会效益。根据这个战略思想，提出了“严格保护、积极发展、科学经营、持续利用”的战略方针。这对于改善我国生态环境，实现林业可持续发展具有重要意义。

二是在战略途径上，明确提出以林业六大工程为载体，以科技创新为先导，以体制改革为动力，推动林业跨越式发展，从木材生产为主直接跨入生态建设为主的新阶段。通过实施这一战略，推动我国林业由采伐天然林为主向采伐人工林转变，由毁林开荒向退耕还林转变，由无偿使用生态效益向有偿使用生态效益转变，由部门办林业向全社会办林业转变，使我国林业实现可持续发展。

三是在重大战略问题上，抓住了天然林保护、退耕还林、荒漠化防治、森林灾害防治等10

个事关新世纪我国林业可持续发展的重大问题，把这些问题放到国民经济和社会发展的全局中，深入进行了研究，从理论与实践的结合上，提出了具体的战略目标、工作重点和保障措施。用科学的态度和与时俱进的精神，大胆探索，提出了林业发展的政策和对策建议，在体制、机制和政策上都有所突破，为党中央、国务院调整新时期的林业生产关系，发展生产力，提供了重要的决策思路和科学依据。

三、进一步做好林业宏观战略研究的几点意见

这项研究已经取得了阶段性成果，但还有许多后续工作要做。尤其是与《总论》配套的专题研究、成果应用研究以及在今后实践过程中的跟踪研究，还需要林业部门与其他相关部门进一步密切配合，巩固和扩大研究成果。为此，我向项目组和参加今天会议的有关部门提几点要求：

*一是要求有关部门共同关心和支持林业战略研究成果在实践中的应用。*这项战略研究不仅是国家林业局的研究，而且是国家宏观战略研究的重要组成部分。也就是说，这项战略不是部门战略，而是国家战略。比如，荒漠化防治、退耕还林、农村林业和城市林业等战略的实施，就不是林业一个部门能做到或做好的，需要农业、水利、城建、国土资源以及环保等部门的共同参与。在实施林业战略的过程中，所涉及到的一系列体制、机制和政策等问题，没有部门之间的协调和合作，是不可能做好的。因此，要求各部门从国家生态环境建设和经济社会发展的全局出发，加强协调，通力合作，共同为实现我国林业可持续发展作出自己的贡献。

二是要求国家林业局抓住项目研究带来的机遇，加快新时期林业发展步伐。"生态建设、生态安全和生态文明"的战略思想和发展思路明确了以后，如何使林业战略从理论到实践，从概念到行动，使我国林业有新起色、新面貌、新局面，国家林业局作为林业主管部门，责任大，担子重。林业战线的同志们要充分认识到，这一战略的实施，不论是思想观念，还是体制机制，都是一次重大变革。国家林业局要为实施林业新战略做好基础性工作，及时调整不合时宜的政策，制定切实可行的行动计划。要抓住有利时机，扩大战略成果的宣传，使之成为全社会的共识与行动。

*三是要求项目参研人员再接再厉，圆满完成研究任务。*林业宏观战略研究是一项系统工程，要在项目取得阶段性研究成果的基础上，科学地运用《总论》所确立的林业战略思想、方针、目标、重点和政策建议，指导后续相关专题的研究，要有创新，有发展，有突破。随着形势的不断变化，研究本身还有一个不断深化、不断完善的过程。要组织好队伍，继续对新世纪林业发展中的重大战略问题和实践问题进行跟踪研究，推动林业决策的科学化和民主化进程，为新时期国民经济和社会发展发挥积极的决策咨询作用。

林业战略研究从去年开始大纲细目研究到今天，一年多的时间，不仅取得了阶段性成果，而且带出了一批人才。参加研究的各位院士、专家，在时间紧、任务重的情况下，本着对国家负责、对人民负责和对历史负责的科学态度，积极投入到研究中去，做了大量深入、细致的工作，倾注了大量的心血。国务院各有关部门在林业战略研究中，表现了高度的全局观念和协作精神，使研究得以顺利开展并取得成果。在此，我代表国务院，向各位院士、专家的辛勤工作，表示衷心的感谢！

让我们紧密团结在以江泽民同志为核心的党中央周围，认真学习、实践"三个代表"重要思想，扎实工作，开拓进取，以实际行动迎接党的第十六次全国代表大会的胜利召开！

局领导重要讲话

总结经验　开拓进取
全面推进林业跨越式发展

——国家林业局局长周生贤在全国林业厅（局）长会议上的讲话

（2002 年 1 月 23 日）

同志们：

这次全国林业厅（局）长会议，是在六大工程陆续启动，林业跨越式发展迈出关键一步的形势下召开的，是一次非常重要的会议。会议的主要任务是，以"三个代表"重要思想为指导，进一步贯彻落实党的十五届六中全会、中央经济工作会议和中央农村工作会议精神，总结分析 2001 年的工作，研究部署 2002 年的工作，努力开创新世纪林业建设的新局面。

根据局里研究的意见，我讲三个问题，供大家讨论。

一、2001 年林业工作的总结回顾

去年，在党中央、国务院的高度重视下，经过全社会尤其是林业系统广大干部职工和林农群众的共同努力，我国的林业建设呈现出蓬勃发展的良好势头。一年来，各地认真贯彻落实去年全国林业厅（局）长会议精神，按照"明白一个道理，贯穿一条主线，搞清四个问题，坚持四个不变，抓好六大工程，突出六项工作，努力实现新世纪林业跨越式发展"的基本思路，做了大量工作，取得了巨大成绩。全年共完成人工造林 438 万公顷，飞播造林 91 万公顷，封山育林 606 万公顷；林业生产增加值达到 930 亿元。特别是，六大工程相继启动，林业投资大幅度增加，森林生态效益补偿政策开始实施，《防沙治沙法》正式出台，全国林业工作会议的筹备工作进入攻坚阶段，社会对林业的关注程度与日俱增，林业建设的支撑保障能力进一步增强。可以说，过去的一年，是轰轰烈烈、扎扎实实、大有作为的一年，是林业发展史上具有里程碑意义的一年，是非常值得总结回味的一年。林业跨越式发展迈出了决定性的一步。

（一）精心编制工程规划，切实做好前期工作，全力推进六大工程启动

六大工程是林业跨越式发展的载体，是根本改变林业落后面貌的龙头工程，是今后一个时期林业建设的战略重点和主战场。去年初，我们就六大工程建设的构想专门向国务院写了请示，很快就得到批准同意，并被整体列入国家"十五"计划。这标志着六大林业工程已经从部门意志上升为国家意志，从行业工程扩展为社会工程。

自前年底国务院批准天保工程规划之后，我们就加紧了其他五大工程规划的编制、完善与报批工作。其中，三北防护林四期工程、野生动植物保护及自然保护区建设工程规划已由国家计委批复；环北京地区防沙治沙工程、长江防护林等二期工程规划已上报待批；重点地区速生丰产用材林基地建设工程规划已完成评估工作，可望于近期得到批复；退耕还林工程规划已按新的目标要求做了重大修改，并征求了有关部门的意见，正待进一步完善后上报国务院。同时，按照国家批准的工程总体规划，各省（区、市）正在着手编制相应的省级实施方案。其中，天保工程的省级实施方案已全部编制完成，除个别省（区）外，均正式批复。

按照规划，六大工程在本世纪前 10 年，仅造林任务一项就达 7600 万公顷，工程总投资将达几千亿元。其投资之巨、建设规模之大、覆盖面之广都是空前的，在世界上也是绝无仅有的。这是"三个代表"重要思想在林业建设上的具体体现，是我国政府对全球生态建设的庄严承诺，在世界上引起了广泛关注。

目前，六大工程的实施和试点情况普遍良好。天然林保护工程：停伐和调减木材产量、分流安置富余职工等工作，均按既定目标顺利推进，初步显现出改善生态环境的效果。退耕还林工程：两年试点共完成退耕地造林 116 万公顷，荒山荒地造林 110 万公顷，目前工程已正式启动。环北京地区防沙治沙工程：试点一年多共完成造林 53 万公顷，项目区全面实行了

禁垦、禁牧、禁樵，并初步理顺了工程建设的管理体制。长江防护林等二期工程：继续稳步实施，2001年完成造林封育62万公顷。重点地区速生丰产用材林基地建设工程，已在广西、福建等地展开试点。三北防护林四期工程和野生动植物保护及自然保护区建设工程：也于2001年全面启动。

（二）积极宣传发动，扩大社会共识，为六大工程建设奠定思想基础

六大工程，是一个庞大而复杂的社会系统工程，是一项史无前例的全新事业，必须充分依靠全社会的积极参与和大力支持。去年初，我们带着系统整合林业工程的思路，先后走访了中央13个部门，得到了他们的一致赞同，并表示要全力支持。8月，我们又分别向全国人大农委和民委作了汇报，得到了委员们的充分肯定。各级林业主管部门也积极行动，主动向地方党委、政府汇报，争取支持。很多省（区）的领导亲自来国家林业局商谈工作，有的还是党政一把手同时来访。这充分说明，以六大工程带动林业跨越式发展的思路已经深入人心，已经得到了地方党委政府的高度重视。

林业系统内部，也广泛掀起了学习、贯彻林业跨越式发展思路的热潮。从国家林业局到全国各地，有的开座谈会，有的办辅导讲座，有的搞知识竞赛，有的组织理论研讨，使六大工程和跨越式发展成为林业行业最热门的话题。为帮助大家加深理解，我们还举办了近20期工程区县级领导和林业局长专题研讨班，深入宣讲林业跨越式发展的思路和有关政策措施。可以说，六大工程和林业跨越式发展思路已在林业系统深深地扎下了根。

同时，我们还采取相应措施，进行了广泛的社会宣传。去年4月，我们隆重召开了全国植树造林表彰动员大会，既进一步明确了植树造林在改善生态环境中的主体作用，又很好地宣传了林业跨越式发展的思路。中央和各地的新闻媒体都对六大工程和林业跨越式发展作了集中报道。《人民日报》的三评林业跨越式发展，《中国绿色时报》的七论林业跨越式发展等，都收到了良好的宣传效果。通过宣传，群众的爱林护林育林意识进一步增强。

此外，我们还利用各种机会，向许多国家的驻华使节和国际组织代表介绍了林业跨越式发展的思路。世界银行东亚局局长说："六大工程是对中国林业的一次重组，必将给新世纪中国林业带来新的生机和活力。"联合国粮农组织驻华代理说："中国政府在今后10年中投入110亿美元用于天然林保护，我为你们的国家感到骄傲。"新西兰驻华公使说："六大工程好似中国林海中的一盏明灯，引领着新世纪中国林业的发展。"

（三）搞好多方协调，争取政策支持，为六大工程建设创造外部条件

一是实施森林生态效益补偿政策取得实质性突破。通过努力，财政部与我们就森林生态效益补偿对象、范围、标准等达成了共识，决定将重点防护林和特种用途林的管护补助资金纳入国家公共财政预算。去年，中央财政投入10亿元，在11个省（区）的660个县级单位和24处国家级自然保护区先行试点，试点面积1333万公顷。这一政策的实施，从根本上解决了长期以来困扰我国公益林管护的资金来源问题，标志着我国无偿使用森林生态效益的历史宣告结束。

二是《防沙治沙法》颁布实施，《刑法》为森林资源保护专门做了修改。经过行业上下、系统内外多年的艰苦努力，《防沙治沙法》于2001年8月31日正式颁布，不仅明确了林业在防沙治沙中的重要地位，而且为其他相关问题的解决铺平了道路。这是我国乃至世界上第一部关于防沙治沙的专门法律，是林业建设史上的一件大事，是来之不易的，标志着我国的防沙治沙事业开始步入了法制化轨道。同时，为了有效惩治毁林开垦和乱占林地等行为，全国人大常委会专门对《刑法》做了修改，并通过了相应的立法解释。这是我国为加强森林资源保护而采取的一个超常规措施，是为林业工作提供的又一个有力的法律武器。

三是六大工程建设的相关配套政策进一步完善落实。首先，我们就解决天保工程区企业债务问题与中国人民银行形成了共识，共同向国务院写了请示，可望于近期得到解决。其次，国家计委、财政部和国家林业局共同提出的《关于加快造纸工业原料林基地建设的若干意见》得到国务院批准，为林业产业基地建设工程的启动奠定了政策基础。第三，国务院重新赋予了林业主管部门木材行业管理的职能，为加强林业生产的全过程管理创造了重要条件。第四，"九五"期间的林业税收优惠政策顺利延续到了"十五"，不少方面还有新的突破。仅此一项，每年即可为林业减轻负担20多亿元。

（四）强化基础工作，加大对外开放，为六大工程建设固本强枝

一是加速推进科教兴林。去年，相继召开了全国林业科学技术大会和林业教育培训工作会议，围绕科技教育如何为六大工程服务进行了总动员、总部署。初步完成了退耕还林、环北京地区防沙治沙工程的科技支撑方案，其他4个工程的科技支撑方案也在积极制定之中。狠抓了一批科技推广示范点，为工程建设积累了经验。作为国家公益性科研机构改革试点的中国林业科学研究院的改革全面推进，并先后与12个省（区、市）签订了全面科技合作协议。同时，狠抓了林业行业培训体系建设，确定全国林业行业培训基地58个。

二是切实加强林木种苗工作。为使林木种苗工作尽快适应六大工程建设的需要，召开了全国林木种苗工作会议，研究提出了“建立四个体系、实现四个转变”的目标任务。建立了林木种子生产经营许可制度，加强了林木种苗工程建设和管理。全年新建种苗生产基地500多处，生产种子1800万千克，生产苗木230多亿株，其中非公有制育苗数量超过了一半。基本形成了以国有种苗基地为龙头，集体、个体一起上，多层次、多种所有制共同发展的新格局。

三是努力稳定林业站的机构和队伍。针对去年县级机构改革的实际情况，采取有力措施，狠抓了林业站机构、队伍的稳定工作，使其受到的冲击降到了较低程度，一些地方还有所加强。福建省人大以法律的形式明确，乡（镇）林业站作为县级林业主管部门的派出机构；陕西省政府决定，将林业站统一作为全额拨款事业单位，纳入县级政府的财政财算。同时，还召开了全国林业站工作会议，研究部署了在新形势下林业站如何为六大工程服务等工作。

四是进一步扩大林业对外开放。组织开展了中国加入WTO后的林业对策研究，召开了林业对外开放研讨会，统一了全行业在新形势下加强对外开放的思想认识。组团考察了世界四大生态工程的建设经验，为我所用。对俄森林资源开发迈出新的步伐，在继续实施年采伐量120万立方米开发项目的同时，又确定了新的开发项目。全年争取国外无偿援助项目23个，总金额3646万美元，并完成贷、赠款额1.24亿美元的世行第四期项目准备工作。在建外资项目进展良好，特别是世行项目、德援项目的群众参与形式和报账制等管理办法，为六大工程建设提供了有益借鉴。

（五）按照“严管林，慎用钱，质为先”的要求，加强了六大工程建设的各项管理工作

一是“严”字当头，加强森林资源保护管理。针对当前资源林政管理工作面临的严峻形势，专门开会研究提出了今后工作的基本思路和关键措施。从落实“十五”采伐限额为契机，加强了限额执行情况的监督检查工作，规范了重点国有林区采伐证核发的主体和程序。建立了破坏森林资源案件报告制度和责任追究制度。开展了林地林权执法大检查，查处了一批非法征占用林地的案件。各项工程建设征占用林地依法审核审批率由1998年以前的53.1%提高到84.1%，全国年非法征占用林地面积也由当时的1.66万公顷减少到0.56万公顷。相继开展了“天保行动”、“猎鹰行动”、“夏季专项斗争”和“破案攻坚战”，公开通报了一批大案要案，形成了一定声势，达到了震慑罪犯、教育群众的目的。据初步统计，去年全国各类破坏森林资源案件比上年减少了5.2%，保持了连续3年下降的势头。森林火灾的预防和扑救能力进一步提高，全年发生的重特大森林火灾和林木损失都较上年有明显下降。为加强重点国有林区森林资源保护管理工作，去年12月，经国务院和中央军委批准，武警新疆、西藏、四川森林总队开始组建。通过实施国家级森林病虫害治理工程，有效地遏制了重大危险性病虫害的严重发生。全年新增自然保护区157处，新增国际重要温地14处，编制并上报了《全国湿地保护工程规划》。

二是建章立制，强化资金使用管理。与有关部门一道，制定了《重点林业生态工程建设资金管理规定》、《森林生态效益补助资金管理办法》等一系列规章制度。各地也制定了相应的实施细则。对在工程建设中虚报冒领、挤占挪用资金的省（区）和单位，进行了通报批评和严厉处罚，暂停了今年有关资金的拨付。同时，狠抓了工程资金的稽查工作，成立了相应机构，派出了大量工作组，深入工程建设基层单位，对工程建设资金进行跟踪管理，发现问题，及时纠正。

三是高标准、严要求，狠抓质量管理。颁布了《国家林业局关于建立造林质量事故行政责任追究制度的规定》，为有关质量事故的责任追究提供了明确依据。同时，加强了工程标准建设，相继制定了一批工程建设的技术标准和技术模式，《生态公益林建设系列标准》已于去年7月由国家质检总局颁布实施，《全国林业生态治理模式》可望在今年造林之时发到群众手中。逐步形成了分工序、分层次的检查验收制度，并将检查验收结果与资金拨付挂钩，强化了对质量管理的调控力度。此外，积极探索了招标制、监理制在工程建设中的运用。

（六）狠抓“行头”和队伍建设，为六大工程建设提供组织保证

行业要发展，“行头”是关键。去年，我们首先从国家林业局开始，下力气抓了以思想建设、组织建设、作风建设、业务建设、制度建设为内容的机关整顿，取得了明显成效。特别是，根据六大工程建设的需要，成立了六大工程管理办公室，明确了各自职责，界定了与机关司局的关系，使工程建设有了可靠的组织保证。同时，通过公开选拔、竞争上岗等办法，把一大批优秀年轻干部推到了六大工程建设的管理岗位。从去年下半年开始，又集中时间、集中力量组织了50多个调研组，分别对全国林业工作会议要解决的重大问题进行了专题调研，取得了丰硕成果。

各级林业主管部门在加强机构、队伍建设方面也做了大量卓有成效的工作。广西林业局对机关所有处级干部先全部解聘，再公开竞争上岗，从而使干部职工的精神面貌焕然一新。江苏不少农林机构合设的市、县，相继成立了独立的林业机构；最近，省里也决定成立林业局，列入省政府的二级机构。这是我们事业兴旺发达的表现，也是林业跨越式发展的希望所在。

在取得上述成绩的同时，也积累了一些好的工作经验。归纳起来，主要有以下四点：

*一是坚持以多视角，新思维来考察林业。*要准确把握林业跨越式发展的思路和脉络，就必须对我国的国情林情进行再认识。这种再认识，绝不是一般的再认识，而必须紧紧抓住林业所处的发展阶段和主要矛盾来考察，把林业放在国家建设的全局中来考察，把林业放在一个动态发展的过程中来考察。只有抓住林业所处的发展阶段和主要矛盾，才能在千头万绪、复杂纷纭的表象中理清思路，把握好林业建设的方向和主流，避免一叶障目，不见泰山；才能根据各种因素此消彼长的情况，有的放矢，科学决策，做到因势利导，趋利避害；才能正确区分林业发展的轻重缓急，有张有弛，有所为有所不为，达到事半功倍、纲举目张的效果。只有把林业置于国家建设的全局来考察，才能真正克服门户之见，走出就林业抓林业的窠臼，找准社会对林业的“兴奋点”，拓展林业发展空间；才能形成部门之间协调一致、良性互动的工作机制，实现求同存异，殊途同归；才能使林业的一家之言变成全民共识，使林业的各项事业变成全社会的事业，真正形成全党动员、全民动手、全社会办林业、全民搞绿化的大好局面。只有把林业放在一个动态发展的过程中来考察，才能始终坚持马克思主义的发展观，使林业跨越式发展建立在坚实的基础之上，成为一潭活水、有本之木；才能继承历史、立足现实、面向未来，使林业建设始终保持与时俱进的品质；才能既看到面临的困难和问题，更看到发展的机遇和前景，再造新优势，寻找新发展。

*二是坚持用理论上的创新来指导实践上的跨越。*伟大的实践需要伟大的理论。当前，我国林业正处在历史性转折的重要关头，各种新旧矛盾相互交织，不断出现，大量的理论和实践问题也随之产生。要除旧布新，开拓前进，就必须加强理论创新，加强理性思考。就要在继承的基础上，不断根据变化了的新情况，根据社会发展的新要求，对林业建设的方方面面进行深层次的研究和分析，作出新的理论概括和理论解释。其目的，就是要通过理论上的创新，通过认真地总结经验教训，指导我们不断地开拓进取，求得实践上的新跨越。为此，我们从比较差距入手，深刻分析了我国林业目前所处的发展阶段，紧紧抓住解放和发展生产力这个核心，提出了林业跨越式发展的思路。并在工作实践中，逐步丰富和完善了这一思路的主要内容、具体目标和基本措施。目前，我们已经初步完成了林业生产力布局的战略性调整，正在着手修正相应的生产关系，加强各项支持保障能力建设，推进林业朝预定方向发展。

*三是坚持战略上总体谋划、战术上分步实施。*我国的林业建设，是一项长期的战略任务。在国民经济和社会可持续发展的进程中，林业的地位和作用、任务和要求还会不断提升。因此，我们必须首先注意从战略高度、宏观高度，研究一些全局性、根本性的问题。只有这样，才能从战略上赢得主动、求得发展。可以说，宏观战略胜利是最大的胜利，宏观战略失误是最大的失误。但同时，我们也知道，“不积跬步，无以至千里。”林业跨越式发展的宏伟目标，必须靠一个一个的工作步骤去完成，靠一步一个脚印的扎实工作去实现。一年来，我们集中抓了一批对林业发展具有长远意义和重要影响的基础性工作，虽然这些工作每项都有它独立的主题，但在六大工程建设和跨越式发展这条主线的串连下，一环扣一环，环环紧扣，形成了一个目标一致、重点突出、措施得当、相辅相成的有机整体。可见，越是在林业建设任务繁重复杂的时候，越要在总体谋划的前提下，一个时期确定一个明确的阶段性目标，集中力量予以突破，确保抓一项成一项，积小胜为大胜，直至取得最后的胜利。

*四是坚持始终把调动人的积极性、创造性放在首位。*国以人兴，事以才治。任何事情都是人作出来的，做任何事情又都是为了人。这一简单道理告诉我们，无论在什么时候，无论干什么事情，都必须坚持以人为本，把人放在第一位。去年，我们在机关整顿中所做的很多工作，都是想通过创造条件、优化环境、搭建舞台等办法，清除大家的精神负担，理顺大家的思想情绪，解决大家的实际问题，激活大家的创造精神，使干部职工以全新的姿态投入工作，形成一个人人争先，奋发向上，齐心协力为林业跨越式发展献策献力的生动局面。同时，我们在研究调整林业体制和政策的过程中，也坚持把千方百计调动全社会力量参与林业建设的积极性贯穿于工作的始终。可以说，没有人的积极性和进取心，一切事情都是空谈，林业跨越式发展的目标就无法实现。

在肯定成绩、总结经验的同时，我们也要清醒地看到，去年的工作中还存在着许多问题。一是各地工作进展不平衡，一些地方的工程整合还不到位，还没有与六大工程很好地对接。二是“严管林，慎用钱，质为先”的措施还不够落实，各种违法违纪行为仍大量存在，有的还相当严重。三是六大工程建设的体制、机制、政策等还不配套，蕴藏在广大人民群众中的林业建设积极性远未发挥出来。四是全行业的思想还不够解放，受旧的体制和观念的影响还比较深，有些方面的改革步伐还不大。五是工作的方式、方法和作风还很不适应形势发展的要求。所有这些，都有待于我们认真解决。

二、抓好当前林业工作重要点把握的几个问题

当前，国内外形势的急剧变化，给林业发展既提供了难得的机遇，也带来了严峻的挑战。首先，世界经济的持续低迷，对我国林业的影响不言而喻。特别是“9·11”事件之后，更给世界经济增加了许多不确定因素。我国经济虽然一枝独秀，但在全球经济一体化的今天，也必然会对我国经济包括林业建设产生深刻影响。第二，我国继续实行扩大内需的宏观经济政

策，为我们加强基础设施建设，特别是生态建设创造了宽松的外部环境。第三，中央对解决“三农”问题的两项战略性措施，无论是增加农民收入还是调整农村产业结构，都给林业发展提供了广阔天地。尤其是退耕还林，开仓济贫，更让林业如虎添翼。第四，我国加入 WTO，也使林业和整个国民经济一样，既面临着享受普遍最惠国待遇和国民待遇的机遇，又面临着国内竞争国际化和国际竞争普遍化的挑战。第五，国家的高度重视和社会的倍加关注，对林业也提出了许多新的更高的要求。去年，中央领导同志多次对林业作出重要指示。江泽民总书记在年初参加义务植树时要求：“义务植树要长期坚持，持之以恒，要坚持不懈地开展下去。”朱镕基总理在全国造林绿化表彰大会上强调：“绿化主要靠造林，不能模糊这个重点，该种树的地方还得种树。”温家宝副总理在春季森林防火现场会上指出：“林业是生态建设的主体，是经济社会可持续发展的基础，是我国社会主义现代化建设进程中必须认真抓好的一项重要工作”；最近又进一步指出：“发展林业是改善生态环境的最根本、最持久的措施。在贯彻整个可持续发展战略中，应该赋予林业以重要地位；在整个生态环境建设中，应该赋予林业以首要地位。”同时，社会各界和新闻媒体对林业的关注也到了前所未有的程度。第六，六大工程的相继启动，更是把林业发展带入了一个新境界，从赢得重视，吸引投资，提高地位，扩大影响等各方面，都给林业带来了巨大好处。总的来看，林业跨越式发展的宏观环境空前之好，其思想基础、物质基础、群众基础、工作基础都非常牢固，但同时，林业面临的不利因素和工作难度也不可低估。我们只有始终保持清醒的头脑，认清形势，把握机遇，加倍努力，扎实工作，才能无愧于这个时代，完成历史赋予我们的神圣使命。当前，尤其要注意从宏观上把握好以下六个方面的问题：

*一要坚持解放思想，与时俱进。*对我们来说，思想解放的程度决定着林业发展的速度。必须看到，目前林业进行的战略性调整，是全方位的、深层次的，涉及工作的各个方面，关乎整个国家的可持续发展。同其他行业相比，林业是目前计划经济体制保存最完整的行业之一。我们的许多思想观念、规章制度、政策措施等都停留在计划经济时代，或者带着计划经济的烙印。当我们推进改革的时候，受到了旧的体制的制约；当我们谋划新的发展思路的时候，受到了旧的观念的干扰；当我们思虑新的政策的时候，受到了旧的框框的羁绊。总之，都形成了某种相对稳定的思想惰性。社会实践总是不断发展的，我们的思想认识也要不断前进。相反，如果我们的思想观念老是停留在过去的时代，总是按过去的行为标准和思维模式去看事物、想问题、做判断、抓工作，就很难跟上时代前进的步伐。这就要求我们，必须尽快从计划经济体制的束缚中解放出来，从不合时宜的错误观念中解放出来，从已经过时的林业政策的桎梏中解放出来，真正按照“三个代表”的要求，解放思想，实事求是，开拓创新，与时俱进，不断使林业取得新的更大的发展。

*二要坚持以实施六大工程为主体，义务植树和社会造林并举发展林业。*以天然林保护和退耕还林为代表的六大工程的相继启动，初步奠定了新世纪我国林业生产力布局的新框架，为林业建设注入了强大动力，必将有力地带动林业跨越式发展。但总的来看，我国仍然是一个严重缺林少绿的国家，林业正处在森林资源过伐后开始缓慢恢复的漫长阶段，保护、恢复和发展森林资源将是一项十分艰巨和繁重的长期任务。这就要求我们，必须始终坚持多主体参与、多渠道投入，多形式造林的方针，充分调动社会各方面力量尤其是广大人民群众的积极性来共同参与林业建设。就是说，光有六大工程还不够，还要认真抓好义务植树和社会造林。如果说，六大工程是为构造新的林业生产力布局“搭骨架”的话，那么义务植树和社会造林就是为其“添血肉”；六大工程是以国家投入为主搞林业的话，那么义务植树和社会造林就是动员全民力量搞林业。我们绝不能抓了一头而丢了另一头，在强化了六大工程的同时，却弱化了义务植树和社会造林。可是现在，恰恰有一些地方和同志，在思想上和工作上只重视前者，而忽视后者，这是万万要不得的，也不符合我国的国情、林情。长此以往，全社会办林业、全民搞绿化就会成为一句空话。只有坚持以实施六大工程为主体，义务植树和社会造林并举，才能真正形成完整的新世纪林业生产力新布局，才能在全社会形成一种千军万马齐上阵、生龙活虎搞林业的大好局面。

*三要坚持把调整生产关系摆在当前工作的突出位置。*新的林业生产力布局形成后，调整和理顺林业生产关系就成为我们工作的当务之急。同过去相比，我国林业的性质和任务，内涵和外延均发生了前所未有的深刻变化，旧的生产关系已经远远不能适应新的生产力发展的要求。尤其是入世后，我国将在一个不太长的时期内被完全纳入全球化的市场机制中，这将给我国本来就相对滞后的林业制度带来巨大冲击。因此，我们必须根据当前面临的新形势、新任务、新要求，对现行的林业管理体制、投入机制、战略布局、产权制度、监管形式、组织结构等进行一系列的重大改革和调整，进一步清除制约林业生产力发展的各种障碍，加快体制创新、机制创新、制度创新、政策创新，为林业跨越式发展创造必要条件。当前，最关键的是要建立适应市场经济要求和 WTO 规则的，长期、稳定和明晰的林业产权制度，使人人都有追求林业财产的欲望和参与林业建设的积极性。要抓住国家公共财政体制改革的契机，将用于公益林业建设和林

业基础设施建设的投资纳入政府预算体系，建立长期、稳定的投入渠道，解决林业发展的基本动力问题。要加速推进森林、林木和林地使用权的流转，增添林业建设活力，加快造林绿化步伐。

四要坚持把分类经营思想贯穿于各项林业改革的始终。分类经营是一项带有全局性、根本性的改革，涉及林业的各个领域。林业自身的特点和社会主义市场经济体制的要求都决定，不搞分类经营，林业的生产关系就不可能真正调整到位，林业的政策措施就不可能真正与国家宏观政策对接，林业的各项改革也就不可能真正得到深化。我们各方面的体制机制、政策设计，都不能偏离这个思想或者孤立地进行，而要统筹兼顾、通盘考虑。否则，就可能导致体制内耗、机制内耗、政策内耗，在林业内部形成很多自相矛盾的东西，林业各方面的发展就难以协调。“九五”以来，各地虽然按照局里的统一部署做了大量工作，但总的来看，工作的力度还不够大，整个改革仍停留在一个较为肤浅的层次；各方面改革的步伐还不够协调，措施也不够配套；分类经营思想还没有真正成为我们衡量各项改革是不是朝着同一个方向前进的准绳，大家对这一思想的贯彻落实还不够自觉。这些问题不解决，分类经营改革就无法顺利推进。当前，最重要的是要继续抓好分类区划界定工作，尽快把公益林业用地和商品林业用地落到山头地块，做到权属、地类清楚，经营主体明确，这是实施分类经营改革的基础和首要工序。同时，要以森林分类区划界定为依据，将逐步到位的森林生态效益补助资金切实兑现到公益林的所有者和经营者手中，取信于民，把我国的公益林保护好、建设好。

五要坚持把大搞非公有制林业作为加快林业发展的突破口。非公有制林业是我国林业的重要组成部分，是当前林业建设中最具活力和潜力的板块。发展非公有制林业尤其是私有林，不仅是调整林业所有制结构，加快造林绿化步伐，增加森林资源总量，缓解木材和林产品短缺状况的有效手段，而且是调整农村产业结构、加速农民脱贫致富的重要途径。只要有利于加速国土绿化，有利于改善生态环境，有利于提高人民生活水平，各种经济成分都可以参与林业建设，平等竞争，共同发展。今后的林业建设，要充分对非公有制林业开放，加快发展速度，扩大发展规模，创新发展方式，让其尽快在整个林业建设中的比重有个大的提升，真正成为促进林业发展的突破口。现在的问题是，我们在鼓励发展非公有制林业上还有点羞羞答答，还有许多不平等的歧视性的东西。目前国家实施的大规模的退耕还林政策，又给非公有制林业发展提供一个千载难逢的好机会。因此，我们一定要抓住机遇，抓紧完善有关的法律法规，给非公有制林业以更高的社会地位。坚决调整那些不适当的政策，让非公有制林业与其他经济成分平等竞争。切实落实“谁造谁有、合造共有”的政策，让非公有制林业经营者有实实在在的财产拥有感和经营自主权。充分发展市场对配置资源的基础性作用，吸引更多的生产要素进入林业建设领域。严格保护非公有制林业经营者尤其是造林大户的合法权益，确保他们的权益不受侵犯。

六要坚持把执法监管作为各级林业主管部门的一项重大职责。应当看到，当前林业正处在一个非常重要的历史转折时期，林业建设的任务日趋繁重，面临的内外部压力越来越大。在这种情况下，假如我们仍然用过去的方法行事，势必经常处于“被动挨打”的境地。这一点，我们必须有个清醒的认识。而现在，我们有很多部门和同志，仍然热衷于管项目、分资金，埋头于各种具体事务和微观管理，这样下去，将会给我们的工作造成很多被动。因此，各级林业主管部门要尽快根据新的形势和要求，转变工作职能，改变工作方法，转换工作角色，调整工作定位，以崭新的形象出现在中国林业建设的舞台上。就是说，要大力强化林业部门的执法监管职能，把“运动员”角色转换为“裁判员”角色，充分运用核查、监督、通报、奖惩和警示教育等手段，督促各项林业工作的落实；要切实改进工作方法，善于抓宏观、谋全局，把应该下放的各种具体事务坚决地放下去；要变被动防守为主动进攻，变当“被告”为作“原告”，对外部的违法违规行为，重拳出击，狠查严办，绝不手软，对内部的违法违纪行为，敢于揭短，铁面无私，严惩不贷。只有这样，我们才能牢牢掌握工作的主动权，永远立于不败之地，更好地推动中国林业建设。

三、2002年林业工作的主要任务

2002年全国林业工作的总体要求是：以“三个代表”重要思想为指导，认真贯彻落实党的十五届六中全会、中央经济工作会议和中央农村工作会议精神，按照向上攀登、向下扎根、向外延伸的要求，突出全面推进六大工程建设这个重点，办好代中央起草《关于加快林业发展的决定》和完成中国可持续发展林业战略研究这两件大事，强化“严管林、慎用钱、质为先”这三项工作，精心组织，周密安排，开拓进取，扎实工作，全力推动林业跨越式发展。归纳成一句话就是：要以“三个代表”重要思想为指导，突出一个重点，办好两件大事，强化三项工作，全力推进林业跨越式发展。为此，今年要着力抓好以下八个方面的工作：

（一）突出重点，狠抓关键，全面推进六大工程建设

六大工程的实施，标志着我国林业真正开始了由以产业为主向以公益事业为主、由以采伐天然林为主向以采伐人工林为主、由毁林开垦向退耕还林、由无偿使用生态效益向有偿使用生态效益、由部门办林业向社会办林业的历史性转变，其对我国林业的影响将是极为深远的，我们一定要竭尽全力，确保抓好。

一要努力推进天然林保护工程建设向纵深发展。首先，要严格执行天然林停伐和木材减产的规定，确保全面停止长江上游、黄河上中游地区天然林商品性采伐，狠抓东北、内蒙古等重点国有林区木材减产到位，并按省级和县（局）级工程实施方案抓好落实，真正使天然林资源得到休养生息和恢复发展。第二，要切实抓好富余职工的分流安置工作。今年是下岗职工一次性安置计划的最后一年，各地要按照财政部、国家林业局联合通知要求认真抓好落实，确保林区社会稳定。第三，要抓紧解决企业债务、职工社会保险等问题，不断突破难点，推动工程实施。第四，要加快调整产业结构，发挥林区资源优势，大力兴办森林旅游业、种植养殖业等替代产业，培育林区经济新的增长点，从根本上减轻天然林保护的压力。第五，要搞好森林资源管理体制改革试点，完善森林资源管护承包责任制等保护经营形式，把工程的微观基础搞活，形成保护发展的“长效”机制。

二要下大力气抓好退耕还林工程。目前，这项工程已正式启动，任务量将比去年成倍增加，能否开好头、起好步，关系到工程的长远发展。因此，我们必须注意做过细的工作，对规划设计、种苗准备、宣传发动、组织实施、核查验收、政策兑现、后期管护等各个环节的工作，都作出周密部署，并确保落实，避免出现“泡沫工程”。今年的年度任务已下达到省，各地要抓紧编制实施方案，认真组织作业设计，并严格按设计施工。要因地制宜，分类指导，认真贯彻与调整农村经济结构相结合、与增加农民收入相结合的原则，使之充分发挥多重效益。要注意总结前几年的试点经验，抓紧制定、完善有关的管理办法和法律法规，使工程建设管理纳入规范化、法制化的轨道。要从上到下，加强检查检收，对出现问题且性质严重的，要坚决调减计划，直至取消建设任务。

三要全面推进三北和长江中下游地区等重点防护林体系建设工程。要认真落实三北四期工程启动会的精神，突出防沙治沙，并在资金、任务的安排上优先考虑治沙项目，加大重点风沙区的治理力度。要尽快启动长防、珠防、海防和太行山、平原绿化二期工程，找准各个工程的切入点，有针对性地解决不同区域各不相同的生态问题。要根据新的情况，认真总结完善“老工程”建设的经验，尽快形成工程建设的新机制，推动工程管理由粗放型向集约型、由经验型向科学型转变。要以续期工程启动为起点，采取新的措施，提高工程建设的总体水平。

四要加快实施环北京地区防沙治沙工程。这是京津生态圈建设的骨干工程，也是实施奥运绿色行动计划的主体工程，必须从讲政治的高度抓紧抓好。首先，要加大沟通协调力度，争取国务院尽快批复工程规划，全面启动工程。其次，要重点加强沙化土地动态监测和工程效益监测体系建设，对沙化土地及治理情况以县为单元进行监测，并实行定期通报制度。第三，对工程项目区继续严格实行禁垦、禁牧、禁樵的“三禁”措施，杜绝一切人为破坏活动，保护现有林草植被，巩固建设成果。第四，对生态异常脆弱的地区，有计划、有步骤地实行生态移民，并在有条件的地区，抓好沼气池建设，减轻生态压力。第五，抓紧建立起规范有序的协调机制，加强部门间的协作与配合，形成工程建设合力。第六，全面落实工程建设项目法人责任制、种苗供应责任制、科技支撑责任制，对工程质量实行全过程、全方位的监督、指导，确保建设质量。同时，要趁热打铁，加大宣传贯彻《防沙治沙法》的力度，尽快将工程建设引上法制化轨道。

五要切实抓好野生动植物保护及自然保护区建设工程。要认真贯彻工程启动会议精神，严格落实各项建设措施。要重点加强对大熊猫、朱鹮、虎等珍稀濒危物种的拯救繁育，使其种群得到尽快恢复。今年要争取在生态地位突出，生态系统典型的地区及重要湿地，再建设一批自然保护区、种源基地和放归自然项目，进行抢救性保护，防止资源进一步破坏。要不断拓宽保护领域，进一步建立健全以各类森林风景资源和林业自然文化遗产保护为重点的森林公园管理体系。要切实加大保护区基本建设的力度，改善保护管理的基本条件，强化保护体系建设，壮大基层保护力量，加强综合保护管理。要认真研究建立保护工作的社区共管机制和有关扶持政策，使这项工程能真正长期稳定地实施。同时，要进一步抓好野生动植物进出口管理体系建设。

六要抓紧启动速生丰产用材林基地建设工程。要做好相关工作，争取工程规划的尽快审批。各地要提前动手，编制工程实施方案，争取今年以南方省（区）为重点，启动一批速生丰产林基地建设项目。要认真落实三部委的《若干意见》，尽力争取国家补助资金、银行贷款和财政贴息，促使工程全面启动。同时，要抓紧编制珍贵树种用材林、经济林、竹林、花卉 木本药材等各类产业基地建设规划。要以加强木材行业管理为切入点，促进林业产业发展。各级林业主管部门，要切实负起本辖区木材行业管理的职责。要认真开展清理整顿工作，规范木材经营加工行为，从根本上解决经营加工企业过多过滥、浪费资源的问题。要进一步建立健全有关的政策法规，强化对木材行业发展的监管。要按照木材加工与原料林基地建设相匹配的原则，统筹规划木材行业发展，合理调整木材生产力布局，促进木材行业规范、有序、健康的发展。

推进六大工程建设，要做的工作很多。其中最重要、也最具有普遍意义的一条是，必须严格落实“四到省”的管理制度，即规划落实到省，任务分解到省，资金分配到省，责任明确到省。有了这一条，工程建设的步伐就可以更稳健、更扎实。

(二) 上下一心，抓紧工作，精心筹备全国林业工作会议

1981年以来，已经20年没有召开全国林业工作会议了。现在，召开全国林业工作会议的时机已经成熟，条件已经具备，我们要上下一心，共同努力，争取尽早把这个会议开成。

一要抓紧修改代中央起草的《关于加快林业发展的决定》。这是今年的一件大事。去年，我们集中力量抓了林业生产力布局的战略性调整，并已初见成效。下一步，关键是要对那些与之相关的生产关系作出调整，使之更加适应生产力发展的要求。重中之重，就是要代中央草拟一个对林业发展具有长远指导意义的《决定》。围绕起草这个《决定》，我们已经做了大量的准备工作。并连续3个夏天在北戴河召开党组扩大会议，就有关重大问题进行集中研讨。目前，已形成了一个初稿。这次会议之后，将抓紧与有关部门沟通、协调，待取得一致意见后报党中央、国务院审定。同时，要继续做好有关问题的补充调研工作，努力使《决定》的各项内容更符合林业实际。在向中央报送《决定》的同时，我们将把为此开展的优秀调研报告汇编成册，一并上报。

二要高质量地完成中国可持续发展林业战略研究。这是今年的另一件大事。是在温家宝副总理的亲自倡导下开展的，由两院院士和资深专家近60人领衔研究，参研人员近300人，涉及40多个学科，其规模之大、层次之高、综合性之强、涉及问题之多，都是林业行业所没有过的。整个课题将采取林业学科与其他学科相结合，自然规律与经济规律相结合，宏观分析与微观分析相结合，国内形势与国际形势相结合的集成式、开放式研究方法进行，高屋建瓴地提出中国可持续发展中的林业重大战略及实施对策，揭示出带有全局性、根本性和关键性的科学规律，直接为中央决策服务。这项研究时间紧、任务重、要求高，我们要举全行业之力，共同把这件事情办好，真正形成一部总结过去、反映现在、指导未来的力作。

从我们向有关领导同志请示的情况看，现在到开会之间的时间已经非常紧迫，我们要只争朝夕，抓紧工作，努力把两件大事办好，为会议的成功召开做好充分准备。

(三) 全面完成造林绿化任务，切实提高造林绿化质量

一要采取有效措施，确保造林绿化任务的完成。今年全国造林绿化任务将由去年的492.5万公顷增加到732.7万公顷，增长48.8%，这是我国造林绿化史上所没有过的。要完成这么大的工作量，必须采取过硬措施：首先，要确保完成六大工程的造林任务，将其落实到村组农户，落实到山头地块。这一块抓住了，大头也就有保证了。第二，要运用一切手段，支持各种造林主体一起上，尤其要鼓励发展大户造林、联户造林、社团造林、企业造林、外商造林和各种形式的群众造林。要切实调整有关政策，给各种造林以“平等待遇”。第三，要不断丰富、完善义务植树的内容和实现形式，加强义务植树法制建设，切实提高适龄公民的尽责率。要积极推行“绿色图章”制度，加快城市绿化步伐。要认真研究可行的办法，充分发挥军队、兵团在绿化祖国中的生力军作用。要努力抓好绿色通道工程建设，加大检查、通报、指导和协调力度。第四，要坚持多种造林方式并举，按照分类经营的思想，宜封则封，宜飞则飞，宜造则造，封飞造相结合。干旱半干旱地区，要大力发展灌木林。同时，还要注意多造混交林。第五，要切实加大造林实绩核查的力度，杜绝浮夸、虚报造林面积现象的发生，保证造林面积的真实性。

二要切实加强林木种苗建设，努力提高良种壮苗使用率。要把提供足够的良种壮苗作为保证完成造林任务、提高造林质量的第一道工序来抓。六大工程要在两年内、面上造林要在5年内逐步实现良种壮苗化。要针对种苗数量供求平衡、结构性矛盾突出的实际情况，紧紧抓住农村产业结构调整的机遇，增加名特优新树种、速生丰产树种、转基因树种、乡土树种和抗逆性强的树种的种苗生产。要抓紧组织实施全国林木种苗工程规划，集中力量建设好国家和省、市、县四级种苗示范基地，今年特别要加快省级林木良种繁育中心和良种基地建设，尽快形成以国有种苗基地为龙头，多种所有制共同发展的种苗生产供应体系。要严格执行林木种苗生产经营许可制度和标签制度，加强各级林木种苗质检站建设，强化种苗市场监管，杜绝假冒伪劣种苗入市、上山。要逐步实行合同制育苗，搞好种苗生产与造林绿化的衔接。鼓励有条件的地区成立林木种苗协会，加强社会化服务。

三要全面建立造林质量监管体系，加强造林质量管理。要抓紧建立全国造林质量管理信息系统，依靠现代科学技术，依托六大工程，掌握全国每个山头地块的造林基础数据，为造林质量管理打下可靠基础。要建立健全造林质量标准体系和法规体系，全面清理、整合过去制定的各种造林标准和办法，尽快出台《全国造林质量管理办法》，使造林工作的各个方面都能按技术标准组织实施。要大力推行造林质量监理制度，建立一支高素质的造林质量监管队伍，对造林工作的全过程实行严格监管，上一道工序不合格的，不得进入下一道工序，将质量问题消灭在萌芽状态。要认真贯彻执行《国家林业局关于建立造林质量事故行政责任追究制度的规定》，组织开展造林质量大检查，对出现质量问题的，不论涉及到谁，都要严查狠纠，绝不姑息，坚决杜绝“豆腐渣工程”。要建立群众举报监督制度，充分发挥社会监督的作用。

四要加强森林经营，提高林分质量。这已成为当前的一项紧迫任务。今年，要在分类经营的基础上，

抓紧编制《全国森林经营总体规划》，明确森林经营的目标、任务和重点。要按照《森林法实施条例》的规定，抓紧组织编制各个编案单位的森林经营方案，并将其落实到山头地块，以此为依据开展森林经营活动。同时，要积极开展以经营模式探讨为主要内容的可持续森林经营示范试点，为在新形势下抓好这项工作积累经验。

（四）采取坚决有力措施，强化森林资源保护管理

一要切实加强资源林政管理。首先，要进一步强化责任，严格执行森林资源案件报告制度和责任追究制度，对工作责任不落实造成森林资源严重破坏和案件失察瞒报的，要坚决追究有关人员的责任。其次，要认真落实国发［2001］2号文件精神，加强采伐限额管理，杜绝超限额采伐。要积极探索改进人工林特别是工业原料林采伐管理的具体办法，认真抓好天保工程区人工林采伐管理的试点工作。第三，要严格执行征占用林地审核审批制度，对重大征占用林地项目，实行会审制度，保证审批工作的规范化、程序化。要切实抓好退耕还林后的确权发证工作，使林权所有者的合法权益得到法律保证。

二要严厉打击破坏森林资源的违法犯罪活动。继续深入开展林业严打整治斗争，依法从重从快惩处破坏森林和野生动物资源的违法犯罪分子。对那些影响恶劣的大案要案，要抽调办案能手，实行挂牌督办。对因地方保护主义久拖不决的案子，要采取异地办案的办法，一查到底。当前，林业行业内部监守自盗的情况十分严重，要坚决把这种势头打下去，不论涉及到谁，都要依法严办，决不姑息。要大张旗鼓地宣传《刑法修正案（二）》，争取尽快出台破坏林地的司法解释和立案标准，并组织开展严厉打击破坏林地资源的专项行动，采取最严厉的措施，坚决刹住毁林开垦和乱占林地的歪风。要认真贯彻落实《行政执法机关移送涉嫌犯罪案件的规定》，该移交的坚决移交，避免重罪轻罚。要切实加大对《森林法》、《野生动物保护法》、《防沙治沙法》的宣传贯彻力度，适时组织开展执法大检查。要进一步加强森林公安队伍建设，充分发挥其在保护森林资源中的特殊作用。

三要下大力气抓好森林防火工作。今年要召开党的十六大，森林防火绝不能出问题。要从讲政治的高度来看防火，采取超常规的办法来抓防火，各项防扑火措施都要比往年更严、更狠、更有力。要以百倍的警惕超前部署，超前检查，做到防火期适当提前，队伍提前进入状态，领导提前上岗到位。武警森林部队要根据今年的特殊形势和任务要求，及早动员，积极备战，严阵以待，全力以赴做好今年的防扑火工作。要严格执行各级行政领导负责制，认真落实国务院领导同志的五项要求，以重点火险区、防火紧要期为重点，切实加大预防工作力度，做好扑救大火的各项准备，真正做到打早、打小、打了，把森林火灾的发生控制到最低限度。

四要认真抓好森林病虫害的防治工作。当前，森林病虫害的发生呈现加剧之势，这已成为我们的心腹大患，必须采取最坚决的措施，把这个势头遏制住。要坚持预防与除治并重，以推进工程治理为突破口，集中防治好全国重大危险性森林病虫害。要重点加强对松材线虫病的防治，切实加大工作力度，防止其扩散蔓延。要坚持和完善病虫害防治目标责任制，把病虫害防治工作贯穿于林业生产的全过程，变被动救灾为主动防灾。要强化森林病虫害的预测预报，及时掌握病虫害的发生趋势和动态，适时采取相应措施。要严格检疫执法，坚决杜绝重大疫情的人为传播。

五要加强森林资源的监督、监测和核查工作。森林资源监督工作要紧紧围绕林业建设的中心任务，进一步改进监督方法，加大监督力度，提高监督实效。今年要在现有监督机构的基础上，陆续向天保工程区派驻森林资源监督机构，全面监督驻在省（区）的森林资源管理工作。要切实加强全国森林资源和生态环境监测与评价体系建设，避免各自为战，增强其综合性。要着力抓好以3S技术为主的高新技术应用，加强技术支撑。要加大六大工程的核查力度，组织专业力量进行核查，规范核查标准和方法，准确掌握六大工程的进展情况。核查是一项十分严肃和关键的工作，来不得半点虚假。从今年开始，要对核查工作进行稽查，切实规范核查行为，从制度上防止工作敷衍塞责甚至弄虚作假。要在准确掌握数据的基础上，对林业建设的各项主要指标，如资源消长情况、荒漠化治理情况、退耕还林核实率和成活率等，定期通报。有的一年一通报，有的几年一通报；有的在《人民日报》上通报，有的在《中国绿色时报》上通报。

（五）按照“慎用钱”的要求，大力强化资金管理

一要从思想上高度重视。应当看到，在我国财力并不富裕的情况下，通过举债等方式拿出这么多钱搞林业，是非常不容易的，我们没有理由胡花乱用其中的每一分钱。现在，各地普遍存在着重资金争取，轻资金管理，认为为了本单位利益，可以搞点“变通”等思想和行为倾向，对此，必须引起我们的高度关注，采取严格措施，认真加以纠正，管好用好工程资金，使其发挥应有的效益。

二要合理调整林业投资结构。要根据六大工程建设的不同情况和国家林业投资的构成情况，科学调整各项林业资金的投放结构和投放方式，提高使用效果，发挥调控作用。

三要切实规范资金管理。要抓紧制定违规违纪使用工程资金的责任追究制度，对不认真履行职责，出现问题的，要坚决追究有关人员的责任。要尽快建立健全资金使用管理制度，做到每项资金都有相应的、严格的、成套的管理办法。要抓紧与有关部门协调，

尽快出台《重点林业生态工程建设资金管理规定》等规章。

四要积极探索资金管理的新机制。要在六大工程建设中逐步推行资金管理的“报账制”，今年要抓紧制定具体操作办法，从机制上确保资金专款专用，严格管理。要积极探索资金管理、项目管理和资金监管有机结合的新形式，促进提高资金使用效益。

五要着力解决计划和预算管理中的突出问题。要严格执行国家计划，任何单位和个人都无权擅自调整计划内容。对挪用、截留、挤占国家建设资金问题严重的省（区）和单位，要坚决停止审批新的建设项目，调减投资或停止拨付建设资金，加大调控力度。要切实加强和改进预算管理，实行“硬预算”，维护预算的严肃性和权威性。

六要进一步加强资金稽查。从上到下都要把资金稽查作为一项经常性工作来抓。对查出的问题，要采取限期整改、通报批评、停止项目审批等措施尽快处理；对有关责任人员，也要作出相应处分；触犯刑律的，要移送司法机关严惩。

（六）紧紧围绕六大工程建设，全面提高科教兴林水平

一要切实强化重点工程的科技支撑。今年要紧密结合六大工程建设规划，全面完成各项工程的科技支撑方案，并按支撑方案严格组织实施。针对当前六大工程建设的急需，今年要加快筛选并示范推广200项先进适用的科技成果，做到优势集成，重点突破，解决工程建设中的“技术瓶颈”。要抓紧建立健全森林可持续经营标准体系，特别是六大工程建设的技术标准体系，使工程建设真正做到按标准设计、按标准实施、按标准验收。要加速培养复合型林业科技人才，努力造就一支新型的科技企业家队伍。要以各种优惠政策，支持科技人员到林业生产建设第一线去从事技术推广、技术服务、技术咨询、试验示范等工作。尤其要鼓励科技人员到西部去，参加西部的生态建设。今年要集中骨干力量，全面展开国家“十五”攻关项目30多个林业课题的科研攻关，特别要加强六大工程建设的技术模式研究。要认真借鉴世界重大生态工程建设的成功经验和科技手段，为我所用。要加速“数字林业”建设进程，加强工程实施情况监测，促进工程管理的精确化、科学化。要尽快启动森林植物种质资源库建设项目。

二要积极深化林业科技体制改革。要采取有效措施，推动林业科技体制改革向纵深发展，切实解决林业科研、推广、生产“三张皮”的问题。要搞好现有机构和队伍的整合，合理布局科技力量，加快形成一支精干高效、充满活力的林业科技工作者队伍，使之在基础理论研究、高新技术研究和科技推广示范三个战场上作战。要积极推进中国林业科学研究院分类改革方案的全面实施，同时加强对省级林科院改革的指导力度。要充分发挥六大工程总工办的作用，实行六大工程总工程师技术负责制。地方各级林业主管部门也要逐步建立总工程师技术负责制，使之与地方行政领导任期目标责任制、林业局长项目管理负责制形成三位一体、相辅相成的体制。要加快实施林业调查规划体制改革工作，充分发挥规划设计院所的技术优势，做好六大工程的规划设计、监测评估和信息服务等工作。

三要高度重视森林认证、基因安全管理和植物新品种保护等工作。这是新世纪初我国林业发展面临的几个新课题，必须认真研究，切实抓好。要选择一些条件比较好的地区，进行认证试点示范，制定认证标准和办法，尽快建立中国森林认证体系。要尽快制定和完善与国际接轨的相关政策、法规、办法，做好基因安全评价和管理工作。要切实加强植物新品种保护，加大执法监督力度，确保国内外育种机构和个人的合法权益不受侵害。

四要大力开展林业教育培训工作。要建立规范有序的培训制度，制定切实可行的培训计划，加强对各级领导干部、工程管理人员、技术服务人员和广大林农群众的管理培训和技术培训，不断提高各级各类人员的管理水平和业务素质，为林业跨越式发展提供人才保障和智力支持。要加强培训队伍和培训基地建设，依托北京林业管理干部学院和各地教育培训基地，优化教育培训资源，建立布局合理、分工明确、优势互补的培训网络。要加快建立中国绿色人才网，并以此为平台加大人力资源开发力度，引导林业人才合理流动，逐步实现工程建设中的人才优化配置。

（七）以加入WTO为契机，加速推进林业对外开放

一要积极开展全方位、多层次、宽领域的对外交流与合作。加入WTO被称为中国的第二次改革开放、中国的新经济革命，标志着中国对外开放进入了一个崭新的阶段。林业作为国家建设的重要部门，要逐步由有限范围和有限领域的开放转变为全方位多层次宽领域的开放，由以试点为特征的政策性开放转变为法律框架下的可预见的开放，由单方面的主动的自我开放转变为与WTO成员之间的双向的自动的相互开放。要大力发展双边合作，巩固加强多边交流，切实稳定周边贸易，积极开拓民间交往，进一步扩大对外交流与合作，积极引进、吸收世界各国的先进经验、先进技术、先进设备和优良品种，促进林业跨越式发展。

二要认真抓好适应WTO规则的各项林业基础工作。要继续研究加入WTO对我国林业带来的各种影响，不断提出可行的、有针对性的对策措施，切实做到趋利避害，以积极的姿态参与全球林业游戏规则的制定。要充分利用有限的过渡期，对原有政策、法规、规定、标准、办法进行一次全面清理，该修订的

修订，该废止的废止，没有的要抓紧制定，建立健全既符合WTO规则又符合我国国情林情的政策法规体系和公正、透明、统一、高效的管理体制。要切实转变政府部门管理经济的方式，抓紧由管制与审批转变为引导与服务，由注重参与微观活动转变为主要进行宏观调控，由指挥式的直接管理转变为保证市场公平竞争的间接管理的模式，尽快实现林业行政管理法制化、程序化、规范化。

三要努力提高利用外资的水平。要抓住国际社会和发达国家高度关注森林和生态问题的有利时机，组织编制外资项目规划，积极改善投资环境，大力争取无偿援助，充分利用优惠贷款，扩大利用外资规模，全面推动合资合作。同时，要把利用外资同促进林业产业优化升级、提高企业效益结合起来，同完善社会主义市场经济体制、增强国际竞争力结合起来，同扩大出口、发展外向型经济结合起来，努力提高林业行业利用外资的水平。

四要积极鼓励林业企业参与国际竞争。要针对加入WTO后林产品进口关税继续下降及非关税壁垒明显减少，对林业第二产业冲击严重的新形势，促使相关产业尽快调整产业结构，建立现代企业制度，进行企业重组，增强国际竞争力。要合理运用WTO最惠国待遇和国民待遇原则，千方百计扩大林产品出口创汇。要充分利用WTO“绿箱政策”，加大对林业基础设施建设、科研推广、病虫害防治等方面的支持力度，提高产业竞争力。要加速企业技术创新，打造国际名牌产品，提高产品服务质量，扩大市场占有率。要充分利用两种资源、两个市场，积极实施“走出去”的战略，加强国外、尤其是俄罗斯的森林资源开发，缓解国内木材供需矛盾。

（八）切实加强“两手抓”，为全面完成今年林业改革和建设任务提供有力保证

实施六大工程，全面完成今年的各项工作，必须坚持“两手抓”，两手都要硬，切实提高行业的整体素质和工作水平。一要高度重视理论武装。当前，国内外的新形势新任务，林业建设的新情况新问题，都迫切要求我们加强理论学习，提高政治素质。要深入学习领会江泽民同志“七一”重要讲话精神，以“三个代表”重要思想统帅林业工作的全局，指导林业建设的实践。特别是各级林业主管部门的领导，要作理论学习的模范，实践“三个代表”的先锋。二要认真抓好作风建设。要认真贯彻落实十五届六中全会精神，真正做到“八个坚持，八个反对”。各级林业主管部门的领导要以身作则，率先垂范，按照中央的要求，认真对照检查，集中解决思想作风、工作作风、学风、领导作风和生活作风方面的突出问题。要把作风建设同思想建设、组织建设结合起来，同政风建设、行业风气建设结合起来，相互促进、相互推动，进一步振奋行业精神，鼓舞行业士气，以良好的精神状态投入林业建设。三要大力加强廉政建设。各级林业主管部门的领导，要从严要求自己，模范地遵守各项廉政规定。要切实加强廉政制度建设和机制建设，从源头上预防和解决腐败问题，把各项工作置于严格的制度约束和监督之下。尤其要加强六大工程资金的管理，扩大监督，严肃查处工程建设中的腐败案件，确保六大工程成为名副其实的“廉政工程”。四要大兴调查研究之风。按照中央的统一部署，今年要成为林业行业的作风转变年和调查研究年。各级林业主管部门，都要建立健全调查研究工作制度，制定和落实调查研究工作计划，对那些严重制约林业发展的难点问题，集中调研，重点突破。要努力提高调查研究的质量，真正走出门、扎下去，深入基层、深入群众，了解真实情况，掌握第一手材料，寻求真正答案。同时，要加强对深入基层的组织管理，避免工作组“轮番轰炸”，加重基层负担。五要坚持抓大事、重落实。在新形势下，林业工作的任务日趋艰巨和繁重，越是在这种情况下，我们就越要注意抓重点，抓关键，走出文山会海，摆脱日常事务，认认真真研究解决一些实际问题，以关键性工作的突破带动全局工作的开展。要提倡讲实话，报实情，出实招，求实效，杜绝虚假浮夸。六要切实加强宣传工作。这在当前很要紧，必须纳入我们的重要工作日程。要以六大工程为主线，突出重点，主动出击，全方位、多角度地开展林业宣传工作，使全社会、各阶层广泛了解林业情况，关心林业建设，支持林业工作。要加强正面引导和释疑解惑，真正起到消除误解，扩大共识，形成合力，提高士气，推动林业跨越式发展的作用。七要继续抓好基层林业站的稳定工作。基层林业站在六大工程建设中起着不可替代的作用，是实现林业跨越式发展的重要组织保障。各地要以高度的责任感和使命感，在今年的县乡机构改革中，借鉴福建、陕西等省的成功经验，采取有效措施，确保基层林业站机构和队伍的稳定。同时，要进一步理顺林业站管理体制，争取将其作为县级林业主管部门的派出机构，实行垂直领导，人员经费统一纳入县级财政预算。八要不断加强行业道德建设。要特别重视提高全民的生态道德意识，将其纳入贯彻《公民道德建设实施纲要》工作，唤起人们的爱林护林育林热情，发展人与自然和谐相处的先进文化，为林业建设营造良好的社会氛围。

同志们，我们刚刚走过了大有作为的一年，又迎来了充满希望的一年。让我们高举邓小平理论的伟大旗帜，以江泽民同志“三个代表”的重要思想为指导，进一步解放思想，开拓进取，齐心协力，狠抓落实，全面完成今年林业工作的各项任务，扎扎实实地推进林业跨越式发展，以优异的成绩迎接党的十六大的召开！

学习“5·31”讲话 贯彻“三个代表”要求
抓好六大工程 推进五大转变
不断开创林业跨越式发展新局面

——国家林业局局长周生贤在全国林业厅（局）长座谈会上的讲话

（2002年7月31日）

同志们：

在全党上下、各行各业深入学习贯彻江泽民同志“5·31”重要讲话，以饱满的热情迎接党的十六召开的时候，在江泽民同志发出“再造秀美山川”伟大号召5周年之际，在林业六大工程启动前夕，把大家请来，开一个座谈会，主要是想就当前的林业形势与任务做一次全面研讨，进一步统一我们的思想和行动。因此，这次会议的主要任务是：深入学习领会“5·31”讲话精神，以“三个代表”要求为指针，分析新形势，研究新问题，明确新任务，全面抓好六大工程，加速推进五大转变，不断开创林业跨越式发展的新局面。

下面，根据局里研究的意见，我讲三个问题，供大家讨论。

一、深入学习“5·31”重要讲话，用“三个代表”要求统领林业工作全局

江泽民同志“5·31”讲话是在党的十六大即将召开的重要时刻发表的。讲话运用马克思主义的立场、观点和方法，站在全局和战略的高度，纵观国际风云，立足国内实际，科学地分析了当前我国社会主义现代化建设面临的新形势、新任务和新挑战，进一步阐述了“三个代表”的科学内涵和贯彻落实的根本要求，深刻地回答了党和国家未来发展的一系列重大理论和实践问题，创造性地提出了许多新思想、新观点、新论断。讲话高屋建瓴，内涵丰富，思想深刻，论述精辟，是继去年“七一”讲话之后的又一篇马克思主义的光辉文献，它标志着以马列主义、毛泽东思想和邓小平理论为基础的“三个代表”重要思想理论体系的日臻完美和不断成熟，为党的十六大的召开奠定了重要的政治、思想和理论基础。认真学习和全面贯彻讲话精神，对于更好地团结和动员全党全国人民高举邓小平理论的伟大旗帜，深入实践“三个代表”重要思想，为完成历史和时代赋予我们的庄严使命而奋斗，具有十分重大的现实意义和极其深远的历史意义。

江总书记在讲话中强调，贯彻“三个代表”要求，关键在坚持与时俱进，核心在保持党的先进性，本质在坚持执政为民。并告诫全党，必须始终保持与时俱进的精神状态，不断开拓马克思主义理论发展的新境界；必须把发展作为党执政兴国的第一要务，不断开创理论化建设的新局面；必须最广泛最充分地调动一切积极因素，不断为中华民族伟大复兴增添新力量；必须以改革的精神推进党的建设，不断为党的肌体注入新活力。这就要求我们必须进一步增强贯彻“三个代表”的自觉性和坚定性，始终按照“三个代表”的要求，领导和推进各项事业的发展。如何用“三个代表”统领林业工作的全局呢？我们认为，最关键的一条就是要结合林业实际，把这“四个必须”和“四个新”认认真真地领会好，扎扎实实地贯彻好。

（一）用“三个代表”要求统领林业工作全局，必须以与时俱进的精神状态不断开创林业跨越式发展的新局面

大力弘扬与时俱进的精神，就要求我们必须树立强烈的思想解放意识，以思想的大解放促进林业事业的大发展。解放思想、实事求是、与时俱进、开拓创新，是“三个代表”要求的思想精髓，是我们取得工作新成绩，开创事业新局面的“金钥匙”。当前，林业改革和发展面临的很多难题，之所以迟迟得不到突破，主要原因之一是我们思想还不够解放，观念还比较陈旧，开拓创新意识还不够强。在实际工作中表现为：因循守旧，墨守成规，习惯于用老思维想问题，用老办法干事情；对林业改革和发展中出现的新情况、新问题缺乏足够的敏感性，甚至反应迟钝，跟不上时代前进的步伐；对工作中长期得不到解决的疑难杂症，不思突破，敷衍塞责，缺乏勇于创新的精神和胆略。没有思想上的大解放、大飞跃，就不可能有事业上的大发展、大跨越。因此，我们一定要尽快从计划经济体制的束缚中解放出来，从不合时宜的错误观念中解放出来，从已经过时的林业政策的桎梏中解放出来。

大力弘扬与时俱进的精神，就要求我们必须树立强烈的创新意识，在实践中不断丰富和发展林业跨越式发展的理论。林业跨越式发展，是我国林业为赶上世界林业发达国家的水平，更好地满足经济社会发展需要而选择的一个发展模式。其目的，就是要缩短在

常规状态下恢复和发展森林资源所要求的时间，用50年左右的时间完成过去要用100多年才能完成的林业建设任务，使我国林业早日跨入可持续发展的新阶段。林业跨越式发展的提出及其内涵的不断完善，充分吸收了新中国成立以来林业建设的经验与教训，很好地体现了当今世界最前沿最先进的林业发展理论，完全符合我国的国情林情和世界林业发展的大趋势。当然，林业跨越式发展的理论还要靠我们在实践中不断丰富和发展，使之更加符合客观实际，更好地指导林业改革和建设的实践。

大力弘扬与时俱进的精视，就要求我们必须树立强烈的忧患意识，抓住难得的历史机遇加快林业改革步伐。随着六大工程的全面启动，我国林业事业呈现出一派欣欣向荣的景象，这是有目共睹的。越是在事业兴旺发达的时候，我们越要保持清醒的头脑，越要增强忧患意识。应该看到，现在林业工作出现的大好局面，主要得益于党中央、国务院的重视，得益于地方各级党委、政府和全社会的支持。而长期束缚林业发展的体制机制问题和深层次矛盾尚未从根本上解决，林业自身蕴藏的巨大潜能还远未释放出来。目前的林业发展，基本上还是一种数量扩张型、资金推动型的发展，与我们所期待的质量效益型、需求拉动型的发展尚有很大距离。如果我们因为投资多了点而沾沾自喜，因为有了点成绩而不思进取，因为有了点荣誉而不敢正视问题，那就会停滞不前，甚至连已经展现的这一点前景都有可能被丧失掉。所以，大家务必树立强烈的忧患意识，紧紧抓住难得的历史机遇，若练内功，锐意改革，促进林业尽快从旧体制、旧机制的羁绊中解放出来，加速实现历史性的转变和真正意义上的跨越。

（二）用“三个代表”要求统领林业工作全局，必须把解放和发展生产力作为林业建设的第一要务

大力解放和发展林业生产力，必须重新构造新的林业生产力布局和积极调整落后的林业生产关系。在新时期的林业建设中，贯彻“三个代表”的重要思想，首要任务就是要大力解放和发展林业生产力。只有林业得到持续快速健康的发展的，才能满足国民经济和社会发展对林业日益增长的多种需求，才能凸显林业在经济社会发展中的地位和作用，才能解决林业在前进中的矛盾与问题。发展先进的林业生产力，就必须根据我国的国情林情和经济社会发展对林业建设的要求，来科学地确实林业生产力布局。我们通过系统整合确定的六大工程，就是为了解放和发展林业生产力，推动林业跨越式发展而作出的一项重大战略决策。而要发展先进的林业生产力，就必须适时调整和完善不适应的林业生产关系。从去年下半年开始，我们从顺利推进六大工程的实施出发，正在着手研究和调整各方面的林业政策措施，积极为召开全国林业工作会议做准备，并初步完成了代党中央、国务院起草的《关于加快林业发展的决定》，目前已正式上报中央农村工作领导小组。如果把六大工程看作是带动林业跨越式发展的新的生产力载体的话，那么，这个《决定》就可以看作是保证林业跨越式发展的新的生产关系载体。这两者相互匹配，相得益彰，共同支撑着跨越式发展的大厦。

大力解放和发展林业生产力，必须坚持走可持续发展的道路和贯彻“科学技术是第一生产力”的思想。一方面，林业在影响经济社会可持续发展的三大要素——人口、资源、环境中，占有举足轻重的分量，是经济社会可持续发展的最大制约因素，没有林业的快速健康发展，就不可能有整个经济社会的可持续发展。另一方面，可持续发展的林业也是世界林业发展的大趋势，是我国林业跨越式发展所要追求的宏伟目标，代表了先进林业生产力的发展要求。在实施六大工程的过程中，我们不仅要高质量地完成各项工程建设任务，而且要积极探索保证工程长期稳定发展的模式和机制；不仅要坚持生态优先的方针，确保生态和社会效益的充分发挥，而且要注意考虑建设主体的经济利益，使其具有参与林业建设的原动力，形成良性循环。同时，我们还要深刻地认识到，林业要大发展，出奇制胜在科技。要通过大力采用当代科技的最新成果，引入先进的管理理念，实现我国林业生产方式的与时俱进。要时刻把科学技术摆到解放和发展林业生产力的首要位置，使六大工程建设始终得到强有力的科技支撑。

（三）用“三个代表”要求统领林业工作全局，必须最广泛最充分地调动一切积极因素参与林业建设

最广泛最充分地调动一切积极因素参与林业建设，必须坚定不移地走全社会办林业、全民搞绿化的道路。应该看到，我国林业目前的发展状况与经济社会发展的要求极不适应，已经成为“木桶效应”中的短板。要实现到2050年森林覆盖率达到26%的目标，需净增森林面积9067万公顷，加上弥补消耗，需要新成林的面积将大大超过这个数量。完成这样艰巨的任务，只靠国家的投入是不够的，必须广泛吸纳各种社会投资，包括外资；只靠200多万林业职工的奋斗是不够的，必须坚持依靠亿万人民群众的踊跃参加；只靠林业部门一家孤军奋战是不够的，必须紧紧依靠各行各业、方方面面的齐抓共管。通过各种形式，把尽可能多的人组织起来，把尽可能多的生产要素组织起来，投入林业建设，形成千军万马齐上阵、竞相投放搞林业的生动局面。

最广泛最充分地调动一切积极因素参与林业建设，必须适应市场经济发展的要求，最大限度地引入利益驱动机制。义务植树是我国加快造林绿化步伐的成功做法，必须继续坚持和不断完善。但是，在社会主义市场经济体制逐步建立的今天，要把思想觉悟、文化水平和社会分工有着千差万别的人们都发动起

来，自觉自愿地、长期不懈地投入造林绿化事业，还必须认真贯彻物质利益原则，运用经济杠杆调动他们的积极性。建立社会主义市场经济体制，以公有制为主体、多种经济成分共同发展，实行以按劳分配为主体、多种分配方式并存，本身就是承认和运用物质利益原则。从某种意义上讲，没有利益就没有动力，没有动力就没有活力。因此，我们必须时刻注意通过采取一系列行之有效的政策措施，吸引和鼓励尽可能多的投资主体参与林业建设，在其理直气壮地获取经济利益的同时，加速国土绿化的推进步伐，实现“双赢”。同时，要下决心在调整和完善林业政策上做文章，认真落实“谁造谁有”、“谁管护谁受益”的政策，放手发展非公有制林业。要取消一切歧视政策，促进平等竞争。要改进林木采伐管理，落实林权所有者的财产处置权。要减轻林业税费负担，还利于民和让利于民，使经营者有利可图，有参与林业建设的积极性。

（四）用“三个代表”要求统领林业工作全局，必须增强执政兴国观念，以高度的责任感和使命感抓好林业工作

增强执政兴国观念，要求我们必须保持与广大人民群众的血肉联系，心里时刻装着人民。毛主席说，“共产党人的一切言论行动，必须以合乎最广大人民群众的最大利益，为最广大人民群众所拥护为最高标准。”江总书记提出的“三个代表”重要思想，更是把代表最广大人民群众的根本利益作为整个思想体系的核心。我们实施六大工程、开展全民义务植树、组织社会造林、推进林业跨越式发展，其最终目的都是为亿万人民群众谋利益、求发展。反过来，我们制定的政策好不好，实施的改革措施对不对，取得的建设成绩大不大，最终都要用群众满意不满意、答应不答应、高兴不高兴这三条根本标准来检验，这是我们现在和将来一切林业工作的出发点和落脚点。

增强执政兴国观念，要求我们必须严格执行“严管林、慎用钱、质为先”的方针，为党和人民掌好权、用好权。权力从来就有两面性，按照党纪国法行使权力，就是为人民服务；带着私心杂念用权，就会使权沦为谋取私利的工具。现在，国家每年投入林业建设的资金高达数百亿元，由林业部门负责执行的法律法规有十几部，执法行为达上百种，我们的权力应该说是很大的。这是党和人民对我们的信任，给我们的重托，我们没有理由不掌好这个权、用好这个权。所以，我们一定要从讲政治的高度，切实把“严管林、慎用钱、质为先”的要求，贯彻落实到林业工作的方方面面，贯彻落实到林业建设的各个环节，真正把六大工程建成为造福于人民的“德政工程”、“富民工程”、“精品工程。”

二、认清形势，统一思想，大力推进林业五大转变

1997年8月5日，江泽民同志向全国人民发出了“再造秀美山川”的伟大号召。几年来，在这一伟大号召的指引下，我们奋发图强，扎实工作，通过系统整合完成了林业生产力布局的战略性调整，确定了以大工程带动大发展的工作思路，全面启动了六大工程，把林业改革与发展事业向前推进了一大步。今年是六大工程全面实施、林业跨越式发展进入实质性阶段的第一年。半年来，各地紧紧围绕年初全国林业厅(局)长会议的部署，狠抓落实，辛勤工作，有力地推动了六大工程的实施。截至6月底，全国共完成造林面积518.2万公顷，为全年计划的70.7%，与去年同期相比增长50%以上。其中，天然林资源保护工程完成造林56.73万公顷，为计划任务的68.9%，落实森林管护面积9266.7万公顷，为计划任务的100%；退耕还林工程完成退耕还林和荒山造林254.4万公顷，为计划任务的51.6%；三北和长江中下游等重点防护林体系建设工程完成造林79.27万公顷，为计划任务的91.5%；京津风沙源治理工程完成治理面积25.33万公顷，为计划任务的232%；野生动植物保护及自然保护区建设工程新增自然保护区57处；速生丰产用材林基地建设工程完成造林5.6万公顷。特别是随着六大工程建设不断向纵深发展，全社会关心林业、支持林业、参与林业建设的大环境、大气候正在形成，林业真正进入了一个蓬勃发展的春天。

一是林业在经济社会可持续发展全局中的战略地位和作用日益凸显，并正在成为全社会的共识。现在，林业已经被看成是一项在经济社会可持续发展中具有举足轻重影响的公益事业，而不仅仅被视为一项概念狭窄、单纯追求经济效益的基础产业。国务院领导同志明确指出，在贯彻整个可持续发展战略中，应该赋予林业以重要地位；在整个生态环境建设中，应该赋予林业以首要地位；在整个西部大开发中，应该赋予林业以根本地位。全国人大将林业作为关心的重点对象，不断加强对林业工作的指导，几次听取国家林业局的工作汇报。全国政协把生态建设作为参政议政的重要领域，给予了极大关注，多次组织以副主席为首的考察团，深入各地对六大工程建设进行实地调研。地方党政领导对林业建设倍加重视，将发展林业作为调整农业产业结构、加快农民脱贫致富步伐、促进“三农”问题解决的战略措施来抓。特别是江苏省作为一个现代化程度较高的沿海经济发达省分，明确提出，林业要由“四旁”挺进“大堂”、由“另册”改入“正册”、由“副业”变成“主业”，可谓是我国林业地位和作用日益凸显的一个生动写照。

二是六大工程建设更加深入人心，林业跨越式发展迈出了实质性步伐。六大工程的全面启动，进一步激发了社会各界和广大人民群众参与林业建设的积极性，大家越来越关注工程实施的内容、政策的“含金量”、自身权益的保障等，并且正在以饱满的热情投身工程建设。我们欣喜地看到，实现朱镕基总理提出的“五年初见成效，十年大见成效”的目标，已经在全国很多地方初现端倪。山东省今年计划造林10.67万公顷，上半年就完成了17.33万公顷。陕西省延安市从2000年开始，每年仅完成的退耕还林任务就超过以往一年全部的造林面积。全国很多地方现在一年完成的造林任务都是过去一年的两三倍甚至更多，过去两三年森林覆盖率提高一个百分点都感到很困难，现在一年就是一个百分点。这都是实实在在的成绩，都是林业发展步伐加快的标志。

三是各级林业主管部门的工作热情空前高涨，广大务林人的精神面貌焕然一新。应该说，过去50年，我国林业建设有过辉煌，为国民经济和社会发展作出过巨大贡献，但同时由于种种原因，国有林区出现了“两危”局面，部分林场甚至因为发不出工资而到了“散摊子”的地步，这在一定程度上挫伤了广大林业职工的积极性。现在，我们有了自己的六大工程，有了自己的“航空母舰”，使社会生产要素正在加速地向林业这个财富基数大、流动快的地方聚集，从而再造了林业发展的新优势，呈现出一派蓬勃向上的盎然生机，整个行业和广大务林人的精神面貌为之一新，正在以昂扬的斗志为林业建设奉献着自己的心智和汗水。

四是各地积极探索，锐意改革，为林业跨越式发展积累了许多宝贵经验。近两年来，各地根据国家林业局的总体部署，紧密结合六大工程建设实际，解放思想，实事求是，与时俱进，加快体制创新、机制创新、政策创新步伐，进一步破除了制约林业生产力发展的各种障碍。广东由省财政拿钱，开展森林生态效益补偿工作。广西对商品人工林建设，减半收取林业“两金”。山东就林业产业发展，出台了一系列的优惠政策。江苏以深化产权制度改革为突破口，有力地促进了平原林业的发展，等等。所有这些，都为新时期林业跨越式发展注入了新的活力。

但是，我们也要清醒地看到，当前林业建设中仍然存在着一些不容忽视的矛盾和问题，阻碍着林业跨越式发展的进程。一是林业政策不活、机制不灵的问题仍很突出。前些年发展起来的造林大户，由于政策原因而“抱着金碗要饭吃”的矛盾正在从不同渠道集中反映出来。二是资金使用和管理上的漏洞还很多，少数地方和单位胡花乱用工程资金的现象让人触目惊心，严重影响了林业行业的声誉。三是国有林区经济状况还有待改善，林业职工生活困难。特别是今年以来的集体上访接连不断，正确处理改革、发展、稳定的关系还有很多工作要做。四是森林防火、森林病虫害防治、林木种苗管理和品种结构调整、基层林业站建设的压力仍然很大，制约着林业发展的速度。五是六大工程建设中暴露出来的新矛盾新问题层出不穷，后续和替代产业的培育工作亟待摆上重要日程。这些，都需要我们在今后的工作中高度重视，认真解决。

通过上面的形势分析，我们可以得出这样一个结论：当前的林业发展，形势喜人，形势逼人。林业正在经历着一场极其深刻的历史性变革，正处在一个十分关键的转折时期，这是一个充满痛苦和希望的过程，我把它叫作“蝉蜕时期的痛苦与希望”。面对这样的形势，我们如何才能抓住机遇，趋利避害，乘势而上？我看，最关键的就是要大力推进由以木材生产为主向以生态建设为主的历史性转变，这是林业处在这个重要发展阶段的基本特征。在这个阶段里，林业正在加速实现由以采伐天然林为主向以采伐人工林为主、由毁林开荒向退耕还林、由无偿使用森林生态效益向有偿使用森林生态效益、由部门办林业向全社会办林业的重要转变，这是林业处在这个重要发展阶段的主要特征。我将它们统称为林业的“五大转变”。

（一）五大转变，是我国经济社会发展对林业的必然要求

从根本上讲，经济社会的发展是林业建设的原始推动力。经济社会发展的水平，决定着社会对林业的主导需求，决定着五大转变的存在状态和推进力度。建国初期，我国经济社会发展的水平很低，国民经济处于逐步恢复和初始发展时期，社会对林业的主导需求主要是木材，加之受“以粮为纲”思想的影响，使得林地成了扩大耕地面积的重要来源。当时，人们在很大程度上把森林当作一种经济资源，把林业当作一项基础产业，把林业部门当作一个产业部门。相应地，也是以木材生产为中心来组织和安排林业工作。这些经济社会特征决定了林业只能是一项基础产业，主要任务是以采伐木材为主，并且基本上是采伐天然林，毁林开荒普遍存在，社会对森林的生态价值不加回报，林业工作全靠林业一个部门单打独斗。五大转变在这个时期不具备任何条件，基本处于零状态，有的甚至是逆向发展。

改革开放后，随着经济社会的不断发展，人民生活水平的明显提高，人们逐渐认识到林业既是一项重要的基础产业，又是一项重要的社会公益事业，同时兼有三大效益。这个时候，社会对林业的主导需求仍然是木材，但对改善生态环境的要求也日趋迫切。林业建设的主要特征是，在肩负着木材生产重任的同时，逐步加强了对森林资源的保护，开始实施了以三北防护林建设工程为代表的生态工程，提出了建立两大体系的目标，但以木材生产为中心的指导思想仍然起主导作用。当时的经济社会发展特征，决定了林业开始由以木材生产为主变为与生态建设兼顾，人工林得到大力发展，毁林开荒有所减缓，森林生态效益补偿问题提上日程，社会办林业的格局渐具雏形。五大转变在这一时期开始显现，但由于受当时各种条件的限制，推进力度十分有限。

跨入新世纪，我国进入了全面建设小康社会、加快推进社会主义现代化的新的发展阶段，正在努力开创生产发展、生活富裕和生态良好的文明发展道路。随着可持续发展战略和西部大开发战略的实施，社会对生态环境的关注达到了前所未有的程度，人们对林业地位和作用的认识产生了质的飞跃，在要求保证丰富的林产品供应的同时，改善生态环境日渐成为社会对林业的主导需求。相应地，“三大效益兼顾，生态效益优先”成了林业建设的指导思想。以六大工程的确立和实施为标志，我国林业进入了一个以可持续发展理论为指导，全面推进跨越式发展的新阶段，加强生态建设成为林业工作的主要任务，天然林资源受到严格保护，木材生产转向以采伐人工林为主，大规模的退耕还林渐次展开，森林生态效益补偿制度开始实施，全社会办林业形成气候，五大转变开始进入实质性整体推进的新阶段。

回顾我国林业 50 多年走过的历程，我们可以看出，这是一个以木材生产为中心的指导思想从不断强化到逐步弱化的过程，是一个对林业认识日益深化和林业定位不断调整的过程，是一个经济社会发展推动林业五大转变从发生到发展、从量变到质变的过程。也就是说，在尊重林业自身发展规律的前提下，社会需要一个什么样的林业，我们就必须努力建设一个什么样的林业。否则，林业就没有生命力，就找不准自己的位置，就无法得到社会的重视，就难以在推动经济社会发展中发挥更大的作用。

（二）推动五大转变，对促进我国林业建设具有十分重大的历史意义

五大转变，是当前我国林业发展所有特征的集中体现。全力推进五大转变，是对林业发展趋势的准确把握，是林业适应市场经济体制的战略选择，是对林业工作重点调整的重大决策。六大工程、五大转变、跨越式发展是一个有机联系的整体，六大工程是跨越式发展的载体，五大转变是跨越式发展的保证，这二者一左一右，宛如两个车轮，共同驱动着林业跨越式发展这辆气势恢宏的世纪列车。它们共同构建了新时期我国林业发展的理论平台，标志着我国林业进入了在明晰思路指导下加快发展的新阶段。还要看到，实施六大工程、推进五大转变、实现跨越式发展的过程，就是从根本上调整林业定性定位、指导思想、管理体制、运行机制、政策措施和建设模式的过程。

由以木材生产为主向以生态建设为主的转变，是对林业定性定位和指导思想的一次重大调整，是对林业认识的一个巨大飞跃。

大力推进这一转变，无论是对林业建设还是对整个行业都至关重要。只有推进这一转变，才能从根本上解决林业的地位和作用问题，真正使林业受到重视；才能实现林业与社会主义市场经济体制的充分对接，进一步廓清政府和市场在林业建设上的分工，明确哪些应该由政府管，哪些应该由市场办，分别找准两类林业在市场经济条件下正常发展的运行轨道；才能真正建立起作为公益事业的部分以政府投入为主的财政支持体制，从根本上解决长期以来困扰林业发展的投入不足问题。这一转变是五大转变的核心和根本，是纲，没有这一重大转变，就很难想象国家会计划投入几千亿的资金启动六大工程，就很难想象社会各界会给予林业以这么多的关注。其他四个转变是目，是这一转变的重要标志和表现形式，是推动这一转变的重要力量，并且可能随着发展过程的变化而变化。

由以采伐天然林为主向以采伐人工林为主的转变，是在尽量满足社会对木材需求的前提下，最大限度发挥森林生态、社会效益的战略选择。天然林在调节气候、涵养水源、保持水土、保护生物多样性、维持生态平衡等方面，具有人工林所无法比拟的重要作用，是无可替代的自然资源。我国现有的 1.07 亿多公顷天然林，大部分处于大江大河源头，在维护国土生态安全方面发挥着巨大作用，其生态价值无可估量，保护这些宝贵的天然林资源已刻不容缓。同时，我国经济社会发展对木材的需要也在日益增长，据预测，到 2015 年我国木材供需缺口将达到 1.4 亿～1.5 亿立方米，矛盾相当尖锐。大力推进这一转变，是对我国森林利用结构的重大调整，有利于林业分类经营改革的深入推进。一方面，它能够促进天然林资源的科学利用，实现其可持续经营的目标；另一方面，它能够促进人工林的快速发展，并形成一套与之相适应的政策机制。同时，推进这一转变，对于促进重点国有林区休养生息，加速经济结构调整，尽快摆脱“两危”境地，早日步入良性循环也具有重要意义。

由毁林开荒向退耕还林的转变，是优化国土利用结构，加快林业发展步伐的有效途径。目前，全国 25 度以上的坡耕地已达 606.67 万公顷，是造成水土流失的“第一大户”，每年输入长江、黄河的泥沙有 2/3 来自这部分耕地。大力推进这一转变，不仅有利于控制水土流失，根治江河水患，而且有利于森林资源保护，加速林业发展。退耕还林工程结束后，将有 1466.67 万公顷坡耕地回归有林地，加上荒山造林 1733.33 万公顷，全国将新增森林面积 3200 万公顷，仅此一项就可提高森林覆盖率 4 个百分点。大力推进这一转变，使新形势下贯彻“以农业为基础”的指导思想赋予了新的内涵，即由“以粮为纲”变为“以林促农”或者“以生态改善反哺粮食生产”，从而自根本上巩固了农业的基础地位。大力推进这一转变，还能有效地推动我国非公有制林业的发展，退耕还林后形成的有林地，产权归退耕户所有，经营主体为广大农民，必将成为我国私有林发展的一个突出亮点。

由无偿使用森林生态效益向有偿使用森林生态效益的转变，是林业发展的一个重大机制创新。森林生

态效益是林业公益性的重要体现。1999年，北京市运用替代法对全市森林的生态效益进行了测算，按当年价格计算达到2110多亿元，是林木自身价值的13.3倍。美国、日本等国的研究也表明，森林的生态效益是有价的，而且十倍于其自身的经济价值。2001年，国家财政投入10亿元，进行了生态效益补助试点，这标志着我国无偿使用森林生态效益的历史即将结束，有偿使用森林生态效益的历史正式开始，是林业发展上的一个重大理论和实践突破。首先，它使森林的生态价值得到社会承认，并有了统一的衡量尺度，使生态效益进入市场成为可能。其次，它为我国公益林的管护提供了稳定的资金渠道，注入了新的活力，有利于公益林的可持续经营。第三，它还有利于提高公民的生态意识，调动大家造林护林的积极性，从根本上解决林业发展的动力问题。

由部门办林业向全社会办林业的转变，是完成新时期林业建设任务的重要保证。林业的性质和特点都决定，仅靠一个部门的努力是不够的，必须依靠全社会的力量来建设。六大工程启动后，更使林业上升为一项全社会都很关注、民众参与程度很高、需要各方面大力配合和支持的社会性工程，推进这一转变，有利于凝聚社会共识，赢得大家对林业的关心、重视和支持；有利于更加充分地吸引社会生产要素，壮大林业建设力量；有利于激活林业内部的运行机制。使林业成为一个有义务、有责任、有利益、有活力的事业，有利于促进林业部门的职能转变，使之不断向提供公共服务和执法监管过渡。

（三）抓好重点工作，突破难点问题，全面推进五大转变

林业的五大转变，要按照“三个代表”要求，在林业战线进行的又一次思想解放和思路的再一次升华。实施六大工程，推进五大转变，实现跨越式发展，是今后一个时期我国林业工作的主线和基本任务。当前，最关键的是要找准推进五大转变的突破口和切入点，把各项转变不断引向深入。

推进由以木材生产为主向以生态建设为主的转变，必须抓紧建立五个体系。生态建设作为国家公共事业的重要组成部分，必须有一套能够充分体现国家作为建设主体的支撑体系作保证。一是公共财政支持体系，使公益林业建设和主要的林业基础设施建设能够得到各级财政长期、稳定的投资支持。二是行政管理体系，使全国的林业建设事业都能够置于有效的组织管理架构之下。三是执法监管体系，使各项林业工作尤其是森林资源保护管理工作步入严格的法制化轨道。四是公众林业服务体系，使公众参与林业建设能及时有效地得到森林防火、病虫害防治、科技推广、种苗供应等方面的服务。五是森林资源和生态环境动态监测体系，使国家能够随时根据资源消长、生态变化和六大工程进展情况，调整对策措施。

推进由以采伐天然林为主向以采伐人工林为主的转变，必须尽快实现四个到位。一是天保工程区木材减产和富余职工分流安置到位，重点要在企业债务和职工社保两大问题上取得突破。并要从思想上高度重视，切实解决好隐性的超限额采伐问题。二是天保工程区后续产业培育到位，关键是要利用林区资源优势，大力兴办森林旅游业、种植养殖业等替代产业，培育林区经济发展新的增长点。三是森林经营措施到位，努力提高林分质量，关键是要按照经营方向和可持续发展的要求，尽快完成各个经营单位森林经营方案的编制，为全面有效地推进森林经营工作提供科学依据。四是商品用材林基地建设到位，努力扩大人工林面积，缓解天然林保护压力，关键是建立起商品人工林营造利用的良性发展机制，使经营者能够真正按照市场需要组织生产。

推进由毁林开荒向退耕还林的转变，必须努力确保四个成果。一是退耕还林成果，关键是要认真落实好江总书记关于“退耕还林还草与农田基本建设、农村能源建设、生态移民、农牧业结构调整结合起来”的指示精神，确保“退得下，还得上，不反弹”。二是退耕户的经济成果，既要使当前补助的钱粮拿到手，又要使长远的生计有着落。三是典型的私有林发展成果，关键是从一开始就要切实抓好退耕还林地的确权发证工作，做到产权明晰、利益直接。四是生态农业建设成果，通过实施退耕还林，探索出一批生态农业建设的新模式。

推进由无偿使用森林生态效益向有偿使用森生态效益的转变，必须切实抓好四个重点。一是按照分类经营的要求，切实将两类林业用地落实到山头地块，做到地类、权属清楚，经济主体明确。二是按照国家建立公共财政体系的原则，落实中央和地方对生态公益林的补助资金，争取中央补助资金尽快达到并稳定在70亿元以上。三是抓好生态公益林补助试点工作，摸索经验，探索路子，为全面建立该项制度打好基础。四是抓紧建立森林生态社会价值核算评估体系，确立科学、合理的核算标准和统计方法。

推进由部门办林业向全社会办林业的转变，必须大力强化五项工作。一是以政策为先导，调动一切力量投入林业建设，努力实现林业建设主体的多元化。二是以落实林木所有者的财产处置权和减轻林业税费负担为重点，刺激非公有制林业的发展。三是不断丰富和完善义务植树的实现形式，努力提高适龄公民的尽责率，推动全民义务植树运动向深度广度发展。四是着力抓好城市林业和绿色通道工程建设，构筑几道亮丽的林业风景线。五是研究建立能够使各行各业、各个部门认真履行参与和支持林业建设义务的约束机制。

人是一切工作的决定性因素。推进五大转变，离不开一支高素质的林业干部队伍。因此，我们一定要

按照江总书记“5·31”重要讲话精神，结合林业工作实际，把加强各级林业主管部门的思想、作风、组织、业务、制度建设贯穿于推进五大转变的始终。具体地讲，就是要通过思想建设，增强干部实践“三个代表”要求的自觉性，提高领导干部驾驭全局的能力；通过作风建设，解决文山会海问题，提高干部调查研究和解决实际问题的能力，腾出更多的时间、精力抓大事；通过组织建设，树立正确的用人导向，使一切愿意为林业跨越式发展贡献力量的同志都能够得到用武之地；通过业务建设，提高干部队伍的整体素质，增加林业建设的科技含量；通过制度建设，规范各种行为和办事程序，使各方面的管理工作都有章可循。总之，要通过加强机关五大建设，努力造就一支政治坚定、业务精通、作风过硬的林业干部队伍，使各级林业主管部门真正成为推进五大转变的“指挥部”。

三、再接再厉，扎实工作，全面完成今年各项林业建设任务

总的看，上半年的工作很有成绩，下半年的任务仍很艰巨。希望各地继续按照全国林业厅（局）长会议关于“突出一个重点，办好两件大事，强化三项工作”的总体部署，做好各项工作。对已经完成的工作，要进一步巩固提高；对还没有完成的工作，要列出时间表，在下半年保质保量地完成。这里，我仅就下半年要重点强调的几项工作再讲一讲。

（一）切实抓住六大工程全面启动的大好时机，大力推进林业跨越式发展

一要确保今年六大工程建设任务的完成。要认真对照各个工程的年度计划和工作部署，查漏补缺。要抓住今年全国普遍雨水较多的有利条件，集中精力抓好雨季造林和秋季造林工作。同时，要提前做好明年工程实施的相关准备，特别是规划设计、种苗生产、责任书签订、造林质量管理、宣传发动等各个环节的工作。二要切实抓好六大工程的检查验收工作。要按照工程建设的有关办法、规程和要求，组织完成好检查验收工作。一定要通过检查验收严格把好工程建设的质量关，坚决防止冒名顶替、弄虚作假等现象的发生，把“质为先”的要求落到实处，使六大工程的建设成果实实在在，经得起检验。六大工程的进展情况，要定期通报。三要建立起六大工程监测的预警机制。充分利用3S等先进技术，在完善对六大工程实施进展情况和生物技术指标进行监测的同时，尽快启动其社会经济效益的监测评估工作。在此基础上，建立起六大工程实施的预警机制，为国家的科学决策提供依据。四要抓好六大工程的建规立法工作。要抓紧《退耕还林条例》的修订补充工作，为年内出台做好充分准备。要加快《天然林保护条例》的制定进程，争取早日上报。要加大《防沙治沙法》的宣传贯彻力度，尽快将工程建设引上法制化轨道。要抓好《野生动物保护法》的修订工作，使之适应形势发展需要。要按照三部委关于速丰林基地建设的若干意见，着力落实国家补助资金、银行贷款和财政贴息等优惠政策。

（二）继续抓好“两件大事”，为召开全国林业工作会议做准备

上半年，我们围绕修改完善代中央起草的《关于加快林业发展的决定》，连续召开了部分林业厅（局）长座谈会、专家学者座谈会、全国林业厅（局）办公室主任和部分政法处长座谈会，广泛听取了各方面的意见，并在事先两次征求中央农村工作领导小组办公室意见的基础上，正式上报。下一步，我们仍要积极主动地配合中央农村工作领导小组办公室，做好《决定》的修改和部门协调工作，争取尽早上报党中央、国务院。在温家宝副总理的亲自指导下，在两院院士、资深专家和所有研究人员的共同努力下，《中国可持续发展林业战略研究》也接近尾声。目前，稿子已经出来，正在进一步修改完善。要加大后期工作力度，确保这项研究真正取得预期成果，成为一部为国家林业决策提供科学依据的力作。为了加快我国林业决策的科学化、民主化进程，我们准备以林业战略研究专家组为基础，组建一个权威的中国林业发展高级专家咨询机构，长期为中国林业的重大决策出谋划策，提供咨询。

（三）以高度的政治责任感，全力抓好下半年的森林防火工作

举世瞩目的党的十六大将在下半年召开，这是我国政治生活中的一件大事。我们一定要从讲政治的高度，认真做好下半年的森林防火工作，确保不出现大的问题。一要认真贯彻温家宝副总理关于落实森林防火行政领导负责制的“五条标准”，真正把森林防火工作提上重要议事日程，作出重点安排。二要以强化野外火源管理为中心，坚决消除各种火灾隐患。三要突出重点，加大重点火险区的综合治理力度，提高防扑火能力。四要切实强化林火监测，完善林区基础设施，为实现“打早、打小、打了”创造条件。五要加强森林消防专业队伍建设，特别是要充分发挥武警森林部队的主力军和突击队作用，通过加强培训和实战演练，全面提高部队的防扑火能力。要继续抓好三个总队的组建工作，使之尽快发挥作用。

（四）加强执法监管，抓好森林和野生动植物资源保护管理工作

一要加速推进森林资源和林政管理工作，从注重对破坏森林案件的查处工作转移到加强资源管理的基础工作上来，把着力点放在能力建设上；从注重事前审批转移到注重事后和事中的监管上来，把着力点放在更高层次的全过程监管上；从单纯注重运用行政手段转移到注重法律、行政和经济手段并用上来，把着力点放在依法行政上；从对森林资源的被动保护为主转移到主动预防为主上来，把着力点放在依法行政

上；从对森林资源的被动保护为主转移到主动预防为主上来，把着力点放在宣传、教育、疏导等预防措施上。通过机制创新，开创森林资源管理的新局面。二要全面落实森林资源保护管理责任，实行严格的责任追究制度，真正把地方各级政府主要领导是保护森林资源第一责任人、林业主管部门主要领导是保护森林资源主要责任人的规定落到实处，实行严格的责任追究制度。凡是森林资源保护管理工作中出现问题的，要首先严肃追究地方政府领导和林业部门领导的责任。三要切实规范林业行政执法。要对资源管理和林政执法人员的岗位资格、职责权限、管辖范围等作出严格规定，防止部门与部门之间，执法人员之间因职责不明、管辖不清，造成谁都管或谁都不管的情况发生；要公开行政审批的程序、条件、范围和时限，严格界定行政执法的方法、步骤、形式、强制措施等；要明确审批部门和审批人应负的责任，既要追究批而不管的责任，也要追究管而不批的责任。四要严厉打击破坏森林资源的违法犯罪活动。各级森林公安机关要继续深入开展林业严打整治斗争，依法从重从快惩处破坏森林和野生动物资源的违法犯罪分子。对那些影响恶劣的大案要案，要抽调办案能手，实行挂牌督办。对因地方保护主义久拖不决的案子，要采取异地办案的办法，一查到底，以达到震慑犯罪、教育群众的目的。要根据新的形势，切实加强和改进森林公安队伍的自身建设。

（五）以资金安全运行和有效使用为核心，狠抓各项“慎用钱”措施的落实

总的看，林业资金的使用是好的，但也存在着不少问题。国家审计署对2000年、2001年天保工程和退耕还林工程的资金使用情况专项审计的结果表明，这两项工程资金违纪使用率分别达到12.79%和8.3%，应该说问题之严重，令人触目惊心。因此，这项工作一定要加大力度，强化措施，常抓不懈。

第一，要有明确的“慎用钱”的衡量尺度。关键是看两条：一看有关的规章制度是否得到认真执行，资金运行的安全性是否得到保证，国家资金有没有被个人或小集体侵吞；有无出现挪用、截留、串用等违规行为的发生。二看资金安排是否合理，使用效果是否明显，是否保质保量完成了建设任务，达到了预期目的。在资金使用和管理上必须按政策办，按规定办，变通不得，越轨不得。第二，要切实建立健全有关制度，强化财务会计基础工作。要抓紧制定《林业重点生态工程建设资金管理规定》、《林业重点生态工程建设资金会计核算办法》、《关于林业重点工程资金违规问题责任追究的暂行规定》等规章制度，以此来规范工程实施单位的行为，做到有章可循，有据可依。第三，要积极完善和探索确保资金安全高效使用的机制。大力推行工程建设资金拨付的“报账制”，从源头上保证资金专款专用，提高使用效益。要把资金管理、项目管理和对工程资金的监督检查有机结合起来，形成相互监督、相互制约的机制。要积极研究探索新形势下林业资金管理、监督、检查的新手段、新办法，提高监管效果。第四，要进一步加大宏观调控力度。对擅自调整国家投资计划，变更建投地点、改变建设内容、扩大建设规模、提高建设标准以及挪用、截留、挤占国家建设资金的单位，要采取停止审批新的建设项目，调减或停止拨付建设资金等措施，促其提高管理水平。

（六）采取有力措施，加强林业安全生产和林区社会稳定工作

一要切实抓好林业安全生产工作。要从讲政治、讲大局的高度出发，进一步提高对安全生产重要性的认识，切实树立起安全第一的观念。要认真吸取民航、交通、煤炭等部门的教训，举一反三，引以为戒，切实做好森林防火、林业生产、后勤保障等方方面面的安全工作。对贮木场、油库、高压容器、易燃易爆物品存放处等重点单位、重点部位，要加强防范，消除事故隐患。对技术装备落后、陈旧老化的设备，要加强安全检查和维修。对缺乏安全保障的森林旅游线路和休闲娱乐场所，要严禁开放。同时，要加强值班调度工作，严格执行事故报告制度。二要确保林区社会稳定。随着六大工程的逐步推进和林业改革的不断深入，一些深层次矛盾开始暴露，林区社会的各种不稳定因素随之增多，维护稳定工作的难度逐步加大。要认真贯彻落实中央关于维护企业和社会稳定的有关文件精神，经常性地对本单位、本地区不稳定因素进行排查，将不稳定因素消灭在萌芽状态，确保林区社会稳定。一旦发现不稳定苗头，各单位主要负责同志要亲自做工作，及时化解矛盾，防止矛盾激化，做到早发现、早控制、早消除。三要高度重视信访工作，当前林业信访工作形势十分严峻，特别是集体上访的迅猛增加，给我们的工作造成了很大压力。对此，大家一定要高度重视，采取积极措施予以应对。要严格按照国家的《信访条例》和地方人民政府的有关规定，紧紧依靠地方党委和政府，解决信访问题，规范上访者行为，最大限度地减少越级上访和集体上访。要切实担负起信访工作的责任，按照“三个代表”要求，维护好群众利益，解决好群众困难，将群众反映的问题解决在基层，把矛盾化解在当地。要加强协作，建立起单位内部、系统上下开展信访工作的联动机制，在信息传递、处理接待、督办反馈等方面紧密配合。

同志们，我国林业正处在一个前所未有的大好发展时期，大家一定要珍惜这个形势，进一步统一思想，明确任务，按照“三个代表”的要求，开拓进取，扎实工作，建好六大工程，推进五大转变，不断开创林业跨越式发展的新局面，为早日实现祖国山川秀美的伟大目标而努力奋斗。

以党的十六大精神为指导
准确把握和认真贯彻中央的各项工作部署
全面开创林业跨越式发展的新局面

——国家林业局局长周生贤在国家林业局全体司局级干部会议上的讲话

（2002年12月24日）

同志们：

经局党组研究决定，今天召开机关各司局和在京直属单位全体司局级干部会议，传达贯彻中央最近召开的一系列重要会议精神，对2002年的工作进行认真总结，对2003年的工作作出全面部署，同时对春节前要做好的几项工作提出要求。由于今年年底不再召开全国林业厅（局）长会议了，这个会议实际承担着全国林业厅（局）长会议的任务，因而是一次十分重要的会议。下面，我讲四个问题：

一、传达中央经济工作会议、全国组织工作会议、全国计划会议精神（略）

二、2002年工作的总结回顾

2002年，我们以“三个代表”重要思想为指导，认真贯彻落实党中央、国务院的各项工作部署，按照年初全国林业厅（局）长会议和年中全国林业厅（局）长座谈会的安排，紧紧围绕“突出一个重点，办好两件大事，强化三项工作”这个中心任务，做了大量工作，取得了很大成绩。一年来，林业投资大幅度增长，六大工程全面启动，造林绿化明显加快，资源管护显著加强，林业产业快速发展，林业支持保障能力进一步提高，林业事业呈现出蓬勃发展的良好势头，林业跨越式发展迈出了坚实的一步。特别是通过不断总结林业建设的新实践和不断深化对林业发展的再认识，果断结束了“以木材生产为中心”的林业建设指导思想，提出了大力推进我国林业由以木材生产为主向以生态建设为主的历史性转变，确定了当前和今后一个时期林业发展的前进方向，完善了新时期林业建设的理论平台，形成了“抓好六大工程，推进五大转变，实现林业跨越式发展”的工作思路，使我国林业从此迈上了在明晰思路指导下加快发展的新阶段。可以说，2002年是林业工作取得整体突破的一年，是林业建设成就辉煌的一年，是林业发展史上具有重要意义的一年。

（一）六大工程顺利推进，取得巨大成绩

天然林保护工程深入发展。一年来，按照工程实施方案，在继续抓好停伐和木材减产、富余职工安置以及生态公益林管护建设的同时，突出了工程建设中新出现问题的解决，并取得了可喜进展。工程区企业职工的医疗、失业、工伤、生育等社会保险缴费缺口问题已经解决，为此新增工程建设资金120亿元。新疆、海南、吉林等省（区）原未进入工程建设范围的25 000名富余职工的一次性安置问题，已被正式批准纳入工程实施方案。困扰工程实施的森工企业债务问题，已与人民银行等有关部门达成了一致的解决意见。影响工程区社会稳定的“大集体职工”纳入一次性安置范围的问题，也与财政部等有关部门取得了共识。同时，颁发了《天然林资源保护工程“四到省”考核办法（试行）》，把“四到省”责任制度进一步落到了实处。

工程实施5年来，累计营造生态公益林747万公顷，其中今年完成114.13万公顷。长江上游、黄河上中游地区13个省（区、市）全面停止了天然林的商品性采伐，东北、内蒙古等重点国有林区木材产量已基本调减到位，工程区9466.67万公顷森林资源得到了有效管护，企业富余职工已有54.4万人得到妥善分流安置。目前，工程区开始出现了一些可喜的变化：一是山林快速郁闭，林相逐渐变好，长江、黄河流域生态环境恶化的趋势得到初步遏制，局部地区生态环境改善明显。二是野生动物生存环境得到改善，动植物基因、物种和生态系统的多样性得到有效保护。三是林区经济结构逐步得到调整，正在逐步走出“独木支撑”的困境，经济活力明显增强。四是企业富余人员得到有效安置，职工就业由主要从事大木头生产转向多渠道就业，林区群众的经济状况得到较大改善。

退耕还林工程取得重大进展。在前3年试点的基础上，今年工程全面启动。按照中央关于加大退耕还林力度和认真做好相关工作的指示精神，上下左右做了大量卓有成效的工作。在充分论证的基础上，确定并提前下达了今年工程建设的任务486.2万公顷，8月份又追加了80万公顷的计划。从目前的实施情况看，今年完成533.33万公顷退耕还林任务和荒山造林任务是有把握的。国务院在上半年出台了《关于进一步完善退耕还林政策措施的若干意见》，12月国务院第六十六次常务会议又通过了《退耕还林条例》，为工程建设走上正规化、法制化轨道提供了重要保证。我局会同国家计委与各工程省（区、市）人民政府签订了工程建设任务和质量责任书，并颁布了一系列的管理办法和技术标准。各级林业部门狠抓了规划设计、种苗准备、宣传发动、组织实施、核查验收、政策兑现等工作，保证了工程建设的顺利推进。

工程实施4年来，已累计完成退耕地造林318万公顷，荒山荒地造林325.13万公顷，并取得了初步成效：一是严重的水土流失和土地沙化状况得到明显缓解。今年3月21日《人民日报》报道，长江沿线329个监测站常年连续监测的最新数据表明，长江水的含沙量出现全线下降趋势。二是广大农民得到了实惠，增加了收入。累计有1330多万农户、5300多万农民从工程建设中受益，不仅直接得到了补助粮款，而且腾出劳力从事多种经营和副业生产，拓宽了增收渠道。三是促进了农村产业结构调整，尤其是对调整不合理的国土利用结构影响深远。四是起到了很好的宣传、辐射作用，增强了全民族的生态意识。

京津风沙源治理工程全面推进。今年工程全面启动以来，各方面的工作都取得了良好进展。修改后的《京津风沙源治理工程建设规划》已经国务院批准，其中新增的农田牧场林网建设和生态移民，丰富和完善了工程建设的内容。以林业部门为主体、林农水各负其责的工程建设的管理体制逐步明确和完善，“四到省”的工程建设责任制得到有效落实，并对75个工程县实行了优劣排名制和末位警告制。通过全面实施退耕还林、舍饲禁牧、轮牧休牧、生态移民等项目，以及兑现“谁承包、谁治理，谁管护、谁受益”的政策，调动了广大农牧民参与工程建设的积极性。严格推行了禁垦、禁牧、禁樵措施，使工程区的林草植被得到有效保护，巩固了工程建设成果。截至10月底，今年共完成治理面积130.53万公顷，为年度计划的93.6%。

三北和长江中下游地区等防护林工程建设继续加强。在三北防护林工程四期工程建设中，为提高质量和效益，今年把重点放在了结构调整与优化上；在项目安排上，把防沙治沙放在了突出位置；在造林方式上，加大了封育比重；在林种树种结构上，实行了以灌木为主、乔灌草结合的模式。长江等5个防护林工程，在总结一期建设经验的基础上，今年继续开展二期工程试点，并重点对建设模式、管理办法、技术规程和科技支撑等进行了完善，为工程的全面启动做了充分准备。截至10月底，今年工程共完成造林面积76.2万公顷，为年度计划的近90%；新增封山育林面积139.33万公顷，为年度计划的94%。

野生动植物保护及自然保护区建设工程取得明显成效。今年主要完成了15个重点物种拯救、自然保护区建设和湿地示范工程建设的规划，以及各省（区、市）相应规划的编制工作，明确了工程建设的目标任务和建设重点。同时，加快了野生动植物保护及自然保护区建设力度。全年新建自然保护区249处，新增保护面积359万公顷，使全国林业系统建立和管理的自然保护区达到1405个，总面积达1.09亿公顷，占国土陆地面积的11.35%。大熊猫、朱鹮、金丝猴、老虎、藏羚羊、兰科植物、苏铁等濒危物种的拯救繁育工作取得新进展。

重点地区速生丰产用材林基地建设工程发展势头强劲。工程建设今年正式启动后，发展势头十分强劲，国家开发银行在去年安排6个项目并付诸实施的基础上，今年又新评估了4个项目，造林规模达29.33万公顷；世界银行贷款贫困地区林业发展项目完成造林9.53万公顷。各地纷纷出台商品林建设的优惠政策，广大林农对发展速生丰产林热情高涨，用材企业纷纷建立自己的原料林基地，各类主体踊跃申报项目，林纸结合、林板结合的发展趋势已经展现。

（二）造林绿化速度显著加快，质量明显提高

今年全国造林绿化计划任务812.67万公顷，比去年增加了65%。这是我国造林绿化规模的一次历史性跨越。截至10月底，全国已完成造林面积729.47万公顷，约占年度计划的90%。全国参加义务植树的人数达5.4亿人次，植树23亿株，并且组织开展了声势浩大的“迎绿色奥运、百名部长义务植树活动”。造林质量明显提高，经核查，全国人工造林面积核实率、合格率和保存率分别在95%、90%、70%以上。

今年的营造林工作，按照“质为先”的要求，大力强化了质量管理。建立健全了营造林质量管理的制度和机构，使营造林质量管理工作开始走向正规化和制度化，全行业初步形成了重质量、求实效的新局面。召开了全国营造林质量工作会议，对新时期的营造林质量工作进行了认真研究和全面部署。加强了营造林质量的宏观调控，把营造林质量与项目审批、计划下达、资金拨付等紧密挂钩，实行刚性调控。加大了《造林质量管理暂行办法》和《造林质量事故行政责任追究制度》的执行力度，查处了一批有影响的营造林质量案件。在林业生态工程中试点推行了监理制度，起草了《林业生态建设工程监理实施办法》和《林产工业工程建设监理实施办法》。修改和完善了营造林技术标准，对新中国成立以来制定的150多项营造林技术标准进行了全面清理，重新制定了生态公益林建设、经济林产品质量等26项技术标准。加强了营造林技术指导，组织各方面专家深入基层，帮助解决了工程建设中出现的技术问题。积极推进森林经营工作，完成了《中国森林可持续经营指南》的框架编制工作。

（三）林业投资大幅度增加，资金管理全面加强

今年国家对林业的投入继续大幅度增加，达到

347亿元，比去年增长167亿元，增幅超过90%，再创历史新高。这么多的资金投入，充分体现了国家对林业和生态建设的高度重视，如何用好管好这些资金，给我们提出了许多课题。

为此，一年来，我们在思想上时刻紧绷“慎用钱”这根弦，不断加强资金管理。先后出台了《林业重点工程资金违规责任追究暂行规定》、《林业重点工程资金管理暂行规定》等规章制度，并督促和指导各地制定了相应的管理办法，使资金的规范化、制度化管理向前迈进了一大步。进一步强化了工程资金管理责任制，在实行工程建设“四到省”的基础上，将资金管理的责任再细化分解，层层落实，直至明确到具体的责任人。组织开展了六大工程资金使用情况稽查，并对森林生态效益补助资金、种苗工程和森林防火综合治理工程项目进行了跟踪检查，加强了林业重点工程资金的监管力度。配合有关部门对工程资金进行了全面审计，对发现的问题及时进行了整改，特别是在督促和指导工程建设单位以专户存储、按专账管理、实行专款专用等方面做了大量工作，收到了较好的效果。针对资金管理出现的一些重大问题，分别召开了资金安全运行工作座谈会和局务扩大会，对如何加强林业重点工程资金管理、严格执行部门预算进行了认真研究，提出了明确要求，做了深入部署。

（四）林政执法更趋完善，森林资源得到有效保护

进一步加强和完善林木采伐管理制度。一方面，按照国发［2001］2号文件的精神，狠抓了采伐限额管理工作，超限额采伐的现象总体上得到遏制；另一方面，对人工林采伐进行了“松绑”，出台了《关于调整人工用材林采伐管理的意见》，调动了经营者的积极性，为促进由以采伐天然林为主向以采伐人工林为主的转变提供了有力支持。严格执行征占用林地审核审批制度，非法侵占林地的现象明显下降，各类建设征占用林地的面积审核率达到87.4%，森林植被恢复费收取率达到77.7%，比去年分别提高了20个百分点和15个百分点。森林资源监测体系不断完善，监测信息的准确性和时效性明显提高，为及时准确地掌握六大工程进展情况和正确决策提供了科学依据。深入开展严打整治斗争，组织开展了“破案攻坚战”等重大行动，我局挂牌督办的15起重特大案件已有13起得到侦破，各省（区、市）挂牌查办的129起大案要案已经全部结案。各类破坏森林资源案件数量继续呈下降趋势，预计今年发案数量在45万起左右，案件查处率达95%以上。森林病虫害防治工作力度进一步加大，外来有害生物的防范工作得到加强，重大病虫害工程治理成效显著，江苏、浙江、安徽等地松材线虫病致死树木数量首次出现了下降。

特别值得一提的是，面对十分不利的气候条件，今年森林防火又取得了较好的成绩。截至11月底，全国共发生森林火灾7400起，受害森林面积4.66万公顷，伤亡94人，与前3年同期平均值相比，火灾损失和人员伤亡分别下降了18.4%和56.5%，确保了森林资源的安全和十六大期间的社会稳定。尽管今年夏季在内蒙古大兴安岭北部原始林区发生了建国以来最大的雷击森林火灾，但经过广大林业职工和森警官兵20多个昼夜的浴火奋战，创造了在气候条件极为不利、地形地貌十分复杂、火势非常强盛的情况下，主要依靠人工扑灭特大森林火灾的奇迹，铸就了“公而忘私、顾全大局，团结协作、众志成城，舍生忘死、敢打必胜”的火场精神，得到了党中央、国务院、中央军委的高度赞扬。

（五）不断完善代中央起草的《关于加快林业发展的决定》，全国林业工作会议的筹备工作全面启动

代中央起草《关于加快林业发展的决定》，是筹备全国林业工作会议的核心工作。今年以来，围绕修改完善《决定》主要做了四方面的工作。一是先后召开了部分林业厅（局）长座谈会、林业战略研究专家座谈会、各省林业厅（局）办公室主任和部分政法处长座谈会，广泛听取了各个方面的意见，在此基础上，对《决定（代拟稿）》做了进一步的完善修改。二是先后两次向中央农村工作领导小组办公室进行了汇报，并根据他们的意见，在对《决定（代拟稿）》的有关内容做了相应修改后，征求了19个部门的意见。从反馈的意见看，各部门都对《决定（代拟稿）》给予了充分肯定，并提出了一些修改意见。我们在逐条梳理、研究后，又对《决定（代拟稿）》做了进一步的修改。三是搞好与中国可持续发展林业战略研究成果的对接，除直接听取参研专家的意见外，全面吸收了中国可持续发展林业战略研究的主要成果。四是对涉及林业长远发展的一些重要指标和数据进行了反复研究论证和核对，力求准确无误、客观真实。经过上述步骤，目前《决定（代拟稿）》已经基本成型，即将报党中央、国务院审定。

同时，召开全国林业工作会议的有关事项得到了进一步明确，初步确定，时间放在明年“两会”结束之后。前不久，局党组对会议筹备方案进行了专门研究，并决定全面启动会议的其他各项筹备工作。在局党组的统一领导下，成立了文件、表彰、宣传、后勤4个组，目前各组的工作正在有条不紊地进行。我相信，有中央的大力支持，有宏观战略研究的成果，有充分反映林业发展要求的《决定（代拟稿）》，有对会议的精心准备，广大务林人企盼多年的全国林业工作会议一定能够胜利召开。

（六）中国可持续发展林业战略研究取得重大成果

经过约60位两院院士和资深专家、近300位研究人员一年多的共同努力，中国可持续发展林业战略研究工作取得重大进展。《中国可持续发展林业战略研究总论》已经通过了国务院的审定，并举行了首发式，其他分论部分也已形成初稿，进一步修改后，很

快就能定稿出版。经过大家的共同努力，该项目研究取得了丰硕成果，提出了："确立以生态建设为主的可持续林业发展道路，建立以森林植被为主体的国土生态安全体系，建设山川秀美的生态文明社会"的"三生态"的战略思想；"到本世纪中叶，基本建成资源丰富、功能完善、效益显著、生态良好的现代林业，最大限度地满足经济社会发展对林业的生态、经济和社会的需求，实现我国林业的可持续发展"的战略目标；"严格保护，积极发展，科学经营，持续利用"的战略方针；"以工程为载体、以科技为先导、以改革为动力，推动林业跨越式发展，使之从以木材生产为主跨入以生态建设为主的新阶段"的战略途径。并对天然林保育、退耕还林、荒漠化防治、森林灾害防治等10个事关我国林业可持续发展的重大战略问题进行了全面系统的研究，提出了相应的对策建议。可以说，形成的研究报告是一部总结过去、反映现在、指导未来的力作，必将对我国林业的发展乃至全国的可持续发展产生重大影响。特别是温家宝同志在审定会上提出的"林业是经济和社会可持续发展的重要基础，是生态建设最根本、最长期的措施。在可持续发展中，应该赋予林业以重要地位；在生态建设中，应该赋予林业以首要地位"的重要论断，是对新时期中国林业地位和作用的精辟概括，对林业发展具有十分重大和深远的意义。

（七）林业基础保障工作得到有力加强

林业法律法规进一步完善。《农村土地承包法》的颁布实施，为规范林地承包管理，维护林农合法权益提供了法律依据；《退耕还林条例》即将颁布实施；《天然林保护条例》的起草、《野生动物保护法》的修改工作也已启动。科教兴林工作不断加强，六大工程的科技支撑方案业经多轮论证，将在进一步修改后发布实施；一大批有针对性的科技推广项目和科技攻关课题相继启动，对六大工程的实施提供了有力支撑。林木种苗管理工作不断加强，生产、销售、使用各环节的行为得到进一步规范；一批新的林木良种壮苗生产基地相继建成，良种使用率达到30%以上，苗木生产能力提高到260多亿株，满足了全国大规模造林绿化的需要。编制印发了《全国林业工作站体系建设规划》，对基层林业站机构队伍的稳定和保证其履行好职责起到了积极的促进作用。林业宣传声势浩大、成绩斐然，一年来，中央主要新闻媒体共刊发林业新闻2500多条；出版了《再造秀美山川的壮举——六大林业重点工程纪实》等重要图书，很好地宣传了新时期我国林业发展的总体思路，扩大了林业影响，为林业建设营造了良好的社会氛围。林业国际合作不断扩展，交流日益频繁，成功地向芬兰总统塔丽娅·哈洛宁女士授予了中国林业科学研究院名誉博士学位，与斐济、希腊、英国3个国家签署了部门间的林业合作协议，全年新增无偿援助项目28个，受援金额4122万美元，赠贷款额超过1.2亿美元的中国林业可持续发展项目正式启动实施。

同时，按照以人为本、真情关怀，解决实际问题、消除后顾之忧的原则，卓有成效地开展了机关后勤服务工作和老干部工作，为广大在职职工全身心地投入工作提供了后勤支持，为全体离退老同志心情舒畅地安度晚年和发挥余热创造了积极条件。

（八）机关五大建设深入开展

思想建设、组织建设、作风建设、制度建设、业务建设是我局机关建设的永恒主题。在去年机关五大建设取得显著成效的基础上，今年我们又本着结合实际、突出重点、讲究实效的原则，进一步加强了机关五大建设，取得了明显成效。为此，中央国家机关党工委张德邻书记专门带队深入我局进行了两次调研，帮助我们对机关五大建设的情况进行总结。在此基础上，我局在党工委召开的党组书记谈党建经验交流座谈会上，作了典型发言，全面介绍了五大建设的新鲜经验。

思想建设。深入学习"三个代表"重要思想，用最新的理论武装我们的头脑。在局党组的领导下，采取学习班、研讨班和报告会等多种形式，深入学习江泽民同志"5·31"重要讲话、"七一"重要讲话和十六大报告，使广大干部职工对"三个代表"重要思想的精神实质有了更深刻的理解和更全面的掌握，达到了在学习中武装头脑、在领会中统一思想的目的。准确把握林业发展的趋势，用"由以木材生产为主向以生态建设为主的历史性转变"的最新林业实践统一我们的认识。北戴河全国林业厅（局）长座谈会总结提出这一最新林业实践后，立即在全行业组织开展了一场解放思想、统一认识的大学习、大讨论。通过近半年的学习讨论及舆论宣传，这一最新的林业实践不仅在林业系统深深地扎下了根，而且为社会各界所认可。

作风建设。今年，我局把减文减会和大力开展调查研究作为改进机关作风的重点来抓。在减文减会方面，采取了限额控制、超限额党组审批的有效措施，取得了突出成绩。全年全局共发文658件，较去年减少46%，基本实现了年初确定的发文数量减半的目标；以局名义召开的各类会议数量得到有效控制，精简幅度达到54%。调查研究工作也是硕果累累，据不完全统计，一年中我局共派出200多个调研组和工作组，深入基层进行调研和工作指导，撰写了一大批高质量的调研报告，其中部分优秀调研报告已经收入即将出版的《中共中央国务院关于加快林业发展的决定（代拟稿）》有关重大问题调研报告》。特别是党组同志带头分片包干，每人深入几个省（区、市）开展调查研究，并且都做到了"四个一"，即为所到省（区、市）的林业干部职工作一场形势报告，向所到省（区、市）的党委政府作一次全面汇报，为所到省（区、市）办一件实事，撰写一份高质量的调研报告。

这项活动有效地宣传了林业，鼓舞了士气，在所到省（区、市）产生了强烈反响。

组织建设。今年，在加强各单位领导班子建设的同时，把工作重点转向了干部素质教育上来。继续调整和充实了10多个单位的领导班子，涉及司局级干部79人次。根据新走上司局级领导岗位同志的特点，加强了素质教育和提高工作，与国家行政学院联合举办了两期司局级领导干部任职培训班，80多名新任职的同志接受了培训，收到了很好的效果。深入学习贯彻《党政领导干部选拔任用工作条例》，进一步强化干部管理和监督机制。在干部选拔任用过程中，严格按照《条例》的要求，坚持原则、执行标准、履行程序、遵守纪律、把好关口，做到了超职数提报的不受理，未经民主推荐的不考察，未经考察的不上会，民主推荐和考核谈话多数人不拥护的不任用。并且实行了公示制和试用期制，强化了干部任用选拔的监督工作。

制度建设。今年制度建设的重点是执行制度。一方面，各单位组织干部职工对各项规章制度进行了认真学习，做到了应知应会；另一方面，各单位根据自己的实际进一步细化了有关制度，使其更具有操作性。严格按制度办事已成为我局的良好风尚，有效地保证了机关工作规范有序的开展，提高了工作的透明度和办事效率，树立了良好的机关形象。

业务建设。加强对机关工作人员综合素质的培训，举办了调研报告撰写、依法行政、WTO知识、计算机知识、公文写作等专题培训班，拓宽了干部的知识面，提高了机关工作人员的综合能力。为适应入世后加强宏观管理的需要，改革行政审批制度，对92项林业行政审批项目进行了逐项审核，其中，废除23项，改变管理方式7项，进一步提高了机关工作效率。根据林业由以木材生产为主向以生态建设为主历史性转变的要求，对建国以来林业部门制定和下发的所有规章制度、政策法规、文件通知等20多万件进行了初步清理。

在总结成绩的同时，我们还要清醒地看到，当前林业建设中仍然存在着一些突出的矛盾和问题。一是我们的思想还不够解放，开拓创新意识还不够强，工作作风还不够扎实，与林业改革发展的大局还很不适应。二是目前林业体制、机制和政策的很大一部分都是在“以木材生产为中心”的指导思想下形成和制定的，严重地阻碍着林业的历史性转变。三是六大工程建设中暴露出来的一些新矛盾新问题还未能得到及时有效的解决，影响着工程建设的深入发展。四是林业发展形态基本上还是一种数量扩张型和资金推动型，与我们所期待的质量效益型和需求拉动型尚有很大距离。五是国有林区经济状况还有待改善，林业职工生活困难，特别是今年以来的集体上访接连不断，正确处理改革、发展、稳定的关系还有很多工作要做。六是局机关干部职工的精神面貌和工作状况，与我们提出的“对自己要高标准、工作要高效率、服务要高质量”的要求还有较大差距，机关五大建设任重而道远。这些都需要我们认真研究，在今后的工作中切实加以解决。

三、2003年工作的部署安排

2003年林业工作的总体要求是：以邓小平理论和“三个代表”重要思想为指导，认真贯彻落实党的十六大精神和中央的各项工作部署，按照“发展要有新思路，改革要有新突破，开放要有新局面，各项工作要有新举措”的要求，从调整林业生产关系入手，深化六大工程建设这个重点，办好林业战略研究成果完善和运用、全国林业工作会议召开和贯彻两件大事，强化严管林、慎用钱、质为先三项工作，突出国有森林资源管理体制、林业分类经营、林业所有制结构、林业行政执法体制四项改革，抓好思想、组织、作风、制度、业务五大建设，解放思想，实事求是，与时俱进，扎实工作，大力推进林业历史性转变，全面开创林业跨越式发展新局面。概括成一句话就是：以邓小平理论和“三个代表”重要思想为指导，从调整林业生产关系入手，深化一个重点，办好两件大事，强化三项工作，突出四项改革，抓好五大建设，全面开创林业跨越式发展新局面。2003年，全国计划完成人工造林844.8万公顷，飞播造林80.5万公顷，封山育林142.2万公顷，林业产业总产值达到4683亿元。为此，要着力抓好以下五个方面的工作：

（一）深化一个重点，推进六大工程健康实施

1.天然林保护工程。完成营造林任务119.3万公顷，木材减产55.3万立方米，一次性安置富余人员7.5万人，继续管护森林面积9493万公顷。加速制定《天然林保护条例》和《天保工程报账制办法》、《天保工程区森林管护办法》，将工程管理纳入法制化、规范化轨道。加快调整林区产业结构，尽快出台工程后续产业发展政策。加大工作力度，力争在解决企业银行债务、增加一次性安置富余职工特别是混岗职工指标、职工社保、人工林采伐补偿政策等问题上取得实质性突破。建立一批森林可持续经营、天然林资源管护、后续产业开发示范区。加强再就业培训，拓宽就业渠道。以工程“四到省”为中心，全面考核工程管理、质量和效果，并进行通报。对5年来工程实施情况组织评估，总结推广先进经验。

2.退耕还林工程。完成退耕地造林336.7万公顷，宜林荒山荒地造林376.7万公顷。全力抓好《退耕还林条例》的学习宣传和贯彻落实工作。树立“无档则乱”的思想，制定《退耕还林档案管理办法》，着力强化档案建立和管理工作。出台《退耕还林工程资金报账制暂行办法》、《退耕还林工程监理制暂行办法》，进一步规范工程管理。争取《退耕还林规划》早日批复，组织编制省级工程规划和地方各级实施方案。强化监督检查、实绩核查和确权发证工作。加强

效益监测体系建设，搞好阶段性效益评估。2003年是工程实施的第五年，对经济林补助到期后的延续政策、后续产业开发、后期管护措施等问题进行深入调查研究，提出解决办法。

3. 三北和长江等防护林体系建设工程。完成营造林任务162万公顷，低效防护林改造任务80万公顷。以提高质量、效益为突破口，促进工程建设机制转换。加大资金投入，使工程建设焕发新的活力。三北防护林工程要进一步突出防沙治沙，特别是重点风沙区的治理。长江防护林工程要积极推进低效防护林改造，重点突出"两湖一库"（洞庭湖、鄱阳湖、丹江口库区）的治理。珠江防护林工程要重点加强石漠化治理，加大封育力度，实行综合治理。沿海防护林工程要加快红树林及沿海基干林带建设步伐，大力发展沿海区域特色林业。太行山绿化工程要重点推广生态经济型模式，发挥林业在山区综合开发中的龙头作用。平原绿化工程要由绿化型向生态型、效益型转变，全面提高工程建设水平。

4. 京津风沙源治理工程。完成营造林任务102万公顷（其中退耕还林66.7万公顷），小流域治理12万公顷，草原治理42万公顷，舍饲禁牧233万公顷，生态移民2.65万人。进一步完善防沙治沙总体思路，以重点工程为龙头，建立一批全国性防沙治沙综合示范区，划定一批沙化土地封禁保护区，带动整个防沙治沙工作开展。抓紧筹备全国防沙治沙工作会议，活化治沙机制，制定优惠政策。以纪念《防沙治沙法》实施一周年为契机，开展执法大检查。加快出台《全国防沙治沙规划》，同时组织编制好省级规划和实施方案。制定《关于进一步加强京津风沙源治理工程林业建设的意见》，加快工程建设，确保工程质量。组织制定《沙化土地封禁保护区管理办法》，严格执行工程区禁牧、禁垦、禁樵政策，加大植被保护和监督检查力度。加强对工程进度和质量的检查核查，实行末位警告制。制定《全国荒漠化沙化监测体系管理办法》及相关技术规程，加快沙化土地监测体系建设。组织开展沙化监测和沙尘暴灾害评估，并对工作进展情况进行定期通报。同时，加强联合国防治荒漠化公约的履约工作。

5. 野生动植物保护和自然保护区建设工程。新增自然保护区150处，扩大保护面积100万公顷；新增自然保护小区1000处，扩大保护面积30万公顷。强化老虎、大熊猫、兰科植物等15个野生动植物种的救护、繁育及种质资源基因库项目建设。认真贯彻落实全国自然保护区建设和管理工作会议精神，加快保护区发展，强化保护区管理，促进保护区社区共管机制形成。在大江大河源头、重点森林和湿地地区、典型动植物区系地域、生物多样性重点地区、自然保护区之间的走廊带、破碎化的野生动植物栖息分布区及典型生态系统区域，抢救性地规划建立一批保护区。同时，着力发展一批地方级自然保护区和自然保护小区。争取《全国湿地保护规划》批准实施，完成全国湿地资源调查成果发布，启动国际重要湿地监测项目。组织制定《湿地保护条例》，积极推动各地湿地保护立法，逐步将湿地管理纳入法制化轨道。贯彻落实濒危野生动植物种国际贸易公约第十二届缔约国大会的各项决议，完善野生动植物进出口管理工作。利用纪念《野生动物保护法》颁布15周年的机会，推进《野生动物保护法》的修改进程，同时制定野生植物保护配套法规。

6. 速生丰产用材林基地建设工程。完成造林任务21.3万公顷。努力提升速丰林工程建设速度，全面启动林业持续发展项目，加快实施贫困地区林业发展项目，启动2个试点示范基地，审批上马10个纸浆原料林基地和10个人造板原料林基地建设项目。引入竞争机制，鼓励多种所有制一起上。组织开展低产林改造、速丰林林木采伐、税费负担调整和市场流通机制政策研究，落实有关优惠政策。制定《速生丰产林建设导则》，建立健全工程建设的技术规程和标准，组织开展技术培训和科技推广。争取国家安排适当资金，用于森林防火、病虫害防治、优良种苗开发推广等，同时，争取多渠道、多主体投入，促进工程建设良性发展。综合运用经济、法律、行政手段，推动林业产业产品结构调整和组织结构调整，优化产业布局，促进林业产业规范、有序、健康发展。

（二）办好两件大事，为林业建设创造有利环境

1. 推动林业战略研究成果运用，加强后续研究。在完成林业战略研究总论的基础上，全面完成研究的后三部分，为党中央、国务院提供更加全面和系统的决策依据。加强成果宣传，抓好成果运用，以成果为基础，研究制定《中国林业科学技术发展纲要》。同时，抓好后续研究工作。

2. 开好全国林业工作会议，抓好会议精神落实。积极沟通，主动配合，争取《决定》早日出台。调动精干力量，研究起草好中央领导同志在全国林业工作会议上的讲话稿；并做好其他相关工作，为会议召开做好充分准备。《决定》出台和会议召开后，要制定详细的工作方案，狠抓《决定》和会议精神的学习宣传和贯彻落实。同时，要组织大型宣讲团，分赴全国各地宣讲，领导干部主要讲《决定》等方针政策，劳动模范主要讲先进经验，专家教授主要讲林业战略研究成果，不断把《决定》和会议精神的宣传贯彻活动推向深入。以全国林业工作会议为主线，加强林业宣传，形成会前、会中、会后三个宣传高潮，为林业发展进一步营造良好的社会氛围。

（三）强化三项工作，夯实林业跨越式发展的根基

1. 严格森林资源保护管理。加大森林采伐"源头"管理力度，组织开展采伐限额执行情况监督检

查，确保森林采伐限额制度的严格执行。严格征占用林地审核审批制度，坚决制止林地的非法流失。积极培育多层次、多门类的林地和林木流转市场，充分调动林权所有者和经营者的积极性。完善采伐管理政策，为商品林及非公有制林业发展创造宽松条件。高质量地完成第六次全国森林资源清查、全国营造林综合核查和六大工程建设成效监测工作。抓好组建省级森林资源监督机构，健全森林资源监督体系。全面检查、督促森林防火行政领导责任制“五条标准”落实情况，组织实施森林消防监督，建立重点防火期森林火险每周预报制度。加强卫星林火监测、航空护林、基础设施和森林消防队伍建设，提高森林消防综合能力。加大各类破坏森林和野生动植物资源案件的查处和督办力度，严厉打击各种违法犯罪行为。加强森林病虫害防治工作，建立健全森林病虫害监测预警体系、检疫御灾体系和防治减灾服务体系。继续组织实施重大森林病虫害工程治理，突出加强防止外来有害生物入侵管理工作。稳定、健全基层林业工作站，理顺管理体制，强化职能作用，提高人员素质。

2. 慎用林业建设资金。严格执行《林业重点生态工程建设资金管理暂行规定》、《林业重点工程资金违规责任追究暂行规定》等规章制度，出台《天然林保护工程财政专项资金会计指标操作规程》，规范资金使用管理，确保资金安全有效运行。加快推行招投标制、监理制、报账制等管理新机制，把六大工程建设中的资金管理、项目管理和对工程资金的监督检查有机结合起来。分级组织开展六大工程建设资金的稽查，特别是重点地区、重点部位和重点环节的稽查，发现问题，坚决整改。抓好林业项目预算资金使用成效的跟踪检查和审计，确保专款专用。加大监察工作力度，形成上下结合、健全周密的约束监督机制和网络，从源头上预防和解决腐败问题。同时，严厉查处各类违法违纪行为。

3. 全面提升林业建设质量。组织开展“林木种苗行政执法和质量监督年”活动，制定《全国林木种苗发展纲要》、《林木种苗质量监督管理办法》、《林木种子进出口管理办法》，开展林木良种审定和种苗质量全面抽查，把好市场准入关。加快良种基地、采种基地建设，提高良种产量和使用率。实施营造林质量提升计划，严格执行《造林质量事故行政责任追究制度》和《造林质量考核办法》，建立健全造林质量检验检测体系，开展营造林质量工作大检查，全面加强营造林质量管理。大力推进森林经营，制定《中国森林可持续经营指南》，加强森林经营试验示范，提高林分质量。实行按照分类经营要求确定培育目标、按照培育目标确定效益指标、按照效益指标确定经营方案的新举措，创造营造林管理新机制。抓紧出台《全民义务植树条例》，开展全国绿化模范城市、模范县(市)、模范单位评选表彰活动，加强绿色通道建设，深化义务植树和部门绿化工作。完成“数字林业”公共技术平台建设，启动实施六大工程关键技术应用研究与试验示范专项，加强先进实用科技成果组装配套和推广应用，强化林业科技支撑。全面实施专利、标准战略，提升林业科技整体实力。加快林业标准化进程，加强植物新品种保护和林业生物基因安全管理。完善森林可持续经营和森林认证标准体系，开展森林认证试点工作。大力推进经济林产品无公害工作进程，组织开展珍稀野生花卉资源普查和国花评选工作。改善国有林场发展环境，提高森林旅游业发展的速度、质量和效益，争取批准实施《全国森林公园建设与发展规划》，规范森林公园建设管理。全面开展国际合作与交流，力争在合作渠道、领域上有新突破。积极开展与美、德、日、埃（及）等国的双边合作，参与第十二届世界林业大会、国际热带木材协定谈判等多边活动，总结小渊基金合作、中德财政合作项目经验，提供国际合作样板。

（四）突出四项改革，构造新型林业经营管理体制

1. 推进国有森林资源管理体制改革。按照十六大精神，组织精干人员，制定工作方案，推进国有森林资源管理体制改革。完善企业经营机制，加强社会保障制度建设，剥离企业社会负担，使企业真正成为市场竞争的主体。同时，要切实加强森林资源资产化管理。

2. 深化林业分类经营改革。根据生态建设需要和社会经济发展水平，因地制宜地划定公益林和商品林，将其落实到山头地块。按照国家关于划分两类林的标准，确定国家重点公益林和地方重点公益林。按照事权划分和分级管理的原则，分别落实生态补偿政策，落实补偿资金。按照两类林不同的林权权利，落实林权政策。启动碳交换机制研究，完善补偿制度，逐步使生态公益林林权权利人的补偿达到应有水平。

3. 促进林业所有制结构改革。筹备召开全国非公有制林业发展工作会议，总结交流经验，推广先进典型，创新发展机制，大力推进非公有制林业发展。要重点深化集体林产权制度改革，为非公有制林业发展创造更加宽松的条件。采取切实措施，减轻林业税费负担，充分调动经营者的积极性。鼓励发展非公有制林业协会，作为联系政府和经营者的桥梁。通过个人承包等形式引入民营机制，优化公有制的实现形式，降低经营成本，提高经营效率。

4. 启动林业行政执法体制改革。根据国务院行政审批制度改革的总体要求，深化林业行政审批制度改革，建立健全审批审核事项的管理办法和监督制约机制，规范审批权限和运作程序。按照相对集中行政执法权的改革思路，积极开展林业综合行政执法试点工作。加快完成林业法律法规、部门规章和规范性文件的清理工作，该废止的废止，该修订的修订。同时，抓好林业配套法规建设。整合林业改革试验示范

区，启动新一轮改革试验工作。

（五）抓好五大建设，为林业跨越式发展提供坚强保证

1. 在思想建设方面。通过组织多层次、多形式的宣传教育、学习培训、评比表彰，使全体干部职工的思想统一到十六大精神上来，进一步用“三个代表”重要思想武装头脑。按照中央部署，围绕主题，把握灵魂，狠抓落实，不断把学习贯彻十六大精神的工作引向深入，在深入人心上、开拓创新上、力求实效上下功夫。努力营造解放思想、实事求是、与时俱进的良好氛围，努力营造聚精会神搞建设、一心一意谋发展的良好氛围，努力营造倍加顾全大局、倍加珍视团结、倍加维护稳定的良好氛围。动员和带领干部职工，以奋发有为、昂扬向上的精神状态投入到林业跨越式发展的大潮中去，抓住历史机遇，加快林业发展。

2. 在组织建设方面。深入贯彻落实《党政领导干部选拔任用工作条例》，进一步完善干部选拔任用和管理监督机制。以提高素质为重点，强化干部教育培训机制，加大多层次、有重点的培训工作力度。通过开好党员领导干部民主生活会等多种形式，不断加强各级领导班子建设。制定司局级后备干部培养计划，搞好司局级后备干部队伍建设。加速建立林业高级人才库，为六大工程储备和输送各类人才。在近两年成功实践的基础上，继续推行干部竞争上岗、轮岗和聘用等人事制度改革，力争取得实质性进展，形成一支朝气蓬勃、年富力强的高素质的干部队伍，不断调动各类人才工作的积极性，促使广大干部职工的思想观念、精神状态、机关作风、工作能力有明显变化，真正达到“自身高标准、工作高效率、服务高质量”的“三高”目标，保证完成各项工作任务。

3. 在作风建设方面。严格执行“八个坚持，八个反对”，以提高效率、优质服务为核心，转变作风，转变职能，干实事，重实效，努力形成机关工作的新风尚。继续大力精简会议和文件，推进电子政务建设，应用现代高科技手段，提高工作效率，降低行政成本。组织开展专题调查研究，下基层、摸实情、出实招、办实事，解决一批关系基层林业发展和职工群众切身利益的关键性问题。坚持“两手抓”的方针，加强党风廉政建设，增强领导机关和领导干部廉洁自律意识。进一步建立和完善机关各项廉政制度，加大监督检查力度和案件查处力度，确保规范用权，廉洁从政。以机关处以上干部为重点，抓好艰苦奋斗教育。制定《国家林业局违反党风廉政建设责任制责任追究办法》，强化责任追究。

4. 在制度建设方面。以规范办事程序、避免推诿扯皮为重点，按照新的标准和要求对现行规章制度进行修订和补充。加强规章制度学习，使机关每个干部职工都对这些制度的要求烂熟于心。以制度建设为突破口，不断推进政务公开、办事公开，做到责权利相结合，逐步把机关各项工作纳入规范化轨道。

5. 在业务建设方面。以提高机关干部职工适应新形势、新要求的综合能力为目的，有计划、有重点、有选择地安排一些政策法规、先进科技、市场经济、世贸知识、外语等方面的学习。组织开展公文写作、调研报告撰写等专题培训，开展优秀公文和优秀调研报告评选。积极探索中青年司局级干部出国培训的路子，制定实施激励人才发展的对策措施。加强处级干部的任职培训，重点培训直属机关近几年新提任的处级干部，尤其是正处级干部。不断加强业务培训的规范化管理，提高培训工作水平。

四、春节前要抓紧做好的几项工作

2003年元旦、春节即将来临。春节之前，还有几件常规性的工作要抓紧做好，主要包括年终工作总结、党员领导干部民主生活会、干部年度考核。对这三项工作，各单位一定要高度重视，当作岁末年初的重要事情来办，认真对待，全力抓好。要按照三项工作的特点和要求，认真扎实地做好每一个阶段、每一个环节的工作，克服应付思想，力戒形式主义，确保不走过场，收到实实在在的效果。

年终工作总结，各单位要认真对照全国林业厅（局）长会议、全国林业厅（局）长座谈会的部署和要求，紧紧围绕“一个重点、两件大事、三项工作”这一中心任务来进行。要一一检查本单位在其中的位置和所做的工作，切实找出存在问题和需要改进的地方。在此基础上，要根据我局2003年工作的整体部署和要求，认真理出明年工作的思路，并对各项工作作出具体安排。这件事情要在春节之前办完。

党员领导干部民主生活会，一定要主题突出，这就是：认真学习贯彻十六大精神，以“三个代表”重要思想为指导，按照林业历史性转变的要求，认真查找领导班子和班子成员不适应当前林业发展形势要求的思想观念、工作作风和行为方式。今年的民主生活会，各层次的领导班子都要开展，要把重点放在处级领导班子上。要通过广泛征求群众意见、开展谈心活动、进行批评与自我批评等严格的程序，找准存在的问题，明确努力的方向，提出有效的整改措施，努力提高各单位领导班子的创造力、凝聚力和战斗力。

干部年度考核，局里已在11月14日专门发出通知，作出了全面部署，各单位要认真按照通知要求，做好此项工作。要把考核结果，作为干部提拔使用的重要依据。

同志们，2003年是全党全国深入贯彻落实十六大精神的头一年，是林业深化改革和加快发展的关键一年，让我们紧密团结在以胡锦涛同志为总书记的党中央周围，以“三个代表”重要思想为指导，认真贯彻落实中央的各项工作部署，按照局党组对2003年林业工作的总体安排，开拓进取，求实创新，出色完成好各项工作任务，全面开创林业跨越式发展的新局面。

中国林业概述

2002年的中国林业

一

2002年，是我国林业工作取得整体突破的一年，是林业建设成就辉煌的一年，是林业发展史上具有重要意义的一年。特别是，通过不断总结林业建设的新实践和不断深化对林业发展的再认识，我国林业果断结束了“以木材生产为中心”的林业建设指导思想，提出了大力推进由以木材生产为主向以生态建设为主的历史性转变，确定了当前和今后一个时期林业发展的前进方向，完善了新时期林业建设的理论平台，形成了“抓好六大工程，推进五大转变，实现林业跨越式发展”的工作思路，使我国林业从此迈上了在明晰思路指导下加快发展的新阶段。

二

2002年1月，全国林业厅（局）长会议在京召开。这是在六大林业工程陆续启动，林业跨越式发展迈出关键一步的形势下召开的一次非常重要的会议。会议以“三个代表”重要思想为指导，总结分析2001年的工作，研究部署2002年的工作，并根据当前林业发展面临的新形势、新任务、新要求，提出当前工作中尤其要把握好的六个问题。一是要坚持解放思想，与时俱进。思想解放的程度决定着林业发展的速度。林业必须尽快从计划经济体制的束缚中解放出来，从不合时宜的错误观念中解放出来，从已经过时的林业政策的桎梏中解放出来，真正按照“三个代表”的要求，解放思想，实事求是，开拓创新，与时俱进，不断使林业取得新的更大的发展。二是要坚持以实施六大工程为主体，义务植树和社会造林并举发展林业。中国是一个严重缺林少绿的国家，保护、恢复和发展森林资源是一项十分艰巨和繁重的长期任务。必须始终坚持多主体参与、多渠道投入、多形式造林的方针，充分调动社会各方面力量，尤其是广大人民群众的积极性来共同参与林业建设。只有坚持以实施六大工程为主体，义务植树和社会造林并举，才能真正形成完整的新世纪林业生产力新布局，才能在全社会形成一种千军万马齐上阵、生龙活虎搞林业的大好局面。三是要坚持把调整生产关系摆在当前工作的突出位置。新的林业生产力布局形成后，调整和理顺生产关系就成为林业工作的当务之急。必须根据当前面临的新形势、新任务、新要求，对现行的林业管理体制、投入机制、战略布局、产权制度、监管形式、组织结构等进行一系列的重大改革和调整，进一步清除制约林业生产力发展的各种障碍，加快体制创新、机制创新、制度创新、政策创新，为林业跨越式发展创造必要条件。四是要坚持把分类经营思想贯穿于各项林业改革的始终。分类经营是一项带有全局性、根本性的改革，涉及林业的各个领域。当前，最重要的是要继续抓好分类区划界定工作，尽快把公益林业用地和商品林业用地落到山头地块，做到权属、地类清楚，经营主体明确。同时，要以森林分类区划界定为依据，将逐步到位的森林生态效益补助资金切实兑现到公益林的所有者和经营者手中，取信于民。五是要坚持把大搞非公有制林业作为加快林业发展的突破口。今后的林业建设，要充分对非公有制林业开放，加快发展速度，扩大发展规模，创新发展方式，让其尽快在整个林业建设中的比重有个大的提升，真正成为促进林业发展的突破口。六是要坚持把执法监管作为各级林业主管部门的一项重大职责。大力强化林业部门的执法监管职能，把“运动员”角色转换为“裁判员”角色。切实改进工作方法，善于抓宏观，谋全局，而把应该下放的各种具体事务坚决地放下去。变被动防守为主动进攻，变当“被告”为作“原告”，对外部的违法违规行为，重拳出击，狠查严办，绝不手软，对内部的违法违纪行为，敢于揭短，铁面无私，严惩不贷。只有这样，才能牢牢掌握工作的主动权，永远立于不败之地，更好地推动中国林业建设。

在党中央、国务院的高度重视和正确领导下，一年来，林业行业以“三个代表”重要思想为指导，紧紧围绕“突出一个重点，办好两件大事，强化三项工作”的中心任务，做了大量工作，取得了很大成绩。

六大工程顺利推进，取得显著成绩 天然林资源保护工程深入发展。在继续抓好停伐和木材减产、富余职工安置以及生态公益林管护建设的同时，工程区企业职工的医疗、失业、工伤、生育等社会保险缴费缺口问题已经解决。新疆、海南、吉林等省（区）原未进入工程建设范围的25 000名富余职工的一次性安置问题已被正式批准纳入工程实施方案。困扰工程实施的森工企业债务问题已与人民银行等有关部门达成了一致的解决意见。影响工程区社会稳定的“大集体职工”纳入一次性安置范围的问题也与财政部等有关部门取得了共识。同时，颁发了《天然林资源保护工程“四到省”考核办法（试行）》，把“四到省”责任制度进一步落到了实处。*退耕还林工程取得重大进展*。在前3年试点的基础上，2002年工程全面启动。确定并提前下达了工程建设的任务486.2万公顷，8月又追加了80万公顷的计划。国务院先后出台了《关于进一步完善退耕还林政策措施的若干意见》和《退耕还林条例》，为工程建设走上正规化、法制化轨道提供了重要保证。国家林业局会同国家计委与各工程省（区、市）人民政府签订了工程建设任务和质量责任书，并颁布了一系列的管理办法和技术标准。各级林业部门狠抓了规划设计、种苗准备、宣传发动、组织实施、核查验收、政策兑现等工作，保证了工程建设的顺利推进。*京津风沙源治理工程全面推进*。修改后的《京津风沙源治理工程建设规划》已经国务院批准。以林业部门为主体、林农水各负其责的工程建设的管理体制逐步明确和完善，“四到省”的工程建设责任制得到有效落实，并对75个工程县实行了优劣排名制和末位警告制。通过全面实施退耕还林、舍饲禁牧、轮牧休牧、生态移民等项目，以及兑现“谁承包、谁治理，谁管护、谁受益”的政策，调动了广大农牧民参与工程建设的积极性。严格推行禁垦、禁牧、禁樵措施，使工程区的林草植被得到有效保护，巩固了工程建设成果。*三北和长江中下游地区等防护林工程建设继续加强*。在三北防护林工程四期工程建设中，为提高质量和效益，2002年把重点放在了结构调整与优化上，突出了防沙治沙，加大了封育比重，实行了以灌木为主、乔灌草结合的模式。长江等5个防护林工程，重点对建设模式、管理办法、技术规程和科技支撑等进行了完善，为工程的全面启动做了充分准备。*野生动植物保护及自然保护区建设工程取得明显成效*。主要完成了15个重点物种拯救、自然保护区建设和湿地示范工程建设的规划，以及各省（区、市）相应规划的编制工作，明确了工程建设的目标任务和建设重点。全年新建自然保护区249处，新增保护面积359万公顷；大熊猫、朱鹮、金丝猴、老虎、藏羚羊、兰科植物、苏铁等濒危物种的拯救繁育工作取得新进展。*重点地区速生丰产用材林基地建设工程发展势头强劲*。国家开发银行在2001年安排6个项目并付诸实施的基础上，2002年又新评估了4个项目，造林规模达29.33万公顷；世界银行贷款贫困地区林业发展项目完成造林9.53万公顷。各地纷纷出台商品林建设的优惠政策，广大林农对发展速生丰产林热情高涨，用材企业纷纷建立自己的原料林基地，各类主体踊跃申报项目，林纸结合、林板结合的发展趋势已经展现。

造林绿化速度显著加快，质量明显提高 全国造林绿化面积达777.64万公顷（突破1亿亩），比2001增加了57.00%。这是全国造林绿化规模的一次历史性跨越。其中六大工程共完成677.74万公顷，占全国造林的87.15%。全国参加义务植树的人数达5.36亿人次，植树22.96亿株。按照“质为先”的要求，大力强化了质量管理，造林质量明显提高。召开了全国营造林质量工作会议，对新时期的营造林质量工作进行了认真研究和全面部署。加大了《造林质量管理暂行办法》和《造林质量事故行政责任追究制度》的执行力度，查处了一批有影响的营造林质量案件。在林业生态工程中试点推行了监理制度。修改和完善了营造林技术标准，加强了营造林技术指导。积极推进森林经营工作，完成了《中国森林可持续经营指南》的框架编制工作。

林业投资大幅度增加，资金管理全面加强 全年投入达到347亿元，比2001年增长167亿元，增幅超过90%，再创历史新高。按照“慎用钱”的要求，不断加强资金管理。先后出台了《林业重点工程资金违规责任追究暂行规定》、《林业重点工程资金管理暂行规定》，并督促和指导各地制定了相应的管理办法。进一步强化了工程资金管理责任制。组织开展了六大工程资金使用情况稽查，并对森林生态效益补助资金、种苗工程和森林防火综合治理工程项目进行了跟踪检查，加强了林业重点工程资金的监管力度。配合有关部门对工程资金进行了全面审计，对发现的问题及时进行了整改。

林政执法更趋完善，森林资源得到有效保护 进一步加强和完善林木采伐管理制度。一方面，按照国发［2001］2号文件的精神，狠抓了采伐限额管理工作，超限额采伐的现象总体上得到遏制；另一方面，出台了《关于调整人工用材林采伐管理的意见》，调动了经营者的积极性。严格执行征占用林地审核审批制度，非法侵占林地的现象明显下降。森林资源监测体系不断完善，监测信息的准确性和时效性明显提高。深入开展严打整治斗争，组织开展了“破案攻坚战”等重大行动。各类破坏森林资源案件数量继续呈下降趋势，年发案数量在45万起左右，案件查处率达95%以上。森林病虫害防治工作力度进一步加大，外来有害生物的防范工作得到加强，重大病虫害工程治理成效显著，江苏、浙江、安徽等地松材线虫病致死树木数量首次出现了下降。特别是，面对十分不利的气候条件，森林防火又取得较好成绩。全国共发生森林火灾7527起，受害森林面积47 631公顷，伤亡98人，与前3年同期平均值相比，受害森林面积和人员伤亡分别下降了和19.8%和55.3%，确保了森林资源的安全和十六大期间的社会稳定。成功扑灭了2002年夏在内蒙古大兴安岭北部原始林区发生的建国以来最大的雷击森林火灾，铸就了“公而忘私、顾全大局，团结协作、众志成城，舍生忘死、敢打必胜”的火场精神，得到了党中央、国务院、中央军委的高度赞扬。

代中央起草的《关于加快林业发展的决定》不断完善，中国可持续发展林业战略研究取得重大成果 先后召开部分林业厅（局）长座谈会、林业战略研究专家座谈会、各省林业厅（局）办公室主任和部分政法处长座谈会，广泛听取了各方面意见。先后两次向中央农村工作领导小组办公室进行了汇报，并征求了中央19个部门的意见。经过60位两院院士和资深专家、近300位研究人员一年多的共同努力，中国可持续发展林业战略研究工作取得重大进展。温家宝副总理先后两次主持会议听取工作汇报并审定研究成果。《中国可持续发展林业战略研究总论》举行了首发式，其他分论部分也已形成初稿。同时，全面启动了会议的其他各项筹备工作。

林业基础保障工作得到有力加强 林业法律法规进一步完善。《天然林保护条例》起草、《野生动物保护法》的修改工作已经启动。科教兴林工作不断加强，六大工程的科技支撑方案经多次论证，将在进一步修改后发布实施；一大批有针对性的科技推广项目和科技攻关课题相继启动，为六大工程的实施提供了有力支撑。林木种苗管理工作不断加强，生产、销售、使用各环节的行为得到进一步规范；一批新的林木良种壮苗生产基地相继建成，良种使用率达到30%以上，各类苗木生产能力提高到479.88亿株（其中可供选择造林用的合格苗木381.46亿株），满足了全国大规模造林绿化的需要。印发了《全国林业工作站体系建设规划》，对基层林业站机构队伍的稳定和保证其履行好职责起到了积极的促进作用。林业宣传声势浩大、成绩斐然，中央主要新闻媒体共刊发林业新闻2500多条，很好地宣传了新时期中国林业发展的总体思路，扩大了林业影响，为林业建设营造了良好的社会氛围。林业国际合作不断扩展，交流日益频繁，成功地向芬兰总统塔丽娅·哈洛宁女士授予了中国林业科学研究院名誉博士学位，与斐济、希腊、英国3个国家签署了部门间的林业合作协议，全年新增无偿援助项目28个，受援金额4122万美元，赠贷款额超过1.2亿美元的中国林业可持续发展项目正式启动实施。

机关五大建设深入开展 本着结合实际、突出重点、讲究实效的原则，进一步加强了机关五大建设，取得明显成效。*思想建设*：深入学习“三个代表”重要思想，用最新的理论武装我们的头脑。准确把握林业发展的趋势，用“由以木材生产为主向以生态建设为主的历史性转变”的最新林业实践统一林业行业的认识。*作风建设*：党组同志带头分片包干，每人深入几个省（区、市）开展调查研究，并为所到省（区、市）的林业干部职工作一场形势报告，向所到省（区、市）的党委政府作一次全面汇报，为所到省（区、市）办一件实事，撰写一份高质量的调研报告，在所到地方产生强烈反响。减文减会基本实现年初确定的开会发文数量减半的目标。共派出200多个调研组和工作组，深入基层进行调研和工作指导，撰写了一大批高质量的调研报告。*组织建设*：继续调整和充实了10多个单位的领导班子，涉及司局级干部79人次。在加强各单位领导班子建设的同时，把工作重点转向了干部素质教育。深入学习贯彻《党政领导干部选拔任用工作条例》，进一步强化干部管理和监督机制。*制度建设*：组织干部职工对各项规章制度进行了认真学习，做到应知应会；进一步细化了有关制度，使其更具有操作性。*业务建设*：加强对机关工作人员综合素质的培训，举办了调研报告撰写、依法行政、WTO知识、计算机知识、公文写作等专题培训班。改革行政审批制度，对92项林业行政审批项目进行了逐项审核。对建国以来林业部门制定和下发的所有规章制度、政策法规、文件通知等20多万件进行了初步清理。

三

在总结成绩的同时，还要清醒地看到，林业建设中仍然存在着一些突出的矛盾和问题。一是林业行业的思想还不够解放，开拓创新意识还不够强，工作作风还不够扎实，与林业改革发展的大局还很不适应。二是目前林业体制、机制和政策的很大一部分都是在“以木材生产为中心”的指导思想下形成和制定的，严重地阻碍着林业的历史性转变。三是六大工程建设中暴露出来的一些新矛盾新问题还未能得到及时有效的解决，影响着工程建设的深入发展。四是林业发展形态基本上还是一种数量扩张型和资金推动型，与质量效益型和需求拉动型的要求尚有距离。五是国有林区经济状况还有待改善，林业职工生活困难，正确处理改革、发展、稳定的关系还有很多工作要做。六是局机关干部职工的精神面貌和工作状况，与“对自己要高标准、工作要高效率、服务要高质量”的要求还有较大差距，机关五大建设任重而道远。这些都需要在今后的工作中切实加以解决。 （张宏亮）

重要林业法律法规

中华人民共和国国务院令
第367号

《退耕还林条例》已经2002年12月6日国务院第66次常务会议通过，现予公布，自2003年1月20日起施行。

总理　朱镕基

2002年12月14日

退耕还林条例

第一章　总　则

第一条　为了规范退耕还林活动，保护退耕还林者的合法权益，巩固退耕还林成果，优化农村产业结构，改善生态环境，制定本条例。

第二条　国务院批准规划范围内的退耕还林活动，适用本条例。

第三条　各级人民政府应当严格执行“退耕还林、封山绿化、以粮代赈、个体承包”的政策措施。

第四条　退耕还林必须坚持生态优先。退耕还林应当与调整农村产业结构、发展农村经济，防治水土流失、保护和建设基本农田、提高粮食单产，加强农村能源建设，实施生态移民相结合。

第五条　退耕还林应当遵循下列原则：

（一）统筹规划、分步实施、突出重点、注重实效；

（二）政策引导和农民自愿退耕相结合，谁退耕、谁造林、谁经营、谁受益；

（三）遵循自然规律，因地制宜，宜林则林，宜草则草，综合治理；

（四）建设与保护并重，防止边治理边破坏；

（五）逐步改善退耕还林者的生活条件。

第六条　国务院西部开发工作机构负责退耕还林工作的综合协调，组织有关部门研究制定退耕还林有关政策、办法，组织和协调退耕还林总体规划的落实；国务院林业行政主管部门负责编制退耕还林总体规划、年度计划，主管全国退耕还林的实施工作，负责退耕还林工作的指导和监督检查；国务院发展计划部门会同有关部门负责退耕还林总体规划的审核、计划的汇总、基建年度计划的编制和综合平衡；国务院财政主管部门负责退耕还林中央财政补助资金的安排和监督管理；国务院农业行政主管部门负责已垦草场的退耕还草以及天然草场的恢复和建设有关规划、计划的编制，以及技术指导和监督检查；国务院水利行政主管部门负责退耕还林还草地区小流域治理、水土保持等相关工作的技术指导和监督检查；国务院粮食行政管理部门负责粮源的协调和调剂工作。

县级以上地方人民政府林业、计划、财政、农业、水利、粮食等部门在本级人民政府的统一领导下，按照本条例和规定的职责分工，负责退耕还林的有关工作。

第七条　国家对退耕还林实行省、自治区、直辖市人民政府负责制。省、自治区、直辖市人民政府应当组织有关部门采取措施，保证退耕还林中央补助资金的专款专用，组织落实补助粮食的调运和供应，加强退耕还林的复查工作，按期完成国家下达的退耕还林任务，并逐级落实目标责任，签订责任书，实现退耕还林目标。

第八条　退耕还林实行目标责任制。

县级以上地方各级人民政府有关部门应当与退耕还林工程项目负责人和技术负责人签订责任书，明确其应当承担的责任。

第九条 国家支持退耕还林应用技术的研究和推广，提高退耕还林科学技术水平。

第十条 国务院有关部门和地方各级人民政府应当组织开展退耕还林活动的宣传教育，增强公民的生态建设和保护意识。

在退耕还林工作中做出显著成绩的单位和个人，由国务院有关部门和地方各级人民政府给予表彰和奖励。

第十一条 任何单位和个人都有权检举、控告破坏退耕还林的行为。

有关人民政府及其有关部门接到检举、控告后，应当及时处理。

第十二条 各级审计机关应当加强对退耕还林资金和粮食补助使用情况的审计监督。

第二章 规划和计划

第十三条 退耕还林应当统筹规划。

退耕还林总体规划由国务院林业行政主管部门编制，经国务院西部开发工作机构协调、国务院发展计划部门审核后，报国务院批准实施。

省、自治区、直辖市人民政府林业行政主管部门根据退耕还林总体规划会同有关部门编制本行政区域的退耕还林规划，经本级人民政府批准，报国务院有关部门备案。

第十四条 退耕还林规划应当包括下列主要内容：

（一）范围、布局和重点；

（二）年限、目标和任务；

（三）投资测算和资金来源；

（四）效益分析和评价；

（五）保障措施。

第十五条 下列耕地应当纳入退耕还林规划，并根据生态建设需要和国家财力有计划地实施退耕还林：

（一）水土流失严重的；

（二）沙化、盐碱化、石漠化严重的；

（三）生态地位重要、粮食产量低而不稳的。

江河源头及其两侧、湖库周围的陡坡耕地以及水土流失和风沙危害严重等生态地位重要区域的耕地，应当在退耕还林规划中优先安排。

第十六条 基本农田保护范围内的耕地和生产条件较好、实际粮食产量超过国家退耕还林补助粮食标准并且不会造成水土流失的耕地，不得纳入退耕还林规划；但是，因生态建设特殊需要，经国务院批准并依照有关法律、行政法规规定的程序调整基本农田保护范围后，可以纳入退耕还林规划。

制定退耕还林规划时，应当考虑退耕农民长期的生计需要。

第十七条 退耕还林规划应当与国民经济和社会发展规划、农村经济发展总体规划、土地利用总体规划相衔接，与环境保护、水土保持、防沙治沙等规划相协调。

第十八条 退耕还林必须依照经批准的规划进行。未经原批准机关同意，不得擅自调整退耕还林规划。

第十九条 省、自治区、直辖市人民政府林业行政主管部门根据退耕还林规划，会同有关部门编制本行政区域下一年度退耕还林计划建议，由本级人民政府发展计划部门审核，并经本级人民政府批准后，于每年8月31日前报国务院西部开发工作机构、林业、发展计划等有关部门。国务院林业行政主管部门汇总编制全国退耕还林年度计划建议，经国务院西部开发工作机构协调，国务院发展计划部门审核和综合平衡，报国务院批准后，由国务院发展计划部门会同有关部门于10月31日前联合下达。

省、自治区、直辖市人民政府发展计划部门会同有关部门根据全国退耕还林年度计划，于11月30日前将本行政区域下一年度退耕还林计划分解下达到有关县（市）人民政府，并将分解下达情况报国务院有关部门备案。

第二十条 省、自治区、直辖市人民政府林业行政主管部门根据国家下达的下一年度退耕还林计划，会同有关部门编制本行政区域内的年度退耕还林实施方案，经国务院林业行政主管部门审核后，报本级人民政府批准实施。

县级人民政府林业行政主管部门可以根据批准后的省级退耕还林年度实施方案，编制本行政区域内的退耕还林年度实施方案，报本级人民政府批准后实施，并报省、自治区、直辖市人民政府林业行政主管部门备案。

第二十一条 年度退耕还林实施方案，应当包括下列主要内容：

（一）退耕还林的具体范围；

（二）生态林与经济林比例；

（三）树种选择和植被配置方式；

（四）造林模式；

（五）种苗供应方式；

（六）植被管护和配套保障措施；

（七）项目和技术负责人。

第二十二条 县级人民政府林业行政主管部门应当根据年度退耕还林实施方案组织专业人员或者有资质的设计单位编制乡镇作业设计，把实施方案确定的内容落实到具体地块和土地承包经营权人。

编制作业设计时，干旱、半干旱地区应当以种植耐旱灌木（草）、恢复原有植被为主；以间作方式植树种草的，应当间作多年生植物，主要林木的初植密度应当符合国家规定的标准。

第二十三条 退耕土地还林营造的生态林面积，

以县为单位核算，不得低于退耕土地还林面积的80%。

退耕还林营造的生态林，由县级以上地方人民政府林业行政主管部门根据国务院林业行政主管部门制定的标准认定。

第三章 造林、管护与检查验收

第二十四条 县级人民政府或者其委托的乡级人民政府应当与有退耕还林任务的土地承包经营权人签订退耕还林合同。

退耕还林合同应当包括下列主要内容：

（一）退耕土地还林范围、面积和宜林荒山荒地造林范围、面积；

（二）按照作业设计确定的退耕还林方式；

（三）造林成活率及其保存率；

（四）管护责任；

（五）资金和粮食的补助标准、期限和给付方式；

（六）技术指导、技术服务的方式和内容；

（七）种苗来源和供应方式；

（八）违约责任；

（九）合同履行期限。

退耕还林合同的内容不得与本条例以及国家其他有关退耕还林的规定相抵触。

第二十五条 退耕还林需要的种苗，可以由县级人民政府根据本地区实际组织集中采购，也可以由退耕还林者自行采购。集中采购的，应当征求退耕还林者的意见，并采用公开竞价方式，签订书面合同，超过国家种苗造林补助费标准的，不得向退耕还林者强行收取超出部分的费用。

任何单位和个人不得为退耕还林者指定种苗供应商。

禁止垄断经营种苗和哄抬种苗价格。

第二十六条 退耕还林所用种苗应当就地培育、就近调剂，优先选用乡土树种和抗逆性强树种的良种壮苗。

第二十七条 林业、农业行政主管部门应当加强种苗培育的技术指导和服务的管理工作，保证种苗质量。

销售、供应的退耕还林种苗应当经县级人民政府林业、农业行政主管部门检验合格，并附具标签和质量检验合格证；跨县调运的，还应当依法取得检疫合格证。

第二十八条 省、自治区、直辖市人民政府应当根据本行政区域的退耕还林规划，加强种苗生产与采种基地的建设。

国家鼓励企业和个人采取多种形式培育种苗，开展产业化经营。

第二十九条 退耕还林者应当按照作业设计和合同的要求植树种草。

禁止林粮间作和破坏原有林草植被的行为。

第三十条 退耕还林者在享受资金和粮食补助期间，应当按照作业设计和合同的要求在宜林荒山荒地造林。

第三十一条 县级人民政府应当建立退耕还林植被管护制度，落实管护责任。

退耕还林者应当履行管护义务。

禁止在退耕还林项目实施范围内复耕和从事滥采、乱挖等破坏地表植被的活动。

第三十二条 地方各级人民政府及其有关部门应当组织技术推广单位或者技术人员，为退耕还林提供技术指导和技术服务。

第三十三条 县级人民政府林业行政主管部门应当按照国务院林业行政主管部门制定的检查验收标准和办法，对退耕还林建设项目进行检查验收，经验收合格的，方可发给验收合格证明。

第三十四条 省、自治区、直辖市人民政府应当对县级退耕还林检查验收结果进行复查，并根据复查结果对县级人民政府和有关责任人员进行奖惩。

国务院林业行政主管部门应当对省级复查结果进行核查，并将核查结果上报国务院。

第四章 资金和粮食补助

第三十五条 国家按照核定的退耕还林实际面积，向土地承包经营权人提供补助粮食、种苗造林补助费和生活补助费。具体补助标准和补助年限按照国务院有关规定执行。

第三十六条 尚未承包到户和休耕的坡耕地退耕还林的，以及纳入退耕还林规划的宜林荒山荒地造林，只享受种苗造林补助费。

第三十七条 种苗造林补助费和生活补助费由国务院计划、财政、林业部门按照有关规定及时下达、核拨。

第三十八条 补助粮食应当就近调运，减少供应环节，降低供应成本。粮食补助费按照国家有关政策处理。

粮食调运费用由地方财政承担，不得向供应补助粮食的企业和退耕还林者分摊。

第三十九条 省、自治区、直辖市人民政府应当根据当地口粮消费习惯和农作物种植习惯以及当地粮食库存实际情况合理确定补助粮食的品种。

补助粮食必须达到国家规定的质量标准。不符合国家质量标准的，不得供应给退耕还林者。

第四十条 退耕土地还林的第一年，该年度补助粮食可以分两次兑付，每次兑付的数量由省、自治区、直辖市人民政府确定。

从退耕土地还林第二年起，在规定的补助期限内，县级人民政府应当组织有关部门和单位及时向持有验收合格证明的退耕还林者一次兑付该年度补助粮食。

第四十一条 兑付的补助粮食，不得折算成现金或者代金券。供应补助粮食的企业不得回购退耕还林补助粮食。

第四十二条 种苗造林补助费应当用于种苗采购，节余部分可以用于造林补助和封育管护。

退耕还林者自行采购种苗的，县级人民政府或者其委托的乡级人民政府应当在退耕还林合同生效时一次付清种苗造林补助费。

集中采购种苗的，退耕还林验收合格后，种苗采购单位应当与退耕还林者结算种苗造林补助费。

第四十三条 退耕土地还林后，在规定的补助期限内，县级人民政府应当组织有关部门及时向持有验收合格证明的退耕还林者一次付清该年度生活补助费。

第四十四条 退耕还林资金实行专户存储、专款专用，任何单位和个人不得挤占、截留、挪用和克扣。

任何单位和个人不得弄虚作假、虚报冒领补助资金和粮食。

第四十五条 退耕还林所需前期工作和科技支撑等费用，国家按照退耕还林基本建设投资的一定比例给予补助，由国务院发展计划部门根据工程情况在年度计划中安排。

退耕还林地方所需检查验收、兑付等费用，由地方财政承担。中央有关部门所需核查等费用，由中央财政承担。

第四十六条 实施退耕还林的乡（镇）、村应当建立退耕还林公示制度，将退耕还林者的退耕还林面积、造林树种、成活率以及资金和粮食补助发放等情况进行公示。

第五章 其他保障措施

第四十七条 国家保护退耕还林者享有退耕土地上的林木（草）所有权。自行退耕还林的，土地承包经营权人享有退耕土地上的林木（草）所有权；委托他人还林或者与他人合作还林的，退耕土地上的林木（草）所有权由合同约定。

退耕土地还林后，由县级以上人民政府依照森林法、草原法的有关规定发放林（草）权属证书，确认所有权和使用权，并依法办理土地变更登记手续。土地承包经营合同应当作相应调整。

第四十八条 退耕土地还林后的承包经营权期限可以延长到70年。承包经营权到期后，土地承包经营权人可以依照有关法律、法规的规定继续承包。

退耕还林土地和荒山荒地造林后的承包经营权可以依法继承、转让。

第四十九条 退耕还林者按照国家有关规定享受税收优惠，其中退耕还林（草）所取得的农业特产收入，依照国家规定免征农业特产税。

退耕还林的县（市）农业税收因灾减收部分，由上级财政以转移支付的方式给予适当补助；确有困难的，经国务院批准，由中央财政以转移支付的方式给予适当补助。

第五十条 资金和粮食补助期满后，在不破坏整体生态功能的前提下，经有关主管部门批准，退耕还林者可以依法对其所有的林木进行采伐。

第五十一条 地方各级人民政府应当加强基本农田和农业基础设施建设，增加投入，改良土壤，改造坡耕地，提高地力和单位粮食产量，解决退耕还林者的长期口粮需求。

第五十二条 地方各级人民政府应当根据实际情况加强沼气、小水电、太阳能、风能等农村能源建设，解决退耕还林者对能源的需求。

第五十三条 地方各级人民政府应当调整农村产业结构，扶持龙头企业，发展支柱产业，开辟就业门路，增加农民收入，加快小城镇建设，促进农业人口逐步向城镇转移。

第五十四条 国家鼓励在退耕还林过程中实行生态移民，并对生态移民农户的生产、生活设施给予适当补助。

第五十五条 退耕还林后，有关地方人民政府应当采取封山禁牧、舍饲圈养等措施，保护退耕还林成果。

第五十六条 退耕还林应当与扶贫开发、农业综合开发和水土保持等政策措施相结合，对不同性质的项目资金应当在专款专用的前提下统筹安排，提高资金使用效益。

第六章 法律责任

第五十七条 国家工作人员在退耕还林活动中违反本条例的规定，有下列行为之一的，依照刑法关于贪污罪、受贿罪、挪用公款罪或者其他罪的规定，依法追究刑事责任；尚不够刑事处罚的，依法给予行政处分：

（一）挤占、截留、挪用退耕还林资金或者克扣补助粮食的；

（二）弄虚作假、虚报冒领补助资金和粮食的；

（三）利用职务上的便利收受他人财物或者其他好处的。

国家工作人员以外的其他人员有前款第（二）项行为的，依照刑法关于诈骗罪或者其他罪的规定，依法追究刑事责任；尚不够刑事处罚的，由县级以上人民政府林业行政主管部门责令退回所冒领的补助资金和粮食，处以冒领资金额2倍以上5倍以下的罚款。

第五十八条 国家机关工作人员在退耕还林活动中违反本条例的规定，有下列行为之一的，由其所在单位或者上一级主管部门责令限期改正，退还分摊的和多收取的费用，对直接负责的主管人员和其他直接责任人员，依照刑法关于滥用职权罪、玩忽职守罪或者其他罪的规定，依法追究刑事责任；尚不够刑事处罚的，依法给予行政处分：

（一）未及时处理有关破坏退耕还林活动的检举、控告的；

（二）向供应补助粮食的企业和退耕还林者分摊粮食调运费用的；

（三）不及时向持有验收合格证明的退耕还林者发放补助粮食和生活补助费的；

（四）在退耕还林合同生效时，对自行采购种苗的退耕还林者未一次付清种苗造林补助费的；

（五）集中采购种苗的，在退耕还林验收合格后，未与退耕还林者结算种苗造林补助费的；

（六）集中采购的种苗不合格的；

（七）集中采购种苗的，向退耕还林者强行收取超出国家规定种苗造林补助费标准的种苗费的；

（八）为退耕还林者指定种苗供应商的；

（九）批准粮食企业向退耕还林者供应不符合国家质量标准的补助粮食或者将补助粮食折算成现金、代金券支付的；

（十）其他不依照本条例规定履行职责的。

第五十九条　采用不正当手段垄断种苗市场，或者哄抬种苗价格的，依照刑法关于非法经营罪、强迫交易罪或者其他罪的规定，依法追究刑事责任；尚不够刑事处罚的，由工商行政管理机关依照反不正当竞争法的规定处理；反不正当竞争法未作规定的，由工商行政管理机关处以非法经营额2倍以上5倍以下的罚款。

第六十条　销售、供应未经检验合格的种苗或者未附具标签、质量检验合格证、检疫合格证的种苗的，依照刑法关于生产、销售伪劣种子罪或者其他罪的规定，依法追究刑事责任；尚不够刑事处罚的，由县级以上人民政府林业、农业行政主管部门或者工商行政管理机关依照种子法的规定处理；种子法未作规定的，由县级以上人民政府林业、农业行政主管部门依据职权处以非法经营额2倍以上5倍以下的罚款。

第六十一条　供应补助粮食的企业向退耕还林者供应不符合国家质量标准的补助粮食的，由县级以上人民政府粮食行政管理部门责令限期改正，可以处非法供应的补助粮食数量乘以标准口粮单价1倍以下的罚款。

供应补助粮食的企业将补助粮食折算成现金或者代金券支付的，或者回购补助粮食的，由县级以上人民政府粮食行政管理部门责令限期改正，可以处折算现金额、代金券额或者回购粮食价款1倍以下的罚款。

第六十二条　退耕还林者擅自复耕，或者林粮间作、在退耕还林项目实施范围内从事滥采、乱挖等破坏地表植被的活动的，依照刑法关于非法占用农用地罪、滥伐林木罪或者其他罪的规定，依法追究刑事责任；尚不够刑事处罚的，由县级以上人民政府林业、农业、水利行政主管部门依照森林法、草原法、水土保持法的规定处罚。

第七章　附　则

第六十三条　已垦草场退耕还草和天然草场恢复与建设的具体实施，依照草原法和国务院有关规定执行。

退耕还林还草地区小流域治理、水土保持等相关工作的具体实施，依照水土保持法和国务院有关规定执行。

第六十四条　国务院批准的规划范围外的土地，地方各级人民政府决定实施退耕还林的，不享受本条例规定的中央政策补助。

第六十五条　本条例自2003年1月20日起施行。

国务院关于进一步完善退耕还林政策措施的若干意见

国发［2002］10号

各省、自治区、直辖市人民政府，国务院各部委、各直属机构：

两年多来，按照党中央、国务院的部署，长江上游、黄河上中游等地区认真开展了退耕还林的试点工作。各级党委、政府高度重视，组织得力，退耕还林试点工作进展良好，取得了一定经验。实践证明，党中央关于退耕还林的决策和“退耕还林、封山绿化、以粮代赈、个体承包”政策措施是完全正确的，深得广大干部和群众的拥护，是加强西部地区生态环境建设和保护的重要举措，也是贫困山区农民脱贫致富的有效途径。为了加强对退耕还林试点工作的指导，国务院下发了《关于进一步做好退耕还林还草工作的若干意见》（国发［2000］24号），对确保退耕还林的顺利实施和健康发展起到了重要保证作用。但是，在试点期间也出现了一些需要研究和解决的问题，有些政策措施也要进一步完善。为把退耕还林工作扎实、稳妥、健康地向前推进，现就进一步完善退耕还林政策措施作出如下规定：

一、退耕还林必须遵循的原则

（一）退耕还林要坚持生态效益优先，兼顾农民吃饭、增收以及地方经济发展；坚持生态建设与生态保护并重，采取综合措施，制止边治理边破坏问题；坚持政策引导和农民自愿相结合，充分尊重农民的意愿；坚持尊重自然规律，科学选择树种；坚持因地制宜，统筹规则，突出重点，注重实效。

（二）实施退耕还林要认真落实“退耕还林、封山绿化、以粮代赈、个体承包”的政策措施，坚持个体承包的机制，实行责权利相结合。必须切实把握“林权是核心，给粮是关键，种苗要先行，干部是保证”这几个主要环节，确保退耕还林取得成功。

二、科学制定规划，加快退耕还林进度

（三）进一步明确退耕还林的范围。凡是水土流失严重和粮食产量低而不稳的坡耕地和沙化耕地，应按国家批准的规划实施退耕还林。对需要退耕还林的地方，只要条件具备，应扩大退耕还林规模，能退多少退多少。对生产条件较好，粮食产量较高，又不会造成水土流失的耕地，农民不愿退耕的，不得强迫退耕。

（四）因地制宜，科学制定规划。各省（自治区、直辖市，下同），要依据国家退耕还林工程规划编制省级退耕还林工程规划，明确工程建设的目标任务、建设重点和政策措施。

要根据不同气候水文条件和土地类型进行科学规划，做到因地制宜，乔灌草合理配置，农林牧相互结合。在干旱、半干旱地区，重点发展耐旱灌木，恢复原生植被。在雨量充沛，生物生长量高的缓坡地区，可大力发展竹林、速生丰产林。

各地在确保地表植被完整，减少水土流失的前提下，可采取林果间作、林竹间作、林药间作、林草间作、灌草间作等多种合理模式还林，立体经营，实现生态效益与经济效益的有效结合。退耕后禁止林粮间作。

（五）及时下达退耕还林任务。为了抓住造林最佳季节，保证工程建设质量，从今年起，国家将根据退耕还林总体规划在10月31日前下达下一年度计划任务。各省要根据国家下达的年度任务，对水土流失严重的坡耕地、沙化耕地优先安排退耕还林，并按照轻重缓急的原则确定实施退耕还林的工程县（市、区、旗，下同），在接到计划一个月内将年度任务分解下达到各县。要组织编制县级退耕还林工程实施方案，特别是要做好乡（镇）作业设计，把工程任务落实到山头地块，落实到农户。

根据气候条件，在确保完成整地的条件下，允许国家退耕还林年度任务实行滚动安排。

（六）退耕还林要以营造生态林为主，营造的生态林比例以县为核算单位，不得低于80%。对超过规定比例多种的经济林，只给种苗和造林补助费，不补助粮食和现金。

三、认真落实林权，调动和保护农民退耕还林的积极性

（七）实施退耕还林后，必须确保退耕农户享有在退耕土地和荒山荒地上种植的林木所有权，并依法履行土地用途变更手续，由县级以上人民政府发放权属所有证明。

（八）在确定土地所有权和使用权的基础上，实行“谁退耕、谁造林、谁经营、谁受益”的政策。农民承包的耕地和宜林荒山荒地造林后，承包期一律延长到50年，允许依法继承、转让，到期后可按有关法律和法规继续承包。

（九）采取多种形式推进退耕还林。有条件的地区可本着协商、自愿的原则，由农村造林专业户、社会团体、企事业单位等租赁、承包退耕还林，其利益分配等问题由双方协商解决。鼓励在有条件的地区实行集中连片造林，鼓励个人兴办家庭林场，实行多种经营。

四、切实抓好粮食补助兑现，确保农民口粮供应

（十）国家无偿向退耕户提供粮食、现金补助。粮食和现金补助标准为：长江流域及南方地区，每亩退耕地每年补助粮食（原粮）150千克；黄河流域及北方地区，每亩退耕地每年补助粮食（原粮）100千克。每亩退耕地每年补助现金20元。粮食和现金补助年限，还草补助按2年计算；还经济林补助按5年计划；还生态林补助暂按8年计算。补助粮食（原粮）的价款按每千克1.4元折价计算。补助粮食（原粮）的价款和现金由中央财政承担。

在粮食和现金补助期间，退耕农户在完成现有耕地退耕还林后，必须继续在宜林荒山荒地造林，由县或乡（镇）统一组织。

（十一）国家在下达年度计划的同时，核定各省的粮食补助总量，并下达到各省。对退耕农户只能供应粮食实物，不得以任何形式将补助粮食折算成现金或者代金券发放。

（十二）退耕还林补助粮食的调运组织由省级政府负责，原则上以地方国有粮食购销企业的商品周转粮为主，必要时可动用地方储备粮或申请动用中央储备粮。粮源缺口较大时，由国家根据实际情况帮助协调解决。当地政府要统一组织粮食的供应，就近调运，组织到乡，兑现到户，减少供应环节，降低供应成本。

（十三）粮食购销企业按顺价销售、不发生新亏损的原则供应粮食。农业发展银行据实收回贷款后，应适当返还粮食企业合理费用。粮食调运等有关费用，由地方政府承担，纳入地方财政预算，不得转嫁到供应粮食的企业和退耕农户。

（十四）对退耕农户供应的粮食品种，由省级政府根据当地口粮消费习惯和种植习惯以及当地粮食库存实际情况合理确定。各地可根据退耕户需要供应成品粮。对供应给退耕还林农户的粮食必须进行认真检验，补助粮食必须达到国家规定的质量标准。凡不符合口粮标准的，不得供应给退耕农户。

（十五）按报账制办法发放补助粮食。退耕还林第一年，粮食补助可分两次兑付。第一次在完成整地并经县级人民政府指定的主管部门检查验收后，可以预先兑付部分助粮；第二次待退耕还林成活率验收合格后再兑现补助粮余额。每次兑现补助粮的数量由地方政府确定。以后每年要及时对退耕农户的幼林抚育、管护进行验收，验收合格的要及时发放验收卡，农户凭验收卡到粮食供应点领粮。承担粮食供应任务的企业要根据县级人民政府指这的主管部门的检查验收凭证，按国家确定的补助标准，向退耕户发放粮食。有关补助费用的结算办法，由省级财政部门会同粮食部门和农业发展银行进一步修改完善。

五、必须做到种苗先行，保障种苗供给

（十六）国家向退耕户提供种苗和造林费补助。退耕还林、宜林荒山荒地造林的种苗和造林费补助款由国家提供，国家计委在年度计划中安排。种苗和造林费补助标准按退耕地和宜林荒山荒地造林每亩50元计算。尚未承包到户及休耕的坡耕地，不纳入退耕还林兑现钱粮补助政策的范围，但可作宜林荒山荒地造林，按每亩50元标准给予种苗和造林费补助。干旱、半干旱地区若遇连年干旱等特大自然灾害确需补植或重新造林的，经国家林业局核实后，国家酌情给予补助。

退耕还林种苗和造林补助费发放方式，由各省根据实际情况确定。在尊重退耕农户意愿的前提下，退耕农户与种苗供应方签订书面合同，并在造林验收后，由种苗供应单位与退耕农户结算种苗补助费。任何单位和个人不得为退耕农户指定种苗供应商。种苗和造林补助费，只能用于种苗、造林补助和封育管护等支出，不得挪作他用。

（十七）种苗的数量充足、质量优良、品种对路，是实施退耕还林的必要前提和基础条件，必须先行建设，超前准备。各地区和各有关部门都要提前做好种苗的生产培育，组织好种苗的供应。

（十八）林业主管部门负责做好种苗建设规划，切实抓好种苗和采种基地建设。种苗生产供应要从实际出发，采取多种形式，走产业化经营的路子，积极鼓励农户育苗，促进农业结构调整和农民增收。要发挥国有苗圃龙头企业作用，组织和带动农民发展苗木产业，扩大种苗生产能力。

（十九）林业主管部门要负责提供种苗调运、栽培管理方面的技术指导和技术服务，加强种苗质量和疫病检验检测工作，确保种苗供应单位和育苗专业户按规定的树种、数量、质量提供退耕还林所需的合格种苗。

（二十）有关部门要加强种苗市场、价格的规范管理和监督检查。对生产、销售的种苗必须有林业部门出具的标签、质量检验证和检疫证，凡是不具备“一签两证”的种苗，不得进入市场。坚决制止垄断经营种苗和哄抬种苗价格的行为，严厉打击种苗销售中的不法行为，维护农民合法权益。

六、落实退耕还林各项配套措施，巩固退耕还林建设成果

（二十一）关于退耕地还林的农业税征收减免政策。凡退耕地属于农业税计税土地，自退耕之年起，对补助粮达到原常年产量的，国家扣除农业税部分后再将补助粮发放给农民；补助粮食标准未达到常年产量的，相应调减农业税，合理减少扣除数量。退耕之前的常年产量，按土地退耕前五年的常年产量平均计算。补助给农民的现金不计入补助粮食标准。退耕地原来不是农业税计税土地的，无论原来产量多少，都不得从补助粮食中扣除农业税。

农业税征收机关要按照退耕的农业税计税土地常年产量和当地补助粮食标准确定退耕土地应征收的农业税税额，并通知补助粮食发放单位从补助粮食中代扣农业税。退耕地的农业税只能从补助粮食中扣除，不得向农民征收。在停止粮食补助的年度，同时停止扣除农业税。

实施退耕还林的县，其农业税收入减收部分，由中央财政以转移支付的方式给予适当补助。

（二十二）为了加强生态保护和建设，要结合退耕还林工程开展生态移民、封山绿化。对居住在生态地位重要、生态环境脆弱、已丧失基本生存条件地区的人口实行生态移民。对迁出区内的耕地全部退耕、草地全部封育，实行封山育林育草，恢复林草植被。中央对生态移民生产生活设施建设给予补助。地方政府要搞好迁入地的生产生活设施建设，对生态移民的农户给予妥善安置，解决好他们的生计问题。有条件的地方，要把生态移民与小城镇建设结合起来。

（二十三）为保护好现有林草植被，巩固生态环境建设成果，各地区要结合退耕还林及天然林资源保护工程的实施，积极开展农村能源建设，从各地实际出发，大力发展沼气、小水电、太阳能、风能以及营造薪炭林等。沼气池建设要逐步标准化、规范化，走产业化发展道路。中央对农村能源建设给予适当补助。

（二十四）退耕还林后必须实行封山禁牧、舍饲圈养。退耕还林的农户，要保证造林的成活率、保存率，管护好林地和草地不受破坏。要彻底改变牲畜饲养方式，实行舍饲圈养，严禁牲畜对林草植被的破坏。要根据当地实际情况，制定切实可行的管理办法，加大执法力度。禁止采集发菜、滥挖甘草等人为破坏林草植被行为。

（二十五）加强川地、缓坡耕地的农田基本建设，提高粮食单产，解除农民退耕后吃粮的后顾之忧，扩大陡坡耕地的退耕空间，切实做到“树上山，粮下川”。实施退耕还林的地区，要将扶贫开发、农业综合开发、水土保持、生态环境综合治理等不同渠道的资金统筹安排，综合使用。

（二十六）退耕还林的地区，要结合生态建设，大力调整农村产业结构，发展龙头企业和支柱产业，开辟新的生产门路。要制定优惠政策吸引企业及社会各界参与生态环境建设，积极推广“公司加农户”，“工厂加基地”等做法，为农产品建立稳定的市场渠道，努力增加农民收入。

七、加强组织领导和监督检查，确保退耕还林工作顺利进行

（二十七）退耕还林是一项十分复杂的系统工程，广大干部特别是基层干部必须切实转变作风，深入基层，不折不扣地贯彻落实国家有关退耕还林的政策，组织群众做好退耕还林工作，要加强监督检查，务必注重实效，反对形式主义，及时发现和解决存在的问题。

（二十八）要进一步提高认识，统一思想。各级领导干部要进一步提高对退耕还林重大意义的认识，本着实事求是、因地制宜的原则，正确处理好生态效益与经济效益的关系，当前与长远的关系，真正把退耕还林这项“功在当代，利在千秋”的大事抓紧抓好。

（二十九）退耕还林实行“目标、任务、资金、粮食、责任”五到省，省级政府对工程负总责。各省级政府须确定一位省级领导同志具体负责，并认真组织实施好退耕还林工作。各级政府要切实把退耕还林工作列入重要议事日程，加强领导，及时研究解决实施中的重大问题。各省级政府要层层落实工程建设的目标和责任，层层签订责任状，并认真进行检查和考核。

（三十）各省西部开发办和计划、财政、林业、粮食等部门，要在本级政府的统一领导下，按照各自的职能分工，各司其职、各负其责，密切配合，充分发挥部门优势，共同做好工作。

（三十一）退耕还林工程的规划、作业设计等前期工作费用和科技支撑费用，国家给予适当补助，由国家计委根据工程建设情况在年度计划中安排。前期工作费用和科技支撑费用的有关管理办法，由国务院有关部门另行制定。

退耕还林地方所需检查验收、兑现等费用由地方承担，国家有关部门的核查经费由中央承担。

（三十二）各省级政府、各县级政府要认真组织好县级自查、省级抽查工作，县级验收结果作为补助政策兑现的直接依据。有关部门要加强对退耕还林补助资金拨付、使用情况的监督检查，特别是要充分发挥审计等监督部门的作用。退耕还林粮食、现金补助兑现情况，要纳入乡村政务公开的内容，张榜公布，接受群众监督，防止冒领，杜绝贪污。要建立退耕还林举报制度，公布举报电话、设立举报箱，接受社会监督。对违法违纪现象，一经核实，要按照有关规定对责任人做出处罚，并奖励举报有功人员。

（三十三）本意见所称退耕还林，包括退耕地还林、还草、还湖和相应的宜林荒山荒地造林。本意见由国务院西部地区开发领导小组办公室负责解释。国务院有关部门按照职能分工，在本部门主管范围内，根据实际需要进一步制定具体实施意见。

国务院

2002 年 4 月 11 日

国务院办公厅关于进一步加强松材线虫病预防和除治工作的通知

国办发明电［2002］5 号

各省、自治区、直辖市人民政府，国务院有关部门：

松材线虫是重要和检疫性有害生物，松材线虫病是世界上最具危险性的森林病害，寄主植物感染松材线虫病后 40 天即可死亡。松材线虫病已对我国森林资源造成了严重破坏，使我国一些地区的生态环境、外贸出口和经济社会发展受到严重影响。为保护我国森林资源安全和造林绿化成果，促进我国经济和生态建设稳步发展，坚决遏制松材线虫病严重发生和扩散蔓延的势头，经国务院同意，现就进一步加强松材线虫病预防和除治工作的有关问题通知如下：

一、进一步增强对松材线虫病预防和除治工作重要性和紧迫性的认识

自 1982 年我国首次发现松材线虫病以来，经过各级地方政府、林业主管部门和广大人民群众的共同努力，我国松材线虫病防治工作取得了一定成绩，有效地减缓了松材线虫病的扩散蔓延速度，局部地区取得显著成效。但在防治工作中仍存在着一些不容忽视的问题：一些地方政府和相关部门对松材线虫病危害的严重性和防治工作的紧迫性认识不足，存在麻痹侥幸心理和畏难厌战情绪，措施不力；有些地方对疫情监测不力，发现不及时，贻误了防治时机；疫区和疫木管理不严，非法经营、加工运输疫木现象屡禁不止，疫情人为传播扩散蔓延的现象较为严重；防治资金渠道不畅，投入严重不足，影响了防治工作的进度和成效。

松材线虫病传播途径广，蔓延速度快，防治难度大，且我国松林分布区均具备松材线虫病发生流行条件。目前，我国松材线虫病发生危害的形势异常严峻，新疫点不断出现，发病面积不断扩大，危害程度不断加重，已直接威胁到我国5亿多亩松林和一批世界自然文化遗产、国家重点风景名胜区及重点生态区的安全。我国出入境检验检疫机构多次在口岸截获到随进口木材和木质包装材料携带的松材线虫，表明该病从境外传入我国的危险性仍在不断增加。如不采取有力措施予以遏制，我国森林资源将遭毁灭性的危害。各级地方政策和有关部门要充分认识松材线虫病危害的严重性和开展预防除治工作的重要性，进一步增强紧迫感和责任感，积极动员广大干部群众和社会各界认真做好检材线虫病防治工作。

二、切实加强松材线虫病疫区管理，进一步加大疫区除治工作力度

认真做好防治区划，严格疫区管理。根据全国松林资源分布状况、松材线虫病的传播规律、林分所处的自然环境和区域、发生危害状况等因素，将全国有松林分布的地区分别划分为松材线虫病疫区、预防区和重点预防区。疫区以县级行政区为单位划定。发生松材线虫病的县（市、区、旗），必须按照《植物检疫条例》的有关规定，由省、自治区、直辖市林业主管部门提出，经省、自治区、直辖市人民政府批准，及时将其划定为疫区，并予以公布。不按要求划定疫区的，由国家林业局划定并公布。经综合治理达到拔除要求的，由当地省级林业主管部门验收合格后提出撤销疫区的申请，经国家林业局审核后，由国家林业局或省、自治区、直辖市人民政策予以公布撤销。

加强疫区封锁，严格疫木管理。疫区严禁擅自采伐松木。疫区内已发生松材线虫病的乡（镇），严禁进行松木商品材采伐；未发生的乡（镇），需进行松木商品材采伐的，必须经省级林业主管部门批准。所采伐的松木均按疫木管理，经除害处理合格后，由当地森林植物检疫机构开具《植物检疫证书》，并经调入地省级林业主管部门同意后，方可调运。要加强疫区检疫封锁，严防疫情扩散蔓延。重要交通道路要设立森林植物检疫检查站，严格检疫检查。疫区内的松科植物及其产品不得擅自运出疫区，禁止任何单位和个人在疫区内非法经营和加工利用松木。

建立限期拔除疫点制度，对新发生的疫点、孤立疫点和危险性大、区域位置显要的疫点要限期拔除。新发生疫区要做到当年发现，当年拔除；孤立疫点、危险性大和区域位置显要的疫点，要在3年内做到基本拔除。国家林业局要根据疫情发生情况，每年下达松材线虫病的除治任务，地方各级政府要按照任务要求，采取有效措施，予以限期拔除。疫点拔除后，要继续进行跟踪监控，开展综合防治，巩固拔点成果。

采取有力措施，积极开展疫区除治工作。疫区除治是松材线虫病防治工作的重中之重，应予以高度重视。地方各级政府要制定切实可行的除治方案，有计划、有组织地开展除治工作。必须采伐的疫木，要坚持先封后伐的原则，按照疫木处理能力决定采伐量，由专业队统一采伐。要采取生物、物理、化学等综合措施降低松褐天牛虫口密度，同时要采取综合性营林措施，以县级行政区为单位有计划地由外向内对现有单一松林进行改造，确保疫区除治效果。

三、坚持“预防为主，综合治理”方针，切实抓好松材线虫病预防工作

在抓好疫区松材线虫病除治工作的同时，要高度重视和加强未发生区的预防工作。要进一步加强疫情监测预警体系、检疫检验体系和检疫隔离试种苗圃的建设，切实搞好监测和检疫工作，做到除治和预防并重，彻底扭转重除治、轻预防的被动局面。

加强监测普查，建立疫情监测普查和报告制度。地方各级林业主管部门要建立专业监测队伍，确定重点监测区域，开展常年定点监测和定期疫情普查，建立健全监测和普查结果定期逐级上报制度。新发现松材线虫病疫情的，要立即报告当地人民政府和上一级林业主管部门，立即组织开展全面调查和除治工作，并在一周内报告国家林业局。

加强检疫封锁，防止疫情扩散。要以《森林法》、《植物检疫条例》等法律法规为依据，严格检疫执法，严禁疫木及其木质包装材料的非法经营和流通。木材检查站和森林植物检疫检查站要加强对松科植物及其产品的检疫检查，发现非法调运疫木的，必须依法扣留，采取隔离措施，及时就地进行除害处理，不得补开《植物检疫证书》。各级森林植物检疫机构必须加强对调入的松科植物及其产品的复检，加强调运信息的及时传递。出入境检疫检验机构和国内森林植物检疫机构要加强配合，严防境外疫情的传入。

突出重点，切实做好重点预防区的预防工作。具有重要生态和经济价值需要特别保护的区域，必须划定为重点预防区，采取切实有效措施，实行重点预防。重点预防区所在地人民政府要组织制定预防方案和治理预案，在重要交通路口设立森林植物检疫检查站，认真进行检疫检验，严格限制松科植物及其产品的进入。在传播媒介昆虫民虫羽化期，要限制载有松科植物及其产品的交通工具过境。要采取各种行之有效的措施开展疫病监测预防，综合运用生物、化学和物理等方法，降低松褐天牛种群密度。同时，要积极调整和改善林分结构，提高林分抗御病害的能力，从源头上预防松材线虫病的传播。

四、加大科技支持力量，提高松材线虫病的预防和除治工作的科技含量

松材线虫病预防工作必须依靠科学技术。要加强对松材线虫病防治的基础理论研究和应用技术研究，要组织科研、教学、生产部门的专家，针对松材线虫病防治工作中的重大技术难题开展联合攻关，力争取得较大进展和突破。要对现有的成熟技术进行组装配套，加快生物防治、化学防治、遥感监测、疫木除害处理等实用技术的完善和推广应用，依靠科技进步解决防治技术难点。要加强松材线虫病防治的国际合作与交流，积极引进国外先进技术和防治手段。要大力开展技术培训，不断提高防治工作的科技水平。

五、进一步增加资金投入，提高防治成效

增加投入是加强松材线虫病防治工作的关键。地方各级政府要加大松材线虫病预防和除治资金的投入力度，不断加强和完善与松材线虫病预防和除治有关的基础设施建设，全面提高松材线虫病防治和除治能力。要切实加强资金的使用管理，建立有效的使用管理制度、跟踪检查制度和专项审计制度，严禁挤占和挪用防治专项资金，确保投资效益。对因松材线虫病而遭受严重经济损失的群众，要给予适当救助。

六、切实加强组织领导，明确防治责任

切实加强领导，实行地方各级政府行政领导责任制。松材线虫病的预防和除治工作是地方各级政府的一项重要职责。地方各级政府要将此项工作列入重要议事日程，纳入各级领导任期目标责任制，切实加强领导。要建立健全由政府领导牵头、有关部门参加的预防或除治领导机构或指挥机构，层层签订目标管理责任书，明确防治责任。要广泛发动群众，动员社会各方面的力量，并在财力、物力等方面给予支持和保证。要组织制定本行政区的预防和除治方案，协调解决防治工作中出现的重大问题。相邻省、区间，疫区和非疫区间要加强配合，实行联防联治，确保除治工作的顺利开展。

有关部门和单位要加强协调配合，各司其职。铁路、交通、民航、邮政等部门在承运或邮寄松科植物及其产品时，必须查验《植物检疫证书》，对不符合要求的，不予受理。出入境检验检疫机构对来自松材线虫病发生国家或地区的针叶类植物及其产品，必须严格实施入境检疫，并加强与调入地森林植物检疫机构的沟通；工商行政管理部门要配合林业主管部门加强对木材经营、加工单位的监督管理。

各地林业主管部门要加强管理和监督领导，积极为当地政府当好参谋，及时组织开展疫情调查并报告疫情。要认真制定防治计划和措施，积极组织开展防治工作，并加大技术指导和督促检查力度。各有关部门、企事业单位和个人，要按照要求保质保量地完成其所属森林和林木的预防和除治任务。

要建立通报奖惩制度。对在松材线虫病防治工作中取得显著成绩的单位和个人，由国家林业局或省级人民政府予以通报表扬。对组织领导不力、没有落实预防和除治措施，造成重大损失的，要追究领导责任；对监测不力、检疫执法不严、隐瞒疫情，贻误防治时机的，要通报批评，并责令限期整改；对非法经营加工利用疫木、使用疫木包装材料，造成疫情人为传播的，要依法追究有关责任人的责任。

国务院办公厅

2002年4月12日

关于印发《关于进一步推进全民义务植树运动加快国土绿化进程的意见》的通知

全绿字［2002］第2号

各省、自治区、直辖市绿化委员会，各有关部门（系统）绿化委员会，中国人民解放军、中国人民武装警察部队绿化委员会：

1981年五届全国人大四次会议作出《关于开展全民义务植树运动的决议》以来，全民义务植树运动为绿化国土和改善生态环境作出了巨大贡献，开创了符合我国国情，具有中国特色国土绿化的正确之路。为把全民义务植树运动进一步引向深入，全面加快国土绿化进程，全国绿化委员会决定印发《关于进一步推进全民义务植树运动　加快国土绿化进程的意见》，请你们结合本地区、本部门的实际情况，认真贯彻执行。

附件：关于进一步推进全民义务植树运动　加快国土绿化进程的意见

全国绿化委员会

2002年3月12日

附件：全国绿化委员会关于进一步推进全民义务植树运动　加快国土绿化进程的意见

1981年五届全国人大四次会议作出《关于开展全民义务植树运动的决议》以来，全民义务植树运动为绿化国土和改善生态环境作出了巨大贡献，开创了符合我国国情，具有中国特色的国土绿化的正确之路。进入新世纪，我国生态环境局部改善，整体恶化趋势尚未根本扭转，水土流失、土地荒漠化、物种减少、水旱灾害、沙尘暴、水资源短缺等呈现日益加剧之势，严重制约着社会、经济可持续发展。面对如此形势，我们要以“三个代表”重要思想为指针，以促进可持续发展、提高人居生活环境质量为目标，大力推进全民义务植树运动的开展。在重点抓好六大林业重点工程的同时，努力抓好绿色通道和城乡绿化一体化建设，构筑以六大林业重点工程为骨架，以城乡绿化一体化为依托，以绿色通道建设为网络的新时期国土绿化的新格局。为此，特提出如下意见：

一、广泛宣传教育，切实提高全民的义务植树和绿化意识

宣传教育是搞好全民义务植树运动和各项绿化工作的第一道工序，也是贯穿全过程的一项十分重要工作。各级绿化委员会要切实抓紧抓好。要大力宣传党和国家关于义务植树和绿化的各项方针政策、法律法规，大力宣传展示义务植树、国土绿化成就，大力宣传义务植树和绿化的各类先进典型。要结合贯彻落实中共中央《公民道德建设实施纲要》，突出公民生态道德宣传教育，在全社会树立起良好的生态道德风尚。

绿化宣传教育要从娃娃抓起。要加大对青少年造林绿化和保护生态环境意识及相关知识的教育力度，大力宣传“节约资源，珍爱生灵、抵制污染，植绿护绿”十六字青少年生态道德要求，从小培养他们的绿化意识。要根据城市、农村的不同条件和特点，要不断丰富和发展宣传教育的内容、形式和方法，增强针对性、扩大覆盖面。在宣传教育的方式、方法上下功夫，要充分利用广播、电视、报刊、网络、公益广告以及标语、社区板报等各种工具，开展宣传教育，提高宣传效果。要利用“普法教育”活动，开展“植绿、护绿、爱绿、兴绿”活动等方式，以及开展国土绿化、生态环境建设形势讲座、展览等方法。既要使人民群众感受到绿化建设成就，也要增强他们的绿化忧患意识，力争在一个不长的时间内，使全民义务植树和全社会的绿化意识有一个较大提高。最大限度地提高全社会关心、支持、参与绿化和生态建设的主动性和积极性。

二、扎实、深人推进全民义务植树运动

要认真贯彻落实江总书记“开展全民义务植树活动，提高了人民群众的绿化意识，也美化了我们的生活环境，一定要长期坚持下去。”的指示精神，完善新时期义务植树法规，拓宽义务植树领域，丰富义务植树形式，严格义务植树管理，进一步深化全民义务植树运动。要按照与时俱进的要求，抓紧制定《中华人民共和国全民义务植树条例》，各地也要加快修订完善地方性的义务植树法规，严格执法。

要坚持组织适龄公民直接参加植树活动履行义务的基本形式。确因条件限制，难以组织适龄公民直接植树的地方，应积极鼓励适龄公民开展绿地养护、古树名木保护、门前三包等方式履行义务，对于中小学生，要鼓励他们通过捡拾变卖废旧物品，捐植纪念树等适合自身特点方式，参加力所能及的植树或爱绿护绿宣传活动。植纪念树、造纪念林是义务植树的好形式，应大力提倡，要积极组织城乡适龄公民通过参加居住环境的绿化美化活动履行植树义务。

实行义务植树基地化是提高义务植树尽责率和成效的十分有效办法。各地要根据义务植树任务和实际，规划不同层次、数量、规模的义务植树基地。对已完成基地造林绿化任务的，要结合各项重点生态工程建设，城乡环境建设，重新划定义务植树基地。要加强对义务植树和绿化后的管护管理，确保成活率，对破坏义务植树和绿化成果，要严格执法，切实巩固义务植树和绿化成果。

要认真实行义务植树属地管理制度，农村义务植树由所在地行政村和乡镇组织。单位和“三资”企业中方适龄公民由所在地政府组织。城镇居民、个体工商、无业和外来人口由城市社区和街道组织，各级绿化委员会办公室做好协调和指导。

要全面推行义务植树登记卡制度，城市以社区、街道、单位为基本单元，农村以乡、镇为基本单元，按县（区、市）将适龄公民人数，尽责方式等具体指标内容利用计算机等现代技术建卡登记。

要严格执行义务植树尽责情况考核制度，县级以上地方人民政府绿委办公室要统一负责本地区适龄公民统计管理，任务分配落实，尽责情况检查考核，对未履行义务的，要收缴绿化费进行处罚。增强其义务植树法定意识，对单位未完成义务植树任务的，还应追究单位领导的责任，增强其组织义务植树的责任意识。

三、高标准建设绿色通道

要全面落实《国务院关于进一步推进全国绿色通道建设的通知》国发［2000］31号文件精神，通过落实政策，完善机制，广泛发动沿线群众积极参加绿色通道建设。要将绿色通道建设纳入本地区、本部门生态环境建设规划，作为生态环境建设的重点工程，列入基本建设计划，确保绿化投入。公路、铁路、江河堤坝要根据不同等级，确定不同的绿化带宽度和建设标准，将人工绿化与自然景观相融合，提高绿化美化效果。工程建设中，不仅要考虑对道路、河渠、堤坝的保护作用，而且，要与沿线形象建设相结合，特别是要考虑与沿线地区农村产业结构调整相结合，促进当地群众脱贫致富。充分发挥绿色通道具有的护路固坡、绿化线路、美化环境、改善形象、推动经济的综合功能，把绿色通道建成绿化美化线、旅游风景线和群众致富线，如期实现十五期间和到2010年绿色通道的建设目标。

四、全面推进城乡绿化一体化建设

要以城乡绿化一体化建设为目标，推进城乡绿化建设。要认真贯彻落实《国务院关于加强城市绿化建设的通知》国发［2001］20号文件精神。城镇绿化要本着“宜林则林、宜草则草”的原则，实现各类绿地合理配置，乔、灌、花、草有机搭配，绿化、美化、香化、彩化紧密结合。要积极推行城镇建设中的绿色图章制度，将绿化与城镇建设项目同步规划设计、同步施工、同步检查验收。要抓住新一轮的城市改造和城镇化建设的有利时机，采取破墙透绿、危改建绿、拆违还绿、整容扩绿等措施，全面扩大和提高城镇绿化水平。尤其要重视城镇周边绿化隔离林带和环城林带建设，特大城市和风沙侵害严重的城市周围，要在城市功能分区的交界处大力营造绿化隔离林带，大力营造城郊森林，建设城市生态屏障。同时，要大力推进乡村绿化美化和农田林网建设，积极发展乡村公园，引导农民搞好庭院和房前屋后绿化美化，全面提高农村绿化水平。促进城乡环境与经济建设协调发展。

五、高度重视部门绿化

要继续按照部门绿化分工负责制的要求，组织各部门在搞好本辖区内绿化的同时，积极参加地方义务植树。对面积较大、绿化任务较重的部门，各地在分配义务植树时，应重点安排其辖区内的绿化，要采取定地点、定任务、定完成时限的办法，促使其辖区尽快绿起来，美起来。各部门要结合实际，制订或修订部门造林绿化规划，并将规划所确定的任务落实到所属单位，落实到具体地域，做到任务明确，重点突出，措施配套，便于实施，利于监督检查。坚持开展部门绿化检查交流制度，促进部门绿化不断上水平。各级绿化委员会要有计划地组织委员深入本地区的各部门单位，检查全民义务植树和绿化工作的开展情况，帮助解决实际问题，有条件的地方要执行绿委委员、部门领导兴办造林绿化点制度，建立造林绿化目标责任制，充分发挥绿委委员的作用；要建立部门绿化工作例会制度，定期研究沟通部门绿化工作中的情况，积极为部门绿化创造一个良好的发展环境。要认真研究新形势下部队、共青团、妇联、工会等参加重点生态工程建设的有效办法，推动全社会办林业、全民搞绿化。

六、进一步完善评比表彰活动

要针对新时期义务植树和绿化工作的新任务、新要求，不断完善评比表彰的内容、结构和方法。充分发挥评比表彰对造林绿化的激励和推动作用。

要认真规范绿化评比表彰的各项目名称，使其符合时代要求，具有广泛代表性、先进性，具备强大的吸引力和生命力；要建立既具有先进性又具可行性，能充分发挥激励作用的指标体系；要改变现行的评比表彰中名额分配制的做法，实行评比表彰申报评选制和公示制；要精减评比表彰的层次，完善评比表彰程序，突出评比表彰的重点。要对已被评为先进的单位进行跟踪检查，加大复查力度。对绿化滑坡，已名不符实，不能起到先进带头作用的，要给予通报、批评、警告；限期改进，必要时摘牌取消荣誉称号，确保绿化表彰的先进性。要适当加大对为国土绿化作出突出贡献的外国友人、社团组织、公司企业和有关部门、新闻单位的表彰力度。逐步建立起一套适应新时期要求的名称响亮、社会影响大、具有权威性、先进性、科学性的绿化评比表彰体系。充分调动各地、各部门、全民、全社会支持和投身国土绿化的积极性。

七、认真做好古树名木保护工作

要充分认识做好古树名木保护工作是保护发展国家历史文化，加强环境建设的重要措施，是开展全民义务植树运动的重要内容。各地、各部门要高度重视，切实加强古树名木的保护和管理。要认真组织开展古树名木普查登记、鉴定、建立档案、划定保护范围、挂牌、设置围栏和标志等基础性工作。实行古树名木保护管理权属责任制，鼓励以履行义务植树方式，认管认养古树名木。要积极采取堵洞、支撑、通气、透水、治腐、防病等复壮养护的技术措施，保护好古树名木。要对古树名木年龄测定等重点、难点技术，加强研究。要制定古树名木保护法规和管理制度。要杜绝各种破坏古树名木的行为，严禁古树名木的移植、流转和买卖。因特殊情况，确需移植的古树名木，按分级管理权限，经主管部门审核同意，报同级人民政府批准和上级主管部门备案后，方可进行移植，移植由主管部门负责组织实施，费用由申请单位承担。

八、切实加强对义务植树和绿化工作组织领导

各地、各部门应把进一步推进全民义务植树运

动，作为加快国土绿化进程的一项战略性措施，予以高度重视，切实加强组织领导。要继续坚持领导干部任期造林绿化目标责任制、领导办绿化点制度，坚持各级领导带头参加义务植树。要将义务植树尽责情况纳入各地、各部门、各单位主要领导的政绩考核内容，强化领导干部的责任意识。要进一步加强各级绿化委员会办公室组织建设。健全机构，强化职能，配备相应专职人员，保障必需的工作经费。要着力强化各级政府绿化委员会办公室义务植树执法职能，使其在新形势下切实履行好宣传发动，组织协调，评比表彰，检查监督等方面职责。各级绿化委员会及其办公室要切实改进工作作风，强化服务意识，努力提高自身工作水平。

今后五到十年，是我国经济和社会发展的重要时期，也是大力推进新世纪国土绿化的关键时期。各级绿化委员会要以江总书记"三个代表"重要思想为指导，认清肩负的历史责任，进一步解放思想，一切从实际出发，抓住机遇，锐意改革，开拓创新，与时俱进。努力开创新时期全民义务植树运动和国土绿化工作的新局面，为实现我国现代化建设第三步战略目标做出新贡献。

关于印发《全国绿化评比表彰活动实施办法》的通知

全绿字［2002］8号

各省、自治区、直辖市、计划单列市绿化委员会，各有关部门（系统）绿化委员会，中国人民解放军、中国人民武装警察部队绿化委员会，新疆生产建设兵团绿化委员会：

为了充分发挥评比表彰对推进新时期国土绿化和义务植树工作的激励促进作用，使各项评比表彰活动更加规范化、标准化和制度化，全国绿化委员会根据新形势需要，在改革和完善原评比表彰活动的基础上，制定出《全国绿化评比表彰活动实施办法》。现印发给你们，请遵照执行。

全国绿化评比表彰活动是一项要求高、影响大、意义深远的活动。各级绿化委员会和各有关部门（系统）绿化委员会要高度重视，认真按照实施办法的要求，广泛宣传动员，加强领导，精心组织，把各项活动扎扎实实地开展好，鼓舞和激励全国人民更加广泛地投身于植树造林、绿化祖国的伟大事业，早日实现祖国山川秀美。

附件：全国绿化评比表彰活动实施办法

全国绿化委员会

2002年11月26日

附件：全国绿化评比表彰活动实施办法

开展绿化评比表彰活动是调动广大群众和社会各方面力量投入绿化祖国，美化环境积极性的一项重要工作，对深入开展全民义务植树运动，加快国土绿化步伐，起着重要的推动作用。为充分发挥评比表彰对推进新时期国土绿化和义务植树工作的激励促进作用，使各项评比表彰活动更加规范化、标准化和制度化，特制定全国绿化评比表彰活动实施办法。

一、评比表彰的指导思想

以"三个代表"的重要思想为指导，以创新激励机制为手段，通过改革、完善，建立起适应新形势国土绿化发展要求的评比表彰活动体系，充分发挥评比表彰的激励作用，以达到不断激发广大人民群众造林绿化的积极性，树立全社会办林业、全民搞绿化的良好社会风尚，进一步推进全民义务植树运动和国土绿化工作向纵深发展。

二、评比表彰的原则

（一）坚持与时俱进的原则。根据新时期国土绿化的任务和特点，改革和完善原评比表彰活动项目的名称、评选表彰机制、奖励办法、评选条件和标准。

（二）坚持分级表彰、分级管理的原则。由于全国绿化评比表彰应具备一定的规模，体现一定的层次和影响力。因此，对绿化评比表彰活动实行中央和地方分级管理，分级表彰。全国绿化委员会组织开展的绿化评比表彰活动，一般要先获得省（市、区）相应荣誉称号，方能上报全国绿化委员会进行表彰。

（三）坚持公开、公正的原则。将绿化评比表彰活动的评选条件、标准、要求公开，把被评选的单位和个人向社会公示，让广大群众参与评议，公正地评选出各地、各部门（系统）涌现出来的绿化成绩最突出、贡献最大的单位和个人。

（四）坚持竞争、激励的原则。绿化评比表彰活动是促使各评选单位和个人，按照统一的条件、标准和办法，进行统一的衡量、比较、选优，形成竞争激励机制，促进社会各行各业积极参与国土绿化事业。

（五）坚持高标准，严要求的原则。绿化评比表彰活动是一项严肃认真的工作。它的标准具有先进性，条件具有可操作性，办法具有激励性。经过高标准、严要求的评选，切实保证质量，达到全面提高的目的。

三、评比表彰的项目

全国绿化委员会组织开展三项全国绿化评比表彰活动

（一）每年一次的“全国绿化奖章”评比表彰活动。

（二）每二年一次的“全国绿化模范城市”、“全国绿化模范县（市）”和“全国绿化模范单位”评比表彰活动。

（三）每五年一次（逢五、逢十）的“全国绿化先进集体”、“全国绿化劳动模范”和“全国绿化先进工作者”评比表彰活动。

对绿化贡献特别突出的，必要时，授予特别荣誉称号。

四、评比表彰的范围

“全国绿化奖章”、“全国绿化模范城市”、“全国绿化模范县（市）”和“全国绿化模范单位”，从获得过省、部级绿化方面表彰的个人和城市、县（市）、单位中推荐。根据当前绿化的任务和特点，“全国绿化奖章”评选，适当增加对绿化有突出贡献的非公有制企业领导的评选比例。

评选“全国绿化劳动模范和先进工作者”，从获得过“全国绿化奖章”的人员中推荐。

评选“全国绿化先进集体”从获得过“全国绿化模范城市”、“全国绿化模范县（市）”、“全国绿化模范单位”和原全国造林绿化“十佳城市”、“百佳县（市）”和全国部门造林绿化“400佳”单位中推荐。

“全国绿化模范城市”在达到评选条件的地（市）级以上城市中评选。

五、评比表彰的评选程序

“全国绿化奖章”、“全国绿化先进集体”、“全国绿化劳动模范和先进工作者”、“全国绿化模范县（市）”、“全国绿化模范单位”评选实行名额分配制，“全国绿化模范城市”评选实行申报制。

（一）“全国绿化先进集体、全国绿化劳动模范和先进工作者”，由所在市、县（区、市）人民政府和所在单位，根据分配的名额，对照评选条件和有关要求，确认符合条件后，按程序进行推荐。“全国绿化先进集体”由上一级绿化委员会在本地区报刊上向社会公示；“全国绿化劳动模范”和“全国绿化先进工作者”由所在市、县或部门（系统）绿化委员会，在一定范围内（本单位或本行业、系统或本地区）张榜公布或在相应报刊上向社会公示。公示无异议后，经逐级绿化委员会审核同意，上报全国绿化委员会办公室。全国绿化委员会办公室会同人事部、国家林业局共同审核后，经全国绿化委员会办公室办公会议审查同意，提交全国绿化委员会、人事部、国家林业局联合进行表彰。

（二）“全国绿化奖章”、“全国绿化模范县（市）”、“全国绿化模范单位”由所在市、县（区、市）人民政府和所在单位，根据分配的名额，对照评选条件和有关要求，确认符合条件后，按程序进行推荐。“全国绿化模范县（市）”、“全国绿化模范单位”由上一级绿化委员会在本地区报刊上向社会公示。“全国绿化奖章”由所在市、县或单位绿化委员会，在一定范围内（本单位或本行业、系统或本地区）张榜公布或在相应报刊上向社会公示。公示无异议后，经逐级绿化委员会审核同意，上报全国绿化委员会办公室。

全国绿化委员会办公室成立全国绿化评比表彰评审委员会，对省（区、市）或部门绿化委员会推荐表彰的材料进行审查，并对推荐的“全国绿化模范县（市）”和“全国绿化模范单位”进行抽查（抽查办法另行制定）。根据审查和抽查结果，评审委员会提出建议名单，经全国绿化委员会办公室办公会议审查同意后，提交全国绿化委员会进行表彰。

（三）“全国绿化模范城市”，由所在城市市政府按照评选条件和有关要求，进行自查，确认合格后，向省（区、市）绿委提出申请，经省（区、市）绿委审核、预检并在省级报刊上向社会公示。公示无异议后，向全国绿委申报，作为“全国绿化模范城市”候选城市。

“全国绿化模范城市”候选城市，经全国绿化委员会办公室初审通过后，交评审委员会评估检查（检查办法另行制定）。评估检查后，由评审委员会召开展示会。各候选城市通过音像、图片资料，展示其国土绿化建设的成就和风貌，并向评审委员会汇报申评情况。评审委员会依据检查评估报告和展示汇报情况，对候选市进行投票选举。由评审委员会评审通过的候选城市，经全国绿化委员会办公室办公会议审查同意后，提交全国绿化委员会进行表彰。

六、评比表彰的奖励方式

“全国绿化奖章”、“全国绿化模范城市”、“全国绿化模范县（市）”和“全国绿化模范单位”，由全国绿化委员会分别颁发奖章、奖牌和荣誉证书。为提高表彰效果，加大影响力度，对受表彰的“全国绿化模范城市”、“全国绿化模范县（市）”建立象征性标志。

“全国绿化先进集体”、“全国绿化劳动模范和先进工作者”由全国绿化委员会、人事部、国家林业局颁发奖章、奖牌和荣誉证书，并享受国家规定的有关待遇。

对绿化贡献特别突出的，必要时，由全国绿化委员会商人事部同意，联合授予特别荣誉称号。

七、评比表彰的考核管理

对授予“全国绿化模范城市”、“全国绿化模范县(市)”和“全国绿化模范单位”荣誉称号的城市、县(市)、单位实行复查制。由全国绿化委员会办公室组织，每五年复查一次。复查合格的保留称号，复查不合格的给予警告，并限期整改。整改仍不合格的，由全国绿化委员会办公室报全国绿化委员会同意，撤销其“全国绿化模范城市”、“全国绿化模范县（市)”和“全国绿化模范单位”称号。

附：一、全国绿化奖章评选条件

二、全国绿化先进集体、全国绿化劳动模范和先进工作者评选条件

三、全国绿化模范城市、全国绿化模范县（市）和全国绿化模范单位评选条件

附一、全国绿化奖章评选条件

凡认真贯彻执行党和国家有关绿化工作的路线、方针、政策和法律法规，或关心支持我国绿化事业的社会各阶层人士，具备下列条件之一者，可获得全国绿化奖章：

1. 从事造林绿化时间5年以上，对推动本地区、本单位国土绿化有突出贡献者。

2. 连续从事绿化成果的保护管理5年以上，在防止和制止滥砍滥伐，预防和扑救森林、草原等火灾，防治林木、草原病虫害，保护城市林木、绿地等方面，做出突出贡献者。

3. 在国土绿化事业中有发明创造、技术革新、合理化建议，或在绿化科学研究和新技术推广方面有突出贡献者。

4. 在国土绿化宣传工作，包括新闻报导、广播、电影、电视、文艺创作和演出等方面，作出突出贡献者。

5. 连续组织领导全民义务植树和国土绿化工作5年以上，对推动本地区绿化建设作出突出贡献者。

6. 国内外各界人士以捐赠资金、物资、技术等形式，关心支持国土绿化事业，有突出贡献或广泛影响者。

附二、全国绿化先进集体、全国绿化劳动模范和先进工作者评选条件

（一）全国绿化先进集体

1. 积极贯彻全国人大《关于开展全民义务植树运动的决议》，认真执行党和国家有关国土绿化的方针、政策、法规。

2. 党政领导高度重视绿化工作，列入重要议事日程，实行领导干部任期绿化目标责任制，各级党政主要领导建有绿化示范点。

3. 绿化委员会及其办公室机构健全，人员配备合理，有一套完整的管理规章制度，在当地政府领导下，能充分发挥职能作用，广泛组织和动员全社会开展国土绿化，各项工作成绩突出。

4. 绿化有规划，按期完成绿化规划任务。全民义务植树尽责率达95%以上，城乡或单位大环境绿化协调发展，林种、树种及乔、灌、草、花结构合理，植物景观优化配置。所辖区域内绿化率应达98%以上。

5. 重视绿化成果的保护和管理，法规、制度健全；养护措施、资金和人员落实到位；严格依法治绿，基本实现无侵占、破坏林地、绿地、草地现象；无重大林木、草原等病虫害和森林火灾，无外来有害生物入侵。

6. 宣传教育普及，群众发动充分，绿化群体意识强。爱护花草树木已形成良好的社会风尚，按随机抽样调查的公民绿化意识达90%以上。

（二）全国绿化劳动模范、先进工作者

1. 认真贯彻执行党和国家有关绿化的方针、政策和法律法规。

2. 荣获全国绿化奖章后，能保持荣誉，继续为绿化事业作贡献。

3. 热爱绿化事业，艰苦奋斗，顽强拼搏，无私奉献，绿化成绩突出，从事绿化工作10年以上，或在国土绿化的组织领导、宣传教育、科学研究、技术革新和推广以及国土绿化成果保护等方面成绩卓著，贡献突出。

附三、全国绿化模范城市、全国绿化模范县（市）和全国绿化模范单位评选条件

凡荣获省部级造林绿化荣誉称号的城市、县（市）和单位，包括原全国造林绿化十佳城市、百佳县（市）、全国部门造林绿化“400佳”单位和国家园林城市，继续保持荣誉均可参加评选。

（一）全国绿化模范城市

1. 城市绿化工作列入市委、市政府重要议事日程。实行领导干部任期绿化目标责任制，党政主要领导建有绿化示范点。

2. 绿化委员会及其办公室机构健全，配备有适应工作需要的专职人员和专项经费，能有效地组织领导全民义务植树运动和整个城市绿化工作的开展。

3. 制定了科学的城市绿化规划并纳入城市总体规划。规划实施有保障，能按期完成年度绿化任务。

4. 绿化宣传工作有计划、措施得力，工作扎实，按随机抽样调查的公民绿化意识达85%以上。实行了义务植树登记卡制度，全民义务植树建卡率达90%以上，尽责率达90%以上。

5. 城市绿化体现以人为本，做到布局合理。实行乔、灌、草、花等植物合理配置，常绿树种和落叶树种相结合，景观效果好。建城区绿化覆盖率达到35%以上，绿地率达到33%以上，人均公共绿地面积9平方米以上，城市中心区人均公共绿地达到5平方米以上，城市郊区森林覆盖率，山区达到50%以上，丘陵达到30%以上，平原达到20%以上（南方平原达到15%以上）；乡（镇）所在地、小集镇和村屯绿化覆盖率分别达到30%和25%。

6. 城市的街道、居住区、机关庭院、厂区、校园、医院、部队营区等单位普遍绿化，70%以上的街道、居住区和单位庭院绿地率达到省级标准。

7. 新建、改建、扩建工程项目，按国家规定的绿化用地面积，与工程项目同步规划、同步设计，同步施工绿化，工程项目交付使用的同时完成绿化任务。

8. 重视绿化成果的保护和管理，养护措施、资金和人员落实到位；无重大林木、草原等病虫害和森林火灾，无外来有害生物入侵，近三年没有破坏绿化成果案件发生。

9. 重视古树名木保护工作。对古树名木实行统一管理，建立了档案和标志，划定了保护范围，实施了有效的养护管理措施。

（二）全国绿化模范县（市）

1. 县（市）绿化工作列入县（市）委、政府重要议事日程。实行领导干部任期绿化目标责任制，党政主要领导建有绿化示范点。

2. 县（市）绿化委员会及其办公室机构健全，配备有专职人员和专项经费，能有效地组织领导全民义务植树运动和全县绿化工作的开展。

3. 制定了科学的绿化规划。并按规划制定实施计划，保质保量完成年度绿化任务。

4. 绿化宣传发动工作有计划，措施得力，工作扎实。按随机抽样调查的公民绿化意识达85%以上。全民义务植树运动普遍开展，做到规范化、基地化、科学化和制度化。城镇建立了“义务植树登记卡”，农村建立了义务植树制度，积极组织义务植树，尽责率达90%以上。

5. 县（市）城区建有与之相适应的公园，街道、居住区、单位普遍绿化，体现以人为本，做到布局合理。实行乔、灌、草、花等植物合理配置，景观效果好。城区绿化覆盖率达到35%以上，绿地率达到33%以上，人均公共绿地面积7平方米以上。单位庭院和新建居住小区绿化覆盖率均达35%以上。

6. 辖区内宜林荒山、荒地、荒滩、荒沙基本绿化；公路（包括各等级公路）、铁路、江河沿岸、水库周围宜林地段全部（按国家颁布的标准）绿化；农田基本实现林网化，80%以上的村庄绿化覆盖率达到25%以上；乡（镇）所在地和小集镇绿化覆盖率达30%以上，人均公共绿地5平米，单位和新建小区绿化覆盖率达30%。

7. 有国家重点林业生态建设工程任务的县（市），能按照规划完成年度工程建设任务，并达到国家林业局颁布的标准。

8. 重视造林绿化成果的保护，最近五年无乱砍滥伐，无侵占、破坏林地、绿地、草地现象；无重大林木、草原等病虫害和森林火灾，无外来有害生物入侵；重视古树名木保护工作，建立了古树名木的档案和标志，划定了保护范围，落实了养护管理措施。

（三）全国绿化模范单位

1. 领导高度重视绿化工作，认真贯彻执行党和国家有关造林绿化的方针政策和法律法规。把绿化工作列入本单位议事日程，做到主要领导亲自抓，分管领导经常抓，业务部门具体抓。

2. 单位成立了绿化领导小组，设有相应的绿化管理机构，配备了适应工作需要的绿化专（兼）职人员，有稳定的绿化资金投入。

3. 绿化宣传工作经常化，按随机抽样调查的职工绿化意识达95%。实行了义务植树登记卡制度，尽责率达到90%以上。

4. 单位的绿化整体规划科学。做到布局合理，实行乔、灌、花、草等植物合理配置，景观效果好。单位庭院绿化覆盖率达到35%以上，绿地率达到33%以上，无绿化死角。

5. 有一套行之有效的绿化规章制度和专业管理队伍；绿化成果得到有效的保护和管理。

6. 辖区范围内有宜林荒山、荒滩或有特定国土绿化任务的单位，按计划完成国土绿化任务。严格按照国家规定，足额提取绿化资金，专款专用。

国家林业局关于印发《林业重点工程资金违规责任追究暂行规定》的通知

林计发［2002］67号

各省、自治区、直辖市林业（农林）厅（局），内蒙古、吉林、龙江、大兴安岭森工（林业）集团公司，各计划单列市林业局，深圳市绿化委员会，新疆生产建设兵团财务局，国家林业局有关直属单位：

为进一步加强林业重点工程资金和财政专项资金管理，落实“严管林、慎用钱、质为先”的要求，确保林业重点工程的顺利实施，我局制定了《林业重点工程资金违规责任追究暂行规定》，现予印发，请遵照执行。

国家林业局

2002年3月15日

附件：林业重点工程资金违规责任追究暂行规定

一、为进一步加强林业重点工程资金和财政专项资金的使用管理与监督，强化和规范对资金违规问题的查处与整改，建立健全资金违规责任追究制度，保证林业重点工程的顺利实施，提高资金的使用效益，根据国家有关规定，特制定本暂行规定。

二、林业重点工程资金包括：经国家批准实施的天然林资源保护、退耕还林、三北和长江流域等防护林体系建设、环北京地区防沙治沙、全国野生动植物保护及自然保护区建设、速生丰产用材林基地建设等重点工程资金，以及由中央和地方财政预算安排的危险性森林病虫害防治工程、重点火险区综合治理工程、森林生态效益补助资金项目、农村小型公益设施建设补助资金林业项目和贫困林场扶贫项目等各项财政专项资金和地方配套资金。

三、林业重点工程和财政专项资金的使用管理要做到专款专用、单独核算。各级林业主管部门和工程实施单位要严格执行国家基本建设管理程序、投资计划和财政支出预算，严格按照批准的建设内容进行建设和按照规定用途使用资金。未经原批准机关书面同意，任何单位和个人不得擅自扩大或缩减建设规模、提高或降低建设标准、变更建设地点和建设内容，改变资金用途。各地区、各部门、各单位不得以任何方式挤占、截留、挪用重点工程资金和财政专项资金，不得将工程资金和财政专项资金用于计划外、预算外项目开支，严格控制各项开支标准，防止铺张浪费。

四、资金审计、检查、稽查内容包括：

（一）各级林业主管部门是否按规定下达工程投资计划和财政专项资金的预算，资金拨付单位是否按规定的程序拨付资金，资金使用单位是否按计划和工程进度及时将资金投入使用。有无截留、滞留、违规抵扣等现象。

（二）资金使用单位是否按规定用途和计划下达（预算安排）的内容使用资金，实行专款专用。有无挤占、串用、挪用资金的现象和虚列工程支出、计划外工程以及超标准建设、擅自调整工程投资计划、改变财政专项资金用途的问题。

（三）资金管理和会计核算是否按照国家有关规定执行。有无转移或转存资金、账外设账、私设“小金库”等问题。

（四）资金使用效益。是否按计划完成工程任务量，工程质量是否达到规定标准；有无因管理不善或失职、渎职造成损失、浪费资金的现象。

（五）其他有关情况。

五、对国家审计部门审计、财政检查、计委稽查和行业检查中查出的资金违规问题，根据相关部门提出的处理意见，国家林业局积极敦促有关单位认真执行，并视情况采取必要的调控措施。国家林业局查出的资金违规问题，经研究认定后，以书面形式发出整改通知书，责令有关单位限期改正，并根据情节轻重和干部管理权限直接追究或建议追究单位负责人及相关人员的责任。

六、对资金使用管理中查出的问题，按以下原则和规定进行处理：

(一) 擅自调整、更改工程投资计划和财政专项资金预算的，除根据第五条规定进行处理外（下同），视情节轻重在适当范围内予以通报批评，并督促其进行整改。在规定期限内未按要求进行整改的，暂停该单位工程建设和同类新项目的审批，调减当年或下年度工程投资计划，停拨预算内非经营性基本建设资金，建议有关部门停拨财政专项资金（以下统称预算内资金），直至达到整改要求。

(二) 违规滞留、截留、抵扣资金的，根据情节轻重在适当范围内予以通报批评，同时暂停拨付该单位预算内资金，暂停该地区或该单位同类新项目的审批，调减当年或下年度投资计划，直至达到整改要求。

(三) 转存、串用资金的，根据情节轻重在适当范围内予以通报批评，同时暂停该单位项目建设，暂停拨付该单位预算内资金，直至达到整改要求。

(四) 挪用、挤占、转移资金的，根据情节轻重在适当范围内予以通报批评，同时暂停该单位项目建设和同类新项目的审批，暂停拨付该地区或单位预算内资金，调减当年或下年度投资计划及财政专项资金预算安排，直至达到整改要求。

(五) 伪造、变造会计凭证、会计账簿及相关工程资料，编制虚假财务会计报告或者隐匿、故意销毁依法应当保存的会计凭证、会计账簿及相关工程资料、财务会计报告，虚报工程项目，虚列工程支出的，由主管单位对有关责任人员给予撤职直至开除的行政处分；构成犯罪的，移送司法部门追究其刑事责任。同时对其单位在适当范围内予以通报批评，并建议有关部门暂停拨付该省（区、市）或单位资金，直至达到整改要求。

(六) 财务会计工作混乱，资金管理和会计核算不规范、不符合财经制度和法规的，督促其进行整改；在规定期限内未按要求进行整改的，建议有关部门暂停拨付该地区或单位的财政专项资金，直至达到整改要求。

(七) 对管理不善、滥用职权、玩忽职守、徇私舞弊，造成资金损失、浪费的，在全国范围内予以通报批评，并建议有关部门暂停拨付该地区或单位资金一年，并追究相关人员的责任。

(八) 对于再次发生以上问题的单位要从严从重处理，除采取以上相关处理措施外，暂停该省（区、市）项目建设和同类新项目审批，建议有关部门暂停拨付该省（区、市）资金，直至达到整改要求，并根据情节轻重相应调减当年或下一年度原资金计划的5%～20%。

七、对发生资金违规问题单位的主要负责人和直接责任人，或授意、指使、强令会计机构、会计人员及其他人员进行弄虚作假行为的，国家林业局根据情节轻重，建议当地政府和有关部门给予其行政处分；构成犯罪的，依法追究刑事责任。

八、各省、自治区、直辖市林业主管部门根据本暂行规定，结合本地的具体情况，制定本地关于林业重点工程资金违规责任追究暂行规定的实施细则。

九、本暂行规定由国家林业局负责解释。

十、本暂行规定自发布之日起施行。

国家林业局关于印发《造林质量管理暂行办法》的通知

林造发［2002］92号

各省、自治区、直辖市林业（农林）厅（局），内蒙古、吉林、龙江、大兴安岭森工（林业）集团公司，新疆生产建设兵团林业局：

为贯彻落实“严管林、慎用钱、质为先”的要求，进一步加强造林质量管理，提高造林成效，我局制定了《造林质量管理暂行办法》，现印发给你们，请遵照执行。

附件：造林质量管理暂行办法

国家林业局

2002年4月17日

附件：造林质量管理暂行办法

第一章 总 则

第一条 为加强造林质量管理，提高造林成效，依据《中华人民共和国森林法》、《中华人民共和国森林实施条例》、《中华人民共和国种子法》、《中华人民共和国防沙治沙法》等有关法律、法规，制定本办法。

第二条 国有、国有集体合作、集体的造林，必须执行本办法；对国际合作、外资、私营企业和个人的造林管理，可参照执行。法律、法规另有规定的除外。

第三条 坚持质量第一的原则。按照全面质量管理的要求，实行事前指导、事中检查、事后验收的三环节管理，健全组织机构，规范管理制度，建立简便易行、科学有效的造林质量、技术管理和质量保证体系，提高造林管理水平，确保造林质量与成效。

第四条 实行造林全过程质量管理制度。将人工造林、更新造林全过程分解为规划、总体设计、年度计划、作业设计、种子准备、整地栽植、抚育管护等主要工序，并对各工序进行检查验收。

第五条 造林工序及检查验收，按照国家、行业标准和国家有关造林技术规定、办法执行；凡前述标准、规定和办法未涉及的，或经国务院林业行政主管部门批准有特殊规定的造林项目，参照项目或地方标准、规定和办法执行。

第六条 实行技术培训分级负责和持证上岗制度。造林主要工序及检查验收的相关人员，要先培训、后上岗。凡列为林业行业关键岗位的，必须在省级以上林业行政主管部门认定的关键岗位培训单位接受专门培训，持国务院林业行政主管部门监制的林业行业《关键岗位上岗资格证》上岗。

第七条 自然保护区的造林工程，暂由自然保护区按其总体规划及保护工作的实际需要安排，由林业行政主管部门负责检查验收。

第二章 计划管理

第八条 各级林业行政主管部门应根据本行政区经济、社会和生态环境建设需要及森林资源状况提出林业长远规划。县级林业行政主管部门根据本县的林业长远规划，组织编制植树造林规划，确定各造林责任部门和单位的造林绿化责任，报县级人民政府批准并下达责任通知书。

第九条 年度造林计划编制实行“自下而下、上下结合”的编制方法。各级林业行政主管部门依据植树造林规划及有关工程规划和实施方案，编制年度造林建议计划并逐级上报。国务院林业行政主管部门对各省年度造林建议计划汇总审核后报国家计委，申请下达年度造林计划。

第十条 年度造林计划一经下达，必须严格执行，任何单位不得擅自变更。如确需变更，需报原审批部门批准。

第十一条 地方人民政府负责组织并完成辖区内植树造林规划和年度造林计划确定的任务；县级人民政府林业行政主管部门（国有森工企业，下同）对本行政区域（施业区，下同）内当年造林情况应当组织检查验收。

第三章 设计管理

第十二条 造林项目要严格按照国家规定的基本建设程序进行管理，由具备资质的单位按批准的建设项目组织设计，按设计组织施工，按标准组织验收。各级林业行政主管部门要会同有关部门加强对造林项目实施方案、总体设计、作业设计等编制的组织指导，保证设计与施工的质量。要实行造林项目设计质量负责制，依法对各类设计进行管理。

第十三条 人工造林作业设计必须在施工作业上一年度、人工更新造林作业设计应在整地前3个月内，由县级林业行政主管部门委托有资质的调查设计单位或专业技术队伍编制完成，报地级林业行政主管部门审核同意后组织实施，并报省级林业行政主管部门备案，作为检查验收依据。

作业设计一经批准，不得随意变更；确需变更的，必须由建设单位提出申请，委托设计单位作出相应修改后，报原批准部门重新审批。没有作业设计或作业设计未经批准的，不得组织实施。

第十四条 造林作业设计以批准的造林总体设计、工程实施方案和上级下达的年度造林计划为依据，以县为单位分项目编制，以造林小班为作业设计单元。造林作业设计文件包括作业设计说明书、作业设计表和作业设计图：

（一）作业设计说明书。主要包括基本情况、设计原则与依据、范围与布局、造林技术设计、种苗设计、森林保护及配套基础设施施工设计、工作量与投资预算、效益评价、管理措施等；

（二）作业设计表。包括基本情况表、造林作业设计一览表及汇总表、分树种种苗需求量表、森林保护及配套基础设施年度作业设计表、投资预算表等；

（三）作业设计图。包括以地形图为底图的造林小班设计图（1/5000 或 1/10 000）和位置图（1/25 000或 1/50 000）、造林模式示意图、森林保护及配套基础设施施工设计图等。

第十五条 加强森林保护及配套基础设施建设，做到同步规划、同步设计、同步施工、同步验收。认真搞好森林火灾的预防和森林病虫鼠害的预测、预报、防治、监测、检疫工作，积极采取生物措施，降低森林火灾、森林病虫害的发生率和成灾率，减少森林灾害损失。

第十六条 生态公益林建设禁止大面积纯林设计，提倡混交林设计。新造林原则上单个无性系集中连片营造面积不得超过 20 公顷，单块纯林面积不得超过 200 公顷，与纯林相邻小班必须更换树种或营造混交林。

第十七条 严格实行造林作业设计检查验收与审查批复制度。各级林业行政主管部门要对外业调查、内业设计予以详尽的检查与验收，确保设计成果质量。

第四章 种子管理

第十八条 认真贯彻落实《种子法》，建立健全林木种子生产、经营许可证制度，严格种子检验、检疫，保证种子质量。

本办法所称林木种子（简称种子，下同），是指林木的种植材料或者繁殖材料，包括籽粒、果实和根、茎、苗、芽、叶等。

第十九条 坚持适地适树适种源、良种壮苗的原则。推行种子质量负责制，加强种子质量的监督检查管理，把好种子质量关。提倡就地造林就近育苗，实行定点育苗、合同育苗、定向供应；必须在树种（品系）适生区内调运种子。

第二十条 严格实行种子分级制度。生产单位要按有关规定对种子进行分级；种子质量检验机构要对种子进行检验，确定种子质量等级，核发种子质量检验证；达不到国家、行业或地方规定种用标准的，不得用于造林；经检疫和验收合格方可用于造林。

第二十一条 要确保种子生产数量和质量。国家重点生态建设的造林项目，要优先使用经国家或省级审定的林木良种或种子生产基地生产的种子，要根据工程设计所要求的等级使用种子；任何部门和单位不得购买、使用无种子生产许可证、种子经营许可证、良种使用证、种子质量检验证、植物检疫证（简称“五证”，下同）的单位或个人生产的种子。

第二十二条 新品种（含品系等）的引进必须按林木引种程序，经过一个轮伐期以上引种试验成功，并通过国家或省级林木良种审定委员会审定（或认定）的林木良种方能大面积应用生产。

自然保护区的实验区需要实施人工造林的，不得引进非本地物种及新品种（含品系等）。

第五章 施工管理

第二十三条 坚持分类经营、定向培育、科学栽植、精心管护的原则。推广应用先进科技成果和实用技术，大力发展优良乡土树种，提倡营造混交林（包括人工天然混交林）。

第二十四条 强化造林作业工序管理。清林整地、栽植覆土、补植抚育等每项作业都要在监理人员或技术人员（现场员）的指导监督下进行。对作业质量不合格的，要责令立即返工，做到造林作业全过程质量管理与控制。

第二十五条 采用穴状、鱼鳞坑、带状等整地方式，保留原生植被，防止水土流失。坡度 25 度以上禁止全垦整地。因特殊情况确需炼山整地的，必须经县级以上人民政府或授权单位批准，并采取安全措施，在森林特别防火期内禁止炼山整地作业。

第二十六条 要认真做好起苗、分级、运输、假植、栽植等各生产工序的管理，按有关规程、标准、细则所规定的生产程序实施作业，保证苗木的形态、生理、活力指标，努力避免苗根暴露时间过长、苗木失水、栽植不规范等严重影响成活的现象发生。

第二十七条 要认真做好造林后的补植补播工作。凡当年造林成活率达不到国家规定合格标准的需补植补播地块，要在下一年度内进行补植补播，使其尽快达到国家规定合格标准。

第六章 抚育管护

第二十八条 要全面加强新造林地的抚育管护工作，严格执行造林作业设计文件要求的生产作业内容和规格标准，及时实施扩穴培土、割灌除草、浇水施肥、清沙等抚育作业。

第二十九条 地方各级人民政府应当组织有关部门建立护林组织，负责护林工作；根据实际需要在大面积林区增加护林设施，加强新造林地保护；督促有林的和林区的基层单位，划定护林责任区，配备专职或兼职护林员，建立护林公约，组织群众护林。

第三十条 全面推行新造林地管护责任制，做到管护措施到位、管护人员到位、管护经费到位、管护责任到位。积极推行个体承包经营管护责任制。管护责任制以合同的方式与管护单位或承包者的利益挂钩，实行奖励与惩罚结合。

第七章 工程项目管理

第三十一条 国家投资的林业重点工程的造林项目实行工程项目管理；地方投资造林工程项目参照工程项目进行管理。

第三十二条 推行造林工程项目招投标制度或技术承包责任制度。国家单项投资在 50 万元以上的种子或基础设施等建设项目，实行招投标；推行有资质的造林专业队（工程队或公司，下同）承包造林；其他造林项目可由县级林业行政主管部门做好组织、指导、监督和提供技术咨询服务等工作，实行技术承包。

第三十三条　造林专业队的资质条件根据承担工程量的大小分别由省、地、县级林业行政主管部门按以下条件及有关规定进行审查认定，并实行年审制度。造林专业队必须具备以下基本条件：

（一）有从事营造林工作3年以上经历，且具有林业中级以上技术职称或相当学历的人员2名以上；

（二）取得林木种苗工、造林更新工等林业行业职业资格鉴定证书的技术工人3名以上；

（三）持有法人营业执照。

第三十四条　实行造林目标管理责任制。国家、省、地、县四级林业行政主管部门逐级签订造林目标管理责任状，每年考核一次，兑现奖惩。项目负责人是造林质量的第一责任人，要把造林质量作为考核负责人业绩的主要内容。

第三十五条　实行造林合同制管理。造林工程项目建设单位与承建单位或个人签订造林合同，合同文本由各省根据本地实际情况统一作出规定，但合同内容必须明确造林面积、作业方式、造林时间、技术要求、质量标准、验收程序、双方的权利和义务、违约责任及其他需要约定的事项。

第三十六条　造林合同一经签订，不允许擅自转包或分包。各级林业行政主管部门对本辖区内所发现的擅自转包或分包行为要及时进行调查处理；不调查、不处理的，其上一级林业行政主管部门要追究该主管部门及有关领导人员的责任。

第三十七条　造林合同执行过程发生合同纠纷时，由建设单位与承建单位或个人协商解决；协商不能解决的，任何一方都可以向有管辖权的人民法院提起诉讼。

第三十八条　推行造林工程项目监理制。国家单项投资50万元以上的造林工程项目，逐步实现聘请有造林监理资质的单位，对承建单位的造林施工质量进行全过程的监理，确保按作业设计进行施工和每个造林环节的施工质量符合设计要求。未实行造林监理的，县级林业行政主管部门要委派专业技术人员现场指导、监督，实行技术承包责任制。

第三十九条　从事造林监理人员必须持有国务院林业行政主管部门颁发的上岗证。

第四十条　造林监理单位应按委托监理合同规定，向建设单位提交监理旬报、月报、季报、年报和工程质量、投资方面的统计报表、情况报告等。造林工程项目竣工验收后，造林监理单位向建设单位提交监理总结报告。

第四十一条　推行造林报账制管理。要把造林资金使用与实际完成造林工作数量和质量挂钩。可采取预拨造林资金或由实施单位全额垫付，以县为单位，依据造林检查验收结果分期分批报账。

（一）造林结束后，林业行政主管部门组织检查验收，签发《施工合格证》（略），依据《施工合格证》支付造林总费用的50%；

（二）造林当年，林业行政主管部门组织检查验收，签发《造林质量合格证》（略），依据《造林质量合格证》支付造林总费用的30%；

（三）第二年，林业行政主管部门组织检查验收，签发《抚育管护作业质量合格证》（略），依据《抚育管护作业质量合格证》支付造林总费用的10%；

（四）第三年，林业行政主管部门组织检查验收，签发《造林验收合格证》（略），依据《造林验收合格证》支付造林总费用的10%。

第八章　检查验收管理

第四十二条　实行造林质量指导监督、检查验收制度。林业行政主管部门要依据有关标准、规定对造林作业数量和质量，实行严格的质量监督与检查验收。

第四十三条　实行造林项目检查验收制度。造林检查验收包括年度检查、阶段验收、竣工验收。

（一）年度检查：分别由国家、省、地、县，定期对所管造林工程项目建设情况进行全面或按比例检查；

（二）阶段验收：每3～5年为一个阶段，由县、地、省、国家自下而上逐级进行验收；

（三）竣工验收：造林工程项目全面完成后，在县、地、省逐级完成验收的基础上，国务院林业行政主管部门会同国家有关部门共同组织竣工验收。

第四十四条　检查验收主要内容：作业设计、苗木标准、造林面积、建档情况、混交类型以及“五证”等。具体考核指标为作业设计率、苗木合格率、面积核实率、成活率、面积合格率；抚育率、管护率、混交率；保存率；建档率、检查验收率以及生长情况、病虫危害情况、森林保护和配套设施施工情况等。

第四十五条　检查验收程序：

（一）县级自查。造林当年，以各级人民政府及其林业行政主管部门下达的造林计划和造林作业设计作为检查验收依据，县级负责组织全面自查，提出验收报告报地级林业行政主管部门，地级林业行政主管部门审核后，报省级林业行政主管部门。

（二）省级（地级）抽查。在县级上报验收报告的基础上，地级林业行政主管部门严格按照造林检查验收的有关规定组织抽样复查，省级林业行政主管部门根据实际需要组织抽样复查或组织工程专项检查，汇总报国务院林业行政主管部门。

（三）国家级核查。根据省级上报的验收报告、统计上报的年度造林完成面积，国务院林业行政主管部门组织对造林进行核（检）查，纳入全国人工造林、更新实绩核查体系中，并将核（检）查结果通报全国。

第四十六条 检查验收方法。采取随机、机械、分层抽样等方法进行抽样，被抽中的小班，以作业设计文件、验收卡等技术档案为依据，按照造林质量标准，实地检查核对，统计评价。

国家级核查比例实行县、省两级指标控制的办法，即以县为基本单元，核查县数量比例不低于10%，所抽中的县抽查面积不低于上报面积的5%；以省为单位计算，抽查面积不低于上报面积的1%。省级（地级）检查，在保证检查精度的原则下，由各地根据实际情况自行确定。

第四十七条 各级林业行政主管部门要设立举报电话和举报信箱，认真受理举报电话和信件，自觉接受社会、舆论和群众监督。根据群众举报和有关部门或新闻单位反映的问题，按照事权划分原则，林业行政主管部门可牵头组成检查组进行直接检查。

第九章 信息档案管理

第四十八条 国家、省、地、县要建立科技支撑和实用技术应用保障体系，加强技术培训，积极应用最新的实用科技成果，完善效益监测和评价体系，完成年度监测工作。

第四十九条 要逐步建立国家、省、地、县四级造林质量管理信息系统，实行信息化和网络化管理。要积极推广应用地理信息系统（GIS）、全球定位系统（GPS）、遥感（RS）技术（简称“3S”技术），提高造林管理水平。县级以上林业行政主管部门要按照有关规定及时、准确、全面逐级上报当年造林执行情况。

第五十条 实行造林档案管理制度。各级林业行政主管部门要严格按照国家档案管理的有关规定，及时收集、整理造林各环节的文件及图面资料，建立健全造林技术档案。国际合作、外资、民营、私营等投资的造林项目也要建立档案，报当地林业行政主管部门备案。

第十章 奖惩管理

第五十一条 各级林业行政主管部门在造林项目实施过程中，对造林质量先进集体和个人予以表彰奖励，激励广大干部职工积极投入造林绿化工作，提高造林质量。

第五十二条 实行造林质量检查验收通报制度。凡因人为原因出现下列情况之一的，国务院林业行政主管部门将给予通报，并视情节轻重，对造林工程项目进行缓建、停建或调减。

（一）未经批准随意变更造林任务和建设内容的；

（二）使用无“五证”或使用假、冒、伪、劣种子造林的；

（三）不按国家标准、规程进行造林设计或不按技术规程组织施工的；

（四）欺上瞒下、虚报造林数量和质量，未按计划完成造林任务的；

（五）挤占、截留、挪用造林投资的；

（六）地方配套资金不能按时足额到位，严重影响造林进度和质量的；

（七）在检查验收中弄虚作假的；

（八）未达到国家规定的造林质量标准的。

第五十三条 因人为原因造成造林质量事故的，依照《国家林业局关于造林质量事故行政责任追究制度的规定》，追究有关人员的责任。

第十一章 附 则

第五十四条 各省、自治区、直辖市林业行政主管部门根据本办法，制定本辖区的实施细则，报国务院林业行政主管部门备案。

第五十五条 飞播造林（治沙）执行《全国飞播造林（治沙）工程管理办法（试行）》。

第五十六条 封山（沙）育林及人工促进天然更新、森林抚育（含低质林改造）和森林管护，可参照本办法执行。

第五十七条 本办法由国家林业局负责解释。

第五十八条 本办法自发布之日起施行，凡与本办法不符的，以本办法为准。

国家林业局关于印发《林木种苗质量监督抽查暂行规定》的通知

林场发［2002］93号

各省、自治区、直辖市林业（农林）厅（局），内蒙古、吉林、龙江、大兴安岭森工（林业）集团公司，国家林业局南、北方林木种子检验中心：

为了进一步做好林木种苗质量的监督抽查工作，提高林木种苗质量，规范监督抽查程序和行为，根据《种子法》的有关规定，我局制定了《林木种苗质量监督抽查暂行规定》，现印发给你们，请遵照执行。

国家林业局

2002年4月17日

附件：林木种苗质量监督抽查暂行规定

第一条 为了提高林木种苗质量，禁止生产经营假冒伪劣林木种苗，维护国家、集体和个人利益，根据《中华人民共和国种子法》（以下简称《种子法》）第四十三条、第四十四条的规定，制定本暂行规定。

第二条 林木种苗质量实行国家级和省、自治区、直辖市（以下简称省级）两级监督抽查（以下简称抽查）制度。国家级抽查由国家林业局南方林木种子检验中心和北方林木种子检验中心进行。省级抽查由省级林业行政主管部门委托省级林木种苗质量监督检验机构进行。

国家级抽查后，应当通报抽查地省级林业行政主管部门；对已经实行国家级抽查的单位和个人，省级林业行政主管部门在同一年度不得另行抽查。

第三条 抽查依据林木种苗的国家标准、行业标准或地方标准。

第四条 抽查对象为全国生产、经营、使用林木种苗的单位和个人。

国家级和省级抽查每年度1次。

第五条 委托抽检单位应提前下达任务，承检单位制定林木种苗抽查方案，报经下达任务单位批准后方可抽检。

抽查方案包括：林木种苗学名、检测和判定依据、主要检测项目、承检单位名称、被抽查单位和个人名单、抽检经费的预算等。

第六条 承检单位应当持《林木种苗质量监督抽查通知书》（略）进行抽查。不得预先通知被抽查的单位和个人。

第七条 被抽查单位和个人应当无偿提供所抽的林木种苗。

承检单位所抽的林木种苗应当以满足检验的需要数量为准，不得要求被抽查单位和个人超数量提供林木种苗；承检单位对抽取的林木种子样品在检验之前负有妥善保管的义务。

第八条 承检单位在检验结束后1个月内，应将《林木种苗质量监督抽查结果通知书》（略）分别反馈被抽查单位或个人，并抄送下达任务单位。

第九条 国家级抽查由国家林业局发布抽查通报。省级抽查由省级林业行政主管部门发布抽查通报。

第十条 被抽查的单位和个人对抽查结果有异议的，应当在接到《林木种苗质量监督抽查结果通知书》之日起15日内，向承检单位提出书面意见，逾期未提出异议的，视为承认抽查结果。

第十一条 承检单位收到被抽查单位和个人的书面意见后，应当在10日内作出书面答复，并抄报下达任务单位，必要时可复检1次。

复检适用本规定的程序。

第十二条 抽查表格及结果要使用化的格式。抽查表格见附件3、4、5、6、7、8（略）和《林木种子检验规程》（GB2772—1999）的附录C、D。

第十三条 承检单位及其工作人员对抽样和检验应当有详细记录，检验数据和判定结果应当准确无误，严禁弄虚作假。违反本规定的，按《种子法》第六十八条规定给予处罚。

第十四条 任何单位和个人不得拒绝抽查。对拒绝抽查的，种苗质量按不合格论处，并予通报。

第十五条 抽查所需经费由下达任务的林业行政主管部门拨付。

第十六条 本规定自发布之日起施行。

国家林业局关于进一步加强林业国债项目建设管理工作的通知

林计发［2002］160号

各省、自治区、直辖市及计划单列市林业（农林）厅（局），内蒙古、吉林、龙江、大兴安岭森工（林业）集团公司，新疆生产建设兵团林业局，国家林业局各有关直属单位：

近年来，国家实行了积极的财政政策，注入巨额国债投资扶持林业生态环境建设，必将加快林业跨越式发展的历史进程，同时也赋予了林业行业管好用好国债资金的重大责任。我们必须按“三个代表”要求，本着对国家、对人民、对行业负责的精神，进一步提高对国债项目管理重要意义的认识，以高度的责任感，采取切实有效的措施，将“严管林、慎用钱、质为先”的要求落到实处。

近期，国家连续组织开展了林业国债项目的审计、财政检查和部门稽查，发现部分地区和单位在国债项目建设管理上还存在一些不容忽视的问题：一是对项目组织领导不力；二是项目前期工作深度不够；三是擅自调整国债投资计划，变更国债项目的建设内容，拖延建设工期；四是地方配套资金落实情况较差；五是国债资金未能做到专户存储、专款专用，资金拨付和钱粮兑现不及时；六是招投标工作不规范，没有执行监理制、合同制和项目法人责任制。根据国家计委2002年6月21日召开的进一步做好国债项目收尾工作会议精神，现对进一步加强林业国债项目建设管理工作提出如下要求：

一、加强国债项目的组织领导。各级林业主管部门要进一步统一思想，提高对加强国债项目管理重要性的认识，切实加强工程的组织领导，在落实六大林业重点工程省（含自治区、直辖市，下同）厅（局）领导责任人的基础上，加强和完善工程管理机构和专业队伍建设。要通过签订目标责任状等形式，将林业国债项目建设目标、任务、资金和责任层层分解落实。国家已将退耕还林工程确定为2002年国债收尾项目，各地要按照我局会同国家计委与各省人民政府签订的“退耕还林项目建设质量责任书”的要求，进一步加强领导，明确责任，逐级抓好落实，确保按期保质保量完成工程建设任务。

二、加强国债项目管理。一是严格执行基本建设程序管理，确保建设项目前期工作质量。退耕还林、天保工程、“三北”等重点防护林建设工程等国债项目必须严格按照中央下达的年度计划认真组织做好作业设计，将建设任务落实到山头地块和农户。野生动植物保护工程、种苗项目、重点火险区综合治理项目和危险性病虫害防治等国债项目要按照批准的可行性研究报告，组织建设单位编制项目初步设计，没有完成初步设计的项目一律不得开工建设。二是要严格落实项目法人责任制，推行招投标制和监理制，按合同办事。三是坚持质量第一的原则。各级林业主管部门必须牢固树立“百年大计，质量第一”的思想，把工程质量管理摆到重要位置上，抓好工程质量，确保工程效益。

三、严格国债项目年度投资计划管理。国家下达的林业项目国债投资计划属中央指令性计划，各单位必须不折不扣地执行，未经国家批准，各地不得以任何借口擅自调整计划，变更国债项目的建设内容，扩大或缩小建设规模，提高建设标准，拖延建设工期。对计划执行中因建设条件发生变化而确需调整计划的，必须按规定履行程序，经国家有关部门批准后调整。对已下达年度投资计划尚未开工建设的国债项目，应在1个月内抓紧落实项目前期工作，尽快开工建设，不能按期开工建设的国债项目，我局将对项目年度投资计划进行调整。

四、加强资金管理。一是严格执行财政部《关于加强国债专项资金财政财务管理与监督的通知》（财基字［1998］619号），国债资金必须专户存储、专款专用、单独建账和核算，严禁截留、滞留、挤占、挪用，不允许用国债资金置换其他已投入的资金。二是要按规定及时足额将国债资金拨付到项目建设单位。通过财政直接拨付的，各级林业主管部门和项目建设单位要及时与同级财政部门沟通、协调，配合财政部门做好国债资金拨付前的各项准备工作，争取国债资金快速、足额到位；由林业部门直接拨付的，各地在接到拨付的资金后，应于15个工作日内将国债资金拨付到建设单位。三是要切实加强国债资金的稽查和检查工作，将“慎用钱”要求落到实处。在对审计、财政检查和部门稽查中发现问题进行全面整改的基础上，要举一反三，总结经验教训。2002年下半年，各地要组织力量加大对林业重点工程国债资金的管理使用的监管力废，项目要逐个审查，不留死角，发现问题及时处理。

五、积极落实地方配套资金。各级林业主管部门应按项目批复对地方承诺的配套资金额度，以及年度计划确定的地方配套资金比例，积极与同级计划、财政部门协调，确保配套资金落实到位。

六、切实做好天保工程富余职工分流安置工作和退耕还林工程钱粮兑现工作。天保工程区各级林业主管部门要扎实工作，积极拓宽就业门路，按照国家有关政策妥善安置富余职工。退耕还林工程省的各级林业主管部门要积极协调同级财政、粮食等部门，按照国家有关规定，抓紧兑现退耕地造林补助的现金和粮食，以改善退耕农户的生计，确保退得下、稳得住。

七、加强建章立制和信息反馈工作。各项目省制定项目管理、计划管理、资金管理、工程质量管理、信息反馈等规章制度和管理办法，加强国债项目的建设管理。同时，要抓好对各工程的信息反馈和统计报告工作，及时上报工程建设重大信息，定期全面、准确地报告工程实施的进度、成效、经验和存在的问题，为下一步工作决策提供可靠的依据。

近期，我局将组派工作组，对有关省林业国债项目执行情况进行专项检查，各省应尽快对本地区的国债项目进展情况进行自查，对存在的问题切实采取措施自纠，对各单位工程在年底前要进行系统总结并报我局。

以上要求请遵照执行。

国家林业局

2002年7月1日

国家林业局关于印发《全国松材线虫病预防和除治工作实施方案》及有关规定的通知

林造发［2002］164号

各省、自治区、直辖市林业（农林）厅（局），内蒙古、吉林、龙江、大兴安岭森工（林业）集团公司，新疆生产建设兵团林业局：

为贯彻落实《国务院办公厅关于进一步加强松材线虫病预防和除治工作的通知》（国办发明电［2002］5号）精神，我局制定了《全国松材线虫病预防和除治工作实施方案（2002～2005年）》、《松材线虫病疫区和疫木管理办法》、《松材线虫病普查抽样检测办法》等有关规定，现印发给你们，请认真遵照执行。执行中如有什么问题及建议，请及时反馈我局植树造林司。

国家林业局

2002年7月8日

附件1：全国松材线虫病预防和除治工作实施方案

（2002～2005年）

为认真贯彻落实《国务院办公厅关于进一步加强松材线虫病预防和除治工作的通知》（以下简称国办通知）精神，坚决遏制松材线虫病扩散蔓延的势头，确保我国森林资源安全，特制定本实施方案。

一、指导思想和总体目标

（一）指导思想

贯彻“预防为主、综合治理”的方针，坚持预防和除治统筹兼顾，加强依法防治，强化政府行为，实行联防联治，依靠科技进步，加大资金投入，实行分类指导、分区施策、重点突破、整体推进，坚决扭转我国松材线虫病严重发生的局面。

（二）总体目标

有效控制疫区范围，遏制扩散蔓延的势头。疫区要有计划地拔除新疫点、孤立疫点和危险性大、区域位置显要的疫点，防止扩散蔓延，逐步压缩疫区面积；预防区要做到预防措施到位，及时消除隐患，避免疫情发生。一旦出现疫情，要做到及时发现，及时拔除。重点预防区要确保不出现疫情。具体指标是：现有疫情发生县（市、区）的总数下降20%；新发现疫点基本拔除率达到100%；伐除疫木除害处理率和处理合格率达到100%；松类植物及其产品检疫检查率达到100%；全国监测覆盖率达到100%。

二、区划原则和治理对策

（一）区划原则

依据全国松林资源分布状况、松林所处的区域、松材线虫发生情况和传播规律等因素，将全国划分为疫区、预防区和重点预防区。凡发现有松材线虫病疫情的，都必须划定为疫区。疫区以县级行政区为单位划定。疫区内的松木均为松材线虫病疫木。其他地区都划为预防区。预防区内具有重要生态和经济保护价值，需要特别保护的世界自然文化遗产、国家级重点风景名胜区和有特殊意义的重点生态区域划为重点预防区。实行分类区划，分区施策。

（二）治理对策

疫区采取对策：加强疫区封锁，防止疫情人为扩散蔓延。有计划、有组织地开展除治，限期拔除新发生的疫点、孤立疫点和危险性大、区域位置显要的疫点，逐步压缩疫区面积。采取生物、物理、化学等综合措施，降低区域内松褐天牛虫口密度，减少自然扩散。有计划地由外向内进行松林纯林改造，提高松林质量和抵御病虫害能力。

预防区采取对策：严格检疫检查，严禁疫木及其制品进入预防区，防范松材线虫病的传入。加强监测普查，及时发现，及时拔除。采取多种防治措施，降低疫情传播媒介的虫口密度。加强林分改造，提高林分的抗病能力。

重点预防区采取对策：采取严格的检疫封锁措施，建立严密的检疫防线，严格限制松科植物及其制品的进入，确保不发生疫情。采取多种措施，降低疫情传播媒介的密度。积极开展林分改造，提高辖区内混交林的比重，提高林分的抗病性。

三、主要任务

（一）严格区划，尽快制定松材线虫病预防和除治方案各省（含自治区、直辖市，下同）林业主管部门要根据国办通知要求，依据本方案制定的松材线虫病疫区、预防区和重点预防区的区划原则，于2002年12月31日以前，完成本省松材线虫病疫区、预防区和重点预防区的区划工作，并经国家林业局审核后，作为国家确定的疫区、预防区和重点预防区。凡是松材线虫病疫区逾期没有划定的，由国家林业局予以划定。各省要根据区划结果，分别制定松材线虫病预防和除治方案，经有关专家论证后，于2003年5月前报送国家林业局备案。

各省、市、县要在国家确定的松材线虫病疫区、预防区和重点预防区的基础上，根据各地的具体情况，在预防区中，进一步确定本地区的以预防松材线虫病为重点的危险性病虫害重点预防区，全面作好防范外来有害生物的入侵的工作。

（二）认真做好预防工作，防止疫情传入

预防区要严格检疫执法，加强对调入的松科植物及其制品的复检，对从国外调入的松木及其制品也要实行监管。要定期对区域内的木材交易市场、木材集散地、木材加工企业和使用单位进行检查，防止非法经营、加工和使用疫木及其制品。

重点预防区周边要尽快设立森林植物检疫检查站，加强对松科植物及其制品，特别是松木木质包装材料的检疫检查，严格限制松科植物及其制品进入。发现非法调运松木的，必须依法扣留，及时就地进行处理，不得补开《植物检疫证书》。在传播媒介昆虫成虫羽化期，限制载有松科植物及其产品的交通工具过境。要采取生物、物理、化学的综合措施，降低区域内松褐天牛的虫口密度；结合造林项目，有计划地由外向内对现有松树纯林进行改造。对有特殊意义的松树，应采用保护剂或驱避剂进行重点保护。

（三）全面开展松材线虫病疫情监测

各省要根据国家林业局制定的松材线虫病疫情普查报告制度，每年秋季对松林进行全面普查。普查结果于当年11月底前报送国家林业局。疫区要必须查明疫情分布边界、发生面积、死亡情况等。预防区要尽快建立监测队伍，确定重点监测区域和固定监测点，采用天牛引诱剂常年开展疫情监测。要发动群众及时举报异常情况。发现病死树要及时查明原因。新发现松材线虫病疫情的，要立即报告当地人民政府和上一级林业主管部门，并在1周内报告国家林业局，同时迅速组织开展全面调查，查明传入原因、范围、面积、危害程度等。重点预防区距松材线虫病发生地直线距离在30千米以内地区，除开展秋季普查外，每年春季要增加一次普查，普查结果于5月底前报告国家林业局。

（四）积极开展疫情除治

各地要按照国家林业局每年下达的松材线虫病除治任务和要求，切实加强组织领导，集中人力、财力和物力，采取有力措施，完成除治任务。新发生疫点要做到当年发现，当年拔除；孤立疫点、危险性大和区域位置重要的疫点，要在3年内基本拔除。其他疫区和疫点要有计划、有组织地积极开展除治工作，努力拔除疫点。发生面积较大、难以在短期内拔除的疫区，要努力压缩发生面积，逐年降低病死树株数。必须采伐的疫木，要坚持先封后伐的原则，按照疫木处理能力决定采伐量，由林业部门组织专业队统一采伐，采伐后的伐根、伐桩、枝条及其他剩余物，必须实施除害处理。要加强除治工作管理，防止林地清理不净、疫木及其他剩余物丢失而造成疫情扩散。要在松褐天牛成虫羽化前全面完成病死树清理和疫木除害处理任务。每年除治工作结束后，各地要组织开展检查，防止遗漏，并将上一年的除治情况于次年5月上旬报送国家林业局。国家林业局每年秋季对除治任务完成情况进行检查验收。

（五）加强疫区和疫木管理

加强疫区检疫封锁，禁止在疫区内擅自采伐松木，坚决制止偷砍盗伐疫木，严禁松木擅自运出疫区。疫区内已发生松材线虫病的乡（镇），不得进行松木商品材采伐；未发生的乡需进行松木商品材采伐的，必须经省级林业主管部门批准。所采伐松木商品材都按疫木管理，经除害处理合格后，持有《植物检疫证书》，并征得调入地省级林业主管部门同意，方可调运。

要从山场、运输、加工、使用四个环节加强疫木管理。采伐剩余物及伐桩要防止丢失，按照疫木管理的有关要求，实施除害处理。疫区周边地区的森林植物检疫检查站、木材检查站和流动哨卡，要严格检疫检查，严禁疫区内的松木及其产品擅自运出疫区。

因松材线虫病除治采伐的松树，满足安全利用条件的，实行安全利用。严格按照安全利用的有关规定执行。没有条件安全利用的，集中烧毁或就地作除害处理。除害处理后的疫木，不得调出本疫区使用。各地要积极组织力量对辖区内加工木材的单位和个人开展检查，严禁任何单位和个人在疫区内非法经营和加工利用松木。要加强对木制品使用部门，如电缆、电线厂等单位的监管，坚决制止非法使用疫木制品。

经综合除治达到拔除疫点要求的，由当地省级林业主管部门验收合格后向国家林业局和省级人民政府提出撤销疫区的申请，经国家林业局审核后，由国家林业局或省人民政府予以公布撤销。疫点拔除后，要积极跟踪监测，防止反复。

四、保障措施

（一）加强组织领导，层层落实目标责任制

各地要按照国办通知的要求，尽快建立健全由政府领导牵头、有关部门参加的除治或预防松材线虫病的领导小组或指挥机构，及时协调解决防治工作中出现的重大问题，并在财力、物力等方面给予支持和保证。已发生松材线虫病的毗邻省要建立联防组织机构，积极开展联防联治。要将松材线虫病预防和除治工作纳入各级领导任期目标责任制，层层签订责任书，明确防治责任，使松材线虫病的预防和除治工作真正纳入各级政府领导的重要议事日程。林业系统内部也要层层落实责任，签定责任状，做到领导责任到位，目标任务到位，政策措施到位，检查奖惩到位，一级抓一级，层层抓落实。

（二）加强基础建设，建立健全松材线虫病预防和除治体系

要抓紧建设以国家、省、市、县四级测报网络为骨干、常年监测与定期普查相结合、地面监测与遥感监测相结合的测报体系；健全一支技术精湛、相对稳定、由专、兼职测报员组成的测报队伍；建立快速准确的信息采集、传递、处理、决策系统，实现监测数据处理现代化，信息传输网络化。

要加强充实与松材线虫病防治相适应的森林植物检疫机构；建立起一支以各级森林植物检疫机构专职检疫员为主，基层林业单位及车站、港口、码头、机场等重要场所的兼职检疫员协同配合的检疫执法队伍；在发生区和重点预防区周围设立森林植物检疫检查站、木材检查站或流动哨卡，依法开展检疫检查；在各省建立中心检疫实验室，配备必要的检疫检验设备，提高各地的检测鉴定能力。各检疫员要加强学习，不断的提高素质，以适应工作岗位的要求。

要尽快建立和完善各级防治专业队伍、质量监督队伍和技术服务队伍，为提高防治效益、防治技术和防治质量奠定基础。

（三）广泛开展宣传和培训，普及防治知识

充分利用各种宣传媒体，广泛宣传松材线虫病的危害性和预防除治工作的紧迫性，大力普及松材线虫防治知识，使社会各界和广大人民群众都了解、支持松材线虫病防治工作，发现异常情况，及时举报，并自觉遵守有关规定，共同参与防治工作。要积极举办各种培训班，层层开展技术培训，全面提高各级森防人员的监测、检疫、除治和松材线虫病分离、鉴定技术水平，提高松材线虫病疫情监测普查的准确率和除治质量。

（四）深化机制创新，增强防治工作的活力

认真研究新形势下松材线虫病预防和除治工作的责任机制、投入机制、防治机制和管理方式，通过深化改革，寻求最有效的方式方法，充分调动全社会的防治积极性。及时总结推广目标管理工作的经验和做法，完善目标管理责任制的考核检查办法，发挥目标管理的调控作用。要积极引进和推行防治公司和其他防治组织，采取招标承包防治或其他多种防治形式，逐步形成多种防治组织并存的防治格局。学习借鉴工程管理的先进经验，建立和推行松材线虫病工程治理的法人制、监理制、报账制和招标制，制定和完善各项管理制度，推进松材线虫病预防和除治工作的全面健康发展。

（五）加大科技支持力度，提高科学防治水平

要增加松材线虫病防治的科技含量，提高防治成效。目前要尽快对各种行之有效的防治技术进行组装配套，通过试点后尽快应用于生产；要加快航空遥感、快速检验检疫、疫木处理等技术的完善和推广应用；要进一步加大天牛引诱剂及白僵菌、肿腿蜂等生物防治措施方面研究和推广力度，提高生物技术防治松材线虫病的能力。要加强松材线虫病的致病机理、发病规律等薄弱环节的基础研究和防治实用技术的研究，努力寻求在防治关键技术上取得突破。要积极推广应用《植物检疫证书》的计算机管理，2002 年底前所有出省的《植物检疫证书》都要采用计算机打印，并利用网络传送证书，废止手工开证和通过邮局邮寄证书的方式。

（六）增加资金投入，严格资金管理

松材线虫病防治经费实行地方投入为主，国家重点扶持的原则。各地对松材线虫病防治资金要优先安排，重点保证。各级林业主管部门要积极做好工作，落实预防和除治经费。要建立多渠道、多层次、多形式的资金投入机制、有效的监督管理机制和跟踪检查制度、专项审计制度，加强对经费使用的管理，确保投资效益。

附件 2：松材线虫病疫区和疫木管理办法

第一章 总 则

第一条 为加强对松材线虫病疫区和疫木的管理，防止疫情扩散蔓延，根据《植物检疫条例》和《国务院办公厅关于进一步加强松材线虫病预防和除治工作的通知》的有关规定，制定本办法。

第二条 本办法所指的疫区是依照有关法律和规定、按照程序划定的以县级行政区为单位的松材线虫病发生区。疫木是指松材线虫病疫区内的松科植物。疫木的安全利用是指疫木在全过程监管下，按照严格的处理要求，由特批的企业加工造纸、制作各类人造板或板材。

第三条 疫区要有组织、有计划地开展除治，要实行检疫封锁，控制疫情扩散，逐步缩小发生面积，降低病死树率。

第四条 疫木要严格管理，依据处理能力决定其采伐量。要严格检疫执法，防止疫木流失。

第五条 疫木安全利用要必须坚持既积极又稳妥原则，除害处理必须做到安全可靠，万无一失。

第二章 疫区管理

第六条 所有发生松材线虫病的县级行政区，都必须划定为疫区。疫区由省、自治区、直辖市（以下简称省）林业主管部门提出，经省人民政府批准划定。不按要求划定疫区的，由国家林业局划定。新发生松材线虫病的县级行政区，当年不能基本拔除的，要在第二年划定为疫区。

第七条 疫区经综合治理达到下述标准之一，由省林业主管部门验收合格后提出撤销疫区的申请，经国家林业局审核后，由省人民政府或国家林业局予以公布撤消。撤销疫区的标准是：

疫区内无松材线虫病死树，连续 3 年对活立木进行检测，未发现松材线虫，3 年期间使用引诱剂采集的传播媒介昆虫体上没有检测到松材线虫。

经过除治和林分改造，疫区内没有松材线虫病寄主植物。

第八条 疫区所在地各级林业主管部门要认真制定松材线虫病除治计划，积极开展松材线虫病的除治工作。

第九条 当年新发现的疫点，必须当年拔除；孤立疫点、危险性大和区域位置险要的疫点，要在 3 年内基本拔除。疫点拔除后，要继续实施跟踪监测、纯林改造等综合措施，预防松材线虫病，巩固除治成果。

第十条 发生面积较大、难以在短期内拔除的疫区，要组织专业队按照防治计划由边缘向内开展除治工作，逐步控制和压缩发生面积，降低病死树数量。同时采取综合措施防治松褐天牛，降低传播媒介虫口密度。

第十一条 病死树数量大、灾情特别严重、地形相对封闭的疫区，由所在地省林业主管部门提出意见，并经国家林业局批准，采取封山措施。

第十二条 疫区严禁擅自采伐松木。疫区内已发生松材线虫病的乡（镇）严禁商品材采伐（含辖区内企业所有的林木，下同）。未发生疫情的乡（镇）需进行商品材采伐的，要经省级林业主管部门审批，并在所在地林业主管部门的监督下进行。采伐下来的松木商品材，要在所在地森检机构的指导下，经除害处理，开具《植物检疫证书》，并征得调入地省级林业主管部门同意后方可调运。

第十三条 积极开展营林措施，从疫区边缘逐步向内对松树纯林进行改造，实施中要多选用阔叶树种，提高阔叶树种比重，阻止疫情自然向外蔓延，提高森林自身的抗性。

第三章 疫木管理

第十四条 疫区除治性疫木的采伐由当地县级林业主管部门提出计划，经市（地）级林业主管部门审核后，报送省级林业主管部门审批。省级林业主管部门应根据该地疫木处理能力批复采伐量。疫木的采伐要严格执行批复的采伐量，并在当地政府或林业主管部门组织下由专业队统一实施。

第十五条 疫区要加强松木资源管理和管护，防止偷砍盗伐疫木。

第十六条 疫木采伐期间，所在地森检部门必须指定人员实施全过程监管，防止疫木丢失。疫木采伐后，疫木的伐桩必须采用药剂或覆盖等措施进行处理，确保伐桩完全达到除害处理的要求。

第十七条 采伐下来的疫木，不能实行安全利用的，应采取烧毁或药剂进行除害处理。除害处理（处理方法和标准见附件 1）合格后的疫木，必须在疫区内使用。

第十八条 各级林业主管部门要定期对辖区内生产、销售、加工、使用、运输木材的单位和个人开展检查，严禁木材加工企业和个人非法经营和加工利用疫木。

第十九条 各级森检机构要严格检疫执法，严禁疫木及其木质包装材料的非法调运；预防区要积极对调入的松科植物及其产品的进行复检；重点预防区要在交通要道设立森林植物检疫检查站，严禁松科植物及其产品进入；在传播媒介昆虫成虫羽化期，限制载有松类植物及其产品的交通工具过境。木材检查站和森林植物检疫检查站要加强对松科植物及其产品的检疫检查，严防偷运疫木过境。发现非法调运疫木的，必须依法扣留，采取隔离措施，及时就地进行除害处理，不得补开《植物检疫证书》。

第四章 疫木安全利用

第二十条 利用疫木加工板材（制作板材的要求和标准见附件 2）的定点加工企业，必须由省级林业主管部门认真考核，确认具备疫木安全利用条件，并经专家论证同意后，报国家林业局审批。利用疫木制作人造板和造纸的定点加工企业，必须由省级林业主管部门组织专家论证，确认具备疫木安全利用条件的方可批准，并报国家林业局备案。

第二十一条 疫木安全利用原则上在就地实施。确实没有条件就地实施，必须异地调运疫木进行安全利用的，省内调运，由省级林业主管部门审批，并报国家林业局备案。省际间调运，由调出地的省级林业主管部门报国家林业局审批。

第二十二条 疫木调运时，调出地必须指定专人对疫木运输进行全程监管。

第二十三条 疫木运到异地进行安全利用前，须征得加工企业所在地的林业主管部门同意（省际间调运的，须同时征得调入地省级林业主管部门同意），取得所属森检机构签发的《松材线虫病疫木调运要求书》（格式见附件3），并按要求将调运数量、到达时间、运输工具及牌号、运输路线和全程监管人姓名等内容用传真或其他快捷方式通知调入地林业主管部门后，方可调运。

第二十四条 运输安全利用的疫木必须在传播媒介昆虫非羽化期内通过水路或公路进行。运输疫木除木材运输证外，还应持有国家林业局或省级林业主管部门同意调运疫木的文件（或复印件）、松材线虫病疫木调运要求书和疫木调出地省级林业主管部门签发的《疫木调运特别通行证》（式样见附件4），按照要求书的要求运输。运输时，外表面必须遮盖、捆紧，避免疫木丢失。运输工具须张贴“松材线虫病疫木”标志。运输途中不得装卸货物及长时间停靠。疫木到达调入地后监管人员要及时通知疫木调入地的林业主管部门。

第二十五条 实施疫木异地安全利用加工企业，须在每年传播媒介昆虫羽化之前完成疫木加工任务。加工剩余物也必须在传播媒介昆虫羽化前彻底销毁。

第二十六条 在疫区内实施疫木安全利用加工企业，在传播媒介昆虫羽化期间，厂区内必须采取诱杀等相关措施，防止天牛扩散传播。

第二十七条 利用疫木加工板材企业所在地的省级林业主管部门，须指定专业人员对从疫木调入至加工除害处理的全过程实行严格监管。疫木调入地林业主管部门要对疫木加工企业加工疫木量建立台帐，及时对调入疫木进行监管和数量核销，确保疫木加工企业在指定时间完成加工。当地的森检部门，必须常年对企业周围的松林实施监测。

第二十八条 加工的板材成品，须加印特殊标志，标志样式经省级林业主管部门同意后报国家林业局备案。

第二十九条 加工的板材成品出厂前，必须经省级林业主管部门或其指定的森检机构检查检验合格后，签发《松材线虫病疫木除害处理合格证》（式样见附件5）。调运时凭《松材线虫病疫木除害处理合格证》到所在地森检机构换签《植物检疫证书》。

第三十条 疫木加工企业所在地的省、市、县三级林业主管部门要定期组织有关专家对疫木加工企业进行检查，发现问题，立即停产整顿，由此造成疫情扩散的，要依法追究当事人和责任人的责任。

第三十一条 《松材线虫病疫木调运要求书》、《松材线虫病疫木除害处理合格证》、《疫木调运特别通行证》由国家林业局统一印制。

第五章 附 则

第三十二条 本办法由国家林业局负责解释。

第三十三条 本办法自颁布之日起试行。

附件1 松材线虫病疫木药物除害处理方法与标准（略）

附件2 松材线虫病疫木加工板材要求与标准（略）

附件3 松材线虫病疫木调运申请书（略）

附件4 松材线虫病木安全利用特别通行证（略）

附件5 松材线虫病疫木除害处理合格证（略）

附件3：松材线虫病普查抽样检测办法

1 主题内容及适用范围

1.1 本办法规定了对松材线虫病寄主植物进行人工地面普查时样品抽样办法。踏查方法及样品分离技术按国家林业局制定的《松材线虫病检疫技术操作办法》执行。

1.2 本办法适用于我国松材线虫病未发生区及新发生区内的疫情普查。

1.3 松材线虫病寄主植物为松科植物。

2 抽样对象的选择

2.1 抽样对象为普查时发现的能排除其他死亡原因（如人畜破坏、森林火灾、水渍、其他病虫危害）并至少表现有以下松材线虫病典型外部症状之一的可疑松树：针叶变为黄绿、黄褐、红褐色，整株萎焉枯死或部分枝条萎焉、枯死，针叶当年不脱落，且树干部有天牛侵入刻槽；树脂分泌减少，甚至停止，材质干枯；树木木质部有蓝变现象。

2.2 抽样时应考虑以下因素：

2.2.1 松材线虫病发病高峰期一般在6～10月，从染病至死亡约60天。

2.2.2 在林分中一般是优势木先发病。

2.2.3 由于潜伏侵染及抗性差异等原因，一些种类的松树仅部分枝条表现感病外部症状。这种症状在混交林中表现得尤其明显。

2.2.4 抽取样品时要及时并重点抽取尚未完全

枯死或刚枯死不久的优势木（针叶呈黄绿或黄褐色，尚未完全枯委，树皮尚未脱落，材质尚未腐朽）。

3 抽样数量

3.1 以林业小班为单位，具有典型症状的10株以下全部取样；10株以上先抽取10株，再选取其余数量的1%～5%。

3.2 抽样时现场填写《松材线虫病林业小班调查抽样记录表》（见表一）。

4 取样方法

4.1 在树干下部（胸高处）、中部、上部（主侧枝交界处）三个部位取样。当年死树应尽量在松褐天牛侵入孔或蛀道部位附近取样。

4.2 取样时可锯10～20厘米长的木段；或剥净树皮和外围木质部砍取100～200克木片；或用手摇钻从木质部至髓心钻取同样重量木屑。

4.3 所取的样品要及时贴上标签。

5 样品的保存

取回的样品应及时分离鉴定，若需要保存时可采用以下方法：将样品装入塑料袋内，扎紧袋口，在袋上扎几个小孔，放入4℃冰箱。若需保存时间较长，要经常在样品上喷水。

6 样品检测

6.1 样品分离检测技术按照中华人民共和国林业行业标准《松材线虫病检疫技术》（LY/T 1123—93）中的有关规定进行。

6.2 鉴定结果填入《松材线虫病样品检测记录表》（见表二）。

7 疫情确认

7.1 新发生省的疫情确认，由国家林业局指定的专家检测和认定；已发生省（区、市）新发生县（区、市）的确认，由省级林业主管部门指定专家检测和认足。

7.2 对于有典型症状的样株，县、市级森防检疫机构没有分离出松材线虫的，应及时将样品送至省级森防检疫机构再次实施检测。如果仍然未分离出松材线虫，省级森防检疫机构应再次取样实施检测，如果还是未分离出松材线虫，必须于次年跟踪取样检测，直至查明树木死亡原因。不具备检测技术和检测设施的县、市级单位，必须及时将样品送省级森防检疫机构。

附：表一 松材线虫病林业小班调查抽样记录表（略）

表二 松材线虫病样品检测记录表（略）

国家林业局关于印发《森林病虫害预测预报管理办法》的通知

林造发［2002］171号

各省、自治区、直辖市林业（农林）厅（局），内蒙古、吉林、龙江、大兴安岭森工（林业）集团公司，新疆生产建设兵团林业局：

为进一步加强对全国森林病虫害预测预报的管理，充分发挥国家、省、地（市）、县四级全国森林病虫害预测预报管理网络的作用，明确各级森林病虫害防治主管部门和机构对于森林病虫害预测预报管理的责任，我局重新修订了《森林病虫害预测预报管理办法》，现予发布，请认真贯彻落实。执行中有什么问题和建议，请及时告我局。

附件：森林病虫害预测预报管理办法

国家林业局

2002年7月18日

附件：森林病虫害预测预报管理办法

第一章 总 则

第一条 为进一步加强森林病虫害预防工作，强化对森林病虫害预测预报（以下简称测报）工作的管理，提高测报和防治成效，依据《森林法》、《植物检疫条例》和《森林病虫害防治条例》等有关规定，特制定本办法。

第二条 测报对象是指对森林、林木、林木种苗造成危害的害虫、病害、害草、害鼠等有害生物及其对森林造成的灾害。

第三条 本办法所称测报管理是对森林病虫害及影响其发生发展相关因子等信息的采集、处理、预测、发布、反馈和评估等活动中，所进行的行政管理活动的总称。其中包括对各项测报活动的决策、组织、实施、监督、协调和制定相关的管理制度等。

第二章　森林病虫害预测预报组织及其职责

第四条　国务院林业行政主管部门管理和指导全国测报工作，其所属的森林病虫害防治机构负责具体工作。

县级以上地方人民政府林业行政主管部门及国有林区林业局负责管理本行政区域内的测报工作，其所属的森林病虫害防治机构负责具体组织工作。

国家、省（含自治区、直辖市，下同）、地（市）和县森林病虫害防治机构应根据实际需要建立测报点和监测点，对监测对象、测报对象进行调查和预测预报工作。

第五条　全国森林病虫害测报网络是以国家级中心测报点为骨干，由国家、省、地（市）、县四级测报组织管理形式构成。

第六条　国务院林业行政主管部门的职责：

1. 负责制定全国测报工作规划及其有关政策规章和管理制度。

2. 负责全国测报网络的建设和管理工作。

3. 制定和颁布全国主要森林病虫害的测报办法。

4. 负责确定国家级中心测报点和其主测对象。

5. 审查和对外公布全国森林病虫害发生、防治情况及国内外重大以及危险性森林病虫害疫情数据。

6. 综合分析各地主要森林病虫情调查信息，定期发布中、长期全国森林病虫害发生趋势预报和森林病虫情动态通报。定期召开森林病虫灾害发生趋势会商会。

7. 负责省、地级森防管理机构和国家级中心测报点测报员关键岗位培训。

8. 组织测报新技术的研究、推广和应用。

第七条　省林业行政主管部门的森防机构的职责：

1. 负责本辖区内的测报网点建设和管理，组织、指导、监督、协调测报业务工作，相关管理制度的制定。

2. 综合分析基层单位和中心测报点上报的森林病虫情监测、预报数据，及时发布本辖区内森林病虫害中、长期预报、病虫情通报。负责管理本辖区内有关重大、危险性森林病虫害疫情数据。

3. 及时汇总和报告本行政区域的主要森林病虫害及突发性、危险性森林病虫害发生和危害情况，提出防治意见。

4. 负责研究制定国家尚没有颁布的本辖区内主要森林病虫害的测报办法，并报国务院林业行政主管部门及所属的测报中心备案。

5. 负责确定省级测报点及其测报对象和监测对象。

6. 负责省级测报点测报员岗位及测报技术培训。考核、审批测报人员。

7. 研究、推广测报工作的新技术、新方法。

第八条　地（市）、县级林业行政主管部门森防机构的职责：

1. 负责地（市）级中心测报点建设和管理，确定本辖区内的测报点及主测对象。具体承担本辖区内的森林病虫害监、预报和危险性森林病虫害疫情相关数据核查、汇总和上报工作。

2. 根据病虫害发生情况，及时发布短、中期预报、警报，提出防治意见。

3. 负责管理基层病虫情调查，根据监测对象的监测预报办法落实监测任务，设计管辖区内中心测报点标准地和踏查线路方案，确定调查责任区、责任人和调查记载内容。及时整理调查资料，应用“全国森林病虫害防治和检疫管理信息系统”软件，将测报信息发送到国家森林病虫害处理中心系统，同时向上一级林业主管部门和森防机构报告。

4. 定期对测报点病虫情调查人员进行技术培训。

第九条　国家级中心测报点的职责：

1. 完成国务院林业行政主管部门下达的主测对象和当地主要森林病虫害的监测、预报任务。按时按要求上报森林病虫害发生情况和危险性森林病虫害的相关数据。及时发布主要森林病虫害的发生动态及发展趋势预报。

2. 负责对本点和一般监测点的病虫情调查人员进行技术培训。

3. 严格按有关规定使用测报专项经费，做好仪器设备的使用和管护工作。

第三章　测报员的职责和条件

第十条　省森防机构要建立测报员登记管理制度，市、县级专职测报员要保持相对的稳定，人员变更需报省森防机构备案。

第十一条　测报员按其职责分为专职测报员和兼职测报员。

专职测报员的职责主要是负责监测对象、测报对象的调查，测报工作的组织、管理以及指导基层调查人员开展病虫情调查工作。

兼职测报员的职责主要是负责按时准确地进行病虫情调查，认真填写调查记录表格，及时报告病虫情调查结果。

第十二条　专职测报员应具备林业中专以上学历或其他专业大专学历，并经过省级以上岗位培训合格，实行持证上岗。

第十三条　测报员必须爱岗敬业，认真履行岗位责任，不断提高业务素质。

第四章 监测调查

第十四条 森林病虫情调查是县级森林病虫害防治检疫机构测报管理的一项重要工作。各地应根据辖区内的森林类型、病虫害种类及其发生发展规律确定测报对象的调查区域，并在保证一定精度的情况下，具体设计调查线路或调查样地。国家级中心测报点应按国务院林业行政主管部门颁布的测报对象监测预报办法，进行病虫情调查，按时报送相关数据，并对当地主要森林病虫害进行监测。

第十五条 县级以上森防机构每年要组织1～2次对本辖区内危险性森林病虫害的专项调查工作。同时要专业测报与群众测报相结合，发现病死树，要及时查明致死原因；发现病虫灾情，要详细记录发生情况。

第十六条 各级森防机构及基层站（点）应按病、虫、草、鼠害种类分年度建立测报资料档案信息库和使用计算机软件数据库管理。

第五章 预测预报

第十七条 预测应根据森林病虫害的发生发展规律、近期野外调查的病虫情信息，并结合影响森林病虫种群数量变动的主要因子未来变化情况，采取多种比较、分析、选择的方法，对其未来发生动态作出科学准确的预测。

第十八条 森林病虫害发生面积及危害程度的统计、汇总方式，按国家的统计标准执行（无国家标准的可暂按省级规定）。已列为国家级中心测报点测报对象的森林病虫害，按其测报办法中规定的具体标准执行。执行地方统计标准的森林病虫种类要注明其使用的标准。

第十九条 各地应根据森林病虫的发生情况及生物生态学特性、发生发展规律，及时发布其发生动态及发生趋势预报。预报内容为发生期预报（包括病虫发生始、盛、末期）、发生量预报（包括虫害有虫株率、虫口密度，病害感病指数、感病株率，鼠害被害株率、捕获率）、发生范围预报（包括发生面积、发生地点）、危害程度预报（以轻、中、重三级表示）等。

第二十条 警报：当预报的某种病虫害近期将爆发面积在50公顷以上时，应及时报告县级林业行政主管部门，由县级林业行政主管部门发布警报。

第二十一条 预报发送单位分别为政府有关行政管理部门、上一级和下级林业行政主管部门、森防机构和森林所有者及经营者。

第二十二条 报告制度分为定期报告和不定期紧急报告。

定期报告 每年的3、6、9、12月27～30日各级森防站应按时逐级向国务院林业行政主管部门上传本辖区内病虫害发生、防治汇总情况、国家级中心测报点对监测、预报对象的调查数据及辖区内主要森林病虫害发生趋势预测预报的报告；4～9月于每月的1～5日分别报告上月新发生（发现）或发生严重的病虫害种类的发生情况及采取的应对措施的文字报告。

不定期紧急报告 新发生（发现）的危险性病虫疫情必须在7日内上报国务院林业行政主管部门。发生严重病虫情在50公顷以上的，必须在7日内上报，并将发生情况、防治对策及建议报告当地政府和上一级林业行政主管部门。

第二十三条 森林病虫情信息采用“全国森林病虫害防治和检疫管理信息系统”软件或电子邮件向国家森林病虫害数据处理中心系统发送，用电话及传真等方式向国务院林业行政主管部门报告。

第六章 考核和奖惩

第二十四条 测报工作纳入森林病虫害防治目标管理，实行目标责任考核制。各省林业行政主管部门负责对本辖区内的测报工作进行年度考核，国务院林业行政主管部门有计划地进行工作检查和抽查。

第二十五条 对危险性病虫情特别是检疫性病虫情动态及发生趋势不经过国务院林业行政主管部门核实和同意，任何个人和单位不得以任何方式向外界发布。违者按国家有关保密处罚规定执行。

第二十六条 对于测报工作成绩显著的单位和个人给予表彰、奖励；对森林病虫情不调查、虚报、漏报、不报等失职行为，将视情节予以通报批评。

第七章 附 则

第二十七条 各省林业行政主管部门可依据本办法制定实施细则。

第二十八条 本办法自颁布之日起实行，原办法（林护字［1987］42号）同时废止。

国家林业局关于印发《林木种子包装和标签管理办法》的通知

林场发［2002］186号

各省、自治区、直辖市林业（农林）厅（局），内蒙古、吉林、龙江、大兴安岭森工（林业）集团公司，新疆生产建设兵团林业局：

为了加强林木种子包装和标签管理，规范包装和标签的制作、标注和使用行为，保护林木种苗生产、经营和使用者的合法权益，根据《种子法》第三十四条、第三十五条、第四十三条规定，我局制定了《林木种子包装和标签管理办法》，现印发给我们，请遵照执行。

国家林业局

2002年8月14日

附件：林木种子包装和标签管理办法

第一章 总 则

第一条 为了加强林木种子包装和标签管理，规范林木种子包装和标签的制作、标注和使用行为，保护种子生产者、经营者和使用者的合法权益，根据《中华人民共和国种子法》的有关规定，制定本办法。

第二条 在中华人民共和国境内销售的林木种子包装和标签的制作、标注、使用和管理适用本办法。

本办法所称林木种子，是指林木的种植材料或者繁殖材料，包括籽粒、果实和根、茎、苗、芽、叶等。

第三条 本办法所称的标签是指固定在林木种子包装物内外的特定图案及文字说明；销售的林木种子应当附有标签。

对于不能包装的林木种子，标签是指林木种子经营者在销售种子时提供的特定图案及文字说明。

第四条 各级林业行政主管部门或其委托的林木种苗管理机构负责本辖区内林木种子包装和标签的制作、标注和使用的监督管理工作。

第二章 林木种子包装

第五条 有性繁殖的林木籽粒、果实应当包装后销售。

下列林木种子可以不经包装进行销售：

（一）苗木；

（二）无性繁殖的器官和组织，包括根、茎、枝、叶、芽等；

（三）其他不宜包装的林木种子。

第六条 包装材料应当适宜林木种子的生理特性，坚固、耐用、清洁，无病虫害。

包装应当便于贮藏、搬运、堆放、清点以及取样。

第七条 大包装或者进口的林木种子可以分装；实行分装单位应当对种子质量负责。

第八条 林木种子包装应当符合有关国家标准、行业标准或者地方标准。

第三章 林木种子标签内容

第九条 标签内容应当与实际相符。标签内容包括：林木种子类别、树种或品种名称、产地、质量指标、植物检疫证书编号、净含量（数量）、种子生产许可证或经营许可证编号、生产日期、生产者或经营者名称、地址。

（一）林木种子类别分为普通种和良种。

（二）树种名称为植物分类学的种。

品种名称应当符合《中华人民共和国植物新品种保护条例》及其实施细则的规定，属于授权品种或审定通过的良种，应当使用批准的名称。

（三）产地是指林木种子繁育所在地，应当标注到县。

进口林木种子的产地，按《中华人民共和国海关关于进口货物原产地的暂行规定》标注。

（四）质量指标是指林木种子生产者或经营者承诺的质量指标，应当与销售的林木种子实际质量相符。

种子质量指标按净度、发芽率、含水量、质量等级等标注。

苗木质量指标按苗龄、苗高、地径、主根长、根幅、质量等级等标注。

（五）净含量（数量）标注林木种子实际重量或苗木数量，以千克（kg）、克（g）、粒或株、根、条表示。

包装中含有多件小包装时除标明总数量外，还应当标明每一小包装的数量。

（六）生产日期是指林木种子采收或苗木起苗的时间。生产日期的表示方法采用下列的示例：2001年9月8日标注为2001－09－08。

（七）生产者、经营者名称和地址按林木种子生产、经营许可证注明的名称、地址标注。

第十条 除第九条标注的内容外，属于下列情况的，应当分别加注：

（一）销售进口林木种子的，应当附有中文标签，加注进口商名称、林木种子进出口贸易许可证编号和进口林木种子审批文口了。

（二）销售转基因林木种子的，要用明显文字标注“转基因”字样，并附有提示安全使用控制措施的文字说明。

（三）属于主要林木商品种子的，应当加注林木种子生产许可证编号。经林木品种审定委员会审（认）定通过的林木良种应当加注品种审（认）定编号。

（四）国家标准、行业标准或地方标准有其他质量指标要求的，应当按要求加注。

（五）分装的林木种子应当加注分装单位和分装日期。

第四章 林木种子标签制作和使用

第十一条 林木种子标签的制作材料应当有足够的强度和防腐性。

第十二条 标签标注文字应当使用规范的中文。

第十三条 标签印刷要清晰，可直接印制在包装物表面，也可制成印刷品固定在包装物外或放在包装物内。

可以不经包装进行销售的林木种子，标签应当制成印刷品在销售时提供给林木种子购买者。

第十四条 林木种子标签分绿色、白色两种。林木良种种子使用绿色标签，普通林木种子使用白色标签。

第十五条 林木种子标签的规格、式样、材质由各省、自治区、直辖市林业行政主管部门根据本办法制定。

第五章 附 则

第十六条 本办法自发布之日起施行。

国家林业局关于调整人工用材林采伐管理政策的通知

林资发［2002］191号

各省、自治区、直辖市林业（农林）厅（局），内蒙古、吉林、龙江、大兴安岭森工（林业）集团公司，新疆生产建设兵团林业局：

为适应社会主义市场经济和林业跨越式发展的需要，充分调动社会各界营造林的积极性，加快推进由采伐利用天然林向采伐利用人工林的转变，我局在充分调查研究和广泛征求各方面意见的基础上，对人工用材林采伐管理政策进行了调整，现通知如下：

一、调整的原则：坚持依法限额管理、凭证采伐的原则；坚持分类经营、分类管理的原则；坚持以市场为导向，科技为依托的原则；坚持可持续经营和发展的原则。

二、对已经达到规定生长量和工艺成熟指标的人工短轮伐期用材林（包括速生丰产林，下同），其商品材采伐限额不足的，可由省级林业主管部门在预留的商品材采伐限额中解决；省级林业主管部门解决确有困难，由省级林业主管部门对本省（区、市）需增加的人工短轮伐期用材林采伐限额严格审核汇总后，每年集中一次向国家林业局提出申请，在国家备用的采伐限额中解决。

“生长量和工艺成熟指标”的具体标准由省级林业主管部门提出意见，报国家林业局批准。

三、对2000年（含2000年，下同）以后新造并达到一定规模的人工用材林，省级林业主管部门对林木经营者已依法编制并实施森林经营方案的，其森林采伐限额可以按森林经营方案确定，并实行森林采伐限额和木材生产计划单列。

“一定规模”的标准由省级林业主管部门根据造林面积和蓄积量提出意见，报国家林业局核定。

四、2000年后新造人工用材林各树种的主伐年龄由省级林业主管部门根据本地实际，按照其工艺成熟和数量成熟相结合的办法具体规定，并报国家林业局备案。

五、因农村产业结构调整，2000年以后在非规划的林业用地上新造的用材林，经当地林业主管部门对其造林面积、树种和蓄积量等资源情况确认后，林木所有者在申请采伐林木时，林业主管部门要在法定的采伐限额内确保林木所有者对林木的采伐利用，并积极主动地办理林木采伐许可证，其林木的采伐年龄可参照林木所有者的建议确定。

六、对符合技术规程要求的人工用材林进行抚育间伐，凡采伐林木胸径小于 10 厘米（含 10 厘米）的，可以不纳入木材生产计划管理。但是其消耗蓄积量必须纳入森林采伐限额管理。

七、对于竹林（包括天然林竹林）的采伐，国家不再下达年度生产计划，由各省（区、市）依法按国务院批准的毛竹、杂竹采伐限额控制执行。

八、现已纳入长江上游、黄河上中游天然林资源保护工程区内人工用材林的采伐管理暂不适用上述办法。

人工用材林采伐管理政策的调整是完善森林采伐限额管理制度的重大举措，事关森林资源可持续经营和林业发展的大局。各级林业主管部门务必高度重视，要结合本地实际情况，建立健全有关采伐管理的规章制度，积极稳妥地推进人工用材林采伐管理政策的调整，确保森林资源越管越多，越管越好。

国家林业局

2002 年 8 月 22 日

国家林业局关于印发《林业重点生态工程建设资金管理暂行规定》的通知

林计发［2002］261 号

各省、自治区、直辖市、计划单列市林业（农林）厅（局），内蒙古、吉林、龙江、大兴安岭林业（森工）集团公司，国家林业局各直属建设单位：

为进一步加强林业重点生态工程资金管理，使“慎用钱”的要求在工程建设中得到具体落实，确保资金管理规范、运营安全，根据财政部制定的《基本建设财务管理规定》，并结合林业行业的特点，我局制定了《林业重点生态工程建设资金管理暂行规定》，现印发给你们，请遵照执行。

附件：林业重点生态工程建设资金管理暂行规定

国家林业局

2002 年 11 月 12 日

附件：林业重点生态工程建设资金管理暂行规定

第一条　为规范林业重点生态工程建设资金的使用与管理，加快林业建设和保护的步伐，促进林业重点生态工程的顺利实施，提高投资使用效益，依照国家有关法律、法规及现行基本建设财务管理规定，制定本规定。

第二条　本规定重点规范中央预算内基本建设资金（含国债专项建设资金，下同）、地方财政预算内配套资金，建设单位自筹基建资金。商业银行贷款、政策性银行贷款等依照相关规定执行。

第三条　本规定适用于经国家批准的天然林资源保护工程、退耕还林工程、三北和长江中下游等防护林体系建设工程、京津风沙源治理工程、野生动植物保护及自然保护区建设工程、森林公园建设、重点火险区综合治理等重点生态工程建设项目。

第四条　基本建设资金的支出范围主要包括：天然林资源保护工程的前期工作费、科技支撑费、封山育林、人工造林、飞播造林、种苗基础设施建设、森林防火；退耕还林工程的前期工作费、科技支撑费、种苗补助费、种苗基础设施建设；三北和长江中下游等防护林体系建设工程的前期工作费、科技支撑费、人工造林、飞播造林、封山（沙）育林、种苗基础设施建设；京津风沙源治理工程的种苗补助费（退耕还林部分）、科技支撑费、人工造林、飞播造林（含飞后管护）、封山（沙）育林、种苗基础设施建设：野生动植物保护及自然保护区建设工程的野生动植物保护区、栖息地的改造和建设，种源基地建设，与工程相关的基础设施建设。

第五条　建设单位管理费、项目前期工作费和科技支撑费的具体使用范围：建设单位管理费是指建设单位从项目开工之日起至办理竣工财务决算之日止发生的筹建、建设、检查验收等管理性质的费用，建设单位管理费实行总额控制，分年度据实列支，总额控制数以项目审批部门批准的项目投资总概数为基数，并按投资总概算的不同规模分档计算。项目前期工作费是指项目开工建设前进行项目规划、可行性研究报告、初步设计、作业设计、资源清查等前期工作所发生的费用；科技支撑费是指进行营林科学研究实验及推广所发生的费用。建设单位管理费按基本建设财务管理的相关规定在投资成本中列支，项目前期费和科技支撑费按年度基本建设投资计划和财政基本建设支出预算执行。

第六条 林业重点生态工程建设项目经批准列入年度基本建设投资计划和基本建设支出预算后，可向财政部申请中央预算内基本建设资金。预算内基本建设资金按照基本建设拨款程序拨付。财政部根据财政基本建设支出预算和国家年度基本建设投资计划，将中央预算内基本建设资金拨付给国家林业局或省级财政厅（局）；国家林业局根据编制的年度基本建设投资计划、基本建设支出预算和工程进度及资金使用情况将中央预算内基本建设资金逐级拨付给建设单位。省级财政厅（局）根据财政部下达的基本建设支出预算将建设资金拨付给省级林业主管部门或逐级拨付给财政部门，最后拨付给建设单位。各级财政部门和林业主管部门要及时、足额将资金拨付到位，不允许人为滞留、截留。建设单位在申请领用建设资金时，需提供上级有关部门下达的年度基本建设投资计划和基本建设支出预算及有关文件资料。

第七条 林业重点生态工程中营造林项目的资金拨付方式：中央财政安排的基本建设资金各建设单位（县级实施单位）在拨付款项时要严格控制，年初按当年计划可拨付50％的预付款，然后根据工程进度和县级检查验收结果拨付30％的款项，造林验收合格后拨付10％，其余10％待三年后造林成活率达到规定标准的再予拨付。

第八条 年度基本建设支出预算和建设项目竣工财务决算按财政部《关于印发〈财政基本建设支出预算管理办法〉的通知》（财基字［1999］30号）和《关于印发〈基本建设财务管理规定〉的通知》（财建［2002］394号）的规定编制，上报的基本建设支出预算要求实事求是、真实可靠，严禁虚报冒领、高估冒算。建设项目竣工后及时编制项目竣工财务决算，具备竣工验收条件的，要按照有关项目验收办法及时组织验收。

第九条 林业重点生态工程预算内基本建设资金实行专户存储。中央预算内基本建设资金由建设单位统一在建设银行开设账户，如建设单位所在地没有建设银行，经上一级财政或林业主管部门同意、报财政部或国家林业局备案后，可选择一家国有商业银行开立建设资金专户。

第十条 各级林业主管部门和建设单位在各级政府的领导下按照职责分工，认真履行责任和义务，同时严格执行国家基本建设投资计划和财政基本建设支出预算，严格按照批准的建设内容进行建设。未经批准，任何单位和个人不得擅自扩大或缩小建设规模和建设范围、变更或调整建设项目和建设内容，如确需调整投资计划，须经原计划批准部门同意后，方可进行调整。

第十一条 林业重点生态工程建设资金必须严格按照国家批复的实施方案或初步设计的内容专款专用，单独建账，单独核算。各地区、各部门、各单位不得以任何方式挤占、截留、滞留、挪用、违规抵扣建设资金，严格控制开支标准，规范核算手续。

第十二条 用于林业重点生态工程的地方各级财政配套资金和建设单位自筹资金须按照规定的投资比例和工程进度，及时足额筹集到位，其到位比例不得低于中央资金到位比例。凡地方配套资金和建设单位自筹资金不能落实的，要相应调减下年度基本建设投资，压缩投资规模。

第十三条 建设单位（项目）要按规定将林业重点生态工程季、年度会计报表及有关信息资料及时、准确、完整上报上一级林业主管部门，由省级林业主管部门汇总后报国家林业局。季度报表于季度终了后15日后上报国家林业局，年度报表按有关要求报送。各级林业主管部门要深入项目单位及时、准确地了解和掌握工程项目的资金到位、使用和工程进展情况，在上报季度和年度会计报表时对林业重点生态工程建设资金的投资效益及工程进度等情况进行重点说明。

第十四条 各级林业主管部门要加强对林业重点生态工程建设资金的监督检查工作，自觉接受财政、审计及上级主管部门的检查，将监督检查工作经常化、制度化，对建设项目实行全过程跟踪管理，监督建设单位合理、节约使用资金，发现问题及时纠正和整改。对挤占、挪用、截留建设资金，造成资金损失浪费的单位，按照《林业重点工程资金违规责任追究暂行规定》及相关办法采取调控措施，并建议追究有关单位领导和责任人员的责任，情节严重的，依法追究法律责任。

第十五条 各级林业主管部门和建设单位必须按照《中华人民共和国会计法》的规定，建立健全与基本建设资金管理任务相适应的财务会计机构，配备具有相应业务水平的专职财会人员，注重对财会人员的培养和继续教育，不断提高财会人员的业务素质和管理水平，并保持财会人员的相对稳定，确保财会工作的正常有序进行。

第十六条 各省可结合本省实际制定实施细则。

第十七条 本规定自发布之日起执行。

第十八条 本规定由国家林业局负责解释。

附表：林业重点生态工程基建财务季度报表（略）

国家林业局关于加强红豆杉资源保护管理工作有关问题的通知

林护发［2002］287号

各省、自治区、直辖市林业（农林）厅（局），内蒙古、吉林、龙江、大兴安岭森工（林业）集团公司：

我国红豆杉属所有种均为国家一级保护野生植物，具有重要的经济价值和科学研究价值。为保护好这一宝贵的自然资源，促进资源增长和合理利用，各地做了大量工作，在红豆杉原生地划建自然保护区，建立专门保护机构，严厉打击乱砍滥伐、乱采滥剥及非法经营红豆杉的行为，并通过大力引种繁育，发展红豆杉资源，探索科学合理利用的途径，取得了显著成效。然而，从目前情况来看，仍有少数企业和个人在高额利润的驱使下，在野生红豆杉采集或采伐、紫杉醇及其他红豆杉产品加工经营及进出口等环节，违反国家有关规定，致使部分地区野生红豆杉种群遭受严重破坏。为切实保护好野生红豆杉资源，扶持红豆杉的人工培育和基地建设，促进资源增长和产业发展，现就进一步加强野生红豆杉资源保护和规范红豆杉资源经营利用管理有关问题通知如下：

一、切实加强野生红豆杉资源的保护

自本通知下发之日起，一律停止受理采集野生红豆杉枝条或采伐野生红豆杉直接用于商业性生产紫杉醇或其他品的申请。因科学研究、人工培育、文化交流等特殊需要，采集野生红豆杉的，应严格按《中华人民共和国野生植物保护条例》及其相关规定，根据采集地野生红豆杉资源状况提出采集或采伐作业方案和监督检查措施，报国家林业局批准。经批准后，由省级林业主管部门核发《采集证》（林木采伐的，还需办理《林木采伐许可证》），采集单位方可凭证在当地林业主管部门的监督下按批准的范围和数量实施采集或采伐作业，严禁超范围和超量采集或采伐。各级林业主管部门要根据本区域野生红豆杉资源状况，研究制定野生红豆杉保护专项措施，特别是野生红豆杉集中分布的地区，应通过积极划建自然保护区、保护小区或保护点等有效措施，改善野生红豆杉生存条件，为其自然发展提供基本保障。国家林业局驻各有关省（区）森林资源监督专员办事处要加强对红豆杉资源保护管理的监督。

二、规范管理采集野生红豆杉枝条的行为

人工培育红豆杉资源是促进资源增长的有效途径。为扶持人工培育红豆杉资源，对因人工培育资源目的需要采集野生红豆杉枝条的，可继续按《中华人民共和国野生植物保护条例》及其相关规定，备齐项目立项、场地条件、技术能力、建设规模、主要利用方向以及野生红豆杉资源状况、采集作业方案和监督检查措施等相关材料，向国家林业局提出申请，并严格执行以下规范管理措施。

（一）采集野生红豆杉枝条仅限于采穗圃建设，禁止直接采集野生红豆杉枝条用于紫杉醇原料基地建设或其他商业活动。

（二）因建设采穗圃需要采集野生红豆杉枝条的，须首先对野生红豆杉植株进行选优，确定相应数量的采条母株。采条作业仅限在选优确定的母株上进行，不得在非优树植株上擅自采条。

（三）经批准采集野生红豆杉枝条的，在其采集人员经培训合格后，方可按批准的数量、区域在采条母株上从事采条作业，并严格执行以下技术指标：(1) 采条作业应优选母株中上部枝条，禁止采集母株主梢，单株采条数量不超过母株枝条总量的20%，采条作业后，应使母株上保留的枝条均匀分布；(2) 采集的枝条应为当年生的嫩枝和去年生的枝条，附带3年生（含当年）枝条的长度不得超过5厘米；(3) 胸径小于20厘米的野生植株不得作为采条母株；(4) 扦插育苗成活率应不低于60%。

（四）对野生红豆杉采条作业，当地林业主管部门应根据本地实际情况研究制定专项管理办法，并负责对采条作业的全程监管。采条扦插活动结束后，扦插剩余物由当地林业主管部门负责收集并妥善处理，不得用于紫杉醇的商业性生产、销售和出口。

（五）各级林业主管部门对红豆杉资源保护、繁育、利用技术的研究与应用应予以大力支持，提高野生红豆杉资源保护、优良种源和优良单株选育、人工繁育、天然母树林改造和人工林高效培育等技术水平，促进红豆杉资源保护、发展和可持续利用。

三、开展红豆杉资源经营加工企业清理

为规范红豆杉资源经营利用行为，各级林业主管部门要于近期会同有关部门共同对本行政区域内红豆杉资源经营加工企业组织开展一次清理，调查掌握加工企业基本情况及其红豆杉原料来源，对依赖野生红豆杉资源从事加工经营的企业，要立即改正，在未解决人工培育原料前，要一律停止其加工经营紫杉醇或其他红豆杉产品的行为；对其行为触犯刑律的，应尽快移交司法机关追究刑事责任；对具备技术能力、经营管理规范、有稳定的人工培育原料来源的，应附具原料来源证明、原料培育基地建设情况以及经营加工规模、加工技术、生产产品种类等相关材料，报经省、自治区、直辖市林业主管部门按有关规定办理。

四、强化出口紫杉醇及其他红豆杉产品的出口管理

为防止乱采滥伐野生红豆杉所获紫杉醇及其他红豆杉产品用于出口贸易，导致对野生红豆杉资源的危害，各省、自治区、直辖市林业主管部门对申请出口紫杉醇及其他红豆杉产品的，要严格审核其原料来源是否全部为人工种植红豆杉资源，核实其原料产地、原料培育基地（场）种源来源证明、基地规模、培育状况及原料利用动态等材料，提出审核意见，报国家林业局或其授权机构审批，经批准并取得国家濒危物种进出口管理办公室核发的允许出口证明书后，申请单位方可凭允许出口证明书办理出口报关、报检手续。

五、提高认识，加强领导，加大保护宣传和执法监督力度

野生植物既是重要的自然资源，也是重要的环境因素，在维护生态平衡中发挥着无法取代的作用，是社会经济可持续发展的基础。保护和合理利用野生植物，关系到人民的长远利益。各地要充分认识保护红豆杉等天然林资源的重要性，加强领导，制定切实有效的保护管理措施，使红豆杉资源的保护工作落到实处。要广泛宣传《中华人民共和国森林法》、《中华人民共和国野生植物保护条例》及其他有关法律法规，开展普法教育，增强群众的法律意识，提高守法的自觉性。同时，加大执法监督力度，要会同有关部门，对破坏和非法经营红豆杉资源的行为严格依法查处，进一步依法规范红豆杉人工种植和加工经营等环节，使红豆杉资源保护工作和人工培育经营产业向良性和健康方向发展。各级野生植物保护管理机构、森林资源林政管理机构、森林公安机关要互相配合，及时采取有效措施，加强执法监督，适时组织开展专项行动，依法严厉打击破坏红豆杉资源的违法犯罪行为。

国家林业局

2002年12月8日

国家林业局关于印发《国家林业局关于加强林木种苗质量监督管理的规定》的通知

林监发［2002］291号

各省、自治区、直辖市林业（农林）厅（局），内蒙古、吉林、龙江、大兴安岭森工（林业）集团公司，新疆生产建设兵团林业局：

为加强林木种苗生产、流通和使用环节监督管理，防止腐败行为发生，确保国家林业重点工程和国土绿化使用的林木种苗质量，依据《中华人民共和国种子法》等有关法律、法规，制定本规定。

一、实行林业行政主管部门领导干部林木种苗质量管理责任制。地方各级林业行政主管部门要加强对本辖区内林木种苗质量的监督管理，加大造林使用林木种苗监督抽查力度，通过各种有效措施，不断提高林木种苗质量。要严格市场准入制度，杜绝关系苗、人情苗，切实防止腐败行为。

二、实行林木种苗生产经营许可和标签制度。各级林业行政主管部门要加强对林木种苗生产经营的监督检查，严格依法管理。凡是从事林木种苗生产、经营的单位和个人，必须持有县级以上林业行政主管部门核发的《林木种子生产许可证》和《林木种子经营许可证》，经营的林木种苗应当附有标签；对未获得林木种苗生产经营许可证从事林木种苗生产经营和经营的林木种苗没有标签或标签内容不符合规定的，要严格按照《种子法》第六十条、第六十二条规定予以处罚。

三、实行林木种苗质量检验制度。各级林木种苗质量检验机构负责林木种苗质量的检验和监督，坚决杜绝质量不合格林木种苗的调拨和出圃现象的发生。在种苗调拨和出圃前，要按国家或地方有关标准进行质量检验，并填写种子、苗木质量检验证书。

四、实行林木种苗订单制度。国家林业重点工程造林项目和国家投资及国家投资为主的造林项目，实行合同订购的生产供应方式，各级林木种苗管理机构要做好技术指导和信息服务等方面的工作。

五、实行林木种苗使用责任追究制度。地方林业行政主管部门对国家林业重点工程造林项目和国家投资及国家投资为主的造林项目，必须调拨和使用有生产经营许可证、标签和检验合格证的单位和个人的林木种苗，并按有关规定使用良种和种子基地生产的种子。未按规定调拨和使用的，有关部门负有直接责任的主要人员和其他直接责任人，依法给予行政处分。对以各种名义索取回扣、手续费的，依照有关规定给予党纪政纪处分；构成犯罪的，依法追究刑事责任。

六、实行林木种苗质量案件上报跟踪制度。地方各级林业行政主管部门要加大对生产经营假冒伪劣种苗、发布虚假收购信息案件的查处力度，及时上报查处结果，并进行跟踪检查。对不如实上报或检查不力的，要给予通报批评。

七、本规定自发布之日起施行。

国家林业局

2002年12月11日

森林培育与生态环境建设

林木种苗生产

【综　述】

林木种子生产　据全国30个省（区、市）和龙江森工集团以及大兴安岭林业集团公司林木种苗管理部门统计，全国2002年共采收林木种子25 414 156千克，比2001年增加了1 942 364千克。其中，全国主要造林树种共采收种子13 813 784千克，占全国种子采购量的54.4%，比2001年减少了345 941千克，其他树种采收11 600 372千克，占全国种子采收量的45.6%。

用材林树种　用材林树种种子采收量为5 773 416千克，比2001年减少1 319 187千克。其中采收量比2001年增加的树种有侧柏、刺槐等；减少的树种有油松、红松、落叶松、杉木、马尾松、云南松、华山松等。

经济林树种　经济林树种种子采收量为2 764 102千克，比2001年减少499 298千克。核桃树种子产量减少1 182 400千克，板栗种子产量较2001年增加516 102千克，油茶种子产量增加167 000千克。

灌木树种　灌木树种种子采收量为5 276 266千克，比2001年增加2 214 100千克。柠条增产1 235 405千克，花棒增产178 000千克，栎类增产367 444千克，沙枣、沙棘、紫穗槐等灌木树种种子产量都有不同程度地减少。

良种基地生产　2002年共采收林木良种2 329 508千克，比2001年增加376 012千克，占全国种子采收量的9.2%。其中种子园产量为1 037 815千克；母树林产量为1 291 693千克。

采种基地生产　2002年，全国采种基地的可采种面积1 581 201公顷，采种量13 184 458千克，占全国林木种子采收量的51.9%，采种量比2001年提高了5 596 710千克。

苗木生产　2002年，全国共完成育苗面积51.9万公顷，其中新育苗面积29.3万公顷。国有、乡村集体和个体育苗面积分别占育苗总面积的25.7%、13.9%和60.4%。2002年各类苗木总产量为479.88亿株，28.9%产自国有单位，13%产自乡村集体单位，55.1%产自个体。其中容器育苗33.6亿株，良种苗136.5亿株；在总产苗量中可供选择造林的合格苗木有331.5亿株，这些苗木28.1%来自国有单位，13.4%来自乡村集体，还有58.5%来自个体。2002年，花卉栽种面积23 447公顷，产苗量128.57亿株（盆）。与2001年相比，育苗面积增加18.1万公顷，产苗量增加102.9亿株，容器育苗减少3.3亿株，良种苗减少83.8亿株。

林木种苗工程建设　据全国30个省（区、市）和龙江森工集团以及大兴安岭林业集团公司统计，2002年完成林木种苗工程建设投资112 311万元，其中国家投资73 999万元，地方配套38 312万元。按建设工程分，良种基地投资34 836万元，采种基地投资15 605万元，苗圃投资53 732万元，其他投资完成8138万元。

2002年，国家林业局安排预算内基本建设投资1000万元。主要用于省级种苗站检验、贮藏和信息化设备购置。

林木种子基地建设　截至2002年底，全国林木良种基地总面积285 015公顷，其中：种子园30 714公顷；母树林188 980公顷；采穗圃7297公顷；无性系繁殖圃11 701公顷；试验林8481公顷；良种示范林36 605公顷；其他1236公顷。采种基地可采种面积达1 581 201公顷。

育苗单位　到2002年底，全国共有苗圃405 494个，国有、乡村集体和个体所占比例分别为3.71%、8.32%和87.97%。在国有苗圃单位中，林业系统内部的苗圃数量占63.2%，其中林场苗圃3803个，县以上苗圃3952个，森工部门苗圃852个，其他苗圃890个。　（李　焰　李玉洁）

【全国林木种苗改革和发展研讨会】 为全面贯彻落实“三个代表”的重要思想，总结经验，集思广益，研究探讨新形势下我国林木种苗改革与发展的深层次问题，与时俱进，转变观念，创新体制，进一步明确今后一个时期林木种苗工作的思路，努力开创林木种苗事业的新局面，2002 年 12 月 26～29 日，国家林业局在浙江省杭州市召开了全国林木种苗改革与发展研讨会。全国 31 个省（区、市）林业（农林）厅（局）分管种苗工作的厅（局）长，吉林、龙江、大兴安岭森工（林业）集团公司主管负责人、种苗站长及国家林业局有关司局领导和新闻单位的代表 130 多人参加了会议。国家林业局党组十分重视这次会议，周生贤局长亲自审阅了会议主题报告，祝列克副局长到会并作了《明确思路，依法管理，强化服务，全面开创我国林木种苗事业新局面》的讲话，高度概括了当前林业发展的新形势，全面总结了近年来特别是全国林木种苗建设工作会议以来的成绩和经验，从战略高度指出了抓好林木种苗工作的重要意义，深刻分析当前种苗工作中存在的突出问题，明确提出了今后一个时期我国林木种苗工作的总体思路和发展目标。

总体思路 “以‘三个代表’的重要思想为指针，以适应林业六大重点工程、五大转变和跨越式发展需要为目标，围绕一个中心，突出四个重点，健全四大体系，把我国林木种苗发展推向新阶段。”一个中心是，围绕全面建设小康社会，为林业六大重点工程和国土绿化提供品种对路、质量优良、供需平衡、价格合理的林木种苗。四个重点是，管好种子、发展产业、依法行政、强化服务。四个体系是：林木种苗生产供应体系、林木种苗行政执法和质量监督管理体系，林木种苗科技创新和良种选育推广体系，林木种苗社会化服务体系，切实将政府职能转到“引导、规范、监管、服务”上来。

奋斗目标 到 2010 年，基地供种率达到 70%，良种使用率达到 45%，种子贮备能力提高到 500 万千克，一级苗供应率达到 80% 以上，种子受检率 100%；到 2020 年基地供种率达到 80%，良种使用率达到 65%。

会议紧紧围绕“政府管理与服务职能、行政执法与市场监管、种苗生产基地改革与发展”3 个专题，进行了大会和分组研讨，讨论修改了《国家林业局关于加快林木种苗改革与发展的意见》；开通了国家种苗网；通报了 2002 年全国林木种苗质量监督抽查结果，部署了 2003 年全国林木种苗质量监督检查工作；进行了全国林木种苗余缺调剂。

国家林业局场圃总站王维正总站长作了总结讲话，对 2003 年全国林木种苗工作进行了全面部署。

（鲁新政）

【林木种苗信息调度】 国家林业局加强对林木种苗生产、供应信息的调度，建立和完善了种苗信息调度制度。2002 年，国家林业局场圃总站分季度对全国林木种苗生产、供应信息进行调度，经分析整理后向有关领导报告，为领导决策提供了依据，同时及时将信息在国家种苗网和相关新闻媒体上发布，指导全国种苗生产。林木种苗信息调度制度的建立和完善对保证林业六大重点工程和造林绿化的种苗供应，加速林木种苗产业化、市场化发展进程起到极大的保障和促进作用。

种苗生产、供应情况 2002 年，全国共采收林木种子约 2132 万千克，现有库存量 589 万千克。总计可为 2003 年播种育苗和飞播造林提供林木种子 2721 万千克。预计 2003 年共需各类林木种子 1 905 万千克。主要树种有油松、红松、落叶松、马尾松、杉木、云南松、侧柏、刺槐、柠条、踏郎、花棒、沙蒿等 130 多个树种。2002 年部分树种是结实小年，产量较少，2003 年部分主要造林树种种子供应将出现缺口，缺种情况为：踏郎 77 万公斤、红皮云杉 12.4 万千克、云南松 6.3 万千克、杉木 2.3 万千克，樟子松、木荷、落叶松、湿地松以及加勒比松也将有少量缺口。需从外省调入种子的有：青海、陕西、河南、四川等 11 个省（区）和新疆生产建设兵团。

2002 年可为今冬明春造林提供苗木 288 亿株，其中良种苗木约 97 亿株，可植苗造林近 1071 万公顷。其中：公益林苗木 221.5 亿株，可造林约 680 万公顷；经济林苗木 66.8 亿株，可造林约 391 万公顷。预计 2003 年苗木供应存在缺口的主要树种有：马尾松缺 4290 万株，紫穗槐缺 810 万株，湿地松缺 11 万株。

据统计，2002 年西部 11 个主要造林省（区、市）山西、内蒙古、四川、重庆、贵州、云南、陕西、甘肃、青海、宁夏、新疆等可为 2003 年提供各类苗木 153 亿株，预计可造林 600 多万公顷。

存在问题 通过对各省（区）种苗生产及供应情况的分析发现，目前种苗生产及供应仍然存在许多矛盾与问题，有的是前些年遗留的老问题，也有的是 2002 年出现的新问题。突出表现在以下几个方面：

1. 由于种苗预测预报手段落后和种苗生产预测预报结果不能及时公布，使得造林任务的制定缺乏必要的依据，在一定程度上增加了种苗准备难度。

2. 新品种及大苗炒作过热，特别是有的新闻、科研部门对个别品种、树种和未经审（认）定的新品种大肆炒作，误导种苗生产者、使用者，搞乱了种苗市场，造成了伤农、坑农现象。一些企业或个人惟利是图，不断推出未经审定的所谓良种；一些地方或部门不尊重客观规律，追求一次成林效果，造成种苗市场大苗短缺，甚至出现到山上挖天然更新幼林，破坏现有林分的现象。

3. 种苗贮备设施设备陈旧，贮藏成本高，贮备能力不足。一方面，造成贮藏种苗质量难以保证；另一方面，由于政府部门没有足够的资金用于收购、贮备，导致部分种苗流入个体商贩手中，种苗供应渠道被不法商贩利用，使得种苗生产单位因种苗市场混乱而蒙受损失。

4．品种、区域性结构矛盾仍较突出。预计2003年造林绿化用种苗在数量上是充足的，但在树种结构上仍然存在着品种单调的现象，缺少适宜当地栽植的新品种，尤其是灌木品种短缺。①2002年有部分树种是结实小年，特别是由于近两年西部地区连续干旱，造成西部地区灌木树种种子供应较为紧张。青海等省（区）踏郎、柠条等灌木树种，西南和中部地区云南松、马尾松、杉木、湿地松等树种，东北地区落叶松、樟子松、红皮云杉等树种供应出现一定缺口，需用其他树种代替，以保证造林用种。②部分树种紧缺，种子价格普遍较高，湿地松由150元/千克上涨为500元/千克，樟子松由120元/千克上涨为400元/千克，日本落叶松由100元/千克上涨为240元/千克。部分地区反映，由于种子价格上涨等因素，给种苗生产供应工作造成了较大压力。③个别树种苗木出现过剩。尤其是大路品种、培育技术简单的杨树苗木等依然过剩严重，据统计，2002年可供杨树苗木41亿株，市场需求仅21亿株，过剩近20亿株。而大规格城市绿化、道路绿化苗木、抗病虫害和耐旱、耐盐碱，以及优良的阔叶速生树种、名特优新经济林树种和灌木树种苗木却难以满足市场需求。

主要措施

加强种苗信息调度，以信息引导市场　场圃总站利用国家种苗网及时公布种苗供求信息，及相关林业和种苗政策，指导各地种苗生产供应。各地积极做好林木种子结实及产量预测预报工作，及时掌握种苗生产动态；认真组织好种苗采收和种苗调剂，减少因种苗过剩造成的浪费。

各地加强与相关部门的协调，确保造林用种苗的供应　首先，加强了与造林部门的沟通、协调，努力做好种苗生产计划和造林计划的衔接，使之尽可能早些下达第二年的造林计划，提前安排种苗生产任务，立足于早准备、早实施，增强种苗生产、供应的主动性。

积极推行订单生产和种苗采购招投标制度，防止人为炒作，防止盲目大量生产不适宜本地造林的苗木。充分发挥国有种苗基地主渠道供应和技术示范带动作用。

继续加大种苗行政执法与质量监督检查力度　依法规范种苗生产、经营行为，实行“两证一签”制度，把好市场准入关。内蒙古、辽宁、浙江、陕西、甘肃、宁夏、新疆等省（区）林业主管部门组织专门抽检队伍，在全省范围内组织协查，做到种苗质量心中有数。同时，各地林业行政主管部门严格种苗市场准入制度，通过实行许可、标签制度，对调入调出种苗严格把关。

进一步提高种苗科技含量　广泛采用新技术，加快种苗生产速度。推广容器育苗、塑料大棚、全光照喷雾扦插育苗、组织培养、ABT生根粉等苗木快繁技术及满果粉、人工辅助授粉等种子生产新技术，缩短苗木培育周期，大幅度提高种苗供应量。依靠新技术，增加百日苗产量，做好补缺准备，积极培育当年出圃苗木，以保证工程造林对种苗多树种、多品种的需要。　（欧国平）

【国家种苗网站开通运行】　2002年12月27日，国家林业局祝列克副局长点击开通了国家种苗网站（www.sinoseed.com）。这标志着我国林木种苗行业的信息网络建设走上了标准化、规范化发展轨道，林木种苗事业迈上了跨越式发展之路。

林业六大重点工程的全面实施，对林木种苗质量、数量、品种、结构提出了更高要求，林木种苗工作面临着前所未有的历史重任。国家种苗网站为搞好种苗供应，促进行业发展，及时收集、整理、分析和发布准确的、权威的种苗供求信息，为广大林农和社会及时提供了强大的林木种苗信息交易平台，将为管理者、生产者和广大林农及时提供准确的生产、供需信息，引导种苗生产和农民致富，理顺和规范种苗市场，促进林木种苗产业化发展，保证林业六大重点工程种苗的供应奠定坚实基础。

国家种苗网开通运行后，国家林业局将按照统一部署、统一标准、统一软件、立足行业、服务社会、分步实施的原则，指导和帮助搭建省级、重点地县种苗信息管理系统和网站，并逐步使国家种苗信息网络实现行业、区域联网。　（李玉洁）

【林木种苗工程建设】　截至2002年底，国家林业局和国家计委共批复林木种苗工程项目2211处，其中国家级种苗示范基地2处、省级种苗示范基地29处、良种繁育中心4处、良种基地486处、采种基地520处、苗圃1150处，基础设施20处，批复总投资43.6亿元。

工程项目建设进展情况

国家级种苗示范基地建设　南、北方国家级种苗示范基地已完成土建面积13 409平方米；育苗面积120公顷；温室面积45 099平方米；生产设备49（台、套）。

省级林木种苗示范基地建设　29处省级林木种苗示范基地建设项目已完成土建面积78 099平方米；育苗面积1907公顷；温室面积245 804平方米；生产设备810（台、套）。

林木良种基地建设　良种基地建设项目已完成土建面积735 575平方米；育苗面积21 637公顷；温室面积117 166平方米；生产设备3070（台、套）。

采种基地建设 采种基地建设项目已完成土建面积240 554.4平方米；温室面积2520.9平方米；生产设备4549（台、套）。

苗圃建设 苗圃建设项目已完成土建面积420万平方米；育苗面积66 474公顷；温室面积130万平方米；生产设备10 574（台、套）。

工程项目建设主要成效 随着种苗工程项目建设的整体推进，一个以国家级和省级种苗示范基地为龙头，以良种基地、采种基地、国有苗圃为骨干，以其他各类种苗生产主体为基础，布局优化、生产稳定的种苗生产体系正在逐步形成；种苗生产供应正朝着生产区域化、供应基地化、质量标准化、品种多样化、造林良种化的目标迈进。

林木种苗生产建设条件不断改善 各地普遍抓住国家投资机遇，不仅解决了水、电、路等长期难以解决的问题，还引进了自控温室、组织培养、全光喷雾扦插等先进的育苗设施，极大地促进了苗木生产的现代化进程。

林木种苗生产能力和质量不断增强 2002年，全国造林任务大幅度增加，但种苗整体供应充足，种苗工程发挥了重要作用，同时对社会种苗生产发挥了强有力的龙头带动作用。通过种苗工程建设，预计采种基地新增种子生产能力1059万千克、良种基地新增种子生产能力71万千克、苗圃新增苗木生产能力30亿株。据初步统计，全国种子产量2002年达2500万千克，是1997年1560万千克的1.6倍；苗木产量260亿株，是1997年177亿株的1.5倍。基地供种率和良种使用率，也由过去的30%和20%提高到2002年的37%和28%。

林木种苗科技含量不断提高 各地普遍重视新品种、新技术、新成果的引进和推广，促进林木种苗的结构调整。

种苗工程项目建设的全面启动 为种苗行业注入了新的活力，促进了种苗产业的蓬勃发展。目前，林木种苗生产已成为一些地区新的经济增长点，是农民群众重要的经济来源。仅江苏省就有“林木种苗生产基地”、“花木之乡”22个，涌现出了吴江市苗圃、如皋绿园、武进华夏花木集团等一大批国内外知名的林木种苗龙头企业。在经济不发达地区，特别是生态建设任务重的地区，林木种苗作为经济增长点和群众经济来源，其空间将越来越大。

种苗工程项目建设 促进了农村产业结构的调整，在农村产业结构调整中发挥了重要作用。

（陈恩军）

【全国林木种苗工程建设与育苗新技术培训班】 为适应新时期林业和生态建设对林木种苗的要求，提高林木种苗基地建设和管理水平，确保林木种苗工程建设质量，推广育苗新技术，2002年1月，国家林业局场圃总站在福建省举办了首届全国林木种苗工程建设与育苗新技术培训班。全国31个省（区、市）林业（厅）局，新疆生产建设兵团，内蒙古、吉林、龙江、大兴安岭森工（林业）集团公司的140名学员参加了培训。培训的主要内容有：林木种苗项目、资金管理；植物新品种保护；中国加入世界贸易组织以后林木种苗应对措施；林木种苗工程建设与管理以及国内外育苗新技术。通过培训，学员们对当前林业形势有了新的更深层次的认识，了解了国内外最新的育苗技术，同时还交流了各地在林木种苗基地建设和管理中的经验。

（隗合飞）

【林木种苗基地建设与管理培训团赴加拿大培训】 经国家外国专家局批准，由国家林业局组织的林木种苗基地建设与管理培训团一行18人，于2002年3月8～29日前往加拿大进行了为期21天的培训。培训团成员由国家林业局经济研究中心、场圃总站和吉林、浙江、福建等省从事林木种苗生产与管理的领导和技术人员组成。

培训期间主要学习了加拿大林木种苗法规体系建设、种子生产、苗木培育、新技术推广等方面的现状和发展情况。并就中加林木种苗方面的合作与交流、种苗生产技术的改进及林木育种方向与加拿大林业专家进行了磋商和探讨。

加拿大政府十分重视林木种苗工作，强调以种苗为基础，大力推行良种化、优质化和现代化，并在全国范围内构建了行之有效的种苗生产管理运行机制：

严把种源关，林木种子由政府部门统一经营管理 在遵守联邦政府林业发展战略的前提下，各省根据资源、气候和树种特性制定符合当地的林木种苗管理政策。联邦政府和各省政府出资，建立了一批种子生产基地，而良种繁育研究项目则主要由大学和林业专业研究所承担，林木种子的经营和管理由政府部门统一协调。

苗木放开，产销全部纳入市场化运作 林业企业造林所需苗木，由林业企业通过报纸、网络等媒体发布信息，明确所需种苗的质量和数量。获得信息的苗圃根据要求与企业进行洽谈，订立供苗合同，苗圃则严格依据合同订单生产种苗，苗木产销全部纳入市场化运作。目前加拿大育苗生产全部实现机械化和工厂化。

种苗培育生产环节重视环境保护 各省政府都制定了相关的法律，禁止和限制使用有害农药。在苗木生产中一般采用人工清理病虫株，宁可报废部分产品也不使用农药。许多苗圃都采用截水设施，利用雨水灌溉，并循环利用。育苗容器全部使用易降解的纸质容器和棉纱性容器，减少白色污染。

通过培训，学员们加深了对林业发达国家林木种苗生产、管理水平的了解和认识，对今后搞好我国林木种苗工作具有很好的促进作用。 （隗合飞）

【第二届国家林木品种审定委员会成立】 为贯彻落实《中华人民共和国种子法》，加强林木品种管理，及时审（认）定适于跨省（区）推广的林木良种，促进林业六大重点工程造林良种化，国家林业局成立了第二届国家林木品种审定委员会。

第二届国家林木品种审定委员会下设防护林、用材林、经济林、观赏植物、转基因品种等5个专业委员会。委员会聘请了全国人大农业与农村委员会副主任伍精华为高级顾问，聘请王明庥、沈熙环、束怀瑞为顾问，国家林业局副局长祝列克当选为主任委员，场圃总站和各有关司局领导为副主任委员。委员由国家林业局、中国科学院、林业和农业科研院（校）所、部分省（区、市）林木种苗管理机构的专家组成。国家林木品种审定委员会秘书处设在国家林业局场圃总站。（鲁新政）

【全国林木种质资源管理工作】 为加强林木种质资源清查、收集、保存和管理工作，国家林业局场圃总站下发了《关于进一步加强林木种质资源管理工作的通知》，对今后的工作做了具体的部署。

1. 要求各省充分认识抓好林木种质资源管理工作的重要意义，尽快成立工作领导小组，积极组织力量，多方筹集资金，做好管理规划。

2. 要求各省把林木种质资源清查工作纳入议事日程，制定切实可行的清查工作方案，尽快摸清资源家底。

3. 在充分掌握本地资源数量、分布、利用价值和濒危状况的基础上，制定合理的林木种质资源管理、保护策略，以主要造林树种的种质资源为基础，以珍稀濒危树种的种质资源为重点，建立科学有效的保存和利用体系。

4. 要结合国家投资建设的种苗工程项目，积极收集、保存优良林木，乡土树种和珍稀濒危树种的种质资源，为林木育种事业提供坚实的物质基础。同时要充分利用已有的林木种质资源，开发新品种，加强林木种质资源的交流。（鲁新政）

【国家级林木品种审（认）定】 2002年7月24日，国家林业局在北京召开了第二届林木品种审定委员会成立大会，并首次开展国家级林木品种审（认）定工作。今后，国家林木品种审定委员会将按年度开展国家级林木品种审（认）定工作。

此次审定通过的南林95杨等16个品种和认定通过的信丰杉木第一代种子园种子等33个林木品种，国家林业局2002年9月29日以2002年第2号公告予以发布。自公告发布之日起，已通过审（认）定的品种在规定时效和适宜种植范围内可作为林木良种推广使用。

审定通过的品种（16个）：

南林95杨　南林895杨
马尾松桐棉种源种子　落羽杉中山302号无性系
辽育1号杨　毛白杨CFG37
毛白杨CFG1012　昭林6号杨
东门林场尾巨桉无性系　世纪杨（抗虫杨12号）
岑溪软枝油茶　赣州油1号
赣州油2号　惠民蜜桃
天汪一号苹果　华美2号猕猴桃

认定通过的品种（33个）：

信丰杉木一代种子园种子　白云山杉木种子园种子
毛白杨30号无性系　陕林3号杨
84K杨　马褂木种源L－P1
马褂木种源L－P2　马褂木种源L－P3
小陇山日本落叶松种子园　中湾油松母树林种子
富顺马尾松种子园种子　桤木种源A－P1
桤木种源A－P2　桤木种源A－P4
辽育2号杨　毛白杨CFG－304
毛白杨CFG－9807　毛白杨CFG－1011
毛白杨CFG－301　毛白杨CFG－2012
毛白杨CFG－9832　毛白杨CFG－351
毛白杨CFG－34　赤峰小黑杨
赤峰杨　东门林场尾叶桉
创新杨1号　欧美杨107号
欧美杨108号　皂荚家系G202
皂荚家系G302　皂荚家系G303
皂荚家系G403

（鲁新政）

【地方林木品种审定工作】 根据《中华人民共和国种子法》关于林木品种审定的有关规定，辽宁、吉林、湖北、山东、河南、安徽、广东、四川、陕西等省林木品种审定委员会2002年审（认）定通过并公布了一批林木良种如下：

吉林省

审定通过的林木良种：白林2号杨　白城小黑杨　白城小青黑杨　吉林杨（山地1号）　白林3号杨　长林1号杨　晚花杨　格尔里杨　西＋加杨　大青杨HL系列无性系　欧洲黑松　东部白松　班克松　欧洲赤松　小干松　黄松　白云杉　黑云杉　欧洲云杉　大叶山杨　白榆　杞柳　刚松　垂爆B80柳　中延1号杨　85－68柳　85－70柳　85－96柳　朝白B80柳　垂爆109柳　隆可夫键杨　欧洲三倍体山杨　键杨　圆冠榆　垂榆　鞑杂杨　风沙1号杨　黄快杨　玫瑰9103、9122、9126无性系

认定通过的林木良种：白林1号杨　柽柳　迎春5号杨　樟子松　无核白鸡心葡萄　楚伊沙棘　宁夏枸杞1号

辽宁省

认定通过的林木良种：辽栗10号　辽栗15号

辽栗23号　浅刺板栗　叶里藏板栗　金玲圆枣　金玲长枣

山东省

审定通过的林木良种：中菏1号美洲黑杨　L323美洲黑杨　L324美洲黑杨　T26美洲黑杨　T66美洲黑杨　I－107欧美杨　L35欧美杨　I－102欧美杨　菏刺2号刺槐　岱红甜樱桃　莱州大红仙客来　红叶臭椿

认定通过的林木良种：卡帕茨欧美杨　W1－141欧美杨　新汶早红桃　黄金杏　金丝魁王枣

河南省

审定通过的林木良种：豫楸1号　豫楸2号　金丝楸8606　七月酥　金星梨树　突尼斯软籽石榴

认定通过的林木良种：大红袍王花椒　华龙杨

安徽省

审定通过的林木良种：歙县大红袍枇杷1号　歙县光荣枇杷2号　历山佛桃1号　节节红板栗13号　皖林1号杨　软籽1号石榴　软籽2号石榴　软籽3号石榴

湖北省

认定通过的良种：山哈杨　鲁山杨　圣山杨

广东省

审定通过的林木良种：台山湿地松改良种子园种子　英德火炬松改良种子园种子　信宜脂用马尾松家系G1、G3、G5、G10、G24、G25、G26、G29、G37、G41　湛江桉树无性系U6　农大1号板栗

认定通过的林木良种（认定期5年）：湿地松X加勒比松杂种优良家系（粤杂松1号、2号、3号、4号、5号、6号、7号、8号）　英德火炬松六个半同胞家系种子　龙山林场杉木二代种子园种子

四川省

银杏：川银1号　川银2号　川银3号　川银4号　川银5号

核桃：川核1号　川核2号　川核3号　川核4号　川核5号　川核6号　川核7号　川核8号　川核9号　川核10号　川核11号　夏早核桃　沙河核桃　硕星核桃　西藏柏木母树林种子

（鲁新政）

【林木种苗进口和引种】　据统计，2002年主要从美国、荷兰、比利时、日本、丹麦、印度等国家和地区进口林木种子5381.29吨，苗木358.87万株，种球3444.2万粒。其中，进口松、杉、柏、槭树、桉树等各类林木种子279.28吨；早熟禾、黑麦草、高羊茅、狗牙根等草坪种子3755.38吨；鸡冠花、一串红、仙客来、蝴蝶兰、百合、郁金香、唐菖蒲等花卉种子1315.43吨；百合、郁金香、唐菖蒲等种球3444.2万粒；园林绿化类苗木358.87万株。

与2001年相比，2002年的林木种苗引进呈现以下特点：一是林木种苗进口管理更加规范。为了进一步加强林木种苗进口管理，国家林业局场圃总站2002年8月5日下发了《关于规范林木种子苗木进口管理工作的通知》（林场行字［2002］20号），对进口林木种苗的审批程序、进口单位（或代理进口单位）的资格及进口林木种苗的质量等作出了详细规定，保证了林木种苗引进工作的顺利进行。二是随着人民生活水平的日益提高和城市园林建设、绿化美化的需要，花卉种苗和草坪种子的进口数量较2001年有了大幅度地提高，尤其是百合种球、高羊茅、黑麦草等草坪种子的进口量增幅很大。三是随着对进口种苗免征进口环节增值税优惠政策的继续执行，开展林木种苗进口工作的单位数量猛增，有效地促进和推动了新奇特优林木及花卉种苗的引进，极大地丰富了我国的物种资源。（赵　兵）

【造林、观赏苗木培育实用技术培训班】　为了适应现代林业的需要，进一步提高种苗行业的科技含量和人员素质，推广先进的育苗技术及适生对路的优良品种，2002年10月24～30日，国家林业局场圃总站委托国家林业局南方林木种子检验中心在南京举办了首期造林、观赏苗木培育实用技术培训班。参加培训班的共有来自15个省（区、市）的29名学员。本次培训班邀请了南京林业大学及国家林业局南方种子检验中心的教授和专家，讲授了种子的休眠与打破休眠方法、部分树种种子播前预处理技术、苗木生产的必要基础设施、整地对苗木生长的影响、苗木培育及田间管理技术、容器育苗与设施栽培、无性繁殖技术、杨树育苗和栽培技术、经过国家林木品种审定（认定）通过的部分树种及部分观赏乔灌木树种介绍和我国苗木生产存在的问题及对策等。通过培训，使学员们对我国的苗木生产现状有了一定的了解，掌握了播种前种子处理技术、田间管理技术、育苗新技术的应用及部分树种苗木的培育技术。学员们普遍反映，此次培训有针对性，可操作性很强，对今后指导和从事苗木生产以及推广先进的育苗技术及适生对路的优良品种打下了良好的基础。（赵　兵）

【林木遗传育种知识培训班】　中日林木育种科学技术中心项目是日本政府无偿援助我国育种事业的专项技术合作项目，该项目的实施对我国林木育种事业起到了积极的推动作用。为了进一步提高我国林木育种的科技水平和人员素质，借助该项目的实施，国家林业局场圃总站决定从2002年开始，对南方13省（区）的种苗站、国有林场、苗圃试验场的技术人员进行林木遗传育种知识的培训。2002年10月20～25日、11月18～22日，国家林业局场圃总站委托中日合作林木育种科学技术中心在湖北省举办了两期林木遗传育种知识培训班。参加培训班的有湖北、安徽、

四川、江西、湖南、江苏、浙江、河南、上海9个省（市）的106名学员，学员中有林业局总工程师、种苗站站长、林科所所长、林场场长、苗圃主任等，绝大部分都是工程师，大学本科学历。

日本专家组组长宇津木嘉夫先生为学员讲解了“中日合作林木育种科学技术中心项目介绍”，使学员们了解了日方林木育种情况及中日合作林木育种科学技术中心的基本情况。日方专家讲授了“病虫害抗性育种、育种研究与实用化体制”；北京林业大学沈熙环教授、南京林业大学陈天华教授、华中农业大学李明鹤教授、湖北省林业局政策法规处王润章处长分别为学员们讲授了“林木遗传育种发展和基本技术”、“遗传资源保护策略”、“林木无性系选择”、“森林法与林木育种”，使学员们了解了林木遗传资源的保存现状、生物多样性、遗传资源保存方法、林木无性育种、无性系选择、森林法等知识。通过专家教授的讲授和各位学员的认真学习、讨论，各位学员基本上能理解所讲授的理论知识和实验技能，取得了预期效果，达到了丰富学员的理论知识，提高林业实用技术的目的，拓宽了学员的知识面，为我国林木育种事业奠定了坚实的基础。　　（赵　兵）

【全国特色种苗基地和全国质量信得过苗圃评比表彰】 为增强全社会林木种苗质量意识，提高林木种苗质量，推动我国林木种苗基地向产业化发展，2001年8月国家林业局部署开展了全国特色种苗基地和全国质量信得过苗圃评选活动，共有31个省（区、市）及森工集团申报了536处种苗基地苗圃。经国家林业局组织专家进行现场考察和内业评选、审核、公示，2002年10月25日，国家林业局发出《关于表彰“全国特色种苗基地”和“全国质量信得过苗圃”的决定》（林场发［2002］245号），对165个全国特色种苗基地和192个全国质量信得过苗圃进行了表彰。通过此项活动的开展必将对增强全社会林木种苗质量意识，促进我国林木种苗质量水平的全面提高，推动我国林木种苗生产向基地化、规模化、产业化发展，起到十分重要的促进作用。

全国特色种苗基地

北京（3处）

温泉苗圃
黄垡苗圃
大兴区苗圃

天津（2处）

蓟县邦均镇优质常绿苗木基地
大港区农林畜牧局组培苗木繁育中心

河北（5处）

献县林业局后营苗圃场
威县苗圃场
魏县苗圃场
黄骅市中捷育苗基地
满城县北方绿龙林果苗木繁育基地

山西（3处）

交城县林科所红枣良种繁育基地
保德县国营苗圃
灵丘县国营苗圃

内蒙古（7处）

通辽市科左后旗甘旗卡苗圃
赤峰市巴林右旗良种繁育基地
通辽市奈曼旗八仙筒林场
赤峰市松山区安庆沟苗圃
通辽市林科所试验场
克什克腾旗白音敖包林场良繁基地
赤峰市红山区城郊林场林木良种繁育中心

辽宁（8处）

清源县大孤家林场林木良种基地
朝阳市北票林木良种繁育中心
铁岭市付家樟子松林木良种基地
本溪市老秃顶子林木良种基地
东港市东尖山苗圃
大连市绿都林业种苗繁育基地
凤城市红旗镇育苗基地
阜新市章古台镇樟子松育苗基地

吉林（7处）

伊通满族自治县镇郊林场
吉林永吉林木良种繁育中心
洮南市种苗生产基地
临江林业局望江楼苗圃
三岔子林业局景山苗圃
通化市国有示范苗圃
吉林国联农业生物技术开发股份有限公司

黑龙江（9处）

黑龙江省防护林研究所种苗基地
宾县大泉子天然母树林林场
五常市宝龙店种子林场
鹤岗市桶子沟天然红松良种基地
佳木斯市郊区永安苗圃
宁安市小北湖天然母树林林场
林口县林木良种繁育基地
勃利县通天一林场种苗生产基地
海伦市国有林场管理局陈家店种苗基地

上海（1处）

奉贤区特种果苗总场

江苏（8处）

吴江市苗圃
常州市特种竹繁育场
泗洪县陈圩林场省杨树良种基地
溧阳市龙潭林场板栗良种繁育基地

苏州市吴中区光福花木有限公司
江苏省林科院林木良种繁育基地
无锡香樟特色种苗生产基地
江浦县艺莲苑特种水生花卉种苗基地

浙江（12处）
浙江森禾种业上虞分公司基地
绍兴县优高林业种苗示范场
浙江省绿化树种良种繁育中心
兰溪市林业种苗基地
嵊州市木兰科新品种示范基地
萧山市宁围镇盈丰园艺场
金华市金东区孝顺朱氏花木基地
龙泉市林科所种苗基地
新昌县苦丁茶特色种苗培育基地
金华市婺城区桂花茶花示范基地
海宁市郭店镇行道树苗木培育基地
诸暨市林科所苗圃

安徽（5处）
黄山市树木良种繁育中心
颍上县苗木花卉培育中心
皖南珍稀观赏植物培育基地
东至县东流苗圃
利辛县苗圃

福建（3处）
福建省洋口林木良种繁育中心
漳州市林业组培中心
泉州市林业科技试验示范苗圃

江西（8处）
萍乡市森林苗圃
信丰县林木良种场
大余县森林苗圃
吉安市白云山林场林木种苗基地
枫树山森林苗圃
安福县森林苗圃
吉安市林业科技示范园
江西省卓茵景观工程有限公司

山东（12处）
招远市仁用杏特色种苗生产基地
泰安市泰山苗木繁育基地
肥城市国有肥城苗圃
菏泽市绿色苗木有限公司
东营市国有林业苗圃
平阴玫瑰开发公司
金乡县白洼林场白榆速生杨良种基地
淄博市国有苗圃
东明县东明集林场
诸城市玉华苗木有限责任公司种苗基地
冠县毛白杨良种苗生产基地
济宁市任城区李营落叶乔木种苗基地

河南（16处）
南乐县国有苗圃
灵宝市长青林果苗木有限公司
西峡县林木种苗管理站种苗生产基地
南阳市林业示范苗圃
济源市种苗生产基地
辉县市油松良种基地
郑州市三园绿化苗木场
天翼生物工程有限公司
获嘉县史庄镇事达花卉公司
滑县杨树良种苗木生产基地
平顶山市新特优种苗繁育基地
周口市绿森公司名特优苗木有限公司
内黄县宋村育苗基地
周口市黄泛区农场新品种苗木繁育基地
汤阴县菜园镇农林花卉苗木有限公司
洛宁县中心苗圃

湖北（7处）
七峰山林场杉木良种基地
建始县长岭岗林场日本落叶松种苗基地
宜都市薄皮马尾松采种基地
通山县林科所珍稀树种繁育基地
武汉市名优特新林果品种园
湖北省林业局襄樊示范苗圃
利川市水杉母树管理站

湖南（8处）
攸县林科所杉木种子园
汨罗市国有白水苗圃
汝城县国有苗圃
祁东县新丰良种苗木繁育中心
安化县林科所
城步苗族自治县林木良种场
龙山县林木种苗站特色种苗生产基地
汉寿县杨树种苗生产基地

广东（5处）
南海市苗圃场
英德市林业苗圃场
湛江市林科所苗圃
台山市红岭种子园
深圳市绿委苗圃场

广西（4处）
东门林场种苗生产基地
派阳山林场种苗生产基地
覃塘林场马尾松种子园
西山杉木种子园

海南（1处）
澄迈林场种苗生产基地

重庆（2处）
重庆市正邦现代化农业有限公司正邦种苗基地

绿康果树种苗生产基地

四川（4处）

四川省洪雅林场林木良种基地

高县月江森林经营所红岩种子园

成都市龙泉驿区名特优经济林良种繁育基地

广元市国营中心苗圃

贵州（1处）

玉屏县部省联营板栗良种繁殖基地

陕西（5处）

陕西省苗木繁育中心

杨凌中富绿色硅谷股份有限公司种苗基地

洛南县油松采种基地

西安市现代化综合苗圃特色种苗生产基地

大荔县北荔毛白杨良种繁育基地

甘肃（6处）

正宁林业总场中湾油松良种基地

小陇山林业实验局沙坝林木种苗基地

两当县核桃良种基地

武威市林技中心特色种苗生产基地

白龙江林管局冶力关造林绿化苗木培育基地

华亭县东华苗圃核桃良种基地

青海（2处）

大通县城关苗圃

西宁市小桥苗圃

宁夏（3处）

石嘴山市中心苗圃

灵武市北沙窝林场种苗基地

中宁轿子山林场种苗基地

新疆（4处）

温宿县木本粮油林场苗圃

伊犁哈萨克自治州林木良种繁育试验中心

哈密地区大枣中心苗圃

焉耆回族自治县良种场

黑龙江森工总局（3处）

方正林业局陈所苗圃

苇河林业局野生绿化树种驯化培育基地

大海林林业局太平沟苗圃

大兴安岭林业集团公司（1处）

加格达奇林业局中心苗圃

全国质量信得过苗圃

北京（6处）

北京市大东流苗圃

房山区复兴苗圃场

北京市琅山苗圃

延庆县苗圃

北京芳园林木良种有限公司

通州区林业局苗圃

天津（6处）

蓟县国营苗圃

静海县苗圃场

武清区林业局苗圃

宝坻区国有苗圃场

西青区杨柳青镇苗圃场

宁河县国有苗圃场

河北（7处）

涿鹿县国有苗圃

河北省林木良种繁育场

阜城县苗圃场

赞皇县苗圃场

邯郸市峰峰矿区苗圃场

临西县苗圃

衡水市中心苗圃场

山西（8处）

朔州市朔城区国有二苗圃

应县国有苗圃

岚县国营苗圃

浑源县国有苗圃

阳泉市国有苗圃

阳高县国营苗圃

偏关县国有苗圃

石楼县国营苗圃

内蒙古（8处）

包头市九原区苗圃

清水河县一间房苗圃

凉城县东棚苗圃

赤峰市松山区当铺地苗圃

扎兰屯市成吉思汗苗圃

海拉尔苗圃

巴林左旗十三敖包国有苗圃

通辽市科尔沁区大林苗圃

辽宁（8处）

辽宁省优良苗木繁育中心

丹东市中心苗圃

营口市国营大石桥市苗圃

国营辽阳市苗圃

国营北宁市苗圃

国有岫岩满族自治县西北营苗圃

国有他本扎兰苗圃

铁岭市林木良种繁育苗圃

吉林（8处）

吉林市龙潭区江密峰苗圃

黄泥河林业局北大秧苗圃

蛟河市苗圃

国有双辽市郑家屯苗圃

白石山林业局新发苗圃

白河林业局春雷苗圃

桦甸市苗圃

吉林森工集团红石分公司东兴苗圃

黑龙江（8处）

哈尔滨市万宝苗圃

海伦市国营苗圃

富裕县富裕国有苗圃

密山市知一苗圃

齐齐哈尔市梅里斯苗圃

孙吴县国营苗圃

安达市安达国有苗圃

鸡西市林业局兰岭苗圃

上海（2处）

上海市花卉良种试验场

上海马陆千亩苗木基地

江苏（6处）

宜兴市林场苗圃

淮安市林木良种繁育中心

南京市江浦县汤泉镇花木园艺场

南京市老山林场苗圃

国营常熟市虞山林场园林苗圃

徐州市林业站苗圃

浙江（8处）

浙江森禾种业衢县基地

金华市绿源珍稀树种研究所

兰溪市苗圃

湖州鹿山苗圃

杭州长乐森茂园林工程有限公司苗圃

杭州市萧山区围丰东园艺场

义乌市佛堂毛陈献仙花木果苗试验场

遂昌县林业局花卉场

安徽（7处）

桐城市苗圃

凤台县森林苗圃

国有泾县千亩园苗圃

宁国市苗圃

青阳县杨田苗圃

砀山县薛楼苗圃

怀宁县苗圃

福建（6处）

泉州市泉美园艺有限公司

邵武市苗圃

漳州市芗城区国有苗圃

惠安县苗圃

建瓯市林业苗圃

尤溪县国营苗圃

江西（8处）

东乡县森林苗圃

江西省林木种苗站实验苗圃

永丰县森林苗圃

宜黄县梅坊苗圃

赣县森林苗圃

瑞昌市森林苗圃

安福县森林苗圃

乐平市森林苗圃

山东（8处）

平邑蒙阳红生态农业有限公司组培苗圃

茌平县国有王老苗圃

日照市林木良种繁育中心

海阳市生隆林果良种苗木繁育基地

长清县国有长清苗圃

济南市国有苗圃

兖州市国有兖州苗圃

菏泽市林木良种繁育苗圃

河南（10处）

河南省林木良种繁育基地

安阳市国有苗圃

新郑市林木良种繁育场

孟津县林木良种繁育基地

周口市国有苗圃

内黄县国有苗圃

正阳县国有苗圃

郑州市苗木场

漯河市国有苗圃

荥阳市林木良种繁育场

湖北（9处）

咸宁市桂花特色苗圃

谷城县林木种苗站中心苗圃

湖北省林木种苗场

太子山林科所种苗基地

红安县林业局曹家畈苗圃

枣阳市林业技术推广中心苗圃

秭归县金城林木良种繁育场

通城县林业局上坳苗圃场

当阳市苗圃

湖南（7处）

浏阳市林木种苗中心苗圃

资兴市国有苗圃

长沙市林木种苗中心苗圃

祁东县国有苗圃

吉首市国有苗圃

慈利县国有苗圃

岳阳县国有苗圃

广东（4处）

湛江市林业良种繁育场

广东棕榈园林工程有限公司苗圃

茂名市花木中心苗圃

蕉岭县苗圃场

广西（2处）

广西林科院苗圃

钦州市林科所苗圃

海南（1处）

海南省林木良种繁育中心

重庆（5处）

重庆市北碚区国营静观苗圃
南川市国营北固苗圃
国营荣昌县苗圃
重庆渝西苗圃
格瑞林业绿化有限公司育苗中心

四川（7处）

炉霍中心苗圃
南溪县国营苗圃
内江市中心苗圃
四川成都经济林林木良种繁育中心
德阳市国营苗圃
巴州区国有苗圃
广安市广安区国有苗圃

贵州（5处）

铜仁地区中心苗圃
安顺市中心苗圃
开阳县国有苗圃场
天柱县国营苗圃场
丹寨县林业局苗圃场

云南（8处）

玉溪市林业局种苗站苗圃
沾益县九龙山苗圃
中甸县林业局小中甸苗圃
怒江傈僳族自治州林业局中心苗圃
澄江县林业局苗圃
昭通市昭阳区林业局中心苗圃
保山市隆阳区林业局刘家坡苗圃
陇川县林业局中心苗圃

陕西（7处）

宁强县汉原苗圃
旬邑县小寺子苗圃
铜川市中心苗圃
安塞县化子坪苗圃
宜君县彭村苗圃
延长县李家湾苗圃
杨陵区中心苗圃

甘肃（6处）

迭部县林业局安子沟苗圃
高台县三鑫苗圃
张掖市新墩苗圃
临夏回族自治州中心苗圃
酒泉地区西峰中心苗圃
天水市秦城区北山苗圃

青海（2处）

西宁市湟水林场苗圃
祁连县林场苗圃

宁夏（2处）

中宁县种苗场
青铜峡市树新林场

新疆（5处）

吉木萨尔林木良种试验站
乌鲁木齐县种苗场
洛浦县国营苗圃
阿克苏地区中心苗圃
玛纳斯县中心苗圃

黑龙江森工总局（6处）

迎春林业局试验苗圃
带岭林业局中心苗圃
海林林业局三部落苗圃
苇河林业局冲河苗圃
五营林业局中心苗圃
大海林林业局红星苗圃

大兴安岭林业集团公司（2处）

加格达奇林业局白桦苗圃
十八站林业局中心苗圃 （赵　兵）

【《林木种苗行政执法手册》出版】 为加强林木种苗执法监督，依法规范林木种苗行政执法工作，强化林木种苗生产经营秩序管理，普及种苗法律知识，国家林业局组织编印了《林木种苗行政执法手册》，目的是面向林木种苗生产经营和管理者，普及法律知识，规范林木种苗生产经营行为，依法管理林木种苗市场，推进林木种苗生产、经营和管理规范化、法制化，为林业六大重点工程和国土绿化，促进农村经济结构调整和农民增收，创造公平竞争的环境发挥重要作用。该手册共收录了种苗执法相关法律21部，部门规章9个，以及26项国家标准、8项行业标准，是一部林木种苗从业人员和执法人员的工具书，也是全国和各地开展种苗执法和质量检验培训的一部很好的普法教材。 （周景莉）

【国家林业局场圃总站代国家林业局开展林木种苗行政执法工作】 《种子法》第三条规定，国务院林业行政主管部门主管全国林木种子工作。为进一步明确林木种苗行政执法主体，依法开展林木种苗行政执法工作，2002年5月国家林业局以林人发［2002］112号文件，明确由国有林场和林木种苗工作总站代国家林业局开展林木种苗行政执法工作。具体职能是：负责监督林木种苗法律、法规的施行。负责拟定林木种苗执法、执法监督及市场和质量管理工作的法规、制度和执法人员的管理规范，经主管部门批准后组织实施。负责林木种苗生产经营许可证行政审批工作。依法发放由国家林业局发放的林木种子经营许可证。指导全国林木种苗生产经营许可证、质量合格证和标签等的发放、管理工作。依法监督和管理林木种苗生产、经营和使用活动，发布执法监督管理情况通报。组织开展林木种苗质量监督、检验工作；负责全国林木种苗质量管理、质量标准化、质量监督抽查和认证工作。归口管理国家林业局南方、北方林木种子检验中心。组织编制全国林木种苗质量检验站建设规划、计划、建设标准，并负责其验收工作；指导各省（区、市）林木种苗质量检验站建设。负责林木种苗执法队伍建设和协助做好执法人员资格认证（培训、考核）工作。负责林木种苗质量检验人员的资格认证（培训、考核）。参与拟定林木种苗方针、政策和中长期发展规划工作；参与林木种苗执法、质量监督专项资金的安排和管理。编制并组织实施林木种苗法制宣传教育规划、年度计划。协助政策法规部门指导地方开展行政复议和应诉工作；协调林木种苗执法中出现的重大问题。（周景莉）

【全国人大常委会组织开展《种子法》执法检查】 2002年4月15日，九届全国人大常委会第五十六次委员长会议决定，将《种子法》实施情况列入2002年的执法检查范围。检查的对象主要是监督法律实施主管机关贯彻实施《种子法》情况，督促和支持有关部门及时解决《种子法》实施中存在的主要问题。检查的重点是：落实种子生产许可证和种子经营许可证制度，查处无证生产、经营种子行为的情况；整顿和规范种子市场秩序，依法打击非法经营、制售假劣种子坑农害农的行为，特别是查处重大案件、积压案件、跨省（区）违法案件，加强种子种苗监督管理，确保农民用种质量安全，维护农民权益的情况；执行农业、林业种子种苗行政管理与种子、种苗生产经营机构分开的规定，加强种子执法体系和队伍建设，实行公正执行、规范管理的情况；依法保护种质资源，扶持良种选育、更新、推广应用，规范种子种苗引种，保护育种者权益，以及执行品种审定、种子种苗贮备、进口种子种苗检疫等制度的落实情况；种子专项资金落实及使用管理，对种子产业发展实行扶持政策的情况；地方、部门制定《种子法》配套法规、规章的情况，已制定的法规、规章是否有与《种子法》规定相抵触或不合适内容的情况。

此次执法检查，采取全国人大常委会组织检查与委托地方人大常委会自查相结合的方式。全国人大赴地方检查的6个省分别是湖北、福建、四川、甘肃、河北、辽宁；委托地方人大自查的6个省（区、市）是北京、山西、内蒙古、浙江、山东、广西。10月10日，全国人大常委会《种子法》执法检查组举行了第一次全体会议，安排部署《种子法》执法检查工作。会后，3个执法检查小组分赴6省进行检查，为配合此次执法检查工作，国家林业局6位同志分别参加了3个小组的全程检查。10月29日，执法检查组举行第二次全体会议，3个执法检查小组汇报了检查情况，肯定了《种子法》实施以来取得的成绩，明确指出种苗机构不健全，管理体制不顺，缺乏执法和质量监督管理经费；种苗检验机构仪器设备落后，检验人员素质低，设施简陋；配套法规、规章不完善等不容忽视的问题。提出了中央和地方整改意见。12月24日，布赫副委员长向九届全国人大常委会第三十一次会议作了《关于检查〈种子法〉实施情况的报告》。报告肯定了林业部门贯彻实施《种子法》取得的成绩，提出了存在的问题和建议。指出要进一步提高认识，增强贯彻实施《种子法》的自觉性；抓紧建立和完善《种子法》配套法律法规体系；切实加强种子种苗执法体系和队伍建设；进一步落实对种子种苗产业的扶持措施；认真落实种子种苗生产经营许可制度，规范种子种苗市场秩序；提高种子种苗产业科技水平，加强产业化发展进程。特别指出，各地方各部门要加快种子种苗行政管理体制改革的步伐，切实做到政企分开、政事分开，各司其职，明确各级管理机构的执法职能。要从农业部、国家林业局的种子种苗管理机构做起，抓紧解决这一问题，特别是加强林木种苗管理的行政职能，各有关部门要对此给予支持、创造条件。各级政府要落实种子种苗管理机构设置和人员编制，并将执法经费和人员工资纳入同级财政预算，保障执法工作需要，改善执法手段和条件。

为迎接全国人大执法检查，国家林业局国有林场和林木种苗工作总站先后下发了《关于开展林木种苗行政执法自查工作的通知》和《关于加强林木种苗行政执法工作的通知》，要求各地按照全国人大检查重点制定本省（区）自查工作方案，认真开展自查。国家林业局于9月6日，组织召开了由6个被检查省主管厅（局）长、法规处长和种苗站站长参加的执法检查前的准备会议，祝列克副局长在会上作了题为《提高认识，扎实工作，迎接全国人大《种子法》执法检查》讲话。（周景莉）

【林木种苗行政执法培训班】 为了加强林木种苗行政执法工作，使种苗行政执法人员知法、懂法，依法行政，提高林木种苗行政执法人员的执法水平和整体素质，为建设一支高素质的林木种苗行政执法队伍奠定基础，国家林业局场圃总站2002年5月、8月在北京举办了两期林木种苗行政执法人员培训班。全国30个省（区、市）和内蒙古、吉林、龙江、大兴安岭森工（林业）集团公司及新疆生产建设兵团的105名种苗执法人员参加了培训。培训班邀请了全国人大法制工作委员会、国务院法制办公室、国家行政学院和国家林业局政策法规司的专家和领导进行授课，内容有：加入世界贸易组织对政府管理的挑战及对策、行政处罚法、行政复议法、国家赔偿法、行政诉讼法、森林法、种子法和林业行政处罚程序等。通过培训，大家了解了当前林业和林木种苗的发展形势和《种子法》实施中存在的问题，明确了林木种苗行政执法工作的要求，提高了依法行政水平，增强了做好林木种苗行政执法工作的责任感和使命感。这两次培训，采用理论联系实际，讲授与研讨相结合的方式，达到了预期的效果。（高 举）

【林木种苗质量检验培训班】 为规范林木种苗质量检验工作，提高林木种苗质量检验人员素质，国家林业局场圃总站2002年6、7月在北京举办了两期林木种苗质量检验人员培训班。28个省（区、市），吉林、龙江森工集团公司，新疆生产建设兵团林业局检验机构的检验人员和10家经国家林业局批准经营林木种子的企业检验人员共75人参加了培训。培训班采用理论和实际操作相结合的培训方式，介绍了国际国内林木种子检验技术规程，结合国家林木种苗分级、贮藏和检验标准，重点讲解了林木种子入库前、贮藏期间、育苗前、飞播前的种子检验方法和苗圃地、苗木出圃、造林地苗木检验方法及林木种苗检验人员工作守则。通过培训更新了林木种苗检验知识，掌握了林木种苗检验的基本技能，同时，学员之间还交流了工作经验。培训班达到了预期效果，对进一步搞好林木种苗检验工作，保证林木种苗质量打下了坚实的基础。（高 举）

【《林木种苗质量监督抽查暂行规定》颁布实施】 为进一步做好林木种苗质量的监督抽查工作，提高林木种苗质量，规范监督抽查程序和行为，根据《种子法》的有关规定，国家林业局制定了《林木种苗质量监督抽查暂行规定》，于2002年4月19日颁布实施。

《规定》明确了林木种苗质量实行国家和省（区、市）（以下简称省级）两级监督抽查制度。国家级抽查委托国家林业局南方林木种子检验中心和北方林木种子检验中心进行。省级抽查由省级林业行政主管部门委托省级林木种苗质量监督检验机构进行。在同一年度内，对已经实行国家级抽查的单位和个人，省级林业行政主管部门不得另行抽查。国家级和省级每年度将抽查一次。

《规定》规范了抽查程序。委托抽检单位应提前下达任务，承检单位制定林木种苗抽查方案，报经下达任务单位批准后方可抽检。抽查方案包括林木种苗学名、检测和判定依据、主要检测项目、承检单位名称、被抽查单位和个人名单、抽检经费的预算等。承检单位应当持《林木种苗质量监督抽查通知书》进行抽查，不得预先通知被抽查的单位和个人。承检单位在检验结束后1个月内，将《林木种苗质量监督抽查结果通知书》分别反馈被抽查单位或个人，并抄送下达任务单位。

《规定》明确了抽查对象为全国生产、经营、使用林木种苗的单位和个人；抽查所需经费由下达任务的林业行政主管部门拨付；抽查依据为林木种苗的国家标准、行业标准或地方标准。承检单位和工作人员对抽样和检验应有详细记录，检验数据和判定结果应当准确无误，严禁弄虚作假。违反本规定的，按《中华人民共和国种子法》第六十八条规定给予处罚；任何单位和个人不得拒绝抽查；在抽查中，对种苗质量不合格的按《中华人民共和国种子法》的规定进行处罚。（郑欣民）

【《林木种子包装和标签管理办法》颁布实施】 为了加强林木种子包装和标签管理，规范包装和标签的制作、标注和使用行为，保护林木种子生产者、经营者和使用者的合法权益，根据《中华人民共和国种子法》的规定，国家林业局于2002年8月14日颁布实施了《林木种子包装和标签管理办法》（以下简称《办法》），对林木种子包装标签的制作、标注内容、使用和管理作了明确规定，是加强林木种苗管理，规范种苗生产经营行为不可缺少的法律依据。

标签是固定在林木种子包装物表面及内外的特定图案及文字说明，销售的林木种子应当附有标签。《办法》规定了标签标注的内容应当与实际相符，内容包括：林木种子类别、树种或者品种名称、产地、质量指标、植物检疫证书编号、净含量（数量）、种子生产许可证或者经营许可证编号、生产日期、生产者或者经营者名称、地址。除以上内容外，属下列情况的，应当分别加注：一是销售进口林木种子的，应当附有中文标签，加注进口商名称、林木种子进出口贸易许可证编号和进口林木种子审批文号。二是销售转基因林木种子的，要用明显文字标注“转基因”字样，并附有提示安全使用控制措施的文字说明。三是属于主要林木商品种子的，应当加注林木种子生产许可证编号。经林木品种审定委员会审（认）定通过的林木良种应当加注品种审（认）定编号。四是分装的林木种子应当加注分装单位和分装日期。

《办法》规定了林木种子包装应符合有关国家标准、行业标准或者地方标准。苗木、无性繁殖的根、茎、枝、叶、芽等器官和组织可以不经包装进行销售，但必须将标签制成印刷品提供给林木种子购买者。大包装或者进口的林木种子可以分装，分装单位要对种子质量负责。各级林业行政主管部门或其委托的林木种苗管理机构负责本辖区内林木种子包装和标签的制作、标注和使用的监督管理工作。

《办法》规定，林木种子标签的制作材料应当有足够的强度和防腐性，标注文字使用规范的中文。林木种子标签分绿色和白色两种，林木良种种子使用绿色标签，普通林木种子使用白色标签。林木种子标签的规格、式样、材质由省级林业行政主管部门制定。（郑欣民）

【《关于加强林木种苗质量监督管理的规定》颁布实施】 国家林业局于2002年12月11日颁布实施了《关于加强林木种苗质量监督管理的规定》(林监发[2002] 291号)，以加强林木种苗生产、流通和使用环节的监督管理，防止腐败行为发生，确保国家林业重点工程和国土绿化使用的林木种苗质量。

《规定》的主要内容如下：

实行林业行政主管部门领导干部林木种苗质量管理责任制 地方各级林业行政主管部门要加强对本辖区内林木种苗质量的监督管理，加大造林使用林木种苗监督抽查力度，通过各种有效措施，不断提高林木种苗质量。要严格市场准入制度，杜绝关系苗、人情苗，切实防止腐败行为。

实行林木种苗生产经营许可和标签制度 各级林业行政主管部门要加强对林木种苗生产经营的监督检查，严格依法管理。凡是从事林木种苗生产、经营的单位和个人，必须持有县级以上林业行政主管部门核发的《林木种子生产许可证》和《林木种子经营许可证》，经营的林木种苗应当附有标签；对未获得林木种苗生产经营许可证从事林木种苗生产经营和经营的林木种苗没有标签或标签内容不符合规定的，要严格按照《中华人民共和国种子法》第六十条、第六十二条规定予以处罚。

实行林木种苗质量检验制度 各级林木种苗质量检验机构负责林木种苗质量的检验和监督，坚决杜绝质量不合格林木种苗的调拨和出圃现象的发生。在种苗调拨和出圃前，要按国家或地方有关标准进行质量检验，并填写种子、苗木质量检验证书。

实行林木种苗订单制度 国家林业重点工程造林项目和国家投资及国家投资为主的造林项目，实行合同订购的生产供应方式，各级林木种苗管理机构要做好技术指导和信息服务等方面的工作。

实行林木种苗使用责任追究制度 地方林业行政主管部门对国家林业重点工程造林项目和国家投资及国家投资为主的造林项目，必须调拨和使用有生产经营许可证、标签和检验合格证的单位和个人的林木种苗，并按有关规定使用良种和种子基地生产的种子。未按规定调拨和使用的，有关部门负有直接责任的主要人员和其他直接责任人，依法给予行政处分。对以各种名义索取回扣、手续费的，依照有关规定给予党纪政纪处分；构成犯罪的，依法追究刑事责任。

实行林木种苗质量案件上报跟踪制度 地方各级林业行政主管部门要加大对生产经营假冒伪劣种苗、发布虚假收购信息案件的查处力度，及时上报查处结果，并进行跟踪检查。对不如实上报或检查不力的，要给予通报批评。　(郑欣民)

【国家级林木种苗质量监督抽查】 国家林业局南方、北方林木种子检验中心按照国家林业局的部署，以退耕还林工程为重点，对林业六大重点工程区林木种苗质量进行了专项抽查。抽查了内蒙古、江西、河南、湖北、重庆、四川、贵州、甘肃、青海和新疆等10个省(区、市)工程区内造林、育苗使用的杉木、马尾松、油松、刺槐、柠条、银杏、沙棘、沙枣等31个树种的种子质量和52个树种(品种)的苗木质量，共抽查了168个种批，109个苗批，涉及从事林木种苗生产、经营和使用的单位和个人111个。

抽查的林木种子合格率为35.1%，苗木合格率为81.7%，与2001年相比种子合格率下降41.1%，苗木合格率下降1.3%。

种苗质量下降的主要原因：

1. 个别地方领导对种苗质量重视不够，质量意识不强，只重工程造林的数量，不问种苗的来源和质量，对调拨的种苗质量把关不严。

2. 苗圃没完全按照技术规程操作，在起苗时对根系损伤较大，保留的根系不多，致使苗木的整体合格率低。

3. 一些地方在种子入库前和贮藏中，忽略了对含水量指标的控制，导致部分种子因含水量高而发霉、变质，发芽率下降较快。

4. 绝大多数省级林木种苗检验机构缺乏必要的检测手段和合格的检验人员等。

为此，国家林业局提出，各级林业行政主管部门要加大种苗质量管理、质量监督力度，强化质量意识，严把种苗质量关。主要领导要把种苗质量监督管理工作当作头等大事抓好抓实，牢固树立质量第一的思想。要加强林木种苗质量检验机构建设，加强建立完善林木种苗质量检验机构，配备必要的仪器设备，搞好质检人员培训。要建立种苗质量抽查和质量自检制度，加强林木种苗质量监督管理，国家林业重点工程建设和地方林业工程建设使用的种苗必须具有“三证一签”(即林木种子生产许可证、林木种子经营许可证、种苗质量检验证和种子标签)，确保林业六大重点工程用种质量和安全。做好信息指导和信息服务工作，提前下达分树种造林任务，搞好种苗生产供应与造林任务衔接工作。　(郑欣民)

【林木种苗检验人员实行持证上岗制度】 为规范林木种苗检验工作，加强对林木种苗检验工作的监管，国家林业局2002年8月19日下发了《关于实行林木种苗检验人员持证上岗制度的通知》(林场发[2002] 188号)，要求从2003年1月1日起，在全国实行林木种苗检验人员持证上岗制度。同时启用新的《林木种苗检验员证》。要求各级林业行政主管部门认真做好新的《林木种苗检验员证》发放工作，并结合林木种苗检验人员持证上岗制度的实施，进一步加大《中华人民共和国种子法》的宣传力度，使林木种苗检验人员做到知法守法，并依法开展检验工作。

《通知》明确了国家林业局国有林场和林木种苗工作总站负责国家林业局南、北方林木种子检验中心和国家林业局颁发林木种子经营许可证单位的林木种苗检验员的培训、考核和发证工作，负责省级林木种苗质量检验机构的林木种苗检验员的培训、考核工作。省级林业行政主管部门或其委托的林木种苗管理机构负责本行政区域内林木种苗检验员的培训、考核和发证工作。

《通知》规定，《林木种苗检验员证》有效期3年，每年度核检1次，发证机关负责《林木种苗检验员证》的核检工作。《林木种苗检验员证》的格式由国家林业局统一制定。实行林木种苗检验员持证上岗制度，对规范林木种苗检验工作，提高林木种苗检验员的素质具有重要意义。 （郑欣民）

【林木种子生产、经营许可证工本费标准提高】 为加强林木种苗市场的管理，从源头上杜绝经营不合格种苗，严禁劣质种苗在市场上流通，使种苗经营者依法经营种苗，必须按照《中华人民共和国种子法》的规定建立起种苗经营许可制度，规范种苗市场行为，保证种苗质量，而现有的许可证工本费标准偏低。为此，国家计委、财政部以《关于调整林木种子生产许可证和林木种子经营许可证工本费收费标准的复函》（计价格［2002］2672号），规定从2003年1月1日起，《林木种子生产许可证》和《林木种子经营许可证》工本费的收费标准由每证1.5元调整为每套10元（包括正本、副本各一本）。收费单位应按有关规定到指定的价格主管部门办理收费许可证变更手续，并按财务隶属关系使用财政部或省（区、市）财政部门统一印制的行政事业性收费票据。

证照工本费收入属于政府非税收入，根据《财政部、中国人民银行关于将部分行政事业性收费纳入预算管理的通知》（财预［2002］584号）的规定，由县级以上林业主管部门按照财务隶属关系分别缴入中央和地方同级国库，实行“收支两条线”管理。收费单位应按规定的收费标准执行，不得擅自扩大收费范围，提高收费标准，并自觉接受价格、财政主管部门的监督检查。 （郑欣民）

【18家公司经国家林业局许可经营林木种苗】 《种子法》第二十六条和国家林业局《林木种子生产、经营许可证管理办法》（国家林业局2002年第5号令）第九条规定：“实行选育、生产、经营相结合，注册资本金达到2000万元的种子公司和从事林木种子进出口业务的公司的林木种子经营许可证，由其所在地的省、自治区、直辖市人民政府林业行政主管部门审核，国家林业局核发。”

为落实林木种子经营许可制度，规范林木种苗市场秩序，维护林木种苗经营者的合法权益，2002年，国家林业局对符合《种子法》和《林木种子生产、经营许可证管理办法》规定条件的福建省泉州市泉美园艺有限公司、北京林大林业科技股份有限公司、中国农牧渔业国际合作公司、北京克劳沃草业技术开发中心、中农春雨高科技股份有限公司、中国林木种子公司、浙江森禾种业股份有限公司、北京莱太花卉有限公司、中国林业物资供销总公司、中国种畜进出口公司、北京市花乡盛芳园花卉种植基地、北京林科绿源种子苗木科技推广有限公司、中林进出口有限公司、湖北国贸贸易发展有限公司、厦门国贸种子进出口有限公司、福建日怡花卉有限公司、上海花卉良种试验场、浙江虹越花卉公司等18家公司核发了《林木种子经营许可证》，许可证有效期限为3年。

（张绍敏）

森 林 培 育

【综　述】 2002年，各级林业部门坚持以“三个代表”重要思想为指导，认真贯彻中央农村工作会议、全国林业厅（局）长会议和全国林业厅（局）长座谈会议精神，以林业六大重点工程为重点，以实现跨越式发展为主题，以提高造林质量为中心，以依靠科技为保障，精心组织，周密部署，强化措施，狠抓落实，确保了造林绿化各项任务的顺利完成，为实现林业跨越式发展奠定了坚实基础。

主要特点

各级领导高度重视 2002年，全国造林任务比过去成倍增长。为了全面保质完成国家下达的造林任务，在年初召开的全国林业厅（局）长会议上，国家林业局局长周生贤对加强造林绿化工作进行专题动员和部署。随后，全国绿化委员会、国家林业局先后发出通知，针对春季、雨季造林工作中出现的新问题、新情况，分别提出新要求。国家林业局党组还组成5个工作组，分别由一个局领导带队，分赴河南、内蒙古、山西、河北等造林任务重的省（区）进行调研指导，检查督促，帮助解决实际问题。在各地春季造林全面铺开的关键时期，国家林业局抽调20多名干部，由司局领导带队，组成8个督查组，分赴16个省（区）进行督查调研，推动造林绿化工作扎实有效地

开展。地方各级党委和政府对林业工作高度重视，把搞好2002年造林绿化工作作为改善生态环境、调整农业产业结构和增加农民收入的重要内容，纳入重要议事日程，层层签订责任状，并将其作为考核领导干部政绩的重要内容。内蒙古、辽宁、安徽、湖南、河南、陕西、甘肃等省（区）以省委、省政府名义召开了全省造林绿化工作会议，专题动员部署。入春以来，许多省（区、市）的领导亲自带队，深入实际，调查研究，帮助解决造林绿化工作中的实际问题，确保2002年造林任务的顺利完成。

林业六大重点工程顺利推进　各地把林业六大重点工程作为当前林业工作的重中之重，采取有效措施，有力地推动了工程建设进程。天然林资源保护工程完成造林85.61万公顷，长江上游、黄河上中游地区13个省（区、市）全面停止了商品性采伐，东北、内蒙古等重点国有林区木材产量已基本调减到位，工程区内9500多万公顷森林资源得到有效管护；退耕还林工程取得重大进展，全年完成造林442.36万公顷（其中退耕地造林203.98万公顷，宜林荒山地造林238.38万公顷），占全国造林面积的56.88%，并且绝大多数为生态林；京津风沙源治理工程全面推进，《京津风沙源治理工程建设规则》已经国务院批准，并增加了农田牧场林网建设等内容，通过全面实施退耕还林、舍饲禁牧、轮牧休牧、生态移民等措施，完成治理面积141.61万公顷；三北和长江中下游地区等防护林工程建设实施顺利，共完成造林77.57万公顷，在建设模式、管理方法、技术规程和科技支撑等方面取得突破；野生动植物保护及自然保护区建设工程取得明显成效，全年新建自然保护区249处，新增保护面积359万公顷；重点地区速生丰产用材林基地建设工程蓬勃发展，国家开发银行扶持开发10个项目，2002年完成造林11.42万公顷，世界银行贷款造林近10万公顷，广大林农、用材企业积极参与造林的势头基本形成。林业六大重点工程的启动实施，有力地推动了造林绿化工作，跨越式发展迈出坚实步伐。

社会造林蓬勃发展　随着公众造林绿化意识的显著提高，社会参与度明显加大。2002年植树节前后，各地、各部门组织开展了形式多样的义务植树活动，全民义务植树、部门造林出现了新高潮。全国绿化委员会等单位组织了“迎绿色奥运百名部长义务植树”活动；全国妇联组织了动员广大妇女参与林业六大重点工程建设的活动；团中央组织了“保护母亲河——青春在绿色生态工程中闪光”的活动；全国总工会组织实施了“工会林”建设工程；铁路、交通等部门加强了绿色通道工程建设。植树节前后，各地广泛开展了由各级领导和社会各界群众参加的万人、千人义务植树活动。全国参加义务植树的人数达5.36亿人次，植树22.96亿株。非公有制造林迅速兴起，福建、广东等非公有制造林成为2002年造林新亮点，福建非公有制造林面积达3万公顷，占全省造林总面积的48.4%，比2001年提高了10个百分点。

造林质量显著提高　按照“质为先”的要求，大力强化造林质量管理。

1. 召开全国营造林质量工作会议，对新时期的营造林质量工作进行认真研究和全面部署。

2. 加强营造林质量宏观调控，国家林业局先后对10多起涉及造林质量事故的案件进行严肃查处，并采取缓拨造林资金、终止项目审批、依法追究有关人员责任等有效措施，在全国起到很大震慑作用。

3. 制定颁布了造林质量标准、造林质量管理办法、造林质量事故责任追究制度和群众举报制度等一系列规章和办法，突出生态林建设的比重和质量要求。

4. 加强技术指导，组织各方面专家多次深入基层，帮助解决林业生产中存在的问题，特别是加大了林业先进实用科学技术的推广力度，造林质量明显提高。经核查，全国人工造林面积核实率、合格率和保存率分别在95%、90%、70%以上。

政策法规逐步完善

1. 制定出台了系列促进林业发展的政策。《农村土地承包法》的颁布实施，为规范造林承包管理，维护林农合法权益提供保障。国务院在上半年出台了《关于进一步完善退耕还林政策措施的若干意见》，12月又出台了《退耕还林条例》，为工程建设走上正规化、法制化轨道提供了重要保障。

2. 调整采伐管理政策，出台了《关于调整人工用材林采伐管理的意见》，为大力发展人工林创造宽松环境，有力地推动了由以采伐天然林为主向以采伐人工林为主的转变。

3. 造林投入成倍增长。2002年，国家对林业投资达347亿元，比2001年增加167亿元，增幅超过90%，是有史以来国家对林业投资力度最大的一年，充分说明国家对林业和生态建设的高度重视。

4. 生态效益补偿试点稳步推进。2002年，国家财政投入生态效益补助试点省（区）10亿元。广东省从2003年开始，进一步提高省级生态公益林的补助标准，由原来的每公顷每年补助60元，提高到每年每公顷补助120元，为全国生态林效益补助试点树立了典型样板。

存在问题

1. 发展不平衡，在退耕还林工程建设中，有些地方存在重经济林轻生态林，重退耕还林轻荒山造林的现象。

2. 国家造林计划下达晚，而且投资不能足额到位，一定程度影响了造林进度和质量的提高。

3. 珍贵树种尤其是珍贵阔叶数种培育力度仍然不大，造林比重较低。

4. 由于2002年造林任务较往年明显偏大，部分省（区）造林任务较往年翻了一番，造成部分种苗特别是阔叶苗木造林数种不足。

5. 对森林经营工作不够重视，封山育林只封不育的现象比较突出，影响了后备资源培育。

（樊喜斌）

【营造林质量管理】 2002年是国家林业局党组整合林业生产力布局，实施林业六大重点工程，推进五大转变，实现林业跨越式发展战略的关键之年，也是造林绿化事业快速发展的一年。一年来，紧紧抓住“质为先”不放松，筹备召开全国营造林质量工作会议，围绕林业六大重点工程建设，以营造林质量为核心，突出抓好营造林质量法规、标准、调研、监督和服务，在营造林质量整章建制、规范管理、评比表彰、造林举报等方面取得突破性发展，推动了营造林质量管理迈上新台阶。

全国营造林质量工作会议　这是建国以来就营造林质量召开的第一次会议。周生贤、李育材等6位局党组成员、森警总部副主任李文江少将、北京市人民政府副市长刘志华及各省（区、市）、各司（局）、在京各直属单位及新闻媒体等单位代表近300人出席会议。会前，周生贤局长还专门为全国营造林质量工作会议题词，并发表在《中国绿色时报》上。会议期间，周生贤局长、祝列克副局长分别作了讲话；北京、湖南、福建等13个省（区、市）、县（局、场）作了经验交流；隆重表彰了近3年营造林质量成绩优异的湖南、福建、北京3省（市），各奖励50万元；与会代表对周生贤局长的主题报告、《营造林质量管理体系框架》、《关于林业生态工程建设实施监理工作的指导意见》、《关于林业生态工程建设实行招投标制度的指导意见》、《营造林质量考核办法》等进行了认真讨论修改。

会议总结了近20年造林质量管理基本经验，表彰了先进，明确了措施，确立了营造林质量管理新思路。即以“三个代表”重要思想为指针，以可持续发展理论为指导，按照“质为先”的要求，以提高林业综合效益为中心，树立全新的质量观念，建立健全质量标准体系，实行全面质量管理，努力促进新时期营造林工作质的飞跃，确保林业快速、持续、健康发展。会后，组织起草了《关于加强营造林质量工作情况的报告》，11月2日经周生贤局长签发报国务院；各地也纷纷推行营造林质量管理新办法、新措施。这次会议的成功召开对我国营造林质量管理乃至整个林业质量工作产生深远的影响。

建立和完善造林质量法规体系　2002年4月，国家林业局颁发《造林质量管理暂行办法》（林造发［2002］92号），要求各地遵照执行。《办法》包括总则、计划管理、设计管理、种子管理、施工管理、抚育管理、工程项目管理、检查验收管理、信息档案管理、奖惩管理、附则共计11章58条。该《办法》与《造林质量事故行政责任追究制度的规定》（林造发［2001］416号）相辅相承，构成了造林质量管理体系的基本框架。《办法》对营造林全过程进行规定，强调各主要工序应该做什么；《规定》则突出造林质量事故发生后，针对发生问题如何进行处理。各地及时转发文件，向政府领导汇报，质量管理逐步规范化、制度化、法制化。浙江、福建、甘肃、湖南、广东等省相继制定省级绿化造林资质、设计资质管理办法。国家林业局造林司牵头组织开展了《森林培育质量管理体系框架》的研究，提出了抓住规划、设计、种苗、施工、抚育、经营等6个关键环节，有针对性地提出强化每个环节不同工序的解决方案和对策措施。同时，提出加强造林质量招投标、监理、报账制工作的意见。

摸清了现有森林培育标准，为制定新标准打下基础　组织对全国森林培育技术标准进行了整理。截至2002年12月，全国森林培育技术标准共计591项，其中国标43项，占标准总量的7.3%；行标114项，占19.3%；地方标准434项，占73.4%。为便于各级造林质量管理、检验检查部门（或单位）对造林过程的检查和检验，解决造林生产、检查检验部门缺少标准和标准收集不全的实际困难，决定将国标、行标编辑成册出版发行；组织制定了2002年度营造林标准计划27项，其中国标18项、行标7项；组织收集整理林业发达国家营造林技术标准和政策文件，为制定造林质量标准提供参考依据；组织召开森林培育技术标准归口管理协商会，与科技司、计资司、六大工程办公室等单位技术负责人共同商定2003年需修订和制定的森林培育技术标准方案；组建了营造林质量管理专家库，为宏观决策提供咨询。

建立造林质量举报制度，疏通举报渠道　各地按照国家林业局通知要求抓好造林质量群众举报工作。全国造林质量举报制度初步建立起来，使群众监督落到实处。各地把抓好造林质量管理作为窗口和形象建设，逐步规范程序，提高办事效率。如河北省受理举报和咨询电话42个、举报信6封，其中有39个得到及时处理；贵州省受理举报3起；湖南省受理举报20起都及时进行了处理，使林业行政管理部门的良好公众形象得到进一步提高。

舆论引导，质量提高　2002年2月5日，国家林业局组织召开造林质量举报新闻发布会，祝列克副局长在会上讲话，新华社、中央电视台、人民日报社等10多家中央媒体参加，发表文章20多篇，引起全社会对造林质量的高度关注和重视；3月，造林司与中国绿色时报社联合举办“质为先”征文活动，共计发稿50篇，从中筛选33篇，评出一等奖1名，二等奖3名，三等奖8名；10月，全国营造林质量工作会议引起了全社会的广泛关注，各新闻媒体争相报道。新华社、中央电视台、人民日报社等17家新闻媒体，从营造林质量实行一票否决、十年树木质为先、湘闽京绿化事业数量质量双丰收、造林项目实行责任追究制、质量停止不前就是犯罪等不同角度，对会议进行了全方位宣传报道；新华网、南方网、国法网、新浪网等网站计84个网页转报了会议盛况。

（刘道平）

【植树造林与气候变化研讨会和培训班】 2002年12月16～19日，国家林业局造林司与中科院农业政策研究中心在浙江林学院共同举办了植树造林与气候变化研讨会和培训班。这是中国政府核准《京都议定书》后国家林业局首次在行业内举办的关于森林与温室气体排放关系以及"碳基金"、"碳交易"、"碳汇"等问题的研讨交流。国家计委气候办，中国农业科学院、中国林科院、北林大，日本文部省统计数理研究所、加拿大不列颠哥伦比亚大学，北京、浙江、甘肃等14个省（区、市）林业厅（局）营造林工作主管单位和科研单位，中央电视台及国家林业局有关司（局、办）的代表共计55人出席。会上，国家林业局造林司司长魏殿生作了题为《加快新时期林业发展，应对全球变暖的挑战》的专题发言，他强调指出，加快林业发展，改善生态环境是国际社会应对全球变暖挑战的有效措施，也是中国可持续发展战略的重要组成部分；国家计委气候办主任高广生介绍了《京都议定书》的主要内容、谈判进展及有关的政策与立场；其他国内外学者介绍了国际社会对森林固碳所开展的研究，生物碳基金的情况及有关碳汇清单的计算方法等。

研讨会后，中国林科院研究员徐德应、加拿大不列颠哥伦比亚大学 Gary Bull 博士对14个省（区、市）营造林主管人员和科研人员进行了培训，讲授了土地利用变化、林业温室气体计量方法学和碳交易等方面的有关知识，介绍了中国森林碳平衡模型以及在碳储备的测算过程和碳交易网络建立的内容。通过培训，学员们对森林固碳的测算方法和碳交易等有了一个比较全面的认识。

（陈光清）

【营造林质量群众举报】 2002年2月5日，国家林业局召开新闻发布会，首次向社会公布造林质量举报电话、举报信箱和网上举报地址，表明全国造林质量群众举报系统正式开启。今后凡对违反有关造林技术规定，虚报造林面积，使用劣质种苗，不按作业设计施工或因其他人为原因导致造林成活率、保存率低等问题，群众可大胆举报，国家林业局将认真受理、及时查处。消息公布后，社会各界反响强烈。普遍认为造林质量群众举报系统的开启，将会充分发挥群众的监督作用，减少造假林假造林现象的发生，大大提高今后营造林质量，稳步实现中国林业跨越式发展的目标。

2002年2月10日，国家林业局下发《关于做好造林质量群众举报有关工作的通知》（林造发［2002］24号），要求各省（区、市）林业行政主管部门尽快明确本辖区举报受理机构、公开举报渠道，在全国尽快形成群众举报网络体系。《通知》下发后，截至2002年底，全国29个省（区、市），4个森工（林业）集团公司，3个计划单列市和国家林业局三北局设立了举报系统，并向社会公布。举报网络体系的建立，极大地方便了群众对林业建设质量的监督，使举报问题得到了及时处理。据统计，2002年，仅国家林业局就接到群众举报850多件。其中，领导指示50多件，举报信件52封，接听电话举报600多个、网上举报154件。

2002年11月21日，国家林业局针对群众举报受理过程中所出现的问题，再次下发了《关于进一步做好造林质量群众举报工作的通知》（造质函［2002］58号），要求各地严格按照《国家信访条例》的有关规定加强对举报人的保密工作，对泄密、打击报复举报人等要追究有关人员的责任。同时，对群众举报要进行认真核实。经核实属实的，要按《国家林业局关于造林质量事故行政责任追究制度的规定》，对责任人员及单位严肃处理，并将调查处理结果向举报人进行通报，必要时可向社会公开曝光。（周志峰）

【中国竹文化节承办单位产生办法】 为规范中国竹文化节申办程序，提高承办质量和成效，国家林业局组织制定了中国竹文化节承办单位产生办法，从申办条件、申办程序等方面提出要求，其中包括基本情况、工作方案、场馆介绍、优惠政策等内容。

（樊喜斌）

【经济林生产】 2002年是中国加入世贸组织的第一年，随着农村产业结构调整的进一步深化，给经济林产业发展带来机遇和挑战。经济林工作的重点是以农村产业结构调整为主线，因地制宜，发展区域特色品种。在适当扩大规模的基础上提高产品质量，增加经济效益。

基本情况 截至2002年底全国经济林新造林面积173.3万公顷；年总产量6923万吨；实现年总产值1435亿元。

新的举措

1．完善和健全国家和地方标准体系，提升经济林产业总体水平。目前已制定和正在制定19个干果产品质量国家标准或行业标准。

2．制定管理办法，印发《全国经济林、花木之乡命名工作管理暂行办法》、《全国经济林、花卉示范基地命名工作管理暂行办法》、《关于审批主办全国性经济林产品节（会）活动的暂行规定》。

3．为促进我国经济林产业快速发展，建立了中国经济林信息网。中国经济林信息网全面及时准确地为政府宏观管理、科技推广和生产经营等提供信息服务，同时也为从事经济林生产、加工、流通、科研、管理人员提供国内外最新信息。

主要特点

1. 发挥区域和资源优势，建立具有当地特色的经济林产业。进一步优化树种、品种结构，明确地方主导品种，淘汰不适应本地区发展的普通树种。有的地区已形成布局科学，结构合理，地方特色明显，并在国内外有影响的经济林生产基础。

2. 发挥国家名优经济林基地的示范和辐射作用，在坚持集约化经营，规范化管理的基础上，向生产经营管理的科学化，优质化方向发展。

3. 树立产品质量、名牌意识，积极推广科技成果，强化经营管理技术培训，使经济林从业人员素质普遍提高。

4. 经济林产业促进了农村经济的发展，成为农民脱贫致富的主要途径。2002 年，林果收入已占农民收入相当大的比重。

5. 结合退耕还林等林业六大重点工程，建设绿色生态经济林带，在取得经济效益的同时，获得生态效益和社会效益。

存在问题和对策

1. 经济林产品加工、贮藏、保鲜基础设施滞后，阻碍了经济林产业发展。要进一步扶持龙头企业，发展经济林深加工产业。

2. 商品市场体系不健全，市场预测能力较差，在一些果品产地，没有建立相应规模的流通市场，不能有效发挥市场的导向作用，要采取有效措施，拓宽果品销售流通渠道，以销带产。

3. 全国发展不平衡，仍有部分地区不顾本地区特点和优势，盲目发展经济林品种，存在潜在市场风险。

4. 新品种、新技术的推广由于受条件、资金等因素的制约，在一些地区比较困难。

5. 信息不畅，要做好主要产品的市场分析和预测，提供及时全面的服务。

发展趋势 国内外经济林产品市场大宗常规水果产品需求量减少，名特优新水果产品需求继续增长，要进一步优化产业结构，加大树名牌战略。

（王桂芝）

【花卉生产】 2002 年，全国花卉生产仍呈现蓬勃发展势头。花卉种植面积已达 33.4 万公顷，其中，鲜切花面积 1.6 万公顷，盆栽植物 3.9 万公顷，观赏苗木 16.4 万公顷，食、药用花卉 2.8 万公顷，草坪 3.5 万公顷；销售量，鲜切花 90.1 亿支，盆栽植物 15.9 亿盆，观赏苗木 54.5 亿株，食、药用花卉 8587.7 万千克，草坪 32 977 万平方米；销售额 294 亿元；出口额 8283 万美元。

2002 年，花卉业发展呈现出以下几个特点：

1. 生产面积继续呈现上升态势，比 2001 年增长 3.58%。

2. 进一步调整种植结构，名特优新品种种植力度加大。

3. 大中型企业发展较快，花卉生产向规模化、专业化方向迈进。2002 年，全国种植面积在 3 公顷以上或年营业额在 500 万元以上的花卉大中型企业已达 4225 个，比 2001 年增长 26.4%。

4. 市场营销体系发展较快，2002 年，全国具有一定规模的各类花卉批发市场已达 2397 个，发挥了花卉销售主渠道作用，同时花卉拍卖、鲜花速递、网上购货、订单交易等交易形式也有一定发展。

5. 随着国内经济的快速增长和中国加入世界贸易组织，花卉内需和出口同步增长，花卉市场呈现出购销两旺势头。（杨淑艳）

全民义务植树

【综　述】 2002 年，各地抓住历史机遇，在全社会喜迎十六大的良好社会氛围下，以“三个代表”重要思想为指针，大力组织开展全民义务植树活动，成绩显著。据统计，全国 2002 年有 5.36 亿人次参加义务植树，植树 22.96 亿株，折合面积 116.9 万公顷。

各级党政领导率先参加义务植树活动 在 2002 年的首都全民义务植树日，江泽民同志率领中央政治局常委到北京朝来森林公园参加义务植树。江泽民在植树时强调：“植树造林，绿化祖国，造福后代，我们要再接再厉，一代一代干下去。”这既体现了党中央对全民义务植树的高度重视，将其作为一项政治任务来抓，同时表现了我国治理生态环境的决心与信心。全国各地、各级党委、政府、人大、政协以及驻地部队领导也都带头参加义务植树劳动，领导的带头示范，有力地推动了全社会义务植树活动的开展。

植纪念树、造纪念林活动 2002 年是江泽民“再造山川秀美”指示发表 5 周年，各地绿化部门组织当地群众开展多种形式的植树纪念活动，进一步激发了全社会生态意识。过去适龄公民由单位组织，被动参加植树劳动的状况有所改善，自愿报名参加植树活动的人数有所增加。新婚树、同龄纪念树等植纪念树、造纪念林活动遍地开花。教育系统组织师生营造少先队林、成材林，共青团、妇联组织营造青年林、“三八”林，还有其他部门营造的公仆林、夕阳红林、友谊林以及富有时代特征的喜迎十六大林等。四川省结合青少年爱国主义教育，开展“我为小平故里植棵树”活动。北京、浙江、福建等一些地区还将营造纪念林与改革传统丧葬习俗相结合，营造常青林，以树代坟，倡导社会新风。

义务植树基地化建设与林业重点工程，重点绿化工程相结合 实行义务植树基地化建设，不仅有利于将各单位或社会上分散的义务植树适龄公民组织到一起参加义务植树，使植树地点固定化，便于组织和管理，提高义务植树成效，而且，有利于将义务植树的组织责任落到各部门、各单位，促进社会造林的发展。同时，义务植树基地便于使人们看到成效，有利于激发群众参加义务植树的热情与积极性。退耕还林等林业重点工程以及绿色通道建设工程实施的地区，国家投资工程建设补助苗木款、群众义务参加平整土地和栽植，社会各部门齐参与，走出了一条工程治理、义务植树和社会造林三结合的生态治理模式，促进了国家重点工程建设的顺利开展，其在青海、内蒙古、宁夏、甘肃、贵州等西部省（区）表现尤为突出。甘肃省继续为兰州市各界在南北两山划定责任区，建立义务植树基地，截至2002年底，通过这种方式已绿化面积3.13万公顷，占两山可绿化面积的75%，昔日的黄土高坡披上了绿装。北京、上海、天津、辽宁、河北、海南等省（市）通过义务植树营造城市森林，促进大中城市生态建设。广东、浙江、江苏、山东等省通过义务植树绿化公路、铁路沿线，开展绿色通道建设。据统计，一年来，全国新建义务植树基地9753个，义务植树在重点工程造林绿化中所占比例明显提高。

适龄公民参加义务植树尽责形式趋于多元化 随着各地对绿化质量、园艺水平的要求越来越严、植树的专业化水平要求越来越高，以及植树地点越来越远，单位组织职工参加植树活动产生的间接费用越来越多，还存在工作节奏越来越紧张等诸多因素，造成一些地区直接组织群众参加义务植树劳动有相当难度。一年来，各地在组织适龄公民履行植树义务的尽责方式上，因地制宜，在坚持适龄公民尽量直接参加义务植树的同时，继续丰富发展一些新的尽责形式：

1. 交纳义务植树以资代劳费。根据国务院《关于开展全民义务植树运动的实施办法》和有关部委出台的文件规定，各省（区）继续制定《义务植树以资代劳费收缴和使用管理办法》，使这一尽责形式逐步规范化。

2. 认建、认种、认养、认管公共绿地林地和古树名木。北京、上海、天津、广东、福建、江西等省（市）积极开展这项活动，并出台有关实施方案和管理办法。天津市已形成单位认养、居委会组织居民认养、个人认养、中小学护绿队认养等社会各部门广泛参加的多种认养形式，截至2002年底，认养绿地面积已占全市公共绿地面积的23%。

3. 其他一些形式。上海市开展“三自”义务植树，发动普通市民自费购买苗木、自己参加种植、自己出资养护，这种义务植树形式受到了群众积极响应。北京市采取单位交纳绿化费购买苗木，并负责栽植，交由当地农民管护，林木所有权归农民的办法，调动了当地农民植树造林的积极性，使义务植树成果得以巩固。

全民义务植树带动全社会办林业 随着全民义务植树运动不断深入，全社会办林业，全民搞绿化呈现出良好的发展态势。

1. 全社会各行业、不同群体适龄公民积极参加形式多样的义务植树活动。全民参与绿化的氛围正在逐步形成。

2. 部门绿化进一步加强。铁道、交通、水利等部门按照各自责任，大力开展绿色通道建设。解放军、共青团、妇联、工会等积极主动参与林业重点生态工程建设。其他各部门都按照分工负责制的要求，协作配合，积极参加国土绿化工作。

3. 城乡绿化快速发展，向着城乡一体化格局迈进。通过森林进城，园林下乡，绿色通道衔接，城乡联动，城乡绿化实现一体化，促使城乡绿化整体上档次，上水平。

4. 个体、社会团体、企业等各种投资主体承包造林，参与绿化迅猛发展。非公有制造林绿化比例快速增加。内蒙古自治区2002年非公有制造林绿化面积达22万多公顷，占全区造林面积40%以上；非公有制育苗面积占全区育苗面积44%以上。辽宁省2002年非公有制投入造林绿化资金达45 790万元，超过了全省造林投入的半数。造林面积达16.6多万公顷，占全省造林面积68%以上。目前，在全民义务植树运动推动下，全国不少地方形成了一个广泛发动，分工负责，协作配合，全社会办林业，全民搞绿化的局面。

2002年的全民义务植树取得了一定成绩，但是，通过调查发现，适龄公民参加义务植树的法定意识和自觉意识还有待进一步增强，义务植树还存在机制不活、形式守旧、管理落后和执法不严等问题。今后，全民义务植树要围绕贯彻法律法规，采取法律的、行政的、宣传教育的等综合性措施，全面提高适龄公民义务植树尽责率，把全民义务植树运动不断推向新的发展阶段。 （钱能志）

【城市绿化】 各地在城市建设和旧城改造过程中，拆墙透绿，拆违还绿，广栽树木，城市绿化快速发展。2002年，城市森林建设成为城市绿化的亮点。北京、上海、广东、河北石家庄、江苏苏州和无锡、湖南长沙、湖北宜昌、贵州遵义、安徽合肥、吉林长春、黑龙江哈尔滨等，大力建设林荫街道、社区森林和环城林带。北京市新建万平方米以上大型公园绿地16处，环城地区绿化隔离带一期工程102.3平方千米已提前完成，为“绿色奥运”建设再添新绿；上海环城林带100以外至500米宽度范围也正在按高标准加紧建设；全国不少大、中城市全面铺开城市森林体系建设。一些城市林木覆盖率的增幅大，其中，北京林木覆盖率已达到45.5%。全国又有9个城市跻身“国家园林城市”，全国城市绿化覆盖率2002年已达29.5%，人均公共绿地达7.73平方米，分别比2001年增加1.3个百分点和近1平方米。 （周力军）

【全国绿化奖章获得者】 2002年全国绿化委员会决定：向在2001年植树造林、绿化祖国的伟大事业中，作出突出贡献的513名同志颁发全国绿化奖章。

2001年度全国绿化奖章获得者

北京市

王增茹 郑西平 毕玉玺 赵学恭 邓 杰
隗合录 董鸿超 王增禄 张福海 贺长来
牛秀清

天津市

赵振学 王世宏 张建国 刘荣太 李 军
张延飞 赵国明 姚成贵 李振纲

河北省

梁学彦 马玉文 高 山 侯文海 宋振华
王金山 李俊渠 姬永保 张士英 康天佑
董生财 静国忠 刘树祥 杨国华 张汉书

山西省

赵贺贤 王雅安 王文德 刘 俊 崔春香
连海峰 白永亮 张树堂 冯宝国 吴汉国
郑福祥 钱精玉 郭建峰 高嵩山 郭呈忠
师选创 窦正南

内蒙古自治区

李法普 温海贵 张 猛 祝清学 李爱民
谢晓文 苏 华 李克云 刘永茂 周峰冬
云登高 唐 臣 王铁小 李纯英 马春元
赵力和 王树海 李贵民

辽宁省

屈会志 刘昆峰 宋连泰 王庆毅 刘恒思
王克明 苏岫岷 吴安国 胡文彦 张国春
高维仁 孙洪国 王永德 雷 声 刘玉学
宁洪春 孙开宇 孙百义

吉林省

刘建华 申国春 王志芳 田 忠 柏广新
翟守发 李龙江 金久江 戴景学 赵贵霖
王伯军 刘永熙 方立军 刘 群 高玉林
张桂焱

黑龙江省

孙海军 张玉江 张万满 刘桂英 付 贵
于 滨 宋喜林 安立枫 吕 岱 王振刚
王洪烈 张殿清 王忠新 赵万山 孙伯志
李天福 马 彬 白云龙

上海市

杨德广 吕民元 王月仙 戴作为 汪祖超
金顺发 朱祥明 王军辉 倪长根 欧阳令全
沈永泉 邵华弟

江苏省

解自来 赵旺兔 李绪恪 陈连生 朱义君
徐修成 徐炳春 马 军 王怡红 朱克成
赵保华

浙江省

黄海樵 张蔚文 林良荣 张成春 徐孝芳
肖新方 朱国平 张金生 杜跃强 吴晓锋
梁祚青 廖永平 傅和平 张治中 陈锡祥

安徽省

李继文 尤传楷 丁栋梁 唐怀民 李 丛
刘永春 罗宏来 刘胜刚 赵雨生 程跃辉
李祝安 葛 锋 张浩贵 李建民 潘仲翔
黄郁明

福建省

刘清江 杨逸蓉 程开森 陈力平 王耀立
沈松辉 林昌梅 杨佑生 蔡天贵 翁金珊
罗明锡 汪家社 李如泽 朱 健 李世清
张建生 杨亨永 张细欣

江西省

夏进学 毕连松 王贵良 范检娣 陈 康
李求明 方连生 傅贵岚 徐炳呈 罗荣梅
严金亮 熊起明 万仁毅 余深松 熊细生
熊 光 周根昌

山东省

刘训谟 申文良 岳同助 许兰祥 范振跃
赵金星 田宗福 曹学成 孙继国 王庆来
刘广玺 曹绪宝 吕建远 张占春 黄利明
王桂军

河南省

张胜国 吴才成 李军学 谢学军 王长忠
张建友 匡世斌 张顺民 苏玉安 赵科元
魏富安 苏桂先 马新广 李德臣 史家民
耿新杰

湖北省

胡荫坤 李明波 何 定 周丕才 张克启
张传鹤 任世茂 吕守稳 刘本仁 方国炳
姜胜启 邓道仁 刘先新 李元文 夏绪钦

湖南省

邓志先 何龙彪 谭定维 高家桢 何秀伟
熊六生 张孟良 刘春林 郭全洲 全书忠

覃大连 罗金塔 陈爱国 张金华 张国金
赵爱群

广东省

方耀辉 邓苏夏 吴国真 欧阳毅 邓惠珍
任忠东 吴新洪 黄建标 梁春建 梁喜新
胡裕祥 陈挺彰 曾庆强 邓扬照 汪家宝

广西壮族自治区

梁子雄 蒋建华 徐文彦 李通林 李开生
韦桂武 彭发基 罗启寿 蒋桂雄 廖 青
黎天峰 刘长新 张跃年 李 峰

海南省

王安存 林 卫 周忠华 陈显书 吴先明
田占欣

重庆市

叶学文 周尚前 杨明兴 李恩科 滕西全
汪国军 王大伟 赖家玉 张柏福

四川省

杜定慧 曹正其 施维刚 秦万祥 王雪梅
李盛根 林兆东 阳通富 刘泽军 孙跃哲
唐明生 李安发 俞华忠 王远绪 吴鹏云
刘元树

贵州省

吴庆贤 沈时泰 陈茂祥 聂建平 龙洪宇
石雨峰 陈文华 王晓光 龙笛信 傅传耀
杨安民 方洪刚 万晓流 张国秋

云南省

张金祥 元正东 金元峰 万青富 杨海明
王文万 张如晶 曹大全 车立忠 刘晓春
陈文通 丁荣亮 刘富泰 赵洪文 董志明

西藏自治区

次 仁 桑杰加措 洛桑多吉 群 佩
四郎罗布

陕西省

刘天毅 马根成 李宏超 韩大发 时元斌
王明志 王志雄 薛建堂 门世斌 南清平
师合林 陈新海 王宏元 刘安仓 姚永锋

甘肃省

张克勤 周邦才 张治祥 雷振杰 金七斤
杨超楠 张保元 张秀全 马 勇 巨明礼
何录德 王志荣 闫大伦 张兴照

青海省

李万铭 刘远光 星显旺 马元忠 潘福生
明瑞玺 赵 莲 夏月云 华 旦 宫 宝
张锦山 井念思

宁夏回族自治区

李月祥 孙远明 曹建军 李永良 苏延刚
刘文秀 陈 炜 李保国

新疆维吾尔自治区

李树森 陈建学 王新犁 何传林 孙新军
王振岳 吕 华 库尔班·吐地 铁树堂
李文华 唐天成 严效寿 刘仰嵩 姜 勇

中共中央直属机关

宫守容 马昭伯 王树云 陈汉亮 郭群锁

中央国家机关

唐树杰 马国志 郭春山 杨昭礼

国家计划委员会

吴晓松

国家经济贸易委员会

中国钢铁工业协会 侯海涛
国家煤炭安全监察局 战明奎
中国造纸协会 岑锦荣 张立奎

财政部

赵鸣骥

建设部

张 文 李建新 朱卫荣 叶 果 王修君
刘楚雄

铁道部

郭洪江 黄世全 沈 剑 张传刚

交通部

刘国柱 畅良臣 高秀英 薛青森

水利部

李世泉 刘殿家

农业部

卢森元 姜建友 沈庆时 刘自学 降 初
东日布 白元生

中国石油天然气集团公司

姚和清 赵增和 王庆甫 王新建

中国石油化工集团公司

韩希忠 齐秀芳 邓钊平 王树台

中国人民解放军

胡平洲 李永春 李让犁 胡胜银 张旭东
丁少波 吴安平 江学禄 孙梅业 高海华
王 滨 林旭恒 尚战朝 白志刚 王中强
杨春江 吕秉君 张俊辉 李方国 崔成明

中国人民武装警察部队

杨佳津 程 皋 陈大健 周 俊 王彦池
孙国文 王珠珠 陈圣明

共青团中央

李新华 张自力

全国妇联

李桂英 李淑娟

新疆生产建设兵团

李康庄 周加平 曹灯塔 周 磊

（伍赛珠）

森林公园建设

【综　述】 2002年，各级林业部门深入贯彻全国森林公园工作会议精神，森林公园建设发展势头迅猛。截至2002年底，全国共建立各类森林公园1476处，总经营面积1268.95万公顷，直接从事森林公园管理和服务的人员达76 491人，其中导游5729人。

森林公园行业管理进一步加强 国家林业局于2002年3月15日下发通知，决定在国家林业局场圃总站加挂国家林业局森林公园管理办公室牌子。福建省成立了以厅长为组长的森林公园和森林旅游工作管理领导小组。龙江森工集团总公司先后组建8个森林旅游开发公司、8个旅行社、24个旅游局（科）和8个森林公园管理处，基本形成较为完整的森林公园和森林旅游行业管理体系。广东茂名为加强森林公园建设和管理，成立了由副市长任主任的森林公园发展委员会。广东东莞将集中连片的公益林划为森林公园或自然保护区，成立了专门的管理办公室，加强保护管理，并制定了《东莞市森林公园管理规定》报市政府审批。继湖南、四川和广州颁布森林公园管理条例，山西发布森林公园管理办法，贵州于2002年5月5日以省政府令第六十一号发布实施《贵州省森林公园管理办法》，并率先以法规的形式明确森林公园建设是社会公益事业，要求县级以上人民政府将森林公园建设纳入社会和经济发展计划，将基础设施建设和森林保护及管理经费分别纳入基本建设计划与财政预算。依照《北京市森林保护条例》的有关规定，北京市林业局将“利用森林资源开发旅游”正式列入林业行政审批项目。山西省林业厅根据《山西省森林公园管理办法》的规定，印发《关于规范森林公园开发建设及管理秩序的通知》，对各森林公园从开发建设、园区经营管理、证照管理和票据管理等4个方面进行全面检查和整顿。湖南省陆续下发《关于申报新建森林公园有关问题的规定》、《关于切实加强森林公园总体规划管理工作的通知》和《关于切实加强森林公园建设管理工作的通知》，黑龙江省林业厅下发《关于森林公园建设程序的若干规定》，山东省下发《关于进一步规范森林公园建设和森林旅游业发展的通知》，对森林公园的申请建立、总体规划、开发建设和旅游经营等关键问题提出具体要求。

森林公园建设步入有序化发展轨道 按照国家林业局办公室《关于编制森林公园建设与发展规划的通知》和国家林业局森林公园管理办公室《关于下发〈省（区、市）森林公园建设与发展规划（2002～2010）技术方案〉的通知》要求，北京等25个省（区、市）编制完成了《森林公园建设与发展规划》，明确了发展目标和建设重点，为森林公园建设和发展提供了科学依据。森林公园投资力度有了进一步加大。经过严格筛选和认真审核，国家林业局向辽宁大孤山等22处森林公园下达了首期总额3100万元的国债资金，专门用于森林风景资源保护和生态环境建设、森林防火、安全保护、环卫设施和科普教育设施等保护项目。广州将森林公园建设列入市政府的“青山碧水蓝天”计划，作为建设广州山水城市的重要工作来抓，并决定从2000年开始，市财政每年拿出不少于2000万元用于森林公园建设。广州市番禺区投入1.5亿元将大夫山森林公园的土地全部征用过来，每年投资500多万元用于森林公园的管理维护。据不完全统计，2002年全国森林公园共投入建设资金45.86亿元，其中用于环保建设的投入2.84亿元，营造风景林5.96万公顷，改造林相3.81万公顷。截至2002年底，全国森林公园共拥有床位171 237张，旅游车船7254台(艘)，具备了较强的旅游接待能力。

森林公园市场营销意识明显增强 河北灵寿县政府与中国国旅联合举办有200多个单位近千人参加的灵寿旅游推介会，并通过电视、宣传册、展牌、消夏晚会等形式，展示五岳寨森林公园的旅游产品。河北木兰围场森林公园在《承德日报》举办“塞罕坝杯”有奖征文活动，并在北京地铁9列54节车厢内设立了108块宣传标牌，建立宣传橱窗，社会反响强烈。上海佘山森林公园对所有景区景点进行重新包装组合，隆重推出2002新佘山之旅系列主题活动，并连续推出了国际沙雕节、月湖时尚狂欢周、天马登高节、第三届定向运动越野挑战赛、全国沙滩排球巡回赛总决赛、小昆山暨二陆草堂落成仪式等六大活动，进一步提高了公园的知名度。山东通过省森林旅行社首批推出济南到腊山、蒙山、原山、鲁山、沂山、仰天山国家森林公园的直通车，在为市民提供出行方便的同时，增加了森林公园的客源。广东圭峰山森林公园争取到2002中国侨乡（江门）旅游节开幕式和万人文艺晚会在园内中心广场举办，并在旅游节期间举办“龙舟节”和“风筝节”，吸引了50万游客前来旅游参观。宁夏苏峪口森林公园先后派人前往浙江、上海和日本参加旅游交易和促销会，并参加了“9·27世界旅游日”银川主会场庆祝大型巡游式，承担中国宁夏大漠、黄河国际旅游节的分会场任务，成功举办了贺兰山樱桃观赏旅游节；六盘山森林公园参加了由自治区旅游局组织的“宁夏人游宁夏”宣传活动；花马寺森林公园承办了盐池县首届生态旅游节，吸引游客纷至沓来。据不完全统计，全国森林公园游客2002年首次过亿，达到1.1亿人次，以门票为主的旅游收入37.03亿元，分别比2001年增长29%和31%。

森林公园建设带动了林业产业和地方经济的全面发展 龙江森工集团总公司继2001年木制花瓶、微缩模型夺得省旅游工艺品大赛优秀奖后，又开发了索菲亚教堂景观模型和木质工艺画。同时，树立和拓展“黑森”品牌，将森林生态旅游同绿色饮食结合，开发相应的山野菜特色菜系，增加文化内涵。广东流溪河森林公园举办了为期20天的广东从化流溪梅花节，吸引了10万游客前来赏梅，给公园和周边地区分别带来100万元和250万元的收入，平均每棵梅树的收益超10元。建立仅一年的西藏色季拉国家森林公园成功举办首届杜鹃花旅游节等大型活动，年接待游客6500人次，不仅全面提升了西藏森林旅游的形象，而且极大地带动了所在地鲁朗镇的餐饮业发展，使该镇增加旅游收入18万余元，平均每户达1600元。据测算，2002年森林公园共提供社会就业机会265 203个，带动社会旅游收入844.86亿元。 （许 晶）

【首届中国森林风景资源博览会举办】 2002年6月8～12日，由国家林业局主办、临安市政府和浙江林学院承办，以“关注森林，走进森林，保护生态，回归自然”为主题的首届中国森林风景资源博览会在浙江省临安市隆重举行。国家林业局祝列克副局长在开幕式上发表讲话，国家计委、财政部、国家环保总局、国家旅游局及浙江省委、省政府的有关领导出席了开幕式。全国31个省（区、市）林业厅（局）及内蒙古、龙江森工集团总公司等36家单位首次集体亮相，设立展区和展台，通过图片、灯箱、实物、标本、现场演示、工艺品展出等多种形式，突出宣传本省（区、市）的森林风景资源特点、森林生态文化和森林旅游精品线路、景点，创意独特，制作精良，赢得了社会各界的广泛好评。前来参观博览会的人数达10多万人次，发放各种宣传资料30余万份。博览会期间，还举办了“面向21世纪中国森林公园建设和森林旅游开发论坛”和中国森林公园网开通仪式，来自湖南、四川、贵州、新疆森林公园的4支各具特色的民族歌舞团还表演了具有浓郁民族特色的歌舞，活动内容丰富多彩。最后，评出了首届中国森林风景资源博览会金奖、银奖、铜奖、优秀奖，并对获得组织奖、特别贡献奖和特别组织奖的单位进行了表彰。

（许 晶）

【新建59处国家森林公园】 2002年，经中国森林风景资源评价委员会评审通过，国家林业局审核同意，以林场发［2002］274号文件批准建立白草洼等59处国家森林公园；以林场发［2002］11号文件，同意将鲁南海滨国家森林公园更名为日照海滨国家森林公园，将日月峡国家森林公园经营面积由1000公顷变增为28 708公顷。截至2002年底，全国共有国家森林公园439处，总经营面积874.96万公顷。

2002年新建国家森林公园

省(区、市)	个数	公 园 名 称	面积(公顷)
河 北	2	白草洼国家森林公园	5396.00
		天生桥国家森林公园	11 600.00
内蒙古	1	贺兰山国家森林公园	3455.10
辽 宁	5	金龙寺国家森林公园	2138.00
		本溪环城国家森林公园	17 926.00
		冰砬山国家森林公园	2259.30
		猴石国家森林公园	5675.00
		千山仙人台国家森林公园	2931.00
吉 林	2	图们江源国家森林公园	12 636.00
		延边仙峰国家森林公园	19 102.23
黑龙江	1	鹤岗国家森林公园	2636.00
浙 江	3	花岩国家森林公园	2640.00
		龙湾潭国家森林公园	1561.67
		遂昌国家森林公园	23 953.47
安 徽	2	八公山国家森林公园	2759.00
		万佛山国家森林公园	2000.00
福 建	1	东山国家森林公园	874.60
江 西	2	武功山国家森林公园	24 190.00
		铜钹山国家森林公园	19 500.00
山 东	3	牛山国家森林公园	3000.00
		鲁山国家森林公园	4133.33
		岠嵎山国家森林公园	1204.00
河 南	5	淮河源国家森林公园	4924.00
		神灵寨国家森林公园	5300.00
		铜山湖国家森林公园	1996.00
		黄河故道国家森林公园	838.00
		郁山国家森林公园	2133.00
湖 北	3	太子山国家森林公园	7930.00
		三角山国家森林公园	6451.70
		中华山国家森林公园	6927.00
湖 南	3	大熊山国家森林公园	7623.00
		云阳国家森林公园	8688.70
		中坡国家森林公园	1688.00
广 西	1	黄猄洞天坑国家森林公园	13 879.70
海 南	1	黎母山国家森林公园	12 889.00
重 庆	4	桥口坝国家森林公园	7690.00
		铁峰山国家森林公园	9100.00
		红池坝国家森林公园	24 200.00
		雪宝山国家森林公园	18 408.00
四 川	5	华蓥山国家森林公园	8091.25
		五峰山国家森林公园	876.16
		千佛山国家森林公园	7800.00
		措普国家森林公园	48 000.00
		米仓山国家森林公园	40 155.00

（续）

省(区、市)	个数	公园名称	面积(公顷)
贵州	2	玉舍国家森林公园	924.47
		雷公山国家森林公园	4354.73
陕西	4	汉中天台国家森林公园	3674.00
		金丝大峡谷国家森林公园	1790.00
		通天河国家森林公园	5235.00
		黎坪国家森林公园	9400.00
甘肃	2	天祝三峡国家森林公园	138 706.00
		冶力关国家森林公园	79 400.00
青海	1	群加国家森林公园	5849.00
宁夏	1	花马寺国家森林公园	5000.00
新疆	2	贾登峪国家森林公园	38 985.00
		白哈巴国家森林公园	48 376.00
龙江森工	3	青山国家森林公园	28 000.00
		大沾河国家森林公园	16 270.30
		廻龙湾国家森林公园	6326.00
合计	**59**		**809 449.71**

（许　晶）

【国家林业局下发关于加强森林风景资源保护和管理的通知】 为切实加强对森林风景资源的保护和管理，促进森林旅游业的健康发展，国家林业局于2002年7月15日下发《关于加强森林风景资源保护和管理的通知》（林场发［2002］170号）。《通知》指出，加强对森林风景资源的保护管理，是林业主管部门的重要职责，各级林业部门应高度重视，切实负起责任。要求凡利用森林风景资源进行旅游开发的，必须认真组织编制开发建设规划，并严格按规定实施。通知要求将各类森林风景区内的森林、林木和林地纳入特种用途林管理范畴，加强林地管理和林木采伐管理。规定国有林业单位以国有森林风景资源为条件进行合作开发的，必须依法进行森林风景资源的资产评估，且不得将其作为企业资本纳入市场流转和贷款担保或进行拍卖。通知强调要依法保障森林风景资源经营管理者的旅游经营权和受益权，严禁以旅游开发的名义无偿划拨和非法侵占森林风景资源经营管理者的旅游经营权及其森林、林木和林地的使用权。《通知》还要求，各级林业主管部门组织力量，对涉及的问题进行全面检查，凡发现存在违规操作和错误做法的，坚决予以纠正。（许　晶）

【森林公园管理人员赴德国考察】 为了学习和借鉴国外自然保护和森林游憩利用方面的先进经验和管理模式，应德国森林保护协会邀请，经国家林业局批准，森林公园与生态旅游考察团一行6人于2002年10月24日至11月6日赴德国进行了为期15天的考察。

自20世纪60年代起，德国经济快速发展，人们生活水平稳步提高，林业建设除木材生产外，其巨大的生态价值和森林游憩价值开始受到关注和重视，并逐步成为德国林业建设的战略选择。1969年，德国建立了第一处国家公园——贝叶瑞琪－沃德国家公园。目前，德国共建立了5处国家公园，保护着德国最具代表性的风景资源和生态系统。同时，德国在远山、近山，或是山地、丘陵、乡村、城市的森林分布地带建立了2000多处自然保护区、自然公园、森林公园、自然景观保护区等，基本满足了人们对森林生态环境和进行森林游憩的需求。现每年参加森林游憩的人数高达10亿人次，森林游憩成为德国人现代生活方式的一个重要组成部分。

德国取得成功的经验主要是：一是政府高度重视森林的游憩价值，将森林游憩确立为森林经营的主要目标，提出“森林向全民开放”。二是把森林游憩作为一项社会公益事业来发展，政府每年投入大量的资金，用于修建森林游憩所需的各项设施。区内的游憩项目也不以盈利为目的，收取的少量费用则用于弥补森林管理经费的不足。三是制定科学规划和严格的管理计划。每10年制定一次，由国家森林局批准，并负责监督实施。各森林经营单位或个人严格按照管理计划要求实施，不会因个人意愿而随意改变规划。四是重视宣传教育，强化教育功能。国家公园、自然公园等类型的森林游憩区必须充分发挥对公众进行自然知识教育，全面了解自然保护作用，培养公众自然保护意识的功能。（俞　晖）

【中国森林公园网正式开通】 为了充分利用现代化的信息技术手段，提高对森林公园的宣传力度和宣传效率，塑造森林公园良好的社会形象，国家林业局森林公园管理办公室组织建设了中国森林公园网站（www. chinafpark. org），并于2002年6月9日在浙江省临安市举行了中国森林公园网开通仪式。原林业部副部长沈茂成，国家林业局森林公园管理办公室主任王维正、副主任孔明，浙江省林业局局长程渭山以及临安市有关领导出席了开通仪式。参加仪式的有来自31个省（区、市）林业厅（局）和内蒙古、龙江森工集团总公司的代表，还有来自全国各地的新闻记者。仪式由孔明副主任主持，王维正主任讲话，沈茂成副部长宣布中国森林公园网开通。

该网设置的主要模块包括：新闻报道、景区景点、旅游线路、风光摄影、法律规章、旅游商品、招商引资、公园论坛、人与自然、森林文学、地方专栏、你问我答、结伴旅行等。截至2002年底，已有128处森林公园加入该网，每月点击率在5000人次左右。相信经过一段时间的建设和宣传，该网站将成为森林公园宣传其资源、服务以及招商引资的重要渠道，并成为国民选择旅游目的地的重要帮手。

（陈鑫峰）

林业六大重点工程

【林业六大重点工程综述】 2002年，随着林业六大重点工程的全面启动，林业投资大幅度增长，造林绿化步伐明显加快，资源管护显著加强，野生动植物保护、拯救及繁育工作进展顺利，大量社会资金注入速生丰产用材林基地工程建设，非公有制林业进一步呈现发展活力，局部区域的生态、社会、经济效益开始显现，林业建设又取得了新的成就。

2002年，林业六大重点工程共完成造林面积677.74万公顷，占全国造林总面积的87.15%，比2001年增长113.58%，其中人工造林596.79万公顷，飞播造林80.95万公顷，分别比2001年增长151.17%和1.54%。年末实有封山育林面积达到1035.88万公顷，比2001年增长25.57%，其中当年新封山育林137.66万公顷。全年完成各类投资255.80亿元，其中国家投资229.52亿元，分别比2001年增长53.69%和70.63%。

天然林资源保护工程 2002年，按照天然林资源保护工程实施方案，继续重点抓好停伐和木材减产、富余职工安置以及生态公益林管护建设，工程建设又取得了可喜进展。全年完成造林面积85.61万公顷，其中人工造林20.40万公顷，飞播造林65.21万公顷，人工造林比2001年减少29.93%，飞播造林与2001年基本持平；全年完成新封山育林面积40.89万公顷，比2001年增长3.39%；森林管护面积达到9026.82万公顷。2002年共安置和分流企业富余职工28.22万人，其中有66.32%的人员从事森林管护工作。工程区内森林管护人员由1998年的5.5万人增加到2002年的18.7万人，管护力量大大加强。长江上游、黄河上中游地区13个省（区、市）在工程区内已全面停止了天然林的商品性采伐；东北、内蒙古等重点国有林区木材产量由1998年的1580万立方米调减到2002年的1134万立方米，调减了28.23%。天然林资源保护工程建设2002年完成投资93.37亿元，其中国家投资88.16亿元，中央财政专项资金占国家投资的81.31%。

工程实施5年来，已累计营造林299.84万公顷。木材产量已基本调减到位。工程区9500多万公顷森林资源得到了有效管护。企业富余职工已有59万人得到妥善分流安置。累计完成投资312.84亿元，其中国家投资290.99亿元。国务院已批准将天然林资源保护工程区国有森工企业由于政策性木材禁伐或限伐而无力偿还的金融机构债务予以免除，长期以来困扰企业生存与发展的关键性问题正在得到妥善解决。对天然林资源保护工程区19个国有林业局的典型调查结果显示，5年来，东北、内蒙古国有森工企业木材产量由1997年的382.82万立方米下降到2002年的266.73万立方米，木材减产幅度达到30.32%；长江、黄河流域林业企业全部停止了天然林的商品性采伐。森林管护面积由1997年的75.56万公顷增加到2002年的581.98万公顷，5年间提高了6.70倍，其中个体承包管护面积所占比重由1997年的1.89%上升到27.28%，5年提高了25.39个百分点；工程区职工人数由1997年的23.21万人减少到2002年的18.28万人，5年减少了21.24%，职工工资增长了36.15%；企业的产业结构变化明显，第一、第三产业产值5年来分别增长了44.47%和110.41%，第二产业尽管受到调减木材产量的影响，产值仍增长了12.83%；企业内国有经济下降了22.33%，集体经济上升了2.85%，个体经济上升了19.48%。

上述结果表明，天然林资源保护工程实施5年来，工程区内已经出现了一些可喜的变化，一是工程各项目标正逐步得到落实，我国有限的天然林资源得到了有效的保护；二是林区逐步进入休养生息的良性发展阶段，局部地区生态环境明显改善，特别是长江、黄河流域生态环境恶化的趋势开始得到初步遏制。野生动物生存环境得到改善，动植物基因、物种和生态系统的多样性得到有效保护；三是国有林区经济结构得到调整，“独木支撑”的经济困境正在改善，职工就业领域由主要从事木材生产转向森林经营管护和第三产业，林区群众的经济状况得到较大改善，经济活力明显增强；四是非公有制经济在天然林资源保护工程区得到了迅速的发展。

退耕还林工程 2002年，退耕还林工程在前3年试点的基础上全面启动并取得重大进展。国务院出台了《关于进一步完善退耕还林政策措施的若干意见》，颁布了《退耕还林条例》，为工程建设走上规范化、法制化轨道提供了重要保证。国家林业局会同国家计委与各工程省（区、市）人民政府签订了工程建设任务和质量责任书，并颁布了一系列管理办法和技术标准。各级林业部门狠抓了规划设计、种苗准备、宣传发动、组织实施、核查验收、政策兑现等工作，保证了工程建设的顺利推进。

2002年完成造林面积442.36万公顷，是2001年的5.08倍，其中退耕地造林面积203.98万公顷，荒山荒地造林面积238.38万公顷，分别是2001年的5.28倍和4.92倍，退耕还林面积占全国造林面积的56.88%。全年兑现粮食补助51.62亿千克、现金补助4.58亿元，1031万农户从中受益。全年完成投资110.61亿元，其中粮食折资63.08亿元，种苗费补助33.07亿元，科技支撑及其他费用14.46亿元。截至2002年，退耕还林工程累计完成造林597.49万公顷，其中退耕地造林275.43万公顷，荒山荒地造林322.06万公顷。

对全国57个最早实施退耕还林县的典型调查，工程实施4年来已取得了明显成效：一是严重的水土流失和土地沙化治理初见成效。57个县的水土流失面积4年间减少了41.97万公顷，减少了5.05%。二是广大农民从中得到了实惠，增加了收入。57个工程县累计有18.5万农户、73.8万农民从工程建设中受益。1999～2002年4年间，退耕农户每人每年平均从退耕还林中得到的收入为241.37元，退耕农户人均纯收入的14.7%来自退耕还林。广大农民不仅直接得到了补助粮款，而且腾出劳力从事多种经营和副业生产，拓宽了增收渠道。最早实施退耕还林的农户已开始有少量花卉、竹材、牧草等产出，退耕农户已开始获得一定的经济收益。三是促进了土地利用结构的合理调整。1998年，57个退耕还林县25度以上坡耕地面积为50.6万公顷，占耕地总面积的17.32%，到2002年，已累计退耕35.6万公倾，其中25度以上坡耕地退耕16.8万公顷。四是农林牧产业结构有所调整。57个县2002年的林业产值占农林牧渔业总产值的比重比1998年提高了1.7个百分点，提高幅度比全国同期平均水平高1.6个百分点。

退耕还林工程的实施，必将对工程区的经济社会发展和人民生活产生长远的影响。一方面通过大力培育森林资源，加快改善生态环境，为广大人民群众改善生产条件，提高生活水平和生活质量提供重要保障。另一方面，通过国家资金的投入，对地方经济的发展起到拉动作用，很多地方根据区域比较优势，积极调整农业和农村经济结构，大力开发绿色食品，开展森林旅游，培育绿色产业，发展特色经济。随着时间的推移，这些效益必将进一步显现。

京津风沙源治理工程 2002年工程全面启动以来，各方面工作取得了明显进展。《京津风沙源治理工程建设规划》得到国务院批准，新增的农田牧场林网建设和生态移民任务，丰富和完善了工程建设内容。以林业部门为主体，林农水各负其责的工程建设管理体制进一步完善，“四到省”的工程建设责任制得到有效落实。通过全面实施“退耕还林、舍饲禁牧、轮牧休牧、生态移民”等项目，以及兑现“谁承包、谁治理，谁管护、谁受益”的政策，调动了广大农牧民参与工程建设的积极性。工程区严格推行“禁垦、禁牧、禁樵”措施，使林草植被得到有效保护，巩固了工程建设成果。2002年，京津风沙源治理工程共完成造林面积67.64万公顷，其中人工造林59.16万公顷，飞播造林8.48万公顷。在全部人工造林面积中，退耕地造林24.47万公顷，占41.36%；草地治理面积47.89万公顷；小流域综合治理面积8.74万公顷；水利配套工程完成4324处。新封山（沙）育林面积17.34万公顷。各项治理总面积达到141.61万公顷。全年实际完成总投资12.32亿元，其中国家投资12.00亿元，国家投资占总投资的97.40%。

对5个京津风沙源治理工程县的典型调查结果显示，短短3年时间，工程区土地沙化治理已见成效。一是改善了当地及相关地区的生态环境，增加了林木、草原的覆盖，提高了土地生产力。5个调查县3年累计营造林面积20.92万公顷，累计治理草地64.11万公顷，沙化土地面积平均减少了6.15%，生态移民7273人，占总人口的0.43%。二是尽管退耕还林使耕地面积有所减少，但粮食单产呈上升趋势。三是通过生态移民、禁牧、舍饲圈养和围栏养殖等措施，在一定程度上改变了当地农牧民的生产、生活方式。5个被调查县受风沙危害的人口数占总人口的比重由2000年的17.41%减少到2002年的17.24%，下降了0.17个百分点。

三北及长江流域等防护林体系建设工程

三北防护林体系建设四期工程 2002年，三北防护林建设工程继续加强。为提高工程建设质量和效益，在项目安排上，把防沙治沙放在了突出位置；在造林方式上，加大了封育比重；在林种树种结构上，实行了以灌木为主、乔灌草结合的模式。2002年完成造林45.38万公顷，其中人工造林42.32万公顷，飞播造林3.06万公顷，营造防护林的比重达到76.65%。年末实有封山育林面积225.59万公顷，其中2002年新封山育林面积37.80万公顷。低效防护林改造面积4176公顷。全年投入资金13.93亿元，比2001年增长35.92%，其中国家投资6.65亿元。群众投工投劳折合资金6.67亿元。

三北防护林体系是我国北方的绿色万里长城。完成三北四期规划任务，将初步遏制我国北方地区风沙侵害的扩展，在荒漠绿洲和东北地区建成较为完备的防护林体系，进一步改善三北地区的生态环境和生产条件，它将与退耕还林工程、京津风沙源治理工程一道共同构建起北方万里风沙线上的绿色屏障，促进区域经济的协调发展。

长江流域等防护林体系建设工程 长江、沿海、珠江、太行山、平原绿化5个防护林工程，在总结一期建设经验的基础上，二期工程建设稳步实施，并重点完善建设模式、管理办法、技术规程和科技支撑，积极探索相关体制机制的创新，呈现了新的生机和活力。

2002年共完成造林32.19万公顷，其中长江防护林11.03万公顷、沿海防护林5.57万公顷、珠江防护林4.66万公顷、太行山绿化7.61万公顷，平原绿化3.32万公顷。在全部造林面积中，人工造林27.99万公顷，飞播造林4.20万公顷。工程营造防护林的比重达到72.33%。全年封山育林208.16万公顷，其中新封面积36.33万公顷。低效防护林改造4.86万公顷。2002年，5项防护林工程完成投资17.74亿元，其中长江防护林4.58亿元、沿海防护林4.12亿元、珠江防护林1.77亿元、太行山绿化1.71亿元，平原绿化5.56亿元，所占比重分别为25.83%、23.20%、9.95%、9.67%和31.35%。在总投资中，国家投资9.11亿元，所占比重51.33%。群众投工投劳折合资金4.57亿元。

长江流域等防护林体系建设二期工程的实施，将初步建成一个结构布局合理、多功能、多效益的防护林体系，为社会经济可持续发展奠定生态基础。

野生动植物保护及自然保护区建设工程 野生动植物保护及自然保护区建设工程取得明显成效。2002年主要完成了15个重点物种拯救、自然保护区建设和湿地示范工程建设的专项规划，进一步明确了目标任务和建设重点，加大了野生动植物保护及自然保护区建设力度。大熊猫、朱鹮、金丝猴、老虎、藏羚羊、兰科植物、苏铁等濒危物种的拯救繁育工作取得新进展。

2002年，全国新建自然保护区249处，建立野生动物种源繁育基地304个，珍稀野生植物培植基地156个。从事野生动植物及自然保护区建设的职工人数达2.84万人。全年完成投资39 261万元，比2001年增长87.70%，其中国家投资28 460万元，占全年完成投资的72.49%。全国林业系统建立和管理的自然保护区达到1405处，总面积达1.09亿公顷，占国土陆地面积的11.35%，其中国家级自然保护区134个，总面积5124万公顷，占保护区总面积的46.84%。

野生动植物保护及自然保护区建设工程的实施，拯救了一批国家重点保护的野生动植物，完善和新建了一批国家级自然保护区、禁猎区、种源基地及珍稀植物培育基地，对实现野生动植物资源的可持续利用和发展将发挥重要作用。

重点地区速生丰产用材林基地建设工程 重点地区速生丰产用材林基地建设工程自2002年正式启动，各地纷纷出台商品林建设的优惠政策，广大林农对发展速生丰产林热情高涨，用材企业纷纷建立自己的原料林基地，林纸结合、林板结合得到了进一步发展。

2002年共营造速生丰产用材林11.42万公顷。其中荒山荒地造林4.57万公顷，迹地造林5.19万公顷，非林业用地造林1.24万公顷，改培0.42万公顷。按培育目的分，纸浆原料林2.30万公顷，人造板原料林3.39万公顷，大径级用材林2.06万公顷，其他工业原料林3.67万公顷，所占比重分别为20.14%、29.68%、18.04%和32.14%。树种包括桉树、相思树、松树、杉木、柳杉、杨树、泡桐、落叶松、红松、云杉、冷杉、樟子松、水曲柳、胡桃楸、黄波罗、椴树及竹类等。全年完成投资38 986万元。

这项工程的全面启动，对实现由采伐天然林为主向采伐人工林为主的转变，加快解决我国木材供需矛盾，促进林业生态体系和林业产业体系协调发展，实现资源培育与加工利用相结合，促进农村经济结构调整，具有十分重要的意义。（计资司统计信息处）

【长江流域等重点防护林体系工程】 2002年，长江等重点防护林体系工程建设中的长防、沿海、珠防、太行山和平原绿化工程建设取得了较好成绩，完成了各项任务，开展了一些新的工作。在长防等5个工程建设中，各有侧重和特点。

长江防护林体系工程建设 突出了森林质量的提高，开展了低效防护林改造工作，提高了混交林的营造比例，取得了中美合作森林健康项目的实质性进展，此项目已正式得到批复和投资建设。

沿海防护林体系工程 重点抓了红树林建设。加快沿海地区红树林建设，已成为国家及有关省（区）的共识，从中央到地方都加大了投资力度，加快了种植面积，同时加强了现有林的管护。国家林业局还将红树林建设技术规程的制定列入计划。

珠江防护林体系建设 一是重视和突出了石漠化治理，二是开展了珠江防护林工程建设管理信息系统试点工作。

太行山绿化工程 加强了封山育林、严禁放牧、实施牛羊舍饲圈养的工作，为从根本上保护植被提供了有利条件。

随着中国天然林资源保护工程的启动，为平原绿化和平原林业的发展提出了挑战和机遇，为此，2002年5月，国家林业局在山东召开了全国平原绿化现场经济交流会议。将平原绿化工程定位在了“改善生态环境，发展农村经济”两个基点上，平原地区的林业从以防护为主开始向防护与利用并举转变。

（曾宪芷）

【长江流域防护林体系建设工程】 2002年，长江流域防护林体系建设工程全面完成工程建设任务，并取得了一系列新的进展，呈现出一系列新的特点。

1. 各级党委、政府高度重视，将长防林建设作为当地生态建设的重要内容，作为促进农村产业结构调整和小康社会建设的重要指标，进一步提高工程建设的地位，经济发达地区地方财政投入力度加大。

2. 不断完善规章制度，各地相继出台了一批规范性文件，特别是根据形势的发展制定了一系列地方性技术标准，有效地规范了工程管理和建设。

3. 坚持体制、机制创新。合同制、招投标制、监理制、报账制等基本建设制度开始在工程项目管理中试点展开；专业队造林、大户造林等新的建设机制得到广泛推广；通过拍卖、买断、租赁、承包、合营等多种方式，对新建长防林基地的经营权、管理权进行有偿转让，落实“谁造林、谁经营，谁管理、谁受益”政策，调动了社会各方面力量参与长防林经营管理的积极性，多元化投融资机制初步形成，长防工程焕发出新的活力。

4. 在工程建设中突出了森林质量提高。全年完成低效防护林改造占低效防护林改造任务总量的27.9%，并加大低效防护林改造力度。继续实施中美合作森林健康项目建设，并得到美方的好评。

5. 严格组织实施。从规则、设计、施工、检查验收等各个环节，严格按照技术规程操作，夯实种苗基础，大力推广先进适用技术，确保了工程建设质量。

6. 强化技术培训。各地普遍组织了有关技术培训班，国家林业局造林司还组织长防工程县林业局长培训班并赴吉林省延边朝鲜族自治州考察森林经营，部分省已经编写了有关培训教材，培训工作开始系统化。 （高均凯　王建华）

【沿海防护林体系工程建设】 2002 年，沿海防护林工程建设取得了新的进展。沿海地区积极推进林业建设五大转变，根据当地实际，因地制宜，创造性地采取了有效措施，有力地推进了沿海防护林工程建设。

1. 继续实行领导任期绿化目标责任制，加强对工程建设的组织领导。一是每年春季，各省纷纷召开各种形式的造林绿化工作动员大会，部署全年造林绿化工作，做到早部署、早落实。二是继续坚持领导干部造林绿化任期目标责任制，把工程建设作为考核各级领导政绩的一项重要内容，进行定期全面考核检查，做到奖罚分明。三是加强对林业生态工程检查督导。四是积极落实配套资金。

2. 制定工程建设标准，规范工程管理。一是抓好造林作业设计，制定作业设计标准和工作方法，加强作业设计业务培训，严格作业设计审批，提高作业设计质量。二是制定工程质量管理办法和资金使用管理办法。三是制定工程监理和招投标办法。

3. 探索新机制，制定新政策，增加了工程建设的活力。沿海各地在工程建设机制方面作出了探索性的工作。一是大力推广专业队造林。实行“一造管三年”的合同制管理，按质量分段给付造林资金。二是建立了新的工程建设投融资机制。各地逐步改变工程建设由国家投入为主向社会投入为主转变。三是引进公司合作造林。四是政府加大对林业项目的补助，积极扶持林业生态工程建设。五是推行林权制度改革，完善落实林业政策。在保证国家和集体林地所有权的前提下，按市场经济规则，引入竞争机制，采取竞价拍卖、招标承包、租赁经营、股份合作、反租倒包等形式，搞活了林地使用权，调动了社会参与林业建设的积极性，加快了工程建设。

4. 突出重点，抓好示范。根据沿海防护林工程建设的任务，各省（区）把沿海基干林带建设和改造作为工程的重点，实施了一批有规模、上档次的重点骨干项目。南方各省（区）把木麻黄基干林带改造和红树林建设作为重点，集中力量抓好沙荒风口、基干林带断代造林、老林带更新改造，北方各省把黑松基干林带建设与老林带改造作为重点集中力量开展攻坚战。通过实施重点工程，带动沿海防护林整体水平的提高。

5. 注重科技兴林、提高工程建设质量。各地针对沿海防护林的难点和重点，加大了科技保障力度。一是继续进行技术培训，采取分期分批办班轮训，提高工程技术人员的业务水平。二是加大了适用科技成果的推广。三是加大了林木良种的推广。四是加大了树种结构的调整。五是加强了国际合作。广东省湛江市与荷兰政府合作，实施了雷州半岛红树林综合管理和保护项目，提高了我国红树林综合管理能力，推动了红树林建设步伐。 （王福祥）

【全国红树林建设】 红树林主要分布在我国海南、广东、广西、福建、浙江和台湾及港、澳地区，对抵御、减少沿海地区的自然灾害，保护沿海地区的生态环境，促进沿海地区经济和社会可持续发展具有十分重要的作用。面对中国红树林资源下降趋势，国家林业局加大了红树林恢复和保护工作。2000 年制定了《全国沿海防护林体系建设二期工程规划（2001～2010)》，把恢复红树林和培育红树林资源作为一项重点建设内容。随着沿海防护林体系二期建设工程的实施，红树林资源的培育速度正在加快。

红树林建设进展 为了加快沿海地区红树林建设，提高沿海防护林体系建设水平，国家林业局先后召开了全国红树林建设和保护工作管理工作会议，对红树林建设工作进行了部署，加大了红树林建设的工作力度。2002 年，全国红树林建设取得了重大进展。据统计沿海 5 省（区）全年共营造红树林 2235 公顷，是 2001 年造林面积的 3.2 倍。浙江、福建、广东、广西分别完成红树林造林 133 公顷、293 公顷、1353 公顷和 455.7 公顷。

主要措施 按照国家林业局的统一部署要求，各地结合沿海地区的实际情况，坚持把红树林资源的恢复工作放在首位，开展了卓有成效的工作。

加强了领导 浙江、广东等省成立了红树林建设和管理领导小组，加强了红树林建设的统一领导，并定期召开由国土、环保、海洋、水产、林业等部门工作会议，研究部署红树林建设工作，及时解决工作中存在的问题。

加大了投入 红树林作为沿海防护林体系建设的重要组成部分，已经列入《全国沿海防护林体系建设二期工程规划（2001～2010）》，计划10年新造红树林6万公顷。从2001年开始，每年从沿海防护林工程建设投资中安排红树林建设资金。2002年，国家林业局加大了对红树林建设投入，从国债资金中单独安排900万元，用于红树林造林。沿海5省积极落实配套资金，加大了对红树林造林的投入。

制定红树林建设技术规程 为保证红树林建设的质量，国家林业局将制定《红树林建设技术规程》(国家标准）列入2002年工作计划，加快了工作部署。

加强科技工作 沿海5省（区）在国家“七五”、“八五”、“九五”红树林科研基础上，针对生产中存在的实际问题，积极开展科研工作，取得了一批成果。浙江省组织科研人员对红树林的引种、驯化、繁育、栽培技术等进行科技攻关，在台州、温州等地开展了引种栽培试验，2002年引种的秋茄，取得成功。广东省利用荷兰政府无偿援助资金，在湛江组织实施了中荷合作广东雷州半岛红树林综合管理和沿海保护项目。计划从2001年开始，用5年时间完成红树林及相关资源调查、红树林保护区建设、人工营造红树林、技术援助和管理人员培训、沿海社区公众环保教育等。

加强管护工作 红树林资源的恢复，关键在于造林后的管护。沿海5省（区）在资源管护上开展了一些卓有成效的工作。一是积极建立红树林保护区。广东省已在湛江、深圳、茂名、惠州、江门、汕头、汕尾等市建立了10处红树林自然保护区。广西防城港市政府为保护上千亩珍贵的红树林，毅然修改城市规划，建立红树林生态公园。目前，林业部门已建立红树林保护区17处，保护红树林面积12 016.5公顷。二是加大对红树林资源保护的执法力度。继海南省制定《海南省红树林保护规定》后，福建省人大常委会制定了《福建省海洋环境保护条例》，明确规定福建沿海有关县级以上地方政府应当采取措施，加强对九龙江口红树林自然保护区、漳江口红树林自然保护区等八大近海区域的保护。广西壮族自治区政府决定在加大对已经列入保护区范畴的红树林建设和管理力度的同时，对没有列入保护区但有一定规模的红树林逐一建档，造册登记。北海市委市政府采取果断措施，组成工作组深入毁林地点闸口镇进行全面检查，免去了负有责任的合浦县闸口镇党委书记等8人的职务，并立案检查。对违法违规毁林开挖鱼塘虾塘的，要恢复原貌并重新种上红树林。2002年，闸口、山口、党江、西场等6个乡（镇）补种红树林193.3公顷。由于各地加大了红树林保护执法力度，毁林事件呈下降趋势。

（王福祥）

【太行山绿化工程】 2002年，太行山绿化工程在工程区各级党委政府的高度重视、领导下，在林业部门认真组织实施、国家投资大力支持下，北京、河北、山西、河南4省（市）基本完成了各项建设任务。

主要做法

领导重视，落实责任 4省（市）都将太行山绿化工程作为本省（市）的重点工程来抓，并将任务落到实处。北京市把太行山建设列为全市十大林业重点工程之一，纳入了《2002年首都绿化美化工作计划》，并经市政府常委会讨论通过。市林业局及时召开会议，落实部署任务，逐级签订造林绿化目标责任书，把任务落实到山头地块，区（县）主要领导经常深入基层，及时解决施工中出现的问题确保工作顺利开展。

河北省将太行山绿化列入全省十大林业工程，省、市、县逐级分解任务，明确责任。工程区（县）各级领导紧紧围绕“建设绿色河北，实现富民强省”的目标。按照“人工造林抓精，飞播造林抓实，封山育林抓牢”的工作思路，通过各种责任制，将任务落到实处。

山西省非常重视太行山绿化工程，历年来各项工作都走在前列。2002年机构改革，根据省编办的方案，太行山工程区内的大部分县林业局将与农业合并，改为“农林局”，为此，林业部门做了大量工作，林业厅积极与省编办汇报和联系，共同做各市（县）编办的工作，最终使太行山区各县林业局得以保留。在此基础上，省太行山绿化办公室还及时召开了太行山区林业局长会议，进一步统一思想，提高认识，对工程建设提出了明确要求：太行山绿化不能与退耕还林工程重叠，必须搞混交林，必须出精品；此外，省太行山绿化办公室还对工程区进行了政策与业务的宣讲和培训，以提高人员素质，强化服务质量。

河南省在2002年初召开的全省林业工作会议上，省政府与各省辖市签订了包括太行山工程在内的《河南省2002年保护和发展森林资源目标责任书》，市县两级也签订了相关目标责任书，各工程重点县普遍采取了县四大班子领导包乡（镇）、乡（镇）领导包村、村干部包组的形式，将任务层层分解，落实到人，到小班。

完善政策，活化机制

1. 太行山绿化工程建设时间长，规模大，任务重，单靠国家投入是远远不够的。为此，4省（市）解放思想，开拓创新，不同程度地在政策、机制等方面积极探索。

2. 北京市结合农业种植结构调整、土地承包、荒山荒地租赁、拍卖等工作开展的时机，在山前脸、低山立地条件好的地方，采取国家、集体、个人一起上的多元化投入机制，种植名特优新经济林，坚持谁投资、谁受益，弥补了造林资金的短缺，解决了管护的难题，增加了农民的收入，调动了造林积极性。

3. 河北省年初下发了《关于进一步加快林业发展若干政策的意见》［冀政（2002）1号］文件。文件针对该省森林资源总量不足，绿化任务艰巨、资金投入有限、林业产业化程度低等问题，提出进一步稳定和完善林业政策，活化造林营林机制，鼓励各种经济成分参与林业开发，加快林业非公有制进程等意见。文件的颁布，极大地调动了太行山区民营造林积极性，非公有制林业，为太行山绿化工程建设增添了活力。工程区各有关市（县），根据本地实际情况，按照1号文件要求，制定了许多有利于非公有制林业发展的政策，如《放宽林业政策十二条规定》、《关于拍卖荒山的试行办法》等。许多县在资金投入上，无论国营、集体或个人造林，一律实行“国民待遇”，同等投资。一些县对造林大户还从资金、苗木、技术和政策等方面重点扶持，据统计，2002年太行山区大户承包造林面积达到了2573.3公顷。

4. 启动退耕还林工程，推动了山西省太行山区民营林业的发展和建设，使太行山区造林绿化形式更加多元化，目前实行的基本形式是：退耕还林“户退户还、户栽户管”机制，荒山造林“大户承包、长期所有”机制，造林示范工程则大多数采取了以县乡村办林场为主，专业队施工和管护的机制。

5. 河南省积极推进股份制造林，并对造林实行“三包一有”，即包栽、包活、保管护，谁栽归谁所有。同时各工程县都对专业队造林进行了尝试和探索。

强化管理，提高水平　随着太行山工程建设的深入，各地已从单纯注重数量指标向注重质量效益转变。

1. 工程管理方面。太行山绿化工程正在向着按项目管理程序推进，即实行按规划立项，按项目设计，按设计实施，按项目安排资金，按标准检查验收的工程建设管理制度。

2. 树种选择和造林。特别注重多树种、多林种的选择。北京市按照多林种、多树种、多植物、多色彩、多层次“五多”和好种、好活、好管、好看“四好”要求，搞好适地适树和植物多样性，强调多树种搭配和色彩变化，突出森林景观效果。河北省2002年飞播造林2.6万公顷，基本上实行了针（油松）阔（紫穗槐、柠条等）混播。山西省混交林造林技术2002年得到了全面推广和应用，突破了以往主栽树种基本上“山上松柏、山下刺槐”的状况，增加了紫穗槐、山桃、山杏、沙棘、五角枫、柠条、金银花等乡土乔灌木树种，绿化工程正向着“树种多样性、景观异质性、林分稳定性”的方向发展。河南省总结和大力推广了雨季栽植阔叶树的经验，这项技术在河南省太行山工程建设中是一项新的突破。

3. 保证质量。为提高太行山造林绿化工程建设质量，各地注重培训工作，以提高技术人员素质。培训内容包括如何编制造林作业设计、GPS在工程中的应用、工程建设措施及林业政策法规等。在人工造林方面，大力推广保水剂、生根粉、泥浆蘸根造林等保水技术和地膜、杂草、石片等保墒措施。河北省在飞播造林时，采取了播前粗放整地，这一措施大大提高了飞播成效。在造林过程中，省地县各级政府及林业部门，组织派出督察组和调查组，指导、检查造林工作，对完成好的给与奖励，完不成任务的处罚。为保证造林、封育成效，太行山区许多县，对造林地全面封禁，实施牛羊舍饲圈养，严格禁止牛羊上山。河北省政府还先后下发了《关于实施舍饲圈养的通知》和《关于加强封山育林工作的通知》。　（曾宪芷）

【珠江流域防护林体系建设工程】　2002年，珠江防护林体系建设工程在建设上，重点是突出石漠化治理；在管理上，重点是加强珠防工程建设管理信息系统扩大试点，加快3S技术在工程中的推广应用步伐。工程范围内的6省（区）在100个县（市、区、场）启动了工程建设，其中有69个县（市、区、场）实施了石漠化治理，共完成治理面积10.8万公顷。珠防工程营造混交林比例达到35.4%。主要抓了以下几方面工作：

抓宣传，提高认识　通过展览、画册、广播、电视等多种形式大力宣传珠江防护林体系二期工程建设的重要性和紧迫性，提高全社会参与意识，使发展林业，搞好生态环境建设，实现可持续发展战略成为广大人民群众的共识。并在国债项目成就展和长防等工程宣传画册上突出了石漠化治理的宣传力度，引起了社会各界的重视，起到了较好的宣传效果。

抓科技支撑，提高工程建设管理水平　一是全力推进珠防工程信息系统扩大试点工作。在完成系统试运行的基础上，为加快系统的推广应用步伐，2002年在工程区6省（区）选择10个县进一步扩大了试点，并举办了系统培训研讨班。二是加强培训，举办珠防工程县级领导干部研究班。9月19～25日，经中组部同意，国家林业局举办了珠江流域防护林体系二期工程县级领导干部研究班。来自江西、湖南、广东、广西、贵州、云南等工程区6省（区）的63位县级领导及有关省（区）林业厅（局）工程主管处室的同志参加了培训。祝列克副局长到会并作讲话，培训期间，先后有8位领导和专家教授系统讲述了世界林业发展趋势、新时期中国林业建设面临的形势和总体思路、中国现行林业法律法规和有关政策、林业可持续发展战略、森林经营理论、珠防工程建设管理以及珠防二期工程规划情况等。为提高认识，加强领导，推进珠防二期工程建设的顺利实施起到了积极作用。各地也相继举办各类工程管理和技术培训班，提高了管理和技术人员的业务素质。三是进一步修改完善了珠防工程建设技术规程和检查验收规程。

抓质量，创新机制 为确保工程建设质量和效益，各地在珠防工程建设管理中积极探索，取得了突出进展：一是创新经营主体落实模式，灵活运用租赁、承包、联营等方式，进一步活化经营机制，推动新的经营主体的形成和非公有制林业的发展。二是大部分推行了招投标制，引入专业施工队伍承包造林。三是全面引入工程建设监理制，对工程建设质量实行全程监管。四是创新治理模式，提高综合效益。各地结合当地经济发展和农民群众意愿，着力在造林树种选择和造林模式配置上进行积极探索，在工程建设中，围绕县域经济发展的总体规划，一改过去重针叶树，轻阔叶树；重栽树，轻利用；重营造，轻效益的做法，重点发展兼用树种，大胆探索乔灌结合、针阔混交等综合治理模式，提高了质量和效益，增强了工程建设活力。 （吴秀丽）

【珠江防护林体系二期工程建设突出石漠化治理】 石漠化是岩溶地区生态恶化的顶级形态。我国石漠化土地主要分布在西南的四川、重庆、云南、贵州、广西5省（区、市），集中分布在云南、贵州和广西，3省（区）共有石漠化土地670.64万公顷，占3省（区）国土总面积的8.32%，并且正在以平均每年25万公顷的速度继续扩展。石漠化给这一地区带来了严重的生态环境和社会经济问题。一是生态环境极度恶化，水土流失日趋严重，干旱、洪涝灾害日益频繁。二是严重危及珠江流域的生产生态安全。处在珠江上游的红水河流域是珠江的主干流，近年来国家先后规划建设10个梯级电站，是“西电东送”的重要基地，但红水河流域也是石漠化最为严重的区域，水土流失面积占土地总面积的25%以上，持续不断的泥沙淤积已成为红水河梯级电站的灾患，并危及珠江流域的生态安全。三是加剧了群众贫困。目前广西全区250万贫困人口中的绝大多数居住在石漠化较为严重的石山区，部分区域由于生态环境极度恶化，已丧失了基本的生存条件。

近年来，由于我国西南地区石漠化的不断扩展和加重，严重制约了当地社会经济的发展。石漠化问题受到了全社会的普遍关注，也引起了党中央、国务院、全国人大、全国政协等有关领导的高度重视。国家在“十五”计划纲要中，明确提出推进黔桂滇岩溶地区石漠化综合治理。2001年4月，国家林业局局长周生贤指示林业部门要在石漠化治理领域有所作为；2001年2月，国家计委副主任李子彬到广西就石漠化、退耕还林等问题进行调研。经过调研，国家计委提出鉴于石漠化治理的最有效途径是植树造林、封山育林等林业措施，云南、贵州、广西3省（区）的石漠化又主要分布在珠江流域，还有少部分在长江流域，因此将石漠化治理全部纳入了珠防、长防二期工程规划。珠防二期工程规划3省（区）可治理石漠化面积476.60万公顷，长防二期工程规划3省（区）可治理石漠化面积181.52万公顷，共658.12万公顷，占3省（区）可治理石漠化面积的98.13%，基本覆盖了3省（区）的主要石漠化地区。

2001年开始，珠防二期工程利用国债资金，全面启动了珠江流域石漠化治理。贵州省珠防二期工程规划的18个县，2001年全部启动石漠化治理，实施石漠化治理3.3万公顷，主要措施是封山育林；云南省珠防二期工程，规划的17个县已有16个启动珠防工程，完成石漠化治理面积2.8万公顷，主要措施是荒山造林、封山育林，配套沼气能源建设；广西珠防二期工程规划的85个县中有61个石漠化县，从2001年开始，陆续已有35个县实施石漠化治理，治理面积4.6万公顷，主要措施是封山育林、荒山造林，配套沼气能源建设。3省（区）共完成石漠化治理面积10.8万公顷，局部地区石漠化初步治理，石山植被增加，生态环境改善，并出现了平果、阳塑、关岭等石漠化治理典型县，总结出了一系列石山造林成功模式，如“以封山育林为主，造林补植、改燃节柴为辅”的治理措施，和石山封山育林、石窝栽种竹木药、养殖—沼气—种植三位一体的技术模式。筛选出了吊丝竹、任豆、垂柏、樟树、苦楝、枫香、石山马驹、金银花等一批适合石山造林的优良树种。为大规模开展石漠化治理提供了宝贵经验。

当前石漠化治理面临的主要问题：一是治理难度大，投入严重不足。石漠化山地岩石裸露率高，土壤少，贮水能力低，极易引起缺水干旱和大雨产生严重水土流失，属极困难生境，植被恢复很难，加之石山地区经济贫困、科技文化落后，更增加了石漠化治理的难度。目前，以石漠化治理为重点的国家工程主要是珠防二期工程，国家补助人工造林每公顷地只有1500元左右，此外还有一少部分长防二期工程、退耕还林工程、天保工程为补充，投入非常有限，远远不能满足石漠化治理的需要。二是群众的能源和生计问题，影响石漠化治理成果的巩固。石漠化地区多处于偏远山区，交通不便，经济落后，长期以来群众靠山吃山，开垦放牧，上山樵采，在石缝的“瓢”、“盆”地里种点玉米等杂粮谋生，生活燃料主要靠薪柴。石漠化地区的人口问题、生存问题、能源问题不解决，石漠化治理很难取得成效。三是石山造林地确权发证工作滞后，影响群众的造林积极性。由于历史和认识上的原因，石漠化土地长期以来没有纳入林业用地范围，给石山造林后确权发证带来一定困难，此项工作长期滞后于石漠化治理，极易引起林地、林木权属纠纷，挫伤群众的造林积极性。

为加快西南地区石漠化治理，应进一步加大防护林工程中石漠化治理的投入力度，出台相关政策，采取综合措施，实施石漠化治理。把生态治理与能源建设、扶贫开发有机结合起来，加大扶持力度。一是搞好封山育林、荒山造林、退耕还林等林业生态建设，恢复林草植被，改善生态环境；二是帮助群众转变生产、生活方式，改善生存条件。积极调整和优化产业结构，大力发展生态农业，特色农业和旅游业；三是调整石漠化地区能源结构，加快农村能源建设步伐，切实缓解群众生活对植被的压力。四是控制人口增长，实施生态移民。 （吴秀丽）

【珠江防护林工程建设管理信息系统试点】 为加强工程管理，提高防护林工程建设管理水平，实现重点工程管理从粗放向集约、从经验向科学、从静态向动态管理的转变，国家林业局长防办于2001年9月起，依托国家林业局信息中心，选择贵州省兴仁县作试点，研制开发了珠江防护林建设管理信息系统，2002年1月完成系统试运行。

珠江防护林工程建设管理信息系统由工程动态管理系统、辅助作业设计系统、工程检查和核查系统、数据统计分析系统4部分组成。通过建立工程管理基础地理信息系统（GIS）、遥感信息处理系统（RS）和空间数据库系统，并在其支持下建立工程管理本底数据库和动态数据库，对工程实行动态管理；建立辅助作业设计、工程检查和核查系统，支持采用GPS技术进行地面调查，支持工程作业设计调查、工程检查和核查等方面的数据采集，支持卫星遥感数据处理，为工程作业设计提供丰富的基础数据，提高作业设计的水平和质量；在地理信息系统和遥感信息系统的支持下，通过对工程规划设计数据、历年建设数据、当年完成数据和检查、核查数据的比较分析，全面掌握工程建设的基本情况，提高工程检查监督的能力。同时，通过计算机广域网、局域网及电子邮件和文件传输等系统，建立起畅通的工程管理信息渠道，快速、准确地传输工程管理信息，并对工程数据进行科学合理的统计分析，为工程管理科学决策提供依据。

为总结经验，完善系统软件，加快系统的推广应用步伐，国家林业局长防办2002年又在工程区6省（区）选择10个县进一步扩大了试点，并于6月18～21日，举办了系统培训研讨班，工程区6省（区）的工程主管处长及信息员、省级技术依托单位负责人、试点县林业局局长等有关人员参加了培训研讨。

（吴秀丽）

【平原绿化建设】 在全国平原绿化现场经验交流会的精神指导下，全国广大平原地区以建设完备生态防护体系和发达的产业体系为目标，立足于“改善生态环境，发展农村经济”为中心，加强领导，转变思路，活化机制，重点突破，工程建设取得了新进展，为平原地区生态环境建设、经济社会发展作出了贡献。

据统计，全年完成人工造林为年度造林计划的386%。新建农田防护林带5.53万公顷；新增农田林网控制面积55.56万公顷；农林间作面积4.72万公顷；绿化路沟渠2.84万千米；城镇、村庄新增绿化覆盖面积10.7万公顷；新造经济林2.71万公顷；完成低效防护林改造0.36万公顷。

主要做法：

明确思路，加强领导 平原地区各省认真贯彻落实全国平原绿化现场经验交流会议精神，按照新时期平原绿化的总要求、总目标和建设重点，进一步明确了发展思路，把平原绿化作为改善农业生产条件、农村生活环境，调整农业产业结构，增加农民收入，促进农村全面小康的一项重要举措，采取了切实有力措施。一是建立责任制、严格考核奖惩；二是及时召开各种形式造林绿化工作会议，统一思想认识，做到早动员、早部署。三是加强检查督导。政府主管领导带队分赴造林一线，加强调查研究，检查指导造林绿化工作，帮助基层解决实际问题。

狠抓试点（市）县建设，带动平原绿化整体发展 各地根据当地实际，确定了一批不同类型高标准试点县，通过试点，在城乡绿化一体化、高效精品林业建设等方面树立了典型，带动了平原绿化整体水平的提高。

深化产权改革，活化造林机制 各地把平原地区林权制度改革作为全面推进平原绿化建设的突破口，因地制宜，制定了许多新政策。一是深化林权制度改革，大力推广宜林地拍卖、宜林地承包、林木产权拍卖、林木承包、股份合作等多种产权改革，调动了社会和农民植树造林积极性。二是制定了林业发展优惠政策。各地在调减林业规费征收比例、采伐计划单列，对林带建设占用土地实行减免农业税、水费，适当补偿青苗费、苗木基地补助，治沙贴息贷款等方面制定了许多优惠政策，促进了平原绿化发展。

依靠科技，提高质量和效益 各地在科技兴林方面采取了有效措施：一是把好作业设计质量关。二是大力推广抗旱节水造林、保水剂、生根粉、地膜覆盖、林粮、林果、林菜、林茶、林草间作等先进技术、模式。三是重大技术问题上与科研院校联合进行科研攻关。四是积极推广抗病虫害、抗旱能力较强的速生林木良种。五是加强培训，加强工程管理人员和

农民技术骨干的培训，提高运用现代林业科技的能力。

大力调整结构，实施产业带动 各地利用平原地区优越的自然条件，抓住农村产业结构调整的战略机遇，加紧了产业调整步伐。一是搞好发展规划，调整建设布局。以林业两大体系建设为重点，围绕优势产业和主导产品扩市场、强龙头、建基地，三大效益一起抓，促进农村经济的快速发展。二是做好基地建设，为培育龙头加工企业，增强林业发展后劲打好坚实基础。

规范管理，提高工程建设水平 一是加快了平原绿化建设技术标准的制定工作。国家林业局已经编制了《平原绿化建设工程技术规程》，并报国家有关部门批准后实施。各地根据实际制定了平原绿化造林工程管理办法、营林系列技术规程规范等。二是普及专业队造林。三是逐步实行项目招投标制、工程监理制。四是严格依法采伐，保证平原区森林资源稳定有序增加。五是规范种苗管理，推广公开采购制度，平抑苗价，提高苗木质量。（王福祥 王建华）

【全国平原绿化现场经验交流会】 在党中央、国务院高度重视生态环境建设，全面启动实施林业六大重点工程，对农业和农村经济结构实行战略性调整的关键时刻，为推动全国平原绿化工作再上新水平，促进农业产业结构调整，增加农民收入，2002 年 5 月 23～25 日，国家林业局在山东省济宁、菏泽两市召开了全国平原绿化现场经验交流会。全国 26 个省（区、市）林业（农林）厅（局）和新疆生产建设兵团林业局的主管厅（局）长、造林处长，平原绿化典型发言单位代表，国务院政策研究室、财政部农业司有关领导，国家林业局办公室、造林司、绿化办综合组、资源司（行管办）、政法司、计资司、科技司、场圃总站、宣传中心、三北局、科技发展中心等有关司局和单位的领导参加了会议。

国家林业局副局长祝列克在会上作了题为《抓住机遇，加快发展，努力推进我国平原绿化工作再上新水平》的讲话。讲话从中国政治、经济和社会发展的全局出发，紧扣时代发展的主题，认真总结了近年来平原绿化建设的成绩，分析了工作中存在的问题，深刻剖析了平原绿化面临的历史发展机遇，明确了新时期平原绿化的定位和目标，提出了平原绿化建设的总体思路。讲话将中国平原绿化定位在“改善生态环境，发展农村经济”两个基点上，提出今后平原绿化的目标是：从生态上，构筑中国平原地区国土生态安全的保障体系；从资源培育上，把平原地区建成未来中国人工林木材生产的重要基地；从经济上，平原绿化要成为部分地区市域、县域的经济支柱；从文化上，平原绿化要成为平原地区文明发展的重要基础。按照全国平原绿化的总体规划，到 2010 年建设农田林网及防护林带 410 万公顷，基本农田林网控制率达到 84%，比现在提高 13 个百分点；村镇绿化 143 万公顷；95%的河渠实现基本绿化，所有的铁路、公路全部实现绿化；积极扶持小型加工企业和龙头企业，加快产业化进程，延长产业链，培育产供销一体化的市场体系，为社会提供更多的就业机会，提高林业对区域经济发展的贡献率。

在总体思路上，要突出“四个重点”，正确处理“四个关系”，着力抓好“四项工作”，努力实现“四个突破”。“四个重点”是指新时期平原绿化建设的四项重点建设内容，即：农田林网建设，绿色通道建设，村镇绿化建设和产业基地建设。“四个关系”是：坚持物质利益原则，正确处理政府推动与市场引导的关系；以发展为主题，正确处理资源培育和加工利用的关系；分类指导和分区施策，正确处理生态效益和经济效益的关系；坚持全社会办林业、全民搞绿化的方针，正确处理工程造林和社会造林的关系。“四项工作”是：活化机制、调整政策、政府扶持、科技创新。“四个突破”是：在改革林业产权制度方面有所突破，在发展非公有制林业方面有所突破，在培育和发展产业方面有所突破，在提高平原绿化的质量和效益方面有所突破。

会议期间，代表们先后参观了山东省济宁市和菏泽市的平原绿化建设现场。山东省等 11 个单位作了典型发言，北京市等 26 个平原省（区、市）以及新疆生产建设兵团的 82 个单位作了书面经验交流。会议表彰了近年来涌现出的 78 个全国平原绿化先进地（市）。国家林业局造林司司长魏殿生就切实贯彻会议精神，抓好下一阶段重点工作作了会议总结。

（吴秀丽）

【中美合作森林健康试验区建设】 森林健康的理念是美国学者于 1992 年提出并在其国内推行的，主要思路是运用森林生态学、森林经营学、森林可持续经营和森林病虫害可持续控灾等理论为指导，以营造林等基础手段为切入点，营林措施和防治措施相结合，培育结构合理，系统稳定，生长健康，多功能、多目标的健康森林，达到提高森林的木材产出，增强森林自身抗病虫害、防火能力，促进生物多样性的保护及恢复，增强稳定性等多种目的。森林健康新理念在林业发达国家得到广泛的推广和运用。

为吸收借鉴国外先进的林业建设经验，探索中国实现森林可持续经营的方法和途径，2001 年，中国国家林业局与美国林务局合作开展了森林健康试验示范工作，在江西信丰、云南丽江、贵州麻江、陕西佛坪等 4 个县选择了试验区并启动实施了中美合作森林健康试验示范工作。该项目已经列入《中美森林合作谅解备忘录》的优先合作领域。国家林业局也对 4 个森林健康示范项目正式立项批复。

项目进展顺利，影响不断扩大 国家林业局造林司于2002年4月在江西省信丰县召开了森林健康工作研讨会，邀请有关专家对各试验区已经编制完成项目的建设方案进行了评审，并部署了项目实施工作。各试区在调整实施方案的基础上，积极开展工作。

1. 在营造林方面，分别开展了低效防护林改造、退耕还林、苗圃建设、森林抚育等项工作。

2. 在病虫害防治方面，信丰试验区已经制作布设了6～7种诱捕器。

3. 在当地社区能源结构调整方面，丽江试验区已经建设了一座示范沼气池。

4. 在开展监测方面，在丽江试验区布设了监测站点。此外，还开展了培训、技术服务和宣传等工作。森林健康试验区建设，已经初步取得成效。北京市要求将延庆县纳入中美森林健康项目。

组织赴美森林健康考察，取得丰硕成果　2002年8月下旬至9月初，造林司司长魏殿生带队，组织江西、云南、贵州、陕西4省森林健康试验区的项目管理人员赴美进行了森林健康考察。代表团在美期间，先后访问了美国林务局总部、林务局设在俄勒冈州本德市和加利福尼亚州塔霍湖等地的下属机构，加利福尼亚州塔霍湖保护局，国际纸业集团、绿色木材资源公司、自然资源保护组织等官方机构、企业和民间组织，并实地考察了美国东南部的私有林区和西部国有林区。此次考察得到了美方的高度重视。美国农林部副部长萨莉·柯林斯女士接见了代表团并与代表团团长魏殿生共同讨论了两国森林健康合作的有关问题。

代表团认真学习、考察了美国森林健康的理念和做法，详细了解了有关技术标准和政策措施，并与美国同行交流了对森林健康理念的认识，探讨了森林健康项目合作的方式，达到了增进了解，加深友谊，扩大合作的目的。同时，代表团还向美国同行介绍了目前中国林业六大重点工程的进展和林业五大转变等方面的情况，得到了美国同行的高度认同和赞许。考察活动对促进中美两国在森林健康领域的合作起到了建设性的作用。

成功举办中美森林健康研讨会　根据中美林业合作谅解备忘录的有关安排，2002年10月21～23日，国家林业局造林司与美国林务局、贵州省林业厅在贵州省贵阳市联合主办了中美森林健康研讨会。来自中美两国林业部门及有关科研院校的官员、专家等60余人参加了研讨。国家林业局国合司、科技司、资源司、政法司的有关人员和美国驻华大使馆的农业官员、环境官员应邀出席了会议。

会议交流了中美两国森林健康的经验，深入探讨了森林健康的目标、思路、任务和对策，并对江西信丰等4个试验区的建设方案进行了专家咨询、评审和研讨。中外专家不仅充分肯定了江西信丰等4个森林健康试验区的建设方案，而且对今后合作提出了许多建设性的意见。

美国林务局代表团实地考察森林健康试验区　2002年10月15～20日，美国林务局森林健康代表团一行6人来华访问。代表团由美国林务局亚太地区项目主管官员格瑞·曼先生带队，成员分别来自美国林务局及其驻本德、塔霍湖等地的国家森林资源管理机构、密西西比大学林学院、孟斐斯动物园等机构。代表团分两组对江西信丰、云南丽江、陕西佛坪、贵州麻江等4个森林健康试验区进行了实地考察。通过现场考察，美方专家对中国森林健康和林业工作有了更进一步的了解，为开展各项林业合作打下了基础。

（高均凯）

【全国速生丰产林基地建设工程】　2002年7月，国家计委以计农经［2002］1037号文批复了《重点地区速生丰产用材林基地建设工程规划》。同年8月，国家林业局在北戴河召开了工程启动会，工程正式启动实施。

工程建设范围　按照规划，根据森林分类区划的原则，在现有速生丰产用材林基地建设的基础上，主要选择在400毫米等雨量线以东，优先安排600毫米等雨量线以东范围内自然条件优越，立地条件好（原则上立地指数在14以上），地势较平缓，不易造成水土流失和对生态环境构成影响的热带与南亚热带的粤桂琼闽地区、北亚热带的长江中下游地区、温带的黄河中下游地区（含淮河、海河流域）和寒温带的东北内蒙古地区，具体建设范围涉及河北、内蒙古、辽宁、吉林、黑龙江、江苏、浙江、安徽、福建、江西、山东、河南、湖南、湖北、广东、广西、海南、云南等18个省（区），以及其他适宜发展速丰林的地区。

根据全国造纸和人造板生产对木材原料的需求预测，以及发展速生丰产林基地的可能，工程建设总规模为1333万公顷。其中，浆纸原料林基地586万公顷，人造板原料林基地497公顷，大径级用材林基地250万公顷。总投资为718亿元人民币。

工程建设的总体目标　2001～2005年，重点建设以南方为重点的工业原料林产业带；2006～2015年，全面建成南北方速生丰产用材林产业带。到2015年，完成南北方速生丰产用材林绿色产业带建设，能提供国内生产用材需求量的40%，加上现有森林资源的采伐利用，国内木材供需基本趋于平衡。

全部基地建成后，每年可提供木材13 337万立方米，可支撑木浆生产能力1386万吨、人造板生产能力2150万立方米，提供大径级材1579万立方米。

速生丰产林基地建设工程是一项以经济效益为主，兼有生态功能的基础产业工程。通过较高的资金和技术投入，采取高度集约经营的方式，以较少的土地和较短的周期，生产出较多的木材，满足国民经济和社会发展对木材和林产品的需要。工程的实施，将对增加国内木材有效供给，加快解决全国木材供需矛盾；实现由采伐天然林为主向采伐人工林为主的转变；减轻现有森林资源特别是天然林资源保护的压力，保障生态建设工程的实施，巩固来之不易的生态建设成果，促进林业生态体系和林业产业体系协调发展；增加农民收入，促进农村经济结构调整；实现资源培育与加工利用相结合，推动林纸、林板一体化，促进林业产业及相关产业持续、稳定、健康发展，均具有重大而深远的意义。

作为一项产业工程，速生丰产林基地建设工程与其他五大生态工程有两个根本不同点。一是其他五项工程都是从事生态建设的，只有这项工程主要是解决全国木材和林产品的供应问题。二是其他五项工程都是以政府作为项目实施的主体，投入以政府投资为主；而这项工程的实施主体是各类企业，具体运作将以市场需求为导向，通过市场配置资源，采取以市场融资为主，政府适当扶持的投入机制。

国家积极鼓励速生丰产林工程发展，在投入、税费、资源管理、信贷等主要方面已出台了优惠政策，为工程营造了有利的发展环境。

国家计委《关于重点地区速生丰产用材林基地建设工程规划的批复》以及《国家计委、财政部、国家林业局关于加快造纸工业原料林基地建设若干意见的通知》的文件明确，国家将适当安排一部分投资，主要用于森林防火，病虫害防治，优良种苗的开发推广等。优先安排为大中型纸浆项目、人造板项目配套的原料林基地建设。

国家计委和三部委文件指出，改革育林基金、维简费、林区建设保护费的收费及资金管理办法。新建的速生丰产林基地，育林基金由企业、林农自提自用，专项用于速生丰产林基地建设，取消维简费、林业建设保护费。取消地方自行规定的不合理收费。在此基础上，国家将清理木材生产和流通环节过程中的收费，取消地方和部门自行设定的收费项目，进一步规范收费行为。

造纸林基地建设贷款纳入国家政策性银行贷款范围，根据林业特点确定信贷政策，可适当延长贷款期限和宽限期，并允许以林地、林木资源抵押。国家财政按现行规定继续给予林业项目中速生丰产林贷款一定的贴息，并适当增加贴息比重。明确速生丰产林贷款项目属于农行林业治沙贷款国家财政贴息范围。

出台了《国家林业局关于调整人工用材林采伐管理政策的通知》，进一步推进了速生丰产林工程向前发展。

据不完全统计，在国家没有扶持资金投入的情况下，截至2002年底，全国重点地区速生丰产林基地建设完成造林面积36.9万公顷，完成投资12.8亿元，工程建设呈现良好的开端。2002年国家开发银行对广西高峰二期、福建青山、岳阳纸业、山东高唐等4个新建项目进行评估，造林规模29.3万公顷，计划贷款额度11亿元。

地方政府出台鼓励速生丰产林发展的优惠政策。工程启动后，一些地方相继出台了有利于速生丰产林发展的优惠政策。在国家很难在短时期内出台全国统一的税费标准等优惠政策的情况下，各地的政策对促进工程的发展具有重要意义，实现了新突破。例如，辽宁省政府发出了《关于加快发展商品林和非公有制林业的通知》，福建省政府出台了《关于印发福建省加快人工用材林发展的若干规定的通知》，广西壮族自治区人民政府《批转自治区计委财政厅林业局关于加快广西速生丰产林发展意见的通知》。

各类实施主体踊跃申报项目。一批大中型造纸、人造板等企业积极营造自己的原料林基地，踊跃申报项目。工程正得到越来越多的林业部门和木材加工企业的关注和积极参与。

社会各界投入速生丰产林建设，正在形成由部门办林业向社会办林业的转变。启动会的召开和局领导的有关讲话在社会各界产生了极大反响，进一步调动了木材加工利用企业、林业企业、非公有制企业、造林大户和外商等投资主体参加速丰林工程的积极性，全社会参加速丰林工程建设的局面正在形成。

（石　敏）

森林资源保护与林政管理

森林资源保护

森林病虫害防治

【国务院办公厅印发《关于进一步加强松材线虫病预防和除治工作的通知》】 2002年4月12日，国务院办公厅印发了《关于进一步加强松材线虫病预防和除治工作的通知》（国办发明电［2002］5号），要求各省（区、市）人民政府和国务院有关部门要进一步增强对松材线虫病预防和除治工作重要性和紧迫性的认识；切实加强松材线虫病疫区管理，加大疫区除治工作力度；坚持"预防为主，综合治理"方针，切实抓好松材线虫病预防工作；加大科技支持力度，提高松材线虫病预防和除治工作的科技含量；进一步增加资金投入，提高防治成效；并切实加强组织领导，明确防治责任。国办《通知》的发布，首次将松材线虫病预防和除治工作的责任明确落实到地方各级人民政府。 （吴　坚）

【国家林业局贯彻落实国办《通知》精神】 2002年4月12日，国务院办公厅《关于进一步加强松材线虫病预防和除治工作的通知》（国办发明电［2002］5号）下发后，国家林业局高度重视，积极贯彻落实有关精神，认真抓好松材线虫病预防和除治工作，坚决遏制松材线虫病扩散蔓延的势头，保护造林绿化和生态建设成果，主要开展了以下工作：

及时部署，落实预防和除治责任 2002年6月2～3日，国家林业局在重庆市召开了全国森林病虫害防治暨松材线虫病预防和除治工作座谈会，全国各省（区、市）主管森防工作的林业厅（局）长、森防站长及有关松材线虫病防治专家参加了会议。会议全面分析研究当前和今后一个时期全国松材线虫病乃至整个森林病虫害防治工作的重点并部署了任务。会议期间，国家林业局与全国各省（区、市）主管森防工作的林业厅（局）长签署了松材线虫病预防和除治工作责任状。会后，各省（区、市）林业厅（局）也与各有关地、市签署了责任状，将松材线虫病预防和除治的责任及任务落实到有关领导。

制定防治规范，强化调运管理 为了规范防治行为，国家林业局制定了《全国松材线虫病预防和除治工作实施方案》、《松材线虫病疫区和疫木管理办法》和《松材线虫病普查抽样检测办法》，对相关技术和做法做了明确要求和规定，下发了《国家林业局关于加强松科植物产品检疫管理的紧急通知》，加强了对松科植物及其产品调运的管理。这些文件的下发，进一步明确了当前全国松材线虫病预防和除治工作的指导思想、总体目标、分区治理的区划原则和治理对策。目前，各地分区治理的划定工作已基本结束，对于重点预防区都制定了重点预防方案。

加强督促检查，坚决杜绝人为传播 针对当前松材线虫病传播主要是人为活动引发的实际情况，国家林业局于2002年第四季度在全国范围内开展了以查处松材线虫病人为传播为主线的检疫执法大检查行动，通过集中执法行动，查处了一批违法违纪案件，进一步增强了全社会的森防意识和依法检疫意识，为森林植物检疫工作创造了良好的社会氛围。同时，对这次行动中所暴露出的森检机构在工作和执法中存在的一些具体问题，也提出了下步整改方案。为了加强对调运松科植物及其产品的复检工作，国家林业局要求从2003年1月1日起，调运应施检疫的森林植物及其产品的检疫证书，森检人员必须使用计算机办理，并利用森林病虫害防治检疫信息网络将附本信息发送到产品调入地，为及时复检创造条件。

加大疫情普查和鉴定工作力度 针对目前全国很

多地方的技术人员不能掌握疫情特征，导致疫情扩散的被动情况，国家林业局从加强培训工作入手，着力提高技术人员的素质。经过充分准备，在南京林业大学举办了松材线虫病普查和鉴定技术培训班，共有27个省（区、市）的70多位学员参加了培训。之后，各地也举办了不同层次的普查技术培训班。及早发现疫情是扑灭疫情、控制疫情传播的重要前提。为此，国家林业局狠抓了疫情普查和鉴定工作，要求松材线虫病发生区和重点预防区每年进行春、秋两季普查，一般预防区每年进行秋季普查，并将可疑标本及时送有关部门鉴定。

积极开展宣传活动 为进一步提高全社会对松材线虫病预防和除治工作重要性的认识，国家林业局于2002年8月在全国开展了以防治松材线虫病为主题的“森防宣传月”活动，利用各种宣传媒体和印发宣传材料等多种形式开展宣传活动。宣传月期间，国家林业局还在《中国绿色时报》开辟了“落实国办通知，抓好森防工作”的宣传专栏，集中报道松材线虫病等危险性森林病虫害防治工作的情况，介绍有关防治经验和基础知识等，并举办了松材线虫病防治知识竞赛活动，全国共有3万多人参加。（吴 坚）

【国家级森林病虫害工程治理进展】 2002年是松材线虫病、杨树天牛、红脂大小蠹、美国白蛾、松毛虫、森林鼠害等6个国家级森林病虫害治理工程实施和国家级中心测报点运行的第三年。在财政部的大力支持和项目区各级政府领导和有关部门的支持下，经过各级林业主管部门和森防战线职工的共同努力，国家级工程治理工作全面完成了年度目标和各项工程任务，起到了降低病虫发生面积、减轻危害程度、加大管理力度、提高整体防治水平的作用。国家级中心测报点全面运行，有效带动了地方各级测报点的工作和规范性管理，进一步体现了国家级工程的引导和示范作用。

根据国家林业局下达的2002年任务目标，6个工程全面完成年度任务，实现了年度目标。松材线虫病、杨树天牛、红脂大小蠹和美国白蛾等危险性病虫，通过全面加强监测工作，切实强化检疫，有效控制老疫区疫情的蔓延扩散，集中力量拔除新疫点和孤立疫点，逐步压缩疫点数量和疫区面积，初步实现可持续控灾的目标。松毛虫、森林鼠害发生面积大，地域广。通过有效保护天敌，增加生物多样性，采取综合技术手段，压低了虫（鼠）口密度，大幅度减轻了危害。6个工程合计防治面积158.1万公顷（次），清除虫害木456万株，拔除了一批疫点。

防治松材线虫病 松材线虫病防治效果明显，全国发生面积和病死树首次出现双下降。中国自1982年发现松材线虫病以来，历年一直是发生面积和病死树呈上升趋势，2002年秋季普查，发生面积与2001年同比减少近0.6万公顷；病死树数量减少70万株，如此大幅度减低发生面积和病死树数量，是从未有过的。2002年底，松材线虫病发生面积7.87万公顷（按小班统计）；病死树数量461.90万株。完成松林改造0.6万公顷，清除疫木370多万株并全部进行除害处理，采用白僵菌、肿腿蜂生物防治0.98万公顷，引诱防治0.83万公顷，化学药剂防治0.05万公顷。

防治杨树天牛 工程共完成治理面积7.18万公顷。其中：药剂防治3.79万公顷，清理虫害木74万株，伐根嫁接毛白杨12.4万株，修枝截干及剪虫瘿1.6万公顷，插毒签694.2万枝，捕杀成虫773.07万头，配置诱饵树及抗性树种518.17万株。青海省截获带天牛木材4车次，查获7批带天牛活体幼虫的苗木，乐都、循化县天牛新发生区疫情得到控制。黑龙江省天牛发生面积从年初的2.87万公顷下降到1.68万公顷。宁夏平均被害株率由35%下降到25%以下，虫口密度由6头/株下降到4.8头/株。甘肃省建立了14个工程治理示范区，并进一步完善。

防治红脂大小蠹 红脂大小蠹共完成防治面积23.04%万公顷（次），压缩疫区面积3.02万公顷，拔除15个疫点县（乡），清理枯死木12万株。其中，山西省防治面积6.6万公顷，拔除5个疫点县（局），压缩疫区面积2.2万公顷；河北省防治面积12.26万公顷（次），清理枯死木2万株；河南省防治面积2.3万公顷，拔除6个疫点县（乡），压缩疫区面积0.8万公顷，清理枯死木10万株；陕西省防治面积1.77万公顷，拔除4个疫点县（乡），压缩疫区面积0.026万公顷。

防治美国白蛾 美国白蛾2002年发生0.92万公顷，面积较预测偏高，且发生程度有所增加。工程区全年累计防治3.24万公顷，使用仿生农药67吨，释放白蛾周氏啮小蜂3.15亿头，使用杀虫灯340台，购美国白蛾诱芯96个。北京市区没有发现美国白蛾。

防治松毛虫 松毛虫工程设监测点4866个，监测面积428.4万公顷，监测覆盖率达89.1%。防治面积104.46万公顷。其中生物防治、仿生防治23万公顷，预防面积2.26万公顷，化学防治2.73万公顷，封山育林和林分改造73.8万公顷。生物、仿生防治率为80.9%，比2001年提高了14个百分点，无公害防治率达90.4%，化学防治率仅为9.6%，下降8.7个百分点。

防治森林鼠害 工程完成综合防治20.12万公顷，其中物理防治0.25万公顷，化学防治5.86万公顷，生物防治7.5万公顷，营林措施2.44万公顷，建立森林鼠害天敌控制区24处，围栏封育2.19万公顷，森林鼠害防治样板林29处。

与此同时，防治关键技术试验和推广取得了良好的成效。2002年安排了40万元用于松材线虫病诱杀技术、松材线虫病快速检测技术、松材线虫病疫木除害处理技术、松材线虫病监测及媒介昆虫控制技术、松材线虫病早期诊断技术、松线光特殊助剂研究、松线光包装瓶结构改造设计研究，通过一年工作，各项研究均取得一定进展。松材线虫病诱杀技术研制出具活性的固态引诱剂及配套悬挂诱芯装置，先后在浙江省和广东省6个试验点试验。浙江省试验表明，固态引诱剂有效释放期为75天，杭州市良渚镇试验表明，距诱源（固态引诱剂诱芯）60米（试验设计最远处）仍回收到释入标记的松褐天牛成虫。广东林科所研制出可批量生产的A-3引诱剂，与国内外同类产品相比，诱虫量大、诱集到的松褐天牛雌成虫比例大，既有孕卵的，又有未孕卵的。松线光包装瓶结构改造设计已接近成功，特殊助剂研究已能够显著改善阿维菌素产品的水溶性（阿维菌素几乎不溶于水）。取得了一定的进展。快速检测技术制备出抗松材线虫血清，经ELISA测定，抗血清10 000倍稀释依然具有很高的效价。湖南农业大学以显色剂测定病树与健树内不同的化学物质对显色剂的反应来判断松材感病与否，取得进展，只需30分钟即可出结果，在室外也可进行。松材线虫病早期诊断的生理生化学研究和松褐天牛成虫取食引诱控制技术研究获得优化的引诱剂配方，诱捕器类型和林间使用技术，与对照比较，诱捕器平均增效达78.36%。松材线虫病疫木除害处理技术利用虫线清药剂处理松材线虫病疫木木板，效果比较理想。松材线虫病早期诊断技术进行了黑松和马尾松松材线虫病病树的生物电的检测，黑松接种松材线虫20天后，生物电指标与对照相比有显著提高；而马尾松接种松材线虫20天后，生物电指标与对照相比，也有提高。

红脂大小蠹引诱剂有突破性进展，国内配制的比国外引进的成本大大降低，效果也好，受到普遍欢迎，2002年共使用5000个。松毛虫性诱剂、美国白蛾引诱剂在积极试验和应用中。森林鼠害工程大规模推广了生物杀鼠剂C-型肉毒素防治，取得很好效果。进行了克鼠安（D-型肉毒素）对沙鼠的药效试验，试验结果表明，克鼠安对沙鼠类防治效果达到96.65%。新疆查清了大沙鼠种群数量的变化、繁殖和为害等情况及鼠类天敌种类。吉林省进行了森林害鼠地理信息系统技术的研究。美国白蛾工程在唐山市乐亭县、滦南县开展频振式杀虫灯防治试验，杀虫灯使用情况良好。松毛虫在云南、四川、重庆、贵州推广新型烟雾机防治3万公顷。轻型飞机防治在福建、湖南共计作业78架次，防治0.52万公顷。毒绳、灯诱等安全手段分别在辽宁、四川、云南等省（区）防治6万公顷。

各地认真执行财政部发布的《林业病虫害防治补助费管理规定》，加强了工程专项防治经费的管理，做到专款专用。2002年，6个国家级工程安排了专项经费3980万元，其中，松材线虫病工程治理1280万元；杨树天牛570万元；红脂大小蠹470万元；美国白蛾400万元；松毛虫910万元；森林鼠害350万元。

在国家投入的拉动下，地方积极安排财政投入和投工投劳。鼠害工程治理经费共投入资金1000万元，其中，中央财政安排专项经费350万元，其余为地方投资及投工投劳。美国白蛾工程投入共611.3万元，其中中央投资400万元，地方投资221.3万元，其中北京100万元；天津121.3万元（市投资80万元，区县投资41.3万元）。松毛虫工程区共投入项目资金2490万元。其中：国家投入910万元，省级和地方投入1426万元，群众自筹245万元。山西省财政拨出240万元。陕西省延安市从市长专款中拨出50万元，韩城市政府拨专款5万元用于防治红脂大小蠹。河南省市县财政投入120万元，河北省市县各级财政投入245万元用于防治森林病虫害。　（吴　坚）

【全国森林病虫害防治检疫标准站建设】　近年来，各地按照《国家林业局关于开展森林病虫害防治检疫标准站建设的通知》（林造发［1999］66号）的要求，结合全国测报点建设、国家和省级主要病虫害工程治理区森防体系建设，大力开展森林病虫害防治检疫标准站建设，取得了显著成效。目前，全国已建成森林病虫害防治检疫标准站1262个，实现了国家林业局提出的到2003年在全国建成1000个以上标准站的阶段目标。　（吴　坚）

【林业有害生物检验鉴定中心成立】　2002年12月4日，国家林业局在中国林科院成立了林业有害生物检验鉴定中心。以为改变由于林业有害生物数量和种类急剧增加，危害日趋严重，在一些地方出现由于不能得到及时、准确的诊断和鉴定，无法提出相应的有效防治措施，而造成不同程度的经济损失和因贻误防治的最佳时机使有害生物迅速蔓延流行而难于控制的不利局面，适应当前形势和切实掌握与中国经贸关系密切国家森林有害生物的动态，提高中国病虫害防治的水平和科技含量。其主要职责是：承担中国林业有害生物的权威检验鉴定任务；承担林业有害生物疫情的风险评估工作；收集国外林业有害生物疫情信息，建立相应数据库，编辑国外林业有害生物疫情动态。该中心首批聘任科研单位、院校的有关森林昆虫、植物线虫、植物病害、病毒、病原真菌、检疫害虫危险性分析等专长的专家委员14名，开展权威检验鉴定。（王晓华）

【国家林业局防止外来林业有害生物入侵管理办公室成立】　为加强对外来林业有害生物的检疫管理，加强森防基础设施建设和基础研究工作，对已传入外来有害生物进行综合治理，坚决扭转中国外来有害生物严重发生的局面，促进中国生态环境的不断改善。国家林业局于12月28日成立国家林业局防止外来林业有害生物入侵管理办公室。其主要职责是：组织制定有关防止外来林业有害生物入侵的方针、政策、办法，并监督执行；组织制定防止外来林业有害生物入侵规划和防治方案；负责与有关部门在防止外来林业有害生物方面的协商与合作；组织开展防止外来林业有害生物普查、国际交流与合作；组织开展对外来林业有害生物的治理和风险评估工作。（王晓华）

【森林有害生物预警及控制对策研讨暨工作座谈会】 2002年10月13～14日，国家林业局造林司、森防总站、北林大共同召开了森林有害生物预警及控制对策研讨暨工作座谈会。参加会议的有质检总局、农业部、中国科学院、中国农业科学院、中国林科院及有关省（区、市）森防站、科研单位的代表。资源司、保护司、政法司、计资司、科技司也派员参加了会议。国家林业局副局长祝列克到会并作了讲话。会议还听取了质检总局、农业部、中国科学院、中国农业科学院、中国林科院等有关专家所作的关于外来有害生物对中国林业发展和生态建设构成的严重威胁的形势及预防、控制对策的专题讲座。

会议明确提出当前和今后一个时期，中国林业防止外来有害生物的总体思路是：以新时期林业工作基本思路为指导，紧紧围绕林业六大重点工程、五大转变和跨越式发展大局，贯彻"预防为主，综合治理"的方针，加强国内外合作与配合，建立进境植物及其产品的风险预警机制和监控体系，加强对外来有害生物的检疫管理，加强森防基础设施建设和基础研究工作，加强对已传入外来有害生物的综合治理，坚决扭转中国外来森林有害生物严重发生的局面，促进中国生态环境的不断改善。

根据这个总体思路，提出了当前的六项主要任务：

1. 切实加强基础研究工作，建立并完善进境植物及其产品的风险预警机制。

2. 加强外来有害生物的检疫管理工作，严把外来有害生物的传入关。

3. 加强早期预警工作，紧紧把握防范外来有害生物的主动权。

4. 切实做好已传入外来有害生物的治理，减少外来有害生物造成的损失。

5. 加强森防基础设施建设，提高防范外来有害生物入侵和危害的总体水平。

6. 加强协调配合，创造有利于防范外来有害生物入侵的环境。（王晓华）

【国家林业局进一步明确人造板检疫范围】 2002年5月13日，国家林业局办公室下发了《关于进一步明确人造板检疫范围的通知》，对今后全国人造板检疫范围进一步明确如下：

1. 运出疫情发生区的各种人造板的木质包装必须实施严格检疫。

2. 盖面（贴面）高密度纤维板（指密度超过每立方厘米0.8克）、盖面（贴面）中密度纤维板（指密度超过每立方厘米0.5克，但未超过0.8克）和盖面（贴面）低密度纤维板（指密度超过每立方厘米0.35克，但未超过0.5克）及浸渍纸层压木质地板（强化地板）暂不实施检疫，其他运出疫情发生区的各类人造板仍按规定实施检疫。（王晓华）

【加强松科植物产品检疫管理】 2002年6月20日，国家林业局下发了《关于加强松科植物产品检疫管理的紧急通知》（林发明电［2002］14号），明确提出，从2002年8月1日起，所有在中国境内调运的松科植物及其制品（含木质包装和电缆盘），都必须持有《植物检疫证书》，否则，按违章调运论处。

（王晓华）

【全国无检疫对象苗圃和森林病虫害防疫标准站确认】 2002年，经检查验收，国家林业局下发了《关于确认全国无检疫对象苗圃和全国森林病虫害防治检疫标准站的通报》，确认北京市温泉苗圃等93个苗圃为全国无检疫对象苗圃，天津市蓟县等397个森林病虫害防治检疫站为全国森林病虫害防治检疫标准站。

（王晓华）

【加强外来有害生物防范和管理】 2002年11月14日，国家林业局下发了《关于加强外来有害生物防范和管理工作的通知》。主要强调了9个方面内容：

1. 提高对外来有害生物危害严重性的认识，进一步增强防范和保护意识。

2. 积极组织监测普查，努力做到早发现早防治。要求护林员在做好护林的同时，认真履行好森林病虫害监测职责，发现病死树和新的有害生物，及时报告。

3. 完善引种检疫审批监管制度，严密堵塞外部入侵渠道。要求对可能携带重要危险性有害生物的寄主植物、目前我国没有的新品种植物、转基因植物以及天敌的引进，坚决执行先评估、后引进的制度。

4. 认真做好森林植物检疫工作，有效防止内部传播蔓延。对于省际间引进的种子、苗木要认真抓好试种工作。对于本地没有的苗木种类，要在做好风险分析评估工作的基础上，科学确定是否能够引进种植。

5. 积极推进工程治理，减轻危害损失。

6. 加强科学研究，提高防治科学水平。

7. 加强基础设施建设，提高防治能力。

8. 大力开展部门协作及国际合作交流，积极进行技术培训和社会宣传。

9. 切实加强组织领导，落实各项规章制度。

（王晓华）

野生动植物保护

【15 大野生动植物物种专项保护工程规划通过论证】 为更好地贯彻落实《全国野生动植物保护及自然保护区建设工程总体规划》，有效地拯救国家重点保护的野生动植物物种，按照国家林业局的统一部署，分别对大熊猫、朱鹮、虎、金丝猴、藏羚羊、扬子鳄、亚洲象、长臂猿、麝、普氏原羚、野生鹿类、鹤类、野生雉类、兰科植物、苏铁等 15 大物种编制了专项保护工程规划，以长期指导重点野生动植物物种及栖息地的保护、建设与管理。专项规划于 2002 年 10 月通过专家论证。专项规划在总体规划的基础上对有关建设内容等进行了细化，其目标是通过扩大、完善和新建自然保护区、禁猎（伐）区和野生动物种源基地及珍稀植物培植基地，使 15 大物种（类）的 90％野外种群及其栖息地得到有效保护；拯救一批濒临灭绝的国家重点保护野生动植物物种，恢复和发展珍稀物种资源，极大改善濒危物种的生存环境；初步完善相关物种的管理、科研和监测体系；建立健全野生动植物资源保护与合理利用的新机制，开创野生动植物保护事业的新局面。 （阮向东）

【全国陆生野生动物资源调查】 为摸清资源底数，以进一步采取措施加强野生动物保护，1995 年林业部在经过大量准备后，启动了我国第一次在全国范围内开展的陆生野生动物资源调查。开展如此大规模的野生动物资源调查，这在世界上也属首次，没有现成的方法和经验可以借鉴。这次调查，选择确定了生态作用关键、经济需求量大、国际较为关注、科研价值高且资源消耗严重的 252 种野生动物作为调查对象，其中国家重点保护野生动物 152 种，非国家重点保护野生动物 100 种。调查工作做到了领导重视、组织落实、措施得力、技术规范、人员到位，历时 7 载，于 2002 年全面完成各项调查任务，《全国陆生野生动植物资源调查成果报告》顺利通过专家论证。据统计，全国常规外业调查共投入76 000多个人月，共完成调查样带 5.6 万多条，样方、样点近 3.6 万多个，样线 6.2 万多条，常规调查覆盖面积约 660 万平方千米，中央财政投入和各级配套资金累计投入 1.36 亿元。全国陆生野生动物资源调查的胜利完成，是我国野生动物保护史上的又一个里程碑。通过这次调查，掌握了资源本底，积累了调查经验，培养和锻炼了技术队伍，为今后强化资源监测和资源管理打下了坚实的基础。 （阮向东）

【全国重点保护野生植物资源调查全面结束】 为切实加强野生植物资源保护，推动我国野生植物资源的保护管理工作走上规范化、科学化和法制化轨道，根据《野生植物保护条例》关于“野生植物行政主管部门应当定期组织国家重点保护野生植物和地方重点保护野生植物资源调查，建立资源档案”的规定，在国家财政部及有关部委的大力支持下，国家林业局于 1996 年在全国范围内组织开展了全国重点保护野生植物资源调查。本次调查选取了受威胁程度较大，濒危程度较高的 189 种野生植物，调查内容主要包括野生植物的分布、种群数量、生境状况、开发利用状况及其受威胁因子等。如此大规模的野生植物资源调查在我国尚属首次，为保证调查的顺利开展，国家林业局采取了系统化、层层负责的组织形式，建立了自上而下严密的组织管理体系，组建了强大的专家系统和专业调查队伍，并在充分借鉴多学科理论和方法的基础上，采用了符合我国国情和资源分布特点的调查方法。整个调查历时 6 年，于 2002 年全面完成《全国重点保护野生植物资源调查报告》并已通过专家论证。调查遍及全国除港、澳、台的 31 个省（区、市），调查规模与投入力度堪称建国以来之最。据统计，全国约有 300 余名专家和 3400 多名专业技术人员直接参与了本次调查，全国累计投入调查经费约 3500 万元，共完成各类调查样方26 500多个，勾绘调查用图 3300 多张，采集调查对象植物标本 8200 余份，拍摄植物花、果枝特写、全株及生境照片 2 万多张，极大地增强了调查成果的可靠性。通过这次调查，基本掌握了资源本底，积累了调查经验，培养和锻炼了技术队伍，为今后强化资源监测和资源管理打下了基础。 （王春玲）

【国家林业局全面加强红豆杉资源保护管理】 为切实加强野生红豆杉资源保护，扶持红豆衫的人工培育和基地建设，促进资源增长和产业发展，国家林业局于 2002 年 12 月 8 日以林护发［2002］287 号文件下发了《国家林业局关于加强红豆杉资源保护管理工作有关问题的通知》。《通知》规定，要切实加强野生红豆杉资源的保护，一律停止受理采集野生红豆杉枝条或采伐野生红豆杉直接用于商业性生产紫杉醇或其他产品的申请。因科学研究、人工培育、文化交流等特殊需要，采集野生红豆杉的，应严格按《野生植物保护条例》及相关规定，报国家林业局批准，严禁超范围和超量采集或采伐。各级林业主管部门要根据本区域野生红豆杉资源状况，研究制定野生红豆杉保护专项措施，特别是野生红豆杉集中分布的地区，积极划建自然保护区、保护小区或保护点。国家林业局驻各有关（省）区森林资源监督专员办事处要加强对红豆杉资源保护管理的监督。《通知》要求进一步规范采集野生红豆杉枝条的行为，对因人工培育资源目的需要采集野生红豆杉枝条的，应向国家林业局提出申请，并严格限制采穗圃建设，同时对母株选优等野生枝条采集和扦插作业标准、扦插剩余物处理以及采集活动监督管理等均做了明确规定。要开展红豆杉资源经营加工企业清理，调查掌握加工企业基本情况及其红豆杉原料来源，对依赖野生红豆杉资源从事加工经营的企业，在未解决人工培育原料前，一律停止其加工经营紫杉醇或其他红豆杉产品的行为；对其行为触犯刑律的，应移交司法机关追究刑事责任；对具备技术能力、经营管理规范、有稳定的人工培育原料来源的，报经省级林业主管部门按有关规定办理。要强化紫杉醇及其他红豆杉产品的出口管理，严格审核申请出口紫杉醇及其他红豆杉产品的原料来源，经国家林业局或其授权机构批准并取得国家濒危物种进出口管理办公室核发的允许出口证明书后，申请单位方可凭允许出口证明书办理出口报关、报检手续。要提高认识，加强领导，加大保护宣传和执法监督力度，依法严厉打击破坏红豆杉资源的违法犯罪行为。

（王春岭）

【全国野生动植物进出口管理工作会议】　2002年1月30～31日，国家濒管办在海南省海口市主持召开了第一届全国野生动植物进出口管理工作会议。会议对2001年野生动植物进出口管理工作进行了回顾总结，对2002年的进出口管理工作进行了部署。国家林业局副局长、国家濒管办主任马福出席会议，并提出野生动植物进出口管理要履行“双重职责”、发挥“两大功能”、实现“两个转变”的发展思路，为我国野生动植物进出口管理实现跨越式发展明确了方向。

（张志忠　张　旗）

【全国濒危野生动植物进出口管理体系建设工程】　根据《全国野生动植物保护及自然保护区建设工程总体规划》要求，国家濒管办在分析濒危野生动植物进出口管理现状和履约工作的基础上，制定了《全国濒危野生动植物进出口管理体系建设工程》。通过对体系建设条件、方案设计和效益分析，论证了全国濒危野生动植物进出口管理体系建设工程建设的可行性、紧迫性、必要性，并就重点建设工程的项目内容、规模档次、设备类型和数量、投资估算、效益分析评价进行了详实的论证。工程实施至2010年，将实现管理机构办公网络、自动化，建立起一支高素质的专业管理队伍，形成一个比较完备的组织体系，增强全民野生动植物保护意识，提高野生动植物执法鉴定能力和技术水平，推动野生动植物进出口管理工作的跨越式发展，树立我国良好的履约国际形象，为全国野生动植物保护及自然保护区建设工程总体规划的顺利实施提供保障。

（张志忠　张　旗）

【国家濒管办开展“四大检查”】　按照年初召开的全国野生动植物进出口管理工作会议精神，国家濒管办在全国开展了“证书、财务、收费、进口免税”四大检查工作。分两个检查小组对国家濒管办的9个收费办事处开展了“证书、财务、收费”检查，从制度建设入手，严堵办事处财务、收费及证书使用中的漏洞，进一步强化办事处管理，推动办事处制度、作风、廉政建设，提高办事处队伍的战斗力。同时，分3个检查小组，对全国15个省、46个单位的进口非盈利性种用野生动植物的执行情况进行了检查，全面了解和掌握种用野生动植物审批进口后的去向、用途及人工繁殖（培植）的实际状况，进一步强化进口免税野生动植物的后期管理工作，完善审批制度，推动规范化管理。

（张志忠　张　旗）

【野生植物人工培植场登记备案试点工作】　为认真贯彻执行《野生植物保护条例》“加强保护、积极发展、合理利用”的方针，履行濒危野生动植物种国际贸易公约对野生植物人工培植场登记注册的决议要求，国家濒管办会同国家林业局保护司于2002年在福建省开展了野生植物人工培植场登记备案试点工作。通过对野生植物人工培植场登记备案，确实解决在野生植物进出口管理中对野生来源和人工培植来源野生植物目前在技术上鉴别困难的问题，为进一步实施对野生植物和人工培植植物的分类管理政策提供基础。同时通过建立数据库对人工培植场进行信息系统管理，强化对野生植物进出口的科学化和规范化管理水平，提高进出口的审批质量和审批效率，促进人工培植企业发展。试点工作为在全国开展野生植物人工培植场登记备案提供了成功经验。　（翟保国）

【“候鸟行动”】　针对一些不法犯罪分子利用候鸟迁徙规律，在候鸟停歇地和栖息地肆意张网捕鸟、投药毒鸟的严重情况，为切实保护我国的鸟类资源，国家林业局于2002年12月16～25日在全国14个省(市)组织开展了严厉打击破坏鸟类资源违法犯罪的集中统一行动——“候鸟保护行动”。这次行动，极大地震慑了犯罪分子，保护了鸟类资源，取得了重大战果。在10天内，共出动森林公安警力41 625人次，清理宾馆饭店等场所16 385处、各种农贸鸟类市场3374个，处理各种违法分罪人员2743人，收缴各种鸟类活体107 968只，其中国家重点保护鸟类1223只，收缴鸟类制品9403.17千克，收缴枪支猎具等6924件。

（斯　萍）

【大熊猫保护工作】　2002年，大熊猫繁育继续取得进展，全年全国共繁育成活大熊猫8只，使大熊猫人工繁育总数达到150只。为提高大熊猫项目管理的科学化、规范化和制度化，建立了大熊猫保护项目征集制度，在国内外共征集项目189个。为期3年的全国第三次大熊猫调查内外业工作基本结束，了解和掌握了大熊猫种群、栖息地分布等基本情况。组织完成全国大熊猫保护工程建设规划的修改完善。建立了内地与香港大熊猫合作渠道和机制，促进了两地合作顺利进行。指导完成与美国、奥地利和泰国有关大熊猫合作研究和赠送协议的签署，理顺了与美国合作开展大熊猫繁殖研究的协调和沟通机制。 （刘德望）

【中日两国合作繁育的第一批朱鹮幼鸟返还中国】 2002年3月，3只朱鹮幼鸟在中日两国管理人员和技术人员的精心陪护下，经长途飞行后于当晚安全运抵北京。

朱鹮是世界上最濒危的涉禽，历史上曾广泛分布于中国、日本等东亚国家，由于人为活动的干扰，种群数量急剧下降。至20世纪80年代，朱鹮已相继在俄罗斯远东地区和朝鲜半岛绝迹，在我国和日本野外朱鹮分别仅剩7只和5只。我国政府对拯救这一珍贵濒危物种十分重视，原林业部和陕西省人民政府于1983年在陕西洋县建立了陕西洋县朱鹤保护观察站，于1991年建立了朱鹮饲养繁育中心，以加强对朱鹮野生种群的监测，改善其栖息地环境，进行朱鹮人工繁育，实施朱鹮专项拯救工程。通过上述努力，有效保障了朱鹮野生种群的稳定、恢复和发展，人工繁育研究也取得了突破性进展。截至2002年底，我国朱鹮总数已由最初发现的7只增加到380只，正逐渐摆脱灭绝的危险。2001年全国野生动植物保护和自然保护区建设工程启动，朱鹮被列入该工程优先物种，以从重点强化现有野外种群保护、改善栖息地条件、扩大繁殖和异地建立人工繁育种群等方面进一步推进朱鹮保护，直至异地放归自然，最终实现朱鹮种群的稳定、安全和可持续发展。目前，部分项目已正式进入实施，进展顺利。

日本曾是朱鹮的主要分布国，日本人民对朱鹮有着极其深厚的感情。但由于种种原因，至20世纪90年代中期，日本朱鹮仅剩一只，且失去繁殖能力。中国人民十分理解日本国政府和人民对朱鹮的关爱之情，1998年，江泽民主席访问日本期间，代表中国人民向日本人民赠送了一对朱鹮“友友”和“洋洋”，充分表达了中国人民对日本人民的深厚友谊。2000年，为进一步推动中日两国间的友好往来，加强野生动物保护合作，鉴于日方朱鹮面临的繁殖配对问题，朱镕基总理在访日期间，再次向日本提供了一只朱鹮“美美”。这些朱鹮没有辜负中日两国人民的殷切期望，在中日两国专家的悉心呵护下，现已繁殖成活了14只朱鹮个体，成功地建立了新的人工繁殖种群。这既是中日两国在朱鹮保护合作中相互支持取得的重大成果。按照中日双方达成的协议，朱鹮“美美”繁殖的幼鸟按1、3、5……顺序应送返中国。本次接返的是中日两国共同繁育的第一批朱鹮两只幼鸟，考虑到目前我国朱鹮人工繁殖种群的具体情况，这两只朱鹮将用于调剂北京动物园朱鹮种群血缘，以优化其遗传结构。在本次中日朱鹮合作繁殖成功的基础上，中日双方今后还将进一步加强朱鹮保护合作，促使朱鹮种群不断扩大，最终得以恢复和发展。 （张德辉）

【中英南签署华南虎保护协议】 为有效保护中国虎，国家林业局已将保护和扩大中国虎的栖息地、增加野外种群数量、改善饲养种群的遗传条件、开展野化放归研究等列为全国野生动植物保护及自然保护区建设工程的重点项目。由于近20年来没有在野外发现过中国虎的活体，因此，野化放归人工繁育个体、扩大野外自然种群，已成为拯救中国虎的必然选择。

目前，我国还没有掌握虎的野化放归技术和方法，现行的一些野化尝试都没有达到预期的目标，制约了中国虎种群的恢复与发展。为此，野生动植物研究与发展中心根据国家林业局的部署，于2001开始对南非孟加拉虎野化放归项目进行了认真的考察和研究，并通过英国拯救中国虎基金会与和南非孟加拉虎野化机构建立了联系。英国拯救中国虎基金会和南非孟加拉虎野化机构十分赞赏我国政府为保护中国虎所做出的努力，愿意提供技术和资金帮助野化训练人工繁育的中国虎并在我国的适宜地点建设中国虎野外放归区，建立具备自我维持能力的中国虎自然种群。

经过3方近一年的友好协商，中国国家林业局野生动植物研究与发展中心与南非中国虎项目中心和英国拯救中国虎基金会就开展中国虎野化放归项目合作一事达成了共识，并于2002年11月26日签署了合作框架协议，确定了合作目标和合作内容。

合作目标 采用南非方野化孟加拉虎的技术与方法对人工繁育的中国虎幼虎进行野化训练，逐步提高中国虎的野外适应和自我维持的能力。

在中国虎的原分布区域选择具有良好的自然植被和丰富的野生动物群落及适合中国虎栖息和繁衍的地点，建立中国虎野外放归实验区。

以完成野化训练的中国虎为基础，在放归实验区建立能够自我维持和发展的中国虎野外种群。

借鉴南非野生动物保护发展模式，开展以中国虎为主题的生态旅游，引导放归地经济实现可持续发展。

合作内容

开展中国虎野化及野外适应性研究 采用南非野化孟加拉虎和其它大型猫科动物的技术和经验，训练和野化人工繁育的中国虎个体，使其恢复野外捕猎的能力并逐步适应野外生存的环境。

培训中方中国虎项目管理人员 中方选派人员赴南非接受野生动物种群管理、生态旅游、野外向导、

营地管理以及与中国虎野化有关的专业培训。培养一批了解中国虎野化技术并具有一定实际经验的中方综合管理人才。

选择适宜中国虎放归的地点，建设中国虎放归实验区　在中国寻找适合中国虎栖息和野外放归的地点，划建中国虎野外放归实验区。逐步恢复自然植被和生物多样性，使本地野生动物能够在野生状态下自由生存和繁衍，捕食者和猎物在自然状态相互影响。

建立具有自我生存能力的中国虎野外种群　以完成野化训练并具备野外生存能力的中国虎个体为基础，在野外放归实验区内自由捕猎和繁衍，逐步形成中国虎野外种群。

以中国虎项目促进生态保护实现可持续发展　通过拯救中国虎项目产生的影响，利用野外放归区建设提供的就业岗位和开展生态旅游潜在的商业前景，引导项目区掌握从中国虎保护项目中获取利益的方法，探索中国虎保护与地方经济可持续发展的模式。

（斯　萍）

【2002年中国6个自然保护区被批准加入东北亚鹤类网络】　东北亚鹤类保护网络是在《亚太迁徙水鸟保护战略：'1996～2000》的倡议，在亚太地区成立了以促进鹤类及其栖息地保护管理水平为宗旨的网络联合体，旨在鹤类网络的支持下，所有工作组成员定期举行国际会议，通过分布国间的信息交流，促进各国的鹤类保护工作和国家间的合作交流。目前，鹤类网络成员国家包括中国、日本、韩国、朝鲜、俄罗斯、蒙古6个东北亚鹤类分布的国家。2002年，中国在继原有的兴凯湖、黄河三角洲、江苏盐城和鄱阳湖4个鹤类网络成员保护区的基础上，又有三江、扎龙、向海、双台河口、升金湖和贵州的草海6个保护区批准正式成为东北亚鹤类网络成员，使我国的鹤类网络成员保护区增加到10个，将有利地促进我国鹤类保护管理水平的提高。

（张德辉）

【中俄伊哈4国合作的白鹤GEF项目中国项目区工作启动】　2002年10月，由联合国环境规划署、野生动物迁徙物种保护公约秘书处和国际鹤类基金会及中国、俄罗斯、伊朗、哈萨克斯坦共同申请的全球环境基金项目——亚洲白鹤及其它迁徙水鸟所需湿地和迁徙路线网络的建设（简称白鹤GEF项目）项目经全球环境基金总部正式批准。

该项目全项目将历时6年，总金额为1000万美元。该项目的主要目标是保护白鹤和其他迁徙水鸟及其赖以生存的生态环境，建立可持续性的具有生态整体性的网络。这一项目的工作将通过网络地点、国家和地区等3个层次来进行。网络地点层次的目标将通过在白鹤栖息地的管理活动中开展合法保护、管理计划、利益相关者参与、能力建设、公共保护意识和替代产业等项目的实施来实现。以上活动将得到国家级措施的支持，如加强立法、制定政策和计划，地区规划中包含生物多样性的内容和监测，开展国际合作，培训，教育和提高大众保护意识等活动。地区层次侧重于地点网络的建设，将以白鹤作为栖息地和迁徙水鸟保护的旗舰物种，在白鹤出现的地区通过提高公众的保护意识和白鹤保护的整体水平，带动整个区域水鸟生态环境的改善。

中国是白鹤的重要分布国，在整个项目中地位最为重要。通过项目的实施，中国项目区内项目包括黑龙江的扎龙、吉林的向海和莫莫格、内蒙古的科尔沁、江西的鄱阳湖5个国家级自然保护区的保护和管理水平将得到全面提高，有利地促进全球白鹤及其它迁徙水鸟的保护工作。

（张德辉）

【淡水龟鳖类保护和贸易国际研讨会】　为加强对亚洲地区淡水龟鳖类的保护和贸易控制，国家濒危物种进出口管理办公室和濒危野生动植物种国际贸易公约秘书处于2002年3月25～28日在云南省昆明市联合召开了淡水龟鳖类保护和贸易国际研讨会。来自公约动物委员会、中国、美国、德国、柬埔寨、印度、印尼、马来西亚、缅甸、巴基斯坦、巴布亚新几内亚、泰国、新加坡、越南等国的公约管理机构或科学机构以及非政府组织（世界野生物贸易调查委员会、国际保护组织等）共50余名代表参加了会议。

会议期间各国代表陈述了各自关于淡水龟鳖保护、立法、贸易和繁殖情况。并重点讨论了在执法和贸易控制、履行《公约》事务、能力建设需求等方面的问题。会议呼吁应尽快将所有亚洲淡水龟鳖类的物种列入公约附录，积极采取措施规范和管理附录所列物种的贸易活动，并将有关结论和建议向动物委员会报告。

（史蓉红）

自然保护区建设

【全国林业系统自然保护区工程建设】　自2001年12月全国野生动植物保护及自然保护区建设工程实施以来，国家加大了自然保护区基本建设投资。根据《国家计委关于下达2002年森林保护项目中央财政预算专项资金（国债）投资计划的通知》（计投资［2002］1665号）精神和《国家林业局关于下达了

2002年野生动植物保护及自然保护区建设项目中央财政预算体系内专项资金投资计划的通知》(林计发[2002] 227号)有关内容，2002年对40处国家级自然保护区建设总共投资18 108万元，主要用于自然保护区的保护站点、界碑标桩、围栏、瞭望塔、标本馆和科研、监测、宣教等基础设施设备建设。使保护区的基础设施设备能够得到进一步改进，进而强化保护管理力量，加大保护区的保护力度，为有效保护保护区自然资源和自然环境奠定了良好的基础。

(刘洪平)

【国家林业局表彰全国自然保护区先进集体和先进个人】 为了表彰先进，树立典型，加快自然保护区事业的发展进程，国家林业局决定授予北京延庆县林业局等67个单位全国自然保护区先进集体荣誉称号，授予刘玉金等119位同志全国自然保护区先进个人荣誉称号，并颁发奖牌、奖章和证书。这些被表彰单位的领导班子精诚团结、积极进取，保护区能够严格执法、严格管理，积极开展生物多样性保护、社区共管和宣传教育等活动，使自然保护区的各项保护目标得到落实。这些被表彰的同志多年来，能够在极其艰苦的条件下，克服重重困难，不畏艰险、团结奋斗、爱岗敬业，为我国自然保护区事业的发展和管理作了突出贡献。国家林业局要求各级林业主管部门及从事自然保护区管理和建设的广大干部职工，要以先进集体、先进个人为榜样，为不断提高我国自然保护区建设和管理水平作出新的贡献。 (李　忠)

【全国自然保护区建设和管理工作会议】 为进一步提高全国自然保护区的管理质量，加快全国林业系统自然保护区的建设步伐，推动全国野生动植物保护和自然保护区建设工程的实施，更好地发挥自然保护区在国家生态建设和生物多样性保护中重要作用，国家林业局于2002年12月17～18日在广州市召开了全国自然保护区建设和管理工作会议。这次会议主要分析了当前全国自然保护区的发展形势，总结了自然保护区建设和管理工作的经验和教训，制定了今后保护区建设和管理工作的方针，部署了保护区建设和管理工作的任务；会议还交流了各地在自然保护区管理建设工作中取得的先进经验，表彰了一批全国自然保护区先进集体和个人，并为国务院2002年批准晋升的国家级自然保护区颁发了铭牌。国家林业局副局长马福出席了会议并作了题为《与时俱进、开拓创新，努力把我国自然保护区事业推向新阶段》的讲话。

(李　忠)

【国务院批复13处林业系统国家级自然保护区】 2002年7月22日，林业系统13处省级自然保护区通过国务院审定，被批准晋升为国家级自然保护区，其分别是河北小五台山国家级自然保护区、吉林天佛指山国家级自然保护区、黑龙江挠力河国家级自然保护区、江西武夷山国家级自然保护区、湖南炎陵桃源洞国家级自然保护区、广东象头山国家级自然保护区、广西大明山国家级自然保护区、海南尖峰岭国家级自然保护区、四川王朗国家级自然保护区、四川白水河国家级自然保护区、西藏察隅慈巴沟国家级自然保护区、甘肃民勤连古城国家级自然保护区和宁夏罗山国家级自然保护区。这些自然保护区具有很高的生物多样性、物种和生境的稀有性、典型性和代表性，在保持水土、调节气候、维持生态系统量性循环等方面具有重要价值。将这些自然保护区晋升为国家级自然保护区，将进一步推动我国自然保护区建设事业的发展，对促进生态环境建设和经济社会可持续发展具有重要意义。 (武立磊)

【林业系统自然保护区建设】 随着全国野生动植物保护和自然保护区建设工程的顺利实施，我国自然保护区建设事业取得长足发展。2002年，全国林业系统新建各种自然保护区249处，总面积358.94万公顷，使全国林业系统建立和管理自然保护区达到1405处，总面积为1.09亿公顷，占全国国土面积的11.35%。经国务院批准林业系统新增国家级自然保护区13处，林业系统国家级自然保护区达到134处，面积0.506亿公顷，占林业系统自然保护区总面积的46.4%，占国土总面积的5.27%。内蒙古达赉湖国家级自然保护区被联合国教科文组织批准为世界生物圈保护区，使我国加入国际人与生物圈保护区网的自然保护区达到22处。 (武立磊)

【国家林业局批复国有森工系统11处省(部)级自然保护区】 东北国有林区资源丰富，具有很高的生物多样性和生态环境的典型性、代表性、稀有性，在涵养水源、保持水土、净化空气、防风固沙等方面具有重要的生态价值和社会价值。随着林业六大重点工程的相继实施，东北林区在野生动植物保护和自然保护区建设方面的意识大大增强，建立自然保护区的积极性也逐步提高。2002年，内蒙古、龙江、大兴安岭森工(林业)集团公司上报了建立内蒙古阿尔山等14处省(部)级自然保护区的请示。为了进一步加强东北国有林区自然资源和自然环境的保护，国家林业局下发了《国家林业局关于同意建立内蒙古阿尔山等11处省(部)级自然保护区的批复》(林护发[2002] 204号)文件，同意建立内蒙古阿尔山、内蒙古满归阿鲁、黑龙江小兴安岭天然樟子松林、黑龙江库尔滨河湿地、黑龙江翠北、黑龙江南北河、黑龙江岭峰、黑龙江双河、黑龙江多布库尔、黑龙江北极村、黑龙江绰纳河等11处省(部)级自然保护区。同时要求保护区成立以后，必须按照国家有关法律法规进行建设和管理，要健全保护区机构，充实保护区人员，落实保护区经费，完善保护区林地权属等，做

好保护区各项工作。（刘洪平）

【自然保护区可持续发展管理研修班】 为进一步加强我国自然保护区管理人员的能力建设，提高保护区建设的管理水平，更好地发挥林业系统自然保护区在实施国家生态建设和可持续发展战略中的重要作用，2002年7月28～30日国家林业局野生动植物保护司和中国生物多样性保护基金会在新疆乌鲁木齐市联合举办了第七期自然保护区可持续发展管理研修班。研修班采取专家报告与案例分析和考察相结合的方式。邀请专家介绍我国自然保护区的管理模式，从生物多样性保护、社区共管、生态旅游等方面阐述可持续利用的意义和作用，并向学员介绍国内外保护区的情况。参会人员对中国特色的自然保护区管理模式进行了充分的讨论。参加此次研修班的全部为新疆各级自然保护区行政管理部门、自然保护区的有关人员和从事保护区教育宣传的教师及记者近，共计70人。

（郭红燕）

【第九届海峡两岸自然保育研讨会在台湾召开】 2002年3月19日，国家林业局会同东亚自然保护监测研究中心、建设部、国家环保总局、国家海洋局等单位赴台湾，与台湾自然保育研究中心一道共同召开了第九届海峡两岸自然保育研讨会。大陆有关省（区、市）的自然保护区管理部门的负责人，科研院校和自然保护区的专家、学者和管理工作者，以及台湾有关方面的管理人员、科研人员和国家公园的工作人员参加了会议。会议交流了两岸自然保护区（国家公园）在规划设计、资源调查、行政管理、公共宣传和社区建设等方面的工作情况和有关技术、方法。这次会议对共同进一步做好海峡两岸生物多样性保护，加强自然生态体系建设，提高自然保护区（国家公园）的管理，促进海峡两岸自然保护领域的交流与合作有着重要意义。（李 忠）

【湿地生态保护教育考察组赴美考察】 根据《中美自然合作议定书附件八》，国家林业局湿地生态保护宣传教育考察团一行4人于2002年11月4～18日，前往美国执行湿地生态保护教育考察任务。在美期间，与美国鱼和野生动物管理局以及该局设在亚特兰大的东南区域管理局的官员、美国大自然协会总部的有关人员进行了座谈，参观考察了位于佐治亚州和佛罗里达州的美国鱼和野生动物管理局下属的湿地调查中心、美国内政部的地理调查所、OKEFONOKEE、LOWER SUWANNEE、BOND SWAMP、PIEDMONT等国家管理的国家级自然保护区、CLAYTON县水资源局出资建立的县级湿地保护区等湿地、森林和野生动物类型的自然保护区，就湿地、自然保护区的宣传和环境教育工作进行了交流。

这次在美国虽然只考察了两个州的自然保护区和相关研究机构，但考察内容丰富，学习到了许多美国自然保护区管理方法，了解了美国有关湿地保护和自然保护区方面的宣传和环境教育现状，为我国将来的管理提供了许多值得借鉴的经验。

美国的自然保护区建立时间长，历史悠久，法律、法规健全，保护区自上而下已形成规范的管理体系。美国的一些做法值得借鉴，比如：健全的保护区管理体系和行动法案；明确的部门和保护区管理职责分工；自然保护区土地均为国有；按主要保护对象实行分类指导和分类管理；根据保护物种的变化分年度开展动态管理；坚持保护第一、注重合理利用的宗旨；强调对公众的宣传和教育；科研、监测直接为保护区管理和合理利用服务；建设管理资金纳入国家财政预算；统一保护区人员服装和标牌（章）等。

（郭红燕）

【湿地保护】

组织实施湿地保护恢复工程 2002年完成了20多个湿地示范专项工程可研报告和湿地保护规划的编制。已批复开展了乌梁素海湿地生态保护示范项目、江西宣教中心等8个建设项目；重点启动了内蒙古达赉湖、黑龙江扎龙国际重要湿地监测站点工程。针对湿地保护重点项目组织进行研究，湿地保护和恢复的适用技术有了新突破，形成了项目科技支撑体系。并按照“慎用钱”的要求督查，确保工程建设科学规范地按程序进行。

组织编制全国湿地保护工程规划 遵照国务院领导指示，组织编制了全国湿地保护工程规划。初稿已征求了各部（委、局）的意见，修改后及时上报国务院审批。规划到2030年使全国湿地保护区达到718处，国际重要湿地达到80处，使90%以上天然湿地得到有效保护；在全国范围内恢复湿地116.5万公顷，建成53处国家湿地保护与合理利用示范区；完成3处重点湿地保护区域的移民工程；建立比较完善的湿地保护、管理与合理利用的法律、政策和监测科研体系。

完成全国湿地资源调查工作 历时6年的全国湿地资源调查工作基本结束，这是我国第一次全面开展的湿地资源调查。调查基本摸清了我国湿地资源底数，为形成未来全国湿地调查规程和建立湿地资源监测体系打下了基础，对有序推进全国湿地保护工程和宏观决策具有重要意义。

认真履行《湿地公约》 2002年1月11日，我国有14块湿地成功地新申报为国际重要湿地，为此世界自然基金会为国家林业局局长周生贤颁发献给地球的礼物荣誉证书，表彰中国政府在湿地保护方面所作出的杰出成就。8月在约翰内斯堡世界可持续发展峰会期间，湿地公约局还专门举行记者招待会，向国家林业局颁发了《国际重要湿地名录认可证书》。5月，国家林业局向公约局提交了《1997～2002年中国履行湿地公约国家报告》，全面反映了我国的湿地保护工作。11 月，国家林业局牵头与外交部、水利部和国家环保总局一起派代表组成出席第八次缔约方大会中国政府代表团，参加了在西班牙瓦伦西亚召开的公约第八次缔约方大会，圆满完成各项任务，本次大会是公约新世纪的第一次缔约方大会，大会共通过了 46 个决议，对全球湿地保护具有重要指导意义。

积极开展国际合作与交流 2002 年，为了工程实施营造良好的外部环境，争取更多的资金和技术支持，国家林业局加强了国际合作与交流。8 月，在乌鲁木齐召开了喜马拉雅地区高原湿地国际研讨会，形成关于高原湿地保护的决议（草案），并提交湿地公约第八次缔约方大会讨论。9 月举办了南京国际湿地学术研讨会，就湿地功能、湿地生物地理化学和水文学、森林湿地、湿地恢复等进行了讨论。继续指导的国际援助项目进展顺利。这些活动加强了国际社会对我国湿地保护管理的关注，也提高我国湿地保护管理水平。

强化湿地保护宣传工作 2002 年，为了庆祝 2 月 2 日“世界湿地日”，国家林业局保护司与中央电视台联合录制了《湿地畅想曲》专题节目，《人民日报》、《光明日报》、《中国绿色时报》等专题报道中国湿地保护。与中央电视台联合制作的《世界屋脊的湿地》等系列宣传片，收到了很好的社会效果；通过《中国绿色时报》、国家林业局网站以及保护司湿地处组织制作的中国湿地网，及时准确宣传了 11 月在西班牙召开的湿地公约第八次缔约方大会，引起了极大的反响。加强了中国湿地网运行规范，已经成为我国湿地保护工作权威信息的窗口；《湿地公约履约指南》自发行以来，社会反映良好；翻译、出版《中国湿地保护行动计划》的英文版将陆续发至有关单位。此外，《中国湿地》英文版已经完成，这是中国首次以官方的形式正式介绍湿地保护的工作情况，在 2002 年的湿地公约第八届缔约方大会上引起较大的反响。

（鲍达明）

森 林 防 火

【森林防火综述】 2002 年，全国共发生森林火灾 7527 起，受害森林面积47 631公顷，因森林火灾伤亡 98 人。与 1998～2001 年同期平均值相比，森林火灾次数上升了 27.5%，受害森林面积和人员伤亡分别下降了 19.8% 和 55.3%，森林火灾受害率为 0.3/1000，低于 1/1000 的世界平均水平，森林防火工作取得较好成绩。

2002 年，国家林业局把森林防火作为维护社会稳定、促进经济发展、确保人民生命财产安全的一件大事来抓。一是多次召开局党组会议并两次召开全国森林防火工作会议专题研究部署森林防火工作，提出措施要求。二是先后派出 8 个工作组深入基层检查防火工作，狠抓了行政领导负责制“五条标准”的落实。三是增加投入，对 38 个全国重点火险区建设项目进行了审批，着力提高老火险区森林防火综合能力。四是认真做好火灾预测预报工作，两次邀请专家分析森林火险形势，加大林火卫星监测力度，向各地通报并核查热点 3335 个。五是加大森林防火宣传力度，在《中国绿色时报》开辟专栏和编发专版，编写了《勇战火魔奏凯歌——内蒙古北部原始林区“7·28”雷击火扑救纪实》一书，重新设计了中国森林防火徽标。六是表彰奖励了 1998～2000 年度全国森林防火工作先进单位、先进个人，大力弘扬火场精神。七是加大了航空护林工作力度，租用航护飞机架次和飞行时间比 2001 年都有大幅度增加。八是对国家林业局森林防火指挥中心硬件设备、林火卫星监测设备和林火信息网软件系统进行了全面升级，并建成投入使用了 VSAT 林火监测系统，提高了防火科技含量。九是多次派出赴火场工作组，协调指导内蒙古大兴安岭“7·28”雷击火和黑龙江黑河市秋季森林火灾的扑救工作，为火灾的及时扑灭发挥了积极作用。

（敖孔华）

森 林 火 灾

【2002 年全国森林火灾情况】 2002 年森林火灾情况（见 2002 年全国森林火灾汇总表）如下：

森林火灾次数 2002 年，全国共发生森林火灾 7527 起，比 2001 年增加了 52.6%。其中，森林火警、一般火灾、重大火灾和特大火灾分别为4450 起、3046 起、24 起和 7 起，分别比 2001 年增加了 49.1%、

2002 年全国森林火灾汇总表

月份	森林火灾次数					火场总面积(公顷)	受害森林面积(公顷)			损失林木		人员伤亡				其他损失折款(万元)	出动扑火人工(工日)	出动车辆(台)		出动飞机(架次)	扑灭经费(万元)
	计	森林火警	一般火灾	重大火灾	特大火灾		计	其中 原始林	其中 人工林	成林蓄积(立方米)	幼林株数(万株)	计	轻伤	重伤	死亡			计	其中汽车		
全年累计	**7527**	**4450**	**3046**	**24**	**7**	**131 822.6**	**47 630.6**	**17 031.3**	**17 123.3**	**349 491.9**	**44 080.8**	**98**	**37**	**13**	**48**	**3 609.8**	**1 757 444**	**58 652**	**45 460**	**1061**	**18 407.0**
1月	1203	604	598	1		10 322.8	4504.1	590.1	3447.2	54 482.2	4437.1	24	6	5	13	144.1	166 303	9218	6240	27	313.7
2月	1490	916	572	2		10 355.8	3431.0	567.8	2689.7	45 851.9	3369.4	32	16	5	11	1076.7	186 222	9904	7591	2	680.6
3月	1298	727	571			10 168.7	4439.6	529.9	3292.4	52 921.9	1553.3	17	6		11	281.1	169 177	9507	6435	10	1700.4
4月	2551	1530	1020	1		20 578.5	7381.6	893.5	6155.0	155 123.6	34 079.0	22	8	3	11	1019.7	347 090	17 910	15 356	36	560.7
5月	360	259	101			5791.4	1266.1	545.4	598.0	15 884.8	102.2					123.6	47 437	3407	2211	68	201.1
6月	52	30	22			435.9	199.8	60.1	104.9	3455.4	16.7	1			1	6.2	9686	380	345	13	36.1
7月	46	40	6			244.8	36.8	19.6	17.2	356.1	6.2					2.2	11 330	597	577		369.6
8月	93	54	23	11	5	16 895.8	13 840.0	3259.6	14.3	571.1	0.7	1			1	1.8	733 255	3644	3420	757	13 509.1
9月	136	89	36	9	2	54 162.2	11 683.3	10 303.6	243.7	10 255.8	475.7					918.4	56 290	1830	1679	144	961.3
10月	118	74	44			1858.7	555.5	246.3	308.3	5922.0	20.4					12.8	15 898	1240	752	2	49.1
11月	134	89	45			810.7	253.5	12.6	227.9	4353.9	18.5	1	1			19.7	12 085	848	697	2	29.0
12月	46	38	8			187.3	39.2	29	24.7	343.1	1.6					3.5	2671	167	157		5.3

2002 年全国森林火灾发生原因分析表

	已查明火源次数																										未查明火源次数	火案处理情况		
	合计	生产性火源										非生产性用火										故意放火	外省(区)烧入	外国烧入	雷击火	其他自然火		已处理起数	已处理人数	其中刑事处罚人数
		计	烧荒烧炭	炼山造林	烧牧场	烧窑	烧隔离带	火车喷漏	火车甩瓦	机车喷火	其他	计	野外吸烟	取暖做饭	上坟烧纸	烧山驱兽	小孩玩火	痴呆弄火	家火上山	电线引起	其他									
全国总计	6430	2194	1769	136	27	22	48	2	1	3	186	3935	673	114	2269	34	366	148	6	65	260	96	54	6	144	1	1097	4387	4521	760
占全年火灾总数的百分比%	85.4	29.1	23.5	1.8	0.4	0.3	0.6	0.0	0.0	0.0	2.5	52.3	8.9	1.5	30.1	0.5	4.9	2.0	0.1	0.9	3.5	1.3	0.7	0.1	1.9	0.1	14.6	1	2	

57.9%、41.2%和133.3%。

火灾损失情况　2002年，全国因森林火灾受害森林面积47 631公顷，比2001年减少了3.1%。因森林火灾伤亡98人，比2001年增加了69.0%。其中，轻伤、重伤和死亡人数分别为37人、13人、48人，分别比2001年增加了27.6%、44.4%和140.0%。

火灾扑救情况　2002年，全国扑救森林火灾共出动1 757 444个人工日，出动车辆58 652辆次，出动飞机1061架次，投入扑救森林火灾经费18 407万元，分别比2001年增加了106.5%、54.4%和728.9%和178.9%。

火灾原因分析（见2002年全国森林火灾发生原因分析表）　2002年，全国因生产性火源引发的森林火灾次数为2194起，因非生产性火源引发的森林火灾次数为3935起，雷击火引发的森林火灾次数为144起，分别比2001年上升了15.2%、90.6%和242.9%；此外，2002年全国未查明原因的森林火灾为1097起，比2001年上升了42.8%。

森林火灾情况综合分析　从2002年全国森林火灾统计情况来看，全国森林防火形势依然严峻。全球气候异常，厄尔尼诺现象的发生以及全球气温升高、不少地方持续干旱等，导致重点林区森林火险等级居高不下；境外森林草原大火的燃烧和蔓延，对中国边境地区森林资源构成巨大的威胁；改革开放给林区的经济和各项事业的发展创造了机遇和条件，但大量外来人员进入林区从事采摘、养殖、打工、经商、旅游等，给林区的火源管理带来很大困难。进一步加强火源管理、强化森林防火工作的宣传力度、落实各级领导森林防火责任制、坚决贯彻落实《森林防火条例》，仍是摆在森林防火工作面前的艰巨任务。近年来森林火灾发生次数居高不下，尤其是2002年来发生的雷击火等非人为因素引发的森林火灾次数大幅度增加，并导致形成了一些重、特大火灾。在扑救这些雷击火引发的森林大火中，国家投入了大量的人力物力，给国家、集体和人民群众生命财产造成巨大的损失。如何准确地预测预报雷击火，更加科学、合理、高效地指挥和扑救这些自然因素诱发的森林火灾已成为当前面临的新任务和新课题。　（韩学林）

【内蒙古自治区大兴安岭北部林区夏季雷击火】　2002年入夏以来，我国大兴安岭林区持续高温干旱，降水总量较历年同期减少8成以上，气温比历年同期偏高2℃左右。特别是内蒙古自治区北部原始林区自7月中旬至8月中旬，近一个多月的时间未降雨，林区可燃物极其干燥，加之持续出现干雷暴天气，7月28日至8月19日连续引发多起雷击火，形成我国建国以来最为严重的夏季森林火灾。火灾发生后，党中央、国务院和中央军委高度重视，江泽民总书记亲自过问火灾扑救情况；国务院朱镕基总理、温家宝副总理，中央军委张万年副主席，国务院王忠禹秘书长等领导相继作出重要批示。在扑火最关键的时候，国务院召开紧急会议，专门研究解决火灾扑救存在的困难，为最后彻底扑灭火灾提供了有力保证。国家林业局先后派出4个工作组赴火灾前线协调、指挥扑救工作。在内蒙古自治区党委、人民政府和国家林业局的统一领导下，在总参谋部、武警总部、铁道、气象、民航、北京军区等部门及单位和黑龙江、吉林省的大力支持下，扑火前线指挥部果断决策、严密组织、团结协作、全力以赴，16 000多名警军民经过连续23个昼夜的英勇奋战，于8月19日将这场森林大火彻底扑灭，取得全胜，创造了在气候条件极为不利，地形地貌十分复杂，运兵给养异常困难，地下火地表火立体蔓延的情况下，主要靠人力扑灭大范围雷击火的奇迹，把损失降到了最低限度，铸就了"公而忘私、顾全大局，团结协作、众志成城，舍生忘死、敢打必胜"的火场精神，受到了党中央、国务院、中央军委的充分肯定和高度评价。据统计，火场过火面积16 493.2公顷，受害森林面积13 808公顷，火场投入总人数16 000多人，后勤保障人员4800多人，出动各种车辆2945台，先后动用7架大型直升机、1架小松鼠飞机、3架运五飞机和3架人工增雨飞机，直接扑火费用近15 000万元。　（张　雄）

【黑龙江省黑河市秋季森林火灾】　2002年秋季，黑龙江省黑河市气候异常，持续出现高温大风天气，加之长时间干旱、少雨，林内可燃物干燥，火险等级居高不下，导致发生2起特大森林火灾，6起重大森林火灾，过火面积44 520公顷，受害森林面积9000公顷。其中特大森林火灾分别是：孙吴县1起，过火面积18 000公顷，受害森林面积3600公顷；嫩江与爱辉交界处1起，过火面积11 140公顷，受害森林面积2300公顷。整个扑救工作共投入扑火兵力8767人，扑火费用近4000万元，灭火机1380台，车辆621台，飞机12架，电台782部。　（张　雄）

森林防扑火体系建设

【森林防火组织机构及人员】　2002年，全国共有森林防火指挥部3210个，成员53 850人，分别比2001

年增加了4.1%和5.1%；有森林防火办事机构3299个，比2001年增加了1.3%，防火干部16 780人，比2001年减少了1%；共设有森林防火检查站14 141个，从事防火检查人员45 967人，分别比2001年增加了0.8%和6.3%；建立有专业（半专业）森林消防队10 924支324 900人，专职护林员421 330人，分别比2001年增加了4.3%、10.5%和0.2%。

（韩学林）

【国家林业局森林防火预警监测信息中心成立】 2002年10月12日，根据中央机构编制委员会《关于国家林业局成立森林防火预警监测信息中心的批复》（中央编办复字［2002］139号）精神，国家林业局决定，在原国家林业局森林火灾预报信息中心的基础上，成立国家林业局森林防火预警监测信息中心，归口森林公安局（森林防火办公室）领导，主要负责全国森林火灾的预报、宏观监测和重大森林火灾的跟踪监测及调度值班；负责扑救重大森林火灾及火场应急通讯的保障工作；负责森林公安和森林防火计算机网络的监察、网站的管理；负责森林火灾、案件的统计汇总和损失评估；承担与公安部指挥中心的联络工作等。核定领导职数1正2副，其中副司级领导职数1名。核定财政补贴事业编制18名，从国家林业局调查规划设计院现有编制中调剂解决。

（敖孔华）

【卫星林火监测】 2002年，国家林业局森林防火预警监测信息中心建成并投入使用VSAT林火监测系统，卫星林火监测覆盖范围进一步扩大，监测精度进一步提高。据统计，中心全年共接收卫星轨道5760条，制作监测图像2538幅，监测报表1021份，向各地通报热点3335个，特别是成功地跟踪监测了内蒙古“7·28”原始林区夏季雷击火和黑龙江省黑河市秋季森林火灾，为及时发现火情并为科学指挥扑火救灾工作提供了决策依据。 （闫 厚）

【全国森林防火工作现场会议】 2002年4月11～12日，国家林业局在黑龙江大兴安岭加格达奇召开2002年全国森林防火工作现场会议，国家林业局周生贤局长作了题为《总结经验，开拓创新，全面推进森林防火工作再上新台阶》的主题报告，马福副局长主持会议并作总结讲话，黑龙江省副省长申立国出席会议并致辞。会议深入传达了党中央、国务院领导同志关于森林防火工作的指示精神，反思了1987年“5·6”大火的沉痛教训，认真总结了近年来森林防火工作经验，分析了2002年森林防火形势，安排部署了2002年的森林防火工作任务，表彰奖励了1998～2000年度全国森林防火工作先进单位和先进个人，正式启用了森林防火新徽标。黑龙江省大兴安岭林业集团公司、湖南省森林防火指挥部等9个单位在大会上介绍了典型经验，北京市林业局等17个单位作了书面典型经验交流。参加会议的有各省（区、市）林业（农林）厅（局）主管森林防火的负责人、防火办主任，内蒙古、吉林、龙江、大兴安岭森工（林业）集团公司主要领导、防火办主任，新疆生产建设兵团防火办主任，国家林业局有关司局、武警森林指挥部和东北、西南航空护林中心（总站）的领导。会议期间，与会代表还观摩了大兴安岭森林防火指挥部组织的扑火实战演练。 （刘 萌）

【全国秋冬季森林防火工作会议】 2002年9月16～17日，国家林业局在北京召开全国秋冬季森林防火工作会议，周生贤局长作了《大力弘扬火场精神，坚决打好秋冬防一仗，以优异成绩迎接党的十六大胜利召开》的报告，马福副局长主持会议并作总结讲话。会议认真总结了2002年春季森林防火和夏季扑救内蒙古大兴安岭北部原始林区雷击火灾的工作经验，科学分析了秋冬防形势，安排部署了秋冬防工作。会上，内蒙古、吉林、黑龙江、云南4省（区）和内蒙古大兴安岭、黑龙江大兴安岭森林防火指挥部及武警森林指挥部汇报了2002年秋冬防形势和工作安排。各省（区、市）林业（农林）厅（局）主管森林防火的负责人、防火办主任，内蒙古、吉林、龙江、大兴安岭森工（林业）集团公司主要领导、防火办主任，国家林业局有关司局、武警森林指挥部及东北、西南航空护林中心（总站）的领导参加了会议。

（刘 萌）

【国家林业局组织表彰1998～2000年度全国森林防火工作先进单位和先进个人】 根据《森林防火条例》和《全国森林防火工作先进单位和先进个人表彰奖励办法》，国家林业局2002年3月授予北京市房山区人民政府等117个单位为1998～2000年度全国森林防火工作先进单位称号；授予李凤毅等209名同志为1998～2000年度全国森林防火工作先进个人称号；授予连续从事森林防火工作20年以上的陈志敏等1269名同志全国森林防火工作纪念奖章。

（刘 萌）

【武警森林部队圆满完成中心任务】 武警森林部队担负着以防火、灭火和保护国家森林资源为中心的各项任务。2002年，各级森林部队坚持灭火技战术训练贴近实战、保卫森林和野生动植物资源值勤训练贴近实际、学校和教导队训练贴近部队、首长机关训练贴近防火值勤和灭火作战的需求，以任务为牵引，加强对训练的组织领导，部队训练稳步推进，落实新大纲起步良好，战法研究深入开展，首长机关的组织指挥能力、部队防火值勤和灭火作战能力得到有效增强。指挥学校教学质量、管理教育和正规化建设水平明显提高。教导队建设有新的进步。战备值勤秩序趋于正规，勤务质量进一步提高，关键部位、重要地段和紧要时期的安全防范工作基本落实。据统计，防火期森林部队进驻160多个值勤点，累计出动兵力3.2万余人次，组织各类勤务3000余次，清理非法入山人员2.6万余人次，制止非法狩猎1600人次，部队战斗力进一步提高。全年灭火出动兵力2.7万余人次，扑灭森林草原火警火灾360余起，当日扑火率为92%，独立扑火率为81%。特别是在扑救内蒙古大兴安岭北部原始林区"7·28"雷击火战斗中，5680名官兵和林区人民一道，连续奋战23个昼夜，创造了主要依靠人力扑灭建国以来最大的夏季雷击火的奇迹，受到党中央、国务院、中央军委的表彰。

（马国兵）

【武警四川、新疆、西藏森林总队举行挂牌仪式】 经党中央、国务院、中央军委批准新组建的武警四川、新疆、西藏3个森林总队，经过半年多紧张筹备，部队顺利完成营建选址、土地划拨、接收抽组部队、集中整训部队以及部分营建项目开工等各项任务。2002年10月10日，3个森林总队同时举行挂牌仪式，标志着保护西部森林资源、加强西部生态建设、支持西部大开发、维护民族团结、实现林业跨越式发展和国家可持续发展战略又拥有了一支新的生力军。国家林业局副局长马福、雷加富，森林防火办公室副主任杜永胜分别出席了武警四川、新疆、西藏森林总队的挂牌仪式，为森林总队揭牌并发表讲话，要求森林部队要积极适应林业历史性转变的新形势，进一步加强党委领导班子建设，大力弘扬"火场精神"，不断提高部队的凝聚力、战斗力，努力提高防扑火业务技能，把森林部队真正建设成为一支扑火尖兵和突击队，既当好生态的保卫者又当好生态的建设者，在实现林业跨越式发展中发挥更大的作用，作出更大的贡献。

（马国兵）

【武警森林部队积极开展拥政爱民工作】 2002年，武警森林部队在圆满完成中心任务的同时，深入推进拥政爱民工程。积极开展"向西部女童献爱心"活动，继续抓好两个"武警春蕾女童班"的巩固提高工作。广泛开展经常性捐资助学活动，共为"希望工程"捐款234 631元，结成"1+1"助学对子91对，救助失学儿童395名。开展"绿色卫士林"活动，建设绿色卫士林基地83个，植树48万余株，绿化面积4660多公顷。全年共参加抢险救灾68次，抢救各种物资价值6000多万元。主动帮助地方群众脱贫致富，与30个贫困村镇建立扶贫帮困关系，投入资金188 500多元，树立森林部队的良好形象。

（马国兵）

【航空护林】 2002年，全国共租用各类航空护林飞机116架次，其中，固定翼68架、直升机48架。春季租用63架（固定翼36架、直升机27架）、秋季租用53架（固定翼32架、直升机21架）。累计飞行6715小时15分钟。空中巡护中发现火情243次，机降638次，运送扑火人员7962人次。其中：东北、内蒙古林区空中巡护发现火情239次，机降634次，运送扑火人员7913人次，出动洒液灭火机群38群次；西南林区空中巡护发现火情4次，机降4次，运送扑火人员49人次，吊桶灭火3架次，洒水14桶，结合巡护投撒森林防火宣传单55.2万份。

（张　雄）

森林资源与林政管理

森林资源管理

【综　述】 2002年，森林资源管理工作坚持以"三个代表"重要思想为指导，紧紧围绕新时期林业发展的总体思路和中心工作，认真落实"严管林"的各项要求，依法强化森林资源保护管理的力度，有力地保证了森林资源管理各项工作在稳步推进的基础上，不断取得新的成效，为实施林业六大重点工程、推进林业五大转变、促进林业跨越式发展发挥了有力的保障作用。

切实加强和改进采伐限额管理，积极探索新形势下采伐限额管理的政策和途径

1. 人工用材林采伐管理政策得到进一步完善。为更好地适应市场经济条件下发展林业的需要，充分调动社会各界营造林的积极性，加快推进由采伐利用天然林向采伐利用人工林的转变，经过广泛调研和深入论证，国家林业局下发了关于调整人工用材林采伐管理政策的通知，对达到规定生长量和工艺成熟的短轮伐期人工用材林、新造并达到一定规模的人工用材林、非规划林地上营造的人工林等，就其采伐限额和

木材生产计划管理等方面的政策作了调整。这一政策的出台，受到了各地林业部门和广大森林经营者的普遍好评。结合这一政策的调整，国家林业局在全国7个森林资源林政管理示范点和吉林露水河、红石林业局，福建永安等地，开展了人工用材林和工业原料林采伐管理的试验和试点工作，并取得初步成效。

2. 对国家森林生态效益补助资金试点省（区）的年度森林采伐限额进行了调整。根据国发［2001］2号文件的规定，河北、黑龙江、辽宁、浙江、安徽、福建、江西、山东、湖南、广西、新疆11个纳入国家森林生态效益补助资金试点的省（区），对“十五”期间年森林采伐限额进行了重新测算和调整。国家林业局下发了《关于国家重点防护林和特种用途林生态效益补助试点省（区）森林采伐限额的通知》，对11个试点省（区）的采伐限额调减方案和结果进行了审核和批复，“十五”期间，11个省（区）每年减少采伐限额329.12万立方米。

3. 进一步强化了采伐限额执行情况的监督检查。国家林业局继续组织4个直属林业调查规划院，核查了22个省（区、市）的34个县（局）。根据核查结果，东北、内蒙古重点国有林区的伐区设计和采伐作业质量进一步提高，伐区超采的情况明显减少；长江上游、黄河上中游天然林保护工程区及南方集体林区核查的21个单位，实际采伐量总体上低于森林采伐限额，除2个单位存在明显超限额采伐外，大部分单位不超采伐限额，其中，有近6个单位实际采伐量均在其森林采伐限额的50%以下。这一结果说明，我国森林采伐限额执行情况进一步好转，大量和普遍超限额采伐的势头得到了有效遏制。

4. 积极开展了《中国国家森林采伐作业规程》国际援助项目的测试和实验工作。联合国粮农组织和国际劳工组织援助的《中国国家森林采伐作业规程》项目，经过两年调研和起草工作，于2002年形成了《中国国家森林采伐作业规程（草案）》，并在吉林省汪清林业局、云南省思茅地区、陕西省凤县、浙江省临安市和福建省永安市，开展了对《中国国家森林采代作业规程》的实地测试和实验工作。国家林业局对此项工作进行了部署，对参与测试和实验的相关人员进行了技术培训。

严格规范征占用林地审核审批制度，依法强化林地林权的保护管理

1. 出台了《使用林地可行性报告编写规范》。为进一步加强和规范征占用林地管理，在深入调查研究的基础上，国家林业局制定并下发了《使用林地可行性报告编写规范》，对使用林地可行性报告编写的项目、内容、格式等进行了规范，明确规定了征占用地项目必须有正式的项目批件、林业调查设计部门提供的征占用林地可行性报告、森林植被恢复费足额交纳的凭据和确保森林面积不减少的措施等相关资料；凡是材料不齐全、手续不完备，以及不按规范编写和提交使用林地可行性报告的征占用地项目，各级林业主管部门一律不得受理和审核。出台《规范》，对进一步规范使用林地行为、强化林地保护管理发挥了重要作用。

2. 森林植被恢复费收取和使用管理工作取得新的突破。国家林业局与财政部联合下发了《森林植被恢复费征收使用管理暂行办法》，统一了全国森林植被恢复费的征收标准。这个标准比过去由各省制定的标准有较大幅度的提高，充分体现了严格保护森林资源、维护生态环境的宗旨。《办法》还明确规定了收取的森林植被恢复费一律缴入国库，实行收支两条线和专款专用，为恢复森林植被提供了保障。为认真执行好森林植被恢复费收取标准，切实加强森林植被恢复费的使用管理，国家林业局下发了《关于认真执行森林植被恢复费征收使用管理暂行办法的通知》。根据调查，全国2002年共收取森林植被恢复费3.6亿元，收取率为77.7%，比2001年度提高15.0个百分点。

3. 进一步加强了征占用林地的监督检查。国家林业局继续组织开展了对各地征用占用林地情况的调查工作，全国共抽查了202个县1387个征占用林地项目。根据调查结果，全国征占用林地项目依法审核率为86.3%；面积审核率为87.5%，分别比2001年度提高11.5个百分点和20.4个百分点。这一结果表明，林地保护管理成效日益显现。

不断优化和完善森林资源监测体系，高质量完成各项森林资源清查、调查任务

1. 第六次全国森林资源连续清查工作进展顺利。2002年，天津、山东、广东、重庆、四川、云南6省（市）完成了森林资源第六次连清复查工作，复查面积129万平方千米，完成固定样地调查3.9万块，遥感判读样地调查35万块。其中，重庆市为首次建立独立的森林资源连清体系，四川省按照全覆盖的要求，对原清查体系进行了完善和优化。3S和数据采集器等新技术在森林资源清查中得到推广和运用。到2002年底，全国已有北京、天津、河北、山西、辽宁、吉林、黑龙江、上海、江苏、浙江、安徽、山东、江西、湖北、湖南、广东、广西、重庆、四川、贵州、云南、西藏、陕西、甘肃、宁夏、新疆26个省（区、市）完成了第六次森林资源清查复查工作。根据目前已完成森林资源清查省（区、市）的结果初步汇总分析，我国森林资源继续保持“双增长”的良好态势。

2. 首次开展了全国营造林综合核查工作。为更好地适应林业宏观决策和林业六大重点工程管理的需要，2002年，国家林业局首次组织开展了包括六大工程在内的全国营造林综合核查工作。全国共抽查了35个省级单位（含森工集团、兵团）的732个县级

单位，2766个乡级单位，103 308个小班和368个飞播区，核查总面积91.75万公顷。根据核查结果，全国人工造林更新面积核实率88.0%，合格率82.9%；封山育林面积核实率33.9%，合格率74.3%；飞播造林宜播面积核实率为92.1%，合格率为32.2%。1998年度全国人工造林更新面积保存率81.2%。通过营造林综合核查，有效地解决长期以来各地在营造林上报数据中存在的“工程差”、“时间差”、“空间差”、“统计差”等问题，实现了对全国及各重点林业工程营造林情况的统一和客观评价，保证了核查结果的准确性、统一性和权威性，提高了核查工作效率，节约了费用，减轻了基层压力和负担。

3. 完成了全国红树林资源调查统计分析、国家公益林核查和面积统计，以及天保工程区分类区划成果审核等工作。国家林业局组织有关省和直属林业调查规划院对浙江、福建、广东、广西和海南5省（区）红树林资源调查结果进行了省级和全国性汇总分析，首次形成了较为全面和完整的全国红树林资源数据资料。对浙江、新疆（含兵团）国家重点公益林认定结果进行了核查，核查面积35.8万公顷。对各省上报的国家公益林面积进行了审核汇总并上报财政部。完成了吉林、河南两省天保工程区森林分类区划成果的审查批复。

4. 组织开展了森林资源管理有关规程、规范的修订工作。完成了《东北内蒙古国有重点林区采伐更新作业调查设计规程》、《森林资源规划设计调查主要技术规定》修订稿编写、征求意见和专家论证等工作。开展了国家特别规定的灌木林标准制定和面积测算工作，在广泛征求意见的基础上，形成了《国家特别规定的灌木林地确定标准》及相关说明，确定了年降水量400毫米以下地区的具体范围和各地区森林分布上限，初步完成了国家特别规定的灌木林地面积的测算。

积极开展全国森林资源管理信息系统的筹建工作，为提高森林资源管理的现代化水平开辟了重要途径 为实现对全国森林资源监测成果和林业六大重点工程建设成果实施适时、动态的管理和更新，增强监测信息分析处理能力和共享性，进一步提升森林资源管理和监测水平，及时为林业管理和决策提供准确、可靠的信息支持。2002年，国家林业局组织开展了全国森林资源管理信息系统的建设工作。进行了有关的调查研究和政策、技术咨询，结合新时期森林资源管理工作的发展要求，初步确立了系统建设的主要目标和指导原则。利用已有技术和成果，制定了系统的具体目标、结构、功能、作用和建设步骤，并向国家林业局主要领导和分管领导做了专题汇报和演示，得到了充分肯定。组织编写了系统建设的技术方案、工作方案等文件的工作，完成了系统建设可行性研究报告的编写和审报工作。按照边开发、边完善、边推广的原则，在抓紧系统软件研制的同时，确定了浙江、湖南、海南为试点省，对试点工作进行了部署。为严把系统建设的质量关，积极推广现代高新技术在森林资源二类调查中的应用，为系统运行提供实时、灵敏、准确的森林资源调查数据，进一步明确了信息系统建设原则上在采用SPOT5卫星遥感技术开展二类调查的省、县中试点和推广，提出了今后开展二类调查要积极采用SPOT5卫星遥感技术等要求。初步制定了SPOT资料购置和二类调查管理的有关规定。

进一步强化林业行政执法工作，依法严厉打击破坏森林资源行为

1. 全国林业行政执法和案件查处取得了很好成效。根据统计，全国各级林业主管部门2002年共受理林业行政案件46.8万起，依法查处46.1万起，查处率为98.5%。受理案件总数比2001年的48.1万起下降了2.5%，总体呈下降趋势。收缴木材61.18万立方米，比2001年的52.77万立方米增加8.41万立方米，上升16%；实施林业行政处罚44.77万人次，挽回直接经济损失3.77亿元。林业行政执法力度进一步加大，依法行政水平进一步提高，有力地促进了森林资源的保护管理。

2. 继续加强了群众举报案件的受理和督办工作。2002年，各级林业主管部门及其森林资源管理机构，对有关破坏森林资源的群众举报，基本上做到了及时受理、依法查处，有效地保证了森林资源保护管理群众监督和社会监督渠道的畅通。同时，根据中央领导和局领导对群众反映、互联网信息择要、来访报告中有关群众举报案件查处的批示精神，国家林业局还多次派出工作组赴有关地方对一些重大案件进行调查和督办，并将案件的查处情况及时向国家信访局和中央有关领导同志进行了报告。

3. 进一步加大对森林资源保护问题突出地区和单位的通报力度。2002年，国家林业局对乱砍滥伐林木、违规使用林业资金、虚报造林成效等问题严重的4个省和15个县（局）进行了通报，暂停了这些地区和单位2002年度的林业预算内基本建设资金、财政专款资金和天保工程国债资金等的安排，并要求严肃追究有关责任人员和领导的责任，限期整改。通报在全国林业系统产生了强烈反响，特别是对受通报的地区和单位震动很大；各种新闻媒体予以了广泛的报道，人民群众和社会各界予以了普遍的关注，为强化森林资源管理起到了积极作用。通报下发后，国家林业局先后派出6个工作组对通报地区和单位的整改情况进行了督促检查，从检查情况看，各地对通报的问题，普遍认识高、行动快，整改措施得力、整改效果良好。

切实加强森林资源监督机构队伍建设，努力提高森林资源监督实效

1. 森林资源监督体系建设取得了重大的突破。

2002年10月，中央机构编制委员会办公室正式批复了国家林业局向重点林区增派及调整森林资源监督机构的请示（中央编办复字［2002］151号），批准设立驻兰州、西安、武汉、贵阳、海口、合肥、乌鲁木齐等7个森林资源监督专员办事处，同时将原派驻吉林、四川、福建专员办更名为长春、成都、福州专员办，并对其监督范围进行了调整。至此，国家林业局向重点林业省（区）派驻的森林资源监督机构已增加到14个，派驻机构的监督干部增加到205人，监督范围覆盖了除北京、天津、河北、山东、江苏、上海以外的所有省（区、市），为强化森林资源保护管理，确保国家林业方针政策的贯彻落实和政令畅通，提供了有力的组织保障。

2. 各项森林资源监督工作进一步有效开展。2002年，继续组织开展了“三总量”检查等有关专项检（核）查工作，共对内蒙古莫尔道嘎、吉林三岔子、黑龙江沾河、大兴安岭阿木尔林业局和四川珙县、福建德化县、云南屏边县等7个单位的森林采伐总量、木材销售总量和木材运输总量执行情况进行了检查。从检查结果反映，“三总量”的执行情况在进一步好转。同时，进一步加强了对六大工程和林地保护管理的监督，对在退耕还林、天然林保护、生态公益林管理以及驻在单位育林基金、工程资金的使用管理等情况进行监督检查，为加强森林资源保护管理和林业六大重点工程的实施发挥了积极作用。

依法强化木材经营加工单位清理整顿和林业系统公路“三乱”治理，为森林资源保护管理工作创造良好的环境　2002年，国家林业局会同国家经贸委、农业部、国家工商行政管理总局下发了《关于开展木材经营加工单位清理整顿工作的通知》，在全国范围内组织开展了木材经营加工清理整顿工作。据不完全统计，全国共清理木材经营加工单位15.3万家，取缔非法木材经营加工单位7400多家。2002年，国家林业局与国务院纠风办、交通部、公安部等部门密切配合，先后多次派人或组织检查组对10多个省（区）的治理公路“三乱”情况和木材检查站执法情况进行了明查暗访，认真纠正违法违规行为，林业系统治理公路“三乱”工作取得显著成绩，得到国务院纠风办和有关部门的充分肯定，在中纪委全会上连续5年受到表扬。

（袁少青）

【全国森林资源和林政管理工作会议】　2002年6月，国家林业局在内蒙古包头市召开了全国森林资源和林政管理工作会议。各省（区、市）林业厅（局）的主管厅（局）长和资源林政处处长，国家林业局驻有关省（区）森林资源监督专员，直属林业调查规划设计院院长，森林资源林政管理示范点林业局局长，国家林业局相关司局和国务院有关部委派员参加会议。这次会议是国家林业局党组决定召开的一次重要会议。会议的主要任务是：以江泽民总书记“三个代表”重要思想和“5·31”重要讲话为指导，按照“严管林”的要求，贯彻落实全国林业厅（局）长会议精神，总结2001年以来森林资源林政管理工作，分析当前森林资源经营管理的形势，研究新时期森林资源经营管理的任务，部署今后一个阶段森林资源和林政管理的重点工作。

会上，国家林业局副局长雷加富作了题为《认清形势、与时俱进，努力开创森林资源经营管理工作新局面》的报告。对森林资源林政管理工作取得了突出成绩予以充分肯定。一是天保工程进展顺利，取得了阶段性成果，工程区内0.93亿公顷森林得到了有效保护；二是采伐限额管理工作进一步加强，“十五”采伐限额执行开局良好，超限额采伐现象总体上得到初步遏制；三是林地林权保护管理进一步规范，非法侵占林地现象明显下降；四是森林资源监测水平进一步提高，监测体系日趋完善；五是林政执法力度进一步加大，执法成效日益显现；六是森林资源监督工作进一步加强，监督作用得到有效发挥；七是大部分地区生态公益林区划界定工作基本完成，森林生态效益补偿制度开始启动；八是国务院重新赋予了林业主管部门木材行业管理职能，木材行业管理工作开始步入正轨。同时指出，我国森林资源经营和保护管理面临的形势依然十分严峻，喜忧参半。喜的是，总体上森林资源面积、蓄积继续保持“双增长”，森林覆盖率逐年提高；忧的是，部分省（区、市）森林资源过量消耗仍然居高不下，林地损失、有林地逆转数量巨大，森林质量持续下降，森林覆盖率增速缓慢。分析其主要原因，一是由于经济发展和人口增长对森林资源保护管理的压力不断增加，以及许多地方不能正确处理保护森林资源与发展经济、长远利益与眼前利益的关系，致使林木净消耗量仍在不断攀升；二是法制观念淡薄，有法不依、执法不严，毁林开垦、非法征占用林地的问题依然十分突出；三是重造林数量、轻造林质量，重造林、轻管护，边建设、边破坏的现象十分严重；四是一些地方忽视对现有森林资源的保护管理，违反法规、规程和标准经营利用森林的现象较为普遍，致使森林质量继续下降。

会议部署了今后一个阶段森林资源和林政管理4个方面的重点工作。一是以林业六大重点工程的实施和森林生态效益补偿制度的建立为契机，全面加大对现有森林资源保护管理的力度。全面落实森林资源保护管理的责任，实行严格的责任追究制度；加大林地保护管理力度，防止林地非法流失和有林地逆转；严格执行森林采伐限额制度，杜绝超限额采伐；严格执法，依法打击破坏森林资源违法犯罪行为。二是进一步完善森林资源管理的政策和机制，促进森林资源的持续、快速增长。全面深化林权制度改革，依法维护林权所有者和经营者的合法权益；完善森林采伐管理政策，鼓励人工用材林特别是速生丰产林和工业原料林的发展；鼓励森林、林木和林地使用权的流转，积极培育多层次、多门类的活立木市场；积极支持木材利用龙头企业的发展，加速森林资源的培育。三是实行分类经营、分类管理，全面提高森林资源质量。四是大力应用现代高新技术，全面提升森林资源管理和监测的现代化水平。

会议要求在新的形势下，森林资源管理工作中要不断创造新机制，开拓新局面，努力实现四个转变：即要从注重对破坏森林案件的查处工作转移到加强资源基础工作上来，把着力点放在提高能力建设上；要从注重事前的审批转移到注重事后和事中的监管上来，把着力点放在更高层次的全过程监管上；要从注重行政手段保护转移到注重法律、行政和经济等综合手段保护上来，把着力点放在执法监督检查和经济政策的引导上；要从对森林资源的被动保护为主转移到主动预防上来，把着力点放在宣传、教育、疏导等预防措施上。（邹连顺）

林地林权管理

【综　述】 2002年，依据《森林法》及其实施条例的规定，加强林地林权管理取得明显成效。

1. 严格执行占用征用林地审核审批制度，加强了占用征用林地的审核审批工作。根据各类工程建设应当不占或少占林地的规定，对各省（区、市）林业厅（局）上报的建设工程项目占用征用林地、临时占用林地和森林经营单位修筑直接为林业生产服务的工程设施占地项目，认真审核，严格把关，确保用地项目的申报材料齐全、森林植被恢复费足额交纳、恢复森林植被的措施到位、审核审批程序合法；按照《土地管理法》的规定，认真审核了国土资源部会签国家林业局的有关土地利用总体规划、未利用土地总体开发等项目，及时提出确保林地资源不减少的意见和建议，有效地防止了林地资源的流失。在认真做好审核审批工作的同时，认真指导各地林业主管部门进一步加强占用征用林地的管理。据统计，2002年，国家林业局审核审批的各类占用征用林地项目197个，审核审批面积31 618.21公顷，各级预收森林植被恢复费20 493.87万元。各省林业主管部门审核审批的各类占用征用林地项目13 814件，审核审批面积35 265.4公顷，预收森林植被恢复费58 010.86万元。此外，还督办、查处了一批未经批准、擅自改变林地用途或擅自减免森林植被恢复费等费用的项目，纠正了违规违法行为。

2. 继续组织直属规划院和有关森林资源监督专员办事处开展了全国占用征用林地的调查工作。全国共抽查了202个县（市、区、森工局），调查了1387个占用征用林地项目，这些项目共占用征用林地面积6660.3公顷，占用征用林地项目依法办理审核手续的达86.3%，比2001年调查的74.79%提高了11.51个百分点；占用征用林地面积依法办理审核手续的达87.5 %，比2001年调查的67.1%提高了20.4个百分点；森林植被恢复费的收取率为77.7%，比2001年度的62.84%提高了14.86个百分点。对未经审核同意和交纳森林植被恢复费的项目，进行了通报并督办整改。

3. 国家林业局与财政部联合下发了《森林植被恢复费征收使用管理暂行办法》。该《办法》明确规定了全国统一的森林植被恢复费标准，这个标准比以前各省制定的标准有了较大幅度的提高，充分体现了严格保护森林资源、维护生态环境的宗旨。还规定了收取的森林植被恢复费一律缴入国库，实行收支两条线和专款专用，为恢复森林植被提供了保障。为认真执行好这个《办法》，切实加强森林植被恢复费的征收和使用管理，国家林业局下发了《关于认真执行森林植被恢复费征收使用管理暂行办法的通知》。

4. 开展了林地使用权和活立木流转的试点工作。拟定了开展森林、林木和林地使用权流转试点的工作方案，对试点工作进行了初步部署。批复了黑龙江省友好林业局中心林场、黑龙江省林科院丽林林场等单位的林地、林木的流转，为国有森林资源资产合理流动和保值增值进行了有益的探讨和尝试。

5. 举办了林地林权管理工作研讨班。参加研讨班的有各省（区、市）、森工集团、新疆生产建设兵团的资源林政处长或主管林地林权的副处长，各专员办、各直属院及有关单位负责林地林权管理的人员74人，就贯彻落实《森林植被恢复费收取使用管理暂行办法》、如何推进林权登记发证、进一步加强占用征用林地管理和做好占用征用林地审核审批等工作开展了研讨和培训教育。

林地林权管理工作中的主要问题是林权登记和发放林权证工作滞后，退耕还林地发放林权证不及时，林权变更登记工作尚不能满足市场经济体制对林权变化管理的要求；需要进一步规范占用征用林地审核审批的管理，进一步明确各类建设工程确需占用林地的范围和条件；森林植被恢复费的使用监管及恢复森林植被措施没有全面落实；对非法占用林地的查处力度不够，整改拖拉，措施也不到位。（曲春宁）

【财政部和国家林业局联合颁布《森林植被恢复费征收使用管理暂行办法》】 为贯彻落实《森林法》及其实施条例的有关规定，1992年，国务院办公厅在《转发林业部等部门关于进一步加强林地保护管理工作请示的通知》（国办发［1992］32号）中明确要求"凡是征用、占用林地的，用地单位应当按规定支付林地、林木补偿费、森林植被恢复费和安置补助费。"在这个文件中，国务院决定设立森林植被恢复费收费项目，并要求各省（区、市）人民政府组织有关部门抓紧制定或修改完善对征用、占用林地征收补偿费用的办法和标准，从1992年下半年起认真组织实施。所收取的各项补偿费用，除按规定付给个人的部分以外，全部纳入林业主管部门和森林经营单位的造林营林资金，专门用于造林营林、恢复森林植被。目前，征占用林地审核审批管理工作逐步走向规范化，森林植被恢复费作为制约用地单位少占林地的经济手段在林地管理中发挥了重要的作用。10年前由各省制定的森林植被恢复费标准已经不能够满足当前恢复森林资源原有植被状况的要求，加上由于原植被恢复费的征收标准普遍比较低，而且不全面，各省之间差别悬殊，有的地方甚至出现了在清理省级以下部门制定的收费项目时，取消森林植被恢复费的现象。为了适应新时期生态建设和从严保护管理林地的工作需要，依法执行对征占用林地的工程项目收取森林植被恢复费恢复森林植被这一制度，国家林业局与财政部从1999年起，着手制定国家统一的森林植被恢复费征收标准。经过广泛调研和反复征求各地各有关部门意见，财政部和国家林业局于2002年10月25日以财综［2002］73号文件联合下发了《森林植被恢复费征收使用管理暂行办法》，在全国范围内统一征收标准，并大幅度提高了森林植被恢复费的数额，明确规定了森林植被恢复费的征收、缴库、使用管理、违规处理等事项，特别是规定了森林植被恢复费属于政府性基金，纳入财政预算管理，实行专款专用，收费全额缴入国库，执行收支两条线。这一办法的出台，为森林植被恢复提供了有力保障，为加强征占用林地管理和林地的保护提供了强有力的经济调控手段。

（王晓丽）

【国家林业局审核审批占用征用林地情况】 依据《森林法》及其实施条例、国家林业局《占用征用林地审核审批管理办法》的规定，国家林业局2002年审核同意154个占用征用林地项目，审核同意占用征用林地面积30 192.0公顷；批准43个临时占用林地和在东北、内蒙古重点国有林区经营范围内直接为林业生产服务的工程设施占用林地项目，批准占用林地面积1426.21公顷。国家林业局审核同意和批准的项目共收取森林植被恢复费20 493.87万元。国家林业局审核同意或批准项目分省（区、市）情况见下表。

国家林业局审核审批占用征用林地情况表

单位：公顷、万元

统计单位	审核同意项目数	审核同意面积	批准项目数	批准面积	收取森林植被费
全国合计	**154**	**30192**	**43**	**1426.21**	**20493.87**
天津	2	59.77			358.62
山西	2	28.07			63.31
内蒙古	11	215.998	12	355.14	649.23
辽宁	2	485			505.4
吉林	16	195.046	13	89.14	343.02
黑龙江	38	1235.381	12	666.91	875.3
江苏	1	128.17	1	52.88	543
浙江	14	1227.199			3237.46
福建	6	1432.56			1079.3
江西	3	738.66			160.5
山东	3	277.82			314
河南	4	368.57			1776.55
湖北	3	6449.13			607.39
湖南	7	1449.94			3686.2
广东	6	266.49			1214.18
广西	7	1640.58			1320.21
海南	1	93.95	1	92.85	98.05
重庆	4	10841.81	1	42.84	707.22
四川	5	540.007	1	33.65	846.48
贵州	2	84.4			177.55
云南	7	807.249			792.39
陕西	5	804.22			633.9
甘肃			2	92.8	210
青海	2	56.15			46.91
新疆	3	765.83			247.7

（付长捷）

【各省（区、市）审核审批占用征用林地情况】 根据全国各省（区、市）上报的征用、占用林地审核审批情况汇总统计，全国2002年省级林业主管部门审核的征用、占用和临时使用林地项目共计13 814项，其中永久征占用项目10 040项，临时和直接为林业生产服务项目3774项。面积35 265.4公顷，其中永久征占用林地面积33 684.8公顷，临时占用林地面积1204.4公顷，直接为林业生产服务占用林地376.3公顷。收缴森林植被恢复费58 010.86万元。

各省（区、市）审核审批占用征用林地统计表

单位：公顷、万元

地区	审核征占用林地			审批临时占用林地			审批直接为林业生产服务占用林地	
	项目数	面积	植被恢复费	项目数	面积	植被恢复费	项目数	面积
各省总计	**10 040**	**33 684.8**	**56 279.9**	**3500**	**1204.4**	**1731.16**	**274**	**376.3**
北京	73	114.4	827.8	3	1.9	17.91	3	1.2
天津	19	62.9	516.2	–	–	–	–	–
河北	102	355.4	817.0	1	34.1	0.08	1	13.5
山西	78	283.8	425.7	31	31.7	47.51	–	–
内蒙古	73	288.2	203.0	1	0.1	0.05	1	0.2
辽宁	311	645.7	1980.8	3	10.0	30.64	4	8.4
吉林	69	457.2	689.3	13	109.7	148.62	3	7.0
黑龙江	146	390.1	188.3	2	35.5	18.64	4	41.1
上海	8	1.7	21.7	3	0.3	–	–	–
江苏	123	470.8	1400.0	21	16.1	29.15	4	0.6
浙江	2147	6222.1	13 693.4	2499	548.5	891.95	126	89.4
安徽	138	358.2	370.5	1	2.0	6.00	9	5.1
福建	1614	3986.8	4017.5	33	55.3	38.64	29	92.7
江西	1269	2555.7	2485.2	197	87.7	63.23	11	12.9
山东	249	546.5	702.4	4	3.6	7.48	8	10.1
河南	65	310.8	1235.2	2	0.5	3.78	4	23.8
湖北	252	869.8	1707.2	5	3.8	8.00	–	–
湖南	1021	3042.0	5085.5	4	21.0	50.14	9	29.0
广东	599	2107.6	8301.6	2	8.8	33.92	–	–
广西	240	1719.3	1199.3	23	59.6	32.25	4	8.5
海南	101	478.7	261.8	–	–	–	–	–
重庆	105	306.5	868.9	618	102.5	128.02	42	18.9
四川	366	1567.2	3342.0	22	42.6	90.86	2	6.8
贵州	252	1040.3	651.9	2	3.9	31.63	1	0.1
云南	245	3854.7	3564.6	–	–	–	–	–
西藏	–	–	–	–	–	–	–	–
陕西	251	1380.7	1079.0	4	1.0	1.20	4	2.6
甘肃	21	44.0	214.8	2	9.3	22.00	1	0.4
青海	35	115.0	119.0	–	–	–	1	0.4
宁夏	7	17.0	83.6	–	–	–	1	0.3
新疆	43	87.2	217.1	4	14.9	29.46	2	3.3
新疆兵团	18	4.5	9.6	–	–	–	–	–

（王晓丽）

【退耕还林林权登记发证培训班】 为了加快退耕还林工程县的林权登记发证工作，提高退耕还林工程县林权管理人员的业务水平，使其掌握和熟练运用林地林权管理的基本法律、法规和政策，及时处理林权登记发证工作中遇到的问题，保证退耕还林林权登记发证工作的顺利开展。国家林业局资源司于2002年10月10～16日，在国家林业局西北林业调查规划设计院举办了一期退耕还林工程县林权登记发证工作人员培训班。西部11个省（区、市）林业主管部门负责林权管理工作的人员和重点退耕还林工程县林业主管部门具体承办林权登记发证工作的人员共75人参加了此次培训班。学员系统地学习了林权登记发证的基本知识，林权管理的有关法律、法规，全国统一式样的《林权证》和《林权登记申请表》等的填写要求和林权登记发证档案管理和信息管理系统的使用方法。资源司王祝雄副司长在培训班上作了关于加强林地林权管理工作的报告，介绍了我国目前林权管理的现状和存在问题并对加快退耕还林林权登记发证工作提出了要求。培训班上，学员对林权登记的范围、林权登记的基本原则及林权登记过程中遇到的问题进行了研讨，特别是针对自留山的使用及确权问题、责任山承包合同与林权证的关系，个人承包荒山造林问题，退耕还林地的认定和登记造册发证问题，进行了认真探讨，并根据本地区的实际情况提出了相应的对策。

参加培训的学员一致认为，本次培训内容充实，通过讨论、提问和答疑等方式，解决了基层林权管理人员在实际操作中遇到的问题，学员收获大，效果好。

（王晓丽）

【全国2002年占用征用林地调查情况】 2002年，国家林业局组织直属林业调查规划设计院和驻内蒙古自治区、吉林省、黑龙江省、大兴安岭林业集团公司森林资源监督专员办事处，对2001年1月1日至2002年调查时止，全国29个省（区、市，不含上海市、西藏自治区、台湾省，下同）和东北、内蒙古重点国有林区森工（林业）集团公司占用征用林地情况进行了调查。本次调查抽查了202个县（市、区、旗、森工局），查出占用征用林地项目1387项，占用征用林地面积6660.3公顷，其中：工程建设473项，开发区建设41项，乡（镇）村建设154项，其他类型315项；临时占用林地384项；森林经营单位修筑直接为林业生产服务的工程设施20项。属于2001年度项目1070项，占用征用林地面积4492.4公顷。

主要调查结果

占用征用林地经林业主管部门审核审批情况 在占用征用林地的1387个项目中，依法经过林业主管部门审核审批的1197项，项目审核率86.3%；审核审批面积5826.3公顷，面积审核率87.5%。与2001年调查结果相比，项目审核率提高了11.5个百分点；面积审核率提高了20.4个百分点。在2001年度1070项占用征用林地项目中，依法经过林业主管部门审核审批的项目954项，项目审核率89.2%；审核审批面积3970.9公顷，面积审核率88.4%。

森林植被恢复费征收和使用情况 应收森林植被恢复费项目1381项，落实森林植被恢复费项目1187项，实收森林植被恢复费8858.57万元，实收占应收的77.7%。与2001年调查结果相比，森林植被恢复费落实率提高了约15个百分点。其中，2001年度应收森林植被恢复费项目1065项，落实森林植被恢复费项目943项，实收森林植被恢复费6365.09万元，实收占应收的78.1%。

本次调查发现，在经过林业主管部门审核审批的项目中尚有118项没有足额征收森林植被恢复费。这部分项目按标准应收森林植被恢复费2639.27万元，实际落实1082.23万元，落实率仅为41.0%。

各省抽查单位2001年度落实森林植被恢复费6265.22万元，已用于恢复森林植被的为3129.44万元，占49.9%。

违法占用征用林地项目情况 在占用征用林地的1387个项目中，非法占用或不按规定审核审批的项目198项，占用征用林地面积834.0公顷。其中，无任何审核批准手续的项目157项，面积759.0公顷；越权审核（批）的项目18项，面积21.3公顷；未经审核违法批准的项目15项，面积50.7公顷；少审多占的项目8项，多占面积3.0公顷。

主要成绩

1．大多数省（区、市）进一步建立健全了林地管理的规章制度。

2．各地通过多种形式，普遍加大了对林地管理法律法规的宣传力度。

3．一些省（区、市）采取集中办培训班的做法，对林地管理人员进行业务培训，进一步增强了林地管理人员依法管理林地的意识，提高了林地管理水平。

4．各级政府认识到位，各个职能部门之间注重配合，占用征用林地审核率大幅度提高，不经审核违法批准占用征用林地情况逐年递减。

5．森林植被恢复费落实率明显提高。

6．各地通过开展林地保护管理执法大检查工作，加大了对违法占用征用林地建设项目的查处打击力度，取得了明显的效果。

存在问题 1．行政干预、政府行为依然是影响依法管理林地的主要因素。

2．开矿、采石、取土等非法侵占林地现象严重。

3．一些县级林业主管部门对林地管理工作主动性不强，执法力度薄弱，不能严格贯彻执行有关林地管理的法律法规，也是造成违法占用征用林地屡禁不止的主要原因。

4．不少林业主管部门对林地补偿费、林木补偿

全国2002年占用征用林地调查情况统计表

单位：公顷、万元、%

统计单位	项目总数	实际占用征用林地面积	经林业主管部门审核审批情况				林木采伐许可证办理情况			其他3项费用落实情况	森林植被恢复费征收情况		
			项目数	面积	审核率		应办面积	已办面积	面积办证率		按标准应征收费用	实际落实费用	落实率
					项目	面积							
全国	**1387**	**6660.3**	**1197**	**5826.3**	**86.3**	**87.5**	**3500.1**	**2291.3**	**65.5**	**37 478.33**	**11 400.85**	**8858.57**	**77.7**
北京	19	43.2	19	43.2	100.0	100.0	41.0	41.0	100.0	1.90	1301.83	1301.83	100.0
天津	4	11.6	4	11.6	100.0	100.0	8.6	8.6	100.0	253.94	113.16	81.40	71.9
河北	21	83.4	17	75.1	81.0	90.0	31.3	26.0	83.1	381.82	206.08	178.01	86.4
山西	5	25.6	5	25.6	100.0	100.0	20.7	20.0	96.6	808.12	42.09	40.51	96.2
内蒙古	23	152.8	14	144.4	60.9	94.5	144.4	125.8	87.1	842.23	181.02	172.72	95.4
辽宁	11	98.1	10	98.0	90.9	99.9	94.7	94.7	100.0	349.15	337.79	197.91	58.6
吉林	10	36.4	10	36.4	100.0	100.0	29.4	29.4	100.0	169.65	40.95	40.95	100.0
黑龙江	26	105.5	22	93.3	84.6	88.4	74.9	74.9	100.0	363.97	55.33	55.33	100.0
江苏	7	3.0	6	0.8	85.7	26.7	3.0	0.4	13.3	5.44	6.89	1.89	27.4
浙江	193	533.3	180	515.6	93.3	96.7	354.2	74.2	20.9	8740.12	806.87	780.08	96.7
安徽	6	79.7	4	79.5	66.7	99.7	75.4	50.9	67.5	0.00	146.91	146.74	99.9
福建	184	921.2	177	917.4	96.2	99.6	805.9	482.2	59.8	6586.22	787.70	781.43	99.2
江西	99	176.9	82	146.1	82.8	82.6	76.7	31.5	41.1	400.47	233.29	208.69	89.5
山东	20	13.1	11	10.9	55.0	83.2	11.9	1.7	14.3	54.78	26.31	20.13	76.5
河南	2	25.5	2	25.5	100.0	100.0	17.1	15.2	88.9	157.81	105.80	105.80	100.0
湖北	19	260.2	9	193.8	47.4	74.5	178.9	138.4	77.4	825.95	901.16	519.83	57.7
湖南	248	548.0	232	493.5	93.5	90.1	274.6	186.3	67.8	948.74	1136.01	809.10	71.2
广东	44	246.1	40	237.8	90.9	96.6	111.1	105.4	94.9	9576.67	1154.36	1012.99	87.8
广西	21	299.7	20	283.3	95.2	94.5	165.8	141.8	85.5	1040.89	202.63	178.18	87.9
海南	17	125.9	17	125.9	100.0	100.0	13.4	13.4	100.0	8.77	66.00	66.00	100.0
重庆	52	101.3	51	101.1	98.1	99.8	3.0	3.0	100.0	157.19	200.89	200.40	99.8
四川	57	213.5	52	211.4	91.2	99.0	79.4	75.9	95.6	1798.01	423.15	353.57	83.6
贵州	51	224.0	42	167.8	82.4	74.9	92.8	39.2	42.2	810.83	289.70	244.19	84.3
云南	68	509.3	64	227.7	94.1	44.7	374.0	133.3	35.6	2266.75	387.61	387.61	100.0
陕西	92	953.7	54	891.4	58.7	93.5	4.8	0.5	10.4	266.45	903.18	546.70	60.5
甘肃	4	4.4	4	4.4	100.0	100.0	3.2	0.0	0.0	9.22	5.59	3.00	53.7
青海	32	132.0	20	103.3	62.5	78.3	71.0	39.7	55.9	545.85	815.44	103.31	12.7
宁夏	1	0.4	1	0.4	100.0	100.0	0.4	0.4	100.0	0.92	0.41	0.41	100.0
新疆	8	220.0	1	100.0	12.5	45.5	0.0	0.0	100.0	0.06	204.48	19.02	9.3
内蒙古森工	8	88.8	8	88.8	100.0	100.0	68.0	68.0	100.0	0.00	88.58	88.58	100.0
吉林森工	3	12.3	3	12.3	100.0	100.0	9.3	9.3	100.0	17.30	21.45	21.45	100.0
龙江森工	25	118.9	9	67.4	36.0	56.7	25.1	24.1	96.0	67.19	54.40	37.04	68.1
大兴安岭	7	292.7	7	292.7	100.0	100.0	236.2	236.2	100.0	21.95	153.79	153.79	100.0

费、安置补助费等其他3项费用的落实情况不重视。

5.使用森林植被恢复费恢复植被的工作不到位。

6.东北、内蒙古重点国有林区在已开展的管护承包中，普遍存在管护承包者在自己的管护承包林地内，兴建管护房，搞种植、养殖占用林地的问题。

（付长捷）

【全国林地林权管理培训研讨班】 为依法履行好林地林权管理职责，进一步提高林地林权管理和执法水平，认真研究解决当前林地林权管理存在的有关问题，国家林业局资源司于2002年12月10～13日，在杭州市举办了林地林权管理培训研讨班。各省（区、市）林业主管部门，新疆生产建设兵团林业局，内蒙古、龙江、大兴安岭森工（林业）集团公司资源林政处处长或分管林地的副处长，国家林业局派驻各省（区、集团公司）森林资源监督机构、国家林业局直属各调查规划设计院有关人员，浙江省各地（市）林业主管部门的有关领导和省林业局部分人员参加这次培训。

肖兴威司长在培训研讨班上作了《关于资源林政管理工作的讲话》。讲话首先谈了对资源林政管理工作的认识，指出森林资源保护和林政管理工作是林业建设事业的核心，肯定了当前资源林政管理成绩，明确指出资源林政工作面临的形势仍然十分严峻，承担的任务仍然非常繁重。对做好今后资源林政管理工作谈了思路：一要充分继承和发扬资源林政管理系统的优良传统和工作作风；二要以“十六”大精神为指导，进一步巩固和提升资源林政管理工作水平；三要内强素质，外强形象，努力把资源林政队伍建设成为林业建设的排头兵。

王祝雄副司长在培训研讨班上作了总结发言，对林地林权管理的内容做了专门的阐述，指出了林地林权管理当前存在的突出问题，结合采取对策措施，对2003年的林地林权管理工作作了布置安排。

在培训研讨班上，参训人员集中学习了《使用林地可行性报告编写规范》和占用征用林地审核审批程序的有关要求。围绕如何进一步加强林权登记发证工作和执行《森林植被恢复费征收使用管理暂行办法》（财综［2002］73号）认真进行了研讨，并结合各地的实际情况和做法，提出了一些意见和建议。

（付长捷）

森林采伐、运输与加工利用管理

【人工用材林采伐管理政策调整】 为适应社会主义市场经济体制和林业跨越式发展的需要，充分调动社会各界营造林的积极性，加快推进由采伐利用天然林向采伐利用人工林的转变，国家林业局在充分调查研究和广泛征求各方面意见的基础上，对人工用材林采伐管理政策进行了调整，并以林资发［2002］191号文件下发全国执行。调整的主要内容如下：

1.调整的原则：坚持依法限额管理、凭证采伐的原则；坚持分类经营、分类管理的原则；坚持以市场为导向，科技为依托的原则；坚持可持续经营和发展的原则。

2.对已经达到规定生长量和工艺成熟指标的人工短轮伐期用材林（包括速生丰产林，下同），其商品材采伐限额不足的，可由省级林业主管部门在预留的商品材采伐限额中解决；省级林业主管部门解决确有困难的，由省级林业主管部门对本省（区、市）需增加的人工短轮伐期用材林采伐限额严格审核汇总后，每年集中一次向国家林业局提出申请，在国家备用的采伐限额中解决。

“生长量和工艺成熟指标”的具体标准由省级林业主管部门提出意见，报国家林业局批准。

3.对2000年（含2000年，下同）以后新造并达到一定规模的人工用材林，省级林业主管部门对林木经营者已依法编制并实施森林经营方案的，其森林采伐限额可以按森林经营方案确定，并实行森林采伐限额和木材生产计划单列。

“一定规模”的标准由省级林业主管部门根据造林面积和蓄积量提出意见，报国家林业局核定。

4.2000年后新造人工用材林各树种的主伐年龄由省级林业主管部门根据本地实际，按照其工艺成熟和数量成熟相结合的办法具体规定，并报国家林业局备案。

5.因农村产业结构调整，2000年以后在非规划的林业用地上新造的用材林，经当地林业主管部门对其造林面积、树种和蓄积量等资源情况确认后，林木所有者在申请采伐林木时，林业主管部门要在法定的采伐限额内确保林木所有者对林木的采伐利用，并积极主动地办理林木采伐许可证，其林木的采伐年龄可参照林木所有者的建议确定。

6.对符合技术规程要求的人工用材林进行抚育间伐，凡采伐林木胸径小于10厘米（含10厘米）的，可以不纳入木材生产计划管理。但是其消耗蓄积量必须纳入森林采伐限额管理。

7.对于竹林（包括天然竹林）的采伐，国家不再下达年度生产计划，由各省（区、市）依法按国务院批准的毛竹、杂竹采伐限额控制执行。

8. 现已纳入长江上游、黄河上中游天然林资源保护工程区内的人工用材林的采伐管理暂不适用上述办法。

人工用材林采伐管理政策的调整是完善森林采伐限额管理制度的重大举措，事关森林资源可持续经营和林业发展的大局。文件要求，各级林业主管部门务必高度重视，要结合本地实际情况，建立健全有关采伐管理的规章制度，积极稳妥地推进人工用材林采伐管理政策的调整，确保森林资源越管越多，越管越好。 （张松丹）

【采伐林木批准书启用】 2002 年，为进一步规范林木采伐审批程序，国家林业局对各省（区、市、集团公司）因工程建设等特殊情况需增加木材生产计划的审批项目使用采伐林木批准书批复，适用范围包括：①在国务院批准的商品材采伐限额内需要增加木材生产计划的；②长江上游、黄河上中游天然林资源保护工程区内因工程建设等需要增加采伐限额或木材生产计划的；③国家林业局直接管理的重点国有林区因自然灾害等需要临时增加采伐限额的；④因特殊情况动用国家备用限额的；⑤因自然灾害等原因需要采伐国家一级野生保护植物名录中树木的。同时明确，凡使用采伐林木批准书批准采伐林木作为商品材的，相应增加申请单位年度内木材生产和运输计划。

（陈 昱）

【2002 年木材生产计划下达】 根据国务院批准的“十五”期间年森林采伐限额，结合天然林资源保护工程实施方案和国家重点公益林生态效益补助试点的有关要求，国家林业局制定并下达了全国 2002 年木材生产计划。要求各地林业主管部门切实加强对木材生产计划的管理，严禁超过批准的商品材限额下达木材生产计划和超木材生产计划采伐林木。对列为东北、内蒙古等重点国有林区天然林资源保护工程区的单位，要严格按照方案要求调减木材产量，坚决停止禁伐区的一切采伐活动；划为限伐区的，严格按照规定的采伐方式和强度作业。对纳入长江上游、黄河上中游天然林资源保护工程区的单位，严禁任何形式的天然林商品性采伐。工程区内的人工林商品性采伐问题，待国家林业局试点后，再谨慎地、有步骤、有计划地实施。并强调严格按国务院批准全国“十五”期间年森林的各分项类型的采伐限额比例，合理安排各种采伐类型的木材生产计划，严禁超过批准的主伐限额安排主伐木材生产计划，确保足够的木材生产计划用于中幼龄林的抚育间伐。对划入国家重点防护林和特种用途林的，严格限制采伐方式，只允许进行抚育和更新性质的采伐。

全国 2002 年木材生产计划表

单位：万立方米

单位	采伐量	出材量	其中：人工林	
			采伐量	出材量
合计	8065.66	4865.91	4822.95	2918.41
北京市	8.5	4.7	8.5	4.7
天津市	–	–	–	–
河北省	115.7	55.9	115.7	55.9
山西省	18	9	18	9
内蒙古自治区地方	212.6	113.8	161.7	82.6
辽宁省	258.1	173.8	240	162.6
吉林省地方	309.3	192	170.7	95
黑龙江省地方	267.2	160.3	132.2	79.3
上海市	0.4	0.26	0.4	0.26
江苏省	51.7	32	51.7	32
浙江省	338.7	186.3	192.1	105.6
安徽省	205.9	120.6	205.9	120.6
福建省	874.5	571.1	661.1	431.7
江西省	590.5	395.6	283.5	226.5
山东省	99.3	59.6	99.3	59.6
河南省	118.2	65.55	118.2	65.55
湖北省	140	88.2	122.2	77.4
湖南省	559.5	342.4	374	228.9
广东省	752.4	389	593	306.6
广西壮族自治区	649.3	415.6	594.2	382.7
海南省	164	108	164	108
重庆市	–	–	–	–
四川省	–	–	–	–
贵州省	32.6	21.2	32.6	21.2
云南省	251.4	157.2	182.3	108.8
西藏自治区	45	15	7.1	2.4
陕西省	–	–	–	–
甘肃省	–	–	–	–
青海省	–	–	–	–
宁夏回族自治区	–	–	–	–
新疆维吾尔自治区	58.8	32.2	46.8	24.2
新疆生产建设兵团	19.5	11.7	14.1	8.5
雷州林业局	40	26	40	26
中国林科院系统	12.4	8.3	12.4	8.3
龙江森工集团	734.13	431.7	119	57
吉林森工集团	336.9	212.6	40.8	18.3
内蒙古大兴安岭森工集团	420.5	243.9	21.45	9.2
大兴安岭林业集团	380.63	222.4	–	–

（陈 昱）

【国家林业局总结四川人工商品林采伐管理试点经验】 2001年，为探索长江上游、黄河上中游天保工程区人工商品林合理经营思路，研究解决因人工林停伐而带来的一系列问题，国家林业局在四川省的4个市（州）11个县（市）开展人工商品林采伐管理试点。试点证明，通过建立健全一系列保障措施，明确责任，强化管理，细致监督，严格遵守有关规程规范实施人工商品林采伐作业，既有利于人工商品林的科学经营、合理利用，也有利于强化对天然林的保护管理。

2002年3月，国家林业局在四川省乐山市召开长江上游、黄河上中游天保工程区人工商品林采伐管理座谈会，总结四川省2001年人工商品林采伐管理试点经验，国家林业局资源司、计资司、天保办、世行办和驻有关省（区、市，下同）森林资源监督专员办事处的人员，各有关省林业厅（局）的资源林政处长、计财处长和天保办主任参加了会议。

会议对四川试点的成功经验做了总结：

1. 按照国发［2001］2号文件的精神，通过层层签订责任书，将管理责任真正落实到地方政府领导，落实到具体责任人。

2. 建立了严格的管理程序，一是认真做好伐区设计工作，试点工作的伐区调查设计由省林业厅（局）指导，市级林业勘察单位完成；二是做好林木采伐许可证的核发工作，试点工作的林木采伐许可证由省林业厅（局）统一核发；三是实行伐区调查设计人员、监督人员、林权所有者和采伐人员“四到场”，现地拨交伐区；四是做好青山检尺，加强伐区验收检查工作；五是注意保护林农利益；六是发挥木材检查站的作用，认真加强木材流通管理。

3. 严格执行《森林采伐更新管理办法》等技术规程规范实施人工商品林采伐作业。

4. 实行公示制，接受群众有效监督。

5. 青山检尺是保证规范林木采伐的良好措施，对非天保工程区也要执行。

6. 加强驻省监督机构的监督检查工作。

7. 采取预交伐区更新保证金方法，抓好伐区更新工作，提高伐区更新质量。

通过座谈讨论，与会代表达成共识：天保工程实施初期，在工程区内全面停止天然林采伐的同时也停止人工林的商品性采伐，对保障天保工程的顺利实施十分必要。天保工程实施几年来成效显著，工程区内森林资源得到有效保护，生态环境明显好转，森林资源管理水平有所提高。随着工程的深入实施，保护天然林的意识已逐步深入人心，此时，在长江上游、黄河上中游天保工程区内对人工商品林进行适度采伐是可行的，关键在于如何借鉴和认真学习四川试点经验，改进四川试点工作存在的不足，制定适合本省、本地区的管理模式，切实做到既合理经营利用工程区内的人工商品林，又不出现采伐天然林、破坏生态环境的现象发生。

会议结束时，国家林业局资源司寇文正司长进一步强调，要以高度责任感做好长江上游、黄河上中游天保工程区内人工商品林试点工作，做到六个必保：一是必保天然林禁伐不反弹；二是必保试点采伐不超过批准的范围、数量；三是必保试点地区私有林优先；四是必保采伐作业减少对生态环境的影响；五是必保林区管理有序发展，不能冲垮原有管理制度；六是必保地方政府领导责任到位。（陈 昱）

【《中国国家森林采伐作业规程》项目第二阶段工作启动】 1999年3月，在联合国粮农组织（FAO）和ILO的帮助下，通过认真研究FAO和亚太林业委员会所编制的森林采伐作业模式规程，中国政府开始制定本国的森林采伐作业规程。到2001年8月，完成项目的第一阶段工作，编写了《中国国家森林采伐作业规程（草案）》。草案通过对造林、采伐、更新等方面的相关技术标准的规定，将森林经营管理和森林采伐作业紧密集合起来。

考虑到我国林业生产条件在气候、地形、森林类型、管理体制、技术以及所有权等方面的差异，在正式实施新规程前，有必要对规程的可行性和有效性进行试验。所以，从2002年8月开始启动项目的第二阶段工作，期限为27个月。试验地为福建省三明市、浙江省临安市、云南省思茅地区、陕西省凤县和吉林省汪清林业局。主要任务是试验在不同条件下规程的适用性，为正式颁布规程做技术上的准备。同时培训一批技术人员，以便在未来规程实施时能监督规程的实施并进一步培训大量的基层作业人员和林业企业管理者。（崔武社）

【国家重点防护林和特种用途林生态效益补助试点单位采伐限额调整】 根据《国务院批转国家林业局关于各省、自治区、直辖市“十五”期间年森林采伐限额审核意见的通知》（国发［2001］2号）中“国务院授权国家林业局在各地森林分类区划和国家有关政策到位的情况下，根据区划的结果对各地森林采伐限额进行调整”的规定，国家林业局对开展国家重点防护林和特种用途林生态效益补助试点的11个省（区）的“十五”期间年森林采伐限额进行调减。各地依据划入国家重点防护林和特种用途林生态效益补助试点的森林资源实际情况，分别测算各类采伐类型应当调减的采伐数量。调减量合计为329.30万立方米，其中，调减幅度较大的是辽宁省为193.8万立方米。由于江西省在编制“十五”期间年森林采伐限额时已扣除了国家重点防护林和特种用途林的采伐量，因此，没有再次调减。有关调减情况见下表。

国家重点防护林和特种用途林生态效益补助试点单位“十五”期间年森林采伐限额调减表

单位	调减前	调减后	调减量	按采伐类型						按消耗结构							
				主伐		抚育采伐		其他采伐		商品材		出材量		人工林		出材量	
				调减前	调减后	调减前	调减后	调减前	调减后	调减前	调减后	调减前	调减后	调减前	调减后	调减前	调减后
合计	**8459.90**	**8130.60**	**329.30**	**3328.30**	**3152.89**	**1851.10**	**1721.07**	**1086.50**	**1062.65**	**4329.60**	**4028.40**	**2680.60**	**2481.20**	**3314.50**	**3058.32**	**1813.90**	**1747.89**
河北	236.40	220.37	16.03	55.20	48.39	–	–	70.50	61.29	149.70	133.67	72.30	64.53	149.70	133.67	72.30	64.53
辽宁	493.80	300.00	193.80	195.40	120.00	213.90	100.00	84.50	80.00	423.80	258.10	285.40	173.87	327.40	240.00	163.60	162.65
黑龙江	807.20	779.81	27.39	268.50	247.87	390.20	385.19	148.50	146.75	322.70	295.31	193.60	169.48	230.90	146.00	99.20	83.22
浙江	700.00	691.98	8.02	322.50	314.48	–	–	–	–	367.50	359.48	202.10	197.69	209.90	204.65	75.10	72.22
安徽	628.20	616.80	11.40	219.70	214.70	231.90	228.90	176.60	173.20	258.50	247.10	151.40	144.72	258.50	247.10	151.40	144.72
福建	2230.00	2213.92	16.08	777.90	766.64	662.40	657.58	–	–	1060.00	1043.92	692.20	681.69	801.40	787.72	523.30	514.75
江西	–	–	–	–	–	–	–	–	–	–	–	–	–	–	–	–	–
山东	219.40	219.02	0.38	1.90	1.52	–	–	–	–	115.30	114.92	69.20	68.97	115.30	114.92	69.20	68.97
湖南	1282.90	1246.17	36.73	688.90	652.17	352.70	349.40	493.80	490.81	700.70	663.97	428.80	406.32	468.50	443.83	244.00	228.90
广西	1622.80	1610.33	12.47	776.30	770.12	–	–	112.60	110.60	822.70	810.23	526.60	518.73	752.90	740.43	415.80	407.93
新疆	239.20	232.20	7.00	22.00	17.00	–	–	–	–	108.70	101.70	59.00	55.20	–	–	–	–

（王亚军）

【森林采伐限额执行情况核查】 根据《国家林业局关于下达2002年森林资源调查和核查等指令性生产任务的通知》（林资发［2002］128号）的文件精神，国家林业局组织局属林业调查规划设计院对22个省（区、市）的34个县（局）森林采伐限额年度执行情况进行了核查。此次年度核查的重点是，对东北、内蒙古林区2001年度和2002年度的伐区采伐作业情况，长江上游、黄河上中游天然林保护工程区停止商品性采伐的情况，南方集体林区森林采伐限额执行和木材生产计划执行情况。

森林采伐限额执行情况核查 通过对核查汇总情况进行分析，与2001年度核查结果比较，在伐区调查设计、林木采伐许可证发放和采伐限额执行情况等方面的管理水平均有所提高。长江上游、黄河上中游天然林保护工程区及南方集体林区被核查的18个省（区）的21个单位，总体上实际采伐量低于森林采伐限额，河南省洛宁县、甘肃省灵台县、重庆市开县、四川省汉源县、广西壮族自治区容县和陕西省峁山局的实际采伐量均仅占森林采伐限额的50%以下，超限额采伐的单位超采比例明显降低，除个别单位外，超采比例降至6%以下；东北、内蒙古林区从2001年起普遍采取了计算机发证，林木采伐许可证发放质量和管理水平均有较大提高；长江上游、黄河上中游天然林保护工程区和南方集体林区的核查单位普遍开展了农民自用材和烧材的发证工作，部分单位还开展了沼气利用和改燃节材的推广示范工作，有效地控制和减少了森林资源的消耗。

核查发现的主要问题 通过对被抽取单位的核查，在伐区调查设计、林木采伐许可证发放、采伐作业管理和采伐限额及木材生产计划执行等方面仍存在一些问题。主要是：

1．严管林措施不到位、监管不力，个别单位超限额或严重超限额采伐。

2．木材生产计划执行不严肃，部分单位超木材生产计划下达木材生产任务。

3．林木采伐许可证发放管理不规范，部分被核查单位存在超范围和规定发证，跨年度发证和发证填写错误等问题。

4．部分被核查单位的伐区调查设计没有严格按照有关技术规定进行，伐区设计采伐面积和设计采伐蓄积量误差较大，部分单位伐区管理混乱，超证采伐、异地采伐。

严肃通报超限额问题严重的单位 根据核查的结果，国家林业局发出了《关于山西省夏县、四川省观音桥林业局严重超限额采伐问题的通报》，对山西省夏县和四川省观音桥林业局严管林措施不到位、监管不力，森林资源消耗失控，超限额严重的问题向全国进行了通报，要求山西、四川两省林业主管部门对采伐限额执行中存在严重问题的夏县和观音桥林业局，要采取果断措施，进行认真地整改，督促有关地方政府和部门，依法追究有关主要负责人和直接责任人的责任。同时要求全国各省（区、市）林业（森工）主管部门务必高度重视森林采伐限额管理工作，对核查出的问题进行认真整改，进一步加强采伐限额、伐区调查设计和林木采伐的管理。（张厚武）

【木炭生产流通管理】 为遏制滥伐树木、滥烧木炭对我国珍贵硬阔叶森林资源带来的严重威胁，2002年4月，国家林业局下发《国家林业局关于加强木炭生产流通管理的紧急通知》（林资发［2002］95号）。各地、各部门采取有力措施，加强了对木炭生产和流通各环节的管理，开展了对木炭生产和流通企业的清理整顿工作，严格木炭生产、流通审批制度，依法严肃查处一批滥烧木炭引发的毁林案件。（杨万利）

【木材经营加工单位清理整顿工作】 2002年5月下旬，国家林业局会同国家经贸委、农业部、国家工商行政管理总局4部委（局）联合下发了《关于开展木材经营（加工）单位清理整顿工作的通知》（林行发［2002］126号），以保护合法，取缔非法，规范经营，强化监管为原则，在全国范围内开展对木材经营加工单位的清理整顿。通过关闭和取缔非法设立的木材经营单位，依法查处经营加工非法来源木材的企业，使木材经营加工企业低水平重复建设、厂点过多过滥的状况得到有效治理，过量消耗森林资源的势头得到明显遏制，有力地促进了木材行业规范、有序、持续、健康发展。（杨万利）

森林资源监测

【全国森林资源管理信息系统建设工作启动】 全国森林资源管理信息系统是对全国各级林业六大重点工程的森林资源监测和建设成果，实施及时、动态、客观的管理和更新，加强监测信息分析处理能力，提高监测时效性、增强信息的综合性和共享性，全面提升森林资源管理水平的基础性工作，也是森林资源培育、保护、利用和生态工程建设的重要信息平台。根据局领导的指示，2002年资源司开展了全国森林资源管理信息系统的建设工作。

1. 深入开展调查研究，广泛咨询，在掌握有关单位森林资源信息系统建设成绩和主要经验的基础上，结合森林资源管理实际，分析当今管理中需求，初步明确系统建设的主要目标、结构、功能、作用等，并于5月末向局领导进行了演示汇报。

2. 做好系统建设立项和技术方案、工作方案和可研报告等文件的编写工作，积极与计资司等单位协调，作好系统建设的立项和审报工作。

3. 边开发、边完善、边推广。在局规划院成立了项目开发和技术业务组，开展了系统软件研制和技术指导工作；7月初在全国森林资源林政会议上雷加富副局长明确要求开展全国森林资源管理信息系统建设工作，9月中旬召开了全国森林资源管理信息系统建设试点会议，10月下旬在中国林学会林业计算机应用分会上对方案进行了充分全面的论证，确保系统建设的科学性、先进性和实用性。

4. 严把系统质量关，努力做好湖南资兴县、浙江玉环和海南白沙县的信息系统建设试点工作，推动SPOT5卫星遥感技术在二类调查中的应用工作。

（陈雪峰）

【《全国森林资源规划设计调查主要技术规定》修订工作】 森林资源规划设计调查（简称二类调查）是建设林业两大体系、实现林业可持续发展的重要基础性工作之一，其成果是科学经营管理森林资源的依据，确保森林资源规划设计调查工作质量至关重要。1996年颁布的《森林资源规划设计调查主要技术规定》对于规范各地的规划设计调查工作，促进森林资源的保护和发展发挥了积极的作用。随着《森林法》和《森林法实施条例》的颁布，以及林业指导思想实现由以木材生产为主向以生态建设为主的历史性转变，原技术规定的一些内容已难以适应新形势的要求。为了适应林业发展的新形势，规范规划设计调查工作，解决基层资源调查存在的实际问题，国家林业局组织力量从2000年开始，在广泛调研和征求意见的基础上，反复讨论，历时两年完成了对原规定的修订。2003年2月通过了由管理、生产、科研单位专家组成的专家论证会。2003年4月，国家林业局以林资字[2003]61号文颁发了《森林资源规划设计调查主要技术规定》。

修订后的《森林资源规划设计调查主要技术规定》依据科学、内容具体、结构严谨、指导思想正确，共包括7章38条，对森林资源规划设计调查的调查范围和内容、技术标准、森林经营区划、调查方法、统计和成图、组织和质量管理、调查成果等作出了明确规定。主要修订内容：

1. 以《森林法》、《森林法实施条例》等法律法规为依据，修订了地类分类和覆盖率计算公式。将土地分为林地和非林地，林地分为有林地、疏林地、灌木林地、未成林造林地、苗圃地、无立木林地、宜林地和辅助生产林地8类，将经县级以上人民政府规划的宜林地纳入林地管理；依据《森林法实施条例》第十八条，增加了辅助生产林地。

2. 依法明确了森林覆盖率计算范围。修订稿根据《森林法实施条例》第二十四条规定，把灌木林分为“国家特别规定的灌木林”和“其它灌木林”，并将灌木林中国家特别规定的灌木林纳入森林覆盖率计算，其它项不变。但由于达到有林地标准的林网、四旁树实际上已经包括在有林地的具体规定中，因此，不再在公式中反映，以免重复。修订稿中规定纳入森林覆盖率计算的为两项，即有林地和国家特别规定的灌木林。另外，为了体现造林绿化成果，修订稿增加了林木绿化率指标。将所有有林地、灌木林、未达到有林地标准的四旁林木等计算一个覆盖程度指标，并称为林木绿化率，以与森林覆盖率区别。

3. 增加了对应森林分类的调查内容，较好地体现分类经营思想。修订稿将森林和林地分为生态公益林和商品林两大类别，按照事权划分的原则和生态区位（保护）的重要性，将生态公益林分为国家级、地方级两级和特殊、重点和一般3类。在划分森林类别的条件下，划分五大林种，保证林种与森林类别的协调性。规定了规划设计调查要尽量应用森林分类区划成果，保证与森林分类区划工作衔接和森林分类区划的实施。同时，修订稿分别森林类别和林种给出小班调查内容，并根据森林经营利用程度和保护等级分别规定了总体调查精度和小班调查精度。

4. 增加了生态工程类别。明确每个小班工程类别的归属，并从生态工程管理和天然林的经营管理需要出发，增加了“自然度”指标，为林业重点工程建设提供依据。同时，修订稿将红树林全部划为有林地。

5. 进一步明确了规划设计调查范围、成果审批程序和调查队伍的资质规定，并对卫星遥感技术、地理信息系统和数据库技术等调查新技术、新方法在规划设计调查中的应用作出了比较详细的规定。

6. 以科学性、实用性、可操作性和灵活性相结合为原则，优化了相关标准、内容和成果要求。

修订后的《森林资源规划设计调查主要技术规定》较好地体现了新时期林业定位和新时期林业工作的指导思想，符合《森林法》、《森林法实施条例》等法律法规的要求，进一步贯彻了森林分类经营思想。注重与森林资源连续清查、专业调查和作业设计调查等有关技术规定相衔接，对卫星遥感技术、地理信息系统和数据库技术等先进实用的技术和方法在规划设计调查中的应用作出了比较详细的规定。

（陈雪峰）

【东北内蒙古国有林区森林更新采伐设计规程通过专家论证】 根据天保工程实施和森林分类经营的需

要，自2001年始，资源司组织有关专家对《东北内蒙古国有重点林区采伐更新作业调查设计规范》进行了修订。在广泛征求东北、内蒙古国有重点林区各森工企业局、省属规划院及林业院校、科研单位专家、学者意见基础上，形成了《东北内蒙古国有重点林区采伐更新作业调查设计规程（试行）》。

2002年7月22日，国家林业局资源司在北京召开了规程专家论证会。与会的有内蒙古、龙江、吉林和大兴安岭森工（林业）集团公司和国家林业局驻东北、内蒙古国有重点林区森林资源监督专员办及林业科研院校的有关专家、教授。论证会期间，与会专家听取了《规程》编写组就《规程》编写过程及主要内容所作的说明，详细审阅了《规程》文本。经充分讨论，一致认为：《规程》符合当前林业建设与发展的方针及森林采伐更新作业的实际需要，可以起到规范东北、内蒙古国有重点林区采伐更新作业调查设计行为，对落实森林分类经营、促进天保工程顺利实施，实现森林资源可持续经营具有积极的作用。

（陈雪峰　张　敏）

【全国2002年森林资源连续清查工作】　2002年，国家林业局组织完成了天津、山东、广东、重庆、四川、云南等6省（市）的森林资源连清复查工作。复查面积129万平方千米，固定样地约3.9万块，遥感判读样地约35万块。重庆市首次建立独立的连清体系，四川省也按照全覆盖的要求，对原有体系进行了完善和优化。

在各级领导的关怀重视下，经700个工组计3300余人连清复查队员的共同努力，按时高质地完成了连清复查任务：①认真做好前期准备工作。科学制定工作、技术方案和操作细则，组建了强有力的领导机构和调查队伍。②从技术、组织等方面确保了重庆新建体系的科学性以及四川体系的优化完善工作。③重视技术培训工作，讲究培训实效，提高了调查队员的技术水平和责任感。④强化质量管理措施，健全质量管理制度，加大检查监督力度。各直属院按事前指导、事中跟踪指导、事后检查监督原则，确保了各省清查的质量。⑤改进技术手段，积极引入3S技术，局规划院和天津市还开展了野外调查数据采集器（掌上电脑）的应用试验工作。（张　敏）

【国家林业局通报表彰西藏自治区森林资源连续清查先进单位和个人】　为准确、科学查清西藏自治区森林资源，填补西藏林业史和国家林业调查史上的空白，国家林业局2001年首次开展了覆盖西藏全区的森林资源清查。为表彰此次森林资源清查工作中的先进事迹，国家林业局下发了《国家林业局关于表彰2001年西藏自治区森林资源连续清查先进单位和先进个人的通报》（林资发［2002］32号），对在西藏自治区连清工作中作出突出贡献的国家林业局中南、华东林业调查规划设计院，西藏自治区林业勘察设计研究院3个单位和宋立鑫等52名同志予以通报表彰，并要求各级林业主管部门及全体林业干部职工认真学习先进，忠于职守，敬业爱岗，弘扬艰苦奋斗精神，牢固树立质量第一意识，为实现新世纪林业跨越式发展作出应有的贡献。（张　敏）

【全国森林资源调查规划设计技术培训班】　为加强全国森林资源调查规划管理，提高省级森林资源调查规划管理人员的业务水平，2002年10月下旬，国家林业局资源司在内蒙古自治区举办了全国森林资源调查规划管理培训班。参加培训班的主要有各省（区、市）林业厅（局）及四大森工集团、新疆生产建设兵团的森林资源调查规划的负责同志。培训班期间，国家林业局资源司寇文正司长对森林资源调查尤其是森林资源清查的理论基础、技术方法进行了系统讲解。培训班还结合林业跨越式发展的需要，对森林资源调查监测的发展战略进行了研讨。（张　敏）

【资源一号卫星遥感数据在西藏自治区森林资源清查应用示范】　2000年12月至2002年3月，国家林业局资源司组织了国家林业局调查规划设计院、国家林业局中南调查规划设计院、西藏自治区林业勘察设计院等单位，利用中巴资源卫星数据开展了西藏东南部的林芝地区森林资源调查的示范项目研究工作。项目成果于2002年4月通过了国防科工委系统工程一司组织的成果验收。

项目研究的主要内容

1．研究CBERS-1各光谱波段数据的光谱特性及其对土地利用现状和森林进行分类的影响程度与贡献率。

2．研究在西藏地区CBERS-1图像几何精校正方法，所需的几何控制点数量及几何校正精度评价。

3．研究适合于森林资源调查的CBERS-1图像数据的处理技术，获取对识别不同地类和森林类型的最佳波段组合、图像增强技术方法等。

4．研究CBERS-1图像森林资源类型分类技术，探索信息提取方法，对遥感成数目视判读、图像区划目视判读、计算机有监分类等方法的精度与可靠性进行分析，并对森林资源类型在资源一号卫星遥感图像上的可分性作出评价。

5．研究各调查结果的可靠性与精度，分析CBERS-1图像数据在我国森林资源调查中推广应用的可能性与途径。

项目研究的主要成果　对资源一号卫星数据进行了几何精校正和镶嵌、图像判读和计算机自动分类等技术研究，生成了森林资源分布图、森林蓄积量等级分布图等；并利用资源一号卫星数据，与GPS、GIS技术及地面样地调查相结合，在西藏林芝地区开展了森林资源调查应用示范研究，基本查清了该地区森林资源分布现状，其有林地面积的精度达到90%以上，取得了较好的效果。

通过该示范项目的实施，对应用中巴资源卫星数据进行森林资源调查的科学方法、步骤与技术工艺流程进行了探索，为全面推广应用具有我国自主知识产权的卫星遥感数据源，进一步充实和完善我国森林资源监测体系打下了良好的基础。

（陈雪峰　张　敏）

【中日合作关于掌握亚洲东部地区森林动态基础信息事业项目进展顺利】 2002年6月，国家林业局资源司与日本林业技术协会达成林业科技合作协议，双方签署了《有关掌握亚洲东部地区森林动态基础信息事业社团法人日本林业技术协会和中国国家林业局森林资源管理司会谈备忘录》和《有关掌握亚洲东部地区森林动态基础信息事业社团法人日本林业技术协会和中国国家林业局森林资源管理司工作协议书》。项目主要是利用卫星数据，有效掌握亚洲东部地区森林的退化以及预测未来发展状况，为相关国家制定政策服务。项目期2002～2005年。局直属规划院为项目具体承担单位。

该项目主要通过采用高分辨率的卫星遥感数据，对森林资源现状进行高精度的解析，提高对森林退化状况的预测水平，为相关国家制定科学的森林资源管理保护政策提供依据。2002年项目开展期间，局规划院、中南院、华东院、福建省林业厅，云南省林业厅等单位与日方技术人员共同完成了云南大理和福建武夷山地区的遥感调查和解析工作，取得了预期的效果。（陈雪峰　张　敏）

【全国自然资源和地理空间基础信息库建设项目启动】 根据中办发［2002］17号文件精神，国家地理空间信息协调委员会办公室（设在国家计委）于2002年11月启动了自然资源和地理空间基础信息库建设项目，项目由国家计委牵头，领导小组组长由国家计委副主任刘江担任，国家林业局雷加富副局长为国家项目领导小组成员和国家林业局林业资源地理空间基础信息库建设子项目领导小组组长。

按照国家地理空间信息协调委员会办公室的要求，国家林业局组织完成了林业资源地理空间基础信息库建设项目有关方案的制定工作，并派专家参加了国家项目建议书和可行性研究报告的编写工作。

（张　敏）

【全国营造林实绩综合核查工作】 为落实“严管林、慎用钱、质为先”的要求，进一步加强重点工程营造林质量的管理与监督，促进全国营造林质量的提高，国家林业局党组2002年决定由资源司组织局直属林业调查规划设计院和驻有关省（区、集团公司）森林资源监督专员办事处，开展全国营造林实绩综合核查。

综合核查的任务，是对各地纳入林业统计数据上报的年度人工造林更新、飞播造林、封山育林完成面积，人工造林更新3年后的保存面积，飞播造林、封山育林达到规定年限（南方省份5年，北方省份7年）的成效面积进行核查，并根据核查结果对各省营造林实绩及林业重点工程的营造林建设成效进行评价。

综合核查的目的，是通过在原有全国人工造林更新实绩核查体系（包括人工造林更新实绩核查、保存状况调查、飞播成效核查）的基础上，完善核查内容，增加对飞播造林实绩、封山育林实绩和成效的核查，同时将各重点林业工程所开展的人工造林、飞播造林、封山育林等核查纳入到这一体系中，通过统一抽样、统一组织，充分利用直属院、专员办的技术力量一次调查完成对各营造林方式及各工程的核查，提高工作效率，节约经费，避免多次重复检查，减轻基层压力，树立国家林业局核查工作的新形象。同时，坚持统一标准、统一方法、统一出数的原则，及时准确地产出口径一致的各类核查结果，为林业宏观决策及重点工程管理提供客观的依据，并客观地反映全国和各大工程营造林和森林培育实际状况，促进各地提高造林绿化工作的质量。

为保障综合核查工作顺利开展，达到预期目的，资源司组织有关专家和技术人员，经过反复研究，在充分综合国家林业局各重点工程管理部门意见的基础上，制定了《全国营造林综合核查工作方案》和《全国营造林实绩综合核查办法》，并由司领导带队，分赴各核查任务承担单位开展业务培训，保障了核查工作按要求、高质量开展。

全国2002年营造林实绩综合核查自5月初外业工作启动到11月底完成统计汇总、结果分析和核查报告的撰写工作，历时6个月。核查以《2002年全国营造林实绩综合核查工作方案》和全国林业统计数据为依据，对2001年度各地统计上报的人工造林更新、封山育林、飞播造林面积以及天保工程管护情况，1998年度人工造林更新的保存状况，南方省份1997年度和北方省份1995年度飞播造林、封山育林成效面积进行核查评价。共抽查了除西藏外的30个省（区、市）和内蒙古、吉林、龙江、大兴安岭森工（林业）集团公司、新疆生产建设兵团的732个县级单位，2766个乡级单位，103 308个小班和368个播区，实际抽查面积91.75万公顷。

主要核查结果

全国2001年度人工造林更新、封山育林、飞播造林的核查结果

1. 人工造林更新。全国2001年度人工造林更新面积核实率为87.0%，比2000年度的95.9%下降了8.9个百分点；核实合格率为82.9%，比2000年度的85.4%下降了2.5个百分点。全国2001年度人工

造林更新上报面积为435.4万公顷，测算合格面积为314.4万公顷。其中：

天保工程。面积核实率69.8%，核实合格率90.0%。2001年度上报面积29.1万公顷，测算合格面积18.4万公顷。另外，对天保工程2000年度人工造林更新实绩也同时进行了核查，核查结果为：面积核实率79.8%，核实合格率91.8%，全国2000年度天保工程上报面积30.3万公顷，测算合格面积22.2万公顷。

退耕还林工程。依据全国林业统计数据，按全国常规标准的核查结果为：面积核实率92.3%，核实合格率89.4%。2001年度统计上报86.3万公顷，测算合格面积71.2万公顷。依据省级复查结果，按退耕还林工程建设标准的核查结果为：面积核实率91.4%，核实合格率89.0%。2001年度省级复查上报面积94.1万公顷，测算合格面积75.5万公顷。同时，对退耕还林工程历年退耕地人工造林情况也进行了核查，核查结果为：2000年度省级复查上报退耕地造林面积53.8万公顷，面积核实率99.1%，核实合格率92.5%，测算合格面积为50.5万公顷。1999年度省级复查上报退耕地造林面积44.8万公顷，面积核实率96.5%，核实合格率为92.8%，测算合格面积为39.9万公顷。

三北工程。面积核实率70.4%，核实合格率78.4%。2001年度上报总面积50.3万公顷，测算合格面积为27.6万公顷。

长防工程。面积核实率44.2%，核实面积合格率84.8%。2001年度上报总面积42.6万公顷，测算合格面积16万公顷。

京津工程。面积核实率96.2%，核实合格率70.8%。2001年度上报总面积20万公顷，测算合格面积为14万公顷。

2. 封山育林。面积核实率34.7%，核实合格率74.3%。全国2001年度封山育林上报面积581.4万公顷，测算合格面积160.4万公顷。其中：

天保工程。面积核实率24.0%，核实合格率89.1%。2001年度上报面积184万公顷，测算合格面积39.9万公顷。同时对天保工程2000年度封山育林实绩也进行了核查，核查结果为：面积核实率47.7%，核实合格率96.8%。2000年度上报面积103.1万公顷，测算合格面积47.6万公顷。

三北工程。面积核实率42.0%；核实合格率46.2%。2001年度上报面积56.3万公顷，测算合格面积11万公顷。

长防工程。面积核实率17.4%，核实面积合格率92.6%。2001年度上报面积76.6万公顷，测算合格面积10.6万公顷。

京津工程。面积核实率83.9%，核实合格率60.5%，2001年度上报面积9.7万公顷，测算合格面积5.2万公顷。

3. 飞播造林。宜播面积核实率92.0%，核实合格率32.2%。全国2001年度飞播造林上报面积97.6万公顷，测算完成面积（指核实面积，下同）89.8万公顷，其中达到出苗合格标准的面积25.3万公顷。其中：

天保工程。宜播面积核实率为86.5%，核实合格率35.6%。2001年度上报面积65.7万公顷，测算完成面积56.9万公顷，其中合格面积16.1万公顷。另外，对天保工程2000年度飞播造林实绩也进行了核查，核查结果为：宜播面积核实率89.7%，核实合格率16.2%。2000年度上报面积12.3万公顷，测算完成面积10.6万公顷，其中合格面积2.2万公顷。

三北工程。宜播面积核实率99.9%，核实合格率0。2001年度上报面积3.4万公顷，测算完成面积为3.4万公顷，测算合格面积为0。

长防工程。宜播面积核实率95.7%，核实合格率33.7%。2001年度上报面积6.1万公顷，测算完成面积5.9万公顷，其中合格面积为1.2万公顷。

京津工程。宜播面积核实率93.6%，核实合格率43.3%。2001年度上报面积4.5万公顷，测算完成面积4.2万公顷，其中合格面积1.8万公顷。

相关年度的营造林成效核查结果

1. 1998年度人工造林更新保存状况。面积保存率81.2%，比1997年度的87.4%下降了6.2个百分点。全国1998年度人工造林更新上报面积456.7万公顷，测算保存面积287万公顷。

2. 封山育林成效。南方省1997年度和北方省1995年度封山育林上报面积389.5万公顷，上报成效率为54.0%，测算成效面积为200.8万公顷。

3. 飞播造林成效。南方省1997年度和北方省1995年度飞播造林上报面积51.1万公顷，上报成效率为32.3%，测算成效面积为17.6万公顷。

天保工程森林管护情况核查结果 核查规划管护面积1133.9万公顷，签订责任状管护面积1076.9万公顷，管护责任落实率为94.97%；全国管护措施落实综合得分90分，等级评定为"好"。

其他主要核查结果及分析

人工造林更新 全国2001年度人工造林更新核实面积中，人工造林占91.7%，人工更新占8.3%；主要树种有杨树占9.7%，柠条占7.9%，落叶松占5.9%等；林种以防护林为主，占59.6%，表明我国林业建设由以木材生产为主转向以生态建设为主的趋势已初步形成。经济林占26.1%，用材林占13.6%，薪炭林占0.1%，特用林占0.6%。经济林比例超过50.0%的省份有：新疆（82.8%）、山东（69.1%）、北京（66.1%）、广西（56.7%）、江苏（55.7%）、浙江（50.8%）。

林地权属以集体为主，占85.2%；国有占

14.8%。林木权属以个人为主，占52.6%；集体占31.1%；国有占14.5%；其他占1.8%。通过对近几年全国人工造林更新核查结果的分析，可以看出随着我国林业体制改革的逐步深入，个人造林所占比例呈逐年递增趋势：1997年度人工造林更新核实面积中林木权属为个人的所占比例为25.7%，1998年度为30.9%，1999年度为34.6%，2000年度为43.0%，2001年度达52.6%。

人工造林更新前地类以宜林荒山荒地为主，占48.5%；其次是农地，占34.4%；宜林沙荒占7.3%、采伐迹地占6.7%、其他地类占3.1%。农地造林面积占总核实面积比例超过50.0%的省有上海(100.0%)、江苏（84.1%)、吉林（83.1%)、山东(79.6%)、新疆（73.5%)、北京（67.2%)、河南(51.9%）等7省。农地造林比例相对较大的原因，一是退耕还林工程全面铺开，其农地造林核实面积占退耕还林工程核实面积的53.5%，占全国总核实面积的13.1%；二是随着我国林业体制改革的深入，农业产业结构的调整，农地上营造效益高的速生丰产用材林、经济林已成为农民脱贫致富的重要途径之一。

封山育林　全国2001年度封山育林林地、林木权属均以集体为主，分别占65.1%和55.6%；封育类型以乔木型和灌木型为主，分别占29.5%和29.4%，乔灌型占18.9%、灌草型占16.5%、乔灌草型占5.6%、竹林型占0.1%；封育方式以全封为主，占78.4%；林种以防护林为主，占91.5%；前地类以宜林地为主，占70.2%，其次为疏林地，占27.5%。

飞播造林　全国2001年度飞播造林播区类型以乔木型播区为主，占49.9%，乔灌型播区占24.9%，灌木型播区占3.0%，灌草型播区占22.2%；飞播作业方式以飞机播种为主，占80.6%；飞播造林前地类以宜林地为主，占83.5%，其次为灌木林地，占12.8%；飞播目的树种主要为油松，占32.6%，其次为灌木树种和马尾松，分别占24.8%和11.9%。

对各省各营造林情况的综合评价

根据核查结果，以省为单位对各营造林面积核实率、合格率（成效率、保存率）以及管理指标进行量化评分，综合评价各省各营造林实绩与成效。

2001年度人工造林更新实绩　全国2001年度人工造林更新实绩较好的为湖南、广东和福建，较差的为青海、上海和天津。其中：天保工程较好的为四川、吉林森工和青海，较差的为重庆、吉林和新疆；退耕还林工程较好的为湖南、河南和四川，较差的为新疆兵团、青海和湖北；三北工程较好的为宁夏、山西和新疆，较差的为甘肃、北京和青海；长防工程较好的为福建、云南和河南，较差的为新疆、上海、天津、陕西、甘肃和内蒙古；京津工程较好的为内蒙古，较差的为山西和天津。

2001年度封山育林实绩　全国2001年度封山育林实绩较好的为重庆、河南、四川，较差的为吉林森工、龙江集团、江西。其中：天保工程较好的为河南、内蒙古、四川，较差的为吉林、大兴安岭公司、内蒙古森工、新疆、新疆兵团、海南、吉林森工、龙江集团；三北工程较差的为黑龙江、甘肃、吉林、北京、陕西；长防工程较好的为河南、湖南、贵州，较差的为山东、广东、新疆；京津工程较好的为北京，较差的为内蒙古。

2001年度飞播造林实绩　飞播造林2001年成绩较好的是贵州、云南、重庆，成绩较差的是吉林、新疆、湖北。其中：天保工程较好的为贵州、重庆、云南，较差的为湖北、陕西、宁夏；三北工程较差的为内蒙古、新疆；长防工程较好的为河南，较差的为福建、湖北、山东、陕西；京津工程较好的为河北，较差的为内蒙古。

1998年度人工造林更新保存状况　人工造林1998年度更新保存状况较好的是宁夏、湖南和四川，较差的是山西、甘肃和江苏。

封山育林成效　南方省1997年度和北方省1995年度封山育林成效成绩较好的是重庆、新疆兵团和北京，成绩较差的是江苏、青海和山西。

飞播造林成效　南方省1997年度和北方省1995年度飞播造林成效较好的是福建、内蒙古和四川，较差的是吉林、重庆和甘肃。

天保工程森林管护情况　天保工程森林管护情况较好的为吉林森工、河南、大兴安岭公司，较差的为宁夏、陕西。

核查结果反映的主要问题

1. 造林质量有所下降。与2001年相比，全国人工造林更新面积核实率下降了8.9个百分点，核实面积合格率下降2.5个百分点，整体质量呈下降趋势，有的重点工程造林质量更低，如三北工程和京津风沙源工程的核实面积合格率低于全国平均水平，分别为78.4%和70.8%。

2. 重点工程管理存在一定问题。一是基础工作薄弱，作业设计、抚育率等管理指标达不到工程管理应有的水平；二是有关工程管理政策执行不严；三是个别地方重点工程建设规模与工程实施单位林地现状不匹配，计划任务与工程实施单位的营造林能力不相适应；四是工程建设及管理缺乏准确、可靠的森林资源基础数据作保障，使规划的编制、计划的下达、成效的评价缺乏客观、科学的依据。

3. 造林施工管理不到位，有关规程、规范执行不严格，重造轻管、只封不育等现象仍然存在。人工造林的作业设计率仅为76%，按设计施工率仅为71.3%，新造林地抚育率仅为63%。封山育林上报面积中有46.9%不符合规程所规定的封育对象，核实的封山育林面积中，育林率也仅为29.7%，只封不育的现象普遍。同时，核查中也发现个别地方存在林冠下造林、树种选择不当、造林方式不合理、苗木准备不足、基层管理机构不健全等问题。

4.新造林地存在不稳定因素。非林地造林，特别是农地造林比重较大，占全国造林总面积的34.4%，经济林占了农地造林的47.6%，加上农地造林的林权证发放率仅为7.6%，绝大部分尚未纳入林地管理，不利于造林成效的巩固。

5.统计上报数据混乱，一定程度上存在重复上报的情况。特别是各地在按要求分解落实统计数据中的林业六大重点工程完成面积时，一部分省擅自调整重点工程间的完成面积或营造林总面积。同时，有些数据未严格按统计指标的要求上报，造成上报数据不准确。经核查落实，全国人工造林更新重复上报面积约11.3万公顷，占全国人工造林更新总上报面积的2.6%。 （闫宏伟）

【国家林业局决定增加林业调查规划设计甲C级资质】 为解决地区（地、市）级林业调查规划设计单位的资质问题，进一步发挥其应有的作用，2002年，国家林业局决定在林业调查规划设计资质等级原来设置甲A、甲B级的基础上，增设甲C级资质，用于地区（地、市）级和林业教学、科研等单位具备甲级林业调查规划设计资质的认证。 （邹连顺）

【国家林业局批复浙江省林业调查规划设计院等单位林业调查规划设计资质】 国家林业局2002年批复部分林业调查规划设计单位林业调查规划设计资质，浙江省林业调查规划设计院（原浙江省林业勘察设计院）由甲B级晋升为甲A级资质，证书编号为“林资证字甲A019号”；贵州省林业调查规划院（原贵州省林业勘察设计院）由甲B级晋升为甲A级资质，证书编号为“林资证字甲A020号”；海南省森林资源监测中心（海南省林业勘测设计院）由乙级晋升为甲B级资质，证书编号为“林资证字甲B026号”；宁夏林业勘查设计院由乙级晋升为甲B级资质，证书编号为“林资证字甲B027号”；黑龙江省第三林业调查规划设计院由乙级晋升为甲B级资质，证书编号为“林资证字甲B028号”。重庆市林业规划设计院（原重庆市森林调查设计队）晋升为林业调查规划设计甲B级资质，证书编号为“林资证字甲B025号”。上海成事林业规划设计有限公司为林业调查规划设计乙级资质，证书编号为“林资证字乙012号”。

截至2002年底，全国有甲级林业调查规划设计单位41个。 （邹连顺）

林政案件查处

【全国2002年林政案件统计】 2002年度，根据全国31个省（区、市）和东北、内蒙古重点国有林区4个森工（林业）集团公司以及新疆建设兵团36个单位的统计，全国共发生林政案件46.8万起，查处46.1万起，查处率为98.5%。收缴木材61.2万立方米，没收违法所得10 494.3万元，挽回经济损失37 735.6万元。

案件发生情况 全年共发生林政案件46.8万起，其中各类主要案件的情况是：违法运输木材32.0万起，占68.4%；滥伐林木4.1万起，占8.8%；盗伐林木2.8万起，占6.0%；其他林政案件2.7万起，占5.8%。非法收购、经营、加工木材2.1万起，占4.5%；违反森林植物检疫规定为0.8万起，占1.7%；违法征、占用林地0.7万起，占1.5%；非法收购、出售、运输、携带野生动物及其产品0.6万起，占1.3%；毁坏林木、苗木0.6万起，占1.3%；乱捕滥猎野生动物0.3万起，占0.6%；违反林木种苗管理规定0.1万起，占0.2%。

案件处理情况 2002年共查处林政案件46.1万起，查处率为98.5%，挽回经济损失37 735.6万元，行政处罚人数44.8万人次。没收非法所得金额10 494.3万元；收缴木材61.2万立方米；种子7.9万千克；苗木201.2万株；松香1524.3吨；野生动物262.2万只。行政处罚人数44.8万人次。责令补种树木1056.3万株；处以罚款17 438.4万元；责令赔偿损失2377.7万元；补征林业金费7425.2万元。

案件特点 2002年林政案件发生的总量比2001年减少1.3万起，下降了2.7%。其中各类主要案件的增减情况：盗伐林木比2001年减少1.2万起；违法运输木材比2001年减少0.3万；乱捕滥猎野生动物比2001年减少0.2万起；毁坏林木、苗木比2001年减少0.1万起；违反森林植物检疫规定比2001年减少0.1万起；滥伐林木比2001年增加0.3万起；违法征、占用林地比2001年增加0.1万起；非法收购、经营、加工木材比2001年增加了0.1万起；违反林木种苗管理规定比2001年略有增加；非法收购、出售、运输、携带野生动物及其产品和其他林政案件，与2001年持平。从统计结果看，盗伐林木案件有较大幅度的减少，滥伐林木、违法征占用林地、非法收购、经营、加工木材等案件数量有一定的增加，违法运输木材、乱捕滥猎野生动物等案件数量有所下降。

案件发生的主要原因　一是一些地方的政府、部门法制观念淡薄，为谋求局部利益和经济短期的发展，不重视森林资源的保护和生态环境的建设，违法征占用林地。对破坏森林资源违法犯罪行为不予依法严厉打击，个别地方领导甚至包庇、纵容破坏森林资源。二是森林资源所有者、使用者依法、科学合理地经营、利用、管理、保护森林资源的意识不强，特别是一些森林经营单位重开发利用轻保护管理，甚至为追求近期经济效益，盗砍滥伐森林资源。三是部分木材经营加工企业和一些不法分子受经济利益驱动，铤而走险，非法收购、经营、加工、运输木材，从中牟利，致使此类案件的比例居高不下。四是有的地方林业主管部门还存在有法不依、执法不严的现象，执法部门存在办案经费缺乏，办案力量不足，执法手段落后，执法队伍素质不高等问题。

加强林政执法工作的建议　一要继续认真贯彻国发［2001］2号文件精神，进一步强化地方各级政府、林业主管部门对森林资源保护管理和执法工作的领导，实行任期目标管理，落实各级领导依法保护和发展森林资源的责任，健全责任追究制度。加强林业执法宣传和普法、守法教育，进一步增强全社会依法保护管理森林资源意识和积极参与、监督林业执法工作的意识，优化林业法制环境。二要坚决贯彻落实《森林法》和《森林法实施条例》，严格执行森林采伐限额制度、征用占用林地审批制度、木材凭证运输制度和木材经营加工监督管理制度，进一步发挥林业主管部门和森林公安机关依法打击毁林犯罪，保护森林资源的职能作用。三要进一步加强林业执法的基础建设和各项基础工作，完善手段，积极促进森林资源管理和林政执法工作的科学化、规范化、现代化。在国务院确定的国家所有的重点林区、重点生态建设和天然林保护工程区，建设高素质、高效率的执法体系。采取切实措施，稳定和强化林业基层管理和执法机构建设，加强对执法队伍的管理和培训，提高队伍素质，增强林业执法的反应能力，提高办案效率和办案质量。四要从增强机制、理顺体制、严格管理入手，标本兼治，突出实效，进一步强化森林资源管理和林政执法工作。按照政企、政事分开的原则和建立现代企业制度的要求，通过深化森林资源管理体制改革和林业分类经营改革，落实森林资源依法经营、管理、保护、利用的责任，做到权、责、利相统一。努力解决好一些地方存在的执法队伍自己找饭吃、以罚代刑等问题，增加必要的投入，落实必要的经费。对国务院确定的重点国有林区，依法由国务院林业主管部门代表国务院实行直接管理，使《森林法》的规定落到实处。（邹连顺）

【2002年林政案件受理和督办】　为加大对破坏森林资源案件的查处力度，国家林业局加强了对破坏森林资源案件的受理和督查督办。一是增强了林政案件稽查力量。2002年3月，国家林业局决定成立森林资源行政案件稽查办公室。二是做好群众举报的受理工作。根据领导批示，批转和督办林政案件。三是做好群众来访的接待和电话接访。四是对中央领导批示的重大案件进行跟踪并上报查处结果，有力地促进了重大案件的查处。

森林资源行政案件稽查办公室全年共批转各地查处的群众举报材料545件，其中党中央和国务院领导批示24件，国家林业局领导批示67件。在批转办理的案件中有290份要求上报处理结果，对要求上报查处结果的森林资源行政案件，稽查办公室发了督办函并跟踪督办，经各级林业主管部门的努力和森林资源行政案件稽查办公室的大力督办，已有173件处理完毕。

国家林业局派驻各地的森林资源监督机构也进一步加大对林政案件督办的力度。2002年共查办、督办各类林政案件118起，其中国家林业局批转案件28起。案件查处率为100%。仅从国家林业局批转案件数量来看，比2001年下降55起，各专员办受理的案件也较2001年有所减少，从国家林业局批转查处的案件情况来看，主要有以下两个特点：一是属于重大林政案件的较多，尤其是中央领导批示的案件明显增多；二是经查举报不实，但在案件查处过程中发现存在其他问题的多。各专员办对国家林业局批转和群众举报的林政案件，都给予高度重视，组织调查组认真查办，做到了自要求期限内件件有回声，起起有着落。

通过督查，进一步加大了对破坏森林资源案件的查处力度，取得了明显成效。一是举报重大案件下降。全年党中央和国务院领导批示的24件，国家林业局领导批示的67件，两项合计91件，占16.7%（2001年两项合计为139件，占29.1%），同比下降了12.4个百分点。二是非法征占用林地的案件下降。全年受理非法征占用林地的案件23件，占4.2%（2001年为43件，占9%），同比下降了4.8个百分点。三是案件反馈率提高。2002年要求各地向国家林业局反馈查处结果的290件，到12月底有173件上报处理结果，反馈率59.7%（2001年反馈率为52.2%），比2001年提高7.5个百分点。

国家林业局 2002 年受理森林资源行政案件统计表

统计单位	合计	领导批示			行为主体				案件分类							要求反馈	实际反馈情况				
		中央领导批示	局领导批示	司领导批示	政府行为	企业法人	村组负责人	其他	盗伐林木	滥伐林木	毁坏林木苗木	非法征占林地	非法运输木材	非法收购加工木材	其他		反馈数量	属实			不属实
																		数量	已结案	未结案	
合计	%	4.4	12.3	83.3	25.3	33.2	18.0	23.5	16.0	36.0	28.0	4.2	2.2	3.1	10.5	53.2	59.6	56.0	60.8	39.2	44.0
	545	24	67	454	138	181	98	128	88	198	150	23	12	17	57	290	173	97	59	38	76
北京	3	–	–	3	1	1	–	1	1	2	–	–	–	–	–	–	–	–	–	–	–
天津	3	–	–	3	–	–	3	–	–	1	2	–	–	–	–	–	–	–	–	–	–
河北	21	–	2	19	5	1	13	2	2	8	9	1	–	–	1	6	3	2	2	–	1
山西	18	1	2	15	3	6	6	3	–	6	8	2	1	–	1	7	3	2	2	–	1
内蒙古	25	–	2	23	4	9	5	7	5	7	7	3	1	1	1	13	8	3	2	1	5
辽宁	17	–	3	14	6	5	4	2	6	1	4	1	–	1	4	7	4	2	–	2	2
吉林	32	1	2	29	4	14	6	8	5	13	8	2	1	1	2	16	8	4	4	–	4
黑龙江	46	–	5	41	14	10	12	10	13	14	17	1	–	1	–	21	6	3	2	1	3
上海	–	–	–	–	–	–	–	–	–	–	–	–	–	–	–	–	–	–	–	–	–
江苏	6	–	2	4	–	2	1	3	1	3	1	–	–	–	1	3	–	–	–	–	–
浙江	10	1	–	9	1	1	3	5	–	4	2	–	–	1	3	3	2	1	–	1	1
安徽	16	1	1	14	2	5	3	6	–	10	5	–	–	1	–	11	10	9	5	4	1
福建	35	–	5	30	5	11	4	15	2	12	9	2	2	3	5	19	15	10	4	6	5
江西	11	1	1	9	4	2	–	5	–	4	3	–	1	–	3	5	2	1	1	–	1
山东	10	1	1	8	–	1	4	5	1	2	6	–	–	1	–	3	1	1	1	–	–
河南	17	–	3	14	2	4	3	8	2	6	5	–	–	2	2	10	2	2	2	–	–
湖北	23	2	3	18	12	5	5	1	–	15	5	1	–	1	1	17	9	7	5	2	2
湖南	31	3	3	25	10	9	4	8	4	14	4	–	3	1	5	16	8	5	3	2	3
广东	7	–	1	6	4	1	2	–	–	3	3	–	–	–	1	8	3	3	2	1	–

（续）

统计单位	合计	领导批示			行为主体				案件分类							要求反馈	实际反馈情况				
		中央领导批示	局领导批示	司领导批示	政府行为	企业法人	村组负责人	其他	盗伐林木	滥伐林木	毁坏林木苗木	非法征占林地	非法运输木材	非法收购加工木材	其他		反馈数量	属实			不属实
																		数量	已结案	未结案	
广西	36	2	7	27	20	8	3	5	–	13	15	1	–	2	5	30	22	10	4	6	12
海南	5	–	–	5	–	1	2	2	–	1	3	1	–	–	–	2	2	2	1	1	–
四川	28	1	2	25	9	9	1	9	5	14	2	3	–	–	4	15	13	6	5	1	7
重庆	14	1	3	10	3	6	1	4	1	5	3	2	–	–	3	9	7	3	2	1	4
贵州	10	–	–	10	4	1	2	3	–	7	3	–	–	–	–	5	3	1	1	–	2
云南	14	4	1	9	4	3	4	3	–	5	5	1	1	–	2	7	6	5	2	3	1
西藏	–	–	–	–	–	–	–	–	–	–	–	–	–	–	–	–	–	–	–	–	–
陕西	26	2	2	22	13	4	6	3	9	4	8	–	1	1	3	15	9	4	3	1	5
甘肃	7	–	2	5	2	2	–	3	–	1	4	2	–	–	–	3	1	1	1	–	–
青海	1	–		1	1	–	–	–	–	–	–	–	–	–	1	–	–	–	–	–	–
宁夏	5	–	2	3	–	3	–	2	–	1	4	–	–	–	–	3	3	2	1	1	1
新疆	6	1	–	5	1	4	–	1	2	3	1	–	–	–	–	3	3	3	1	2	–
新疆兵团	2	–	–	2	1	–	–	1	–	1	1	–	–	–	–	–	–	–	–	–	–
龙江森工集团	37	2	9	26	2	33	1	1	21	10	1	–	1	–	4	22	11	4	2	2	7
吉林森工集团	–	–	–	–	–	–	–	–	–	–	–	–	–	–	–	–	–	–	–	–	–
内蒙古森工集团	7	–	1	6	1	5	–	1	1	1	2	–	–	–	3	5	3	–	–	–	3
大兴安岭林业集团	16	–	2	14	–	15	–	1	7	7	–	–	–	–	2	6	6	1	1	–	5

（伍步生　刘铁军　莫　沫）

森林资源监督

【综　述】 2002年,各专员办在国家林业局党组的正确领导下,按照《森林法》、《森林法实施条例》和全国森林资源林政管理工作会议精神,针对当前森林资源保护、管理和发展方面存在的主要问题和薄弱环节,在总结经验和统一认识的基础上,加强队伍自身建设,改进监督方法,加大监督力度,对驻在地区森林资源保护管理的各项工作实施了全面的监督,较好地发挥了森林资源监督机构的职能作用,取得了明显的成效。

1. 依法认真核发林木采伐许可证,促进了重点国有林区超限额采伐林木的有效遏制。2002年是受国家林业局的委托,驻省(区、集团公司)专员办核发驻在地区国有森工企业局林木采伐许可证的第二年。各专员办结合林区资源实际,进一步加大了对林木采伐许可证申报文件的审核力度,提高了核发林木采伐许可证的服务质量。在审核方面,各办按照制定的工作程序,对调查设计等申报资料做到逐一审核,不允许出现一份漏审或错审;在服务方面,各办工作人员思想端正,要求严格,态度热情,切实加强廉政建设。有效遏制了重点国有林区超限额采伐林木的现象。

2. 切实搞好两项检查,促进了重点国有林区伐区调查设计质量和作业质量的明显提高。2002年的两项检查与2001年相比有几个特点:一是资源司组织2个组,于9月、10月,对东北4家专员办两项检查情况进行了稽查;二是检查组织形式、人员素质、检查方法等更加成熟;三是对发现的问题要求整改的力度明显加大,对相关责任人的处理上更加严格;四是专员办领导非常重视,经常亲自带队上山检查,研究相关问题。在具体检查中,内业抽检样本采取被检伐区统一由计算机排序和分层,杜绝了人为选取样本。外业调查为确保真实反映被检单位林木采伐的实际情况,检查组组长逐一深入现地,主管副专员不定期地进行复检,及时纠正存在的问题。通过抓重点,重点抓,有效地解决了人少任务重的矛盾,提高了工作质量。

3. 依法加大了林政案件查处力度,有效地打击了犯罪,教育了群众。据统计,2002年7家专员办共查办、督办各类林政案件118起,其中国家林业局批转案件28起。各专员办对国家林业局批转和群众举报的林政案件都给予高度重视,组织调查组认真查办,并基本做到自要求期限内件件有回声,起起有着落。

4. 加强了对林地保护管理情况的监督。各专员办始终把对林地保护管理情况的监督作为一项重点工作,按照国发明电[1998]8号通知要求,采取严格的措施,巩固扩大林地保护成果。同时还做好对驻在地区建设项目申请征占用林地和项目实施中林木采伐指标的初审工作,对采伐数额较大的,数量、单位有矛盾的,林权证明不清楚的,都要求申报单位进行复核,对没有作业设计的项目,要求必须由有资质的单位进行设计,对不规范的材料,要求按规范重新上报。除此之外,对历年非法征占用林地的积案,发现一起,坚决依法查办一起。

5. 加强了专项检查和"三总量"检查。2002年初,由资源司两位司长分别带队,对东北、内蒙古重点国有林区的根河、三岔子、友好、塔河4个林业局2001下半年和2002年正在生产作业的伐区作业质量进行了检查。各专员办按照国家林业局的要求,积极做好人工造林、更新实绩核查等各项检查任务。在充分做好各项准备的前提下,由领导带队,组成强有力的核查小组,深入山头地块,严格按标准开展外业核查和内业分析,取得了真实的核查结果。2002年上半年,7家专员办分别对驻在地区的4个森工企业局和3个县2001年度的"三总量"执行情况进行了检查,对东北重点国有林区,监督办分别派员参加检查,对检查中发现的主要问题,国家林业局进行了通报,提出了明确的整改要求和处理意见,并要求各专员办对整改情况实行跟踪监督。

6. 全面介入林业六大重点工程管理和监督。2002年1月国家林业局(林资发[2002]3号)对森林资源和重点工程管理存在严重问题的单位进行了通报,各专员办积极与省林业厅配合,对问题的整改情况进行跟踪检查。如受国家林业局委托,四川专员办与四川省林业厅组成联合调查组,对四川省雷波县在退耕还林、雷波县林业局在天保工程中存在严重问题的整改情况进行了检查;驻福建专员办对福建省生态公益林的管理和保护以及补助资金使用情况进行监督;驻大兴安岭专员办对国家林业局指定的阿木尔、新林林业局天保工程公益林建设、森林管护情况进行了核查;驻内蒙古专员办组织各驻森工企业监督办,开展了对驻在单位育林基金提取、使用,天保工程资金使用管理工作的审核检查等。

7. 向重点林业省(区)派驻森林资源监督机构工作取得重大突破。2002年10月,中央机构编制委员会办公室《关于国家林业局向重点林区增派及调整森林资源监督机构的批复》(中央编办复字[2002]151号),同意设立驻兰州、西安、武汉、贵阳、海口、合肥、乌鲁木齐等7家森林资源监督专员办事处,明确了各办事处的主要职责,并同意将驻吉林、四川、福建专员办更名,扩大监督范围。至此,国家林业局派驻的森林资源监督机构将达到14个,监督范围含盖了除北京、天津、河北、山东、江苏、上海及香港、澳门和台湾以外的所有省（区、市）。

目前，森林资源监督机构工作存在的问题主要有，在认真履行监督职责方面还有差距；监督队伍的自身素质还不能完全适应新形势、新任务的要求，有待进一步提高；已派的监督机构基础设施建设滞后；管理体制还没有理顺等。（崔武社）

【森林资源监督机构又增7家】 2002年10月，中编办以中央编办复字［2002］151号文件批复，同意设立国家林业局驻兰州、西安、武汉、贵阳、海口、合肥、乌鲁木齐森林资源监督专员办事处。原国家林业局驻吉林省、四川省、福建省森林资源监督专员办事处分别更名为国家林业局驻长春、成都、福州森林资源监督专员办事处，同时，对监督范围进行调整，驻长春专员办监督吉林省、辽宁省，驻成都专员办监督四川省、重庆市、西藏自治区，驻福州专员办监督福建省、江西省。至此，国家林业局派驻的森林资源监督机构由7个增加到14个，监督范围由7个省（区、集团公司）扩大到26个省（区、市、集团公司），基本形成全国森林资源监督体系。（苏祖云）

【驻东北、内蒙古重点国有林区监督机构切实加强林木采伐许可证核发管理】 受国家林业局委托，驻内蒙古、黑龙江、大兴安岭森林资源监督专员办事处在总结2001年发证工作的基础上，进一步完善制度，明确责任，加强驻在地区森工企业局林木采伐许可证核发工作，取得明显成效。

林木采伐许可证核发情况 内蒙古、龙江、大兴安岭森工（林业）集团公司2002年度木材生产计划为899.0万立方米，实际核发林木采伐许可证65 270张，采伐蓄积1454.24万立方米，出材量866.27万立方米，占计划的96.4%。发证合格率平均100.0%。为强化林木采伐许可证核发管理工作，被委托发证单位严格按有关规定核发林木采伐许可证，并采取了一些改进措施：一是要求对路影材、楞场进行了单独设计，并在生产准备作业前单独申请林木采伐许可证。二是每个小班采伐期限改为最多90天。三是加大了对凭证采伐情况抽查力度，杜绝了批而不审，批而不管的现象。四是采伐许可证上山和伐前公示制度正逐步落实，逐步实行了伐区现地拨交。

伐区作业质量检查情况 截至2002年11月30日，国家林业局驻内蒙古自治区、吉林省、黑龙江省、大兴安岭林业集团公司森林资源监督专员办事处共检查了驻在地区83个林业局658个采伐作业小班。其中超采（采伐蓄积超过采伐证规定蓄积量5%以上，下同）小班137个，占20.8%，严重超采小班（超林木采伐许可证规定量5%以上，并且采伐蓄积超20立方米以上，下同）78个。伐区作业质量合格率平均50.0%。较2001年提高了17.5%。其中，内蒙古森工集团（以下简称内蒙森工）94.4%，较2001年提高了83.3%；吉林森工集团（以下简称吉林森工）37.4%，较2001年下降了16.2%；龙江森工集团（以下简称龙江集团）23.5%，较2001年下降了12.7%；大兴安岭林业集团公司（以下简称大兴安岭）44.5%，较2001年提高了44.5%。

总体上看，东北、内蒙古重点国有林区的伐区管理水平和伐区作业质量有所好转，但长期形成的不按设计进行采伐和伐区作业质量低下等问题仍然普遍存在，具体表现在：

一是凭证采伐制度没有得到严格落实，无证采伐、越界采伐、超强度采伐、改变采伐方式、串树种采伐的现象还不同程度存在。本次抽查的小班中，采伐蓄积超过采伐证规定蓄积量5%以上的有137个小班，占总抽查小班的20.8%，其中，内蒙森工6个，占其抽查小班的5.0%；吉林森工32个，占其抽查小班的31.4%；龙江集团83个，占其抽查小班的23.7%；大兴安岭15个，占其抽查小班的17.6%。在超采小班中，采伐蓄积超20立方米以上的小班有78个，其中，内蒙森工5个，吉林森工26个，龙江集团35个，大兴安岭12个。个别采伐小班超采十分严重。内蒙古克一河林业局索图罕林场203林班7小班超证采伐388立方米，超69.8%。吉林省松江河林业局槽子河林场9林班1小班超证采伐385立方米，超55.6%。大兴安岭阿木尔林业局兴安林场116林班8小班超证采伐268立方米，超41.9%。

二是抚育采伐管理混乱，以抚育采伐为名获取木材生产指标，采大留小、采好留坏的现象普遍存在。吉林省黄泥河林业局上马厂林场18林班12小班为抚育伐区，超证采伐193立方米，超68.9%；大兴安岭阿木尔林业局青松林场33林班2小班为生长伐伐区，超证采伐284立方米，超88.5%。

三是伐区清理不及时、不彻底，伐区验收滞后的问题仍然十分突出。检查发现，由森工企业局资源、生产部门联合验收后签发的验收证明，填写的验收因子与林木采伐许可证填写的因子基本一致，验收不能准确地反映小班作业的实际情况，并且时间拖后。

伐区调查设计质量检查情况 截至2002年11月30日，各办上报检查调查设计小班677个，合格小班540个，调查设计合格率平均为69.1%，其中，内蒙森工88.0%，吉林森工60.5%，龙江集团59.2%，大兴安岭89.2%。

检查表明，多数森工企业伐区调查设计的面积精度有大幅度的提高；推广了“采伐木调查卡”（在设计资料中增加采伐木调查表，将所有采伐木按不同树种、径阶的采伐株数、采伐蓄积统计出来，为采伐作业提供详细资料）；除内蒙古、吉林森工抚育采伐外，所有采伐木实行了每木检尺，做到了根、胸处“双挂号”，伐区调查设计水平有了明显的提高。但不按规程设计、采伐蓄积精度低、时间滞后的问题仍然存在，主要表现为：一是应伐木选设不合理，存在“采大留小、采好留坏”，分布集中的现象，特别是没有将一些病腐木、弯曲木、秃头树、枯立木设计为采伐木。二是采伐木标记不规范，造成设计采伐量（蓄积）误差偏大，龙江集团的平均设计误差达到了11.0%。三是人为提高林分平均年龄的现象还不同程度地存在。四是提交设计成果的时间滞后，绝大多数单位不能做到提前一年或在当年6月底前完成设计，许多伐区设计是到10月底冬采前才提报，严重影响了林木采伐许可证的核发秩序。

整改及处理情况 对采伐作业质量检查中发现的问题，内蒙古、黑龙江、大兴安岭专员办都及时下发了整改通知书，要求被检单位进行认真整改，据统计有259名责任人（内蒙古5人、黑龙江189人、大兴安岭65人）受到处理。对整改不到位的单位，停发了林木采伐许可证。（王洪波）

【2002年“三总量”检查主要结果】 2002年，国家林业局驻重点林业省（区、公司）森林资源监督专员办事处分别对内蒙森工集团莫尔道嘎林业局、吉林森工集团三岔子林业局、龙江集团沾河林业局、大兴安岭林业集团公司阿木尔林业局、福建省德化县、四川省珙县、云南省屏边县的2001年度林木采伐总量、木材销售总量、木材运输总量（以下简称“三总量”）计划执行情况进行了检查。检查中发现的主要问题有：

超限额采伐问题 云南省屏边县“十五”期间采伐限额总量为13.9万立方米，其中商品材4.9万立方米，出材量为3.1万立方米。2001年度，该县实际采伐林木21.65万立方米，超限额采伐7.75万立方米；商品材实际采伐7.03万立方米，出材4.92万立方米，超计划采伐2.3万立方米，超计划出材1.85万立方米。

无证采伐和超证采伐问题 云南省屏边县共实测2001年度伐区300块，发现异地采伐伐区52块，采伐林木5014.98立方米，超证采伐伐区145块。在异地伐区中，采伐1000立方米以上的1块，100～500立方米的11块，51～100立方米的13块，50立方米以下的27块；在超证伐区中，超1000立方米以上的4块，501～1000立方米的14块，101～500立方米的31块，50～100立方米的22块，50立方米以下的77块。吉林森工集团三岔子林业局66个小班使用过期采伐证，生产木材17 874立方米。龙江集团沾河林业局68林班和106林班无证采伐521立方米。大兴安岭阿木尔林业局超证生产商品材232立方米。

木材生产及其销售管理中的问题 大兴安岭阿木尔林业局2001年商品材产量计划为15万立方米，而该集团公司下达给该局的“三剩物”（即采伐剩余物、造材剩余物和加工剩余物）利用计划为10.86万立方米，剩余物利用计划达木材产量的72.4%。龙江森工集团沾河林业局收拣陈旧材7293立方米和生产森铁枕木771立方米，这两项均没有纳入商品材一本账管理。吉林森工集团三岔子林业局2001年约有8000立方米符合木材规格的小径材未缴库，一部分混入了刨花板原料，一部分作为账外材销售，还有一部分混入了烧材；根据贮木场拨付小票统计，该局2001年账外销售小径材806立方米。另外，吉林省林业厅于2000年四季度批复给该局准备作业用材和培植业用材林木采伐指标13 992立方米，该局用上述指标生产商品材7684立方米，并于2001年销售。内蒙森工集团莫尔道嘎林业局和大兴安岭阿木尔林业局也存在没有严格执行木材缴库标准、“三剩物”超标准等问题。

木材运输流通管理中的问题 大兴安岭阿木尔林业局2001年度铁路运输木材4440车，发放木材运输证4695份，比实际运输车数多发255份，之后虽由该林业局回收227份，但仍有28份未收回。吉林森工集团少数单位超范围经营木材，三岔子林业局所属胶合板厂发运原木646立方米，建筑公司发运原木953立方米，森铁处发运原木150立方米，维修队发运原木120立方米。

伐区作业和伐区设计质量方面的问题 伐区作业仍然存在采大留小，采好留坏，应采未采，伐区内局部超强度、串树种采伐，擅自改设集材道等问题。伐区设计存在应伐木选设不规范，标记不统一以及集材道选设不合理等问题。

抽查结果表明，一些地方和单位在森林资源保护和管理工作中仍存在认识不到位，措施不得力，有法不依，执法不严等问题。为进一步强化森林资源管理，确保国家有关森林资源保护管理法律法规的贯彻执行，针对以上问题，国家林业局提出了如下要求：

1. 各有关省、林业（森工）主管部门对检查中发现的问题，及时采取有力措施，认真整改，并依法追究有关责任人的责任。特别是云南省林业厅除对屏边县的森林资源保护管理工作进行全面整顿外，要对其他县（局）的林木采伐管理和木材流通管理情况进行一次全面检查；吉林省林业厅和吉林森工集团要全面加强木材生产管理，凡符合缴库标准的木材，一律要纳入木材生产计划管理；龙江森工集团要立即制止各森工企业局擅自收拣陈旧材，同时要加强伐区管理，坚决杜绝遗弃木材的行为。

对以往伐区遗弃材，确需拣集的，在查清原因的前提下，必须经驻省（区、公司）森林资源监督专员办核实，由省级林业主管部门报国家林业局批准，并追究造成遗弃材责任人的责任。

2. 分别扣减云南省屏边县、吉林森工集团三岔子林业局、龙江森工集团沾河林业局、大兴安岭阿木尔林业局2002年商品材指标18 500立方米、8490立方米、1063立方米、232立方米。上述各县（局）2002年商品材指标不够的，从2003年商品材指标中扣减。

3. 驻各有关省森林资源监督专员办事处对检查发现的问题和整改情况实行跟踪监督。（董 冶）

林业公安、检察、法院工作

【森林公安工作综述】 2002年，森林公安工作以维护林区社会治安稳定、确保森林及野生动植物资源安全为己任，不断加强森林公安队伍自身建设，充分发挥"严管林"职能，始终保持对破坏森林及野生动植物资源违法犯罪的高压态势，为党的十六大的胜利召开和六大林业重点工程的全面启动创造了良好的林区环境。

从严治警，森林公安队伍建设进一步加强 2002年是公安部确定的公安队伍建设"三年为期"奋斗目标实现的最后一年，国家林业局森林公安局狠抓了全国森林公安队伍建设。一是积极推动森林公安队伍正规化建设，全国除3个省（区）外，省级森林公安机关已全部完成处改局更名工作，广东省解决了全省森林公安机关的政法专项编制，吉林省明确了森林公安的经费渠道。二是组织开展作风建设，森林公安民警以警为荣、以林为业、为民服务的观念进一步强化，工作作风进一步好转。三是组织开展公务用枪治理整顿工作，有效地消除了森林公安民警违反枪支管理使用规定造成涉枪事（案）件的隐患。四是严格执行"下管一级"规定，协助对9个省级森林公安机关领导班子进行了调整。五是对省级森林公安机关工作情况进行了目标考核，表彰奖励了浙江、湖北、河南等8个省级森林公安局（处）。六是大力推进队伍管理的科学化，启动了森林公安信息系统，建立了森林公安人事信息数据库，编制了全国森林公安机构代码。七是举办了全国森林公安机关政治思想工作研讨班，提出了森林公安队伍八大建设任务。八是大力开展集中教育培训，制定了《森林公安机关人民警察训练办法》，国家林业局森林公安局共组织培训民警3618名。九是举办了全国森林公安机关首届军用手枪射击比赛，民警技战术水平得到有效增强。十是严格警衔审批和申报工作，对不具有干部身份、上报材料不齐全以及不符合授衔条件的人一律不予申报和授予警衔，严把进人关。

深入推进林业严打整治，确保森林及野生动植物资源安全和林区稳定 2002年是为期两年的全国林业严打整治斗争的最后一年，国家林业局森林公安局结合森林公安工作实际，把保护森林及野生动植物资源、维护林区社会治安稳定作为主要目标和任务，狠抓了林业严打整治工作。一是组织开展了为期两个月的以查处大要案件为主的"破案攻坚战"，国家林业局督办了15起大要案，各省（区、市）林业厅（局）共督办了129起重特大刑事案件。二是组织开展了为期10天的"候鸟行动"，严厉打击了猎杀、贩卖、经营各种珍稀鸟类违法犯罪活动。三是组织开展了首次森林公安执法大检查，进一步规范了森林公安机关的执法活动，民警的法制观念和依法治林的水平得到进一步提高。四是在重点国有林区组织开展了禁种铲毒工作，共铲除非法种植罂粟267万株，是2001年的近两倍。五是举办了全国森林公安机关业务工作研讨班，明确了森林公安业务工作新思路，研究部署了工作任务。六是深入开展防火、防爆、防重大灾害事故安全大检查，切实消除隐患，确保了党的十六大期间林区社会政治治安稳定。七是组织开展了森林公安看守所等级评定工作，公安部批准一级森林公安看守所3个，国家林业局批准二级看守所19个、三级看守所24个，并印发实施了《森林公安派出所等级评定办法》。八是国家首次投入10 771万元国债资金，用于森林公安"三所"及林区检察院、法院项目建设，基层基础工作条件有所改善。 （敖孔华）

森林公安队伍建设

【森林公安机构及人员】 2002年，森林公安机构数比2001年增加了0.68%。2002年，全国森林公安民警实有数比2001年减少1.86%，年内共减少民警2764人。在民警总数中，女民警占民警总数7.45%，比2001年增加4.11%；党团员占民警总数63.54%。大专以上文化程度民警占42.81%，比2001年增加

15.05%；高中、中专文化程度民警占51.09%，比2001年减少10.73%；初中以下文化程度民警占6.10%，比2001年减少18.10%。年龄在30岁以下的民警占总数的24.86%，比2001年减少3.40%；30～50岁的民警占总数的68.64%，比2001年减少1.12%；51岁以上民警占总数的6.50%，比2001年减少3.55%。（王凤阁）

【森林公安立功创模】 2002年，全国森林公安系统受到记功表彰的集体有699个，其中：获得荣誉称号的63个，记集体二等功的54个，三等功的231个，受嘉奖的351个。全国森林公安民警受到表彰奖励2921人，其中：二级英模2人，个人一等功14人，个人二等功122人，个人三等功960人，个人嘉奖1823人。（王凤阁）

【全国森林公安政治思想工作研讨班】 2002年5月14～17日，国家林业局森林公安局在广东举办了全国森林公安机关政治思想工作研讨班，杜永胜副局长出席研讨班并作讲话。研讨班总结了近年来森林公安队伍建设取得的成绩，指出了存在的问题，明确了今后一个时期森林公安队伍建设的目标、任务和重点，并提出了森林公安队伍八大建设任务：一要大力加强森林公安队伍思想政治建设，二要全面加强森林公安机关各级领导班子建设，三要着力强化森林公安队伍的动态管理手段建设，四要切实加强森林公安民警综合素质建设，五要进一步加强森林公安机构正规化建设，六要加大森林公安机关奖惩和优抚机制建设，七要大力加强森林公安队伍形象工程建设，八要增强科技手段在森林公安队伍管理中的应用建设。（贾延安）

【森林公安教育培训】 2002年，森林公安教育培训工作围绕队伍建设中心工作，以全面提高森林公安机关领导干部整体素质为重点，采取积极有效的措施，保证了培训工作的顺利进行。一是抓制度建设。为贯彻落实《公安机关人民警察训练条令》，针对森林公安机关培训工作的特点，制定下发了《森林公安机关人民警察训练办法》，对森林公安机关的培训种类、内容、时间，培训计划的制定、组织实施，以及培训工作的奖惩进行了规范，从制度上保证了培训工作有条不紊地开展。二是抓重点。根据《森林公安机关在职民警2001～2005年教育培训规划》，在继续做好司晋督培训、领导干部初任培训的基础上，重点对县级森林公安机关领导干部的业务知识和计算机应用技能进行了培训，提高了森林公安机关领导干部的业务水平和掌握先进科学技术的能力。三是抓质量。为了保证培训效果，达到向培训要素质、要战斗力的目的，在培训前，制定详细的教学大纲，选定必要的教材，建立请销假制度；培训开始后，森林公安局派人前往动员，检查指导；培训结束后进行考试，合格者颁发证书。四是抓保障。积极争取资金，减轻基层负担。国家林业局森林公安局从业务经费中划拨164万元作为培训费用，并承担了培训证书的制作，免费发放给学员。通过采取以上措施，培训效果显著，共组织各类培训21期，培训民警3618名。其中司晋督培训10期，培训民警2003人；首任领导干部培训2期，培训民警134人；县级森林公安机关领导干部业务培训8期，培训民警1441人；计算机应用技能考试管理员培训班1期，培训民警40人。（耿淑芬）

【森林公安警衔评授】 2002年，国家林业局森林公安局把警衔评授作为森林公安机关严把进人关的调控手段，严格审核把关，对不具有干部身份、上报材料不齐全，以及不符合授衔条件的人一律不予申报和授予警衔，较好地完成了全年警衔的审核审批工作。全年共受理警衔9321人，办理9107人，占总数的97.7%，退回214人，占总数的2.3%。办理的9107人中，首授警衔2152人，晋升警衔6955人。按衔级分：晋升二级警监警衔1人，首授和晋升三级警监警衔22人，首授和晋升警督警衔3880人，首授和晋升警司以下警衔5204人。（耿淑芬）

【森林公安机关组织开展作风建设活动】 按照公安部统一部署，2002年，国家林业局森林公安局在全国森林公安机关组织开展了作风建设活动。4月28日，成立了由国家林业局马福副局长担任组长、森林公安局肖兴威局长等6人担任副组长的森林公安机关作风建设领导小组，在森林公安局政治处设立办公室，森林公安局杜永胜副局长兼任办公室主任。按照领导小组的部署要求，围绕作风建设，全国森林公安机关相继组织开展了精神文明建设的调查、“三项治理”、专项整治、民主评议等一系列活动，逐步将作风建设推向深入，民警以林为业、以警为荣、为民服务的观念得到进一步强化，工作作风进一步好转。（敖孔华）

【全国森林公安系统首届军用手枪射击比赛】 为落实公安部提出的“向训练要警力、向训练要战斗力”的部署精神，2002年2月28日至3月2日，国家林业局森林公安局在南京举行全国森林公安系统首届军用手枪射击比赛。经过3天激烈角逐，新疆维吾尔自治区森林公安机关代表队、吉林省森林公安机关代表队和南京森林公安高等专科学校代表队分获团体总分第一、二、三名，内蒙古自治区森林公安机关代表队选手王景利和南京森林公安高等专科学校代表队选手李章华，分别以585环和577环的成绩摘取男子组和女子组个人冠军。国家林业局马福副局长、公安部杨焕宁副部长出席开幕式并作重要讲话，森林公安局肖兴威局长主持开幕式，杜永胜副局长主持闭幕式并作总结讲话。中央机构编制委员会、财政部、国务院机关事务管理局等中央有关部委的领导以及江苏省、南京市政府以及江苏省教育厅、公安厅有关部门的领导出席开幕式并观看了阅警式和军体表演。赛后，森林公安局对在射击比赛中作出突出贡献的先进集体和先进个人进行了记功表彰。（王凤阁）

【森林公安机关公务用枪专项整治】 按照公安部的统一部署，2002年4月15日至7月31日，国家林业局森林公安局在全国森林公安机关部署开展了公务用枪专项整治工作。经过3个多月的治理整顿，共核查持枪民警34 385人，检查配枪单位3814个，考核培训枪支保管人员2642人，取消持枪资格民警1667人，收回保管枪支1241支，集中保管枪支33 441支。枪支治理整顿工作，为依法规范森林公安机关公务用枪的管理和使用起到了很好的作用，有效地减少了森林公安民警违反枪支管理使用规定造成涉枪事（案）件的隐患。（敖孔华）

【《森林公安机关人民警察训练办法》印发实施】 2001年11月，公安部颁布了《公安机关人民警察训练条令》。为了贯彻落实《条令》，进一步规范和强化森林公安民警教育训练工作，加强新形势下森林公安队伍正规化建设，国家林业局森林公安局在广泛征求各省（区、市）森林公安机关意见的基础上，结合森林公安实际，制定了《森林公安机关人民警察训练办法》，并于2002年印发实施。《森林公安机关人民警察训练办法》共九章四十五条，阐述了森林公安机关教育训练工作的目的、培训种类及原则，明确了各级森林公安机关在教育训练方面的职责任务，各类培训的培训对象、培训时间和培训内容，以及训练机构的正规化建设，进一步规范了森林公安机关教育训练计划的制定、下达程序及组织实施，考试考查的方式、内容及培训的奖惩和证书发放等工作。（耿淑芬）

【全国森林公安机关业务工作研讨班】 2002年6月21～25日，国家林业局森林公安局在福州举办了全国森林公安机关业务工作研讨班，曹真副局长出席研讨班并作讲话。研讨班总结了近年来森林公安业务工作成绩，认真分析了当前林区治安形势和新时期森林公安业务工作面临的机遇，明确了今后一个时期业务工作的思路，研究部署了下一阶段业务工作任务。研讨班认为，经过多年来的努力，森林公安业务工作实现了从一般性的工作部署向主动出击、重点突破的转变，由被动防范向主动有效控制的转变，由单一警种独立作战到各有关部门相互协调、齐抓共管的转变，在整个森林公安工作的历史上意义重大。

（汶　哲）

森林公安执法

【森林及野生动物案件分析】 2002年度，全国森林公安机关共受理森林和野生动物案件149 618起，比2001年下降7.1%。其中：刑事案件10 344起，下降6.1%；治安案件12 041起，下降21.18%；林业行政案件127 233起，下降5.55%。共查处各类森林和野生动物案件147 090起，综合查处率为98.31%。其中：破刑事案件9501起，破案率为91.85%；查处治安案件11 875起，查处率为98.62%；处理林业行政案件125 714起，处理率为98.81%。共打击处理各类违法犯罪人员176 454人次，其中：逮捕6703人，劳动教养889人，治安拘留6358人，警告5391人，治安罚款8673人，林业行政罚款16 456人。破获犯罪团伙522个，抓获作案成员2134人。全部案件毁坏林地40 777公顷。造成直接经济损失1.85亿元，其中：损失木材118.46万立方米；毁坏幼树1936.98万株；损失野生动物298 643只（头）。造成执法护林人员伤63人。办案为国家挽回经济损失2.74亿元。

森林案件 据统计，2002年度全国森林公安机关共受理各类森林案件142 409起，比2001年度下降5.12%。其中：森林刑事案件9714起，下降4.71%；治安案件11 735起，下降19.07%；林业行政案件120 960起，下降3.54%。在森林刑事案件中，立重大案件1941起，破1800起，破案率为92.74%，立案比2001年下降6.28%；立特别重大案件473起，破426起，破案率为90.06%，立案比2001年上升10.77%。全部案件毁坏林地40 777公顷，造成直接经济损失1.63亿元，其中：损失林木118.46万立方米；毁坏幼树1936.98万株。造成执法护林人员伤63人。全国森林公安机关共查处森林案件139 992起，综合查处率为98.3%。其中：破森林刑事案件8928起，破案率为91.91%；查处治安案件11 569起，查处率为98.59%；处理林业行政案件119 495起，处理率为98.79%。共打击处理各类违法犯罪人员167 576人次，其中：逮捕6290人，劳动教养878人，治安拘留5962人，警告4623人，治安罚款8331人，林业行政罚款110 922人。破获犯罪集团489个，抓获作案成员1965人。办案为国家挽回经济损失2.28亿元。其中：收缴木材807 462立方米。

野生动物案件 2002年度，全国森林公安机关共受理各类野生动物案件7209起，比2001年度下降33.94%。其中：立刑事案件630起，下降23.64%；立重大案件167起，破154起，破案率为92.22%，立案下降24.43%；立特别重大案件129起，破118起，破案率为91.47%，立案下降25.86%；受理治安案件306起，下降60.52%；受理林业行政案件6273起，下降32.64%。全部案件造成直接经济损失2143.94万元。损失野生动物298 643只（头），其中：国家一级保护野生动物997只（头），国家二级保护野生动物3345只（头）。全国森林公安机关共查处野生动物案件7098起，综合查处率为98.46%。其中：破刑事案件573起，破案率为90.95%；查处治安案件306起，查处率为100%；处理林业行政案件6219起，处理率为99.14%。共打击处理违法犯罪人员8878人次，其中：逮捕413人，劳动教养11人，治安拘留396人，警告768人，治安罚款342人，林业行政罚款5364人。破获野生动物犯罪集团33个，抓获作案成员169人。为国家挽回经济损失4590.02万元。收缴野生动物1 394 957只（头），其中：国家一级保护野生动物21 118只（头），国家二级保护野生动物35 087只（头）。收缴野生动物皮1043张，猎具5715件，车辆176辆，枪支686支，其中：军用枪10支。 （关旭庆）

【破案攻坚战】 为了把林业严打整治斗争推向深入，集中时间、集中精力攻破一批大要案件，2002年3月1日至4月30日，国家林业局在全国范围内组织开展了严厉打击破坏森林和野生动物资源违法犯罪“破案攻坚战”，挂牌督办了一批大要案件。在这次行动中，国家林业局共挂牌督办案件15起。各省（区、市）林业厅（局）共挂牌督办案件129起，其中滥伐林木案件67起，盗伐林木案件21起，野生动物案件26起，其他案件15起，各地、市林业部门也确定了一批督办案件。同时，通过督办大要案件，极大地增加了查处破坏森林和野生动物资源案件的工作力度，巩固了林业严打斗争的成果。据统计，全国森林公安机关在破案攻坚战期间，共查处破坏森林和野生动物资源案件29 370起，处理违法犯罪人员32 678人次，收缴木材55 379立方米，收缴野生动物59 970只（头）。同时，在集中统一行动期间，一大批大要案件相继告破，如新疆维吾尔自治区查处了木垒林场滥伐林木2693立方米的特大案件；江西省查处了九江县岷山林场滥伐林木2516立方米的特大案件，依法逮捕林场书记、场长、副场长、生产科长等7名犯罪嫌疑人；青海省查处了非法收购藏羚羊头63个、藏原羚头40个的特大案件，犯罪嫌疑人钟玉庭被判处有期徒刑13年；云南省查处非法贩卖穿山甲76只、熊掌57只的特大案件等。 （关旭庆）

【“候鸟行动”】 近年来，一些地方不断发生非法猎捕、杀害、收购、运输、出售野生鸟类案件，特别是在黄河下游地区、长江中下游地区，一些不法分子利用候鸟迁徙规律，在迁徙停歇地和栖息地肆意张网捕鸟、投药毒鸟，在集贸市场公开买卖各种珍稀鸟类，牟取暴利，南方地区的一些宾馆、饭店擅自经营珍稀野禽，招揽生意。这些行为，涉及鸟类数量之大、种类之多、组织之严密、手段之恶劣，极为罕见，引起了社会的广泛关注。为了进一步深入开展林业严打整治斗争，切实保护中国的鸟类资源，履行有关国际公约，2002年12月16～25日，国家林业局森林公安局组织北京、广东等14个省（市）森林公安机关沿着候鸟迁徙的东线，在候鸟迁徙停歇地和栖息地开展了一次针对打击破坏鸟类资源违法犯罪集中统一行动，代号为“候鸟行动”。据统计，行动期间各地共出动警力41 625人次，清理宾馆饭店等场所16 385处，清理各种农贸、鸟类市场3374个，立刑事案件77起，其中重特大案件14起，抓获犯罪嫌疑人318名；查处林政和治安案件1829起，处罚2425人，收缴各种鸟类活体107 968只，其中国家重点保护鸟类1223只，收缴鸟类制品9403.17千克，收缴枪支57支，收缴猎具6843套，缴获作案车辆24台。

（关旭庆）

【全国林业严打整治斗争工作结束】 为了认真贯彻中央社会治安工作会议精神，促进林区社会治安的根本好转，2001年4月到2002年底，国家林业局在全国范围内组织开展了一场声势浩大的林业严打整治斗争。在全国林业严打整治斗争中，全国森林公安机关始终坚持集中统一行动与经常性严打相结合的方针，相继组织开展了“夏季攻势”、“猎鹰行动”、“破案攻坚战”、“候鸟行动”等专项行动，侦破了一批大要案件；始终保持严打的高压态势，重点整治了林区社会治安中存在的突出问题；大力加强宣传报道工作，极大地提高了广大人民群众保护森林和野生动物资源的意识，为林业六大工程、五大转变、跨越式发展起到重要的护航作用，为林区的长治久安创造了良好的环境。据统计，在全国林业严打整治期间，森林公安机关共查处各类森林和野生动物案件274 461起，其中查处刑事案件17 678起，处理各类违法犯罪人员349 991人次，收缴木材172万立方米，野生动物332万只（头），其中国家重点保护野生动物29.5万只（头），野生动物制品87.8万千克，挽回经济损失5.38亿元。 （关旭庆）

政策法规与体制改革

林业法制建设

【林业立法】

2002年林业立法工作取得长足进展 2002年公布的与林业关系密切的法律有：8月29日九届全国人大常委会第二十九次会议审议通过、国家主席令第73号公布、2003年3月1日施行的《中华人民共和国农村土地承包法》；12月28日九届全国人大常委会审议通过、国家主席令第83号公布实行的《中华人民共和国刑法修正案（四）》。国务院公布的行政法规有：12月6日第六十六次常务会议通过、12月20日国务院令第367号公布、2003年1月20日起施行的《退耕还林条例》。国家林业局根据法律法规，在职权范围内制定的部门规章主要有：10月15日国家林业局第二次局务会议审议通过、11月2日国家林业局令第4号公布的《林业行政处罚听证规则》；10月15日国家林业局第二次局务会议审议通过、11月2日国家林业局令第5号公布的《林木种子生产、经营许可证管理办法》；10月15日国家林业局第二次局务会议审议通过、12月2日国家林业局令第6号公布的《中华人民共和国植物新品种保护名录（林业部分）》（第三批）。另外，为了适应林业跨越式发展、林业六大工程建设的需要，国家林业局制定了一些规范性文件。如2月22日印发的《鸟类环志管理办法（试行）》和《鸟类环志技术规程（试行）》，4月17日印发的《造林质量管理暂行办法》，7月18日印发的《森林病虫害预测预报管理办法》，8月14日印发的《林木种子包装和标签管理办法》，10月25日和财政部共同印发的《森林植被恢复费征收使用管理暂行办法》，等等。

为适应林业跨越式发展、林业六大工程建设和依法行政的客观需要，着手研究起草或者修改一些行政法规草案，主要有《天然林保护条例》、《濒危野生动植物进出口管理条例》、《森林防火条例（修改）》等等。为完善《防沙治沙法》、《种子法》等法律的配套法规和规章，研究和审查了《主要林木品种审定管理办法》、《沙化土地封禁保护区管理办法》、《营利性治沙申请登记管理办法》、《林业标准化管理办法》等。另外，针对法律法规实施过程中存在的问题，进行了调查和研究，例如物权立法中涉及到林权问题、自然保护区林木采伐、外来生物物种入侵管理、生物遗传资源管理等。

为适应林业五大转变的需要，对不再适应当前林业发展的一些法规、规章和规范性文件进行了初步清理，并提出了初步的意见。

2002年林业立法成果及存在的问题 2002年林业立法工作，以“三个代表”重要思想为指导，服从和服务于林业跨越式发展、林业五大转变的大局，服从于国家加强生态环境建设的重大战略，严格按照《立法法》和国务院的有关规定，适应加入世界贸易组织的客观情况，结合林业发展的实际需要，在总结过去成功经验的基础上，坚持成功的做法，注重协调和沟通，改进了林业立法工作的不足，进一步提高立法质量和立法水平。这些林业立法工作对引导和规范林业改革实践、保护和发展森林资源和野生动植物资源、规范林业行政管理、促进生态环境建设、保障林业跨越式发展、促进林业五大转变发挥了重要作用，使林业各项工作朝着法制轨道又迈进了一大步。

林业立法中存在的主要问题有：林业立法还不能适用生态环境建设和林业五大转变的客观需要，林业立法的进度还较为缓慢，一些急需的行政法规和部门规章尚未公布施行，一些林业建设和生态环境建设中存在的问题尚无法律、法规予以调整和保障。主要表现在以下几个方面：一是《防沙治沙法》、《种子法》、《农村土地承包法》公布施行以后，一些配套的行政法规、部门规章尚未及时制定公布；二是随着天保工程向纵深发展，目前尚未有明确的法律保障；三是野生动植物资源保护方面的法制建设不健全，现行《野生动物保护法》、《野生植物保护条例》已经不能完全适用当前保护野生动植物资源的客观需要，而一些相关的配套法规、部门规章没有制定出来；四是湿地保护管理的法律制度尚未建立起来。

地方林业立法 2002年，各省（区、市）的林业立法工作取得了较大进展。各地根据《森林法》、《种子法》、《防沙治沙法》等法律、行政法规规定，结合本地林业发展的客观需要和实际情况，制定了一些地方性法规、地方政府规章或者相关的规范性文件。如7月29日江西省第九届人民代表大会常务委员会第三十一次会议通过了《江西省林木种子管理条例》，12月7日甘肃省第九届人民代表大会常务委员会第三十一次会议通过了《甘肃省实施〈中华人民共和国防沙治沙法〉办法》，等等。这些都有利地推动了林业法治建设和林业跨越式发展。

（政策法规司法规处）

【林业执法监督】

林业行政审批制度改革 2001年10月18日，国务院下发了《国务院批转关于行政审批制度改革工作实施意见的通知》（国发［2001］33号），明确了行政审批制度改革工作的指导思想、总体要求、原则、步骤。10月24日，国务院召开了行政审批制度改革工作电视电话会议。

根据国务院的统一部署，国家林业局组织开展了林业行政审批制度改革工作，成立了以副局长雷加富、中央纪委驻国家林业局纪检组长杨继平为组长，政策法规司、监察局、资源司、计资司、保护司等司局主要负责人为成员的行政审批制度改革工作领导小组，并成立了以政策法规司、监察局为主的专门办公室，负责局行政审批制度改革的日常工作。国家林业局行政审批制度改革工作，自2001年11月5日召开动员会正式启动。

为了积极稳妥地推进行政审批制度改革工作，根据国发［2001］33号文件精神，国家林业局制定了《国家林业局行政审批制度改革工作实施方案》，对局行政审批制度的指导思想和总体要求、原则、实施步骤等提出了具体的要求，就国家林业局行政审批项目征求了各省（区、市）林业主管部门和部分地方政府、基层林业单位的意见。在组织局各有关司局和事业单位对涉及国家林业局的行政审批项目严格遵循“合法、合理、效能、责任、监督”五项原则进行全面清理的基础上，起草了《国家林业局关于林业行政审批项目清理情况的报告》，并于2002年1月18日上报国务院行政审批制度改革工作领导小组办公室（以下简称国务院审改办）。

通过对林业行政审批项目的清理、审核，目前，由国家林业局实施或者由国家林业局设定、其他部门实施的行政审批项目共92项。经过与国务院审改办一年多的反复沟通研究协商，其中，由国务院正式宣布取消的20项（第一批4项，第二批16项），占林业行政审批项目总数的21.74%；改变管理方式的6项，占林业行政审批项目总数的6.52%。现拟保留的林业行政审批项目共61项；拟取消或者改变管理方式林业行政审批项目共5项（因涉及依据法律设定的行政审批项目，需要待《行政许可法》公布后再根据下一阶段行政审批制度改革情况一并研究处理）。

根据国务院审改办《关于印发〈关于对建立与社会主义市场经济体制相适应的审批制度进行课题研究的实施方案〉的通知》（国审改办发［2002］5号）的要求，国家林业局组织局各有关司局和直属单位开展了林业行政审批制度课题研究工作。结合林业行政审批的实际情况，就如何建立科学合理的审批管理机制、规范高效的审批运行机制和严密完善的审批监督机制等进行了专题研究。同时，向各省（区、市）印发了《建立与社会主义市场经济体制相适应的林业行政审批制度课题研究的实施意见》，组织林业系统开展课题研究工作，积极吸取各省（区、市）课题研究的成果，在此基础上，形成了林业行政审批制度课题研究总报告和分项专题报告，并上报国务院审改办。

做好《种子法》执法检查工作 根据全国人大常委会执法检查计划安排，2002年下半年，全国人大常委会对《种子法》实施情况进行了检查。

2002年7月22日下午，由全国人大农业与农村委员会高德占主任主持，召开了《种子法》执法检查准备会议，对《种子法》执法检查的有关问题进行了研究讨论，初步商定了《种子法》执法检查方案。国家林业局雷加富副局长在会议上对林业部门实施《种子法》有关情况作了汇报。10月10日，全国人大常委会《种子法》执法检查组召开第一次全体会议，布赫副委员长出席，全国人大农业与农村委员会高德占主任主持。国家林业局祝列克副局长就国家林业局贯彻实施《种子法》的情况作了汇报。会后，执法检查组于10月11～22日分3个小组，赴湖北、福建、四川、甘肃、河北、辽宁6省进行了检查。10月29日，全国人大常委会《种子法》执法检查组召开第二次全体会议，听取3个检查组执法检查情况的汇报，研究改进《种子法》执法工作。布赫副委员长出席，祝列克副局长到会并发了言。

这次《种子法》执法检查的重点是检查落实种子生产经营许可制度，整顿和规范种子市场秩序、打击非法制售假劣种子行为，执行行政管理与生产经营机构分开的规定、加强执法体系和队伍建设，保护种质资源、扶持良种选育推广，落实种子产业扶持政策以及完善配套法规等情况。

《种子法》贯彻实施中还存在一些不容忽视的问题，主要表现在：一是对《种子法》重要地位和作用的认识还不到位；二是配套法规建设有待进一步加强和完善；三是有些地方种子种苗管理与生产经营分开工作进展缓慢；四是对种子产业的扶持力度不够；五是种子种苗生产经营许可的监督管理工作有待加强。

开展林业行政执法监督检查工作 2002年12月，国家林业局组成两个检查组，分别赴广东、广西和重庆、甘肃、青海等地，进行了林业行政执法监督检查工作。

这次检查的内容是被检查省（区、市）近年来林业行政执法工作开展情况，重点是林业行政人员执法主体资格情况、查处盗伐滥伐和违法运输木材等行政案件在案件管辖、适用法律法规、遵守法定程序等方面的情况。检查组以听取情况介绍、抽查调阅林业行政处罚案件卷宗、座谈交流等方式进行。从检查结果来看，近年来，各级林业主管部门依法治林、兴林和依法行政的观念增强，林业行政执法人员依法办案的能力逐步提高，执法行为更加规范，在社会上树立了良好的执法机关形象。同时，检查中发现，各地在林业行政执法尤其是办理林业行政案件中还存在许多问题，如具体办理林业行政案件的执法机构过多，多重多头执法现象普遍，执法中扯皮现象时有发生；不具有执法主体资格的单位及人员进行林业行政执法的现象依然存在；个别案件中存在没有处罚依据或者“以刑代罚”现象；在办理林业行政审批过程中，经执法机构调查取证、提出处理意见后，许多案件都没有按规定送交法制工作机构审核，等等。林业行政执法工作总体上还不完全适应林业发展的需要，执法管理体制、执法水平、执法机制和监督机构尚未健全，还有待于进一步深化改革。（高静芳）

中国可持续发展林业战略研究

【综 述】 在2001年工作的基础上，国家林业局举全局之力，集各路英才，高度重视和支持《中国可持续发展林业战略研究》。2002年1月18日，中共中央政治局委员、国务院副总理温家宝亲自召集会议审定了《中国可持续发展林业战略研究大纲细目》。此后，总论、战略、保障和森林问题四个部分的项目研究工作全面启动。各专题按照总体框架、工作步骤、项目研究计划，围绕重大战略问题开展了深入、翔实的资料收集、调查研究、观点锤炼和文稿撰写工作，在5月初完成了专题研究初稿。为进一步提高项目研究的质量和水平，项目组开展了国内外调研活动，有近60位专题研究人员参加了9条线路、20多个省（区）的国内林业调研，有10多位院士、专家参加了欧洲线和亚太线的国外林业调研，提交了40多篇有特点、有见解的高水平的调研报告，为战略研究的顺利进行打下了良好的基础。

9月5日，《中国可持续发展林业战略研究》部门座谈会在北京召开，共有17个部门的代表参加了座谈会。座谈会由《中国可持续发展林业战略研究》项目领导小组组长、全国绿化委员会副主任、国家林业局局长周生贤主持。项目专家领导小组组长、国家林业局党组成员、中国林科院院长江泽慧教授在会上介绍了项目进展情况和《中国可持续发展林业战略研究总论》的主要内容。项目首席专家盛炜彤、陈昌笃、彭镇华、董乃钧出席了座谈会。座谈会上，来自国家计委、国家经贸委、科技部、财政部、国土资源部、建设部、水利部、农业部、外经贸部、国家税务总局、国家环保总局、中央政策研究室、国务院研究室、国家农业综合开发办公室、中国科学院、中国社会科学院、国家气象局的代表均对研究取得的阶段性成果表示了充分肯定，并从不同角度对《中国可持续发展林业战略研究总论》提出了建设性修改意见。

9月28日，国务院召开了《中国可持续发展林业战略研究》项目阶段性成果审定会。温家宝副总理在北京主持主持了会议，来自国家计委、财政部、科技部、农业部等26个国务院有关部门及单位的领导、专家参加了会议。江泽慧在会上汇报了课题研究情况，卢良恕、沈国舫、王涛、李文华4位院士和有关部门的负责人发了言。与会领导、专家对项目取得的阶段性成果给予了高度评价。温家宝副总理在听取了课题组的汇报后指出，改善生态环境，实现可持续发展，是当今世界各国普遍关注的重大问题。我们党和政府越来越重视这项工作，可持续发展已经摆到经济社会发展的重要战略位置。林业是经济和社会可持续发展的重要基础，是生态建设最根本、最长期的措施。在可持续发展中，应该赋予林业以重要地位；在生态建设中，应该赋予林业以首要地位。研究成果有深度，有创新，有突破。一是在战略思想上，提出了“确立以生态建设为主的林业可持续发展道路；建立以森林植被为主体的国土生态安全体系；建设山川秀美的生态文明社会”的总体战略思想。其核心是“生态建设、生态安全和生态文明”。并提出“严格保护、积极发展、科学经营、持续利用”的战略方针。二是在战略途径上，根据“三生态”的战略思想，明确提出以林业六大工程为载体，以科技创新为先导，以体制改革为动力，推动林业跨越式发展，使中国林业实现由以木材生产为主向以生态建设为主的历史性转变，充分发挥林业的生态效益、经济效益和社会效益。三是在重大战略问题上，抓住了天然林保护、退耕还林、荒漠化防治、森林灾害防治等10个事关新世纪中国林业可持续发展的重大问题，从理论与实践的结合上，提出了具体的战略目标、工作重点和保障措施。

10月26日，《中国可持续发展林业战略研究总论》首发式在北京人民大会堂隆重举行。中共中央政治局委员、全国人大常委会副委员长姜春云出席首发式并发表了重要讲话。全国人大常委会副委员长曹志，全国政协副主席赵南起出席了首发式。全国绿化委员会副主任、国家林业局局长周生贤主持首发式。姜春云说，这部论著的问世，是向即将召开的党的十六大献上的一份厚礼。这不仅是中国林业发展进程中的一件喜事，也是关系到整个国家利益、人民利益和经济社会长远发展的一件大事。这项研究成果为党中央、国务院进行林业和生态建设重大决策提供了可靠的科学依据，这项战略不仅是部门战略，而且是国家战略。姜春云说，森林是农业和国土安全的重要屏障，是经济和社会可持续发展的重要基础，是关系到民族生存与发展的根本性问题。林业是生态建设的主体，是一项极其重要的基础产业和公益事业。在实施可持续发展战略中，应当赋予林业应有的重要地位；在生态建设中，应当把林业放在首要位置；在西部生态建设中，林业具有举足轻重、不可替代的重要地位和作用。姜春云指出，中国可持续发展林业战略研究，抓住了林业和生态建设的关键性问题，进行了深入研究，取得了丰硕的成果。这项研究的显著特点：一是立意新、起点高。采取多学科、宽领域、全方位、深层次、开放式的宏观战略研究，这在新中国林业发展史上还是第一次。把林业发展战略研究，放在世界林业发展的大背景和国家经济社会发展的全局中，以可持续发展理论为指导，以重大工程为载体，以科学技术为先导，以深化改革为动力，充分运用了世界最新研究成果，符合基本国情、林情。二是思想新、定位准。提出了富有创新性的战略思想："确立以生态建设为主的可持续林业发展道路，建立以森林植被为主体的国土生态安全体系，建设山川秀美的生态文明社会"。这个战略思想切中要害，抓住了本质，突出了林业在中国可持续发展战略中的地位和作用，明确了林业所承担的历史使命。三是层面广、内涵深。这项研究涉及到人口、资源、环境等领域和体制、机制、政策等，较好地把林业与农牧业、水利、城镇建设等紧密结合起来，提出了把生态建设指标列为国民经济和社会发展的重要指标、减轻林业税赋、发展非公有制林业等重大林业战略举措。四是集成度高、科学性强。这项研究在理论创新、体制创新和机制创新等方面进行了积极的探索，提出了具有全局性、前瞻性和可行性的林业发展思路与对策。姜春云强调，这项研究的成果是总结过去、反映现实、指导未来的精品力作，将对未来50年中国林业的发展产生深远的影响。

周生贤说，《中国可持续发展林业战略研究总论》的问世，是新时期中国林业发展进程中的一件大事，它标志着中国林业已进入了一个新的发展阶段。以全面实施六大工程为标志，中国林业进入了一个以可持续发展理论为指导，全面推进跨越式发展的新阶段。在这个大背景下，《中国可持续发展林业战略研究总论》适时地提出了"三生态"战略思想和战略方针、战略目标、战略途径与战略对策。江泽慧介绍了中国可持续发展林业战略研究项目的研究情况和主要成果。江泽慧说，一年多来，在温家宝副总理的亲切关怀下，经过近300位院士、专家的共同努力，中国可持续发展林业战略研究项目取得了重大成果。该项目的主要成果包括中国可持续发展林业总体战略思想、战略方针、战略布局、战略目标、战略途径、战略问题和战略对策与建议等七个方面。中国工程院副院长沈国舫院士、中国科学院院士李文华、中央财经领导小组办公室副主任段应碧和科技部副部长李学勇代表项目首席专家和有关部门作了发言。全国人大农业与农村委员会主任委员高德占，全国政协人口资源环境委员会副主任张洽，国土资源部副部长鹿心社，水利部副部长陈雷，中国人民银行副行长吴晓灵，国家统计局副局长贺铿，国家气象局副局长郑国光，国务院西部开发办公室副主任李子彬、王志宝，国家农业综合开发办公室常务副主任赵鸣骥，中国科协书记处书记、党组成员冯长根出席首发式。国务院办公厅、国家经贸委、科技部、财政部、国土资源部、建设部、水利部、农业部、外经贸部、中国人民银行、国家税务总局、国家环保总局、国家统计局、中国科学院、中国社会科学院、中国气象局、国务院西部开发办公室、国家农业综合开发办、中国科协等有关部门的负责人参加了首发式。国家林业局领导李育材、杨继平、雷加富、祝列克等出席了首发式。

《总论》首发式后，《战略》、《保障》和《森林问题》3个专题的研究也进入攻坚阶段。11月4日，江泽慧主持召开了各专题首席专家、第一责任人和主笔人参加的会议，动员和部署项目第二阶段的各项工作。以《总论》研究成果为整个战略的核心思路，各专题在原有初稿的基础上，进行了细致的研讨和修改，衔接、扩展、充实和完善了各专题的具体内容，如期完成了专题研究任务。　（林　策）

林 业 普 法

【综 述】 普法工作是连接立法与执法之间的一个不可缺少的重要环节。2002 年是“四五”普法规划全面实施的一年。林业系统的普法工作坚持以“三个代表”重要思想为指导，围绕党和国家及林业生态建设的大局，认真贯彻落实“四五”普法规划，取得了新的成效。

加强对普法工作的组织领导 为适应“四五”普法工作需要，根据中发［2001］8 号文件和全国第五次法制宣传教育工作会议的要求，结合近年来机构及人事变动较大的实际，2002 年 5 月，国家林业局调整充实了局普法领导小组成员和办事机构。调整后的局普法领导小组由主管副局长雷加富任组长，局办公室主任、政法司司长、机关党委副书记、宣传中心主任为副组长，15 个司局及有关直属单位的一把手为领导小组成员。政法司司长陈根长兼局普法办公室主任，林业普法工作在组织领导和机构上得以加强。2001 年未成立（或调整）“四五”普法领导小组的省（区、市）林业厅（局）及森工集团等，也都成立或调整充实了普法领导小组及办事机构，普遍强化了对普法工作的组织领导。据 2002 年 8 月前 27 个省（区、市）林业厅（局）和森工集团上报的调查材料显示：均成立了普法领导小组，其中由单位一把手担任领导小组组长的占 63%。

2002 年初，根据全国普法办的统一部署和《全国林业系统法制宣传教育第四个五年规划》的要求，结合林业工作实际，国家林业局制定了《2002 年林业普法依法治理工作要点》，对年度普法工作进行了部署，提出了具体要求。各级林业部门把普法宣传教育作为依法行政的一项基础性、经常性工作来抓，进一步建立健全机构，充实人员，落实经费。据 27 个省（区、市）林业厅（局）和森工集团的调查材料显示：制定有年度普法工作要点（或计划）的 25 家，约占 92.6%；开展了普法试点工作、制定有相关工作制度或标准的单位各 23 家，占 85%以上；普法经费落实或基本落实的 19 家，占 70%。另据 20 个省（区、市）及森工（林业）集团不完全统计，2002 年林业系统各级普法领导小组召开会议 566 次，其中厅（局）级会议 80 多次；组织学法活动 520 次，其中厅（局）级干部集中学法 106 次。

继续抓好“四五”普法规划的落实

1. 培训法制骨干，促进普法规划实施。2002 年，林业系统上下进一步加强了对林业法制宣传骨干和林业行政执法人员的培训力度。局机关有关司局及直属单位，如森林公安局、监察局、计资司、场圃总站、林业工作站管理总站、天然林保护工程管理中心等，也都根据各自的工作职能，举办各类法制培训班共 31 期，培训骨干 4569 人次。与此同时，各地林业主管部门也加大了法制培训力度。如河北省 2002 年上半年仅省一级就培训法制宣传骨干 500 余人，新疆维吾尔自治区一级培训了近 340 人。北京市林政稽查大队是机构改革后新组建的执法单位，自组建以来，实行按季度的全员上岗培训，封闭学习相关法律法规。2002 年共举办了 8 期培训班，900 多名林业执法人员参加了学习。据 20 个省（区、市）和森工（林业）集团不完全统计，2002 年省（区、市）一级共举办培训班 125 期，培训法制宣传骨干 13 742 余人次；地、县级举办培训班 878 期，培训骨干 72 450 余人次。

2. 实行目标管理，推进普法规划的落实。为切实抓好“四五”普法规划的落实，按照中央 8 号文件和林业“四五”普法规划有关建立目标管理责任制的要求，参照一些地区和单位实行普法目标管理的经验，2002 年 6 月，国家林业局制定下发了《全国林业系统普法依法治理工作目标管理责任制》，从基础保障、普法宣传、法制教育、依法行政、其他普法成效和建立公布表彰制度等六大方面将普法目标责任细化，凡能够量化的都予以量化。据上报材料显示，黑龙江、吉林、河南、四川、新疆、龙江森工集团、大兴安岭林业集团、国家林业局三北防护林管理局等 25 个省（区）和单位都制定了自己的普法工作目标管理责任制实施办法或管理细则等，比例高达 92.6%。全国普法办在 2003 年初召开的中央和国家机关普法依法治理工作座谈会上对国家林业局的这一做法给予了充分肯定。

3. 统一制证，规范法制学习培训登记管理。根据《中组部、中宣部、司法部关于加强领导干部学法用法工作的若干意见》和 2002 年 6 月 5 日三部联合召开全国电视电话会议的精神，结合林业“四五”普法规划中有关“建立普法合格证制度”的要求，国家林业局普法办公室统一印制了《全国林业职工“四五”普法合格证》，要求“将林业职工每年参加法制培训和学习的情况及考试成绩登记入册，作为林业普法对象考核、任职、定级、晋升、奖惩的重要依据”。2002 年，多数省（区、市）林业厅（局）和森工（林业）集团及局机关和直属单位共制发普法合格证 159 280 个，广西等 10 个省（区、市）林业厅（局）订制了地方普法机构制发的普法合格证。

4. 以考促学，推进干部职工学法用法。2002 年

12月4日的全国法制宣传日，是中国现行宪法颁布实施20周年纪念日，又恰逢党的十六大闭幕不久。国家林业局根据中组部、中宣部、司法部三部的要求，本着“以考促学”的原则，将当年法制宣传日活动与林业行业的年度普法考试结合起来进行。据27个省（区、市）林业厅（局）和单位的上报材料汇总结果，约22.7万人参加了行业年度普法考试，占应参加考试人数的95.72%。考试成绩合格率达99.91%，成绩优良率为90.85%。其中厅（局）级干部为668人，占应参考人数的99%。国家林业局机关及直属各单位干部职工也都参加了年度普法考试，尤其是7位局领导都带头参加了考试，且成绩全部为优秀。各级领导干部的率先垂范，有力地带动了广大干部职工学法用法，从而进一步推动了林业系统的“四五”普法工作。

加强对林业行政执法人员抽查考试工作　为促使林业行政执法人员加强法律知识学习，努力提高执法水平，继2001年国家林业局换发《林业行政执法证》之后，2002年按照原林业部1997年印发的《申领、发放〈林业行政执法证〉实施方案》中关于“每年从已领取执法证件的林业行政执法人员中随机抽取1%～2%的人员，集中进行执法知识考试”的要求，国家林业局普法办从全国已经换证的12万余名林业行政执法人员中，按2%的比例随机抽取了2478位应试人员，于9月24日上午全国统一时间、统一试题组织进行了林业行政执法人员法律知识闭卷考试。这次抽查考试，是林业系统发证以来的第一次。多数省（区、市）林业厅（局）及森工集团对此都非常重视，重庆、四川、广东、湖南、天津、广西、贵州等省（区、市）林业厅（局）专门成立领导小组，并专项安排了资金。不少省（区）在考前将参加考试的人员集中起来，由厅（局）长亲自作动员，安排参考人员进行集中学习或培训。由于各级林业部门领导的重视，加上参考人员的努力，抽查考试成绩较好。在2103名参考人员中，不及格者仅85人，约占4.1%；成绩95分以上的345人（总满分为110分），占16.4%。

在全国组织这样一次大规模考试是一项很大的工程。从总体上看，这次抽查考试组织工作细致，考试结果真实。考试成绩比较客观地反映了当前林业行政执法队伍的法律知识水平，同时也有力地推进了林业执法人员的学法活动和行政执法队伍建设。对此，各地反映效果很好。但也存在发展不平衡的问题，如：从各省（区、市）林业厅（局）和森工（林业）集团的人均成绩看，成绩好的省达95分，而差的仅57.6分；实际参加考试人数占被抽考人员的比例，高的省达100%、98.53%，低的仅50%、57%，反映出对抽考组织工作的重视程度存在较大差别。（孙玉芳）

对 外 开 放

【对外开放综述】 2002年，国家林业局与时俱进，开拓创新，进一步推进林业的国际合作与交流，取得了明显的成效。全年共审批601批1986人次出访和来华，其中派出380批1420人次，接待221批566人次。

高层互访 周生贤局长随朱镕基总理出访奥地利，在奥期间与奥地利联邦农林、环境及水利部续签了《中华人民共和国国家林业局和奥地利共和国联邦农林、环境及水利部关于林业合作的谅解备忘录》，明确了中奥双方未来5年内的主要合作领域为荒溪和雪崩治理、林业技术和造林等。李育材副局长作为中国政府代表团成员赴南非出席可持续发展世界首脑会议（WSSD），会议审议了1992年环发大会各项成果的执行情况，并对今后可持续发展领域的工作制定了进一步的行动规划，通过了《约翰内斯堡可持续发展宣言》和《首脑会议实施计划》，并形成了220多项“伙伴倡议”。会后，李育材副局长顺访了南非，并就今后两国林业部门签署合作协议达成一致意见。国家林业局党组成员、中国林科院院长江泽慧率中国林业代表团赴荷兰参加世界花卉博览会，并赴希腊进行友好访问，期间分别与两国政府部门签署了有关林业合作意向书。江泽慧率中国林业科技代表团赴加拿大参加学术交流并受对外友协委托率团出席在美国召开的亚太地区环境保护研讨会。江泽慧在会上作了主题发言，介绍了森林在气候变化中的作用，阐述了中国政府对环境保护的原则立场和在生态建设方面的重要举措以及林业六大工程的情况，受到与会各国代表的好评和广泛关注。中央纪委驻国家林业局纪检组组长、局党组成员杨继平率团出访英国，与英国林业委员会签署了《中华人民共和国国家林业局和大不列颠及北爱尔兰联合王国国家林业委员会关于林业合作的谅解备忘录》。备忘录的签署标志着中英林业进入了全面合作的新阶段。马福副局长率中国政府代表团先后出席在智利召开的濒危野生动植物种国际贸易公约（CITES）第十二次缔约方大会和在西班牙召开的湿地公约（RAMSAR）第八次缔约方大会，在CITES会议期间，马福副局长会见了公约秘书长温斯泰克，阐述了中国政府对野生动植物国际贸易的原则立场、政府采取的各种举措以及履约成就，强调了中国可持续利用野生动植物的观点；在RAMSAR会议期间，马福副局长会见了湿地公约局秘书长布拉斯格先生，就加强双方合作及支持中国履约等问题交换了意见。雷加富副局长率中国政府代表团出席联合国森林论坛（UNFF）第二次会议暨部长级会议。会议批准了UNFF行动计划，通过了致可持续发展世界首脑会议的部长宣言，讨论了3个特设专家组的职责范围，并就毁林、生态系统保护、低森林覆盖率、术语定义等专业性议题进行了磋商。雷加富副局长在部长级会议上重申中国对UNFF的支持，介绍了中国政府实施林业六大工程和林业跨越式发展战略的目标和措施。祝列克副局长率中国政府代表团出席联合国防治荒漠化公约（UNCCD）在佛得角举行的WSSD部长级筹备会议。会议通过了提交WSSD的普拉亚部长宣言，其实质性内容是希望通过WSSD敦促全球环境基金（GEF）尽早把“土地退化”作为其新的——即第五个援助领域。

2002年，国家林业局配合外交部，共同接待了芬兰总统哈洛宁，并授予哈洛宁总统中国林科院名誉博士。印度尼西亚林业部长普拉科萨来华，与周生贤局长举行了工作会谈，并分别代表两国政府签署了《中华人民共和国政府与印度尼西亚共和国政府关于联合打击非法林产品贸易谅解备忘录》。李育材副局长与来华访问的斐济渔业林业部部长所罗门·奈瓦卢签署了《中华人民共和国国家林业局和斐济群岛共和国渔业林业部关于林业合作谅解备忘录》。李育材副局长出席了朱镕基总理会见希腊总理的仪式，并与希腊农业部签署了《中华人民共和国国家林业局与希腊共和国农业部关于林业合作的协议》。UNCCD执行秘书迪亚洛来华就GEF增设“土地退化”新援助领域和成为UNCCD资金机制与中国财政部、外交部和国家林业局交换了意见，李育材副局长和江泽慧院长分别会见了迪亚洛。江泽慧院长会见了来华出席GEF第二届成员国大会的亚洲开发银行（ADB）副行长埃亨博格一行，双方就GEF/中国OP12土地退化防治框架项目的合作事宜全面交换了意见。

通过参加上述重要的和高层次的活动，不仅使国际社会了解了中国改革开放以来林业建设取得的成就，扩大了中国林业在国际上的影响，确保了中国在国际上的权益，使中国能及时掌握和了解了世界林业最新的发展动态，促进了中国林业与世界林业的接轨，对中国林业的改革开放起到了积极的推动作用。

出席国际会议 近年来，与环境有关的国际多边活动愈加活跃。为此，本着积极参与，扩大影响，维护权益，促进合作的精神，2002 年，国家林业局先后派团出席了国际上一些与林业有关的多边活动。除局领导带队参加的国际会议外，还先后派员出席了 WSSD 第四次筹备会议、RAMSAR 公约特别常委会、联合国气候变化框架公约（UNFCCC）第八次缔约方大会、迁徙物种公约（CMS）第七次缔约方大会、UNCCD 履约审查委员会第一次会议、联合国粮农组织（FAO）亚太林业委员会第十九次会议、FAO/WMO/UNEP 森林定义磋商会、CITES 第四十六届常委会、亚洲森林伙伴机制（AFP）第一次会议、国际热带木材组织（ITTO）第三十二、三十三届理事会会议、气候变化政府间工作组（IPCC）报告撰写人会议、IPCC 第十九届理事会会议、生物多样性公约（CBD）第六次缔约方会议等重要会议。此外，还有计划地参与主办或参加了在华召开的 CITES 淡水龟鳖类保护和贸易国际研讨会等 20 个国际合作会议、研讨会、审评会。通过参加重要国际会议不仅扩大了中国林业在国际上的影响，同时也加强了中国与有关国家和国际组织的合作，进一步促进林业的对外开放。

林业对外科技合作与交流 2002 年是国家林业局与外国部门间开展双边活动比较多的一年，也是签署部门间林业合作协议最多的一年。随着中国与印度尼西亚、英国、斐济、希腊等国的政府间、部门间林业合作备忘录的签署，国家林业局对外签署的双边政府间、部门间林业合作协议分别达到 9 个和 25 个。这是首次一年内国家林业局与两个以上国家签署协议。2002 年，国家林业局除推动与泰国续签协议外，还与奥地利续签了两国林业部门间合作协议，向埃及、南非、蒙古、阿曼提供了建立部门间合作渠道协议草案；先后出席了中加（拿大）环境合作联委会，中美、中日农业工作组会议，中日澳候鸟保护协定会议，中美、中加（拿大）、中新（西兰）、中芬、中印（度尼西亚）林业工作组会议，中美科技合作执秘会第十次会议等政府间部门间合作会议。

争取无偿援助 为配合林业六大重点工程的实施，2002 年，国家林业局在以往工作的基础上，通过积极努力，对外经济技术合作不论是在吸引国外资金，还是在合作渠道及合作形式上，均有不同程度的拓展。在引进外援无偿援助资金上，2002 年首次突破 5000 万美元大关，达到 5709 万美元，项目数达到 88 个，这是自 1978 年以来国家林业局（林业部）争取外援项目数量和资金最多的一年。这些外援项目遍及全国 20 多个省（区、市），项目的实施必将对这些省（区、市）的林业发展产生积极的影响。在合作渠道及合作形式上，新争取到的澳大利亚政府和欧盟援助的无偿援助项目，是澳政府和欧盟各自在中国实施的第一个林业合作项目，可以说是 2002 年林业经济合作的一大突破。此外，通过国家林业局的努力，韩国援助中国西部 5 省（区）的项目得以落实，这是韩方第一次援助中国开展林业生态工程建设。

荣获 5 项国际环保奖 2002 年，经过多方的积极努力，国家林业局获得了 5 项环保领域的国际奖项：一是 2 月 2 日世界自然基金会（WWF）在北京向周生贤局长和张建龙司长颁发了“献给地球的礼物”荣誉证书；二是 6 月 6 日 GEF 在印度尼西亚向江泽慧院长颁发了“GEF 2002 年全球环境领导奖”；三是 6 月 17 日 UNCCD 组织向周生贤局长颁发了“防治荒漠化杰出贡献奖”；四是 8 月 27 日湿地公约局在南非 WSSD 会议期间向中国政府颁发了“国际重要湿地名录认可证书”；五是 10 月 14 日 FAO 在泰国向中国治沙英雄石光银颁发了“杰出林农奖”。一年内得到如此多的奖项这在中国林业发展史上堪称第一。这些奖项的获得，不仅是有关领导和同志的荣誉，也是对中国林业成就的充分肯定，并将进一步扩大中国林业在国际上的影响。（黄一川）

出席重要国际会议

【可持续发展世界首脑会议中的林业问题】 可持续发展世界首脑会议于 2002 年 8 月 26 日至 9 月 4 日在南非约翰内斯堡举行，来自 191 个国家和国际组织的 22 000 多名代表出席了会议，其中政府代表 10 000 多人（包括 104 位国家元首或政府首脑），非政府组织代表 8000 余人，新闻媒体 4000 余人。朱镕基总理率中国政府代表团出席了会议。

会议的主要成果集中反映在会议通过的两个文件，即《约翰内斯堡可持续发展宣言》和《首脑会议实施计划》中。《约翰内斯堡可持续发展宣言》是一个具有宏观指导性但无可操作性的政治宣言，呼吁人们为实现可持续发展的战略目标而努力奋斗。《首脑会议实施计划》相对具体一些，共分十章，其中第四章保护与管理经济社会发展的自然资源基础分述了与自然资源有关的各个领域可持续发展的方向和应采取的后续行动。

《首脑会议实施计划》关于林业的内容主要是第三十九段、四十段和四十三段，分述了荒漠化防治、山区生态系统和森林问题。会议把林业的地位提到了前所未有的高度。会议认为，“用材与非用材性天然林和人工林的可持续经营在实现可持续发展的过程中占有重要地位；可持续发展的目标之一是实现森林的可持续经营”。为此，各国政府和国际社会应“加强政治承诺，把林业作为重点列入国际政治议程以实现森林可持续经营”。另外，会议期间还提出3个林业倡议。中国是亚洲森林伙伴倡议的成员国。

（吴志民）

【联合国森林论坛第二次会议】　联合国森林论坛第二次会议暨第一次部长级高官会于2002年3月4～15日在美国纽约联合国总部举行。来自90多个国家的200多名代表参加了会议。会议主要就联合国政府间森林问题工作组和政府间森林论坛行动建议的实施、《联合国森林论坛行动计划》要素和历次会议的共同议题等进行了多边磋商。

联合国森林论坛第一次部长级高官会在会议期间举行。各国部长与森林合作伙伴机制成员单位负责人就森林在国际政治议程中的重新定位、森林保护与利用的关系、林业的跨部门协调、森林可持续经营的资金等议题开展了建设性的对话，并批准通过了《致可持续发展世界首脑会议的部长宣言》。《宣言》重申了《森林问题原则声明》和《21世纪议程》的精神，强调各国根据本国的发展需求和社会经济发展水平利用、管理和发展森林的自主权；呼吁出席可持续发展世界首脑会议的各国首脑提高森林在国际政治议程中的地位，推动全球的森林可持续经营；呼吁发达国家实现其国民生产总值的0.7%用于官方发展援助的承诺，要求国际社会在资金、与环境无害技术转让、贸易和能力建设等方面加强合作。

会议决定UNFF第三次会议2003年5月26日至6月6日在瑞士日内瓦举行。（夏　军）

【联合国粮农组织亚太区域林业委员会第十九次会议】2002年8月25～31日在蒙古乌兰巴托举行。来自27个成员国的代表、联合国开发计划署等国际组织的代表共100多人出席了会议。

会议通报了亚太区域的林业状况、讨论了过去两年的工作和今后的工作计划、非法采伐和贸易、国际林业议程等议题，并就外来有害物种——加强区域合作抵御威胁和鼓励措施对亚太区域人工林资源的影响等专题开展了研讨。会议最后通过的报告呼吁国际公约、进程等减轻报告的负担，强调更多的林业专业人士参与国际进程和磋商，要求联合国粮农组织加强区域林业委员会在区域协调中的作用，提高各成员国参与国际进程和磋商的能力，增加对林业外来有害物种侵袭的关注和加强国际合作以解决有害物种侵袭问题。会议决定亚太区域林业委员会第二十次会议2004年在尼泊尔举行。（夏　军）

【濒危野生动植物种国际贸易公约第十二届缔约国大会】　以国家林业局副局长马福为团长，由国家林业局、国家濒管办、国家濒科委、外交部、农业部、海关总署、国家药品监督管理局及香港、澳门特区政府部门组成的中国代表团于2002年11月3～15日赴智利圣地亚哥出席了濒危野生动植物种国际贸易公约第十二届缔约国大会。来自141个缔约国、200余个国际组织和非政府组织的2000多名代表、观察员和记者出席了会议。智利总统拉戈斯、联合国环境署执行主任托普弗尔等出席会议并发表讲话。

中国代表团在会议期间取得的主要成果有：①充分发挥了中国作为副主席国和常委会亚洲区域代表的作用；②就野生动植物贸易管制、执法协作以及会议中象牙、虎、豹、麝、熊、藏羚、鲨鱼、海马、鲸等敏感物种的保护问题，与欧盟及亚洲大多数国家进行反复协调，赢得了理解，并使有关决议决定最大限度体现了中国立场；③立场鲜明地赞同秘密投票，并获得许多发展中国家的支持，维护了公约决策的公正性；④与美国、德国共同提交的11个关于淡水龟鳖类提案获一致支持；⑤通过了关于修订肉苁蓉注释的提案；⑥会同墨西哥、巴西等资源国，撤消了关于豁免若干时间敏感样品的提案，维护了权益；⑦有关传统医药产品的决议允许使用公约前所获标本；⑧经过积极磋商和协调，避免了就熊场问题进一步引发不必要的争执；⑨否决了合并动植物委员会，成立实施委员会的动议，减少了个别国家借公约实施问题干涉别国内政的可能性；⑩联合发展中国家，坚持海洋物种的管理应以联合国粮农组织为主，反对过分扩大公约的管理范围，否决了关注海洋物种的文件；⑪对个别国际组织擅自散布的攻击中国动物保护的不实言论作了澄清，并表明我国政府的一贯立场；⑫重申中国在台湾问题上“一个中国”的基本原则，并使本次会议的涉台问题得到妥善解决。（史蓉红）

【东北亚沙尘暴防治合作项目国家咨询会】　沙尘暴是东北亚地区国家严重的生态环境问题，国际社会对此高度关注。为实现沙尘暴防治国际间的有效合作，减轻其危害，2002年5月13日，联合国防治荒漠化公约秘书处、联合国亚太经济和社会理事会、联合国环境规划署等国际机构在北京联合召开东北亚沙尘暴防治合作项目国家咨询会。联合国开发计划署、联合国粮农组织、联合国教科文组织、亚洲开发银行、亚太灾害防治中心等国际组织和机构，德国、荷兰、韩国、日本、蒙古、澳大利亚、美国等国及中国防治荒漠化协调小组成员单位的代表共 50 余人参加了会议。

会议交流了防治沙尘暴的经验，提出国际防治荒漠化的合作机制，并制定防治沙尘暴合作项目框架，为下一步在包括中国、蒙古在内的东北亚等国沙尘源区防治荒漠化的跨国协作奠定基础。

国家林业局副局长祝列克在会上表示，中国是受沙尘暴危害最严重的国家之一。中国政府高度重视防沙治沙、沙尘暴防治工作。中国政府业已实施的六大林业重点工程中，三北防护林四期工程、京津风沙源治理工程的重点都是治理土地沙化，减缓沙尘的危害。将通过实施工程，推进治理；严格执法，切实保护沙区植被；优惠政策，吸引包括各方投入治沙；因害设防，综合施治，大力推广应用先进技术，提高治理成效等手段，全面推进防沙治沙和沙尘暴防治工作。

祝列克指出，中国的防沙治沙需要进一步加强国际间的合作，需要各有关国家、国际组织的支持，并表示中国将以积极的姿态参与区域及包括东北亚在内的次区域合作项目。 （巫忠泽）

【2002 年国际山区年纪念大会】 为庆祝 2002 年国际山区年，国家林业局 12 月 12 日在北京举行了 2002 年国际山区年纪念大会。全国人大常委会副委员长姜春云作了重要讲话。全国政协副主席赵南起、全国人大农委主任高德占、国家林业局局长周生贤出席会议。联合国粮农组织、联合国开发计划署、世界银行、国际竹藤组织、世界自然基金会的代表以及 20 多个国家的驻华大使和官员应邀与会。

姜春云在讲话中充分肯定了山区在协调区域经济发展、繁荣世界经济、保障全球生态安全、促进世界可持续发展方面发挥的重要作用；强调没有山区的现代化，就没有全国的现代化。中国山区占国土面积的 69%，山区人口占全国总人口的 56%，山区是中国生态建设的主战场。1996 年，中央决定由林业部牵头协调中央 11 个部委、金融机构开展了山区综合开发，取得了显著成效。2002 年，国务院批准的六大林业重点工程进入全面实施阶段，标志着山区建设步入了快速、健康发展的轨道。

1998 年，联合国通过决议，确定 2002 年为国际山区年。 （夏　军）

【国际竹藤组织第三届理事会和第六次董事会】 2002 年 10 月 10 日，国际竹藤组织第三届理事会在北京召开。国际竹藤组织理事会主席、国家林业局局长周生贤与国际竹藤组织理事会副主席、加拿大使馆公使侯秉东主持会议。来自国际竹藤组织 27 个成员国的代表，巴西、日本、泰国、赞比亚等 4 个观察员国家的代表及世界自然基金会、世界银行、联合国教科文组织等国际组织的代表共 100 人出席了会议。国际竹藤组织董事会主席高登·史密斯、国际竹藤组织董事会联合主席江泽慧出席会议并发言。

周生贤在开幕式上致辞。他说，国际竹藤组织成员国已由初创时的 9 个增加到了 27 个，这表明，国际竹藤组织有着旺盛的生命力和强大的吸引力，有着美好的发展前景。2001 年，这一组织被商品共同基金认定为国际竹藤商品机构，使得该组织从一个从事研究性的组织发展成为一个国际商品组织，活动范围和国际影响正在日益扩大。江泽慧在发言中表示，作为东道国，中国政府一向十分重视和支持国际竹藤组织各项事业的健康发展，今后将一如既往地对国际竹藤组织提供各种形式的支持。国际竹藤组织董事会主席高登·史密斯向理事会通报了董事会议题审议情况和向理事会提出的建议。此后，理事会审议批准了国际竹藤组织 2003 年工作计划和预算。

10 月 9～10 日上午，国际竹藤组织召开了董事会，董事会主席高登·史密斯主持了会议。会议回顾了国际竹藤组织自 1997 年成立以来的重要进展，研究了存在的问题和今后的发展战略，并且通过了向理事会提交的建议。 （吴志民）

【中日民间绿化合作委员会第三次会议】 根据中日两国政府签署的关于设立中日民间绿化合作委员会及日中绿化交流基金（简称小渊基金）的换文，中日民间绿化合作委员会第三次会议于 2002 年 7 月 3 日在日本东京举行。

由国家林业局、外交部、中国驻日本大使馆有关官员组成的中方代表团和以日本外务省亚洲大洋洲局审议官佐藤重和为团长，由外务省、林野厅官员和日中绿化交流基金事务局有关人员组成的日方代表团出席了会议。

会议认为，经过中日双方的共同努力，小渊基金项目实施工作进展顺利，并取得了积极成效，项目共计造林 5092 公顷，促进了项目区的生态环境建设。会议高度评价国家林业局为开展小渊基金项目所做的工作。 （许强兴）

对外科技交流与合作

【中斐关于林业合作谅解备忘录签署】 2002 年 3 月 5 日，李育材副局长与来华访问的斐济渔业林业部部

长所罗门·奈瓦卢签署了《中华人民共和国国家林业局和斐济群岛共和国渔业林业部关于林业合作谅解备忘录》。（张忠田）

【中希关于林业合作的协议签署】 2002年6月3日，李育材副局长出席了朱镕基总理会见希腊总理的仪式，并与希腊农业部签署了《中华人民共和国国家林业局与希腊共和国农业部关于林业合作的协议》（张忠田）

【中英关于林业合作的谅解备忘录签署】 2002年8月30日，《中华人民共和国国家林业局和大不列颠及北爱尔兰联合王国国家林业委员会关于林业合作的谅解备忘录》在英国爱丁堡市皇家植物园签署，中央纪委驻国家林业局纪检组组长、局党组成员杨继平和英国皇家林业委员会执行主任大卫·比尔斯代表双方政府林业主管部门签字。备忘录的签署标志着中英林业进入了全面合作的新阶段。（黄雪菊）

【中奥关于林业合作谅解备忘录签署】 2002年9月24日，周生贤局长和奥地利共和国联邦农林、环境及水利部穆特勒尔部长在奥地利维也纳签署了《中华人民共和国国家林业局和奥地利共和国联邦农林、环境及水利部关于林业合作的谅解备忘录》。备忘录确定了中奥双方未来5年内的主要合作领域为荒溪和雪崩治理、林业技术和造林。采取的形式为技术信息、数据、有关文献和研究成果的交换，共同开发与实验，以及专家互访等。（陈　民）

【中印（度尼西亚）关于合作打击非法林产品贸易谅解备忘录签署】 2002年12月18日，周生贤局长和应邀来华访问的印度尼西亚林业部长普拉科萨在北京签署了《中华人民共和国政府和印度尼西亚共和国政府关于合作打击非法林产品贸易的谅解备忘录》。期间，双方还召开了中印（度尼西亚）林业工作组第二次会议，回顾了双方林业合作的现状，探讨了今后两国林业合作的重点领域。（黄雪菊）

【中新（西兰）林业工作组会议】 根据《中华人民共和国国家林业局和新西兰农林部关于林业合作的谅解备忘录》及中新（西兰）林业工作组第一次会议纪要，中新（西兰）林业工作组第二次会议于2002年6月19日在北京召开，双方讨论了2002～2004年的合作项目。（黄雪菊）

【中美林业合作谅解备忘录】 根据2000年4月19日在美国华盛顿签署的《中华人民共和国国家林业局和美国农业部关于林业合作的谅解备忘录》，中美双方于2002年6月13日在北京举行了第一次联合工作组会议。国家林业局副局长李育材和美国林务局副局长萨利·科林思出席了会议开幕式。会议由国家林业局国际合作司副司长章红燕和美国林务局国际司司长迈赞尼斯共同主持。中美双方就共同关心的联合工作组合作机制、合作方式，近期重点合作领域以及林业合作项目问题交换了意见，商定了2002～2003年合作计划。双方对已经开展的合作活动和巨大的合作潜力给予充分肯定，表示要继续加强实质性合作，为中美两国乃至世界林业可持续发展作出贡献。双方同意，目前在继续加强中美森林病虫害防治合作的同时，应积极推动包括信息技术、森林恢复、森林健康、近自然旅游、林业经济和政策、森林资源调查和监测、林火管理等森林经营领域的合作。双方认为，在备忘录下建立联合工作组，定期举行工作组会议，是保证双方有效合作的必要机制。在这种机制下，中美双方还将考虑建立高层对话渠道，推动国家林业局和美国农业部林务局主要领导的互访和行政管理层的交流。双方重申中美林业合作谅解备忘录对两国林业合作的指导和管理作用，并希望以此促进两国省与州之间的林业合作。双方讨论并商定了2002～2003年合作计划，共列入13个项目。双方商定，第二次中美林业联合工作组会议于2004年适当的时间在美国华盛顿举行。（黄晓光）

【中美科技合作联合委员会】 2002年4月25～26日，中美科技合作联合委员会第十次会议在北京举行。科技部部长徐冠华和美国总统科技助理兼白宫科技政策办公室主任马伯格主持会议，科技部、农业部、水利部、卫生部、中国科学院、国家自然基金会、国家环保总局、国家林业局、中国气象局、中国地震局、国家海洋局等单位的代表出席了会议。国家林业局副局长李育材在会议上发言，评价中美林业与自然保护合作并提出今后一段时间内中美林业合作的优先重点领域。（黄晓光）

【中加（拿大）林业合作谅解备忘录】 中国加拿大林业合作联合工作小组第三次会议于2002年10月29日在加拿大温哥华举行。中方联合主席为国家林业局国际合作司副司长章红燕，森林公安局、保护司、中国林业科学研究院的有关人员参加了会议。加方联合主席为加拿大自然资源部林务局林业、经济和计划司司长D. 凯奇森，参加人员包括林务局、北方林业研究中心、太平洋林业中心、大西洋林业中心、加拿大林产品研究院等联邦政府、科研机构和林业研究机构的代表。中方向会议提出15个项目建议，10个建议得到加方的支持，加方提出3个项目建议，得到会议的确认。此次会议，中加双方着眼未来，积极拓展潜在互补合作领域，求同存异，在双方的共同努力下，会议取得了双赢的效果，确定的合作项目数量有很大增加，共商定13个项目，表现了两国林业部门的友好合作关系和真诚、务实合作的愿望，反映了两国林业双边合作领域进一步扩大，方式更加灵活的趋势。双方商定，第四次联合工作组会议 2004 年初在中国举行。在加拿大期间，代表团还与加拿大联邦公园局就开展合作问题进行了探讨。

根据中加（拿大）林业工作组第二次会议纪要，中国市场（指木材和林产品）研讨会及中加（拿大）林业及林产品研讨会分别于 2002 年 10 月 30 日和 31 日在加拿大温哥华举行。中国市场研讨会由加拿大自然资源部林务局林业、经济和计划司司长 D. 凯奇森主持，参会人员有来自企业界人士、政府官员、科技人员等共约 90 余人。加方 6 位专家和中方的 4 位专家分别就中国木材市场、中国木材和林产品贸易、中国木结构房屋建造及中国林业市场改革等作了专题报告。中加（拿大）林业和林产品研讨会由加拿大自然资源部林务局太平洋林业中心主任 P. 埃迪森和中国林业科学研究院原副院长张久荣共同主持，会议主题是：林业可持续经营，森林保护，林木遗传和生物技术、木材材性、产品价值恢复和终端产品性能等。共有 18 位专家作了专题发言，其中有来自中国的 9 位专家。会议分组讨论了下一步合作项目方案。P. 埃迪森和加拿大林产品研究院总裁 I. 罗施作为组长分别主持了两个组的讨论。在此基础上提出了中加（拿大）林业科技合作谅解备忘录。（黄晓光）

【中美科技合作执行秘书会议】　2002 年 11 月 12～14 日，第十次中美科技合作执秘会在广西桂林举行。执秘会是中美科技合作联合委员会下设的一个工作机构，在每一次联合委员会之后或同时举行。联合委员会双方执行秘书、科技部国际合作司副司长金炬和美国国务院海洋和国际环境与科学局科技合作办公室主任 K. 安斯柯主持会议。执秘会对农业、海洋和渔业、大气科学、水资源、基础科学、地球物理、自然保护、卫生、运输、数量标准、功能物理、调查与制图、能源、民用工业技术、科技情报、核物理与磁聚变、和平利用核能技术协议等 17 个领域的议定书及其合作活动做了广泛回顾，讨论了合作中存在的实际问题，并签署了会议纪要。国家林业局有关人员参加了会议，发言回顾了《中美自然保护议定书》、《中美林业合作谅解备忘录》两个协议的合作进展，在水资源组提出开展湿地和其他自然保护区生态系统恢复合作的建议；在全球气候变化组提出了国家林业局防治荒漠化监测中心和国家气象局卫星检测中心准备的《荒漠化和沙尘暴卫星遥感监测系统研究项目建议》。（黄晓光）

【中加（拿大）环境合作联合委员会会议】　中国加拿大环境合作联合委员会第二届会议，于 2002 年 3 月 12 日在加拿大温哥华举行。会议由中国国家环保总局国际合作司司长王之佳和加拿大环境部国际关系司司长柯里斯蒂桂主持。国家林业局国际合作司有关人员参加了会议并就两国林业部门合作问题发言，呼吁加拿大国际发展署支持中国国家林业重点工程建设，恢复对华林业发展援助合作。（黄晓光）

【中美农业科技合作协议】　中美农业工作组第十三次会议于 2002 年 4 月 12～13 日在美国举行。会议由中国农业部国际合作司副司长赵龙跃和美国农业部海外农业局代理副局长 Jocelyn Brown 共同主持。会议确定了新的林业交流项目——侵入性森林虫害风险评价。中方赴美组 2002 年内已经顺利执行，美方考察组计划 2003 年 5 月来华。（黄晓光）

对外经济技术合作

【欧盟援助天然林管理项目】　2002 年 2 月 20 日，欧盟援助中国的天然林管理项目财政协议正式签署。据此协议，欧盟承诺 5 年内向中国提供 1690 万欧元的援助，中方配套 560 万欧元，主要用于开展天然林可行性经营模式、社区发展、技术培训和能力建设四方面的活动。该项目是中国与欧盟在林业领域的第一个、也是迄今为止林业领域双边无偿援助金额最大的一个项目。项目实施范围涉及海南、湖南和四川 3 个省、6 个县、13 个乡和 59 个行政村，并有 3 个森工企业局、2 个国有林场、1 个集体林场和 2 个木材公司。项目内容包括森林可持续经营、小型基础设施建设、小额信贷、机构能力建设、培训和经验推广及政策研究等方面。其中，森林经营涉及 6 种森林类型 20 多万公顷天然林；小型基础设施涉及乡村公路、水利、供电、学校等多项内容；小额信贷将支持 3000 多户社区农户发展经济；机构能力建设包括国家级、省级和县（局）级天保工程管理机构；培训将涉及各级工程管理人员的国内外培训和乡村农户及下岗职工的技能培训。项目实施后受益群体有农户 7600 多户，覆盖农村人口 29 000 多人，林区下岗职工 2000 多人。（陈　民）

【中德技术合作云南西双版纳热带林保护与恢复项目】
1995 年 6 月，中华人民共和国政府与德意志联邦共和国政府签署了该项目合作协议，并于 1997 年 9 月正式启动实施。项目期限为 1997～2004 年。其中，1997 年 9 月至 2001 年 12 月为第一期；2001 年 1 月至 2004 年 12 月为第二期。项目一期投资 696.2 万欧元（德方 415 万欧元，中方 281.2 万欧元）；二期投资 199.5 万欧元（德方 122.8 万欧元，中方 76.7 万欧元）。

项目旨在通过加强林业部门的管理能力，促进村级自然资源的自我管理和可持续利用，从而实现西双版纳热带林的可持续管理。项目开展的主要活动包括制定西双版纳傣族自治州的综合性林业管理计划，完善自然保护体系设置，建立和完善森林资源监测体系和信息管理系统；开展森林恢复、技术培训、村级参与式土地利用规划、退耕还林、村寨集体林的自我管理、非木材林产品的开发利用及环境意识教育。

经过中德双方的努力，项目已取得了可喜的成果。通过项目的实施，改善了村民的生产生活条件，将自然保护工作与村级的社会经济发展有机地结合在一起，缓解了当地社区经济贫困和生态环境退化的问题；提高了项目区群众的环保意识、造林意识和可持续发展意识，调动了项目区内群众造林、护林的积极性；有效地配合了项目区天然林保护工程、退耕还林工程的实施，加强了森林资源保护和自然保护区管理；促进了林业部门的造林观念的转变，使其向乡土树种为主、种植林木多样化及合理开发培育本地优质、优势树种的方向发展；通过人员培训、聘请专家指导、参观考察等方式，提高了项目执行单位组织和管理项目的能力，培养和锻炼了一批专业技术人员和管理人才；初步建立了西双版纳傣族自治州林业管理信息系统，增强了数据收集、处理和应用的能力，提高了资源监测和资源管理效率。（陈　民）

【韩国无偿援助西部 3 省（区）生态造林项目】 2000 年 10 月，国务院总理朱镕基访问韩国期间，韩国总统金大中正式表示韩国政府将支持中国西部建设，并决定提供 500 万美元开展西部地区绿化造林项目。2001 年 11 月，在外经贸部的支持下，国家林业局和韩国国际协力事业团（KOICA）正式签署《韩国无偿援助中国西部 5 省（区）治沙造林项目实施协议》。截至 2002 年底，甘肃省白银市大环境绿化生态工程建设项目、新疆维吾尔自治区吐鲁番市风沙区重点治理工程项目、内蒙古自治区通辽市科左中旗林业生态重点治理工程项目已相继启动，韩国政府无偿援助各 100 万美元。项目实施期均为 5 年，内容包括整地、苗木、栽植、人员培训、配套工程建设等，计划营造防风固沙林共 5740 公顷，其中甘肃 1540 公顷，新疆 1200 公顷，内蒙古 3000 公顷，旨在提高项目区的林草覆盖率，控制水土流失和土地荒漠化现象。（王　骅）

【中澳技术合作青海林业资源管理项目】 经过中国澳大利亚双方 3 年多的共同努力，中澳技术合作青海林业资源管理项目于 2002 年 5 月 24 日经中澳政府批准正式启动。该项目侧重于能力建设，通过对青海省林业资源与环境的有效保护、恢复和利用，使青海省湟水流域和黄河下游地区受益。项目总投入 8632 万元人民币，其中澳方援助 1225 万澳元，中方配套 3240 万元人民币。项目选定青海省东部互助、乐都、平安、湟中 4 个县为项目实施县。在 2002～2006 年的 5 年项目期中将开展 4 个方面的工作：改进技术装备条件和管理程序，能力建设（培训），示范区建设（社区发展）和项目的管理。项目长期目标是改善林业资源管理，促进青海省环境可持续发展，缓解贫困。项目近期目标为进行能力建设，改进对植被和水土资源的管理，以便使湟水流域和下游地区的社区受益。项目实施将分为两个阶段来完成，一是编制实施计划，包括年度计划的编制；二是按计划展开项目活动。实施计划经过中澳政府批准后，将从 2003 年 6 月起正式实施。（张忠田）

【中日合作宁夏造林项目】 以让荒芜的沙漠化地区恢复自然植被，建成治沙固沙示范防护林为目的的日本无偿援助中华人民共和国黄河中游防护林建设项目于 2001 年 6 月 15 日两国政府签署换文，同年 10 月正式启动。项目计划用 3 年时间分 3 期实施。一期工程由日本政府无偿援助资金 7.96 亿日元，现已顺利完成干旱治沙造林 1473.576 公顷，修建林道 53.9 千米、围栏 104 千米，建护林房 5 栋、瞭望塔 11 座、地下水位观测井 14 眼，铺设输水管线 12.9 千米，架设高压输电线路 2.7 千米，配套打补水用深井 1 口。一期项目的成功实施已在宁夏回族自治区生态建设和荒漠化治理中显示出不可估量的示范作用，并成为宁夏林业对外交流的窗口。（陈　璐）

【中日合作掌握亚洲东部地区森林动态基础信息项目】 2002 年 4 月，中国国家林业局资源司与日本林业技术协会签署《掌握亚洲东部地区森林动态基础信息项目合作备忘录》，双方确认就中国国内样地的信息收集和分析研究开展合作。该项目的目的是利用卫星数据，有效地掌握亚洲东部地区森林的退化状况以及预测将来的变化，为相关国家制定科学的森林资源保护政策提供依据。整个项目计划于 2005 年结束。2002 年度已按计划完成福建省三明地区和云南省大理地区两个示范区的外业调查和内业分析，日方提供项目经费 33.2 万日元。（陈　璐）

【小渊基金示范林项目启动】 2002 年 10 月 22 日，中日绿化合作小渊基金示范林项目启动仪式在四川省都江堰市举行。日本林野厅原长官、小渊基金事务局长秋山智英，日本国驻华大使馆公使目贺田周一郎，四川省人民政府副省长陈文光，国家林业局对外合作项目中心、团中央国际联络部、四川省林业厅、成都市人民政府、都江堰市人民政府等有关单位领导，全国小渊基金项目实施单位负责人及当地群众学生代表共300多人出席了启动仪式。

中日双方达成共识，通过科学规划，科学栽培、科学管护，以及形式多样的宣传教育活动，把中日绿化合作小渊基金示范林项目建成一个精品工程，一个样板工程，为全国的小渊基金项目提供示范，整体推进小渊基金项目规范化管理水平。

2002年是江泽民主席发出“再造秀美山川”伟大号召5周年，同时是中日邦交正常化30周年，具有特殊政治意义的小渊基金项目受到中日两国政府、民众以及媒体的广泛关注。小渊基金是根据日本首相小渊惠三访华时与江泽民主席就两国开展民间绿化合作达成的共识，由日本政府出资100亿日元设立的。设立小渊基金是一项政治举措，旨在通过植树造林，改善人类赖以生存的生态环境的形式，进一步促进两国的广泛理解和交流，发展中日两国人民的友谊。小渊基金项目以2000年10月8日在北京市昌平区举行小渊基金纪念林营造仪式为标志正式开始实施。小渊基金一期24个项目、二期30个项目已顺利完成年度造林任务，三期39个项目相继启动，涉及中国20个省（区），领域包括水源涵养、防护林营造、防沙治沙、青少年教育。日方援助资金计8.2亿日元。

（许强兴）

【中日合作利民工程安徽省泗县造林项目启动】 2002年3月1日，中日合作利民工程（也称大使基金）安徽省泗县造林项目签字仪式在北京举行。国家林业局党组成员、中国林科院院长江泽慧、日本国驻华大使馆公使目贺田周一郎出席签字仪式并代表中日双方致辞。国家林业局副局长祝列克、日本国驻华大使馆公使高桥邦夫代表中日双方在项目赠款合同文本上签字。利民工程项目以扶贫为主要内容和目的，该工程项目造林总规模100公顷，计划投入138.5万元人民币，其中由日方无偿援助72.5万元人民币。项目建设地跨泗县两个乡（镇），建成后两个乡（镇）的森林覆盖率可分别上升0.40和0.75个百分点，总受益人口达6.15万人。

国家林业局国际合作司、国家林业局对外合作项目中心、安徽省林业厅、泗县人民政府等有关单位领导及日本驻华使馆有关官员出席了签字仪式。

（许强兴）

【联合国粮农组织援助中国三北009项目圆满结束】 由比利时政府和联合国粮农组织无偿援助、国家林业局三北防护林建设局组织实施的林业技术开发项目中国三北地区造林、林业研究、规划与开发项目（简称中国三北009项目），经过13年的建设，2002年通过了由比利时政府、联合国粮农组织和中国政府三方组成的评估团进行的项目终结评估，于2002年底圆满结束。

项目13年来取得了多项研究成果。在杨树育苗、引种、改良方面进行了深入研究，建立了杨树无性系基因库，选育出抗性强、生长快的良种杨树38个品种，在当地广为推广；通过对针叶树进行引种与选育，选出了适应当地条件的班克松和长白松，进行造林推广；在造林技术上也有新的突破，初步解决了科尔沁沙地针叶树造林成活率低、造林不成林等技术问题；研制出了结构简单、坚实的松树切根育苗机、杨树钻孔深栽和深松插干造林样机，为杨树造林工作机械化、规范化奠定了基础；培养出一批专业性强、懂英语及计算机的林业专业技术人才。2002年8月在内蒙古通辽市召开的009项目成果国际研讨会，充分肯定了项目所取得的成果。同时，项目为三北防护林体系工程建设注入了国内外巨额资金，推动了林业的可持续发展，为科尔沁沙地森林资源保护和可持续发展起到了试验示范作用。（姚　源　胡建军）

林业世界银行贷款项目

【综　述】 2002年，国家林业局世界银行贷款项目管理中心按局党组的统一部署，在努力加强机关建设的基础上，大力推进六大工程中的速生丰产林建设工程，积极为实现林业跨越式发展作贡献，达到了预期的工作目标。

林业持续发展项目（FSDP） 第四期世界银行贷款项目，即林业持续发展项目，经过各级林业部门3年多的艰苦努力，顺利完成了项目的前期所有准备工作。

2002年1月，世行中心与财政部国际司密切配合，在北京世行代表处与世行乡村发展和自然资源局马克·威尔逊先生为团长的项目补充谈判代表团举行了谈判，双方就有关事项达成了一致意见，签署了项目补充谈判纪要。此后，代表团又对该项目三个部分活动内容的准备工作到湖南省进行了野外考察，世行中心顺利完成了野外考察的组织安排、座谈讨论和接待工作。通过野外考察，世行项目补充谈判代表团对林业持续发展项目的准备工作给予了充分肯定。

2002年4月16日，世行董事会讨论批准为林业持续发展项目提供9390万美元的世行贷款和1280万个SDR（相当于1600万美元）的全球环境基金赠款，以支持该项目人工林建设和保护地区部分的实施。双方代表在7月2日正式签署了世行贷款和全球环境基金赠款协定。

之后，世行中心全面完成了项目启动实施前的各项准备工作。一是办理了国内项目可行性研究报告的批复。项目的可行性研究报告经国务院批准之后，国家计委于2002年7月10日以计农经字［2002］1096号印发了批复文件。二是起草了项目人工林营造和保护地区管理两个部分的项目实施规定，经与财政部国际司多次讨论、协商，达成了一致意见，已印发有关项目省执行。办理了项目法律文件生效手续。三是为保证项目启动后全面开展实施工作，世行中心组织技术人员编写了《项目造林施工设计工作方法》、《项目造林检查验收办法》、《项目财务核算与资金管理办法》等，并已印发各项目省执行。四是指导各省完成项目可行性研究报告、总体规划设计，落实各级配套资金等项工作。

2002年10月30日，国家林业局世行中心召开了林业持续发展项目人工林营造和保护地区管理部分实施启动会，祝列克副局长在会上作了讲话。11月1日举办了项目安全政策培训班，邀请世行北京代表处专家就项目安全政策进行了专题讲座；12月4～5日，世行中心与财政部国际司联合举办了项目资金管理、提款报账和物资设备招标采购培训班，11个项目省的财政厅、林业厅（局）项目财务人员和负责采购的技术人员参加了培训，为推进项目的顺利实施和科学管理打下了良好基础。

贫困地区林业发展项目（FDPA） 通过世行中心和12个省项目办的共同努力，4年来共完成项目造林50万公顷，占项目总规模的91.7%。其中速生丰产林37.6万公顷，经济林12.4万公顷。2002年完成项目造林11万公顷，其中速生丰产林9.6万公顷，经济林1.4万公顷。世行项目检查组在备忘录中对2002年项目实施工作给予了“满意”的评价，认为项目人工造林的整体质量达到了项目标准，平均造林成活率为94%以上。

根据项目化肥采购工作下放到各县项目办的新情况，2002年世行中心工作的重点转向督促、指导各省举办化肥采购技术培训班、编制和下达2002年度化肥采购计划、审查各省上报的项目化肥采购文件，保证了化肥采购的正常进行。2002年采购项目化肥7300多吨。

围绕世行每年两次的检查工作，世行中心在年初就给各项目省下发了通知，要求认真组织实施项目，保证实施质量。按时编写项目实施工作进展报告，精心组织了世行项目检查组的检查工作，并协调各项目省、县研究解决项目实施中存在的问题。通过对江西、河北、辽宁、湖北4省8个项目县的野外考察和讨论，世行检查组对各省项目实施工作表示满意并就存在的问题提出了意见。双方还就加强项目管理、组织项目乡村经济林产品营销设施建设和项目类别调整等事项等达成一致意见。

按照FDPA项目贷款协定和世行检查组的要求，世行中心于2002年8月聘请了2名国内外咨询专家，就项目经济林产品营销基础设施建设问题进行了专题技术咨询，并到河北、河南进行了野外实地考察、座谈和讨论，提交了咨询报告。世行中心将咨询报告译成中文后印发各项目省（区），及时指导各省（区）开展项目经济林产品营销基础设施建设调查工作。此外，还聘请了2位国内专家，就江西省项目湿地松发生少量病虫害问题进行了专题调研和野外诊断，提出了防治措施和建议。项目造林单位按照专家建议及时采取了防治措施，收到了较好效果。

2002年FDPA项目技术推广与培训工作取得了显著成效。据统计，共举办中央级培训班2期、省级培训班26期、县级培训班472期，培训各级技术人员38 000多人次；还组织了6个国外培训组和2个国外考察组，到林业发达国家学习、考察。通过国内外技术培训，进一步提高了项目管理人员的技术水平，项目造林的技术指导与服务工作得到了加强。另外，为提高干旱地区项目造林成活率，世行中心和中国绿色时报社共同举办了保水剂应用技术培训班。通过培训，使与会人员全面了解了保水剂的发展情况、使用技术和推广效果。通过在干旱地区推广保水剂实用技术，将对提高项目造林成活率、巩固项目造林成果、保证项目顺利实施起到促进作用。

森林资源发展和保护项目（FRDPP） 经过7年的实施，共计完成人工造林103万公顷，为计划的114.4%。其中营造速生丰产林75万公顷，多功能防护林28万公顷。该项目于2002年通过了世行的竣工验收并被评定为“满意”。2002年世行中心组织指导17个项目省（区、市）编写分项目竣工报告，通过汇总、分析，完成了总项目竣工报告及有关附件的编写。世行项目竣工检查组对项目竣工报告给予了高度评价。

为迎接世行竣工检查验收，世行中心派出2个小组，分赴山东、福建和重庆等省（市）检查指导项目竣工准备工作，落实野外考察现场和有关接待工作。2002年5月通过世行竣工验收组的野外考察和会谈讨论，FRDPP项目顺利通过了竣工验收，被评为“满意”项目。

中国自然保护区管理项目 是捆绑于森林资源发展和保护项目中的全球环境基金赠款项目，是由世行中心和保护司共同组织实施。在项目竣工验收期间，世行中心完成了项目竣工验收报告有关长青林业局转产、项目计划、资金管理和采购工作等内容的编写和翻译工作，和保护司一道接待了项目竣工验收组的野外考察和总结会谈。2002年6月该项目顺利通过了竣工验收，项目被世行评为“非常满意”项目。

国家造林项目（NAP） 按照财政部转贷协议规定，国家造林项目自1998年8月开始还贷。尽管受到天保工程和林业分类经营的影响，但整体来说项目的还贷工作进展比较顺利，完成情况较好。截至2002年年底，财政部已通知9期还贷，应还贷款金额12.64亿元人民币，16个项目省已还贷款8.87亿元，占应还贷款的70.17%。 （宋士奎 王 俊）

【林业持续发展项目】 于2002年正式实施。2002年1月24日，世行农村发展和自然资源局局长Mark D.Wilson和项目经理Mohamed Noureddine Benali先生等来华，前往湖南省对项目区进行了考察。同时，与中国政府举行了项目补充谈判，2002年2月1日签署了《中华人民共和国与国际复兴开发银行关于林业持续发展项目谈判的补充纪要》。项目在经过世行执董会和中国政府批准后，2002年7月2日，中国政府与世行签署了项目人工林部分的贷款协定和保护地区管理部分的赠款协定。至此，项目的法律文件基本形成，财政部国际司和国家林业局世行中心，于2002年10月28日至11月1日在北京召开了项目启动会，各省财政厅和林业厅的领导及项目官员等参加了会议。会上，国家林业局祝列克副局长宣布项目正式启动，阐述了实施项目的重要意义，对项目的实施提出了更高的要求。

该项目旨在通过制定和采用新的方法，保护和持续经营天然林资源，改善和提高林区农村群众的生活水平；建立先进的自然保护区管理模式，加强生物多样性保护；发展人工商品林，解决中国日益严重的木材短缺问题。项目的实施地区为：天然林管理部分计划在四川、湖南和海南3省6个县的重点天然林地区实施，实施面积涉及22万公顷。保护区管理部分计划在四川、湖南、海南、贵州、湖北、甘肃、云南7省13处保护区实施，涉及保护面积116万公顷。人工林营造部分计划在河北、山西、辽宁、安徽、山东、河南、湖北、湖南、海南、四川、甘肃11省107个县实施，人工造林23.4万公顷，其中：用材林8.4万公顷，竹林3.1万公顷，经济林5.8万公顷；人工中幼林抚育间伐6.1万公顷。

该项目总投资为190 493万元。其中：天然林管理部分投资16 425万元，申请欧盟赠款1690万欧元（折合12 337万元人民币，欧元汇率按1:7.3计算，下同），国内配套资金4088万元；保护区管理部分投资18 966万元，申请全球环境基金赠款1 600万美元（折合13 280万元人民币，美元汇率按1:8.3计算，下同），国内配套资金5686万元；人工林营造部分投资155 102万元，利用世行贷款9390万美元（折合77 937万元人民币），国内配套资金77 165万元。

项目效益为：天然林管理部分将在四川、湖南、海南的6个县将在完成科学的森林调查的基础上，建立有效的天然林的管理模式；现有森工企业工作人员和下岗职工得到全面的培训，技术能力提高；通过社区活动的开展，社区内人民群众生活水平提高，土地利用符合可持续发展要求。总之，通过项目实施，项目区的天然林和生物多样性得到保护，并将为中国天然林保护工程的实施积累可贵的经验。保护区管理部分在四川等7省13处自然保护区的实施，将带来如下效益：①对具有国际意义自然保护区的生物多样性保护，将产生积极的全球性影响；②为改进自然保护区管理，以及解决中国其他因加强生物多样性保护而受到影响的社区，可能出现的土地利用冲突提供一套合理、可行的模式；③提高人力资源和生物多样性保护部门的能力；④通过共管机制的建立，项目自然保护区和周围当地社区受益，社区群众的保护意识得到进一步提高。人工林营造部分在河北等11省107个县（场）的实施，将给项目区带来的效益是：①每个项目县的森林覆盖率将会增加1%～2%，这对改善项目区的自然环境，保持水土，涵养水源，改善气候，促进农牧业的发展起到重要作用；②项目建设期间将为当地群众提供5297万工日的就业机会，增加群众收入；③通过培训和推广应用新技术，农户的素质得到提高，为山区建设和经济发展培养一批人才；④项目建成后，其经济效益可观。林木总蓄积可达1520万立方米，累计生产木材1331万立方米，产竹27亿千克，产笋4.3万千克，经济林产品可达47亿千克。总收入达131亿元，上交税金和林业基金30亿元，财务内部收益率达12%以上。 （王周绪）

【贫困地区林业发展项目】 2002年，各项目省造林进展情况良好。据统计，2002年共完成造林110 054.71公顷，其中用材林72 536.78公顷，经济林14 418公顷，竹林23 099.93公顷。在检查的质量指标中，整地合格率为97%，其中用材林为95%，经济林为97%，竹林为99%；环保合格率为97%，其中用材林为97%，经济林为97%，竹林为98%；一级苗使用率为97%，其中用材林为95%，经济林为96%，竹林为98%；栽植合格率为97%，其中用材林为96%，经济林为97%，竹林为98%；造林成活率为94%，其中用材林为94%，经济林为95%，竹林为94%。12个项目省累计共有173个县，932个乡，3775个村，281 069户农户参加项目，其中贫困户186 816户，少数民族36 254户，分别占参加项目农户数的66.5%和12.8%。2002年新增加项目农户97 458户，其中贫困农户69 429户，少数民族农户11 999户，分别占新增加农户数的71.2%和

12.3%。

2002年，各地苗木供应和使用情况良好，生产苗木41 302.87万株。其中，裸根一级苗产量为25 704.48万株，无性苗产量为14 191.5万株，容器苗产量为5917.98万株，保证了项目造林的需求。据统计，2002年造林中良种（优良品种）使用率为100%；一级苗使用率为98%，其中用材林一级苗使用率为97%，经济林一级苗使用率为98%，竹林一级苗使用率为98%。

10个项目省（除云南、贵州外）共为2003年造林准备苗木23 512.268万株，其中裸根一级苗产量为14 384.55万株，容器苗产量为3869.2万株。

截至2002年底，整个项目已使用信贷资金6013.32万个SDR，占协定信贷总投资额7430万个SDR的80.93%，其中第一类别——物资888.80万个SDR；第二类别——造林4899万个SDR；第三类别——咨询服务36.51万个SDR；第四类别——乡镇企业189.01万个SDR。整个项目已使用贷款资金4232.26万美元，占协定贷款总额度1亿美元的42.32%，全部使用的是第二类别——造林的资金。

2002年，使用信贷资金714.58万个SDR，其中第一类别——物资365.40万个SDR；第二类别——造林157.68万个SDR；第三类别——咨询服务27.91万个SDR；第四类别——乡镇企业163.59万个SDR。2002年使用贷款资金4232.26万美元。

通过对2002年各省项目实施中世行贷款资金运转情况的实际监测，可以看出，财政部将世行资金下拨到各省财政厅，再由其层层下拨直至造林单位，正常情况下大约需要两个月的时间，除个别县需要改进外，项目资金运转基本正常。

截至2002年底，整个项目已累计到位配套资金77 510.19万元，其中省级22 377.56万元、地（市）级3550.67万元、县级13 647.00万元、造林单位37 934.96万元。2002年筹集配套资金13 406.54万元，其中省级4265.18万元、地（市）级449.88万元、县级2138.38万元、造林单位6553.10万元。

为了进一步加强林业部门和财政部门的合作，更好地履行林业世行贷款项目的财务管理工作，2002年4月，在2001年度林业世行贷款项目财务决算之际，国家林业局世行中心和财政部国际司联合举办了由各项目省（区、市）林业、财政两个系统财务人员参加的财务工作会议。会上，各项目省两个系统的财务人员交流了多年来实施林业世行贷款项目取得的经验，完成了2001年度林业世行贷款项目财务决算的汇总工作。国家林业局世行中心宋士奎主任和财政部国际司芮跃华副司长分别作了讲话，分别从不同的角度总结了财林两家共同管理林业世行项目取得的主要成绩，布署了今后应进一步加强的财务管理工作。

在各项目省财政、林业部门的共同努力下，2001年度各项目省审计报告中反映出的问题明显减少，只有个别地、县存在配套资金到位不足和少量的滞留、挤占项目资金等问题。国家林业局世行中心对审计意见的落实非常重视，于2002年7月向所有项目省发出了《关于抓紧落实林业世行贷款项目2001年度审计意见的通知》，督促各省逐项落实审计意见，并提出整改措施。审计报告中披露的问题已全部得到解决和落实，世行中心在汇总整理各省审计意见落实情况的基础上，向世行上报了《关于贫困地区林业发展项目2001年度审计报告中反映问题落实情况的报告》。

截至2002年底，共采购化肥16 744吨，占采购计划数21 999.82吨的76.1%，完成采购报账资金17 298 005元人民币。其中：尿素5402吨，氯化钾140吨，钙镁磷肥3393吨，复合肥7810吨。

2002年，各级项目实施单位在进一步完善科技推广与培训体系的基础上，大力开展了形式多样的培训活动。据统计，共举办中央级培训班1期，培训41人次；省、县、乡三级共举办各种培训班6064期，其中省级培训班65期，培训3539人次，县级培训班1213期，培训67 280人次，乡级培训班3813期，培训235 984人次。省级编写各类技术手册66种共38 815册。县级编写各类技术手册154种共176 480册。省级培训经费为8 293 498元，县级培训经费为16 309 209元。

从推广方式看，基本上在项目县形成了三级推广方式，一是县项目办组织林业科技推广站和乡（镇）造林大户进行重点培训，二是林业科技推广站和造林大户对村里的造林骨干进行二次培训，三是造林骨干对村里的项目农户进行全面的培训和指导。从推广形式看，各级科技推广和培训部门采用了集中办班、散发技术手册、现场培训、上门指导、播放录像、重点示范等形式，收到了较好的效果。

按照世行要求，中国林业科学研究院世行办组织有关专家到江西省进行湿地松病因调查。经过半个月的调查，专家找出了病因，提出了防治措施，江西省已按专家的意见开始进行防治。PMC已将专家意见印发其他项目省参考。

在病虫害管理工作中，各项目实施单位都坚持预防为主的方针，严格按规程的要求做好项目施工设计。对用材林的病虫害预防中，一是采用从苗圃严格管理为主，严防带病虫苗木上山；二是采用生物、化学措施预防病虫害的发生。对经济林病虫害预防中，一是严把种苗关，禁止有病虫的苗木上山；二是按苗木生长的周期和气候情况，不定期喷洒波尔多液等低毒高效农药，坚持预防为主。从项目检查验收的情况来看，目前项目实施过程中对项目造林造成危害的病虫害发生面积较小。

按2002年工作计划安排，世行中心要求各项目县进行FDPA经济林产品销售安排调查并下发了《贫困地区林业发展项目经济林产品销售安排调查提纲》，各项目省均在2002年9月底完成了调查任务并汇总形成了《经济林产品销售安排报告》。

同时，世行中心要求各省（区）项目办对准备使用营销基础设施子贷款进行乡、村经济林产品营销基础设施建设的情况进行摸底调查。从各省报上来的材料看，大部分省不使用营销基础设施子贷款，只有山西省浑源县拟建立200间晒凉棚（每间投资5000元），一个加工厂（投资400万元），购买农用运输车100辆（每辆3000元）。

世行中心于2002年7月份，布置各项目省进行经济林有机肥使用情况调查和灌溉设施建设内容统计，这项工作已于9月份完成。世行中心根据各省调查情况作出了如下安排：一是对提出使用世行贷款建设灌溉设施的，将留出相应的贷款金额；二是关于经济林造林使用农家肥问题，根据各省反馈的情况表明，经济林造林已经使用了大量的有机肥，但因提高单价只能解决扩大规模后新营造的经济林成本问题，故不再提高经济林单价。

世行中心于2002年7月，编写了聘请专家职责并通过了世行的审核，于2002年9月9～26日聘请了国际咨询专家Neville Freeman先生和国内经济林专家王玉柱先生进行了经济林市场及营销体系建设技术咨询。两位专家在完成调查任务后，于2002年10月向世行中心提交了咨询报告。（王 俊 董 晖）

【森林资源发展和保护项目】 2002年是世行贷款森林资源发展和保护项目（FRDPP）竣工验收的一年，主要是围绕迎接世行竣工检查验收工作来展开。

造林任务的完成 经检查验收合格的造林面积集约经营人工林为75万公顷，多功能防护林为28.2万公顷，分别是《开发信贷协定》确定的造林规模的120.8%和100%。按照各树种造林模型，项目幼林抚育实际完成160万公顷次，建成管护棚2871个，修建林道2214千米。

种植材料执行情况 ①优良种子和家系：对NAP种植材料开发计划建立的240.7公顷母树林和153.3公顷的种子园采取了良种增产技术措施，提高了良种生产的数量和质量，每年可为项目提供良种252.7万千克。筛选出杉木、杨树、落叶松、桉树、刺槐优良无性系共199个，筛选出杉木、马尾松、落叶树、国外松、桉树和桤木优良家系达630个，并以此新建杉木、落叶松和桉树无性系繁殖圃（包括采穗圃和扦插圃）89公顷，增加无性系生产能力达2600万株。②苗木生产：项目实际共生产苗木25.3亿株，其中一级苗为23.9亿株，是计划的113.8%。在苗木生产中，容器苗占13.6%，无性系苗比重达到了7.8%，均已达到项目评估时确定的目标。③改进苗圃管理技术：制定和执行了项目《苗圃技术管理规程》和《主要树种苗木标准》等技术规程；各县选定了一个中心苗圃作为苗木供应的主渠道，所供应的苗木占项目用苗的80%以上；采用了一系列改进的苗木培育技术，包括：减少了育苗的播种量、实施了新的间苗技术规定、修订了育苗的最终保留密度、推广了松类切根技术、改进营养土的配方等。

环境管理与监测情况 在项目实施过程中，严格执行环境保护规程，将环保规程的执行情况作为一项主要指标，纳入项目检查验收。

1. 环境监测计划的执行：对于新增加的黑龙江、山西两省，根据造林地实际情况，布设了3个监测样点。在四川、湖北和重庆建立了3个监测样地对多功能防护林的建设效果进行监测。结果表明，项目造林地中，生态环境得到基本改善，水土流失得到较好控制，达到了项目的设计要求。

2. 环保规程的执行：①各地在审查项目设计文件时，必须对环保措施的设计进行严格审核，凡没有设计环保措施或达不到要求的，技术设计定为不合格。②将执行环保规程情况作为一项主要指标，正式纳入项目检查验收内容之中，凡环保措施未达到要求的造林，不予报账。③在一个县范围内，杨树无性系造林凡没有达到10个无性系的，一律不予报账。④坚持使用良种壮苗，增加无性系品系，严禁使用带有病虫害的种苗造林。推广使用Pt菌剂接种的松类芽移苗造林，提高林木抗旱、抗病虫危害和自肥的能力。⑤定期对项目林病虫害进行预测预报，发现问题及时解决，把病虫害危害降低到最低程度。项目实施7年来，严格执行项目的环保规程，收到了良好的效果，环保合格率达到了97.9%。

天然林管理试点执行情况 天然林管理试点实施完成834.53公顷，占计划800公顷的104.32%，集中在江西省的信丰、宁冈和靖安3个县内实施。经检查验收，面积核实率100%，砍杂合格率95.8%，抚育间伐合格率90.9%，补植成活率96%，密度控制合格率100%，林道配置50.0千米，密度16.7公顷/千米。

科技推广体系 该项目的科技推广体系是在NAP科技推广体系基础上补充和完善后形成的，由中央、省、县三级科技推广支持组、12个科研推广中心课题组及中国林业科学研究院世行项目科技推广办公室构成。四川、湖北和重庆3省（市）成立了一个多功能防护林课题组，负责项目中多功能防护林部分的科研推广工作；中国林业科学研究院亚热带林业研究所成立了一个竹子课题组，负责竹林科研推广工作。纵向的三级科技推广支持组与横向的科研课题组交错形成了FRDPP科技推广网络体系，科技推广管理办公室是连接科研、推广、生产三者之间的中间枢纽。

科研与技术推广执行情况 ①科研计划：在项目

实施期间，共营建科研试验林350公顷，科研示范林14 076公顷。取得经鉴定的科研成果49项。其中，中央级课题组13项，省级课题组36项。同时，伴随着科研活动的开展，及时总结出了一批阶段性成果，并撰写成研究论文173篇公开发表。②技术推广：在计划实施过程中通过制定技术规程、建立示范样板、开展技术培训、专家现场指导和编发实用技术手册等多种行之有效的科技推广形式，促进了项目区科技推广活动的开展。同时，从项目一开始将一大批科技成果传播到各项目省造林区，并及时在造林施工中推广应用。据统计，在17个项目省共推广应用59项科技成果与先进技术，这些成果与技术极大地提高了项目造林质量，使1～2类林占总造林面积94.8%，一级苗使用率达94.4%，造林成活率达94.7%，良种供用率达96.6%，环保合格率达97.9%。

培训与技术援助执行情况　项目共举办各类国内培训班4373期，培训人员15万人次，为计划的360%。其中，国家级41期，培训人员3860人次，省级454期，培训人员11 965人次，县级3878期，培训人员13.45万人次。共组织派出了156人次分别赴美国、澳大利亚、德国、瑞典等10个国家进行考察，同时还选派了13名青年技术骨干赴加拿大进行了英语和项目管理培训。项目实施期间聘请了天然林管理、施肥专家和可行性研究国际咨询专家组进行咨询。

财务和资金管理情况　截至2002年底，整个项目已使用信贷资金折合14 136.58万个SDR，占信贷资金总额14 170万个SDR的99.76%。其中货物、营林、技援、科研已分别使用信贷950.426万个SDR、13 095.60万个SDR、54.46万个SDR、36.09万个SDR。整个项目的提款报账工作和向世行的资金回补工作已全部结束，为项目的顺利实施提供了充足的信贷资金保证。

在审核营林信贷资金提款报账的同时，各级项目办严格审查配套资金的到位情况。截至项目结束，整个项目配套资金已到位134 862.77万元，占累计计划的108.34%。

FRDPP是中国林业实施的第一个由财政部门和林业部门两家共同管理的世行贷款项目。为了更好地总结管理中的经验，进一步提高今后项目的财务管理水平，2002年4月，财政部国际司和国家林业局世行中心联合举办了由各项目省（区、市）财政、林业两个系统财务人员共同参加的FRDPP财务竣工总结工作会议。会上，各项目省两个系统的财务人员交流了多年来实施林业世行贷款项目取得的经验，完成了2001年度FRDPP财务决算的汇总工作。财政部国际司芮跃华副司长和国家林业局世行中心宋士奎主任分别作了讲话，分别从不同的角度总结了财林两家共同管理林业世行项目取得的主要成绩。

竣工验收情况　世行检查组于2002年2月25日至3月14日，对森林资源发展和保护项目实施竣工报告的情况进行了检查，并实地考察了山东、福建、重庆和中国林业科学研究院，并于3月下旬和5月向中方分别提交了备忘录和世行的实施竣工验收报告。在备忘录和竣工报告中，世行检查组总结了实地考察结果，并对项目在经济分析和进一步的检查的基础上，充分肯定了项目业绩：检查组的结论认为，“从整体来看，项目无论在发展目标的制定上，还是在具体的实施工作上，其结果都令人满意。整个项目的多数目标都可望实现，并产生项目评估报告所预期的良好的发展影响。”　（陈京华　董　晖）

【国家造林项目还贷工作】　国家林业局与财政部采取一系列措施，加大还贷督促力度，包括联合签发到期债务还款通知、年终集中催缴以及通过中央财政预算扣款并按照拖欠金额加收30%的滞纳金等。项目省（区）各级政府对项目还贷工作予以高度重视，林业和财政部门密切配合，为还贷做了大量细致而卓有成效的工作。至2002年底，国家林业局已下发了9期还款通知，累计通知到期债务金额折合人民币约12.64亿元，其中，人民币部分债务为10.69亿元，直接用汇部分债务为2357万美元。项目单位已累计偿还到期债务折合人民币9.33亿元，占应还款总额的74%，其中，偿还人民币部分债务7.93亿元，偿还直接用汇部分债务1686.5万美元。

受实施天然林保护工程的影响，四川、贵州等省的还贷工作遇到了困难。按照项目原总体设计，还贷资金的来源主要包括用天然林采伐收入和育林基金偿还世行林主伐期前的债务，待项目林成熟后“以木还贷”。天保工程实施后，天然林全面禁伐，部分地区的项目林由于被划入公益林也被禁伐，由此造成项目丧失了主要的还贷资金来源。就部分项目省（区）提出减免债务的问题，国家林业局会同财政部展开调查，提出处理办法。　（刘玉英）

【世行贷款林业项目对外联络】

接待世行林业项目谈判、检查组　①应财政部的邀请，以世行乡村发展和自然资源局局长威尔逊为组长的项目工作组，于2002年1月25～30日来华，对中国林业持续发展项目进行补充谈判，并赴湖南检查项目的准备工作。②根据世行对森林资源发展和保护项目竣工工作的要求，应财政部邀请，以刘瑾为组长的6人项目竣工检查组，于2002年2月25日至3月15日对该项目竣工工作进行检查验收，并赴重庆市和山东、福建省对项目的实施成果进行实地考察。③应财政部的邀请，以刘瑾为组长的项目检查组，于2002年5月26日至6月7日赴河北、江西省，检查了贫困地区林业发展项目的实施情况。④根据世行对

森林资源发展和保护项目自然保护区管理部分竣工的工作要求，应财政部邀请，以世行全球环境基金处处长亚瑟·R·布罗德菲尔德为组长的4人组成的项目竣工检查组，于2002年6月3～14日对该项目自然保护区管理部分进行了竣工检查验收，并赴陕西、福建省对项目的实施成果进行实地考察。⑤应财政部的邀请，以刘瑾为组长的项目检查组，于2002年11月11～28日赴辽宁、湖北、江西省，检查了贫困地区林业发展项目的实施情况。

贫困地区林业发展项目国际技术咨询援助 根据贫困地区林业发展项目国际技术咨询工作计划，应国家林业局邀请，德国GITEC CONSULT GMBH公司的营销专家Neville Freeman先生，于2002年8月21日至9月1日来华，赴河北、河南省，为贫困地区林业发展项目提供经济林营销方面的咨询服务。

贫困地区林业发展项目国外培训和考察 根据贫困地区林业发展项目信贷/贷款协定和项目评估报告中关于技术援助的安排及结合项目实施的需要，在2002年内，世行中心组织派出了6个为期2周的考察组共51人，分别赴美国、澳大利亚、新西兰、瑞典、意大利、加拿大，对人工林经营管理进行了考察；另外，由世行中心组织，安徽、河北省林业厅项目办公室分别选派一名具备一定英语基础的项目管理人员赴德国进行了为期3个月的项目管理培训。

（刘新倩）

【自然保护区管理项目】 与世界银行贷款森林资源保护和发展项目捆绑的由全球环境基金（GEF）资助的自然保护区管理项目，2002年是项目实施的最后阶段。在继续组织各项目省和保护区做好项目实施的同时，2002年上半年，专门举办项目终期评估研讨会和项目成果交流推广会，组织各项目单位认真总结、准备项目竣工报告。6月4～14日，世行项目竣工组来华对项目进行了竣工验收，期间世行竣工组赴陕西省项目保护区和长青转产项目地进行项目竣工检查。世行对项目实施的总体评价为非常满意。项目的实际总投入为2470万美元（为项目评估时的105%），圆满完成了项目的各项活动。

该项目既是GEF对中国生物多样性领域第一次投资性的赠款，也是中国自然保护区管理体系第一次大规模借助国际资金，引进国际先进自然保护理念，采取创新性的组织、计划制定、技能开发、信息管理，并把当地社区结合到自然保护区管理之中的方法，为全面提升中国自然保护的管理能力、建立更加科学合理高效的自然保护模式而做的一次有益尝试。通过项目的实施，大大提高了项目省和项目保护区的机构能力和对自然保护区的管理能力，同时引进和实践了社区共管理念和方法，尝试了森工企业转产建立保护区的试点，为我国天保工程的实施和保护区建设积累了有益的经验。

（胡柏炯）

林业科学技术

林业科技体制改革

【综　述】　2002年是国家林业局直属科研机构分类改革进入全面实施的关键一年。根据科技部的统一部署和总体要求，按照“部门推动，院所操作”的原则和国家林业局制定的直属科研机构分类改革实施工作计划，在局党组的高度重视和关心、支持下，分类改革工作进展顺利，较好地完成了年初确定的工作目标和任务，取得了明显成效，为全面完成分类改革各项任务奠定了坚实的基础。

非营利性科研机构改革取得实质性突破　根据科技部、财政部、中央机构编制管理委员会办公室对国家林业局直属科研机构分类改革方案的批复精神，国家林业局有8个机构改革后将按非营利性科研机构管理和运行。经过一年来的共同努力，非营利性研究机构在完成科研组织结构和学科结构调整的基础上，已基本上完成非营利性编制人员的招聘和分流人员的初步安置工作。中国林科院首批聘任了16名首席科学家，林业研究所等6个研究所首批聘任了非营利性编制岗位388人，其中，首席专家岗位63人，资深专家岗位16人，专家岗位115人，专家助理岗位83人，科研辅助岗位51人，科研管理岗位60人。6个研究所共分流290人。为了确保改革工作顺利进行，经国家林业局科技体制改革工作领导小组审核批准，中国林科院先后研究制定了《岗位聘任制实施办法》、《专业技术岗位聘任及管理实施办法》、《分配制度改革实施意见》、《聘余人员安置管理办法》、《公开招聘领导干部实施办法》、《关于明确非营利性科研机构在实施改革工作中若干问题的通知》、《非营利性科研机构流动人员岗位聘任及管理办法》等若干改革配套文件，并在改革实施过程中边试行边完善。

同时，中国林科院院部机关的改革取得重大突破。在进一步精简职能部门管理机构的基础上，对所有工作人员全部实行竞争上岗，其中在24个部门领导岗位中拿出8个岗位面向中央在京单位和北京市公开招聘，在社会上产生了较大反响。经过激烈竞争，71人重新上岗，其中，部门负责人23人，一般工作人员48人。在聘任的23名领导干部中，有5人来自院部以外（其中有2名为院外应聘人员），有16人的岗位发生了变化。在竞聘过程中，院部机关有26人落聘。目前，以新的用人机制和分配机制为核心的新的管理方式和运行机制已开始实施。

转制科研机构的改革进程明显加快　11个向科技型企业转制的科研机构，已基本完成改革转制实施方案和实施工作计划的制定，并正在有计划、有步骤地开展国有资产清查，着手进行经营性资产评估与划拨准备、市场调查、产业结构调整、完善配套制度等工作。部分机构结合本单位实际，加大了改革实施力度，有的已提前进入模拟企业化运作，为整体转制和组建企业集团创造了条件，奠定了基础。为了加快改革进程，确保转制工作健康、有序进行，中国林科院起草制定了《关于非经营性资产和经营性资产划转的办法》《关于促进科技成果转化的管理办法》《科技产业发展奖励条例》《国有企业及国有控股企业领导干部任期经济责任审计实施办法》《科研机构领导干部任期经济责任审计实施办法》《国有企业监事会管理暂行办法》等一系列改革配套文件。

中介机构的组建工作取得新的进展　在广泛开展调查研究和充分征求各方面意见的基础上，中介机构的组建方案正在修改完善之中。同时，积极组织开展了相关中介业务活动，不断拓宽业务范围和服务空间，扩大社会影响。

为了确保各项改革工作扎实向前推进，健康有序发展，国家林业局党组给予了高度重视和大力支持。

加强对改革工作的领导　2002年以来，国家林业局科技体制改革工作领导小组先后召开4次工作会议，分别听取中国林科院的工作汇报，对需要决策的重大问题集思广益，认真审议，把握方向，提供保障。

进一步加大对改革的支持力度，努力为改革创造

条件　根据科技部下拨的改革经费，给予 1∶1 配套；将中竹大厦和国家级南方林木种苗示范基地产权划归中国林科院；在有关单位建立国家森林植物种子资源库和部级自然保护区；支持部分转制单位购买土地，建立新的基地；支持中国林科院建立研究生院等。

加强对改革实施过程中的监督检查　国家林业局直属机关党委、监察局始终参与局体改领导小组的工作，及时掌握改革动态，共同做好思想政治工作。特别是对用人制度、分配制度改革、制定配套政策、全员聘用以及分流人员管理等重大问题，机关党委和监察局不仅参与决策，而且派出专人实施全过程监督，确保分类改革规范有序地向前推进。

（科技司综合处）

林业科学研究

【林业发展战略研究】　“中国可持续发展林业战略研究”是国家林业局党组确定的 2002 年两件大事之一。自 2002 年 1 月 18 日温家宝副总理亲自召集会议审定“大纲细目”之后，在国家林业局党组和项目专家领导小组的直接领导下，项目组近 60 位两院院士和资深专家，带领近 300 多位科研人员，在广泛开展国内外调研、深入展开研讨和座谈、充分听取各方面意见的基础上，经过反复修改完善，圆满完成了《中国可持续发展林业战略研究总论》的研究工作，确定了 21 世纪上半叶中国林业发展的战略思想、战略方针、战略目标、战略布局、战略途径和战略措施等，特别是根据新时期经济社会发展对林业及生态建设的主导需求和实现林业由以木材生产为主向以生态建设为主转变的要求，研究提出“确立以生态建设为主的林业可持续发展道路；建立以森林植被为主体的国土生态安全体系；建设山川秀美的生态文明社会（即生态建设，生态安全，生态文明）”的林业发展总体战略思想，突出了林业在中国可持续发展中的地位和作用，为新时期中国林业建设指明了方向。围绕“三生态”的战略思想，项目组研究提出新时期中国林业发展的战略方针是，“严格保护，积极发展，科学经营，持续利用”；战略布局是，以林业六大重点工程为框架，构建“点、线、面”结合的全国森林生态网络体系；战略目标是，到本世纪中叶，基本建成资源丰富、功能完善、效益显著、生态良好的现代林业，最大限度地满足国民经济与社会发展对林业的生态、经济和社会需求，实现中国林业的可持续发展；战略途径是，以工程为载体，以科技为先导，以改革为动力，推动林业跨越式发展，使之从以木材生产为主跨入以生态建设为主的新阶段。项目组从国民经济和社会发展的全局出发，紧紧抓住天然林保护、退耕还林、荒漠化防治、野生动植物保护及自然保护区建设、湿地保护、科技发展、农业和农村经济结构调整、城市林业、植被建设与水资源合理配置、森林灾害防治、林业产业等 12 个事关新世纪中国林业可持续发展的重大问题，深入进行了研究，从理论与实践的结合上，提出了具体的战略目标、工作重点和保障措施。同时，研究提出了把生态建设指标列为国民经济发展的重要指标、加大林业投入、减轻林业税赋、发展非公有制林业、实行生态移民等重大林业发展举措及政策和对策建议。

这项研究取得的成果得到了国务院有关领导和相关部门的充分肯定，在社会上产生了较大的反响。在 2002 年 9 月 28 日温家宝副总理亲自主持召开的《中国可持续发展林业战略研究》阶段性成果审定会上，来自科技部、财政部、国家计委等 26 个部门（单位）的领导和专家对这项研究成果给予了充分肯定，一致认为，这项研究有深度、有创新、有突破。温家宝副总理在总结讲话中指出，这是总结过去、反映现在、指导未来的一部力作，是发扬科学民主、多学科合作的成果，必将对新时期中国林业发展产生重要的指导作用。在 10 月 26 日人民大会堂举行的《中国可持续发展林业战略研究总论》首发式上，全国人大常委会副委员长姜春云在讲话中指出，这项研究抓住一系列关键性问题，进行了认真、系统、深入的研究，取得了令人鼓舞的成果。其成果立意新、起点高，思想新、定位准，层面广、内涵深，集成度高、科学性强，体现了“三个代表”重要思想和党的三代领导集体关于林业的指导思想和战略构想，将对中国未来 50 年林业的发展产生深远的影响。

在圆满完成《中国可持续发展林业战略研究总论》的同时，《中国可持续发展林业战略研究·战略卷》、《中国可持续发展林业战略研究·保障卷》和《中国可持续发展林业战略研究·森林问题卷》三部分的研究工作也都按计划进展顺利，完成了专题研究报告初稿。

（科技司综合处）

【国家科技攻关林业项目】　2002 年，“十五”国家科技攻关计划重大项目防沙治沙关键技术研究与示范项目启动。其中防沙治沙综合技术体系研究由国家林业局组织实施，国家资助经费 600 万元，开展内陆河下游绿洲型和沿黄灌区绿洲型防沙治沙综合技术体系研究，在青海共和盆地高寒风沙区开展综合治理技术体系研究，沙区优良抗逆性、经济性植物新品种的选育与扩繁技术研究，防沙治沙新材料、新技术研究及经济植物高效利用，典型区风沙危害动态监测及其遥感信息技术研究。新增“十五”国家科技攻关计划项目3项，国家资助经费175万元，开展现代城市森林发展技术、林业宏观管理与决策信息化技术、中国可持续发展林业战略等研究。

2002年，国家林业局组织开展的3个“十五”国家科技攻关计划林业项目进展顺利，取得成果8项，获国内发明专利2项，申请发明专利8项，开发新产品、新材料、新装置9项，出版专著4部，培养博士研究生38名、硕士研究生69名。

国家林业局2002年度新增国家攻关计划项目课题

序号	课　题　名　称	备注
1	防沙治沙综合技术体系研究	2002BA517A09
2	上海现代城市森林发展技术研究与示范	
3	林业宏观管理与决策信息化技术研究	2001BA513B06
4	中国可持续发展林业战略研究	软科学研究

（科技司计划处）

【国家重大基础研究项目（“973”项目）】　国家重大基础研究项目立项工作取得新进展。由国家林业局科技司组织申报的西部典型区域森林植被对农业生态环境的调控机理研究获准立项（项目编号：2002CB111500）。该项目由中国林科院主持，国家资助项目经费2500万元。项目旨在研究不同时空尺度下森林植被的系统结构、系统功能、系统环境之间的互动关系，阐明森林植被对区域农业生态环境的调控机制；揭示农林景观格局的生态耦合过程及区域生态环境效应；发展区域生态恢复与重建的理论与方法，实现林学、生态学、水文学、土壤学与信息科学等多学科的交叉和发展；提出确保西部典型区域农业生态环境安全的森林植被格局和区域森林植被恢复的优化技术途径，为西部生态环境建设的国家战略决策提供科学依据，为天然林资源保护工程和退耕还林还草工程提供科学支撑。　（科技司计划处）

【国家高技术发展计划项目（“863”计划）】　国家林业局2002年度新增国家高技术发展计划课题12项，其中第一主持7项，获国家经费资助1900万元，分别开展材料制造技术、新品种选育等方面的研究。

国家林业局2002年度获准国家高技术发展计划课题

课题编号	课 题 名 称	备注
2002AA245101	木基复合装饰材料制造技术	生物和现代农业领域
2002AA245141	人工林木材与合成高聚物复合材料制造技术	生物和现代农业领域
2002AA245111	竹木复合新型结构材料制造技术	生物和现代农业领域
2002AA241071	杨树纸浆材新品种选育研究	生物和现代农业领域
2002AA241061	优质抗逆草坪草早熟禾等新品种选育	生物和现代农业领域
2002AA2Z4271	西北半干旱生态植被建设区节水综合技术体系集成与示范	生物和现代农业领域
2002AA104230	森林资源与林业生态工程信息应用网格	信息技术领域

（科技司计划处）

【国家转基因植物研究与产业化专项】　国家林业局2002年度新增国家转基因植物研究与产业化专项5项，获国家经费资助1035万元，开展杨树、落叶松、麻黄等新品种的转基因研究。

国家林业局2002年度获准国家转基因植物研究与产业化专项

课题编号	课题信息
J2002－B－003	抗虫转基因杨树的研究与开发
J2002－B－004	优质高产抗干旱耐盐碱杨树基因工程育种研究
J2002－B－005	优质杂种落叶松抗干旱基因工程育种研究
J2002－B－006	抗干旱、耐盐碱基因工程黑麦草、早熟禾新品种选育
J2002－B－007	抗干旱、耐盐碱基因工程麻黄新品种培育

（科技司计划处）

【国家科技基础性工作专项】　按照“突出重点、有限目标、建设基地、凝聚队伍”的指导思想，中国科技基础性工作基地建设采取专项资金和集成配套形式，重点支持科技基础数据库及共享服务、生物资源与科学实物标本和科技基础标准等相关科技工作的开展。目前已初步建立了良好的运行机制和共享模式。国家林业局2002年度新增科技基础性工作专项5项，国家资助经费1120万元，用于开展森林植物种质资源收集、保存，林业资源数据采集与信息网络系统建设等方面的基础性工作。

国家林业局2002年度获准国家基础性工作专项

序号	项 目 名 称	备注
1	森林植物种质资源收集、保存与编目	重点项目
2	林业资源数据采集与信息网络系统建设	重点项目
3	森林、湿地和旱地生态系统监测规范与数据信息共享系统研建	重点项目
4	青藏高原科学考察林业文献收集整理与数字化	面上项目
5	数字化森林植物病害标本信息管理系统、主要造林树种土壤质量退化指标体系研究	面上项目

（科技司计划处）

【国家社会公益类研究专项】 此专项根据社会公益类科研院所改革的布局和发展需要，重点支持监测、预警、公共安全、人口健康和保障体系的科学研究及农村和社会发展等相关公益性科技工作的开展，并逐步形成社会公益研究网络。国家林业局2002年度新增社会公益类研究专项8项，国家资助经费920万元，用于开展国家重大林业生态工程监测与评价技术、外来树种入侵性与生态安全评价等方面的研究。

国家林业局2002年度获准国家社会公益类研究专项

序号	项 目 名 称	备注
1	国家重大林业生态工程监测与评价技术研究	重点项目
2	外来树种入侵性与生态安全评价	面上项目
3	我国大兴安岭林区雷击火发生预测预报系统	面上项目
4	主要经济林产品质量控制技术研究与示范	面上项目
5	珠江三角洲森林植被结构与环境间的互动监测	面上项目
6	土壤重金属污染植物修复的试验示范研究	面上项目
7	红外线森林火灾监测定位报警系统	面上项目
8	区域科技发展战略研究	面上项目

（科技司计划处）

【科学仪器设备改造升级技术开发项目】 为加快实现科技发展从以跟踪模仿为主向以自主创新和实现技术跨越发展为主的战略转变，增强中国中央级科研院所的科技创新能力，充分挖掘现有科学仪器设备潜能，科技部、财政部设立专项资金继续推动科学仪器设备改造升级技术开发和资源共享。国家林业局2002年度新增科学仪器设备改造升级技术开发项目2项，获国家资助经费70万元，用于松香质量检测系统、便携式林业机械多功能测试系统的改造升级。

国家林业局2002年度获准科学仪器设备改造升级技术开发项目

项目编号	项 目 名 称
JG－2002－5	松香光度、色度质量检测系统及数据处理技术升级改造
JG－2002－35	便携式林业机械多功能测试系统

（科技司计划处）

【国家林业局重点科研计划项目】 国家林业局2002年度批准立项国家林业局重点科研计划项目21项，安排经费600万元，继续开展全国森林生态系统定位监测与研究，并择优开展了厚壁毛竹、冬枣等树种的良种选育和区域化试验。

国家林业局2002年度重点科研计划项目

项目编号	项 目 名 称	备注
2002－01	中国森林生态系统定位监测研究网络	
2002－02	沿海防护林耐盐碱种质资源区试	
2002－03	西部干旱区设施育苗技术区试	
2002－04	杏李优良品种区域化试验	
2002－05	南方主要珍贵用材树种区域化试验研究	
2002－06	竹木复合区域化试验研究	
2002－07	楸树新品种区域化试验	
2002－08	长防林重大病害华山松疱锈病综合防治技术区试	
2002－09	沙生灌木削片技术及配套机械的试制	
2002－10	厚壁毛竹区域化试验	
2002－11	引进优质紫胶虫及寄主繁殖栽培技术区域化试验	
2002－12	木结构复合材料区试	
2002－13	南洋楹工业用材林定向培育技术区试	
2002－14	冬枣良种区域化试验	
2002－15	高吸水树脂在城市园林节水和水土流失治理扩大应用研究	
2002－16	寒温带速生杨引种栽培技术区试	

（续）

项目编号	项　目　名　称	备注
2002－17	城镇绿化乔木树种及生态功能性树种区试	
2002－18	森林培育过程质量管理体系的构建	
2002－19	藏羚羊种群生物学及资源利用相关技术研究	自筹经费
2002－20	新型植物源无公害杀鼠驱鼠药品研制	自筹经费
2002－21	高效利用土壤营养资源的马褂木优良品种选择及共生菌根区试	

（科技司计划处）

【引进国际先进林业科学技术计划项目（“948”项目）】　国家林业局2002年度批准立项引进国际先进林业科学技术计划项目58项，安排经费3940万元，引进国外优良品种100余个、先进技术30余项；批准立项技术创新项目5项，安排经费600万元，开展引进树种和技术的创新与示范。完成第二批及第三批的部分引进国际先进林业科学技术项目的验收，通过验收26项，认定成果22项。

2002年度“948”引进项目和创新项目

项目编号	项　目　名　称	备　注
2002－01	滨藜优良品种及培育技术引进	
2002－02	刺毛荨麻等适于西北沙漠化地区灌木资源引进	
2002－03	大西洋雪松、黎巴嫩雪松、短叶雪松引进	
2002－04	伏地肤等高抗逆灌丛植物资源引进	
2002－05	爱沙木优良种质资源引进	
2002－06	西部沙樱等沙生灌木资源引进	
2002－07	金沙江流域退耕还林（草）工程区兼用型东非狼尾草及肯尼亚白三叶引进	
2002－08（1）	抗旱、抗寒低矮型针叶树朝鲜冷杉及栽培技术引进	
2002－08（2）	抗旱、抗寒开花地被植物萱草等优良种质及栽培技术引进	
2002－09	马桑等紫色土先锋植物及培育技术引进	
2002－10	美洲椴新品种及种源选择技术引进	
2002－11	美洲朴树引进	

（续）

项目编号	项　目　名　称	备　注
2002－12	南非槐“旱漠茵”等耐旱固沙林木新品种及育苗技术引进	
2002－13	帕里松和灰松优良种源及丰产栽培技术引进	
2002－14	适合西部地区的耐旱豆科植物引进	
2002－15	铁力木等红木类珍贵树种引进	
2002－16	土壤及地下水污染的植物净化技术引进	
2002－17	纤维林用柳树优良无性系及矮林培育技术引进	
2002－18	香胶树优良品种及栽培技术	
2002－19	加拿大旋切单板柔化技术及关键设备引进	
2002－20	北美樱桃圆柏等高抗逆性优良种源与选育技术引进	
2002－21	优良用材树种真桦引进	
2002－22	优质水土保持植物秋橄榄新品种引进	
2002－23	巴婆优良品种引进	
2002－24	观果海棠优良栽培品种及扩繁技术引进	
2002－25	金链花、欧洲红花山楂及其栽培技术引进	
2002－26	卡瓦胡椒种质资源、栽培及加工技术引进	
2002－27（1）	梨果产期调节、产后商品化处理及包装保鲜技术引进	
2002－27（2）	果树产期调节产后处理技术引进	
2002－28	热带多用途棕榈科树种及其培育技术引进	
2002－29	人心果优良品种及其培育技术引进	
2002－30	藤本植物薯蓣优良品种及栽培技术引进	
2002－31	甜竹、酒竹等特用竹种引进	
2002－32	晚花、自花结实扁桃新品种、抗性砧木及高产栽培技术引进	
2002－33	珍贵观赏树种花楸优良种源及栽培技术引进	

（续）

项目编号	项 目 名 称	备 注
2002-34	病虫害防治低量风送高射程喷雾技术引进	
2002-35	粉蚧长索跳小蜂规模化繁殖技术引进	
2002-36	气助式静电喷雾机技术引进	
2002-37	云杉八齿小蠹聚集信息素合成技术引进	
2002-38	纵坑切梢小蠹信息素及应用技术引进	
2002-39（1）	便携式木材智能无损探测仪及原木X射线无损检测系统引进	
2002-39（2）	便携式木材智能无损探测仪及原木X射线无损检测系统引进	
2002-40	利用无人驾驶飞行器监测森林火灾技术引进	
2002-41	落叶松工程木制材料制造与应用技术引进	
2002-42	落叶松木材加工剩余物中药用阿拉伯半乳聚糖纯化与衍生物制备配套技术引进	
2002-43	木材的非电解电镀技术引进	
2002-44	木材染色技术引进	
2002-45	人工林木材NIR（近红外）材性预测及增值利用技术引进	
2002-46	用于木材二次加工的复合高分子乳液制备技术引进	
2002-47	森林资源动态控制系统及可持续利用关键技术引进	
2002-48	北美驯鹿新品种及驯养繁殖技术引进	
2002-49	多效持续腐殖肥生产工艺及应用技术引进	
2002-50	风沙灾害监测与预警技术引进	
2002-51	高级无节装饰材培育技术引进	
2002-52	昆虫细胞系及细胞系库建立技术引进	
2002-53	森林生态系统经营规划与优化技术引进	
2002-54	森林野生动植物及自然保护区分区管理技术引进	

（续）

项目编号	项 目 名 称	备 注
2002-55	森林植物转基因品种生物安全测试、评价与管理技术引进	
2002-56	生物降解性脂族聚酯育苗容器制作专利技术引进	
2002-57	树木性状基因芯片分析技术引进	
2002-58	印楝杀虫活性成份提取、分离及纯化技术引进	
2002-C01	引进核果类经济林新品种技术创新与示范	创新项目
2002-C02	引进沙棘优良种质资源技术创新与示范	创新项目
2002-C03	引进先进切花月季生产设施及培育技术与示范	创新项目
2002-C04	引进珍贵盆栽花卉规模化培育技术创新与示范	创新项目
2002-C05	国外优良竹类植物种质资源技术创新与示范	创新项目

2002年度“948”验收项目

项目编号	项 目 名 称
96-4-02	曼地亚红豆杉优良杂交品种引进
96-4-07	美国阿月浑子优良品种及栽培管理技术引进
96-4-16、17	越橘优良品种及加工技术引进
97-4-01	落羽杉属优良种源、家系和无性系引进
97-4-02	国外松杂种及其繁育技术引进
97-4-03	栎树种质资源及培育技术引进
97-4-04	黑樱桃用材优良品种及培育技术引进
97-4-05	多倍体刺槐新品种及其繁殖技术引进
97-4-06	花卉新品种及抗衰老技术引进
97-4-07	草坪植物优良品种及其现代化建植管理技术引进
97-4-09	国外精油玫瑰新品种及精加工技术引进
97-4-11	日本优质梨新品种及配方施肥技术引进
97-4-12	苹果梨新品种及栽培技术引进
97-4-13	日本野漆树优良品种及加工技术引进
97-4-14	国外马铃薯新品种及关键设备引进
97-4-15	食用菌优良新品种及栽培技术引进
97-4-16	澳洲坚果优良品种资源及加工技术引进
97-4-17	森林病虫害航空监测和防治技术引进
97-4-19	单宁酸系列产品精加工技术引进
97-4-20	木工数控镂铣技术引进
97-4-21	新型木工系列刀具技术引进

（续）

项目编号	项 目 名 称
98－4－12	印度楝优良种源及栽培技术引进
98－4－18	沙棘油 CO_2 超临界萃取技术引进
98－4－19	日本改良果梅品种和栽培技术引进
98－4－24	多功能无毒胶粘剂专利技术引进
98－4－25	高质木铝复合窗的结构和生产技术引进

2002 年度“948”验收项目认定成果

序号	项 目 名 称
1	美国阿月浑子优良品种及栽培管理技术引进
2	越橘优良品种及加工技术引进
3	落羽杉属优良种源、家系和无性系引进
4	湿加松杂种和刚火松杂种及其繁育技术引进
5	黑樱桃用材优良品种及培育技术引进
6	四倍体刺槐及繁殖技术研究
7	花卉新品种及抗衰老技术引进
8	优质草坪植物品种及其现代化建植技术
9	国外精油玫瑰品种及精加工技术
10	梨新品种引进及综合配套栽培技术研究
11	乌兰布和沙区优质梨树新品种选育及综合栽培技术
12	国外野漆树优良品种栽培技术
13	马铃薯新品种引进及种薯繁育技术研究
14	食用菌新品种及栽培技术引进
15	森林病虫害航空监测和喷洒技术
16	单宁酸系列产品精加工技术
17	木工数控镂铣技术引进
18	印度楝优良种源与栽培技术
19	超临界 CO_2 萃取设备及沙棘油生产技术引进
20	日本改良果梅品种引进及栽培技术
21	多功能无毒胶粘剂技术引进
22	高质木铝复合窗结构和生产技术引进

（科技司计划处）

【数字林业建设】 数字林业建设项目是覆盖林业六大重点工程，旨在提高林业工程监管水平，加快林业信息化建设步伐的高科技建设项目。在 2001 年完成项目可行性报告编制并通过科技委论证的基础上，2002 年进一步加大了推进工作的力度。经过国家林业局科技司、计资司以及中国林科院、林业六大重点工程建设办公室等单位的共同努力，取得了初步成效。一是基本完成了数字林业标准及技术规程的研究工作，经过多次研讨和反复征求有关方面意见，即将提交局科学技术委员会论证；二是在充分调研的基础上，初步完成了公共技术平台总体结构框架的设计和技术准备工作；三是结合工程建设的需要，在工程建设区内选择部分县（市）开展了数字林业建设试点。

（科技司综合处）

【全球环境基金（GEF）项目】 2002 年 10 月，GEF 理事会暨部长级成员国大会在北京举行，中国/GEF－西部土地退化合作规划项目（简称 OP－12 项目）获得顺利通过。这是 GEF 推出的一个新的赠款领域，用于研究发展中国家日益严重的土地退化问题。该项目的实施，将探索和总结出干旱生态系统综合管理的技术和经验，探索并提出项目执行、监测、评估的标准和指标，在优化资源和资金配置、创新管理机制、完善运行机制等方面探索成功模式，为中国其他地区、发展中国家乃至全球范围内，防治土地退化、保护生物多样性、缓解温室效应、治理水污染、促进水资源的合理开发利用和确保陆地生态系统安全提供范例和经验，为推动全球生态环境的保护和发展做出应有的贡献。

该项目实行部门共同参与的综合性管理方式，成立了由国家计委、财政部、水利部、农业部、国土资源部、环保总局、国家林业局、中国科学院 8 个部门组成的项目规划指导委员会，由全国政协人口资源环境委员会副主任、国家林业局党组成员江泽慧担任项目规划指导委员会主任。项目办公室设在国家林业局，负责日常管理工作，国家林业局科技司司长担任项目办主任。2002 年以来，项目办组织 20 多名中外专家，赴西北 6 省进行实地考察，在此基础上编写出国家框架报告初稿，并提请规划指导委员会多次组织讨论和修改完善。

该项目将从 2003 年正式开始实施，GEF 将连续 10 年提供技术和资金支持。（科技司综合处）

林业科技成果推广

【林木良种及新技术推广】 2002 年，针对林业六大重点工程建设的不同任务，国家林业局科技司在天保工程区、退耕还林工程区、三北和长江防护林体系建设工程区、京津风沙源治理工程区以及速生丰产林基地建设工程区内组织推广应用的新品种、新技术，包括以下四大类：

1．速生用材林良种及丰产栽培技术。主要是欧美杨新品种、桤木、桉树、美洲黑杨、南抗杨、马占相思、长白落叶松、红锥优良品种，在河北、山西、广西、辽宁、吉林、江苏、四川、江苏、宁夏等地建立示范林。

2. 困难地带营造林技术。主要针对生态环境建设中困难立地难造林的问题，推广雨水集流节水补灌抗旱技术、盐碱地综合治理技术、黄土区防护林体系高效可持续经营技术、太行山人工水土保持林系列化造林技术等项目，提高造林成活率和保存率。在湖南、湖北、甘肃、河南、西藏、内蒙古、江西、安徽、山东等地建立示范林。

3. 经济林良种及丰产栽培技术。结合农民的退耕还林需要，选择经济效益高、适应性强的优良经济林品种，在适宜地区推广示范，以促进农村经济的发展。重点推广鸭梨、石榴、油茶、天麻、蜜柚、仁用杏、姬松茸、板栗、杨梅、沙棘、撑篙竹×大绿竹杂交种等，在河北、湖北、新疆、黑龙江、吉林、辽宁、福建、浙江、陕西、贵州、广东、西藏、宁夏等地建立示范林。

4. 林木病虫害防治技术。针对当前林业生产中主要的森林病虫害，在病虫危害区重点推广苦豆草生物碱防治松材线虫技术、P－1 拒避剂防治森林鼠害技术等。

以上技术，通过建立示范点进行技术示范，有效地促进技术成果的扩散。项目完成后，共推广林木良种 25 个，林业新技术 17 项，建立示范林 0.62 万公顷，建立育苗基地 80 公顷，培育苗木 1550 万株，辐射推广 14.2 万公顷，预期经济效益 23 200 万元。

（科技司推广处）

【林业新技术中间试验计划】 2002 年，林业新技术中间试验计划主要针对重点林业工程建设区内干旱、干热河谷以及石质山地等困难立地区植被恢复难度较大的特点，选择适于长江中下游低山丘陵区、沿海泥质海岸、南方山地水土流失区、岩溶石质山地以及干旱荒漠区 5 种有代表性的立地类型的营林技术以及生态工程急需的良种（如班克松、西蒙得木等抗逆性强的树种）进行中试。共实施项目 11 个，总经费 450 万元，建立各类示范林 1200 公顷；项目实施后，预期经济效益 1500 万元。 （科技司推广处）

【林业重点工程科技支撑项目】 2002 年，国家林业局林业重点工程科技支撑工作紧密围绕局党组关于实现林业五大转变的工作部署和"实现林业跨越式发展出奇制胜在科技"的要求，继续为天然林资源保护、退耕还林、京津风沙源治理等林业重点工程提供科技支撑；针对工程建设中存在的主要技术难点和工程建设对科学技术的实际需求，第一次全面启动实施了 3 个林业重点工程科技支撑推广项目，共计 83 项，国家项目总投资 12 977 万元。其中天然林资源保护工程 24 项，国家投资 3837 万元；退耕还林工程 42 项，国家投资 6140 万元；京津风沙源治理工程 17 项，国家投资 3000 万元。项目实施范围涉及北京、河北、山西、内蒙古、辽宁、安徽、江西、河南、湖北、湖南、广西、四川、贵州、云南、西藏、陕西、甘肃、青海、宁夏、新疆等 20 个省（区、市）和新疆生产建设兵团。

项目主要支持方向：一是工程急需的优良抗逆性乔灌草品种选择及其栽培技术的示范推广；二是干热河谷、黄土高原、石质山地、风蚀沙化地区等困难立地植被恢复实用技术推广；三是森林病虫、鼠、兔害和森林火灾等防治技术的推广示范；四是退耕地植被恢复高效生态经济型复合经营技术试验示范等。项目以中国林科院、北京林业大学、南京林业大学、东北林业大学等科研院校作为项目技术依托单位。预计项目完成后，将完成现有先进技术成果组装配套应用与试验示范，有力地促进科技与生产的结合，为工程建设质量和科技含量的提高起到积极的示范推动作用。

（科技司推广处）

【国家林业局退耕还林科技示范点建设工作座谈会】 为了强化林业重点工程建设科技支撑，增强科技示范点在退耕还林工程中的示范辐射作用，总结交流经验，国家林业局于 2002 年 7 月 25～27 日在山西省太原市召开了退耕还林科技示范点建设工作座谈会。在两年多的建设中，各示范点科学制定建设规划和科技支撑方案，使示范点建设实现了高起点、高标准、高要求，充分发挥了典型示范作用；坚持多部门配合，全社会参与，探索出了科研与生产紧密结合的新模式；积极开展科普及技术培训工作，提高了当地干部群众的科技意识和文化素质。通过示范点的建设充分显示了科技在国家重大工程建设中强有力的支撑和示范辐射作用。

（科技司综合处）

【农业科技成果转化资金项目】 为加快农业科技成果转化为现实生产力，提高农业整体素质，增强农业技术创新能力，国家林业局科技司根据科技部、财政部《关于发布〈2002 年度农业科技成果转化资金项目指南〉的通知》（国科办农社字［2002］28 号）精神，结合农业结构调整，促进农民增收，改善生态环境和提高农产品国际竞争力等重大任务，组织申报了科技成果转化资金项目，其中 12 个项目获得批准立项，国家资助项目经费共 740 万元：

2002年新增农业科技成果转化资金林业项目

项目名称	项目承担单位
黄土高原平缓退耕还林农林复合可持续经营技术	北京林业大学
抗虫杨12号工业用材林生产性试验	中国林业科学研究院林业研究所
太行山地退耕还林水土保持林系列化造林技术推广与示范	中国林业科学研究院林业研究所
新结构高效草原、森林灭火设备	黑龙江省东京城林业机械厂
黄河中游防护林体系高效空间配置及可持续经营技术	北京林业大学
杂交墨杉的种苗开发	上海种业（集团）有限公司
木纤维复合工程材料高附加值加工工艺与设备	中国林业科学研究院木材工业研究所
杨树抗寒速生新品种的区域化试验与示范	辽宁省杨树研究所
四川省低山丘陵区防护林经营利用技术示范	四川省林业科学研究院
欧美杨多品系混合造林示范与推广	北京中林绿业鹫峰科技有限公司
竹笋膳食纤维添加剂及其系列产品工厂化生产示范	中南林学院
浑善达克沙地多伦县防沙治沙技术集成与示范	中国林业科学研究院林业研究所

（科技司推广处）

林业科技奖励

【5项林业科技成果获国家科学技术奖】 经国家科学技术奖励评审委员会评审和科技部审核，并报国务院批准，国家林业局2002年有5项科技成果获得国家科学技术奖：

项目名称	获奖类别	获奖等级	主持人	主持单位
新型磷氮硼复合木材阻燃剂的合成方法	国家技术发明奖	二	李　坚	东北林业大学
黄土高原与华北土石山区防护林体系综合配套技术	国家科学技术进步奖	二	朱金兆	北京林业大学
绿色植物生物调节剂（GGR）的研究、开发与应用	国家科学技术进步奖	二	王　涛	中国林业科学研究院
三北地区防护林植物材料抗逆性选育及栽培技术研究	国家科学技术进步奖	二	尹伟伦	北京林业大学
主要针叶纸浆用材树种新品系选育、规模化繁殖及培育配套技术	国家科学技术进步奖	二	张守攻	中国林业科学研究院

（科技司综合处）

林业标准化工作

【林业标准化体系建设】 为了满足经济社会发展和新时期林业建设对林业标准化工作的要求，适应加入WTO后新形势的要求，针对我国现阶段林业标准体系不健全、协调配套性较差的现状，2002年，科技司进一步加强了建立健全统一、权威的林业标准化体系工作。主要包括林业标准化的法律法规体系、林业标准体系、林业标准信息管理和服务体系、林业标准化监测监督体系和林业产品认证体系建设工作。

法律法规体系建设 根据《标准化法》和其他有关法规，修改并提报了《林业标准化管理办法》。该《办法》已经多次征求各有关部门、各地和有关单位的意见，将以部门法规的形式出台，使林业标准化纳入法制化的轨道，促进林业标准化的发展。

林业标准体系建设 2002年5月，启动了林业标准体系的构建工作，并于6月完成“林业标准体系基本框架”。经征求多位林业专家、林业专业标准化技术委员会委员、各有关司局相关人员意见，于年底形成了具有四级细目的初步林业标准体系。该体系包括八大类，即综合类、林木种苗类、营造林类、生态工程类、森林资源类、湿地和荒漠化类、林业产品类、林业机械类。

林业标准管理服务体系建设 根据中国林业标准化技术委员会的现状和国家质检总局的要求，科技司对全国现有的林业标准化技术委员会进行了清理整顿，并经国家质检总局国家标准化管理委员会批准，新成立了竹藤和花卉两个林业专业标准化技术委员会。至此，中国林业标准化技术委员会已有7个，即全国林木种苗标准化技术委员会、全国木材标准化技术委员会、全国人造板标准化技术委员会、全国林业机械标准化技术委员会、全国人造板机械标准化技术委员会、全国竹藤标准化技术委员会、全国花卉标准化技术委员会。

林业标准化建设监督工作 2002年下半年，根据全国林业标准化示范县（项目）的进展和全国标准化示范项目管理的有关要求，国家林业局对第一批全国林业标准化示范县（项目）16个项目进行了验收。林业标准化示范县（项目）的实施极大地推动了林业标准在林业生产建设中的应用，也提高了林业生产建设的效益和质量。 （科技司标准处）

【2002年发布的林业标准】

LY/T1594－2002 中国森林可持续经营标准与指标
LY/T1595－2002 芯板横向拼缝机　制造与验收技术条件
LY/T1596－2002 芯板横向拼缝机　参数
LY/T1597－2002 芯板横向拼缝机　精度
LY/T1598－2002 石膏刨花板
LY/T1599－2002 旋切单板
LY/T1600－2002 混凝土模板用浸渍胶膜纸贴面胶合板
LY/T1601－2002 水基聚合物—异氰酸酯木材胶粘剂
LY/T1602－2002 无卡轴旋切机通用技术条件
LY/T1603－2002 木材干燥室（机）型号编制方法
LY/T1604－2002 容器苗栽植器
LY/T1605－2002 随进式草坪打孔通气机
LY/T1055－2002 汽车车厢底板用竹材胶合板
LY/T1068－2002 锯材窑干工艺规程
LY/T1069－2002 锯材气干工艺规程
LY/T1072－2002 竹篾层积材
LY/T1303－2002 鼓式削片机通用技术条件
LY/T1313－2002 热磨机　参数
LY/T1314－2002 热磨机　精度
LY/T1315－2002 热磨机　制造与验收技术条件
LY/T1334－2002 磨刀机　参数
LY/T1335－2002 磨刀机　精度
LY/T1336－2002 磨刀机　制造与验收技术条件
LY/T1342－2002 热磨机　主轴技术条件
LY/T1370－2002 原条造材
LY/T1371－2002 原木归楞
LY/T1423－2002 旋风分离器　参数
LY/T1424－2002 旋风分离器　制造与验收技术条件
LY/T1504－2002 脚手杆
LY/T1511－2002 原木产品　标识　号印

（科技司标准处）

【2002年林业标准项目】 根据履行世界贸易组织/技术性贸易壁垒协定（WTO/TBT）和“立足林业六大重点工程建设，突出提高工程建设质量和效益”的原则，结合国家产业发展政策和市场对标准的需求情况，2002年林业标准项目重点放在保障林业建设和促进森林可持续经营、提高林业产业的竞争力、推动科技进步和技术创新、推进与国际惯例接轨的项目。科技司根据标准项目管理的有关程序组织审查、上报2002年林业标准项目109项，其中国家标准20项，行业标准89项。项目覆盖了森林病虫害检验检疫、林木种苗、营造林、生态工程、湿地、森林认证、资源管理、野生动植物、经济林产品、花卉、木材、人造板、竹及制品、林副特产、林化产品、林机产品、人造板机械产品等方面。 （科技司标准处）

【全国林业标准化工作座谈会】 根据林业生态建设工程和林业产品对标准的要求以及中国加入世界贸易组织的新形势，经国家林业局领导批准，科技司于9月9～10日在河北省迁西县召开全国林业标准化工作座谈会。会议的主要任务是：交流全国林业标准化工作的经验，研究部署全国林业标准化工作，讨论修改《林业标准化管理办法》《林业标准化示范县（项目）验收办法》等3个文件，现场参观迁西县标准化示范工程。局党组成员江泽慧院长对这次会议作了重要批示；科技司张建龙司长作了《总结经验　提高认识　努力开创林业标准化工作新局面》的讲话。来自全国各省（区、市）林业科技主管处室、各林业标准化示范单位以及有关单位标准化工作的负责同志共110人参加了会议。这次会议反响很好，为今后一个时期开展林业标准化工作起到积极的推动作用。

（科技司标准处）

【全国林业标准化技术委员会工作会议】 2002年，国家林业局科技司在北京召开了全国林业标准化技术委员会秘书处和标准化技术归口单位负责人会议。会议就科技部和国家质检总局提出的“标准战略”、中国加入世界贸易组织后标准化工作面临的机遇和困难、中国林业标准化工作的现状和发展，以及国家科技体制改革后标准化技术委员会秘书处面临的问题进行了讨论和交流，并对全国林业标准化技术委员会的下一步工作进行了部署。 (科技司标准处)

【林业标准目录2002】 为使广大林业工作者全面了解中国现有标准，促进标准的普及和实施，科技司组织编写了《林业标准目录2002》。该书收集了中国已经颁布实施的所有林业标准目录，包括国家标准、行业标准和地方标准。截至2001年年底，中国已有林业标准1643项，其中国家标准270项，行业标准574项，地方标准799项。 (科技司标准处)

【林业标准培训工作】 2002年12月，国家林业局科技司在北京举办了全国林业标准编写培训班。主要结合林业特点，林业系统的标准化现状，重点培训了《标准化工作导则 第一部分：标准的结构和编写规则》(GB/T1.1－2000)，编写国际标准和强制性标准等内容，既提高了林业标准的编写质量，又促进了林业标准的有关知识普及和深化。 (科技司标准处)

引进国外智力工作

【国际人才交流与合作】 围绕天然林资源保护、退耕还林、森林病虫害防治及林木种苗等林业重点工程建设，向国家外国专家局报批出国培训项目计划7项，出国培训人数119人，分别派往美国、德国、澳大利亚、奥地利等林业发达国家学习先进林业科学技术和管理经验。 (引进国外智力管理办公室)

【项目申报】 2002年，经国家外国专家局批准，下达引进国外人才项目21个，资助经费50万元；重点引智项目1个，资助经费20万元；农业引智成果推广项目7个，资助经费40万元；独联体专项经费引进项目1个，聘请10名俄罗斯专家，资助经费25万元。

批准建立两个农业引智成果推广示范基地：杨树新品种人工林示范基地和印楝优良种源示范基地。

(引进国外智力管理办公室)

【外国专家“友谊奖”】 2002年，国家林业局推荐的日本专家神足胜浩先生，荣获外国专家“友谊奖”，跻身于50名获奖专家之列，受到中国政府嘉奖和国家领导人的接见。 (引进国外智力管理办公室)

森 林 认 证

【综 述】 2002年，启动了《中国森林认证原则与标准》和中国热带地区、亚热带地区、西北地区、西南高山地区和东北地区5个区域水平森林可持续经营标准的研制工作；举办培训研讨班2个，培训人员120人次，出国培训2人次。

(科技发展中心森林认证处)

植物新品种保护

【林业植物新品种权】 2002年，国家林业局共受理新品种权申请17件，其中国外4件；初审公告16件；授予艾思油栗植物新品种权；授权三毛杨1号等杨属8个已授权植物新品种权转让，并已予以公告。截至2002年12月底，国家林业局共受理植物新品种权申请220件，授予品种权49件。其中林木类申请27件，授权11件；干果类申请6件，授权3件；木本观赏植物类申请172件，授权34件；其他申请15件，授权1件。共受理国外申请11件，授权5件，均为木本观赏植物。

(科技发展中心植物新品种保护处)

【植物新品种复审委员会】 2002年7月，国家林业局正式成立了植物新品种复审委员会，负责处理植物新品种权申请的复审、品种权无效宣告请求以及品种更名案件等。复审委员会由国家林业局植物新品种保护相关部门、林业科研院所、高等院校的植物育种专家、栽培专家、法律专家和有关行政管理人员共33人组成。复审委员会下设林木组、经济林组、观赏植物组和竹藤组4个专业组和办公室。办公室为复审委员会常设办事机构，设在国家林业局科技发展中心。

（科技发展中心植物新品种保护处）

【第三批《中华人民共和国植物新品种保护名录》】 2002年12月2日，国家林业局令（第6号）公布《中华人民共和国植物新品种保护名录（林业部分）》（第三批）。第三批名录共包括松属、云杉属、落羽杉属、圆柏属、鹅掌楸属、木瓜属、金合欢属、槐属、刺槐属、丁香属、连翘属、黄杨属、大戟属、槭属、沙棘属、臭椿属、簕竹属、箬竹属、刚竹属、省藤属、黄藤属等共21个植物属。至此，已发布的3批名录共包括了45个植物种（或属）。

（科技发展中心植物新品种保护处）

【植物新品种权代理机构评审和测试机构建设】 为了加强林业植物新品种保护工作，2002年10月，国家林业局组织评审了第二批林业植物新品种权代理机构，13个省（市）组织16家林业植物新品种权代理机构参与了本次评审。启动了3个林业植物新品种测试分中心和2个新品种分子测定实验室的建设；编制完成了杨属特异性、一致性、稳定性（DUS）测试指南。

（科技发展中心植物新品种保护处）

【林业植物新品种保护宣传】 2002年，《林业植物新品种保护公报》正式出版，公报内容包括政策法规、初审公告、品种权事务表格文件公告、代理机构公告、异议和咨询电子邮件地址公告等；植物新品种保护办公室网站 http://www.cnpvp.net，年访问率达2万人次；利用电视台、报纸、杂志增强了林业植物新品种保护宣传力度。

（科技发展中心植物新品种保护处）

【植物新品种保护文件档案及基础数据库建设】 林业植物新品种保护工作开展已近4年，经全面整理新品种权申请材料，建立了品种权申请、审理、授权以及其他品种权事项数据库，规范了林业植物新品种权管理事务。

（科技发展中心植物新品种保护处）

【国际交流与合作】 2002年，植物新品种保护办公室派员参加了亚洲地区植物新品种保护技术会议，荷兰植物新品种测试培训班；先后在福建、广东、云南、北京等地组织中荷植物新品种保护系列研讨班；答复国际植物新品种保护联盟（UPOV）以及有关国际组织关于中国林业植物新品种保护工作的咨询，并积极履行UPOV国际公约。

（科技发展中心植物新品种保护处）

林 业 教 育

高中等林业教育

【综 述】 2002年高等林业教育持续发展。研究生教育稳步发展，高层次专门人才培养的途径进一步拓宽。全国普通高等学校和农林高校及科研单位的林科研究生招生1851人（博士生344人、硕士生1507人），在校研究生4226人（博士生890人、硕士生3336人），毕业研究生714人（博士生170人、硕士生544人），分别比2001年增长34.5%、33.1%、36.7%。5所普通高等林业院校研究生招生1252人（博士生308人，硕士生944人）、在校研究生2988人（博士生808人，硕士生2180人）、毕业生535人（博士生161人，硕士生374人），分别比2001年增长23.0%、30.9%、33.8%。2002年经国务院学位委员会办公室批准，新增农业推广硕士（林业领域）授予权单位有中南林学院、西南林学院、内蒙古农业大学、河南农业大学、四川农业大学、甘肃农业大学、福建农林大学和中国林科院等8个单位，至此，全国有11个单位（含3所林业大学）具有农业推广硕士（林业领域）授予权。经外交部会签，国务院学位委员会批准，2002年11月27日中国林科院授予芬兰总统塔里娅·哈洛宁名誉博士学位，教育部、科技部、国家林业局、国务院学位委员会办公室领导和中国驻芬兰大使出席授予仪式。经商教育部发展规划司、国务院学位委员会办公室，国家林业局批准，中国林科院与国际竹藤中心共同组建研究生院。

本科、高职（专科）教育继续保持良好发展态势。全国普通高等林业院校和其他普通高等学校的林科类本科、高职（专科）招生38 206人、在校生108 737人、毕业生11 586人，分别比2001年增长12.6%、26.4%、19.8%。林科普通高等教育发展势头有所减弱。林科普通本科、高职（专科）招生20 801人（本科10 998人、专科9803人），在校生60 829人（本科40 103人、专科20 726人）、毕业生7574人（本科5430人、专科2144人），分别比2001年增长8.5%、18.5%、21.6%，但是，林科普通本科、高职（专科）招生增幅比2001年减缓。6所普通高等林业院校继续保持良好的发展势头，尤其是成人本科教育发展迅速。普通本科、高职（专科）招生20 599人、毕业生6253人，分别比2001年增长13.5%、21.2%；成人本科、高职（专科）招生11 970人，毕业生4536人，分别比2001年增长37.1%、34.0%，其中成人本科招生比2001年增长75.8%。6所高校专任教师3703人，在校研究生2988人、普通本专科生60 950人、函授生18 188人、夜大生1442人、成人脱产生6579人，按国家规定的当量折算在校生数75 757人，师生比由2001年的1∶18.1提高到1∶20.5。2002年3所林业大学和中南、西南林学院在20个省招收31所中等林业职业学校职教师资232人。高等教育自学考试林业生态环境管理专科专业自1998年开考以来，累计报考14 321人，2002年下半年参加考试3924人，年底累计在籍人员5376人，取得毕业证书1428人，取得专业证书224人。到2002年底，全国独立设置的普通高等林业院校6所，森林公安高等专科学校1所，设有林科本、专科专业的普通高等院校、职业技术学院共147所。

2002年中等林业职业教育平稳发展，在校生、毕业生呈减少趋势。全国中等林业学校和其他中等职业学校的林科类招生22 163人、在校生73 742人、毕业生26 989人，与2001年相比，招生增长5.4%，在校生、毕业生分别下降8.4%、2.9%；全国中等职业学校林科类招生11 992人、在校生43 282人、毕业生15 055人，与2001年相比，招生增长3.4%，在校生、毕业生分别下降5.5%、9.6%；32所中等林业（园林）学校和18所林校升格的职业技术学院中专招生17 324人、在校生56 481人、毕业生20 892人，与2001年相比，分别增长7.2%、9.4%、2.6%。农广校林科专业招生2306人，其中，中专生605人，中专后继续教育1701人；在学人员5703人，其中，中专生2287人，中专后继续教育3416人；中专毕业生569人。2002年，南昌林校并入江西财经大学为该大学的资源与环境管理学院；山西林校、赣州林校、广西林校分别独立升格为山西林业职业技术学院、江西环境工程职业学院、广西生态工程职业技术学院；湖北林校与湖北农业干部学校合并成立湖北环境生态职业技术学院。到2002年底，独立设置的中等林业（园林）学校32所，设有林科专业的中等职业学校167所。（黄桂荣）

【高等林业院校学科专业建设及教学科研成果】
2001年12月，北京林业大学“211工程”“九五”期间的建设项目和东北林业大学“九五”期间重点学科建设项目顺利通过教育部组织的专家组验收。北京林业大学“211工程”“九五”期间的建设分为学科建设、公共服务体系、基础设施建设3大部分16个子项目，计划建设总投资11 000万元，其中国家林业局投入9700万元，学校自筹1300万元。1996～2001年10月，国家林业局实际投入9825万元，学校实际自筹6991万元。通过建设，北京林业大学全面完成国家下达的“211工程”“九五”期间的建设任务。重点建设森林培育、森林经理、水土保持与荒漠化防治、森林生物工程、园林（含风景园林规划与设计）林业与木工机械、林业经济管理等7个学科子项目，使其特色更加明显，学术队伍建设、高层次人才培养、科学研究等成效显著，取得了毛白杨三倍体、高等农林院校环境生态类本科人才培养方案及教学内容课程体系改革的研究与实践等19项标志性科研和教学成果；公共服务体系方面重点建设图书资料信息中心、计算机校园网络、电化教学中心、课程建设等4个子项目，推进了教学内容、方法、手段的更新和现代化，改善了教学公共服务基础条件，优化了教学、科研和管理的运行环境；基础设施建设方面，通过教工住宅、林业和森工楼加固改造、新建体育馆、文明校园、配套工程等5个子项目建设，改善了办学条件，稳定了师资队伍，美化了校园环境，为学校的进一步发展，整体水平的提高，打下了良好的基础。东北林业大学“九五”期间重点学科建设项目为11个学科。1997～2001年，东北林业大学自筹资金6360万元，国家林业局投入110万元，通过对植物学、生态学、野生动植物保护与利用、森林保护学、森林培育、林木遗传育种、森林经理学、木材科学与技术、森林工程、机械设计及理论、林业经济管理等11个重点学科，进行分层次、有重点、滚动式地投入和建设，取得明显成效。优势学科地位进一步加强，特色更加突出，科学研究、实验实习基地、人才培养、学术梯队等方面取得明显成就，获得了中国主要人工林树种木材性质研究、动物生理学课程整体教学方案的研究与实践等28项标志性科研和教学成果。学校“九五”期间重点学科建设的目标已经实现，并形成良好的发展势头，为学校的进一步发展奠定了坚实的基础。

按照教育部关于开展评选高等学校重点学科的要求，在学校申请、部门推荐、专家评议的基础上，教育部2002年审核批准，北京、东北、南京林业大学和中南林学院的森林培育等15个学科点为高等学校重点学科（见下表）。2002年，国家计委、教育部审核批准，东北林业大学建立国家生命科学与技术人才培养基地（全国共建立此基地36个）。

2002年教育部公布的高等林业院校重点学科点

学校名称	二级学科代码	二级学科名称
北京林业大学	090701	林木遗传育种
	090702	森林培育
	090706	园林植物与观赏园艺
	090707	水土保持与荒漠化防治
东北林业大学	071001	植物学
	071012	生态学
	082901	森林工程
	082902	木材科学与技术
	090703	森林保护学
	090705	野生动植物保护与利用
南京林业大学	071012	生态学
	082902	木材科学与技术
	082903	林产化学加工工程
	090701	林木遗传育种
中南林学院	090702	森林培育

2002年，南京林业大学林木遗传育种学科被选入江苏省11个重中之重学科，森林培育、森林保护学学科进入江苏省100个重点学科行列，园林、汽车运用工程列入全国高职高专教学改革试点专业，同时，园林专业又被教育部遴选为全国高职精品专业。中南林学院森林保护学被评为湖南省重点学科，原省级重点学科生态学、木材科学与技术、森林经理学顺利通过年度检查；工业设计专业评为湖南省重点建设专业，原省级重点建设专业园林、木材科学与工程顺利通过中期检查。西南林学院木材科学与技术、野生动植物保护与利用已建成云南省省级重点学科，森林保护学、园林植物与观赏园艺、环境科学被批准为在建省级重点学科，经云南省教育厅批准教育部备案同意，西南林学院获得招收外国硕士留学生资格，当年已招收外国留学生。浙江林学院木材科学与技术被评为浙江省重点学科，森林经理学、森林保护学、林业经济管理被评为浙江省重点扶持学科，原省级重点学科森林培育被评为浙江省优秀学科。到2002年底，林科8个本科专业在全国79所普通高等学校共布点171个。

高等学校林学类本科专业名称

1. 专业代码：082001　专业名称：森林工程（8个）

内蒙古农业大学　北华大学　东北林业大学　南京林业大学　福建农林大学
中南林学院　广西大学　西南林学院

2. 专业代码：082002　专业名称：木材科学与工程（16个）

北京林业大学　天津科技大学　河北农业大学　内蒙古农业大学　北华大学
东北林业大学　南京林业大学　浙江林学院　安徽农业大学　福建农林大学
中南林学院　华南农业大学　广西大学　四川农业大学　西南林学院
西北农林科技大学

3. 专业代码：082003 专业名称：林产化工（8个）

北京林业大学　东北林业大学　南京林业大学　福建农林大学　中南林学院
广西大学　西南林学院　西北农林科技大学

4. 专业代码：090301　专业名称：林学（32个）

北京林业大学　河北农业大学　山西农业大学　内蒙古农业大学　沈阳农业大学
延边大学　北华大学　东北林业大学　南京林业大学　浙江林学院
安徽农业大学　福建农林大学　江西农业大学　山东农业大学　河南农业大学
华中农业大学　湖北民族学院　中南林学院　华南农业大学　广西大学
西南农业大学　四川农业大学　贵州大学　西南林学院　西藏大学
西北农林科技大学　甘肃农业大学　青海大学　宁夏大学　塔里木农垦大学
新疆农业大学　石河子大学

5. 专业代码：090302　专业名称：森林资源保护与游憩（19个）

北京农学院　北京林业大学　河北农业大学　内蒙古农业大学　沈阳农业大学
吉林农业大学　北华大学　东北林业大学　浙江林学院　福建农林大学
湖北农学院　华南农业大学　西南交通大学　四川农业大学　云南农业大学
西南林学院　西北农林科技大学　宁夏大学　新疆农业大学

6. 专业代码：090303 *　专业名称：野生动物与自然保护区管理（4个）

吉林农业大学　东北林业大学　四川农业大学　西南林学院

7. 专业代码：090401　专业名称：园林（66个）

中国农业大学　北京农学院　北京林业大学　天津大学　天津农学院
天津城市建设学院　河北科技师范学院　河北农业大学　山西农业大学　山西师范大学
内蒙古农业大学　内蒙古民族大学　沈阳建筑工程学院　沈阳农业大学　沈阳大学
吉林农业大学　北华大学　齐齐哈尔大学　黑龙江八一农垦大学　东北农业大学
东北林业大学　上海交通大学　南京林业大学　南京农业大学　徐州师范大学
苏州科技学院　扬州大学　浙江大学　浙江林学院　安徽农业大学
安徽建筑工业学院　福建农林大学　江西农业大学　宜春学院　江西财经大学
山东建筑工程学院　山东农业大学　莱阳农学院　临沂师范学院　河南科技大学
河南农业大学　河南职业技术师范学院　华中农业大学　湖北民族学院　湖北农学院
湖南农业大学　中南林学院　华南农业大学　仲恺农业技术学院　广西大学

（续）

7. 专业代码：090401 专业名称：园林（66个）				
华南热带农业大学	海南大学	西南农业大学	四川农业大学	四川师范学院
四川大学	贵州大学	贵州师范大学	云南农业大学	西南林学院
西北农林科技大学	延安大学	甘肃农业大学	宁夏大学	塔里木农垦大学
新疆农业大学				
8. 专业代码：090402 专业名称：水土保持与荒漠化防治（18个）				
北京林业大学	山西农业大学	内蒙古农业大学	辽宁工程技术大学	沈阳农业大学
吉林农业大学	福建农林大学	山东农业大学	华北水利水电学院	西南农业大学
四川农业大学	贵州大学	云南农业大学	西南林学院	西藏大学
西北农林科技大学	甘肃农业大学	新疆农业大学		
9. 专业代码：110401 专业名称：农林经济管理（只统计林业高校5个）				
北京林业大学	南京林业大学	浙江林学院	中南林学院	西南林学院

高等学校林学类本科专业布点汇总

专业代码	专业名称	现有点数	拟增设点数
082001	森林工程	8	0
082002	木材科学与工程	16	0
082003	林产化工	8	0
090301	林学	32	0
090302	森林资源保护与游憩	18	1
090303 *	野生动物与自然保护区管理	4	0
090401	园林	53	13
090402	水土保持与荒漠化防治	14	4
	合 计	153	18

备注：拟增设专业点数指2002年底经教育部批准备案，2003年开始招生的专业点。上述公布的高等学校林学类本科专业名单包括了拟增设专业点。

6所普通高等林业院校2002年获得国家发明二等奖1项，国家科技进步二等奖3项，省级发明一等奖1项，省级科技进步奖26项（其中省级科技进步一等奖3项），省级高校科技、社科成果奖11项；国家级优秀教学成果奖1项、优秀教材奖2项，省级优秀教学成果奖6项。

继续实施“胖龙绿色助学行动”计划。2002年，6所普通高等林业院校和南京森林公安高等专科学校、西北农林科技大学的29名贫困家庭的林业职工子女（2002级新生）得到胖龙温室工程有限公司提供的“胖龙绿色助学金”，每人5000元；同时，2名2001级学生继续获得“胖龙绿色助学金”，每人1000元，共计31名贫困家庭的林业职工子女获得“胖龙绿色助学金”147 000元。 （黄桂荣）

【3所林业大学独立建校50周年】 北京林业大学、东北林业大学和南京林业大学分别于2002年10月16日、7月10日、5月20日举行建校50周年庆典和百年校庆暨独立建校50周年庆典。江泽民总书记、李岚清副总理向南京林业大学等江苏省9所百年校庆的高校发来贺信；党和国家领导人李鹏、姜春云、王光英、布赫、杨汝岱、宋健、万国权、胡启立分别为北京林业大学50周年校庆题词；李岚清副总理为东北林业大学50周年校庆题词；国家林业局党组成员、中国林科院院长江泽慧分别在3所林业大学校庆大会上宣读了国家林业局贺信。

50年来，北京林业大学为国家培养了4万多名高级专门人才；现有2个博士后流动站，1个一级学科博士点，14个二级学科博士点，22个硕士点和2个硕士专业学位点；现设14个学院（部），39个本科专业，在校研究生1022人、普通本专科生10 741人，成人本专科生5580人；“九五”期间，承担各类科研课题323项，获得国家科学进步奖10项，国家发明奖3项，省部级研究成果奖46项，出版学术专著77种、教材90种，授权专利20多项，在SCI、EI、ISTP收录的论文50多篇。

50年来，东北林业大学为国家培养了5万多名高级专门人才；现有3个博士后流动站，2个一级学科博士点，14个二级学科博士点，27个硕士点和2个硕士专业学位点；现设15个学院，44个本科专业，在校研究生876人、普通本专科生13 601人，成人本专科生3723人；“九五”以来，承担各类科研课题479项，取得各类科技成果61项，获得各类科技奖励118项，其中国家级5项，出版学术专著109种，49篇科研论文被SCI、ISR、EI、ISTP检索系统收录。

独立建校50年来，南京林业大学为国家培养了4万多名高级专门人才；现有2个博士后流动站，2个一级学科博士点，13个二级学科博士点，19个硕士点和2个硕士专业学位点；现设15个院（部），38个本科专业，在校研究生650人、普通本专科生12 041人，成人本专科生4638人；改革开放以来，学校共承担各类科研开发项目1500余项，其中国家攻关和部省重点项目580项，国家自然科学基金112项。通过鉴定的科研成果及批准专利390项，有240项获国家、部省以上奖励。其中，国家科技进步一等奖3项、二等奖7项、三等奖19项；国家发明一等奖、三等奖、四等奖各1项，自然科学奖二等奖1项；部省级奖励207项，中国专利创造发明金奖1项。

半个世纪以来，3所林业大学肩负着为实现林业现代化提供科技支撑和人才保障的重任，坚持社会主义办学方向，与时俱进，奋发图强，锐意改革，致力发展，学科专业建设、师资队伍建设和基础设施建设成绩显著，人才培养、科学研究、科技开发硕果累累，办学水平不断提高，综合实力日益增强，已发展成为以林学、生物学、林业工程为特色，理、工、农、文、管、经、法多学科协调发展的教学科研型大学，为我国的经济建设和社会进步特别是林业现代化建设作出重要贡献。（黄桂荣）

【高等教育自学考试林业生态环境工程管理专业（独立本科段）论证会】 2002年6月，全国高等教育自学考试指导委员会办公室（简称全国考办）和国家林业局人教司在北京联合召开高等教育自学考试林业生态环境工程管理专业（独立本科段）论证会。会议聘请有关教授、专家共17人组成论证专家组，对开考林业生态环境工程管理专业（独立本科段）的必要性、可行性及其专业考试计划的科学性、可操作性进行了充分论证，形成如下论证意见：

开考林业生态环境工程管理专业（独立本科段）势在必行

1. 进入21世纪，我国经济、社会的可持续发展，对生态环境建设提出了更新、更高的要求。但由于人口众多，对自然资源长期无节制地过度利用，使我国的生态环境建设“局部治理，整体恶化”的趋势未得到根本扭转。天然林资源锐减，水土流失严重，荒漠化不断扩大，沙尘暴频繁发生，生物多样性遭到破坏，水资源严重短缺，生态环境问题已经成为影响中华民族生存和社会经济可持续发展的重大问题。要实现我国林业的跨越式发展，扭转生态环境所面临的严重局面，关键在于大力培养林业生态环境工程管理的高层次专门人才，充实林业专业技术人员队伍，尽快提高基层林业生态环境建设人员的业务素质。

2. 近年来，党中央、国务院比以往任何时候都更加重视林业生态环境的建设，林业六大重点工程作为国家工程，全面启动和实施，对加速我国的生态环境建设将发挥巨大的作用。同时，也对林业生态环境建设人员提出了新的挑战和更高的知识能力要求。

3. 林业六大重点工程点多面广，覆盖全国97%的县，建设周期长达几十年甚至涉及几代人，建设区域大多是老少边穷的经济欠发达地区，专门人才分不去也留不住，严重制约着该区域经济、社会、环境的可持续发展。通过自学考试这种教育形式，学员可在岗深造，培养的人才留得住，用得上，可有效地解决林业生态环境建设人才短缺的问题。

专业设置科学，专业考试计划切实可行 林业生态环境工程与管理专业（独立本科段）培养目标是：培养从事林业生态环境工程规划设计、施工、监理与工程管理的高级技术与管理复合型人才。该专业紧密结合我国林业生态环境建设实践尤其是林业六大重点工程，以森林生态系统对生态环境的调控为目标，以生物学、林学学科作为林业生态工程建设的理论和技术支撑体系；以环境科学与工程、管理学学科作为林业生态工程管理的理论和技术支撑体系，解决林业生态工程建设、管理、监测及评价等方面的基础理论和基本技术。在专业考试计划中，以生物学基础、环境生态学2门课程，构成林业生态环境工程建设的基本理论、基本知识；以森林培育学、森林保护学、森林资源经营管理3门课程，构成培育、保护、发展森林资源的基础理论与基本能力；以林业生态工程学、水土保持学、自然保护区管理、计算机应用基础4门课程，构成林业生态环境工程项目规划、设计、施工的基础理论与基本技能；以管理学原理、政治经济学、环境经济管理、林政学、林业生态工程项目管理5门课程，构成林业生态环境工程管理的基本理论、基本技能，增强学员的法律、法规意识，提高工程管理能力；开设毛泽东思想概论课程，强化思想素质和职业道德教育，外语是本科人才必备的基本知识和技能。并在森林资源经营管理、林业生态工程学等5门课程中设立实践学分，充分体现了本专业要求学员具备较强的实践操作能力。总之，本专业开设的16门课程（10门必考课程和6门选考课程，共88学分，只修满70学分即可），符合林业生态环境工程建设与管理对高层次专门人才知识和能力的要求，保证该专业培养质量。

开考林业生态环境工程管理专业（独立本科段）时机和条件已成熟

1. 拟作为主考学校的北京、东北、南京林业大学和中南林学院等农林高校，在林科学科专业方面有显著的优势和特色，拥有一批国家级、省部级林科重点学科和重点实验室，建立了稳定的教学实习基地，师资力量雄厚，办学经验丰富，为开考林业生态环境工程管理专业（独立本科段）奠定了坚实的基础。

2. 已经建立了比较完善的林科高等教育自学考试网络体系。从1998年开始，国家林业局委托全国高等教育自学考试指导委员会开考林业生态环境管理专科专业，至今已经在全国15个省（市）开考，建立了比较完善的林科高等教育自学考试管理体系和助学网络，为本专业的开考奠定了坚实的基础。

3. 有充足的生源。目前，高等教育自学考试林业生态环境管理专科专业在籍考生近1万人，毕业生1400多人，同时，“九五”期间，林科普通专科、成人专科毕业生3万多人。2001年以来，林业高校每年还有5000多名高职专科、成人专科毕业生，所有这些都为林业生态环境工程管理专业（独立本科段）的开考提供了充足的生源。

综上所述，林业生态环境工程管理专业（独立本科段）设置具有科学性和不可替代性，专业考试计划特色明显、操作性强，拟作为主考学校具有一流师资队伍和良好的实验设施及办学条件，考生资源丰富，自学考试网络健全，完全具备开考林业生态环境工程管理专业（独立本科段）的各项条件，开考本专业十分必要，完全可行。2002年11月，国家林业局与全国高等教育自学考试指导委员会联合下发了《关于开考高等教育自学考试林业生态环境工程与管理专业（独立本科段）和组织林业系统人员参加学习的通知》。（黄桂荣）

业务培训

【国家林业局业务培训】　2002年下发了《国家林业局业务培训班管理暂行规定》，以利规范局机关及其直属单位业务培训行为，促进业务培训工作有序开展。结合林业六大重点工程的中心工作，当年安排局机关及其直属单位共举办业务培训班56期，培训3931人次，其中林业关键岗位局（站、场）长班11期，培训1139人次。办好局机关公务员培训班。为加强公务员对世界贸易组织知识的了解，熟悉和掌握世界贸易组织的规则，牢固树立严格按照法定权限、程序和法律法规办事的思想观念，促进政府职能向适应市场经济要求转变，提高公务员适应市场经济发展和国际接轨的依法行政的能力，2002年举办局机关公务员依法行政培训班、WTO知识培训班各2期，计算机培训班1期，聘请国务院法制办、全国人大法工委、监察部、国家行政学院、中国社科院、清华大学、对外经贸大学、国家林业局政法司和计资司的专家、学者作专题讲座，共培训120人次，其中机关公务员88人次，直属单位干部32人次。（黄桂荣）

【西部地区抗旱造林新技术高级研修班】　人事部和国家林业局根据西部大开发的总体要求和西部地区林业专业技术人才队伍建设的实际情况及需要，决定共同举办西部地区抗旱造林新技术高级研修班，并将这期高研班列入人事部和联合国开发计划署共同实施的西部人才资源开发项目，两部局为这次高研班精心设计了授课科目，安排了国内本领域内高水平的管理专家和技术专家为高研班授课。2002年8月19～26日，高研班在青海省西宁市举办，青海省苏森副省长、国家林业局祝列克副局长、人事部专业技术人员管理司刘宝英司长参加开班式，作了讲话。

学员情况　参加本期高研班的学员来自西部12个省（区）林业厅（局）退耕还林、防沙治沙、造林、种苗和林业科研部门的高级技术人员和高级管理人员，以及吉林、湖南和湖北部分少数民族自治州林业局的负责人共60名。另外，青海省还组织省林业局各主要业务处的处长、各地（州）林业局、有关县林业局局长和林业专业技术人员共40多人参加高研班，实际参加高研班学员达100余人。

培训主要内容　主要围绕抗旱造林新技术的主题，从政策、技术、应用实践三方面进行5天课堂授课、研讨和3天实地技术考察。在政策方面，重点介绍国家生态环境建设的整体状况、治理对策和西部林业重点工程的技术政策。国家林业局副局长祝列克博士以《全球生态问题及我国生态建设国家对策》为题，通过分析人与自然的关系和森林的变迁，总结了目前全球生态环境危机存在土地沙化、水土流失等6个表现，从森林在陆地生态系统中的功能和效益出发，论证了林业在改善生态环境和可持续发展中的战略地位，介绍了实施林业六大重点工程、推进林业五大转变、实现林业跨越式发展的我国生态建设的国家对策，同时提出我国西部地区林业生态环境建设的重点及对策。国家林业局治沙办、退耕办的总工和科技发展中心主任分别讲授了我国土地沙化现状及其防治对策、西部地区退耕还林现状与治理技术对策和我国林业植物新品种保护的政策法规；在抗旱造林新技术方面，聘请权威专家和科技成果主要完成人，分别就沙区和黄土丘陵沟壑区的抗旱造林新技术开设：黄土高原治理造林新技术、西部地区生态环境建设的种苗问题、生物技术在生态环境建设中的应用、柽柳造林新技术、抗旱造林化学新技术、世界干旱半干旱地区造林若干问题研究新进展和沙区治理模式、节水、治沙造林新技术等7个专题，并就抗旱新品种引种试验、新品种保护、治沙良种的开发等内容进行专题研讨；在应用实践方面，邀请部分抗旱造林科技新产品的研究生产单位就科技成果在生产中的应用技术进行讲解和现场示范。国家级保水剂生产示范单位河北省唐山博亚公司介绍保水剂方面的系列科技成果及在沙区治理、丰产林基地建设和重点地区绿化等方面的应用技术和应用效果，吉林省绿州生态科技开发公司介绍植树用节水营养容器的系列成果和应用技术；在技术考察方面，考察了青海省平安县干旱浅山造林示范区、退耕还林造林现场，大通县的天然林资源保护工程，海晏县的治沙现场，共和县的滩地抗旱造林、荒漠化治理，湟中县封山育林成果等。

办班主要特点　领导高度重视，多方充分协调抓落实。在高研班筹备阶段，主办单位人事部专业技术人员司、国际合作司，国家林业局人教司、科技发展中心、造林司、科技司、治沙办、退耕办和承办单位青海省林业局、人事厅的主要负责人，对本班课程设计、技术考察路线、培训对象等进行充分探讨、协商，各单位分管领导亲自抓落实，为研修班的顺利完成奠定了良好的基础。课程设计科学，聘请专家一流。在课程设计上，紧紧围绕抗旱造林这一西部地区生态环境建设的热点问题，突出"高""新""深"。"高"即高起点、高水平，授课内容既有国内又有国外，既有政策，又有技术，既有理论又有实践；"新"即新理论、新技术、新产品，内容大都是国家科技攻关专题的最新成果；"深"即林业生态环境建设的深层次课题。聘请的专家一般都是国家科技攻关课题的主要完成人，而且打破部门界限，在林业部门之外的中国科学院、中国农科院聘请相关的权威专家，授课内容注重科学性、针对性和实效性，从而提高了学员的学习兴趣。研修形式多样，授课手段先进。本次高研班采用室内讲授、研讨与实地考察相结合，理论与应用相结合，技术与产品相结合的形式，专家授课都是采用多媒体的形式，研修形式生动活泼，极大地调动了学员学习的积极性，提高了授课效果，使学员学有所得，对西部地区林业系统高层次专业技术人才队伍建设起到积极的推动作用。　　（黄桂荣）

【县级领导干部林业研究班】　根据中共中央《关于印发〈2002年中央、国家机关有关部委抽调地方党政干部参加专题研究班计划〉的通知》（组通字[2002]6号）文件精神，在中央组织部的指导和地方组织部门的大力支持下，2002年国家林业局组织举办了退耕还林工程县级领导干部研究班3期，天然林资源保护工程、重点沙区县防沙治沙政策和珠江流域防护林体系二期工程县级领导干部研究班各1期，培训工程主管副县长等学员418人，其中县处级领导干部365人，占87.3%。通过主办单位、承办单位、学员等各方面的共同努力，每期研究班都达到了预期目标，取得较为明显的成效。

学员情况

3期退耕还林工程县级领导干部研究班　分别于2002年6月和8月举办，23个省（区、市）和新疆生产建设兵团的205个退耕还林工程县（团、场）的224名学员参加了学习。

天然林资源保护工程县级领导干部研究班　2002年7月7日开班，14个省（区、市）的天然林资源保护工程县和工程区林业企业的77名学员参加了学习。

重点沙区县县级领导干部防沙治沙政策研究班　2002年9月1～6日在北京举办，13个省（区、市）的重点沙区县的56名学员参加了学习。

珠江流域防护林体系二期工程领导干部研究班　2002年9月18～25日举办，6省的珠江流域防护林体系二期工程县的61名学员参加了学习。

学习考察情况　每期研究班开班（或结业）时都请国家林业局一名局领导作报告（或总结），举办专题讲座，组织学员交流、研讨，多数研究班还就近组织学员进行考察。国家林业局领导在每期县长班的主题报告中都充分阐述了新时期林业在我国经济社会可持续发展过程中的重要地位和作用，分析了当前林业建设面临的历史机遇和存在的问题，提出今后我国林业建设的总体思路，即实施退耕还林等林业六大工程，推进由以木材生产为主向以生态建设为主的历史性转变等五大转变，实现林业跨越式发展，并分别就如何进一步搞好退耕还林、天然林资源保护、珠江防护林二期工程建设和防沙治沙工作提出了具体要求。

各个县长班还安排了有关法律、林业重点工程政策、规划、基础理论和关键技术方面的讲座。如珠江流域防护林体系二期工程领导干部研究班先后有8位领导和专家教授为学员系统讲述了世界林业发展趋势、新时期我国林业建设面临的形势和总体思路、我国现行林业法律法规和有关政策、林业可持续发展战略、森林经营理论、珠防工程建设管理以及珠防二期工程规划情况等。广西金秀县等21个单位书面交流了珠防工程建设管理经验。

除天然林资源保护工程县级领导干部研究班外，其他5个班都安排了有针对性的考察活动。第一期退耕还林研究班学员考察了山西省临汾市吉县和尚岭等五大万亩工程，学习了该县在开展退耕还林工作中如何围绕增加农民收入，坚持以农业为基础，以林业为支柱，促进结构调整，大力培育区域性主导产业的做法及经验。

第二期退耕还林研究班学员考察了河北省邯郸市峰峰矿区退耕还林工程与旅游开发相结合造林、采用新机制鼓励大户承包造林和武安市林草间作、林药间作等造林模式。

第三期退耕还林研究班学员考察了河北省平山县

柏坡路工程区退耕还林荒山乔木树种与藤本植物混交造林模式、平山县岗南镇西河沟工程区退耕地林药间作还林模式、水库周边水源涵养林模式、平山县苏家庄乡兼用树种与灌木混交造林模式和正定县结合通道绿化工程沙化耕地退耕还林模式。

重点沙区县县级领导干部研究班学员到内蒙古赤峰市参观考察了农田防护林网、大巴线防沙治沙、白音敖包沙地云杉国家级自然保护区、贡格尔草原等项目区，大家切身感受到了赤峰市防沙治沙、生态建设取得的巨大成就。

珠江流域防护林体系二期工程县县级领导干部研究班学员考察了北京的太行山绿化、通道绿化及高科技农业示范园区建设等。

主要做法 为增强办班效果，有关单位精心进行教学设计，力求教学方式多样化。

设置了通用性讲座，逐步规范课程设置 我国的现行林业政策是以林业分类经营为基础，以林权制度为核心，以森林资源经营管理为主要规范对象的。政策和制度是调动全社会参与林业建设的关键，资源管理是林业建设的基础和核心问题。为此，2002年的6期县级领导干部林业研究班设置了《森林资源管理与林政执法》、《林业跨越式发展的政策与保障》等两个通用性讲座，分别请资源司、政法司的主要领导主讲。

领导、专家和实际工作者分别主讲相关课程 国家林业局主管领导和有关司局负责人主讲林业形势、林业发展战略和方针政策问题；专家教授主讲理论性、科学性强的林业工程建设理论和技术问题；实际工作者了解情况、掌握政策，就负责讲解当前工程中普遍存在的问题。

注重主讲人与学员的交流和研讨 主办单位要求讲课老师的讲授时间不超过一个半小时，每次讲座要留半个小时让学员提问，进行双向交流讨论；同时注意安排学员之间的交流讨论，安排在天然林资源保护、退耕还林、珠江防护林工程等有代表性、先进性的地区作典型发言，起到榜样示范作用。防沙治沙政策研究班还组织学员就防沙治沙宏观政策机制问题进行了深入的研讨，大家发言积极踊跃，集中反映了退耕还林政策、防沙治沙投入不均衡、多种所有制参与治沙积极性不高等方面问题，为主管部门研究制定有关政策提供了重要参考依据。

通过举办县长班，工程区的县级领导干部对新时期我国林业在实现经济社会可持续发展中的突出地位、作用、形势、任务和发展战略有了进一步的认识，基本掌握了退耕还林等有关林业重点工程的建设目标、任务、政策、项目管理、资金使用等方面的主要精神；开阔了视野，找到了差距，对如何搞好本地区的工作，有了更深的体会；对有关林业理论也有一定的了解。国家林业局有关部门也广泛收集了基层领导的合理建议，为完善工程建设的有关政策、相关工程建设管理办法、标准、规程等提供参考。

举办县级领导干部林业专题研究班，起到了上情下达、下情上通、“培训一个人，带动一大片”的作用。

（吴友苗）

林业教育信息统计

2002～2003学年初普通高、中等林业院校和其他高、中等院校林科基本情况 单位：人

名称	学校数(所、个)	毕业生数	招生数	在校学生数	毕业班学生数	教职工数	
						计	其中：专任教师
总计	**400**	**39 289**	**62 220**	**186 705**	**47 979**	**13 533**	**6449**
一、研究生	39	714	1851	4226	980	—	—
1. 高等林业院校	5	535	1252	2988	723	—	—
2. 其他高等院校(林科)	29	168	526	1084	227	—	—
3. 科研单位	5	11	73	154	30	—	—
二、普通本专科	154	11 586	38 206	108 737	19 910	8116	3817
1. 高等林业院校	6	6253	20 599	60 950	9969	7843	3703
2. 森林公安高等学校	1	31	680	1514	318	273	114
3. 其他高等院校(林科)	147	5302	16 927	46 273	9623	—	—
三、林业中等职业学校	199	26 989	22 163	73 742	27 089	5417	2632
1. 林业(园林)学校	32	20 892	17 324	56 481	21 247	5417	2632
2. 其他中等职业学校(林科)	167	6097	4839	17 261	5842	—	—

2002～2003学年初普通高等林业院校教职工情况

单位：人

学校名称	教职工数														其他人员			
	合计	校本部教职工										科研机构人员	校办企业职工	其他附设机构人员	聘请校外教师	离退休人员	附属中小学幼儿园教职工	集体所有制人员
		计	专任教师						行政人员	教辅人员	工勤人员							
			计	正高级	副高级	中级	初级	无职称者										
总计	**8116**	**6728**	**3817**	**506**	**1162**	**1201**	**692**	**256**	**1265**	**805**	**841**	**216**	**349**	**823**	**184**	**3680**	**259**	**333**
一、高等林业院校	7843	6476	3703	506	1122	1169	662	244	1189	777	807	213	349	805	177	3541	259	333
北京林业大学	1299	918	557	146	181	113	64	53	194	116	51	83	94	204	52	618	44	0
东北林业大学	2169	1573	880	132	274	280	154	40	278	218	197	45	117	434	43	903	54	232
南京林业大学	1488	1185	707	67	193	252	182	13	247	120	111	85	111	107	20	872	87	58
浙江林学院	760	734	454	24	111	163	71	85	107	67	106	0	0	26	17	183	0	39
中南林学院	1490	1429	742	102	266	255	88	31	236	189	262	0	27	34	45	696	33	4
西南林学院	637	637	363	35	97	106	103	22	127	67	80	0	0	0	0	269	41	0
二、森林公安高等学校	273	252	114	0	40	32	30	12	76	28	34	3	0	18	7	139	0	0
南京森林公安高等专科学校	273	252	114	0	40	32	30	12	76	28	34	3	0	18	7	139	0	0

2002～2003学年初普通高等林业院校校舍情况

单位：平方米

学校名称	总计	教学及辅助用房						行政办公用房	生活用房						教工住宅
		计	教室	图书馆	实验室、实习场所	体育馆	会堂		计	学生宿舍	学生食堂	教工单身宿舍	教工食堂	生活福利及其他用房	
一、学校产权建筑面积	2 204 161	828 773	383 570	103 972	302 765	35 642	2824	61 295	686 943	436 611	65 911	29 911	7543	146 967	627 150
1. 高等林业院校	2 140 052	811 749	377 252	102 215	295 313	34 145	2824	58 933	665 420	424 722	61 639	28 951	7543	142 565	603 950
北京林业大学	373 539	87 971	35 207	8376	41 416	2972	0	25 441	100 716	70 382	10 788	0	0	19 546	159 411
东北林业大学	513 777	151 579	89 665	21 800	37 264	1150	1700	9778	159 561	113 294	21 505	1991	1957	20 814	192 859
南京林业大学	464 658	215 019	46 475	49 109	102 595	16 840	0	3311	121 615	96 069	6512	6493	1903	10 638	124 713
浙江林学院	176 137	89 280	61 572	7008	16 590	4110	0	10 229	72 402	44 520	6531	4102	0	17 249	4226
中南林学院	449 374	211 338	106 762	15 922	80 879	6651	1124	10 174	149 995	59 147	12 301	10 262	3183	65 102	77 867
西南林学院	162 567	56 562	37 571	0	16 569	2422	0	0	61 131	41 310	4002	6103	500	9216	44 874
2. 森林公安高等学校	64 109	17 024	6318	1757	7452	1497	0	2362	21 523	11 889	4272	960	0	4402	23 200
南京森林公安高等专科学校	64 109	17 024	6318	1757	7452	1497	0	2362	21 523	11 889	4272	960	0	4402	23 200
二、正在施工面积	366 004	293 182	100 970	76 561	94 636	21015	0	5255	67 567	43 604	23 963	0	0	0	0
1. 高等林业院校	265 250	233 591	87 621	65 050	74 420	6500	0	0	31 659	20 000	11 659	0	0	0	0
北京林业大学	39 700	39 700	0	23 500	9700	6500	0	0	0	0	0	0	0	0	0
东北林业大学	45 720	45 720	0	0	45 720	0	0	0	0	0	0	0	0	0	0
南京林业大学	66 621	66 621	66 621	0	0	0	0	0	0	0	0	0	0	0	0
浙江林学院	21 550	21 550	0	21 550	0	0	0	0	0	0	0	0	0	0	0
中南林学院	86 000	60 000	21 000	20 000	19 000	0	0	0	26 000	20 000	6000	0	0	0	0
西南林学院	5659	0	0	0	0	0	0	0	5659	0	5659	0	0	0	0
2. 森林公安高等学校	100 754	59 591	13 349	11 511	20 216	14 515	0	5255	35 908	23 604	12 304	0	0	0	0
南京森林公安高等专科学校	100 754	59 591	13 349	11 511	20 216	14 515	0	5255	35 908	23 604	12 304	0	0	0	0
三、非学校产权建筑面积	119 226	81 226	58 000	0	23 226	0	0	0	86 100	78 308	5000	2792	0	0	0
1. 高等林业院校	119 226	81 226	58 000	0	23 226	0	0	0	86 100	78 308	5000	2792	0	0	0
北京林业大学	0	0	0	0	0	0	0	0	0	0	0	0	0	0	0
东北林业大学	0	0	0	0	0	0	0	0	0	0	0	0	0	0	0
南京林业大学	0	0	0	0	0	0	0	0	0	0	0	0	0	0	0
浙江林学院	0	0	0	0	0	0	0	0	48 100	40 308	5000	2792	0	0	0
中南林学院	119 226	81 226	58 000	0	23 226	0	0	0	38 000	38 000	0	0	0	0	0
西南林学院	0	0	0	0	0	0	0	0	0	0	0	0	0	0	0
2. 森林公安高等学校	0	0	0	0	0	0	0	0	0	0	0	0	0	0	0
南京森林公安高等专科学校	0	0	0	0	0	0	0	0	0	0	0	0	0	0	0

2002～2003学年初普通高等林业院校资产情况

学校名称	占地面积(平方米)			图书资料		拥有教学用计算机(台)	语音实验室座位数(个)	多媒体教室座位数(个)	网上教学课程数(种)	固定资产总值(万元)	
	总面积	其中:绿化用地	其中:运动场地	一般图书(万册)	电子图书(片)					计	教学、科研仪器设备资产
一、学校产权	5 757 407	1 777 439	295 117	424.13	621 979	9037	4113	22 434	1	158 823.39	37 409.25
1. 高等林业院校	4 996 082	1 650 759	270 799	406.93	621 481	8777	4023	22 034	1	154 904.39	36 287.25
北京林业大学	427 333	196 689	40 000	76.38	3480	1042	640	5105	1	18 955.99	9266
东北林业大学	1 008 179	529 000	42 195	95	11 000	2292	1516	4000	0	49 974	8741
南京林业大学	825 367	116 250	17 600	66.53	2710	1026	246	1406	0	29 000	4717
浙江林学院	1 255 343	273 060	89 050	33	3966	1487	749	6408	0	20 500	3589
中南林学院	1 085 807	350 000	63 300	99	600 000	2020	554	3395	0	26 401	7241
西南林学院	394 053	185 760	18 654	37.02	325	910	318	1720	0	10 073.4	2733.25
2. 森林公安高等学校	761 325	126 680	24 318	17.2	498	260	90	400	0	3919	1122
南京森林公安高等专科学校	761325	126 680	24318	17.2	498	260	90	400	0	3919	1122
二、非学校产权	153 000	40 000	10 000	20	100 000	560	150	450	0	3000	2340
1. 高等林业院校	153 000	40 000	10 000	20	100 000	560	150	450	0	3000	2340
北京林业大学	0	0	0	0	0	0	0	0	0	0	0
东北林业大学	0	0	0	0	0	0	0	0	0	0	0
南京林业大学	0	0	0	0	0	0	0	0	0	0	0
浙江林学院	0	0	0	0	0	0	0	0	0	0	0
中南林学院	153 000	40 000	10 000	20	100 000	560	150	450	0	3000	2340
西南林学院	0	0	0	0	0	0	0	0	0	0	0
2. 森林公安高等学校	0	0	0	0	0	0	0	0	0	0	0
南京森林公安高等专科学校	0	0	0	0	0	0	0	0	0	0	0

2002～2003 学年初普通高等林业院校和其他高等院校、科研院所林科研究生情况

单位：人

学校名称	毕业生数	招生数	在校学生数	毕业班学生数
总计	**714**	**1851**	**4226**	**980**
一、博士生	170	344	890	259
1. 高等林业院校	161	308	808	232
北京林业大学	77	132	297	60
东北林业大学	37	95	262	88
南京林业大学	35	65	208	74
中南林学院	12	16	41	10
2. 科研单位	9	36	82	27
中国林业科学研究院	9	36	82	27
二、硕士生	544	1507	3336	721
1. 高等林业院校	374	944	2180	491
北京林业大学	104	324	725	161
东北林业大学	120	270	614	126
南京林业大学	80	184	442	107
中南林学院	50	115	284	70
西南林学院	20	51	115	27
2. 其他高等院校(林科)	168	526	1084	227
河北农业大学	10	24	63	19
山西农业大学	2	14	24	5
内蒙古农业大学	16	33	79	20
沈阳农业大学	7	30	55	12
南京农业大学	2	14	27	9
浙江大学	2	8	18	3
安徽农业大学	7	19	39	7
福建农林大学	24	74	165	34
江西农业大学	9	14	34	6
山东农业大学	5	22	47	11
河南农业大学	6	12	25	7
华南农业大学	7	11	21	3
西南农业大学	3	16	26	2
四川农业大学	15	52	99	13
四川师范学院	1	6	12	1
贵州大学	2	8	16	3
西北农林科技大学	26	61	150	40
甘肃农业大学	4	15	24	6
新疆农业大学	4	9	19	4
中国农业大学	3	10	25	6
华中农业大学	13	25	67	16
北华大学	0	8	8	0
广西大学	0	3	3	0
广西师范大学	0	16	16	0
湖南师范大学	0	1	1	0
莱阳农学院	0	9	9	0
上海交通大学	0	4	4	0
云南农业大学	0	7	7	0
中国人民大学	0	1	1	0
3. 科研单位	2	37	72	3
中国林业科学研究院	0	30	54	0
中国科学院南京土壤研究所	0	1	9	1
中国农业科学院	2	1	4	2
中科院新疆生物研究所	0	0	0	0
水土保持与生态环境研究中心	0	5	5	0

2002～2003学年初普通高等林业院校和其他高等院校林科分学校学生情况 单位:人

学校名称	毕业生数			招生数			在校学生数			毕业班学生数		
	计	本科生	专科生	计	本科生	专科生	计	本科生	专科生	计	本科生	专科生
总计	**11 586**	**8305**	**3281**	**38 206**	**25 994**	**12 212**	**108 737**	**82 103**	**26 634**	**19 910**	**13 306**	**6604**
一、普通高等林业院校	6253	4878	1375	20 599	18 470	2129	60 950	55 628	5322	9969	8198	1771
北京林业大学	1335	953	382	3591	3249	342	10 741	10 041	700	1748	1474	274
东北林业大学	1528	1328	200	4200	3700	500	13 601	12 578	1023	2210	2018	192
南京林业大学	1195	868	327	3894	3420	474	12 041	10 644	1397	2027	1480	547
中南林学院	1102	934	168	4120	4120	0	11 163	11 003	160	1595	1435	160
西南林学院	599	507	92	2000	1470	530	5522	4831	691	942	899	43
浙江林学院	494	288	206	2794	2511	283	7882	6531	1351	1447	892	555
二、森林公安高等学校	31	0	31	680	0	680	1514	0	1514	318	0	318
南京森林公安高等专科学校	31	0	31	680	0	680	1514	0	1514	318	0	318
三、其他高等院校(林科)	5302	3427	1875	16 927	7524	9403	46 273	26 475	19 798	9623	5108	4515
北京农学院	120	87	33	185	148	37	653	554	99	133	98	35
天津农学院	0	0	0	165	90	75	331	158	173	30	0	30
河北农业大学	177	172	5	432	224	208	1346	906	440	343	209	134
山西农业大学	106	106	0	280	280	0	1105	1009	96	260	185	75
内蒙古农业大学	283	229	54	474	404	70	1555	1301	254	412	312	100
沈阳农业大学	213	120	93	294	257	37	1179	919	260	294	130	164
吉林农业大学	153	135	18	392	294	98	1262	1075	187	367	329	38
北华大学	197	197	0	247	189	58	741	683	58	200	200	0
黑龙江八一农垦大学	0	0	0	0	0	0	98	0	98	65	0	65
东北农业大学	47	33	14	232	138	94	896	420	476	291	78	213
上海交通大学	108	65	43	49	49	0	307	237	70	98	71	27
扬州大学	0	0	0	113	113	0	266	266	0	0	0	0
南京农业大学	57	57	0	60	60	0	244	244	0	72	72	0
浙江大学	30	30	0	30	30	0	117	117	0	25	25	0
安徽农业大学	168	138	30	326	224	102	1293	1014	279	259	152	107
福建农林大学	174	144	30	287	287	0	1346	1346	0	394	394	0
江西农业大学	163	131	32	90	90	0	607	574	33	174	174	0
山东农业大学	305	145	160	780	194	586	1932	666	1266	481	152	329
河南农业大学	119	119	0	176	176	0	748	748	0	178	178	0
华中农业大学	57	57	0	135	135	0	550	550	0	160	160	0
华南农业大学	126	126	0	286	286	0	875	868	7	193	186	7
湖北农学院	71	71	0	234	167	67	618	509	109	100	100	0
湖南农业大学	27	27	0	131	131	0	434	429	5	71	71	0
广西大学	190	190	0	319	319	0	1076	1057	19	271	252	19
西南农业大学	169	102	67	347	229	118	958	744	214	132	132	0
贵州大学	56	49	7	109	109	0	581	576	5	147	142	5
贵州工业大学	0	0	0	41	41	0	66	66	0	0	0	0
贵州师范大学	0	0	0	51	51	0	51	51	0	0	0	0
中国农业大学	0	0	0	159	59	100	195	95	100	0	0	0

（续）

学校名称	毕业生数			招生数			在校学生数			毕业班学生数		
	计	本科生	专科生	计	本科生	专科生	计	本科生	专科生	计	本科生	专科生
云南农业大学	0	0	0	168	114	54	467	407	60	60	60	0
云南科技信息职业学院	0	0	0	41	0	41	46	0	46	0	0	0
西藏大学	48	23	25	52	30	22	131	82	49	27	0	27
西北农林科技大学	422	387	35	645	422	223	2621	2067	554	617	487	130
甘肃农业大学	108	108	0	117	117	0	642	621	21	132	111	21
青海大学	0	0	0	30	30	0	156	109	47	47	0	47
青岛大学	0	0	0	0	0	0	36	0	36	0	0	0
宁夏大学	37	37	0	66	66	0	260	260	0	71	71	0
新疆农业大学	59	35	24	214	214	0	992	870	122	104	55	49
安徽建筑工业学院	0	0	0	65	65	0	124	124	0	0	0	0
保定职业技术学院	0	0	0	86	0	86	86	0	86	0	0	0
北京联合大学	0	0	0	17	0	17	30	0	30	0	0	0
北京农业职业学院	0	0	0	68	0	68	68	0	68	0	0	0
本溪冶金高等专科学校	25	0	25	69	0	69	126	0	126	30	0	0
滨州职业学院	0	0	0	32	0	32	41	0	41	0	0	0
沧州职业技术学院	0	0	0	40	0	40	94	0	94	54	0	54
长春大学	0	0	0	65	0	65	65	0	65	0	0	0
成都农业科技职业学院	0	0	0	110	0	110	110	0	110	0	0	0
大兴安岭职业学院	0	0	0	10	0	10	10	0	10	0	0	0
福建师范大学福清分校	0	0	0	42	0	42	122	0	122	44	0	44
阜新高等专科学校	0	0	0	31	0	31	42	0	42	2	0	2
甘肃林业职业技术学院	0	0	0	158	0	158	257	0	257	0	0	0
广西生态工程职业技术学院	0	0	0	296	0	296	477	0	477	50	0	50
硅湖职业技术学院	22	0	22	22	0	22	58	0	58	5	0	5
海南大学	5	0	5	50	50	0	50	50	0	0	0	0
杭州万向职业技术学院(筹)	0	0	0	76	0	76	76	0	76	0	0	0
河北职业技术师范学院	2	0	2	91	91	0	354	299	55	94	58	36
河南科技大学	54	0	54	168	0	168	486	0	486	97	0	97
河南职业技术师范学院	37	0	37	159	140	19	458	346	112	53	0	53
河南职业技术学院	0	0	0	42	0	42	42	0	42	0	0	0
河西学院	0	0	0	45	0	45	87	0	87	42	0	42
黑龙江林业职业技术学院	0	0	0	169	0	169	242	0	242	0	0	0
黑龙江农业工程职业学院	0	0	0	134	0	134	224	0	224	0	0	0
黑龙江农业职业技术学院	0	0	0	64	0	64	117	0	117	0	0	0
黑龙江水利专科学校	12	0	12	0	0	0	78	0	78	24	0	24
衡水师范专科学校	0	0	0	23	0	23	155	0	155	37	0	37
湖北民族学院	38	38	0	38	38	0	189	189	0	39	39	0
湖北生物生态职业技术学院	0	0	0	58	0	58	58	0	58	0	0	0
湖南城市学院	21	0	21	53	0	53	95	0	95	18	0	18
湖南环境生物职业技术学院	236	0	236	656	0	656	1436	0	1436	347	0	347

（续）

学　校　名　称	毕业生数			招生数			在校学生数			毕业班学生数		
	计	本科生	专科生	计	本科生	专科生	计	本科生	专科生	计	本科生	专科生
湖南生物与机电工程职业技术学院	0	0	0	107	0	107	151	0	151	0	0	0
华南热带农业大学	28	28	0	68	68	0	274	274	0	69	69	0
淮阴工学院	0	0	0	36	0	36	36	0	36	0	0	0
黄冈职业技术学院	0	0	0	0	0	0	48	0	48	28	0	28
黄山学院	0	0	0	115	0	115	258	0	258	0	0	0
吉林经济职业技术学院	0	0	0	20	0	20	20	0	20	0	0	0
吉林特产高等专科学校	0	0	0	68	0	68	103	0	103	0	0	0
吉首大学	57	0	57	35	0	35	116	0	116	46	0	46
嘉兴职业技术学院	0	0	0	98	0	98	287	0	287	110	0	110
江苏农林职业技术学院	0	0	0	15	0	15	15	0	15	0	0	0
荆门职业技术学院	0	0	0	41	0	41	105	0	105	26	0	26
九江学院	45	0	45	81	0	81	149	0	149	23	0	23
莱阳农学院	108	0	108	296	139	157	778	424	354	140	0	140
江西环境工程职业学院	0	0	0	35	0	35	35	0	35	0	0	0
丽水师范专科学校	0	0	0	89	0	89	165	0	165	0	0	0
丽水职业技术学院	0	0	0	195	0	195	419	0	419	113	0	113
辽宁农业职业技术学院	0	0	0	181	0	181	651	0	651	172	0	172
眉山职业技术学院	0	0	0	10	0	10	10	0	10	0	0	0
民办上海济光职业技术学院	0	0	0	35	0	35	35	0	35	0	0	0
民办浙江树人学院	33	0	33	135	0	135	261	0	261	66	0	66
闽西职业大学	77	0	77	44	0	44	93	0	93	39	0	39
牡丹江师范学院	0	0	0	0	0	0	38	0	38	38	0	38
内蒙古民族大学	0	0	0	40	40	0	40	40	0	0	0	0
南昌水利水电高等专科学校	0	0	0	170	0	170	213	0	213	0	0	0
南京市农业专科学校	43	0	43	149	0	149	330	0	330	92	0	92
黔东南民族职业技术学院	0	0	0	35	0	35	35	0	35	0	0	0
黔南民族职业技术学院	0	0	0	94	0	94	94	0	94	0	0	0
三峡大学	0	0	0	0	0	0	33	0	33	0	0	0
山西林业职业技术学院	0	0	0	100	0	100	100	0	100	0	0	0
黔南民族师范学院	0	0	0	16	0	16	46	0	46	0	0	0
商洛师范专科学校	60	0	60	0	0	0	0	0	0	0	0	0
商丘职业技术学院	0	0	0	62	0	62	62	0	62	0	0	0
上海城市管理职业技术学院	0	0	0	46	0	46	208	0	208	80	0	80
上海农林职业技术学院	0	0	0	155	0	155	155	0	155	0	0	0
上海商业职业技术学院	0	0	0	146	0	146	213	0	213	0	0	0
邵阳学院	0	0	0	12	0	12	86	0	86	37	0	37
深圳职业技术学院	76	0	76	79	0	79	210	0	210	63	0	63
沈阳建筑工程学院	0	0	0	26	26	0	75	75	0	0	0	0
石河子大学	37	37	0	72	72	0	172	142	30	70	70	0
顺德职业技术学院	0	0	0	28	0	28	61	0	61	11	0	11

（续）

学校名称	毕业生数			招生数			在校学生数			毕业班学生数		
	计	本科生	专科生	计	本科生	专科生	计	本科生	专科生	计	本科生	专科生
四川农业大学	155	139	16	759	465	294	2102	1671	431	165	159	6
四川师范学院	0	0	0	68	68	0	152	152	0	0	0	0
苏州科技学院	0	0	0	68	68	0	166	166	0	0	0	0
宿州职业技术学院	0	0	0	32	0	32	66	0	66	0	0	0
塔里木农垦大学	0	0	0	119	119	0	222	222	0	0	0	0
台州职业技术学院	0	0	0	24	0	24	24	0	24	0	0	0
天津滨海职业学院	0	0	0	40	0	40	40	0	40	0	0	0
天津城市建设学院	0	0	0	43	43	0	43	43	0	0	0	0
天津科技大学	0	0	0	65	65	0	111	111	0	0	0	0
天水师范学院	41	0	41	0	0	0	0	0	0	0	0	0
潍坊职业学院	0	0	0	182	0	182	236	0	236	0	0	0
无锡市城建职工大学	0	0	0	27	0	27	27	0	27	0	0	0
芜湖职业技术学院	0	0	0	80	0	80	80	0	80	0	0	0
武汉生物工程职业技术学院	0	0	0	546	0	546	1051	0	1051	196	0	196
西北工业大学	0	0	0	65	0	65	99	0	99	0	0	0
西昌农业高等专科学校	38	0	38	64	0	64	118	0	118	36	0	36
新疆农业职业技术学院	0	0	0	33	0	33	33	0	33	0	0	0
信阳农业高等专科学校	24	0	24	155	0	155	252	0	252	34	0	34
延安大学	0	0	0	25	0	25	59	0	59	0	0	0
延边大学	32	32	0	0	0	0	83	83	0	38	38	0
孝感学院	0	0	0	32	0	32	144	0	144	72	0	72
杨凌职业技术学院	0	0	0	254	0	254	809	0	809	278	0	278
伊犁职业技术学院	0	0	0	1	0	1	1	0	1	0	0	0
宜春学院	0	0	0	0	0	0	23	0	23	23	0	23
永州职业技术学院	0	0	0	46	0	46	104	0	104	36	0	36
渝西学院	0	0	0	59	0	59	148	0	148	37	0	37
玉溪师范学院	33	0	33	0	0	0	28	0	28	0	0	0
岳阳职业技术学院(筹)	0	0	0	24	0	24	24	0	24	0	0	0
云南国土资源职业学院	0	0	0	25	0	25	25	0	25	0	0	0
运城学院	0	0	0	0	0	0	43	0	43	0	0	0
湛江海洋大学	108	0	108	102	102	0	321	195	126	158	32	126
漳州职业技术学院	0	0	0	51	0	51	51	0	51	0	0	0
肇庆学院	32	0	32	45	0	45	144	0	144	54	0	54
浙江建设职业技术学院	0	0	0	44	0	44	44	0	44	0	0	0
浙江万里学院	0	0	0	0	0	0	15	0	15	0	0	0
郑州牧业工程高等专科学校	0	0	0	86	0	86	86	0	86	0	0	0
钟山职业技术学院	0	0	0	37	0	37	91	0	91	16	0	16
仲恺农业技术学院	33	33	0	98	98	0	390	271	119	113	57	56

2002～2003学年初普通高等林业院校和其他高等院校林科分专业学生情况

单位：人

专业名称	毕业生数			招生数			在校学生数			毕业班学生数		
	计	本科生	专科生	计	本科生	专科生	计	本科生	专科生	计	本科生	专科生
总计	**11 586**	**8305**	**3281**	**38 206**	**25 994**	**12 212**	**108 737**	**82 103**	**26 634**	**19 910**	**13 306**	**6604**
一、林科专业	7574	5430	2144	20 801	10 998	9803	60 829	40 103	20 726	12 779	7992	4787
1. 林业工程类	1340	1101	239	2144	1708	436	8125	7045	1080	2017	1675	342
森林工程	289	289	0	292	282	10	1343	1333	10	367	367	0
木材科学与工程	741	580	161	1268	942	326	5273	4485	788	1283	1065	218
林产化工	225	147	78	424	424	0	1235	1167	68	311	243	68
林业工程类	0	0	0	60	60	0	60	60	0	0	0	0
林业工程类新专业	85	85	0	100	0	100	214	0	214	56	0	56
2. 森林资源类	2702	2060	642	4846	2927	1919	15 737	11 702	4035	3349	2449	900
林学	1961	1510	451	3055	1771	1284	10 369	7774	2595	2400	1792	608
森林资源保护与游憩	302	235	67	1146	992	154	3600	3232	368	596	477	119
野生动物与自然保护区管理	133	100	33	232	164	68	851	696	155	180	180	0
森林资源类	84	52	32	0	0	0	14	0	14	14	0	14
森林资源类新专业	222	163	59	413	0	413	903	0	903	159	0	159
3. 环境生态类	3330	2067	1263	13 406	6018	7388	35 661	20 110	15 551	7237	3692	3545
园林	2989	1738	1251	12 694	5516	7178	33 191	17 962	15 229	6720	3199	3521
水土保持与荒漠化防治	341	329	12	712	502	210	2470	2148	322	517	493	24
4. 农林经济管理类	202	202	0	405	345	60	1306	1246	60	176	176	0
农林经济管理	202	202	0	405	345	60	1306	1246	60	176	176	0
二、林业院校非林科专业	4012	2875	1137	17 405	14 996	2409	47 908	42 000	5908	7131	5314	1817

2002～2003学年初普通高等林业院校分学校函授、夜大学、成人脱产班学生情况

单位：人

学校名称	毕业生数			招生数			在校学生数			毕业班学生数		
	计	本科生	专科生	计	本科生	专科生	计	本科生	专科生	计	本科生	专科生
总计	**4536**	**422**	**4114**	**12 388**	**2748**	**9640**	**26 843**	**5203**	**21 640**	**6304**	**458**	**5846**
一、函授教育	2656	374	2282	8261	1612	6649	18822	3247	15575	3966	374	3592
1. 高等林业院校	2656	374	2282	7843	1612	6231	18188	3247	14941	3966	374	3592
北京林业大学	668	91	577	1278	248	1030	3584	521	3063	903	19	884
东北林业大学	819	171	648	1532	644	888	3589	1197	2392	857	194	663
南京林业大学	312	38	274	877	65	812	2139	256	1883	514	23	491
中南林学院	283	32	251	738	228	510	1823	566	1257	516	53	463
西南林学院	379	10	369	2913	343	2570	5939	515	5424	888	38	850
浙江林学院	195	32	163	505	84	421	1114	192	922	288	47	241
2. 森林公安高等学校	0	0	0	418	0	418	634	0	634	0	0	0
南京森林公安高等专科学校	0	0	0	418	0	418	634	0	634	0	0	0
二、夜大学	688	41	647	660	197	463	1442	288	1154	308	26	282
北京林业大学	163	10	153	305	75	230	615	75	540	129	0	129
东北林业大学	44	31	13	0	0	0	38	28	10	31	26	5
南京林业大学	0	0	0	152	5	147	318	5	313	81	0	81
中南林学院	481	0	481	203	117	86	471	180	291	67	0	67
三、成人脱产班	1192	7	1185	3467	939	2528	6579	1668	4911	2030	58	1972
北京林业大学	209	6	203	863	491	372	1381	797	584	259	47	212
东北林业大学	119	1	118	19	19	0	96	33	63	71	11	60
南京林业大学	303	0	303	980	217	763	2181	377	1804	756	0	756
中南林学院	506	0	506	1302	212	1090	2424	461	1963	795	0	795
西南林学院	41	0	41	114	0	114	201	0	201	42	0	42
浙江林学院	14	0	14	189	0	189	296	0	296	107	0	107

2002～2003学年初普通中等林业(园林)学校和其他中专学校林科基本情况

单位：人

省(区、市)及学校名称	学校数(所)	毕业生数	招生数			在校学生数	毕业班学生数	教职工数总计	校本部职工数										校办厂(场)职工	附设机构人员	兼任教师(不在教职工数中)
			计	招高中毕业生	招初中毕业生				合计	专任教师						教辅人员	行政人员	工勤人员			
										计	高级讲师	讲师	助理讲师	教员	其他						
总　计	**199**	**26 989**	**22 163**	**1146**	**21 017**	**73 742**	**27 089**	**4877**	**4787**	**2421**	**681**	**942**	**622**	**87**	**89**	**498**	**784**	**1084**	**51**	**6**	**33**
一、中等林业(园林)学校	32	20 892	17 324	926	16 398	56481	21 247	4877	4787	2421	681	942	622	87	89	498	784	1084	51	6	33
北京市	1	140	332	0	332	1245	121	101	101	43	6	19	3	0	15	16	25	17	0	0	0
北京市园林学校		140	332	0	332	1245	121	101	101	43	6	19	3	0	15	16	25	7	0	0	0
天津市	1	504	215	0	215	1160	467	163	163	81	23	35	23	0	0	10	27	45	0	0	0
天津市园林学校		504	215	0	215	1160	467	163	163	81	23	35	23	0	0	10	27	45	0	0	0
上海市	1	168	340	0	340	1379	286	78	78	38	6	15	12	0	5	15	11	14	0	0	0
上海市园林学校		168	340	0	340	1379	286	78	78	38	6	15	12	0	5	15	11	14	0	0	0
河北省	1	351	333	1	332	1074	514	177	171	83	26	31	15	0	11	26	35	27	6	0	0
河北林业学校		351	333	1	332	1074	514	177	171	83	26	31	15	0	11	26	35	27	6	0	0
山西省		482	520	0	520	2124	1092	—	—	—	—	—	—	—	—	—	—	—	—	—	—
山西林业职业技术学院中专部(原山西林校)		482	520	0	520	2124	1092	—	—	—	—	—	—	—	—	—	—	—	—	—	—
内蒙古自治区	2	285	626	0	626	1241	373	338	338	170	44	59	59	7	1	47	48	73	0	0	0
内蒙古扎兰屯林业学校		174	412	0	412	699	235	119	119	73	19	25	28	1	0	16	9	21	0	0	0
内蒙古大兴安岭林业学校		111	214	0	214	542	138	219	219	97	25	34	31	6	1	31	39	52	0	0	0
辽宁省	1	434	694	30	664	2052	797	250	246	107	51	28	14	5	9	36	56	47	0	4	0
辽宁省林业学校		434	694	30	664	2052	797	250	246	107	51	28	14	5	9	36	56	47	0	4	0
吉林省	2	1091	248	0	248	1351	860	307	307	148	65	55	25	3	0	28	70	61	0	0	0
白城师范专科学校(原白城林校)		326	68	0	68	400	271	—	—	—	—	—	—	—	—	—	—	—	—	—	—
吉林省林业学校		271	0	0	0	264	264	200	200	96	52	32	9	3	0	28	31	45	0	0	0
延边林业学校		494	180	0	180	687	325	107	107	52	13	23	16	0	0	0	39	16	0	0	0
黑龙江省	3	2551	3349	153	3196	8664	2211	792	778	294	125	107	49	13	0	35	122	327	14	0	0

(续)

省(区、市)及学校名称	学校数(所)	毕业生数	招生数			在校学生数	毕业班学生数	教职工数总计	校本部职工数										校办厂(场)职工	附设机构人员	兼任教师(不在教职工数中)
			计	招高中毕业生	招初中毕业生				合计	专任教师						教辅人员	行政人员	工勤人员			
										计	高级讲师	讲师	助理讲师	教员	其他						
黑龙江省伊春林业学校		234	371	56	315	1309	390	175	163	74	17	46	11	0	0	8	43	38	12	0	0
黑龙江林业职业技术学院(原牡丹江林校)		1260	1687	88	1599	3049	595	—	—	—	—	—	—	—	—	—	—	—	—	—	—
黑龙江省齐齐哈尔林业学校		602	591	9	582	1799	516	242	240	124	82	33	9	0	0	7	53	56	2	0	0
黑龙江农垦林业学校		455	700	0	700	2507	710	375	375	96	26	28	29	13	0	20	26	233	0	0	0
江苏省		503	0	0	0	320	320	—	—	—	—	—	—	—	—	—	—	—	—	—	—
南京森林公安高等专科学校(原南京林校)		503	0	0	0	320	320	—	—	—	—	—	—	—	—	—	—	—	—	—	—
浙江省		453	60	0	60	679	377	—	—	—	—	—	—	—	—	—	—	—	—	—	—
丽水师专职业技术学院中专(原浙江林校)		295	60	0	60	289	156	—	—	—	—	—	—	—	—	—	—	—	—	—	—
宁波大学中专部		158	0	0	0	390	221	—	—	—	—	—	—	—	—	—	—	—	—	—	—
安徽省	1	1061	382	0	382	1354	544	116	116	68	25	22	21	0	0	23	11	14	0	0	0
合肥林业学校		554	382	0	382	1181	371	116	116	68	25	22	21	0	0	23	11	14	0	0	0
黄山高等专科学校南校区(原黄山林校)		507	0	0	0	173	173	—	—	—	—	—	—	—	—	—	—	—	—	—	—
福建省	2	1232	1258	0	1258	4453	1886	321	267	169	64	63	36	0	6	15	36	47	29	2	23
福建林业学校		925	692	0	692	2522	1073	221	167	105	44	43	18	0	0	10	21	31	29	2	23
三明林业学校		307	566	0	566	1931	813	100	100	64	20	20	18	0	6	5	15	16	0	0	0
江西省		1276	413	0	413	1537	859	—	—	—	—	—	—	—	—	—	—	—	—	—	—
江西环境工程职业学院(原赣州林校)		671	413	0	413	1166	561	—	—	—	—	—	—	—	—	—	—	—	—	—	—
江西财经大学资源与环境学院(原南昌林校)		605	0	0	0	371	298	—	—	—	—	—	—	—	—	—	—	—	—	—	—
山东省		711	0	0	0	0	0	—	—	—	—	—	—	—	—	—	—	—	—	—	—

（续）

省(区、市)及学校名称	学校数(所)	毕业生数	招生数			在校学生数	毕业班学生数	教职工数总计	校本部职工数										校办厂(场)职工	附设机构人员	兼任教师(不在教职工数中)
			计	招高中毕业生	招初中毕业生				合计	专任教师						教辅人员	行政人员	工勤人员			
										计	高级讲师	讲师	助理讲师	教员	其他						
山东农业大学职业技术学院(原山东林校)		711	0	0	0	0	0	—	—	—	—	—	—	—	—	—	—	—	—	—	—
河南省	4	1715	1780	377	1403	4498	1692	414	414	231	63	88	57	12	11	31	55	97	0	0	0
汝南园林学校		450	460	0	460	778	188	106	106	65	22	19	13	8	3	12	6	23	0	0	0
河南省林业学校		560	839	177	662	2343	823	—	—	—	—	—	—	—	—	—	—	—	—	—	—
洛阳林业学校		67	204	200	4	475	271	200	200	111	28	47	32	4	0	9	36	44	0	0	0
信阳林业学校		638	277	0	277	902	410	108	108	55	13	22	12	0	8	10	13	30	0	0	0
湖北省	2	1853	1467	252	1215	4969	1897	282	272	177	47	76	27	12	15	29	37	29	0	0	0
湖北生物生态职业技术学院(原湖北林校)		597	367	0	367	1087	564	—	—	—	—	—	—	—	—	—	—	—	—	—	—
黄冈职业技术学院南区(原黄冈林校)		110	0	0	0	283	107	—	—	—	—	—	—	—	—	—	—	—	—	—	—
湖北省咸宁应用科技学校(原咸宁林校)		886	400	252	148	2199	926	182	172	112	29	46	19	9	9	20	23	17	0	0	10
宜昌市林业学校		260	700	0	700	1400	300	100	100	65	18	30	8	3	6	9	14	12	0	0	0
湖南省		711	0	0	0	412	120	—	—	—	—	—	—	—	—	—	—	—	—	—	—
中南林学院中专部(原湖南林校)		711	0	0	0	412	120	—	—	—	—	—	—	—	—	—	—	—	—	—	—
广东省	1	522	758	0	758	1849	409	237	237	108	17	54	27	10	0	19	72	38	0	0	0
广东省林业学校		522	758	0	758	1849	409	237	237	108	17	54	27	10	0	19	72	38	0	0	0
广西壮族自治区	2	1459	1550	0	1550	4828	2283	157	157	116	11	61	34	9	1	12	20	9	0	0	0
广西生态工程职业技术学院(原广西林校)		844	698	0	698	2404	1341	—	—	—	—	—	—	—	—	—	—	—	—	—	—
桂林林业学校		320	507	0	507	1324	525	92	92	65	7	38	19	0	1	8	16	3	0	0	0
梧州林业学校		295	345	0	345	1100	417	65	65	51	4	23	15	9	0	4	4	6	0	0	0
贵州省	1	366	253	0	253	1513	1019	176	176	91	14	32	38	3	4	17	38	30	0	0	0
贵州省林业学校		286	253	0	253	1241	768	176	176	91	14	32	38	3	4	17	38	30	0	0	0

（续）

省(区、市)及学校名称	学校数(所)	毕业生数	招生数			在校学生数	毕业班学生数	教职工数总计	校本部职工数										校办厂(场)职工	附设机构人员	兼任教师(不在教职工数中)
			计	招高中毕业生	招初中毕业生				合计	专任教师						教辅人员	行政人员	工勤人员			
										计	高级讲师	讲师	助理讲师	教员	其他						
西南民族职业技术学院(黔东南州林校)		80	0	0	0	272	251	—	—	—	—	—	—	—	—	—	—	—	—	—	—
云南省	2	796	953	46	907	2756	892	275	275	151	28	61	53	0	9	51	37	36	0	0	0
云南省林业学校		458	652	46	606	2202	727	222	222	117	25	41	42	0	9	48	25	32	0	0	0
思茅林业学校		338	301	0	301	554	165	53	53	34	3	20	11	0	0	3	12	4	0	0	0
陕西省	2	854	795	0	795	2068	387	287	285	140	22	55	58	5	0	33	28	84	2	0	0
延安林业学校		234	73	0	73	520	166	86	86	50	8	21	18	3	0	9	15	12	0	0	0
陕西省榆林林业学校		266	722	0	722	1472	174	201	199	90	14	34	40	2	0	24	13	72	2	0	0
杨凌职业技术学院(原陕西林校)		354	0	0	0	76	47	—	—	—	—	—	—	—	—	—	—	—	—	—	—
甘肃省	1	875	372	0	372	3420	1172	97	97	72	15	30	25	0	2	11	7	7	0	0	0
甘肃林业职业技术学院(原甘肃林校)		495	0	0	0	2125	722	—	—	—	—	—	—	—	—	—	—	—	—	—	—
甘肃省庆阳林业学校		380	372	0	372	1295	450	97	97	72	15	30	25	0	2	11	7	7	0	0	0
青海省		39	0	0	0	35	0	—	—	—	—	—	—	—	—	—	—	—	—	—	—
青海大学中专部(原青海农林学校)		39	0	0	0	35	0	—	—	—	—	—	—	—	—	—	—	—	—	—	—
宁夏回族自治区	1	118	415	19	396	862	385	81	81	39	16	14	9	0	0	9	9	24	0	0	0
宁夏林业学校		118	415	19	396	862	385	81	81	39	16	14	9	0	0	9	9	24	0	0	0
新疆维吾尔自治区	1	342	211	48	163	638	284	228	228	95	13	37	37	8	0	35	40	58	0	0	0
新疆林业学校		342	211	48	163	638	284	228	228	95	13	37	37	8	0	35	40	58	0	0	0
二、其他中等专业学校(林科)	167	6097	4839	220	4619	17261	5842	—	—	—	—	—	—	—	—	—	—	—	—	—	—

2002～2003学年初普通中等林业(园林)学校和其他中专学校林科分专业情况 单位:人

专业名称	毕业生数	招生数			在校学生数	毕业班学生数
		计	高中	初中		
总　　计	**26 989**	**22 163**	**1146**	**21 017**	**73 742**	**27 089**
一、林科专业	15 055	11 992	525	11 467	43 282	15 552
林业	4904	2385	59	2326	9829	4064
园林	7246	7732	343	7389	26641	9008
木材加工	193	111	0	111	585	297
林特产品加工	292	142	0	142	515	159
森林资源与林政管理	1232	1327	79	1248	3570	1024
森林采运工程	167	0	0	0	371	89
野生动植物保护	64	47	0	47	177	75
水土保持生态环境	873	248	44	204	1594	836
林产化工	84	0	0	0	0	0
二、中等林业(园林)学校非林科专业	11 934	10 171	621	9550	30460	11 537

(林业教育统计表由人教司教育处提供)

国有林场（苗圃）、林业工作站建设

国有林场、苗圃建设

【综　述】　2002年，全国有国有林场4466个，经营面积达5666.7万公顷。国有林场在社会可持续发展全局中的战略地位和作用日益凸显，并正在成为全社会的共识。国有林场已经被看成是一项在经济社会可持续发展中具有举足轻重影响的公益事业之一，而不仅仅被视为一项概念狭窄的后备森林资源基地。全国国有林场加快实施五大转变，积极推进结构调整，巩固脱贫成果，进一步推动了国有林场的改革与发展。

分类经营取得了初步成效　重新定位了国有林场的任务，在长江上游、黄河中上游等生态脆弱地区的国有林场以保护生态为主，开展了大面积的荒山荒地绿化造林，公益林的总面积已达2533.33万公顷，1733.33万公顷实行了禁伐，在中国生态脆弱地区每年减少资源消耗500多万立方米，国有林场的绿色屏障作用进一步增强。同时，南方一些立地条件较好的国有林场，经过多年规范化的经营，国有林场森林资源质量不断提高，森林经营逐步走上良性循环的轨道。人工林的林分质量最好的福建、广西、湖南等省（区）国有林场的人工林，包括幼林在内的平均蓄积达125.5立方米/公顷，是南方10省集体林区每公顷人工林平均只有28.46立方米的4.4倍。福建省国有林场营造的丰产林生长量达15立方米/年·公顷。目前，仅丰产林就可达到年产100万立方米木材的生产能力，占2002年全国国有林场木材产量的1/8。

转换经营机制，增强了发展活力　国有林场在人事、劳动、分配“三项制度”改革上，有50%多的林场建立了“干部能上能下、职工能进能出，收入能高能低”的管理运行机制，初步解决了部分林场出现的“干部当相公，工人当监工，搞事全靠临时工”的状况。在林场的经营方式上，初步进行了产权制度改革，将农村联产承包责任制全面引入国有林场，建立了“宜统则统，宜分则分，统分结合”的双层经营体制。“统”，重点是将生态林全部统起来；“分”，就是根据林场的实际，将苗圃、经济林、竹林、用材林、农耕地、荒山荒地、场办企业等，采取个体承包、租赁、买断、股份合作等多种形式，全部或部分开展了分户经营和开办了家庭林场，呈现出兴旺发展的局面。据广东、广西、湖南等10省（区）不完全统计，国有林场已经建立家庭林场600多个，种植经济林600公顷，成为职工的重要经济来源。如湖北红安大斛山林场，从1999年开始探索开办家庭小林场的改革，目前已经显现出一定的成效。职工朱解清家1999年承包了21.3公顷林地，其中板栗7.67公顷，桃树0.33公顷，湿地松13.3公顷，2002年仅这一项的收入就达1.8万元。

大力调整结构，加快了产业发展　绝大多数国有林场现已消灭宜林荒山，实现了绿化。调整产业结构、种植结构、林种结构、树种结构，成为促进林场发展的重要措施。一是调整产业结构，大力发展森林旅游业。目前，全国的国有林场已经建立1000多处森林公园，旅游直接收入每年达10亿元，直接安置3万名多职工就业。在森林旅游的开发上，坚持在统一规划的前提下，鼓励各种经济实体采取独资、合资、合作等方式，参与景区景点、商业网点、服务接待设施和基础设施的建设和经营，年吸引各种资金9亿多元，全面加快了森林旅游景区景点和相关设施的建设速度，推出了森林旅游精品线路的开发和特色旅游。二是调整种植结构，大力发展种苗、花卉业和高效经济林。国有林场充分发挥土地优势和技术优势，因地制宜地发展市场适销对路的绿化苗、满足林业重点工程建设需要的生产用苗以及花卉。全国的国有林场已经建立了具有一定规模的国有林场苗圃2200多个，年产苗木60亿株。南方山区的一些国有林场，发展薄壳核桃、白柚、杨梅、大樱桃、厚朴、板栗等高效经济林，职工人均达到1.33公顷经济林。国有

林场发展林下产业有着十分优越的条件。湖北神农架温水林场在实施天保工程后，职工在管好山场资源的同时，充分发挥自身优势，在房前屋后养蜂，在林间空地养鸡，在大森林里养羊，在林下种植川地龙、柴胡、高山蕨菜、五味子、巴核桃等，涌现了仅林下产业年收入达6000多元的先进典型户。太子山林业管理局有的职工2002年进行林下养鸡，收入超过3000元。三是离开林场办林业。国有林场利用当前国家启动六大工程的极好机遇，下山到林场以外的地方租地，发展林业的主打产品，特别是速生丰产林和高效经济林，“借鸡下蛋”，发展经济。现在不少国有林场把富余职工组织起来，成立专业造林公司，在所在的县（市、区），承包造林任务，发挥林场职工的技能，同时也为职工安置找到了一个好的途径。

深化社会保障制度改革　全国有2359个国有林场分别参加了事业和企业养老保险，参保数占职工总数的40%，其中北京、上海、苏南、珠江三角洲等地区的林场基本参加了养老保险。东部地区一些条件好的林场，按照国务院关于建立城镇职工基本医疗保险制度的决定，加快了医疗保险制度改革步伐。到2002年底，苏南、山东沿海、珠江三角洲等近300个国有林场，实施了基本医疗保险制度改革，参加失业保险，工伤和生育保险。长江上游、黄河中上游实行天保工程的部分林场，利用天然林保护的扶持资金参加了这些保险。

2002年，国有林场的主要问题是，基础设施建设滞后、贫困面加大、基本养老保险的覆盖面低、不能实现离退休人员基本养老金按时足额发放、三条保障线很难落实等。（管长岭）

【贫困林场脱贫】　2002年，国家财政加大了对贫困林场的扶贫力度，由2001年的3000万元增加到9000万元，大大地调动了各级国有林场主管部门搞好贫困林场脱贫工作的积极性，增强了贫困林场脱贫致富奔小康的信心，促进了贫困林场脱贫工作的健康发展。

扩大扶贫资金的使用范围　针对贫困林场基础设施建设严重滞后的事实，征得财政部的同意，改变了扶贫资金只能用于生产发展的盈利性项目，安排扶贫资金7236.6万元，用于解决贫困国有林场路、水、电、通讯、危房改造、职工科技培训等非经营性项目，改善了贫困林场职工的生产生活条件，为贫困林场的发展创造了良好的环境。

扶贫资金实行项目管理　按照国家财政部对财政扶贫资金进行项目管理的要求，国家林业局制定了《扶贫项目经营性文本》、《扶贫项目非经营性文本》和项目指南，对扶贫项目的申报、立项审批、检查监督等提出明确要求，规范了项目管理。组织专家对各地上报的经营性项目文本、非经营性综合项目文本、非经营性单项项目文本进行了认真评审。在项目管理上实行项目法人管理负责制。为了加强项目管理，国家林业局在各省（区、市）自查的基础上，抽查了黑龙江、甘肃、湖南等6个省（区）1997年以来国家专项扶贫资金的使用情况和项目开展情况。

深入开展调查研究　近年来，受政策、体制等多方面的影响，国有林场的贫困面、贫困程度有所增加。为摸清情况，国家林业局场圃总站对全国的贫困国有林场情况进行了一次全面、深入、系统地调研。同时，又与中国农林工会组成联合调查组，对贵州和重庆的贫困林场进行了专题调查。通过调研，详细掌握了全国贫困林场的基本情况、存在问题，分析了原因，找到了对策，为彻底解决贫困林场问题做些坚实的基础工作。（吴丽萍）

【贫困国有林场场长培训班】　为提高贫困林场场长的综合素质，使贫困林场场长突破传统思维方式，解放思想，更新观念，奋发图强，开拓创新，树立脱贫致富的决心和信心，2002年10月22～30日，国家林业局在北京举办了两期贫困国有林场场长培训班。来自全国29个省（区、市）林业厅（局）国有林场主管处（局）长和林场场长共267人参加了培训。培训班邀请了财政部、国务院法制办、国家林业局有关司局的领导及专家，就当前林业形势和任务、WTO商机与规则运用、林业政策法规、国有林场经营管理等内容作了专题讲座和报告。同时，还邀请了广西高峰林场、山东省淄博市原山林场、黑龙江省尚志国有林场管理局等单位，介绍林场深化改革，强化管理、加快发展的经验和做法。实地参观考察了农村改革致富的先进典型，并组织学员进行了座谈交流。

参加培训的学员一致认为，这次培训班准备充分，目的明确，内容充实，信息量大。通过学习丰富了知识，开阔了视野，受到了启迪，振奋了精神，增强了信心，对进一步做好贫困国有林场脱贫工作具有很强的指导意义。（吴丽萍）

林业工作站建设

【综　述】　2002年，在国家林业局党组和主管局长的领导下，林业工作站管理总站（以下简称“工作总站”）坚持以邓小平理论和“三个代表”重要思想为指导，认真学习十六大精神，全面贯彻落实全国林业厅（局）长会议精神，紧紧围绕“一个重点、两件大事、三项工作”开展工作，充分发挥林业工作站在林业六大工程和五大转变中的基础保障作用。

搞好机关五大建设 一是加强组织建设。2002年3月，《国家林业局关于成立国家林业局森林资源行政案件稽查办公室的通知》（林人发［2002］51号）决定，将国家林业局森林资源行政案件稽查办公室设在林业工作站，实行“两块牌子，一套人马”。为切实抓好林政案件稽查工作，林业工作站调整了处（室）职责，增加了林政案件稽查力量，确保林政案件稽查工作的顺利进行。二是认真落实各项规章制度。2002年，林业工作站制定和完善了《林业工作站管理总站工作规则》等十几项规章制度并汇编成册，做到人手一册。重点抓制度的落实，使总站的各项工作走上了规范化、制度化的轨道。三是切实加强作风建设。2002年是中央提出的转变作风年。为认真贯彻《中共国家林业局党组关于进一步加强领导作风建设的意见》和“对自己要高标准、工作要高效率、服务要高质量”的要求，大兴调查研究之风，先后派出20个组（次）到各省（区、市）开展调查研究，形成调研报告多篇，为制定林业站建设长远规划提供了第一手材料。牢固树立为基层服务意识，克服衙门作风，对基层同志提出的问题，能解决的马上解决，不属于总站职权或管理范围的问题，也及时将问题向有关部门反映。

切实抓好基层林业站机构队伍的稳定 根据周生贤局长在全国林业厅（局）长会议报告中提出的“要继续抓好基层林业站的稳定工作。同时，要进一步理顺林业站管理体制，争取将其作为县级林业主管部门的派出机构，实行垂直领导，人员经费统一纳入县级财政预算。”的要求，采取多种形式抓好基层林业站的稳定，理顺林业站的管理体制。一是继续与各省（区、市）林业站主管部门保持联系，随时掌握各地林业站机构改革动态。二是指导督促各地以立法的形式稳定林业站机构队伍。及时对各省（区、市）制定的有关林业站的法律条款进行了解。自1998年4月29日第九届全国人民代表大会常务委员会第二次会议对《森林法》修订后，全国有18个省（区、市）制定和修改了相应的林业法律、法规，其中北京、辽宁、吉林、安徽、福建、湖南、陕西、甘肃等8个省（市）明确了林业站的地位，为保持林业站机构和队伍的稳定提供了法律保障。总站及时对具体法律条款进行了汇总，提供给各省（区、市）参阅。三是通过全国人大代表、政协委员呼吁机构改革中保留基层林业站。通过多方面的工作，部分人大代表向九届人大五次会议提交了《关于进一步加强林业服务体系的建议》（第2126号）的议案，部分政协委员向九届政协五次会议提交了《关于加强林业站机构队伍和基础设施建设》（第1403号）的提案，北京市政协李育良等委员向政协北京市九届五次会议提交了《在市县乡机构改革中应保持基层林业站的稳定》的议案，对稳定林业站机构队伍起到了较好的作用。四是认真做好来信来访工作。2002年共有17封人民来信反映机构和人员待遇问题，都及时转给省级林业站主管部门，要求进行认真调研，协调处理。五是联合农林水利工会进行林业站基础设施和人员待遇有关问题的调研。为更好地适应林业六大工程建设的需要，国家林业局林业工作站管理总站和全国总工会农林水利工会对河北、浙江、四川、重庆、贵州5省（市）进行林业站有关问题的联合调研。共同撰写了《为确保六大林业重点工程的顺利实施，亟待加强基层林业站建设》的调研报告。调研报告以农林水利工会的名义已上报党中央、国务院及相关部门。六是认真了解基层林业站参与森林生态效益补助资金试点工作的情况。2001年，全国森林生态效益补助资金试点工作正式启动，财政部和国家林业局在全国选择了11个有代表性的省（区）进行试点。工作总站对基层林业站参与试点工作情况进行了调研，把福建、辽宁、安徽、黑龙江、江西等5省的具体情况进行了摘录。他们有的明确林业站为生态公益林的实施主体，有的将林业站人员纳入直接管理人员范畴，并解决了管护费用。经过各级林业主管部门的共同努力，大部分省保持了林业站机构和队伍的稳定。据统计：截至2002年底，全国39 508个乡（镇）建立基层林业站30 175个，现有在岗职工151 101人。

编制完成了《全国林业工作站体系建设规划》 为适应林业跨越式发展的新形势对工作总站提出的新要求，切实加强林业站工作，充分发挥其职能作用，确保林业六大重点工程的顺利实施，经过近3年的努力，在国家林业局计资司及有关部门的支持下，编制了《全国林业工作站体系建设规划》，已于2002年10月以林计发［2002］234号印发各省（区、市）。《规划》认真总结了“九五”期间全国林业站建设成就、建设经验和存在问题，强调了加强林业站体系建设的紧迫性和必要性，明确提出了林业站建设的指导方针、发展目标、发展方向和建设重点，对“十五”期间和2006～2010年全国林业站建设具有较强的指导作用。

围绕六大林业工程，切实强化职能作用 围绕林业生态建设这个主题，在抓林业站工作时，要求林业站要积极投入到林业六大工程的建设中，发挥基础保障作用。到2002年底，全国共有17 653个林业站受上级林业主管部门的委托行使林业行政执法权，占总站数的58.5%，有1.3万个站加挂了野生动植物保护管理站的牌子，有659个林业站加挂了林业仲裁委员会牌子。随着森林生态效益补助资金试点工作的启动，作为森林资源管理体系重要组成部分的基层林业站发挥了不可替代的作用。黑龙江、辽宁、安徽、江西等省均在本省的森林生态效益补助资金管理实施办法或细则中明确规定了乡（镇）林业站的职责和其管护经费的落实，基层林业站在有偿使用森林生态效益工作中发挥的作用越来越突出。2002 年 5 月，林业工作站在甘肃省泾川县召开了发挥林业站职能作用，搞好退耕还林工作现场会，目的就是要求基层林业站积极参与林业六大重点工程建设，切实发挥职能作用。

认真抓好合格县和示范县建设工作 林业站建设合格县与示范县的开展，已成为提高林业站建设水平的重要手段。截至 2001 年底，全国共完成林业站建设合格县 1574 个，占有规划建站任务县的 64%。有 13 个省（区、市）的合格县比率已超过 70%。2002 初，林业工作站在 2002 年工作要点中，要求各省（区、市）继续抓好林业站建设合格县工作，督促这项工作相对落后的省（区、市）采取有力措施，加快合格县建设步伐，力争有大的突破。有合格县建设任务的省（区、市），加大了工作力度，积极向国家林业局申报林业站建设合格县。2002 年，国家林业局通报确认了 113 个合格县。到 2002 年底，全国合格县达到 1687 个，合格县比率达 68.7%。2001 年，结合六大林业重点工程，确定了 24 个县（市、区）开始了第一批林业站示范县试点工作。2002 年 5 月，在甘肃泾川会议上，各示范县对建设情况进行了汇报。从汇报和了解的情况看，大部分地方对示范县建设试点工作非常重视，基本上能按照示范县的要求和规划积极地开展建设。林业站的工作手段有了很大改善，管理水平有了较大提高。

开展“两个强化”教育 提高保护森林资源意识 为进一步提高基层林业站依法管理森林资源的自觉性，在全国林业站系统开展站务公开的基础上，2000 年 5 月又在全国基层林业站部署开展了“强化法制意识、强化森林资源保护意识”培训教育活动，编发了 2001 年涉及基层林业站林政案件选遍，对全国基层林业站进行警示教育。各级林业主管部门和基层林业站积极采取有效措施，使“两个强化”活动得到了顺利开展。通过“两个强化”培训教育活动的开展，广大基层林业站干部职工学法、懂法、守法的主动性普遍增强，森林资源保护意识、法制意识得到了强化，林业站队伍的整体素质有了进一步提高，工作作风有了明显好转，服务质量有了明显改观，工作效率有了明显提高。一年来，全国基层林业站涌现出了许许多多的模范集体和先进个人。如北京市门头沟区斋堂镇军响林业站获全国 农村“三个代表”重要思想学习教育活动先进集体。

努力抓好职工培训，不断提高职工队伍整体素质 针对目前林业站工作人员素质偏低的情况，工作总站始终把提高职工队伍整体素质作为一项重要工作，长抓不懈。林业站行业培训和学历教育工作正在积极有序地开展。一是编制下发了了林业站培训教育工作“十五”规划，为“十五”期间林业站工作人员培训教育工作指出了方向。二是结合实际，积极举办培训班。按照林业站“十五”培训规划中加强地、县级林业站管理人员培训的要求，工作总站分别于 5 月和 10 月举办了两期地、县级林业工作站管理人员培训班，对福建、陕西两省的近 200 名地、县级林业站管理人员进行了较为系统地培训。11 月，又举办了“省级林业站站（处）长培训班”，对 42 名省级林业站站（处）长和林业站管理人员进行了培训，均收到较好的培训效果。三是修改了《基层林业站站长岗位培训指导性教学计划（试行）》和《基层林业站站长岗位培训指导性教学大纲（试行）》，已经国家林业局人教司审定批准下发施行。同时，工作总站还组织了 2 期林业站骨干人员赴国外开展私有林经营管理考察，开拓了视野。

努力做好林权纠纷处理和林政案件稽查工作

认真做好林权纠纷处理工作　一是按照国家林业局林权争议处理办公室的安排，于 2002 年 4 月份赴黑龙江省，对省森工总局所属林业局与周边单位林权争议情况进行了专题调研，提交了调研报告。二是配合资源司林地林权处编印了《林地林权管理政策法规汇编》（第三册）。三是 2002 年 8 月份赴甘肃、宁夏就林木林地权属争议处理办法修改进行了调研，提交了调研报告。四是为林权争议调处管理培训班作了前期准备工作。

努力抓好林政案件稽查工作　为加大对破坏森林资源案件的查处力度，切实加强对破坏森林资源案件的受理和督查督办。一是增加了林政案件稽查力量。2002 年 3 月，国家林业局森林资源行政案件稽查办公室设在林业工作站后，工作总站及时增加了林政案件稽查力量，由原来的一个处调整为两个处，具体承办林政案件稽查工作。二是做好群众举报的受理工作。根据领导批示批转和督办林政案件，2002 年共批转举报案件 545 件。其中，中央和国务院领导批示的 24 件，国家林业局领导批示的 67 件。在批转办理的案件中，要求反馈查处结果的 290 件，到 12 月底有 173 件上报处理结果，属实的 97 件，已结案的 59 件。三是做好群众来访的接访、接待和电话接访。林政案件稽查处的电话已向全国公布，每天都要接听大量的群众举报电话，全部认真做好记录，及时报领导批转各地查处。四是不定期编发《森林资源行政案件稽查简报》。及时将林政案件稽查动态报送国家林业局局领导和资源司领导。五是对中央和国务院领导批示的重大案件跟踪查处结果并及时向中央和国务院领导及有关部门上报查处结果。10 月，协助资源司完成了《国家林业局关于报送落实朱镕基总理、温家宝副总理对〈群众反映〉第74期重要批示的初步情况的函》（林函资字［2002］149号），上报了46件案件的初步查处情况。六是协助组织督查组赴各地督查、督办。协助资源司、森林公安局共组织9个督查组（林业工作站共抽调10人次参加6个督查组到5个省、区）对10多件重大案件进行督查、督办，有力地促进重大案件的查处。通过督查，进一步加大了对破坏森林资源案件的查处力度，并督促有关省（区、市）加强和改进森林资源保护管理工作。

（马广仁）

【发挥林业站职能作用搞好退耕还林工作现场会】 2002年5月15日，工作总站在甘肃省泾川县召开发挥林业站职能作用搞好退耕还林工作现场会，总结交流林业站在退耕还林工程建设中的成功做法和经验，并探讨林业站如何在退耕还林工程建设中进一步发挥职能作用。来自全国31个省（区、市）、新疆生产建设兵团及24个全国林业站建设示范县的80多名代表参加了现场会。

国家林业局副局长雷加富向会议发了贺信。

甘肃省是实施退耕还林工程起步较早的省份之一。从1999年开始到2001年底，全省累计完成退耕还林18.38万公顷，面积核实率和造林合格率均在99.6%以上。泾川县是甘肃省实现绿化第一县，在退耕还林工作中，总结出一整套切实可行的经验和做法，其中之一就是把林业站作为退耕还林工作的重要依托。作为县级林业主管部门的派出机构，泾川县的林业站主动发挥自身的职能作用，在退耕还林工程建设中认真做好政策宣传、作业设计、技术指导、质量把关、档案管理等工作，保证了退耕还林工程建设的任务、措施、技术真正落到山头地块，落实到一家一户，有力地促进了工程的实施。

会议认为，甘肃省泾川县树立了林业站在退耕还林工作中发挥职能作用的样板，经验值得推广，做法值得借鉴，干劲值得学习。

就今后如何更好地发挥林业站职能作用，搞好退耕还林工作，会议提出六条要求：一是强化宣传意识，不断提高干部群众的思想认识，调动他们投身退耕还林工程建设的积极性；二是强化服务意识，充分发挥林业站的专业特长，做好科技服务工作；三是强化质量意识，严把设计关、种苗关和验收关，建设优质工程；四是强化保护意识，及时发放退耕还林林权证，明确林业站、村组以及退耕户的责权利关系，确保退得下、管得住；五是强化责任意识，建立健全目标管理制度，把目标和责任分解落实到人；六是强化素质意识，加大对林业站人员的培训力度，进一步提高政策和工作水平。

会议的召开收到了良好成效，对全国基层林业站为林业六大重点工程建设服务起到促进作用，宣传了林业站在生态建设中的重要地位，引起了新闻媒体对林业生态建设的关注，《人民日报》专门派记者到泾川县采访，在2002年7月13日《人民日报》头版头条刊登了《泾川人的自豪》的长篇报道，同时配发了评论员文章《山川秀美大有希望》。（侯　艳）

【《全国林业工作站体系建设规划》编制完成】 为适应林业跨越式发展的新形势对林业站提出的新要求，切实加强林业站工作，充分发挥其职能作用，确保林业六大重点工程的顺利实施，国家林业局于2002年10月11日印发了《全国林业工作站体系建设规划》（林计发［2002］234号）。

《全国林业工作站体系建设规划》是关于全国林业站建设的第一个比较系统的长远规划，对“十五”期间和2006～2010年加强全国林业站建设具有较强的指导作用，突出强调了以下几个方面的问题：

认真总结了“九五”期间全国林业站建设成就、建设经验和存在问题 “九五”期间，全国林业站建设紧紧围绕林业中心工作，坚持“巩固、完善、提高”的建设方针，以开展林业站建设合格县活动为重点，以强化林业站职能作用为核心，不断加强机构、队伍和基础设施建设，努力提高全员素质，改善林业站工作条件和生活条件。林业站基础保障作用明显增强，保障了各项林业工作在基层的贯彻落实，促进了林业事业的快速、健康发展。

“九五”期间，林业站建设主要形成了六个方面的经验：一是对林业站进行准确定位，明确提出了林业站的首要任务是培育和保护森林资源，全力以赴做好森林资源的培育和保护工作。二是围绕林业中心工作开展工作，结合林业中心工作，林业站充分发挥了管理、组织、指导、服务的职能作用。三是适时转变工作重点，在基本完成林业站建站任务后，及时把工作重点转向对已建站的巩固、完善、提高上来，以合格县建设为突破口，带动了全国林业站整体水平的提高。四是按照山区、平原、沿海等几种类型，对林业站提出了不同的工作要求，分类指导，收到了良好效果。五是坚持把林业站的机构和队伍稳定工作作为各项工作的重中之重，紧抓不放，保持了基层林业工作的连续性。六是通过不断加强精神文明和廉政建设，不仅树立了林业站良好的社会形象，还为林业站的发展提供了强有力的精神动力。但是，面对全国林业建设的新形势也存在一些不容忽视的问题，突出表现在：管理体系不健全，管理体制不顺；投入不足，林业站基础设施建设严重滞后；职工队伍的整体素质偏低；合格县建设发展不平衡；部分林业站职能作用发挥不充分等。

强调了林业站体系建设面临的形势和加强林业站体系建设的紧迫性和必要性 新的世纪，林业面临着前所未有的发展机遇，生态建设任务日益繁重，加强林业站体系建设是深化林业改革、加快林业发展、实现林业跨越式发展的需要，是顺利实施六大林业重点工程的需要，是强化森林资源保护和管理的需要，是稳定林业机构提高林业执法水平的需要，是贯彻、宣传林业法律法规的需要，是提高林业整体科技水平的需要，是指导和发展乡村林业生产、加快乡村林业产业建设的需要。

明确提出了林业站建设的指导思想、遵循原则、建设目标和总体布局 林业站建设的指导思想是：按照新时期林业发展的基本思路，坚持“巩固、完善、提高”的林业站建设方针，以培育和保护森林资源为宗旨，以强化林业站“管理、组织、指导、服务”职能作用为核心，以稳定职工队伍、提高人员素质、改善工作条件、强化能力建设为重点，以开展重点县林业站建设为手段，完善林业站体系，全面提高林业站整体水平，为实现林业的跨越式发展提供基础保障。

“十五”期间，林业站建设目标是：进一步深化林业站管理体制改革，逐步将林业站作为县级林业主管部门的派出机构，强化其执法监管的地位和作用。到2005年，全国基层林业站总数将达到3.9万个，职工总数达到19万人。90%的林业站建有独立办公用房，80%的林业站配备机动交通工具，100%的林业站配备通讯设备，20%的林业站实现办公自动化；持证上岗率达到95%，具有大专以上学历的人数达到20%，专业技术人员达到80%。加强对基层林业站建设的分类指导，完成500个重点县林业站建设，将其建成各具特色的全国林业站建设示范县；林业科技推广基地达150万公顷，全面完成合格县建设任务，建立比较完备的林业站体系。

2006～2010年，林业站建设目标是：完成1000个重点县林业站建设。林业站均有独立的办公用房和机动交通工具，职工均达到中专以上学历，每个站都有科技推广基地。按照建设标准化、管理规范化、服务系列化、推广基地化的要求，把林业站建设成为管理有序、服务有方、功能齐全、具有自我发展活力的基层林业管理服务组织，建立完备的林业站体系。

全国林业站建设的重点区域是：六大林业重点工程区范围内，承担工程建设任务的县；六大林业重点工程区范围外，资源管理和林业生态建设任务较重的县。规划符合上述条件的县为1500个，主要建设内容是完善林业站体系建设，加强人员培训，实现办公自动化、交通工具机动化，具有较完善的通讯设备，强化现代管理手段。

明确了林业站体系建设内容 林业站建设内容包括六个方面：一是人员配备和队伍建设。通过开展岗位培训、学历教育、专门培训、护林员培训、法制教育等形式加强林业站队伍建设，提高职工队伍整体素质，同时加强精神文明建设和廉政建设。二是基础设施建设。为林业站配备必要的交通、通讯、办公设备。三是业务建设。紧密围绕六大林业重点工程，对林业站实行分类指导，充分发挥其职能作用。四是制度和法制建设。通过建立健全各项规章制度和加强法制建设来规范和约束每个工作人员的行为。五是宣传教育工作。通过各种形式的宣传活动，增强和调动人们护林和造林的积极性。六是林业科技推广和林业社会化服务工作。通过建立示范基地，推广科技成果，建立健全乡村林业社会化服务网络等形式，为乡村林业的发展提供全方位的技术服务。

强调了林业站体系建设的重点 为适应林业跨越式发展对林业站建设的新要求，林业站体系建设要着重抓好以下几个方面的工作：一是管理体系建设。包括完善管理机构，理顺管理体制，加强管理机构能力建设。二是重点县林业站建设。在全国林业站建设合格县的基础上，在全国范围内分区域选择部分有代表性的县（区、市），以县为单位进行林业站建设。三是合格县林业站建设。继续把合格县建设作为林业站巩固、完善、提高的重要手段抓紧抓好。四是人员培训。以提高人才综合素质和专业技术水平为重点，加强林业站人员的教育培训工作。

《全国林业工作站体系建设规划》要求各级林业主管部门要加强对林业站体系建设的组织领导，不断加大投入力度，加大有关法规和政策的宣传力度，加强对林业站工作的监督检查和扶持，不断提高林业站建设整体水平，为六大工程的顺利实施提供强有力的支撑保障。 （张志刚）

【国家林业局发布《全国林业工作站建设示范县检查验收办法（试行）》】 为适应林业建设新形势的需要，加强对林业站建设的分类指导，切实发挥林业站在六大林业重点工程建设中的基础保障作用，国家林业局从2001年起在全国进行林业站建设示范县试点，试点工作将于2003年上半年结束。 （许 绠）

【全国林业工作站建设合格县工作】 按照国家林业局对全国林业站建设合格县工作的部署和要求，各省（区、市）林业主管部门对2001年达到合格县标准的县（市、区）进行了自下而上的逐级检查、验收、申报。2002年，全国共有15个省（区、市）申报林业工作站建设合格县。工作总站对各省（区、市）申报的合格县进行了认真审核和重点抽查，根据抽查结果和各省（区、市）检查验收情况，确认河北省鹿泉市等113个县（市、区）为2001年全国林业工作站建设合格县。并以《国家林业局关于公布2001年全国林业工作站建设合格县的通报》（林站发［2002］208号）公布了合格县名单。至此，全国林业站建设合格县的数量达到1687个，占有规划建站任务县的68.7%。

2001年全国林业工作站建设合格县

河北省（23个）

鹿泉市　无极县　赤城县　崇礼县　平泉县　滦平县　宽城满族自治县　青龙满族自治县　遵化市　丰润县　滦县　滦南县　大城县　文安县　涿州市　安国市　高碑店市　徐水县　定兴县　涞水县　南宫市　隆尧县　大名县

内蒙古自治区（11个）

和林格尔县　清水河县　固阳县　土默特右旗　乌海市乌达区　巴林右旗　莫力达瓦达斡尔族自治旗　镶黄旗　察哈尔右翼前旗　四子王旗　准格尔旗

安徽省（5个）

砀山县　萧县　定远县　六安市裕安区　无为县

江西省（3个）

赣州市章贡区　横峰县　吉安市青原区

山东省（4个）

临清市　临朐县　微山县　汶上县

湖南省（5个）

浏阳市　新田县　怀化市鹤城区　花垣县　永顺县

广东省（4个）

佛冈县　饶平县　阳江市海陵岛经济开发试验区　阳西县

广西壮族自治区（2个）

鹿寨县　武宣县

海南省（2个）

文昌市　乐东黎族自治县

重庆市（2个）

九龙坡区　巫山县

四川省（30个）

广元市市中区　广元市朝天区　旺苍县　青川县　苍溪县　德阳市旌阳区　南充市嘉陵区　阆中市　南部县　营山县　广安市广安区　武胜县　邻水县　内江市东兴区　资中县　乐山市市中区　乐山市沙湾区　乐山市金口河区　犍为县　沐川县　合江县　珙县　通江县　平昌县　资阳市雁江区　彭山县　洪雅县　丹棱县　青神县　小金县

陕西省（5个）

长安县　耀县　渭南市临渭区　永寿县　宁强县

甘肃省（9个）

白银市平川区　靖远县　会宁县　景泰县　秦安县　甘谷县　平凉市　通渭县　陇西县

青海省（4个）

湟源县　平安县　祁连县　兴海县

宁夏回族自治区（4个）

银川市郊区　固原县　西吉县　泾源县

（张志刚）

【全国林业站培训教育工作】 围绕着增强职工素质，为林业重点工程服务这个目标，在林业培训教育主管部门的高度重视下，2002年，林业站培训教育工作在各省（区、市）林业站主管部门的努力下稳步推进。一是培训管理更加完善。①按照《国家林业局关于进一步加强林业教育培训工作的若干意见》和《全国林业行业教育培训工作“十五”规划》（林人发［2001］276号）的要求，根据林业站职工队伍素质状况，国家林业局林业工作站管理总站制定下发了《林业工作站“十五”培训教育规划》，各省（区、市）林业站主管部门相应地制定了本省（区、市）“十五”期间林业站培训教育工作规划，做到了培训工作目标和任务明确，为培训工作指明了方向。②根据新时期林业站面临的形势和任务，结合林业站职工对现代林业管理知识和管理技术的实际需要，对原《区、乡（镇）林业站站长岗位培训课程教学大纲（试行）》（林站培［1992］19号）和《区、乡（镇）林业站站长岗位培训指导性教学计划》（林人通字［1996］152号）进行了修改，并多次征求省级林业站管理部门的修改意见，力求做到目标要求切合实际，培训重点突出，学有所用。至2002年底修改工作基本完成。③编制上报了“十五”期间林业站培训项目库，纳入了国家林业局林业行业培训项目库。二是专项活动有声有色。2002年5月，在全国基层林业站开展了以“强化法制意识，促进依法行政；强化森林资源保护意识，确保森林资源安全”为主题的培训教育活动，掀起了林业法律法规的学习高潮。至年底活动结束时，涌现出7个“两个强化”学习省级先进单位、58个县级先进单位和136个基层林业站。三是积极举办培训班。2002年，工作总站举办了1期省级林业站站长培训班和2期地县级林业站站长培训班，共培训省、地、县级林业站站长（主管人员）及乡（镇）林业站站长（技术员）233人。各省（区、市）林业站主管部门克服人员少、工作忙、经费紧张的实际困难，根据职工素质状况的不同，分别举办了重点不同、形式多样的培训班，均收到了良好的培训效果。据统计，2002年共培训林业站站长9998人，站员29 468人，参加中央农业广播电视学校、林业大中专班、专业证书班学习的林业站职工本年毕业生数达3218人，在校生数为7543人，2002年入学人数为3447人。在各级林业站主管部门的共同努力下，至2002年底，在全国134 520名林业站长期职工中，具有大专以上学历的24 894人，占18.5%；中专、高中文化的89 248人，占66.4%；初中以下文化的20 378人，占15.1%。基层林业站职工整体素质进一步提高。（侯　艳）

【全国林业站行业宣传工作】 2002年，工作总站在国家林业局党组的正确领导下，在各省（区、市）林业主管部门的支持下，及时贯彻落实国家有关林业站建设的方针政策，总结推广基层林业站在实施林业六大工程中的先进经验和做法，林业站行业宣传工作取得了新的进展和良好的成效。

积极做好泾川会议精神的传达贯彻工作　2002年，工作总站在甘肃省泾川县召开了发挥林业站职能作用搞好退耕还林工作现场会，对林业站充分发挥职能作用，搞好退耕还林工程建设，提出了具体要求。会后，林业工作站管理总站及时地将会议的重要精神，通过《中国绿色时报》、互联网以最快的速度进行了传达，尤其是利用《全国林业站网讯》将泾川会议的主题报告以及其他典型经验以专辑的形式刊发，全面地、完整地宣传贯彻了会议精神，起到了良好的宣传效果。

配合“两个强化”活动的开展，加大对林业法律法规方针政策的宣传力度　2002年，工作总站在基层林业站部署开展了“两个强化”培训教育活动，为了把这次活动开展好，林业工作站管理总站利用《全国林业站网讯》，将活动规定的16个必读篇目以及选编的涉及基层林业站的7个案例整理成学习专辑出版，并在《网讯》上大量地报道各地在开展“两个强化”活动中的好的做法，对积极推动活动的开展起到了良好的效果。

充分利用好《中国绿色时报》、《全国林业站网讯》和国家林业局互联网站　紧紧围绕2002年工作总站和林业站的中心工作，有计划地突出宣传重点，大力传达贯彻国家有关林业站工作的方针政策，积极推广林业站建设先进经验，宣传先进典型。据统计，2002年共为《中国绿色时报》的“林业工作站”专栏组织发稿17篇，为《全国林业站网讯》组织发稿68篇，为国家林业局互联网站提供稿件23篇，圆满地完成了各项宣传任务。　（董　原）

【全国林业站“两个强化”培训教育活动】　近年来，基层林业站认真贯彻新时期林业发展的基本思路，积极发挥职能作用，不断开拓进取，在林业重点工程建设和乡村林业发展中作出了突出贡献，得到了各级党委、政府和林业主管部门的肯定。但由于一些基层林业站职工法制意识、资源保护意识淡薄，综合素质不高，以及有关部门忽视了对基层林业站的管理和监督，出现了林业站工作人员失职、渎职的情况，有的甚至执法犯法。这些案件的发生，不仅给森林资源造成了破坏，产生了不良的社会效应，而且对基层林业站机构队伍的稳定也造成不利影响。为进一步提高基层林业站干部职工的法制意识，增强保护发展森林资源的责任感、紧迫感，更好地发挥基层林业站在林业六大重点工程建设中的基础保障作用。从2002年5月起至11月底止，工作总站在全国基层林业站开展了以“强化法制意识，促进依法行政；强化森林资源保护意识，确保森林资源安全”为主题的“两个强化”培训教育活动。

“两个强化”教育活动的主要任务是：以“三个代表”重要思想为指导，通过教育活动的开展，深入学习林业法律法规，增强法制意识、责任意识和服务意识，促进依法行政，建立健全和全面落实森林资源管理各项规章制度，提高人员素质、执法水平和服务能力，全面落实“严管林，慎用钱，质为先”三项工作要求，树立林业站管理有序、工作有为、执法有力、服务有方的良好形象。

活动的主要内容是在深刻领会“三个代表”重要思想的基础上，突出抓好林业方针政策法律法规的学习，并且结合周生贤局长2001年6月16日在全国林业厅（局）长座谈会上的讲话精神，对照选编的案例，深刻反思。要通过学习使林业站职工知法、懂法、守法，增强职工队伍依法行政的自觉性，增强保护森林资源的责任感。

通过“两个强化”培训教育活动的开展，广大基层林业站干部职工的精神面貌发生了可喜的变化，森林资源保护意识、法制意识显著增强，人员素质、执法水平和服务能力有了进一步提高，基础保障作用进一步增强。为激励先进，进一步巩固“两个强化”培训教育活动取得的成果，推动林业站工作再上新台阶，经国家林业局人事教育司同意，工作总站于2003年初通报表彰了“两个强化”培训教育活动先进单位。江西省林业工作总站等7个单位被授予“两个强化”活动省级先进单位；北京市怀柔区林业局等58个单位被授予“两个强化”活动县级先进单位；北京市昌平区南口镇林业站等136个林业站被授予“两个强化”活动先进林业站。　（董　原）

林业计划统计

林　业　计　划

【林业生产建设投资计划】

营造林生产计划及完成情况　2002年，全国造林面积计划任务812.66万公顷，其中：人工造林722.66万公顷，飞播造林90万公顷。据统计，全国2002年完成造林面积777.60万颂，其中：人工造林690.11万公顷，飞播造林87.49万公顷，分别完成计划的95%、95%和97%。2002年下达封山育林新增面积计划315.13万公顷，实际完成256万公顷，为计划的81.2%。

中央2002年对林业投入情况　2002年，中央级林业基本建设投资总量仍然保持了较高水平，累计安排896 221万元。同比2001年的594 321万元增长了50.8%。中央级林业基本建设在2002年投资中：国家计委安排投资895 701万元，包括中央财政预算内基本建设投资84 790万元、中央财政预算内专项投资（以下简称“国债投资”）810 911万元；国务院机关事务管理局安排国家林业局机关基本建设投资520万元。其结构如下：

1. 退耕还林工程国债投资430 000万元，用于造林苗木补助。退耕还林造林任务572.86万公顷，其中：退耕地造林264.46万公顷，荒山荒地造林308.2万公顷。

2. 长江上游黄河上中游地区天然林资源保护工程国债投资150 000万元，其中：公益林建设113 778万元，种苗工程建设29 145万元，森林防火3200万元，科技支撑等项目3877万元。公益林建设任务115.73万公顷，其中：人工造林17.5万公顷，飞播造林64.84万公顷，封山育林33.38万公顷。

3. 京津风沙源治理工程国债投资60 140万元（林业部分），其中：飞播造林10.9万公顷，封山育林16.3万公顷。

4. 野生动植物保护及自然保护区建设工程基本建设投资23 980万元，其中：国债投资21 900万元，预算内基本建设投资2080万元。

5. 三北等防护林工程98 215万元，其中国债投资90 000万元，中央财政预算内基本建设投资8215万元。

6. 种苗项目32 200万元，其中：国债投资25 000万元，预算内基本建设投资7200万元。

7. 森林保护项目50 171万元，其中：国债投资33 871万元，预算内基本建设投资16 300万元。包括：森林防火投资22 000万元，森林公安及林区检法基础设施投资13 271万元，森林病虫害防治项目11 500万元，森林公园基础设施建设投资3400万元。

8. 科技教育项目20 745万元，其中：林业教育14 145万元，林业科技6600万元。

9. 林业工作站等林业基础设施建设7588万元，其中：林业工作站2500万元，林政及木材检查站1000万元，调查规划设计4088万元。

10. 森工非经营性建设项目投资16 888万元，其中：管理局以上行政事业单位非经营性基本建设投资6593万元；森工企业（林业局）非经营性基本建设投资10 295万元，用于给水工程4886万元、学校建设3386万元、医院建设1194万元、油库搬迁703万元、其他126万元。

11. 局直属单位基本建设投资40 650万元，其中：中央预算内基本建设投资30 803万元，国债投资9327万元，国管局投资520万元。　（吕光辉）

【林业外资】

中国林业生态建设获巨额外资支持　10月，国家计委印发了经国务院批准的2002～2004年利用日本国际协力银行日元贷款备选项目规划，其中用于中国林业生态建设、外资总额达4.3亿美元的江西、湖北生态林建设项目及甘肃、内蒙古、四川、云南生态环境整治项目被正式列为备选项目，并将按照项目前期筹备情况，于2005年前分阶段实施。

对俄罗斯森林资源开发取得新进展，并获多项政

策支持 截至2001年底，中国在俄森林采伐企业16家，2001年采伐木材32万立方米、运回木材17万立方米；木材加工企业23家，累计加工木材114万立方米。

2002年5月，中俄两国召开了森林资源开发利用常设工作小组第二次会议。会议明确了双方政府下步工作重点是编制《中俄森林资源开发利用长期合作规划》，并将大兴安岭林业集团年采伐50万立方米、龙江森工集团年采伐20万立方米等4个项目作为第一批重点推动的项目。

同时，在国家林业局、商务部（原外经贸部）、财政部、国家计委的共同努力下，出台了多项对俄森林资源开发扶持政策：一是由中央财政拨款4亿元用于对俄森林开发项目贷款贴息；二是中央财政拨款1180万元用于对俄森林开发规划的编制工作；三是国务院进一步明确重点支持国有森工企业赴俄森林开发；四是在总结黑龙江进口俄原木加工锯材出口试点基础上开展增列内蒙古、新疆试点工作。

抓住入世契机开展相关工作 2002年是中国加入世界贸易组织（WTO）的第一年，中国森产品在进口失去一些保护措施、出口面临若干技术和绿色壁垒的情况下，通过提高自身竞争力、积极开拓国际市场等措施，有效缓解了国外产品的冲击，并能够利用加入WTO的权利不断扩大国际市场份额。

同时，国家林业局一方面开展WTO预警工作，重点监控林产品进出口情况，对内保护国内产业，对外防止出口量过大或过于集中而遭遇抵制；另一方面结合WTO、东盟自由贸易区、曼谷协定、欧盟普惠制等林产品谈判，促进产品出口、带动海外林业开发；三是积极开展利用WTO绿箱、黄箱等政策加大林业支持力度研究，为林业谋求更多的资金、政策支持。

林业机电产品进出口管理工作 国家林业局机电产品进出口办公室本着严格把关、服务行业基层的原则，不断提高机电设备进出口管理工作的业务水平，加强行业管理。2002年共为林业行业办理机电设备进口审批登记457批（其中自动登记开证442份，转报配额、特定商品15份），总计金额8860万美元，为中国林业内、外资项目的顺利实施打下了坚实的基础。 （许 庆 陈嘉文 张 伟）

【国家林业局直属单位基本建设投资】 2002年，局直属单位基本建设投资40 650万元，其中：中央预算内基本建设投资30 803万元，国债投资9327万元，国管局投资520万元。

2002年，国家林业局调整和优化资金使用结构，加大了对林业科技的投入力度，安排投资2.5亿元，占总投资的31%，比2001年提高了8个百分点。加大了林业教育基础设施建设投资力度，安排投资1亿元，占总投资的13%，比2001年提高了11个百分点。增加了调查规划设计投资，安排0.8亿元，占总投资的10%，比2001年提高了30个百分点。增加了林业信息化建设、森林病虫害防治、森林防火、森林资源管理和保护、林木种苗等方面的投资，共安排3亿元，占总投资的38%，比2001年提高了20个百分点。

2002年按照集中投入，确保重点的原则，局直属单位重点建设项目顺利实施。重点安排了一批关系到林业六大重点工程建设的基础保障项目，如南方国家级林木种苗示范基地、南京森林公安高等专科学校新校区建设、西南航空护林总站站址改建、东北航空护林中心迁址、卧龙保护区碧峰峡大熊猫保护基地建设等项目已建成交付使用或全面开工建设；启动了一批事关职工工作与生活的基础设施改造项目，如中国林科院京区大院“煤改气”、佛坪自然保护区基础设施灾后重建和北京林业干部管理学院食堂翻建等项目取得实质性进展；加强了信息化项目建设投资力度，如全国林业视频会议系统、森林病虫害预测预报网络系统等项目正在抓紧建设。 （田永臣）

【速生丰产林基地建设工程】 2002年7月，国家计委批复了《全国重点地区速生丰产林基地建设工程总体规划》，至此拉开了中国林业六大重点工程全面启动的帷幕，全国各地建设速生丰产林特别是纸浆原料林基地的积极性更加空前高涨。国家林业局对积极推进林纸一体化进程的问题非常重视，组织和开展了大量基础理论研究和工程建设前期工作，其中包括森林资源资产评估和商品材限额采伐指标管理政策研究等，并向国家计委推荐和报送了2个重点速生丰产林基地建设项目。①吉林延边白麓纸业有限公司20万吨高档文化用纸工业原料林基地项目建议书；②广东威华水电集团8万公顷速生丰产林基地项目建议书。

（刘跃祥 陈瑞国）

【国家林业局直属单位基本建设】 2002年，国家林业局审批了直属单位17个基本建设项目的可行性研究报告、3个项目的初步设计。共批复总投资22 517万元，其中中央预算内林业基本建设投资19 294万元，建设单位自筹资金3223万元。批复情况见下表。

项　目　名　称	批复投资（万元）			
	合计	国家	自筹	贷款
陕西佛坪自然保护区护林防火基础设施建设项目	633	633		
陕西佛坪自然保护区重点基础设施灾后重建项目	717	717		
甘肃白水江自然保护区保护站点基础设施建设项目	1274	1274		
卧龙自然保护区雅安碧峰峡大熊猫保护基地项目初步设计	2760	2760		
卧龙自然保护区博物馆室内装饰工程	717	717		
黑龙江呼中自然保护区续建工程初步设计	522	522		
中国野生动物保护协会秦皇岛野生动物救护中心	430	430		
北京林业管理干部学院国际合作培训楼局部维修改造工程	656	656		
北京林业管理干部学院食堂改建工程	986	986		
中国林业科学研究院报告厅改造项目	581	581		
中国林业科学研究院京区大院“煤改气”工程初步设计	1230	1230		
中国林业科学研究院南京林化所中试基地改扩建工程	1750	1127	623	
林产工业设计院业务用房抗震加固及院区配电改造	1374	1374		
西北林业调查规划设计院综合业务用房维修改造工程	681	681		
国家林业局调查规划设计院购置业务用房项目	2980	2980		
国家林业局经济发展研究中心17号住宅楼抗震加固项目	207	207		
南京森林公安高等专科学校警体训练场项目	2600	2600		
全国林业视频会议系统建设项目	1967	1967		
国家林业局林业展室项目	285	285		
三北局机关大院院区基础设施改造项目	167	167		

（刘跃祥　陈瑞国）

【国家森林公园基础设施建设项目】　2002年为进一步加快国家森林公园建设步伐，合理利用和有效保护森林风景资源，鼓励和引导社会资本参与国家森林公园建设，国家计委做出了安排部分国债资金用于扶持国家级森林公园公益性基础设施建设的预算计划。为充分发挥国债投资效益，国家林业局按照“科学布局、择优扶强”的原则，严格履行基建程序，遴选并批复了37个国家森林公园公益性基础设施建设项目。共批复总投资7729万元，其中：中央投资5040万元，地方配套2689万元。中央投资主要负责建设公益性的主体设施，如风景林营造、林相改造、病虫害防治、护林点维修、防火便道（公益性部分）、生物防火林带、防火瞭望塔、供水供电改造、宣教中心（公益性部分）、标本馆等；地方配套资金主要负责建设配套的、带有一定经营性质的设施，如防火便道（游览道部分）、安全环卫设施、宣教中心（对游客开放部分）、配套宣教设备等。批复的37个项目见下表。

项目名称	批复投资		
	合计	中央	地方
辽宁大孤山国家森林公园公益性基础设施建设项目	188	140	48
辽宁本溪国家森林公园公益性基础设施建设项目	253	150	103
吉林净月潭国家森林公园公益性基础设施建设项目	239	150	89
吉林龙湾群国家森林公园公益性基础设施建设项目	217	150	67
黑龙江长寿国家森林公园公益性基础设施建设项目	202	120	82
黑龙江哈尔滨国家森林公园公益性基础设施建设项目	254	190	64
黑龙江一面坡国家森林公园公益性基础设施建设项目	185	120	65
龙江森工集团八里湾国家森林公园公益性基础设施项目	166	100	66
龙江森工集团亚布力国家森林公园公益性基础设施项目	207	150	57

项目名称	批复投资		
	合计	中央	地方
龙江森工集团凤凰山国家森林公园公益性基础项目	162	100	62
江苏老山国家森林公园公益性基础设施建设项目	169	100	69
江苏徐州环城国家森林公园公益性基础设施建设项目	228	150	78
浙江玉苍山国家森林公园公益性基础设施建设项目	199	130	69
浙江千岛湖国家森林公园公益性基础设施建设项目	169	110	59
浙江铜铃山国家森林公园公益性基础设施建设项目	196	110	86
浙江宁波天童国家森林公园公益性基础设施建设项目	229	150	79
安徽九华山国家森林公园公益性基础设施建设项目	208	110	98
安徽琅琊山国家森林公园公益性基础设施建设项目	209	130	79
安徽天柱山国家森林公园公益性基础设施建设项目	203	110	93
福建龙岩国家森林公园公益性基础设施建设项目	229	150	79
福建福州国家森林公园公益性基础设施建设项目	270	150	120
山东昆嵛山国家森林公园公益性基础设施建设项目	239	150	89
山东徂徕山国家森林公园公益性基础设施建设项目	214	150	64
青岛珠山国家森林公园公益性基础设施建设项目	168	100	68
河南龙峪湾国家森林公园公益性基础设施建设项目	211	150	61
湖北九峰国家森林公园公益性基础设施建设项目	219	150	69
湖南莽山国家森林公园公益性基础设施建设项目	202	110	92
湖南张家界国家森林公园公益性基础设施建设项目	149	110	39
湖南天际岭国家森林公园公益性基础设施建设项目	221	130	91
广东黄岐山国家森林公园公益性基础设施建设项目	229	150	79
广东梧桐山国家森林公园公益性基础设施建设项目	223	130	79
海南吊罗山国家森林公园公益性基础设施建设项目	205	150	55
四川瓦屋山国家森林公园公益性基础设施建设项目	220	150	70
重庆梁平东山国家森林公园公益性基础设施建设项目	205	150	55
贵州长坡岭国家森林公园公益性基础设施建设项目	210	150	60
青海大通国家森林公园公益性基础设施建设项目	189	150	39
宁夏贺兰山苏峪口国家森林公园公益性基础设施建设项目	217	150	67

（胡迎端　陈瑞国）

【自然保护区及野生动植物保护工程】　2002 年共审批 53 个自然保护类基本建设项目。其中，国家自然保护区建设项目 31 个（含直属保护区 2 个，变更建设地点 1 个），森工自然保护区建设项目 5 个，湿地恢复与示范项目 5 个，野生动植物拯救与保护工程建设项目 12 个。批复总投资 47 482 万元，其中，国家投资 27 700 万元，地方配套投资 19 782 万元。

（胡迎端　陈瑞国）

【林木种苗建设工程】　2002 年共审批林木种苗建设项目 23 个，其中：种苗检测加工储藏等基础设施建设项目 20 个，良种繁育中心 2 个，变更省级种苗示范基地 1 个。批复总投资 11 206 万元，其中，国家投资 7819 万元，地方配套投资 3387 万元。

（刘跃祥　高述超）

【农业综合开发】

积极争取资金　按照国家农业综合开发总体思路，结合林业六大重点工程的实施，加大结构调整，集中资金、突出重点，进一步争取农业综合开发林业项目资金，同时协调国家农业综合开发办公室（以下简称“农发办”）加大对地方农发林业建设的投入。2002 年，国家农发办安排国家林业局农业综合开发项目中央财政资金控制指标 1.4 亿元，比 2001 年增加 1000 万元。重点用于生态环境建设（长防林建设 3700 万元、防沙治沙示范工程 2100 万元、太行山绿化工程 2000 万元）和名优经济林及花卉项目 6200 万元。项目实施后将完成造林面积 130 140 公顷，其中防护林建设 117 653 公顷，经济林建设 12 487 公顷。

编制规划，制定标准　按照国家农发办的总体要求，组织编制了《全国经济林产业发展规划》，开展了农业综合开发经济林和花卉专题调研工作，着手编制农业综合开发经济林和花卉建设标准工作。

组织培训，提高业务素质 为落实国家陆续出台的一系列农业综合开发政策以及若干规章制度，加强项目和资金管理，提高从事农业综合开发人员的业务素质，国家林业局组织开展了农业综合开发项目管理培训班，对省级林业主管部门的农业综合开发管理人员进行培训。

搞好验收工作 积极配合国家农业综合开发办公室，完成了对1999～2001年实施的经济林项目的验收工作。在国家林业局自验的基础上，国家农发办验收组重点抽查了浙江、湖北和宁夏省（区）的经济林项目建设。经国家农发办检查验收评比，认为工程质量较好，同意通过验收。 （张艳红 王新凯）

【林业扶贫开发】

组织制定规划 按照中央对扶贫工作的部署，根据《中国农村扶贫开发纲要》的总体要求，在贵州、广西两省（区）编制的九万大山林业扶贫开发规划的基础上，结合国家已批准的林业六大重点工程规划，国家林业局组织编制了《九万大山地区林业扶贫开发规划》(2002～2005)。

加大了林业投入力度 2002年，国家林业局对九万大山地区19个扶贫县共安排林业基建和财政资金16 107万元，其中：国家基本建设投资3939万元(包括林业扶贫专项资金1400万元)，中央财政资金12 168万元，主要用于贫困地区生态环境的天然林资源保护、退耕还林、珠江防护林等林业重点工程以及为改善生产生活条件和增加农民收入的经济林建设项目。

继续做好林业扶贫培训工作 2002年10月在宁波市举办了第九期九万大山地区林业扶贫培训班，组织贵州、广西两省（区）林业厅、6个地（州、市）和19个扶贫县的林业局长进行了为期6天的培训。邀请有关专家就林木种苗技术、经济林产品市场、林业多种所有制政策等方面进行了专题讲座，与会人员进行了座谈讨论和典型经验交流，并参观考察了当地经济林加工龙头企业。

编写出版《绿染九万大山》一书 该书对十几年来林业扶贫工作进行了系统地总结，主要编入了黔桂九万大山有关地（州、市）和重点贫困县以及国家林业局赴贫困地区挂职锻炼的部分干部撰写的文章，以及自1987年以来赴九万大山贫困地区挂职干部人员名单和林业扶贫工作大事记。

组织希望工程捐助活动 2002年，在国家林业局机关各司局和在京各直属单位内开展了一次希望工程捐助活动。资助国家林业局对口扶贫的丹寨等7所希望小学500名适龄儿童上学，共承诺捐助资金达60.8万元，其中一次性捐助资金44.7万元，基本解决了500名儿童的入学问题。 （张艳红 王新凯）

【林业援藏】

智力援藏工作 为提高西藏林业建设管理水平，针对西藏生态建设任务重、资金集中、管理薄弱等问题，2002年8月在西藏拉萨市举办了西藏自治区林业跨越式发展暨工程管理培训班，对自治区7地（市）的林业局长、部分重点工程县主管副县长和林业局长、自治区林业局、林勘院和拉萨市林业局有关人员共150人进行了培训。李育材副局长向全体与会人员作了中国当前林业发展形势的报告，有关司局的领导和计资司有关处的同志围绕林业六大重点工程建设分别作了8个方面的专题讲座。

加大投资力度 按照“十五”林业援藏实施方案，国家林业局2002年实际落实各项资金27 478万元，比2001年（15 823万元）增加11 655万元，增加了74%，其中：国家预算内及债券资金5767万元，中央财政资金21 611万元，农业综合开发资金100万元，主要用于天然林资源保护、退耕还林工程、拉萨市及周边地区造林绿化、种苗、自然保护区和森林防火等林业基础设施建设等。

项目实施和资金落实 协调落实林业援藏会议确定的各项工作和各对口援藏省（市）资金，抓好援藏项目的实施和承诺资金的落实工作。

（张艳红 王新凯）

【环境保护】 配合国家计委，为筹备2002年8月在南非召开的世界首脑会议，完成了《可持续发展国家报告》林业部分的编制工作，并为搞好在南非会议上的林业宣传展览，组织制作林业宣传图片和电视片。编制了《全国林业生态环境综合监测网络体系建设规划》，完成了《国家环境公报》林业部分的编制工作。

（张艳红 王新凯）

营 林 生 产

林业产业总产值

(按现行价格计算) 单位：万元

指 标 名 称	合 计
总 计	**46 342 420**
一、第一产业（农、林、牧、渔业）	29 117 206
其中：1. 农业	15 122 258
其中：花卉	2 206 534
茶、桑、果	11 341 453
2. 牧业	637 800
其中：狩猎业	75 768
3. 林业	12 883 127
(1) 人造林木	5 264 142
(2) 林产品	5 379 099
(3) 村及村以下木、竹采伐	2 239 886
二、第二产业	14 856 912
1. 采掘业	1 394 220
其中：木材及竹材采运业	1 311 515
2. 制造业	13 013 005
其中：(1)木材加工及竹、藤、棕、草制品业	9 972 402
①锯材、木片加工业	1 209 969
②人造板制造业	5 293 236
③木制品业	2 597 920
④竹、藤、棕、草制品业	871 277
(2) 林产化学产品制造业	485 619
(3) 造纸及纸制品业	621 576
(4) 其他	1 933 408
3. 其他(电力、煤气、水的生产供应业和建筑业)	449 687
三、第三产业	2 368 302
1. 批发和零售贸易、餐饮业	792 313
2. 交通运输、仓储及邮电通信业	160 132
3. 社会服务业	1 007 118
其中：旅游业	832 071
4. 其他	408 739
补充资料：全部山区县茶、桑、果产值	4 288 114
全部丘陵县茶、桑、果产值	3 131 018

全国历年造林面积

单位：千公顷

年 别	造林面积	年 别	造林面积
1949～1952	1707. 33	1984	8253. 67
1953	1112. 93	1985	8336. 80
1954	1166. 20	1986	5274. 00
1955	1710. 53	1987	5414. 20
1956	5723. 27	1988	5533. 27
1957	4355. 07	1989	5023. 33
1958	6098. 67	1990	5208. 47
1959	5449. 67	1991	5594. 47
1960	4143. 93	1992	6030. 40
1961	1441. 33	1993	5903. 40
1962	1198. 73	1994	5992. 66
1963	1530. 13	1995	5214. 61
1964	2911. 33	1996	4919. 38
1965	3425. 33	1997	4354. 93
1966	4533. 33	1998	4811. 05
1967	3904. 00	1999	4900. 71
1968	3413. 33	2000	5105. 14
1969	3479. 33	2001	4953. 04
1970	3884. 00	2002	7770. 97
1971	4525. 13	1949～1952	1707. 33
1972	4635. 73	1953～1957	14 068. 00
1973	4982. 87	1958～1962	18 332. 33
1974	5002. 47	1963～1965	7866. 79
1975	4973. 73	1966～1970	19 213. 99
1976	4925. 73	1971～1975	24 119. 93
1977	4993. 27	1976～1980	23 256. 60
1978	4496. 33	1981～1985	31 520. 54
1979	4489. 27	1986～1990	26 453. 27
1980	4552. 00	1991～1995	28 735. 54
1981	4110. 07	1996～2000	24 091. 21
1982	4495. 60	2001～2002	12 729. 09
1983	6324. 40	1949～2002	232 089. 54

注：1985 年以前，造林成活率达到 40％以上即统计造林面积，以后为达到 85％以上才统计造林面积。

全国历年迹地更新面积

单位：千公顷

年 别	迹地更新面 积	其中：人工更新	年别	迹地更新面 积	其中：人工更新
1949～1952	22. 53	22. 47	1984	552. 00	476. 07
1953	16. 53	16. 07	1985	638. 27	544. 93
1954	38. 80	30. 07	1986	577. 40	485. 13
1955	39. 20	31. 87	1987	703. 50	586. 93
1956	94. 13	48. 47	1988	636. 90	542. 60
1957	55. 80	44. 07	1989	719. 10	571. 20
1958	391. 13	193. 67	1990	671. 50	537. 67
1959	560. 33	342. 13	1991	664. 10	539. 60
1960	483. 73	301. 93	1992	673. 60	565. 70
1961	157. 07	103. 53	1993	739. 20	609. 00
1962	106. 33	86. 00	1994	722. 70	608. 73
1963	183. 00	146. 87	1995	750. 96	638. 95
1964	206. 53	170. 20	1996	794. 75	683. 27
1965	238. 93	210. 87	1997	798. 38	659. 39
1966	321. 00	227. 00	1998	806. 30	665. 93
1967	303. 00	278. 27	1999	1042. 83	585. 75
1968	240. 00	209. 73	2000	919. 80	568. 31
1969	233. 00	200. 00	2001	515. 29	386. 57
1970	325. 00	265. 13	2002	378. 00	298. 37
1971	307. 53	253. 00	1949～1952	22. 53	22. 47
1972	319. 00	259. 53	1953～1957	244. 46	170. 55
1973	356. 73	293. 40	1958～1962	1698. 59	1027. 26
1974	362. 00	318. 27	1963～1965	628. 46	527. 94
1975	422. 00	366. 67	1966～1970	1422. 00	1180. 13
1976	420. 80	374. 33	1971～1975	1767. 26	1490. 87
1977	416. 40	369. 53	1976～1980	2126. 86	1859. 59
1978	458. 40	390. 93	1981～1985	2580. 47	2191. 00
1979	409. 33	355. 27	1986～1990	3308. 40	2723. 53
1980	421. 93	369. 53	1991～1995	3550. 56	2961. 98
1981	442. 60	371. 80	1996～1999	4362. 06	3162. 65
1982	438. 80	375. 27	2001～2002	893. 29	684. 94
1983	508. 80	422. 93	1949～2002	22 604. 94	18 002. 91

注：1998 年人工更新面积没有统计，系根据 1997 年人工更新占迹地更新面积的比例推算。

全国营林生产主要指标增减情况

指　　标	计量单位	2002 年	2001 年	2002 年比 2001 年增减（%）
一、营林情况				
（一）当年造林面积合计	公顷	7 770 971	4 953 038	56.89
其中：国有造林面积	公顷	1 453 673		
其中：竹林面积	公顷	128 521	106 909	20.22
1. 按造林方式分				
（1）当年人工造林面积	公顷	6 896 041	3 977 324	73.38
（2）当年飞机播种造林面积	公顷	874 930	975 714	-10.33
2. 按林种用途分				
（1）用材林	公顷	898 736	905 518	-0.75
（2）经济林	公顷	964 211	1 068 540	-9.76
（3）防护林	公顷	5 828 810	2 913 538	100.06
（4）薪炭林	公顷	59 144	45 611	29.67
（5）特种用途林	公顷	20 070	19 831	1.21
（二）迹地更新面积	公顷	378 999	515 293	-26.45
其中：人工更新面积	公顷	298 369	386 571	-22.82
（三）低产林改造面积	公顷	575 934	703 774	-18.16
（四）年末实有封山育林面积	公顷	29 301 513	35 426 636	-17.29
其中：本年新封面积	公顷	2 561 362	5 821 937	-56.00
（五）森林管护面积	公顷	134 058 184	120 225 687	11.51
（六）零星（四旁）植树	万株	264 031	280 448	-5.85
（七）林木种子采集量	吨	55 560	134 144	-58.58
（八）育苗面积	公顷	487 129	381 095	27.82
其中：本年新育苗面积	公顷	278 799	231 605	20.38
（九）当年苗木产量	万株	3 814 564	3 338 238.86	14.27
（十）当年花卉种植面积	公顷	213 725		
其中：草坪面积	公顷	67 991		
（十一）幼林抚育作业面积	公顷次	11 746 879	15 955 330	-26.38
（十二）幼林抚育实际面积	公顷	6 929 253	7 055 335	-1.79
（十三）成林抚育面积	公顷	7 351 822	6 672 136	10.19
其中：中、幼龄林抚育面积	公顷	4 816 840	4 574 378	5.30
（十四）抚育改造出材量	万立方米	939.31	880.44	6.69
其中：中、幼龄林抚育出材量	万立方米	734.59	605.68	21.28
（十五）年末实有母树林面积	公顷	371 240	330 217	12.42
（十六）年末实有种子园面积	公顷	79 097	85 619	-7.62
二、主要林产品产量（含自用）				
1. 生　漆	吨	7198	4925	46.15
2. 油桐籽	吨	388 114	406 716	-4.57
3. 油茶籽	吨	852 759	824 731	3.40
4. 乌桕籽	吨	30 054	29 296	2.59
5. 五倍子	吨	8344	8332	0.14
6. 棕　片	吨	58 612	59 612	-1.68
7. 松　脂	吨	567 162	563 689	0.62
8. 竹笋干	吨	481 957	353 783	36.23
9. 核　桃	吨	343 305	252 347	36.04
10. 板　栗	吨	701 684	599 077	17.13
11. 紫　胶（原胶）	吨	1650	1590	3.77
12. 鲜切花	万支	406 506		
13. 盆栽植物	万盆	101 041		
14. 观赏苗木	万株	382 075		
15. 草坪（卷）	万平方米	36 596		
三、村及村以下木、竹采伐量				
（一）木材	万立方米	3319.89	3321.54	-0.05
（二）竹材				
其中：毛竹、篙竹	万根	161 484.77	133 930.36	20.57
小杂竹	吨	3 393 580.67	3 526 057.44	-3.76

各地区按造林方式和按林种用途分的造林面积

单位：公顷

地区	合计	按造林方式分		按林种用途分				
		人工造林	飞播造林	用材林	经济林	防护林	薪炭林	特种用途林
全国合计	**77 709 711**	**6 896 041**	**874 930**	**898 736**	**964 211**	**5 828 810**	**59 144**	**20 070**
北京	47 911	37 096	10 815	3543	12 919	27 711	—	3738
天津	7620	4953	2667	2250	1530	3840	—	—
河北	493 178	439 544	53 634	63 626	60 290	362 287	6902	73
山西	680 695	618 555	62 140	20 628	99 483	559 797	487	300
内蒙古	907 398	697 107	210 291	16 964	13 978	876 149	220	87
内蒙古集团	11 893	11 893	—	11 256	2	635	—	—
辽宁	237 632	226 953	10 679	58 247	28 913	140 885	9367	220
吉林	142 074	134 212	7862	18 559	15 677	107 446	58	334
吉林集团	1319	1319	—	1319	—	—	—	—
黑龙江	238 687	238 075	612	70 507	16 497	147 295	1661	2727
龙江集团	25 075	25 075	—	22 783	795	1458	13	26
上海	14 029	14 029	—	508	6519	4415	—	2587
江苏	72 781	72 781	—	37 664	14 201	20 557	93	266
浙江	21 206	21 206	—	868	6356	13 644	169	169
安徽	317 710	317 710	—	20 323	54 243	242 211	—	933
福建	17 486	17 486	—	6470	4464	5320	1163	69
江西	162 276	162 276	—	20 500	19 632	121 640	166	338
山东	152 597	152 597	—	43 671	80 066	27 670	1098	92
河南	266 874	238 787	28 087	67 614	48 444	147 394	2517	905
湖北	270 587	268 254	2333	71 944	40 051	154 196	4189	207
湖南	100 850	100 850	—	16 581	9014	74 622	249	384
广东	57 562	57 562	—	26 945	7312	21 856	332	1117
广西	174 733	174 733	—	69 858	52 573	52 134	1	167
海南	21 425	21 425	—	987	8967	11 451	15	5
重庆	175 521	154 787	20 734	13 661	13 855	144 232	3597	176
四川	689 570	565 347	124 223	64 210	66 264	552 807	4369	1920
贵州	374 309	342 128	32 181	21 163	19 920	331 043	743	1440
云南	402 293	307 871	94 422	68 236	74 300	255 282	3393	1082
西藏	17 518	17 518	—	—	1463	16 055	—	—
陕西	750 541	608 567	141 974	53 214	62 175	632 559	2475	118
甘肃	340 250	308 948	31 302	29 238	29 958	270 505	10 095	454
青海	133 364	105 723	27 641	—	66	133 298	—	—
宁夏	185 475	172 142	13 333	1278	5013	177 704	1480	—
新疆	290 446	290 446	—	3106	90 068	192 805	4305	162
新疆兵团	73 522	73 522	—	72	11 766	58 082	3599	3
大兴安岭	6373	6373	—	6373	—	—	—	—

各地区营林生产主要指标完成情况

单位：公顷

地区	迹地更新面积		低产林改造面积	年末实有封山育林面积		育苗面积		当年苗木产量（万株）	幼林抚育作业面积（公顷次）	成林抚育面积	
	合计	其中：人工更新面积		合计	其中：本年新封面积	合计	其中：本年新育苗面积			合计	其中：中、幼龄林抚育面积
全国合计	**378 999**	**298 369**	**575 934**	**29 301 513**	**2 561 362**	**487 129**	**278 799**	**3 814 564.50**	**11 746 879**	**7 351 822**	**4 816 840**
北京	394	394	57	95 611	27 382	23 941	8314	9422.40	55 070	79 289	68 078
天津	—	—	—	11 347	4667	6119	2874	6450.08	59 393	47 369	25 923
河北	6119	5248	4001	467 755	126 931	74 809	36 279	307 560.00	433 213	355 540	236 835
山西	67	67	6573	623 995	64 819	30 523	18 286	252 396.50	172 280	90 067	78 557
内蒙古	19 296	11 142	4110	1 180 458	145 398	12 514	8556	269 008.00	744 086	573 419	417 411
内蒙古集团	11 458	3497	—	142 308	—	113	36	16 842.00	104 964	137 269	136 853
辽宁	9676	9126	10 668	1 505 696	235 467	26 539	17 078	178 525.83	458 843	32 314	27 228
吉林	29 253	15 458	3464	920 284	70 549	5798	3905	103 867.61	684 872	178 631	152 791
吉林集团	12 997	7862	132	206 361	—	150	65	9913.11	108 969	17 618	16 580
黑龙江	13 388	12 660	7736	1 554 756	77 410	19 494	9745	301 832.54	1 043 256	178 603	150 292
龙江集团	9505	9113	6599	755 205	—	1004	248	120 978.30	365 338	112 656	101 747
上海	—	—	—	—	—	9959	4310	7746.26	21 744	10 027	7134
江苏	4084	4079	3570	29 600	3637	39 020	16 207	88 477.70	177 315	160 095	117 519
浙江	10 055	9213	12 415	936 955	12 668	21 768	8063	79 790.47	132 228	348 213	108 182
安徽	—	—	—	520 297	83 437	13 524	9067	58 980.61	772 010	585 334	396 373
福建	50 298	46 262	36 153	949 097	166 179	356	291	19 824.48	212 136	185 304	185 304
江西	11 712	1609	62 772	1 402 117	35 285	3956	3056	78 728.00	301 869	146 719	74 227
山东	9836	9585	41 057	145 572	15 916	52 961	36 881	256 105.50	1 140 807	721 704	567 018
河南	3198	3011	12 637	423 553	68 666	32 968	22 546	207 476.64	1 059 923	751 913	498 437
湖北	14 781	3306	10 905	4 026 666	108 795	15 902	9533	107 504.29	276 397	392 907	215 359
湖南	13 559	13 559	211 622	1 056 521	17 829	8684	4570	121 707.10	326 281	214 771	176 143
广东	68 917	64 598	43 501	599 331	78 806	3174	2626	38 220.13	230 279	240 827	146 798
广西	60 119	58 925	36 891	4 064 594	319 976	3049	2311	104 162.94	416 898	295 234	132 073
海南	5804	5804	—	292 400	7093	505	494	7418.00	33 881	23 548	23 548
重庆	—	—	—	245 960	32 314	4357	3579	61 929.00	41 196	40 360	23 484
四川	4284	4284	913	1 742 518	100 860	13 684	6549	191 978.89	385 048	167 453	119 716
贵州	671	671	3827	994 336	132 470	4073	3842	174 732.84	231 967	90 786	81 427
云南	17 993	14 054	1207	2 764 175	227 608	2581	1872	132 285.00	95 895	56 378	48 458
西藏	1742	1711	—	118 853	118 853	—	—	—	—	—	—
陕西	2305	1717	21 140	295 082	40 008	19 411	15 309	292 170.50	378 250	131 316	105 312
甘肃	67	67	10 961	310 681	28 684	17 010	10 698	197 416.02	254 012	158 620	76 485
青海	—	—	—	389 875	60 034	3075	1326	36 478.20	107 488	—	—
宁夏	—	—	149	161 362	28 147	6495	3342	59 347.00	323 954	122 339	90 256
新疆	12 149	1597	22 968	1 288 364	121 474	10 803	7227	53 206.97	1 131 267	920 439	414 169
新疆兵团	9286	231	50	367 566	5001	1918	1324	16 491.61	217 840	280 772	62 988
大兴安岭	9232	222	6637	183 702	—	77	63	9815.00	45 021	52 303	52 303

各地区主要林产品产量

单位：吨

地　区	生　漆	油桐籽	油茶籽	乌桕籽	五倍子	棕　片	松　脂	竹笋干	核　桃	板　栗	紫胶（原胶）
全国合计	**7198**	**388 114**	**852 759**	**30 054**	**8344**	**58 612**	**567 162**	**481 957**	**343 305**	**701 684**	**1650**
北　京	—	—	—	—	—	—	—	—	10 283	16 140	—
天　津	—	—	—	—	—	—	—	—	337	134	—
河　北	—	—	—	—	—	—	—	—	30 613	55 049	—
山　西	—	—	—	—	—	—	152	—	39 382	305	—
内蒙古	—	—	—	—	—	—	—	—	—	—	—
内蒙古集团	—	—	—	—	—	—	—	—	—	—	—
辽　宁	—	—	—	—	—	—	—	—	8566	32 652	—
吉　林	—	—	—	—	—	—	—	—	1444	—	—
吉林集团	—	—	—	—	—	—	—	—	—	—	—
黑龙江	—	—	—	—	—	—	—	—	—	—	—
龙江集团	—	—	—	—	—	—	—	—	—	—	—
上　海	—	—	—	—	—	—	—	231	—	—	—
江　苏	—	11	7	—	—	—	—	1303	—	17 378	—
浙　江	18	343	32 800	54	—	1280	3695	141 533	—	44 848	—
安　徽	179	3345	21 667	828	61	1102	4673	16 350	184	55 207	114
福　建	99	18 396	63 512	162	43	10 756	61 856	133 426	30	29 560	1
江　西	796	14 252	189 586	2952	42	4408	48 801	10 019	252	18 160	5
山　东	—	—	—	—	—	—	—	—	7900	172 269	—
河　南	833	43 327	6300	1867	1448	—	321	23	15 271	76 986	—
湖　北	1136	12 424	14 354	8885	535	2609	7259	90 535	1934	60 429	—
湖　南	159	40 475	360 345	1379	914	8536	20 833	16 330	3038	25 224	9
广　东	—	3752	29 814	103	—	1169	117 224	18 622	—	5813	373
广　西	41	57 349	108 479	96	201	2525	225 330	17 448	233	31 668	—
海　南	—	—	—	—	—	—	5501	295	—	—	—
重　庆	462	17 367	790	4070	879	2482	8	1550	1958	3465	—
四　川	1091	53 152	10 228	5338	1433	6310	3668	23 722	70 534	11 960	28
贵　州	1214	96 795	9685	3910	1554	4876	4424	5105	7448	8690	27
云　南	333	17 048	4800	274	110	9456	63 494	4195	74 664	14 334	1013
西　藏	—	—	—	—	—	—	—	801	798	—	—
陕　西	792	9440	392	136	844	3101	75	421	34 193	20 179	80
甘　肃	45	638	—	—	280	2	—	48	17 946	1234	—
青　海	—	—	—	—	—	—	—	—	132	—	—
宁　夏	—	—	—	—	—	—	—	—	160	—	—
新　疆	—	—	—	—	—	—	—	—	16 005	—	—
新疆兵团	—	—	—	—	—	—	—	—	35	—	—
大兴安岭	—	—	—	—	—	—	—	—	—	—	—

森 工 生 产

全国森工 2002 年主要工业产品产量与 2001 年的比较

主要指标	计算单位	2002 年	2001 年	2002 年比 2001 年增减（%）
全部木材产量	万立方米	4 436.07	4 552.03	−2.55
其中：　原木	万立方米	4 127.21	4 197.03	−1.66
薪材	万立方米	308.86	355.00	−13.00
全部人造板产量	万立方米	2 930.18	2 111.27	38.79
其中：胶合板	万立方米	1 135.21	904.51	25.51
纤维板	万立方米	767.42	570.11	34.61
刨花板	万立方米	369.31	344.53	7.19
全部竹材产量	万根	66 810.93	58 146.46	14.90
全部锯材产量	万立方米	851.61	763.83	11.49
全部松香产量	吨	395 272	377 793	4.63
全部松节油产量	吨	39 573	38 836	1.90
全部栲胶产量	吨	9 132	3482	162.26
全部紫胶产量	吨	561	431	30.16

全国历年木材、竹材、木材加工及林产化学产品产量

时期	年份	木材产量（万立方米）	竹材产量（万根）	锯材产量（万立方米）	人造板产量（立方米）	其中：三板产量（万立方米）				松香产量（吨）	栲胶产量（吨）	紫胶产量（吨）
						合计	胶合板	纤维板	刨花板			
	1949	567.00	—	—	—	—	—	—	—	—	—	—
恢	1950	664.40	—	—	—	—	—	—	—	—	—	—
复	1951	764.40	—	—	—	—	—	—	—	—	—	—
	1952	1 233.20	*2 710	*1 151.40	*44 539	*44 539	*44 539	—	—	*78 056	*88	*180
	1953	1 753.90	2 643	664.00	35 353	35 353	35 353	—	—	22 267	120	15
一	1954	2 220.60	5 021	759.90	46 542	46 542	46 542	—	—	45 905	157	105
	1955	2 093.30	5 902	678.20	51 752	51 752	51 752	—	—	80 091	568	142
五	1956	2 104.80	12 490	890.80	56 435	56 435	56 435	—	—	109 992	1 275	154
	1957	2 786.90	9 348	824.10	69 835	69 835	69 835	—	—	116 799	1 633	143
	1958	3 579.40	14 873	1 187.60	125 744	125 744	125 715	29	—	98 373	3 679	245
二	1959	4 517.70	15 547	1 454.70	164 701	164 701	153 068	11 633	—	79 387	11 266	201
	1960	4 129.30	8 869	1 622.90	207 146	207 146	147 575	59 571	—	78 429	13 650	245
五	1961	2 193.50	4 993	778.70	95 843	95 843	74 337	21 506	—	39 227	6 661	332
	1962	2 374.60	6 076	672.80	95 165	95 165	74 211	15 541	5 413	33 595	4 800	241
调	1963	3 250.20	6 853	826.40	135 989	135 989	104 316	18 639	13 034	97 982	6 078	180
	1964	3 800.00	6 726	1 063.90	168 882	168 882	119 542	27 951	21 389	162 914	9 276	220
整	1965	3 978.00	7 031	1 160.10	220 602	220 602	138 975	50 188	31 439	167 172	13 064	440
	1966	4 192.40	6 991	1 117.80	231 311	231 311	150 425	62 394	18 492	178 943	15 789	640
三	1967	3 249.60	7 223	1 157.40	167 838	167 838	122 333	34 626	10 879	166 119	14 320	800
	1968	2 791.20	6 603	909.10	140 741	140 741	105 850	25 854	9 037	181 911	13 100	1 400
五	1969	3 283.30	6 619	1 004.80	200 550	200 550	146 663	41 792	12 095	204 158	18 969	1 100
	1970	3 781.80	6 958	1 100.30	240 379	240 379	170 684	54 706	14 989	189 288	22 098	1 800

（续）

时期	年　份	木材产量（万立方米）	竹材产量（万根）	锯材产量（万立方米）	人造板产量（立方米）	其中：三板产量（万立方米）				松香产量（吨）	栲胶产量（吨）	紫胶产量（吨）
						合计	胶合板	纤维板	刨花板			
四五	1971	4 067.30	7 542	1 104.90	278 076	278 076	172 129	87 257	18 690	200 411	23 209	1 873
	1972	4 253.50	7 629	957.80	317 373	317 373	182 441	108 152	26 780	240 074	21 850	1 076
	1973	4 466.90	11 493	993.10	351 965	351 965	188 409	131 368	32 188	261 467	17 581	1 302
	1974	4 607.10	9 954	1 009.00	339 905	339 905	176 166	133 448	30 291	289 287	18 085	1 562
	1975	4 702.70	9 073	1 069.10	373 678	373 678	192 142	154 868	26 668	266 224	20 861	915
五五	1976	4 572.80	10 439	1 001.10	381 053	381 053	184 416	170 164	26 473	237 773	19 066	807
	1977	4 967.20	10 799	1 125.20	458 748	458 748	208 491	221 324	28 933	259 150	23 959	783
	1978	5 162.30	11 181	1 105.50	624 504	624 504	252 154	328 781	43 569	282 027	30 130	1 384
	1979	5 438.93	10 507	1 271.40	774 578	774 578	292 402	429 321	52 855	297 034	33 831	2 234
	1980	5 359.31	9 621	1 368.70	914 300	914 300	329 900	506 200	78 200	327 283	36 314	2 134
六五	1981	4 942.31	8 656	1 301.06	996 100	996 100	351 100	568 300	76 700	406 214	40 159	1 095
	1982	5 041.25	10 183	1 360.85	1 166 700	1 166 700	394 100	669 900	102 700	400 784	36 000	1 397
	1983	5 232.32	9 601	1 394.48	1 389 500	1 316 700	454 800	734 500	127 400	246 916	34 131	1 045
	1984	6 384.81	9 117	1 508.59	1 513 800	1 390 400	489 700	735 900	164 800	307 993	36 523	1 489
	1985	6 323.44	5 641	1 590.76	1 659 300	1 615 800	538 700	895 000	182 100	255 736	36 875	2 102
七五	1986	6 502.42	7 716	1 505.20	1 894 400	1 848 100	610 800	1 027 000	210 300	293 500	42 059	1 661
	1987	6 407.86	11 855	1 471.91	2 476 600	2 360 600	776 300	1 206 500	377 800	395 692	50 306	1 909
	1988	6 217.60	26 211	1 468.40	2 898 800	2 794 100	826 900	1 484 100	483 100	376 482	41 862	1 482
	1989	5 801.80	15 238	1 393.30	2 705 600	2 612 500	727 800	1 442 700	442 000	409 463	26 411	833
	1990	5 571.00	18 714	1 284.90	2 446 000	2 359 100	758 700	1 172 400	428 000	344 003	20 402	829
八五	1991	5 807.30	29 173	1 141.50	2 960 100	2 842 100	1 054 000	1 174 300	613 800	343 300	19 516	876
	1992	6 173.60	40 430	1 118.70	4 289 000	4 167 700	1 564 700	1 444 500	1 158 500	419 503	26 141	732
	1993	6 392.20	43 356	1 401.30	5 797 900	5 505 500	2 124 500	1 809 700	1 571 300	503 681	26 176	931
	1994	6 615.10	50 430	1 294.30	6 647 200	6 218 500	2 606 200	1 930 300	1 682 000	437 269	18 177	1 001
	1995	6 766.90	44 792	4 183.80	16 846 000	14 107 600	7 592 600	2 164 000	4 351 000	481 264	19 662	1 393
九五	1996	6 710.27	42 175	2 442.40	12 032 600	10 341 000	4 903 200	2 055 000	3 382 800	501 221	23 766	1 450
	1997	6 394.79	44 921	2 012.40	16 484 800	13 948 100	7 584 500	2 759 200	3 604 400	675 758	19 814	579
	1998	5 966.20	69 253	1 787.60	10 563 300	9 323 300	4 465 200	2 195 100	2 663 000	416 016	14 081	255
	1999	5 236.80	53 921	1 585.94	15 030 500	13 591 900	7 276 400	3 905 900	2 409 600	434 528	10 972	294
	2000	4 723.97	56 183	634.44	20 016 600	17 937 400	9 925 400	5 144 300	2 867 700	386 760	7 510	778
十五	2001	4 552.03	58 146	763.83	21 112 700	18 191 500	9 045 100	5 701 100	3 445 300	377 793	9446	431
	2002	4 436.07	66 811	851.61	29 301 800	22 719 400	11 352 100	7 674 200	3 693 100	395 273	9132	561
	总计	**235 107.58**	**964 237**	**63 527.97**	**187 542 827**	**164 667 627**	**79 539 600**	**50 589 213**	**34 538 814**	**13 600 487**	**970 598**	**45 776**
	恢复时期	3229.00	2710	1151.40	44 539	44 539	44 539	—	—	78 056	88	180
	一五小计	10 959.50	35 404	3817.00	259 917	259 917	259 917	—	—	375 054	3753	559
	二五小计	16 794.50	50 358	5716.70	688 599	688 599	574 906	108 280	5413	329 011	40 056	1264
	调整时期	11 028.20	20 610	3050.40	525 473	525 473	362 833	96 778	65 862	428 068	28 418	840
	三五小计	17 298.30	34 394	5289.40	980 819	980 819	695 955	219 372	65 492	920 419	84 276	5740
	四五小计	22 097.50	45 691	5133.90	1 660 997	1 660 997	911 287	615 093	134 617	1 257 463	101 586	6728
	五五小计	25 500.54	52 547	5871.90	3 153 183	3 153 183	1 267 363	1 655 790	230 030	1 403 267	143 300	7342
	六五小计	27 924.13	43 198	7155.74	6 725 400	6 485 700	2 228 400	3 603 600	653 700	1 617 643	183 688	7128
	七五小计	30 500.68	79 734	7123.71	12 421 400	11 974 400	3 700 500	6 332 700	1 941 200	1 819 140	181 040	6714
	八五小计	31 755.10	208 181	9139.60	36 540 200	32 841 400	14 942 000	8 522 800	9 376 600	2 185 017	109 672	4933
	九五小计	29 032.03	266 453	8462.78	74 127 800	65 141 700	34 154 700	16 059 500	14 927 500	2 414 283	76 143	3356
	十五小计	8988.10	124 957	1615.44	50 414 500	40 910 900	20 397 200	13 375 300	7 138 400	773 066	18 578	992

注：标有 * 号的产品产量数据为 1949～1952 年合计数。

各地区全部森工主要产品产量

地区	木材（万立方米）	竹材（万根）	锯材（万立方米）	人造板（万立方米）				松香（吨）	栲胶（吨）	紫胶（吨）
				合计	其中：					
					胶合板	纤维板	刨花板			
全国合计	**4436.07**	**66 810.93**	**851.61**	**2930.18**	**1135.21**	**767.42**	**369.31**	**395 272**	**9132**	**750**
北京	7.16	—	—	—	—	—	—	—	—	—
天津	—	—	—	—	—	—	—	—	—	—
河北	40.92	—	41.23	912.07	343.59	76.56	101.32	—	650	—
山西	4.20	—	0.45	0.42	—	0.23	0.19	—	—	—
内蒙古	304.32	—	4.48	19.11	0.61	5.74	11.64	—	420	—
辽宁	116.62	—	31.44	24.17	5.47	8.39	4.95	—	—	—
吉林	389.13	—	24.19	57.63	7.28	14.88	30.20	—	—	—
黑龙江	511.95	—	10.35	44.85	1.39	15.02	25.76	—	—	—
上海	—	—	—	—	—	—	—	—	—	—
江苏	32.00	286.09	25.48	199.35	65.35	65.86	20.96	—	—	—
浙江	218.67	9835.81	158.06	338.07	241.10	63.07	13.49	429	—	—
安徽	246.14	3829.22	30.40	48.41	14.24	21.48	7.11	1037	—	—
福建	459.12	12 817.13	60.95	145.72	47.77	67.44	10.54	23 422	—	—
江西	279.87	4086.50	31.69	88.99	21.11	35.50	10.11	26 980	—	—
山东	45.00	—	82.95	454.62	176.03	138.54	72.17	—	—	—
河南	180.71	237.15	33.79	60.13	22.19	22.38	5.34	177	—	—
湖北	77.04	4370.28	5.42	59.53	8.79	38.09	5.75	1412	28	16
湖南	427.77	13 012.07	106.34	114.22	66.67	24.05	7.80	12 928	—	—
广东	253.88	7037.82	65.29	176.20	92.95	55.99	10.76	72 132	212	334
广西	376.80	341.10	56.73	80.31	10.80	53.15	8.40	197 417	6796	—
海南	22.42	419.74	7.34	—	—	—	—	2248	—	—
重庆	9.85	110.85	21.69	5.56	0.81	3.45	0.30	—	—	—
四川	3.19	336.90	0.02	28.85	0.83	12.00	12.02	2003	—	210
贵州	17.45	201.00	2.43	12.09	1.40	3.54	4.60	3881	—	—
云南	161.17	9098.00	35.13	46.37	6.51	32.70	4.65	51 206	876	181
西藏	17.00	500.00	5.00	—	—	—	—	—	—	—
陕西	6.44	291.27	0.32	7.30	—	7.30	—	—	150	9
甘肃	—	—	—	1.25	—	1.25	—	—	—	—
青海	2.29	—	—	—	—	—	—	—	—	—
宁夏	0.17	—	—	—	—	—	—	—	—	—
新疆	8.65	—	0.01	0.30	—	0.07	0.23	—	—	—
大兴安岭	216.14	—	10.43	4.66	0.32	0.74	1.02	—	—	—

林业系统各地

（按 1990 年不

地 区	总 计	在总计中						按主			
								木材及竹材采运业		木材加工	
		国 有	集 体	国有集体联营	股份合作	外商投资	港、澳、台投资	合 计	其中：木材采运业	合 计	锯材、木片加工业
全国合计	**2 877 761**	**1 711 198**	**221 899**	**43 087**	**496 713**	**109 715**	**127 899**	**788 937**	**743 234**	**1 450 718**	**150 656**
北 京	1339	1339	—	—	—	—	—	—	—	—	—
天 津	—	—	—	—	—	—	—	—	—	—	—
河 北	394 79	20 273	70	19	146	—	828	5288	5288	19336	96
山 西	767	767	—	—	—	—	—	493	493	259	—
内蒙古	144 065	133 459	8316	1	—	482	1034	84 509	82 956	33 863	2773
内蒙古集团	127 016	122 691	2809	—	—	482	1034	73 809	73 809	28 474	1423
辽 宁	70 380	18 697	31 100	515	3538	4326	275	29 673	24 473	32 787	5502
吉 林	406 207	277 307	10 194	324	79 843	—	12 918	127 366	127 366	177 852	180 57
吉林集团	155 694	73 781	—	—	59 542	—	—	36 939	36 939	72 271	5331
黑龙江	489 595	318 819	86 901	—	33 703	21 855	13 510	167 652	167 652	216 553	28 395
龙江集团	428 996	271 433	85 848	—	33 693	21 848	13 510	128 045	128 045	200 957	22 677
上 海	4225	4225	—	—	—	—	—	—	—	1646	1646
江 苏	113 432	49 281	14 453	—	20 280	—	24 436	375	—	70 337	6156
浙 江	78 208	33 203	751	2370	37 659	—	—	10 561	10 195	62 955	4195
安 徽	58 369	38 961	688	6092	4154	8395	—	8664	8254	39 340	5776
福 建	319 864	120 146	24 039	3480	114 132	6292	13 308	85 783	80 219	180 987	7429
江 西	93 574	79 083	4085	62	5110	4008	606	51 517	36 632	31 839	3686
山 东	87 980	73 980	—	—	—	—	14 000	—	—	65 639	—
河 南	62 399	13 832	821	—	44 016	—	—	1150	1138	46 821	5556
湖 北	143 764	18 848	2995	20 181	26 611	37 881	31 522	3409	1360	128 433	1192
湖 南	154 495	47 093	13 324	3066	88 894	—	—	25 757	21 546	82 856	20 652
广 东	71 962	42 859	721	5920	12 509	—	6319	21 771	19 895	34 846	18 733
广 西	188 624	164 716	4170	—	11 294	65	8379	50 638	46 707	77 013	5808
海 南	8970	5720	1743	—	—	—	—	4061	3783	3975	3922
重 庆	639	135	—	—	—	—	504	54	44	504	—
四 川	53 274	16 906	339	99	5936	24 187	100	420	258	30 561	1989
贵 州	19 148	15 342	70	201	1602	1933	—	6347	3468	10 514	5
云 南	79 572	69 743	3497	757	3210	—	160	21 220	19 473	31 803	3358
西 藏	—	—	—	—	—	—	—	—	—	—	—
陕 西	7701	3558	1	—	4076	—	—	196	1	643	10
甘 肃	1525	1525	—	—	—	—	—	—	—	1525	—
青 海	—	—	—	—	—	—	—	—	—	—	—
宁 夏	1573	1573	—	—	—	—	—	—	—	—	—
新 疆	4410	4119	—	—	—	291	—	2963	2963	379	6
大兴安岭	172 221	135 689	13 621	—	—	—	—	79 070	79 070	67 452	5714

区工业总产值

变价格计算）　　　　单位：万元

要 行 业 分												
及竹、藤、棕、草制品业						家具制造业	造纸及纸制品业	林产化学产品制造业	建筑材料制造业	机械制造及修理业	电力生产业	其他行业
人造板制造业				木制品业	竹、藤、棕、草制品业							
小计	其中											
	胶合板制造业	纤维板制造业	刨花板制造业									
878 083	**209 846**	**402 533**	**153 727**	**359 743**	**62 236**	**48 594**	**72 153**	**137 711**	**40 969**	**38 494**	**38 812**	**261 373**
—	—	—	—	—	—	—	—	—	—	28	—	1311
—	—	—	—	—	—	—	—	—	—	—	—	—
19 200	—	5200	14 000	40	—	141	9860	3100	6	349	—	1399
217	—	217	—	42	—	—	—	—	—	—	—	15
17 556	1915	5566	8810	13 190	344	374	17 289	507	1771	273	2069	3410
15 134	111	5565	8198	11 917	—	281	17 289	507	1392	273	1986	3005
15 918	3278	1788	369	10 617	750	3132	—		683	—	—	4105
66 462	13 411	15 736	24 415	93 236	97	6497	370	12 500	8720	9395	9190	54 317
41 066	8647	6130	19 618	25 874	—	532	321	12 001	7861	913	336	24 520
88 687	11 102	20 491	35 036	98 668	803	24 100	5461	5199	12 054	5805	4699	48 072
86 223	10 351	20 491	34 798	92 057	—	23 580	5461	5199	11 061	4941	4699	45 053
—	—	—	—	—	—	—	—	—	—	1142	—	1437
52 703	32 580	10 894	9229	5114	6364	2790	—	156	3840	4666	2616	28 652
41 915	1663	40 225	26	5592	11 253	28	—	106	122	—	369	4067
29 703	—	17 607	12 096	2536	1325	46	—	153	5537	—	—	4629
163 894	46 619	100 701	10 118	4342	5322	458	6292	21 402	469	3178	161	21 134
24 703	9063	9324	3702	2867	583	29	—	2965	82	271	84	6787
65 639	27 030	25 970	8659	—	—	—	—	—	—	—	—	22 341
8800	4088	441	611	17 383	15 082	1670	—	10 434	—	—	—	2324
110 717	29 789	60 768	9049	16 485	39	1166	—	3079	1494	500	63	5620
53 382	15 633	29 514	3126	3864	4958	1591	2639	28 118	1069	608	5294	6563
3720	1614	822	1284	592	11 801	4988	300	2378	12	—	6539	1128
44 346	4243	33 526	6577	26 853	6	106	23 966	29 591	2321	727	362	3900
24	—	—	—	—	29	—	—	537	—	—	283	114
504	504	—	—	—	—	4	—	—	—	—	34	43
24 798	—	—	271	783	2991	230	5902	733	2421	1194	4324	7489
10 020	332	3538	4049	—	489	—	—	156	—	—	—	2131
26 520	6291	17 421	1215	1925	—	172	—	15 220	57	7721	112	3267
—	—	—	—	—	—	—	—	—	—	—	—	—
325	—	325	—	308	—	78	—	1377	—	2186	—	3221
1525	—	1525	—	—	—	—	—	—	—	—	—	—
—	—	—	—	—	—	—	—	—	—	—	—	—
—	—	—	—	—	—	—	—	—	—	—	—	1573
291	—	84	207	82	—	994	74	—	—	—	—	—
6514	691	850	878	55 224	—	—	—	—	311	451	2613	22 324

林业系统各地

（按现行

地区	总计	在总计中						按主			
		国有	集体	国有集体联营	股份合作	外商投资	港、澳、台投资	木材及竹材采运业		木材加工	
								合计	其中：木材采运业	合计	锯材、木片加工业
全国合计	**3 379 972**	**2 114 722**	**257 832**	**50 954**	**490 910**	**119 021**	**138 263**	**1 087 329**	**1 029 629**	**1 498 343**	**192 911**
北京	1581	1581	—	—	—	—	—	—	—	—	—
天津	—	—	—	—	—	—	—	—	—	—	—
河北	48 608	32 432	70	19	1646	—	952	9448	9448	22 226	166
山西	881	881	—	—	—	—	—	646	646	213	—
内蒙古	191 461	178 797	10 003	2	—	434	1287	122 571	120 349	33 660	3370
内蒙古集团	169 486	164 742	3023	—	—	434	1287	108 329	108 329	27 150	1710
辽宁	85 451	22 685	36 039	515	4022	4525	295	40 066	32 948	36 157	6914
吉林	485 696	365 605	12 634	439	78 096	—	13 400	198 693	198 693	175 505	30708
吉林集团	192 124	115 124	—	—	61 524	—	—	64 992	64 992	74 025	14 019
黑龙江	589 316	407 972	92 718	—	35 144	21 683	13 723	248 466	248 466	215 087	35 731
龙江集团	514 112	350 440	90 761	—	35 133	21 358	13 723	198 354	198 354	196 236	28 240
上海	4970	4970	—	—	—	—	—	—	—	1936	1936
江苏	177 888	61 114	20 487	—	25 342	—	30 506	465	—	132 256	9524
浙江	82 133	37 362	837	3047	35 474	660	—	13 025	12 537	60 076	3813
安徽	69 561	43 041	2320	6873	4275	12 083	—	11 622	10 705	45 974	7146
福建	329 249	155 980	26 611	3647	91 665	6162	11 773	123 914	116 401	146 780	9435
江西	96 325	82 686	4423	72	3412	4481	451	52 465	35 233	32 469	4246
山东	78 925	63 925	—	—	—	—	15 000	—	—	55 509	—
河南	65 705	13 648	1471	520	45 241	—	—	1311	1296	50 213	6079
湖北	161 739	32 518	6982	21 875	23 199	38 819	32 696	4737	2776	135 471	2289
湖南	186 364	56 334	15 374	3750	99 506	—	—	30 959	24 772	88 822	24 992
广东	89 708	55 458	856	8947	13 527	—	5931	29 603	27 128	34 789	19 208
广西	197 083	165 567	4534	—	15 595	136	11 251	56 234	51 293	65 343	9253
海南	12 256	8464	2420	—	—	—	—	3726	3536	6406	6125
重庆	1534	828	—	—	—	—	701	69	49	706	—
四川	69 334	24 696	670	83	7319	28 007	110	756	535	38 173	2138
贵州	20 571	17 711	96	314	693	1757	—	6911	3555	10 497	3
云南	92 719	79 487	6417	851	4023	—	187	28 238	26 082	28 521	3309
西藏	—	—	—	—	—	—	—	—	—	—	—
陕西	15 004	12 188	1	—	—	2731	—	224	1	9234	12
甘肃	1236	1236	—	—	—	—	—	—	—	1236	—
青海	—	—	—	—	—	—	—	—	—	—	—
宁夏	2247	2247	—	—	—	—	—	—	—	—	—
新疆	6070	5796	—	—	—	274	—	5417	5417	418	9
大兴安岭	216 357	179 513	12 869	—	—	—	—	97 763	97 763	70 666	6505

区工业总产值

价格计算）

单位：万元

要行业分 及竹、藤、棕、草制品业 人造板制造业 小计	其中 胶合板制造业	纤维板制造业	刨花板制造业	木制品业	竹、藤、棕、草制品业	家具制造业	造纸及纸制品业	林产化学产品制造业	建筑材料制造业	机械制造及修理业	电力生产业	其他行业
879 198	**187 432**	**420 990**	**142 218**	**357 165**	**69 069**	**59 919**	**76 258**	**165 089**	**54 060**	**39 927**	**86 141**	**312 906**
—	—	—	—	—	—	—	—	—	—	33	—	1548
—	—	—	—	—	—	—	—	—	—	—	—	—
21 800	—	10 800	11 000	260	—	1486	9860	3650	6	409	—	1523
161	—	161	—	52	—	—	—	—	—	—	—	22
16 535	2141	5113	7525	12 943	812	437	15 710	575	2429	407	10 199	5473
13 800	102	5106	6845	11 640	—	278	15 710	575	2054	407	10 085	4898
16 496	3419	1654	372	11 917	830	3729	—	—	933	—	—	4566
65 639	11 710	15 678	25 162	79 061	97	5153	452	10 022	10 903	6376	12 877	65 715
40 661	7511	6168	20 336	19 345	—	291	377	9560	9814	979	2263	29 823
81 993	11 201	21 977	27 875	96 401	962	24 834	5654	5288	17 095	6003	15 125	51 764
79 166	10 730	21 977	27 565	88 830	—	24 314	5654	5288	16 012	5139	15 125	47 990
—	—	—	—	—	—	—	—	—	—	1344	—	1690
95 887	33 770	37 786	14 331	17 855	8990	6197	—	260	4466	5846	3274	25 124
39 881	2113	37 745	22	5739	10 643	28	—	116	122	—	528	8238
34 304	588	20 013	13 703	2591	1933	224	—	194	6259	—	—	5288
127 483	30 068	84 266	7456	4540	5322	440	6973	22 234	483	2902	381	25 142
23 701	6563	12 250	2461	3628	894	38	—	3840	94	295	97	7027
55 509	23 665	20 900	6964	—	—	—	—	—	—	—	—	23 416
11 251	4368	850	611	17 741	15 142	2358	—	9369	—	—	—	2454
115 132	32 942	59 066	10 914	17 998	52	2265	2000	2670	1928	600	1058	11 010
50 638	13 765	28 547	2674	7217	5975	6250	3597	35 600	1255	698	6859	12 324
2721	1169	640	912	606	12 254	5399	300	3870	11	—	14 482	1254
40 092	2428	34 501	3163	15 992	6	137	25 314	41 840	2816	716	443	4240
22	—	—	—	240	19	—	—	762	—	—	1267	95
701	701	—	—	5	—	5	—	—	600	—	99	55
29 757	975	—	227	1683	4595	450	6305	911	3962	2147	6747	9883
9951	149	3089	4881	—	543	—	—	156	—	—	—	3007
23 047	5041	15 193	994	2165	—	191	—	22 338	92	8946	169	4224
—	—	—	—	—	—	—	—	—	—	—	—	—
8851	—	8851	—	371	—	156	—	1394	—	2742	—	1254
1236	—	1236	—	—	—	—	—	—	—	—	—	—
—	—	—	—	—	—	—	—	—	—	—	—	—
—	—	—	—	—	—	—	—	—	—	—	—	2247
274	—	76	198	135	—	142	93	—	—	—	—	—
6136	656	598	773	58 025	—	—	—	—	606	463	12 536	34 323

林业系统各地区

（按现行

地区	总计	在总计中						按主			
								木材及竹材采运业		木材加工	
		国有	集体	国有集体联营	股份合作	外商投资	港、澳、台投资	合计	其中：木材采运业	合计	锯材、木片加工业
全国合计	**3 197 459**	**2 001 458**	**239 461**	**38 574**	**478 128**	**117 431**	**133 662**	**1 020 204**	**964 062**	**1 448 438**	**187 905**
北京	1487	1487	—	—	—	—	—	—	—	—	—
天津	—	—	—	—	—	—	—	—	—	—	—
河北	35 115	21 136	70	19	3489	—	952	9386	9386	20 198	202
山西	953	953	—	—	—	—	—	735	735	204	—
内蒙古	182 371	171 535	8688	2	—	392	1051	115 200	113 560	32 461	2991
内蒙古集团	164 216	160 365	2408	—	—	392	1051	103 972	103 972	26 456	1368
辽宁	65 301	21 498	33 978	490	3669	4515	181	20 680	13 602	35 037	6224
吉林	469 546	333 214	12 508	209	78 384	—	12 180	188 069	188 069	174 444	30 777
吉林集团	189 871	94 699	—	—	62 130	—	—	64 974	64 974	73 457	13 683
黑龙江	557 322	389 211	87 204	—	32 754	19 178	13 723	240 154	240 154	203 038	35 622
龙江集团	486 107	334 707	85 748	—	32 743	18 887	13 723	193 181	193 181	134 921	28 618
上海	4970	4970	—	—	—	—	—	—	—	1936	1936
江苏	167 417	55 246	20 792	—	25 219	—	30 546	475	—	124 886	7485
浙江	76 995	33 969	973	3265	33 878	647	—	9303	8802	59 279	4121
安徽	63 461	40 235	2279	3836	3882	12 264	—	10 077	9753	43 524	7100
福建	324 800	157 845	25 763	3578	87 461	5765	11 429	122 770	115 705	143 317	8986
江西	93 381	78 365	3529	68	5867	4381	451	48 293	31 207	34 793	4041
山东	84 052	70 552	—	—	—	—	13 500	—	—	62 090	—
河南	58 887	11 765	1123	—	43 959	—	—	887	872	45 658	5060
湖北	146 384	29 266	6118	13 665	22 297	38 895	31 364	4312	2368	123 259	1985
湖南	181 836	52 655	15 608	3595	95 856	—	—	30 644	24 052	89 693	24 916
广东	86 389	54 887	779	8947	12289	—	5488	28 891	26 911	33 421	19 227
广西	196 865	167 052	3615	—	14 406	134	11 658	56 335	50 191	65 326	9518
海南	12 465	8404	2689	—	—	—	—	3726	3536	6654	6373
重庆	1092	216	—	—	195	—	681	74	54	846	30
四川	69 924	25 327	63	79	7367	29 138	98	438	222	38 439	2141
贵州	19 018	16 372	63	256	570	1757	—	6820	3604	9303	3
云南	81 018	70 737	5275	565	3954	—	360	20 662	19 139	33 818	3360
西藏	—	—	—	—	—	—	—	—	—	—	—
陕西	14 399	11 549	—	—	2632	—	—	133	—	8711	10
甘肃	1327	1327	—	—	—	—	—	—	—	1327	—
青海	—	—	—	—	—	—	—	—	—	—	—
宁夏	2170	2170	—	—	—	—	—	—	—	—	—
新疆	5663	5298	—	—	—	365	—	4916	4916	514	28
大兴安岭	192 851	164 217	8344	—	—	—	—	97 224	97 224	56 262	5769

工业销售产值

价格计算）

单位：万元

要	行	业	分									
及竹、藤、棕、草制品业						家具制造业	造纸及纸制品业	林产化学产品制造业	建筑材料制造业	机械制造及修理业	电力生产业	其他行业
人造板制造业				木制品业	竹、藤、棕、草制品业							
小计	其中											
	胶合板制造业	纤维板制造业	刨花板制造业									
867 406	**202 410**	**405 042**	**143 689**	**326 897**	**66 230**	**53 968**	**66 291**	**151 959**	**50 332**	**39 069**	**83 865**	**283 333**
—	—	—	—	—	—	—	—	—	—	26	—	1461
—	—	—	—	—	—	—	—	—	—	—	—	—
19 980	—	9200	10 780	16	—	184	60	3570	—	419	—	1298
152	—	152	—	52	—	—	—	—	—	—	—	14
16 815	1721	5841	7283	11 912	743	219	15 718	938	2214	415	10 199	5007
14 508	99	5834	6611	10 580	—	181	15 718	938	1943	415	10 085	4508
16 337	3312	1600	372	11 646	830	3725	—	—	926	—	—	4933
67 203	12 889	15 255	25 656	76 367	97	5035	415	10 083	10 531	6111	12 833	62 025
42 326	8093	6181	21 118	17 448	—	224	340	9619	9504	1007	2263	28 483
77 659	9200	20 504	28 587	88 795	962	24 910	5425	5297	15 788	5677	14 012	43 021
74 896	8675	20 504	28 303	81 407	—	24 390	5425	5297	14 705	4813	14 012	39 363
—	—	—	—	—	—	—	—	—	—	1344	—	1690
90 771	44 259	32 556	13 956	16 800	9830	5580	—	240	4074	5829	3274	23 059
38 258	1938	36 307	12	6009	10 891	27	—	116	122	—	522	7626
34 252	626	20 244	13 382	840	1332	223	—	194	6059	—	—	3384
125 044	29 204	83 029	7589	4258	5029	438	6890	22 631	483	3132	373	24 766
26 520	9467	12 374	2296	3396	836	38	—	3601	94	292	97	6173
62 090	27 409	23 000	7881	—	—	—	—	—	—	—	—	21 962
8465	4160	454	613	17 080	15 053	1956	—	7913	—	—	—	2473
103 643	31 180	51 344	9076	17 599	32	2069	2000	1980	1408	566	1021	9769
51 068	14 502	27 717	2448	7893	5816	4039	3494	32 893	1257	573	6852	12 391
2584	1135	612	837	597	11 013	4881	300	3728	11	—	13 955	1202
42 531	2344	33 638	6549	13 271	6	131	25 370	41 174	2684	678	443	4724
22	—	—	—	240	19	—	—	730	—	—	1267	88
816	681	135	—	—	—	36	—	—	—	—	81	55
30 665	822	—	234	2312	3321	—	6526	966	3988	2867	6288	10 412
8880	149	2825	3883	—	420	—	—	156	—	—	—	2739
28 204	6747	17 829	1039	2254	—	260	—	14 407	60	7795	112	3904
—	—	—	—	—	—	—	—	—	—	—	—	—
8278	—	8278	—	423	—	77	—	1342	—	2882	—	1254
1327	—	1327	—	—	—	—	—	—	—	—	—	—
—	—	—	—	—	—	—	—	—	—	—	—	—
—	—	—	—	—	—	—	—	—	—	—	—	2170
365	—	70	295	121	—	140	93	—	—	—	—	—
5477	665	751	921	45 016	—	—	—	—	633	463	12 536	25 733

林业系统独立核算工业企业增加值（按生产法、现行价格计算）

单位：万元

按企业分	工业总产出				工业中间投入						本年应交增值税	工业增加值
	合计	生产成品价值	对外加工费收入	在产品、自制半成品期末期初差额价值	合计	直接材料费	制造费用中的中间投入	管理费用中的中间投入	销售费用中的中间投入	利息支出		
总计	**2 193 357**	**2 169 537**	**13 052**	**10 768**	**1 336 273**	**869 226**	**154 082**	**174 956**	**63 227**	**74 782**	**88 198**	**945 282**
在总计中：国有	1 487 956	1 471 162	10 201	6593	876 929	542 222	101 891	137 808	35 414	59 594	59 157	670 184
在总计中：												
一、木材及竹材采运企业	1 212 687	1 206 226	4373	2088	619 553	342 620	77 681	132 155	23 637	43 460	20 115	613 249
二、木材加工企业	676 096	667 129	2777	6190	491 080	355 686	57 741	27 962	29 606	20 085	49 926	234 942
三、林产化学企业	84 340	82 095	1187	1058	65 096	51 608	3634	4146	3247	2461	3786	23 030
四、林业机械制造及修理企业	27 339	25 188	2026	125	23 199	17 339	2028	2237	934	661	1497	5637

林业系统各地区独立核算工业企业增加值（按生产法、现行价格计算）

单位：万元

地区	工业总产出				工业中间投入						本年应交增值税	工业增加值
	合计	生产成品价值	对外加工费收入	在产品、自制半成品期末期初差额价值	合计	直接材料费	制造费用中的中间投入	管理费用中的中间投入	销售费用中的中间投入	利息支出		
全国合计	**2 193 357**	**2 169 537**	**13 052**	**10 768**	**1 336 273**	**869 226**	**154 082**	**174 956**	**63 227**	**74 782**	**88 198**	**945 282**
北京	—	—	—	—	—	—	—	—	—	—	—	—
天津	—	—	—	—	—	—	—	—	—	—	—	—
河北	18 531	16 212	1119	1200	14 468	6683	3580	1759	1628	818	985	5048
山西	215	201	14	—	209	127	17	39	15	11	22	28
内蒙古	169 466	169 356	85	25	73 161	38 372	6733	18 905	1761	7390	5529	101 834
内蒙古集团	169 466	169 356	85	25	73 161	38 372	6733	18 905	1761	7390	5529	101 834
辽宁	—	—	—	—	—	—	—	—	—	—	—	—
吉林	384 504	379 834	2667	2003	244 133	156 596	30 471	37 734	10 706	8626	8593	148 964
吉林集团	192 124	190 069	1707	348	117 400	82 830	8545	17 114	6897	2014	5349	80 073
黑龙江	513 809	509 107	1221	3481	286 120	174 663	32 033	47 430	12 311	19 683	9666	237 355
龙江集团	510 935	506 283	1171	3481	283 490	173 062	31 599	47 100	12 205	19 524	9446	236 891
上海	—	—	—	—	—	—	—	—	—	—	—	—
江苏	—	—	—	—	—	—	—	—	—	—	—	—
浙江	46 062	45 782	15	265	35 152	26 364	5184	2039	611	954	2793	13 703
安徽	35 807	35 730	61	16	29 881	22 976	2277	1463	2010	1155	2413	8339
福建	232 191	228 245	3173	773	154 416	116 012	11 800	14 484	7743	4377	9942	87 717
江西	67 008	66 502	476	30	48 858	29 737	6478	8049	3059	1535	1971	20 121
山东	77 686	77 375	303	8	61 108	46 057	7177	2286	2664	2924	17 782	34 360
河南	17 300	14 653	1265	1382	9299	5620	1523	983	498	675	673	8674
湖北	114 235	114 575	203	-543	60 169	47 162	4103	3024	3046	2834	5374	59 440
湖南	46 947	45 701	525	721	35 393	23 945	4917	3122	2500	909	1756	13 310
广东	—	—	—	—	—	—	—	—	—	—	—	—
广西	96 244	95 851	49	344	77 717	60 209	8541	3251	1615	4101	4763	23 290
海南	2522	1860	662	—	1490	844	152	197	270	27	99	1131
重庆	701	701	—	—	583	389	39	32	30	93	-29	89
四川	50 864	49 763	244	857	43 391	26 442	6053	2895	5595	2406	5107	12 580
贵州	10 988	10 934	—	54	9062	5443	1157	963	774	725	722	2648
云南	68 613	68 505	51	57	48 508	35 073	4637	3528	2504	2766	4396	24 501
西藏	—	—	—	—	—	—	—	—	—	—	—	—
陕西	14 197	13 318	770	109	9123	6175	762	1075	322	789	958	6032
甘肃	1236	1236	—	—	1373	1145	53	57	17	101	66	-71
青海	—	—	—	—	—	—	—	—	—	—	—	—
宁夏	2247	2247	—	—	1787	1177	252	128	26	204	62	522
新疆	5627	5618	23	-14	3302	716	284	1766	76	460	32	2357
大兴安岭	216 357	216 231	126	—	87 570	37 299	15 859	19 747	3446	11 219	4523	133 310

林业系统各地区国有独立核算工业企业增加值（按生产法、现行价格计算） 单位：万元

地区	工业总产出				工业中间投入						本年应交增值税	工业增加值
	合计	生产成品价值	对外加工费收入	在产品、自制半成品期末期初差额价值	合计	直接材料费	制造费用中的中间投入	管理费用中的中间投入	销售费用中的中间投入	利息支出		
全国合计	**1 487 956**	**1 471 162**	**10 201**	**6593**	**876 929**	**542 222**	**101 891**	**137 808**	**35 414**	**59 594**	**59 157**	**670 184**
北京	—	—	—	—	—	—	—	—	—	—	—	—
天津	—	—	—	—	—	—	—	—	—	—	—	—
河北	13 712	11 519	1081	1112	11 065	4478	3084	1506	1455	542	729	3376
山西	215	201	14	—	209	127	17	39	15	11	22	28
内蒙古	164 742	164 663	63	16	70 688	37 115	6245	18 466	1549	7313	5367	99 421
内蒙古集团	164 742	164 663	63	16	70 688	37 115	6245	18 466	1549	7313	5367	9 9421
辽宁	—	—	—	—	—	—	—	—	—	—	—	—
吉林	323 256	319 095	2506	1655	202 020	122 777	29 126	35 361	6637	8119	6349	127 585
吉林集团	130 876	129 330	1546	—	75 287	49 011	7200	14 741	2828	1507	3105	58 694
黑龙江	352 575	348 210	1132	3233	191 113	114 827	16 535	35 739	6970	17 042	7042	168 504
龙江集团	349 718	345 403	1082	3233	188 499	113 236	16 106	35 410	6864	16 883	6822	168 041
上海	—	—	—	—	—	—	—	—	—	—	—	—
江苏	—	—	—	—	—	—	—	—	—	—	—	—
浙江	11 550	11 448	12	90	9314	7937	517	418	127	315	357	2593
安徽	10 788	10 727	61	—	9043	6799	773	563	595	313	669	2414
福建	108 487	106 267	2174	46	70 231	52 620	5255	7144	3196	2016	5113	43 369
江西	56 796	56 380	386	30	40 418	23 679	5476	7374	2515	1374	1605	17 983
山东	62 686	62 575	103	8	48 258	36 057	5847	1986	1764	2604	16 582	31 010
河南	7312	5406	1137	769	5064	2909	513	843	335	464	433	2681
湖北	10 119	10 895	193	－969	10 572	8452	961	488	383	288	242	－211
湖南	17 024	16 344	303	377	12 301	8187	1294	1665	889	266	571	5294
广东	—	—	—	—	—	—	—	—	—	—	—	—
广西	70 089	69 970	49	70	55 922	40 308	8129	2834	1308	3343	3737	17 904
海南	1035	1035	—	—	782	313	117	93	258	1	38	291
重庆	701	701	—	—	583	389	39	32	30	93	－29	89
四川	21 004	20 744	201	59	15 023	9084	922	837	2760	1420	1945	7926
贵州	4480	4480	—	—	3034	2104	231	244	334	121	180	1626
云南	58 451	58 429	20	2	39 733	28 899	3843	2853	1747	2391	3455	22 173
西藏	—	—	—	—	—	—	—	—	—	—	—	—
陕西	5475	4600	766	109	4123	2146	730	854	235	158	478	1830
甘肃	1236	1236	—	—	1373	1145	53	57	17	101	66	－71
青海	—	—	—	—	—	—	—	—	—	—	—	—
宁夏	2247	2247	—	—	1787	1177	252	128	26	204	62	522
新疆	4463	4477	—	－14	3049	644	239	1748	41	377	32	1446
大兴安岭	179 513	179 513	—	—	71 224	30 049	11 693	16 536	2228	10 718	4112	112 401

林业系统主要工业产品产、销、存情况

主要工业产品名称	计量单位	年初库存量	本年生产量	本年销售量	盘盈	其他	年末库存量
一、木材	万立方米	433.73	2445.10	2419.92	9.80	7.89	460.82
二、竹材	万根	420.72	9934.64	9736.11	4.10	0.24	623.11
三、锯材	万立方米	35.27	140.00	144.43	0.90	4.07	27.67
四、木片	万实积立方米	6.03	161.24	161.06	1.43	0.27	7.55
五、人造板	万立方米	107.70	601.15	578.83	0.71	18.66	112.07
其中：1. 胶合板	万立方米	16.26	88.49	87.75	0.08	0.84	16.24
2. 木质纤维板	万立方米	38.00	331.59	332.41	—	6.09	31.09
其中：中密度纤维板	万立方米	34.01	306.75	308.09	—	6.05	26.62
3. 刨花板	万立方米	40.71	144.07	126.13	－0.14	11.60	46.91
六、松香	吨	30 548	184 650	175 117	969	17 083	23 967
七、栲胶	吨	4198	9178	10 022	818	—	4172
八、紫胶	吨	43	90	95	16	8	46
九、木地板	万平方米	562.45	1531.47	1353.02	1.79	17.29	725.40

林业系统各地区国有独立核算大中型工业企业主要工业产品生产能力

单位：万立方米、吨

地　　区	木　材	锯　材	胶合板	木　质 纤维板	刨花板	松　香	栲　胶	紫　胶
全国合计	**2330**	**349.2**	**104.3**	**182.0**	**152.3**	**256 754**	**18 320**	**3850**
北　京	—	—	—	—	—	—	—	—
天　津	—	—	—	—	—	—	—	—
河　北	—	—	—	—	—	—	—	—
山　西	—	—	—	—	—	—	—	—
内蒙古	480	64.7	0.9	4.9	14.7	—	8000	—
内蒙古集团	480	64.7	0.9	4.9	14.7	—	8000	—
辽　宁	—	—	—	—	—	—	—	—
吉　林	425	108.7	12.3	27.3	27.5	—	—	—
吉林集团	186	57.7	8.1	13.8	21.0	—	—	—
黑龙江	496	52.5	4.2	15.9	35.4	—	—	—
龙江集团	496	52.5	4.2	15.9	35.4	—	—	—
上　海	—	—	—	—	—	—	—	—
江　苏	—	—	—	—	—	—	—	—
浙　江	—	3.0	—	5.3	—	—	—	—
安　徽	—	—	0.3	4.4	4.0	1500	—	—
福　建	67	34.6	26.9	33.9	8.8	93 579	1000	250
江　西	53	—	2.0	0.6	—	—	—	—
山　东	—	—	4.1	8.0	9.1	—	—	—
河　南	—	0.7	3.0	3.3	5.6	985	—	—
湖　北	8	11.9	23.5	12.4	21.3	5147	500	—
湖　南	—	—	8.4	16.4	6.1	—	—	—
广　东	—	—	—	—	—	—	—	—
广　西	—	—	4.0	21.0	6.6	85 000	—	—
海　南	24	0.2	0.6	—	—	6000	—	—
重　庆	—	—	—	—	—	—	—	—
四　川	46	7.1	0.3	11.1	2.4	5893	—	100
贵　州	—	—	—	—	—	—	—	—
云　南	149	42.7	11.8	13.5	5.8	58 650	8820	3500
西　藏	—	—	—	—	—	—	—	—
陕　西	—	—	—	0.2	—	—	—	—
甘　肃	32	8.1	—	0.3	—	—	—	—
青　海	—	—	—	—	—	—	—	—
宁　夏	—	—	—	—	—	—	—	—
新　疆	7	1.0	—	2.0	5.0	—	—	—
大兴安岭	544	14.0	2.0	1.5	—	—	—	—

林业系统木材、木材加工及林产化学主要工业产品销售实际平均价格

地　区	木材(元/立方米)	锯材(元/立方米)	木片(元/立方米)	木地板(元/平方米)	胶合板(元/立方米)	硬质纤维板(元/立方米)	中密度纤维板(元/立方米)	刨花板(元/立方米)	松香(元/吨)	栲胶(元/吨)	紫胶(元/吨)
全国合计	**485**	**909**	**213**	**58**	**1854**	**986**	**1173**	**939**	**3366**	**4022**	**14 763**
北　京	—	—	—	—	—	—	—	—	—	—	—
天　津	—	—	—	—	—	—	—	—	—	—	—
河　北	—	—	—	—	—	—	—	—	—	—	—
山 西	—	—	—	—	—	—	—	—	—	—	—
内蒙古	419	756	307	91	971	375	1021	795	—	3868	—
内蒙古集团	419	756	307	91	971	375	1021	795	—	3868	—
辽　宁	384	981	550	61	1205	—	1126	800	—	—	—
吉　林	677	1230	169	65	2121	1024	967	969	—	—	—
吉林集团	709	1477	150	100	2147	—	893	969	—	—	—
黑龙江	489	1108	248	108	2139	974	—	711	—	—	—
龙江集团	488	1112	248	108	2139	974	—	711	—	—	—
上　海	—	—	—	—	—	—	—	—	—	—	—
江　苏	—	—	—	—	—	—	—	—	—	—	—
浙　江	—	—	—	—	2500	—	—	—	—	—	—
安　徽	525	960	—	93	2801	—	266	750	3599	—	—
福　建	457	1625	246	136	1564	1163	1364	813	3691	—	—
江　西	—	—	—	—	—	—	—	—	—	—	—
山　东	—	—	—	—	—	—	900	—	—	—	—
河　南	—	—	—	—	1727	—	—	754	—	—	—
湖　北	450	823	480	45	1470	460	1648	522	3503	—	—
湖　南	—	—	—	—	—	—	—	—	—	—	—
广　东	—	—	—	—	—	—	—	—	—	—	—
广　西	260	385	286	37	1206	702	1216	811	3479	4179	—
海　南	—	—	—	—	—	—	—	—	—	—	—
重　庆	—	—	—	—	—	—	—	—	—	—	—
四　川	—	—	—	—	—	—	—	—	—	—	—
贵　州	183	395	200	144	1897	—	1022	853	3000	—	—
云　南	407	854	164	54	1885	—	1126	696	3275	3668	14 763
西　藏	—	—	—	—	—	—	—	—	—	—	—
陕　西	—	—	—	—	—	—	639	—	—	—	—
甘　肃	—	—	—	—	—	—	—	—	—	—	—
青　海	—	—	—	—	—	—	—	—	—	—	—
宁　夏	—	—	—	—	—	—	—	—	—	—	—
新　疆	617	753	—	—	—	—	—	—	—	—	—
大兴安岭	443	233	173	37	2023	—	802	747	—	—	—

国有林区 11 户重点木材采运企业分树种的原木销售实际平均价格

单位:元/立方米、元、立方米

树 种	材长 6 米 径级 22～28 厘米			材长 6 米 径级 30 厘米以上			材长 4 米 径级 22～28 厘米			材长 4 米 径级 30 厘米以上		
	产品销售实际平均单价	产品销售收入	产品销售量	产品销售实际平均单价	产品销售收入	产品销售量	产品销售实际平均单价	产品销售收入	产品销售量	产品销售实际平均单价	产品销售收入	产品销售量
红松原木	546	2 724 940	4993	815	6 664 310	8173	504	3 314 660	6571	689	5 749 554	8350
白松原木	507	6 947 687	13 696	743	23 818 727	32 044	447	8 545 086	19 102	590	30 127 874	51 067
落叶松原木	538	20 836 312	38 738	684	36 677 551	53 647	500	102 858 151	205 625	586	39 942 295	68 184
水曲柳原木	898	1 242 582	1383	1379	3 232 404	2344	874	4 979 993	5700	1222	8 889 210	7276
柞木原木	906	1 147 940	1267	1115	1 529 340	1371	843	6 814 930	8088	1395	15 803 368	11 327
杨木原木	407	3 370 863	8290	571	8 762 640	15 352	418	49 322 945	117 906	487	15 580 927	32 023
桦木原木	490	1 179 936	2410	771	2 320 746	3012	555	4 871 424	8771	835	23 125 781	27 712
榆木原木	696	1 071 025	1538	866	3 300 659	3812	684	2 026 653	2962	838	4 507 147	5379
柳木原木	—	—	—	1270	21 590	17	938	469 000	500	1119	2 241 357	2003
椴木原木	801	1 665 486	2078	1132	2 835 257	2505	866	3 128 799	3612	1236	6 595 950	5335
杉木原木	503	588 428	1171	743	2 068 815	2784	474	3 185 108	6714	543	20 444 645	37 682
马尾松原木	—	—	—	—	—	—	—	—	—	—	—	—

劳 动 工 资

林业系统国有单位从业人员和劳动报酬主要指标 2002 年与 2001 年比较

主要指标	单位	2002 年	2001 年	2002 年比 2001 年增减（%）
一、企事业机关单位个数	个	49 190	49 744	-1. 11
其中：1. 林业	个	42 274	42 567	-0. 69
2. 工业	个	1745	1867	-6. 53
二、从业人员年末人数	人	1 591 965	1 693 766	-6. 01
其中：1. 林业	人	765 142	781 752	-2. 12
其中：国有林场	人	418 703	442 425	-5. 36
2. 工业	人	642 453	681 856	-5. 78
其中：（1）木材及竹材采运业	人	563 725	614 007	-8. 19
（2）木材加工及竹、藤、棕、草制品业	人	47 870	55 452	-13. 67
（3）林产化学产品制造业	人	8076	9430	-14. 36
三、在岗职工年末人数	人	1 524 487	1 634 050	-6. 70
其中：1. 林业	人	717 879	744 774	-3. 61
其中：国有林场	人	391 552	417 953	-6. 32
2. 工业	人	631 288	695 734	-9. 26
其中：（1）木材及竹材采运业	人	558 903	607 902	-8. 06
（2）木材加工及竹、藤、棕、草制品业	人	44 324	51 327	-13. 64
（3）林产化学产品制造业	人	7743	8938	-13. 37
四、离开本单位仍保留劳动关系的职工年末人数	人	407 682	458 791	-11.14
其中：1. 林业	人	111 450	99 388	12. 14
其中：国有林场	人	82 933	69 016	20. 16
2. 工业	人	263 042	322 336	-18. 40
其中：（1）木材及竹材采运业	人	223 308	278 483	-19. 81
（2）木材加工及竹、藤、棕、草制品业	人	21 332	24 176	-11. 76
（3）林产化学产品制造业	人	2522	2997	-15. 85
五、在岗职工年劳动报酬	千元	10 797 827	10 528 710	2. 56
其中：1. 林业	千元	5 622 316	5 189 338	8. 34
其中：国有林场	千元	2 679 373	2 567 621	4. 35
2. 工业	千元	3 174 693	3 424 293	-7. 29
其中：（1）木材及竹材采运业	千元	2 669 146	2 809 485	-5. 00
（2）木材加工及竹、藤、棕、草制品业	千元	324 723	381 593	-14. 90
（3）林产化学产品制造业	千元	43 266	56 038	-22.79
六、在岗职工年平均工资	元	7116	6389	11. 38
其中：1. 林业	元	7779	6968	11. 64
其中：国有林场	元	6805	6062	12. 26
2. 工业	元	5170	4922	5. 04
其中：（1）木材及竹材采运业	元	4937	4632	6. 59
（2）木材加工及竹、藤、棕、草制品业	元	7249	6926	4. 66
（3）林产化学产品制造业	元	5796	6044	-4. 11

林业系统各地区按行业分企、

地区	各部门总计	合计	企业	事业	机关	国有经			
							农、林、		
						小计	国有林场	国有苗圃	林业工作站
全国合计	**50 447**	**49 190**	**3352**	**42 958**	**2880**	**41 972**	**4342**	**2080**	**24 362**
北京	134	133	1	117	15	115	28	15	9
天津	86	86	1	75	10	75	1	8	52
河北	1536	1533	56	1328	149	1329	131	177	614
山西	2109	2109	6	1976	127	1865	220	135	1183
内蒙古	1660	1619	39	1476	104	1430	299	103	688
内蒙古集团	89	50	25	24	1	7	2	—	—
辽宁	1912	1899	57	1748	94	1716	169	52	990
吉林	1771	1738	328	1337	73	1585	301	50	841
吉林集团	38	29	26	3	—	—	—	—	—
黑龙江	2420	2254	184	1961	109	1805	369	80	781
龙江集团	283	211	128	63	20	7	1	—	—
上海	20	20	1	19	—	20	4	4	11
江苏	913	604	21	564	19	573	66	32	270
浙江	1507	1485	60	1344	81	1316	99	14	890
安徽	1813	1750	122	1501	127	1470	133	80	736
福建	2125	1986	421	1456	109	1402	108	73	781
江西	2310	2301	440	1688	173	1665	235	76	811
山东	2562	2561	38	2391	132	2192	153	159	1701
河南	1540	1537	33	1356	148	1294	88	90	682
湖北	2331	2048	155	1801	92	1717	236	58	841
湖南	3186	3165	259	2768	138	2684	182	97	1775
广东	1982	1954	196	1616	142	1547	193	64	972
广西	2121	2105	225	1760	120	1823	178	84	693
海南	325	325	35	268	22	248	29	10	120
重庆	1521	1520	20	1457	43	1449	97	28	1158
四川	4174	4142	170	3793	179	3762	148	149	2772
贵州	2247	2233	116	2019	98	1984	90	40	1398
云南	2567	2546	186	2200	160	2114	147	37	1471
西藏	33	33	5	23	5	23	—	7	10
陕西	1839	1823	72	1641	110	1619	231	119	503
甘肃	1538	1534	21	1421	92	1383	217	124	575
青海	340	337	1	286	50	277	69	26	105
宁夏	491	491	2	466	23	457	51	24	302
新疆	1199	1194	65	1006	123	1001	69	64	626
局直属单位	135	125	16	96	13	32	1	1	1
大兴安岭	59	49	16	31	2	8	—	—	1

事业及机关单位个数

济	单	位								
牧、渔业						采掘业		制造业		
科技推广站	木材检查站	种苗站	病虫害防治站	治沙站	其他	小计	其中：木材及竹材采运企业	小计	计	锯材加工企业
1312	**2254**	**633**	**1262**	**73**	**5655**	**1173**	**995**	**572**	**367**	**69**
3	2	2	6	—	50	—	—	—	—	—
2	—	2	1	—	9	—	—	—	—	—
62	19	29	48	3	246	—	—	23	9	2
36	49	21	52	—	169	—	—	6	4	—
3	30	42	68	11	186	17	17	5	1	1
—	—	—	—	—	5	17	17	1	—	—
35	44	48	62	—	316	2	1	11	7	—
12	51	10	38	1	282	18	18	12	10	2
—	—	—	—	—	—	8	8	8	7	1
16	54	53	89	—	363	40	40	53	29	10
1	—	3	2	—	—	40	40	25	13	4
—	—	—	—	—	1	—	—	—	—	—
154	21	1	8	—	21	—	—	3	1	—
72	88	21	55	—	77	13	—	12	12	1
45	125	10	77	8	256	15	13	17	16	4
47	50	17	30	—	296	263	259	55	36	9
55	251	16	56	1	164	338	272	58	27	1
29	27	50	73	—	—	—	—	21	11	—
86	92	25	62	1	168	1	1	8	4	—
53	146	32	60	—	291	7	4	58	54	8
54	239	30	39	3	265	183	132	44	30	4
21	93	13	22	—	169	22	21	31	16	5
53	148	31	58	—	578	17	15	21	10	1
3	60	1	6	—	19	16	11	11	9	3
8	86	9	16	—	47	1	—	9	6	—
183	134	21	48	2	305	59	47	30	26	6
40	150	25	68	2	171	87	75	14	11	1
47	84	22	47	2	257	34	32	34	19	4
—	6	—	—	—	—	—	—	5	5	5
61	124	35	37	3	506	8	8	17	9	—
76	63	52	63	11	202	7	4	2	1	—
14	7	5	9	2	40	1	1	—	—	—
16	4	—	17	—	43	—	—	2	—	—
25	7	10	46	22	132	15	15	6	4	2
1	—	—	1	1	26	9	9	4	—	—
1	—	—	—	—	6	9	9	4	—	—

地区	国有经								
	制造业								
	其中								
	木材加工及竹、藤、棕、草制品业							林产化学产品制造业	家具制造业
	木片加工企业	胶合板制造企业	纤维板制造企业	刨花板制造企业	其他人造板制造企业	木制品制造企业	竹、藤、棕、草制品		
全国合计	**22**	**49**	**57**	**30**	**27**	**91**	**22**	**90**	**23**
北京	—	—	—	—	—	—	—	—	—
天津	—	—	—	—	—	—	—	—	—
河北	1	1	—	2	1	2	—	6	1
山西	—	—	3	—	1	—	—	1	1
内蒙古	—	—	—	—	—	—	—	2	1
内蒙古集团	—	—	—	—	—	—	—	—	—
辽宁	—	2	1	—	1	2	1	—	2
吉林	—	3	1	—	—	4	—	1	—
吉林集团	—	3	—	—	—	3	—	—	—
黑龙江	1	2	4	4	1	7	—	2	1
龙江集团	—	—	3	4	1	1	—	2	1
上海	—	—	—	—	—	—	—	—	—
江苏	—	—	1	—	—	—	—	2	—
浙江	—	—	2	—	7	1	1	—	—
安徽	1	3	2	3	1	2	—	1	—
福建	2	7	7	5	2	2	2	17	1
江西	—	11	4	4	4	—	3	6	4
山东	—	2	6	2	1	—	—	—	—
河南	—	—	—	1	1	1	1	1	1
湖北	—	2	7	1	2	32	2	2	2
湖南	3	4	6	3	—	7	3	8	1
广东	5	—	—	1	1	4	—	13	1
广西	3	2	1	1	—	2	—	4	—
海南	3	1	—	—	1	1	—	2	—
重庆	1	1	—	—	—	3	1	1	2
四川	—	1	3	1	1	8	6	1	1
贵州	1	—	2	2	—	3	2	3	—
云南	1	6	3	—	—	5	—	14	—
西藏	—	—	—	—	—	—	—	—	—
陕西	—	1	2	—	2	4	—	3	2
甘肃	—	—	1	—	—	—	—	—	—
青海	—	—	—	—	—	—	—	—	—
宁夏	—	—	—	—	—	—	—	—	—
新疆	—	—	1	—	—	1	—	—	1
局直属单位	—	—	—	—	—	—	—	—	1
大兴安岭	—	—	—	—	—	—	—	—	1

（续）

济	单	位								
建筑业	社会服务业			卫生、体育和社会福利事业	教育、文化艺术及广播电影电视业	科学研究和综合技术服务业	国家机关、政党机关和社会团体	其他	集体经济单位	其他各种经济单位
	小计	其中								
		自然保护区管理业	旅游业							
103	**665**	**302**	**109**	**44**	**131**	**448**	**2888**	**1194**	**831**	**426**
1	2	1	1	—	—	—	15	—	—	1
—	—	—	—	—	—	—	10	1	—	—
—	14	2	3	1	4	8	149	5	3	—
—	15	6	5	3	5	11	127	77	—	—
3	16	7	1	6	9	16	104	13	28	13
1	2	—	—	6	5	2	1	8	26	13
—	21	8	6	—	1	14	94	40	11	2
4	16	4	4	1	3	10	73	16	20	13
1	1	—	—	1	1	1	—	8	—	9
41	45	5	13	8	35	19	109	99	144	22
39	3	—	—	8	16	13	20	40	57	15
—	—	—	—	—	—	—	—	—	—	—
1	6	2	4	—	—	—	19	2	262	47
1	15	10	—	—	1	15	81	31	14	8
5	23	11	6	—	1	12	127	80	22	41
9	44	18	5	1	5	9	109	89	75	64
3	21	9	3	1	2	14	175	24	7	2
2	17	—	—	—	1	13	132	183	—	1
—	12	4	1	—	5	46	149	22	3	—
4	37	4	7	5	12	30	92	86	140	143
6	36	21	8	1	3	48	138	22	20	1
—	42	17	7	1	4	50	142	115	8	20
5	26	15	6	—	4	22	120	67	12	4
1	15	11	—	—	—	7	23	4	—	—
1	7	2	4	—	—	2	43	8	1	—
1	49	23	10	3	5	9	179	45	13	19
3	34	32	1	—	3	7	98	3	9	5
2	67	52	2	2	4	27	160	102	14	7
—	—	—	—	—	—	—	5	—	—	—
1	22	4	3	1	2	12	110	31	14	2
2	18	8	8	4	5	18	92	3	1	3
—	9	9	—	—	—	—	50	—	3	—
—	3	3	—	—	1	1	23	4	—	—
4	20	10	1	—	3	6	123	16	2	3
3	13	4	—	6	13	22	17	6	5	5
3	7	1	—	3	7	—	2	6	5	5

林业系统各地区按行业

地 区	各部门总计	合计	企业	事业	机关	国有经			
						小计	农、林、		
							国有林场	国有苗圃	林业工作站
全国合计	**1 640 959**	**1 524 487**	**731 271**	**720 283**	**72 933**	**706 051**	**391 552**	**40 676**	**126 301**
北 京	4947	4897	104	4066	727	3980	943	1461	228
天 津	1097	1097	22	912	163	912	61	199	207
河 北	22 923	22 840	1655	18 299	2886	17551	6501	2444	2540
山 西	24 312	24 312	350	21 297	2665	18 870	9170	2151	3723
内蒙古	153 863	135 004	81 269	51 400	2335	49 452	38 044	3101	3466
内蒙古集团	103 402	84 571	81 026	3283	262	3693	3121	—	—
辽 宁	26 111	25 969	1972	22 865	1132	22 796	12 337	1180	4467
吉 林	179 207	168 279	132 008	34 110	2161	54 089	38 988	2440	3728
吉林集团	60 257	52 979	52 298	681	—	—	—	—	—
黑龙江	391 265	339 871	271 506	63 863	4502	52 883	42 800	1638	2636
龙江集团	329 715	280 298	269 317	9084	1897	155	54	—	—
上 海	960	960	72	888	—	960	395	339	212
江 苏	27 998	22 649	3314	19 124	211	21612	161 01	2348	1806
浙 江	18 680	17 348	2480	13 098	1770	12 844	5688	256	3941
安 徽	31 154	29 784	4549	23645	1590	22968	12294	3127	3808
福 建	43 504	36 028	13 190	19 086	3752	16 976	7351	550	4293
江 西	70 497	70 228	19 357	45 134	5737	44 339	31 120	1980	5252
山 东	32 854	31 854	5180	24 520	2154	21 706	8186	2468	9789
河 南	28 878	28 873	1126	23 866	3881	21 822	9415	2285	4000
湖 北	38 647	36 812	4129	30 196	2487	28 412	12 781	884	7111
湖 南	62 425	62 181	10 700	44 737	6744	40 486	19 205	1848	13 006
广 东	43 594	41 692	9255	27 811	4626	30 135	19 169	906	5947
广 西	58 617	57 320	10 136	45 351	1833	46 857	29 145	761	3271
海 南	7329	7329	3035	3677	617	3966	2641	204	475
重 庆	9284	9269	626	7489	1154	7232	3610	197	2687
四 川	81 567	79 576	45 059	29 585	4932	40 784	10 974	1524	8635
贵 州	21 885	21 679	4263	15 456	1960	15 141	5637	548	5862
云 南	55 275	54 110	20 549	27 120	6441	23 901	6714	305	10 604
西 藏	150	150	7	92	51	92	—	64	16
陕 西	38 042	37 891	6701	29 465	1725	28 098	15 113	1409	4566
甘 肃	36 192	35 261	7807	25 885	1569	24 051	13 960	1400	2445
青 海	6868	6832	210	6247	375	6039	4248	250	676
宁 夏	9453	9453	190	9031	232	8068	3653	1251	1177
新 疆	19760	19579	4566	13 508	1505	13 984	5274	1139	5615
局直属单位	93 621	85 360	65 884	18 460	1016	5045	34	19	112
大兴安岭	85 689	77 428	65 884	10 954	590	3216	—	—	112

分在岗职工年末人数

单位：人

济 单 位										
牧、渔业						采掘业		制造业		
科技推广站	木材检查站	种苗站	病虫害防治站	治沙站	其他	小计	其中：木材及竹材采运企业	小计	计	锯材加工企业
13 109	**19 318**	**5214**	**8217**	**771**	**100 896**	**566 671**	**558 903**	**64 617**	**44 324**	**2319**
109	20	88	100	—	1031	—	—	—	—	—
168	—	41	7	—	229	—	—	—	—	—
635	136	245	394	54	4602	—	—	1231	548	17
297	235	193	372	—	2729	—	—	350	166	—
74	200	462	685	131	3289	74 601	74 601	468	19	19
—	—	—	—	—	572	74 601	74 601	406		—
322	343	334	482	—	3331	16	—	744	562	—
181	417	108	250	3	7977	99 340	99 340	7688	6462	281
—	—	—	—	—	—	47 082	47 082	4309	4279	185
52	336	301	379	—	4741	252 248	252 248	11 164	6273	581
17	—	64	20	—	—	252 248	252 248	9681	5239	500
—	—	—	—	—	14	—	—	—	—	—
829	218	3	38	—	269	—	—	208	160	—
654	1009	106	294	—	896	270	—	1151	1151	565
408	1234	42	425	32	1598	497	390	1240	1236	23
306	849	81	90	—	3456	7798	7664	3101	2117	58
536	2707	113	393	8	2230	14 450	12 797	3721	2303	4
175	281	316	491	—	—	—	—	4838	4322	—
1574	1511	272	482	3	2280	37	37	885	76	—
869	1325	246	458	—	4738	291	291	2352	2286	39
417	2384	227	195	15	3189	6263	5545	3455	2394	127
286	950	86	122	—	2669	1236	873	907	472	43
455	1253	205	248	—	11 519	731	707	3320	812	28
31	336	27	25	—	227	1955	1022	315	269	40
28	238	68	123	—	281	281	—	238	199	—
1268	735	151	226	8	17 263	22 162	19 427	4781	3832	91
302	661	95	233	34	1769	2726	2599	1086	944	18
463	459	222	242	51	4841	6570	6178	7245	5759	174
—	12	—	—	—	—	—	—	7	7	7
828	959	699	443	115	3966	3427	3427	2239	1061	—
1198	375	404	520	92	3657	6682	6667	682	677	—
267	53	21	82	24	418	210	210	—	—	—
129	18	—	88	—	1752	—	—	190	—	—
141	64	58	209	182	1302	2133	2133	268	217	204
107	—	—	121	19	4633	62 747	62 747	743	—	—
107	—	—	—	—	2997	62 747	62 747	743	—	—

地区	国有经								
	制造业								
	其中								
	木材加工及竹、藤、棕、草制品业							林产化学产品制造业	家具制造业
	木片加工企业	胶合板制造企业	纤维板制造企业	刨花板制造企业	其他人造板制造企业	木制品制造企业	竹、藤、棕、草制品制造企业		
全国合计	**853**	**10 795**	**11 741**	**6064**	**3102**	**7889**	**1561**	**7743**	**1909**
北京	—	—	—	—	—	—	—	—	—
天津	—	—	—	—	—	—	—	—	—
河北	27	9	—	209	157	129	—	402	57
山西	—	—	146	—	20	—	—	25	159
内蒙古	—	—	—	—	—	—	—	32	11
内蒙古集团	—	—	—	—	—	—	—	—	—
辽宁	—	22	1	—	410	101	28	—	175
吉林	—	3135	446	—	—	2600	—	1196	—
吉林集团	—	3135	—	—	—	959	—	—	—
黑龙江	100	16	1856	2088	409	1223	—	839	687
龙江集团	—	—	1856	2088	409	386	—	839	687
上海	—	—	—	—	—	—	—	—	—
江苏	—	—	160	—	—	—	—	48	—
浙江	—	—	115	—	296	16	159	—	—
安徽	9	77	276	773	11	67	—	4	—
福建	85	284	1082	496	86	16	10	924	60
江西	—	662	929	277	417	—	14	617	87
山东	—	1508	1095	962	757	—	—	—	—
河南	—	—	—	19	13	40	4	234	30
湖北	—	351	544	162	292	893	5	11	55
湖南	20	146	1455	81	—	359	206	559	10
广东	165	—	—	226	3	35	—	362	63
广西	87	232	141	268	—	56	—	686	—
海南	218	—	—	—	11	—	—	46	—
重庆	24	120	—	—	—	51	4	15	24
四川	—	3	1350	65	120	1230	973	8	29
贵州	95	—	206	438	—	29	158	142	—
云南	23	4191	441	—	—	930	—	1378	—
西藏	—	—	—	—	—	—	—	—	—
陕西	—	39	813	—	100	109	—	215	55
甘肃	—	—	677	—	—	—	—	—	—
青海	—	—	—	—	—	—	—	—	—
宁夏	—	—	—	—	—	—	—	—	—
新疆	—	—	8	—	—	5	—	—	7
局直属单位	—	—	—	—	—	—	—	—	400
大兴安岭	—	—	—	—	—	—	—	—	400

(续)

济	单	位								
建筑业	社会服务业			卫生、体育和社会福利事业	教育、文化艺术及广播电影电视业	科学研究和综合技术服务业	国家机关、政党机关和社会团体	其他	集体经济单位	其他各种经济单位
	小计	其中								
		自然保护区管理业	旅游业							
14 458	**22 154**	**11 828**	**2849**	**5980**	**10 416**	**22 647**	**73 063**	**38 430**	**76 692**	**39 780**
49	141	37	104	—	—	—	727	—	—	50
—	—	—	—	—	—	—	163	22	—	—
—	623	302	144	9	249	272	2886	19	83	—
—	506	196	98	56	311	261	2665	1293	—	—
984	833	554	13	977	678	921	2335	3755	13 063	5796
255	131	—	—	977	338	217	262	3691	13 035	5796
—	661	586	30	—	11	270	1132	339	20	122
914	1474	938	222	115	388	1043	2161	1067	3626	7302
13	58	—	—	115	146	420	—	836	—	7278
6071	1012	88	346	2710	2904	2945	4502	3432	46 714	4680
6019	189	—	—	2710	2479	2791	1897	2129	44 969	4448
—	—	—	—	—	—	—	—	—	—	—
486	115	55	60	—	—	—	211	17	4331	1018
9	383	312	—	—	3	287	1770	631	172	1160
377	482	97	212	—	120	162	1590	2348	594	776
758	1175	354	178	122	241	605	3752	1500	872	6604
123	475	373	52	13	299	639	5768	401	171	98
36	342	—	—	—	15	300	2154	2463	—	1000
—	393	235	30	—	427	1131	3886	292	5	—
222	554	172	120	62	541	627	2487	1264	433	1402
83	2190	1783	209	11	299	1879	6744	771	116	128
—	745	151	96	6	240	1343	4626	2454	148	1754
460	1079	580	235	—	470	863	1833	1707	245	1052
23	192	161	—	—	—	185	650	43	—	—
14	177	93	73	—	—	91	1154	82	15	—
466	2515	542	274	372	50	1088	4932	2426	120	1871
49	370	366	4	—	124	170	1960	53	163	43
322	2093	1426	229	259	401	1732	6441	5146	664	501
—	—	—	—	—	—	—	51	—	—	—
20	729	321	54	257	287	410	1725	699	88	63
41	685	536	63	242	510	776	1569	23	23	908
—	208	208	—	—	—	—	375	—	36	—
—	760	760	—	—	99	37	232	67	—	—
557	186	123	3	—	318	347	1505	281	17	164
2394	1056	479	—	769	1431	4263	1077	5835	4973	3288
2394	382	40	—	716	805	—	590	5835	4973	3288

林业系统各地区按行业

地区	各部门总计	合计	企业	事业	机关	国有经 农、林、			
						合计	国有林场	国有苗圃	林业工作站
全国合计	**11 346 492**	**10 797 827**	**3 846 968**	**6 001 208**	**949 651**	**5 493 945**	**2 679 373**	**314 911**	**1 115 209**
北京	92 213	90 763	1638	70 746	18 379	68 316	18 325	20 067	5008
天津	12 018	12 018	138	9661	2219	9661	604	1534	2228
河北	190 670	190 230	9228	151 134	29 868	140 465	58 812	16 240	19 219
山西	187 268	187 268	1502	159 789	25 977	140 030	64 347	14 503	26 306
内蒙古	1 008 659	925 121	479 020	419 121	26 980	383 431	274 232	27 293	31 937
内蒙古集团	599 470	516 054	477 985	35 144	2925	25 726	19 231	—	—
辽宁	183 405	182 572	11 406	156 977	14 189	150 103	68 530	7259	32 006
吉林	1 049 766	963 844	724 801	212 783	26 260	291 900	184 974	12 492	24 192
吉林集团	378 212	313 583	305 421	8162	—	—	—	—	—
黑龙江	1 646 920	1 498 915	959 948	474 733	64 234	326 180	245 121	9491	22 621
龙江集团	1 253 028	1 113 306	951 852	128 885	32 569	1706	500	—	—
上海	19 186	19 186	1663	17 523	—	19 186	5836	7149	5275
江苏	210 925	169 701	22 570	143 860	3271	159 594	111 150	19 389	16 883
浙江	273 151	258 780	25 508	192 788	40 484	185 453	64 462	4156	60 118
安徽	225 495	213 649	24 579	169 090	19 980	160 874	71 724	18 592	34 663
福建	448 431	390 077	117 627	216 316	56 134	187 528	77 468	5754	50 043
江西	434 392	433 217	108 038	259 319	65 860	246 364	137 299	12 998	42 807
山东	307 163	298 163	32 866	238 505	26 792	206 536	91 329	19 191	81 481
河南	199 180	199 118	5421	161 412	32 285	140 393	60 321	13 719	24 264
湖北	256 914	247 190	27 641	180 370	39 179	166 001	62 510	4370	46 772
湖南	443 419	440 795	55 169	312 900	72 726	269 052	94 754	9427	105 604
广东	422 455	407 648	71 824	268 526	67 298	273 278	170 628	7540	50 583
广西	462 374	450 630	76 476	348 532	25 622	352 930	190 572	6001	31 134
海南	52 590	52 590	22 231	23 201	7158	26 636	16 757	1357	3595
重庆	82 236	82 173	3835	64 508	13 830	61 425	32 197	1722	20 648
四川	646 999	634 924	331 796	240 540	62 588	299 835	73 812	13 197	64 512
贵州	195 386	195 127	26 211	138 038	30 878	132 101	38 312	11 402	50 778
云南	596 994	589 168	189 705	318 303	81 160	271 813	75 303	3495	117 657
西藏	3434	3434	125	2208	1101	2208	—	1536	384
陕西	313 864	313 415	42 430	253 576	17 409	237 101	127 049	12012	37 610
甘肃	362 783	359 212	47 431	284 963	26 818	257 803	145 903	12 485	25245
青海	74 495	74 289	4073	64 069	6147	60 913	35 563	2973	9733
宁夏	81 849	81 849	1720	77 339	2790	67 900	32 130	6400	13 920
新疆	200 043	198 092	42 761	133 569	21 762	135 049	48 284	10 545	56 162
局直属单位	661 815	634 669	377 587	236 809	20 273	63 886	1065	622	1821
大兴安岭	511 003	483 857	377 587	97 402	8868	24 243	—	—	1821

分在岗职工年劳动报酬

单位：千元

济 单 位										
牧、渔业						采掘业		制造业		
科技推广站	木材检查站	种苗站	病虫害防治站	治沙站	其他	小计	其中：木材及竹材采运企业	小计	计	锯材加工企业
135 450	**181 638**	**56 640**	**91 274**	**10 312**	**909 138**	**2 720 436**	**2 669 146**	**454 257**	**324 723**	**19 971**
2046	367	1510	2425	—	18 568	—	—	—	—	—
2055	—	168	70	—	3002	—	—	—	—	—
5712	1135	1963	3537	550	33297	—	—	7313	2895	36
2717	1536	2054	3232	—	25 335	—	—	1502	663	—
718	2069	4746	7102	1053	34 281	431 568	431 568	2380	93	93
—	—	—	—	—	6495	431 568	431 568	2036	—	—
3481	3029	3207	4822	1209	26 560	139	—	6113	4637	—
1529	3941	1679	2610	—	60 483	554 668	55 4668	35 453	30 236	2108
—	—	—	—	—	—	280 449	280 449	15 467	15 287	1638
625	2560	3199	4379	—	38 184	856 939	856 939	60 316	33 823	2988
227	—	627	352	—	—	856 939	856 939	55 787	31 360	2799
—	—	—	—	—	926	—	—	—	—	—
7708	1922	18	361	—	2163	—	—	1996	1536	—
13748	17 315	2330	6639	—	16 685	1150	—	14 619	14 619	9532
4117	12 357	626	4590	410	13 795	1499	1132	10 826	10 807	91
4395	8994	1132	1182	—	38 560	64 059	62 454	35 296	28 204	558
4818	22 582	1267	4130	77	20 386	76 445	67 785	26 046	19 035	20
2066	2544	3979	5946	—	—	—	—	30 210	27 455	—
11 826	9810	2460	3470	65	14458	141	141	4128	390	—
7351	10 996	1631	3612	—	28759	833	616	15 054	14 606	165
4050	21 689	2172	1980	149	29 227	20 675	17 036	27 355	20 404	372
3092	8552	1589	2290	—	29004	9146	6427	4811	2414	163
4758	11 749	2558	2948	—	103210	4868	4712	27 879	4320	151
207	2104	262	225	—	2129	13 222	5886	1709	1606	98
246	1750	660	1424	—	2778	1425	—	1378	1122	—
10 834	6651	1611	2392	390	126 436	167 616	148 375	36 947	30 522	294
2342	9439	986	2227	80	16 535	16 787	16 205	8272	7714	114
5574	5305	2762	3137	409	58 171	63 478	59 559	64 067	53 474	1388
—	288	—	—	—	—	—	—	125	125	125
7310	7688	6304	3739	1004	34 385	22 243	22 243	14 405	6914	—
14 436	3791	4545	6038	1205	44 155	37 921	37 786	5360	5315	—
3667	630	454	1123	560	6210	4073	4073	—	—	—
1170	210	—	930	—	13 140	—	—	1720	—	—
1515	635	768	2260	2513	12 367	19 916	19 916	2369	1794	1675
1337	—	—	2454	638	55 949	351 625	351 625	6608	—	—
1337	—	—	—	—	21 085	351625	351 625	6608	—	—

地区	国有经								
	制造业								
	其中								
	木材加工及竹、藤、棕、草制品业							林产化学产品制造业	家具制造业
	木片加工企业	胶合板制造企业	纤维板制造企业	刨花板制造企业	其他人造板制造企业	木制品制造企业	竹、藤、棕、草制品制造企业		
全国合计	**4846**	**71 641**	**106 470**	**36 500**	**26 900**	**52 275**	**6120**	**43 266**	**12 594**
北京	—	—	—	—	—	—	—	—	—
天津	—	—	—	—	—	—	—	—	—
河北	230	32	—	1047	479	1071	—	2088	627
山西	—	—	589	—	74	—	—	113	726
内蒙古	—	—	—	—	—	—	—	145	106
内蒙古集团	—	—	—	—	—	—	—	—	—
辽宁	—	154	6	—	3890	524	63	—	1440
吉林	—	7002	2094	—	—	19032	—	5037	—
吉林集团	—	7002	—	—	—	6647	—	—	—
黑龙江	551	81	10 910	11 340	2484	5469	—	2656	3393
龙江集团	—	—	10 910	11 340	2484	3827	—	2656	3393
上海	—	—	—	—	—	—	—	—	—
江苏	—	—	1536	—	—	—	—	460	—
浙江	—	—	1099	—	1972	—	2016	—	—
安徽	31	1145	2908	6332	75	225	—	19	—
福建	310	1567	21839	3199	600	58	73	6024	1068
江西	—	4379	8932	2181	3418	—	105	1972	530
山东	—	11 144	6888	4883	4540	—	—	—	—
河南	—	—	—	70	156	144	20	1510	90
湖北	—	2750	3870	600	2144	5047	30	76	372
湖南	123	489	15344	399	—	2493	1184	3097	8
广东	1285	—	—	688	68	210	—	2073	270
广西	389	1511	580	1333	—	356	—	5350	—
海南	1438	—	—	70	—	—	—	103	—
重庆	168	610	—	—	—	326	18	64	192
四川	—	18	11675	464	6500	9797	1774	52	139
贵州	214	—	2444	3894	—	211	837	558	—
云南	107	40413	4714	—	—	6852	—	9918	—
西藏	—	—	—	—	—	—	—	—	—
陕西	—	346	5666	—	500	402	—	1951	269
甘肃	—	—	5315	—	—	—	—	—	—
青海	—	—	—	—	—	—	—	—	—
宁夏	—	—	—	—	—	—	—	—	—
新疆	—	—	61	—	—	58	—	—	47
局直属单位	—	—	—	—	—	—	—	—	3317
大兴安岭	—	—	—	—	—	—	—	—	3317

（续）

济单位										
建筑业	社会服务业			卫生、体育和社会福利事业	教育、文化艺术及广播电影电视业	科学研究和综合技术服务业	国家机关、政党机关和社会团体	其他	集体经济单位	其他各种经济单位
	小计	其中								
		其中：自然保护区管理业	旅游业							
98 945	**223 265**	**128 371**	**27 078**	**83 530**	**164 028**	**305 289**	**952 410**	**301 722**	**265 964**	**28 2701**
1824	2244	606	1638	—	—	—	18379	—	—	1450
—	—	—	—	—	—	—	2219	138	—	—
—	5667	3919	1331	130	3189	3589	29 868	9	440	—
—	4501	1715	835	324	3912	3186	25 977	7836	—	—
11 161	5248	3670	128	12 034	7444	12 657	26 980	32 218	46 975	36 563
2300	1048	—	—	12 034	2922	3636	2925	31 859	46 853	36 563
—	6847	6280	236	—	165	3342	14 189	1674	77	756
7084	15 846	11 634	2056	900	5101	16 073	26 260	10 559	21 178	64 744
264	394	—	—	900	1731	5531	—	8847	—	64 629
28 190	8209	948	2561	40 786	45 547	37 682	64 234	30 832	126 075	21 930
27883	1686	—	—	40 786	39 459	35 169	32 569	21 322	119 211	20511
—	—	—	—	—	—	—	—	—	—	—
1701	3003	833	2170	—	—	—	3271	136	35051	6173
54	5521	3970	—	—	26	5943	40 484	5530	1174	13 197
3003	3970	958	2059	—	2016	1939	19980	9542	4461	7385
6423	13 544	3813	2644	1308	3190	9894	56 134	12 701	5482	52 872
540	5349	4609	436	72	3881	5775	66112	2633	735	440
145	2656	—	—	—	120	4537	26 792	27167	—	9000
30	3369	2113	166	—	6581	10 104	32 325	2047	62	—
1539	4541	1931	937	560	5279	3989	39 179	10 215	1706	8018
605	19909	17 389	1264	53	5494	18 609	72 728	6315	880	1744
—	5350	1704	1169	36	8072	23412	67 298	16 245	1972	12 835
4418	9302	4898	1262	—	6187	11818	25 622	7606	1222	10 522
69	1450	1241	—	—	—	1395	7633	476	—	—
82	2064	1186	738	—	—	1083	13 830	886	63	—
3680	26 300	5309	2065	4160	537	15383	62 588	17 878	725	11 350
328	2857	2837	20	—	1660	1966	30 878	278	109	150
2823	21419	15 671	2296	4013	5409	25 296	81 160	49 690	3757	4069
—	—	—	—	—	—	—	1101	—	—	—
136	8718	6229	405	1300	4097	4156	17409	3850	355	94
327	7620	5820	631	4083	7710	11 314	26 818	256	118	3453
—	3156	3156	—	—	—	—	6147	—	206	—
—	7104	7104	—	—	1095	480	2790	760	—	—
5429	2556	1571	31	—	4482	4663	21 762	1866	22	1929
19 354	14 945	7257	—	13 771	32 834	67 004	22 263	42 379	13 119	14 027
19 354	3992	553	—	13 248	13 540	—	8868	42 379	13 119	14 027

林业系统按行业分职工伤亡事故情况

国民经济行业	轻伤（人次）	重伤（人次）	死亡（人）
总计	**1271**	**107**	**143**
一、农、林、牧、渔业	177	45	96
其中：国有林场	88	22	33
二、采掘业	837	32	28
其中：木材及竹材采运业	809	31	25
三、制造业	122	22	5
1．木材加工及竹、藤、棕、草制品制造企业	86	20	3
2．林产化学产品制造业	5	1	1
3．机械制造及修理业	13	—	—
4．建筑材料制造加工业	6	1	—
5．其他制造业	12	1	—
四、建筑业	49	1	3
五、其他	86	7	11

固定资产投资

林业系统固定资产投资主要指标2002年与2001年比较

指标名称	2002年	2001年	2002年与2001年比较（%）
林业固定资产投资完成额（万元）	3 152 374	2 095 636	50.43
一、基本建设投资完成额	3 062 404	1 977 253	54.88
其中：国家投资	2 511 947	1 538 650	63.26
二、更新改造投资完成额	54 595	67 621	－19.26
其中：国家投资	17 685	11 281	56.77
三、森工其他投资完成额	35 365	50 762	－30.31
其中：国家投资	8439	1671	405.03
四、本年新增固定资产	943 479	567 716	66.19
营林固定资产投资完成额（万元）	2 976 388	1 919 835	55.03
一、基本建设投资完成额	2 961 367	1 916 182	54.55
其中：国家投资	2 487 550	1 514 627	64.24
（一）按构成分：建筑安装工程	134 151	135 587	－1.06
设备、工具、器具购置	41 762	49 495	－15.62
其他费用	2 785 454	1 731 100	60.91
（二）按用途分：营造林业	2 334 265	1 544 194	51.16
工业、建筑业	14 943	11 299	32.25

（续）

指 标 名 称	2002 年	2001 年	2002 年与 2001 年比较（%）
其他费用	612 159	360 689	69.72
（三）本年新增固定资产	825 380	407 492	102.55
二、更新改造投资完成额	15 021	3653	311.20
其中：国家投资	5928	2305	157.18
（一）按构成分：建筑安装工程	3205	115	2686.96
设备、工具、器具购置	252	159	58.49
其他费用	11 564	3379	242.23
（二）按用途分：营造林业	6714	2419	177.55
工业、建筑业	4266	75	5588.00
其他费用	4041	1159	248.66
（三）本年新增固定资产	5604	1572	256.49
森工固定资产投资完成额（万元）	175 986	175 801	0.11
一、森工基建基本建设投资完成额	101 037	61 071	65.44
其中：国家投资	24 397	24 023	1.56
（一）按构成分：建筑安装工程	61 693	32 754	88.35
设备、工具、器具购置	17 255	11 172	54.45
其他费用	22 089	17 145	28.84
（二）按用途分：营造林业	14 097	7821	80.25
工业、建筑业	26 495	20 096	31.84
其他费用	60 445	33 154	82.32
（三）本年新增固定资产	64 677	43 303	49.36
二、森工更新改造投资完成额	39 574	63 968	-38.13
其中：国家投资	11 757	8976	30.98
（一）按构成分：建筑安装工程	13 496	22 399	-39.75
设备、工具、器具购置	23 180	35 595	-34.88
其他费用	2898	5974	-51.49
（二）按用途分：营造林业	1960	50	3820.00
工业、建筑业	27 738	46 885	-40.84
其他费用	9876	17 033	-42.02
（三）本年新增固定资产	21 656	76 150	-71.56
三、森工其他投资完成额	35 375	50 762	-30.31
其中：国家投资	8439	1671	405.03
（一）按构成分：建筑安装工程	16 365	33 562	-51.24
设备、工具、器具购置	5663	11 535	-50. 91
其他费用	13 347	5665	135.60
（二）本年新增固定资产	26 162	39 199	-33.26

林业系统各地区按事业分的

单 位	合 计	一、造林	二、封山育林	三、迹地更新	四、森林管护	五、低产林改造	六、中、幼龄林抚育	七、种苗工程	八、森林防火	九、森林病虫鼠害防治
全国合计	**2 961 367**	**1 373 343**	**62 827**	**17 841**	**262 250**	**9671**	**22 181**	**157 347**	**81**	**157 347**
北 京	82 501	56 194	1774	28	1369	130	7610	4047	2212	641
天 津	5454	4425	—	—	—	—	—	427	100	53
河 北	124 379	104 919	3111	108	3233	123	223	997	599	601
山 西	135 966	59 648	3057	—	6822	612	4	12008	528	647
内蒙古	284 777	109 624	9782	94	25 127	240	727	5326	1394	604
内蒙古集团	75 033	—	—	—	18 043	—	—	—	—	—
辽 宁	53 521	43 063	246	5	3683	6	147	2550	605	793
吉 林	130 216	13 080	664	5	9214	20	47	5921	879	299
吉林集团	41 720	390	370	—	3629	—	—	802	44	19
黑龙江	265 030	22 372	589	40	29 241	—	—	2656	1860	645
龙江集团	225 806	436	—	—	21 315	—	—	652	674	—
上 海	54 161	41 095	—	—	153	—	159	8450	310	273
江 苏	26 994	11 186	292	154	1915	203	555	3917	659	824
浙 江	16 377	10 066	412	6	65	188	12	2145	260	535
安 徽	46 585	34 014	567	185	2915	61	809	1583	573	1167
福 建	17 611	3286	254	3833	3211	161	440	1351	540	289
江 西	32 192	16 499	1492	146	3685	491	260	2920	298	305
山 东	24 518	13 899	338	201	2055	103	798	3073	916	642
河 南	59 344	40 046	359	20	2248	100	528	3640	222	152
湖 北	91 739	41 318	4745	610	9199	45	1539	6098	788	481
湖 南	39 121	32 841	3207	—	—	—	—	1200	850	205
广 东	24 356	2177	154	1767	480	2891	477	2852	821	160
广 西	75 776	22 175	537	6021	2028	3448	1106	3222	1136	211
海 南	14 376	6348	370	1001	3306	—	300	1255	30	157
重 庆	110 858	89 050	3337	—	6974	—	77	1534	347	327
四 川	368 515	209 558	6970	188	43716	140	1034	36 685	1622	959
贵 州	131 579	91 585	5818	196	9801	44	165	1182	644	314
云 南	128 188	47 601	4296	2429	31 169	12	457	6548	3364	603
西 藏	5000	5000	—	—	—	—	—	—	—	—
陕 西	119 190	75 877	2016	—	18 610	—	—	7205	116	85
甘 肃	146 843	34 494	1957	—	10547	7	—	10 447	507	648
青 海	51 973	23 366	1350	—	3618	—	—	1743	224	454
宁 夏	51 564	43 823	1197	—	1150	—	740	1215	190	318
新 疆	107 815	64 516	3909	804	9202	646	3967	13 800	557	631
新疆兵团	38 954	31 047	121	668	2534	593	1450	800	32	223
局直属单位	134 848	198	27	—	17 514	—	—	1350	3182	89
大兴安岭	93 630	198	27	—	17514	—	—	1350	3182	89

营林基本建设投资完成额

单位:万元

十、林业工作站	十一、森林公安	十二、森林公园	十三、自然保护区及野生动植物保护	十四、花卉	十五、林政及木材检查站	十六、林业调查规划设计	十七、林业教育	十八、林业科技及重点实验室	十九、其他
4201	**25 564**	**12 473**	**30 598**	**7597**	**1929**	**3100**	**30 093**	**7936**	**891 971**
93	81	12	104	1488	35	1	—	64	6618
35	—	10	—	—	—	30	—	20	354
85	100	286	3772	475	50	47	5	189	5456
70	536	330	336	40	46	122	40	581	50 539
142	370	81	978	—	170	134	1102	868	128 014
—	—	—	234	—	—	—	—	—	56 756
153	534	192	1153	69	18	114	—	37	153
117	2417	385	2726	—	86	24	8922	122	85 288
—	2174	—	—	—	—	—	3178	—	31 114
90	9980	466	1362	—	44	—	5687	54	189 944
—	9842	166	428	—	—	—	5687	—	186 606
313	—	200	3117	30	—	12	—	20	29
187	76	3790	420	2020	146	88	70	37	455
114	38	733	759	27	25	26	—	58	908
113	61	461	334	30	49	37	6	40	3580
333	271	305	338	115	169	26	169	210	2310
62	59	3	5	—	55	59	4	14	5835
66	80	315	539	1014	60	55	—	283	81
44	153	205	579	20	26	26	—	38	10 938
88	101	145	1075	1363	66	157	21	120	23 780
10	242	130	100	309	—	20	—	7	—
175	175	1117	1446	—	49	155	20	162	9278
323	66	288	566	10	45	92	5	78	34 419
—	10	150	348	75	30	10	13	—	973
104	587	2368	63	80	75	193	2	—	5740
101	585	80	2237	10	79	250	125	811	63 365
120	50	15	739	82	35	40	205	635	19 909
323	1405	58	2428	—	70	826	454	1097	25 048
—	—	—	—	—	—	—	—	—	—
144	660	—	355	—	64	5	182	32	13 839
110	1582	5	1695	—	22	41	662	579	83 540
55	97	170	1600	—	15	122	—	95	19 064
280	20	—	914	—	20	20	20	50	1607
351	710	173	256	340	95	305	134	250	7169
263	43	—	—	310	—	133	—	130	607
—	4518	—	254	—	285	63	12 245	1385	93 738
—	4518	—	254	—	285	63	12 245	1385	52 520

（计资司统计处）

林业财务和会计

【综　述】　2002年是不平凡的一年，各项林业建设快速推进，林业六大重点工程顺利实施，造林绿化步伐显著加快，林业基础设施支撑保障能力进一步提高，林业产业明显提速，林业跨越式发展迈出了坚实的步伐。各级林业计财部门深入学习贯彻“三个代表”重要思想，紧紧围绕国家林业局党组提出的新时期林业跨越式发展思路，充分发挥计财部门的职能作用，进一步增强了全局观念和服务意识，争取政策，加强协调，强化管理，开拓进取，奋力拼搏，各项工作全面推进，重点工作有新的突破，为顺利完成2002年各项林业建设任务，为开创新世纪林业发展的新局面发挥了重要的保障作用。

林业六大重点工程全面启动

继天然林资源保护工程、退耕还林工程、三北防护林四期工程、野生动植物保护及自然保护区建设工程启动之后，国务院和国家计委2002年又先后批复了京津风沙源治理工程和重点地区速生丰产用材林基地建设工程规划。举世瞩目的林业六大重点工程全面启动，标志着以大工程带动大发展的林业跨越式发展的格局已经形成，标志着林业五大历史性转变的真正开始，我国林业建设进入了高速发展的快车道。

天然林资源保护工程深入开展　中央安排国债资金15亿元，财政专项资金77亿元。0.93亿公顷天然林得到有效管护，营造生态公益林114.13万公顷，一次性安置富余职工15万人，木材产量按规划方案停止商品性采伐或按计划进度调减。

退耕还林工程取得重大进展　中央安排国债投资43亿元，财政专项资金105亿元，完成退耕地造林和荒山荒地造林533.3万公顷。

京津风沙源治理工程全面推进　中央安排国债资金16亿元，财政专项资金7亿元，实施治沙造林，以及舍饲养畜、轮牧休牧、生态移民等项目，完成治理面积92.13万公顷，造林38.4万公顷。

三北和长江流域等防护林工程建设继续推进　中央安排预算内基本建设资金和国债投资10亿元，完成造林215.53万公顷。

野生动植物保护及自然保护区建设工程取得明显成效　全年新建自然保护区249处，新增保护面积359万公顷。大熊猫、朱鹮等一大批濒危物种的拯救繁育工作取得新进展。

重点地区速生丰产用材林基地建设有重大进展　国家批准了规划，明确给予了专项资金补助、政策性贷款、财政贴息等相关政策，组织实施了一批速生丰产林项目。

林业投入大幅度增加

2002年，中央级林业总投入达到340亿元，比2001年增加118亿元，增幅达53%。其中，基本建设投资90亿元（含林业国债投资81亿元），财政资金212亿元（含财政支付地方专款189亿元），信贷资金38亿元。经积极争取，新开辟了国有林区公检法基础设施、森林公园森保设施建设、退耕还林前期工作费等资金渠道。

同时，各地千方百计筹措林业发展资金，地方对林业的投入相应增加。甘肃、云南、新疆、海南等省（区）林业厅（局）积极与财政、计划部门共同做好天然林资源保护工程地方配套资金筹措工作，省级配套资金落实情况较好。广东省将林业投入纳入省级财政预算，随财政收入的增长同比例增加，省级财政2002年用于林业建设的资金达到5.1亿元。

天保工程有关政策有了新的突破

经与财政部、社保部充分协商，业经国务院批准，天然林资源保护工程实施单位参加医疗、失业、工伤、生育等社会保险缴费缺口问题将得到解决　初步测算，在未考虑工资增长因素的情况下，2003～2010年，此项政策将为天然林资源保护工程累计增加财政专项资金120亿元，进一步减轻天然林资源保护工程实施单位缴费负担，为林业职工纳入社会保险提供了保障。

天保工程银行债务问题解决取得了突破性进展　在会同中国人民银行和四大国有债权银行、四大国有资产管理公司，分别对四川、黑龙江森工企业实施天保工程后银行债务核销的有关问题进行调研的基础上，协调中国人民银行和各相关债权银行，联合制定、下发、汇总天保工程银行债务核实情况表，对天保工程银行债务按照贷款用途、贷款机构、担保单位、本息余额等有关情况进行了全面的调查摸底，提出了一套适合森工企业银行债务核销的办法，即按木材产量调减量对森工企业银行债务实行直接核销，并与财政部、国家经贸委、国有商业银行、有关政策性银行、金融资产管理公司进行协商，达成了解决意见。国家林业局、中国人民银行会同国家计委、国家经贸委、财政部联合行文上报国务院，长期困扰森工企业的这一老大难问题可望得到解决。

协调解决天保工程富余职工一次性安置问题 2002年是天保工程富余职工安置工作的最后一年，通过协调工作，取得了积极成效，一是国务院同意将新疆等省（区）富余职工一次性安置费纳入《天然林资源保护工程实施方案》，新增财政专项补助6.1亿元，其中中央财政补助4.9亿元，将新疆、新疆生产建设兵团、内蒙古岭南八局、吉林省4个营林局、海南等地区24 516名富余职工的一次性安置纳入了《天然林资源保护工程实施方案》；二是对尚未完成的一次性安置任务，有望继续结转明年；三是对天保工程全民职工和集体职工一次性安置指标不足问题，有望明确解决意见。

林业税费优惠政策进一步落实

国有林区重点森工企业继续执行10%的农业特产税扶持政策，其中东北内蒙古等林区执行5%的税率；农村税费改革试点的20个省（区），农业特产税执行8%的税率。

财政部、国家计委下发了《关于发布2001年全国性及中央部门和单位行政事业性收费项目目录的通知》（财综［2002］25号），其中明确涉及林业行政事业性收费项目9项，分别是：野生动植物进出口管理费、林业保护建设费、森林植物检疫费、绿化费、陆生野生动物资源保护管理费、林权勘测费、林地补偿费、植物新品种保护权收费、证书工本费（包括木材运输证、种子生产许可证、种子经营许可证、木材采伐许可证、林权证）。财政部下发了《关于公布保留的政府性基金项目的通知》（财综［2002］33号），将育林基金作为政府性基金保留了下来，同时将维简费统一归类并入育林基金。财政部、中国人民银行下发了《关于将部分政府性基金纳入预算管理的通知》（财预［2002］359号），明确将育林基金纳入了预算管理。

财政部、国家林业局联合出台了《森林植被恢复费征收使用管理暂行办法》，该《办法》明确规定了森林植被恢复费属于政府性基金，纳入预算管理，实行专款专用，年终节余结转下年使用，《办法》的出台对杜绝乱占林地、减少林地流失将起到重要作用。

森林生态效益补助资金试点工作继续推进 认真做好森林生态效益补助资金试点工作的总结。为了进一步加快试点工作的进度，加大管理力度，自2月至6月中旬，会同财政部分别对2001年开展森林生态效益补助资金试点工作的11个省（区）试点情况进行了针对性的调研和检查，11个试点省（区）林业、财政部门密切配合，在森林分类区划基础上，制定了资金管理、使用办法及相关规定，积极做好工作指导和服务。黑龙江、湖南、新疆、山东等省（区）在信息化管理、认真示范、落实管护责任制等方面的工作开展很有特色。6月底会同财政部成功召开了试点工作经验交流现场会，对试点工作的经验进行了总结，为全面提高试点地区管理水平，并创造条件适时扩大打下了良好基础。

积极争取扩大森林生态效益补助资金试点范围。根据试点工作的开展和森林区划界定工作的进展情况，7月17日向财政部报送了《国家林业局关于申请扩大森林生态效益补助资金试点范围的函》，建议进一步扩大试点范围。国家林业局领导多次与财政部领导协调、沟通。但由于我国财力比较紧张等多方面的原因，2002年没有增加投入和扩大试点范围。

部门预算管理进一步规范 根据《财政部关于狠抓增收节支工作确保完成全年预算的紧急通知》（财明电［2002］6号）和李岚清副总理在全国增收节支电视电话会议上的讲话精神，针对当前严峻的财税形势，并结合国家林业局预算执行的实际情况下发了《国家林业局关于加强预算管理严格控制支出通知》，对如何控制、节约支出、规范预算管理等方面提出了具体要求，强调了当前要着力抓好的五方面工作：一是严格执行预算，大力压缩一般性支出；二是坚决贯彻一要吃饭，二要建设的方针，区别轻重缓急，做好资金调度，保证重点支出；三是要勤俭办一切事业，坚决刹住铺张消费之风；四是要适应财政改革的需要，提高资金使用效益；五是健全财务规章制度，加大监督检查力度。

在具体预算下达方式上改变过去按财政事业费的款项分别下达的做法，将林业事业费、教育事业费、科学事业费、外交外事费、行政事业单位离退休经费、住房改革支出等财政事业费统一编制下达。这样，一方面可以提高工作效益，减少下发文件数量；另一方面集中管理，增强预算的透明度和约束力，便于对预算执行的监督、检查。

配合财政部做好试点事业单位定员定额测算工作。根据财政部的工作安排，2003年将国家林业局直属七个森林资源监督专员办定员定额试点事业单位，国家林业局对7个试点事业单位的性质及职能进行了认真分析，对各项支出标准进行了严格的审核，并考虑林业事业单位自然条件艰苦、交通不便、信息不灵和经济条件差的实际情况及森林资源监督专员办具有行政执法和监督检查职能的特殊情况，逐一对试点单位的定员定额支出标准进行了测算，提出了定员定额支出标准，为2004年事业单位逐步从“基数预算”向“零基预算”过渡创造条件。

认真编制国家林业局2003年部门预算。根据财政部编制2003年部门预算的具体要求，进行了有针对性的布置和培训。同时，根据各单位上报的2003

年经费建议预算和专项经费建议预算及上半年编制的国家林业局2003～2005年财政滚动计划，围绕林业六大重点工程和林业跨越式发展的需要，从项目编制的科学性、合理性和全面性上进行指导，重点对2003年部门预算中的项目预算作进一步的补充、细化和完善，做到不漏报，不缺项，不虚报，不重复。并积极协助财政部做好项目预算的筛选和排序工作。根据财政部下达的国家林业局2003年部门预算控制指标，提出分配意见和建议，部署局属事业单位编制2003年度收支预算，并根据财政部核定的专项经费预算和各单位上报的年度收支预算，审核、汇总、编制国家林业局2003年部门正式预算，上报财政部审核。同时认真做好2002年预算清理核对、软件培训和决算编制部署工作，认真落实审计署在对国家林业局2001年预算执行审计上提出的有关决算编制方面的问题。

及时办理预算资金请拨会计账务处理。根据财政部批复国家林业局2002年度预算，需请拨款的财政预算资金为179 049.7万元，其中财政资金173 691.7万元（含大兴安岭天保工程资金）、部门自有资金2818万元、预算外资金2540万元，上述资金涉及拨款单位104个，其中直属单位和机关司局65个，行业单位39个。从2001年开始，财政资金实行网上办理请拨款指标审批等手续，同时保留手工填请拨款单等原有手续，除正常经费财政能按月拨付外，专项经费按季办理请拨款手续。

规章制度日趋完善，资金管理进一步规范 按照“严管林，慎用钱，质为先”的要求采取了一系列行之有效的措施，工程建设资金管理进一步制度化、规范化。相继出台了《林业重点生态工程建设资金违规责任追究暂行规定》、《林业重点生态工程建设资金管理暂行规定》。各地也陆续出台了一些行之有效的管理办法。贵州省林业厅与财政厅联合制定了《贵州省林业重点工程建设资金管理暂行规定》；陕西省林业厅与计委联合制定下发了《陕西省林业重点工程项目管理办法》，与财政厅联合制定下发了《陕西省天然林资源保护工程集体林管护事业费管理办法》；四川、陕西、山西省林业厅与省监察厅联合制定下发了有关违反退耕还林工程政策党纪政纪处分的规定。这些规定和办法的出台，对管好用好资金发挥了重要作用。

为规范和加强中央财政安排的林业病虫害防治补助费和边境森林防火隔离带补助费的管理，提高资金使用效益，配合财政部出台了《林业病虫害防治补助费管理规定》和《边境森林防火隔离带补助费管理规定》。

为做好贫困国有林场扶贫资金项目的申报工作，进一步加强对项目和资金的管理，下发了《国家林业局关于做好2002年贫困国有林场扶贫资金项目申报工作的通知》，并制定了《贫困国有林场扶贫资金经营性项目标准文本》和《贫困国有林场扶贫资金非经营性项目标准文本》。在各省区将项目全部上报后，根据财政部的要求，组织专家在对项目进行严格的可行性论证的基础上，下达省区资金8865万元，用于30个省区18.5万平方米的危房改造、740千米的断头路维护、开打72眼水井、32.4万米通讯线路和2.2万米的通电线路以及39个多种经营性项目；本级管理费135万元，用于培训、调研、项目检查验收和宣传。为进一步加强贫困国有林场扶贫资金的管理，促进脱贫工作，下发了《关于检查贫困国有林场扶贫资金使用情况的通知》，要求各省区对1997～2001年扶贫资金的使用和贫困国有林场脱贫工作进行全面总结和检查，并组织了3个检查组，分别对黑龙江、吉林、河南、湖南、甘肃、陕西等6省的贫困国有林场扶贫资金的使用管理情况进行了重点抽查。同时组织有关省区对《贫困国有林场扶贫资金管理办法》着手进行修订。

加强农村小型公益设施建设补助资金管理。会同财政部农业司下发《2002年项目指南》，要求各省区要对2001年资金的使用情况进行检查监督，并加强2001年项目的检查验收，同时为缓解林区能源需求与森林禁伐、限伐的矛盾，对2002年资金使用方向，要求主要用于林业重点生态工程区薪炭林建设。对符合条件的，也可用于沼气池建设。会同财政部农业司共同组织专家对省区申报项目进行了评估论证，按专家评估结果提出了立项意见。共安排项目121个，其中薪炭林项目113个，营造薪炭林面积5.3万公顷，中央财政补助9200万元；沼气池项目8个，建设沼气池17 992座，中央财政补助800万元。同时对各省林区农村能源需求情况进行了调查，为进一步争取2003年预算打下了基础。

加强对林业重点工程资金的监管力度，资金稽查队伍进一步健全。全国已有24个省级林业主管部门成立了资金稽查机构，部分市、县相继成立了林业重点工程项目资金稽查办公室，使林业重点工程资金实现了专业化、经常化、规范化监督管理。国家林业局先后派出111人次，组织开展了京津风沙源治理工程的全面稽查和天然林资源保护工程的综合检查；对2001年退耕还林工程稽查中出现问题较多的省区加强了跟踪稽查和检查；根据领导批示和群众举报，对有关案件进行了专项检查。对查出的问题，及时通报，限期整改。山西、湖北、福建省将2002年定为资金管理年。陕西省林业厅、财政厅、计委联合抽调20余人，组成4个稽查组，对延安等6市林业局以及10个厅直属单位2000～2001年度天然林资源保护工程资金进行了稽查，黑龙江森工总局组织人员对所属部分单位2000～2001年度天然林资源保护工程资金进行了稽查。对存在的问题及时督促有关单位整改。

各级政府高度重视退耕还林等重点工程的组织领导，各级林业部门会同计划、财政、农业、土地、粮食等部门，加强了工作的协调和实施组织。在实行“五到省”的基础上，各地层层落实资金管理责任，省对市，市对县，县对乡，对具体建设项目，以签订责任状的形式予以明确，确保了资金的安全运行。青海省政府与各州（地、市）签订重点工程资金管理责任书，市对县、县对乡都分级签订了责任书，对退耕还林工程实行“目标、任务、责任、资金、粮食”五到乡，有力地推动和确保了工程建设。

审计整改措施认真抓好落实 配合国家审计署做好国家林业局2001年预算执行情况的审计工作，针对审计署在审计决定中提出的问题，提出了国家林业局对审计问题的整改措施和违纪金额的处理意见，并多次到审计署汇报反映情况，采取果断有力的整改措施，使违纪问题得到较好的解决。针对审计查出的问题制定了相关的整改措施：包括清理机关司局资金、加强培训、加强内部审计和监督、清理银行账户、强化预算管理等9条措施。11月6日召开了机关司局和在京直属单位负责人及财务处长、基建处长参加的局务会，通报了审计情况，会后形成了会议纪要并印发各单位执行。11月下旬举办了局属事业单位负责人财经法规培训班。

认真开展银行账户清理整顿工作，从源头上治理腐败。2002年初按照监察部、财政部、中国人民银行、审计署发布的监发［2001］9号文件要求，组织开展了国家林业局54个行政事业单位银行账户自查清理、报批和审批工作；2002年10月，四部委再次发文要求进一步清理整顿，11月初按照监发［2002］5号和财库［2002］48号文件精神和要求，对局机关司局和直属单位银行账户清理工作再次进行了部署，要求直属单位按新文件规定对现有银行账户继续进行清理，该撤的撤，该并的并，同时做好迎接监察、财政、审计等部门联合进行专项检查的相关准备工作。

森林资源资产化管理改革工作继续稳步推进 部署了2002年森林资源资产化管理的6个重点研究课题并拨付了课题研究的补助经费。对2001年度部署的课题，要求有关试点省区和课题研究单位凡未完成课题研究的，要继续组织力量进行深入研究和课题攻关，同时加快研究进度；已完成课题研究的，要充分利用课题成果积极扩大试点，并结合森林分类经营，开展生态公益林生态效益评价和评估方法以及野生动物资源资产价值评估方法等方面的研究和进行森林康体保健功能的研究及实验等探索；将2001年在湖南长沙召开的森林资源资产化管理阶段总结和经验交流会议的汇报材料以及森林资源资产化管理研究的理论和实践成果进行精心归类整理，编辑汇编成书，共出版《森林资源资产化管理理论与实践》、《森林资源资产化管理法规制度选编》、《森林资源资产评估》3本资产化管理业务专著，印发全国林业行业，推动并指导森林资源资产化管理改革工作，受到林业基层单位的欢迎。6月和7月，与中国注册会计师协会共同组织，分别在福建和内蒙古举办了两期森林资源资产评估培训班，共培训林业和评估系统的评估人员247人，其中林业系统175人，取得了良好的效果，增强了林业系统评估人员的力量。 （刘金富）

【林业部门预算改革进一步深化】 2002年，国家林业局按照财政部的要求，进一步推进中央部门预算改革。

明确了预算编制工作的组织程序，形成了局党组领导、计资司组织、其他业务司局分工负责、相互配合的组织结构。计资司的主要职责是，统筹部门预算编制的具体工作；研究提出部门预算管理规章制度；汇总提出年度部门预算建议草案；统一编制部门预算外资金收支计划；管理部门预算基础资料动态数据库，负责审核所属单位人员经费、公用经费支出标准定额；审核部门事业发展项目，统一管理部门项目库；审核、批复所属单位预算；办理部门预算调整事宜；组织部门预算执行。其他业务司局的主要职责是，研究提出专项事业发展规划；对部门预算编制提供项目储备；提出年度预算及调整相关建议；执行年度相关预算，严格管理和使用预算资金。局直属单位的主要职责是负责编制本单位预算，包括基本支出预算和项目支出预算；严格执行国家林业局批复的预算，严格管理和使用预算资金。

将所有行政事业经费划分为基本支出和项目支出两部分，分别按基本支出和项目支出的管理办法编制预算。具体要求，一是要优先保障单位基本支出的合理需求，以保证行政事业单位正常工作的运转，在此基础上，本着“有多少钱办多少事”的原则安排各项事业发展所需的项目支出，基本支出不得挤占项目支出；二是采取定员定额标准编制基本支出预算，改变原来按“基数法”分配预算的方法，改变预算分配不科学、不规范，部门、单位之间“苦乐不均”的状况。 （吴　今）

【《森林植被恢复费征收使用管理暂行办法》出台】 为保护森林资源，促进我国林业可持续发展，根据《中华人民共和国森林法》和《中华人民共和国森林法实施条例》（国务院令第278号）的有关规定，财政部会同国家林业局制定了《森林植被恢复费征收使用管理暂行办法》（财综［2002］73号）。《办法》规定：凡勘查、开采矿藏和修建道路、水利、电力、通讯等各项建设工程需要占用、征用或者临时占用林地，经县级以上林业主管部门审核同意或批准的，用地单位应当按照本办法规定向县级以上林业主管部门预缴森林植被恢复费。森林植被恢复费征收标准按照恢复不少于被占用或征用林地面积的森林植被所需要的调查规划设计、造林培育等费用核定，《办法》具体规定了征收标准，其中对农民按规定标准建设住宅占用林地，在“十五”期间暂不收取森林植被恢复费。森林植被恢复费属于政府性基金，纳入财政预算管理，实行专款专用，年终结余结转下年安排使用。

（袁卫国）

【全国林业行业 2002 年财政资金收支状况】 2002 年，中央及银行信贷对林业总投入 339.5 亿元，其中基本建设投入 89.62 亿元（国债资金 81.09 亿元，预算内基本建设资金 8.53 亿元），财政事业投入 210.46 亿元，农业综合开发资金投入 1.4 亿元，银行信贷投入 38 亿元。另中央财政补助林业重点工程地方财政预算内减收 19.45 亿元，其中天然林资源保护工程 16.5 亿元，退耕还林工程 2.78 亿元，环京津风沙源治理工程 0.17 亿元。扣除通过粮食部门补助的退耕还林粮食补助资金（100.25 亿元）、银行信贷投入、地方财政减收补助 3 项，中央对林业部门的总投入为 201.3 亿元，其中对局本级及直属事业单位投入 10.16 亿元（财政事业投入 6.09 亿元，基本建设投入 4.065 亿元），对地方林业行业投入 191.08 亿元（财政事业投入 105.52 亿元，基本建设投入 85.56 亿元）。

决算反映，2002 年，地方安排林业行业投入 100.55 亿元，中央及地方对林业行业投入总计 291.6 亿元。投入到位 295.5 亿元，支出 296.9 亿元。

林业行业投入情况 2002 年，中央及地方对林业行业投入总计 291.6 亿元，其中：

中央投入 191.1 亿元，其中：

1. 基本建设投入 85.56 亿元；

2. 财政事业投入 105.52 亿元。其中：

①天然林资源保护工程财政专项资金 76.63 亿元；

②退耕还林工程现金补助专项资金 11.56 亿元；

③森林生态效益补助资金 10 亿元；

④农村小型公益设施建设补助资金 1 亿元；

⑤贫困国有林场扶贫资金 9000 万元；

⑥森林病虫害防治补助费 8000 万元；

⑦开设边境防火隔离带补助费 1000 万元；

⑧农业综合开发 14 000 万元；

⑨林业项目贷款贴息 18 109 万元；

⑩森林资源调查经费 1753 万元。

地方投入 100.55 亿元，其中省级投入 45.89 亿元，地市级投入 19.57 亿元，县级投入 35.10 亿元。按财政预算科目区分，具体为：

1. 基本建设支出 5.50 亿元。

2. 财政事业资金 95.06 亿元。其中：

①企业挖潜改造资金 0.02 亿元；

②科技三项费用 0.15 亿元；

③支援农村生产支出 20.12 亿元；

④农业综合开发支出 1.10 亿元；

⑤林业部门事业费 56.20 亿元，其中：林业事业费 50.26 亿元；天然林资源保护经费 3.11 亿元；森工事业费 0.98 亿元。

3. 教育事业费 1.69 亿元；

4. 科学事业费 1.04 亿元；

5. 卫生经费 0.24 亿元；

6. 行政事业单位离退休经费 6.05 亿元；

7. 支援不发达地区发展资金 0.54 亿元；

8. 其他资金 7.91 亿元。

林业行业投入收支情况 2002 年，中央及地方对林业行业投入到位 295.5 亿元，全年支出 296.9 亿元。具体情况如下：

1. 基本建设资金到位 106.7 亿元，支出 104.3 亿元。

2. 财政资金到位 188.8 亿元，支出 192.5 亿元。其中：

①企业挖潜改造资金到位 261 万元，支出 331 万元；

②科技三项费用到位 0.32 亿元，支出 0.28 亿元；

③支援农村生产资金到位 20.90 亿元，支出 20.21 亿元；

④农业综合开发资金到位 1.86 亿元，支出 1.92 亿元；

⑤林业部门事业费到位 140.63 亿元，支出 146.31 亿元；

⑥教育事业费到位 1.77 亿元，支出 1.63 亿元；

⑦科学事业费到位 1.17 亿元，支出 1.17 亿元；

⑧卫生经费到位 0.24 亿元，支出 0.22 亿元；

⑨行政事业单位离退休经费到位 6.1 亿元，支出 6.02 亿元；

⑩支援不发达地区发展资金到位 1.21 亿元，支出 1.17 亿元；

⑪其他资金到位 14.56 亿元，支出 13.6 亿元。

（吕红频）

【天然林资源保护工程 2002 年专项资金收支状况】 2002 年，中央财政共计投入天然林资源保护工程专项资金 766 327 万元，其中森林管护事业费 201 814 万元，离退休人员社会统筹补助费 120 541 万元，政社性支出 145 192 万元，职工一次性安置补助费 250 916万元，下岗职工基本生活保障补助费 47 864 万元。按 8:2 比例（大兴安岭中央财政全额投入），地方财政应配套 136 121 万元。

决算反映，天然林资源保护工程 2002 年实施企业和林业主管部门共计收到财政专项资金 811 881 万元。其中，中央财政专项资金780 770万元，到位率为 101.9%，实际到位比预算投入高的原因是部分省区2001年未下拨资金转入2002年；地方财政配套31 111万元，为应配套的22.8%。另企业实施天然林资源保护工程自筹资金66 267万元，其他收入13 793万元，全年专项资金总计收入891 941万元。

全年天然林资源保护工程专项支出912 498万元，2002年支大于收20 557万元，年末累计结余175 219万元（2001年末结余195 776万元）。

各专项资金收支情况分别为：

森林管护事业费 收入232 139万元，其中中央投入到位205 081万元，地方配套17 169万元，企业自筹8147万元，其他收入1742万元。共计支出242 428万元，其中，集体林管护费支出28 386万元。

政社性支出补助费 收入188 557万元，其中中央投入到位145 966万元，地方配套3977万元，企业承担26 859万元，其他11 755万元。共计支出184 340万元，其中教育经费支出72 369万元，医疗卫生经费支出34 908万元，公检法司经费支出56 586万元，政府经费支出20 477万元。

养老保险社会统筹补助费 收入124 051万元，其中央投入到位100 925万元，地方配套1859万元，企业自筹承担21 230万元，其他投入37万元。共计支出138 724万元。

下岗职工基本生活补助费 收入35 707万元，其中中央投入到位34 277万元，地方配套505万元，企业自筹承担925万元。共计支出25 070万元。

一次性安置补助费 收入311 487万元，其中中央投入到位294 521万元，地方配套7601万元，企业自筹9106万元，其他投入259万元。共计支出321 936万元。 （吕红频）

【全国育林基金2002年收支状况】 2002年，育林基金（林价）收支34.2亿元，支出33.5亿元。具体收支情况为：

收入34.2亿元，其中：

1. 提取18.9亿元，占总收入的55.26%；

2. 征收11.7亿元，占总收入的34.21%；

3. 营林产品销售净收入转育林基金0.4亿元，占总收入的1.17%；

4. 其他收入3.2亿元，占总收入的9.36%。

支出33.5亿元，其中：

1. 营林生产支出10.24亿元，占总支出的30.48%。其中：

森林更新及造林支出6.73亿元，其中，整地支出0.64亿元，采伐迹地更新支出1.36亿元，幼林抚育支出1.51亿元。

成林抚育支出1.37亿元；营林生产其他支出2.14亿元。

2. 营林费用支出14.21亿元，占总支出的42.59%，其中：

营林管理费支出5.18亿元，其中经营林场（所）管理费1.67亿元；

森林保护费支出4.33亿元，其中护林防火支出2.28亿元，病虫害防治支出0.45亿元；

森林资源清查支出0.41亿元；

低产林改造支出0.25亿元；

天然幼壮林改造支出0.74亿元；

营林“三项费用”支出1.89亿元，其中修建营林道路支出11 395万元，营林设施4421万元，营林设备3107万元。

营林费用其他支出1.41亿元。

3. 其他支出9.02亿元，占总支出的26.93%。其中弥补机构经费不足4.02亿元。 （吕红频）

【全国森工企业2002年财务状况】

损益状况 2002年，全国森工企业财务报表汇总20个省（区），4省（区）盈利，16省（区）亏损。汇编企业1701户，亏损企业1099户，亏损面为64.61%，比2001年同期（以下简称“同比”）减少1.27%。全国森工企业实现主营业务收入154亿元，同比减少2.2亿元，减幅为1.41%。营业成本109亿元，同比减少3.8亿元，管理费用34.9亿元，同比减少1.1亿元，财务费用7.6亿元，同比增加0.24亿元。全国森工企业盈亏相抵，全行业净亏损4.9亿元，同比减亏0.5亿元。其中，亏损企业亏损额为8.8亿元，减亏2.4亿元。至2002年末，全国森工企业历年累计未弥补亏损为62亿元，同比减少5亿元，减幅为6.99%。

2002年，全国森工企业共计拖欠职工工资及离退休人员经费16.7亿元，比2001年降低0.6亿元，涉及职工65万人。

上交税收状况 2002年，全国森工企业共计交税12.9亿元，同比减少1.4亿元。其中，上交农业特产税4.1亿元，增值税5.8亿元，所得税0.9亿元，营业税0.7亿元，其他税收，包括资源税、城建税、消费税、印花税、土地使用税、房产税、车船使用税等，计1.5亿元。森工企业利用“三剩物”和次、小、薪材综合利用产品执行增值税即征即退政策，上交税收1.25亿元，返还1.1亿元，返还比例为88%。

资产负债状况 2002年末，全国森工企业资产总计729万元，其中流动资产317亿元，固定资产343亿元。负债总额为534亿元，其中短期借款113亿元，长期借款107亿元。所有者权益195亿元，资产负债率为73.2%。

产品产业结构状况 2002年，全国森工企业实现全部业务收入（包括非主营业务）为157.9亿元，同比减少24.3亿元。其中林业产品实现收入109.2亿元，占全部收入的69%。非林非木产品收入为

48.7亿元，占全部收入的31%。实现销售利润36.2亿元，同比减少0.06亿元。其中林业产品销售利润29.6亿元，占81.7%，非林非木销售利润为6.66亿元，占18.3%。

林业产品的具体情况为：一是种植业，实现收入71.4亿元，占林业产品收入的65.4%；实现利润25.76亿元，占林业产品利润的87.06%。二是养殖业，实现收入0.35亿元，占林业产品收入的0.32%；实现利润0.18亿元，占林业产品利润的0.61%。三是初加工产品，实现收入13.89亿元，占林业产品收入的12.72%；实现利润1.1亿元，占林业产品利润的3.71%。四是三剩物和次小薪材加工产品，实现收入23.55亿元，占林业产品收入的21.56%；实现利润2.57亿元，占林业产品利润的8.62%。

主要产品生产销售情况

木材　2002年，全国森工企业生产木材1345万立方米，同比减少91万立方米，减幅为6.34%。全年木材销售量为1468万立方米，同比减少160万立方米，减幅为9.83%。全年木材销售收入为67.81亿元，同比减少3.42亿元，减幅为4.8%。木材平均销售单价为461.89元/立方米，同比增加24.37元/立方米。全年木材实现销售利润24.73亿元，同比增加1.63亿元，增长7.07%。单位木材销售利润168.44元，同比增加18.74元。

锯材　2002年，全国森工企业生产锯材为24万立方米，同比减少4.1万立方米，减幅为14.59%。锯材销售量为30.3万立方米，同比减少5.2万立方米，减幅14.65%。全年锯材实现销售收入2.62亿元，同比减少0.61亿元，减幅18.89%。平均锯材销售单价为865.18元/立方米，同比减少45.3元/立方米。全年锯材实现销售利润0.12亿元，与2001年同期基本持平。单位锯材销售利润为39.8元/立方米，同比增加8.11元/立方米。

纤维板　2002年，全国森工企业生产纤维板为76.9万立方米，同比减少25.4万立方米，减幅为24.8%。销售量为84.7万立方米，同比减少9.7万立方米，减幅10.28人全年纤维板实现销售收入10.48亿元，同比减少1.74亿元。平均纤维板销售单价为1237.28元/立方米，同比减少57.05元/立方米。全年纤维板实现销售利润0.99亿元，同比减少0.34亿元。单位锯材销售利润为117.65元/立方米，同比减少23.43元。

胶合板　2002年，全国森工企业胶合板产量为9.5万立方米，与2001年同期基本持平。销售量为10.7万立方米，同比减少0.7万立方米，减幅6.14%。全年胶合板实现销售收入1.8亿元，同比减少0.48亿元，下降20.89%。平均胶合板销售单价为1683.18元/立方米，同比减少313.84元/立方米。全年胶合板实现销售利润-399万元，同比减亏1676万元。单位胶合板销售利润为-37.29元/立方米，同比减亏144.73元/立方米。

刨花板　产量为54.4万立方米，同比减少15.9万立方米，减幅为22.62%。销售量为55.9万立方米，同比减少8.9万立方米，减幅13.73%。全年刨花板实现销售收入5.13亿元，同比减少0.41亿元，减幅7.38%。平均刨花板销售单价为917.94元/立方米，同比增加62.99元/立方米。全年刨花板实现销售利润0.21亿元，同比减少0.11亿元。单位刨花板销售利润为37.91元/立方米，同比减少11.7元，减幅为23.58%。　（吕红频）

【全国国有林场2002年财务状况】　2002年，全国国有林场汇总30个省（区），汇编林场户数4146户。国有林场经营总面积5846万公顷，其中：有林地面积2888.8万公顷；职工总人数50万人，离退休人员15.8万人。

主要指标完成情况　2002年，全国国有林场资产总额205.3亿元（不含林木资产），其中：流动资产86.6亿元，比2001年增加7.1亿元，占资产总额的42.2%，其中：货币资金19.9亿元，比2001年增加4.1亿元；应收帐款12.4亿元，比2001年增加1.1亿元；其他应收款37.2亿元，比2001年增加1.6亿元。固定资产95.3亿元，比2001年增加4.5亿元，占资产总额的46.4%。

2002年，全国国有林场负债总额162.7亿元，比2001年增加12.1亿元，其中，流动负债110.3亿元，比2001年增加11.1亿元，占负债总额的67.8%，其中：短期借款17.5亿元，比2001年增加1.4亿元；应付帐款5.9亿元，比2001年减少1594万元。长期负债52.3亿元，比2001年增加9956万元。所有者权益总额360.7亿元，其中：实收资本66.3亿元，比2001年增加7亿元。

利润情况　2002年，全国国有林场盈亏相抵，亏损9432万元，比2001年减亏17 804万元。其中：

主要增收因素

1. 营业成本220 043万元，比2001年减少9319万元；

2. 营业税金及附加26 959万元，比2001年减少6308万元；

3. 其他业务利润34 849万元，比2001年增加1721万元；

4. 财务费用32 269万元，比2001年减少3057万元；

5. 投资者净收益3087万元，比2001年增加31万元；

6. 承包户上交净收入32 269万元，比2001年增加2696万元；

7. 补贴收入 31 747 万元，比 2001 年增加 2286 万元；

8. 营业外收入 30 923 万元，比 2001 年增加 3202 万元；

9. 以前年度损益调整 -317 万元，比 2001 年减少 4331 万元；

主要减收因素

1. 主营业务收入 460 703 万元，比 2001 年减少 4636 万元；

2. 营业费用 20 700 万元，比 2001 年增加 447 万元；

3. 育林及维简费 55 292 万元，比 2001 年增加 557 万元；

4. 管理费用 233 286 万元，比 2001 年增加 9780 万元；

5. 营业外支出 28 451 万元，比 2001 年增加 1968 万元。

上交国家税金情况　2002 年，全国国有林场营业税金及附加 2.9 亿元，比 2001 年减少 6305 万元，其中：农业特产税 2.5 亿元，比 2001 年减少 6482 万元，下降 20.3%；营业税 2426 万元，比 2001 年减少 23 万元；应交增值税 6088 万元，比 2001 年减少 7492 万元，增长 55.17%；所得税 2456 万元，比 2001 年增加 742 万元。

主要产品销售情况

1. 原木销售量 707 万立方米，比 2001 年减少 1.2 万立方米；销售收入 27.3 亿元，比 2001 年减少 1023 万元；木材单价 386.7 元，比 2001 年下降 0.76 元。

2. 锯材销售量 9.5 万立方米，比 2001 年减少 3.5 万立方米；销售收入 0.59 亿元；销售单价 623.64 元，比 2001 年上升 33.73 元。

3. 胶合板销售量 1 万立方米，比 2001 年减少 4000 立方米；销售收入 0.24 元。

存在的主要问题

1. 国有林场仍然亏损。2002 年，全国国有林场全行业亏损 9432 万元，其中，亏损林场亏损额 3.7 亿元，比 2001 年减亏 8124 万元。

2. 资金结构不合理，负债过重，国有林场后劲不足。全国国有林场负债总额 162.6 亿元，资产负债率高达 79.25%。

3. 木材及其产品仍是国有林场的主要经济来源。2002 年，全国国有林场营业收入总额 40.1 亿元，其中原木、原竹收入多种经营营业收入 27.7 亿元，占营业收入总额的 69.1%，表明国有林场目前仍主要依赖森林资源，产业结构不合理，产品结构单一。

4. 税负过重。2002 年，全国国有林场营业税金及附加总额 2.9 亿元，其中原木农业特产税 2.6 亿元，占原木原竹销售收入的 9.4%，税负过重，林场难以承受。　（闫春丽）

【全国国有苗圃 2002 年财务状况】　2002 年，全国国有苗圃汇总 30 个省（区），汇编苗圃户数 1903 户。国有苗圃经营面积 24.3 万公顷，其中育苗地面积 3.5 万公顷，有林地面积 12.5 万公顷。职工总人数 4.74 万人，离退休人员 1.59 万人。

资产及负债情况　2002 年，全国国有苗圃资产总额 25.1 亿元（不含林木资产），其中：流动资产 11.4 亿元，比 2001 年增加 7745 万元，占资产总额的 45.4%，其中：货币资金 2 亿元，比 2001 年增加 2057 万元；应收帐款 1.5 亿元，比 2001 年增加 139 万元；其他应收款 3.59 亿元，比 2001 年增加 1630 万元。固定资产 11.4 亿元，比 2001 年增加 2790 万元，占资产总额的 45.42%。

负债总额 15.9 亿元，比 2001 年增加 7810 万元，其中：流动负债 11.2 亿元，比 2001 年增加 1.13 亿元，占负债总额的 70.4%，其中：短期借款 1.7 亿元，比 2001 年增加 165 万元。长期负债 4.7 亿元，比 2001 年减少 3544 万元。所有者权益 11.3 亿元，其中：实收资本 8.7 亿元，比 2001 年同期增加 8185 万元。

利润情况　2002 年，全国国有苗圃盈亏相抵，亏损 181 万元，比 2001 年减亏 668 万元，其中：

主要增收因素

1. 主营业务收入 54 984 万元，比 2001 年增加 12 267 万元；

2. 营业外收入 3680 万元，比 2001 年增加 817 万元。

主要减收因素

1. 营业成本 39 967 万元，比 2001 年增加 9592 万元；

2. 营业费用 4116 万元，比 2001 年增加 102 万元；

3. 管理费用 20 902 万元，比 2001 年增加 2745 万元；

4. 财务费用 1844 万元，比 2001 年增加 354 万元。

上交国家税金情况　2002 年，全国国有苗圃营业税金及附加 802 万元，比 2001 年增加 57 万元，其中：农业特产税 370 万元，比 2001 年减少 18 万元；营业税 334 万元，比 2001 年增加 12 万元；应交增值税 189 万元，比 2001 年减少 9 万元，所得税 100 万元，比 2001 年同期增加 60 万元。

存在的主要问题

1. 资金紧张，后劲不足。2002 年，全国国有苗圃资产负债率 63.3%，偿债能力差。

2. 经营结构有待进一步调整。2002 年，全国国有苗圃营业收入总额 6.4 亿元，其中种植业收入 3.5

亿元，占营业收入的 54.7%，适应市场能力低，综合利用、多种经营不具规模。 （闫春丽）

【林业重点工程资金管理进一步加强】 按照“慎用钱”的原则，国家林业局 2002 年进一步加强林业重点工程资金管理。

建立林业重点工程资金违规责任追究制度，出台《林业重点工程资金违规责任追究暂行规定》。《规定》对资金使用管理中查出的问题，分 8 种情况作出了处理规定：

一是擅自调整、更改工程投资计划和财政专项资金预算的，视情节轻重在适当范围内予以通报批评，并督促其进行整改。在规定期限内未按要求进行整改的，暂停该单位工程建设和同类新项目的审批，调减当年或下年度工程投资计划，停拨预算内非经营性基本建设资金，建议有关部门停拨财政专项资金（以下统称预算内资金），直至达到整改要求。

二是违规滞留、截留、抵扣资金的，根据情节轻重在适当范围内予以通报批评，同时暂停拨付该单位预算内资金，暂停该地区或该单位同类新项目的审批，调减当年或下年度投资计划，直至达到整改要求。

三是转存、串用资金的，根据情节轻重在适当范围内予以通报批评，同时暂停该单位项目建设，暂停拨付该单位预算内资金，直至达到整改要求。

四是挪用、挤占、转移资金的，根据情节轻重在适当范围内予以通报批评，同时暂停该单位项目建设和同类新项目的审批，暂停拨付该地区或单位预算内资金，调减当年或下年度投资计划及财政专项资金预算安排，直至达到整改要求。

五是伪造、变造会计凭证、会计账簿及相关工程资料，编制虚假财务会计报告或者隐匿、故意销毁依法应当保存的会计凭证、会计账簿及相关工程资料、财务会计报告，虚报工程项目，虚列工程支出的，由主管单位对有关责任人员给予撤职直至开除的行政处分；构成犯罪的，移送司法部门追究其刑事责任。同时对其单位在适当范围内予以通报批评，并建议有关部门暂停拨付该省（区、市）或单位资金，直至达到整改要求。

六是财务会计工作混乱，资金管理和会计核算不规范，不符合财经制度和法规的，督促其进行整改；在规定期限内未按要求进行整改的，建议有关部门暂停拨付该地区或单位的财政专项资金，直至达到整改要求。

七是对管理不善、滥用职权、玩忽职守、徇私舞弊，造成资金损失、浪费的，在全国范围内予以通报批评，并建议有关部门暂停拨付该地区或单位资金一年，并追究相关人员的责任。

八是对于再次发生以上问题的单位要从严从重处理，除采取以上相关处理措施外，暂停该省（区、市）项目建设和同类新项目审批，建议有关部门暂停拨付该省（区、市）资金，直至达到整改要求。并根据情节轻重相应调减当年或下一年度原资金计划 5%～20%。

出台《林业重点生态工程建设资金管理暂行规定》。《规定》对基本建设资金的支出主要范围和建设单位管理费、项目前期工作费和科技支撑费的使用范围作出了具体规定；要求年度基本建设支出预算和建设项目竣工财务决算按财政部《关于印发（财政基本建设支出预算管理办法）的通知》（财基字［1999］30 号）和《关于印发（基本建设财务管理规定）的通知》（财建［2002］394 号）的规定编制，上报的基本建设支出预算要求实事求是、真实可靠，严禁虚报冒领、高估冒算；要求建设项目竣工后及时编制项目竣工财务决算，具备竣工验收条件的，要按照有关项目验收办法及时组织验收；要求用于林业重点生态工程的地方各级财政配套资金和建设单位自筹资金必须按照规定的投资比例和工程进度，及时足额筹集到位，其到位比例不得低于中央资金到位比例。凡地方配套资金和建设单位自筹资金不能落实的，要相应调减下年度基本建设投资，压缩投资规模。另外，《规定》还从账户管理、资金拨付方式、支出管理、监督管理、信息上报、会计基础工作等几个方面对林业重点生态工程建设资金管理做出了具体要求。

进一步加大了林业资金稽查力度。根据审计署对 2001 年退耕还林的检查情况，汇总分析了退耕还林在资金使用和管理中存在的问题，并组织稽查人员配合有关单位和部门对部分省区在退耕还林资金使用方面存在问题的整改情况进行了监督检查；对北京市、天津市、河北省、山西省、内蒙古自治区京津风沙源治理工程建设资金的使用、管理、会计核算情况进行了检查，并就检查结果向有关省（区）进行了通报，要求有关单位对其在工程建设中存在的问题按照通报中的整改要求予以纠正。同时，国家林业局 2002 年还对部分省区的天保工程专项资金进行了核查。

（李　斌）

精神文明建设

林业纪检监察

【综　述】　2002 年，国家林业局纪检监察工作坚持以“三个代表重要思想为指导，认真贯彻中央纪委七次全会和国务院第四次廉政工作会议精神，紧紧围绕反腐败斗争三项工作格局和林业建设的中心任务，突出重点，扎实工作，狠抓落实，为推进林业系统党风廉政建设和反腐败工作的深入开展，保证林业各项改革和建设事业顺利进行发挥了积极作用。

认真贯彻落实中央纪委七次全会精神，不断深化领导干部廉洁自律工作　2002 年初，中央纪委七次全会召开后，国家林业局党组及时召开会议传达学习全会精神。2 月份，国家林业局党组召开直属机关党的建设和机关建设工作会议，局党组书记、局长周生贤就如何贯彻落实中央纪委七次全会精神、深入推进反腐败工作作了讲话，中央纪委驻国家林业局纪检组组长、局党组成员杨继平就 2002 年反腐败工作任务作了动员部署。驻国家林业局纪检组、监察局（以下简称组局）分别下发了国家林业局直属机关和林业系统 2002 年党风廉政建设和反腐败工作的通知，提出抓落实的具体意见，要求各部门、各单位切实把党风廉政建设和反腐败工作摆到更加突出的位置，纳入林业建设的总体工作之中，贯穿于党的建设、政务建设、业务建设和精神文明建设的全过程。

在抓落实上，主要采取四项措施。一是深化教育，增强自律意识。结合学习优秀党员领导干部汪洋湖先进事迹，在加强世界观、人生观、价值观教育的基础上，集中开展了地位观、权力观和利益观教育以及“李真案例”警示教育，引导党员干部特别是新提拔的年轻领导干部正确对待权力、地位和个人利益，强化公仆意识和全心全意为人民服务的思想，切实做到立党为公、执政为民。及时总结、宣传了国家林业局森防总站领导班子党风廉政建设和林业调查规划院党委大力加强外业人员廉政建设、始终保持和维护国家工作人员良好形象的经验。

二是完善制度，严格规范行为。根据中央纪委七次全会提出的六条规定要求，重申了机关和直属单位工作人员下基层履行公务或出京办私事、机关和事业单位财务收支管理、事业单位处以上领导干部企业兼职等四个方面的廉政规定，建立了机关司处级和直属单位司局级领导干部廉政档案制度，制定了直属单位领导干部任期经济责任审计规定。元旦、春节前夕，国家林业局专门下发了做好“两节”期间几项重要工作的通知，对各单位做好“两节”期间的廉政工作提出了要求。

三是认真开好民主生活会，加强监督检查。2 月底至 3 月中旬，国家林业局各司局及直属单位召开了领导班子民主生活会，对照中央纪委六条规定和有关廉政制度进行了认真检查，局机关还将廉洁自律对照检查的重点对象由过去的司局级领导班子成员延伸到处级领导干部，拓宽了干部层次，扩大了监督范围，提高了民主生活会的质量。年末，又对各单位领导班子和处以上领导干部廉洁自律情况进行了一次全面检查。

四是党组以身作则，带头廉洁自律。党组向全体干部群众郑重承诺，凡是要求群众做到的，党组同志首先做到；凡是要求党组成员做到的，党组书记首先做到；党组同志的权力行使到哪里，群众监督就进行到哪里，自觉做到自重、自省、自警、自励，严格遵守党纪政纪和法律法规，确保党组班子、领导成员在廉洁自律和政务工作上不出问题。同时，机关干部要做到约法三章，即不准请客送礼，不准行贿受贿，不准铺张浪费。严禁公务活动中的礼尚往来，基层不准到机关送礼，机关不准收基层的礼，努力营造清廉、务实、健康向上的机关风气。在实际工作中，凡涉及到重要工作部署、干部调整任免、重大工程项目计划以及重要政策措施出台等，党组始终做到严格程序，集体研究决定，并让纪检监察部门参与全过程监督。特别是干部选拔任用，坚持多数人不赞成的不提名，未经组织人事部门认真考察的不讨论，集体讨论中多数人不同意的不提拔任用，凭党性看干部，凭政绩用干部。2002年全局提拔了49名、调整了30名司局级干部，都是严格按照规定程序运作。

严肃查处了违法违纪案件 2002年，组局共收到举报信件198件，对属于非受理范围的142件进行了认真转办或督办；对受理范围的56件，已经初核了结的9件，待查的7件，存查的19件，直接转机关司局及直属单位查办的16件。对接办2001年度的11件举报，已核查的7件，待查的4件。今年查办案件主要突出了三个重点，一是严肃查处了反映局机关和直属单位处以上领导干部的违纪案件。重点配合东城区检察院查处了局机关医务室个别公职人员违反医疗制度规定和财经法规的问题，将涉嫌贪污、诈骗的2名工作人员移交地方司法机关继续查处；对局机关1名副处长违反工作纪律，擅自离京到外省会友、办私事并将部分应自付的费用在单位报销的问题给以了党纪处分。二是对反映违反财经纪律、弄虚作假、用公款购买各种购物券、代币券，以及索要钱物等方面的问题进行了调查。同时就局某直属单位发生用公款购买购物券、代币券的问题，找其单位领导班子进行了集体谈话提醒。三是对破坏森林资源、违法违规使用林业重点工程资金等重大案件进行了调查和督办。根据中央纪委领导批示，从5月份开始，组局、与中央纪委、监察部四室联合组成调查组对群众举报黑龙江省方正林业局超限额采伐及挪用天保资金等问题进行了初步调查核实。经过7个月艰苦细致的调查，已初步查实该局存在的一些问题，取得了阶段性成果。11月份，此案已移交黑龙江省纪委继续处理。此外，还对内蒙古大兴安岭森工集团挪用“伊冯大”工程资金案件进行了督办。

进一步加强了林业行风建设 2002年初，组局对各省（区、市）林业系统纠风情况进行了一次摸底调查，分别与河北、安徽、江西、辽宁等省林业纪检监察部门进行了研讨，建立了重点省（区）林业行风建设联系点制度，并与有关司局就行风问题进行了研究，提出了建议。第一季度，局资源司、林业工作总站、森林公安局及局驻各地森林资源监督专员办等主管部门采取不同形式，分别对基层木材检查站、木材检疫站、林业站、森林公安派出所及林政管理部门执法情况进行了一次检查和抽查，督促职能部门建立和完善了森林资源监督、证件发换、罚没收费等管理制度，进一步明确了各级政府林业主管部门及基层林业站、木材检查站、公安派出所、濒危动植物进出口办事处（站）等依法行政的要求，规范了执法行为。根据近几年群众反映比较强烈的行业不正之风问题，5～9月份，各省（区、市）林业主管部门按照国务院的要求和国家林业局的部署，对所属区域林业公路检查站等布点设卡情况进行了一次集中清理，纠正了个别地区公路“三乱”出现的反弹现象。下半年，组局派人参与了国务院纠风办组织的对湖南、湖北、河南、陕西等四省治理公路三乱情况的暗访调查。加强了对局直属事业单位及基层林业站和森林公安派出所政务公开工作的跟踪指导和检查，督促建立和完善了有关监督约束机制，使政务公开工作逐步走向正规化、制度化，基层的行风建设、廉政建设得到进一步加强。

紧密围绕林业六大工程开展执法监察 2002年上半年，围绕纪检监察部门如何服务林业中心工作、充分发挥职能作用等问题，杨继平组长和刘双来局长先后深入黑龙江、辽宁、河北、江西等省进行了专题调研，并就加大林业六大工程执法监察力度，保证局党组“严管林、慎用钱、质为先”要求贯彻落实的问题，与部分基层纪检监察部门的同志进行了座谈。4月上旬，国家林业局集中全国各省（区、市）和各大林业（森工）集团公司计划财务、稽查办、基金站等部门负责人100多人进行培训；8月中旬，在新疆召开了各省（区、市）林业厅（局）纪检组长参加的全国系统纪检监察为中心工作服务专题研讨会，杨继平组长分别在培训班和理论研讨会上作了讲话。2002年以来，有关职能部门共派出10多个联合工作组分别对26个省（区、市）森林资源管理、天然林保护、退耕还林、造林工程质量、专项工程资金使用情况等进行了专项检查和稽查，及时纠正了一些部门和单位在实施六大工程中的违规违纪行为，严格督促有关部门制定整改措施，建立和完善有关制度机制。同时还配合国家审计署重点抽查了一些单位2001年林业国债资金使用管理情况，进一步严肃了有关财务工作纪律。4月中旬，组局派人参加了由国家环保总局牵头，国家计委、农业部等部委联合组织的太湖水污染治理工作情况的执法大检查，就太湖流域的生态环境建设、湿地保护等问题向国务院联合执法组提出了意见和建议。

积极推进反腐败抓源头工作 一是积极推进行政审批制度改革。按照国务院和局党组的部署要求，局行政审批制度改革领导小组及其办公室对全局行政审批事项进行了再次清理审核，对原有的92项行政审批事项，国务院正式公布的取消4项，拟取消的19项，拟改变管理方式的8项，保留61项。对拟保留的审批事项如何建立与社会主义市场经济体制相适应的林业行业行政审批制度及其制约机制组织了课题研究。二是积极推进财政预算制度改革。按照预算内外资金统管的财政综合预算要求，积极采取措施对部门预算逐步进行了规范，并指导林业系统及各大森工企业逐步实行会计委派制；根据监察部、财政部、国家审计署、中国人民银行等的要求，完成了对行政事业单位银行账户的清理上报工作；专门下发了关于加强预算管理、严格控制支出的通知，提出了严禁违规开设银行账户和私设“小金库”、账外账的要求，严格收支两条线规定；制定了增收节支、禁止铺张浪费的具体措施，建立了经济责任审计联席会议制度，明确了单位主要负责人为审计第一责任人。三是积极推进干部人事制度改革。结合学习贯彻《党政干部选拔任用工作条例》，在认真总结2001年局机关司局级干部竞争上岗经验的基础上，初步探索了对领导干部的推荐提名、考察考核、讨论决定、任前公示等各个环节实行全过程监督检查，逐步实现干部考察预告、差额考察等办法和途径，进一步完善了有关干部考核、公示及试用期等项制度和措施。

扎扎实实抓好党风廉政建设责任制的落实 国家林业局党组书记、局长周生贤在局党组、机关及全国林业系统各种会议上反复强调，局党组及各级领导班子和领导干部要自觉履行抓党风廉政建设的职责，一级抓一级，一级促一级，层层抓落实。根据党的十五届六中全会和中央纪委七次全会的精神，局党组明确提出要继续深化机关思想、组织、制度、作风、业务五大建设，坚持以转变领导作风为切入点，把加强作风建设作为落实党风廉政建设责任制的一个中心环节来抓，着力解决减文减会、调查研究的问题。制定了《关于进一步加强作风建设的意见》和《下派工作组管理办法》两个文件，精减了全国绿化委员会全体会议、京津风沙源治理工程启动会等3个大型会议，并将计划年中召开的全国林业厅（局）长座谈会、速生丰产用材林建设工程启动会和局党组扩大会议合并为一个会议召开。据统计，2002年全局开会发文比2001年分别减少了50％和46％，机关共派出50多个工作组、200多人次深入基层调查研究，形成了40多份有较高质量的调研报告。各级党政领导干部始终按照“一岗双责”的要求，自觉做到“四个必须”。即部署工作任务必须有党风廉政的要求，制定出台重要政策制度必须有党风廉政的条文内容，重大活动必须有党风廉政的具体措施，考核检查必须有党风廉政的考核评估，把党风廉政建设的规定要求贯穿渗透到各项工作之中。为确保党风廉政建设责任制规定落到实处，各单位根据年初纪检监察部门下发的关于认真落实党风廉政建设责任制和领导干部廉洁自律几项重点工作的通知精神，对贯彻党风廉政建设责任制规定情况进行了一次全面自查，并按要求填写了报表。在此基础上，召开局机关和直属单位负责人座谈会，听取了各单位的汇报，并对机关2个司局、3个在京直属单位进行了抽查。

纪检监察调查研究和宣传信息工作取得了新进展 根据反腐败斗争的新形势、新特点和林业建设指导思想、重点任务的转变，2002年初，组局专门下发关于进一步做好纪检监察调查研究工作的通知，明确了8个调研题目。即：新形势下林业行业腐败现象有哪些新表现、产生的原因及治理对策；如何围绕林业中心工作发挥纪检监察部门的作用；在实施林业六大工程建设中，纪检监察部门如何加强监督检查，确保工程质量和专项工程资金安全有效使用；在查办破坏森林资源和违规使用林业工程建设资金等重大违法违纪案件中，纪检监察部门怎样发挥协调配合作用；如何组织开展效能监察和执法监察；当前林业纪检监察工作遇到哪些新情况、新问题，如何采取有效措施提高林业纪检监察队伍的素质；林业系统反腐败抓源头工作要着力解决哪些问题；如何建立林业系统党风廉政建设和反腐败工作的评价体系，等等。据不完全统计，2002年各省（区、市）林业系统及各大森工集团纪检监察部门共完成课题研究38个，形成调查研究报告和工作论文38篇。同时进一步加大了纪检监察宣传信息工作力度，2001年，组局自编《林业纪检监察》19期，登专稿23篇，消息68条；编印《林业纪检监察信息》25期，上报经验材料、工作信息、新闻稿等56份（条），被部委以上刊物刊用42期（次），其中被中央纪委所属的刊的刊用32期（次）；《中国纪检监察报》、《中国监察》杂志两次开辟专版，集中报道了林业系统党风廉政建设和反腐败工作情况，《中国绿色时报》、《中国林业》杂志3次集中宣传了13个省（区、市）林业部门加强纪检监察工作的经验和做法，并全文转载了吉林、山西两省关于违反天然林保护和退耕还林工程政策规定责任人员党纪处分的暂行规定及有关负责人答记者问。2002年7月，国家林业局被中央纪委评为2001年度全国纪检监察系统信息工作先进单位，并有一名个人被评为先进工作者。

纪检监察部门自身建设进一步加强 2002年，组局制定了全国林业系统纪检监察干部培训工作计划，进行了认真部署。上半年，各级林业纪检监察部门采取多种形式，对所属纪检监察干部（纪检委员）进行了普遍培训，培训1200余人。其中，组局在新疆举办的全国林业系统及武警森林部队纪检监察工作培训班，培训厅处级纪检监察干部50名。根据人员的调整和任务的变化，组局继续狠抓了思想、组织、作风、制度和业务五大建设。思想建设，以学习江泽民“5·31”讲话精神为主线，以纪念“七一”活动为主题，以增强党性观念、大局观念和廉政观念为目的，开展了系列教育活动，不断强化执政为民、勤奋敬业的思想。组织建设，组局先后配备了1名副局长，3名室主任，并调入1名工作人员，健全了班子，加强了力量。作风建设，突出以改进领导作风、提高工作效率、加强调查研究为主要内容，大力培养求真务实、艰苦奋斗的作风。全年组局人员下基层调研21批次，共188天，完成调研课题9个，撰写调研报告和工作论文9篇，均被省（部）级以上刊物、会议使用。其中杨继平组长撰写的《六大林业重点工程的预防职务犯罪研究》、《着眼打基础，立足建制度，积极推进党风廉政建设责任制的落实》两篇论文，分别在西部地区检察机关预防职务犯罪座谈会和中央纪委党风廉政建设座谈会上作典型发言，2002年9月19日和10月14日《检察日报》、《人民日报》，2002年11月20日《中国纪检监察报》分别登载。刘双来局长撰写的《适应新形势，拓宽新思路，开创林业纪检监察工作新局面》调研论文，2002年6月25日被被中央纪委监察部《纪检监察信息》第86期转发。制度建设，建立了报告工作、请销假等制度，进一步规范了工作程序和工作纪律。业务建设，坚持每月安排一天集体学习业务，每周安排个人半天自学，提倡每人一年读一本书，写一篇与业务有关的体会文章。目前，组局在编10人，除2人已经取得了在职研究生学历外，还有7人参加在职自学。

（驻国家林业局纪检组、监察局）

林业思想政治工作与精神文明建设

【开展治沙英雄石光银宣传活动】 2002年6月19日，在纪念第八个世界防治荒漠化和干旱日之际，全国绿化委员会、人事部、国家林业局联合授予石光银“治沙英雄”光荣称号。为大力弘扬石光银的治沙精神，推进中国防沙治沙、绿化祖国的伟大事业，全国绿化委员会、国家林业局决定，开展了向治沙英雄石光银学习活动。

从6月9日开始，国家林业局配合各大媒体集中宣传石光银的先进事迹，中央电视台的《新闻联播》、《焦点访谈》栏目，以及《人民日报》、中央人民广播电台等各大新闻媒体都对石光银先进事迹进行了集中报道。6月19日，在学习治沙英雄石光银先进事迹的座谈会上，周生贤局长作了《向治沙英雄石光银学习，努力为再造秀美山川作贡献》的讲话。号召全国绿化、林业战线的干部职工要以石光银为榜样，学习他绿化荒漠，改善生态的创业精神；不畏艰难，锲而不舍的愚公精神；勤于探索，执着求知的科学精神；敢想敢干，与时俱进的开拓精神；扶贫帮困，为民解难的奉献精神。

石光银是一位普通农民，曾多年担任村干部、乡农场场长。1984年，他辞去乡农场场长职务，把家搬到沙区，承包治理荒沙。经过十几年的艰苦奋斗，累计植树2000多万株（丛），治理荒沙、碱滩1.3万公顷，成为全国个体治沙面积最大、成效最显著的先进典型。他创办了全国第一家农民治沙公司，把资金、技术和劳动力合理组合起来，形成利益共同体，创造了治沙新模式。他把荒沙治理与沙区资源开发结合起来，大办沙产业，实现了生态效益与经济效益双丰收，为治沙事业的可持续发展闯出了一条新路。他把带领群众治沙和帮助群众致富结合起来，免费为乡亲们打水井160多眼，无偿提供树苗50多万株、树种4000多千克，使207户农民在治沙中脱贫致富。他投资建起黄沙小学和农民夜校，组织农民学文化、学政治、学技术，使沙区农民子女就近入学。在他的带动下，定边县1200多户农民积极承包治沙1.3万公顷，对改善当地的生态环境，促进地方经济发展发挥了重要作用。

石光银的事迹，受到沙区人民的广泛称颂，得到各级政府及有关部门的大力表彰。他多次受到江泽民总书记等党和国家领导人的接见，先后荣获全国劳动模范、全国十大绿化标兵、全国绿化先进工作者、全国绿化奖章获得者、全国绿化十杰、全国十大扶贫状元、全国农村优秀人才等称号，两次被邀请出席联合国防治沙漠化会议，并获得联合国粮农组织授予的世界优秀林农奖，为我国治沙事业赢得了荣誉。

石光银是中国治沙事业的功臣，是生态建设的旗帜，是再造秀美山川的先锋，是“三个代表”重要思想的忠实实践者。他十几年治沙不止的崇高精神，展示了共产党人的人生境界和精神风貌，体现了中华民族不屈不挠的奋斗精神和建设美好家园的坚定决心。在实施林业六大工程、推进林业跨越式发展的进程中，学习和宣传石光银，激励全国人民投身生态建设，为建设祖国秀美山川而努力奋斗，具有重大意义。

（吴红军）

【庄浪县生态建设先进事迹宣传活动】 2002年8月5日，是江泽民总书记发出“再造秀美山川”号召5周年。为了纪念这个具有重大历史意义和现实意义的日子，号召全国人民进一步关注生态建设，积极投身再造秀美山川的伟大事业，中共中央宣传部把庄浪县确定为全国典型。2002年8月5日，全国绿化委员会、国家林业局、甘肃省委联合在北京人民大会堂召开庄浪事迹报告会。

全国人大副委员长蒋正华，全国政协副主席经叔平，中共中央组织部部务委员王东明，全国绿化委员会副主任、中国人民解放军总后勤部副部长周友良，中华全国总工会副主席苏立清出席会议。全国绿化委员会副主任、国家林业局局长周生贤出席会议并讲话。中央纪委驻国家林业局纪检组组长、国家林业局党组成员杨继平，国家林业局副局长雷加富、祝列克，中国人民武装警察森林指挥部政委尹成富，甘肃省委副书记马西林以及有关部委的领导出席了会议。

国家林业局机关及直属单位、森警部队、北京市林业局、北京林业大学等各界代表600人参加会议。事迹报告团共有4名成员：甘肃省庄浪县委书记王浩林以《山川秀美新庄浪》、庄浪县良邑乡副乡长以《荒山播绿领头人》、庄浪县林业技术人员姚思俊以《英雄壮举撼山河》、甘肃电视台钟华以《科学巧绘新山川》为题作了精彩生动的发言。

甘肃省庄浪县坚持40年如一日，大搞生态建设。在领导班子9次换届、11次更换主要领导的情况下，坚持一张蓝图绘到底，一届接着一届干，在全县423座黄土山和2553条沟壑中，营造人工林2.07万公顷，保护天然林1.6万公顷，义务植树2040.3万株，使全县森林覆盖率达到23.6%，林草覆盖率达到35%，成为西部地区建设秀美山川的典范。为了治理山川，全县有116人致残，31人献出宝贵生命。生态环境的改善促进了经济的发展，粮食亩产达到500多千克，人均收入2000多元，由原来每年靠国家支援500多万千克粮食的贫困县，变成了年上缴粮食200多万千克的余粮县，江总书记再造秀美山川的美好愿望在这里变成了现实。他们的英雄壮举和光辉业绩，为全国生态建设树立了一面旗帜，也是对全国人民进行“发扬艰苦创业精神，再造秀美山川”教育的极好教材。 （吴红军）

【刘振国获《半月谈》思想政治工作创新奖】 2002年10月，经国家林业局宣传办推荐，内蒙古大兴安岭林业管理局党委委员、宣传部长刘振国获得2000年度《半月谈》思想政治工作创新奖。

刘振国多年从事党务工作和思想政治工作，他深入实际进行调查研究，勤于思考，善于总结经验，发现典型，树立样板，并用其教育职工群众，起到了典型引路的作用。他积极进行思想政治工作的理论研究和应用研究，取得了一些对开展林业行业思想政治工作有指导作用和应用价值的研究成果，并有专著和文集出版发行。

1993～1997年，他在阿龙山林业局任党委书记期间，组织开展了送文化上山、理论上山、图书上山、温暖上山的“四上山”活动，取得了很好的效果。因此，该局的思想政治工作和企业文化建设被内蒙古大兴安岭林业管理局树为典型。“四上山”活动在内蒙古林区全面开展后，进一步丰富了由刘振国倡导的文化育人工程的内涵，推动了林区企业文化建设的深入开展。1997年，他任内蒙古大兴安岭林业管理局宣传部长后，针对林区下岗、离退休人员不断增多的实际，提出了“以为职工生活小区服务为切入点，以抓好小区教育活动为重点，以小区的党团员为主体”的做好思想政治工作的思路，实现了小区文明建设以环境建设为主向以思想建设为主的转变，对推动基层单位精神文明建设和思想政治工作的开展起了重要作用。近年来，他根据林区在市场经济条件下进行现代化建设的实际，总结提出的“1333”工作方法，即“一增”，增强在社会主义市场经济条件下做好思想政治工作的责任感、使命感；“三主”，要突出主人，围绕主题，抓住主线；“三全”，要全员参与，全方位管理，全过程进行；“三点”，要找准切入点，紧扣结合点，着眼溶解点。这一方法对全林区有效地开展思想政治工作发挥着指导作用。

刘振国在长期的思想政治工作中获得很多荣誉，他两次获得内蒙古自治区全区优秀党务工作者称号，两次获得全区优秀思想政治工作者称号，多次受到表彰奖励。 （吴红军）

【国家林业局与中国农林水利工会召开联系会议】 2002年1月28日，国家林业局与中国农林水利工会召开首次联系会议。国家林业局局长、党组书记周生贤参加会议并讲话，副局长、党组副书记李育材，中央纪委驻国家林业局纪检组组长、国家林业局党组成员杨继平和中华全国总工会副主席、书记处第一书记、党组书记张俊九，副主席、书记处书记、党组成员苏立清参加了会议。

为进一步加强国家林业局与中国农林水利工会的工作联系与合作，充分发挥工会在林业建设和林业改革中的作用，经协商，国家林业局与中国农林水利工会建立了9项工作制度：

1. 国家林业局与中国农林水利工会每年举行一次联席会议，互通工作情况，交换意见，研究解决有关问题。

2. 凡是需要国家林业局与中国农林水利工会联合开展的活动，共同协商，互相配合，共同做好组织领导工作。

3. 国家林业局及各司局所发的有关文件、简报等，应发送农林水利工会；农林水利工会有关林业工作方面的文件、报告、信息等应发送国家林业局及有关司局。

4. 国家林业局或农林水利工会召开的与对方工作有关的会议，应邀请对方派员参加，有些会议可共同召开。

5. 国家林业局研究制定林业改革措施以及涉及林业职工切身利益、工会组织调整等有关问题时，应通知农林水利工会派员参加，必要时可联合发文。

6. 国家林业局成立有关精神文明建设、思想政治工作等非常设组织时，吸收农林水利工会参加。

7. 对于林业改革和建设重大方针政策的研究讨论、专题调查、重大事故的调查处理等，可根据研究和调查内容的需要，要求农林水利工会参加，或组成联合调查组。

8. 按照国务院关于劳模管理工作的有关规定，全国林业行业劳动模范应由国家林业局和中国农林水利工会商人事部共同评选表彰。

9. 国家林业局宣传中心政工处和中国农林工会林业工作部为相互联系的工作机构。 （吴红军）

林 业 宣 传

【综 述】 2002年是江总书记发出“再造秀美山川”伟大号召五周年，也是林业建设十分关键的一年。在国家林业局党组和宣传工作领导小组的领导下，林业宣传工作认真按照全国林业厅（局）长会议的部署、北戴河党组扩大会议的精神和周生贤局长关于进一步做好今年林业宣传工作的重要指示，紧紧围绕“一个中心、两件大事、三项工作”，充分发扬与时俱进、开拓创新的精神，突出重点，主动出击，精心策划，全方位、多角度地开展林业宣传工作。全年共组织实施新闻、文化、图书、摄影、广告等各类林业宣传项目80多项，形成了六大工程、五大转变、植树节、关注森林、“6·17”世界防治荒漠化与干旱日、江总书记“8·5”重要批示、北戴河全国林业厅（局）长座谈会、扑救内蒙古北部林区雷击火灾、中国可持续发展——林业宏观战略研究、林业建设成就、纪念“国际山区年”等11个宣传战役。中央主要新闻媒体共刊发林业新闻2500多条，包括新华社360篇；《人民日报》199篇，其中头版头条及一版40多篇，专版20个；中央人民广播电台520篇；中央电视台1100多条（集），其中《新闻联播》100余条，《焦点访谈》栏目播出16期专题节目。

六大工程宣传活动 六大林业重点工程的宣传是2002年林业宣传的主线，通过各媒体全方位、多形式、多角度地宣传，形成了广泛的社会影响。一是在年初全国林业厅（局）长会议期间，组织新华社、人民日报社、中央电视台等30多家中央新闻媒体对六大工程进行了集中宣传。《人民日报》1月24日编发评论《我国林业的新变化》和《科技日报》刊发的述评《六大工程点亮林海明灯》，对实施六大工程给我国林业带来的历史性影响进行全面阐述。二是开展退耕还林工程启动系列宣传。1月10日退耕还林工程全面启动，新华社、人民日报社、中央人民广播电台、中央电视台等中央主要新闻媒体都在显著位置和栏目刊发了工程启动的消息。工程启动后，组织《经济日报》记者赴云南、陕西、甘肃、四川4省对工程实施进行了深入采访和报道，并开辟了《退耕还林西部行》专栏，先后发表《一举多得 出乎预料》、《退耕还林 巴实得很喽》、《1000多万农民开始受益》、《变革，正在悄然兴起》4篇文章。3月2日组织中央电视台西部频道记者赴贵州、云南等省采访拍摄退耕还林工程，连续播出16集系列专题节目。12月25日《退耕还林条例》发布后，组织中央主要新闻媒体进行了系列宣传报道，新华社发了6条通稿，《人民日报》刊发2个专版，发表了周生贤局长答记者问，并配发评论员文章，中央电视台《新闻联播》播发了消息，并制作了一期《焦点访谈》，产生了较大影响。与财政部财经电子音像出版社联合，摄制一部反映退耕还林工程的专题片。三是在2月2日世界湿地日，新华社、人民日报社、中央人民广播电台、光明日报社、法制日报社等40多家新闻媒体对我国新增加的14块国际重要湿地进行了全面报道。2月3日在《人民日报》刊发湿地专版，全面介绍我国湿地保护概况和取得的成绩。2月5日在《科技日报》刊发了长篇通讯《献给地球的礼物》，对湿地的生态效益进行报道。中央电视台《新闻联播》、《中国新闻》、《中国农业新闻》、《中国报道》以及北京电视台等多家电视媒体发布新闻和专题片20多条（集）。其中中央电视台10套《科学世界》栏目制作的80分钟特别节目《湿地畅想曲》，在春节期间播出后，关注湿地、保护湿地成为新闻热点，在全社会引起广泛反响。四是组织六大林业重点工程成效宣传。5月14日国务院新闻办公室举行新闻发布会，向国内外新闻媒体公布六大林业重点工程实施以来取得的巨大成效，新华社、人民日报社、中央人民广播电台、中央电视台、美联社、路透社等国内外90多家新闻单位对此进行了报道。其中中央电视台《中国农业新闻》播出11期系列报道，特别报道9期，在广大农村产生了强烈反响。五是组织召开了三北工程建设新闻发布会。针对2002年沙尘暴频发和三北四期工程建设的实施，于5月30日在北京组织召开新闻发布会，向中央30多家媒体介绍了开展三北工程取得的成效、四期工程建设的总体规划和思路。六是与中央电视台联合开展了“野外搜寻大熊猫”宣传活动。组织中央电视台社会新闻部记者赴陕西、四川等地进行实地拍摄，在第一时间、原始地点向公众介绍大熊猫的野外生活习性，该系列报道于5月2日至20日在中央电视台《新闻30分》栏目连续播出34条。七是组织中央主要媒体采访报道吉林省汪清林业局和白河林业局的天然林保护工程先进经验，新华社、《人民日报》、中央人民广播电台、《经济日报》刊发了文章，中央电视台《新闻联播》播发了新闻。

植树节宣传活动 2002年植树节正值“两会”

召开期间，新华社记者采写了长篇通讯《今年来北京，呼吸通畅了》，《人民日报》在显著位置发表了《“两会”代表委员谈六大林业重点工程》的报道，反映了“两会”代表委员对林业在生态建设中的巨大作用的充分肯定。3月12日，全国绿化委员会发布了《中国国土绿化状况公报》，各大新闻媒体对公报内容进行报道，先后刊发消息60多条。3月23日，全国百名部长在北京参加迎奥运义务植树活动，新闻媒体对这次活动进行了全面报道。4月6日，党和国家领导人参加首都全民义务植树活动，中央各大媒体均在头版头条刊发了活动消息。针对今春沙尘暴频繁发生，组织中央电视台《经济半小时》、西部频道进行了深层次的报道，引起了社会的广泛关注。

关注森林宣传活动 一是在2002年春节期间与中央电视台十套节目（科技频道）联合录制4个小时的大型特别节目《森林之歌》，于2月25日下午和21日上午播出，深入宣传森林的地位与作用。二是2月21日在全国政协礼堂举行了2002年关注森林活动启动大会，并确定开展“百家新闻媒体联合行动”。全国政协副主席赵南起出席，新华社、人民日报社、中央人民广播电台、中央电视台等中央新闻媒体刊发了启动大会的消息，各省（区、市）林业宣传部门和地方新闻单位都积极报名参加联合行动。6月5日在《人民日报》刊登百家媒体联合行动专版，突出宣传了林业的地位与作用，并公布了参加活动的新闻媒体名单，将关注森林宣传活动推向全国，在社会上形成了较大影响。三是12月12日关注森林组委会在北京人民大会堂组织召开了“关注森林——国际山区年纪念大会”。全国人大常委会副委员长姜春云、全国政协副主席赵南起以及30多个国家的大使和国际组织代表出席了大会，会前会后组织中央新闻媒体对我国山区综合开发和林业在山区建设中的作用进行了系列宣传报道，引起了社会对山区经济社会发展的关注。四是组织开展了“关注森林奖”和“森林奖”评选活动。由全国政协副主席赵南起担任评委会主任，全国政协人大环境与资源保护委员会、全国绿化委员会、国家林业局、广电总局、中国记协、中国绿化基金会等部门负责人任评委组成评委会，对关注森林奖的三个奖项和森林奖进行了评选。

防沙治沙宣传活动 2002年1月1日《防沙治沙法》正式实施。为让全社会更好地了解《防沙治沙法》，1月19日在《科技日报》刊发了《防沙治沙法》出台的前前后后的专版，对《防沙治沙法》出台的背景、经过、意义进行了全面介绍。组织人民日报社、新华社、科技日报社等中央新闻媒体记者对治沙模范唐臣进行了采访报道。3月18日，《人民日报》在头版头条刊发了长篇通讯《丹心一片染黄沙》。3月19日中央人民广播电台在《新闻与报纸摘要》节目中编发了《治沙农民唐臣》的报道，《科技日报》、《经济日报》等中央媒体发表了长篇通讯。6月9日国家林业局联合全国人大环境与资源保护委员会、中央电视台，在人民大会堂组织了一台以防沙治沙为主题的大型电视文艺晚会“蓝色天空”演出活动。全国人大常委会副委员长邹家华为本次公益演出题词：加强沙化防治，维护生态安全。全国人大常委会副委员长布赫、蒋正华，全国政协副主席赵南起出席并与数千名观众一起观看了演出。来自两岸三地的著名演员以及外国艺术家组成了强大的演出阵容。晚会实况于6月17日在中央电视台三套黄金时间播出。经与中宣部反复协商，于6月推出治沙英雄石光银。新华社、人民日报社等中央主要新闻媒体从6月10日起在显著位置刊发长篇通讯，对石光银治沙先进事迹进行报道。中央电视台《新闻联播》、《焦点访谈》等重点栏目以石光银先进事迹为主题，突出展现我国在防沙治沙方面取得的巨大成绩。6月17日世界防治荒漠化与干旱日，全国绿化委员会、人事部、国家林业局在北京人民大会堂联合召开全国防沙治沙表彰大会，全国人大常委会副委员长邹家华、全国政协副主席赵南起出席大会，中央各大新闻媒体进行了报道。6月18日《人民日报》刊发专版，对石光银等治沙先进人物进行了宣传报道；以环北京地区防沙治沙工程建设为重点，全面反映我国沙漠化趋势及防沙治沙重大举措、成效的电视专题片，在国务院办公厅的直接指导下，由国家林业局宣传办公室牵头，国家计委等有关部门配合共同摄制完成。

北戴河全国林业厅（局）长座谈会宣传活动 会议期间组织中央主要新闻媒体对厅（局）长会议进行多角度、全方位报道，重点报道了林业五大转变和速生丰产用材林基地建设工程的启动。共刊发消息50余篇（条），其中《人民日报》在头版头条刊发消息并配发评论员文章，中央电视台《新闻联播》播发了消息，《中国报道》制作了一期专题片。特别是在会议后，《人民日报》就林业五大转变发表了5篇系列述评文章，在社会上引起了强烈反响。

纪念江总书记“8·5”重要批示宣传活动 一是与中宣部联合推出“再造秀美山川”先进典型——庄浪县。组织中央新闻媒体赴庄浪县采访，中央主要媒体都在头版头条刊发了长篇通讯。中央电视台在《新闻联播》播发了消息，并制作一期《焦点访谈》。8月5日在北京人民大会堂举行庄浪县再造秀美山川先进事迹报告会。二是8月5日在人民日报社、新华社、中央人民广播电台、中央电视台等中央新闻媒体刊发消息、通讯和专版，反映5年来林业建设取得的巨大成就。《人民日报》头版刊发了两篇消息，并刊发了两块反映林业六大工程建设和五大转变成就的专版。三是中央人民广播电台连续一个星期在《早间新闻与报纸摘要》栏目播发了“再造祖国秀美山川”的系列消息，并就5年来林业建设成就播发了每周评论。四是组织策划中央电视台“心连心”艺术团赴伊春演出，突出宣传“六大工程、五大转变、林业跨越式发展、再造秀美山川”这一主题。中央电视台制作了一期《焦点访谈》。

扑救内蒙古北部林区雷击火宣传活动 火灾发生后，国家林业局宣传办会同局防火办共同向国务院新闻办建议加强对火灾报道的舆论引导。在新闻报道中，突出反映了林业职工和森林武警部队的“火场精神”，取得了较好的宣传效果。中央新闻媒体共播发新闻542条，图片179幅，其中新华社播发消息136条、专题报道4篇，《人民日报》刊发消息35条，中央电视台播发新闻15条，《东方时空》专题2个和一期《焦点访谈》。在国家林业局机关内还组织了扑救内蒙古火灾图片展。编辑出版《勇战火魔奏凯歌——内蒙古北部原始林区“7·28”雷击火扑救纪实》，再现了扑救雷击火的感人场面。

林业的地位与作用宣传活动 2002年初以来，向各部门宣传林业的地位与作用取得新的突破。1月28日组织召开了国家林业局与中国农林水利工会联系会议。会议通过了《国家林业局与中国农林水利工会联系会议纪要》、《国家林业局与中国农林水利工会工作联系制度》、《国家林业局、中国农林水利工会关于加强林业工会工作的意见》、《国家林业局办公室、中国农林水利工会关于开展技术革新先进企业、先进个人评比活动意见》等有关文件。同时为全国总工会的人大代表、政协委员提供有关林业提案资料8份，全部提交“两会”。从4月开始与中国农林水利工会联合展开调研活动，现已完成关于自然保护区建设问题等专题调研。1月22日，在全国政协礼堂组织了林业形势通报会，由周生贤局长向全国政协委员全面介绍林业六大重点工程和实施林业跨越式发展战略的情况。4月15日在北京人民大会堂与中央党史研究室、农业部联合举办了纪念谭震林同志诞辰100周年座谈会，胡锦涛同志出席并讲话，温家宝同志主持了座谈会。周生贤局长在会议上的发言，受到中央党史研究室的高度评价，在中央党史研究室主办的《党史研究》和《百年潮》杂志以及《中国绿色时报》全文刊发。4月27日在中共中央统战部礼堂组织了林业建设情况报告会，由周生贤局长和江泽慧院长向民主党派和社会知名人士介绍了当前林业形势和任务。配合《中国可持续发展林业战略研究总论》首发式，组织中央新闻媒体进行采访报道，在《人民日报》、《科技日报》等中央媒体刊发专版。

林业建设成就宣传活动 配合中央电视台，组织拍摄'98洪水以来长江流域林业建设成就的专题片《绿满天涯》，作为向党的十六大的献礼片，于10月份在中央电视台播出。

林业典型宣传活动 2002年3月组织人民日报社、新华社、科技日报社等中央媒体对内蒙古治沙典型唐臣进行了集中采访报道，一些新闻媒体在头版刊发或转载有关报道。6月中旬与中宣部联合推出全国重大典型——治沙英雄石光银，中央主要新闻媒体都在一版或重要版面、栏目刊发长篇通讯，并组织了多种形式的宣传活动。10月，石光银获得联合国粮农组织杰出林农奖后，又及时组织中央媒体进行了跟踪报道。经向中宣部推荐，推出全国再造秀美山川先进典型——甘肃庄浪县，6月组织中央新闻单位赴庄浪县采访，进行系列报道，8月5日在北京人民大会堂组织召开了庄浪县先进事迹报告会，在社会上引起较大反响。9月组织新华社、人民日报社、中央人民广播电台、中央电视台等中央媒体赴山东采访中国城市林业建设的典型——青岛市，深入宣传报道了青岛市城市林业建设取得的成就和经验。

（宣传办综合处）

林 业 出 版

【中国林业出版社】 2002年是中国林业出版社实施和落实“十五”重点选题规划，团结奋斗、开拓进取，寻求新的发展的重要一年。一年来，以邓小平理论和“三个代表”重要思想为指导，认真贯彻党的十五届六中全会《决定》和党的十六大会议精神，以党的组织建设和作风建设为重点，健全和加强社级领导班子建设和基层党组织建设；认真贯彻全国林业厅(局)长会议精神，立足林业，面向社会，服务绿色科技，围绕林业六大工程建设，实现林业历史性转变和跨越式发展的大局，切实做好林业科技出版服务和学术技术支持，出版了一批质量好、影响大的精品图书；认真实施深化改革方案的各项工作任务，加强磨合，平稳过渡，较好地完成了全年的工作目标任务。

截至2002年底，出版图书品种420种，比2001年的348种增加72种。新排字数9851. 17万字，比2001年的8077.80万字增加1773.37万字；总印数217.57万册，比2001年的151.19万册增加66.38万册，平均印数5180册，比2001年的4345册增加835册；生产总码洋6588.84万元，比2001年的4557.2万元增加2031.64万元，增长44.58%。每种书平均码洋15.69万元，比2001年的13.09万元增加2.6万元。

新版图书 308 种，比 2001 年的 233 种增加 75 种。新版图书总印数 149. 37 万册，比 2001 年的 97.34 万册增加 52.03 万册；平均印数 4850 册，比 2001 年的 4177 册增加 673 册；码洋 4915.49 万元，比 2001 年的 3511.28 万元增加 1404.21 万元。每种新书平均码洋 15.96 万元，比 2001 年的 15.07 万元大致持平。新版图书中学术专著类 25 种，占总品种数的 8.1%。(2001 年 11.6%)；实用技术和科普类 162 种，占 52.6%（2001 年 44.2%）；教材教辅类 60 种，占 19. 5%（2001 年 12.4%）；论文集、资料、手册宣传类 42 种，占 13.6%（2001 年 20.6%）；其他类 19 种，占 6.2%（2001 年 11.2%）。可供市场销售的图书品种 203 种，占 65.9%（2001 年 177 种，占 76%）重印书品种 112 种，和 2001 年的 115 种相近。重印书总码洋 1673.35 万元，比 2001 年的 1054.92 万元增加 618.43 万元，占总码洋的 25.4%，比 2001 年的 23.1%增长 2.3 个百分点。其中科技类图书重印品种 58 种，占重印书品种 51.8%（2001 年为 57 种，占 49.6%）；码洋 1080.57 万元，占重印书总码洋的 64.57%（2001 年为 447.16 万元占 42.8%）；教材重印书品种 54 种，占 48.2%（2001 年为 58 种，占 50.4%），教材重印书码洋 592.78 万元，占 35.42%（2001 年为 598.76 万元，占 57.2%）。

2002 年全年共发稿 330 种，发稿字数 9568 万字（2001 年分别为 257 种，7856.4 万字）。当年已出版的 241 种，占 85.5%；已发稿图书品种中，可供市场销售的图书品种 249 种，占 88.3%。全年通过论证的选题 10 批，共 463 种。其中“九五”国家重点选题 1 种，确定社重点选题 45 种（套），社规划教材 48 种。

从选题结构上看，学术专著类 26 种，占选题总数的 5.6%；实用技术类（市场图书品种）249 种，占 53.8%；教材、教辅类 107 种，占 23.1%；论文、资料、宣传类 56 种占 12.1%；其他类 25 种，占 5.4%。有市场销售潜力的 366 种，占 79.0%。

出版部按照归口管理，规范运作的总体要求，从进一步规范印制工作的管理机制入手，与编辑部门加强磨合，切实做好印制管理服务。一年来共承运图书 437 种（次），200 万册，其中承印新书 298 种、134.5 万册。用纸 27000 令，计 349.5 万元，新购纸张19 150令，226.5 万元。承担校对任务 106 种，完成 7500 万字（次）。

截至 2002 年底，发行部销售码洋 2289 万元，回收实洋 1396 万元，动销品种 790 多种，据北京开卷图书研究所市场分析报告显示，林业版图书市场占有率为 0.16%～0.23%，在全国图书零售市场中排名 136～196 位。

从预算管理的情况分析，全年总收入为 2184.96 万元，其中主业收入 2115.69 万元。支出 2078.25 万元，其中生产成本支出为 1415.18 万元，税前利润 106.71 万元。

（张柏涛）

【《2002 中国林业发展报告》】 国家林业局编。该书内容包括 2001 年林业发展总体状况、林业投资、主要林产品价格与市场、林产品进出口、林业政策执行效果评价、林业法制建设、林业与国民经济和社会发展等。

【《充满希望的十年——新时期中国林业跨越式发展规划》】 周生贤主编。该书主要论述了中国林业第十个五年计划，重点介绍了六个重点工程。全书包括：序言、总论、专论和附录。是全国林业系统决策和管理部门全面系统了解林业“十五”计划主要内容、面临的形势和主要任务的一本重要参考书。

【《中国鹭类》】 朱曦、邹小平著。该书是国内第一部有关鹭类的专著，介绍了中国鹭类的研究概况、分类地区和多样性、区系与分布、生物学与生态学特性、种群数量、环境因子对鹭类的影响、鹭类营巢及迁徙、鹭类资源保护及利用等。

【《常见龟鳖类识别手册》】 中华人民共和国濒危物种进出口管理办公室主编。该手册对国际贸易中常见的约 70 种龟鳖的名称、别名、拉丁名、英文名、分类地位、保护级别、分布、特征、习性、贸易状况等进行了简要记述。书后附有中国原产野生龟鳖类名录；濒危野生动植物种国际贸易公约；中华人民共和国濒危物种进出口管理办公室有关文件等。本书有中英文两个版本。

【《园林植物病虫害防治图鉴》】 杨子琦等主编。该书是集作者数十年实践经验及观察记录的资料编写而成。全面、系统地介绍了园林植物病虫害基本知识、发生特点、综合防治，重点介绍了常见园林植物病害 229 种，虫害 304 种，以及 34 种天敌及其保护利用等，共附 150 多幅原色和生态彩色图片，涉及园林植物近 700 种。是园林绿化工作技术人员的重要工具书，资料翔实，技术可靠，实用性强，图文并茂。

【《圆明园遗址的保护和利用(法中文本）》】 法国华夏建筑研究学会主编。该书介绍了圆明园的历史和兴盛时的景观面貌以及英法联军焚毁后到现在的情况，提出了保护和利用的有价值的建议。这是迄今为止最全面的研究圆明园的一部著作。

【《世界花卉鉴赏》】 应立国摄影，包志毅撰文。该书作者走遍世界各地，以其对花卉之美的灵通、感悟，通过摄影将美丽的花卉世界展现在你的眼前；又经花卉专家鉴别、配文，使其既可欣赏，又增见识。该大型画册，呈现近千幅精美彩色图片，并配以简要介绍。按花卉种类分为菊花、月季、兰花、海棠类、球根花卉、芭蕉及天南星科植物、凤梨类、水生花卉、仙人掌及多浆类、草本花卉、木本花卉等十几部分。

【《WTO与中国林业》】 姚昌恬主编。该书包括：WTO有关条款及其运行机制、WTO与中国林业、中国林业现状分析和国际比较、加入WTO对中国林业发展的影响、加入WTO后中国林业的对策等。

【《中国野鸟》】 郑光美，张词祖主编。中国是世界上生物多样性非常丰富的国家，鸟类种数也居世界前列。该书介绍中国野外鸟类650多种。每种介绍其目科属分类、形态特征、生活习性、繁殖特性、迁徙特性及其种群数量的多少及保护级别。每种鸟类均配有彩色照片。该书有中英文两个版本。

【《中国扬子鳄及世界鳄类的保护现状与未来》】 国家林业局野生动植物保护司编。该书介绍了中国扬子鳄种群动态和人工养殖技术；中国各省（区）及世界各地鳄类保护的现状与未来等。

【《再造秀美山川的壮举——六大林业重点工程纪实》】 周生贤主编。生态问题是我国严重的问题之一，再造秀美山川是我国现代化建设的重大战略任务。本书从现实呼唤、战略选择、跨越式发展、历史性转变、有力保障和举世关注六大方面详细论述了我国实施六大林业重点工程的背景、前期工作的开展、实施后的成效等。并在书中的前面部分重点介绍了党和国家领导人对六大林业重点工程的关怀。

【《森林司法》】 王志新等著。该书从森林司法管辖、司法制度、司法程序、诉讼程序、处罚程序、法律责任等七个方面，介绍了我国森林司法实践中的基本知识，下篇还介绍了一些森林司法案件的案例。

（林业图书简介由刘若云供稿）

林 业 报 刊

【中国绿色时报社编辑部机构调整及采编网启动】 2002年年初，中国绿色时报社将编辑部机构进行了重新调整，将原来按新闻内在要求设置机构改为按宣传报道的专业领域设置机构，新成立了行业新闻编辑部、社会与国际新闻编辑部、《绿色潮》编辑部。这次机构调整的最大特点是改变了过去分版负责的编辑运作方式，改由总编室统一组装报纸的一、二、三、四版。《花草园林》、《绿色市场》两个周刊的编辑部机构和职责基本不变，但对报道内容和报道领域做了适当的调整。

行业新闻编辑部主要面向林业系统内开展宣传报道工作，围绕党和国家对林业和生态建设的战略部署及林业发展的新思路、国家林业局的重点工作开展报道；社会与国际新闻部主要从事林业系统外的造林绿化、城市生态建设和环境保护的宣传报道，及其国外的林业和生态环境建设与保护的宣传报道；《绿色潮》编辑部以宣传绿色理念，弘扬绿色文明为主；《花草园林》、《绿色市场》两个周刊围绕市场做文章，为广大林业生产经营者提供信息服务。

编辑部新机构运行以来，《中国绿色时报》变化明显，无论是报道形式、报道内容，还是版式设计，都形成了自己的特点和风格。

2002年12月17日，中国绿色时报社正式启动报纸新闻采编自动化系统。该系统有强大的处理功能，稿件的采写、编辑、传递、审核、签发，图片的编辑、处理，报纸小样、大样的编排调整等都可以在这个系统内进行，报纸采编的一切业务都在系统网上运作。它为编辑记者提高工作效率提供了强有力的系统支持。编辑记者用纸和笔辛勤耕耘来编排报纸的运行方式从此成为历史。 （蔡 鸿）

【《中国绿色时报》获奖】 2002年，《中国绿色时报》共有9篇作品获第十六届中国产业经济好新闻奖。《唐天林的力量》、《8月5日，让历史记住这个日子》获二等奖，《长江的隐患》、《黑土地掀起巨澜》、《沙海里升起绿风帆》、《梦中的新娘》及两个版面分获好新闻、好副刊作品、好版面三等奖。

《风水之患》获2002年度中华环保世纪行好新闻奖一等奖。 （蔡 鸿）

各省、自治区、直辖市林业

北京市林业

【概　述】　2002年，全市林业工作认真实践“三个代表”重要思想，按照市委、市政府和首都绿化委员会的总体部署，以发展为主题，以建设高标准的绿色生态体系、高效益的绿色产业体系、高水平的森林资源安全保障体系，构筑三道绿色生态屏障（山区、平原、城市隔离地区），以建设生态城市为目标，坚持生态优先、景观优美、产业优化、高质高效的原则，以大工程带动大发展，全面实施《“绿色奥运——2008”生态环境建设行动计划》，与时俱进，开拓创新，在全市城乡掀起了绿化美化和林业建设的高潮。绿色生态体系基本建成，三道绿色生态屏障已经形成。全市郊区完成造林4万公顷，植树5800多万株，绿化造林的面积和植树株数是历史上最多的一年。全市林木覆盖率达到45.5%，比2001年增加1.5个百分点。其中，山区造林2.7万公顷，植树32万株，山区林木覆盖率达到62%；平原地区造林1.33万公顷，植树2510万株，平原林木覆盖率达到25%；城区植树100多万株，城市绿化覆盖率达到39%，人均绿地达到42平方米。

【北京市绿化造林十大重点工程全面完成】

城市绿化隔离地区绿化任务提前完成　2002年，拆迁各类建筑200多万平方米，实现绿化面积1665公顷，植树656.4万株（3年来城市绿化隔离地区新增绿地64.3平方千米，绿化总面积已达102.3平方千米，提前实现了市委、市政府提出的“用3年时间完成100平方千米绿化任务”的预定目标）。形成了10块面积在333公顷以上的大型绿色板块，其中有7块达到万亩以上。绿化隔离效果已经开始显现。环境面貌焕然一新。

以“五河十路”绿色通道建设工程为重点的平原绿色生态屏障建设再创佳绩　绿化716千米，增加绿地面积1.2万公顷。“五河十路”绿色通道建设工程拆迁各类建筑40多万平方米，实现绿化366千米，绿化面积9700公顷；全面完成了首都机场路两侧绿化带的提高改造工程；完成县级以上公路、河道绿化350千米，植树158万株；高标准建设农田林网790千米，植树500多万株；更新改造过熟林380公顷。

山区绿色生态屏障建设继续推进　在密云、怀柔水库上游营造水源涵养林5333公顷，新增封山育林面积2万公顷，飞播造林1.3万公顷；完成爆破整地造林1386.8公顷，植树184.3万株。营造彩叶树3333公顷，栽植黄栌、火炬等彩叶树木400多万株。中幼林抚育全面展开，完成抚育47万公顷。

城市中心区绿化美化建设取得新的进展　拆房建绿、拆违还绿、见缝插绿取得实效。高标准建成了昌蒲河公园、顺城公园、明城墙遗址公园、长椿街绿地、太阳宫绿地、柳浪庄公园、东庄绿地、北京玉泉公园等万米以上大型公园绿地16处，总面积达110公顷，成为京城新亮点；以二环路绿化改造为主的城市道路绿化取得明显成效；以居住小区、单位庭院绿化美化为主体的花园式单位创建活动成效显著，新创建花园式单位334个。

卫星城、中心镇绿化美化步伐加快，水平明显提高　远郊卫星城和密云太师屯、顺义后沙峪等10个中心镇，新增绿地897公顷，有效地改善了郊区卫星城和中心镇的环境面貌。

三北防护林体系建设进一步完善，防沙治沙工程有了新的突破　五大风沙危害区（康庄、南口、永定河、潮白河、大沙河），营造防风固沙林2667公顷，全市沙区播草盖沙3341.2公顷，植树367.3万株。

退耕还林工程全面启动　全市共完成退耕地造林1.53万公顷，配套荒山造林1.5万公顷，植树1000多万株。

全民义务植树运动健康发展　2002年，全市有300多万人参加义务植树活动，新植树木540多万株，抚育170多万株。中直机关、中央国家机关干部和300多位部级领导参加植树劳动；驻京解放军、武警部队先后出动25万余人次参加首都绿化美化建设(共植树10万余株，整地100多万平方米，种草30万平方米)，军委、四总部和驻京部队各大单位的80多名将军参加了海淀区四季青乡的植树绿化劳动；首都的大、中、小学生踊跃参加了植树护绿活动；数万名由市民和社会各界组成的绿化志愿者队伍在京郊28个义务植树点参加了义务植树劳动。

科技支撑力度进一步增强 2002年全市共组织林业科技推广示范项目35项，推广实用技术50多项，应用科技成果年获直接经济效益超亿元；大力引进新优品种，引种了美国红栌、黄金槐、香花槐等优新品种及柠条、花棒、沙柳等耐寒抗旱沙生植物；规范了林业有关技术标准，已初步建立起与国际规则接轨的标准化质量管理体系，顺义宝岛牌新世纪梨、门头沟东山京白梨已通过ISO9001等国际质量体系认证；加强了与中国林科院、北林大等科研、院校的合作；政府绿化林业网站功能进一步完善，绿化综合数据库已基本建立，市重点生态工程信息管理系统也已经正式启动。

国际合作交流进一步加强 2002年，北京市已与20个国家建立了绿化林业技术交流与合作关系，与6个国家正在进行合作项目7个，引进资金550万美元。

【北京市绿色产业体系基本构成】 2002年，北京市果品产业发展势头持续高涨，果品生产实现增产增收。全市共发展果树2.76万公顷2718万株，累计兴建观光果园533个。其中新植2.29万公顷2353.4万株，分别比2001年增长43.4%、60%。果品产量达6.9亿千克，出口果品4639千克，分别比2001年增长7.8%、17%。果品收入14.6亿元，比2001年增收1亿元，创历史最高水平。种苗产业健康发展。北方国家级林木种苗示范基地通过了ISO9001-2000国际质量体系认证，发挥了辐射带动作用。全市累计育苗总面积达到2.47万公顷，比2001年增加22%。其中新育苗6000公顷3.1亿株，出圃苗木1.2亿株，产值达9.6亿元。花卉产业取得新进展。目前，全市花卉种植总面积达3067公顷，花卉生产基地和企业已达550多家，高效生产园20个，产值达到4.4亿元。京郊蜂业生产稳步发展，全市蜜蜂饲养量达14.5万群，总产值5000多万元，出口创汇300万美元。速生丰产林快速发展，共营造速生丰产林3667公顷，植树242万株。森林旅游业已经成为郊区经济新的增长点，全年共接待游客210万人次，实现总收入8000万元。

【北京市森林防火指挥系统建设初具规模】 到2002年底，全市7个山区县已建成了现代化的森林防火指挥室，并对市森林防火指挥中心进行了改造升级，基本形成全市森林防火指挥网络，初步实现了森林防火的信息管理、监控测报、通讯调度等现代化手段：①林火监控全面直观。建立了高空监测、山头瞭望、地面巡逻相结合的林火监控系统，全方位防控森林火灾。②防火决策科学合理。利用林火信息管理决策系统，可以预报火险等级，提供预防措施和扑火方案，确定火场位置，安全扑火。③指挥调度灵敏有力。建成了由有线电话和无线电话覆盖全市有林地区的防火通讯调度系统，可以方便、快捷地实施指挥调度。

【北京市设施果树成为高效果品生产的亮点】 据初步统计，2002年全市设施果树总面积已达760公顷，结果面积已由2001年的133公顷增加到279公顷，产量由2001年的208.6万千克增加到449万千克，均比2001年翻了一番，创产值8000余万元，同比增长2.3倍，平均每公顷产值达29.1万元，创历史最高水平。大桃成为第一大设施栽培树种，结果面积148公顷，产量267.5万千克，产值4204.5万元，分别占设施果树结果面积、产量和产值的53%、59.5%和52%；葡萄为第二大设施栽培树种，结果面积达94.7公顷，产量127万千克，总产值1844.8万元，平均每公顷产值19.5万元；樱桃结果面积9公顷，总产量10.1万千克，产值693万元，每公顷产值高达75万元，创设施栽培果树每公顷产值之冠。设施果树发展较早的平谷区设施总面积已达537公顷，有127公顷结果，以桃为主，总产量190万千克，产值2960万元，居郊区之首。

【“首都绿化管理年”活动成效显著】 按照北京市人民政府的部署，2002年首都绿化办下发了《关于开展“首都绿化管理年”活动的通知》。各区（县）进一步建立健全森林防火、林木病虫害测报防治责任制度，明确岗位责任，加强考核与责任追究。加强绿化造林工程设计、施工和养护管理的科学性。坚持“以绿引资、以资兴绿、以绿养绿”的原则，积极推进绿化管理机制创新，实行全过程、全方位的质量管理，使全市绿化林业建设从重造轻管向造管并重，质量为先转变。经国家林业局检查验收，北京市和湖北、福建省荣获全国营造林质量奖。

【北京市开展第二次古树名木普查工作】 2001年北京市郊区普遍开展了继1989年后的第二次古树名木普查工作。经过外业调查、拍摄照片、内业登记汇总，历时1年于2002年6月基本结束。经调查，全市古树名木共计18 235株，其中一级2310株，二级株15 925株（其中纪念树、友谊树1164株）。10株以上的古树群95个，14 961株（占古树总数的87.64%）。全市古树名木中长势旺盛的占总数的79.2%，长势一般的占总数的18.23%，长势较差的占总数的2.41%，濒危古树占总数的0.16%。与第一次普查数字18 179株相比，本次普查增加古树名木56株，共有58株转入园林部门管理。

【北京2002年林业大事】

1月11日 经北京市机构编制委员会办公室批准，北京市森林公安处更名为市林业局森林公安局。

2月9日 根据市政府第四十四次常务会议的要求，今后凡经市政府审批的重大工程建设涉及的林木采伐、移植事项及市林业局审批的涉及数量较大的林木采伐、移植事项均向社会公告，使市民了解情况并进行监督，更好地保护造林绿化成果。

3月16日 市委书记贾庆林在朝阳区检查绿化工作时强调，各区（县）、各部门要立即动员起来，迅速掀起绿化植树高潮。要把春季植树造林当作这一阶段的中心任务，集中力量抓紧抓好，领导干部要率先垂范，明确任务，通力合作，狠抓落实。要加大宣传力度，动员广大人民群众投身到春季绿化造林工作中来。要开展好“绿化管理年”活动，加强养护管理，全面提升首都绿化美化建设和养护管理水平，巩固和发展绿化工作成果，推进机制创新，形成科学化、规范化的管理制度。要搞好护林防火防治林木病虫害等工作。

3月30日 市委书记贾庆林视察温榆河通州段、朝阳段和顺义段绿化美化。强调要抓住2002年春季绿化大好时机，继续加快温榆河流域整治步伐，切实搞好温榆河的生态环境建设，使温榆河成为最适合人居住的绿色生态走廊。

5月9日 全国绿化委员会副主任、国家林业局局长周生贤到北京市考察绿化林业工作，先后考察了绿化隔离地区绿化、“五河十路”绿色通道建设、卫星城小城镇绿化、防沙治沙工程、林木种苗基地建设和森林防火等工作。市长刘淇、市委副书记龙新民分别会见了周生贤。副市长刘志华陪同考察。

7月4日 中共中央政治局委员、全国人大常委会副委员长姜春云在朝阳区将府花园和朝阳体育休闲中心考察时指出，要进一步加快农业产业结构和农村城镇化建设，搞好生态环境建设，提高人民生活质量。

7月13日 市委书记贾庆林在察看五环路两侧绿地建设和海淀区柳浪庄公园等城市绿化美化和绿化隔离带建设情况时强调，要认真贯彻“三个代表”重要思想，全面实施《“绿色奥运——2008”生态环境建设行动计划》，抓紧抓好城市绿化隔离带“森林化”建设，加快构筑首都绿色生态屏障，进一步实现首都生态环境系统的良性循环。

9月 国家林业局批准，北京市温泉苗圃、黄垡苗圃、小汤山苗圃、房山区复兴苗圃场为全市首批全国无检疫对象苗圃。

9月22日 国务院副总理钱其琛，北京市委书记贾庆林，全国人大常委会副委员长布赫、蒋正华，全国政协副主席宋健、胡启立，北京市长刘淇，国家旅游局局长何光韦，对外友好协会会长陈昊苏等领导与日本前首相桥本龙太郎等在京参加了“中日友好万人友谊林”揭幕仪式。江泽民主席为这次活动亲笔题写了“中日友好万人友谊林”。

9月30日至10月5日 中国首届插花花艺大赛在天津举行。北京市代表团共获金奖5个、银奖4个、优秀奖10个。

10月26～28日 京津风沙源治理工程华北五省（区、市）研讨会在京召开。与会代表一致认为北京在京津风沙源治理工程中取得了可喜成绩。北京市副市长刘志华和天津市副市长孙海鳞出席了研讨会。

12月6日 北京市果树产业协会成立，使全市400多个分散的果树合作经济组织形成合力，标志着北京果树产业的组织化程度向前迈进了一大步。副市长刘志华指出，协会的成立对促进首都果树产业化经营，增强本地果品的市场竞争力，引导广大农民群众致富奔小康具有十分重要的意义。

（北京市林业由张云飞供稿）

天津市林业

【概　述】 2002年，天津市完成造林7620公顷。其中：完成用材林2250公顷，经济林1530公顷，防护林3840公顷。年末实有封山育林面积11 347公顷，其中当年新封4667公顷。四旁植树100万株。全市育苗面积6119公顷，其中新育2874公顷。全市幼林抚育实际面积25 693公顷，成林抚育47 369公顷。全市水果面积43 648公顷，水果产量299 983吨。全市林业总产值35 268万元，其中人造林木产值13 405万元，林产品2614万元，村及村以下林木采伐1744万元。主要成就与特点：

重点工程成绩显著 ①外环线外侧绿化带一期工程完成植树410.4公顷（内含各类乔灌木37.9万株），铺种草坪1.6万平方米。同时，对全线绿化带造林立地环境进行了全面整治。②绿色通道建设取得重大突破。6条高速公路共完成合格生态林面积1787.5公顷、合格经济林面积445.2公顷、合格苗圃面积487.2公顷。同时，设施农业建设成效显著，基础设施整体功能提升，整治沿线环境整体景观效果提高。③防沙治沙工程有很大进展，共完成治沙造林2493公顷，飞播造林2667公顷，封山育林4667公顷。其中京津风沙源治理工程完成造林3560公顷。

森林树木资源管理与林政执法井然有序 ①完成了全市1999～2001年3个年度营造林综合核查和2001年度征占用林地调查及2002年森林资源连续清查第二次复查等主要工作。2002年全市共批准采伐林木40608立方米，占年采伐限额81.2%。全年共办理征占用林地21项、面积122.67公顷，收取森林植被恢复费874.81万元。全年全市发生火警13起，一般火灾1起、受害森林面积2.9公顷。在加强毁林案件的查处中，开展了“破案攻坚战”，全市发生毁林案件134起，查处案件133起，损失林地2公顷、1100株树木、木材蓄积1030立方米，收取罚金16.16万元，补栽树木1.78万株。②继续加大了以美国白蛾为重点的森林病虫害防治工作。全年全市森林病虫害发生15 187公顷，发生率16%；防治12 320公顷，防治率81%；成灾633公顷，成灾率0.7%；监测81947公顷，监测率91%。继续贯彻“系统监控，围歼一代，灭点打缘，生防主线，社会发动，专业支撑”的美国白蛾综合治理方针，整体防治效果显著提高。全年发生1800公顷，全市农村共投入各类喷药机881台次、药械596台次，用药36吨，重复防治达到19 067公顷。经两次验收，达到防治标准。③野生动植物保护成绩显著。以“关注湿地，保护湿地鸟类”为主题的天津市第21届爱鸟周在大港区世纪广场举办了丰富多彩的开幕式，又在天津自然博物馆举办了神奇湿地展览。通过191——保护野生动物热线专呼，救护野生动物1500多只，其中有国家一级、二级保护鸟类。处理案件6起，解救放飞活鸟3.2万只。在履行濒危野生动植物种国际贸易公约中，上报进出口申请350多份，签发进出口许可证1500多份，收取管理费362万多元。 （张步峰 李庆海）

【天津市外环线绿化带工程】 天津外环线外侧绿化带是天津中心城区总体规划绿地系统的重要组成部分。市委市政府决定从2002年起用3年时间建成这项称为改善城乡人民生活二十件实事之一的工程。2001年9月天津市政府成立了天津市外环线外侧绿化带建设领导小组。2002年的主要建设成就：

完成了100米宽的绿化带植树任务。外环线外侧绿化带工程2002年实施方案为一期工程任务，是以外环河外坡脚向外延伸100米宽范围内植树造林。经环城四区、农垦集团、市有关部门和沿线企事业单位共同努力，全线共完成植树410.4公顷、内含新植各类乔灌木树木37.9万株，铺种草坪1.6万平方米。其中完成了绿化带4个景点的绿化美化。

全面整治了全线绿化带立地环境。拆迁各建筑物123处40万平方米。改扩建桥、涵、闸53座，清物治污45万平方米，拆温棚36.8公顷，修坡埝10万延米，清理残破果园、林地125.6公顷。迁坟3200座。鱼池治理上，改建生产用房254间，砌护鱼池4个、12公顷，并对其台面、堤埝进行了整修和锄草。外环河整治上，打通了东丽、西青段长5.3千米的外环河。建成了子牙河—北运河6千米多的外环河整治示范段工程。

这项堪称天津市林业一号工程，得到了市委、市政府的高度重视。主要特点是领导、资金、审计、种苗和质量完全到位。市审计局实施全程跟踪工程资金审计。审计表明，一期绿化工程建设项目市拨补助资金、环城四区配套资金和其他款项来源资金，共计到位22 577.23万元。 （张步峰）

【天津市“625”工程】 这项工程是在天津市已建成的京津塘、京沪、京沈、唐津、津滨、津保6条高速公路两侧、各宽500米的区域内建设绿色通道和高效农业经济带，简称“625”工程。工程中涉及的6条高速路在天津市境内长278.5千米，穿越8个区（县）58个乡（镇）。两侧500米宽的区域内，紧靠公路规划成200米宽的以乔木为主的林带。2002年工程共完成投资5.4亿元，其中绿色通道植树完成投资9800万元。工程自开工到2002年底取得了阶段性进展。

主要成绩：①绿色通道有重大突破。6条高速公路经天津市林业局2002年10月份对绿色通道工程核查，共营造合格生态林面积1787.5公顷、合格经济林面积445.2公顷、合格育苗面积487.2公顷。②设施农业成绩显著。建成或正在建设蔬菜种植小区45个、占地378公顷，畜禽和水产小区89个、占地1633.9公顷。③加强了基础设施建设。2002年在京津塘、京沪、京沈、津滨4条高速公路平整土地2000公顷，修建排灌渠道33.8万延米，修路5.5万延米，打井355眼，建泵站30个，安装变压器51台，架线102千米。④大力整治了沿线环境。清理堆放物和垃圾12万立方米，拆除违规建筑物7500平方米，改建生产用房1005间、1.9万平方米。

“625”工程中京津线成绩显著。其中：新造林1440公顷，加上历年造林，两侧共有林地1680公顷；建成高效农业小区42个、占地650.8公顷；清理垃圾6800万立方米，拆除废弃物2100万平方米，整饰生产用房218间、4735平方米，整理鱼池堤埝24040延米。京沈线也成为该工程的佼佼者。经核查2002年全线共完成绿化带合格造林1162.2公顷、苗圃育苗51.9公顷。 （张步峰）

【天津市非公有制林业】 据市林业局统计，2001年底，天津市非公有制造林总面积为28 680公顷，其中：个体造林45 374户、造林面积28 620公顷，企业造林12个46.7公顷，外商造林10个13.3公顷。

天津市非公有制林业搞得有规模的是武清区。据武清区林业局2002年10月统计，全区经营林业的农户已达9356户、面积3733公顷、植树214万株。个体经商户杜钢、毕井武、张文正承包陈嘴镇艾三村沙改造林40公顷，投入资金30余万元。加上其他农户包地造林，使艾蒲村成了千亩连片绿林。王庆坨镇六街张成林承包造林20.5公顷，成活率、保存率高达98%。类似这样的植树大户不胜枚举。蓟县私营林业成为全县新亮点。到2003年4月全县50亩以上的造林大户已有80多个，其中100亩以上的造林大户就达50多个。 （张步峰）

【天津市果品生产】 随着世纪之交农林业生产结构的不断调整，天津市果品生产得到了稳步发展。到2002年底，天津市水果种植面积达到43 648公顷，水果产量达到299 983吨。其中：苹果种植面积8312公顷，产量67 118吨；梨面积4173公顷，产量23220吨；葡萄5719公顷，产量137 922吨；柿子2428公顷，产量1084吨；桃4286公顷，产量45 562吨；鲜枣16 699公顷，产量17 233吨；红果1205公顷，产量3564吨；杏488公顷，产量1585吨；其他水果面积338公顷，产量2694吨。全市果品产销率达到90%。红枣主产县静海县和葡萄主产区汉沽区于2001年被国家林业局授予全国经济林建设先进县，汉沽区同时被授予中国葡萄之乡。主要成就与特点：

名优果品栽植有所增长 首批天津市农业名牌产品茶淀牌玫瑰香葡萄、天津板栗、盘山磨盘柿稳中有升。享有中国东部“吐鲁番”美誉的汉沽区，2002年茶淀葡萄种植面积达到2214.8公顷，葡萄产量达到81 369吨。全区葡萄当年种植面积占年末实有林地的76%，并成为滨海葡萄带的重要生产基地。其种植面积比2001年增长了53.3公顷，产量增长了15299吨。2002年天津板栗面积2733.3公顷、产量为134.5吨，盘山磨盘柿面积5903.9公顷、产量为8950吨。优质果品红富士苹果2002年全市栽植达到2827公顷，产量达到35 397吨，其面积占全市苹果的34%，产量占全市苹果的53%。山区酒用葡萄全部为名优种，种植面积达到1000公顷，产量达到1万吨。全市近3年开展的优质果树产业化科技示范工程取得可喜成效，仅蓟县果农靠此增加收入300多万元。近年来，静海、津南、大港三区（县）冬枣持续增长。静海县冬枣面积达到660多公顷，出现了西双塘镇西双塘村和王口镇张家村冬枣观光园。津南区冬枣面积为217公顷。全市冬枣种植最早产量最高的大港区太平镇崔庄子村名气上升后，2000年后迅速扩大到大港区5个乡镇。到2002年大港区部分冬枣进入结果期，产量达到500吨，实现销售收入1000万元。冬枣种植面积超过全区红枣种植面积。大港区由冬枣、金丝小枣构成的红枣种植达到3716公顷，使昔日的盐碱荒滩成了片片高效益的绿洲。大港区在扶持农民发展高效果业中为冬枣注册了翠果牌商标，为进入市场提供了“通行证”。曾获得1999年昆明世界园艺博览会铜奖的天海鸭梨（静海大鸭梨）其主产乡静海县良王庄乡、抬头镇、梁头镇、静海镇4个乡镇2002年栽植面积达到233.3公顷，年产静海大鸭梨3500吨，比1999年面积多了33.3公顷，产量增加了1500吨。优质果品金丝小枣在津东南仍成为红枣中主栽品种。

保护地果品生产有小幅升温 全市郊县农村均有保护地果品生产。天津市新发展的滨海葡萄带中仅宁河县有保护地葡萄24公顷。武清区保护地果品生产位居全市前列，2002年达到700个棚室、占地66公顷，主要果品为葡萄、桃、李。被国家质监总局授予无公害果品的著名果乡汉沽港镇果树棚室有600个、40公顷，主要为葡萄大棚。该镇仅胡柳子村就有冷棚葡萄487个、日光温室13个，共占地34公顷。由于汉沽港的果品是无公害又是科技含量高的反季节品牌果品，销路很好。西青区杨柳青镇有66.7公顷大棚中华寿桃、蟠桃等桃果，成为天津高效果业的主要基地之一。

名优果品加工业兴旺 作为支柱型种植产业，汉沽的茶淀牌葡萄和蓟县的酿酒葡萄带来的加工产业化非常显著，他们都已成为著名企业王朝等酒厂的主要葡萄酒原料生产基地，因而效益也非常显著。汉沽区2002年有天津孟庄园葡萄酿酒公司、桥沽葡萄榨汁厂、茶淀葡萄酿酒厂和西孟葡萄饮料厂4个果酒果汁加工厂。保鲜库有500多座，用以酿酒的葡萄原料带来8300万元的效益，全年共酿各种葡萄酒5000吨。蓟县酿酒葡萄原料带来2000万元的产值，天阳葡萄榨汁厂全年压榨原汁9640吨。大港区2001年竣工的1400平方米具有国际先进技术的组合式气调保鲜库和冷藏运输车使冬枣保鲜达4个月，实现了果品的保值升值。武清区汉沽港镇的长城罐头厂生产的桃果罐头一直销往日本国。2002年桃果罐头生产达到300吨。 （张步峰）

【天津市森林资源连续清查第二次复查工作】 2002年5月始，天津市成立了34个技术工作组，参加人员170余人，同以往复查相比，此次复查增加了荒漠化土地、沙化土地及湿地调查内容，第一次使用了遥感判读和GPS定位新技术。同时为推动全国连续清查技术的进步，天津市还承担了野外调查数据采集的试验工作。全市共复查固定样地2819个，遥感判读样地11 889个。到2002年12月搞成该项工作。

（张步峰 李果丰）

【全市森林公园与森林旅游】　截至2002年底，天津市已建成的森林公园有天津市九龙山国家森林公园（国家级）、天津市官港森林公园（市级）、港北森林公园（市级）。原西青区杨柳青森林公园经改建，已成为天津市高标准的高尔夫球场。九龙山和官港森林公园是经营型森林公园，2002年九龙山公园接待游客3.5万人次，旅游收入60万元。港北是一处开放型森林公园。

2002年末，天津市正在建设中的森林公园（各个森林公园占地均为规划数）还有宁河县雁鸣森林公园（位于潘庄镇大贾村，占地33.3公顷）、宁河县大杨森林公园（位于芦台镇大杨村，占地166.7公顷）、塘沽区森林公园（位于中心区以北，占地600公顷）、静海西双塘森林公园（位于西双塘镇西双塘村，占地53.3公顷）、宝坻区青北森林公园（位于大口屯镇和县苗圃场，已有老树林200多公顷，平均胸径35～40厘米，规划占地264.3公顷）。

天津市能够进行观赏旅游的森林景区还有一些自然保护区和风景名胜区等。如八仙山国家级自然保护区（蓟县）、中上元古界国家级自然保护区（蓟县）、团泊湖鸟类自然保护区（静海县）、东丽湖度假风景区（东丽）、天津古海岸与湿地国家级自然保护区、七里海湿地保护区皆可游览。天津市著名风景区如盘山国家风景名胜区、黄崖关长城风景游览区、石趣园、九山顶自然风景区都有着秀美壮丽的森林景色，因而森林旅游价值较高。宝成奇石生态园（津南）是由奇石与精美园林镶嵌而成的石林园林公园，在我国园林公园中独具特色。新建成的亚洲最大的室内热带植物观光园（西青区中北镇）将成为天津市及华北地区观赏园林新看点。　（张步峰）

【京津风沙源治理工程】　该工程为国家六大林业工程之一，天津市仅涉及蓟县。2002年是蓟县实施京津风沙源治理工程的第二年（二、三期工程合建）。到2002年底，完成人工造林（退耕还林）893公顷，完成飞播造林2667公顷，完成当年新封山育林4667公顷。投资总量3056万元，占任务的87.3%。封山育林中设置生物围栏8万米、机械围栏5.15万米，设立标志碑牌8509块，打防火道15.12万米，人工补植420公顷。飞播造林中用种3万千克，飞行44架次，飞行46小时42分。退耕地造林中营造经济林417公顷，营造防护林476公顷。这项工程涉及5381户，预付粮食670吨。种苗工程中完成苗木繁育133.3公顷，苗圃修路1.23万米，打井4眼，铺设管道3.13万米，架设低压线路3000米，建日光温室1000平方米，储建备库1180平方米。

主要特点　①广泛应用了先进适用的科技成果。如节水抗旱保成活的综合配套技术。引进GPS卫星定位系统，应用于工程调查设计及验收。经市政府批准，与中国林科院合作，引进了国内外最前沿科学技术，推广了防风阻沙、困难地植被重建、恢复和保护综合技术等。②工程标准质量高。从一期工程开始，蓟县就坚持高起点高标准。通道工程建设中，县政府自筹资金400多万元，对公路沿线两侧进行综合治理，拆除违章建筑、棚建、临建等11 400平方米，清场70多万平方米，使津围、京哈公路绿化带标准高，景观效果优美。五名山矿面经爆破+客土+坝台+箩筐苗或营养袋苗+多树种混交的综合治理，使灰色矿山成为彩色矿山。③国家重点工程已迈向产业化。工程实施中在改善生产条件和形成大产业框架上很下功夫，发展壮大了苗木花卉、干果、葡萄、丰产林四大产业。如国有苗圃的整合、基础设施建设与配套，充分发挥了龙头示范作用，有力带动了京哈公路万亩苗木花卉基地和10个重点育苗小区的建设。2002年末，全县苗木已达2693公顷，成为京津周围地区绿化大型林木供苗基地。

采取措施　除常规的市县领导重视、各级各种责任制落到实处等措施外，以科学造林的严谨态度和敢打硬仗创一流的顽强作风，充分发挥了林业部门的职能作用，并认真按照基本建设程序运作和高效、规范实施工程管理，保障了工程高质高效运转。如制定出蓟县京津风沙源治理工程的5项管理办法和《关于加强森林资源保护的通告》及23项县乡两级作业设计。工程实施管理中坚持"一签两证"（使用种苗必须持有《生产许可证》、《经营许可证》，必须签订《蓟县京津风沙源治理工程原材料及设备购销合同》）。摸索出"三制四关三严"管理办法（责任制、合同制、监理制，设计关、施工关、种苗关、验收关，严格资金管理、档案管理、程序管理），使造林合格率均在98%以上。"三专一封"的资金管理制度（开设专户、建立专账、设立专人和封闭式运行）和监理、稽查保障了资金专用。　（张步峰）

【天津山区综合开发】　1997年3月天津市蓟县被国务院列为全国114个山区综合开发示范县以来，成就卓著。2002年12月蓟县作为全国10个先进山区综合开发示范县代表参加了在北京人民大会堂召开的世界山区年纪念大会。蓟县山区综合开发成果被国家有关部门誉为"全国山区综合开发的一面旗帜"。

5年取得的成就　①三大果品基地形成规模。通过开发缓坡经济林，到2002年末，全县干鲜果品总面积达到10 900公顷，干鲜果品总产35 496吨。其中：天津市首批农业名牌产品盘山磨盘柿5903.9公顷，产量8950吨；天津板栗2733.3公顷，产量134.5吨；优质酒用和鲜食葡萄2000公顷，产量13 000吨。②生态环境质量有很大提高。通过大规模植树造林，到2002年底全县有林地达到56 053公顷，林木覆盖率达到38.6%，比"八五"末净增6

个百分点。其中山区有林地达到48606.7公顷，森林覆被率69.07%，比“八五”末净增16.7个百分点。近年来先后被国家林业局评为全国林业生态建设先进县等6个国家级荣誉称号。③产业结构进一步优化。通过不断调整，林果业成绩显著。全县累计退耕造林种果1万公顷，改造低产果园2666.7公顷，引进优良品种65个，优质果树面积提高到75%；累计嫁接酸枣350多万株；全县新发展苗木1800公顷，苗圃总面积2693公顷，这已成为农民致富的新途径。④森林旅游业仍成为天津之最。通过对全县、特别对山区森林资源的管理和转换、开发建设，九龙山国家森林公园和八仙山、盘山、黄崖关、石趣园、九山顶、翠屏湖等有森林景观的旅游区、自然保护区旅游持续火爆。2002年全县全年累计接待中外游客150万人次，实现旅游直接收入6000万元。⑤山区基础设施明显改善。5年来，累计投资7.6亿元。其中，山区水、土、路大改观。已完成坡改梯6533.3公顷，治理水土流失109平方千米，兴修小水窖4156座，修建环山作业路572千米，铺设乡村油路164千米。同时，山区电力、通讯、文化设施得到提升。新建了3.5千伏安变电站2座，11万千伏安1座，完成了山区低压电网改造；安装电话38 655部，消灭了电话空白村；架设光缆440公里，开通光点202个，使344个山区村全部通上了有线电视。⑥龙头企业呈强势发展。5年争取国家山区综合开发贴息贷款5800万元，投入2.5亿元。共扶持种养业、果蔬加工和森林旅游业等优势项目20个，带动基地4000公顷、2万农户。全县农产品加工厂（点）达804家，其中果品加工厂（点）达到110多家，其中年加工能力500吨以上的龙头企业72家。如凯方食品公司的白桃加工、天阳葡萄榨汁公司的葡萄榨汁等都是大型龙头企业。

通过山区综合开发，山区主要经济指标实现了持续快速增长。以2002年为例，山区14个乡镇完成国内生产总值39亿元，占年计划的110%，同比增长15%；工农业总产值完成81亿元，占年计划的109%，同比增长16%；其中农业总产值完成7.2亿元，占年计划的113%；固定资产投资完成2.8亿元，占年计划的120%，同比增长18.2%。山区乡镇财政收入完成5200万元，占年计划的105%，同比增长11%，与全县相比有较大突破。

（张步峰　付志鸿　高玉娟）

【蓟县成立护林大队】　蓟县是天津市重要的森林资源区，被誉为津沽“后花园”。为有效管好蓟县森林资源，使管理纳入正规化专业化，经蓟县政府批准，在原有56个1.5万名兼职扑火队伍的基础上，于2002年9月27日成立了蓟县护林大队（专职）。蓟县护林大队设在县森防办，由县林业局直接领导。大队有专职护林员150人，内设14个中队。全体队员统一着装，佩带标志，定职定责，定点划片（每人管护100～133公顷），并配备通讯、防火、病虫防治等设备，对山区森林资源进行巡回检查和拉网式清查，发现隐患，限期整改。护林大队特别对国家森林公园、国家级自然保护区、国家级风景名胜区和有森林景观资源的旅游区增设了护林人员。以护林大队为主，全县加强了森林防火基础设施建设，更新防火车2辆，自制二号扑火工具6000把，购风力灭火机50台，割打防火道230千米，修筑林区沙石路80千米，建永久防火宣传碑牌10座，增无线电基地台5座和手持对讲机24部。专业队伍和设施设备的整合建设，使护卫全县森林资源有了基础实力。（张步峰）

【蓟县林木育苗】　随着2008年绿色奥运氛围的浓厚，蓟县林木育苗火爆。2002年底全县育苗面积达到2693公顷，其中蓟县林业局国有苗圃占地67公顷。在2002年11月国家林业局开展的全国特色种苗基地和全国质量信得过苗圃评选活动中，天津市蓟县国有苗圃被授予全国质量信得过苗圃；蓟县邦均镇优质常绿苗木基地被授予全国特色种苗基地。在近两年的国家京津风沙源治理工程中，蓟县对整合后的国有苗圃3个分场基础设施和生产条件给予了很大的资金倾斜，其中日光温室和储备库面积达到2180平方米。在国有苗圃示范作用下，出现了以蓟县京哈公路百里万亩苗木花卉长廊为主线并向10个重点乡镇辐射的“一线十区”育苗区域。全县农户育苗达到4500余户。在2002年春、雨、秋植树季节，全县近八成苗木已销往北京。并且，全县的常绿树、园林观赏树、新品种树、大规格树特别多。蓟县林业局国营苗圃还是中国林科院种苗良繁基地，也是京东大型园林花木场，仅2001年这个基地销售苗木100多万株，收入300多万元。（张步峰　张月娴　李伍宝）

【宝坻区绿色通道工程】　实施“九五”绿化规划以来，宝坻区各类道路绿化带建设位居天津市前列。1996年以来，相继完成了京沈、津围、宝平、通唐、宝三、宝白、大新路、曹三路、宝黑路、林钟路绿化带建设，总绿化长288千米，形成了宝坻境内稳固的绿色屏障。津围公路绿化带被评为1999年度全国绿色通道示范段，京沈高速公路绿化带受到中央领导的高度肯定。

京沈高速公路绿色通道工程宝坻境内长37千米，西起河北省香河县，东至河北省玉田县，涉及10个乡镇66个村。1999年完成两侧各25米宽8行树的绿化带建设，主栽树种多为中林杨、毛白杨，共计植树14.8万株，面积187公顷，2000年进行完善。2002年在25米宽外扩建175米，形成两侧各宽200米绿化带。这就是天津市著名的“625”绿色通道工程中的一条道路绿化。京沈线绿化在整个“625”工程中完成得好。主栽树种为毛白杨、中林杨、欧美

107杨、欧美108杨。经核查2002年共完成绿化带合格造林1162.2公顷、苗圃51.9公顷。绿化带的作业设计率、造林档案建立率、检查验收率、管护率均达到100%。值得一提的是，这项市级工程80%是农户个体承包的私有林，全线完成的造林株数占到全区全年新植树木的46%。

(张步峰　梁俊阖　冯雪松)

【武清区防沙治沙工程】　武清区历史形成的4733公顷沙荒经半个世纪的综合治理，已改造4533公顷。港北地区800公顷以杨树为主栽种的成片森林和京津塘高速公路绿化带及京九铁路绿色长廊等工程均是治沙造林的伟大成果。仅京九线1998年造的中林杨平均胸径在16～18厘米。2000～2002年全区又完成沙改造林1333.3公顷。其中2002年完成治沙工程690.9公顷、46.9万株，已超额完成计划任务。地处天津城区上风口的津西地区王庆坨、汊沽港、石各庄、陈嘴4个乡镇治沙造林成为天津沙改的后起之秀。1999～2002年底，4个乡镇治沙造林面积达到600公顷。陈嘴镇政府积极引导农民发展私有林，2000～2002年以私有林方式沙荒造林200公顷。该镇艾蒲庄村2002年连片治沙造林达到一千亩。整个津西地区，由于治沙造林成效非常显著，极大削弱了本地沙源对天津市区的危害。　(张步峰)

【白古屯乡非公有制林业】　武清区白古屯乡是天津市非公有制林业搞得最早最完善、私有化最纯粹的乡镇。1996年该乡大魏庄村由集体新植树木搞起百万元绿色工程。为确保工程质量，推行工程买断个人经营管护权，效果很好。由此，乡政府年年推广买断植树的经营方式。到2002年全乡21个村的植树造林全部实行了买断。集体经济靠买断幼树的资金收入达到260万元，买断户数450户买断树木12万株。加上村宅树木，全乡私有树木达到44.9万株，占全乡树木的一半。买断户中有250户经过司法公证。大魏庄村2002年新造林78.5公顷中，集体造林41.5公顷；个人买断造林37公顷，买断户141户，买断收入50多万元，买断植树2万株。村民魏世海1999年以6万元买断幼树1500株，买断荒地植树权，在荒地上新植树500株，又育苗2公顷。这几年，魏世海仅靠卖优质林木种苗收入9万元。全乡21个村靠着买断收入继续植树造林，并用于改造农电网、兴修水利等农村公益事业。私有林的发展使白古屯的集体经济壮大了，也使白古屯的绿色资源增多了。2002年底，白古屯年末实有林地600.5公顷，其中防护林536.1公顷，林木覆盖率15.7%。覆盖率比1995年底增加了2.1个百分点。　(张步峰　杨玉祥　何建凤)

【天津市津农果树研究所】　该所位于武清区杨崔路大碱厂正北3千米处，是天津市首家农民兴办的市级专业果树研究所，是农民刘洪成于1994年建成的。前身是与天津市农科院果树所合作的果树良繁场。该所占地面积20公顷，其中苗圃10公顷。该所有较标准的选育、示范苗圃、温室及生产区。2002年保存的果树树种品种达到275种，当年各类优质果品产量4万千克。2001年生产各类优良果树苗50万株。2002年卖出30万株。1994年以来，这个所筛选了40个优良品种，推广到天津和周边省（市），面积达1300多公顷，调出的优良树种品种达到150万株。这个所的巨型西梅“女神”和“巨早西梅”欧州李的繁育填补了国内空白。日光温室果树生产技术也走在了全国先进行列。鉴于果树优新品种引进繁育推广的积极贡献，市委、市政府授予刘洪成1998年度天津市劳动模范。同年，该所被命名为青少年跨世纪之林活动基地，2000年，市科委、市科协命名该所为科普示范基地。　(张步峰)

【七里海生态林工程】　宁河县七里海是天津古海岸与湿地国家级自然保护区的重要组成部分。2000年七里海生态林工程批复立项，为天津市2001～2002年十大绿化重点工程之一。两年中工程总投资400万元，其中：国家增量资金200万元，市投100万元，县投100万元。一期工程植树在七里海缓冲区潘庄镇的青龙湾河段，二期工程植树在七里海核心区、东海水库的岸边。到2002年春共完成造林267公顷、植树22万株，秋季成活率、保存率平均达到95%以上，绿色景观显著。工程栽植树种是苏柳、中林杨、冀廊杨、无性系洋槐、火炬树、紫穗槐。青龙湾河段一期工程植树中，很宽的绿化带还间作种植黄豆，黄豆收获5万千克。宁河县林业局为此成立了百人造林专业队，进行了专业技术培训。在县林业局的科学指导把关下，应用常规技术和SSP保水剂和ABT生根粉及使用复合肥、地膜覆盖等先进技术，加强了造林质量管理和林带管护。　(张步峰)

【宁河县野生鸟类保护】　宁河县地处天津古海岸与湿地国家级自然保护区，境内七里海是保护区的重要湿地。2001～2002年野生动物保护成绩十分显著。2001年该县共查处破坏野生动物案件32起，查处收售、运输野鸟违法行为20人，大发车3辆，捣毁非法收鸟、售鸟窝点5处，放飞野鸟1万只，收缴罚金1万元，烧毁捕鸟网具长达30千米。为此，出动执法人员300余人次、50余辆车次。2002年3月起，进行全县摸底调查，在重点防范区域七里海周围表口、潘庄、造甲、淮淀等乡镇插挂“保护野生动物”牌子和标语。采取多种形式行政执法：一是对重案犯从重处罚，二是增加节假日和早晚出击蹲堵、布控，减少执法空白时间，三是安插“内线”跟踪查处，四是加大对查获者教育力度，使其翻然悔过，提供破案线索，以连续查处，五是增设举报奖励办法，放手发动群众，进行全民护鸟。通过全方位多措施护鸟，案发率较 2001 年下降 20%。2002 年 4 月起，宁河县林业局与东棘坨、潘庄、板桥、苗庄、淮淀等林业站联合执法，共拔除销毁各种捕鸟网具 40 千米，查处违法案件 12 件，处理违法行为人 15 人、违法捕猎车辆 13 辆，放飞野鸟 15 000 余只。 （张步峰）

【环七里海葡萄带】 本带是天津滨海葡萄带的一部分，自 1996 年随农业结构调整发展而来，主产乡镇是宁河县环七里海的淮淀、表口、潘庄、造甲、任凤乡镇，加上苗庄、廉庄乡镇，2002 年全县栽培面积达到 1186.6 公顷，葡萄产量达到 34 213 吨；其中，表口乡洛坨村葡萄栽培面积 173 公顷，当年葡萄产量 389 万千克；同时，该村被宁河县政府命名为无粮经济村，被全国妇联授予全国妇女发展葡萄基地。全县葡萄中表口乡洛坨村、苗庄镇小沙窝村、板桥镇盆罐村有保护地葡萄 24 公顷。全县栽培品种中 95% 以上是玫瑰香葡萄。环七里海葡萄销售较好，已销往黑龙江、河南、河北、北京、辽宁、山东及出口俄罗斯。 （张步峰）

【静海县红枣生产】 静海县是天津市红枣栽植面积最多产量最高的县。据 2002 年 9 月统计：全县红枣栽植面积达到 1.2 万公顷，年产量达到 2000 万千克，年创产值 7000 余万元。其中：结果红枣 3300 多公顷 180 万株。红枣栽培面积占全县耕地面积的 17.1%，占全县果树面积的 82%。全县红枣生产中，冬枣栽培 660 多公顷。全县红枣栽培品种达到 20 个，当家品种为金丝小枣和冬枣。全县红枣栽培面积在万亩以上产量在百万千克以上的的有唐官屯、中旺、西翟庄、菜公庄、陈官屯、大丰堆、沿庄 7 个乡镇，栽培面积在千亩以上的有 54 个村，年收入在万元以上的有近千户。2000 年西塘糖镇西双塘村种植的 160 多公顷冬枣园和王口镇张家村种植的 60 多公顷冬枣园建设水平很高，已成为观光型果园，2003 年即可挂果。全县以“乔木做框架，枣树织网眼”的枣林间作和成片枣园的大绿生态景观来发展红枣，基本达到了乡乡有枣林、村村有枣园、家家有枣树的格局。全县始终注重科技推广，仅“九五”以来，全县引进枣树新品种 12 种，推广实用新技术 5 项，获奖项目很多。其中：2001 年枣树育苗技术示范与推广获静海县政府科技进步一等奖，2002 年果树（包括枣树）病害数值诊断与防治技术推广获县科技进步一等奖，2002 年鲜食大枣苗木速繁及建园改造技术获县科技进步二等奖。国家林业局 2001 年授予静海县为全国经济林建设先进县和全国林业标准化示范县。 （张步峰）

【东丽区百村百林工程】 天津滨海国际机场和美丽的东丽湖地处东丽区。为繁荣经济、提升国际知名度，2000 年始，东丽区投资 500 万元实施百村百林工程。经 3 年建设，百村百林已成秀美风景。到 2002 年末，全区 114 个村庄除 16 个村因无闲地等原因外，98 个村庄都实施了百村百林工程。这项工程共新增绿化面积 155.3 公顷，其中村庄绿化占到 69.1 公顷。新立村、赵沽里、增兴窑、中河村建设了村庄公园。何兴庄、李明庄等 7 个村进行了小区绿化。徐庄子、南何庄等村庄把百村百林工程与治理脏乱结合，将昔日的垃圾堆建成了今日郁郁葱葱的人工林。天津市等主流新闻媒体对此均作过报道。

（张步峰）

【中国首届插花花艺大赛】 由中国花卉协会、中国插花花艺协会和天津市政府主办，天津市农村工作委员会、天津市林业局、天津市花卉产业协会、天津市插花花艺协会具体承办的国家级展会——中国首届插花花艺大赛于 2002 年 9 月 30 日至 10 月 5 日在天津国展中心举行。

中国首届插花花艺大赛主题是“插花花艺与文化生活”。大赛共有国内外参赛单位 120 多个团体 600 余人，参赛选手 35 人，参展作品上万件。大赛获奖作品共达 311 件，其中：金奖 15 个、银奖 27 个、铜奖 41 个，冠军 1 名、亚军 3 名。

天津代表团在此次参赛中取得良好成绩，获得了团体组 2 金、2 银、1 铜和 1 人个人比赛亚军。天津展区《温馨家园》以四周墙壁吊挂式花艺和室内周边多样化名贵鲜花盆景及厅室中央长坡式花艺布展示意着天津人民热情地欢迎八方宾朋，由此获金奖。天津农学院压花中《春、夏、秋、冬》大型竖挂组合和松戏图、叶拓字等压花作品，以科学的精湛的压花技艺和大手笔的创作思路展示了津沽美景，由此获银奖。省市迎宾插花比赛中天津市获银奖。省市吊壁挂花比赛中天津市获金奖。和平区欣旺花艺设计室在中国花协零售业分会新娘花饰比赛中获银奖。天津三达干燥花公司（压花、人造花等）在比赛中获铜奖。个人比赛刘冬梅获亚军。 （张步峰）

【中北花业】 西青区中北镇是天津市最著名的花乡，是集花卉生产、流通、观光旅游为一体的大型花卉产业基地。2002 年全镇花卉总产值达到 1.8 亿元。

曹庄花市 位于天津外环线 7 号桥北 300 米处，是天津市北方花卉公司投资 5000 万元于 2000 年建成的，为天津市特大型现代化室内花卉交易市场。室内交易厅总面积 3 万平方米，其中北一厅、北二厅、南厅各 1 万平方米。3 个室内大厅采用的是荷兰先进技术，钢架全玻璃结构，顶部采用彩色保温钢板和采光带，具有国际水准的智能型常年现代化调温调湿调气系统，上下水设施齐备，厅内四季如春，外部造型新颖，是人造气候环境下植物物种和花鸟鱼虫的商贸场所。这里被花卉业和市民视为三北地区花卉集散地和天津花卉总源头。2002年底仅室内商业摊位达到427个。该市场除经营本镇花卉外，主要经营荷兰、以色列、韩国、我国台湾地区和天津市及及其他各地花卉、各类仿真花、各类花器、山石盆景、雕塑、水族类，且花色品种繁多。2002年被国家林业局、中国花卉协会命名为全国重点花卉市场。市场常年日客流量四五千人，2002年全年市场营业额1.5亿元。

本土花卉生产　中北镇种植花卉有百年历史。90年代渐成该镇支柱产业。2002年底该镇有14个村种植花卉，面积达到200公顷，花农2000多户，种植品种达到70多种，主要生产晚香玉、菊花、霸王鞭等。年产盆花1100万盆、鲜切花1200万枝，年销售收入3000万元。2000年被国家林业局命名为中国晚香玉之乡，1998年市政府命名曹庄牌晚香玉（重瓣）为天津市第二批农业名牌产品，1999年市政府确定中北花卉为农业现代化重点项目。

北方花卉培育中心　天津市北方花卉公司投资600万元，于2002年6月建成25幢大型现代化智能节能型日光温室，并建成办公区、生活区、水泵房、锅炉房等，总建筑面积15 500平方米。这批温室科技含量较高，设有移动式窗户、水帘装置、微喷系统、电动卷棉帘。可人工调节室内气候环境。培育中心与荷兰、以色列、丹麦等国家合作，生产当今流行的中高档盆花，为曹庄花市场提供花源。2002年引进种植的有荷兰的丽格海棠、公主百合，德国的八仙花，丹麦的长寿花、蟹爪兰，法国的一品红、仙客来等，共达5万余盆。这些洋花明显比国内株型好、花期长、花朵繁、花色艳，元旦、春节前被花商抢购一空。2002年培育中心共培育各类盆花15万盆，年销售收入150万元。

生态植物观光园　天津北方花卉公司于2001年10月起在紧邻曹庄花市兴建了一座现代化温室生态植物观光园。整个工程投资1.5亿元，总建筑面积4万平方米，分设综合服务厅、四季花卉厅、科普教育厅、热带雨林厅。在这个特大型温室园林园中，人造气候环境和园林景致的布设、各类珍稀植物的遴选、移植和植物造型等园林艺术均达到国内领先和国际水准。　（张步峰）

【天津花业】　2002年天津市花卉生产达到1702公顷，其中：鲜切花381公顷，干花120公顷，盆花248公顷，观叶植物36公顷，盆景11公顷，观赏苗木595公顷，食用与药用花卉10公顷，草坪301公顷。全市保护地花卉276 919平方米，其中现代化温室44 193平方米。全市花卉批发市场发展到15家，花店600余家，从业人员达到3万多人。全年仅鲜切花消费超过1亿枝。全市花卉生产乡（镇）39个，花卉企业25个。全市全年花卉交易额约达3亿元。

天津花业主要特色：①有规模有名气的鲜花生产是天津市花卉产业中心、中北花业、育品蝴蝶兰、大顺园林和武清花业及静海陆家村等。仅陆家村就有100多个花窖，生产60多种鲜花，年产40多万盆鲜花，年收入400多万元。天津花卉名优产品是：仙客来F1系列盆花、晚香玉鲜切花、“三达”干燥花（干花）。②天津已成为中国北方重要的花卉集散地。全市15个大花市属于中国大型现代化花卉市场是曹庄花市和东方花市。全市经营花色品种很多，其中引进培育、销售国外花卉最多的是中北镇。③天津花业科技含量较高。如仙客来、月季的制种和繁育达到国内领先水平。花卉组培技术位居国内前列。病虫害防治已部分采用生物防治和无毒农药防治。花卉园林栽培技术接近国际水平，并大部分采用专用栽培基质。近年来又建有南花北移和洋花中种中销的现代化市场设施和智能型节能型温室及阳光温室。④天津市鲜花、干花、绢花、木质花种类齐全。其中，武清区与台商合营的干花、绢花、木质花生产与销售比较兴旺。干花有名气的是天津三达干燥花公司。⑤社会花业教育开始兴旺。2002年天津市劳安职业技能培训部花艺培训基地已开办了10期花艺技能培训，受训学员120多人次。2002年8月，经国家、天津市劳动和社会保障部门批准的首批天津市花艺技师有刘冬梅、乔伯良、张玉起、孙振起。这四位技师同时承担天津市花卉培训工作。⑥新建成的现代化4万平方米特大型玻璃框架结构的温室生态植物观光园将成为我国北方园林园艺旅游观光新看点。　（张步峰）

河北省林业

【概　述】　2002年，河北省林业建设成绩显著，全年完成造林合格面积49.32万公顷，占年计划的134.5%，比2001年增长49.1%；完成义务植树1.1亿株，占年计划的111.4%；完成以改劣换优和新发展名特优为主的果品结构调整17.33万公顷，占年计划的260%，比2001年增长16.9%；干鲜果品产量达75.6亿千克，比2001年增加7.95亿千克，占年计划的111.4%；林业产业总产值达349.7亿元，比2001年增加96亿元，增幅达37.9%。森林资源保护、林业科技、对外开放、林业宣传、党建和精神文明建设等都取得了新的成绩。

主要特点 2002年是河北省林业工作取得整体突破的一年，主要特点可以概括为"五个前所未有"：①各级领导重视程度之高、行政推动力度之大前所未有。各级党委、政府把林业工作摆在改善生态环境、促进经济发展和农民增收的突出位置。许多市（县）把林业确定为立市、立县主导产业和带动增收的希望产业，党政主要领导亲自谋划、亲自抓落实。造林绿化已逐步由部门行为转变为政府行为，进而转变为广大群众的自觉行动。②各级政府和全社会对林业投资之多、支持力度之大前所未有。经过积极争取，全省退耕还林、京津风沙源治理、三北防护林、森林生态效益补助试点等项目在任务和投资上大幅度增加，有力地带动了全社会对林业的投入。全年落实省以上各种林业建设资金15.5亿元，比2001年增长63.2%，市（县）级财政投资达1.2亿元，企业、个人等社会投入约7亿多元，均创历史最高水平。③全年造林任务之重、建设规模之大前所未有。全年完成造林46.7万公顷，比2001年增加16万公顷。许多县（市）都掀起了大规模的造林绿化高潮，特别是平原农区的造林规模更是前所未有。全省各地集中连片的万亩工程达到30多个，百顷工程达到200多个。④结构调整进展之快、效益之高前所未有。全省完成高接换头5万公顷，新发展名特优果树12.3万公顷，新发展速生丰产林1.33万公顷，完成新育苗3.63万公顷，建成出口创汇基地2.33万公顷，认定无公害基地2.67万公顷，全省花卉种植面积达到1.67万公顷。涌现出富岗苹果、黄骅冬枣、辛集黄金梨等一大批优质高效果品，群众来自果品业的收入明显提高。⑤广大干部群众参与林业建设的热情之大、积极性之高前所未有。随着群众对生态建设重要性认识的加深和林业比较效益的增加，特别是国家对退耕还林等重点生态工程实行补助政策，广大群众造林绿化的积极性越来越高。许多农民自发的向林业部门要技术、寻信息、求优种，一些企业、事业单位和群众团体也纷纷加入到造林绿化工作中来，建设绿色产业、发展绿色经济，已成为人们的共识。

成功经验 可以概括为以下6个方面：①坚持把更新观念作为加快林业发展的前提。引导各级林业干部职工从计划经济体制的束缚中解放出来，从不合时宜的错误观念中解放出来，用创新的思维认识林业、用改革的态度对待林业、用务实的精神干好林业，以加快全省林业建设步伐。②坚持把优化环境作为加快林业发展的基础。认真落实河北省人民政府《关于进一步加快林业发展若干政策的意见》，努力创造有利于林业发展的良好政策环境，把利益驱动与行政推动紧密结合起来，调动社会各界参与造林绿化的积极性。③坚持把创新机制作为加快林业发展的关键。大力推行项目招标制和竞争淘汰制，调动各地项目建设的积极性和主动性。推广了企业（个人）承包、公司＋农户、股份合作制等造林经营新机制，增强了林业发展活力。④坚持把加强管理作为加快林业发展的重心。按照"严管林、慎用钱、质为先"的要求，把质量管理、资金管理和资源管理贯穿林业建设的始终，向管理要质量，向管理要效益，努力通过管理水平的提高促进林业持续健康发展。⑤坚持把推进科技进步作为加快林业发展的动力。坚持科教兴林，强化科技支撑，探索并总结推广了林草间作、林药间作、以育代栽等生态经济型造林模式，在坚持生态效益优先的基础上，努力兼顾区域经济发展和农民增收，实现了生态效益和经济效益的有机结合。⑥坚持把林业干部队伍建设作为加快林业发展的保证。加强林业系统队伍建设，稳定并加强基层林业行政管理队伍、技术推广队伍和林业执法队伍。通过外出学习考察、聘请专家讲课、组织专业培训等形式，提高林业干部的整体素质。坚持正确的用人导向，加大了年轻干部选拔和交流管理力度，增强了干部队伍的活力，极大地调动了全系统干部的工作积极性。

问题和不足 随着工程建设任务的大幅度增加，林业政策、机制、科技以及人才等方面工作已显滞后，与新时期对林业建设的高标准、高要求不相适应；林业结构调整进展不平衡，林业二、三产业发展较慢，林果花产业的国内外市场竞争力不强，与加入WTO后的新形势不相适应。干部职工的思想观念、工作作风、工作方法与当前正在发展变化的林业新形势还有很多不适应。

【河北省植树造林工作】 2002年，河北省林业系统广大干部职工在植树造林工作中，发扬与时俱进、勇于进取、开拓创新的精神。狠抓绿色通道和城镇周围绿化这两个"闪光点"，努力抓好全民义务植树工作这一"突破点"，各项指标任务进展顺利。全省共完成人工造林41.1万公顷，为年计划的108%；飞播造林完成作业面积6.7万公顷，有效面积5.3万公顷，为年计划的94.2%。主要特点：①领导重视，组织到位，河北省委、省政府在2002年3月10日召开了全省春季造林绿化广播电视动员大会、10月16日召开全省春季造林绿化表彰暨秋冬季造林绿化动员广播电视大会，两次大会的效果空前，完成了对全省造林绿化工作的动员部署；各级党委、政府也把造林绿化工作纳入重要议事日程，一把手亲自谋划、亲自部署、组织协调，加大了造林绿化工作的行政推动力。②广泛发动，宣传到位。全省各级林业部门充分利用会议、广播、电视、报纸等宣传媒体和社会宣传方式，加大造林绿化工作的宣传力度，提高广大干部群众对造林绿化、改善生态环境重要性的认识，为工程建设创造良好的外部环境和社会氛围。③完善机制，政策到位。在重点工程项目上建立公开招投标制，积极尝试林业投资“政府引导，民办公助、利润分成、滚动发展”的资本运营方式。按照“谁造林、谁经营、谁受益、谁管护”的原则，稳定林木所有权、放活使用权和经营权、保证受益权，继续采取拍卖、承包、股份合作等形式，做到不栽无主树，这极大地激发了群众造林积极性。④加强培训，技术到位。全年共举办太行山绿化工程、沿海防护林等重点工程技术培训班，切实加强对植树造林的技术指导，努力提高造林绿化的科技含量。对重点工程造林，明确技术责任人，并落实到山头地块，做到责任到人。造林期间，各县（市、区）林业局和乡（镇）林业站技术人员，包村、包点、包户，开展技术指导和咨询服务。⑤严格把关，质量到位。在造林施工过程中，严格执行工程管理制度，坚持按规划设计、按设计施工、按标准验收、按验收结果兑现投资；在造林质量管理上突出重点，严把良种壮苗、起苗运苗、整地挖坑、分级修剪、栽植浇水和抚育管护“六关”，极大地提高了造林质量。

具体做法和经验 ①注重宣传领导，以领导的重视加大造林绿化的行政推动力。在全年的造林绿化工作中，始终把宣传领导作为工作的一个重点内容抓紧做好。在春季，邀请中央电视台《绿色时空》栏目记者成功地对钮茂生省长进行专访，重点谈了河北省当前及今后绿化工作的内容和方向；同时省林业局积极利用地方各级媒体对各级领导关注林业建设的情况进行新闻采访，此举极大地推动了地方党政领导造林绿化的积极性；县（市）级党政领导把造林绿化工作作为首要工作来抓，继续推行领导干部任期造林绿化目标责任制；各市（县）林业部门及时把林业工作的重要性和工程进度、取得的经验、存在的问题向政府领导及时汇报，把林业工作的思路转化为领导的认识、政府的行动。②早谋划、早部署，加强造林前期准备工作。为确保2002年石黄、石太等7条高速公路640千米的通道绿化工程的实施，以省政府名义召开绿色通道建设动员会，对通道工作进行详细部署，并下发了绿色通道建设规划，省际结合部窗口地带绿化进行了统一要求、统一规划、统一设计。③创新机制，落实政策。为使有限的资金发挥更大作用，确保苗木规格和工程施工质量，在2002年组织了通道绿化苗木招标会、太行山绿化工程和省会周围绿化工程招投标会，通过招标，引入了竞争淘汰机制，规范了立项程序，杜绝了人情项目、关系项目。④严格管理，加强监督检查和调研工作。对太行山工程国债项目和2002年太行山绿化工程逐小班检查；对省会周围绿化工程、对8个市34个县的平原绿化工程和城市周围绿化工作开展情况进行了督导检查。⑤发挥绿办职能，加强全民义务植树活动。搞好“再造山川秀美”5周年及第二十四个植树节的宣传活动，在2002年3月12日会同石家庄市人民政府、石家庄市绿办组织开展了省会春季义务植树活动；并配合中国绿化基金会等单位在涿鹿县举办了“绿色奥运志愿林”大型植树活动。在2002年春全省就有2000多万人次参加了义务植树活动。

【河北省开展林业产业普查】 2002年，为了摸清河北省林业产业的家底，更全面、更系统地把握全省林业产业发展态势，重新确定入世后林业产业基本定位，为各级领导决策提供科学的参考依据，经省林业局研究决定并报省统计局备案，全省林业产业普查工作在全省11个市范围内全面展开。普查的范围和内容包括：全社会林业一、二、三产业及其产业总量、产业结构、经济结构和运行态势。省、市、县各级林业部门对这次普查工作十分重视，将其作为调整产业结构、促进林业跨越式发展的重要措施来抓。省林业局和11个市及省局直属单位先后召开了产业普查工作会议，对辖区的产业普查工作进行了周密细致的部署。这次普查涉及林木、果品、花卉、种苗生产加工和流通、森林旅游等数千家企业和经营单位。投入普查工作的人数达400余人。

【河北省退耕还林工程建设】 2002年国家下达河北省退耕还林任务共33.3万公顷，北部张家口、承德两市24个县共承担退耕还林任务22.6万公顷，退耕地11.3万公顷，匹配荒山11.3万公顷。南部涉及7个市的49个县（市、区）的任务10.66万公顷，其中退耕地造林5.33万公顷，荒山荒地造林5.33万公顷。在全年任务超额完成的基础上，各市还抓住秋冬季造林的有利时机，提前完成2003年的造林任务和预整地任务。在工程建设中，采取各种措施，创造性地开展工作，精心组织，严格管理，不断探索退耕还林的新机制、新模式，工程建设措施得力，声势大、标准高、进度快、效果好，取得了许多成功经验。出现了各地争先抢领退耕任务的新局面。同时各地普遍推行市领导包县，县领导包乡，乡领导包村，领导干部“包村办点”的做法。在机构上从上到下成立专门退耕还林工程领导小组或指挥部，加大了研究部署和检查督促力度，确保了工程的顺利进行。在退耕还林工程中，坚持效益结合，带动增收到位。在实施过程中，坚持生态效益优先原则基础上，因地制宜，分类指导，科学设计，在不造成水土流失的前提下，尽可能兼顾农民群众的长远生计，大力发展一些既有较好生态效益、又有较高经济价值的兼用林，适当发展名特优新的生态经济林，探索出了林果间作、林药间作、以育代造等配置模式，选择适宜的林种、树种，突出重点地区、重点部位的生态环境治理，找到生态效益与经济效益、社会效益的最佳结合点。同时以退耕还林为契机，把造林绿化当作一项产业来抓，重视和加强后续产业的开发，培育和壮大林产品加工、流通企业、扶持龙头，带动基地，促进了农民增收。严格对工程的检查验收，政策兑现到位。省林业局在督促造林的同时，严格检查退耕还林的面积核实率、造林成活率和保存率等指标，检查种苗质量、作业设计、建档立卡等方面的工作，加强验收力度，积极兑现政策。在工作中落实好“退耕还林、封山绿化、以粮代赈、个体承包”的政策和措施，对工程建设达到国家要求的，及时足额把国家无偿提供的粮食和补助兑现落实到户，真正让群众得到实惠，从而保护和调动好广大农民群众退耕还林的积极性。大力推行植树造林承包到户、责任到人。积极贯彻落实“谁退耕、谁造林、谁经营、谁受益”的政策，认真做好退耕还林后的林地确权发证工作，明晰产权，使农民吃下“定心丸”。加大实施封山禁牧、舍饲圈养的力度，达到“粮下川、树上山、羊进圈”的目标，促进林草植被的快速恢复。将责权利统一起来，使农民在退耕后能够安心从事林草管护和生产。在任务落实上，各县参照省林业局工程招标的做法，采取农户申请，村乡审核，县林业局批准的办法落实退耕还林任务。省、市、县各级充分利用电视、广播、报纸等多种媒体，采取多种形式大力宣传退耕还林政策，解答群众提出的问题，提高群众对退耕还林的认识和参与的积极性。省林业局全年举办了两期由县长、林业局长参加的政策培训班，做好工程启动前的准备工作。工程启动后，又及时举办了由市林业局长和各县主管县长和退耕办主任参加的技术和政策培训班，要求各市（县）计委、林业局严格按国家要求进行工程作业设计，认真做好基础工作。在国家种苗补助费没有到位的情况下，各级政府采取多种措施筹措种苗款和工程建设配套资金。据初步统计，为搞好退耕还林，省级下达工程管理费和粮本制作费490多万元，南部地区各市（县）已筹集资金1.28亿元，用于种苗采购和配套工程，保证了工程的启动实施。在工程实施中强化科技支撑，技术落实到位。为确保退耕还林工程质量，各县把技术指导放在首位。针对连续几年持续干旱的现状，以抗旱保活为中心，强化科技工作。①推广保水剂、生根粉、地膜覆盖、集水窖等技术措施，提高造林成活率。太行山区普遍采用了地膜覆盖造林技术。②推广以容器苗造林为主的抗旱实用技术。全省共推广容器苗造林1.5万袋。容器苗使用率占荒山总任务的36%。③严把苗木质量关。为确保退耕还林工程质量，各县把苗木质量放在首位。④技术指导到位。为提高栽植质量，各级林业部门普遍采取了技术承包责任制，由林业局长包片，技术人员包乡、村的办法，落实技术承包责任制。⑤机制灵活多样，权属落实到位。退耕还林工程普遍推行个体承包机制，实行“三统三分”（即统一规划设计、统一组织施工、统一种苗标准，分户栽植、分户管理、分户受益），使退耕地造林全部落实到户。各县还大力推行匹配荒山造林大户承包、租赁经营、谁造谁有的造林机制，在落实个体承包的基础上，还探索了拍卖、股份合作等多种形式，落实所有权和经营权，涌现出很多个人、集体、企业积极承包工程的典型，加快了工程建设进度。在粮食供应上，2002年实行以国有粮食购销企业的商品粮为主，采用公开招标的方式，统一采购，节省了资金，提高了粮食供应质量，保护了农民利益。⑥狠抓精品工程，示范引导到位。省级重点抓了0.66万公顷精品示范工程。探索出以育代造、错季育苗、林药间作、林草间作等12种建设模式，促进了工程建设与当地产业结构调整的有机结合。

【2002年河北省绿色通道建设突破万千米大关】 2002年，河北省绿色通道建设共完成1.05万千米，比2001年增加7000多千米。绿色通道造林3.43万公顷，植树7761万株。其中，重点工程建设完成640千米，造林0.48万公顷，植树731万株，占目标的113%，平均成活率为88.2%，占目标的104%。在全国绿色通道建设联查中，河北省绿色通道建设被评为第一名。京深高速公路石安段被评为全国绿色通道工程建设示范路段。全省绿色通道建设呈现出了4个特点，即实现了“一个突破”（工程建设的质量实现了新突破）、“两个转变”（实现了部门行为向政府行为的转变），部门办林业向全社会办林业的转变、“三个相结合”（在工程建设中坚持乔、灌、花、草、藤相结合，点、线、面、网相结合，生态优先，生态效益、社会效益和经济效益相结合、“四带一体化”（绿色通道建设正朝着绿化带、风景带、旅游带、经济带的方向发展）。

【河北省森林防火工作成绩显著】 2002年，河北省森林火灾工作深入贯彻“预防为主，积极消灭”的方针，围绕森林防火行政领导负责制的五条标准，以确保森林资源安全和林区社会稳定为中心，较好地完成了河北省人民政府提出的“四个确保”和国家林业局的要求。全省共发生森林火警、火灾7起，其中森林火警3起，一般森林火灾4起，没有发生重、特大森林火灾。受害森林面积24.5公顷，损失林木蓄积51立方米，幼树1.6552万株，森林火灾受害率为0.007/1000，远远低于省政府要求的森林火灾受害率为0.3/1000以下的责任目标。与2001年相比，森林火灾下降8起，受害森林面积减少了47.4公顷，林木蓄积损失减少了289.27立方米，受损幼树减少了2.4448万株。

【国家林业局再造秀美山川示范教育基地在塞罕坝机械林场挂牌】 2002年7月3日，国家林业局在河北省塞罕坝机械林场举行再造秀美山川示范教育基地挂牌仪式。全国政协副主席杨汝岱、赵南起，全国政协经济委员会副主任、原林业部副部长刘广运，国家林业局党组成员、中央纪委驻国家林业局纪检组组长杨继平，全国武警森林指挥部政委尹成富，河北省政协主席吕传赞，副省长宋恩华，省林业局局长萧凤来，承德市委书记赵文鹤等各级领导及著名书法家、各大新闻媒体记者共200余人参加了挂牌仪式。杨汝岱、赵南起副主席为教育基地揭牌，杨继平作讲话。再造秀美山川示范教育基地的建设是贯彻江泽民同志“再造秀美山川”的批示，宣传艰苦奋斗精神，向中央国家机关及全国各界展示林业生态建设中的地位和作用的一个宣传教育窗口。塞罕坝林场用40年的时间，以“勤俭建场，艰苦创业，科学求实，无私奉献”的精神，把昔日的塞北荒原建成了万顷绿洲，创造人类改造自然的伟大壮举。充分显示了它的生态、社会和经济效益。充分发挥了林业在生态建设中的巨大作用。塞罕坝林场的绿化成果是防沙治沙、再造秀美山川的典范，是生态与经济和谐共进的典范，是经济社会可持续发展的典范。国家林业局决定在塞罕坝林场建立再造秀美山川示范教育基地具有重要的宣传教育意义。

【河北“候鸟行动”】　一场以打击非法猎杀、猎捕、收购、运输、经营、加工野生鸟类为重点的“候鸟行动”于2002年12月16日在全国启动。河北省在行动中取得较好战果。在此次行动中，河北省把沿海地区、太行山区、湿地自然保护区、滦河流域、湖泊和水库等区域作为检查的重点。重点地区是：秦皇岛、唐山、沧州等市的沿海地区；白洋淀、衡水湖、南大港、海兴、冶河等湿地、自然保护区；太行山周边地区；滦河流域、张家口市张北县及大中型水库和野生鸟类栖息地等区域。打击的重点是张网捕鸟、投药毒鸟，非法猎杀、非法收购、非法运输、非法出售、非法经营野生鸟类案件和走私珍稀鸟类的案件。12月16～25日，全省各市积极行动起来，全省11个市共出警力和野生动物保护人员4813人次，清理宾馆、饭店1660家，清理市场216个，收缴野生鸟类活体21 490只，其中，国家二级重点保护鸟类11只。

【第十七届全国荷花展筹办】　为了落实河北省委、省政府提出的实施大北京战略精神，河北省林业局和河北省花卉协会在“建设绿色河北，服务京津，服务奥运”的实践中，重点扶持的安新县白洋淀“荷花大观园”和南戴河“中华荷园”两个以荷花为主题的生态旅游项目，取得了良好的经济效益和社会效益，得到了中国花协、荷花分会等有关方面领导和专家的充分肯定，受到了社会各界的广泛称赞。为进一步提高两个荷花园的规模和档次，使之成为我国北方集荷花观赏、荷花文化、荷花良种繁育及研究、荷花综合开发为一体的大型荷花生态旅游基地，扩大其社会知名度，在省花卉协会陈立友会长的积极倡导下，经过省林业局、省花卉协会的不懈努力，并在中国花协及荷花分会的支持下，河北省最终争取到了2003年举办第十七届全国荷花展览会的主办权，并于2002年9月1日在石家庄举行了签字仪式。

【中日共建21世纪中国首都圈环境保护示范基地项目四方会议召开】　河北省林业局组织的中日共建21世纪中国首都圈环境保护示范基地项目年度四方会议于2002年4月在石家庄市召开。河北省林业局、中科院、日本地球绿化中心、日本丰田汽车公司绿化事业部的代表及丰宁县林业局的领导参加会议。会议总结了项目实施一年来的工作，安排布置了2002年的任务，并就组织中日双方共同组织义务植树以及尽快建立沙漠化防治国际交流中心等有关事宜进行了商讨。中日共建21世纪中国首都圈环境绿化示范基地协议是中国科学院中日科学与经济交流协会、河北省林业局、日本地球绿化中心、丰田汽车公司于2001年4月24日在北京共同签订的。根据协议，中日双方有关部门将紧密合作，在沙漠化不断加剧的河北省丰宁满族自治县小坝子乡开展为期10年的防沙治沙工程及有关方面的科研。项目分3个阶段实施，第一阶段自2001年4月启动，为期3年，植树面积将达1500公顷。丰田汽车公司在3年中为该项目无偿提供1.5亿日元资金，丰宁满族自治县林业局具体负责植树造林的组织与管护工作；河北省林业局负责项目的监督与协调工作；中国科学院有关研究所与丰田汽车公司绿化事业部的科技人员将联手进行技术指导和关键技术的攻关，并就沙漠化现状、沙漠化原因以及生态恢复过程进行跟踪调查，探索最适合的植物改良品种。该工程将贯彻“绿色、人文、科技”相结合的原则，科技成果将广泛公布于世。中日双方还将根据此次活动的成果在当地建立沙漠化防治国际研究交流中心，为世界各地提供沙漠绿化技术。

【武安市疏堵结合搞好舍饲圈养】　河北省武安市针对退耕项目区的群众不能正确处理生态建设与发展牧业的关系，急功近利，擅自在林地放牧，致使部分山场林草植被遭破坏的现象，市委、市政府决定在全市严禁放牧，实行舍饲圈养，彻底改变传统的畜牧饲养方式，实现山羊下山、还山于林，切实保护生态环境。为达到预期效果，该市从实际出发，采取了切实可行的措施。到2002年9月底，全市林地、林区一律严禁放牧；9月底前落实和建好了圈养场地；自10月1日起全市一律禁止放牧。同时，制定了各项优惠政策，包括：对9月底前新建牛羊圈舍，凡羊存栏达50只以上或牛存栏20只以上，经市畜牧部门验收合格后，按每舍100元予以补助；9月底前建成20吨贮量以上的青贮池，10月上旬完成青贮的，按每池

100元补助；对新建圈舍及青贮池，市国土管理部门免费办理临时占地手续；各乡（镇）、市直有关部门无偿给予技术服务、信息服务，并帮助解决工作中的实际问题等。

【秦皇岛市义务植树形式多样，效果显著】 2002年，秦皇岛市积极拓宽义务植树的实现形式，坚持政府推动与市场运作相结合，生态环境建设与农业结构调整相结合，义务植树与专业队伍植树相结合，不断丰富全民义务植树活动的内容，成效十分显著。义务植树形式灵活多样，主要有：①大企业认领造林地形式。2002年仅3个城区就有34个单位认领造林地267公顷；②以资代劳形式。2002年年初，该市市委、市政府下发了《为做好城市绿化开展捐款工作的通知》，号召全市人民为绿化捐款。各机关、企事业单位、社会团体积极捐款，支持绿化事业，市（县、区）共接收捐款1100多万元；③以劳代资形式。全市各机关、厂矿、学校、驻军纷纷参加义务植树活动，尽造林绿化义务；④既出资又出劳形式。一些有实力的单位除单位捐款外，还主动承担绿化任务，仅市属单位在龙源大道两侧和汤河带状公园就承担绿化任务133公顷；⑤见缝插绿形式。市委、市政府专门下发了《号召全市城乡开展春季植树造林和见缝插绿活动的通知》，动员全社会参加义务植树，街道办事处、居委会、厂矿、学校分别组织力量就近参加植树，绿化美化家园；⑥组织党政机关干部开展大规模的义务植树劳动。市五大班子的领导带领300多名机关干部植树2000多株，为普通市民起到了表率作用。不论哪种义务植树形式，都突出强调造林后的管护。领养造林地的，管护1～3年后达到绿化效果，交有关部门专业管护；在义务植树基地造林的，由专业绿化公司管护；在农民耕地上造林的，树随地走，谁栽谁管。新的形式、新的机制充分调动了全民造林的积极性，把绿色留给了社会，把效益留给了农民。2002年春全市通过各种形式参加义务植树的人数达124万人次，植树405万株，成活率达95%以上。

【唐山市完成第一代美国白蛾防治任务】 河北省唐山市加大对第一代美国白蛾的防治力度，在2002年共组织出动3万人次的防治大军，组建54个防虫治虫专业队，配备机动车辆54台套，喷施仿生药物9000千克，使3333公顷疫情发生面积基本除治一遍，防治效果达90%以上。该市对美国白蛾的查防工作做到了“五到位”：①认识到位。通过各种形式的宣传发动，使各级领导和群众对美国白蛾的危害性和查防的重要性有了进一步提高，增强了除害灭疫的紧迫感和责任感。②组织到位。强化了政府行为，各级领导高度重视，林业部门全力以赴，专业队除治与广大群众开展各种形式的除治活动相结合，充分发挥组织、协调、检查、督导的职能作用。③资金到位。市财政在资金非常紧张的情况下，拿出30万元支持以美国白蛾为主的森林病虫害防治工作，各县（区）也都多渠道筹措资金用于美国白蛾的防治。④责任到位。按照“谁经营，谁防治”的原则，将2002年度美国白蛾的防治任务层层分解，建立健全奖惩制度，签订责任状，并通过签发限期防治通知书等形式，把任务落到实处。⑤措施到位。在全市范围内开展了美国白蛾越冬蛹基数调查，结合气象资料，做出预测预报，并制定了具体、科学的查防措施。统一了全市黑光灯开关时间，同时，开展了振频式高压杀虫灯灭杀美国白蛾的实验，积极探索防治美国白蛾的新途径。

【小五台山自然保护区晋升国家级自然保护区】 2002年7月2日，国务院正式批准河北省小五台山自然保护区晋升为国家级自然保护区。该保护区是河北省人民政府于1983年批建的森林和野生动物类型的省级自然保护区，位于张家口市蔚县、涿鹿县境内，面积21 833公顷。小五台山的最高海拔为2882米，为河北省最高峰。保护区的植被垂直分布明显，植物种类繁多，植被覆盖率达到60.6%。保护区内有植物1350种，陆生脊椎动物137种。该保护区多年来与大专院校合作，取得了不少科研成果，也是京冀地区大专院校理想的实习基地。小五台山自然保护区的生物多样性相当丰富，是华北地区自然植被保存较完整的地区之一，加之距北京仅100多千米，为首都阻沙源、保水源起着重要的作用，其生态效益巨大。小五台山自然保护区晋升为国家级自然保护区，为保护区的发展创造了更为有利的条件。

【孟滦林管局帮助职工发展自营经济】 由于国有林场以人事管理、劳动用工和工资分配制度为中心的内部改革的深化，导致部分国有林场职工暂时下岗。河北省孟滦国有林场管理局把解决下岗职工的再就业问题作为保稳定、促发展的大事来抓，党政工齐动手，采取教育、引导、扶持相结合的办法，帮助下岗职工走上一条主要依靠自身力量脱贫致富的新路子。2002年，全局160名下岗职工均从事自营经济，年收入达149.2万元，其中99户职工开始摆脱贫困走上富裕之路。该局在调查研究的基础上，确立了多渠道入手，积极组织和扶持下岗职工利用当地资源，开展多种经营，发展自营经济，实现脱贫致富的新思路。采取”三抓三结合”的方法，即抓重点扶持，与普通引导相结合；抓近期目标，与长远规划相结合；抓新产品开发，与市场需求相结合。本着投资少、见效快的原则，多层次铺开，多渠道发展，扶持下岗职工开展种植、养殖、运输、木材加工、生产覆膜砂、饮食服务等经营活动，做到人尽其才，物尽其用，不搞“一刀切”，现在已开办的有16个自营经济项目，取得了比较好的经济效益和社会效益。

【唐山市果品结构调整工作成效显著】 2002年，河北省唐山市面对入世后的新形势和本市果品结构的现状，重点推进果品结构的战略性调整和提质增效工程，全年在较好完成新植果树面积1.3万公顷的基础上，建设无公害果品基地0.9万公顷、出口创汇基地2.3万公顷，完成果树改劣换优0.43万公顷，初步实现了由劣种低产果园向优种高效果园过渡。在具体工作中，该市首先调整优化布局和品种结构。在北部山区，大力抓好总面积达8.1万公顷的百公里板栗绿色长廊工程。全年新植和低改各完成0.66万公顷，引进和选育了一批适应性强、品质好、产量高的优新品种，示范推广了矮化栽培、控冠修剪和化学疏雄等一批先进技术。百千米板栗基地建设为板栗龙型经济的发展奠定了基础。发展优质枣树工程。利用丰富的野生酸枣资源开展酸枣嫁接冬枣、大枣及其他优质枣树工程，已完成嫁接20万株。在南部沿海县抓住稻改旱的机遇，积极发展耐盐碱的冬枣等经济林，2002年完成430公顷。在中部平原区本着更新品种、改劣换优、提高质量的原则继续发展桃、苹果、葡萄等果品，城郊建立杂果基地。为进一步加快无公害和出口创汇基地建设，在迁西等县建立了板栗出口创汇基地2.23万公顷，为大面积进行无公害、绿色食品生产作出了示范样板，促进了全市果品整体质量的提高。

【秦皇岛市全面启动城市绿化“3318”工程】 秦皇岛市为迎接奥运，创建绿色城市、环保城市，打造城市形象品牌，该市对城市绿化工作提出了新思路、新举措，决定在2008年以前实施“3318”工程。“3318”工程是指根据秦皇岛市的自然条件和城市布局特点，形成“三环三带十八线”的城市绿化格局。“三环”即围绕三个城市区的环状绿地；“三带”即山海关与海港区之间、北戴河区与海港区之间、北戴河海滨度假区与北戴河经济技术开发区之间的绿化隔离带；“十八线”即18条主要公路、铁路、河流、城市出口连接线及长城沿线两侧的绿化。规划绿化面积2063公顷，植树216万株。

【京冀“绿色奥运志愿林”】 2002年4月6日是北京申奥成功后北京市的第一个植树日。1500多名来自北京市的植树志愿者，自费专程到涿鹿县黄帝城，同涿鹿县人民一起在黄帝城周边5千米范围内种植了4500棵志愿树，拉开了“绿色奥运志愿林2002年春环北京防风治沙志愿者大型植树联合行动”的帷幕。“绿色奥运志愿林”活动是由中国绿化基金会、全国政协人口资源环境委员会、首都绿化委员会、河北省绿化委员会主办，由中国环境新闻工作者协会和涿鹿县人民政府承办的。全国人大常委会副委员长、中国绿化基金会顾问布赫亲笔为活动题词，涿鹿县人民政府为此立碑。全国政协委员、中国绿化基金会常务副主席兼秘书长蔡延松，中国绿化基金会副秘书长兼办公室主任董启昌，以及中国绿化基金会、首都绿化委员会、北京市林业局、河北省政协、河北省林业局、张家口市政府、张家口市林业局、涿鹿县的有关领导参加了这次活动。“绿色奥运志愿林”活动从2002年开始，持续到2008年北京举办奥运会，计划用7年时间建设好绿色奥运志愿林。2002年分3期在涿鹿黄帝城周围进行植树活动。

【尚义县无土轻质网袋容器工厂化育苗投产】 尚义县从中国林科院引进的无土轻质网袋容器工厂化育苗技术于2002年7月份正式投入生产，日产容器苗4万株。苗木培育居全省先进水平。2000年，尚义县投资250万元对3个国有苗圃进行了基础设施技术改造，一改原始人工操作为全程机械化操作；二改大水漫灌为节水型喷灌。针对生态工程建设中樟子松、落叶松、云杉等难生根树种苗木和容器苗木相对短缺、生产滞后的实际，与中国林科院签订了技术咨询合作协定。2001年，引进了无土轻质网袋育苗技术和设备。该技术集育苗基质合成、容器生产和苗木快繁为一体，实行高科技工厂化育苗，是国家林业局和国家科委推广的林业科技成果重点项目。该技术采用无土轻型基质，原料可就地取材，利用当地作物秸秆、谷壳、锯末等农林废弃物，成本低；成品苗运输过程中不散团，不失水，便于长距离运输；空气修根，苗木根系发育好，可延长造林时间，在生长期内均可进行移植造林，移植后不缓苗，成活率高；无土轻型基质可增加土壤腐殖质含量，提高土壤肥力，增强苗木抗旱性，对环境不产生污染。2002年该县又投资28万元，新建移植容器苗木大棚2个，年可产以落叶松为主的针叶树苗28万株，7月份苗木即可上山造林；新建播种容器苗大棚10个，年可产以樟子松为主的容器苗80万袋；新建普通育苗大棚2个，年可产以落叶松和云杉苗各15.4万株。同时，建起3个全光雾插嫩枝插条盘，电控温度和湿度，年可快繁快育良种壮苗34万袋。尚义县采用多种育苗方法，引进多个树种品种，使全县苗木做到分期出圃，特别是采用工厂化容器育苗和全光雾插嫩枝育苗技术，一年可生产2～5批苗木，这不仅加快了短缺紧俏苗木的生产速度，也使传统的一年两季造林变为三季造林。2002年春全县共有1300多万株良种壮苗出圃。

【河北省人民政府表彰2002年造林绿化先进单位和先进个人】 河北省委、省政府提出了“建设绿色河北，实现富民强省”的奋斗目标，确定了林业十大重点生态工程。为了表彰全省各条战线广大干部群众、部队官兵，发扬愚公移山的精神，拼博奋战，全力推进林业十大重点生态工程建设的先进事迹。进一步推进全省造林绿化工作，省政府决定表彰2002年造林绿化先进单位和先进个人。

河北省2002年造林绿化先进单位

通道绿化工程先进单位（6个）

张家口市　沧州市　唐山市　献县　石家庄市长安区　阳原县

环城绿化工程先进单位（6个）

秦皇岛市　廊坊市　邯郸市　栾城县　临漳县　滦县

退耕还林工程春季造林绿化先进单位（7个）

迁安市　武安市　昌黎县　康保县　平泉县　尚义县　兴隆县

三北防护林工程春季造林绿化先进单位（3个）

秦皇岛市北戴河区　大城县　香河县

太行山绿化工程春季造林绿化先进单位（3个）

沙河市　曲阳县　邢台县

平原绿化工程春季造林绿化先进单位（3个）

望都县　曲周县　衡水市桃城区

春季造林绿化先进单位（29个）

省军区机关　中国人民解放军第66455部队　中国人民解放军第66416部队　宣化炮兵指挥学院防空兵系　保定市政府办公厅　秦皇岛港务集团　塞罕坝机械林场　国营中捷友谊农场　孟滦林管局龙头山种苗场　临西县国营苗圃场　廊坊市润绿科技园艺有限公司　玉田县国营苗圃场　正定县南楼乡　平山县岗南镇　灵寿县慈峪镇　霸州市煎茶铺镇　涉县鹿头乡　临漳县临漳镇　怀来县东八里乡　康保县满德堂乡　沽源县丰元店乡　张北县郝家营乡　阜平县王林口乡　保定市北市区东金庄乡　围场满族蒙古族自治县半截塔镇　宽城满族自治县汤道河镇　深州市北四王村　隆化县西阿超村　易县易州镇店北村

河北省2002年造林绿化先进个人

石家庄市（2名）　吕日新　李建增

邯郸市（2名）　李书章　张敬云

张家口市（2名）　李泽军　李桂明

唐山市（2名）　李风云　魏汉林

衡水市（2名）　孙宏彦　张石峰

沧州市（2名）　王惠玲　王爱华

秦皇岛市（2名）　孙远东　陈艳珍

邢台市（3名）　齐文峰　张春雷　吕风霞

廊坊市（4名）　褚玉彬　闫万营　慈成金　刘占明

保定市（5名）　李　林　宛书春　刘立青　李永录　郜福录

承德市（6名）　张春生　王井元　田甫友　张义军　张玉华　胡友新

省直（7名）　张少飞　郭跃东　朱卫荣　张铁龙　张铁池　刘　立　张学伟

部队（6名）　杨齐良　刘邦举　苏　永　张德成　丛玉红　温万军

学校（1名）　温志良

【河北省2002年林业大事】

1月9日　全省林木种苗工作会议召开。河北省首次命名一批河北省特色种苗基地并宣布挂牌。

1月12日　河北省人民政府组织召开全省退耕还林工作会议。常务副省长郭庚茂讲话，省林业局、省委农办、省计委、省政府办公厅等8个单位的主管领导参加了会议。

1月15日　河北省人民政府为加强京冀协作，发展奥运经济，组织了赴京经济技术洽谈活动，省林业局参加了生态环境建设组的洽谈协商，并与北京市林业局等有关方面达成了6项合作意向。同时河北省与北京金隅集团达成拟在河北省建设50万亩速生丰产林基地合作意向。

1月30日　河北省第五届迎春花展开幕式在西三教花木公司开幕。省人大常委会副主任李炳良等省领导以及省直和国家林业局有关部门的负责人参加了开幕式。

2月1日　全省林业局长会议在石家庄召开。省委副书记冯文海、省委办公厅副秘书长冯世彬及省水利厅等14个省直部门的负责人参加了会议。省委副书记冯文海作了讲话。

2月2日　曲周县人民政府和人民日报联合举办的全国首届绿色板材发展战略研讨会在北京人民大会堂举行。全国人大常委会副委员长布赫、铁木尔·达瓦买提、中国奥委会名义主席李梦华和国家质量检查局、国家环保总局、中国室内装饰协会、中国家具协会等有关单位专家参加了研讨会。专家们对河北赛博板业有限公司生产的绿色板材产品给予高度评价。

2月20日　河北省林业局决定对全省林业工程进行整合，同时成立相应的管理机构。撤销河北省林业工程项目管理中心，组建环北京地区防沙治沙工程管理办公室、退耕还林工程管理办公室、三北防护林工程管理办公室，同时新成立林业产业化管理办公室，在原植树造林处基础上加挂山海平林业工程管理办公室，在原野生动植保护处加挂野生动植物保护及自然保护区建设工程管理办公室的牌子，并任免了工作人员。

2月22日　河北省林业局召开省会周围绿化工程2002年建设任务公开竞争招标会。石家庄市的6个县（市、区）参加竞标。按照既定办法，确定竞标分数最高的栾城县（84.01分），藁城市（75.85分）为中标单位。

2月25日　新任主管农业和农村工作的副省长宋恩华专程到省林业局听取全省林业建设情况汇报并

指导工作。宋恩华仔细观看了介绍全省林业建设成就和通道绿化的录像片。并强调省林业局今年主要抓好5个重点：①退耕还林；②果品业发展；③绿色通道建设；④非公有制林业发展；⑤护林防火工作。

2月28日　河北省2002年退耕还林（京津风沙源治理工程区以外）实施方案通过国家林业局的审定。这标志着退耕还林工程进入全面启动实施阶段。2002年全省退耕还林工程总任务是造林绿化10.7万公顷，其中退耕地造林5.3万公顷，匹配荒山、荒地造林5.3万公顷。工程总投资23 440万元，其中中央投资21 840万元，省配套资金1600万元。

3月1日　河北省第二届春季林木种苗调剂会在栾城县召开。参加这次苗木交易会的共450多人。

3月6～19日　省林业局副局长白顺江等人，随省外办组织的农林合作代表团赴德国、比利时及荷兰进行为期14天的考察。一是考察比利时席尔瓦苗木公司，与比利时东佛兰德省政府协商与东佛兰德省造林试验合作项目的具体事宜；二是考察荷兰林业发展情况；三是学习德国近代自然林以及森林认证、林产品加工方面的先进经验。

3月7日　国家考核验收组对围场满族自治县生态示范区建设的经济发展目标、生态环境目标、社会发展目标以及26项考核指标逐一审核考评，均达到了国家三类验收标准，被国家环保总局命名为国家级生态示范区。

3月10日　河北省委、省政府在廊坊市联合召开了河北省绿化工作广播电视动员大会。张家口、廊坊等7个典型单位在大会上发言。省长钮茂生作了题为《建设绿色河北实现富民强省》的讲话。省委副书记冯文海，省委常委、省委秘书长王学军，省政府副省长宋恩华出席了会议。全省11个市在分会场分别组织收看电视广播。会后省长钮茂生接受中央电视台专访，提出“把风沙留在河北，把清水送往北京。”

3月22日　中国野生动物保护协会、国家林业局、国家濒危物种进出口管理办公室、河北省林业局等单位主办的大规模鸟类放飞活动在我国鸟类迁徙的东部沿海通道——秦皇岛沿海湿地举行。国家林业局副局长马福、原林业部副部长沈茂成及省林业局有关领导参加了此项活动。

3月26～28日　全省果品生产调度会在衡水深州市召开。省市林业局主管局长、果桑站长和重点县林业局长、龙头企业代表参加了会议。

3月27日　河北省省长钮茂生与比利时东佛兰德省长巴萨查在比利时驻北京大使馆正式签署了两省造林试验项目正式协议。萧风来局长代表河北省林业局出席签字仪式，比利时东佛兰德省向河北省无偿提供27种共计7万株优质苗木及有关的化肥，并负责相关技术指导，河北省负责提供60公顷的实验土地及苗木的入关、栽植及管护工作。

3月29～31日　副省长宋恩华一行到张家口、承德市对退耕还林、通道绿化工作进行专题调研，先后视察了怀来、宣化、张北、沽源、丰宁、隆化、围场等县的退耕还林工程，听取了市政府的有关工作汇报。宋恩华副省长就退耕还林工作作了指示。省林业局萧风来局长、白顺江副局长等陪同调研。

4月1～3日　全省造林现场会暨三北防护林工程建设表彰会在廊坊召开。

4月4日　荷兰Eddy先生赠送河北省林业局的112个品种、5700株绿化苗木运抵河北省，并分别栽植于廊坊、冀州两地，待试种成功后再开发利用。

4月6日　由中国绿化基金会、全国政协人口资源环境委员会、首都绿化委员会、河北省绿化委员会主办，中国环境新闻工作者协会和涿鹿县人民政府承办的北京至涿鹿共建“绿色奥运志愿林”植树活动暨揭牌仪式在涿鹿举行。

4月8日　省政府组织召开河北省退耕还林工作领导小组会议。省政府副秘书长刘印楼主持会议，退耕还林领导小组成员单位的有关负责人参加了会议。

4月8日　钮茂生省长率团访问清华大学，省林业局萧风来局长随团参加了访问。为加强河北省与清华大学在林果业方面的合作，省林业局提交了花卉组织培养、果品加工、基因工程以及计算机培训等方面的8个合作意向书。

4月10～16日　国家林业局副局长祝列克带领有关司、办的负责人到河北省进行调研。调研组在河北省林业局长萧风来，副局长曲宪忠、白顺江，助理巡视员闫铁龙及有关负责人的陪同下先后到廊坊、衡水、邯郸、石家庄、邢台、张家口6市就造林机制、速生林基地建设及退耕还林进展情况进行了考察调研。调研期间召开了3次座谈会。在省林业局给全体干部及有关市（县）林业部门的同志作了关于全国林业形势的报告，向河北省人民政府通报了此次调研情况。省长钮茂生、省委副书记冯文海、副省长宋恩华会见了祝列克一行，祝列克在张家口参加了河北省京津风沙源治理暨退耕还林工程工作会议并讲话。

4月14日　河北省林科院高级工程师支恩波，被中共河北省委、河北省人民政府评为河北省第四批省管优秀专家。

4月16日　全省森林生态效益补助金试点启动工作会议在张家口市召开。宋恩华副省长出席会议并讲话。

4月22日至5月6日　河北省林业局组团参加了在韩国忠清南道举办的2002年安眠岛国际花卉博览会，展出了河北省仙客来盆花和干花产品，获优秀奖。

4月26日　“中国工会林”启动仪式在崇礼县举行，全国总工会副主席苏立清、农林水工会主席王萍，国家林业局党组成员杨继平，国家林业局治沙办主任刘拓、副主任胡培兴，河北省林业局局长萧风来、副局长白顺江，张家口市市委书记杨德庆、市长张宝义及全国总工会、国家林业局、张家口市、崇礼县等职工近2000人参加了启动仪式。苏立清、杨继平等分别讲话。中国农林水工会向全国农林水系统的职工发出了“投身造林绿化，支持生态环境建设”的倡议书。启动仪式后，领导和职工群众在崇礼县西湾子乡工会林启动处参加了义务植树。

4月28日 由河北省林业局主办，衡水市林业局及衡水湖自然保护区管理处承办的河北省“爱鸟周”暨衡水湖观鸟活动在衡水市隆重开幕。中国野生动物保护协会、河北省林业局、衡水市的领导出席了开幕式。

5月18日 河北省第十九届经贸洽谈会在廊坊开幕。开幕式前全国人大常委会副委员长蒋正华，外经贸部部长石广生，省委书记王旭东、省长钮茂生，省委常委、常务副省长郭庚茂、省人大常委会副主任龚焕文，副省长郭世昌、才利民、宋恩华等领导都参观了林业展区，河北省林业贸展工作得到了各级领导的充分肯定。开幕式后，阿根廷驻华大使胡安·卡洛斯·莫雷利先生，巴基斯坦驻华大使馆二秘，波兰共和国驻华使馆商务参赞到省林业展厅参观并签名留念。来自美国、韩国、日本、澳大利亚等国家和地区的客人参观了林业展区，5月25日才利民副省长陪同全国人大常委会副委员长何鲁丽参观河北林业展厅。河北省林业局获“最佳贸展奖”（含“最佳组织奖”和“最佳设计奖”）。

5月27～29日 以全国政协人口资源环境委员会副主任、国家林业局党组成员、中国林科院院长江泽慧为组长的全国政协防治土地沙化专题调研组到河北省承德市沙区、塞罕坝机械林场、御道口牧场进行实地考察。省委副书记冯文海、副省长宋恩华、省政协副主席陈慧及省林业局局长萧凤来、副局长白顺江、葛会波，省农垦局副局长许光峰，承德市有关领导陪同考察并参加座谈。29日上午，考察组与河北省人民政府举行了全国政协人口资源环境委员会考察河北防沙治沙座谈会，副省长宋恩华代表省政府向考察组作了全省防沙治沙工作情况汇报。

5月29日 河北省人民政府办公厅以办字［2002］44号文件下发了《河北省人民政府办公厅关于同意建立隆化茅荆坝等4个省级自然保护区的复函》。

6月13日 河北省林业局组织召开“6·17”世界防治荒漠化与干旱日座谈会。省政府副秘书长刘印楼出席会议并宣读了宋恩华副省长的书面讲话，省林业局局长萧凤来主持会议，省计委等13个单位的领导和专家以及省会新闻界的代表出席了会议。

6月17日 全国防沙治沙表彰大会在北京召开，河北省张家口市林业局长白俊杰荣获治沙标兵称号，围场县三义永乡农民董庆合、张北县林业局长闫志富、省林业局治沙办高工冯长红、张家口市饲草饲料技术推广站站长刘树强和省畜牧局草原调研员朱云生等5名同志被评为先进个人，张家口林业局、隆化县人民政府、康保县林业局、安次区林业局和沽源县畜牧水产局等5个单位被评为先进集体。

7月1日 安新县在白洋淀荷花大观园举办首届荷花节，原河北省副省长、省花协会长陈立友，省林业局局长萧凤来等出席了开幕式。

7月2日 国务院正式批准小五台山自然保护区晋升为国家级自然保护区。

7月6～8日 河北省林业局在丰宁县千松坝林场召开了全省林业工作形势分析会，深入学习贯彻江泽民总书记“5·31”讲话精神，总结交流上半年工作经验，分析当前面临的形势。会上还请北京林业大学和省商检局的专家、领导就我国加入WTO后林果业面临的形势作了专题报告。各市林业局、部分机关处室和事业单位的负责人在会上发言。

7月8日 南戴河首届荷花节暨中华荷园开园仪式在南戴河国际娱乐中心举办。原河北省副省长、省花协会长陈立友，省林业局局长萧凤来、副局长曲宪忠等出席了开幕式。

7月8～15日 全国政协副主席、全国工商联主席经叔平，全国工商联副主席黄孟复，带领中央统战部、全国工商联、农业部、国家林业局的负责人和4位民营企业家到河北省，就“关于引进民间资本进入生态绿化的政策研究”进行调研。河北省委、省政府对全国工商联这次调研非常重视，省委书记王旭东，省委常委、统战部长陈秀芳，副省长宋恩华分别会见了调研组成员，并参加座谈。调研组在河北省人大常委会副主任、省工商联合会会长韩葆珍及有关部门负责人的陪同下，先后到张家口市的怀来县，承德市的丰宁县，就“当地土地荒漠化的历史、现状及对人们生产和生活的影响”，“农业、畜牧业、工业对环境的影响”，“当地环境治理的措施和困难”，“如何制定优惠政策吸纳社会资金投入到治理荒山、荒坡、荒滩等工作中”等内容进行了考察调研。7月15日调研组向河北省人民政府通报了此次调研情况，对河北省的生态环境建设和防沙治沙工作给予充分肯定，同时也提出很好的意见和建议。

7月12～14日 钮茂生省长到沧州市调研，并在沧州市主持召开的省长办公会议上提出：“沧州——中国草、枣业从这里走来”要求沧州4年内完成400万亩草和400万亩枣的任务目标。

7月15日 由省林业局党组成员、纪检组长、省林业行风建设领导小组副组长张振宇带领有关处室领导代表河北省林业局，来到由省行评办和河北省电台联合开办的“阳光热线”行风评议直播间，通过电话与群众直接对话，回答和接受群众对林业政策咨询和投诉举报，取得了良好的效果。

7月16～17日 宋恩华副省长到张家口市考察退耕还林工作。他先后到赤城县、康保县进行实地考察并听取当地政府关于生态环境建设和农业结构调整情况的汇报。并同张家口市和两个县的领导交换了意见。

7月22日 省政府召开了全省退耕还林第三次领导小组工作会议。会议由宋恩华副省长主持，省委农工办、省计委、省财政厅、省林业局、省粮食局等领导小组成员单位的主管领导参加会议。宋恩华副省长作了讲话。

8月2日 河北省机构编制委员会以冀机编办[2002] 103号文件，批准河北省林业局《关于组建河北省森林公安局的请示》。同意河北省林业局公安处与河北省人民政府森林防火指挥部办公室合并组建河北省森林公安局，保留河北省森林防火指挥部办公室的牌子。

8月3～5日 受国务院办公厅委托，由国家林业局治沙办副主任胡培兴带队，国家计委农经司、办公厅，国家林业局宣传办等9人组成的京津风沙源治理成效调查组到河北省调研。河北省计委副主任谢占海、河北省林业局副局长白顺江陪同。调查组沿2000年5月朱镕基总理走过的路线到怀来天漠、沽源丁家梁、张北波罗素、丰宁小坝子等地进行实地调查和采访，并将把录像和资料整理向朱镕基总理汇报。

9月1日 第十七届全国荷花展览会协议签字仪式由省政府副秘书长曹振国主持，在石家庄市白楼宾馆举行。副省长宋恩华、省花卉协会会长陈立友、省林业局局长萧凤来和中国花协荷花分会副会长兼秘书长王其超等参加了签字仪式。王其超秘书长和萧凤来局长分别代表双方在举办第十七届全国荷花展览会协议书上签字。

9月5日 香港嘉道理慈善基金会绿化扶贫林揭碑仪式在涿鹿清宁堡村工程现场举行。国家林业局副局长祝列克，香港嘉道理慈善基金会董事李文德，全国政协委员、原林业部副部长沈茂成，中国绿化基金会副秘书长马全民，河北省林业局副局长白顺江及有关部门的负责人出席揭碑仪式。

9月5日 由中国经济林协会主办、迁西县政府承办的中国（迁西）首届金秋板栗节正式开幕。来字11个国家和地区的100多名客商以及国家、省、市有关部门的领导和当地各界代表1万多人参加了开幕式。省委常委、常务副省长郭庚茂，省政协副主席王世昌到会祝贺。

9月6日 河北省塞罕坝机械林场总场举行了建场40周年庆典活动。原林业部副部长马玉槐、刘琨，原常务副省长陈立友，国家林业局机关党委副书记杨建新，三北局原副局长、塞罕坝机械林场老场长刘文仕，省人大民侨外事委员会主任李兴源，省林业局局长萧凤来等有关部门领导参加了庆典活动。全国政协经济委员会副主任、原林业部副部长刘广运，中国林科院，国家林业局党校等单位发来贺电。

9月8～10日 全国林业标准化建设现场会在迁西召开，国家林业局科技司张建龙司长到会并讲话。萧凤来局长、葛会波副局长参加了会议。

9月15日 河北省委、省政府在邢台市召开了富岗苹果连锁基地挂牌新闻发布会。省长钮茂生，省委副书记冯文海，副省长宋恩华，省林业局局长萧凤来、副局长曲宪忠出席了新闻发布会。

9月26日 北京林业大学成人教育学院河北分院在河北林业学校正式挂牌成立，将从2003年开始招收本科函授生。

9月28日 河北省人民政府召开全省秋冬季森林草原防火工作电视电话会议，分析秋冬季防火形势，安排部署秋冬季森林草原防火工作。宋恩华副省长在会上作了讲话。

10月8日 河北省人民政府森林草原防火指挥部成员会议召开。副省长、省森林草原防火指挥部指挥长宋恩华，副指挥长、省政府办公厅副秘书长曹振国，副指挥长、省林业局局长萧凤来以及省森林草原防火指挥部成员单位的代表出席了会议。宋恩华指挥长作了讲话，副指挥长萧凤来在汇报中对春防工作进行了总结，重点部署了秋冬季森林防火工作。

11月14日 副省长宋恩华、副秘书长曹振国及省质量技术监督局有关负责人到省林业技术推广总站就农产品质量检验检测体系建设进行专题调研。萧凤来局长，曲宪忠、葛会波副局长陪同检查。

11月19～22日 河北省林业局接待了斯洛伐克林业考察团，就开展林业合作进行了广泛交流。19日晚，宋恩华副省长会见斯洛伐克代表团。

11月25日 河北省林业局副局长葛会波与斯洛伐克林业代表团在北京斯洛伐克大使馆签署了《河北省林业局与斯洛伐克代表团关于进一步加强双方林业合作备忘录》。廊坊润绿园艺科技有限公司常务副总经理温陟良与斯洛伐克 DELTALINE 公司签署了《河北省与斯洛伐克引种造林试验合作协议》。

12月10日 由河北省林业局、河北省花卉协会、石家庄市林业局、石家庄市花卉协会联合主办的第二届河北省仙客来交易会于中国仙客来之乡——石家庄市振头乡玉苑花木场隆重开幕。

12月23日 河北省教育厅以冀教职成[2002] 28号下发通知，认定河北林业学校为省级重点中专学校。

（河北省林业由孙阁供稿）

山西省林业

【概　述】

发展与成就

造林绿化　全年完成造林65.3万公顷，占年计划的100%。其中：人工造林59.1万公顷，占计划56.8公顷的104.1%；飞播及直播造林6.2万公顷，占计划85.7万公顷的72.54%；人工造林中新发展经济林9.9万公顷，其中，干果经济林8.6万公顷。全省育苗总面积达到3.1万公顷，占计划任务的130.8%，其中，当年新育苗1.8万公顷，占计划任务的124.7%。全年苗木产量达25.2亿株，苗木生产与供应基本平衡。

森林资源保护　森林防火工作取得历史上少有的好成绩。2002年开春之后，全省气候比较干旱，气温回升比较快，对森林防火工作是一个严峻的考验。为此，省政府专门召开森林防火工作电视电话会议，刘振华省长作了讲话，要求各级政府从讲政治，维护人民群众利益的高度做好森林防火工作。省森林防火指挥部连续召开3次指挥部成员会议，对全省森林防火工作进行了安排部署。清明节前后，又组织省森林防火指挥部成员单位和省林业厅机关处室等单位分头到各市（地）、各林区督促检查森林防火工作。由于高度重视、措施落实，2002年的森林防火工作创历史最好成绩，全省共发生森林火灾8起，其中，森林火警2起，一般森林火灾6起，过火面积276公顷，受害面积70公顷，受害率为0.02/1000，损失价值70万元，未发生重特大森林火灾和人员伤亡事故。加强了森林资源林政管理。严格执行森林资源案件报告制度和责任追究制度，严格采伐限额管理和征占用林地审核申报制度，严厉打击破坏森林资源的违法犯罪活动。野生动植物保护工作取得突破性进展。“爱鸟周”期间，省林业厅与太原市动物园、省野生动物保护协会、团省委、新闻单位等开展声势浩大的宣传活动，与省野生动物保护协会在佛教圣地五台山举办了“关注鸟类，珍爱自然、共建绿色家园”为主题的大型宣传活动，放生了一批国、省重点保护野生动物，与五台山各大宾馆签订了拒烹、拒售野生动植物及其产品责任书，散发宣传材料数千份，同时举行了签名活动。按照国家林业局的统一部署，省林业厅联合公安、工商等部门，聘用义务监督员，开展了严厉打击破坏森林和野生动植物资源违法犯罪的“破案攻坚战”，深入到机场、车站、集贸市场、宾馆、饭店、药材门市等经营场所进行突击检查，严厉查处打击非法猎捕、收购、运输、出售国家重点保护野生动植物及其制品的违法犯罪活动。根据国家在大江大河源头和生态环境脆弱区抢救性划建一批自然保护区的要求，2001年以来，全省经过考察、论证，向省政府申报新建省级自然保护区29处，2002年6月20日，省政府已正式批准。全省自然保护区总数达到38处，面积由17.96万公顷增加到105.49万公顷，占国土面积的比例由1.14%提高到6.74%。2002年，全省共查处各类森林和野生动物案件3686起，打击处理各类违法犯罪人员4079人次，收缴木材1820立方米，为国家挽回经济损失507万元。森林病虫害防治实施可持续控制战略，强化管理，开展了对红脂大小蠹引诱剂的开发研究和应用，有效遏止了发生势头。利用国债建成了森林病虫害生物防治厂，将于2003年投入使用。2002年全省发生各类森林病虫害37万公顷，成灾面积2.63万公顷，成灾率0.83%。全年防治16.63万公顷，防治率44.9%。其中红脂大小蠹发生19.11万公顷，防治5.6万公顷，油松毛虫发生5.27万公顷，防治2.75万公顷，杨树柱干害虫发生1.55万公顷，防治1万公顷。病虫害监测率达到79.8%，实施种苗产地检疫面积1.21万公顷，产地检疫率达到95.2%。

林业产业建设　全年新发展干果经济林8.6万公顷。林纸产业快速推进。据统计，全年新发展三倍体毛白杨基地16个，栽植357万株、2667公顷，新育三倍体毛白杨苗木300公顷；同时，加紧对襄汾、介休造纸厂的技术改造。花卉产业方面，利用“五一”黄金周，组织了山西省首届多浆植物展览和山西省第三届君子兰名品展销会；积极引进试种和培育适合生长、具有地域特点的花卉新品种，大同、晋城的百合栽培，临汾、太原等地蝴蝶兰、一品红生产，忻州迎红杜鹃、翠雀引种驯化等取得成效，花卉生产正在走向扩大规模、扩大生产之路。适应大规模生态环境建设的需要，2002年山西省把种苗产业的发展作为生态建设的保障、增加农民收入的重点来抓，积极推进种苗生产的社会化、多元化和市场化，使国有苗圃的生产效益明显提高，民营育苗出现了一个大发展的局面。据统计，在全省3.1万公顷育苗中，国有苗圃育苗0.59万公顷，占19%，乡（镇）集体育苗0.68万公顷，占22%，民营企业、社会团体、个体育苗达到1.83万公顷，占59%，有效地保障了大规模生态建设对苗木的需要，促进了农村产业结构的调整，增加了农民收入。森林旅游业形势喜人，全年接待游客250万人次，收入达到1100万元。2002年6月，山西省组织14个森林公园参加了国家林业局在浙江临安市举办的中国森林风景资源博览会暨天目山森林旅游节，获得了“森博会金奖”和“森博会组织奖”两项大奖，展示了山西省林业建设的成就，提高了山西林业在全国的地位。组织参加了在天津举办的2002年中国首届插花花艺大赛，获得6个奖项，山西省展团还获得了“特别贡献奖”。森磊建业公司的石膏刨花板生产效益逐步提高，产品已销往台湾等地。国有林区通过调整产业结构，大力发展苗木、旅游、种养加复合经营项目，增加了职工收入，增强了发展后劲。2002年全省实现林业总产值61.34亿元，比2001年增加8.8个百分点。

科技兴林　林业科研项目和成果申报取得了好成绩，华北落叶松与日本落叶松杂交育种及优良无性系选育的研究等7个林业科研项目列入2002年省科技发展计划，下达科技项目经费62万元，其中：科技攻关项目5个，软科学研究项目2个，项目数量和研究经费在农口部门都处于首位；优良灌木四刺滨藜引种及快速繁育技术研究等11项攻关项目和天保工程建设及发展的战略研究等5项软科学项目申报了2003年省科技发展项目。林业科技成果应用取得新进展，有8项科研成果获得了2002年度省级科技进步二等奖。狠抓了科技支撑示范点建设，林业科技为重点林业生态工程提供了强有力的科技支撑，尤其是把中阳县退耕还林科技支撑示范点放在了突出位置，集中人力、物力进行重点建设，将成熟技术、优良品种以及新技术组装配套，应用到试验点上，为退耕还林工程提供了先进的技术模式。中阳示范点总结出了3个类型11种模式，示范效果明显，取得了显著成绩，起到了示范、辐射、带动作用。2002年7月25～27日国家林业局在山西省召开了国家林业局领导退耕还林科技示范点建设工作会议，国家林业局党组成员、中国林科院院长江泽慧到会并讲话，与会的其他11个省（区、市）代表充分肯定了山西省的成绩。在抓好中阳科技示范点的同时，对其他7个林业科技支撑项目进行了具体指导和检查督促，并积极组织申报新的国家林业科技支撑项目，共申报天然林资源保护、退耕还林和京津风沙源治理3个工程的科技支撑项目11个。林业科技示范园区建设，在2001年启动4个的基础上，2002年又启动了5个，使全省省级林业科技示范园区的数量达到了9个，面积达到了1467公顷。为适应林业现代化和跨越式发展的要求，山西省启动了数字林业项目，《山西省数字林业建设项目可行性研究报告》通过了由国家林业局、中国林科院、省计委、省财政厅、省科技厅、省测绘局、省林业勘测设计院等单位有关专家组成的专家组论证，获得专家组一致好评。省财政将山西省数字林业项目列入2002年建设计划，经过精心的筹备，项目进展顺利，年底建成了机关局域网、接入宽带互联网、建成省林业厅内部信息网站，实现全厅计算机的互通互连、数据资料共享、林业信息快速查询发布和部分机关事务计算机管理。

林业投资　全省林业融资总量153 399万元，是建国以来最多的一年。其中国家安排的林业投资总量131 519万元，包括中央基本建设投资916万元，中央财政专项资金64 150万元（其中天然林保护费7389万元，退耕还林粮食及医教补助54 400万元，太行山绿化投资900万元，部级干果基地投资300万元，扶贫林场投资300万元，小型公益林建设投资460万元，病虫害防治174万元，其他227万元），国债资金53 867万元（其中：天然林保护工程6430万元，退耕还林苗木费33 500万元，国债防护林3000万元，环北京地区防护防沙治沙投资林业部分10 730万元，病虫害防治207万元）；省级资金12 586万元，其中省计委3000万元，省财政9586万元。另外，还有林业外资项目投资16 480万元，林业建设基金征收2100万元，2001年国家共下达全省林业“三项”贷款指标1.2亿元，落实3300万元。

困难和问题　造林质量、资源保护、资金管理等方面仍存着质量不高、管理不严、保护力度不够大等问题。林业基层队伍专业技术人员缺乏，结构不合理，而急需的专业人员又难以进来。

【山西省加强林政稽查网络建设】　1998年以来，全省不少市（地）、县（市、区）和省直林局相继成立了林政稽查队伍，对保护森林资源发挥了重要作用，但一直没有明确统一的管理机构。2002年省林业厅下发了《关于加大林业行政案件查处工作的通知》，明确规定全省所有林政稽查队伍业务归口山西省林业案件举报中心管理。后经省林业厅党组研究，又赋予省林业案件举报中心管理全省木材行业的职能。2002年省林业案件举报中心共接待林业举报案件85件，查处81件，其中，直接查处大案要案22件，上级督办案件59件。

【山西省新增4处省级森林公园】　2002年，吕梁山、太行山、白马寺、狮脑山4处森林公园经省政府常务会议研究，以晋政函［2002］167号文批复。至此，全省森林公园总数达到34处，其中，国家级18处，省级16处。在国家林业局建立的中国森林公园网站上，山西省有太岳山、五台山等10处国家级森林公园，棋子山、大寨2处省级森林公园的相关资料登陆到该网站。

【山西省开展森林公园开发建设与管理秩序大检查和整顿】　2002年，针对一些地方出现违规占用林地搞开发及无证经营、使用非法门票、拒缴省门票统筹资金等行为，为森林公园创造较为宽松的发展环境，山西省林业厅就森林公园的开发建设、园区经营管理、证照管理、票据管理进行了全面检查和整顿，通过整顿，理顺了部分森林公园的关系，把一部分脱离管理的森林公园重新纳入正规的经营管理轨道。

【山西省社会林业现状与类型划分研究课题被国家林业局评为社会林业工程研究开发一等奖】 该课题1998年开始实施以来，山西省在全省范围内进行了林业现状的调查，范围涉及98个县，建立了全省林业资源、社会经济状况、科技发展等内容的数据库。该课题采用SPSS统计分析软件，以各县自然资源、经济资源、森林资源3个主要指标体系为依据，通过正交旋转和聚类后，将全省划分为7个社会林业工程类型区，并对每个类型区的林业发展重点进行了分析研究，于2002年完成全部课题。

【山西省加强林业引智工作】 为加强林业引智工作，2002年山西省成立了山西省林业引智成果试验示范中心，为省林业厅直属副处级建制的自收自支事业单位。2002年引智中心依托知春林业开发有限公司，引进、繁育了美国黑核桃、亚美尼亚杏、西班牙香花槐3个树种，繁育面积19.8公顷。亚美尼亚杏被称为世界上最好吃的杏，具有品质优、口感佳、早丰产、耐晚霜、适应性强、价格高等优点，栽后2年挂果，3年进入初盛果期，平均株产30千克，每公顷产22 500千克，市场售价每千克60～100元。西班牙香花槐花艳叶美，芳香高雅，耐寒、耐旱、耐瘠薄、抗盐碱，能抵御－35℃的严寒，是北方稀有的高档耐寒绿化树种。

【山西省“破案攻坚战”取得显著成绩】 2002年3月1日至4月30日，山西省森林公安机关根据国家林业局《关于开展严厉打击破坏森林和野生动植物的违法犯罪“破案攻坚战”的通知》精神，开展了为期两个月的“破案攻坚战”。共出动警力、护林人员及林业干部职工8300余人次，查获各类林业案件484起，其中，森林刑事案件13起，林业行政处罚案件453起，森林治安案件16起，打击处理违法犯罪人员496人次，收缴木材728立方米，为国家挽回经济损失110万元。

【山西省制定《营林绿化施工单位资质管理办法》】 为进一步加强重点工程质量管理，提高工程质量，山西省在全国率先制定《营林绿化施工单位资质管理办法》，将全省营林绿化施工逐步纳入规范化管理轨道。2002年对41个施工单位进行了绿化资质认定，共评定一级资质单位27个，二级资质单位11个，三级资质单位3个。获得资质的施工单位在大运高速公路和国省道绿化及林业重点工程建设中发挥了较好的作用。

【山西省圆满完成退耕还林任务】 2002年全省退耕还林总任务44.67万公顷（包括京津风沙源治理工程的6万公顷），其中退耕地还林19万公顷，荒山荒地造林25.67万公顷，涉及全省11个地（市）的107个县（市、区）。各级林业部门从组织建设、宣传培训、政策引导、技术服务、验收建档等方面做了大量的深入细致的工作，使工程建设稳步推进。特别是省委书记田成平在2002年3月率有关部门负责人深入中阳县退耕还林工程区，亲自考察退耕还林，走访农户，参加退耕区植树活动。刘振华省长多次考察退耕还林工作，并就工程建设中的关键环节提出指导性意见。省政府将退耕还林列为2002年为全省人民兴办的10件好事之首。省纪委、监委、林业厅联合制定出台了《关于对违反退耕还林政策规定责任人员党纪政纪处分的暂行规定》，进一步加强对工程的管理。省退耕还林办公室组织宣讲团深入基层进行宣讲，把政策交给群众，极大地调动了农民群众参与的积极性。据统计，退耕还林共完成43.87万公顷，占全年任务的98.2%，其中，退耕地还林18.87万公顷，宜林荒山荒地造林25万公顷。

【山西省强化林地管理，严格征占用地审批制度】 2002年共审核批准征占林地项目89起，总面积276.5公顷，收缴森林植被恢复费50万元。其中永久占地59起，面积244.9公顷，临时征占用林地30起，面积31.6公顷。对绵山风景区开发建设违法占地和“运三”高速公路建设违法占地问题进行了严肃查处。

【山西省林业厅顺利接收52799部队农场】 该农场位于襄汾县汾城镇良陌村，占地面积119.5公顷，经省政府批准，北京军区备案，由省林科院整体接收。2002年省计委投资2000万元，拟对该场进行重新规划和建设。

【山西省林业对外开放取得新成果】 2002年6月，日元贷款山西植树造林项目正式启动，全年完成造林4.13万公顷。日元贷款植树造林项目是经国务院批准，我国政府第一次利用日本政府贷款实施的造林项目，也是我国政府利用日本政府第四批贷款的重要建设内容之一。项目贷款总额120亿日元，涉及山西、陕西、内蒙古3省（区），其中山西、陕西各42亿日元，内蒙古36亿日元。项目贷款期限为40年，其中前10年为宽限期，贷款年利率为0.75%。该项目贷款还贷期长、利率低，是目前我国林业行业利用国际援助资金中，除赠款以外最优惠的贷款资金。日元贷款山西植树造林项目总投资4.5亿元，其中贷款42亿日元，折合人民币约3.2亿元，占总投资的71.3%；配套资金1.29亿元，占总投资的28.7%。

山西省项目区集中在水土流失严重的黄河流域，其范围包括吕梁、忻州等7个市（地）的30个县和7个省直林局。项目确定的建设任务为：造林10万公顷，其中人工造林7万公顷，封山育林2万公顷，飞播造林1万公顷；还有林道修复、苗圃改扩建、生态环境监测点建立及技术培训、物资设备购置、造林地管护等内容。项目实施的年限为5年，前3年为造林阶段，后两年为补植抚育阶段。其中在人工造林中安排了1.18万公顷的用材林和2.38万公顷的经济林，占造林总规模的35.6%。中德技术合作项目圆满完成年度任务，2002年完成参与式土地利用规划606公顷，引进新品种7个，营造不同模式的林分84.7公顷，培训人员159次，分别召开了参与式国际合作项目和参与式土地利用规划国际学术研讨会。中日合作中国黄土高原治理昕水河流域造林项目正式立项，该项目日方无偿援助在昕水河流域营造生态林5000公顷，援赠资金约16亿日元，合人民币9600万元，预计2003年可正式启动。中日合作山西省五台山地区生态造林工程项目立项，争取到日方无偿援助资金300万人民币。为学习引进国外先进的管理和技术，先后组织了赴德国、美国、澳大利亚、新西兰和日本的林业考察团，加强了与美国等国家在干果产业等林业项目的合作与交流。

【山西省加大对民营林业的扶持力度】 为贯彻落实2001年全省第五次林业工作会议精神，省林业厅起草了《关于加快民营林业发展的意见》，该《意见》以省政府文件转发各地，2002年省财政投资310万元扶持造林面积在33.3公顷以上的大户128户，扶持造林2万多公顷。各地在退耕还林中全面推行了个体承包的机制，对重点工程范围内的荒山造林普遍实行了大户承包，许多平原县对农田林网和路渠林带实行使用权拍卖、承包等办法。据统计，各项重点林业生态工程的荒山造林中，由民营林业大户承包完成的占到总任务的48%，全部植树造林面积中民营成份占到近一半。

【山西省天然林保护取得新进展】 山西省天然林保护工程在前几年的基础上，进一步完善提高。新建管护站220个、各类标志牌2710个，管护站和标志牌总数分别达到680个和10430个。在省直林区推广了关帝林业局实施的局领导包场、场领导包片、护林员包沟、工程区综合治理的国有天然林管护模式，在市（地）积极推广了沁源县“家庭托管”的集体天然林管护模式，已取得良好效果。全省共有5844名林业职工纳入养老保险社会统筹，占应统保职工的78%，3533名富余职工转岗分流，确保了林区的稳定和天然林保护工程顺利实施。

【山西省2002年林业大事】

1月24日 省编办批准省林业厅在原省森林防火指挥中心和无线电通讯台基础上，组建新的山西省森林防火指挥中心，为县处级建制，全额预算事业编制21名，主要承担省人民政府森林防火指挥部的日常工作。

2月22日 省编办批准庞泉沟、芦芽山、历山、蟒河等4处国家级自然保护区更名为国家级自然保护区管理站。

2月24日 山西省森林防火指挥部指挥中心建成使用，举行了林业公安局及防火指挥中心揭牌仪式，省委副书记刘泽民、副省长范堆相参加。

3月5日 山西省退耕还林全面启动会议在太原召开，省委副书记刘泽民主持会议，范堆相副省长作动员讲话。全省共有107个县实施了退耕还林工程。

3月6日 全省林业局长会议在太原召开，曹振声厅长代表厅党组对2002年林业工作作了安排，重点突出了国家林业局提出的“严管林、慎用钱、质为先”的方针。

3月30日 国家林业局李育材副局长陪同朱镕基总理到山西考察工作，曹振声厅长向李育材局长汇报了山西林业工作。

3月 山西省委干部下乡领导组奖给省林业厅2001年度定点扶贫先进单位奖牌。

4月18日 省政府以晋政函［2002］62号批准省教育厅同意在山西省林业学校基础上成立专科类的山西林业职业技术学院。

4月23日 省编办批准成立山西省育苗容器研究中心，为副县处级建制，自收自支事业编制10名。负责宣传贯彻国家对育苗容器的政策、规定、研究育苗容器发展的趋势与动向，指导该产品的普及与推广。

5月14日 省政府转发各地省林业厅《关于加快民营林业发展的意见》。《意见》共分三部分十七条。

5月22～28日 应西藏自治区农业科学院的邀请，由曹振声厅长带队，省林业厅到西藏就核桃技术合作项目进行考察洽谈。考察了林芝、山南等地区核桃生长情况。双方经过协商达成共识，西藏方面先建设示范区，然后逐步推广，山西方面转让核桃栽植技术，并无偿为示范园建设提供苗木。

6月12～20日 应丹麦、挪威王国邀请，省委副书记刘泽民率领农业代表团赴两国对农业、林业等项目进行考察。省林业厅曹振声厅长参加考察。双方在引进纯白猪养殖和森林旅游方面达成意向。

6月13日 省林业厅引进日元贷款山西植树造林项目，项目总投资4900万美元，其中日元贷款3500万美元，全省有30个县、7个省直林局列入建设范围。

6月 经省政府批准，全省新建、扩建自然保护区29处，使全省自然保护区由原来的11处增加到38处，其中，国家级自然保护区4处，省级34处，保护区面积占全省国土面积的6.74%。

7月 根据朱镕基总理视察山西的指示精神，经国家计委、国家林业局批准，全省新增加退耕还林面积16.67万公顷，其中退耕地造林6.67万公顷，荒山造林10万公顷，全省退耕还林总面积达到44.67万公顷。

7月26～29日 国家林业局领导退耕还林科技支撑项目工作座谈会在山西省召开。全国12个省（区、市）的领导参加会议。国家林业局党组成员、中国林科院院长江泽慧亲临会议并作报告。参会人员参观了江泽慧同志在中阳办的示范点。期间，江泽慧为全省林业干部作了形势报告会，主题是：贯彻“三个代表”思想，加快林业跨越式发展。省委副书记刘泽民、省政府副省长范堆相临听报告。

8月22～27日 省直林区流动现场会在关帝、太岳、中条等局召开。省直林局党委书记、局长、厅机关有关处室领导参加了会议。

9月2～5日 为了贯彻落实国家林业局在北戴河召开的全国林业厅（局）长座谈会议精神，省林业厅在大同召开全省林业局长座谈会，曹振声厅长提出，经过不懈努力，使山西林业由小省、弱省向大省、强省迈进。具体讲，就是要实现“3633”奋斗目标，即到2030年使森林覆盖率提高到30%以上，民营林业发展比重提高到60%，林业总产值占农业生产总值比重提高到30%，林业为农民增加收入所占比重提高到30%。同时，要积极实施“五大战略”，即：大工程带动战略，民营林业推进战略，林产富民强身战略，科技支撑创新战略，资源保护固本战略。

9月8日 在山西林校举行了山西林业职业技术学院挂牌暨山西林校成立五十周年庆典，省领导刘泽民、范堆相、王庭栋、霍泛、赵凤翔、光敏等参加。

9月30日 根据山西省经济责任审计领导组安排，省审计厅从6月3日开始，历时3个多月，对曹振声厅长任职期间（重点是1998～2001年）经济责任进行了审计。期间，共审计了林业厅所属的23个单位及项目。

10月15日 全省退耕还林现场会议在五寨县召开，省委副书记刘泽民、副省长范堆相、省政协副主席祁寿椿等领导参加了会议。

10月22日 省林业勘测设计院在林业大厦举行建院五十周年庆典大会，西北林业规划设计院等20多家林业设计规划院（所）亲临会议祝贺。

12月12日 省劳动和社会保障厅、省财政厅、省人事厅、省林业厅联合发文，同意关帝山森林经营局和管涔山森林经营局参加省级养老保险社会统筹，至此，省直林区除杨树局外，全部参加了养老保险社会统筹。与此同时，经省领导批准，省财政同意，分两次共有1200多名林业职工得到了一次性安置。

12月26日 山西省野生动物保护协会第三次会员代表大会在林业大厦召开，会上选举产生新一届理事会，王银娥副厅长当选理事会会长。

12月30日 全省各市（地）及重点县退耕办主任会议在太原召开，会议传达全国湖南现场会议精神，总结2002年工作，安排2003年退耕还林计划，并就贯彻全国《退耕还林条例》进行了部署。

（山西省林业由胡岚平、徐巧峰供稿）

内蒙古自治区林业

【概 述】

发展与成就

生态建设 全区共完成林业生态建设面积105.3万公顷，其中人工造林69.7万公顷，为计划的101.5%；飞播造林21万公顷，为计划的100.5%；封山（沙）育林14.5万公顷，为计划的102.4%；新育苗8667公顷，为计划的161.6%；四旁植树3860.6万株；义务植树5478万株。在上述指标完成情况中，退耕还林完成合格面积63.4万公顷，为计划的98.3%，其中退耕地还林23.3万公顷，为计划的95.2%；荒山荒地造林40.1万公顷，为计划的100.2%。京津风沙源治理工程完成人工造林3.1万公顷，为计划的105.4%；飞播造林4.46万公顷，为计划的88%；封育9.3万公顷，为计划的94.2%。三北四期工程完成人工造林5600公顷，为计划的90.2%；封育3.8万公顷，为计划的111.8%。天保工程公益林建设完成飞播造林16.6万公顷，为计划的104.6%；封育1.2万公顷，为计划的129.9%。

森林资源保护管理 完成了全区森林分类区划界定工作。除大兴安岭林管局和加格达奇内蒙古部分单独区划上报外，共区划林业用地2787万公顷，占全区总面积的26%。按照国家公益林和商品林的区划标准和要求，在2787万公顷林业用地中，划定公益林地2380万公顷，占林业用地的85.24%；其中国家级公益林地1867万公顷，地方公益林地506.5万公顷。划定商品林地411.5万公顷，占林业用地的

14.76%。

在野生动植物保护及自然保护区建设方面，自治区目前有林业部门管理的国家级自然保护区11处，2002年又申报了3处国家级自然保护区，并对划归林业部门管理的达赉湖等3处国家级自然保护区向国家林业局申请了基本建设项目，为争取国家今后给予各方面的支持奠定了基础。

严厉打击破坏森林资源的违法犯罪活动，效果明显。全年共受理各类森林案件12 547起，查处12 426起，综合查处率为99%，共收缴木材3166立方米，收缴野生动物36 463头（只），打击处理各类违法犯罪人员1.4万人次，挽回经济损失3818.6万元。

森林草原防火工作取得了好成绩。全区共发生森林火灾92起，其中森林火警32起，一般森林火灾39起，重大森林火灾15起，特大森林火灾6起，受害森林面积1.5万公顷，森林火灾受害率为0.8/1000。发生草原火灾15起，其中草原火警9起，一般草原火灾6起，受害草原面积1133公顷，草原火灾受害率为0.01/1000。

全区共发生森林病虫害78.9万公顷，发生率为4.16%。完成有效防治面积48.8万公顷，防治率为61.9%。

林业科技　为全面提高造林成活率和保存率，确保工程质量，全区以科技支撑为重点，增加了科技含量。①下达指令性计划，积极推广以抗旱造林为主的8项适用技术。②配合重点林业工程，向国家争取科技支撑项目。2002年，争取到国家科技支撑项目10个，国家投资2038万元，下达给3个盟（市）的10个旗（县），示范面积达8000公顷，项目内容涉及生物经济圈、沙地飞播造林等领域。③强化种苗工程建设。2001年，国家下达1.27亿元，用于自治区天保工程和京津风沙源治理工程中的种苗建设，2002年初组织审批了各个项目的实施方案和初步设计。2002年，国家在天保工程中又安排种苗建设资金2500万元，在京津风沙源治理工程中也有种苗建设内容，两项合计可达3000万元左右。

结构调整　在抓生态保护和建设的同时，根据《内蒙古自治区“十五”林业产业发展规划》，为了促进十大产业基地建设，2002年向国家林业局申报林业贷款项目106项，国家批复了46项，贷款额度达3亿元。通过发展产业项目，变资源优势为经济优势，逐步壮大林业综合实力，推进了农村牧区产业结构调整，增加了农牧民和林业职工收入，促进了全区经济发展。

存在问题

生态优先原则没有完全体现，任务分配不够合理　部分地区没有完全坚持生态优先原则，没有坚持因地制宜，统筹规划，突出重点，注重实效。在建设规模和建设模式上，部分地区没有严格执行造林技术标准，没有认真坚持适地适树、因地制宜的原则，从省钱、省力、保险出发，不考虑长远的高效的生态和经济效益，降低林种和树种标准，造成树种单一，模式单一，纯林面积大，营造林质量不高等问题。有的地区没有坚持生态建设与生态保护并重原则，存在边治理边破坏问题。

政策落实不够，配套资金难以到位　绝大多数旗（县）没有落实工程的前期费用以及地方所需的检查验收、兑现政策等费用。由于前期工作费和检查验收费缺乏，造成作业设计滞后，必要的外业调查难以进行，有的甚至先造林后设计，检查验收也流于形式，给工程管理带来很大困难。

种苗质量不高，市场管理不规范　由于受技术、信息和生产管理水平等因素限制，造成苗木品种单一，质量不高，部分树种苗木过剩，而适生的乡土树种、经济林树种和针叶树苗木短缺。另外，在苗木采购、调运、发放等环节还存在管理混乱、市场体系不健全等因素。

【内蒙古自治区林业资金检查】　2002年4月，自治区林业厅与财政厅联合对黄河天保工程资金使用情况进行了大检查，对检查结果进行了通报，责成存在问题的单位限期整改。举行了两期天保工程区旗（县）林业局、国有林场财会人员培训班，进一步规范了工程财务管理和财会核算制度。同时配合财政部、国家林业局等有关部门对重点工程的国债资金使用情况进行了检查、审计，对违规问题进行了严肃查处。协调粮食等有关部门，对退耕还林验收合格的农户，及时兑现了补助粮和补助款。

【内蒙古自治区严禁非法占用林地专项治理行动成效显著】　为保护林地资源，自治区林业厅将打击非法占用林地行为列入2002年度全区林业工作的重点。2002年9月31日，自治区政府办公厅下发了《关于组织开展严禁非法占用林地专项治理行动的通知》，决定在全区开展此项行动。该项行动治理效果显著，社会反响强烈，使一大批案件得到查处。此行动以自治区政府名义组织，在全国为第一个省（区），在自治区林业发展史上是第一次。出动警力之多，挽回林地面积之大，查处案件之多，在全国为第一。

具体战果如下：自2002年9月31日至2003年1月20日，全区各级森林公安机关共出动警力27 039人次，出动警车7651台次，共查处非法占用林地案件323起，涉及林地的面积4.1万公顷，其他涉林案件2278起，查处违法犯罪人员（单位）2685人（家），共收回林地1.1万公顷，挽回经济损失1.88亿元。

【敖汉旗荣获“全球环境500佳”荣誉称号】　2002

年6月敖汉旗被联合国授予“全球环境500佳”荣誉称号。多年来，敖汉旗始终坚持把造林绿化、改善生态环境放在首位，开展了以植树种草为中心的大规模生态建设，同恶劣的生态环境进行了长期不懈的斗争，取得了令人瞩目的成就。全旗林地面积已达33.5万公顷，是建国成立初期的31倍，其中人工林面积32.9万公顷，森林覆盖率达到37.6%，人工种草保存面积8.7万公顷，人工造林种草居全国前列。长期的生态建设，使敖汉旗生态环境明显改善，人民生产生活水平明显提高。

【内蒙古自治区造林绿化表彰大会召开】 2002年11月22日，全区造林绿化表彰电视电话会议在呼和浩特市召开，会议总结了自治区近年来造林绿化工作取得的成绩，表彰奖励了殷玉珍等造林绿化十大标兵、先进集体和个人，进一步落实了党中央、国务院和自治区党委政府关于今后造林绿化的一系列方针、政策，安排部署了今后的工作。

【中韩合作M/M林业项目启动】 2002年11月16日，中韩合作M/M林业项目区合作协议签字仪式在呼和浩特市举行，标志中韩合作造林治沙项目正式启动，协议明确韩方为通辽市无偿提供援助100万美元，中方配套50万美元。计划用5年时间在该地区造林3000公顷，以改善这一地区的土地沙化状况。

【内蒙古自治区非公有制林业蓬勃发展】 为加快生态建设步伐和林业产业发展速度，内蒙古自治区积极推行了“谁造谁有、合造共有”和“谁治理、谁投资、谁开发、谁受益”的政策，实行了以承包为主同时鼓励拍卖、租赁、股份合作等多种经营方式，以利益驱动创新经营管理机制，依法落实和稳定林地权属，强化科技支撑和技术服务，帮助落实以贷款为主的林为投入，努力减轻税费负担，坚持防、治、用结合的方针，鼓励和引导农户、城镇居民、私营业主，以及国外投资者参与生态建设，真正形成了全社会办林业，全面搞绿化的热潮。既推动了生态建设和林业产业的发展，又为各类非公有制主体增加了经济收入，也促进了地区经济的发展和产业结构的调整。截至2002年底，全区非公有制林业面积已达194.3万公顷。其中按经营主体划分，个体经营的54.87万户，面积达184.7万公顷；企业经营的190户，面积达8.5万公顷；外商经营的53户，面积达1.2万公顷。按经营方式划分，承包经营的159.5万公顷，拍卖经营的18.5万公顷，租赁经营的4.8万公顷，股份合作经营的2.5万公顷，以其他方式经营的9万公顷。 （内蒙古自治区林业由乔云、王建和供稿）

内蒙古森林工业集团

【概　述】

企业基本概况 内蒙古森工集团是1995年在内蒙古大兴安岭林管局的基础上组建而成的，是国务院首批57家试点企业集团之一、内蒙古自治区直属特大型企业，属国有独资有限责任公司。森工集团以国有森工企业为主体，兼有多种经济成分。经过50多年的开发建设，现已形成以营林、木材生产、林产工业、多种经营为一体的大型森工企业集团，并兼有林政资源、防火、技术监督等行政管理职能和医疗卫生、公安、教育等社会职能。

森工集团施业区地跨呼盟、兴安盟的9个旗市，与俄罗斯、蒙古接壤，边境线长达440千米，经营总面积10.6万平方千米，约占整个大兴安岭林区面积的47%。其中，有林地面积8.43万平方千米，占全国国有林区森林面积的10.2%，主要树种为兴安落叶松和白桦，森林总蓄积6.89亿立方米，占全国国有林区森林蓄积的9.2%，森林覆盖率75.7%，属重点国有林区。自1952年开发建设以来，已开发森林面积6.96万平方千米，尚有34%的原始林区未开发。目前集团公司有47家企事业单位，其中包括17个森工公司，2个营林局，1个原始林区管护局和电力、建筑、建材、纸浆、栲胶等9家企业（17家被列为国家大型二档企业，其中4家为国家二级企业，10家为自治区先进企业），另有森调、设计、科研、医疗、卫生、教育和直属单位18个。目前，共有林业人口49.2万人，企业在册职工23.7万人，其中，实际在岗14.3万人，离退休6.07万人，其他从业人员（外聘人员）712人。自1952年林区开发建设以来，内蒙古大兴安岭林区共为国家提供了1.58亿立方米的商品材和大量的林副产品。到2002年末累计完成各项利税上缴35.2亿元，完成人工造林87.97万公顷，森林覆盖率由建局初期的56.4%提高到75.7%，其他各项事业也都有了较大发展。

2002年是内蒙古大兴安岭林区开发建设50周年，也是林区历史上不平凡的一年。一年来，林区上下团结一心，顽强拼搏，经受了“7·28”夏季森林雷击火的考验，克服了木材减产、销售不畅，主营业收入减少，就业压力激增，运营资金紧张等诸多困难，全面完成了各项经济责任目标，保持了经济的平稳运行和社会稳定。

发展成就 2002年累计完成人工造林1.19万公顷，完成计划的102.9%。林木产品生产266.9万立方米，完成计划的100.9%，其中木材生产229.5万立方米，人造板生产完成13万立方米。农业播种面积完成3万公顷，完成计划的113%；产粮22.5万吨，肉蛋奶930万千克。电力生产完成19，696万度。纸浆和纸制品生产完成5万吨。栲胶生产完成900吨。林木产品销售完成237.7万立方米，其中木材销售197万立方米。实现全部营业收入18.3亿元，其中木材销售收入83 417万元。实现利润920万元，缴纳各项税金1.3亿元。完成自治区上缴款1600万元。实现总产值30亿元，国内生产总值16.8亿元，完成工业增加值10亿元。截至2002年末，集团资产总额为88.5亿元，净资产30亿元（不含已投产尚未验收的改扩建项目资产），实现了国有资产的保值增值。

生态建设 按照"严管林、慎用钱、质为先"的要求，认真实施天保工程，杜绝了超限额、超计划采伐。木材产量计划由2001年的258.3万立方米调减到243.9万立方米。大力推行了封山育林、沟系承包和家庭生态林场等多种森林资源管护方式，建成管护站615个，家庭生态林场150个，对933.2万公顷的林业用地实施了有效管护。森林覆盖率由1998年年初的75.7%提高到76.3%，森林资源蓄积量增加了700万立方米，森林面积增加了7.9万公顷。

结构调整 集中资金和技术对人造板、纸浆、单宁胶等七大林产工业项目进行改造和扩建，新增人造板生产能力12万立方米，育果袋纸生产能力1万吨，单宁胶生产能力7000吨。把根河、根欧、金河、图里河四大板厂整合为投资主体多元化的人造板专业公司，初步实现了专业化、集约化、规模化经营。食用菌、山野菜、中草药、特色养殖业、特色种植业等五大非林非木产业基地建设初具规模，2002年采集山野菜6500吨，生产食用菌500吨，养殖家禽、特禽46万头（只），养殖北极狐、貂、鹿等5万头（只）。森林旅游业开始起步，5处国家、自治区级森林公园已纳入规划，正在建设中。阿尔山、莫尔道嘎的旅游景点已经初具规模，2002年各景点共接待国内外游客9万余人次。

改革管理 对森源公司国有职工身份进行了置换，基本改制成民营企业。对绝大部分中小企业进行了产权改革，实行了股份制、股份合作制和招标租赁等多种经营方式。对林业总医院、设计院等事业单位在人事制度、用工制度和分配制度上进行了深入改革。建立健全了以职代会为主要机制的民主管理、民主监督和民主决策制度。制定实施了增收节支计划，全面推行了大宗物资集中统一采购，大力压缩可变费用，严格控制营业外支出，保证了经济的平稳运行。

职工生活进一步改善 保证了及时足额发放职工工资、离退休费和下岗职工基本生活费。2002年为职工人均年增加工资近1000元。组建了家庭经济指导委员会，共向职工发放贷款400多万元，使近9000户职工通过发展家庭经济摆脱了贫困。采取企业筹资和义务劳动相结合的方式，修建了文化广场、活动中心等公益设施，对部分危房和饮水设施进行改造，改善了职工的生活条件。

【内蒙古森工集团修订完善新发展思路】 按照党的十六大的要求，根据内蒙古自治区党委、政府和国家林业局的部署，结合林区实际，内蒙古森工集团、林管局集思广益，对林区"十五"计划和2010年远景目标进行了修订、完善。确定今后一个时期林区经济工作的指导思想是：以党的十六大精神为指导，以加快发展为第一要务，以保护森林生态安全为首要责任，以强企富民为根本目标，与时俱进，开拓创新，工业化强企，产业化富民，开放促开发，改革增活力，管理增效益；举全林区之力，求跨越式发展，提质增速，把林区经济推向快车道。

奋斗目标是实现"四个提高，四个确保"

提高生态建设水平 确保到2005年，森林覆盖率比"九五"期末提高0.6个百分点，达到76.6%；活立木蓄积由"九五"期末的6.93亿立方米提高到7.23亿立方米。到2010年森林覆盖率达到77.1 %，活立木蓄积达到7.62亿立方米。

提高经济发展速度 确保2003年完成国内生产总值19.5亿元；增长速度由"九五"期末的6%提高到16%；人均国内生产总值达4667元；实现工业增加值11亿元，比2001年增长10%。到2005年国内生产总值达到28亿元；年均增长速度16.8%；人均国内生产总值达到6694元；实现工业增加值14亿元，年均增长速度10.1%。到2010年国内生产总值达到50亿元，年均增长速度14.3%；人均国内生产总值达到11 891元；工业增加值达到23亿元，年均增长速度11%。

提高经济效益 确保2003年实现收入24.7亿元，实现利税1.4亿元。到2005年实现收入29.7亿元，实现利税1.6亿元。到2010年收入达到50亿元，实现利税比"十五"期末翻一番。

提高职工生活水平 确保2003年在岗职工人均年收入由"九五"期末的4260元提高到6000元，林区城镇居民人均可支配收入由"九五"期末的2730元提高到3574元。到2005年职工人均年收入提高到7400元，林区城镇居民人均可支配收入提高到4563元，基本实现小康。到2010年职工人均年收入达到11000元，林区城镇居民人均可支配收入达到7600元。

主要任务是实施“七大战略”

实施生态建设战略，抓好三大工程

1. 推进天保工程向纵深发展。坚持“严管林、慎用钱、质为先”，严格森林采伐限额和伐区质量管理，木材产量调减到位；全面推行家庭生态林场和沟系承包，森林资源管护到位；完善资金拨付、使用和检查办法，资金管理到位。

2. 启动速生丰产用材林基地建设工程。在林区北部、中部培育林产工业原料林，在南部和扎兰屯周边地区建设纸浆原料林，在东部发展经济林，实现森林资源的永续利用。

3. 抓好野生动植物保护和自然保护区建设工程。制定林区野生动植物保护和自然保护区建设总体规划，把自然保护区、湿地、野生动植物保护统一纳入该工程，提高生态建设水平。

实施工业化强企战略，实现四大突破

1. 在盘活林产工业存量上实现新突破。进一步规范人造板专业公司。通过整合、技改，延长产业链，盘活资产，提高效益，实现投资主体多元化，并争取在2005年挂牌上市。以库都尔集成材厂为龙头，以家具、木制门窗、房屋构件为主产品，组建集成材专业公司。

2. 在林纸结合延伸产业链上实现新突破。两年内将富伦纸业育果袋纸的生产能力提高到2万吨，新上一条4万吨包装纸生产线，实现浆纸平衡。同时积极筹划将富伦纸业公司与外地较大规模的纸厂进行联合嫁接，引进资金进行技改扩能。

3. 在新上项目扩大增量上实现新突破。搞好牙克石和根河工业园区建设，尽快建成山野菜、食用菌加工生产线。抓好阿里河层压木厂改扩建，生产规模达到2000吨。

4. 在整合森工、基建生产要素上实现新突破。积极推进撤局并场工作，两年内撤并3～4个林业局和35个主伐任务较少的林场。以森天公司为龙头，对基建行业进行整合，组建集设计、施工、监理为一体的产权多元化的建筑设计工程公司。

实施产业化富民战略，做强两大产业

1. 做大做强非林非木产业。发挥资源优势，构筑北部特色养殖产业群、东部食用菌培植产业群、南部山野菜采集产业群、中南部中草药种植采集产业群。建立山上采集、山下收购、集中加工、统一销售，公司加基地、基地连林户的发展模式。培育好山野菜、食用菌、中草药、貂狐皮毛、马铃薯等农畜产品加工企业，用龙头企业拉动非林产业向规模化发展。

2. 做大做强森林旅游产业。改善基础设施建设，改造升级牙克石至伊图里河、根河至满归、根河至莫尔道嘎、牙克石至绰尔的公路。分步建设阿尔山、莫尔道嘎、达尔滨湖、克一河、满归5处国家和自治区级森林公园。建设阿里河仙子湖度假村、根河森林度假村、乌尔其汗高山滑雪场、克一河杜鹃植物园、阿尔山温泉中心五大旅游项目。开发木画、叶画、根雕、中草药等旅游纪念品。改善旅游环境，5年内把旅游区内的林业宾馆都改建成星级宾馆。

实施科技兴林战略，打造四大品牌

1. 切实抓好科技攻关。整合科研机构，加强企业与高等院校、科研单位的联合，解决在林产工业技改、优势资源开发、非林非木产业发展等方面的技术问题。围绕食用菌栽培加工、山野菜深加工、经济林和工业用材林培育、特色养殖、中草药人工栽培等重点项目进行科研攻关、技术引进和成果转化，建立科技示范基地和专项研发中心，使科技成为发展的原动力。

2. 积极实施“外脑工程”。培养、使用好现有人才，充分调动现有人才的积极性。积极引进林区经济发展所需的专业技术和经营管理人才，不求所有，但求所用。

3. 打造林区名品名牌。围绕人造板、集成材家具、食用菌、山野菜四大系列产品，打造“根河”牌人造板、“松桦”牌集成材、“诺敏山”牌食用菌等自治区级以上的名牌产品。

实施开放拉动战略，加快两大转变

1. 由单纯依靠贷款向大量吸引国内外资金和提高出口创汇能力转变。加大招商引资力度，力争在3年内建成3000万元以上的合作项目3个，5000万元以上的合作项目2个，亿元以上的合作项目一二个。每年招商引资不低于1亿元，力争达到2亿元以上。以大连雪条棒出口公司为龙头，以林区的雪条棒厂、筷子厂为基地，统一标准，直接出口。以乌尔其汗森工公司“天保”蔬菜基地为龙头，扩大对俄罗斯的蔬菜出口，并在俄罗斯建立一二个蔬菜种植基地。

2. 由单纯依靠内部安置就业向劳务输出转变。抓好对俄罗斯的森林资源合作开发项目，2005年过关木材达到50万立方米，输出劳务人员6000人。利用闲置设备，进行木材深加工，2005年加工能力达50万立方米以上，转移劳动力3000人。转移闲置的苗木生产能力，向外开拓种苗、花卉、园林园艺市场，安置职工2000人。

实施管理创新战略，实现两降两提

1. 创新管理体制和管理理念，降低森林资源消耗，降低企业运营成本。健全以资产为纽带的母子公司管理体制。建立符合林区实际的、比较科学的经营目标评价体系和考核办法。把经营指标同社会责任指标分开评价，形成具有活力的激励机制，把资源消耗和企业运营成本降到最低。

2. 引进推广先进的管理方式，提高经济运行质量，提高经济效益。推广成本责任制、标准化管理、全面预算控制制度、物资供应链等先进的管理方式。

把经营者、员工的报酬与企业的效益、业绩挂钩。把信息技术应用于管理的各个环节，发展数字林业，全面提高经济运行质量和经济效益。

实施改革推动战略，达到两新一活

1. 加大体制创新力度。对亏损的企业采取股份、民营、招标租赁、联合重组等方式进行改制。新上项目实行新体制、新机制，中小企业全部改造成非公有制企业。

2. 加大事业改革力度。企业办学尽快移交政府，其他防疫、广播、电讯、电视等社会性单位力争在“十五”期末移交政府或推向社会。

3. 加大综合配套改革力度。完善养老保险体系建设，扩大覆盖面，降低缴费比例。健全最低生活保障线，实现应保尽保。配合地方政府，启动医疗保险统筹，尽快建立起规范的医疗保险体系。

【内蒙古森林工业集团 2002 年林业大事】

1月5～9日 自治区党委书记储波、秘书长任亚平，自治区政府副主席牛玉儒来林区视察工作。

1月28日 满归森工公司均质刨花板生产线正式投入生产，集团公司领导陈绍钧、孙扎根、赵国江分别致贺电、贺信，刘文山副总经理出席剪彩仪式。均质刨花板的投产填补了内蒙古林区该产品的空白。

5月8日 林区全国“五一”劳动奖状、奖章获得者载誉归来。集团公司、林管局召开欢迎座谈会，集团公司、林管局党政领导陈绍钧、王南、孙扎根出席会议并分别发表讲话。

6月18日 根河根欧板厂正式联动试车，集团公司、林管局党政领导王南、孙扎根、杨敬民、李治红、郭燕吉出席联动试车庆典仪式。

7月28日 内蒙古大兴安岭北部原始林区因雷击发生夏季森林火灾。16 000 余名林业职工、武警森林部队官兵和人民解放军指战员连续奋战 23 个昼夜，于 8 月 19 日将建国以来最为严重的夏季森林火灾扑灭。创造了在气候条件极为不利，地形地貌十分复杂，运兵给养异常困难，地下火、地表火、林冠火立体蔓延的情况下，凭人力扑灭大面积雷击火的奇迹。

11月5日 自治区党委书记储波到阿尔山调研，集团公司、林管局领导孙扎根陪同并汇报工作。

11月10日 自治区党委组织部王威部长一行在集团公司牙克石宾馆召开会议，宣布自治区党委对集团公司、林管局领导班子调整决定。原党政领导陈绍钧、王南、张静涛、赵国江不再担任一线职务，改任巡视员。由孙扎根任集团公司总经理、林管局局长，扎布任集团公司、林管局党委书记。

11月20日 集团公司、林管局召开扑救北部林区 7·28 夏季雷击火总结表彰大会。集团公司、林管局党政领导孙扎根、扎布、郭守杰、李冶红、郭燕吉、王才出席会议，并为受表彰的先集体、先进个人颁奖。孙扎根、王才分别讲话，扎布主持了会议。

12月5日 自治区企业工委对森工集团领导班子作出进一步调整，任命刘振国为集团公司党委副书记，崔志博为集团公司纪委书记，郭燕吉为集团公司副总经理。同时免去 3 人集团公司董事职务。

12月6～7日 孙扎根总经理赴呼伦贝尔市参加人大一届二次会议。会上选举集团公司副总经理马春元为自治区人大代表。

（内蒙古森林工业集团由张良、张徐清供稿）

辽宁省林业

【概　述】 2002 年，全省植树造林数量多、质量好，植树株数和面积实现了历史性的突破。完成植树成活株数达 8.2 亿株，是全年任务指标的 113%，义务植树 1.44 亿株，是全年任务指标的 102.9%；按照倍增计划的要求，各市全面加大了植树造林的力度，实现了全省造林绿化的历史性突破，完成人工造林面积 38.32 万公顷，超全年任务的 91.6%。在造林株数和面积大幅度增加的同时，造林质量显著提高，经核查 2002 年全省造林成活率比 2001 年提高了 10 个百分点。在人工造林任务中，完成退耕还林 14.7 万公顷，超全年任务指标的 10%；新封山育林面积 26.09 万公顷，是全年任务的 130.4%。在任务重、困难多的情况下狠抓苗源，共育苗 2.59 万公顷，准备各类苗木 9.06 亿株，其中容器育苗达13 221万杯，苗木自给率达 95.1%。退耕还林、速生丰产林、环沈阳森林生态圈等工程造林都超计划完成了任务。天然林和人工生态公益林保护达 220.13 万公顷，林业总产值突破 139.1 亿元。

主要特点

领导力度不断加大 省委闻世震书记和省长薄熙来对林业工作十分关心，要求动员全省力量，大力植树造林，加快生态环境的建设。尤其对退耕还林、绿色通道、天然林保护等方面极为重视，多次作部署、提要求，注重解决林业发展中的实际问题，林业的位置不断提升，各市也都普遍重视林业发展，切实加强领导，不断提高林业工作水平。

林业改革不断深入 以森林分类经营改革为基础，启动高效林业试点工作，使分类经营改革进入纵

深发展阶段。加快产权制度改革及组织结构、经营机制的调整，促进了国有林业的发展。不断完善四荒拍卖、管户承包、股份合作、家庭林场等多种形式改革，探索了新时期集体林业发展的新路子、新模式。全省共组建股份合作制、经营承包、管护承包等多种形式林场1610处。其中乡村股份合作制林场已发展到386处，家庭林场374多处，拍卖“四荒”26.67万公顷，成交金额1亿多元。进一步深化科技体制改革，科技制度不断创新，科研院所实力迅速增强。

政策措施不断完善 以加强林业宣传工作为基础，不断完善政策，先后出台了《关于加快发展商品林和非公有制林业的通知》等文件，促使社会各界积极参与林业建设，广大农户涌跃上山栽树、退耕造林，很多企业和个人投资林业，创办新型林场、苗圃，发展名特优新经济林和杨树为主的速生丰产林，形成一批万亩林、千亩园及千亩苗圃。造林大户已发展到1.4万户，其中新发展造林大户6384户，总投入资金3.38亿元，完成造林24.22万公顷。

资金投入不断加大 全省共投入林业建设资金15.6亿元，其中省以上共投入资金5.9亿元，国家的林业建设资金达4.4亿元。各市、县及社会投入资金进一步加大，沈阳、大连、鞍山、阜新、营口、葫芦岛等市尤其突出。全省个体私营造林投入达到4.7亿元。

科技水平不断提高 始终坚持以科技为先导，不断强化科技支撑作用，推广各类科研成果和技术项目25项。全面提高7项林业重点工程建设的科技含量，促进科技与工程建设的紧密结合。2002年有10项科技成果获得省科技进步奖。大力强化科技产业化工作，加快了以名特新优为主的商品林的快速发展，促进了树种林种结构、区域经济结构和产业结构调整。

资源管护不断加强 坚持造、管、护并举，全面加强了林权林地、采伐限额、木材运输及加工管理，天然林禁伐全面实施，生态公益林补助试点工作已经展开，护林管理队伍力量迅速增强。落实森林防火责任制，有效地遏制了森林火灾的发生。对重点森林病虫害实施了工程治理，取得显著成效。全省野生动植物、湿地资源调查及保护管理目标责任制取得显著成效。

存在问题 ①造林数量增加、速度加快，造林质量不高的问题仍较为突出。②林业结构调整缓慢，林种树种结构、区域经济结构和产业结构调整步子不大。③林业基础工作还较为薄弱，科技含量不高，经营较为粗放。④区域性和部门间的工作差异较大，不平衡性仍然较为突出。

【辽宁省林业工程建设】

天然林禁伐和人工公益林建设 全省天然林面积234.93万公顷，其中东部山区为221.67万公顷，占天然林总面积的94.4%，是全省重要的绿色屏障和水源涵养基地，承担着占全省国内生产总值80%以上地区的生态保护重任，涵盖辽河、浑河、太子河、大洋河、鸭绿江和碧流河6大水系，每年为省内中南部10个经济较发达城市提供工农业用水70亿立方米，占这些城市总用水量80%。为了加强天然林资源保护，加快生态建设步伐，2001年省政府下达禁伐令，对全省范围内的天然林和人工公益林停止商业性采伐，到2002年共少伐林木386万立方米。宝贵的天然林和人工公益林资源得到有效保护。

退耕还林工程建设 退耕还林工程的实施是辽宁老工业基地改善环境、恢复生态，开辟农业结构调整新途径的难得机遇。退耕还林掀起了全省生态建设的高潮，加快了荒山绿化步伐，提升了全省造林绿化水平。以三个代表的重要思想为指导，认真落实“退耕还林、封山育林、以粮代赈、个体承包”的政策措施，严格按照“严管林、慎用钱、质为先”的工程建设要求，切实把握“林权是核心，种苗要先行，给粮是关键，干部是保证”的主要环节，到2002年，实施退耕还林15.22万公顷。实际完成面积是国家下达计划任务的104%，其中，耕地退耕还林5.74万公顷，宜林荒山荒地造林9.48万公顷。有19.2万户农民由靠垦荒吃粮变为靠种树吃粮，有14万农民从农田耕作中走出来，投入到了林业生态建设之中。到2002年末累计调减的粮食种植面积相当于“九五”调减总面积的40%，其中的65.4%是通过退耕还林实现的，退耕还林受到广大农民真心实意的拥护，被称为民心工程，德政工程。

三北防护林和沿海防护林建设 三北防护林体系工程启动于1978年，在经过近三十年的建设，取得显著成效。共完成造林192.13万公顷，使辽西北地区森林覆盖率提高了10个左右的百分点。第四期工程前两年（2001～2002年），完成工程造林18.4万公顷，其中，人工造林9.8万公顷，飞播造林3万公顷，封山育林5.5万公顷，均超计划完成了各年度工程建设任务。辽宁省南邻黄海、渤海二个海域，海岸线东起鸭绿江口，西至山海关的老龙头，全长2800千米，其中大陆海岸线长2100千米，占全国海岸线总长的12%，居全国沿海10省（区、市）的第五位。2002年末，海防林工程共营造人工林24.3万公顷，飞播造林3.3万公顷，封山育林6.9万公顷，低产低效林改造4.7万公顷，森林覆盖率达到36.7%，较建设前提高了8.6个百分点。

速生丰产林基地建设 自20世纪80年代中期，全省开始营造速生丰产林，到90年代以后，实施世界银行贷款国家造林项目、森林资源发展和保护项目、贫困地区林业发展项目，速生丰产林进入新的发展阶段，在造林规模、品种及经营管理水平上有明显提高，总面积已发展到35万公顷。其中2002年营造以杨树为主的速生丰产林 9.07 万公顷，其中杨树 8.2 万公顷，落叶松 0.87 万公顷；造林投资 45648 万元，其中各级财政投入 12915.6 万元，占总投资的 28.3%；国内贷款 70 万元，占总投资的 0.2%；利用外资 958.7 万元，占总投资的 2.1%；自筹资金 30029.2 万元，占总投资的 65.7%；其他资金 1674.5 万元，占总投资的 3.7%。在造林面积中，以农户和林场造林为主体，其中农户造林 5.29 万公顷，国有、集体林场造林面积 1.5 万公顷。今后将利用 15 年左右时间，计划投资 30.7 亿元，营造纸浆、人造板原料林 51.5 万公顷。以沈阳文达速生林中心、桓仁人造板厂、省实验林场人造板厂、葫芦岛茂华木业有限公司、金城造纸厂、鸭绿江造纸厂、台安造纸厂等企业为龙头，实施林纸结合，大力发展速生丰产林，建立生产基地。

野生动植物保护和自然保护区建设 全省林业系统建立自然保护区达到 50 处，保护总面积达到 80.94 万公顷，占全省国土面积的 5.5%，其中国家级自然保护区 5 处，省级自然保护区 10 处。实现了 5 大类湿地保护，总面积达 121.96 万公顷，其中近海及海岸湿地 73.8 万公顷，河流湿地 25.22 万公顷，湖泊、库塘湿地 11.91 万公顷，沼泽湿地 11.03 万公顷。全省有高等植物 2200 余种，低等植物 8000 余种，国家重点保护的植物 40 多种。现有野生动物约 5500 种，国家重点保护的动物 50 多种。国家林业局已批准辽宁省建立野生动植物保护工程 5 项，开始投资 2 项，已投资 575 万元；批准国家级自然保护区建设工程一期 5 处、二期 4 处、续建 1 处，投资 2053 万元。在已完成的项目中，地方配套资金全部到位。目前，辽宁医巫闾山国家级自然保护区、白石砬子国家级自然保护区、仙人洞国家级自然保护区、双台河口国家级自然保护区建设等已完成检查验收。

绿色通道建设 新建、完善和加宽绿色通道建设 6943.4 千米，植树 10 280 万株，绿化面积 5.71 万公顷，沈大高速公路绿化产业带建设总体规划基本完成。共植树 603 万株，造林 0.63 万公顷。摆放了农业现代化项目 138 个。其中，林业项目 22 个，苗圃 10 个。其他各线的绿色通道建设，也都大幅度增加了绿化带的宽度，葫芦岛市“两高”之间的绿化带加宽到 200 米以上，沈山高速公路锦州段也加宽到 100 米。各地抓了绿色通道工程可视范围内的荒山、农田、林网、村屯等绿化，通过植树造林，封山育林，尤其是退耕还林工程的实施，迅速提高了可视范围内的绿化率。

【辽宁省实施天然林禁伐】 保护好天然林资源，对改善区域生态环境，缓解全省中部地区的商品粮基地和大中城市的水资源供需矛盾，发展社会经济，具有深远的历史意义。2002 年省政府下发了《关于禁止对天然林进行商业性采伐的通知》（辽政发［2002］12 号），本着突出重点、分类指导的原则，将辽宁东部地区的丹东、本溪、抚顺、铁岭、鞍山、大连、辽阳和营口等 8 个市列为重点天然林禁伐工程区。工程的实施以森林分类经营为基础，坚持保护现有森林资源与培育、发展后备资源并重的原则，实行停、封、退、造、补、建、转相结合的综合保护措施，有效地保护天然林资源，使其休养生息和恢复发展。2001～2005 年在全省范围内停止天然林和人工公益林的商品性采伐，对现有天然林实施全面管护。目前，以保护天然林为主的森林保护面积达 280 万公顷，其中 140 万公顷享受国家公益林试点补助资金。

【辽宁省生态公益林试点工作顺利开展】 全省区划公益林面计 378.73 万公顷，其中国家公益林 282.6 万公顷。生态公益林补助试点工作已在全省 8 市 34 个县已全面展开，成立了组织机构，建立了护林队伍，进一步完善了森林分类区划界定工作。①建立了公益林组织管理体系。省及 7 个市、17 个县（区）分别成立了本级领导小组和办公室，各市、县领导小组组长由政府领导担任，办公室设在林业行政主管部门。②制定公益林试点实施方案，全省统一编制了《2001～2005 年森林公安防火、病虫害防治、资源监测、信息网络建设五年规划》及 2001 年年度计划，现正在实施。③制定了公益林管护相关政策。制定了《辽宁省森林生态效益补助资金管理实施细则（试行)》、《辽宁省关于开展森林生态效益补助资金试点工作的意见》和《辽宁省重点生态公益林管护目标责任状（省、市、县三级)》、《辽宁省重点生态公益林管护合同》、《辽宁省重点生态公益林监管合同》、《辽宁省重点生态公益林护林员、监管员考核办法》，起草了《辽宁省重点防护林和特种用途林资源管理办法（草稿)》。并将试点工作所涉及的政策性文件汇编成册。④落实公益林管护责任，签订了管护（监管）合同。各级政府层层签订了重点公益林管护责任状，普遍开展了各级政府与护林员（监管员）管护（监管）合同签订工作，以法律形式明确了护林（监管）人员的权利与义务，将管护责任落实到了山头地块，有效地保护了森林资源。

【辽宁省非公有林业快速发展】 发展非公有制林业是辽宁林业改革、发展的重点和林业体制上的创新，开创了辽宁林业建设的新局面，加快了绿色辽宁建设步伐，是实现全社会、全民积极参与林业建设的有效途径，已经成为了全省植树造林的主力军。2002 年省政府出台《关于加快发展商品林和非公有制林业的通知》（辽政发［2002］12 号）的政策文件，对非公有制林业的发展政策进一步进行了彻底地完善和全面的放宽。采伐政策基本放开；商品材减征 70%的育林基金，而且非林业用地营造的商品材免征育林基金；林地使用期限延长至100年等等。在这一系列新政策中以“四个明确”，即明确植树造林的产权归属、明确林地的经营承包期限、明确有关的扶持政策、明确政策的执行程序，解决了许多人民群众、社会财团、企事业单位关心、关注的问题，激活了个体私营林业蓬勃地发展态势。林业改革的深化，进一步调动了全社会造林的积极性，域外客商来辽投资办林业的增多，个体承包荒山、造林植树的积极性不断提高，林木加工企业带动植树造林的作用逐渐增强，增强了林业发展动力。

【辽宁省京沈高速公路绿化展示带工程竣工】 位于绥中县境内的京沈高速公路绿化展示带工程，西起京沈高速公路298千米处，东至308千米处，涉及万家、李家、西甸子3个乡（镇），宽度为公路刺线外两侧各100米，占地面积201.8公顷。绿化展示带工程年度建设任务于2002年4月底全部完成，共投入建设资金740.5万元，投工3.5万个。共完成造林面积201.8公顷，栽植各类苗木计48个品种，38.8万株。其中，常绿乔树5个品种，1.5万株；果树3个品种，3.8万株；杨树15万株；其他落叶乔木16个品种，4.6万株；花灌木22个品种，13.7万株；藤本植物0.2万株。设立标志性人文景观和产业发展情况的广告牌30个，每侧各15个。修建形态各异的水塘10个，治理了一条河流。绿化展示带工程建设以展示新世纪新辽宁风貌、宣传产业发展情况和树立林业新形象为主题，充分利用高速公路沿线地理特点和自然资源，突出了园艺特色。广泛运用园艺手段，以道路、河流、沟壑等为脉络，以树木的形态、色彩和高低构造景观层次，顺势造型、渗透绿化，工程建设自然而和谐。展示带100～70米为杨树背景林，70～55米为常绿树木林带，55～10米为果树经济林和亚乔木色彩带，10米以内为花灌木带。使展示带工程远近景观错落有致、层次分明，四季有绿，三季有花，两季有果，园艺特色突出。

【辽宁省加快树种引进、驯化、培育步伐】 全省有当地土生树种570余种，真正开发利用的仅为百余种，在引进国外树种的同时，着重加强对现有野生树种的驯化工作。其中对于已经得到初步驯化和利用的刺楸、裂叶榆、水曲柳、花曲柳、色树、银杏、白桦、黑桦、黄波罗等树种，在驯化的基础上选择好的类型，在生产上加以扩繁，目前已培育这类树种苗木近3亿株，供造林需要；对于驯化程度比较低或尚未驯化的东北红豆杉、刺龙芽、水榆花楸、梓树、小叶朴、绣线菊、小檗、接骨木、景天、软枣猕猴桃、木通等乔灌藤本森林植物，动员和引导有关苗木生产单位，加大育苗力度，建立更多的驯化实验点。同时也有计划地对国内其他省市引种较为成功的树种，采用多种方式引进和栽培。引进了金焰绣线菊、金叶女贞、金枝垂柳、紫叶李、龙爪桑、垂杨、紫叶矮樱、红王子锦带、日本樱花、合欢、水杉、京柏、美国白腊、橡树等几十个树种。在全省各育苗基地大力开展育种工作之外，集中省内科研、教学、生产力量，在省林科院苗木基地、瓦房店炮台基地、省中心苗圃建立了3处省级林业苗木引种基地。其中省林科院在沈阳的基地中已集中建成引种园，引进各类苗木品种近40个，约2000株，其中有班克松，东部白松，红、白、绿水曲柳，蓝、黑、白云杉及日本椴、日本花楸等国外林木树种；驯化野生杜鹃、灯台树、天女木兰、玉铃花等30多个树种。大连炮台基地从美国引进核桃11个品种，从朝鲜、日本引进板栗22个品种，从美国引进榛子21个品种，从意大利引进榛子16个品种，从省外引进银杏24个品种，引种圃面积已达2公顷。省中心苗圃从省内外引进圆冠榆、红花刺槐、台湾榕、福建茶、北海道黄杨、荷兰菊等十余个品种，面积达3.33公顷。

【经济转型中的阜新林业】 阜新是全国资源型城市经济转型试点市，在转型实施过程中，经济转型给阜新经济发展带来难得机遇，也为阜新林业的大发展带来了机遇。一年来，阜新市委、市政府把加强生态建设和环境保护，作为经济转型的第一立足点、第一增长点、第一竞争点来抓，阜新林业搭乘上了经济转型的快车，2002年全市林业建设取得了历史性的突破。①造林面积上实现了历史性突破，全市共完成人工造林合格面积3.8万公顷，同比增长56%，其中，三北防护林四期工程造林0.83万公顷，退耕还林工程造林1.61万公顷，绿色通道造林0.35万公顷，矿区绿化0.07万公顷。飞播造林1.2万公顷，雨季完成容器育苗造林0.29万公顷，完成秋季造林整地2100公顷。②造林质量实现历史性突破。全市植树造林平均成活率达到90.3%，同比增长10个百分点。③造林投资实现历史性突破。全市共投入造林资金18 920万元，同比增长69.8%。④造林模式实现历史性突破，通过群策群力，探索出了施用保水剂，塑料袋装草炭土、地膜覆盖等在干旱地区造林的成功模式。⑤林政执法更趋完善，森林资源保护工作取得了突破。森林防火基础设施得到了进一步改善，防扑火能力不断加强，森林火灾受害率仅为0.018/1000。完成病虫害防治3.83万公顷，面对突发性的松针蚧危害，从容应对，及时防治，有效地遏制了危害的蔓延。取得了应对突发性病虫害的宝贵经验，林木采伐管理制度得到进一步加强和完善。⑥林业科技支撑力度不断加大，科技实验示范推广工作实现了历史性突破。完成了占地166.67公顷的林业科技实验示范园区的建设，当年完成造林120公顷，完成育苗23.3公顷。

成立了由长城家电公司、市林业局、北京林业大学合股创办的阜新市林业研究发展中心，开创了林业技术推广股份合作的先河，形成了林业科技支撑的辐射平台。⑦精心规划、积极争取，经济转型林业项目工作取得了历史性突破。在省林业厅的指导和协调下，编制了《阜新经济转型林业发展规划》。完成了三北防护林四期工程、退耕还林工程等16个项目的可研报告和项目建议书，其中三北四期、退耕还林、矿区中心苗圃项目已开始实施。提供了1000个就业岗位，其中吸纳下岗职工300人，呈现出良好的生态和社会效应。

【朝阳市实施封山禁牧加快绿化进程】 建国50多年来，朝阳地区大搞植树造林，但生态环境还很脆弱，为恢复、培育和保护森林资源，巩固绿化成果，解决养牛、羊破坏生态环境，且经济效益低的问题，促进畜牧业集约化经营，朝阳市委、市政府决定2002年12月1日起在全市范围内实施封山禁牧。

实施封山禁牧的重要性和必要性

封山禁牧有利于加快绿化步伐，尽快改善生态环境 朝阳地区的造林绿化任务重，采取封山育林是较好的措施，不仅省工省钱，而且形成的混交林分，病虫害少，灌草茂密，水源涵养能力强，是一条速度快，效益好的绿化途径。封山禁牧有利于提高造林保存率，巩固绿化成果，避免人畜危害。

封山禁牧有利于提高森林水源涵养能力，控制水土流失 朝阳市有林面积占国土面积的1/3，多为人工纯林，过度的放牧，林下灌草稀疏，水土保持能力极低，地表径流十分严重。只有实行封山禁牧才能促进林下灌草生长，形成乔灌结合林分，使森林起到水不下山、土不离地的生态作用。

封山禁牧有利于促进畜牧业集约化经营，提高经济效益 散放牛、羊等大牧畜，是一种掠夺式的、以牺牲生态环境为代价的落后生产方式，必须彻底改变，来遏制生态环境的恶性循环。

深入调研，制定封山禁收实施办法 2002年5月初，市委、市政府领导指示市政研室、林业局、畜牧局组成联合调查组，对封山育林，舍饲牛、羊好的典型和放养牛、羊破坏森林资源严重的典型进行认真的调查分析。如凌源市青龙河流域8个乡（镇），坚持10年封山育林，形成了近百万亩乔灌混交林，虽经4年大旱，青龙河仍是青水长流。北票市大黑山林场1.6万公顷国有林，基本上是封育起来的天然次生林。在充分调查研究的基础上，联合调查组向市政府提出了《关于封山禁牧的调查报告》。代市长宋勇、副市长孙轶多次带领有关部门负责人深入各县（市）区考察总结封山育林、畜牧业小区建设、林下种草、退耕种草、青贮饲料、畜种改良等方面典型经验，市委书记周忠轩亲自到建平县召开牛羊放养户、舍饲牛羊大户、离退休老干部代表和有关部门参加的大型座谈会。9月5日市政府召开专家论证会，广泛听取对实施封山禁牧工作的各方面意见后，9月16日朝阳市人民政府发布了《朝阳市封山禁牧实施办法》（朝政发［2002］36号文件），届时封山禁牧工作在全市范围内启动。

实施封山禁牧情况 ①各级领导重视，工作力度大。市政府封山禁牧实施办法发布后，各县（市）区党委、政府对此项工作高度重视，把此项工作摆上了重要位置，采取各种形式贯彻文件精神，统一干部认识，制订实施方案。②广泛宣传，营造舆论氛围。搞好封山禁牧工作，必须搞好宣传发动。召开不同类型会议，统一、提高对封山禁牧的认识，全市乡（镇）以上党委、政府召开封山禁牧专项工作会议达500多次，参加人员4500人；充分利用广播、电视等各种宣传媒体，举办专题节目。领导在电视上发表封山禁牧讲话，播放封山禁牧的公益广告口号，在县报上刊登封山禁牧通告和有关政策问答。③抓根本，强化制度建设。各县（市）区都认真抓了基础工作。实行各级干部责任制，把封山禁牧工作做为年终工作考核一项重要内容。部分乡（镇）实行抵押金制度，签订责任状，把封山禁牧工作责任落实到每个干部头上，与干部的工资紧密挂钩，增加了干部责任感。抓乡规民约和村规民约制定，各县（市）区大部分乡（镇）都制定了有较强约束力、可操作性强的乡规民约和村规民约，并经过了乡人代会或村民代表会通过，使封山禁牧工作有章可循。④抓基础，完善护林网络。完善护林网络是搞好封山禁牧的重要保障，主要抓了两个方面的工作，一方面加强护林队伍建设。各县（市）区都成立了封山禁牧督查大队，从事封山禁牧的督查人员有42人，各乡（镇）都成立了护林大队，重新整理了护林员队伍。另一方面采取有效措施解决护林员报酬。各地都注重解决护林员报酬问题，采取多渠道筹资的办法解决护林员工资问题，提高护林员的待遇。⑤促进了畜牧业集约化经营。在实施封山禁牧准备阶段，加大畜牧业集约化经营的工作力度。制定优惠政策，促进畜牧小区建设；增加了饲料的青、黄贮数量，青黄贮的数量比往年有较大的提高；劣质品种的牛羊得到较快的淘汰，加速了品种的改良。

【辽宁省森林资源现状】

森林覆盖率 全省森林面积46.4万公顷，森林覆盖率为31.84%。

各类土地面积 全省土地总面积145.7万公顷。其中，林业用地634.4万公顷，占全省土地面积43.53%；非林业用地面积824万公顷，占56.47%。在林业用地面积中，有林地面积464万公顷，占林业用地面积的73.16%；疏林地面积5.7万公顷，占0.90%；灌木林地面积22.8万公顷，占3.58%；未成林造林地面积17.4万公顷，占2.74%；苗圃地面积6300公顷，占0.10%；无林地面积12.4万公顷，占19.52%。在有林地面积中，林分面积323万公顷，占有林地面积的69.50%；经济林面积142万公顷，占30.50%。在无林地面积中，宜林荒山荒地面积105万公顷，占无林地面积的84.44%；采伐迹地面积12.3万公顷，占9.95%；火烧迹地面积3200公顷，占0.26%；宜林沙荒面积66 300公顷，占5.35%。

各类林木蓄积 全省活立木总蓄积1.9亿立方米。其中，林分蓄积1.8亿立方米，占94.23%；疏林蓄积47.7万立方米，占0.26%；散生木蓄积252万立方米，占1.36%；四旁树蓄积770万百立方米，占4.15%。

森林资源特点

森林资源分布 东部多、西部少。全省森林资源分布极不平衡，以长大线为界，森林资源集中分布在辽宁东部。因此，辽宁东部地区是全省重点林区。

龄组结构 全省林分面积323万公顷，林分蓄积1.7亿立方米。其中，幼龄林面积162万公顷，占林分面积的50.34%；幼龄林蓄积2903万立方米，占林分蓄积的16.61%；中龄林面积106万百公顷，占林分面积的32.72%；中龄林蓄积8067万立方米，占林分蓄积的46.15%；近熟林面积30万公顷，占林分面积的9.39%；近熟林蓄积3710万立方米，占林分蓄积的21.23%；成熟林面积19.9万公顷，占林分面积的6.18%；成熟林蓄积2336万立方米，占林分蓄积的13.37%。过熟林面积44 100公顷，占林分面积的1.37%；过熟林蓄积4608万立方米，占林分蓄积的2.64%。由此可以看到，中幼龄林多，近成熟林少，表现为全省森林资源后备资源丰富。

林种结构 用材林面积200万公顷，占林分面积的62.00%；用材林蓄积1.2亿立方米，占林分蓄积的68.47%。防护林面积75.2万公顷，占林分面积的23.31%；防护林蓄积4709万立方米，占林分蓄积的26.94%。薪炭林面积40万公顷，占林分面积的12.54%；薪炭林蓄积118亿立方米，占林分蓄积的0.68%。特用林面积69 500公顷，占林分面积的2.15%；特用林蓄积683万立方米，占林分蓄积的3.91%。表现为用材林多，防护林少。

权属结构 国有林分面积55万公顷，占林分面积的17.04%；国有林分蓄积4284万立方米，占林分蓄积的24.51%。集体林分面积268万公顷，占林分面积的82.96%；集体林分蓄积13 192万立方米，占林分蓄积的75.49%。表现为集体林多，国有林少。

树种结构 在林分面积中，针叶树面积108万公顷，占33.50%；阔叶树面积215万公顷，占66.50%。在林分蓄积中，针叶树蓄积5476万立方米，占31.33%；阔叶树蓄积12 000万立方米，占68.67%。

各树种按面积排序，前五位分别是阔叶混、栎类、油松、硬阔类、落叶松，它们各自占林分面积的比重均超过了10%，面积265万公顷，占林分面积的82.07%。各树种按蓄积排序，前五位分别是阔叶混、栎类、落叶松、油松、杨树、蓄积合计1 447 569百立方米，占林分蓄积的82.83%。

森林资源质量评价

林分单位面积蓄积量 林分平均每公顷蓄积量为54.18立方米。其中，天然林林分平均每公顷蓄积量为64.97立方米；人工林林分平均每公顷蓄积量为41.87立方米。

林分单位面积株数：林分平均每公顷株数666株。其中，天然林林分平均每公顷738株；人工林林分平均每公顷584株。

林分郁闭度 林分平均郁闭度为0.6。其中，天然林平均郁闭度为0.6人工林平均郁闭度为0.5。

林分平均胸径 林分平均胸径为13.1厘米。其中，天然林林分平均胸径13.6厘米；人工林林分平均胸径12.4厘米。

林分生活力 林分生活力强和中等的林分面积占林分总面积的89.32%。

林分病虫害等级 无病虫害林分占62.85%；轻度占27.83%；中等占7.56%；重度仅占1.76%。

林层结构 全省林分均为单层林。

林分生长量和消耗量 全省活立木年均总生长量108 177百立方米，年均总消耗量89 004百立方米，生长消耗比1.22:1；全省林分年均总生长量99 504百立方米，年均总消耗量77 479百方米，生长消耗比1.28:1。

【辽宁省2002年林业大事】

1月26日 省政府发出《关于禁止对天然林进行商业性采伐的通知》，决定在全省范围内禁止对天然林进行商业性采伐，禁伐期限到2005年。

1月29日 全省市林业局长会议在沈阳召开。会议确定从2002年起，全省将全面实施退耕还林、天然林和人工公益林保护、防护林体系建设、环沈阳森林生态圈建设、绿色通道建设、速生丰产林建设、野生动植物保护七大工程林业生态建设。

2月26日 省林业厅决定从2002年3月1日至4月30日，在全省范围内组织开展打击破坏森林和野生动植物资源违法犯罪的“破案攻坚战”，挂牌督办一批有重大影响的案件。

3月10日 省政府在营口市召开沈大高速公路绿化产业带建设动员会，省政府要求沈大高速公路两翼绿化产业带建设要与5月27日开始的全线改扩建工程同步进行，同期结束。

3月26日 省林业厅召开退耕还林新闻发布会，继2001年彰武、北票、凌源和建昌4个县被列为国家退耕还林试点县后，全省14个市49个县将全面实施退耕还林草工程。

4月9日 省政府成立全省退耕还林工作领导小组，领导小组办公室设在省林业厅退耕还林办公室。办公室下设计划协调组、工程指导组、资金管理组、粮食供应组、审计监察组。

5月16日 国家林业局通报表彰全国平原绿化先进单位，其中，辽宁省锦州市被评为全国平原绿化先进市。

6月26日 辽宁省开原市“三八”苗木花卉基地被全国各族农村妇女“双学双比”竞赛活动领导小组列为全国“三八”绿色工程示范基地。

6月28日 建平县4500公顷沙棘林发生大面积死亡，死亡率已达50%，为此，省林业厅厅长陈天民率森防专家赶赴建平，研究治理沙棘大面积死亡对策，以确保世界最大的人工沙棘林的安全。

7月25日 国家林业局局长周生贤到辽宁视察林业工作，副省长赵新良陪同视察。周生贤局长希望辽宁在森林生态效益补偿取得阶段性成果、退耕还林全面启动、各大林业重点工程相继展开的基础上，要进一步开拓进取，与时俱进，努力开创林业工作新局面。

8月7日 中、日、韩3国在辽宁省联合举办林业科技交流活动，历时14天，有中、日、韩3国学者、学生、市民等80多名志愿者参加了学术讨论会。中、日志愿者在建平共同营造了中日友好水土保持林。

9月18日 副省长、省退耕还林工作领导小组组长杨新华主持召开辽宁省退耕还林领导小组会议。讨论了《辽宁省退耕还林粮食供应管理办法》；议定了退耕还林兑现政策的基本原则；并要求省财政厅出台《辽宁省退耕还林粮食补助资金财政、财务管理办法》。

10月26日 省政府印发《关于加快发展商品林和非公有制林业的通知》，对全省发展商品林和非公有制林业作出新规定，出台新政策。

11月13日 世行驻中国代表处农业专家刘瑾女士率检查组对辽宁世行贷款贫困地区林业发展项目和进展情况进行检查，专家组对辽宁项目林给予高度评价。

12月3日 国家林业局通报表彰全国自然保护区先进集体和先进个人，辽宁有2个单位被授予全国自然保护区先进集体荣誉称号；5人被授予全国自然保护区先进个人荣誉称号。

（辽宁省林业由王树森、常中威供稿）

吉林省林业

【概　述】 2002年是全省林业建设取得突破性成效的一年。年初以来，省林业厅认真贯彻落实省委、省政府关于实施跨越式发展、建设生态省、发展生态环保型效益经济等一系列战略要求，坚持用工业化思维谋划林业发展，继续深入实施生态林业总体思路，坚持不懈地实施大开放、发展大林业、依靠大科技、实现大跨越的“四大”战略，以10年绿化美化吉林大地活动为载体，紧紧围绕“五个突破”的年度工作目标，坚持把创新与发展作为主旋律，想全局，谋大事，求真务实，攻坚克难，完成或超额完成了年初确定的各项任务目标，全省林业各个领域都发生了深刻变化。

坚持不懈地推进战略性调整，在发展生态林业上迈出新步伐 顺应时代发展要求，着眼全省实际，对林业发展战略进行了一系列重大调整。坚持以“发展生态林业，建设秀美吉林”为总目标，深入开展了10年绿化美化吉林大地活动，实施了东保西开、东林西移、东退西还战略，积极推进投资主体多元化、经营主体社会化，大力发展民营林业，林业建设战略性调整的成效逐步显现。林业建设的领域和范围进一步拓宽，实现了由林区林业向国土林业的转变；林业建设结构进一步优化，由单纯植树造林向采用综合性生物措施转变；林业建设的主体发生深刻变化，由单一靠政府部门向跨行业、跨地区、跨所有制、跨学科的多元化经营转变。

突出重点工程带动，林业建设层次出现新变化 抓住国家加大重点工程投入的政策机遇，坚持重点突破、整体推进的原则，集中精力抓了退耕还林、天然林保护、生态草建设、三北防护林四期等重点工程建设，使林业建设要素迅速整合起来，生态建设总量实现了历史性突破。全年共完成重点工程投资2.6亿元，造林种草13.2万公顷。其中，退耕还林工程造林8.6万公顷，生态草建设3.7万公顷，三北防护林四期工程造林6000公顷，绿色通道工程造林2333公顷。造林种草面积比2001年增加了50%，建设总量突破了近年来最好成绩，有效地拉动了农村经济结构的调整，为农村剩余劳动力转移创造了条件。据不完全统计，2002年仅退耕还林工程就使受益农户达到

7.3万户，兑现粮款折合人民币6262万元，为15万个劳动力提供了就业机会。

重视产业建设，林业经济发展出现新起色 按照省委、省政府关于发展生态环保型效益经济的总体要求，认真贯彻“高效益、广就业、可持续”方针，正确处理了生态建设与经济发展，资源保护与合理开发的关系，明确提出了全行业都要抓产业建设要求；适度调整了商品林采伐管理政策，在全社会产生强烈反响，重视林业经济发展，大力调整结构，构造优势产业的态势初步形成。全年林业实现社会总产值217亿元，利税5.2亿元，职工收入6600元。在实施天保工程，继续削减木材产量的情况下，经济总量保持了适度增长。扩大开放，引进外部资金9453万元，出口创汇2100万美元。全省森林旅游人数突破400万人次，直接收入1.3亿元。林业产业结构进一步优化，整体竞争实力有所增强；新的经济增长点开始显现，林地经济、工业原料林、资源开发、旅游等新兴产业发展势头越来越好；开放程度提高，域外、行业外对林业投资增加。

坚持经济手段、法律手段和行政管理三位一体，资源保护工作出现新局面 注重运用法律手段，提高依法治林水平。依据相关法律规定，把退耕还林、生态草建设纳入管理范畴，提请省政府出台了《贯彻落实国务院关于进一步完善退耕还林政策措施若干意见》及林地管理、退耕还林发证等规范性文件，完成了《生态草建设管理办法》的起草送审工作，制定下发了《生态草建设技术标准》；加大打击毁林犯罪力度，全年共查处各类案件1.2万起；理顺执法体制，充分发挥资源监督机构作用，强化了森林资源监督工作，理顺了林业政法干警工资标准，成立了稽查办，各地也相继组建了稽查巡护机构，加强依法保护。注重运用行政手段，全面加强资源保护工作的宏观调控与管理。继续实行了各级政府负全责，层层落实责任制；按照省政府要求，认真清理整顿了木材加工经营网点，规范了木材生产、流通、运输秩序，有效地扼制了森林资源非正常性消耗过大问题。注重运用经济手段，建立有效管护机制。继续推行和完善了多种形式的管护承包责任制，明确权、责、利，通过利益纽带，使保护与经济发展有机结合起来，做到联心、联利、联责，激发了群众保护资源的积极性。注重运用科技手段，增强科学预防和管护能力。突出抓了科学防火预警预测体系建设，开通了森林火灾报警电话专用通讯系统，在全国率先出台了紧急性、危险性防扑火预案，变经验型防火为科学防火。森林防火工作胜利实现了连续22年无重大火灾的目标；资源管护基础工作明显加强，管理日趋规范化、制度化；各类毁林犯罪发案率有所降低；新增国家级保护区1处，省级保护区4处；森林病虫害成灾率控制在5/1000以下，保持了森林资源的良性增长。

突出体制机制创新，林业改革开放出现新趋势 着眼于解决制约林业发展的深层次矛盾和问题，鼓励各级林业部门和企业以创新的思维方式，大胆试、大胆闯，不断开创工作新局面。狠抓了造林机制的改革，坚持在“谁造谁有”总的政策指导下，采取拍卖、承包、无偿转让等多种方式，改变了过去那种国有集体统一包揽的造林模式，有力地推动了民营林业的发展。继续采取包、租、股、卖等形式，加快林地使用权和林木所有权方面的改革，加快了资源转化为资本的进程，带动了投资和经济总量的增长。坚持以开放促开发，依托资源优势，放宽准入条件，大力开展招商引资，加强了对外开放。认真开展了日本政府贷款项目前期工作，先后与84个国际组织加强了联系与协作，对外开放度明显提高。抓住天保工程产业转移和经济开发拉动的有力契机，特别是结合实施富余职工一次性安置，积极推进职工就业观念的更新和劳动用工制度的变革，加快分工分业步伐，使林区社会各个领域发生了深刻的变化。

加大领导力度，林业建设的组织保障不断强化 各级林业部门充分发挥参谋作用，主动争取党委、政府及有关部门的支持，调动社会各方面积极性，为林业发展创造良好的外部环境。在工作布局上，林业发展已经上升到经济和社会全局的重要位置，省政府领导多次听取林业汇报，亲自参加重大林业建设活动，对林业工作给予高度评价；多数地方将林业工作列为一把手工程，提出生态立市的发展战略，作为区域经济的支柱来抓。各地都实行领导干部层层包保责任制，把林业建设与各级干部政绩挂起钩来，真正把林业工作任务落实到各级干部肩上，保证了林业建设的顺利进行。坚持以“三个代表”重要思想统帅全局，用生态林业总体思路统一思想、指导工作，使全省上下保持了开拓进取、勇于创新的良好风貌。认真落实党风廉政建设责任制，大力开展行风建设，全面开展林业执法队伍教育整顿活动，推进党风、政风、行风的好转。紧紧围绕林业建设中心工作，加大宣传力度，为加快林业发展营造了良好的舆论氛围。狠抓了林区稳定，强化信访工作，认真解决群众关注的热点难点问题，加大了同“法轮功”违法犯罪活动斗争的力度，保持了全行业的政治安定和社会稳定。

（王志新）

【界定吉林省林区范围】 2002年5月9日吉林省政府批复吉林省林业厅《关于划定全省林区范围的请示》（吉政函［2002］33号）。根据《森林法》、《森林法实施条例》和《森林防火条例》的规定，以及中共中央、国务院关于国有重点林区和南方集体林区等有关政策规定，同意省林业厅关于全省“林区”范围的界定。即东部吉林、延边、白山、通化、辽源等市（州）为长白山林区；中西部长春、四平、松原、白城市等地区为重点防护林区，全省范围内的林业管理工作，都应按“林区”的管理要求进行。这样划分有利于在全省范围内贯彻执行《森林法》，保护森林资源，加快生态环境建设，发展生态环保型效益经济。

（吉林省林业厅办公室）

【吉林省全面启动退耕还林工程】　2002年是全省退耕还林工程全面启动的第一年。退耕还林总任务是11.3万公顷，其中退耕地造林4.7万公顷，宜林地造林6.7万公顷，建设范围涉及53个县（市、区）。2002年，共完成退耕还林11.4万公顷，其中，退耕地造林完成4.7万公顷，宜林地造林完成6.7万公顷，完成国家下达计划的100%。主要经验和做法是：①明确任务，落实责任。结合全省实际，确定退耕还林建设重点，并将退耕还林任务落实到千家万户和山头地块。②广泛宣传，全面发动。各地充分利用广播、电视、报纸等多种媒体，采取出动宣传车、印发宣传材料等各种形式开展宣传工作，大张旗鼓地宣传退耕还林的重要性和紧迫性，宣传退耕还林的各项政策，提高广大干部群众的思想认识，让政策深入人心。③加强领导，通力合作。为了将退耕还林工作落到实处，省政府成立了退耕还林领导小组，下设办公室，负责全省的退耕还林工程建设日常工作。各市（州）、县（市、区）政府都成立了以政府主要领导挂帅的退耕还林工程建设领导小组，并要求配备专职人员，负责本地退耕还林建设工程日常管理工作。全省各级干部认真贯彻国务院及省政府文件精神，省计委、财政、林业、粮食各部门分工负责，密切配合，扎实工作。④健全制度，规范管理。省政府下发了《贯彻落实国务院关于进一步完善退耕还林有关政策的若干意见的通知》、《吉林省人民政府办公厅关于认真做好退耕还林（草）林权登记发证工作的通知》，并制定了《2002年吉林省退耕还林工作方案》，明确了建设重点、建设对象、兑现标准。省纪委和省监察厅下发了《中共吉林省纪委吉林省监察厅关于退耕还林（草）工作中违纪行为党纪政纪处分的规定》。省林业厅、财政厅、粮食局、农发行联合下发了《关于国家退耕还林建设工程有关问题的补充通知》，对退耕还林的粮款兑现作了明确的规定。为保证工程建设质量，依法保护林权取得人的合法权益，省林业厅还下发了《吉林省退耕还林（草）作业设计技术标准》、《吉林省退耕还林（草）建设工程检查验收办法》、《吉林省退耕还林（草）林权登记发证工作方案》，并对一线工作人员进行了作业设计、检查验收、档案管理、林权证发放工作培训。⑤强化监管，兑现奖惩。在退耕还林工程实施过程中，各级政府、人大、政协、纪检等部门积极参加，密切配合。财政、计委、审计、粮食等有关部门分别就各自职责分工认真做好检查监督工作。按照国家对工程的管理要求，各县（市、区）对退耕还林工程进行自查。省林业厅组织质检队对各县（市、区）的造林质量自查结果进行核实，依据核实结果兑现粮款，并根据省政府的意见对造林质量好的单位进行表彰，以资鼓励。对问题严重、工程质量差的单位进行全省通报批评，视情节轻重给予相应的处罚。（吉林省林业厅办公室）

【吉林省森林防火工作】　2002年吉林省实现了连续22年无重大森林火灾。全省共发生森林火灾39起，其中森林火警33起，一般森林火灾6起。总过火面积71.3公顷，其中：受害森林面积46.9公顷。森林火灾受害率0.006/1000，森林火灾控制率1.95公顷/次。

（吉林省林业厅办公室）

【吉林省国家级森林病虫害中心测报点】　2002年，国家林业局批准吉林省的双阳区、蛟河市、舒兰市、桦甸市、龙井市、敦化市、珲春林业局、伊通县、辉南县、洮北区、前郭县、长白县、八道江区、靖宇县、露水河林业局、三岔子林业局、红石林业局共17个森防站为国家级森林病虫害中心测报点。

（吉林省省森防总站）

【吉林省全国森林病虫害防治检疫标准站】　2002年国家林业局批准吉林省的吉林省森防检疫总站、榆树市、蛟河市、东丰县、靖宇县、和龙市、公主岭市、乾安市、白石山林业局、大兴沟林业局、珲春林业局共11个森防站为全国森林病虫害防治检疫标准站。

（吉林省省森防总站）

【吉林省全国无检疫对象苗圃】　2002年，国家林业局批准吉林省的临江林业局桦树苗圃、黄泥河林业局北大秧苗圃、珲春林业局哈达门苗圃、大石头林业局中心苗圃、八家子林业局安北林场苗圃、汪清县林业局金沟岭苗圃、敦化丹峰林业有限公司石门子林场苗圃、永吉县林业局西阳苗圃、抚松县林业局江北苗圃共9个苗圃为全国无检疫对象苗圃。

（吉林省省森防总站）

【吉林省种苗重点工程建设】　2002年，全省利用国债和地方配套资金3000万元，建设一批重点种苗基地，种苗繁育规模和水平显著提高。种子生产基地生产良种50万千克，育苗面积达6750公顷，年产造林成苗达8亿余株，比2001年同期增长1倍，为圆满完成退耕还林、天然林保护工程以及其他生态工程建设任务奠定了坚实基础。种苗的生产结构和品种结构调整基本到位，质量监督检验体系逐步完善。一级品率达到90%；基地供种率达90%，良种使用率达到53%，容器苗、组培苗、嫁接苗的比例达到20%；民营苗木产量达到全省的60%，多种所有制并存，国有苗圃和民营育苗公平竞争、共同发展的格局已初步形成。（吉林省省林木种苗站）

【吉林省科技成果推广】　2002年吉林省林科院山地1号杨树良种推广、吉林省林业技术推广站银中杨生态林营建技术被国家林业局列为技术推广项目；吉林市林科院大叶山杨、欧洲三倍体山杨造林技术示范被国家林业局列为技术推广中试项目。

（吉林省林业厅科技产业处）

【吉林省整顿木材经营加工厂点】 按照《吉林省人民政府办公厅关于转发省林业厅制定的清理整顿木材经营厂点实施方案的通知》（吉政办明电［2001］178号）要求，省林业厅与省工商管理局等部门联合开展了全省木材经营加工厂点清理整顿工作，经过半年的清理整顿，共取缔不符合标准的木材经营加工厂点2665个，达到了合理布局、强化管理、整顿秩序、规范行为和保护森林资源的目的。

（吉林省林业厅资源处）

【吉林省天保工程富余职工一次性安置工作】 根据国家天保工程富余职工分流安置计划，2002年1月11日，吉林省林业厅召开了工程区各局主管局长和劳资处长会议，布置工程区富余职工第二批一次性安置工作。截至4月5日，本次共安置富余职工16 301人。同时经过努力和争取，吉林省长白、辉南、上营、安图4个森经局被纳入天保工程富余职工一次性安置计划，2002年8月19日国家财政部已将14 361万元拨付到位。至此国家已向全省投放一次性安置资金103 641万元。 （吉林省林业厅科技产业处）

【白城市生态草建设】 2002年初，白城市委、市政府作出“大规模、大气魄、大动作、大手笔”地打好4万公顷生态林草会战的重要决策。全年完成退耕还林任务2.5万公顷，其中，退耕还林1万公顷，宜林地造林1.5万公顷，完成生态草建设任务2万公顷，建围栏38万延长米，圆满完成了会战任务。9月28日，市委、市政府召开表彰大会，对在生态林草会战中表现突出的33个绿化先进单位、54名先进个人予以表彰。 （白城市林业局）

【吉林省退耕还林领导小组成立】 2002年4月4日经省政府同意成立吉林省退耕还林领导小组（吉编［2002］3号）。领导小组的主要职责是：负责全省退耕还林工作的统一领导、部署和组织协调；制定和审批全省退耕还林规划、计划；研究解决退耕还林工程建设中的重大问题。杨庆才副省长任组长；省林业厅厅长刘延春、省发展计划委员会副主任闻国志任副组长；成员由省农业委员会、国土资源厅、科技厅、地方税务局、粮食局等有关部门的主要领导担任。领导小组下设办公室。办公室设在省林业厅，具体负责领导小组的日常工作。并且配备事业编制7名，财政全额拨款。 （吉林省林业厅办公室）

【设立吉林省荒漠化治理办公室】 2002年7月23日经省机构编制委员会办公室同意，设立吉林省荒漠化治理办公室（吉编办［2002］113号），为隶属于吉林省林业厅的全民所有制事业单位，按相当于处级规格待遇。主要职责是：研究拟定全省荒漠化治理规划；负责组织社会力量认治荒漠化土地，并指导全省荒漠化治理等工作。吉林省荒漠化治理办公室列全额拨款事业编制5名。核定吉林省荒漠化治理办公室处级领导职数1名。 （吉林省林业厅办公室）

【吉林省生态草稽查工作启动】 生态草建设是省政府机构改革时赋予林业部门的职能，为巩固和扩大生态草的建设成果，加强生态草的保护与管理，2002年，省林业厅成立了生态草巡护稽查队，挂靠在向海自然保护区管理局。巡护稽查队的职能是对建设的生态草进行巡护及对破坏生态草的行为进行稽查，同时对生态草建设进行宣传。 （吉林省林业厅办公室）

【吉林省森林资源行政案件稽查办公室成立】 2002年5月14日吉林省林业厅森林行政案件稽查办公室成立，是稽查、督办森林资源行政案件的具体办事机构，业务归口吉林省林业厅森林资源管理处。稽查办设在吉林省林业厅政法办公室。主要职责是：参与拟定森林资源行政案件稽查和管理的有关规章、制度；负责举报的森林资源行政案件的稽查和督办工作；负责对群众举报的各类破坏森林资源的案件进行初查，按案件性质分类，提出意见，经领导批示后转各有关部门查处；提交吉林省林业厅领导批示查处的各类破坏森林资源案件的督办和查处结果的报告；负责检查指导全省森林资源行政案件稽查工作；负责全省森林资源行政案件的汇总、统计和分析报告工作。

（吉林省林业厅办公室）

【设立吉林省林业信息中心】 2002年4月9日经省机构编制委员会办公室批准，同意设立吉林省林业信息中心（吉编办［2002］58号），为隶属于吉林省林业厅的全民所有制事业单位，按相当于处级规格待遇。其主要职责是：承担全省林业信息网络建立工作；组织、指导全省林业信息的搜集、整理、分析和发布工作；负责全省林业信息管理应用软件的研究开发工作等。列全额拨款事业编制10名。核定处级领导职数2名。 （吉林省林业厅办公室）

【吉林省调整莫莫格国家级自然保护区管理局隶属关系】 2002年3月1日经吉林省机构编制委员会办公室批准，原由吉林省镇赉县人民政府管理的吉林莫莫格国家级自然保护区管理局调整为由吉林省林业厅管理，为隶属于吉林省林业厅的全民所有制事业单位，按相当于处级规格待遇，列事业编制53名，财政全额拨款。 （吉林省林业厅办公室）

【吉林省松花江三湖保护区管理局更名】 2002年4

月9日经吉林省机构编制委员会办公室同意，将吉林省松花江三湖保护区管理局更名为吉林省松花江三湖自然保护区管理局。更名后，原机构性质、规格待遇、人员编制、领导职数、经费渠道等均不改变。

（吉林省林业厅办公室）

【吉林省林木种库更名】 2002年4月9日经吉林省机构编制委员会办公室同意，将吉林省林木种子库更名为吉林省林木良种站。更名后，原机构性质、人员编制、经费渠道等均不改变。

（吉林省林业厅办公室）

【天佛指山国家级自然保护区建立】 由国家环境保护总局提出，2002年7月2日经国务院审定17处新建国家级自然保护区中，吉林天佛指山列为国家级自然保护区（国办发［2002］34号）。

（吉林省林业厅办公室）

【延边两国家级森林公园获批准】 12月2日经中国森林风景资源评价委员会审议，并经国家林业局审核，同意延边州林管局申报的图们江源森林公园和延边仙峰森林公园为国家级森林公园。原隶属关系、山林权属、经营范围不变。（吉林省林业厅办公室）

【敦化雁鸣湖县级自然保护区晋升并更名】 2002年12月28日吉林省政府同意将敦化雁鸣湖县级自然保护区晋升并更名为吉林大山省级自然保护区（吉政函［2002］143号）。该保护区属于内陆湿地和水域生态系统类型自然保护区，主要保护对象为牡丹江上游湿地生态系统和国家一级保护物种黑鹳等珍稀水禽繁殖、迁徙地。组建吉林大山省级自然保护区管理机构，负责区域的建设与管理工作。机构隶属于敦化市林业局，省林业厅为该保护区的上级行政主管部门，并对该保护区的建设与管理实施业务指导。

（吉林省林业厅办公室）

【吉林包拉温都省级自然保护区建立】 2002年12月20日经省政府同意建立吉林包拉温都省级自然保护区（吉政函［2003］134号）。保护区地理坐标为东经122°15′～122°41′，北纬44°13′～44°31′，位于通榆县的西南部，南部、西部与内蒙古自治区的科左旗、科右中旗相邻，北部、东部与通榆县相连。包括包拉温都蒙古族乡全部及瞻榆镇3个村、新发乡1个村、良井子牧场3个分场和包拉温林场全部。该区总面积62 190公顷，其中核心区面积22 339公顷，缓冲区面积21 304公顷，实验区面积18 547公顷。该区属于内陆湿地和水域生态系统类型自然保护区，主要保护对象为以芦苇沼泽为主的天然湿地生态系统和珍稀野生动物栖息地及蒙古山杏林。建立吉林包拉温都省级自然保护区管理机构，负责该区域的具体管理工作。机构隶属于白城市林业局，省林业厅为该保护区的上级行政主管部门，并对该保护区的建设与管理实施具体业务指导。（吉林省林业厅办公室）

【吉林汪清省级自然保护区建立】 2002年12月20日经省政府同意建立汪清省级自然保护区（吉政函［2002］133号）。保护区地理位置为东经129°56′～131°04′，北纬43°05′～43°40′，保护区范围包括汪清林业局杜荒子林场、金沟岭林场和荒沟林场。总面积为42 756公顷，其中核心区面积16 539公顷，缓冲区面积11 843公顷，实验区面积14 374公顷。该区属于森林生态系统类型自然保护区，主要保护对象为国家一级保护植物、濒危物种野生东北红豆杉及其赖以生存的红松针阔混交林生态系统。地带性植被是以红松为主的云冷杉针阔混交林。建立吉林汪清省级自然保护区管理机构，负责该区域的具体管理工作。机构隶属于延边州林管局，省林业厅为上级行政主管部门，对该保护区的建设与管理实施具体业务指导。

（吉林省林业厅办公室）

【吉林省林业企业职工技能竞赛活动】 为在全省林业企业认真实施“科教兴国”、“科技兴企”和“人才兴业”战略，推动“经济技术创新工程”深入持久地向前发展，使全省林业经济尽快走上跨越式可持续发展之路，全面完成“十五”计划确定的各项经济和社会发展目标，省林业厅、省劳动和社会保障厅于10月份联合举办全省林业企业职工技能竞赛活动。对各级竞赛的优胜者，按精神鼓励与物质奖励相结合的原则，分级予以表彰奖励。（吉林省林业厅办公室）

【吉林省森林工业集团总公司】 2002年是吉林森工集团各项工作稳步推进、经济效益持续提高的一年。经过集团上下的共同努力，较好地完成了预算指标和各项工作任务。在木材产量继续下调、入世后市场竞争异常激烈的情况下，做到了减产不减效益，林区社会基本稳定。

企业改革有突破 集团母子公司体制不断完善，总公司进一步转变观念、转变职能、工作方式方法，定位功能和核心控制力基本形成。森工局资产分类经营改革取得实质性进展。在三岔子林业局率先结合管理流程信息化改造，把资产分类经营核算体系建立起来的基础上，8个森工局的资产分类经营改革全面铺开。资产分类经营改革的实施，使经营性资产、行政性资产和社会性资产以及相关人员、费用明晰化，为提高资产创利能力、争取有关政策和森工局管理体制改革创造了条件。在此基础上，白石山林业局又进一步按照专业化分工、规模化经营、市场化运作的要求，进行了组织结构调整和管理体制改革，彻底打破了源于计划经济的管理体制。2002年，各成员单位的三项制度改革大都得到了深化。多数单位实行了中层经营管理人员竞聘上岗、一般员工择优录用和多种分配形式。下岗分流再就业工作有新进展，集团已动态分流安置下岗职工30 392人，尚有34 633人通过再就业会议，已作出详尽分流安置计划，预计2004

年基本分流安置完毕。下岗职工思想稳定，基本生活得到保障。各成员单位按照再就业会议要求，制定了具体的分流安置方案，推进了下岗分流再就业工作。三岔子林业局在充分利用天保补助的同时，企业自筹资金6128万元，一次性安置4444人，减轻了企业负担。红石林业局与股份公司的产权关系和管理体制得到理顺。

结构调整有进展 在狠抓已建成项目的达标达产，在达标达产率有所提高的基础上，重点项目建设进展顺利。金桥木业公司的成功组建和规范运作，为集团资产重组又提供了新的范例。在各股东的大力支持下，财务公司正式成立并开展基本业务，使集团的功能更加完备。在建的泉阳矿泉水、湾沟水泥、白石山中密度纤维板等项目，如期完成并转入试生产。泉阳泉矿泉水市场开发效果明显。临江制药厂改造和待建的几个项目前期工作进展顺利，新产品研发有一定突破。经过两年的努力，工业原料林试点获得国家林业局批准，并在松江河、泉阳、露水河局开始启动。集团资源综合开发工作会议之后，各成员单位认真贯彻落实会议精神，进一步规范和完善了林地管理承包责任制，形成了一些优势产业和产品，取得了一定的社会效益和经济效益。

经营管理有起色 总公司以行使“三项权利”、实行“三项管理”为重点，经济运行监控力度加大，效果明显。全面预算管理在整个经济运行监控中起到重要作用。总公司工作做到了月有计划和考评，季有经济活动分析，年初和年中集中部署和研究经营管理工作，日常专项审计，年终全面审计、兑现奖惩。日常对经济运行中的重大问题进行了及时有效的调控，经济运行质量不断提高。认真开展了用友软件应用试点工作，满足了全面预算管理和资产分类经营的需要。集团始终把市场开发作为经营活动的重点，多次专题研究复合地板、矿泉水等产品的市场开发问题，各级经营者和广大员工的市场意识有所增强，以“三整顿”、“一提高”为内容的财务整顿工作，历时9个月，建立健全了财务管理制度，规范了基础工作和管理行为，贯彻执行了新会计制度。财务整顿收到成效，企业管理得到加强。生产成本和管理费用得到有效控制。大宗物资实行两级集中采购，取得初步成效。

经济效益有提高 全年实现营业收入25.1亿元，同比增长8.3%，超预算0.2%；实现利润3856万元，同比增长28.1%，超预算68.3%。2002年主要经济指标完成的较好，木材生产成本平均比2001年降低8.15元/立方米，售价平均提高11.5元/立方米，两项合计增效2103万元。在岗员工收入平均增长400元/人·年。主要产品产销率基本完成预算指标，应收账款比预算减少5382万元。在2002年经营管理活动中，股份公司规范运用，外抓市场，内抓管理，既树立了良好的企业形象，又创造了较高的经济效益。8个森工局作为集团的产业基础和经济支柱，在集团改革和发展中发挥了主导作用。三岔子、松江河、露水河林业局顾全大局，为集团再创高效作出了积极贡献。金桥木业、泉阳泉饮品两个重组企业，发挥整合优势，主动搏击市场，取得初步成效，前景看好。5个城市加工厂在困境中苦心经营，总体减亏，并保持了基本稳定。长春胶合板厂、通化林化厂破产有望。各专业公司主要依靠力量，艰难经营，基本完成了预算指标。两院一校“可汤吃饭”，并积极寻求自我发展，设计院经营管理有新突破，实现利润51万元。北京办事处坚持服务宗旨，积极协调有关方面，为集团发展发挥了应有的作用。

思想政治工作成效显著 ①思想政治工作的工作体系不断健全和完善。健全了各级党组织，做到经济工作延伸到哪里，党的组织就跟进到哪里。适应领导体制改革要求，建立健全了“一岗双责制”的思想政治工作制度体系和工作机制。②思想工作的作用得到有效发挥。班子建设得到加强。认真开展了“三讲”和“三个代表”等一系列学习教育活动，针对各级班子在思想、作风方面存在的问题，制定措施并认真整改，各级领导班子的思想作风、工作作风得到改进。③精神文明建设得到加强。各级党委根据集团总体规划和部署，认真贯彻《公民首先建设实施纲要》，以思想道德建设为核心，以企业文化建设为载体，开展了再创业教育、思想道德教育、环境建设、企业文化建设为主要内容的群众性精神文明创建活动。④思想政治工作的成效比较明显。集团总公司党委先后被评为省先进基层党组织、思想政治工作标兵单位，有4个成员单位被评为全国思想政治工作先进单位和省精神文明建设标兵单位，12个单位被评为省思想政治工作先进单位，8个单位被评为省精神文明建设先进单位。 （肖彦元 刘凤德）

【吉林森工股份公司】 2002年吉林森工股份公司紧紧围绕构筑企业核心竞争力，重点做了“三抓”、“一创”工作，全面完成年度工作任务。全年实现全部营业收入75 856万元，同比增加10 820万元，增长17%。实现主营业务利润20 682万元，同比增加3411万元，增长20%。净资产收益率8.58%。

抓促销，进一步理顺产销关系 年初，公司总部对销售工作的布局和运作方式进行了谋划和安排，在北京设立了销售中心，构建了两个产业链条运作的格局，经过1年的运作，成效显著。2002年主营业务收入实现72 856万元，占全部收入的95%，同比增加11 087万元，提高18%。

抓开发，产品开发和技术改造项目稳步进行 ①抓住产品研发龙头，带动基地发展。北京人造板深加工产品、通化胶粘剂产品两个研发中心积极工作，开发出一些适应市场需求的新产品，市场销售看好。②

重点抓好产品开发。北京人造板复合门项目开发出首批产品，通化胶粘剂分公司开始批量生产 E_1 级低毒胶，使公司人造板产品达到国家规定标准。③认真搞好技术改造，解决了设备运行中的问题。

抓管理，经营管理水平又有新的提高 围绕加强企业管理，采取了一些有效措施。重新修订了《公司章程》，公司法人治理结构进一步完善。按照现代企业制度要求，红石分公司与红石林业局实现了“五分开”。在财务管理上，公司加强了财务预算的跟踪管理，按月、按季对实际完成的各项指标与预算进行对比分析，找出影响指标完成的因素，对控制资金使用、节约成本费用起到了重要作用。各分公司认真执行新会计制度，精打细算，管理费用和营业费用都控制在预算指标之内，主要产品成本与 2001 年持平。质量管理、现场管理和安全管理都有显著提高。

创造良好的内外部环境，企业信誉和活力进一步增强 围绕外塑企业形象，内增企业活力，积极构建企业发展的良好环境。一方面积极协调外部关系，主动服务客户，塑造企业形象，使“吉林森工”、“露水河”品牌的市场知名度、信誉度进一步提高。另一方面认真协调和理顺内部关系，增强企业活力。总公司积极转变作风，通过现场办公及时解决生产经营中的问题。各分公司积极开“做改革先锋、做稳定中坚、做发展栋梁”为主题的建功立业活动，较好地完成了工作任务。同时开展各种形式的专业培训和文体活动，企业凝聚力得到增强。 （肖彦元 刘凤德）

【金桥木业有限公司】 2002 年是金桥木业有限公司成立的第一年，公司以改革为主线，调整为重点，以资产重组为契机，积极强化管理，努力开拓市场，打造“金桥”品牌，各项工作全面推进。公司年地板生产能力 300 万平方米，是亚洲最大的复合地板生产加工企业，金桥地板通过了 ISO9000 质量体系认证和中国环境标志认证，公司现已开发出多拼、独面、窄面、染色、地热、体育、进口材、竹材等 7 个系列 320 个品种的产品。产品获得中国国际博览会名牌产品金奖和国际名牌博览会消费者满意产品，产品 80％销往欧美市场。2002 年生产复合地板 120 万平方米，胶合板 2 万立方米，实现销售收入 1.8 亿元，实现利润 600 万元。 （肖彦元 刘凤德）

【泉阳泉饮品公司】 吉林森工集团泉阳泉饮品公司是大型生态企业，具有得天独厚的长白山优质天然矿泉水资源优势，其水源地“泉阳泉”被国际饮水组织认定为“中国白山市长白山矿泉水可持续发展示范区”。公司成立于 2001 年，厂区参照国际流行风格设计，引进意大利、德国、法国、美国等国生产设备，年生产矿泉水 10 万吨，是东北地区拥有品牌、规模最大的矿泉水企业。主要产品有 420 毫升经济装、600 毫升旅游装、2 升家庭装、桶装天然矿泉水及长白山特色饮料系列产品。2002 年“泉阳泉”矿泉水被认定为吉林省名牌产品，被中国技术质量监督情报协会仪器专业委员会认定为“中国市场放心健康食品”、“中国质量过硬服务放心信誉品牌”，著名运动健将张健是“泉阳泉”品牌形象代言人。2002 年销售矿泉水 8000 吨。 （肖彦元 刘凤德）

【三岔子林业局】 2002 年三岔子林业局坚持与时俱进，不断深化改革，强化企业改革，企业经济发展取得新成绩。全年实现营业收入 18 223 万元，实现利润 1037 万元。顺利完成资产分类经营试点工作，总结经验，为在集团推广奠定基础。企业以改革总揽全局，对企业内部机构进行了较大调整，全局基层单位由 37 个减少到 24 个，减产管理费用 400 多万元。深化三项制度改革，建立了经营者能上能下，工人能进能出、收入能高能低的机制。积极分流安置企业富余人员，通过单位剥离、资源综合开发、一次性安置企业在册职工 7800 人。 （肖彦元 刘凤德）

【露水河林业局】 2002 年露水河林业局通过深化改革，优化资源配置，强化管理，各项工作取得了明显成效。全年实现营业收入 20 455 万元，实现利润 982 万元。通过开展“四个一”和“五新”活动，加强企业管理，节约挖潜，提高企业效益。加强资金管理，全年减少三项费用 498.8 万元。（肖彦元 刘凤德）

【临江林业局】 临江林业局 2002 年在木材进一步减产，市场竞争更加激烈，企业困难增加的条件下，经过全局拼搏，全年实现营业收入 24 358 万元，利润 940 万元。该局加快产业结构调整，积极实行资产分类经营，改革取得了新成效。分流安置下岗职工 1445 人。资源综合开发产值达到 200 万元，从事资源综合开发的职工达 3244 人。 （肖彦元 刘凤德）

【泉阳林业局】 2002 年泉阳林业局紧紧围绕年初确定的目标，积极实施天保工程，圆满完成了营林任务，初步启动了工业原料林试点建设工程。大力开展森林资源管护经营，积极引导职工群众发展林下经济。木材生产体系不断规范，效益稳步提高。基础建设不断完善，物资采购供应取得了新的经验，企业管理得到全面加强。经过积极努力，初步完成“中国长白山生态食品城”论证工作，泉阳湖、水源地一期建设初具雏形，职工生活环境得到较大改善。2002 年全年实现营业收入 15 781 万元，实现利润 967 万元，安置下岗职工 1060 人，新增集资楼 7363 平方米。

（肖彦元 刘凤德）

【白石山林业局】 白石山林业局 2002 年实现营业收入 13 606 万元，同比增长 11％，实现利润 823 万元，职工工资增长5%。重点做了机制转换和强化管理工作。①深化体制改革，按照分级管理、梯次推进、放开搞活、低耗高效的总体改革思路，在资产分类经营的基础上，按公司化管理、专业化经营、市场化运作的原则，进行了经营体制的改革，成立了森林培育公司、森林采运公司、资源开发公司、创达公司和资源管理处，将林场的各种专业职能重新划分，成立了资源管理区，使经济市场化进一步加快，市场配置资源的基础性作用明显增强。②加快结构调整，自筹资金改造了一条1.5万立方米中密度纤维板生产线。拓展资源综合开发后续产业，实行林地有偿管护开发承包，开发面积9.8万公顷。建成了年产20万千克的世界最大的木灵芝生产基地。养林蛙1亿只，开发绿宝石5万克拉。③强化企业管理。编印了《企业管理文件汇编》，加强了劳动工资管理，全年节资209万元。强化了成本管理加强销售，木材每立方米提高售价102元，使企业增收966万元。

（肖彦元　刘凤德）

【红石林业局】 2002年是红石林业局企业体制改革取得实质性突破的一年，深入开展“质量效益年”活动，加大改革、调整、重组力度，加快资产分类经营步伐，全面完成年度各项工作任务。全年比计划减亏11万元。根据建立现代企业制度的要求，实现了红石分公司与红石林业局资产、机构、财务、班子、人员“五分开”，进一步理顺了体制关系，明确了责任，有力地促进了生产经营的规范运作和经济运作质量的全面提升。强化了资源林政管理，制定了管理办法，查处林政案件487起，收缴罚款及林木损失补偿费31万元。加强森林防火工作，取得了连续25年无重大森林火灾的好成绩。（肖彦元　刘凤德）

【松江河林业有限公司】 2002年松江河林业有限公司实现营业收入25 130万元，实现利润1012万元，木材产销率103.1%，在岗职工工资平均增长60元/月，全面完成了集团总公司下达的各项工作任务。主要做了4项工作：①进行了产业结构和经营结构的调整，成立了浮石公司、建筑沙石经营分公司、苗木花卉经营分公司和漂流、滑雪旅游项目筹建办公室。对汽运处等5个单位进行了改革，成效显著。②加强了企业管理。加强了木材生产管理，提高造材质量和售价，全年木材销售收入10 556万元，木材售价为733.6元/立方米。财务实行了全面预算管理，资产实行了分类经营。③森林旅游城建设启动。完成森林旅游城建设规划，基础设施开始建设。④富余职工安置有新进展。通过一次性安置等政策，安置下岗职工1227人。（肖彦元　刘凤德）

【湾沟林业局】 2002年是湾沟林业局三年脱困、五年振兴的第一年，也是经济发展较为迅猛的一年。①以强化主导产品的质量和营销为重点，经济形式有所好转。加强木材和水泥的质量管理和销售，全年销售木材3.7万立方米，木材售价为561.7元/立方米，比2001年提高16.79元。在完成水泥厂四期扩建的基础上，全年生产水泥25万吨，销售23.4万吨。②以林场自立为目标，资源综合开发步伐加快。2002年又有3个林场自立，林场自立已达9个，占林场总数的82%。进行了第二轮沟系承包，发包沟系80条，面积3万公顷，生态示范沟系已初具规模。③以结构调整为主线，企业改革取得新成果。局机关部门精简到15个，幅度为17%，人员减到85人，幅度为26%。对产业结构和文教卫生也进行了改革，效果较好。2002年实现营业收入8267.5万元，实现利润300万元。（肖彦元　刘凤德）

【长春市林业】 2002年，长春林业工作认真贯彻落实党中央、国务院关于加强生态林业建设的指示精神，坚持高举生态建设的旗帜，紧紧围绕巩固长春市生态建设成果，提高长春市生态建设水平的目标，坚持一手抓植树造林，一手抓森林资源管护，圆满地完成了各项工作任务。

植树造林任务全面完成 2002年，为进一步推进全市生态环境建设，全市规划和实施了7项重点生态林工程，计划完成总造林任务6000公顷，经过全市广大干部群众的共同努力，共完成人工造林10 904公顷，超计划的81.7%。其中：防护林9217公顷，用材林1076公顷，经济林284公顷，特用林327公顷。在完成总造林任务中，国有造林面积393公顷。全民义务植树969万株，超计划的40%；四旁植树115万株；绿化公路、乡路458千米，超计划的15%。绿化江河堤防720公顷，超计划的20%。全年共完成退耕还林任务7280公顷，占全市总任务的93.6%。

营林生产保持良好发展势头 全年完成迹地更新面积287公顷；完成育苗面积1690公顷，其中：花卉种植面积28公顷，草坪面积3公顷，本年新育面积1017公顷。生产苗木1130万株；生产盆栽植物10万盆，观赏苗木2100万株。完成幼林抚育作业面积19 377公顷/次，幼林抚育实际面积7386公顷；成林抚育面积4649公顷，其中中幼林抚育面积3110公顷；抚育改造出材量4.91万立方米，其中中幼林抚育出材量0.81万立方米；年末实有母树林面积202公顷；实有种子园面积76公顷；全年完成林业总投资11 091万元，其中国家投资654万元，环城绿化带二期工程投资2500万元。全市实现林业总产值113 235万元，比2001年减少8619万元，其中第一产业产值85 049万元；第二产业产值14 991万元；第三产业产值13 195万元。

环城绿化带二期工程圆满竣工 2001年，长春市林业局经过4年奋战，高标准、高质量地完成环城绿化带一期工程建设任务后，2002年，市委、市政府又做出新的决策，决定2002年在长春市环城高速公路内侧实施长81千米，宽50米，纯造林面积405公顷，栽植杨柳树苗80万株的环城绿化带二期工程。由于吸纳了一期工程的成功经验和做法，采取抢先抓早的措施，在一切准备工作就绪后，紧紧抓住化冻后的墒情，仅用半个多月时间，就完成了二期工程的栽植任务。快速、高效、优质地完成了2002年市政府向全市人民承诺的任务目标。

经过5年的奋斗，共完成施工长度171.5千米，纯造林面积1310公顷，共栽植各种树苗181.6万株。其中：丁香、榆叶梅、小桃红等花灌木2.3万丛(6.9万株)；京桃、五角枫、火炬树等亚乔木7万株；黑松、云冷杉、樟子松等针叶树11.6万株；杨柳树等阔叶树156.1万株。此外，还完成低洼地整治100余公顷，挖掘工程防护沟15万延长米。拆迁民宅95户，温室大棚63栋，拆迁面积1.45万平方米。

退耕还林工程步伐加大 按照国务院全面启动退耕还林工程的整体部署，为保证国家退耕还林政策和计划的落实，从加大长春市生态环境建设的力度，调整农村产业结构，实现十六大提出的加快农民致富奔小康步伐的实际出发，先后召开多次召开县（市）区和林业部门领导参加的退耕还林会议，反复宣传国务院退耕还林政策，制定地方退耕还林保护措施，极大地调动了农村干部和农民退耕还林的积极性。及时调整了原定的退耕还林计划，重新落实退耕还林任务5187公顷，实际完成退耕还林4853公顷，占计划的93.5%。经过吉林省林业厅检查验收，吉林财[2002] 559号《吉林省林业厅关于下发2000年至2002年退耕还林核查验收结果和兑现粮食现金的通知》，85%以上合格面积达1483.5公顷，核定现金补助445 050.00元，核定粮食补助3 026 340.5元；41%以上合格面积达1250.5公顷，核定现金补助300 116.8元，核定粮食补助2 040 794.24元。2002年末，各县（市）区财政及时将这些钱款发放到退耕还林户，还为退耕还林户办理了《退耕还林证》。

三北防护林四期工程扎实推进 按照国务院三北四期防护林工程建设总体规划的部署，2002年，全市计划完成三北四期防护林工程建设任务3000公顷，为了组织好这项工程的实施，重点抓了双阳、农安、九台3个重点县（市）的落实，组织各县（市）区抓住秋收后上冻前的有利时机，大搞整地造林会战。农安县出动190万人次，完成整地2500公顷，完成三北四期防护林工程造林2000公顷，栽植各种树苗450万株。九台市完成工程造林1325公顷，双阳区完成1577公顷。在农防林更新改造工程中，通过采取划定重点区、先栽后伐、更新改造挂钩等一系列措施，全年完成农防林更新改造1500公顷，其中迹地更新200公顷，改造800公顷，新造500公顷。

近郊生态林和绿色通道工程稳步推进 为提高长春市近郊生态建设水平，使之成为长春农业的示范区、城市旅游的观光区，长春市规划了近郊生态林工程，计划用5年时间完成这项工程。2002年投入了第一阶段施工，完成造林面积300公顷，栽植各种苗木75万株。与此同时，还按照国务院绿色通道建设的整体规划，加强了国、省、县级公路以及铁路和江河堤防的绿化。完成绿色通道造林1100公顷，比2001年增加13%，栽植各种苗木280万株。

预防日本松干蚧工作取得新成果 按照长春市人民政府做出的“举全市之力，拒日本松干蚧于长春之外，打好预防日本松干蚧的长春保卫战”决定，为阻断或延缓日本松干蚧的自然传播，从2001年起，长春市在双阳区通往疫区之间建设一条长85千米，宽3～5千米的无寄主隔离带，全面清理隔离带内的寄主林木，选用非寄主林木造林。用4个月时间，清除黑松林木2000余立方米，新植云杉、落叶松、杨树等非寄主林木54万株，完成隔离带建设任务248.9公顷。2002年，充分考虑营造混交林对预防治理日本松干蚧和控制其他病虫害的积极作用，设计了各种形式的混交林，完成205公顷隔离带造林任务，栽植红松、云杉、落叶松、杨树等非寄主林木抗性树种108万株，造林成活率达95%以上。

此外，还对市内180条、240千米公路、30万平方米庭院进行生物药剂预防性治理；对2300台运输木材车辆进行了检查，堵截从疫区运来的寄主植物100余车，检查木材市场20余处，业户200余家，查处违反市政府通告存放、销售寄主木材210立方米，过火处理木材63立方米，药物处理110立方米。检查建筑、绿化工地30多个，查处寄主木材30余立方米。

全民义务植树活动丰富多彩 2002年，在省会市绿化委员会的组织下，全市广泛开展了具有社会性、群众性的栽植纪念林活动。在净月潭国家森林公园，由省会绿化委员会、市旅游局、长春晚报共同举办了有100多个家庭、300多人参加、共栽植500多株柳树的家庭林活动；由绿园区委组织全区3000多机关干部、青年团员、青年学生、妇女干部在街区主要街路栽植面积近6公顷、16 000余株的公仆林、青年林、学生林、“三八”林、民兵林；由绿园区绿化办与吉林交通之声文艺台组织400余名出租车司机栽植500株“的士”林；在环城绿化带二期工程工地，由驻长部队4000多名官兵栽植了3余万株的“八一林”；在长春公园，由市总工会组织100余名劳模栽植200多株云杉的劳模林；由吉林省记者协会组织10余家新闻单位、2000余名新闻工作者营造了2000余株的记者林。2002年，长春的造林绿化得到国家、省林业主管部门和长春市委、市政府的充分肯定和高度评价。特别是环城绿化带、退耕还林等几项重点工程，引起了省内外各界的广泛关注，除组织全国副省级林业局长参观外，辽宁、黑龙江、内蒙古等地都组团来长春参观学习，给予了高度评价。

森林资源管护进一步加强

狠抓森林资源和林政管理 坚持贯彻2001年长春市人民政府下发的《关于加强农田防护林管理若干规定》，严格控制采伐项目和护路林采伐的审批；继续停止成龄林抚育采伐，减少不合理消耗；实行造伐挂钩，造一伐一的政策；加速次生林改造；成立林木采伐设计队，加强了对林木采伐的设计与管理。由于采取了上述措施，全市森林资源消耗得到有效控制，森林资源管理得到明显加强。

坚持开展严打专项斗争，依法严厉打击破坏森林资源违法犯罪活动 全年查处各类林业案件218起，抓获犯罪嫌疑人209人，挽回经济损失46余万元。

坚持抓好森林防火工作，认真落实防火行政领导负责制 在资金比较紧张情况下，筹资100万元，更新维修防火设备，增加防火设施。为重点林区新购风力灭火机43部，灭火服43套、对讲机70部，新建电台4部、瞭望台3座。投资50万元完成了二、三级通讯网络改造，改善了森林防火硬件环境，实现了连续19年无森林火灾的目标。

切实抓好野生动物保护工作 按照《长春市野生动物保护条例》，办理《野生动物驯养许可证》180件，《野生动物收购经营加工许可证》80件，收取野生动物资源保护管理费60万元。开展了爱鸟周活动，全面清理取缔非法鸟市。打击了非法收购、运输、野生动物产品和捕猎的犯罪活动，查处行政案件10起，依法立案5起，没收捕鸟网具200多件，收缴野生动物43头（只），没收放飞国家保护鸟类3000余只，对177人进行了行政处罚。

加大对杨树蛀干害虫的防治 对病虫害严重的林分进行了卫生伐，同时，采取了封闭高温灭菌，取得显著成效。

林业发展保持强有力后劲 针对近年来长春市连续遭到沙尘暴侵袭，整个生态环境受到严重威胁和全市各界对长春市生态环境的关注及要求，聘请吉林省林业勘察设计研究院规划设计了《长春市西部和西北部防风御沙林工程》。这项工程西起长春市的朝阳区永春乡长岭村，北至农安县靠山镇红石村，横跨朝阳、绿园、农安3个县（区），17个乡（镇），75个行政村。工程总长度345千米，主体林带宽度200米，总规划造林面积6900公顷，其中：耕地面积6052公顷，残次林地693公顷，沟壑沙丘和宜林荒地155公顷。工程建设期为5年。工程总投资2.29亿元。其中：国家退耕还林补助费1.13亿元，土地补偿资金4291万元，苗木费2904万元，整地、栽植和抚育管理费4313万元，前期工程费100万元。工程计划栽植适宜长春市生长的抗逆性强、速生的阔叶树良种苗木1013万株。工程实行占地均摊、补偿共得，林权共享，林权随地权走，林木收益归农民，造林用地免征农业税等政策。工程规划经各方专家论证，市委常委会议和市政府常务会议讨论，已将《长春西部和西北部防风御沙林工程》写进《政府工作报告》，并决定2003年起动这项工程。

多种所有制林业竞相发展 ①认真贯彻落实了2000年下发的《长春市人民政府关于发展个体私营林业、股份合作制林业的若干规定》和谁造林、谁管护、谁受益的政策，鼓励和扶持社会各界到农村承包造林，最大限度地吸引社会闲置资金投入林业开发，增强林业的生机和活力。②推广国有林场和乡村集体合股造林模式。解决国有林场造林无土地，集体个人造林无技术、缺资金的矛盾。全市完成人工造林10 904公顷，其中集体和个体造林10 611公顷，使私有林业和股份合作制林业达到造林总面积的90%。截至2002年末，全市有林地面积2 031 284公顷，其中国有林地65 736公顷，集体林地1 933 013公顷，私有林地21 535公顷，团体林地10 274公顷。初步实现了林业所有制形式多样化、经营主体多元化，以私有制林业和股份制林业为主体，多种所有制竞相发展的格局。

苗木培育采取新举措 ①以30个国有林场、苗圃和国家重点投资苗木基地为龙头，大力发展优质的苗木培育基地建设，全市新增加育苗面积1017公顷，基本满足了全市造林绿化苗木的需要。②确定了以"小黑杨"、"西加+杨"和"垂暴109"等速生、无病虫害，抗逆性强的品种为主推品种，净化了全市苗木市场。③积极开展了育苗许可证、苗木销售证和检疫证的发放工作，基本实行了苗木的专营和规范化管理。

林业机构和队伍相对稳定 全市林业单位共有218个，按机构性质分，其中：企业性质的单位有13个，职工1164人，事业性质的单位有191个，职工2547人，机关12个，职工163人；按类别分，国有林场20个，职工1955人；国有苗圃10个，职工550人；林业工作站155个，职工692人；技术推广站3个，职工44人；木材检查站2个，职工10人；病虫害防治站5个，职工33人。全市林业从业人员3920人，其中：在岗3755人，专业技术人员767人，其他从业人员165人，离开单位仍保留劳动关系人员277人，离退休人员911人。（魏运秀）

【吉林市林业】

全面实施退耕还林工程 市政府成立了退耕还林工程建设领导小组，各县（市）、区政府也相应成立了退耕工程建设领导组织，层层签订责任状。各级林业部门认真开展退耕还林地块调查设计，组织农民进行植树造林。上级下达的退耕还林任务 990.7 公顷，其中退耕还林 6576.7 公顷，配套还林 3214 公顷。全地区共完成退耕还林12 116公顷，其中退耕还林 8459 公顷，配套还林 3657 公顷。

抓好三北防护林四期工程 工程总建设面积达到 3826 公顷，争取国家生态建设投资 702 万元。按照因地制宜、因害设防、合理布局的原则，对工程规划进一步细化，做到了突出重点，注重实效，先易后难，稳步推进。并将其纳入百万亩封山育林总体规划当中，采取封育结合、以封为主的措施，加大了防护林抚育和管护力度。

启动了 200 万亩造纸用材林建设项目 依据森林分类经营区划成果，在商品林中区划出一定面积，建立了造纸林基地。请省林业厅和国家林业局的专家对全市造纸用材林基地进行了规划论证，并向上级主管部门争取造纸林基地建设所需的资金和相关政策，就造纸用材林主要树种进行了选育试验，为工程全面运作奠定了基础。

进一步强化森林资源保护 制定了《资源林政审批审核项目管理制度》和《森林资源行政责任追究制度的规定》，进一步规范森林资源管护和审批行为。会同公安、工商等部门，对全市的木材经营（加工）网点进行了全面的清理整顿。加强林地使用管理，进一步加大对毁林犯罪行为的打击力度，开展了以打击毁林犯罪行为为主要内容的“百日会战”。森林防火工作在抓好行政领导负责制的同时，推行和落实政企联防、区域联防、村民联防、十户联防等措施，确保了森林资源安全。

圆满完成“清水绿带”和绿色通道建设任务 在“清水绿带”工程建设中，按照工程规划与部门分工，实施了松花江两岸荒山荒地绿化和疏林灌丛的改造，坚持高起点规划、高标准建设和高水平管理，完成绿化面积 46.5 公顷，植树 14 万株。在绿色通道建设中，组织相关部门完成了口前—磐石 113 千米的公路绿化。配合“清水绿带”工程建设对吉丰东线、西线进行了补植，同时对 6 条省道 320 千米路段的绿化进行了完善和提高。协调水利部门完成江河绿化 113 千米，水库周边绿化 187 公顷。

大力实施种苗基地建设 争取上级林业部门在种苗科技、设备等各个方面的投入 330 万元，增强了国有苗圃的改、扩建能力。按照林业分类经营和 200 万亩林纸一体化工程的要求，选择基础较好的苗圃，大力实施专项育苗。筹划建立了以林科院和西阳林木良种繁育中心为骨干的种苗科技网络，用新技术装备种苗单位，加快新品种的开发、培育与应用。

组织开展生态保护区建设 建立了蛟河市东北虎保护站和观测站，向省林业厅申请建立松花江市区不冻江段越冬水禽保护站以及桦甸市野生动物二级产品市场，把野生动物保护和城市自然景观开发、发展地方经济结合起来。围绕加快拉法山、朱雀山国家森林公园建设，向上级主管部门申请专项资金 280 万元用于森林公园的开发。

实施林业分类经营和天然林保护工程 根据国家公益林认定和核查办法，积极争取国家对全市国家级公益林进行生态效益补偿。同时深入探索营林生产的新机制和发展模式，明确了分类经营与国家生态建设六大工程相整合的工作思路。天然林保护工程 3 年来共削减木材产量51 677立方米，完成人工造林 634 公顷，林冠下造林 549.9 公顷，森林抚育 4260 公顷。

林业经济稳步发展 林业开放步伐进一步加快，通过招商引资和引入项目，吸引资金投入，共完成招商引资 8885.2 万元。林业产业调整取得成效，完成了全地区林业产业现状及未来发展的调研，全系统进一步挖掘森林资源优势，开发林产品深加工和绿色产品，增加经济收入，提高林业经济实力。行业管理逐步完善，各县（市）、区林业局普遍从基层场圃的实际出发，科学合理地制定木材生产成本标准，严格按照标准付拨生产经费，加强育林基金管理，压缩国有场圃非生产人员，以强化管理增加效益。

精神文明建设进一步提高 按照市委、市政府的统一部署，开展了第五次解放思想大讨论和“百日教育”活动，以贯彻落实市第十次党代会精神为动力，从机关党员干部的思想和工作实际出发，深入推进思想解放，重点解决“官本位”意识、小农意识和计划经济意识，牢固树立“经济本位”、“企业本位”和“民本位”观念。市局党委在局机关中层干部和直属单位领导干部中开展了教育整顿活动，通过学习、查摆、整顿、民主评议、组织考核与处理，对机构改革后的林业中层领导干部进行了教育整顿，收到了良好的效果。 （吉林市林业局）

【通化市林业】 2002 年，通化市林业用地面积 104.8 万公顷，占全市总面积 1 530 793 公顷的 68.2%；有林地面积916 524公顷，占林业用地面积 87.5%；森林立木总蓄积 6621.1 万立方米，森林覆盖率 61.99%。在916 524公顷有林地中，用材林面积 792 336公顷，占 86.5%；防护林 68 013 公顷，占 7.4%；特种用途林 28 240 公顷，占 3.1%；经济林 17 347公顷，占 1.9%。有林地中，国有林面积 258 245公顷，占 28.2%；立木蓄积 2873 万立方米，占总蓄积的 43.4%；集体林面积 639 798 公顷，占 69.8%；立木蓄积36 480 761立方米，占 55.1%，有林地中，幼龄林 393 099 公顷，占 42.9%；中龄林 395 188公顷，占 43.1%；近熟林 88 705 公顷，占 9.7%；成熟林21 235公顷，占 2.3%；经济林17 347 公顷，占 1.9%。

所辖 7 个县（市、区）林业局和辉南森林经营局，共有 46 个国有林场，3 个苗圃，105 个林业工作站，27个林业派出所和17个木材检查站。现有职工12 895人，其中，女职工4590人，工程技术人员1154人，管理人员1837人。

林业生态经济强市建设 3月22日，通化市政府下发了《通化市人民政府关于建设林业生态经济强市的实施意见》，提出到2010年通化市建设林业生态经济强市的发展战略。其奋斗目标是到2010年全市林地面积要由2000年底的89.5万公顷增至93.5万公顷；森林活立木蓄积量要由2000年底的6873万立方米，增至7873万立方米；森林覆被率由2000年底的62.9%提高到65%。林业经济占农村经济的份额要由2000年底的23%增至50%。

市区周山绿化会战 为了改善市区生态环境，推进通化市生态经济强市和争创国家级卫生城的进程，通化市政府提出了市区周山绿化3年任务1年完成的要求，通过动员全社会力量，采取义务植树形式，从3月19日开始到4月12日，历时25天，动员了市直、东昌区、二道江区和驻通部队计230个单位，5万余人奋战在造林第一线，圆满完成了市区周山绿化工程建设任务。共完成封山育林3000公顷，造林323公顷。栽植各种苗木186万株。 （秦玉宽）

【辽源市林业】 2002年，全市林业工作紧紧围绕年初确定的工作目标，认真贯彻市委四次党代会精神和全省林业工作会议精神，较好地完成了全年各项任务指标，林业各项事业有了长足的发展。

加快造林绿化步伐，生态建设稳步推进 全市完成更新造林638公顷，占年计划的100%；全民义务植树244.3万株，占年计划的145%；营造果树经济林286公顷，占年计划的143%；城市新增绿地12公顷；县城新增绿地2.3公顷；提高村屯绿化标准70个；绿化库区22公顷；绿色通道完成绿化56.3千米；种植生态草1.5公顷，各项造林指标均超额完成任务。①环城造林绿化工程全面告捷。经过各个部门的精心组织，高度重视，密切配合，全面完成了环城造林绿化三期工程。共造林（含补植造林）80.3公顷。②城市绿化美化力度加大，市区环境得到优化。城区植树18万株，栽花1万多平方米，种草5万平方米，植绿篱8000延长米，垂直绿化5000平方米，新增绿地12公顷，城区绿化覆盖率达到26.3%，是全市历年来绿化成果最显著的一年。③退耕还林工程开局良好。由于各级政府重视，任务和责任落实，全市完成退耕还林602.6公顷，为计划600公顷的100.4%。其中，河流两岸水源保护区退耕还林77.5公顷。经省林业厅抽检，退耕还林成活率平均在85%以上。

创新管护机制，封山育林取得新成果 按照全市林业工作会议精神和市政府《封山育林通告》的要求，各地将封山育林、护林纳入工作议事日程，落实任务、建立包保责任制。在广泛宣传的同时，科学界定封山育林区。全市共划定封山育林区25 000公顷，张贴《通告》5000份，将《通告》下发到各乡镇、村屯，重点林区、交通要道和各村组。还在封山育林区设置了木制宣传牌和永久性宣传碑。林业执法队伍建设不断加强，加大了封山育林执法力度。全市通过考试、考核调整了政治业务素质低、年龄大、办案能力差的林政员。将素质高、能力强的优秀人员吸收为林政员，提高了林业执法人员政治素质和业务能力。全市查处违反《通告》案件600余起，行政处罚600余人，罚款3万余元。为把《通告》落到实处，各地还充分发挥了乡规民约的作用。东辽县足民乡政府针对天然林多、封山育林难度大等具体问题，制定了《足民乡封山育林乡规民约》，得到了全乡广大农民的拥护和支持，对封山育林、保护森林资源起到积极的推动作用。

狠抓措施落实，确保森林防火万无一失 面对严峻的森林防火形势，全市提前15天进入森林防火期，并及时印发了《关于做好“春节”和“元宵节”期间森林防火工作的紧急通知》（辽森发［2002］1号）和《严禁在两节期间上坟烧纸的通知》（市政府明传电报）。动员全社会力量参与森林防火，仅清明节期间全市就有10万余人参加森林防火工作，共设检查岗714处，流动岗1132处。从市委、市政府到各县、区领导都能身先士卒，深入防火第一线，加大检查布防密度，逐级落实监管责任，把森林防火各项措施落到实处。在防火工作中始终把严格管理、严格检查、严格纪律放在重要位置。市直机关党工委、市监察局、市政府督察室密切配合，积极参与，齐抓共管。全市共查处上坟烧纸案件136起，处罚违法人员176人，刑事拘留4人，罚款24 810元，取得了连续18年无森林火灾的好成绩。此外，森林病虫害防治工作也有较大进展，完成日本松干蚧治理3114.3公顷，为计划2967公顷的106%；森林病虫害成灾率控制在3.5/1000以下；森林病虫防治率达到75%；林木种苗产地检疫率97.6%；森林病虫监测调查覆盖率达到94.9%以上。东丰县森防站被国家林业局评为标准站，10个国有林场苗圃通过省级无检疫对象苗圃的验收。

依法行政，林业严打和整顿木材经营加工秩序成果明显 2001年以来，在全市范围内组织开展了两次规模较大的严厉打击破坏森林和野生动物资源违法犯罪集中统一行动。由于精心组织，广泛宣传，突出重点，领导参战，靠前指挥，取得了明显成果。共查处林业案件1214起。其中，查处森林刑事案件16起，逮捕23人，治安案件2起，林业行政案件1196起，行政处罚1234人，收缴木材973.4立方米，收缴林木损失费22.2万元，行政罚款37.4万元，为国家挽回经济损失82万元。在抓好严打的同时，对全市木材经营加工厂点进行了认真的清理整顿，先后下发停业通告书116份，事先告之书23份，依法取缔木材经营加工厂点149个，重新核定木材经营加工厂点215个，比原有木材经营加工厂点下降了34.7%，从而规范了木材经营加工秩序，加强了木材流通领域的管理。 （辽源市林业局办公室）

【白山市林业】 2002年，全市林业工作认真贯彻落实全国林业厅（局）长会议和全省林业局长会议精神，以推动林业跨越式发展为主题，转变观念，开拓创新，求真务实，充分发挥重点工程拉动作用，积极实施长白山生态恢复建设和林业经济发展，全年工作运行平稳，圆满完成了年初确定的各项任务指标。

取得的成绩

造林绿化 全市共完成造林4780.5公顷，占计划的101%；其中：一般造林124.1公顷，占计划的101%；三北四期防护林1347.3公顷，占计划的101%；退耕还林2127.38公顷，占计划的90.5%；绿色通道172.61公顷，占计划的268%；义务植树155.118万株，占计划的170%；建立义务植树基地46个，面积207公顷；完成城市新增绿地11.73公顷，县城新增绿地21.7公顷，绿化村屯38个。

森林资源管护 林政管理工作 在春季全市范围内开展了严厉打击破坏森林和野生动物资源违法犯罪集中统一行动，共破获各类涉林案件1182起，其中：刑事案件56起，治安案件318起，行政案件708起。全年地方林业还查处林业行政案件1149起，处罚1164人，没收非法所得24.49万元，罚款42.38万元，赔偿损失53.79万元，没收木材730.5立方米。开展了木材加工厂清理整顿工作，取缔了54户，保留了331户，其中限期整改78户，使木材加工厂的数量和布局逐渐趋于合理。在退耕还林工作中，开展了退耕还林发证试点工作，并完成了宣传发动、登记审核和外业实测工作。野生动物保护工作得到了加强。通过会同公安、工商等部门开展了集中检查和常效管理，有力地遏制了乱捕滥猎野生动物的违法行为。

森林防火工作 取得了连续23年无一般森林火灾的好成绩，2002年全市共发生森林火警16起，火烧总面积3.87公顷，其中森林面积0.559公顷，损失总价值1.45万元。

森防检疫工作 加大了森林病虫害工程治理工作，其中：2002年投入防治经费34万元，防治面积2580公顷；国家级森防检疫标准站建设成果显著，全市6个县级站有5个被评为国家级森防检疫标准站。

林业经济建设 全市各地全面实施“拓宽一产，壮大二产，搞活三产”，实现林业经济协调发展战略，大力发展综合利用和多种经营，立足资源优势，寻求效益优势，保证了林业经济平稳运行。2002年全市地方林业实现总产值36 323万元。其中：一产6239万元，二产27 776万元，三产2308万元。由于木材加工产品产量下降62万立方米，与2001年同期相比，总产值下降16%；亏损733万元，比2001年上升243%；上缴税金1683万元，比2001年下降24%，下降的原因是国家自2001年9月起调减了特产税额；固定资产投资2168万元（其中：国家投资1880万元，比2001年增长8%）；从业人员人均工资5439元，比2001年增长110元。

工作策略和方法

领导重视，精心指导林业建设 市林业局和各县（市）区林业局认真学习和领会上级有关林业建设的总体要求，及时向党委、政府领导汇报全省林业局长、全国林业厅（局）长会议精神，结合本地实际，制定落实方案和措施，为党委、政府决策当好参谋，赢得了领导的高度重视和大力支持，使林业建设真正摆到了重要位置。在市委、市政府全市农村六项重点工作安排意见中，把实施长白山生态恢复建设工程和深入实施林地经济综合开发排在前两位。各地也不断加大对林业的重视程度和指导力度，把林业工作作为推动农村工作的头等大事，有的领导多次听取汇报和现场办公、及时解决各种困难和问题；有的党委、政府把发展林业作为推动农村经济结构的主要措施和增加农民收入的有效途径。

提升林业地位，提高生态林业意识 全年深入开展了10年美化吉林大地活动，大张旗鼓地宣传植树造林、退耕还林、恢复生态的重大意义，宣传和落实谁造谁有、多种所有制并存的林业政策，广大公民的尽责意识和生态意识显著增强，全市上下再次掀起植树造林、绿化美化白山大地的高潮。在党的十六大前期，市林业局与市电视台共同开展了以迎十六大为主题，全面反映造林绿化、退耕还林、严打整治、林产经济、组织建设的系列专题报道，引起了强烈反响。通过广泛发动、大力宣传、积极落实，加之沟系承包、山林管护承包发展林下经济的示范作用，退耕还林优惠政策的吸引力以及允许多种成分进入林业的产权制度改革，使山区群众“靠山吃山”、“要致富去砍树”的传统观念发生了质的变化，一个“靠山吃山先养山”、“要致富，开发林下经济、多栽树”的新观念蔚然成风，林业的重要地位得到全社会的普遍认同和提升，促进了长白山生态恢复建设工程和林业投资体制多元化进程。仅造林一项，全市个体造林就达3153公顷，占2002年造林面积的64%，并涌现了一批百亩以上的造林大户。

强化科学管理，提高林业建设质量 全市提出向管理要效益，依靠科技保质量的林业建设口号，在资源保护、工程建设等方面取得了突破性的进展。开展了严厉打击破坏森林和野生动物资源集中统一行动，并实施了林政管理长效机制，有效遏制了毁林犯罪和林业行政案件上升势头；开展了退耕还林发证试点工作，为落实相关政策、加强林地管理和经营提供了示范作用；全市还召开了首次资源管理专业会议，全市资源档案调整统计、资源消耗统计、伐区调查设计质量检查验收等工作得到进一步的规范；坚持从严治火，在火灾预防和扑救上下功夫，在科学管火上抓治理，继续保持了有火不成灾的可喜局面；在造林绿化方面，全市出台了建设标准，制定并落实了目标责任制，狠抓了种苗检验、规划设计、工程实施、政策落实、检查验收等各个环节。同时，积极应用 ABT 生根粉、高效吸水剂等先进设备和先进技术，加大了科技支撑力度，保证了造林质量。

转换资源优势，促进林业经济发展　全市在抓好生态体系建设的同时，在不断深化林业产权制度改革、吸引多种经济成分进入林业产业、调整组织结构 3 项改革的基础上，立足自身实际，以经济效益为中心，以市场需求为导向，依托资源优势，突出区域特色，坚持多元启动，多元发展，加快以木材精深加工、饮品生产、食用菌培植、山草药种植、森林旅游开发为重点的龙头企业群建设，积极做好森林资源综合加工、利用的文章，努力把资源优势转化为经济优势。例如，长白森经局在继续抓好两个木制品厂经营管理，积极稳定产品市场销量的同时，采取安置职工、场有民营、保值经营、定额上交、超值分成、费用自理的改制方式，加大对以人参为主的多种经营产业的改革力度，多种经营生产迈上历史最高水平，并在一定程度上缓解了实施天保工程后富余职工就业难的问题。江源县依托资源优势开发建设的木材精细加工、滋补酒系列产品、食用菌基地等，都形成了一定的规模，取得了较好的效益。长白县林业局加强参业管理，2002 年生产人参、西洋参 26 万千克，沙参种植初见效益，万亩红松果林建设完成了 146 多公顷。抚松县积极开展站办经济和长白山珍稀树种培育工作，并完成了十大基地、27 个项目、三大工程的部分实施或规划工作，开辟了林业发展空间。靖宇县营造速生丰产纸浆林 760 多公顷，成活率达 70% 以上。此外，临江、八道江等县（市）区还积极发展森林旅游事业，取得了较好经济效益。　（苗春泽）

【延边朝鲜族自治州林业】　2002 年，吉林延边林业集团连续两年被国家列为“中国最大 1000 家企业集团”和全国五大林业集团之一，实现了连续 22 年无重大森林火灾。在木材连续减产的情况下，实现了全州林业产业产值 68.8 亿元，同比增长 11%；实现工业总产值 16.9 亿元，同比增长 7.6%；实现现价工业产值 19.5 亿元，同比增长 8.2%；实现利润 800 万元，比 2001 年净增 200 万元，全面完成了 2002 年的各项工作任务。

木材生产　2002 年，全州木材产量年度计划为 1 271 925立方米，实际完成了 1 271 925立方米，完成计划 100%。木材平均售价达到 643.94 元/立方米，比 2001 年提高了 81.40 万元/立方米，增幅为 14.5%，增收 1 亿多元。在木材生产中地拨材 603 541立方米，锯材生产45 940立方米。人造板生产3 077立方米。全州林业出口各类木材产品创汇 2 553万美元。

林业生态体系建设　全州更新造林计划 11 730 公顷，实际完成面积 15 907 公顷，完成计划的 135.6%，其中：人工造林计划面积为 1884.7 公顷，实际完成 2049.4 公顷，完成计划的 108.7%。迹地更新面积计划为 9845.4 公顷，实际完成 13 857.6 公顷，完成计划的 140%。其中：皆伐迹地更新完成 787.1 公顷，择伐迹地更新完成 13 070.5 公顷。幼林抚育计划 74 139.0 公顷，实际完成 66 592.6 公顷，完成计划的 89.8%。成林抚育计划 32 682.0 公顷，实际完成 45 696.8 公顷，完成计划的 139.8%。育苗面积计划 120.1 公顷，实际完成 126.2 公顷，产成苗 4146.3 万株。完成红松果林 2786.9 公顷，占总更新造林面积的 32.7%；红皮云杉 5173.3 公顷，占总更新造林面积的 60.7%；落叶松 163.4 公顷，占总更新造林面积 1.9%；其他树种占 2%。

全州退耕还林任务 8104.7 公顷，其中退耕还林 5430.7 公顷，配套宜林地造林 2674 公顷，分布在 6 个县市，61 个乡镇，470 个村屯，9751 户，910 个地块。已完成退耕还林 1.86 万公顷。完成森林病虫害防治面积 91 970 公顷。

延边林业集团在吉林省双辽市服光镇认治了 400 公顷荒漠化草地，通过 1 年多的治理，草原植被覆盖度已达到 80%。2002 年 9 月，洪虎省长、国家林业局治沙办的领导和省林业厅的领导、双辽市政府、市林业局、中央电视台以及 20 多家宣传媒体单位共计 500 多人参加了揭碑仪式。

林产工业　抓好 14 户重点林产工业厂家的达产达效工作。2002 年累计完成不变价工业总产值51 416 万元，同比增加 2029 万元，增幅为 4.1%；累计完成现价工业总产值44 660万元，同比增加 2984 万元，增幅为 7.2%；累计完成现价销售产值42 000万元，同比增加 4235 万元，增幅为 11.1%；实现利润 1602.2 万元，累计完成产销率 94.9%，同比提高 3.4 个百分点。

14 户厂家完成不变价工业总产值占集团全部林产工业不变价工业总产值 78 294 万元的 65.6%，占集团不变价工业总产值 169 049 万元的 30.4%。14 户厂家中有 10 户盈利，盈利额为 2186 万元，有 6 户超百万元。

完成地板产量 118 600 平方米，同比增产 5.4%；生产集成材 1326 立方米，同比增产 17.5%，实现利润60万元。截至2002年，林产工业中获国家级品牌的2个，省级品牌3个，州级品牌4个。现有200多个品牌的产品，远销北美、西欧、东南亚等15个国家和地区，年出口创汇2000万美元。林产工业在工业总产值中上升为45.7%。

企业改革工作 制定了《2002年延边林业深化改革及强化管理实施方案》。规范了集团运作，理顺了林业政企职能关系，建立了林管局与集团公司合署办公。进一步规范了母子公司体制，对11户子公司、集团公司依法行使出资人职能，其法人治理层由集团公司任免，并作为独立法人实体，按照集团的统一规划自主经营，建立规范的法人治理结构。

截至2002年底，林业集团所属股份制改造53个，租赁经营94个，整体出售38个，剥离经营25个，资产重组7个，盘活资产37 933万元。林业职工和社会法人向林业投资入股达到6099万元，组建股份制单位34个。

创省级名牌2个，州级品牌1个。全州森工企业共有名牌产品20个，其中国家级2个，省级12个，州级6个。

资源开发工作 林地产业实现产值43 705.9万元。其中：种植业779.28万元，培植业5897.69万元，养殖业14 334.25万元，采集业4200.12万元，食品加工928.9万元，旅游业2118.95万元，矿产业2885.14万元，建筑建材2061.3万元，其他加工业1720.52万元、多种经营6779.75万元。

主要产品产量 粮食产量16 555.5吨，食用菌类产量1288吨，畜类存栏36 940头（只），出栏39 750头（只），鹿存栏1212头，出栏8469头。羊存栏9000头，出栏10 808头，禽类存栏6.2万只，商品蛙3680.1万只，食用菌采集量871.5吨，中草药采集量416.7吨，山野菜采集量2669吨，山菜加工299.4吨，食用菌加工50吨，矿产建材47 800吨。全州森林猪养殖3064头，存活2320头，成品率76%。森林鸡养殖18.6万只，存活14.5万只，成品率78%。森林猪产品、森林鸡产品质量已获得ISO9001国际认证。森林鸡获得国家有机食品认证。森林猪、森林鸡已获得国家知识产权专利。

全州县市林地经济 县市林业产业总产值84 707万元，完成100%。其中国有林业产业产值20 817万元，完成100%，农林产业总产值56 075万元，完成100%。林地经济产值9011万元，完成年度计划的8300万元。

全州林业以矿泉水、山野菜、红松果仁等林副产品为主的绿色食品加工厂14家，产品达4大类100余种，2002年实现销售产值1062万元。

产业开发工作 认真落实招商引资300亿工程，加大林业招商引资工作力度。截至2002年12月份，共签订合资合同20项，总投资3203万美元，完成投资534万美元，利用外资402万美元；签订产品贸易合同22项，合同贸易金额3456万美元。贸易合同已全部兑现。共收纳各类项目47个，其中：林产工业项目11个，林地产业项目10个，食品加工项目8个，森林旅游项目6个，其他项目12个。对重点合资合作项目43项，重点产权招商项目18项，重点产品12类120个品种，分别用中、英、韩三种文字编制印刷了《延边林业对外经济技术合作项目册》、《延边林业重点产权招商项目册》及《延边林业重点产品目录》，首次开发制作了《21世纪延边林业招商引资》多媒体光盘。

2002年，两次赴韩国开展投资、招商引资经贸洽谈活动，在汉城举办了延边林业投资贸易说明会，与韩国北部山林签订了缔结姊妹友好厅局关系协议。随州政府经贸代表团参加了赴京、津、沈等城市招商活动，参加了吉林省长白山名优特产品交易会，厦门国际投资洽谈会，广州商品交易会，第三届中国农博会，北京、大连海外学子创业周、俄罗斯海参崴亚太经合组织APEC投资博览会、吉林香港友谊周等活动。

争取政策扶持 得到了国家和省、州政府扶持延边林业发展的10多项倾斜政策：①国家注入天保资金45 546元到位；②通过银行支持对珲春等企业在国家开发银行贷款3亿元，实行了停息挂账，减免敦化林机厂、林建公司、图们制材厂银行贷款15 779万元；③通过税务部门，享受了增值税即征即退、房产税减免等政策；木材特产税由16%降为8%。

森林旅游业 ①八家子仙峰森林公园、和龙图们江源森林公园已被国家批准设立，珲春图们江森林公园、帽儿山森林公园科技生态园已完成整体规划。长白山和平度假区利用国债投资1500万元如期到位，道路、景点、基础按时开工。②组建了延边林业旅行社和珲春森林国际旅行社，开辟了14条旅游线路，获准了对朝、对俄出境专线旅游业务，接待国内外游客52万人，旅游总收入达到4502万元。③以金沟、福满林场的休闲度假游正在兴起。④绿园大酒店晋升为三星级酒店。

林区社会稳定工作 ①为管局机关386人办理了养老统筹。②安置富余人员14 573人，落实资金32 296万元，转产分流职工8600人，减少工资支出1389万元。③资助困难企业资金1 391万元。④为13 469名大集体职工补缴统筹金3369.25万元。

截至2002年，全州共查处各类森林案件3666起，收缴木材6807立方米，挽回经济损失399万元。清理整顿木材加工厂点，取缔村屯181户加工厂点。实现了安全生产无重大伤亡事故，保证了林区的稳定。 （范淑芬）

【松原市林业】 松原市林业局现有行政编制17人，

工勤编制2人，内设科室5个，即：办公室、资源科、计划与植树造林科、科技产业科、防火办公室。下设两个事业单位：松原市林业工作总站，编制12人；森林病虫防治检疫站，编制9人。全市有宁江区、扶余县、前郭县、长岭县、乾安县5个县（区）林业局，109个乡（镇）林业站，18个国有林场，7个国有苗圃，全市共有林业从业人员5893人。年度内实现的主要指标及取得的主要成绩。2002年全市共完成造林面积2.17万公顷。其中，完成退耕还林造林0.67万公顷；完成退耕还林宜林地造林1万公顷；完成匹配生态草0.9万公顷；完成三北生态草0.3万公顷；完成群众造林0.35万公顷；完成绿色通道工程公路绿化295.6千米；完成义务植树410.3万株；绿化村屯2678个。

林业生态建设 ①退耕还林工程进展顺利。各地借助广播、电视等媒体，深入宣传退耕还林政策及其利国利民的重要意义，调动农民群众退耕还林的积极性。市县两级政府根据国家和省对退耕还林工作的要求，结合当地实际，不断完善退耕还林政策。林业主管部门深入调查研究，认真制定规划，积极开展退耕还林技术指导与培训。2002年全市共完成退耕还林1.5万公顷，普遍实行“一书”、“两卡”制度，为退耕还林钱粮兑现工作做好了准备。②生态草建设全面启动。所谓生态草建设，是指在荒漠化土地上，以恢复和改善植被为目的，采取封原育草、植灌种草、林草结合等综合性生物措施治理荒漠化土地的活动。2002年，对全市重点治理区域，采取生物技术、工程技术等综合措施继续加大封育力度，全市共完成生态草工程围栏32.33万延长米。自2000年在长岭县试点以来，累计争取国家和省里“三化”草地治理资金2846万元，治理面积34.6万公顷。同时，通过有偿承包、适当补贴等形式，推进“三化”草原的社会认治进程。2002年10月，省林业厅王玉明副厅长就吉林省生态草建设管理暂行办法来松原调研，为规范生态建设、经营、管理行为奠定了基础。③绿色通道工程成果显著。按照“三化”防护林体系建设要求和全市绿色通道工程建设规划要求，松原市林业局加大工作力度，使长太线、齐双线、科铁线公路绿化一次性达标，江河堤防、水库涝区等绿化任务超额完成。长岭县在长白西线公路采用杨大苗一次性营造长143.78千米、面积86.3万公顷的绿色通道，并在与长春、白城两个交界处营造高标准樟子松林，总投资27.4万元，成为松原市绿色通道工程建设的典范。

村屯绿化工作 认真组织栽植护屯林、护路林，努力改善农村人居环境。扶余县村屯绿化力度大、效果好，全县1004个自然屯全部建起护屯林、护路林，并挖了高标准护林沟。前郭县的护屯林、护路林采取围栏防护，提高了成活率。

全民义务植树活动 林业部门与教育部门联合下发文件，提出利用3年时间每个中小学生植百棵树的要求，得到了市政府的充分肯定。市直机关在前郭镇粮窝村建立了4.4公顷的义务植树基地，栽植杨柳大苗12 000株，其他部门及社会团体也积极开展植纪念树、造纪念林活动。 （松原市林业局）

【四平市林业】 2002年，全市林业工作在市委、市政府的正确领导下，在省林业厅的大力支持和指导下，全市上下认真组织实施《十年绿色家园建设规划》，狠抓森林资源的保护和管理，各项工作均取得较大突破。

造林绿化取得突破性进展 重点实施了退耕还林、长平经济走廊绿化、二龙湖周边生态环境建设、农田防护林和防风固沙林建设、绿色通道建设、“五荒”承包造林和四旁绿化、生态草建设和城镇绿化美化等8项生态工程建设。全市共完成造林种草面积18 929公顷，比省下达计划18 632公顷多完成297公顷，其中人工造林完成11 782公顷（计划12 485公顷），生态草完成3147公顷（计划3147公顷），封山育林完成4000公顷（计划3000公顷）。按工程分：退耕还林工程完成12 064公顷（计划12 064公顷），其中人工造林完成10 251公顷（计划10 251公顷），生态草完成1813公顷（计划1813公顷）；三北防护林四期工程完成5367公顷（计划5070公顷），其中人工造林完成700公顷（计划1403公顷），生态草完成667公顷（计划667公顷），封山育林完成4000公顷（计划3000公顷）；农业综合开发完成1334公顷（计划1334公顷），其中人工造林完成667公顷（计划667公顷），生态草完成667公顷（计划667公顷）；绿色通道完成164公顷（计划164公顷）。全民义务植树完成590万株。城市新增绿地7公顷，县城新增绿地18.5公顷。村屯绿化161个。完成四平市区庭院绿化103个。

森林资源保护取得了阶段性的新成果 根据春秋两季的天气状况，适时提前进入防火期，加强值班值宿和重点区段火源管理，取得了连续22年无重大森林火灾的光辉业绩。通过开展大规模的林业严打斗争，共破获各类林业案件680起，打击处理702人，收缴木材292立方米，为国家挽回经济损失105万元。坚持了“预防为主，综合防治”的森林病虫防治方针，减少了森林资源的非正常消耗。

林业经济又有长足发展 通过拓展发展空间，开发资源潜力，拓宽开放领域，大力培育了种植、养殖、加工、果品、建材等主导产业，半山区突出抓了养鹿项目，伊丹、西苇、二十家子3个鹿场在原有规模基础上，规模不断扩大，效益稳步提高。在林业生态建设任务繁重、全市范围内限制采伐的压力下维持了林业生产的正常运作，保证了林业系统的基本稳定。

林业改革迈出了崭新步伐 市委、市政府下发了《关于加强林业生态建设的意见》，对林业生态建设的战略目标、工作重点、改革措施及奖惩办法，提出了明确要求，为顺利开展造林绿化工作提供了政策支持和组织保证。在全市大力推广了梨树县孟家岭镇“百棵树养老工程”经验，并被全省采纳推广。全市开展了“五荒”承包造林工作，开创了林业生态建设的新局面。 （刘红英）

【白城市林业】 2002年白城市林业圆满完成了全年工作任务。共完成造林3.73万公顷，其中：春造2.73万公顷、秋造1万公顷，春季造林平均成活率85.55%，春季造林数量是历史造林最高年份的216%，质量之高超出历史上任何一个时期，开全市春季造林绿化历史之先河；全市营造生态草2万公顷，占市下达任务150%，建围栏38万延长米；植桑树326.4万株，面积179.5公顷，是全年计划的119.3%；义务植树328万株，城市新增绿地125万平方米，县城新增绿地316万平方米，绿化道路1176.6千米，绿化江河两岸303.8千米。全年实现林业总产值1.8亿元。资源管护、林业改革等工作取得新成绩。与北京合作引进7个速生杨品种，育苗20公顷；实现了全年无重大森林火灾；及时有效地防治了5月份全市突发的2万公顷森林虫害；拟建自然保护区的论证、申报工作进展顺利；代市政府起草了《关于加强林草资源管护的若干规定》，参照有关规定研究制定《关于深化营林机制改革，加快林业发展的意见》等，得到上级有关部门认可，正在逐步实施；依法治林，打击毁林犯罪收到新成效，全年共查处森林案件387起，打处违法犯罪人员104人，缴获木材36立方米，挽回经济损失15万元。行业建设水平又有新提高。坚持“两个文明”一起抓，抓班子，带队伍，自我加压，开展“三大”教育活动，强化自身建设，转变工作作风，力争工作参谋到位、规划到位、具体工作任务落实到位，确保全年工作任务圆满完成。在2002年生态林草建设中，市林业局被评为先进单位，受到市委、市政府的表彰。

2002年工作有以下几个特点：

1. 扭转了“春小秋大”造林绿化历史，走乔灌草结合和生态、社会、经济效益兼顾之路。举全市之力搞会战，全年植树种草5.73万公顷。同时开发桑蚕业，引进速生杨品种，为发展生态效益林业摸索了经验，奠定了基础。

2. 造林绿化突出重点，“三环一路一网”建设超过历史同期10倍以上。全市共完成“三环一路一网”面积1.63万公顷，营造环城林733公顷，环镇林867公顷，环村林5400公顷，护路林1341.6千米，面积2533公顷，农防林6597条，面积6733公顷，数量与质量创下了春季绿化历史之最。

3. 植树种草投入力度超过往年。全年植树种草共投入资金达2.2亿元，使用大苗1683万株，造林挖植树坑1742万个，挖防护沟286万延长米，动用土方量1179万立方米，打造林抗旱井2333眼。

4. 宣传力度突破以往。各地通过新闻媒体和编发绿化简报，开展有声有色的正反两方面绿化宣传报道，共编发新闻报道600多条，全市大张旗鼓地营造军民共建林、党员林、青年林、“三八”林等各种纪念林达1800公顷，营造了造林绿化、改善生态的强大社会舆论氛围。

5. 全社会造林绿化参与率高于历史同期。2002年造林绿化发动面广，各行各业、驻军、预备役、共青团、妇联、工会等社会团体及大中小院校，参加人数达157万人，车辆18万台次，抗旱水车16.5万台次，造林机械3万台次，真正达到了全党动员，全民动手，全社会参战，集中一切人力、物力、财力，举全市之力，大打植树种草会战的良好效应。

全市林业工作存在问题：全市生态面貌形象并未全部改变，任务依然十分艰巨，植树种草的认识仍需提高，工作仍需加强，运行机制需要进一步改革，一些地方规划标准不高，苗木生产滞后于造林绿化需要，科技含量需要大幅度提高，人畜毁林、破坏林地草地、滥砍盗伐、乱捕滥猎现象依然存在，管护措施还没有到位，执法力度仍需加大。（白城市林业局）

【吉林省2002年林业大事】

1月18日 省九届人大二十八次会议正式通过《关于在全省开展十年绿化美化吉林大地活动的决定》。

1月25日 在省政协八届五次会议上提交《关于进一步加快吉林省西部荒漠化治理步伐的建议》、《关于加快吉林生态省建设步伐深入持久地开展“百万亩荒漠变绿洲”活动的建议》。

2月26日 吉林省政府下发《吉林省2002年退耕还林工作方案》（吉政函［2002］13号）。

3月1日 省林业厅召开全省林业局长会议。

3月1日至4月30日 为严厉打击破坏森林和野生动物资源违法犯罪行为，省林业厅、省公安厅在全省开展了“破案攻坚战”活动。

3月1日至4月10日 省野生动物保护协会与长春市林业局、《长春日报》、共青团长春市委等单位联合举办了“爱鸟护鸟、保护野生动物”有奖征文活动。活动得到了广大中小学生的踊跃参与，共收到15 000余篇征文，其中50篇分获一、二、三等奖。

3月3日 吉林省政府下发《关于组织实施〈吉林省十年绿化美化吉林大地规划〉的通知》（吉政发［2002］8号）。

3月11日 省政府召开全省春季森林防火工作电视电话会议。

3月11日 吉林省计委、省财政厅、省林业厅、省粮食局联合下达2002年退耕还林建设任务计划。

3月12日 省委宣传部、省林业厅和新闻工作者协会共同开展首届百万亩荒漠变绿洲好新闻评选活动。

3月20日 省长洪虎批示全省林业启动平地栽培人参试验项目，省财政拨付资金100万元。

3月23～25日 韩国环境运动联盟来吉林访问，对吉林西部的荒漠化状况、盐碱地的发生发展及生态草建设情况进行考察、交流，与吉林省荒漠化治理基金会签订了长期友好合作协议。

3月29日 中共吉林省纪委、吉林省监察厅出台关于退耕还林（草）工作中违纪行为党纪政纪处分的规定。

4月1日 在省宾馆召开全省退耕还林（草）工程建设启动动员暨省绿委第二十一次全体（扩大）会议。

4月7日 吉林省10位著名书画家带着他们的精品佳作来到博艺画廊，在"关注森林·百万亩荒漠变绿洲"书画笔会上，挥毫泼墨，23幅书画全部捐赠给吉林省荒漠化治理基金会。省委副书记林炎志、副省长杨庆才出席捐赠仪式。杨庆才还为此次活动题词："植树种草，绿满吉林"。

4月12日 组织省五大班子植树活动。

4月25日 共青团吉林省委、吉林省林业厅共同开展"保护母亲河·创建绿色生态家园——青春在绿色生态工程中闪光"活动。

4月28日 吉林省政府向国务院上报《关于试办发行公益性森林生态彩票的请示》（吉政文［2002］46号）。

5月9日 全国首家荒漠治理非政府组织——吉林省荒漠化治理基金会网站开通（www.hmzl.net）。

5月9日 省政府批复《吉林省林业厅关于划定我省林区范围的请示》（吉政函［2002］33号）。

5月11日 杨庆才副省长专门召开会议，听取林业厅就当前全省森林病虫害发生危害现状、防治工作开展情况、下一步主要工作打算、存在的困难和问题及建议等5个方面的汇报。并就全省森林病虫害发生发展情况作了指示。

5月18日 国家"十五"科技攻关项目中国生态网络建设项目在全省设立3个试验点，长春市、松原市、安图县被列为生态网络试验点。

5月23日 宫城县日中友好协会考察团在吉林省进行考察交流期间，就日中绿化交流基金资助合作项目有关情况同林业厅负责人会晤。

5月24日 经省政府决定，任命尚静敏为林业厅助理巡视员。

5月27～29日 中国可持续发展林业战略研究项目东北地区专题组来吉林省调研。

6月7日 吉林省政府办公厅转发《国务院办公厅关于进一步加强松材线虫病预防和除治工作的通知》（吉政办明电［2002］62）

6月8日 吉林省政府办公厅印发《关于认真做好退耕还林（草）林权登记发证工作的通知》（吉政办发［2002］31号）。

6月14日 吉林省政府下达"十五"期间森林采伐限额（吉政发［2002］20号）。

7月12日 国家林业局下发《关于天然林资源保护工程吉林省实施方案的批复》（林函计字［2002］89号）。

7月30日 洪虎省长在省政府副秘书长周化辰及有关部门负责人和通化市委书记牛海军等的陪同下，对辉南森林经营局森林生态旅游建设进行视察。

8月13日 省林业厅成立吉林省退耕还林工程组织领导机构。杨庆才副省长任组长，刘延春厅长任副组长，成员由相关部门的领导担任。

8月14～23日 武警吉林省森林部队派出521名官兵赴内蒙古北部原始林区对"7.28"雷击火进行增援灭火作战。

8月20日 吉林省政府向国务院上报《关于2003年退耕还林计划指标的请示》（吉政文［2002］81号）。

8月26日 吉林省地方税务局下发《关于企业所得税纳税人向吉林省荒漠治理基金会的捐赠扣除问题的通知》（吉地税函［2002］85号）。即纳税人的捐赠，不超过应纳税所得额3%以内的部分允许在所得税前扣除。

8月27日 国家林业局批准全省2002年"948"引进项目、引种朴树、能源柳及森林病虫害关键技术引进3项，总投资200万元。

8月28日 吉林省林业厅、吉林省劳动和社会保障厅联合举办全省林业企业职工技能竞赛活动。

9月5日 吉林省政府印发《贯彻落实国务院关于进一步完善退耕还林政策措施若干意见的通知》（吉政明电［2002］16号）。

9月7日 全国政协副主席赵南起、省政协主席张岳琦、副主席魏敏学在林业厅副厅长王玉明、省荒漠化治理基金会有关人员的陪同下赴长岭考察生态草基地。

9月13日 省政府召开全省秋季森林防火工作电视电话会议。

9月18日 吉林省林业厅、财政厅、人事厅、机构编委办公室、劳动和社会保障厅联合印发《关于解决林业检法干警工资待遇的通知》（吉林发［2002］432号）。

9月28日 吉林省延边林业集团400公顷生态草基地揭碑仪式在双辽市服先镇举行，洪虎省长参加仪式。

9月29日至10月3日 宫城县日中友好协会调查团到全省进行小渊基金洮南绿化项目实地调查。

10月14日 吉林省林业厅、工商行政管理局、公安厅联合印发《关于开展全省贯彻实施省人大〈关于禁止猎捕陆生野生动物的决定〉情况检查督查工作的通知》(吉林保［2002］473号)。

10月20日 吉林省虎豹资源考察和保护工程技术的研究等两个项目获省科技进步二等奖，东北红豆杉优良无性系选择繁育及丰产栽培综合配套技术研究等4个项目获省科技进步三等奖。

10月24日 经省编委批准，吉林省退耕还林工程建设管理办公室配备事业编制7名，财政全额拨款。

10月25日 省物价局、绿委、财政厅印发《关于规范全省义务植树绿化费征收标准的通知》(吉省价收字［2002］34号)

11月13日 杨庆才副省长在《吉林省林业厅关于呈报2002年退耕还林(草)工程核查验收情况的报告》上批示：退耕还林是国家的重大部署，是全省各级政府的重大任务，一点都不能马虎。此报告反映的问题应引起高度重视，请林业厅适当时候，专门开一次会议(或重点地区相关负责同志参加)进行总结、研究部署。一定确保明年工作任务的圆满完成。

11月21日至12月15日 由省林业厅巡视员魏连生为团长的生态林业考察团一行15人赴加拿大学习、考察。

11月21日 省政府第五十七次省长办公会专题研究莫莫格国家级自然保护区功能区调整、吉林油田分公司对莫莫格自然保护区实施生态补偿等有关问题。

11月30日至12月2日 省委常委、延边州委书记田学仁在延边州委副书记张富奎等的陪同下先后到白河林业局、敦化林业局和新元木业有限公司进行工作调研。

12月2～3日 省林业厅与国际野生生物保护学会(WCS)在珲春召开了中国野生东北虎种群恢复工程建设国际研讨会。

12月2～15日 俄罗斯山火烧到吉林省中俄边境线，经过连续14个昼夜沿线跟踪堵截扑打，终于牢牢地把山火拒于境外。

12月8日 杨庆才副省长在《吉林省林业厅关于贯彻落实2002年全国退耕还林工作现场经验交流会议精神的报告》上批示：同意林业厅意见。请林业厅一定进一步狠抓落实，确保质量，完成任务。

12月10日 吉林省在中国社会林业工程项目被评为一等奖。王玉明副厅长等8人被评为先进个人。

(吉林省林业厅办公室)

黑龙江省林业

【概　述】 2002年，全省共完成造林26.74万公顷，占国家下达计划25.07万公顷的106.68%。其中，地(市)造林共完成19.15万公顷；农垦系统完成2.95万公顷；其他各行业部门完成0.64万公顷；森工系统完成3.33万公顷；大兴安岭林业集团公司完成0.67万公顷。绿色通道工程共完成公路、铁路、堤坝干渠绿化2801千米，其中绿化公路2206.2千米；绿化铁路94.8千米；绿化堤坝干渠500千米。城乡绿化一体化建设共绿化城乡街道1000千米，学校1800个，单位庭院6000个，村屯2200个，建设草坪70万平方米。全民义务植树共建义务植树基地4658处，面积16.67万公顷，参加义务植树人数1827万人，义务植树6944万株，占计戈6600万株的105.25%。

森林资源保护 强化林木采伐管理。为加强全省采伐限额检查监督力度，抽调16人，组成6个组，对全省22个单位、23个林场、15个乡(镇)的2001年采伐限额执行情况进行了检查，对3起超限额无证采伐林木的单位进行了全省通报。制定了《黑龙江省森林资源采伐管理办法》和《活立木移植管理办法》，全省采伐管理工作逐步走上了规范化的轨道。进一步加强林地林权管理。认真贯彻《森林法》及其实施条例和国家林业局有关规定，加强占征用林地管理严把关，实行“统一标准、统一森调、统一收费、统一报批”的“四统一”制度，共审核审批征占林地工程147项，面积861.8公顷，补偿费基本全额收缴。加强木材流通领域管理，规范木材经营行为，制定了贯彻《关于开展木材经营(加工)单位清理整顿工作的通知》的实施方案，会同有关部门印发全省，全面开展了木材经营加工单位清理整顿工作。全年共发生各类破坏森林和野生动物案件2824起，破案280起，侦破刑事案件335起，查处治安案件111起，处理林业行政案件2357起，共查处违法人员3356人，其中：逮捕276人，刑事拘留56人，劳动教养6人，治安拘留101人，行政处罚2768人，收缴木材3437立方米，收缴野生动物2523只(头)，收缴野生动物制品1206千克。全省共发生火警火灾242起，其中火警206起，一般森林火灾28起，重大森林火灾6起，特大森林火灾2起，森林受害率为0.52/1000，出动扑火人数53 113人，车辆2784台。

针对近几年来全省气候异常，干旱少雨、风大物燥等不利条件，组织专家、学者分析森林防火工作的形势，找出不利因素和有利条件，调整和改进了工作思路。省政府召开了3次森林防火电视、电话会议，动员全省紧急行动起来，做好森林防火工作。大力开展了森林防火宣传教育工作。全省共建防火一条街1435条，出动宣传车1996台，县级以上电视播发防火节目15 632条，报刊登载森林防火内容37 680条，在公路两侧和进入林区要道口建永久性标语牌19 770块。各地林业系统都强化了四个“四长”负责制，做到了层层落实责任、层层负责，全省共签订防火责任状29 029份，划分领导责任区39 000多个，召开森林防火会议890多次。完成11处省级自然保护区的申报、批建工作，超出了年初的建立10处省级自然保护区的目标。加大对湿地保护与恢复力度，编制了《全省退耕还湿工程规划》，抢建了一批湿地类型自然保护区，完成兴凯湖、牡丹峰两处国家级保护区二期项目可研报告。全省共发生各类森林病虫害28.11万公顷，成灾率0.8/1000；全年共防治各类森林病虫害22.14万公顷，防治率达78.7%；对196.13万公顷人工林实施监测，监测覆盖率达95%；实施产地检疫面积0.93万公顷，产地检疫率99.3%。对杨树天牛及森林鼠害继续实施工程治理，开展了森防宣传月、森林植物检疫执法年活动，森林病虫害防治检疫标准站建设工作取得新进展，目前全省已有标准站50个。

重点生态工程 2002年是全省全面启动六大生态工程建设的第一年，黑龙江省纳入国家全部六大工程中的5项（除环北京地区防沙治沙工程），分别是天然林保护工程（此项工程黑龙江省的森工系统和大兴安岭地区列入其中，地方林业未纳入）、退耕还林工程、三北防护林体系建设工程、野生动植物保护及自然保护区建设工程、速生丰产用材林基地建设工程，工程覆盖面近70个县。据统计，2002年全年，林业重点工程总投资4.22亿元，其中国家专项投资3.79亿元。

退耕还林工程 全省规划退耕还林建设总任务为99.63万公顷，工程建设年限为2001～2010年，建设范围包括全省13个市（地）、73个县（市、区）及农垦森工两大系统，规划总投资222.6亿元。截至2002年，国家累计下达黑龙江省（包括森工、农垦及大兴安岭）退耕还林任务18.2万公顷，下达专项资金（苗木费补助）投资计划14 565万元，累计安排65个项目建设单位。其中2002年下达专项资金计划1.2亿元。自2000年开始，黑龙江省的尚志市和穆棱市被纳入国家退耕还林试点县，两年中共完成退耕还林2.22万公顷，占国家下达计划2.2万公顷的100.9%。2002年是在全省大面积推开的第一年，全年共完成退耕还林11.33万公顷，占国家下达计划16万公顷的70.8%。其中：退耕造林完成4.66万公顷，占国家下达计划8万公顷的58.3%，宜林荒山荒地造林完成6.67万公顷；占国家下达计划8万公顷的83.3%。

三北防护林体系建设工程 目前该工程已进入四期建设阶段，该工程将黑龙江省林业生态工程规划中的防沙治沙工程（已连续实施8年）、三江平原农田防护林建设工程、松嫩干流生态环境建设工程、界江防护林体系建设工程等4项工程归入其中。三北四期工程建设项目规划范围包括12个市、70个县（市、区），规划建设期为2001～2010年，规划总任务77.5万公顷，其中造林66.5万公顷，封山育林11万公顷。规划总投资27.9亿元，其中国家基本建设专项投资17.3亿元。2002年国家正式启动黑龙江省三北四期工程建设，下达投资计划5500万元，其中国家专项投资4400万元。全年共完成三北工程造林6.55万公顷，占规任务6.45万公顷的104.2%；完成治沙造林2.33万公顷，占规划任务2.24万公顷的104.2%；封山育林完成1.15万公顷，占规划任务的100%。

野生动植物保护及自然保护区建设工程 黑龙江省是我国野生动植物资源、湿地资源最丰富的省（区）之一。在野生动植物保护方面实施两项重点工程，一是野生动植物保护与自然保护区建设工程，二是湿地资源保护工程，使全省国家级自然保护区达到30处，自然保护区总面积达到500万公顷。同时建立湿地保护区，通过退耕还湿、生物多样性栖息地恢复、湿地保护区移民、湿地监测体系等工程建设的开展，实现全省重点湿地的全面和有效保护。2002年，黑龙江省的兴凯湖国家级自然保护区二期工程、牡丹峰国家级自然保护区二期工程、三江国家级自然保护区一期工程、宾西野生动物救护中心等项目国家已下达建设资金1776万元，各项工程正在建设中。

速生丰产用材林基地建设工程 完成了黑龙江省速生丰产用材林基地建设工程规划。规划总规模54万公顷，总投资29.9亿元；规划涉及黑龙江省11个市、50个市（县）；建设期13年（2003～2015年）。

森林生态效益补助资金试点工作 2001年国家批准黑龙江省进入生态效益补偿试点省，并确定黑龙江省的松花江、黑龙江、乌苏里江流域和大型湖库区及国家重要自然保护区范围内的34个县（市）43个单位进入试点，总面积334.4万公顷，规划补偿基金2.5亿元。全部完成了森林分类区划界定工作，国家第一批已下拨补助资金1.25亿元。

林业产业 2002年，黑龙江省加大林业产业建设力度，制定下发了《黑龙江省林业经济结构战略性调整意见》、《黑龙江省森林公园建设与发展规划》和《黑龙江省林业厅关于森林公园建设程序的若干规定》。抓好绿色食品和北药开发工作，各市（地）林业局分别制定了符合当地情况并具操作性的实施方案，确定了发展重点，如：哈尔滨市林业局把发展绿色食品的优势放在了以生产食用菌、肉牛、森林鸡、林蛙、蜂蜜、山野菜、山野果、矿泉水上，把发展北药的重点放在了基地建设上，建立了延寿人参、西洋参种植基地，宾县甘草、防风、黄芪、龙胆草、黄芩、党参等品种种植基地，依兰养鹿基地。全省共新建省级森林公园3处，即：爱辉、龙湖、梨树沟省级森林公园，国家级森林公园1处，即鹤岗国家级森林公园，全省森林公园总数达到了55处（其中国家级公园22处）。全省共有9处公园进行了规划设计，其中有5处已完成评审。完成总体规划的公园数已达到29处，占总数的53%。2002年对全省森林公园进行了清理整顿，全年重点检查了海伦市转山，齐齐哈尔市蛇洞山，勃利县吉兴、红星、青松岭，宝清县梨树沟，七台河市石龙山，鹤岗市金顶山，黑河市爱辉等9处森林公园，并重点了解了东宁县东宁省级公园以及密山市铁西、齐齐哈尔市水师两处当地建的森林公园。对这些公园，纳入清理整顿范围的有东宁和转山两处森林公园；进行合并提出晋升的有金顶山、石龙山以及勃利县三处并为一处后晋升为国家级森林公园；补办手续的有铁西和水师两处公园。全省林业产业项目有88类，数百个品种。年产值21.3亿元（其中国有7.1亿元，个体私营14.2亿元），利润2.4亿元，税金5000万元，从业人数8.4万人，项目总数1.37万处。全年木材工业产值1.74亿元，利润1921万元，税金572万元；药材产值2616万元，利润1100万元，税金193万元；森林旅游产值1326万元，利润253万元，税金32万元。全省林区已打出如下品牌：桦南县“绿天”，尚志林场局“尚林”，庆安林场局“望山”，萝北县“古栈”，孙吴县“林生”、“长乐山”，延寿县“长寿山”，宾县“二龙山”，鹤岗市“三野”等。

存在问题 ①造林绿化工作各地发展不平衡。从地域看，地区与地区之间、县与县之间在造林质量上的差异很大。从重点工程和重点项目建设看，工程与工程之间、项目与项目之间存在着很大的不平衡，特别是在质量标准上，差别尤其显著。全省总体上比较，退耕还林、三北四期工程等工程建设标准高、质量好，但绿色通道建设，特别是国、省级公路绿化标准较低。②苗木准备和供应有待加强。有些地方对造林绿化任务的艰巨性认识不足，忽视了苗木的准备工作。同时，2002年全省苗木外流现象比较严重，导致一些县自用苗不足，造成了2002年春后期造林缺苗的被动局面，致使不合格苗木上山造林现象在一些地方有所发生，影响了造林质量和进度。③资金短缺和滞后问题比较严重。一些工程建设项目资金标准偏低，地方配套困难，资金到位滞后；影响了工程建设的顺利进行。④乡（镇）林业站机构不健全，管理职能不明确。全省作为林业局派出机构的林业站仅占36.3%，有的林业站依靠自收自支解决经济收入，严重影响了行政执法和林业工作的开展。

【牡丹江市退耕还林】 牡丹江市地属“九分山水一分田”的山区、半山区，是全省重点林区之一。截至2002年底，全市9年累计退耕还林10.65万公顷。其中：2002年完成1.4万公顷（生态林1.14万公顷，经济林0.26万公顷），为国家计划的100%，全年造林成活率平均达到90.4%。其做法是：

加强领导，落实责任，为退耕还林工作的推进落实提供根本保障 全市范围内实行“五个一”的推进机制，即一把手工程、一级目标管理、农村工作考核一票否决、一个领导机构组织协调、一支专门队伍推进落实，逐级签订工程建设责任状。市与县、县与乡逐级签订责任状，层层进行考核，建立健全工程建设组织机构。市、县两级都成立了退耕还林工作领导小组，并由相关部门组成办公室专门抓退耕还林工作，加大财政投入，将工作经费列入财政预算。退耕还林工程建设费用实行分级、分系统负担，市财政将市区退耕还林工程建设费按每公顷75元，市退耕办工作经费按每公顷7.5元列入财政预算，市财政每年将为此支付20万元。对市区环城山规划区内退耕还林的农户，除正常享受国家的赈补政策外，市政府另给退耕户每公顷750元的现金补助，补助年限按林种补5或8年。

把握政策，扩大宣传，为退耕还林工作的顺利实施提供强大动力 通过召开各种会议扩大宣传。使广大干部职工牢固树立了森林资源是牡丹江经济、社会实现可持续发展的重要支撑，是提高人们生存质量的重要保证的观念，通过新闻媒体扩大宣传，营造了浓厚的舆论氛围，通过深入基层扩大宣传。向农村干部群众进行宣传发动、政策答疑，并印发宣传单15万份，还设置了退耕还林政策咨询专线，通过兑现政策扩大宣传。退耕还林粮食补助必须发到农民手中。粮食品种一律是靠近补助钱额标准的水稻。通过如期如数地兑现粮食发放和现金补助政策，给农民吃了“定心丸”，坚定了他们退耕还林的信心。

抓住重点，明确任务，为退耕还林工作的有效运作提供准确方向 “五个一律”，即不论成因，凡是25度以上的坡耕地一律退耕还林，不论坡度，凡是1994年以后开垦的林地一律退耕还林，不论面积，凡是在林缘、林中私开滥垦的小开荒地一律退耕还林，不论年代，凡是承包、联营、拍卖等治理协议履行过程中，未按协议规定进行治理而继续耕种的一律退耕还林；不论权属，凡是国道、省道、江河两侧第一道山脊滚水面10度以上的坡耕地，湖泊水库周围迎水面的耕地，国境线10千米幅面内、15度以上的坡耕地和重点生态区位内的特殊耕地一律退耕还林。

"五个重点"，即一江（牡丹江）、两湖（镜泊湖、莲花湖）、两路（201、301国道）5个重点区域。重点区域需要退耕还林的地块，2003年一次还林到位。"五个坚持"，即坚持确保生态目标的实现，确保农民减地不减收，确保地方经济发展；坚持政策引路，农民志愿和政府行为有机结合；坚持统筹规划，合理布局，突出重点，务求实效；坚持遵循自然规律，保护自然环境，科学合理地确定林种结构和树种配置；坚持生态建设与生态保护并重，实行退、还、封、管并举，加大管护和保护力度，切实巩固退耕还林成果。

理顺关系，多方配合，为退耕还林工作的协调推进提供有力支撑 处理好条块的关系，全市退耕还林工作一盘棋。处理好新老耕地的关系，正视和尊重现实。处理好国有林区吃饭与退耕的关系，生态建设优先，兼顾林区社会稳定。处理好土地权属的关系，维护森林资源的合法权益。明确了森林、林木和林地所有者及使用者的权属，切实保护退耕还林农户林木的合法权益。处理好全局与局部的关系，坚持各级政府对退耕还林工作的统一领导。

因地制宜，综合治理，为退耕还林取得实效提供科技依托 在退耕还林工程的实施过程中，以小流域为单元开展整治工作。根据小流域植被情况、周边环境和大农业区划，因地施治，确定培育、治理和保护措施。如海林镇红甸子流域为代表的"林上山，田下川，蓄水保土稳高产"的生态农业型；下城子镇小老妈沟流域为代表的"栽灌木，筑垄堰，三跑变成三保田"的强度治理型；东宁镇万鹿沟流域为代表的"花果山、修梯田，靠山养山开财源"的治山致富型；铁岭镇大砬子沟流域为代表的"林在上，果中央，沟塘种养鱼米香"的立体开发型；铁岭镇刀把沟流域为代表的"山常青，水常秀，回归自然有人游"的城郊旅游型。

以退带调，以调促退，为退耕还林的成果巩固提供有效保证 退耕还林的实施，对农村经济结构和农业产业结构的调整是一次必然的促动。在借助国家大工程带动生态建设大跨越的同时，将退耕还林作为一项系统工程统盘考虑，作长远谋划。从工程建设初始就明确提出"三个确保"（确保生态目标实现，确保群众的生产生活，确保地方经济发展）、"四个结合"（退耕还林与农业结构调整结合，与生态农业建设规划结合，与农民脱贫致富结合，与考核涉农干部工作政绩结合）。以退耕还林带动农业和农村经济结构的战略性调整，以结构调整促进退耕还林的不断深入，使农民群众在退耕还林的过程中完成产业置换，另辟新的生产生活门路，保证退耕还林成果稳得住，不反弹。对于退耕后无地可种，又无其他收入的，通过机动地适当调整，使耕者有其田，给予资金和政策扶持，鼓励退耕农户离土不离乡，向二、三产业转移，引导农户搞特色种植，大力发展烟、豆、瓜、果、菜、北药等经济作物，做到减地不减收。

【黑龙江省林业完成森林资源发展和保护项目】 森林资源发展和保护项目经历6年的建设，造林工程已全部结束。全省共集约经营长白落叶松人工林7.5万公顷，完成世行投资13 698.1万元。项目建设取得了可喜的成效，造林平均成活率达到94.1%，平均保存率91%，良种使用率为100%，面积核实率为100.2%，环保合格率为99.8%，林木平均生长量超过全省所处的二类产区长白落叶松标准，在国家和全省的各项检查中均名列前茅，已成为全省重要的人工林后备资源。为今后黑龙江省营造速生丰产林提供了宝贵的经验，世行在评估报告中，将黑龙江省定为"满意"标准。

【黑龙江省防护林研究所科研与育苗】 2002年开展科研课题和推广项目19项。其中：林业可持续综合配套技术和嫩江流域及荒漠化治理等生态建设方面的研究课题7项；林木良种选育、推广应用及新品种区试方面的研究课题5项；森林保护方面的研究课题2项；树种选择及繁殖栽培技术方面的研究课题3项；其他方面的研究课题2项；争取329柳区划试验与示范1项；新立省科技厅重大和重点项目2项；齐齐哈尔市科技局项目3项；向国家林业局申报科技支撑项目3项。组织完成DN113杨良种选育科研成果登记和省政府科技奖励的申报工作，该项目2002年获省政府科学技术三等奖。开展学术交流和科普活动。参加各级各类学术会议30余人次，向各级学术会议、各级各类刊物推荐论文50余篇。为地方"科普之冬"活动讲课20余人次，发放科普资料5000余份。2002年，育苗生产完成119.54公顷。其中银中杨扦插育苗8.23公顷，109柳扦插0.34公顷，云杉播种0.47公顷，糖槭播种0.22公顷，杨、柳育大苗57.75公顷（银中杨育大苗占22.59公顷），杨、柳留床苗36.64公顷（银中杨留床占26.34公顷），针叶育大苗8.18公顷，花灌木育苗6.46公顷，杜松留床苗0.03公顷，樟子松云杉容器苗0.98公顷，嫩枝扦插育苗0.07公顷，花灌木播种0.17公顷。总产苗470万株，其中银中杨大苗4.09万株，云杉大苗3.82万株，银中杨萌条109.35万株，中黑防萌条89.76万株，小黑杨苗35.27万株，小黑杨萌条2.06万株，垂柳大苗18.38万株，垂柳萌条2.3万株，金丝柳大苗3.17万株，109柳大苗3.22万株，109柳萌条13万株，杜松大苗0.018万株，丹东桧大苗0.06万株，杜松二年生留床苗1.85万株，云杉播种苗93.77万株，糖槭播种苗2.8万株，容器苗14.21万株，各种花灌木苗22.2万株。全年共采各类种条197.03万株，其中银中杨109.545万株，中黑防87.255万株，良种繁育场109柳2300株。大地留存产品各类苗木

180余万株，实现各类苗木销售利润收入40万元。

【绥化市林业】

造林绿化工作创历史新高 高标准、高质量一季完成春季造林绿化任务。全市2002春季共完成造林3.54万公顷，占全市3.33万公顷造林任务的106%。其中，三北四期工程完成1.52万公顷，退耕还林工程1.61万公顷，其他0.42万公顷；完成育苗0.47万公顷，占计划0.33万公顷的140%；全市建立义务植树基地296处，完成义务植树1212.5万株，人均4株，尽责率达91%。大规模、大气魄完成秋季造林整地任务。全市以绿色通道工程整地为重点，共完成秋季造林整地2.43万公顷，占全市2003年造林任务的73%。其中，绿色通道工程造林整地0.33万公顷，占2.43万公顷的14%。国有造林整地工作也取得了重大突破，共完成造林整地0.37万公顷。

森林资源保护和管理工作效果显著 森林防火工作全年未发生重特大火灾事故。全市森林防火工作的基础建设、预防和扑救火灾的能力不断提高；坚持了"预防为主、积极消灭"的方针，切实加强火源管理，强化依法治火和值班值宿制度，使森林过火面积有效地控制在0.3/1000以下。全市已连续13年未发生重大森林火灾。加大了森林病虫害的监测和防治力度，有效地控制了病虫害的发生、传播和蔓延。共检疫苗木2.45亿株；产地检疫率达95%；发生各种森林病虫鼠害2.39万公顷。其中，虫害1.96万公顷、病害0.29万公顷、鼠害0.14万公顷；共防治松毛虫0.48万公顷，杨干象甲0.28万公顷，白杨透翅蛾0.33万公顷，防治率达68.8%。强化了森林公安队伍的职能作用。全市共查处毁林案件330起，其中盗伐案件65起、滥伐案件150起，收缴非法木材880立方米，收缴罚没变赔款69.27万元，取缔非法木材经营加工厂（点）9个，放生蛙类2万只，放飞各种鸟类万余只。加强森林采伐限额管理，严格控制了成熟林木的采伐，加大了病虫害木、残次林的更新改造力度。全市全年集体林共采伐林木蓄积70 611立方米，其中，病虫害木采伐4350立方米。残次林更新改造采伐48 669立方米，占全年采伐蓄积的75%；成过熟林木采伐17 592立方米，仅占全年采伐蓄积的25%。

林业基础建设得到了巩固和提高 加大了杨改松造林力度。增加了针叶树造林、育苗的比例。全市针叶树造林0.27万公顷，占35.38万公顷的7.4%。同时，加大了针叶树育苗的面积，全市共育针叶树20.33公顷。强化了苗木基础建设，形成了以良种繁育基地为龙头的育苗网络。全市2002年新建苗木繁育基地10处，面积均在20公顷以上。种苗建设成效显著。在全市现有成熟林分中，选择长势良好、无病虫害林木进行了提纯复壮工作，现已培育出适合栽植的优良种穗400万株。预计2003年全市造林、育苗都能使用优良的品种。确保为造林绿化提供数量充足、品质纯正的良种壮苗，为生态经济型林业的跨越式发展奠定了坚实的基础。

林业产业建设初具规模 2002年全市林业经济总产值已达2亿元，其中，木材销售产值8000万元，种植业产值4000万元，养殖业产值1000万元，林产加工产值7000万元。

【树立典型，推动黑龙江省林业产业发展】 典型引路，是发展林业产业的有效措施之一。在树立典型工作中，要掌握情况、当好参谋、提供服务。

龙头企业典型 ①桦南绿天林业集团。该集团是黑龙江省林业第一家集产、加、销一体的大型企业集团公司，在发展过程中，他们把培育、壮大龙头企业作为产业化经营的关键环节来抓，经过几年的努力，已形成了集绿天大厦、大恒木业、维胜饮料、盛牧肉牛、林产品贸易、山葡萄酒厂、辣椒公司、绿天酒业、果树示范场和9个国有林场为一体的企业集团。生产的"绿天"牌山葡萄酒、果汁饮料已于2001年通过国际ISO9000质量体系认证，原汁葡萄酒、干红葡萄酒、爽口山葡萄酒已获得国家A级绿色食品标志，产品远销北京、广州、深圳、济南、南京等大都市。②宾县二龙山木业有限公司。该公司主要生产"二龙山"牌建筑门窗产品，现已发展4户企业，预计全年销售额超过2000万元。

森林公园建设典型 鹤岗市林业局森林公园建设和开展森林旅游已走在了全省及全国的前列。该局原金顶山省级森林公园已批建10年，一直经营不到位。新局长上任伊始，就把森林旅游工作作为工作的重中之中，利用40天的时间建起了细鳞河风情园、十里河生态园等景区，整个夏季共接待游人10万余人次，实现收入180万元。

林场致富典型 宁安市兴隆林场在无林可采的情况下，发展肉牛养殖业。经过几年的努力，养肉牛近万头，2002年新建了一处日屠宰肉牛30头的屠宰车间，日产牛肉10吨左右，产品已销往北京人民大会堂、哈尔滨、牡丹江等地，目前已与北京建立了稳定的供货渠道，2002年产值可达125万元，已成为牡丹江市名符其实的牛头企业。

林业局发展产业典型 孙吴县林业局利用靠近俄罗斯的优势，引进俄罗斯大果沙棘，现已栽种1133.33公顷，计划几年内达到1万公顷。经测算，收获的5年生沙棘，每公顷收入可达25 000余元，利润6500余元。全局年可创产值3亿元，不仅实现"跳出林业发展林业"、"退耕还林退出一项产业"的愿望，而且也很快会成为孙吴县的支柱产业。该局开发的20余种东北老山货系列山特产品已投入市场，开发的山泉水也已得到市场的青睐，从2002年开始，该局已告别了伐树卖木的林业经济模式，开始为林业的发展走出了一条新路。

职工个体经济发展典型 铁力市林业局多年来无林可采，一直致力于发展职工个体经济，现从事职工个体经济的职工已占总数的70%～80%，全年总收入预计实现2100万元。目前，该局在种植业、养殖业上都走在了全省的前列，尤其人参及平贝等药材种植，牛、猪、鸡等的养殖，以及蜂、蛋产品更为突出。

【青冈县退耕还林】 青冈县位于松嫩平原腹地，幅员2685平方千米，现有耕地142万公顷。近年来，青冈以承包、租赁、联营、五荒拍卖等形式，创新了林业经营机制，广泛吸纳社会闲置资金投入工程造林，使全县林业经济得到了快速发展。全县有林地面积已达到4.13万公顷；森林覆盖率达到19%，林木蓄积总量达到110万立方米。2002年青冈抓住国家退耕还林的政策机遇，把退耕还林工程作为牵动全县林业生态经济加快发展的重要突破口和主体力量，高质量完成了2002年退耕还林工作。

上下齐抓宣传，广泛营造浓重舆论氛围 退耕还林是国家实施可持续发展战略，改善生态环境，加快生态建设的新举措，是造福百姓的一项德政工程。为了尽快使工程项目落实到基层，从而把好事办实，实事办好，把退耕还林的宣传工作放在了首位，努力营造各级、各部门全力支持，广大干部群众积极参与的浓重氛围。以会代训，集中宣传。国家退耕还林政策出台后，及时召开了全县退耕还林宣传动员大会，各乡（镇）党政主要领导、主管林业的副书记、林业站长、村支部书记、县直相关部门的干部总计500多人参加了会议，向乡村和群众发放宣传单28 000多张，使全县广大干部群众充分认清了退耕还林工作的目的意义，对相关政策也达到了基本掌握和理解。利用媒体，广泛宣传。县电视台设立了《青冈县林业发展回顾与前景展望》、《退耕还林政策有问必答》、《林业风采录》3个专栏；2～4月，集中时间播出专题报道，具体反映发展林业的重大意义，讲解退耕还林政策，介绍发展林业经济的典型群体和个人的经验，通过宣传引导极大地调动了广大干部群众支持参与退耕还林的积极性；使全县申请退耕还林的干部和群众达到2800多人。抓住难点，进户宣传。退耕还林面临着土地微调、土地相互流转等政策性问题。为确保这一工作顺利开展，达到高标准规划，集中连片推进的目标，组成15个工作组由县林业局牵头，“进十乡，走百村、入千户”，分别到涉及土地流转的农户家进行座谈，通过算经济账、让村干部、党员带头流转土地等形式，使全县退耕还林的土地流转工作开展顺畅，全县流转土地总面积达533.33公顷，为退耕还林的集中连片铺平了道路。

坚持高标准规划，高质量设计，全力夯实工作基础 为打牢退耕还林工作基础，提高工作质量，牢牢把握“高标准、大面积”的总体原则，力求实现全县退耕还林的布局科学、标准统一、集中连片、规模推进。突出做到了工程未动，规划先行。①优选地块，突出“三围”。在宜林地块选择上以围路、围草原、围流域“三围”为重点，集中连片规划。2002年全县围路退耕还林73千米，达253.33公顷；围草原建草防林240公顷，其中，最大一片达66.67公顷；围流域造林实现80公顷。②深入实地，达到“五清”。对进行退耕还林地块进行现场勘察，全部使用GPS实测，为科学规划还林地块提供详实数据，使退耕还林规划达到了“五清”，即退耕地块坐落清、退耕面积清、质量标准清、初植株数清、退耕户主清。③为使规划设计科学到位，完善了相关资料，具体做到“五有。即有实施方案、有还林协议、有保证措施、有资料档案、有奖惩办法。由于在规划上突出做到了“三围”、“五清”、“五有”。为全县实施退耕还林的集中连片奠定了基础，保证了退耕还林规模大，标准高。全县666.67公顷退耕还林造林面积，超出3.33公顷的达到了90%以上，面积超13.33公顷的有30多块，创建的退耕造林示范村，集中连片造林面积达100公顷。

项目衔接重实际，切实提高工程效益 按照全县退耕还林的总体规划，按照“任务到村、地块到户、责任到人”的要求，根据各乡村实际，着眼于县乡经济加快发展和生态环境的不断改善，县与乡、乡与村、村与户进行了实质性衔接，把项目总体任务层层分解和落实，使退耕还林工程取得良好的生态、经济和社会效益。在项目对接上突出搞好“三个结合”：①退耕还林与调整农村产业结构相结合。把退耕还林作为调整农村产业结构的一个重点工作摆上日程。对机动土地多、荒沟荒坡多、贫瘠土地多的乡（镇）在退耕还林项目上给予了倾斜，充分利用土地资源，扩大造林面积，得到较多的项目扶持资金，加快了农村产业结构的调整步伐。②退耕还林与扶持贫困村致富相结合。在落实退耕还林任务时，把退耕还林工程作为一个扶贫项目，重点向贫困村倾斜。对特困村的退耕还林工作投放质量最好的苗木，在技术上给予最热心的指导，激发了广大贫困户参与退耕还林的积极性和主动性。2002年全县22个特困村共落实退耕还林面积366.67公顷，占总任务量的55%，共有400多个贫困户参与了退耕还林，面积达到326.67公顷。国家扶持的项目资金不仅缓解了贫困村（户）经济困难，而且通过产权归已，也为长期发展积蓄了一笔绿色收入。③退耕还林与实施重点工程相结合。在退耕还林工程建设中，在主推集中连片模式的基础上，把退耕还林项目与实施绿色通道工程、小流域治理工程紧密结合起来。全县沿哈黑公路创建退耕还林标准示范区17个，总面积达253.33公顷，创建世纪村庄林场9个，总面积达38.67公顷。同时，全县围绕小流域搞退耕还林3处，总面积达80公顷。仅永丰镇永平水库就退耕还林31.33公顷，栽植树木9.5万株，极大地改善和美化了水库的周边环境，此处已成为游人休闲娱乐的好去处。

明确责任聚合力，不断加大领导力度 ①强化领导力量，统揽全局抓推动。2002年全县退耕还陆导小组共召开相关人员参加的协调会、情况通报会、座谈会5次，组织现场观摩、检查评比3次，使退耕还林的部署、检查、总结等各个环节工作达到了有条不紊、环环紧扣。强化业务指导，分片包干搞服务。退耕还林的乡村统筹分为5片，县林业局成立了5个退耕还林工作指导小组。1年来，指导小组共为群众解决政策性、技术性难题40多个，由于业务指导到位，全县退耕还林实现了“退一块，成一块，达标一块”，保证了任务落实和工作质量。②强化大局意识，分级负责求高效。建立退耕还林工作的岗位目标责任制，制定了四大班子领导抓退耕还林示范点责任制度，实行了每位县级领导抓好一个乡镇、抓出一个高标准退耕还林示范点、带出3个退耕还林大户的“113”责任制。县政府与乡（镇）主要领导、乡（镇）主要领导与村委会分别签订了退耕还林政策落实责任状，县、乡、村分别确定了退耕还林工作目标、具体责任和奖惩标准，强化了对各级干部的约束力，不仅使退耕还林政策落实到户，激发了干部为群众服务的积极性，调动了群众退耕还林的主动性，确保了退耕还林工程质量。（黑龙江省林业由崔祥娟供稿）

黑龙江省森林工业

【概　述】

森工经济发展势头良好 2002年，产业总产值完成117.9亿元，同比增长10.3%；木材生产完成409万立方米，比计划少采19万立方米；全行业亏损11257万元，减亏10.5%。增利或减亏300万元以上的有桃山、汤旺河、桦南、东方红等林业局。桦南林业局一举甩掉长达17年的亏损帽子。

天保工程实施进展顺利 完成天保工程投资22.4亿元。完成造林3.5万公顷，森林抚育完成8.7万公顷。通过了国家林业局对2000～2001年天保工程的核查验收。森林火灾受害率降到0.012/1000，创历史最好成绩。实施天保工程以来累计分流安置富余职工16.1万人，其中一次性安置14.1万人。

管护经营工作进一步深化 落实森林资源管护经营面积606.7万公顷，占有林地面积的74.8%；参加管护经营的有8.2万户，同比增加7000万户，职工11.4万人，占应参加管护职工总数的76.2%；山上职工人均收入3300元，其中管护经营收入1600元。

改革开放取得新突破 中小企业改制面达到70%，多种经营基地实行了个体私营和股份制经营，营林实行了收购制。林业局所属的供热、通讯、幼儿园等单位实行了独立核算、自负盈亏。全系统招商引资52 067万元，12个境外采伐加工项目达成协议；5个林业局在俄罗斯建立了森林采伐和木材加工企业，共派出人员440人，其他方式输出劳务1500余人。

产业结构调整步伐加快 林产工业产值完成29.8亿元，多种经营产值完成63.5亿元。友好林业局翔宇实业集团被评为省级龙头企业。森林旅游作为新兴产业实现了历史性突破，直接收入1.4亿元，同比增长40%。

企业管理水平有所提高 通过推行朗乡林业局管理信息化经验，提高了木材生产、销售管理水平，每立方米木材售价提高47.75元，增收1.9亿元。东方红、海林、通北、方正等林业局木材售价提高100元以上。同时，成本、物资、财务等方面管理也都得到进一步加强。

社会事业有了新的发展 教育质量普遍提高，林场（所）小学集中办学和林业院校改革进展顺利；完善了以各级综合医院为核心、以社区卫生服务站和山上卫生所为辐射点的医疗保健体系，林区人口自然增长率控制在1.17/1000；全年收缴养老统筹金2.3亿元，收缴失业保险金1569万元，发放离退休人员基本养老费近6亿元，发放率达100%；科技成果转化率达到40%，年创经济效益近亿元；11个林业局局址被评为省级先进示范小城镇；拖欠职工工资由年初的8.44亿元减少到7.54亿元；企业职工年均工资3496元，比2001年提高109元。

存在问题 制约森工经济发展的资源性、结构性和体制性矛盾还没有从根本上得到解决，结构调整、体制改革和对外开放等方面还有一定差距，企业管理水平还有待从整体上提高，扭亏增盈工作还需进一步加大力度，一些干部的思想观念和工作作风需要进一步转变。

【东方红林业局改革创新】 该局面对市场经济的严峻挑战，全面深化改革，寻求创新途径，为企业发展注入了生机与活力。

改革体制，适应市场经济的需要 ①改革财务核算体制，撤销了内部银行，实行报账制，实现了现金流动周转，堵塞了漏洞，减少了资金的隐形浪废。②改革森调管理体制，将所属分队固定到林场，定人员、定时间、定区域组织森调设计，把大面积、低强度的森调设计要求落到实处。③改革资源管理体制，将400余人的管护大队解体，化整为零，充实到13个林场（所），加大了管护工作力度。④改革“村屯”管理体制，将新划归企业的7个地方村屯，组建成多种经营站，分别纳入所属林场管理，解决了多年来林农冲突的大难题。⑤改革土地经营体制，对施业区内7500公顷土地，逐林场竞价承包，落实到人头，经营权30年不变，使企业和职工双得利。⑥改革局址中心苗圃，更名为经济林培育中心，变以往单一的培育山上苗木为适应管护经营的需要。⑦改革木材经销体制，变定价销售为竞价销售，每10天进行一次，提高了木材售价。在2002年1月20日的竞价销售中，成交额为235万元，高出计划价格17.5万元。

创新机制，适应企业发展的需要 ①资产转让，公退民进。将汽运处130台汽车和19台拖车公开竞价转让，盘活资金104万元，通过调整和完善运材生产管理办法，用市场规律调动职工积极性，提高了运材能力。②资产变卖，整体出售。将失去发展前景的通讯管理处整体出售，不仅实现了小网入大网，改善了通讯质量，还为企业盘活资金580万元；对马鞍山种畜场等部分闲置设备和房产公开拍卖，换取资金200万元。③兼并重组，优化组合。将木材检查总站与防火办合并，组建社区服务中心，集聚了经营实力，为企业节约费用160余万元。④分块突围，剥离分立。将物资科、供电局、商业局、广电局等单位推向市场，自主经营、自负盈亏，通过“扶强弃弱”等措施，使濒临崩溃的林工厂家焕发了生机。⑤竞争上岗，双向选择。将局机关科室由原来的32个压缩到26个，机关干部由原来的201人压缩到136人，节约了机关经费，提高了办公效益。

【方正林业局大力发展旅游业】 该局位于张广才岭东麓，松花江南岸，施业区跨方正、林口和依兰3县，局址高楞靠近哈同、方虎公路，距省会哈尔滨市仅200多千米。郁郁葱葱的浩瀚林海，交通便利的地理优势，独有的自然风光和立地条件，都给方正局发展森林旅游带来得天独厚的优越条件。该局把开发森林旅游业放在调整产业结构的首位，坚持重在回归自然、精在森林特色、贵在景观和谐的原则，采取边建设、边开放、边经营、边收益的工作方略，以方正“三九”国际狩猎俱乐部有限公司为龙头，向四周辐射，积极打造由局址高楞沿方虎线至三道通经营所，沿途100千米的黄金旅游带。黄金旅游带起点是高楞地区，沿方虎线在距局址11千米处的仙人掌科技园内，建设别具特色的垂钓景区；13千米处鲜族风俗旅游区；17千米处小龙山庄和正在建设中的方正“三九”国际狩猎俱乐部；23千米处苗圃观光区；37千米岭上防火塔瞭望区；65千米处响水河惊险漂流和石林园；70千米处白桦林休闲广场；75千米处抗联五军密营遗址；80千米处四道河原始森林园；100千米处三通道水上放排旅游等项目。在开发建设中，该局采取个人独资、企业控股、职工集资和吸收外资等多种形式进行融资。严格按照规划，根据财力、物力、人力情况，有序建设。

【通北林业局积极调整产业结构】 从1996年以来，该局紧紧抓住被省政府批准为以农养林试验区，和国家实施天保工程这两次机遇，一方面封山育林保护好现有的森林资源，另一方面发挥通北林区地平、坡缓、荒草地的优势，发展以农业生产为主的多种经营。经过几年的开发建设，现在已有1.9万公顷耕地。通北局以种植业为基础，以加工业为纽带，以养殖业为主导，大力发展优、绿、特色产品，多种经营产业逐步成为林区的主业。为给多种经营发展创造宽松的环境和有力条件，这个局加大了扶持引导力度，制定了《关于大力发展多种经营的若干规定》。对发展落后的林场（所）实行党政一把手淘汰制；对种植药材、油豆角、山野菜的职工提供种苗；组织各种技术培训班及参观学习。全局近6667公顷低产田的改造已全部完成。积极推行森林资源管护经营责任制鼓励职工开发林下资源，搞多种经营增加收入。建成了药材、小浆果、山野菜、紫花油豆角、亚麻、食用菌、马铃薯、羊、牛等生产基地。建成了以紫花油豆角软罐头为主产品的绿色食品加工厂。

【林口林业局构造种植结构优势促进职工增收】 该局以市场为导向，依托土地优势，加快发展优势、特色、高效农业。在粮豆生产上本着“降低产量，提高质量，发展优质高效粮豆作物”的原则，千方百计在提高单位面积质量上做文章。同时加大种植结构调整力度，在经济作物种植面积上、品种上、技术上、效益上动脑筋、下气力，全局新上项目收入达235万元。前哨经营所由于新上白瓜子、玉米种子项目，使职工增收45万元，平均人均增收1562元。为大力发展管护区林下经济，全局在管护种植北药201.2公顷，产值达178万元；种植各种绿化树苗100多万株，胜利经营所仅种植绿化苗木这一项就增收30余万元。大力发展定单农业。为调动职工进行种植结构调整的积极性，林场（所）领导多方联系，积极为职工服务，先后同桦南县金南瓜公司、林口县种子公司达成业务合作协议，种植白瓜籽、玉米和大豆籽种，并请两个公司的技术人员为职工讲授种植知识，将资料印发到种植户手中，并与两个公司签订生产订单，达到互惠互利、双赢的结果。

【铁力林业局烧柴管理】 实施天保工程后，铁力局结合本局实际，创造性地推行“一站三限八不准”的烧柴管理模式。

“一站”即加强林场（所）烧柴站管理。林业局在山上各林场（所）、农场都建立了烧柴管理站，要求各单位要对住户的炉灶、烧柴储存情况定期进行检查登记，摸清底数，统一管理，没有登记或不在指定地点存放烧柴的一律收缴。需用烧柴的单位和住户捡、打烧柴必须到单位烧柴站填写捡打烧柴申请书，由烧柴站审批数量、捡集烧柴的地点，捡集完后由专职检验员验收，如超标准、超数量由烧柴站予以没收。林业局还规定：各单位烧柴站要与本单位住户签订烧柴管理协议书，住户要保证做到不滥伐、不乱砍、不偷贮、不私买、不烧好柴。同时还规定，各单位抚育伐生产使用的油锯，停产后必须由林场（所）统一收缴封存。

“三限”即实行三限制管理。限径级：小头直径5厘米以上的枝桠（含5厘米），不能做烧柴；限数量：每户储柴量不得超过10层积立方米，每户年用柴量不得超过15层级立方米；限树种：不得毁坏任何活立木作为烧柴，烧柴的使用要向枝桠、秸秆、蒿秆、茅草方向发展。“八不准”即不准在伐区或指定地点以外捡烧柴；不准在山坡、林中、路旁、沟口偷藏私储烧柴；不准购买烧柴来加工削片或其他木制品；不准将烧柴外卖或送人，一经发现立即没收，并处罚单位和买主；不准以关系单位为由，将伐区枝桠、小杆或购买的职工烧柴送给他人；不准林场（所）和农场的食堂、招待所、办公室的锅炉等烧好柴；山上林场（所）烧柴一律不准下山和外运，如有特殊情况，必须携带单位报告或证明、工作调令、户口迁移证复印件，到林政主管部门审批，办理准运手续；不准采伐活立木或在没有《采集烧柴许可证》的情况下，从事捡打烧柴。对违反烧柴管理规定的，超数量全部收缴；超标准的给予处罚；情节严重的报送公安机关依法处理。推行“一站三限八不准”的烧柴管理模式后，全局山上林场（所）职工生活用烧柴已被枝桠、树根和农作物秸秆所取代，每年减少林木资源消耗10 500立方米左右。从2000年到2002年，3年共减少林木资源消耗31 500多立方米，以薪材市场价格计算，价值470多万。

（黑龙江省森林工业由省森工总局办公室供稿）

大兴安岭林业集团公司

【概　述】 2002年，全公司林业企业总产值完成311 065万元，完成计划的111.4%，比2001年同期增长7.1%。在林业企业总产值中，其中，农业总产值完成45 454万元，工业总产值完成172 221万元，建筑产值完成17 545万元，职工自营经济完成71 095万元。完成木材产量2 161 424立方米，锯材产量104 271立方米，综合利用材产量555 382立方米，层积板产量2894立方米，纤维板产量7400立方米，胶合板产量3246立方米，刨花板产量10 233立方米，细木工板22 816立方米，木制家具完成215 152件。完成造林面积6373公顷，迹地更新面积9232公顷。单位从业人员85 728人，其中在岗职工85 689人。在岗职工劳动报酬51 100万元。天保工程资金总计4684万元，转产项目投资4653万元，森林防火国债资金404万元。

森林资源得到有效培育和保护 完成更新造林6047公顷，人工造林成活率77.2%，提高5.8个百分点。完成大苗造林122万株，合格率89.4%。天然幼中林抚育5.3万公顷。生产木材220.7万立方米，调减12.9万立方米。活立木蓄积生长902万立方米，消耗402万立方米，净增长500万立方米。对767万公顷林业用地实行全面管护，取缔非法采金点422个，查处各类资源林政案件256起，挽回经济损失559.6万元。发挥防火信息系统的作用，坚持严惩火犯、重兵投入等有效措施，取得春、夏、秋三防胜利。

特色产业发展步伐加快 林产工业实现产值7.1亿元，增长6.6%，其中，精深加工产品产值4亿元，在林产工业产值中所占比重达59.3%，提高16.3个百分点。绿色食品按标准监控的种植面积3.8万公顷，其中，岭南农业开发区分别有2000公顷和6667公顷被确定为国家级和省级绿色食品生产基地。绿色食品销售收入实现3.5亿元。种植马铃薯1万公顷、亚麻8400公顷。畜牧业实现产值1.8亿元。北药种植面积1600公顷，实现产值4100元。旅游业发展良好，接待国内外游客7.9万人，实现旅游收入4200万元。

各项改革稳步推进 应改制的329户国有小企业全部完成产权制度改革，75个林场减至66个。撤销黄金公司和建材公司，对通讯公司实行整体出售，收回资金2980万元。对液化气公司和商贸公司进行股份制改造。个体私营经济实现产值14.3亿元，税收4936万元。民营科技企业由20户发展到36户，实现产值7300万元。

对外经贸合作成效显著 有9个林业局开展境外采伐，完成境外木材生产25万立方米，输出劳务750人，创产值2500万元。招商引资签约项目223个，签约额24亿元，净引资2.45亿元。35户企业获外资进出口经营权，外资进出口实现279.8万美元。

基础设施建设及社会事业 全年完成基本建设投资10.6亿元。加漠公路建设工程完成总投资的77.1%，其中加松段46.3千米已经正式通车。总投资2.1亿元的呼玛团结水电站经过近10年的努力实现并网发电。全区新开发经济适用住宅面积14.5万平方米。教育投入2.1亿元，新建和改建教育教学场馆20个，地县两级通过实行药品集中招标采购，药品价格平均下调32%。投入1045万元用于文化基础设施建设，实现广播电视与黑龙江台联网。先后5次为离、退休人员上浮养老金，为企业职工上调一级工资，在岗职工年平均工资达7370元。为2.8万名城镇贫困人口和1685名农村贫困人口发放救助金1513.7万元。为第二批11 219名转岗分流职工发放一次性安置费2.43亿元，下岗职工再就业率达66.4%。

存在问题 小企业改革还有待于进一步完善，少数企业没有转制到位，个别的甚至出现反弹；企业管理工作仍存在一定差距，一些行之有效的规章制度没有得到很好地贯彻执行，跑、冒、滴、漏的问题仍不同程度存在；结构调整面临一些实际困难，还没有建立起支撑生态建设的产业体系，新的经济增长点比较弱小；人力资源开发不足，科技创新滞后，计算机、市场营销、农牧业等专业技术人才匮乏。

【全国森林防火工作现场会在加格达奇召开】 2002年4月11～12日，全国森林防火工作现场会在加格达奇召开。国家林业局党组书记、局长周生贤，黑龙江省副省长申立国，国家林业局党组成员、副局长马福，武警森林指挥部主任何旺林，地委书记杨喜军，行署专员、林管局局长王忠林出席会议。会议的主要任务是：以“三个代表”重要思想和党的十五届六中全会精神为指导，进一步贯彻落实党中央、国务院关于加强生态环境建设和森林防火工作的一系列重要指示精神，认真总结近年来森林防火工作经验，表彰奖励1998～2000年度全国森林防火工作先进单位和先进个人，安排部署当前和今后一个时期的森林防火工作。会上周生贤局长作了题为《总结经验，开拓创新，全面推进森林防火工作再上新台阶》的讲话。会议期间，领导和150名与会代表分别观看了在加格达奇林业局白桦林场施业区内举行的由武警大兴安岭森林支队、航空护林站和地方专业灭火队伍联合灭火实战演习，地区森林防火指挥部地理信息系统、视频指挥会议系统、卫星目标跟踪定位系统、火场实时图像传输系统和遥控摄像监测林火系统演示，充分展示了大兴安岭地区先进的辅助决策和指挥作战能力。会上，图强林业有限责任公司、加格达奇林业局、地区森林防火办公室、武警黑龙江森林总队大兴安岭支队；张举、葛学林、孙长福、王天辉、邢子义、周野受到表彰。

【大兴安岭地区被列入全国生态示范区建设试点地区】 2002年7月2日，国家环保总局正式批准将大兴安岭地区列入第七批全国生态示范区建设试点地区，这标志着该区各项事业的发展将再一次获得机遇。《大兴安岭地区生态建设及环境保护规划》出台，确定规划期为50年，分近期目标（2001～2010年）、中期目标（2011～2030年）、远期目标（2031～2050年），通过专家评审。至2002年，全区已建成不同类型、布局合理的，以森林生态系统为主的省（部）级以上自然保护区8处，总面积1.26万平方千米，自然保护区覆盖率达15.23%，居黑龙江省领先水平，自然保护区累计投资约2000万元。

【兴建全国最大寒温带森林湿地生态区】 2002年7月，中国目前最大的寒温带森林湿地生态自然保护区——南瓮河自然保护区，全面启动建设，总投资792万元，占地面积229 523公顷，是大兴安岭地区继呼中自然保护区之后建立的第二处自然保护区。南瓮河自然保护区位于大兴安岭林区东南部，大兴安岭支脉伊勒呼里山南麓，松岭林业局境内。保护区建设总面积为229 523公顷，其中核心区面积为74 785公顷，缓冲区面积68 829公顷，实验区面积90 909公顷。建设项目总投资全部为国家预算内基本建设投资，主要用于保护站、检查站、监测站、瞭望塔的建设及巡护车辆设备的购置等，是集资源保护、科研监测、宣传教育于一体的工程建设项目。

【大兴安岭地区森林资源保护经营工作】 自实施天保工程以来，积极推行森林资源管护经营工作，把森林资源管护经营工作当作天保工程一项重要的内容，认真组织实施，分别在加格达奇、松岭、阿木尔3个林业局开展了试点工作，制定工作方案，并依据实际情况，按山形、地势、自然沟系及交通条件等划出责任区。在近山区实行家庭、个人或联护承包，远山区采取封山设卡、集体巡护等方式落实责任区。各林业局按照《天保工程方案》和《地区森林资源管护经营工作方案》的要求，进一步落实森林资源保护目标责任制，层层签订远山区管护责任状，近山区管护承包合同，明确权利、责任、义务和奖惩措施。采取多种形式开展业务培训，聘请省、地有关林业专家进行授课。对管护人员经考试合格，持证上岗。在管护经营工作中，还实行三级检查验收制度，定期对森林资源管护经营工作进行检查，保证了工作质量。2002年，全区各林业企业共划定管护责任区 671 万公顷，其中远山区管护责任区落实 550 万公顷，近山区管护责任区落实 121 万公顷，修建管护站 336 座。

【加漠公路建设享受国家部分西部开发优惠政策】 2001 年，大兴安岭加漠公路建设工程，被列入解决西部地区通县道路建设方案。先期到位资金 1000 万元。加格达奇至漠河县漠河乡通县公路，全长 582 千米，是大兴安岭地区享受国家部分西部开发优惠政策的第一项重大工程，工程总投资 6.92 亿元，其中国家投资 2.91 亿元，省投资 1.74 亿元，地区配套 2.27 亿元。工程工期 2 年。2002 年地区成立了通县公路建设指挥部，行署专员、林管局局长王忠林任总指挥，指挥部下设加松、松塔和塔漠 3 个分指挥部。国家投资计划已全部下达，到位资金 2.91 亿元。工程采用国内邀请招标的方式进行，全线共划分 33 个合同段，每个合同段独立招标，省内外 33 家施工单位分别中标，承担施工任务。地区纪检委在整个招标过程中进行全程监控。年内，加松段 46 千米二级白色路面竣工通车，被省验收小组评定为优良工程。松漠段完成了路基及桥涵造物工程。整个工程完成预定工作目标。

【大兴安岭地区天保工程工作】 继续本着"严管林、慎用钱、质为先"的要求，明确任务，落实责任。2002 年 7 月，林业集团公司 11 个县（局）级实施方案获国家林业局批复，全区天保工程规划设计全部完成。建立健全工程监督、考核、管理、验收办法，形成较为系统的管理模式，初步建立天保工程信息档案管理系统，实现资料管理数字化、报表网络化、人员专业化。工程阶段建设通过国家检查验收。木材产量由 2001 年的 230.4 万立方米，调减到 2002 年的 222.4 万立方米。实现一次性安置下岗职工 25 420 人，有 16 946 人进入再就业中心培训再就业。设立森林管护大队 11 个，管护中队 81 个，建设管护外站 336 座，在近山区全面实行了职工家庭承包管护，落实管护承包 1465 户，实现森林资源增长 3 个百分点。全区 14 个转产项目已陆续建成投产，安置下岗职工 4580 人，实现产值 2.7 亿元。

【大兴安岭北奇神绿色产业集团公司成立】 2002 年 4 月 1 日，大兴安岭北奇神绿色产业集团公司成立，集团完全按照现代企业制度运作，实行全新的法人治理结构，公司设有董事会、监事会、经理层和党委。为母子公司的管理体制。母公司注册资本 6400 万元。集团公司注册资本 1.2 亿元，拥有一个核心企业，有大兴安岭丽雪精淀粉有限责任公司、大兴安岭林田开发建设总公司、大兴安岭北奇神药业有限公司等 6 个全资式控股子公司，有大兴安岭兴安有机食品有限公司、大兴安岭绿洋食品有限公司、大兴安岭富林山野珍品科技开发有限公司等 12 个成员企业。集团运作实行统一品牌、统一发展战略、统一营销策划、统一资产运营和财务管理、统一企业形象、统一标准检测。已拥有经过国家绿色食品发展中心认证的绿色食品基地 8667 公顷，经过多家国际有机食品组织认证的有机食品基地 1.2 万公顷。在已开发出的 10 大系列 223 个品种的产品中，有 16 种获得绿色食品标志使用权，固定资产 2 亿元。

【大兴安岭地区非国有经济管理】 非国有经济发展为中共大兴安岭地区委员会 2002 年重点专题推进工作之一，成立经济专题推进小组及办公室，出台《经济发展推进方案》、《龙头企业综合评价考核奖励方案》等，加大在政策、资金、技术、信息、物资等方面的扶持、服务力度。实施大户带动战略，重点向山特产品精深加工、农副产品加工、木材精深加工方面倾斜，目前年产值 5000 万元的大户企业有 3 户，年产值 1000 万元企业 18 户，年产值 100 万元以上大户 197 户。成功组织 63 户非国有企业参加第 13 届哈尔滨洽谈会，参展绿色食品 19 大类 269 种产品，签订项目 89 项，签约额62 950万元。2002 年，非国有经济实现产值 143 282 万元，实现税金 4936 万元。乡镇企业实现总产值70 695万元，实现营业收入76 791万元，实现增加值19 584万元，实现利润 2522 万元，实现税金 2086 万元。非国有经济和乡镇企业增长速度在黑龙江省排名均处于领先地位。

【大兴安岭地区十大重点工程取得阶段性成果】 加格达奇至漠河公路改造工程全长 582 千米，2002 年完成投资 3.6 亿元，完成总工程量的 50%。漠河机场项目已通过省政府、省计委、省民航管理局批准，纳入黑龙江省"十五"规划，机场场址预选报告已完成，上报东北民航管理局，邀请空军和东北民航管理局再次进行实地踏查，出具场址初选意见。加格达奇机场正由东北民航管理局规划设计院进行规划设计。全区经济适用住房在建工程面积 28.84 万平方米，竣工面积 14.48 万平方米，完成投资 1.72 亿元。塔河、新林、呼中、西林吉、松岭、图强、十八站 7 个林业局局址自来水工程完成投资 7802 万元，基层林场和农村村屯自来水工程建设 14 个，完成投资 479 万元，自来水进户 520 户。加格达奇 13 条街路改造工程沥青路 10 千米，砂石路 2 千米，完成投资 5800 万元。地区会展中心建筑主体已封闭，内、外部装修基本完成，投资 2900 万元，艺术剧院完成投资 855 万元，已交付使用。加格达奇西道口立交桥竣工交付使用，投资 2500 万元。加格达奇集中供热工程完成总投资 3650 万元，其中热源工程投资 2900 万元，管线工程完成投资 750 万元，工程全部竣工交付使用。地区职业教育学院工程，教学楼、实验楼、体育馆及附属工程已进入收尾阶段，投资1700万元。城镇、乡村、林场小区建设和绿化、美化工程完成义务植树120万株，城镇周边绿化58.4万株，绿色通道植树10.5万株，四旁绿化4.8万株，植花草33.2万棵。

【大兴安岭林业集团公司创新营林生产管理措施】 加强营林管理基础建设，地区成立营林质检办，各单位成立营林质量质检大队，举办全系统营林生产技术强化培训班，从造林、绿化、抚育、育苗、育种、病防、法律法规等方面，对各林业局（生产单位）营林处主任、生产主任、技术管理人员120人进行培训，并颁发培训合格证和上岗证。在春季造林绿化工作中，领导包片，掌握包片生产单位生产进度和质量，对每个林业局（生产单位）派一名技术人员现场指导、解决生产中的技术问题，各林业局生产技术人员跟班作业，检查生产质量，造林绿化质量提高。以点带面，开展创精品工程，树立塔河、新林、加格达奇林业局为全区营林生产示范林业局。各林业局都建立一二个营林生产示范林场，各林场都建立二三个标准示范地块。新林等林业局在创精品工程中，采取优质优价，劣质低价的办法，对生产作业好的林场、作业组给予奖励，质量差的给予处罚。在新林召开营林工作现场会，实地参观学习新林防旱、防涝、防冻拔的整地造林法，西伯利亚红松引种造林、采金矿体造林、火烧迹地造林、天然中幼林抚育、造林和绿色通道现场。在严格执行营林生产三级验收制度和质量责任事故追究制基础上，实行质检办负总责，抽调各林业局质检队队长负责检查的新办法，对各项营林生产项目进行全面检查验收，并纳入技术档案管理。对不合格的生产扣缴生产资金，保证了检查验收结果的真实可靠。

【大兴安岭林业集团公司林场改革】 2002年，组织召开两次林业集团公司林场改革电视电话会议，明确林场改革的指导思想和工作内容。下发《关于对林场生产任务实行竞价招标的通知》，进一步推进林场生产民营化，在松岭和新林各选择一个林场作为试点，推进此项工作开展，继续调整林场生产力布局，在已撤并8个林场、12个分场、10个经营所、8个贮木场的基础上，2002年又撤并2个林场、2个贮木场，转让采运设备335台（套），回收设备转让金101.02万元。至年末，全区已有偿转让设备2862台（套），收回设备转让金2401.12万元。图强林业公司探索国有林场管理模式，组建壮林股份合作制林场和奋斗家庭林场。

【大兴安岭地区北药开发】 2002年，把北药开发列为工作重点实施专题推进，制定《大兴安岭北药开发实施方案》，成立由行署主要领导为组长的领导小组。对全区244种植物、54种药材、24科71种药用真菌、139科1144种药用植物、115科260种药用动物的储量和生长、存活情况进行详细调查，并组织有关专家、学者撰写出版140万字的《大兴安岭中草药资源》，600多方剂的《大兴安岭偏方、秘方选编》，近百种规范采集、加工、炮制中草药的《大兴安岭常见中草药采集手册》。先后举办11期各种类型北药开发知识培训班，培训1016人。以地区兴安北药有限公司为龙头，以县区局为基地，陆续在全区各地建成两级收购网点32个。全区北药种植面积1333.3公顷，黄芪、甘草、龙胆草、狼毒、红景天等12个种类种植良好。采集药用菜果2546吨。北药养殖户36户，养殖动物15种。采取走出去、请进来的方法，通过参加深圳高交会、西安洽谈会、哈尔滨洽谈会等，在五味子、EF胶囊、越橘、狼毒大戟等产品的开发上与科研院校合作，先后聘请省内外专家14名，促进了新产品开发。都柿提取“花青素”产品已经通过科研论证，北京等地已订货十几吨。研制的金莲花、刺玫果、木耳提取物得到哈尔滨、沈阳、新疆等十几家客户的订单。配合几家中医院开发的金蝎追风酒、消肿膏、痔疮一洗净和阑尾炎断等药品，临床验证良好。EF胶囊（利用当地野生植物狼毒大戟的有效成分研制的一种治疗肝癌、肺癌和白血病的纯中药制剂）根据GMP标准要求已通过大白鼠动物毒理实验，证明对肺癌的有效率达50%。

【大兴安岭地区发展绿色食品产业】 为加强绿色食品全方位管理，出台《大兴安岭绿色食品开发方案》，积极探索组建和依托农业机械股份合作连片种植模式、公司化股份制经营模式等形式，实现了由种植业基地向养殖业和山特产品延伸，无公害和A级绿色食品基地向与国际接轨的AA级（有机食品）绿色食品基地延伸，岭南农业综合开发区6666.7公顷基地被省政府确定为省级绿色食品基地。成功参加了哈尔滨洽谈会、西安洽谈会、香港美食博览黑龙江绿色食品园等展销活动，签订绿色食品合同231项，签约额17亿元，履约合同48项，履约金额1.78亿元。获得国家绿色食品标志使用权的产品16个，其中AA级3个。完成按绿色食品标准监控种植面积3.8万公顷，是1999年的6.3倍。绿色食品总产量实现10万吨，实现销售3.5亿元，累计直接安置就业人员1200人。绿色食品产业已成为拉动全区经济增长的新兴替代产业，初步实现了由分散生产、加工、销售的自发阶段向政府引导、市场牵龙头、龙头带基地、基地连千家万户的产业化发展格局，是现阶段农民收入恢复性增长和林区职工自营经济增长的主要因素，年均拉动全区经济增长2个百分点。

【大兴安岭绿色食品展销中心运营】 2001年6月，大兴安岭地区在黑龙江省率先建成绿色食品展销中心。中心总面积1100平方米，采取展示与批发、配送、零售相结合的形式，集中展示全区开发建设38年来绿色食品、特色食品、绿色环保林木精深加工产品和旅游纪念品开发取得的成果。经过严格审查，入驻展销中心的企业25户，产品200余个品种。中心运营以来，发挥了展示功能，作为窗口，接待副厅级以上领导100余名，团组80余个，接待4000余人，受到来参观的国家和省级领导以及一些离休老干部较高评价，认为绿展中心是展示大兴安岭绿色产业整体形象的窗口，是地区的一个“形象工程”。自运营以来实现销售额240万元。

【大兴安岭地区发展特色农业】 继续发展生态农业和特色农业，打造绿色品牌。全区种植业结构调整取得突破性进展。小麦全年实播1.22万公顷，同比增长44.0%；亚麻实播8400公顷，同比增长1.75倍；马铃薯实播9493公顷，同比增长13.7%；芸杂豆实播1.24万公顷，同比增长43.08%。开展农业新技术培训和科普宣传，举办培训班48期，受训人数达1万余人次，发放科普资料6000万份。以“丰收计划”为载体大力推广农业新技术，全年共推广新技术13项。加工马铃薯鲜薯131 598吨，生产精淀粉21 522吨，企业增加产值765万元，上缴利润200万元。马铃薯科试中心全年落实种薯基地2533公顷。全区种植亚麻面积8400公顷，生产原茎4.5万吨。通过招商引资和农户股份合作形式新建剥麻厂3处，剥麻力达3万吨。建立农机科技示范区（点）26个，示范面积6667公顷，举办各种现场演示会10次，累计推广应用各式农机具862台（套）。2002年，全区农业总播种面积9.2万多公顷，经济作物面积9867公顷。完成绿色食品标准监控面积3.8万公顷，绿色食品销量达8.2万吨，绿色食品完成产值3.5亿元。全年农村实现总收入40.6万多元，农村农民人均纯收入实现2921.5元。

【大兴安岭地区推进特色畜牧业】 2002年全区在农业产业结构调整中，以构筑畜牧业“半壁江山”为奋斗目标，紧紧围绕《全区特色畜牧业推进方案》，积极推进发展。各地积极将优惠政策落到实处，全区共为15个养殖大户减免土地承包费343公顷，折合6.5万元。漠河县兑现“养鹿5只以上，贷款全部贴息和每只鹿另补贴300元”的优惠政策。呼玛县兑现“引进大户负责运输费、安家费，免收草原管理费、土地使用费”等多项优惠政策。呼中、图强、韩家园、阿木尔、十八站等地兑现”为养殖户无偿提供建畜舍材料、闲置场地、闲置房屋”等扶持政策。全区投向畜牧业资金已达2000多万元，其中塔河县为发展畜牧业贴息贷款500万元，漠河县发放畜牧贴息贷款200万元，呼玛县投资250万元发展绒山羊养殖，新林区投资200万元发展养鹅业，图强投资200多万元发展养狐养貂，韩家园投资350万元发展养鹿业，促进了畜牧科技示范园的建设。自实施天保工程以来，全区共建管护站255个，发展林下特色养殖业的管护站185个，占72%。全区全年特色畜牧业大幅增长，完成产值1.7亿元，同比增长20%，存栏大幅上升，出栏发展平稳。

【大兴安岭地区两航站接收飞行地面保障】 2002年1月12日，由中国飞龙专业航空公司承担8年的加格达奇航空护林站、塔河航空护林站的航行地面保障工作，交付给两个航站，交接仪式在加格达奇举行。民航东北管理局、民航东北空中交通管理局、民航黑龙江局、国家林业局东北航空护林中心等29家单位的领导及来宾出席交接仪式。加格达奇航空护林站、塔河航空护林站每年肩负着黑龙江大兴安岭8.4万平方千米和内蒙古大兴安岭2.8万平方千米的航空护林任务，被接管8年中，与飞龙专业航空公司始终密切配合，团结协作，没有发生任何飞行安全事故。近几年，大兴安岭地区加大了加格达奇、塔河两个航空护林站的建设，更新通讯导航设备、运油加油车、飞机启动车和消防车等大型设备，维修航行地面保障设施，两个航站完全具备了做好航行地面保障工作的能力。

【呼玛县团结水电站竣工发电】 2002年7月18日，呼玛县团结水电站竣工发电。呼玛县团结水电站位于呼玛县三卡乡境 内。1992年，呼玛县被国务院批准列入第二批农村初级电气化县，该电站是呼玛县农村初级电气化县建设的骨干工程，于同年12月开工建设。在建设过程中，由于国家财政政策、融投资体制的变化和年度施工期短，遭受洪水灾害等多种因素，致使工程延期。建设期间省委常委、省委政法委书记杜宇新，地区主要领导多次协调省地有关部门，帮助解决实际问题，保证了工程建设顺利进行。10年来工程项目完成水电站工程和输变电工程两部分，主要建筑有溢洪道、拦河坝、输水洞、厂房、尾水渠、升压站和110千伏输电线路、变电所。电站3台机组总装机容量1.05万千瓦，年平均发电量3000万千瓦时，水库库容1.45亿立方米，总工程量150.9万立方米，总投资2亿元。

【漠河县森林防火工作规范化】 经过1987年“5·6”大火后，漠河县健全防火机制，加大资金投入，增加防火工作的科技含量，防火工作走上科学防范轨道。防火办由过去营林局下设的一个股成为正科级的防火办公室，组建80人的快速扑火队和150人的护林队，各场、乡等成立8个分指挥部，每个分指挥部以民兵为骨干组建620人的骨干扑火队。认真落实“四长负责制”，从县（局）长到乡（场）长、工段长、班组长，层层签订防火责任状，并按照谁主管、谁负责的原则，落实单位系统负责制，全县共划分8个责任区，每个责任区都由2名县领导包干，实行分管战线防火责任承包使防火层层分解，并制定实施特别通行证制度、防火抵押金制度、防火合同公证制度、班组联保制度等8项制度，促进了防火工作进一步的发展。“5·6”火灾前，漠河县防火设施设备基本等于零。15年来，共投入资金1000余万元，修筑防火公路200余千米，修筑管护结合的防火外站30处，新建瞭望塔19座、塔道200千米，建停机坪4处，新建林火气象站2处，购置电话、超短波、微机、林火探测仪、风力灭火机等扑火机具设备。在林火预防上做到以县防指为中心，形成上至地防指，下至各分指、各防火管护外站、瞭望塔、检查站的防火通讯体系，在预报体系上，把责任区和森林资源管护相结合，建立11个管护站。由管护人员在林中监护，空中有飞机进行巡护，在预报体系上基本形成立体化监测。召开千人群众大会组织队伍游行、召开“5·6”反思座谈、参观扑火演习、张贴防火标语、开展防火知识竞赛、开展广场文化等，全民防火护林的责任感和使命感增强，促进了漠河县防火事业的发展。

【塔河林业局实施兴企战略】 塔河林业局立足企业实际，实施资源保护、产业发展、环境优化、科技支撑、政策保障等兴企战略，组建2000多人的天保工程管护队伍，管护面积90.4万公顷。组成以纪检委牵头的多个部门检查组，强化“三总量”管理。撤并4个林场，将工程处、筑路队、材料厂、物资、能源等企业实行剥离经营，自负盈亏。对企业的生产机构和部分资产设备进行有偿转让、出租和出卖，收回资金355万元，每年减少维修管理费用90万元。发展种养业，引进适合寒冷地区生长的优良品种，增加经济价值高的有机大豆、云豆等作物播种面积。自筹资金50万元建成种猪场和种羊示范场，已有1400余人从事耕种，面积266余公顷，年人均收入3500元；有530户、1500人从事畜禽养殖，产值650万元。推进林木粗加工向精深加工转变，取缔8户不达标企业，合并重组4个加工厂。引导职工向山产品采集加工业转变，建立3个山野产品收购和两个北药研制基地，年收购都柿、亚格达等山野浆果200吨，保鲜加工山野菜1000吨，开发独有的野生松针、黄芪、草乌、鹿蹄草等地产药材品种60个。由所属的3个林场组建7个工段，分别到俄罗斯境内的库贝岛和洛古河进行木材采伐，投入设备67台，安置富余职工4000余人。自实施天保工程以来，完成公益林建设72 207公顷，其中，人工造林4125公顷，人工促进26 000公顷，封山育林18 082公顷，森林抚育24 000公顷，造林成活率保持在98%以上，各项作业合格面积100%。

【图强林业有限责任公司组建家庭林场和股份合作林场】 2002年，图强林业有限责任公司适应实施天保工程的需要，组建奋斗家庭林场和壮林股份合作林场。奋斗家庭林场社区管理由公司负责，家庭林场场主负责林场的生产经营。林场场主由公司公开招聘，受聘的场主与公司签订《经营合同》，向公司交纳风险保证金。奋斗林场的资产、林地无偿交给场主经营、管理，场主享有使用权和收益权，所有权仍归公司和国家所有。用工全部实行聘用制。实行模拟市场经营，林木产品全部销售给公司，非林木产品由家庭林场自行销售，林场经营利润由场主自行分配，经营亏损由场主自行承担。壮林股份合作林场以资产置换的形式，一次性转换国有职工身份，退出图强公司资产。林场实行董事会领导下的场长负责制，场长由董事会聘任，并依法召开全体股东大会选举产生董事会成员和监事会成员，成立董事会和监事会。两家林场已正式挂牌运营。

【天保工程促进十八站林业局发展】 十八站林业局自1998年启动天保工程以来，始终把天保工程作为关系林业企业生存和发展的头等大事来抓，收到了实实在在的效果。全局各单位集中人力物力、利用生产淡季投入到公益林抚育和人工促进更新造林中，并把造林质量作为考核领导班子政绩的主要指标。1999年，22 434公顷的公益林建设任务顺利完成并通过验收，2000年，1988公顷的公益林生产任务也通过林业局自检。林业局成立了1499人的森林资源管护大队，各林场成立资源管理监督站，配齐工作人员。强化监督机构的职能和作用，并采取区域责任制，按保护区所在地把管护指标分到各林场，对全局723 224公顷的森林实行管护。进行深化改革，局场两级机关共分流875人，减少办公面积6000平方米，每年节约费用380万元，还通过林场设备转卖、小企业改制、出售闲置资产等方式，盘活固定资产600万元以上。林业局在保证及时足额的发放职工工资并陆续补发以前欠发工资1254.7万元的同时，投入资金1000万元以上，相继解决供暖供水、职工就医、子女上学、社会治安等方面的问题，天保工程的实施，使十八站林业局社会经济稳步发展，职工群众的生活环境得到改善，居民的生活质量提高。

（大兴安岭林业集团公司由王艳、刘庚正供稿）

上海市林业

【概　述】

发展与成就　2002年上海郊区林业突出生态环境建设主题，抓住农业结构调整的契机，以土地换生态，实施退耕造林，林业建设呈现持续快速的发展态势，林业已成为改善生态环境建设的主战场，调整农业结构的主力军。根据年初提出完成1万～1.2万公顷造林面积的目标，全年完成造林面积达到1.3万公顷以上。其中新增林地中经济果林4873公顷、用材林567公顷、苗木面积6207公顷、生态林1687公顷；全年共完成中幼林抚育面积3.9万公顷次，四旁植树45.5万株。并加强森林抚育和科技支撑力度，林政管理得到加强，林业逐步向规模化、工程化、社会化、规范化方向发展。

林业建设　2002年8月，市政府87号文件《关于促进本市林业建设的若干意见》出台后，激发了郊区造林的高涨热情。郊区林业建设体现4个特点。①造林规模化。全市规模化造林面积约全市造林面积的1/3。②造林工程化。结合“十五”林业发展目标，以及国家六大林业工程建设，以大工程带动大发展，把郊区造林整合成“林木种苗工程、通道工程、片林工程、防护林工程涵养林工程和经济林工程”等六大工程。③造林社会化。通过营造政府引导投入、社会参与的多元化造林投融资机制，引导和鼓励企业和个人参与造林建设，投入资金占全市造林资金50%左右。④造林多样化。形成政府、社会和农民造林方式各不相同，生态林、经济林建设各有侧重的局面。

经济林建设　结合“十五”林业发展规划，按照沪府［2002］87号《关于促进本市林业建设若干意见》文件精神，会同市财政局制订了《关于促进经济林建设扶持办法》。积极引导区县开展以经济林、苗木、速丰林为主的退耕造林工作，从2002年起，凡从事经济林、苗木、速丰林为主的退耕造林的单位和农户给予每公顷4500元补贴，连续3年。

主抓基地建设，玉露蟠桃、葡萄、枣等一批优质果品基地建设，为农业增效、农民增收，满足市民对优质水果的需求，真正起到示范、推广、辐射作用。主抓水果的安全质量监管。先后出台了《瓜果产品安全卫生质量标准》、《安全卫生优质瓜果生产技术操作规程》、《上海市安全卫生优质瓜果生产标准化生产基地验收标准》等水果安全卫生标准，力争使上海水果质量达到市安全卫生优质标准。

花卉业建设　到2002年底，全市花卉生产面积约1333公顷，其中切花切叶面积666.7公顷左右，年销售切花约5亿枝，盆花及盆栽植物6000多万盆，花卉销售产值约为6.2亿元，花卉出口创汇约300万美元。花卉批发交易市场已增至40多家。

上海花卉业发展形成一定特色：①形成了一批以上海种业康南园艺有限公司、上海种业盆花中心，上海鲜花港、松江新桥花卉基地等为代表的生产基地和龙头企业。②鲜切花种苗生产已形成先发优势。充分利用具有国际专利康乃馨种苗繁殖权，拥有自主产权的种苗、种球变温处理等技术，成为国家科委认定的康乃馨、百合等花卉品种的栽培技术依托单位，2002年共生产优质鲜切花种苗4000万枝。③花卉交易市场管理服务水平有了提高。建立上海市花协花卉市场专业委员会，规范全市花卉交易市场管理。花卉交易市场40多家，近3000家花店，还涌现出花卉拍卖、花卉大卖场、网上订花、鲜花速递、订单交易等现代化的交易方式。④花卉租摆业继续红火。2002年收入能达200万元，并开始进行花卉园艺的设计制作。

森林公园　2002年上海森林公园建设以“丰富旅游活动，增加旅游吸引力”为指导，围绕经济建设这个中心，加强森林公园建设，注重森林风景资源保护与合理开发的统一，完成了各项年度经济指标，取得了较好的经济效益和社会效益。佘山国家森林公园完成营业收入1377.5万元，为年度经济指标任务的108.5%。东平森林公园采取多种不同的合作方式，多方组织客源，完成年度经济指标，旅游收入达到了750万元。继续以创建国家级文明森林公园及国家“AAAA”级旅游景区为抓手，不断推出新的旅游项目，成功举办兰笋文化节、宗教文化节、夏日风情游、秋之韵等系列活动，国际沙雕节、天马登高节、运动定向越野挑战赛、全国沙滩排球巡回赛总决赛等主体活动也取得了圆满的成功。

资源林政管理　随着林地面积的不断增加，社会化造林机制的形成，造林方式多样，对加强林地管理提出了新要求。2002年，市农林局会同市政府法制办组成了“大型片林管理办法”立法调研小组，就大型片林中的规划编制、审批、建设管理、监督、质量管理、验收等进行了立法调研，形成了立法草案；另外，市农林局还组织了“生态公益林的建设与稳定”、“林地综合开发经营”、“商品林的建设与稳定”等专题调研，形成了相关调研报告。

严格征占用林地审批制度，凡确需征占用林地的项目，必须有计划部门同意立项的批复，并由有林业规划调查设计资质单位作出的使用林地可行性报告，依法缴纳“森林植被恢复费”。

加大森林资源管理力度，2002年查处盗伐、滥伐和乱占林地的行政案件65起，比2001年增加15起。

坚持凭证采伐林木制度，2002年林木采伐蓄积量2841.28立方米，没有超过国家规定的年采伐5000立方米的限额。

森林防火 随着城市森林建设的进一步加快，全市的森林防火工作出现了许多新情况、新问题，防火任务日趋繁重，因此，在目前的林业发展新形势下，为保护好有限宝贵的森林资源，巩固林业建设成果，坚持“预防为主，积极消灭、综合治理”的方针，始终把森林防火工作当作头等大事，做到“未雨绸缪，严阵以待”，强化本市森林火灾防治的队伍和基础设施建设，不断提升危机处理和快速反应的能力，以确保森林健康和维护生态安全。在重点防火期、重点防火林场、林带以及在国家森林公园旅游旺季加强领导，落实24小时值班制度和防火护林员巡逻，在市、区县、镇各级人民政府的重视和各有关单位的配合、支持下，经各级林业主管部门的共同努力，至今全市已取得了连续14年无森林火灾的好成绩。

森林病虫害防治 2002年森防工作有了长足的发展。加强了病虫害预测预报，建立和完善全市病虫测报三级网络，全市国家级森林病虫害中心测报点增加到7个，各区县根据实际情况，建立了2～3个病虫监测点，并且开始筹建病虫实验室，改善了测报条件。结合全国重大森林病虫害监测重点确定了本市病虫害的主要测报对象，并制定“上海主要森林病虫害发生面积统计标准”。及时发布经济林病虫危害、新农药信息，对生产单位病虫害防治工作提供技术指导，开展松材线虫拔除工作；配合食用农产品安全监管工作，做好生产基地新农药推广试验；在林业、经济林、花卉病虫害防治中，推广使用安全、高效、低毒、低残留农药；抓好检疫性病虫害的除治工作。2002年全市产地检疫应检苗木8473公顷，实检7200公顷，产地检疫率85%。嘉定区对区苗木基地全部实施检疫，产地检疫率为100%。浦东新区全区产地检疫面积达460余公顷，占出圃苗木面积的90%，占整个苗圃面积的40%。国外引种审批404批次，进口主要来自法国、美国、日本、荷兰、新西兰及其我国台湾地区。调运检疫共开具检疫证53 676张、运输证52 585张。

野生动植物保护管理 2002年全市共有41个单位依法申领《国家重点保护野生动物驯养繁殖许可证》，驯养野生动物近600种。共有127个单位或个人依法申领《上海市野生动物及其产品经营利用许可证》。依照规定对15个单位正常调运的野生动物及其产品核发88份《陆生野生动物或其产品出省运输证》，其中有活体野生动物种类40多种，数量549头，野生动物产品195 900多件（条）；2002年国家濒管办上海办事处依照规定对近600个单位和个人核发《野生动植物及其产品允许进出口证明书》1560份。为了加强濒危物种进出口监管工作，配合海关对2000多批进出口动植物进行审核，核发近1800份《非监管物种证明》，对200多起违法违规进出口物种进行技术鉴定，核发240多份《物种鉴定证明》。

2002年是上海实施野生动物外来物种引进管理的第一年。经国家林业局核准同意上海从国外引进野生动物39种411头，从国内调运31种165头。同时拟定了2003年引进计划，其中从国外引种166种2.1万头，从国内引种77种5.7万头。

存在问题 2002年上海市造林绿化和资源管理工作取得一定的成绩，但同林业大发展的要求相比，还存在着较大的差距。

造林绿化存在问题：①林业生态建设模式有待完善与提高。在植物的群落配置、林种结构、树种的多样性方面还存在一定的差距，使林业生态效益、景观效果与国际化大都市不相匹配。②林业持续快速发展，造林质量管理跟不上造林速度，技术标准、管理队伍须逐步完善和提高。③森林资源管理力量薄弱，森林资源监督管理缺乏技术支撑，尚不能及时监测森林资源的动态变化。④产权尚未明晰。全市林地确权发证工作尚未有效推进，对推进林地的长效管理产生一定影响。

【上海城市森林发展研究取得阶段性成果】 为进一步提升上海城市森林发展水平，上海市人民政府与中国林科院联合开展上海现代城市森林发展研究，经过8个单位100余名科研人员的攻关，课题取得阶段性成果，提出了现代城市森林概念，构建了定性与定量结合的城市森林评价指标，融合“水网化”和“林网化”，制定了“三网一区多核”的上海城市森林规划框架，开展了树种和群落模式研究。现代城市森林发展研究对于改善上海生态环境，提高综合竞争力，保障上海城市的生态安全，促进社会经济可持续发展，指导和推动新时期中国现代城市森林发展，有重要学术和示范意义。

【上海市启动闵行区万亩浦江大型片林建设工程】
在市政府的规划和带动下，选定了在闵行区推行万亩浦江大型片林的试点工程。2002年4月4日，市长陈良宇、副市长冯国勤等领导参加了闵行区浦江大型片林的启动仪式，挥楸植树。市农委、计委、公安、财政、规划、农林等有关部门领导、闵行区委区政府等领导以及机关工作人员200人也参加了启动仪式。

【上海市人民政府出台《关于促进本市林业建设若干意见的通知》】 2002年8月，为了适应建设现代化国际大都市的要求，结合郊区农业结构调整，加大郊区林业建设力度，力争全市绿化总量上有较大幅度的增加，在质量上有明显提高。为此，上海市人民政府制定出台了《上海市人民政府批转市计委等三部门关于促进本市林业建设若干意见的通知》（沪府［2002］87号）。

【上海城市森林与生态城市国际学术研讨会】　2002年9月17～19日，上海市农业委员会、上海市农林局和华东师范大学联合主办上海城市森林与生态城市国际学术研讨会。来自英国、德国、美国、日本、韩国、新加坡等10个国家的29名外国专家学者和40余名国内专家学者聚会申城，共商城市森林与生态城市发展大计。原中共上海市委副书记、上海市市长陈良宇，中国林科院院长江泽慧出席开幕式并分别致词。

按照可持续发展的理念，建设生态城市已经成为全人类的一个共识，同时，森林作为一种极为重要的社会资源，在蓄水保土、调节气候、改善环境等方面发挥了越来越重要的作用，这决定了城市森林在生态城市建设中占据重要的地位，这也是衡量一个国家、一个城市文明程度和可持续发展能力的一个重要指标。大会围绕"城市森林和生态城市建设"这一主题，在增进国际合作与交流的同时，了解掌握了国际城市森林和生态城市研究的最新成果和经验，征询了国内外专家学者和政府官员对上海城市森林发展的许多宝贵意见，使上海城市森林和生态城市建设更具科学性、前瞻性和可操作性。

【上海举办首届苗木信息发布暨新品展示交易会】为了进一步推进《上海市绿化系统规划》的实施，规范上海林木种苗生产与经营，加强苗木供需双方的信息交流，2002年10月26～27日，举办了2002年上海苗木信息发布暨新品展示交易会。本届交易会由上海市农林局主办，上海市林业站、上海种业（集团）有限公司和上海农业展览馆承办。交易会的形式有信息发布、新品展示、苗木交易、学术报告、技术讲座、专家咨询等，内容涉及林木种苗、种子、名特优新林果新品种、造林绿化苗木、观叶植物等，整个交易会共设立了116个标准展位，短短两天的展会吸引了来自上海、江苏、浙江、江西、安徽、北京等地的122家苗木企业参展，共展出新品种110种，参加交易、洽谈和观摩的人数逾2万人。

【崇明东滩自然保护区被列为国际重要湿地】　2002年1月11日，湿地公约秘书处宣布上海市崇明东滩自然保护区等中国14块湿地列入国际重要湿地名录（其中崇明东滩国际重要湿地的编号为1144），至此，中国列入国际重要湿地名录的湿地共有21块，面积由原来的59万公顷增加到255万公顷。崇明东滩于1998年11月市政府批准建立自然保护区，1999年7月，被接纳为东亚——澳大利亚涉禽保护区网络成员单位。崇明东滩自然保护区被列为国际重要湿地，一方面表明了我国政府作为湿地公约的缔约方，积极履行公约义务，积极推进公约战略的实施；另一方面也树立了我国和上海积极保护湿地和国际性迁徙水鸟的良好形象。

崇明东滩国际重要湿地区域面积326平方千米，是亚太地区迁徙水鸟的重要中转驿站和越冬地，每年将近有百万只次的迁徙鸟类经停上海，已记录到的鸟类种类有265种。崇明东滩独特的自然资源和区位优势，使其成为世界上罕见的快速演替生态系统，孕育着上海地区丰富的湿地生物多样性和可持续发展的后备土地资源。

【黄海生态区保护项目（CEPA）在上海正式启动】崇明——黄海生态区项目于2002年11月23日在上海崇明东滩正式启动，并在启动仪式后，召开了"环境教育与公众保护意识"研讨会。来自世界自然基金会（WWF）英国、WWF日本、WWF中国项目、汇丰银行、上海市农林局、市环保局、市教委、崇明县政府及相关部门、崇明东滩自然保护区、复旦大学等高校和当地中小学的代表参加了此次活动。

环境教育与公众保护意识（CEPA-Communication, Education & Public Aware）项目是黄海项目的重要组成部份，主要目的是在生态区内选择关键地区开展环境教育，设计并实施面向周边学校及社区的教育材料及活动，通过政府、社区、渔民及学校的共同参与，为生物多样性保护和可持续利用探索最佳途径，并在此基础上，逐步在该区域内建立起国际环境教育网络。

【上海大阪28年交换动物180余头】　日本大阪市天王祠动植物公园的一对国际保护动物沙丘鹤落户上海动物园，实现双方自1974年以来的第十三次动物交流。28年以来，双方交换动物已近180头（只），品种数十种，使双方动物园的动物种群增加，繁殖质量提高，实现了动物的远距离杂交优势。

上海大阪动物交流源自1974年以来，彼此将具有自己国家特色的、且繁殖得较为成功的动物交给对方，以进一步繁殖光大，丰富种群。上海动物园的黑狼、白枕鹤、红腹角雉、黑猩猩、东方白鹳、黑叶猴、蓝马鸡、小熊猫、扬子鳄等动物走进了日本大阪市天王祠动植物公园。而大阪的许多珍稀动物，如长颈鹿、驼羊、海狮、棕胸虹雉、笑鸟、蜜熊、臭鼬、金刚鹦鹉、企鹅、云豹、白豚长尾猴、黑帽悬猴、赤大袋鼠等送进了上海动物园。

（上海市林业由许东新供稿）

江苏省林业

【概　述】 2002年是江苏林业发展宏观环境空前升温的一年，是江苏林业社会地位大幅度提高的一年，也是江苏造林绿化工作实现大跨越的一年。全省贯彻落实省委、省政府建设生态省目标的要求，将林业定位于全省生态环境建设的主体，区域经济发展的重要产业，加快实施重点林业生态工程，强化森林资源保护，积极推进林业产业发展，深化林业改革，创新机制，林业各项工作取得突破性进展。

森林培育 2002年全省共完成造林面积134 666.7公顷，其中成片造林面积77 733.3公顷，四旁植树1.45亿株，封山育林10 000公顷，新建和完善农田林网650 666.7公顷，造林面积、造林株数和造林投入均实现超历史最好成绩。

重点工程建设进展顺利。全省共完成海防林工程造林23 466.7公顷，完善海堤标准特保林带200千米，完成长江中下游及淮太流域综合防护林建设工程造林15 866.7公顷。城乡绿化水平进一步提高。13个省辖市（区）新增绿地总面积2187.18公顷，其中公共绿地面积850公顷，分别比2001年增加51%和35%；全省落实乡级以上党政领导绿化工程4500多项，其中县级以上700多项。全省参加义务植树2850万人次，尽责率73.3%，义务植树1.12亿株，新建义务植树基地28个，面积2333.3公顷。

林业产业 各地特别是苏北地区放手发展商品林，把林业产业作为农业和农村经济结构战略性调整的重要内容，作为增加农民收入的重要措施，作为优化农村产业结构的重要手段，整合资源配置，扩大产业规模，丰富产品种类，调整产业结构，提升发展水平，林业产业出现了经济总量快速增长、对农民增收贡献份额稳步增加、产业布局逐步优化合理、产业化经营向纵深推进的良好发展态势。徐州、泰州把林特产品加工作为产业发展的重中之重，南通、常州积极推进林木种苗产业。全省新增杨树速生丰产林基地面积18 400公顷，新增苗木生产面积14 600公顷。据统计，2002年全省林业总产值183.2亿元，同比增长14.5%，其中木材加工企业6640多户，产值124.6亿元，同比超10亿元，增长7%；林木种苗产值28.6亿元；野生动植物加工利用产值近30亿元。森林旅游业发展步伐进一步加快。

机制创新 林业分类经营改革取得阶段性成效。2002年全省科学划定重点生态公益林区域，制定《江苏省公益林补偿资金使用管理办法》，草拟《江苏省公益林建设管理办法》，积极探索改革公益林和商品林不同的资源管理模式，加强公益林监测体系建设，建立省级森林生态效益补偿制度并在全省28个重点林业场圃开展试点。

林业产权制度改革进一步向纵深推进。林业产权制度改革由苏北地区向苏中、苏南地区推进，由主要在平原地区向丘陵山区推进，由主要在集体土地向国有林业场圃推进。各地进一步完善林权改革的各种配套措施，使之更加规范有序。2002年全省新造林中实行林权改制面积66 666.7公顷，林改合同资金3.5亿元，当2002实际收回改制资金2.3亿元。盐城市2002年共签订林权改制合同4.2万份，合同资金1.87亿元，全市个人竞买林地3.3公顷以上的有566户。

科技兴林 各地高度重视发挥林业科技教育的支撑作用，提高林业科技支撑力。在全省农业三项工程中实施了11个林业项目，引进、集成配套一批林业先进技术，特别是以信息技术与生物技术为主的林业高新技术。3S技术在全省林业资源监测中已开始应用。成立了江苏省林木品种审定委员会，认定通过了26个林木良种。全省主要造林树种的良种使用率达85%以上，工程造林的良种使用率达90%以上。积极开展林业科技培训和研讨。组织有关部门和专家编制了板栗和银杏两项地方标准，通过了省质量技术监督局审批并予以发布。充分发挥学（协）会作用，广泛开展学术交流活动。

资源与林政管理 进一步落实《江苏省森林资源林政管理工作目标考核管理办法》，加强征占用林地的审核审批管理，2002年共审核、审批征占用林地121起，征占用林地审核、审批率达97%。加大了依法征收森林植被恢复费的力度，2002年全年森林植被恢复费收缴率达100%。林地林权登记发证工作在成功试点的基础上已经在全省有序开展；继续开展木材加工清理整顿，加强木材行业管理；规范木材流通管理行为，并针对句容西郊木材检查站发生的违规检查事件，紧急召开全省木材检查管理工作情况通报会，及时纠正个别木材检查站出现的违规违纪行为，巩固治理“三乱”成果；开展严厉打击破坏森林和野生动物资源违法犯罪“破案攻坚战”，省林业局挂牌督办了5起重点林业案件。开展严厉打击破坏野生鸟类资源违法犯罪的“候鸟行动”，共查获14个违法行为点，收缴野生鸟类活体1747只，省重点保护蛇210千克。自然保护区建设和湿地保护工作得到加强，新批建自然保护区2处。

森林防火及病虫害防治 确定了省、市、县三级森林防火重点单位，其中省级重点单位22个，市级重点单位45个，县级重点单位150个，形成了由政府领导、单位负责人及指挥部成员组成的“三位一体、四个层次”的责任制体系，加强了森林防火基础设施建设，并着力散坟平迁工作，消除重点火源隐患。进一步加大了松材线虫病、日本松干蚧等危险性森林病虫害治理力度，启动了重大森林病虫害监测、检疫、防治体系建设，建立了15个国家级森林病虫害预测预报点，设立监测点96个。开展杨树病虫害综合防治“啄木鸟行动”；对松材线虫病疫情进行空中普查，飞行4架次，17小时。共拔除松材线虫害疫区2个，基本拔除疫点9个。全省森林病虫害综合防治率80.2%。（戴怀宝　钟育谦　杨　艳）

【江苏加强林业体系建设　扩大林业社会影响】 2002年，江苏林业体系建设加强。3月，省委、省政府决定成立省林业局，5月正式挂牌，10月启动了自身建设活动，全面落实省林业局内设机构和人员编制“三定”方案，对部分正处级领导岗位实行竞争上岗，切实加强思想建设、组织建设、作风建设、业务建设和制度建设，打牢了组织基础和队伍建设基础。

全省各地党委、政府从明确机构或充实队伍入手，进一步加强对造林绿化工作的领导。继连云港市成立林业局后，2002年全省又有宿迁、盐城、淮安、扬州市成立了林业局，徐州市成立了林牧渔业局。20个县成立了林业局。未单独设立林业机构的一些市（县）也从人员配备上，充实了队伍，加强了领导。

林业宣传扩大。2002年省林业局结合中心工作及各个时期工作重点强化宣传，发表林业报道、信息等文章250余篇。先后在《新华日报》、《中国绿色时报》、《林业经济》、《新世纪江苏主页》组织5个专版宣传。与江苏卫视联合制作了“空中看江苏——绿被大地泽千秋”、“关注野生动物”、“候鸟行动在江苏”等多期专题片。与老山森林公园等单位联合推出主题为“走进森林、回归自然”的南京老山·江苏首届森林节，开展“关注森林”——万人签名活动。省绿委办和省委宣传部等部门联合组织开展了“绿化好新闻”评比活动。强有力的宣传和报道，推进了人们观念的转变，激发了社会各界参与植树造林的热情，营造了一个全民参与造林绿化的良好氛围。

（戴怀宝　钟育谦　杨　艳）

【江苏省委省政府领导对全省林业和造林绿化工作作出重要批示】 2002年6月18日，省委、省政府4位领导对全省林业和造林绿化工作作出重要批示。

回良玉书记批示：近年来，全省林业、绿化工作发展势头很好。特别是苏南地区城乡一体的绿化格局逐渐形成规模，并具有一定水平，苏北地区的林业产业开发很有特色。但是要看到江苏林业、绿化工作与全国先进地区比，还有较大差距。加快林业发展，提高城乡绿化水平，既是可持续发展的重要内容，又是改善生态环境的关键措施，还可以增加经济效益，可以说是集生态、经济、社会效益于一体的重要事业。省林业局对分区域发展江苏林业、绿化的指导原则很好。务请全省各地高度重视林业、绿化工作，不断增加投入，不断提高江苏林业、绿化的整体水平。

季允石省长批示：大力植树造林、发展林业生产，是实施可持续发展战略的重要内容，对于繁荣经济、致富群众、提高城乡环境质量、实现人与自然的协调与和谐，具有重要意义。近年来，特别是去冬今春以来，在省委、省政府的领导下，各地各有关部门齐心协力，扎实工作，全省林业生产呈现出跨越式发展的喜人态势。实践证明，只要我们思想统一，领导重视，思路正确，措施得力，就一定能把造林绿化事业不断推向前进。希望同志们继续以面向新世纪的宽广眼光和为子孙后代造福的博大胸襟，以发展林业为己任，再接再励，开拓创新，努力开创林业工作新局面，为把江苏早日建成生态省作出新的更大的贡献！

梁保华副书记批示：近几年来，我省林业建设取得了很大成绩。林业在实施可持续发展战略中占有重要地位，发展林业，既可以改善生态环境，又有利于经济发展、农民致富。江苏是一个以平原为主的省份，但发展林业同样大有潜力，可以大有作为。希望各地和各有关部门紧紧抓住当前林业发展的大好时机，进一步加强组织领导，加大工作力度，坚持从实际出发，实行分类指导、分区施策、分段突破，切实抓好沿海沿江防护林、高速公路绿色通道、速生丰产林等重点林业工程建设，大力推进城市绿化工作，增加资源总量，壮大林业产业，为优化生态环境，增加农民收入，促进经济和社会可持续发展作出更大的贡献。

姜永荣副省长批示：加快发展林业，搞好国土绿化，既是党中央、国务院和省委、省政府的工作要求，又是城乡广大人民群众的愿望所在。事实证明，林业、绿化在经济社会事业发展中占有极其重要的地位，在可持续发展战略和生态环境建设中具有不可替代的作用，这是不以人的意志为转移的客观规律。近几年来，我省绿化水平不断提高，林业发展步伐加快，尤其是城市绿化和苏北林网建设呈现出跨越式发展的势头，为提高城乡人民生活质量，增加农民收入作出了重要贡献。但是，必须看到，我省的森林覆盖率还不高，苏南农村林网水平差，苏中资源总量少，苏北林木品种单一、产业加工档次低等问题还比较突出。此外，绿色通道、防护林网、湿地保护等都还存在一些薄弱环节。我们一定要抓住党中央、国务院高度重视林业、绿化工作以及国家林业局关心支持我省林业、绿化工作的难得机遇，突出生态建设和产业开发两大重点。坚持高起点、高标准，认真实施“双五”工程，全面提高林业和绿化水平，尽早实现让江苏大地绿起来、美起来的目标。（杨　艳）

【江苏省非公有制林业蓬勃发展】 林业政策的调整和比较效益的凸现，吸引了各类投资主体投资发展商品林和原料林基地，有力地促进了非公有制林业的快速发展。上海汇丽投入1.1亿元，在大丰培育造林苗木并兴办木材加工厂，无偿为林农提供苗木3000万株；大亚国际集团计划5年内投入15亿元，在阜宁建设现代化木材加工厂，发展6666.7公顷杨树速丰林基地；阳光集团出资1亿元，营造466.7公顷城郊森林；淮安市吸引各类投资5000多万元投入林业建设，常州市有1.32亿元的工商资本、民间资本和外商资本投入绿化造林。据统计，全省非公有制造林面积累计已达242 000公顷，育苗42 666.7公顷，6640多户木材加工企业中95%是个私企业，“三资”投入林业项目180个，累计发展资金近7亿元。非公有制林业的发展带动了农民增收，2002年全省农民人均收入的增加部分中有4%来自林业。 （杨 艳）

【江苏省全面开展林权登记发证工作】 针对部分地区对林权发证工作的重要性和艰巨性认识不足，发证率比较低、发证质量不高、林权变更登记不及时，与当前林业分类经营改革和发展不相适应的实际，2002年7月1日，江苏省全面启动了林权登记发证工作。全省确定南京市、泰兴市、建湖县、铜山县为省林权登记发证工作的试点单位，各市分别确定一二个县（市）为市林权登记发证试点单位。省试点单位在2002年底前基本完成本行政区域内的登记发证工作，市试点单位将在2003年6月底前基本完成此项工作。全省各市林权登记发证工作必须于2003年底基本完成，2004年重点调处久拖不决的林权纠纷，并做好林权登记发证的扫尾工作，完善林地林权管理档案，建立地籍监测管理系统，2004年底全面完成全省林权登记发证工作。

为进一步加强森林、林木和林地的权属管理，完善林权登记制度，维护林木和林地所有者和使用者的合法权益，规范森林资源管理行为，江苏省政府办公厅转发了《省林业局关于开展林权登记发证工作的意见》，省林业局制定出台了《江苏省林权登记发证工作方案》。规定凡全省行政区域内国家和集体所有的森林、林木和林地以及个人所有的林木和使用的林地都将登记造册，由县级以上人民政府颁发林权证。要求工作中遵循以下原则：

坚持稳定林权的原则 凡是国家、集体所有的森林、林木和林地及个人所有的林木和使用的林地，在林业“三定”时权属清楚，并已登记注册，发放林权证的都应承认，并要长期稳定，不能随意变动；凡是林业“三定”后林权依法发生变更的，应予以变更登记，并发给统一式样的林权证；凡是林权清楚无争议的，且在林业“三定”后尚未登记发证，应予以登记发证；凡是林权权属争议经依法调处并明确权属归属的，必须维护调处协议，尚未登记发证的应予以登记。

坚持维护林木和林地所有者或使用者合法权益的原则 维护林木林地所有者或使用者的合法权利，是林权管理工作的主要目的，它关系到稳定林权、维护社会治安稳定的大事。林权登记与发证工作要取信于民，不能侵害林权人的合法利益。

坚持登记与发证公开的原则 把登记发证工作的目的、意义和政策要求向广大林农讲明讲透，最大限度地增加透明度，主动接受广大群众监督，不得暗箱操作，发人情证，侵害他人利益。

坚持依法调处权属争议的原则 结合发证工作积极调处林权纠纷，通过林地登记与发证，进一步划清林木林地的权属界线，尽职尽责地履行调处权属争议的法定义务。

坚持先易后难的原则 凡基础档案材料比较齐全、权属清楚的予以先登记发证，权属不清楚或存在林权争议的要依法进行协调处理，确定权属后再登记发证。

坚持自愿申请换证的原则 换发林权证不是否定林业“三定”成果，否定原来核发的林权证的法律效力，也不是重新登记发证，要坚持自愿申请，不搞强行换证。

坚持不额外增加农民负担的原则 林权证发放的工本费和林权勘测费将严格按照物价等部门规定的标准收取，严禁擅自提高收取费用或另立其他明目收费。

为保证林权登记发证工作顺利开展，成立了省林权登记发证工作领导小组，由省林业局牵头负责，做好林权登记发证工作。 （王学东 杨 艳）

【江苏省木材经营（加工）单位清理整顿】 为进一步加强对木材经营加工单位的监督管理，严厉打击违法经营加工木材行为，有效保护和合理利用森林资源，确保国家重点生态建设工程的顺利实施，省林业局、省经贸委、省工商局联合发出通知，要求自2000年8月起在全省开展木材经营（加工）单位清理整顿工作，规定凡从事木材经营加工的单位和个人，不分城乡和行业，无论生产规模和经济形式，均属于本次清理整顿的范围。重点清查企业依法设立情况、企业生产经营情况、主管部门监管情况等。主要采取企业自查和主管部门审查相结合的方法分3个阶段进行：2002年8月为自查阶段，2002年9～10月为全面实施阶段，2002年11月为检查验收阶段。具体措施包括：

关闭和取缔非法设立的木材经营单位 按照谁设立、谁关闭、谁负责的原则，关闭和取缔未经林业主管部门批准、未经工商行政管理部门登记注册擅自设立的木材经营加工单位。

整顿木材经营加工单位 对经营加工非法来源木

材的企业，要严格按照法律、法规规定处理，构成犯罪的，要依法移交司法机关处理；对超核准登记经营范围从事木材经营加工的企业，要依法进行查处。

规范木材经营加工单位的审批 清理整顿期间，对新建扩建的以消耗林木资源为主的纸浆、人造板等加工企业，须报经林业主管部门进行森林资源审核，并进行相应的工业原材料基地建设；对原料无保证或没有与加工规模配套的原料林基地的，有关部门不得批准立项，已经开工建设的，必须限期解决原料来源或建立与加工规模相配套的原料林基地，过期予以取缔。

为加强对木材经营加工单位清理整顿工作的组织和协调，江苏省淮北地区木材加工企业清理整顿协调小组报请省政府更名为江苏省木材经营加工清理整顿协调小组，办公室设在省林业局，负责全省木材经营加工清理整顿工作的组织、指导和协调。各市也成立相应的协调工作组，共同制定本市木材经营加工单位清理整顿实施方案。各有关部门按照各自职能分工，各司其职，各负其责，共同做好对本地木材经营加工单位的清理整顿工作。 （王学东 杨 艳）

【华东林业厅（局）长会议在江苏召开】 2002年11月12～15日，华东地区林业厅（局）长会议在江苏召开，来自华东六省一市的林业厅（局）长、办公室主任参加了会议。会议考察了江苏涟水、楚州、阜宁、大丰等地的黄河故道速生丰产林建设、农田林网建设、林业产权制度改革现场、河堤防护林建设，以及江苏大亚集团、大丰国家级麋鹿保护区建设等。考察结束后，与会代表在大丰进行了座谈，交流近年来各省林业建设和改革所取得的经验和成就。

与会代表一致认为，要实施六大工程，推进五大转变，实现林业跨越式发展，必须以党的十六大精神为指导，把发展作为各项工作的第一要务，按照江泽民总书记提出的“发展要有新思路，改革要有新突破，开放要有新局面，各项工作要有新举措”的要求，狠抓资源管护和质量管理，进一步加快和深化各项改革，把发展科技和争取多元化投入作为林业发展的重要保障，全面提升林业发展水平。

为实现上述目标，上海市将以生态建设为重点，以大工程带动大发展，鼓励社会造林，引导农民退耕造林，市政府决定“十五”期间拿出全市1/3的耕地发展林业，同时加强依法行政和林木资源管理，有效保护森林资源。浙江省将抓住大力培育和保护森林资源、发展生产力这一中心，建设两大体系，实现“建万里绿色通道，创千亿林业产值，造浙江秀美山川”的目标。安徽省将以退耕还林为重点，继续推进万里绿色长廊建设，加快构筑全省森林生态网络体系。福建省则围绕建设生态省的总体目标和“改善生态环境，发展绿色产业，增加农民收入”的总体要求，狠抓资源培育、林权改制、种苗、国企改革和再就业、科技创新和信息化、资源保护和管理、提高服务质量等7项重点工作。江西省将按照全国林业发展的总体要求，实施分类经营，建设两大体系，狠抓资源管理，深化五项改革，实现生态与经济的协调发展。山东省以速丰林和名特优经济林基地建设为突破口，走以产业化带动现代化的路子，建设两大体系，抓好分类经营、林权改制、结构调整三个关键，培植林产工业、民营林业、集约林业、外向型林业四大亮点，重点做好加大造林力度、落实完善政策、坚持科技兴林、加大执法力度、提高服务质量等5项工作。江苏省将林业定位于全省生态环境建设的主体，区域经济发展的重要产业，以增加资源总量、提高覆盖率为主线，实施5项生态林业工程和5项林业产业工程，主攻五大区域，即扩大平原、进军沿海、突破丘陵、提升城镇、保护湿地，在深化改革、对外开放和自身建设三方面寻求突破。 （钟育谦 杨 艳）

【建设绿色南京】 江苏省委副书记、南京市委书记李源潮召集南京市农村工作办公室、农林局、园林局、规划局、国土局等部门负责人，专题研究南京绿化造林工作，提出“建设绿色南京”的总目标。

李源潮书记指出，要考虑用规划、政策引导和宣传教育的办法，更大规模地进行“绿色南京”的构建，重点要抓好3个方面的工作：①抓紧把城市最显眼的地方绿化起来。一是城边，二是路边，三是河边、江边。要把沿城、沿路、沿水这三块先绿化好，要制定发展规划，大规模地推进城市造林，力争每年以人均半分地的绿化速度来推进。②抓住农村产业结构调整机遇，调粮为林。现在的农业结构调整仅仅增加蔬菜面积还不行，还要在林木上打主意。要制定政策，主要是土地政策，促进城郊林业发展。要大力发展生态林、苗木林、经济林。③城市现有绿化要提高水平，提高质量。构造绿色南京是一个世纪工程，要以更大的魄力，更强烈的紧迫感来抓，要有规划、有政策，抓紧组织。 （王学东 杨 艳）

【苏州市绿色通道建设出实招】 2002年2月11日，苏州市杨卫泽市长、江浩副市长召集农业局、财政局负责人就绿色通道建设资金问题进行专题研究，明确市级资金补贴方案。①按照苏州市农村绿化责任状的要求，苏嘉杭、沪宁、绕城、沿江4条高速公路绿色通道建设，必须严格按照两侧各50～100米的标准，如期完成建设任务。②4条高速公路绿色通道以建设景观林为主。苏州市政府将对达到市统一规划设计的景观林建设标准的绿化面积每公顷补贴6万元。绿色通道中种植的一般生态林、经济林及苗圃，不予补贴。③补贴资金采取分期拨付的办法，即在完成项目招投标工作后，按补贴标准拨付1/3，施工结束后拨付1/3，经苏州市绿色通道建设指挥部组织验收合格后，再拨付余下的1/3。

苏州各县（市、区）也纷纷出台资金补助方案。仅吴中区用于苏嘉杭高速公路、木（渎）东（山）路、越湖路、河滨大道4条道路绿色通道资金就达1亿元，张家港市预计绿化投入达2亿元，其中市财政列入预算的绿化专项资金就达9000万元。

（王学东 杨 艳）

【盐城市实施沿海带动战略初见成效】 近几年，盐城逐步把林业建设的重点转向沿海，全面实施沿海带动战略，推进全市林业的新跨越。2002年全市林业实现四大突破。

在成片造林总量上取得新突破 全市实际完成成片造林44 000公顷，四旁植树3160万株，新建和完善绿色通道2400千米、高标准农田林网200 000公顷。成片造林总量为前8年的总和。

在林业产权制度改革上取得新突破 全市共签订林改合同4.2万份，改制林木2600万株，改制经济林10 133.3公顷，合同资金总额1.8亿元，2002年到账资金8 600万元。在林业产权制度改革的推动下，2002年盐城市私有林建设步伐明显加快，规模空前。全市个人竞买林地面积3.3公顷以上的有556户。建湖县2002年1333.3多公顷的圩堤造林全部是改制到户的私有林。据统计，2002年私营和合股投入林业的资金达6700万元，占总投资80％以上，初步形成了投入主体多元化、营林机制社会化、组织方式市场化的发展格局。

在造林模式上取得新突破 各地普遍推行林农、林经、林牧高效复合经营模式，出现一批林农结合的千亩村和万亩乡（镇）。同时，该市在实践中还摸索出10多种新的造林模式，如林粮、林油、林药、林蒜间作，果瓜、果菜套种，银杏与桑蚕立体配置等，有效地解决了林业与其他农作物之间的土地矛盾，实现了林农效益的长短结合，推动了农业结构的战略性调整。东台市新曹镇采用林经复合经营模式，每年每公顷平均收益20 820元。

在兴办林业加工龙头企业上取得新突破 随着全市项目推进工作的深入开展，一批加工企业看好该市的林业发展前景，先后落户该市。国内上市公司江苏大亚集团在阜宁县投入1亿元，建成年产10万立方米中、高密度纤维板生产线，已经投入生产。国内上市公司上海中远汇丽集团创办了大丰玄通人造板有限公司，新上高密度纤维板生产线。2002年春，这个公司已在大丰投入近千万元，发展“订单林业”800多万株。经过4年10多轮的洽谈，2002年5月，盐城市与印度尼西亚金光集团签订了林、浆纸、板一体化项目合作协议，总投资达50亿～80亿元。大中型木材加工企业的进入，有力地拉动全市林业的发展，加速林业产业化进程。阜宁县原计划成片栽植3333.3公顷意杨，实际完成了6000公顷，2003年计划再建6666.7公顷工业原料林。（杨 艳）

【江苏省2002年林业大事】

1月11日 省委常委会研究决定组建江苏省林业局。

2月1～2日 全省林业局（站）长会议在盐城召开。

2月6日 省政府在南京召开全省绿化造林工作会议。国家林业局党组成员、中国林科院院长江泽慧作了题为《用‘三个代表’重要思想指导江苏林业现代化建设》的专题报告，省绿化委员会主任、副省长姜永荣作工作部署。

2月6日 国家林业局党组成员、中国林科院院长江泽慧率国家林业局春节慰问团一行9人在省政府办公厅副主任杨根平等陪同下慰问南京林业大学、省林科院等单位，并与有关专家座谈。

3月25日 省委办公厅、省政府办公厅发出关于组建省林业局的通知，将省森林资源监测中心、省林业技术推广总站、省林业科学研究院、省森林病虫害防治检疫站和省沿海防风林试验站划归省林业局，省林业局实行计划、财务单列，人事分级管理，并批准成立省林业局党委。

4月3日 国家林业局党组副书记、副局长李育材考察江苏省省级林木种苗示范基地吴江苗圃，姜永荣副省长陪同考察。

5月20日 国家林业局党组成员、中国林科院院长江泽慧参加南京林业大学百年（独立办校50周年）校庆。

5月22日 宿迁市林业局挂牌成立，国家林业局副局长祝列克出席揭牌仪式。

5月22～23日 国家林业局副局长祝列克考察宿迁和泰州市的林业工作。

5月23～25日 在全国平原绿化现场经验交流会上，徐州、淮安、宿迁3市被评为平原绿化先进市。

5月28日 江苏省林业局成立揭牌仪式在江苏省会议中心隆重举行。国家林业局局长周生贤和省委副书记、常务副省长梁保华共同为江苏省林业局揭牌，姜永荣副省长主持了揭牌仪式。各市及重点县分管领导、市县林业部门负责人、相关厅局、部门和院校负责人近750名代表出席了揭牌仪式。

5月28日 国家林业局局长周生贤在江苏省会议中心作了林业跨越式发展形势报告。全省各市及重点县分管负责人、市县林业部门负责人等750人听取了报告。

5月28～31日 国家林业局局长周生贤率部分司局领导一行7人考察调研江苏林业工作，姜永荣副省长全程陪同。

6月18日 省委书记回良玉，省长季允石，省委副书记、常务副省长梁保华，副省长姜永荣4位领导对全省林业和造林绿化工作作出重要批示。

6月23～7月1日 省政府分别组织各市分管市长和林业部门负责同志分赴苏南、苏中、苏北三片组织林业观摩活动。

6月29日 盐城市林业局挂牌成立，省政府副秘书长姜道远、省林业局局长夏春胜出席了揭牌仪式。

7月23日 全省绿办主任会议在无锡召开。

9月10日 省政府办公厅印发《江苏省林业局职能配置内设机构和人员编制规定的通知》（苏政办发［2002］97号文），把省农林厅“三定”方案中林业工作及相关职能、省绿化委员会办公室的全部职能、省护林防火指挥部办公室的全部职能和原经贸委承担的木材行业管理的职能划入省林业局；同意省林业局设定办公室（人事处）、发展计划与资金管理处、植树造林处和林政资源管理处，同时设立省护林防火指挥部办公室，另按有关规定设立机关党委和纪检监察机构。

9月23～24日 省林业局在溧阳召开全省森林资源与林政管理工作会议。

9月25日 全省林业局长会议在溧阳召开。

10月10日 省林业局召开自身建设动员大会，决定用两个月的时间开展思想、组织、作风、业务和制度5项建设活动，省政府副秘书长姜道远到会讲话。

10月17～27日 省森防总站租用常州江南通用航空公司运五-B飞机一架，开展松材线虫病疫情空中普查，共飞行4架次、17小时，普查区域涉及南京、苏州、无锡、镇江、扬州、淮安、连云港等主要松林分布区。

10月20～26日 江苏省林业种苗花卉高新技术国际研讨会在南京、苏州等地召开，并举行江苏省省级林木种苗花卉高新技术园区揭牌仪式。

10月29日 淮安市林业局挂牌成立，省林业局局长夏春胜出席揭牌仪式。

11月12～15日 华东地区林业厅（局）长会议在江苏召开，省林业局局长夏春胜出席了会议。

11月27日 省林业局召开全省木材检查管理工作情况通报会。

11月27日至12月19日 省林业局按自身建设活动统一部署，开展发展计划与资金管理处、植树造林处和林政资源管理处3个处正处长职位的竞争上岗活动。

12月12日 扬州市政府召开全市林业工作会议，并举行市林业局成立揭牌仪式。省林业局局长夏春胜出席会议，并与扬州市市长季建业共同为扬州市林业局揭牌。

12月14日 根据国家林业局统一部署，省林业局在大丰、射阳、如东3个重点县开展打击破坏鸟类资源违法犯罪集中统一行动（代号“候鸟行动”），出动警力360人，共查获违法猎捕、收购、运输站点14个，收缴野生鸟类活体1747只，查获省重点保护蛇210千克，黄鼠狼皮505张，抓获违法行为人25人。

12月17日 国家林业局副局长李育材考察南京林业大学，受聘南京林业大学兼职教授，并就全国林业形势和跨越式发展作专题报告。

12月24～25日 全省松材线虫病防治20周年研讨会暨全省森防站长会议在镇江召开。

12月26～28日 国家林业局副局长雷加富参加南水北调东线一期工程江苏段三阳河、潼河、宝应站工程开工典礼，并考察淮安和宿迁市的林业工作。

（杨　艳）

浙 江 省 林 业

【概　述】 2002年，全省林业生态环境进一步改善，林业经济效益稳步提高。

绿化任务全面完成，造林质量管理进一步强化 全省完成造林更新21 206公顷。低产林改造12 415公顷。有1979.9万人次参加义务植树，尽责率77.6%，完成义务植树8042.8万株。完成了生态公益林区划界定工作，并顺利通过了国家林业局的验收。编制了国家公益林补助试点区的实施方案。落实了省扶持的生态公益林封山育林措施，并对190万公顷重点生态公益林的封育情况进行检查验收。抓好2001年度24个防护林工程国债项目县的实施工作，确定了37个2002年度国债项目县。平原、城镇绿化进展顺利，平湖、温岭实现了高标准平原绿化达标；完成四旁植树1800多万株，城镇扩大绿地面积2440.2万平方米。通道绿化步伐加快。编制了《浙江省绿色通道工程建设总体规划》，并经省政府同意上报国家五部委。各地采取借地绿化等措施，与农业结构调整相结合，促进了绿色通道建设。全省共完成通道绿化2563.4千米，计1560公顷。林种树种结构进一步优化，2002年全省营造以阔叶林为主的生态公益林1.96万公顷，新建干水果、竹林基地2.2万公顷。

为了进一步强化绿化造林质量管理，制定了《浙江省绿化造林质量事故行政责任追究制度》，颁布了营造林系列技术标准，设立了举报电话，建立了通报制度。同时，大力推行专业队承包造林方式，积极提倡重点造林项目招投标制和监理制，国债造林、退耕还林等重点项目，专业队造林的比例已达60%以上。强化种苗质量的监管力度，严把苗木质量关，绝不允许不合格苗上山造林，种苗合格率比2001年提高了7.3个百分点。

林业产业结构进一步优化，经济效益稳步增长 各地围绕“农业增效、农民增收”这一中心任务，大力开展种植结构和经济结构调整，引导培育区域化的主导产业，积极发展二三产业，促进了林业经济效益的增长，2002年全省林业社会总产值达到769.7亿元。

林业特色基地建设进展良好。全省规划建设林业特色基地146个12多万公顷，已基本完成建设任务。43个省级基地新建、扩建面积6187公顷，改造8600公顷，基础设施逐步配套，推广应用了70多项先进适用技术，经营水平有了明显提高，实现了增产增效。43个省级基地投产2.1公顷，年产值达11.47亿元，比2000年增收1.57亿元。特别是花卉苗木产业得到了快速发展，2002年全省已达到5.3万公顷，其中当年新增2万公顷，圃地年产值达到40亿元。全省有12个种苗基地获得全国特色种苗基地称号，8个苗圃获得全国质量信得过苗圃称号。

林业龙头企业逐渐壮大。各级都筛选了一批具有较强带动力的林业企业作为龙头进行扶持。其中省林业局推荐并确定了23户规模大、创汇多的林业龙头企业为省政府龙头企业，10多户为省重点林业龙头企业，并给予10万～50万元不等的贴息或补助，既调动了企业的积极性，又带动了当地经济的发展，促进了林业产业化水平的进一步提高。

低产低效林改造力度加大。2002年全省完成了低产林改造6467公顷。启动了柑橘、香榧、山核桃品种改良和技术改造工程。省林业局重点抓好省定的台州市柑橘改良试点工作并已取得成效。编制了总体实施方案和3个项目县实施计划；完成了120公顷的高接换种、336.7公顷的优质高效栽培和666.7公顷的推广辐射任务；制定了《台州市柑橘优质安全生产系列标准》；组建了各类合作社和专业协会10家，形成新的生产管理和技术推广网络。

森林旅游业有了进一步发展。永嘉县正江山等3处森林公园升格为国家级森林公园，批准新建了龙游浙西大竹海等3处省级森林公园，全省森林公园已达到70处，经营面积31.9万公顷，其中国家级达到20处。年接待游客1200多万人次，经营收入数十亿元。还编写出版了《浙江森林旅游》，全面介绍浙江森林旅游资源，展示森林公园风貌。协助国家林业局承办了首届中国森林风景资源博览会暨天目山森林旅游节，浙江省林业局荣获博览会金奖和组织奖。

专业协会、中介组织进一步发展，作用得到较好发挥。筹备成立了浙江省竹产业协会，全省有159家竹业加工销售企业、地方竹业协会和竹业科研单位参加。同时成立了5家专业协会。各地都从当地实际出发，组建了一批各类协会和专业合作社等多种中介组织，尤其是花协组织已在全省基本形成网络。这些组织的成立，在帮助林农、企业提供技术、信息、销售、服务等方面发挥了较好作用。省花协代表中国花协赴香港参加2002年香港花展并荣获该届花展的最高奖“特别贡献奖”；组织企业参加中国首届插花花艺大赛，获4银3铜的好成绩；成功组织了浙江省首届花卉博览会和西湖（国际）花卉艺术节，省花博会现场交易额3280万元，得到了省委、省政府领导的肯定和好评。

森林资源保护管理力度不断加大

1. 通过大力推行源头管理经验和实行服务提示卡制度、公示制、责任追究制、案件报告制等系列制度，乱砍滥伐、超限额采伐林木明显减少，全省采伐限额控制在700万立方米以内。继续对丽水市的资源进行监测；对淳安等10个县和省交通厅、杭州铁路分局、杭州市园文局2001年度森林采伐限额执行情况进行核查。制定了全省重大林政案件的划分标准。以巡查为抓手，进一步加强和规范木材流通管理。扩大了木材运输巡查范围，新增25个木材运输巡查县。修订了木制品、竹制品和人造板3个耗材折率标准。会同省经贸委、乡企局、工商局联合开展了木材加工经营单位的清理整顿，关停并转企业4307户，保留21 021户。经过清理整顿，促进了全省木竹行业规范、有序、持续、健康发展。通过努力，浙江省被国家列为全国资源林政管理信息系统试点省。在杭州、绍兴等5市（县）开展了野生动物保护体系试点工作。公布了第三批组建狩猎队乡（镇）名单。审批野生动物养殖场105家，其中经国家林业局授权审批的梅花鹿、鸵鸟养殖场60家；审批经营利用单位（个人）50家。确认第二批重点保护小区51处1.2万公顷，至今，全省规划实施自然保护小区263处，面积6.2万公顷，其中列入省补助的181处50万公顷。已争取到清凉峰、乌岩岭、长兴扬子鳄自然保护区扩建以及省野生动物救护中心等4个国家野生动植物保护工程项目，国家投资约2000万元。在全省开展了古树名木普查建档工作，现已查明有古树名木21万多株，其中树龄500年以上的近6000株。自“九五”以来，在省林业局的统一组织下，经各市（县）的积极配合和有关大专院校专家的大力支持，历时6年，全面完成了全省野生动物、植物、湿地和森林四大调查任务，并编辑出版了《浙江林业自然资源丛书》。

2. 从规范审核入手，扎实抓好林地林权管理。在临安市开展了林权证换发工作试点，取得经验逐步推广。按照“关口前移，做好服务”的要求，认真做好征占用林地的审核审批工作，全年共审核、审批征占用林地1400宗。

3. 森林防火成效明显。通过实施森林火灾综合治理和森林重点火灾区综合整治，并成立浙江省林火信息监测中心，对森林火灾实行卫星监测，森林防火取得了较好成绩。全省共发生森林火灾688起，发生率12.3次/10万公顷，受害森林面积2630公顷，受害率0.42/1000，没有发生重大的森林火灾，没有在重点地区发生森林火灾，没有发生扑救人员伤亡和群死群伤事故，确保了人民生命财产和森林资源的安全，确保了重大节日的安全。

4. 森林病虫害防治实现“一降三提高”。全省森林病虫害发生面积为11.11万公顷，成灾面积1.35万公顷，成灾率比2001年下降1.5个千分点；防治面积10.35万公顷，防治率比2001年提高4.35个百分点；监测覆盖面积163.8万公顷，监测覆盖率比2001年提高1.18个百分点；种苗产地检疫率比2001年提高0.09个百分点。又有40个森防站达到国家级标准站要求，新增19个国家级测报点。松材线虫病扩散蔓延速度有所遏制，发病面积比2001年减少3313公顷，枯死松树比2001年减少33.63万株。

5. 山林纠纷调处任务超额完成。全年全省共调处山林纠纷341起，落实争议面积1551.5公顷，完成计划数的189%，维护了社会稳定。特别是对省际纠纷加强协调，妥善处理，确保社会治安稳定。泰顺县与福建寿宁县发生一起山场纠纷冲突事件，经国家林业局牵头，省林业局与福建省林业厅及当地政府进行多次协商，取得了当事双方的理解，事件已平息。

6. 依法打击破坏森林资源违法犯罪活动成效明显。进一步理顺了森林公安的体制、编制，全省29个林场派出所195名编制全部划归县级森林公安机关统一管理。建立健全了“法制员审核把关制”、“案卷质量评审制”等制度。在11个县首批实施了森林公安“固本强基”工程，使警力向基层、向林区、向一线延伸，营造警民协作、齐抓共管、共保林区平安的局面。相继开展了林地整治、破案攻坚、禁种铲毒和林木种子种苗生产经营专项整治行动。全省森林公安机关共受理各类森林和野生动物案件3666起，同比减少15%，查处3646起，查处率为99.5%，其中刑事案件353起，破获336起（重特大案件115起），侦破率为95%；打击和处理各类违法犯罪人员4211人，为国家挽回直接经济损失1027万元，收缴木材6349立方米，查获陆生野生动物16 207只（头）、5164千克。通过开展严厉打击违法生产经营林木种子行为的专项行动，共查处无证生产经营绿化大苗案件37起，假冒伪劣种子案5起，破坏良种基地种质资源案1起，有力规范了种苗市场秩序，推动了林木种子生产、经营许可证的核发工作，目前全省已核发林木种子生产许可证8300多份。通过林地整治行动，查处案件583起，促使补办林地审批手续719起，面积389.7公顷，还增加了规费收入。

科技兴林迈出新步伐　全面推行了林业科技项目招投标，共推出招标项目22个，采用省外专家网上评审和省内专家会议评审的方式，确定中标单位。还首次与省科技厅联合开展招投标。全年共争取和自列科研、推广项目228项，科研总经费3132万元。有12项获省科技进步奖。开展了森林食品基地和产品的认定工作，共有37个、3.7万公顷基地和45个林产品分别通过了省森林食品基地和绿色农产品认定委员会的确认。经推荐，有6个林工产品和5个林特产品分别被确认为浙江名牌产品和浙江农业名牌产品。新制定了无公害杨梅、青梅、柿、枣、板栗以及生态公益林、商品林、毛竹笋用林、实木地板和地板安装等10个省级系列标准，并由省技术监督局正式发布。全省林业系统共组织科技下乡310多次，举办培训班1100多期，受训林农19万余人次，发放资料30多万份。

（卢苗海）

【台州市活化营造林机制】　台州市全面实现绿化达标以后，为了适应新形势、迎接新挑战，进一步加快生态林业和效益林业的建设步伐，坚持与时俱进、开拓创新，依靠机制创新、方法创新，不断开创营造林工作新局面。

机制创新，努力实践绿化造林的多种有效形式　市委、市政府出台了《关于加强扶贫工作和山区开发的若干意见》，鼓励山地经营权流转和造林机制创新；临海市、黄岩区、仙居县、天台县等地制定了一系列优惠政策，进一步放宽各项政策限制，活化营造林机制，促进了生产要素的优化组合和林业生产力的发展。活化营造林机制，主要包括两方面内容：①充分发挥台州市场机制灵活、民资丰厚的优势，推行承包、租赁、股份合作造林，大力发展非公有制林业。2002年，全市非公有制造林的面积达1000公顷，占到了造林总面积的26.5%。②大力推行专业队承包造林。全市现有各类资质的绿化造林专业队30余支。据统计，1999～2002年，专业队承包造林占到了工程造林总面积的75%以上和非公有制造林的95%以上，国债项目造林则全面实行专业队造林。活化营造林机制，不但拓宽了林业投资渠道，而且使得造林者的经济利益与造林成效休戚相关。变林业部门抓质量管理为造林者主动寻求技术支持，从而有力地促进了造林质量的全面提高。特别是专业队造林，实行包种、包管、包活的“三包”责任制，有效地保证了造林质量。近几年来，台州市人工造林质量合格率连年保持在95%以上。

在推行承包、租赁、股份合作造林的过程中，台州市注重做到“两个结合”：①与推进乡（镇）林业站改革相结合。本着“围绕服务办实体，办好实体促服务”的宗旨，通过政策倾斜、经济扶持等形式，鼓励乡（镇）林业站和林技人员参与承包、租赁和股份合作造林。如三门县各乡（镇）林业站2002年一年时间就通过承包、租赁或股份合作等形式新办林果基地200多公顷。仙居县2002年有30多位乡（镇）林技干部参与建起蜜梨、杨梅、锥栗等经济林基地266.7公顷。林业站和林技干部的参与，不仅有利于壮大林业站经济实力，为下一步的机构改革打基础，而且可以通过自办基地的辐射作用带动周边林农致富。②开展招商引资工作，促进山区综合开发相结合。在活化营造林机制的同时，台州市积极引导企业和个人尤其是欢迎工商资本投资林业生产，每年吸引社会投资不下于2500万元，取得了明显成效。如浙江德仁集团公司投资400多万元，以股份合作的形式建起工业原料林基地166公顷；黄岩铭强食品有限公司投资1000多万元，以租赁经营的形式开发黄桃、枇杷等工业原料林基地266多公顷。

方法创新，大力推行招投标造林 为了提高资金使用效益和确保造林成效，对于林业重点工程建设，台州市积极探索和推行公开招投标造林。招投标造林严格按照《招投标法》的规定，制定招标简章，进行规范操作。由于坚持“公开、公平、公正、竞争、择优”的招标原则，中标的都是具有一定技术力量、造林经验丰富的造林专业队或绿化工程公司。通过招投标造林既降低了造林成本，提高了资金的使用效益，同时标书对造林技术规程和质量要求等作出了明确的规定，并实行严格的项目管理，因而确保了造林的质量和成效。椒江区、黄岩区等地在实行招投标造林的同时，还实行了工程造林承诺制。黄岩要求国债造林成活率达到95%以上，一般造林成活率达到90%以上；椒江要求造林成活率达到90%以上，超过90%的，每提高1个百分点，每公顷奖励30元，达不到90%的，扣除种植费的40%。据统计，1999～2002年全市招投标造林的面积达5333公顷，占到了造林总面积的30%以上。

为了确保造林质量，台州市还全面推行了造林工程监理制，由县级林业主管部门组织专业技术人员担任监理，对工程造林实行全方位和全程的监督管理，收到了明显的成效。 （台州市林业局）

【金华市林业局推行林木采伐公示制度】 金华市共有林业用地70万公顷，其中有林地面积61万公顷，林木总蓄积量1219万立方米。为加强森林资源采伐限额管理，自2001年以来，各县（市、区）按照“严管林”的要求，相继推行了林木采伐公示制度，实行报批公示和采伐公示，取得了明显成效。全市年森林采伐量为591 070立方米，2002年实际采伐243 049立方米，其中发证采伐量238 368立方米，凭证采伐率达到了98.1%。

主要做法 义乌市林业部门于2001年率先对林木采伐管理进行探索，并提出了林木采伐二次公示制度。执行林木采伐公示制度后，该市共采伐林木蓄积13 714.4立方米，比2000年少采伐了4371.8立方米，2002年又比2001年少采伐3914.4立方米。随后，金华市全面推行林木采伐公示制。林木采伐公示制包括报批公示制和采伐公示制。林木采伐公示制度以乡（镇）、办事处的林政员为主要责任人，在采伐单位或个人提交采伐申请后，责任人向县（市）林业主管部门报批前，责成村党支部、村委会对申请采伐林木的对象、地点、时间、用途、四至范围、树种、数量、树龄、采伐方式和采伐理由、更新造林时间等内容，在村务公开栏上张榜公告，即第一次公示，公示时间一般为3～7天。第一次公示后，如申请内容无差错，群众无举报，则由责任人按审批程序，做好采伐地块的林木采伐作业设计。采伐报告经批准后，取得林木采伐许可证的，要责成有关村对批准采伐的地点、四至、树种、数量、方式、采伐时间、承包方式（以立方米为单位发包）、承包人、承包款再次进行公告，接受广大村民的监督，提高工作透明度，这就是第二次公示，公示时间一般为3天。在采伐结束后，责任人还要按采伐操作规程，对采伐的林木进行打印验收，如有超伐，要严格按照有关法律法规追究有关人员的责任。由于林木采伐实行了公开、公平、公正的采伐管理制度，在实施采伐过程中，对乱砍滥伐、批东砍西、批少砍多等违法行为，群众能够及时发现，并进行举报，从而加强了森林采伐的源头管理，大大减少了乱砍滥伐林木现象的发生。

主要成效

提高了广大群众的守法意识 推行林木采伐公示制，发动社会各界参与采伐的规范化管理，形成了全社会共同保护森林资源的良好氛围，增加了林政管理工作的力量，确保了森林采伐限额的严格执行。同时也是对森林保护法律法规的一次再宣传、再教育过程，群众在不知不觉中受到了教育，懂得林木采伐必须经过林业部门的审批，改变了那种”批与不批都可以，批少砍多没关系”的错误认识，大大提高了农村干部群众和广大木材经营户依法经营意识，树立了依法采伐观念，有效地减少或避免了乱砍滥伐事件的发生。

制止了乱砍滥伐林木现象的发生 推行林木采伐公示制，提高了林木采伐管理的透明度，方便了社会各界特别是当地群众的监督，使林木采伐管理由林业部门的内部工作转为全社会共同保护森林资源的社会行为。不少乱砍滥伐的苗头在第一次公示后就得到了遏制，在第二次公示后，超伐现象大为减少。林木采

伐由无序逐步走上公开、公平、公正的规范化管理轨道。举报乱砍滥伐的人民来信大为减少。据统计，2002年反映具体单位和人涉及滥伐林木的来信同比减少了30%。

提高了林政人员的执法水平 通过两次公示，群众参与了林木采伐的全过程，不但对采伐实施者进行着有效的监督，也对采伐管理人员和林业部门的审批制度进行着监督。目前，金华市的林政管理人员的业务素质、执法水平普遍有了提高，这除了对他们进行很好的林木采伐知识培训外，与各县（市）普遍推行采伐公示制、形成有效的约束和监督机制不无关系，促进了林政管理工作人员“伐前规划设计到山头、伐中检查监督到山头、伐后检尺打印到山头”这种负责的良好的工作作风的形成。实行林木采伐公示制，林政管理人员也受到了一次良好的自我教育，担子更重了，责任心更强了。（金华市林业局）

【临海市林特产业】 临海市有林业用地14.5万公顷，占土地面积的70%，林特资源特别是经济林资源十分丰富，全市经济林面积已达2.6万公顷，已成为临海经济发展的一大支柱产业。

2001年以来，为把林特产业做优、做大、做强，依托资源，依靠科技与创新，按照“民办、公助、党领导”的原则，先后建立市柑橘、茶叶2家产业协会，团体会员47个，个体会员159个；产业合作社8家，入社农户2644户。合作社及其大户社员分别是产业协会的团体会员和个体会员，产业协会通过信息服务、技术指导、品牌管理、价格协调等行业指导来联结合作社；合作社运用股份合作、营销返利、技术服务等形式联结社员和基地，形成了“以基地为依托，农户为主体，合作社为载体，产业协会为龙头的产销一体强服务、拓市场、增效益”的新格局。目前，合作社联结的1320公顷基地，经国家有关部门检测全部达到无公害标准，其中涌泉、洞林合作社的蜜橘获中国（浙江）柑橘博览会金奖，上游合作社的杨梅获省农博会银奖，并开拓了全国40多个大中城市的120多个营销网点，年销售果品达5500吨，销售额达2650万元，创利500万元。按其向社员收购价高于林农自销价的10%～20%及利润10%～15%返利和股金分红，可使每户社员直接增收500～1200元。具体做法是：

领导重视，政策扶持，优化环境 ①按照“公助”原则，制定扶持政策。市委出台了《关于加快实施农业产业化经营战略的若干意见》，明确规定：产业合作组织销售自产的农产品、加工品免征增值税，技术服务和劳务所得免征所得税，并给予1万～5万元的奖励。②领导重视促发展。市委、市政府主要领导高度重视，并经常过问和督查合作组织发展工作，亲自参加产业合作组织成立大会。如市柑橘、茶叶产业协会的成立，市政府、市人大、市政协等领导参加；洞林果蔬合作社成立，分管的市委副书记、副市长参加；涌泉柑橘合作社成立，市委书记、分管市委副书记、市长助理等领导到会。③部门协作优环境。在产业协会成立的同时，林业部门一边会同市农办、农业局等有关部门和重点镇领导，组织技术人员和种植大户，赴绍兴考察学习合作组织的建设和管理经验；一边主动协调民政、工商、财税、金融、产业办等有关部门，密切配合，对申报审批、资金注册、开户贷款、税收免征等各方面，给予支持和倾斜。

调查摸底，理清思路，明确任务 ①调查摸底找问题。结合“三个代表”学教和“两个年”活动，进村入户，调查摸底，摸清了林特产业现状和区域分布，找出了分散经营、信息闭塞、产销脱节等问题，了解到广大林农面对自然风险和市场风险，有“四个迫切”，即：迫切需要加强技术信息服务；迫切需要加强社会化服务；迫切需要有一种载体或中介把他们的生产经营与市场直接连接起来；迫切需要能保护自身利益的组织。②理清思路明方向。通过调查摸底、认真剖析，一致认为要解决林农的“四个迫切”，必须发展产业化经营，从而理出了“依托基地，依靠科技与创新，发展经济合作组织，拉长产业链，实施产业化经营，促进林特产业优化升级”的发展思路。③合理规划明任务。根据发展思路，结合林特产业特点和区域分布，对产业合作组织的发展布局，进行了合理规划，明确了发展任务，把发展重点放在主导产业——柑橘、优势产业——杨梅、特色产业——葡萄上，使合作组织充分体现产业优势和区域特色，把林特产业做优、做大、做强。

突出重点，搞好试点，引导发展 ①把发展合作组织放在突出位置来抓，建立了相应的工作班子，由1名副局长负责抓，市特产总站具体抓，有关镇和林特站为主抓，确保合作组织发展有组织、有计划地进行。②搞好试点。组织力量，进驻桃渚镇搞试点，结合外地经验，宣传发动，组织农户，以股份合作形式，即以发起人为中心股，每人3股，其他社员最多1股，多少自愿，不设下限，成立了洞林果蔬合作社，吸收入社农户428户，入股资金36万元，联结柑橘基地166.7公顷、蔬菜基地233.3公顷，并建立了1200平方米的经营服务用房。至目前，该合作社经营西瓜、柑橘等达850吨，产值270万元，利润40多万元。③引导发展。在总结试点经验的基础上，派出力量，配合有关镇政府和林特站，进行推广、宣传发动和业务指导，引导上游、桃渚、岭景、涌泉、杜桥等主产区农户，根据自身产业优势和区域特色，创办了柑橘、杨梅、葡萄等7个产业合作社。

股份建社，自愿入社，民主办社 每个合作社都以股份合作形式建社，发起人作为中心股，一般5～10人，每人持2～3股，其他社员最多1股，不设下限，多少自愿，经营利润 45%～55% 股金分红，10%～15%按精品果数量返还社员，30%～35%留作公积金和公益金，并以租房形式建立了 1000～1500 平方米的经营服务用房，还对每位社员颁发了社员证。目前，全市 8 个产业合作社入股资金达 230 万元，增强了经济服务实力。合作社的发起人，都由本人书面申请，报经镇党委政府和市林特部门同意；合作社成立报经市产业办和工商部门批准；一般林农入社，由本人申请，合作社同意后报镇党委政府备案，充分体现"党领导"原则。每个合作社都制定了章程，设立了 5～9 人的理事会，5～7 人的监事会，明确规定章程的通过与修改、理事会和监事会成员的选举与罢免等由社员大会讨论决定；社员的进退、生产经营、利益分配等重大事项由理事会决定后向社员大会通报；监事会监督理事会履行职责，审计财务和经营业务，定期向社员大会报告监督情况。同时，合作社还因地制宜推行社务公开，章程制度上墙公布，接受监督，真正做到民主办社，增强了活力。

围绕产销，建立机制，规范运作 ①建立科技服务机制。目前，全市 8 个产业合作社内部均设有科技开发部，建立了可容纳 80～250 人的科技培训室 10 个，聘请技术顾问 20 多人。②建立质量管理机制。合作社普遍建立了果品安全守则、田间档案管理等质量管理制度，发给社员田间档案记录簿，配备 5～15 人的田间监控员，并对遵守技术规程、田间档案记录完整的社员，其果品按高于农户自销价的 10%～20%收购。③建立了激励机制。每个合作社都建立了营销返利制度，在年终按精品数量返还 10%～15%的利润。部分合作社建立了优质果奖励制度，对获得地市级以上金银奖的果品，奖给该社员 300～500 元。④建立了营销服务机制。每个合作社都建立了 20～80 人的营销队伍，配备了 3～5 名质检员，购置了传真机、电话，有部分还配置了电脑和选果机，实行质量、品牌、包装、营销"四统一"，开拓了市场，提高了市场竞争力。如岭景葡萄合作社，在三门、椒江、杭州等地设立 8 个营销点，打品牌销售，葡萄售价每千克 8 元，比农户自销高 4.0～4.8 元，且供不应求；涌泉合作社在上海、江苏等 8 个城市设立营销点 12 个，已销售果品达 1050 吨；洞林合作社除设网点营销外，还上网推销。由于合作社一条龙服务、产业化经营，从根本上解决了林农的"四个迫切"，增加了收入。 （临海市林业特产局）

【《浙江林业自然资源》出版发行】 《浙江林业自然资源》一书是在"九五"期间开展的浙江林业自然资源调查的基础上编撰的。"九五"林业自然资源调查包括森林资源调查、野生动物调查、野生植物调查和湿地资源调查 4 个方面的内容。

"九五"森林资源调查从 1996 年开始至 2000 年结束。野生动物、野生植物、湿地调查是在国家林业局的统一部署下，从 1994 年开始的，历时 7 年完成。这是全省首次大规模开展以数量化调查为特征的生物多样性调查，共有 700 多名专家和专业技术人员参与，共投入 2000 多万元。

"九五"森林资源调查是最近开展的一次调查，它包括全省森林资源连续清查第四次复查和全省森林资源规划设计调查（简称二类调查）两类。

"九五"期间开展的野生动物资源调查的主要对象是陆生脊椎动物中的两栖类、爬行类、鸟类和兽类。调查内容是全省陆生野生动物的数量、分布和生境状况，驯养、利用和贸易状况，保护管理状况。本次调查查清了全省 7 种两栖类、14 种爬行类、73 种鸟类和 17 种兽类共计 111 个动物物种的资源数量、地理分布和栖息地状况。调查中发现了中国大陆鸟类分布新记录 1 种，浙江省鸟类分布新记录 10 种，证实了 6 种鸟类在浙江的分布报道。

从 1997 年开始，全省组织开展了历史上首次以量化调查为特征的野生植物资源调查。本次调查的内容包括分布在全省的国家重点保护野生植物以及具有浙江特色的重要野生植物物种的地理分布、生境、保护管理、人工栽培、开发利用、国内外贸易和研究状况。调查发现了 2 个浙江省地理分布新记录种，以及许多珍稀物种的地理新分布，确定了浙江的长叶榧等多个植物物种在全国乃至全世界的重要地位。同时，调查提出了以西天目山为中心的浙西北山区等 7 个具有重要保护意义的关键区域。

"九五"期间开展了历史上首次系统地湿地资源调查。本次湿地调查首次查清了湿地的类型、面积与分布；首次对浙江省湿地植物植被进行了系统调查研究；对浙江省湿地鸟类的数量、分布进行了迄今为止最为全面系统的研究，发现了黑嘴鸥等世界濒危鸟类的主要种群、栖息地和停息地。

"九五"林业自然资源调查取得的丰硕成果，为《浙江林业自然资源》的出版创造了条件。省林业局组织了多位专家编撰了本书，全书共分《森林》、《野生动物》、《野生植物》和《湿地》四卷。其中《森林》卷的主要内容包括浙江森林资源的现状，建国以来各历史时期的森林资源状况，森林资源的消长变化情况，以及森林资源的分布情况。《野生动物》卷的主要内容包括浙江陆生野生动物的种类分布和资源现状，野生动物的经营利用和保护管理状况。《野生植物》卷的主要内容包括浙江 77 种珍稀植物的地理分布、种群数量、群落类型状况，野生植物资源的利用现状和保护管理状况等。《湿地》卷的主要内容包括浙江湿地的类型、面积和分布，湿地动植物和植被的区系、地理分布与资源状况，水资源、港口航道资源、能源、土地资源等非生物资源状况，以及湿地的开发利用、保护管理状况，同时本卷对重点湿地和湿地保护区进行了系统介绍。

丛书的出版对于浙江省的生态环境建设和生物多样性保护工作具有重要意义：①本书为政府制定和调整生物多样性保护及林业建设的方针政策提供了可靠依据。②本书对物种多样性现状进行了较为科学全面的评估，提出了切实可行的保护措施。③本书为生态环境建设提供了基础资料。④本书为林业自然资源的合理利用提供了科学依据。⑤本书为社会公众提供了生物多样性信息，它的出版将在一定程度上促进社会各界对生物多样性保护的关注。（卢苗海）

【浙江省首届花卉博览会】 20世纪90年代以来，浙江种苗花卉业快速发展，从品种结构、生产规模到设施设备、技术水平都发生了巨大的变化。截至2002年底，全省种苗花卉生产面积达到5.3万公顷，圃地年产值达到40亿元，生产经营企业和农户发展到5.9万家，成为农业十大支柱产业之一。为了充分展示全省种苗花卉产业取得的成就，加大种苗花卉产品的推介力度，进一步推动种苗花卉产业的健康发展。2002年9月28日至10月5日，在杭州市萧山区举办了浙江省首届花卉博览会，全国政协副主席孙孚凌、浙江省副省长章猛进、浙江省政协副主席程炜等领导参加了开幕式。

首届花卉博览会由浙江省花卉协会主办，萧山区人民政府、中国（浙江）花木城承办，省林业局、农业厅、建设厅及各市人民政府协办，以“花卉与家园”为主题，本着“以花为媒、促进交流、展示精品、扩大影响、以会兴业、创造商机、引导消费、丰富生活、突出科技、发展产业”的宗旨，组织举办了花卉展览与贸易洽谈、《花样年华》大型文娱晚会、插花艺术表演、花卉与艺术系列文艺表演、花卉与经济技术发展论坛及花卉产品推介会等一系列活动。

首届花卉博览会共有11个花协（林业局）代表团参加了室内精品和室外园林景点的展示，800多户花卉企业参加了展销，展出鲜花、盆花、盆景、观叶植物、绿化苗木、种子、种苗、种球、花肥、花药、基质、根雕、园林机械设备等花卉产品1200种，有43个产品获得金奖，113个产品获得银奖，184个产品获得优秀奖。花博会期间，共迎来10万多人次参观，现场交易额3280万元，签订花卉销售合同或达成意向合同额4.8亿元，有力地促进了浙江花卉产业的发展，是浙江省花卉史上规模最大、档次最高、内容最丰富的一次花卉盛会。

（浙江省林业种苗管理总站）

【慈溪市大力推进林特产业化发展】 近年来，慈溪市的林特产业取得了较好的成效。至今，已确立了花卉苗木、特色水果两大支柱产业和以蜜梨、杨梅、茶叶、竹笋等为主的四大特色主导产品。2001年，全市实现林特产品产值3.3亿元，林特产品加工产值1.8亿元。

依托资源优势，建立区域化特色基地，因地制宜培植特色主导产业 慈溪市大力培植蜜梨、杨梅、花卉、茶叶和竹笋等主导产品，花大力气做大做强。至今，全市蜜梨生产面积达3200公顷，年产值8000万元；杨梅栽培面积3700公顷，年产值6000万元。花卉苗木实现了面积、产值的同步增长，到2002年底种植面积超过2000公顷，产值超过1.5亿元。

重点突破建设区域性生产基地。按照“依托资源建基地、突出特色建基地、连片开发建基地”的要求，坚持“数镇一业、多村一品”的发展思路，积极推进林特基地的规模化和区域化，形成了以横河镇、匡堰镇为主的3000公顷杨梅生产基地，以周巷镇、观海卫镇为主的2667公顷黄花梨生产基地，以附海镇、龙山镇为主的1000公顷花卉生产基地，以龙山镇为主的266.7公顷柑橘生产基地，以新浦镇为主的266.7公顷大棚葡萄生产基地，以观海卫镇为主的雷竹生产基地和以匡堰镇、三北镇为主的茶叶生产基地等7个区域化林业生产基地。横河镇、周巷镇还分别被命名为中国杨梅之乡和中国黄花梨之乡。

实施科技兴林战略，提升产业竞争优势，实施种子种苗工程 市政府每年安排近100万元的专项资金，用于林特新产品的引进开发和种业基地建设。5年来，先后引进了“东魁”杨梅，“翠冠”、“西子绿”、“幸水”蜜梨及韩国、日本等蜜梨新品种近100个，建立了6.7公顷的蜜梨新品种引试基地。与上海园林研究所共同合股成立了沪慈园林有限公司，组建了上海园林集团慈溪分公司，先后引进城市绿化和公路绿化品种200余个，并建立33.3公顷的艾博花木新品种繁育场。

实施标准化生产。按照“绿色、品牌、规模、效益”的原则，不断健全林特产品的标准化体系建设，实施绿色品牌战略。全市已制定了黄花梨、翠冠梨、杨梅、茶叶等10个林特生产技术标准规范，注册了12种水果商标，其中“杜震”牌速冻杨梅、“烛湖”杨梅、“润昌”黄花梨获得了国家级农业名牌，“润昌”黄花梨被认定为省首批绿色农产品，333公顷“烛湖”杨梅被国家农业部认定为国家级绿色食品基地；“平平顶”茶叶获得中国精品名茶博览会金奖。匡堰镇的茶叶基地被列入全国十大绿色茶叶生产基地，三北镇的有机茶生产基地也通过了国家认证。

强化科技创新。重点推广棚架栽培、果实套袋、疏花疏果技术、矮化开心修剪、设施栽培、竹笋一早二高栽培技术、增施有机肥等一系列先进技术，据初步统计，目前全市的林特产品生产科技贡献率已达到45％。

拓展加工销售，延伸产业链条，培育林业龙头 近年来，通过出台一系列优惠政策，把培育壮大林特产业龙头作为推进林业产业化的关键来抓。全市已拥有浙江海通集团、宁波恒康食品公司、慈溪兴达食品公司、横河农业服务公司、台逸农业有限公司、兴旺园艺、观海园林等10多户具有一定规模的龙头企业。其中有的公司年加工产值超过亿元，有两户企业的年产值在2000万元以上，其他企业加工产值也接近或超过500万元。全市农业加工企业年消耗杨梅近3000吨，加工转化率接近10%。

加大技改投入。积极支持企业通过技术改革，开发功能性、精品化、系列化产品，拓展林特产品的加工销售。已先后开发成功杨梅浓缩汁、糖水罐头、酒浸杨梅、速冻杨梅、杨梅干、发酵干红酒、易拉罐饮料、真空速冻小包装等十几种杨梅系列产品，20个系列100多个品种的恒康系列产品及野山笋、雷笋的保鲜等，全市已形成林果加工产品近200种。

强化市场开拓。大力培育林特产品购销员队伍，全市有一支近500人的林特产品销售队伍。花卉之乡附海镇，目前就有从事花卉营销的大户125户，年销售额超过4000万元。其中年销售在150万元以上的大户就有14户。同时，采用政府搭台、企业和农民唱戏的形式，每年定期举办“杨梅”和“润昌蜜梨”节，以果为媒，促进经济和林果业的协调发展。此外，还积极支持企业与国内外超市联手，拓展市场。近年来，每年有近300吨的梨、近400吨的真空保鲜杨梅分别销往东南亚、欧盟等国家和地区。

创新运行机制，增强发展活动力，发展专业合作组织 按照“统一标准、统一价格、统一技术、统一服务”的原则，围绕主导产品，相继组建了市梨业协会、附海花卉协会、横河杨梅协会、海联花木合作社等一批专业合作组织，目前，全市已组建各类林特产业专业协会和专业合作社18个，吸收会员500余人。

鼓励工商企业投资林特产业。通过强化招商引资，支持工商企业开发林特产业，构筑多元化的投入机制。全市共有30余户工商企业投资林特产业，累计投入资金超亿元。

加大政策扶持力度。近年来，市财政每年安排500万元资金，用于林特园区、基地建设和种子种苗、产后开发等环节的扶持。2002年又安排300万元，实施梨业3年推进计划，用于对蜜梨生产实行高接换种、设施栽培等先进技术的应用。

（慈溪市农业局）

【浙江省2002年林业大事】 **2月21日** 《浙江省林业志》首发仪式在杭州举行。副省长章猛进出席仪式并讲话，省林业局局长程渭山主持首发仪式。

2月28日 浙江省人民政府（浙政发［2002］7号）通报2001年度省政府直属部门工作目标责任制考核情况，省林业局被评定为优秀单位。

3月8～17日 由香港特区政府康乐及文化事务署主办的2002年香港花卉展览在港岛维多利亚公园举行。此次花展的主题是“万紫千红喜迎宾”，主题花是“矮牵牛”。浙江省花卉协会代表中国花协参加2002年香港花展。浙江省荣获“特别贡献奖”，承担施工的浙江森禾种业股份有限公司获“最佳作品奖”。

4月28日 由国家林业局和教育部联合组建的国家濒危野生动植物种质基因保护中心在浙江大学生命科学院正式揭碑，这标志着我国濒危野生动植物种质基因保护工程启动。

6月8～12日 中国首届森林风景资源博览会暨天目山森林旅游节在临安举行。浙江展馆荣获创意制作金奖。

6月18日 浙江省竹产业协会成立，中国工程院院士、浙江林学院院长张齐生当选会长。

9月21日 国家林业局党组成员、中国林科院院长江泽慧在杭州作了题为《实践“三个代表”重要思想推进新时期生态环境建设》的科技报告。省委副书记梁平波主持报告会。

9月28日 浙江省首届花卉博览会在杭州市萧山区浙江（中国）花木城开幕。全国政协副主席孙孚凌，省副省长章猛进，省政协副主席程炜等出席开幕式。省花卉协会会长、省林业局局长程渭山主持开幕式。

11月4～6日 省林学会、省林业产业协会、省竹产业协会在遂昌举办第三届浙江省青年学术论坛竹业技术与产业发展分论坛。

11月21日 省机构编制委员会（浙编［2002］97号）批复同意，在省林业局计划财务处增挂浙江省林业产业办公室牌子。 （卢苗海）

安徽省林业

【概　述】

发展与成就

营林生产 2002年，全省完成人工造林153 533公顷，是2001年的1.87倍，创改革开放以来最高记录。其中用材林20 323公顷，经济林21 408公顷，防护林110 869公顷，特种用途林933公顷。重点林业工程完成退耕还林99 851公顷，长江防护林23 110公顷，贫困地区林业发展项目造林7533公顷，工业原料林基地造林6315公顷，平原绿化工程6667公顷。2002年，还完成四旁植树19 918万株；封山

育林 83 467 公顷；幼林抚育 369 252 公顷，作业面积 772 010 公顷次；成林抚育 585 334 公顷；阜阳、亳州、宿州、蚌埠、淮北、淮南、六安、芜湖、安庆等 9 市荣获全国平原绿化先进单位称号。

2002 年林业生产完成育苗 13 524 公顷，是近年来育苗最多的一年，其中容器育苗 3000 万株，当年苗木产量达 58 980.61 万株，并完成林木种子采集 1012 吨。2002 年在建母树林 500 公顷、种子园 350 公顷、采穗圃 150 公顷、种苗工程项目进一步实施，完成投资 3588 万元，改良土壤和平整圃地 316.6 公顷，建温室 25 606 平方米，开挖沟渠 2.87 万米，挖水塘 5.45 万立方米，打机井 25 眼，修建道路 65 千米，购置生产机械 750 台套，引进优良品种林木 2540 万株，一批种苗示范基地和苗圃整体水平极大提高。黄山市良种繁育中心、皖南珍稀观赏植物培育基地、东流苗圃、利辛苗圃、颍上县苗木花卉培育中心被国家林业局授予全国特色种苗基地称号。桐城、怀宁、泾县、青阳、薛楼、凤台苗圃被评为全国质量信得过苗圃。

省林业厅组织全省秋季核查，对 17 个市、101 个县（市、区）全面验收。核查结果：2002 年全省人工造林计划完成率 97%，有 8 个市完成率超过全省平均数；造林面积核实率 92.2%，有 12 个市面积核实率在平均核实率以上；造林面积合格率 83.6%，有 10 个市面积合格率在平均合格率以上；新造幼林平均成活率 86.3%，有 9 个市新造幼林成活率达到和超过平均成活率；新造幼林平均抚育率 89.8%，有 9 个市超过平均抚育率，其中淮北市、阜阳市、蚌埠市抚育率达到 100%。

森林工业 2002 年，全省生产木材 246.14 万立方米，其中国有林场及事业单位生产木材 27.31 万立方米，乡村集体及村以下采伐木材 207.42 万立方米。木材生产中抚育改造出材 36.38 万立方米。2002 年全省生产竹材 3829.22 万根，其中毛竹 3006.65 万根，篙竹 822.57 万根。生产小杂竹 89 657 吨。森工企业生产锯材 30.4 万立方米，木片 1.14 万立方米；生产人造板 48.41 万立方米，其中胶合板 14.24 万立方米，纤维板 21.48 万立方米，刨花板 7.11 万立方米，细木工板 5.58 万立方米；生产胶合木 300 立方米、木地板 3.23 万立方米，人造板面装饰板 38.59 万平方米，旋切单板 8181.41 万平方米、卫生木筷 6137 标准箱。人造板产量比 2001 年增长 37.5%。林产化工产品 2002 年生产松香 1037 吨，松节油 111 吨，合成冰片 15 吨，木炭 7041 吨，活性炭 736 吨，除活性炭产量比 2001 年成倍上升外，其余林化产品产量基本持平。

林副产品 2002 年，主要林副产品产量除油桐籽、油茶籽、板栗呈上升外，其余均较 2001 年下降。油桐籽 3345 吨，上升 7.1%；油茶籽 21 667 吨，上升 18.6%；板栗 55 207 吨，上升 31%。产量下降的是乌桕籽 828 吨，下降 1.5%；棕片 1102 吨，下降 1.9%；生漆 179 吨，下降 11.4%；松脂 4673 吨，下降 17.5%；竹笋干 16 350 吨，下降 22.3%；五倍子 61 吨，下降 67.6%；核桃 184 吨，下降 75.9%；紫胶 114 吨，下降 78.8%。此外，还生产鲜切花 1062 万支，观赏苗木 3373 万盆，草坪卷 261 万平方米。

林业产值 2002 年，全省林业社会总产值按现价计算达 95.57 亿元，比 2001 年下降 11.3%。其中营林产值 17.47 亿元，林产品产值 39.39 亿元，林木采伐产值 17.25 亿元；第二产业产值 12.52 亿元；第三产业产值 2.78 亿元。林业系统工业总产值 6.96 亿元，比 2001 年下降 4%，其中国有单位 4.30 亿元；集体、联营、股份合作 1.35 亿元；外资企业 1.21 亿元。

林业资金 2002 年林业建设应拨贷资金 62 554 万元，实际到位资金 58 452 万元，资金到位率 93.4%，比 2001 年提高近 5 个百分点。其中预算内资金 32405 万元，国内贷款 5909 万元，利用外资 2911 万元，自筹资金 11 393 万元，其他资金 5834 万元。

森林保护 2002 年继续抓紧抓好林业“三防”。

1. 森林防火做到超前部署，突出一个重点（以落实行政领导森林防火负责制为重点）、狠抓三项工作（野外火源管理、专业队伍建设、防火物资储备库建设）。2002 年全省发生森林火灾 178 次，其中森林火警 124 次，一般火灾 54 次，受害森林面积 299 公顷，损失成林蓄积 4470 立方米，烧毁幼树 15.59 万株，森林火灾受害率 0.075/1000。虽然火灾次数、受害面积比 2001 年上升，但受害率仍大大低于省政府下达的 0.05/1000 的控制指标。2002 年因扑救森林火灾出动车辆 1018 辆，参加扑火人数达 17 381 人次，死亡 1 人，轻伤 1 人。投入防火经费 30 万元，在 17 个市和重点森林防火县建立集中的森林防火物资储备库 189 座，面积 4094 平方米。

2. 防治森林病虫害。2002 年全省森林病虫害发生面积 28.89 万公顷（其中病害 3.96 万公顷，虫害 24.93 万公顷），发生率 8.6%，发生面积和发生率均比 2001 年略有下降；实际成灾面积 2.4 万公顷，成灾率 7.15/1000，低于省政府下达的 9.5/1000 的控制目标；防治面积 22.32 万公顷，防治率 77.27%，高于国家规定的 70% 标准，且较 2001 年提高 4.15 个百分点；应施监测面积 250 万公顷，实施监测面积 190.67 万公顷，监测覆盖率 76.27%，比 2001 年提高 2.77 个百分点；实施产地检疫 4267 公顷，种苗产地检疫率 91.2%。全省共检疫苗木 28 065.5 万株、木材 858.8 万立方米。林木种子 124.2 吨、竹林 7234.5 万根，查处违章案件 2409 起。2002 年松材线虫病害除治力度加大：全年完成疫点皆伐除治 753.2

公顷，强度择伐10 180.3公顷，疫木除害处理54 144立方米，烧毁枝桠15 417吨，除害处理伐桩742 448个；与2001年相比，减少1个发生区，减少发病面积2028.3公顷，减少疫情发生点20个，减少病死树240 699株。2002年松毛虫害大发生，面积达7.94万公顷，比2001年增加24.5%，全年防治6.4万公顷，占发生面积的80.5%，比2001年提高5.73个百分点，减轻了灾害，控制了上升势头。2002年全省投入森林病虫害防治资金2786万元，比2001年增加282万元。其中中央级投入556万元，省级投入170万元，市以下投入580万元，群众自筹1500万元。

在防治森林病虫害的同时，不断推进森防体系建设。到2002年，全省已建县以上森防站96个，国家级中心测报点18个，一般测报点65个，公路检疫检查站122个（其中24个专职检疫检查站），林用微生物药厂1个，全省配备森防专用车45辆，微机90台，各种药械54 000台，森防专职人员468名，专职测报员485名。

3. 防止乱砍滥伐森林、乱捕滥猎野生动物、乱占滥用林地，多措施防止“三乱”取得成效。主要有：认真执行森林采伐限额，控制主伐、促进间伐，实行采伐作业设计、采伐许可证换发、伐后验收等约束机制，2002年省林业厅督办查处的乱砍滥伐林木案件70余起，当年全省实际采伐林木蓄积590万立方米，低于国家下达的628.2万立方米采伐限额指标；加强林地保护和森林植被恢复费收缴力度。全省审查审核各类工程征占用林地项目138个，改变林地用途面积358.2公顷，补收森林植被恢复费370.5万元，与2001年相比，审核率提高了19.6%，较好地控制了林地逆转和流失的势头；开展林权登记发证，突出退耕还林、公益林林权证发放和妥善处理换发新证难题，到2002年底，全省已新发和换发林权证8万余份；严厉打击破坏森林资源犯罪分子，组织“破案攻坚战”等专项行动，侦破5起省林业厅挂牌案件和33起市级挂牌案件，全年查处各类林业案件3440起，其中刑事案件146起，治安案件265起，林业行政案件3059起，共处罚各类人员4494人次，其中逮捕148人，治安拘留168人，林政罚款2213人，收缴木材7947立方米，收缴野生动物18.8万只（头），蛇、蛙4.3万千克，为国家挽回直接经济损失512万元。

林业科技 2002年林业科技在推进五大转变中进一步发挥作用。①出台了《安徽省林业科技“十五”发展规划》，其战略目标是：提供林业六大工程强有力的科技支撑，完成林业科技推广“2111”工程，建设一批林业标准化示范县，使重点工程科技推广率提高到50%以上，使安徽林业科技综合水平跨入全国先进行列。②开展生态网络体系示范点工作，确定合肥、马鞍山2个市和阜南、固镇、枞阳、怀宁、含山、金寨、青阳、旌德8县为省森林生态网络体系建设示范县。③加快示范工程建设步伐，全省确定寿县、桐城、潜山、包河、颍上、旌德、歙县、东至、无为9个县（市、区）为林业科技示范县（工程）建设单位。④选择霍山、黄山、南陵、居巢、望江、五河、凤台7县（区）为提高营造林科技水平示范点单位。⑤有4项科技成果获安徽省科技进步三等奖，即安徽省湿地资源调查与保护利用研究、安徽省生物防火工程体系建设及综合效益研究、火炬松湿地松工业用材林高效集约栽培模式的研究、应用微胶囊剂控制松材线虫病的传播与蔓延。

改革与林政实施

制定林业案件刑事追究标准 对盗伐、滥伐林木追究刑事案件的起点数额，经省高级法院批准，标准如下：盗伐林木立案起点为2立方米或幼树100株；重大案件立案起点为20立方米或幼树1000株；特别重大立案起点为100立方米或幼树5000株。滥伐林木立案起点为10立方米或幼树500株；重大案件立案起点为50立方米或幼树2500株；特别重大立案起点为100立方米或幼树5000株以上。

开展木竹检查站“四严”教育 在全省基层木竹检查站组织开展以“严肃执法、严格管理、严明纪律、严谨作风”为主题的教育活动。历时8个月，通过学习教育、查摆问题、切实整改、完善制度，达到整肃队伍、端正作风、规范执法的目的。有31个基层检查站被评为先进站。

造林质量举报 2002年营林任务是往年的两倍多，为加强质量管理，确保造林成林，省林业厅实行造林质量举报制度，把整地、造林、种苗、检查置于社会各界和人民群众的监督之下。①设立举报受理机构，通过《安徽日报》、省电台、省电视台等媒体向社会公布举报电话和信箱，并在网站开辟“网上举报”专栏，市以下也层层设立了受理机构。②开展举报查处工作，对群众来信来访来电登记，举报一起查处一起，并向举报人反馈。③强化举报受理工作，把举报受理与开展创建人民满意站（所）相结合，组织定期抽查和不定期检查。

野生动植物保护管理 采取常规检查与专项打击相结合，严惩破坏野生动植物资源违法犯罪行为。在流通领域，加大季节性物种保护，开展了冬春季保护候鸟迁徙地越冬地行动、夏季打击破坏蛙蛇行动。在经营利用环节，全年清查餐饮宾馆和集贸市场300多家，捣毁收购窝点4处，查处600余人。在野生动植物进出口环节严格管理，向国家申报审核进出口报告19份，涉及物种有观赏鸟、扬子鳄、天麻、西洋参等；核发非《进出口野生动植物种商品目录》物种证明近200份。

扬子鳄放归自然 鉴于野生扬子鳄总条数已不足

200条，数量逐渐下降，为发展野生鳄，国家林业局批准利用现有的人工饲养繁殖的种源放归自然，使之适宜野外环境，让人工养殖鳄野化，不断增加野生鳄数量，恢复野生扬子鳄种群。2002年开始实施扬子鳄种源繁殖及放归自然工程项目，当年一方面建设繁殖鳄养殖区为扬子鳄放归自然提供充足种源，另一方面确立在郎溪县高井庙林场5公顷范围作为野外放养试点，开展扬子鳄野外放养实验。

确立平原绿化新目标　安徽列入平原绿化工程范围的有15市、65县、5133万人口，到1998年提前完成平原绿化达标任务。建成农田林网235.4万公顷，活立木蓄积6350万立方米。为提高平原绿化水平，2002年确立平原绿化新目标：规划“十五”新建农田林网20万公顷，更新改造建设标准化农田林网20万公顷，完成线路绿化3964千米，建设林带18 467千米，平原地区林木覆盖率达18%。淮河以北地区形成以农田林网化为特色的平原绿化模式；江淮丘陵岗区形成以建设林带加辐射为特色的平原绿化模式；沿江圩区形成以路沟渠大小网线为特色的平原绿化模式。

存在问题　2002年，人工造林任务完成不平衡，有10个市没完成任务，极少数地方上报面积不实，有的地方造林苗木偏小，有16个县造林合格率在70%以下，退耕还林中林粮间种现象普遍。松材线虫病除治虽有明显成效，但铜陵市郊出现25.3公顷新疫点。（薛胜平）

【安徽省表彰万里绿色长廊工程】　安徽省万里绿色长廊工程从1999年起，3年建设1年巩固。到2002年，全省线路绿化7900千米，建设林带5099千米，工程区内铁路国道省道公路两侧1000米范围内农田林网51.8万公顷，山丘林业用地绿化26.2万公顷，绿化覆盖率24.3%，提高3.9个百分点，如期实现工程建设目标。2002年12月27日，中共安徽省委、安徽省人民政府作出《关于表彰全省万里绿色长廊工程建设先进集体和先进个人的决定》，对44个先进集体、100名先进个人授予荣誉称号。

市级先进集体7个：合肥市、淮北市、宿州市、阜阳市、巢湖市、芜湖市、黄山市。

县级先进集体28个：肥东县、包河区、濉溪县、蒙城县、利辛县、埇桥区、泗县、五河县、颍上县、阜南县、毛集区、全椒县、天长县、寿县、霍山县、当涂县、居巢区、庐江县、南陵县、宣州区、郎溪县、铜陵县、贵池区、东至县、桐城市、望江县、祁门县、黄山区。

省直、部属单位先进集体9个：省交通厅、省农业委员会、省林业厅、省高速公路总公司、省农垦集团有限公司、蚌埠铁路分局、合九铁路公司、徐州铁路分局、江淮汽车有限公司。

先进个人100名：徐福宝、董圣贵、辛开群、宣言、陈琳、戴宏侠、申刘云、王桂联、吴建华、郭飚、张林、黄渔夫、李友平、李良华、陈光玲、李锁安、冉庆良、陶桂华、胡卫东、姜涛、刘争春、刘旭、高学勇、张坤、杨灿田、董继安、薛彪、赵瑞、朱友山、许业堂、董献民、蒋俊才、徐宽富、李彬、李传鹏、江炳安、戴克奎、周连銮、许绿洲、邹怀斌、姚志荣、刘东奎、李德平、凌建国、昌献龙、马德领、王启、张思耕、沈春、金根华、陈根生、申发祥、甘怀民、张春浩、周之炎、潘志强、李永辉、徐青云、徐祥平、林国周、江建平、张峰、胡丛林、刘爱武、王志宏、余结望、丁志平、张启来、王建国、蔡健、黄郁明、徐永成、程松涛、张永强、许朝晖、陈福义、金传斌、程中才、晁新、李树龙、王茂胜、卢立新、姚敏、汪建华、肖益民、何小东、周乐、黄长春、聂利军、秦广龙、郭中原、徐建东、汝鸣、唐自胜、王光显、史诗春、贾志刚、张廷凯、唐世政、朱肖颖。（薛胜平　英福生）

【安徽省启动退耕还林工程】　经多方争取，2002年安徽省退耕还林纳入国家退耕还林工程建设范围。当年任务10.7万公顷，安排在皖南山区、大别山区和江淮分水岭地区，共涉及15个市58个县（市、区）。安徽在计划下达迟、时间紧、任务重的情况，各级政府采取得力措施，抓组织、抓发动、抓落实，终于在春季完成退耕还林10.6万公顷（其中坡耕地造林5.7万公顷，荒山荒地造林4.9万公顷），占计划的99.3%，在全国退耕还林工作会议上，受到国家林业局的表扬。

主要做法：①制定方案，分解任务。在超前组织专家对各地实施方案评审的基础上，编制了《安徽省退耕还林实施方案》，按此方案，将工程建设任务分解到各市（县）的乡村和山头地块，编制年度作业设计，开展种苗摸底和余缺调剂供应。②深入发动，组织攻坚。省成立工程建设领导小组，召开电视电话会议部署动员，并调动广播、电视、报纸等各级各种新闻媒体，宣传退耕还林，动员全省人民大打退耕还林突击战，攻坚战。③规范管理，落实政策。林业、计委、财政、粮食、农发行等部门制定了《安徽省退耕还林县级作业设计操作细则》等，对涉及工程的组织、种苗、资金、政策等都有明确规定，并狠抓落实。目前已向40万农户兑现苗木补助费8000万元，现金1600万元，粮食发放折合资金1.6亿元之多。④强化督查，保证质量。退耕还林全面推行党政领导和林技人员双层承包责任制、质量检查验收制度和质量举报制度，党政领导包任务，技术人员包质量，划片包干，跟班作业，上一级对下一级组织明查暗访，实行领导督查、新闻督查、专门督查三结合，开展质量全方位监督，确保了退耕还林质量。（余本付）

【安徽省实施绿色长廊二期工程】 根据国务院《关于进一步推进全国绿色通道建设的通知》要求，安徽省在完成万里绿色长廊一期工程的基础上，开始实施长廊二期工程。二期工程自2002年起至2005年，建设期4年。万里绿色长廊二期工程是一期的延伸和完善，建设对象主要是境内县乡村的公路、江河渠道，以及一期工程达不到标准的铁路、国省道（含高速公路）。

规划内容：①铁路和国省道线路绿化、林带建设和两侧1000米范围内的农田林网建设、山丘城镇村庄绿化。②县乡道线路绿化、林带建设和两侧500米范围内的农田林网建设、山丘城镇村庄绿化。③江河渠道林带建设和两侧500米范围内农田林网建设、山丘城镇村庄绿化。

建设目标：工程建成后，全省道路沿线和江河渠道沿岸绿化总面积可达96.2万公顷，新增7.9万公顷；绿化覆盖率达22.6%，新增2个百分点；线路绿化新增3834千米，林带建设新增里程18 254千米，新增农田林网40.5万公顷，新增林业用地绿化面积1.24万公顷，新增城镇村庄绿化覆盖面积1.6万公顷。具体目标：①线路绿化率：铁道、国省道98%以上；县乡公路淮河以上地区95%；其他地区90%。②林带建带率：铁路、国省道、河渠堤坝两侧95%以上；县乡公路90%以上；圩区山区不作具体要求。③农田林网建网率：淮河以北地区铁路、国省道、人工河渠两侧95%以上；县乡公路两侧90%以上；淮河以南（不含山区、半山区）县乡（镇）90%。④山丘绿化率：适宜绿化的达98%以上。⑤城镇绿化覆盖率：县城区淮河以南30%；淮河以北28%；集镇达22%。⑥村庄绿化覆盖率：淮河以北45%以上；淮河以南35%以上；山区因地制宜地实现绿化美化。（李家东）

【安徽省长江防护林工程显成效】 1992年安徽省长防林纳入全国长防林体系建设，一期工程总任务20.1万公顷，10年造林绿化29.9万公顷，超额48.7%完成任务，工程区内生态、经济、社会效益显著：森林覆盖率由31.1%提高到45.1%，水土流失面积减少78.7%，土壤侵蚀模数减少45.3%，土壤侵蚀量减少53.3%。位于工程治理区的岳西县巍岭乡每平方千米土壤侵蚀模数由6338吨减少到1705吨，宿松县钓鱼台水库减少泥沙输库量5.7万立方米，潜山县大沙河河床降低，减少泥沙流失量59.5吨，当地群众普遍反映过去小雨流浑水，如今大雨水也清。工程区群众还从长防林建设中增加了收入，人均由过去的383元提高到1265元，涌现了一批脱贫致富典型。

主要做法：①强化领导。成立省、市、县长任组长的三级领导小组，各级领导层层抓点示范，全省各级领导示范点500多个，面积2万公顷，各级实行定人督查，开展质量监测。②全面发动。各级新闻媒体大力宣传，动员群众广泛参与，全省制作录像30小时，在各级播放300余次，还发表文章1000余篇，摄制图片数千张、建立永久性宣传标志700个、封山碑牌10000个。③加大投入。一期工程共投入资金14 517.5万元，除国家投入4245万元外，省地方配套6363.1万元，部门集资1181.3万元，群众自筹2788.1万元。④创新机制。普通推行拍卖、租赁、入股、合资、合作等形式的林业承包经营，出现投资多元化格局，吸引了香港、上海、山东等地大户投资4000多万元开发荒山。⑤科技支撑。组织专家咨询培训，各级接受培训人员达1.8万人次，组织科技攻关，建立3个水土流失综合治理示范点，每县10个林种示范点，同时大力推广容器育苗、ABT生根粉等实用先进技术等。⑥加强管理。制发了《工程管理办法》、《长防林建设标准》、《长防林制图标准》等系列规定，开展责任承包，配备专职财会人员，建立质量检查验收制度，所有技术和财务资料采用文字软盘同步上报。（郑 亮）

【安徽省速生丰产林基地建设工程】 安徽省从“七五”期间开始速生丰产林建设，20世纪90年代又利用世行贷款建设速丰林基地，到目前，已完成速生丰产林基地建设26.66万公顷，占全省人工林面积的13.7%，还建立良种基地65处、优良无性系繁殖基地4处，两处基地总面积1374公顷，年产良种5.76万千克，年供种条50万根。进入21世纪，国家在18个省（区）实施速生丰产林基地工程，安徽被列入工程区范围。

安徽省速生丰产林基地分为纸浆原料林基地和人造板原料林基地。建设年限2001～2015年，工程布局在83个县（市、区）培育杨树、马尾松、火炬松、湿地松，优先为大中型纸浆项目、人造板项目配套安排原料林。工程规划建设规模为108万公顷。其中浆纸林原料林基地66.7万公顷，人造板原料林基地41.3万公顷。工程建设目标：追求经济效益最大化。在坚持生态优先的前提下，充分运用物质利益驱动原则，通过走规模化、集约化、科学化经营的路子，实现木材产量和经济效益的最大化。

（李树林 宰步龙）

【安徽省林业科技推广“2111”示范工程】 为使林业产业经济走上“依靠科技进步和提高劳动者素质”的轨道上来，安徽省林业厅决定大力推进林业科技推广体制和运行机制的改革，在“十五”期间实施《林业科技推广“2111”示范工程》，“2111”工程的内涵是为林业两大体系提供强有力的科技支撑，从国内外引进与自主开发10项林业新技术新材料，100项林业新品种，培养1000个林业科技示范户，以带动更多的农户、企业进行高效林业开发，推进林业科技创新，促进林业产业经济持续、稳定、高效发展。

示范工程2001年启动，省财政投入启动资金20万元，并逐年递增10万～20万元，市、县安排相应的配套资金，省林业厅“十五”期间重点工程项目均切块3%的项目资金，专项用于先进适用科技成果的推广，使工程进展顺利：

新品种引进 黄山市林业科技推广中心从山东引进樱桃、油桃、杏、无花果、石榴、梨、黑核桃等树种的优良新品种30个，每个品种营造测定林0.07公顷，成活率达98%，从中筛选适生优质丰产品种20个，建立高标准示范园13.3公顷；从浙江引进香榧优良品种——“枫桥榧”的嫁接大苗，营建良种采穗圃2公顷，产良种穗6万根。滁州市林业科技推广中心引进“巨森”苹果、日本甜柿、南农大无花果等16个品种，建立0.5公顷试验示范林；引进杨树27个新品种，营造对比试验林2.7公顷，示范林5.3公顷，采穗圃0.13公顷。肥东县林业技术推广中心从省内外引入经果林新品种26个，引进“中林10号”、“中林天演速生杨”、“中林2001”等16个新品种，扦插育苗1.5公顷，还引进山西梨枣、布朗李、美国凯特杏等品种5个，育苗0.2公顷。宣州区从南方省（区）引进小琴丝竹、黄金间碧玉竹、黄竿竹等38个观赏竹种，建设经济观赏竹品种园6.7公顷。合肥市蜀山区井冈镇十八岗村农民肖大军，自主投资，租地1.7公顷，聘请专家引进经果林优良新品种90多个，建立优质早丰产示范园，以示范园带动新优品种苗木的推广。

新技术引进 青阳县引进ABT生根粉浸根造林技术、化学除草幼林抚育技术、小径笋用竹覆盖增温保湿保冬笋技术，共推广8900公顷。霍山县开展毛竹夏季抚育垦复、毛竹花年经营技术措施、毛竹林钩梢示范、毛竹疏笋示范共133公顷。

培养林业科技示范户 太湖县人民政府命名表彰1个林业科技示范林场、6个林业科技示范村、80个林业科技示范户，对林业科技示范户及示范村代表进行经果林栽培技术和市场信息培训。宁国市命名了100名林业科技示范户，实施了“五个一百工程”，即安排100名林业技术人员，联系100个林业科技示范户，每年在基层蹲点100天，举办100场技术培训班，争取每户林业增收100元。肥东县在全县分片建立7个示范户，向他们提供种苗、技术，让其先产生效果和效益，以点带面，加快了新品种、新技术的推广步伐。 （马永春）

【全国先进林业站——泥溪乡林业站】 安徽东至县泥溪乡山场面积0.9万公顷，其中有林地面积0.8万公顷，人均0.5公顷。乡林业站认真实践“三个代表”重要思想，带领群众致富奔小康，当地群众亲切称林业站为“贴心站”，先后被评为全国先进林业工作站、全省发展产业“十强”林业站的称号。

泥溪乡的做法是：①联办林场，绿化荒山。林业站制定林业发展规划，组织发动群众植树造林，采取“站里出资金，群众出山场”的形式，兴办了3个联营林场，共营造187公顷的速生丰产林和竹林。有了联营林场示范，全乡13个村兴办了11个集体林场。此后，林业站又引导群众利用责任山、自留山办家庭林场、联合林场。目前全乡造林4667公顷，人均栽树2000棵；全乡7667公顷山场葱葱茏茏，森林覆盖率达到63.5%。②反包倒租，科技开发。乡林业站响应县里大力开发“四荒”的号召，租赁了泥溪村等村民组的深冲坞100公顷山场，对群众不愿经营的荒山采取反包倒租的办法，统一开发，兴建经果林联营林场。林业站加大科技含量，引进一年三次开花结果的板栗新品种——三季栗，培育繁殖出“节节红”新品牌，2002年，育苗和果实收入达16万元，与此同时，采用“养鸡—鸡粪—育林”经果林生态模式。建立了养鸡场，年养鸡6000只，产鸡粪150吨，全部施用于经果林，还采用板粟实生苗年嫁接上山、稻壳覆盖保温抗旱等技术，以上不仅壮大了林业站的自身实力，还每年解决本地务工农民就业150余人。③技术指导，跟踪服务。林业站倾力为广大群众提供服务。帮助群众跑银行贷款，调运苗木，逐村逐户开展嫁接、修剪、施肥，实行全程无偿跟踪服务。还向群众定期发放技术资料，开辟宣传栏，刊登适用林业技术，在每个村重点培养一二名科技示范户，并举办经果林培训班20多期，培训3000多人次。林业站对经济特困户还无偿提供果苗和化肥。在乡林业站的指导下，泥溪乡近500户发展了经果林，其中1.3公顷以上的大户有230户；全乡年林业总收入达500多万元。 （龙 琳）

【宁国市发展非公有制林业】 近年来，宁国市大力扶持和推进非公有制林业发展，取得了明显成效。该市共吸纳民间资本、工商资本、外来资本32亿元，发展山核桃、雷竹、元竹等特色经济林8000公顷，使全市经济林、竹林面积达到6.3万公顷，农民人均超过2000公顷，被国家林业局命名为中国山核桃之乡和中国元竹之乡。全市涌现出百亩以上的林业庄园216个，林产品加工企业178家，林产品加工率达到到75%以上。一批重点林产品加工企业脱颖而出，其中年销售收入超过1000万元的10家，3000万元以上的4家，亿元企业1家。全市林业总产值由过去不足1亿元上升到2002年的5.8亿元。

宁国市加快非公制林业发展的主要措施：①政策上给实惠。凡投资造林或创办林产品加工企业者，5年内农特税免缴，所得税、增值税地方所得部分全部返还，5年后农特税、所得税减半征收；市财政每年拿出80万元以奖代补；机关、事业单位职工造林20公顷以上或创办加工企业年缴税费金15万元以上者可保职保薪5年，期满后仍回原单位安排工作；企业用地优先安排，供电、供水、通讯等基础设施建设费用按最低标准减半收取。②权益上给保障。对造林大户和林产品加工企业，由公安部门和所在乡（镇）挂牌保护，出现问题相关人员1小时内到现场解决，还建立县级领导联系帮扶制度，并对通过入股、租赁、买断等形式取得林地经营使用权，及时予以确权发证，允许转租、转包、转让，允许以林木所有权、经营权、收益权进行质押、抵押。③融资上给便利。成立由林业、金融等专业人员参加的评估组，负责对申请融资者进行评估，启动对非公有制林业的投资试点，几年来，共发放信贷资金1.2元。④工作上给支持。实行低门槛准入制度，对有意投资开发林业的，相关部门热情接待，并帮助进行设计和规划。建立公正、公开、廉洁、高效的办事机制，对申请开办非公有制林业项目的，在审查、批准上实行“一站式服务”。⑤社会上给地位。市委、市政府每年召开一次非有制林业发展表彰大会。对成绩突出的企业和个人进行奖励，加以宣传。全市有30位非公林业经营者相继当选为市、乡人大代表、政协委员。

（王广林）

【岳西县开展森林生态效益补助资金试点】 岳西县有林业用地17.85万公顷，占全县总面积的74.4%，全县八山半水半分田，一分道路和庄园，是安徽省林业大县。在森林分类区划的基础上，该县开展森林生态效益补助资金试点面积4.08万公顷。面积占林业用地的22.9%，试点面积中，国有林场占3337公顷，集体林分占37 463公顷。试点的国家重点公益林小班673个，均已签订界定书和管护协议，聘请219名护林员上岗护林，建立国家公益林公示牌16个，公示碑32座，发放森林生态效益补助资金153万元。主要做法：①加强领导。成立了由县长任组长，分管林业的县委副书记、副县长为副组长，县委办、政府办、计委、林业、财政、土地等相关部门主要负责人为成员的林业分类经营工作领导小组，全县28个乡（镇）和国有林业总场也分别成立了领导小组，加强对工作的领导和协调。小组下设林业分类经营办公室，抽调业务骨干，从事林业分类经营的各项业务工作，组织乡（镇）长、林业站长、林场场长参加业务培训，确定在16个乡（镇、场）试点。②加强宣传。印发了3.8万份《致广大林农的一封信》，发放到每户林农手中，宣讲林业分类经营工作的内容、意义、目的和影响等，分别利用会议、报刊、简报、广播、电视、标语、宣传栏等多种途径向广大林农宣传林业分类经营工作的有关知识。召开各类宣传会议82场次，悬挂标语200余条，出宣传栏92期，各类媒体共刊发宣传稿件18篇，使林业分类经营家喻户晓，取得了广大林农的拥护和支持。③分类界定。历时7个多月，抽调100作名技术干部开展外业调查区划工作，对全县17.85万公顷林地进行分类区划，并尊重群众意愿，同乡、村、组负责人及经营者一起现场界定、充分协商，签订协议，明确责任，解决矛盾，建立档案。④建章立制。将试点小班区划情况张榜公布公示，结合实际，制定了《岳西县国家重点防护林和特种用途林资源管理实施细则（试行）》、《岳西县国家重点防护林和特种用途林资金管理实施细则（试行）》及《岳西县国家重点防护林和特种用途林护林员管理办法（试行）》，在此基础上，全县聘用国家公益林护林员219名，签订聘任协议219份。⑤管好用好生态效益补助资金。国家重点公益林的管护费用划拨到县财政专户后，县林业局、财政局认真磋商，及时向县委、县政府汇报，并部署资金发放，及时兑现管护费用。全县严格发放程序及进发放资金153万元，全面发放到林农手中。护林员也全面上岗履行职责。

（周代发）

【潜山县森林公安分局荣立集体二等功】 潜山县森林公安分局辖3室、5个林业派出所，共有26名干警，其中中共党员干警占80%。分局自1999年正式成立以来（前身为公安科），出色地完成了各项森林公安工作。近两年来，分局共受理查处各类森林案件230起，其中：刑事案件26起、治安案件21起，林政案件183起；共处罚275人次，其中刑事拘留24人，逮捕起诉11人，治安拘留21人，警告2人，林政处罚26人，没收木材523立方米，毛竹1014根，罚没赔款57.6万元，为保护森林资源、减少经济损失、维护林区稳定作出了贡献。该局自成立至今，分局及所辖林业派出所分别40次被市、县主管部门评为先进集体，先后有10人荣立三等功，25人受到县林业局、公安局嘉奖，15人受到县委、县政府和市局、省厅的表彰。局机关连续几年荣立集体三等功，被授予市公安系统先进集体、省两院三厅严厉打击破坏森林资源专项斗争先进单位、县政法委人民满意的政法站所等荣誉称号，2002年被国家森林公安局授予全国森林公安机关“三项教育”活动先进单位称号，并荣立集体二等功一次。（薛胜平 吴荣）

【人民满意基层站所——无愁木竹检查站】 无愁木竹检查站位于岳西县响肠镇无愁村境内的105国道旁。每日车流量高达400辆左右，木竹运输查验工作十分繁重。全站10名站员在站长张铁军率领下，爱岗敬业、文明执法、努力实践“三个代表”重要思想，被当地群众誉为“绿色通道”。2000年无愁检查站被县委、县政府授予文明单位称号，2001年再次通过县级文明单位达标验收，2002年，又被县委、县政府授予农村“三个代表”重要思想学习教育活动先进集体。该站连续5年被评为县林业系统先进集体，并在创建人民满意的基层站所中多次受到省、市、县三级的表彰。

主要事迹与做法：①抓教育，强素质。开展严肃执法、严格管理、严明纪律、严谨作风“四严”教育，通过学政治、学业务，提高政治思想和业务水平。②抓执法，严管理。检查站把做好木竹运输、维护流通领域正常秩序作为实践“三个代表”的具体体现，做到着装上岗，文明执法，提高工作透明度和规范化管理，实行检查内容公开、办事程序公开、规章制度公开，接受社会监督，社会各界书面征求意见表上高度评价：“检查人员都能严格执法、作风优良”、“坚守岗位、帮助解决困难”、“不提非份要求，不刁难货主”等。③抓自律，树形象。坚持职工自省、自律、自励，既履行岗位职责，又树立林业行政执法窗口良好形象。严肃执法，对违法运输者依法处罚，拒收“好处费”；严明纪律，对货主遗失的钱物千方百计送还，拾金不昧；严谨作风，对违章者晓之以理，动之以情，并努力缩短查验时间。抓服务，重承诺。开展住户访户活动，掌握社情民意，扶贫济困，为群众排忧解难。无愁村合水组18户吃水困难，检查站个人集资捐款帮助该组建水塔、修水渠，站长张铁军、检查员杨先锋等资助困难户或发展经济，或改建危房，杨先锋被评为全县农村“三个代表”重要思想学习教育活动先进个人。全站至今帮助群众，解决实际困难200多次。在文明执法热情服务上、全站搜集建议16条，意见58条，均一一研究，承诺整改。

（薛胜平　戴国强）

【安徽省2002年林业大事】

1月4日　省政府在六安市召开江淮片林业整地现场会。田维谦副省长出席会议并作讲话，省政府副秘书长邵国荷主持会议，省林业厅厅长唐怀民通报了全省林业整地情况。

1月8日　安徽电视台记者就森林防火工作采访省林业厅副厅长王文。

1月17日　省林业厅组织合九铁路沿线市县检查绿色长廊工程，厅长唐怀民、副厅长刘永春分别对工程建设提出了要求。

2月6日　省委副书记王昭耀、副省长田维谦先后来到省林业厅，看望林业干部职工，并向全省林业系统广大职工表示慰问。

2月20日　省政府召开了全省林业重点工程建设电视电话会议，副省长田维谦主持会议，省委常委、常务副省长张平在会上作讲话，省林业厅、计委、财政厅负责人也分别在会上发了言。

2月24日　省人大常委会主任孟富林、副主任季昆森在省林业厅副厅长王文陪同下到肥西林业示范点考察。

2月27日　省人大常委会和省政府在合肥召开《安徽省实施〈森林法〉办法》座谈会，省人大常委会副主任季昆森、省政府副省长田维谦出席会议并讲话。省林业厅厅长唐怀民在会上发了言。

3月1日　《安徽省实施〈森林法〉办法》正式颁布施行，省林业厅组织几十名工作人员到省政府门前花园街进行宣传。省政府副秘书长王首萌受省领导委托看望了宣传人员。

3月12日　省党政军领导王昭耀、杨多良、王明方、张平、任海深、车俊、戴长友、任兴富、赵友胜、季昆森、陈瑞鼎等和1000多干群开展植树活动。

3月21日　来自日本高知县、石川县52名日本友好造林志愿者在团长中森道雄带领下，来到淮南市八公山区自费造林，日本驻上海副总领事森顺子女士、省林业厅副厅长程鹏和淮南市市长陈世礼参加了造林活动。

4月6日　省林业厅在大蜀山森林公园举办爱鸟观鸟比赛活动，副厅长王文接受了记者采访。中国科技大学、安徽大学、安徽农业大学、合肥林校近百名学生参加活动。

4月9日　省政府办公厅向全省发出了关于切实抓好林木病虫害防治工作的紧急通知。

4月18日　安徽省林业调查规划院挂牌成立。

4月30日　许仲林省长主持召开省政府常委会议，听取省林业厅关于退耕还林、林业分类经营及松材线虫病治理等几项重点林业工程建设情况的汇报。

5月3～4日　国家林业局党组成员、中国林科院院长江泽慧等赴皖视察黄山区竹种园基地和枞阳县林业示范点及低丘滩地综合治理与开发项目点。

5月14～15日　省林业厅在阜南县召开全省林权登记发证工作现场会。省林业厅副厅长王文出席会议并讲话。

5月17～18日　国家林业局在宁国市召开部分省（区）种苗工程建设座谈会。

5月27～30日　全国地市林业宣传发行座谈会在黄山市召开。

6月19日　省人大常委会主任孟富林、副主任吴天栋、季昆森、陈端鼎带领人大代表，来省林业厅对林业资金投入使用管理进行评议。

7月23日　省林业厅召开森林生态网络工作座谈会。中国林科院首席科学家彭镇华教授主持会议，省林业厅厅长唐怀民在会上讲话，会议由副厅长王文主持，副厅长刘永春出席了会议。

7月30～31日　省人大常委会召开评议省林业厅资金投入使用管理工作会议。省人大常委会主任孟富林、省政府副省长田维谦分别在会上讲话。

8月8日　省委副书记王昭耀视察国家林业局科技创新基地暨合肥林业高科技示范园。省委政研室副主任刘奇和省林业厅副厅长程鹏陪同视察。同日，安徽省退耕还林工程建设领导小组召开第一次全体成员会议，省委常委、常务副省长、省退耕还林领导小组组长张平出席会议并讲话，副省长、省退耕还林领导小组副组长田维谦，省政府副秘书长王首萌及各成员单位负责人参加了会议。

8月17日 全省平原绿化工作会议在合肥召开。省林业厅厅长唐怀民、副厅长刘永春出席会议并讲话。

9月4日 省松材线虫病防治指挥部在合肥召开会议。会议由省松材线虫病防治指挥部副指挥长、省政府副秘书长王首萌主持，唐怀民厅长通报了全省松材线虫病发生和防治工作形势和下步工作安排，刘永春副厅长传达了全国松材线虫病防治工作座谈会精神。

9月5～7日 省林业厅在合肥举办林业重点工程建设培训班。

9月14～19日 省第三届花博会在淮南市田家庵区新潮家居博览中心举行。

9月18～19日 省林业厅、财政厅在池州联合召开全省森林生态效益补助资金试点工作经验交流会。省林业厅厅长唐怀民、副厅长刘永春，省财政厅副厅长项仕安出席了会议。

10月15日 副省长、省森林防火指挥部指挥长田维谦主持召开了省森林防火指挥部成员会议。省政府副秘书长王首萌和成员单位负责人出席了会议。会议听取了省林业厅副厅长王文关于森林防火工作情况及下步工作安排汇报，厅长唐怀民就防火工作措施作了说明。

10月20～22日 赣鄂皖毗连地区第二十二次护林联防会议在安徽省潜山县召开。安徽省政府副秘书长王首萌代表省政府致开幕词，省林业厅厅长唐怀民主持会议并讲话，省林业厅副厅长王文代表值班省介绍赣鄂皖毗连地区3年来的护林联防工作情况。

11月1日 省松材线虫病防治指挥部在黄山市召开松材线虫病防治暨森林病虫害防治工作会议。副省长田维谦出席会议并讲话，会议由省政府副秘书长王首萌主持。

11月4日 省委、省政府召开全省退耕还林工程建设电视电话会议。省委副书记王昭耀，省委常委、常务副省长张平在会上作了讲话，副省长田维谦主持会议，省人大常委会副主任吴天栋、省政协副主席俞祖彭出席了会议。省林业厅、省计委、省财政厅、省粮食局负责人在会上作了发言。

11月8日 国际竹藤中心黄山太平基地的开工典礼在黄山国家森林公园秀湖山庄举行。国家林业局党组成员、中国林科院院长、国际竹藤组织董事会联合主席江泽慧教授，国际竹藤组织总干事艾恩·享特博士，安徽省人大常委会副主任张春生、省人民政府副秘书长王首萌等领导和专家参加了开工典礼。

11月20日 省万里绿色长廊工程建设指挥部召开了第五次全体会议，省万里绿色长廊工程建设指挥部政委、省委副书记王昭耀出席会议并作讲话，省万里绿色工程建设指挥部指挥长、省政府副省长田维谦主持会议。

11月28日 省委常委会听取省林业厅厅长唐怀民关于万里绿色长廊工程建设情况的汇报。省委书记王太华在会上作了讲话。

12月4日 省委副书记、代省长王金山在省政府秘书长徐立全、副秘书长张俊的陪同下，到省林业厅看望广大职工并作讲话。

12月6～7日 全省山区片林业整地现场会在宿松县召开。副省长田维谦出席会议并讲话。省林业厅厅长唐怀民，副厅长王文参加了会议。

12月9～11日 全省平原丘陵地区林业整地现场会召开。省委副书记王昭耀出席会议并讲话，省委副秘书长刘玉尧，省林业厅厅长唐怀民，副厅长王文、程鹏、刘永春参加了会议。

12月28日 省委、省政府召开万里绿色长廊总结表彰再动员电视电话会。省党政军领导王太华、孟富林、王金山、方兆祥、王昭耀、季昆森、田维谦、王明礼、徐立全出席。 （薛胜平）

福建省林业

【概　述】 2002年，全省共完成人工造林更新总面积6.78万公顷，占年计划的113.0%，其中荒山造林面积1.75万公顷，迹地更新面积5.03万公顷；封山育林新封面积16.62万公顷。全民义务植树7077万株，完成义务劳动1936.5万个工日；完成中幼林抚育面积18.53万公顷，其中抚育间伐面积8.95万公顷；竹林垦复面积33.38万公顷；大田育苗面积29.13万公顷。全省木材产量达597.88万立方米，比2001年增长38.80%。商品材产量437.74万立方米，销售量436.29万立方米。人造板产量达145.72万立方米，木片生产29.12万立方米，锯材生产54.51万立方米。竹材产量2.93亿根。全省林业产业总产值达630亿元。

2002年，福建省林业工作重点贯彻落实国家林业局“抓好六大工程，推进五大转变”的部署，围绕资源培育一个中心，把握深化改革和结构调整两个关键，狠抓速丰林和海防林建设、种苗突破、产权制度改革、国有企业改革、投融资体制改革、科技创新、资源保护、产业化发展、机关党建和作风建设十项重点措施，取得较好成效。具体表现：

森林培育 着力从解决体制性、政策性问题入手，调动一切积极因素参与造林绿化。以省政府名义出台了《福建省加快人工用材林发展的若干规定》，及时召开全省速丰林工程启动会议，成立了速丰林工程建设领导小组和办事机构。制定并完善《福建省速生丰产用材林基地建设规划》。修订了福建省竹业发展“十五”计划及2010年规划》，召开两次竹业开发现场会。全年新建丰产竹林面积2.95万公顷，新开竹山道路2500千米。抓住中央国债项目实施的良好机遇，扎实推进沿海防护林建设。突出抓好老林带更新，基干林带断带补齐，风口治理、红树林营造等重点骨干工程项目建设。9个国债项目县共完成国债造林0.59万公顷。省政府还转发了《福建省绿化委员会关于大力推进绿色通道建设工作的实施意见》，全省共完成绿色通道建设里程1900千米，新增绿化面积1962公顷。全省城市新增园林绿地700公顷，其中公共绿地208.9公顷，厦门市荣获园林花园城市称号。开展了造林质量年活动，制定下发《福建省营造林工作管理办法》和《福建省造林质量管理及事故行政责任追究制度实施办法》。被列为全国营造林质量工作成效突出的3个省份之一，获国家林业局授予的营造林质量奖。

2002年，全省个私等非公有制造林比重达45%，南平、福州、漳州、龙岩等地出现了个私企业、群众抢购苗木竞相投资造林的局面。外商来闽投资造林也逐年递增。先后有永林、南纸获得国家开发银行贷款，营造企业原料林基地。福州人造板厂，青纸、龙岩造纸实业公司，将乐藤荣达集团、光泽沪千人造板厂、丽阳人造板厂等企业也都建设有自己的工业原料林基地。目前，全省企业办原料林基地面积达18.13万公顷。林种树种结构调整力度进一步加大，防护林、特种用途林比重接近31%，阔叶树和针阔混交林造林比重达一半以上。闽南地区马占相思、厚荚相思等相思树种和桉树发展势头迅猛，闽西北地区则加大闽粤栲、光皮桦、乳源木莲、鹅掌楸等优良乡土阔叶树种的造林力度。全年世行还贷4586万元，当年还贷率达100%。

森林资源管护 福建省人大开展了《福建省森林条例》执法检查，省林业厅汇编了《林业执法工作手册》和《林政资源管理工作手册》，不断加大森林资源管护力度。全省286.27万公顷生态公益林均签订了管护合同，确定了管护人员和责任。生态公益林补助资金已基本兑现到管护人员手中和具体项目上。实行林地征占用审核会审和征占用沿海基干林带由厅长办公会研究决定制度。全年批准增设279个木材运输证办证点，审核林地征占用项目1794起，面积0.87万公顷，征收森林植被恢复费7927万元。新批建莆田老鹰尖、惠安洛阳江红树林2处省级自然保护区。目前，全省已建有省级以上自然保护区28处，其中国家级的4处；市、县级自然保护区和自然保护小区（点）3354处，总面积74.5万公顷，占全省土地总面积的6.14%。开展了古树名木普查建档工作，共登记古树名木44 716株。

全省共查处林业行政案件45 219件，行政处罚50 919人次。收缴木材14.87万立方米，毛竹667.71万根，没收野生动物13 436只（头），为国家挽回经济损失6669.49万元。全省森林公安机关开展了“打击盗伐滥伐森林违法犯罪”、“破案攻坚战”、“保卫绿色行动”等专项斗争，共破获森林和野生动物刑事案件1478起，移送检察机关审查起诉1657人。全年共发生森林火灾478起，其中重大森林火灾2起，总过火面积8132.8公顷，受害森林面积4938.9公顷，森林火灾过火率和受害率均低于省定的双控指标。全省森林病虫害发生面积24.29万公顷，主要病虫害防治监测覆盖率达91.82%，总体有效防治率达到94.88%。全年共调处山林纠纷241起，一批多年积案也得到有效解决。

林业产业 全省木材及主要林产品呈现产销两旺，主要林产品出口有较快增长，完成出口交货值约79.5亿元。全年实现利税16.18亿元，实现利润6.18亿元，分别比2001年同期增长15.4%和20.4%。亏损企业亏损额3.34亿元，比2001年同期下降28.4%。新增笋竹加工企业近300户，其中南平市新增134户，扩建68户。全省现有笋竹加工企业2500多户，其中产值在千万元以上规模的达78户。全年竹业总产值67亿元。

拟定了《福建省林业龙头企业的扶持办法》，落实以“三剩物”和次小薪材为原料生产加工综合利用产品增值税政策，对99户企业共退税5000万元。加大对非公有制企业的扶持力度，涌现有涌泉、丽人、沪千、鸿伟、绿源等一批技术较强、实力雄厚的非公有制林产品加工企业。新兴产业发展迅速。全省花卉种植面积1.11万公顷，销售总额16.78亿元；新批准闽清白云山等8处省级森林公园，现全省有森林公园35处，其中国家级的10处。全年森林旅游总收入约2.88亿元。经济林年产量405吨，产值88亿元。

林业改革开放 林业分类经营改革不断深入，制定下发了《福建省生态公益林管理办法》和《福建省森林生态效益财政补助资金管理办法实施细则》，起草了《福建省林业厅关于商品林林政资源管理制度改革的若干规定》。集体林权制度改革进展顺利，召开了集体林权制度改革专题研讨会，研究起草《福建省集体林权制度改革指导意见》，成立了专门的工作班子。三明、南平、龙岩林权制度改革正向纵深发展，沿海各设区市的改革试点工作也已启动。全年共核(换)发林权证16万册，面积72.67万公顷。按照“抓大放小、分类指导”原则，引进非公有制经济改造、改组国有林业企业，全省国企改革面达84%。同时积极做好下岗职工再就业工作，全省林业下岗职工再就业人数约2.8万人，再就业率达70%。

全年成功举办了中国（厦门）国际木材林产品交易会、第三届林业山海协作洽谈会、永安笋竹节、上海花博会。累计签订投资合同455项，投资额约20.32亿元。基本建成省、设区市、县3级项目储备库，建成对外招商引资的项目库网站——福建林业外经贸网。林业重大项目储备总投资可达100多亿元。

科教兴林 全年连续召开了林木种苗建设与发展研讨会，成立林木种苗科技攻关领导小组，启动种苗科技攻关项目工程。确定将速丰林、沿海防护林、乡土珍贵树种等4个方面、六大类树种的良种选育作为近期突破的重点。通过召开科技项目首席主持人竞标会议，并分树种签订了9个项目的攻关合同，整合300万元资金和180多位省内外林业专家进行攻关。闽江流域森林生态系统恢复与可持续发展研究列为省科技重大项目，台湾红桧、香楠等优良用材林树种引进列入国家林业局引进国际先进林业科技项目。永林、福人、青纸、南纸、涌泉等龙头企业开始成为科技创新的主体。制定下发《福建省林业厅关于加强林业标准化工作意见》，着手建立全省林业标准化体系和检验检测体系。开通了林业厅内部局域网，构筑联结省、市、县3级林业资源管理网络系统。

省林业厅与省科技厅联合下发了《关于调动林业科技人员积极性的若干规定》，充分调动林业科技人员的积极性。福建林业学校升格为福建林业职业技术学院。

精神文明建设 继续开展学习谷文昌活动，树立艰苦奋斗、无私奉献的林业行业精神。省林业厅领导和有关处室深入调查研究，带头实行“抓两点、带三项工作”制度，即抓一个速丰林示范片和一个集体林木林地产权改革试点村，带动种苗革命、森林资源保护和林业作风建设三项工作。全省林业系统组织开展民主评议行风活动和创建“文明窗口”活动。省林业厅连续两年被评为省直机关党建工作先进单位和省级文明单位。

存在问题 ①部分领导干部和职工思想不够解放，难以适应改革开放面临的新形势，一些林业深层次的问题长期得不到解决，林业历史包袱较重。②可伐森林资源减少，科技含量低，单位面积蓄积量不高，林木越砍越小。③林业经济实力较弱，资金紧缺，世行还贷任务繁重，不少森工企业仍面临众多困难。（陈玉华）

【三明市全面推行集体林经营体制改革】 三明是福建省的重点林区，也是国务院批准建立的全国集体林区改革试验区。自1999年以来，市委、市政府以“明晰产权，分类经营，落实承包，保障权益”为目标，全面推行集体林经营体制改革。落实以家庭承包经营为主，多种形式并存的责任制。截至2002年底，全市共有1640个行政村完成改革，占应改村总数的95.2%；改革山林面积155.83万公顷，占应改集体林面积的97.1%，主要做法：

加强领导，狠抓落实 三明市委、市政府经过充分调查研究和论证，于1999年7月制定下发了《关于深化集体林经营体制改革的意见》，成立了由市委书记任组长、市长任第一副组长的深化集体林改革试验区领导小组。各县（市、区）也相应成立了深化集体林经营体制改革领导小组和办公室。层层签订责任状，并抽调大批精干人员挂片包点，逐乡逐村落实集体林经营体制改革。全市共有42名市、县领导和3600名技术人员下乡下村挂片包点。2000年4月，市政府办转发了市林委和林改实验办《关于深化集体林经营体制改革工作的考核验收方案》，采取一月一通报的办法，督促各县（市、区）抓好落实，并从市有关部门抽调81名人员分赴各县（市、区）开展督查。

因地制宜，分类指导 坚持把明晰山林产权作为改革的重点，坚持公开、公平、公正和依法办事的原则，因地制宜，分类指导，不搞“一刀切”，保证改革形式的多样化、集体和林农利益的最大化。主要的形式有以下7种：①划片投标，押金承包，比例分成。对现有中幼林进行合理划片和评估，确定收益分成比例，林农投标交纳押金后，承包经营。采用这种形式改革的山林有11万公顷，占7.1%。②产权到户，联户经营，比例上缴。对现有中幼林的产权明晰到人，经评估确定收益上缴比例，然后合理划片，联户经营。采用这种形式的有16.19万公顷，占10.4%。③产权到户，自主经营，定额上缴，对毛竹林和经济林，按人均分到户，并确定承包期限、责任目标和上缴定额。采用这种形式的有35.27万公顷，占22.6%。④林地租赁，谁造谁有，收入归己。对现有的采伐迹地和疏林地，租赁给林农造林、栽竹、种果，租赁者仅需按面积交纳山地使用费。采用这种形式的有4.19万公顷，占2.7%。⑤资产评估，公开招标，有偿转让。对现有林木资产评估后，采取拍卖、投标、协议等多种形式进行有偿转让，受让者自主经营。采用这种形式的有8.01万公顷，占5.1%。⑥规模经营，专业管护，形成实体。主要是巩固完善现有的乡村集体林场和专业耕山队，并积极创办多种形式的股份合作林场。采用这种形式的有16.81万公顷，占10.8%。⑦招聘人员，责任管护，按实付酬。对生态公益林和近成过熟林，由村集体招聘人员，签订责任管护合同，每年按亩付给管护费。采用这种形式的有64.36万公顷，其中生态公益林43.53万公顷，占41.3%。

严格程序，稳定政策 三明市在推进这项改革过程中，严格按照宣传发动、制定方案、群众通过、资产评估、公开招标、签订合同等程序进行。同时，正确处理好集体林经营改革与林业股东会、保持政策的稳定性和连续性、维护林区稳定、木材流通体制改革、以及发展农村集体经济等关系。特别是认真解决历史遗留问题，进一步稳定和落实自留山政策。通过改革，全市普遍对80年代中期签订的各类经营承包合同的履行情况进行考评，对已经到期的承包合同且执行好的，及时兑现落实，用实际行动消除林农怕变的思想顾虑。对承包合同尚未到期，但经营好的，保持稳定并予以完善，经营不好的，则加以调整，切实维护生产经营者的合法权益。

在此基础上，三明市委、市政府还根据新形势的变化，认真开展“回头查”。先后出台了《关于深化集体林木材流通体制改革的意见》、《关于规范笋竹经营管理和统一税费征收标准的通知》等配套性文件，并将出台《关于全市统一规范木材生产经营税费征收项目及标准的通知》。允许林农在不违反法律法规的前提下，自由处置所经营的林木，实行木材自主经营，产销直接见面，切实减少中间环节和各种不合理收费，使林农的经济利益得到最大保证。

（黄伟明）

【福建省着力抓好林木种苗的新突破】 近年来，福建省林业厅把林木种苗摆上林业工作的突出位置，下大力气抓好林木种苗的新突破。按照项目、资金、人才三整合的新思路，启动实施了杉木、马尾松、桉树、相思、木麻黄、优良乡土树种与珍贵树种六大类树种的种苗科技攻关项目，加快林木良种繁育进程。至2002年底，全省建有43个树种的林木良种基地100多处，总面积4264公顷。其中：种子园9个树种1214公顷，母树林1657公顷，各类试验林1077公顷、基因库316公顷，年产良种3.5万千克。建有造林绿化苗圃407处，总经营面积14 033公顷。每年育苗面积均达1万公顷，其中造林苗面积300公顷，年产造林苗2.5亿株。累计营建种质资源库13处316公顷，收集保存各种种质资源近6000个。建立起全省林木种质资源信息管理系统。林木种苗质量连年名列全国前茅。

具体抓好以下几项工作：

1. 建立法规标准体系。制定颁发了《主要造林树种苗木》和《主要造林树种种子质量分级》2个地方标准。施行福建省《林木种子园建立及管理技术要领》、《马尾松母树林采种基地建设技术规定（试行）》、《林木品种审定办法（修订稿）》和《林业无危险性病虫种苗繁育基地建设技术规程（试行）》等4个技术规程。出台福建省《林木种苗管理暂行规定》、《林木种子生产经营许可证发放管理办法》、《林木种苗建设重点工程项目管理办法》、《世界银行贷款造林项目种苗暂行办法》和《速生丰产用材林基地种苗管理实施细则（试行）》等5个管理办法。

2. 加强质量监督。建成种苗质量检测网络，完善种苗质量检测机构。加强质检人员学习培训，实行持证上岗。林业用种必须抽检或送检，做到不检不存、不检不调、不检不播。世行项目造林、速生丰产林等重点造林项目验收，须提交良种、壮苗合格证，一般造林须提交种子、苗木合格证，凭证验收，而后核发造林补助。

3. 推广良种繁育。福建是全国最早开展林木良种选育的省份之一。目前已建成闽北洋口杉木中心产区、闽西五一马尾松中心产区、闽南漳州短周期工业原料林和名特优经济林，以及闽西明溪珍稀树种等4个林木良种繁育中心。并初步形成以这4个良种繁育中心为主导，尤溪经营、邵武卫闽、华安西陂等13个重点良种基地和大型林业企业良种基地为骨干的林木良种繁良体系。杉木、马尾松、柳杉、木荷、建柏、木麻黄等6个主要造林树种已基本实现良种化。全省审定通过358个优良家系，认定通过各类种子园33处，计520.87公顷。

4. 培育苗木基地。通过实施两期重点国有苗圃国债投资项目建设，使全省14个重点苗圃基地基础设施逐步完善。不断优化产品结构，从过去以培育造林苗为主转到培育造林苗、园林绿化苗、花卉、名特优经济林等多种苗木上来。推行“重点育苗、定向供应、定向培育”制度，放开放活苗木生产。积极扶持上规模的非公有制种苗企业，如泉美园艺、天生林艺等，推进林木种苗产业化进程。（丘进清）

【福建省速丰林基地建设】 福建省大力实施速生丰产用材林基地建设。2002年全省新造速丰林1.59万公顷。现全省共营造速丰林基地面积99.93万公顷，蓄积量8639万立方米。分别占人工用材林面积和总蓄积量的40.4%和66.3%。每公顷平均蓄积量为87立方米。其中：中幼林面积占总面积的73.5%，近成过熟林占26.5%；杉木面积占59.2%，马尾松37.3%，桉树0.8%，其他树种占2.7%；闽西北林区占81.3%，其他地区仅18.7%。

福建速丰林基地建设有4个特点：①企业办原料林基地。1999年，启动国家开发银行贷款支持企业原料林基地建设以来，企业通过采取租山造林自主经营、出资购买现有林建立控股的股份制原料林基地等方法，迅速营造自己的速生丰产用材林基地。全省现有企业原料林基地面积18.14万公顷，占全省速丰林基地面积的18.2%。②营林公司建速丰林基地。福建省1991～1995年启动实施的世行贷款国家造林项目和森林资源发展和保护项目，除了部分由国有林场承贷外，其余全部由营林公司转贷营造速丰林。目前全省 30 多个县级营林公司建有速丰林基地面积 39.77 万公顷，占全省速丰林基地面积的 39.8%。③国有林场、采育场建速丰林基地。现全省国有林场、采育场共建有速丰林基地面积 18.68 万公顷，占全省速丰林面积的 18.7%。平均每公顷蓄积量达 130 立方米，为全省现有速丰林平均每公顷蓄积量的 1.5 倍。④非公有制造林不断升温。1998 年，省政府出台了《福建省鼓励利用外资造林营林若干规定》。各地通过深化集体林经营体制改革，开展笋竹税费改革等，全省个私等非公有制造林比重从 1999 年的 20%，上升到 2002 年的 45%。

主要措施：①加强组织领导。成立速丰林工程建设领导小组和办事机构，省林业厅领导和有关处室挂点抓示范片。编制省、市、县（区）3 级速丰林基地建设实施方案。加强施工作业设计指导和管理，确保适地、适树、适种源。②实行产业联动。按照市场经济规律和加工企业需求安排基地生产，实行定向培育。扶持培植龙头企业创办原料林基地，促进林工贸一体化、产加销一条龙。推广“公司 + 基地 + 农户，“订单林业”等基地建设模式。③鼓励多元投入。出台《福建省加快人工用材林发展的若干规定》。落实现有的木材税费减免、中幼林抚育间伐、林木产权制度改革和短周期工业原料林采伐管理等政策措施。做好各经营主体申请利用开发行、农行贴息贷款的协调与服务。省林业厅准备从 2003 年开始每年筹资 600 万元，实行“以奖代补”，促进基地建设。④提高科技含量。严把速丰林基地建设的种苗质量关，加强林木定向培育，大力挖掘优良乡土树种。加大对现有林业科技成果的组装配套和实用技术的推广应用。切实重视树种材性、加工工艺的研究和新产品开发，提高利用价值。 （福建省速丰林基地办）

【武夷山市发展职工自营经济促进再就业】 武夷山市是我国重点林区之一，区内有双世遗产地和国家级自然保护区、风景区、旅游区、度假区。1997 年，该市林业系统共有企业 18 户，其中采育场 6 户、采购站 4 户、转运企业 3 户、木材加工企业 5 户，事业单位 5 个。共有林业职工 3100 人，离退休人员 1080 人。5 年来，武夷山市林业局通过资产变现、林木折价转让等方式筹集资金 2000 多万元，用于企事业职工分流改革。林业局成立了帮助下岗职工实现再就业领导小组，出台 6 条优惠政策，并在局工会设立帮扶解困和再就业基金。大力发展职工自营经济，促进下岗再就业。至 2002 年底，全市林业系统共分流安置职工 2100 多人，实现再就业率达 85%。

武夷山市林业局拓展再就业的途径主要有：①成立木林采伐队。林业职工置换身份后，下岗职工以新的劳动组织形式办理营业执照，承包木材生产，并享受提高生产单价 10% 的优惠待遇。②开发林中空地发展种养殖业。市林业局为鼓励下岗职工从事自营经济，规定利用溪边、路边、山边等闲置山地从事种植业、养殖业的，企业可自行制定优惠政策，减免收费标准。③发挥职工自身特长，成立了由 25 位油锯手组成的服务队，全天候向社会提供服务。④发展第二产业。下岗职工依托旅游业从事导游、饮食业、旅行社、开出租车等，年收入都在万元以上。原岭头采育场下岗职工陈万全于 1997 年与原单位解除劳动关系，创办养猪场。2001 年又投资 150 万元在武夷山市兴田镇兴办了兴旺养猪场。猪场占地 2.7 公顷，雇用下岗职工 6 人。现有存栏种猪 250 头，每年提供优质仔猪 5000 多头，出栏肉猪 2000 多头，2002 年产值达 150 万元，获纯利 40 万元。此外，修鱼塘 1 公顷，投入鱼苗 8 万尾，年产值 20 万元，被省劳动保障厅评为下岗再就业明星。

主要做法：①领导重视，部门配合。武夷山市林业局将下岗职工再就业工作摆上议事日程，定期召开会议，及时解决问题。并列入基层党政领导工作的考核目标，做到同安排、同部署、同落实、同检查。同时积极协调好与市劳动局、旅游局、交警等业务部门，共同解决再就业问题。如培训驾驶员、招考旅游区导游等，都对下岗职工给予扶持和照顾。②加强劳动技能培训。市林业局还积极配合市总工会、市劳动局开展下岗职工劳动再就业技能培训，举办养殖技术培训班、电脑培训班，参观学习种植、养殖技术等。③建立下岗职工困难基金。市林业局设立了下岗职工困难基金，2002 年共补助困难职工 260 人次，发放补助款 19.3 万元。帮助下岗职工解决了发展自营经济启动资金困难的问题。 （武夷山市林业局）

【建瓯市三森竹木公司立足毛竹资源抓发展】 建瓯市三森竹木有限公司组建于 1999 年 9 月，为股份制私营企业。现拥有租赁期为 5 年，年产刨花板 1.4 万立方米的松溪刨花板厂生产线和年产刨花板 1 万立方米的江西铜鼓刨花板有限公司生产线。2000 年，该公司立足本地毛竹资源优势，在该市徐墩镇兴建以生产经营竹胶模板为主的竹加工企业。企业占地面积 3.3 公顷，总投资 1200 万元。年设计产量 6000 立方米，年产值 1800 万元。并在建第二条年产 6000 立方米的镜面竹胶板生产线。目前，公司每年可加工消化毛竹 70 万根，建立了 20 多个半成品加工点，带动 2300 多户竹农从事竹产品加工。年创产值 850 多万元，为农民增加收入共 280 多万元。生产的覆膜竹胶板获第三届中国竹文化节竹业博览会金奖和 2002 年中国福建（永安）笋竹节金奖。主要做法：

1. 走“公司 + 农户”路子。目前我国国内生产竹胶板只能使用半机械手工操作。这样既可集中小规模生产，又可分散到竹农家庭生产加工。该公司在本市有关村镇建立20多个半成品加工点。签订合同，按保护价收购，并为村民提供技术指导和机械设备，扶持竹农生产。原来每根毛竹仅卖4元钱，而经过加工成半成品后，就可以升值到10元。经济效益大大提高，实现企业增利，财政增税，农民增收。

2.建立高素质人才队伍。公司注重技术经验加文凭知识，职工上岗必须经过严格的业务培训。现有80名固定职工中，有大中专学历的占60%，且大部分是该市人造板行业中下岗的技术骨干，生产经验丰富，工作能力强。

3.强化企业管理制度。公司通过申报ISO9000认证体系2000版，引进了现代企业管理制度。在降低消耗，减少成本的同时，努力提高产品的质量。建立严格的车间质量管理体系，建立健全奖惩制度，设立监督岗，保证产品合格率达99%以上。

4.积极开拓产品市场。向国家申请商标专利，打造“三森”品牌。改变过去在外设立销售窗口，自产自销的方法。2002年，在北京、济南、天津、西安、沈阳等大中城市寻找当地经销合作伙伴，订立合同，严格营销制度，大大拓宽了市场。形成产销对路、良性循环的良好局面。

（建瓯三森竹木有限公司）

【福建省出台加快人工用材林发展的若干规定】 福建省人民政府闽政［2002］52号文颁布《福建省加快人工用材林发展的若干规定》，《规定》从人工用材林发展到林权、采伐、税费、科技、资金扶持、管理、领导及适用范围等8个方面问题作出较全面、系统的规定。围绕林业生产经营者的所有权、经营权、收益权和处置权，提出新的思路和举措。特别是在长期困扰林业发展的林权制度、林木采伐管理和税费政策等3个核心问题上有较大的突破，是福建省第一部比较完整的促进人工用材林发展的规范性文件。

《规定》适用时间为1998年1月1日以后营造的人工用材林。

在林木林权制度方面，《规定》对目前仍由集体经营的林地，在充分尊重群众意愿的基础上，允许采取承包、拍卖、招标、股份合作、租赁等多种形式，明确林地使用权，对产权已经明晰的林木和林地，重点做好林地延包和确权发证工作。允许经营者在经营期内，可以把林木作为商品，依法进行流转、继承和捐赠，个私和外商等非公有制所有的林木，买卖双方可自行商定价格，属国有和集体所有的林木必须经过资质评估后再确定流转价格。林业生产经营者只要在幼林郁闭后（郁闭度达0.2以上），即可提出办理林权的申请，县级林业主管部门应在1个月内依法审核办理林权证。明确机关干部可以投资营造人工用材林，不作为经商办企业看待。

在林木采伐管理方面，《规定》允许经营者自主编制森林经营方案，报林业主管部门备案，作为采伐管理的依据。允许自主确定培育目标，以工艺成熟或经济成熟确定主伐年龄。对造林面积达一定规模（个私66.7公顷，企业0.13万公顷）以上的，可申请实行林木采伐指标单列。对新造的珍贵树种人工用材林，在采伐管理上视同一般人工用材林管理。取消间伐起始年限、间隔时间和间伐强度的限制，以培育目标所需的合理保留株数作为间伐最终保留株数的控制标准，变过程控制为结果控制。抚育间伐林木胸径在10厘米以下的，可不纳入木材生产计划管理，实行限额指标单列。在非规划的林业用地上营造的人工用材林允许不纳入森林采伐限额管理，只需报乡（镇）林业站备案。对已经实行“号竹”管理的林分，在保持所需立竹数基础上，允许按照每年增加的新竹数量核定采伐量，并取消伐区作业设计，简化采伐运输审批手续。

在税费政策方面，规定木材税费征收按照农村税费改革政策执行，毛竹特产税可望实行免（缓）征，原木特产税由原来的两道并为一道。对按规定征收的维简费和70%的育林费采取自提自用的办法，留给生产经营者，存入银行专户，专款用于造林育林。中幼林抚育间伐材的农业特产税按50%征收，育材费、维简费按现行标准的50%征收。对加工企业营造工业原料林的资金，可纳入加工产品成本，按规定予以税前抵扣，并同时享受“三剩物”和次小薪材利用的增值税即征即退政策。

（陈玉华）

【福建省出台调动林业科技人员积极性的若干规定】 2002年底，福建省林业厅与省科技厅联合下发了《关于调动林业科技人员积极性的若干规定》，鼓励、引导林业科技人员更好地发挥自身的专业技术特长，投身于林业的生产建设。

《规定》鼓励科技人员从事林业重点工程建设、技术开发、技术服务等活动，允许在林业工程建设项目资金中提取1%～3%的经费，用于科技人员从事科技服务的补贴。科技人员推广应用林业新技术、开发经营林业项目及示范基地等，可优先安排林业用地和采伐指标，享受地价，延长使用年限等优惠政策。

《规定》鼓励林业企事业单位的科技人员以辞职、兼职、在职承包等形式合理流动，允许在完成本职工作的前提下实行弹性工作制。科技人员的科技成果、发明专利、实用技术、资金等要素参与分配或技术转让，其分配比例或转让费可与受益单位商定。其中，林业企事业单位转化职务科技成果，应当从技术转让所得的净收入中提取不低于20%的比例用于一次性奖励；自行转化的，受益单位应在项目投产后连续3～5年内，从实施科技成果的年净收入中提取不低于5%的比例用于奖励；采用股份形式的企业实施转化的，可用不低于科技成果入股时作价金额20%的股份给予奖励。对作出主要贡献的人员，所得奖励份额不得低于奖励总额的50%。对科技转化等服务，所得报酬的30%～50%应归个人所有，并按规定免征营业税。对在产学研联合开发项目中作出突出贡献的科技人员，企业可以从项目投产后 年内的税后利润中一次性提取3%～6%的资金，用于奖励。

《规定》对有突出贡献的专业技术人员晋升专业技术职务，不受学历、资历限制，并可聘任相应的专业技术职务。乡（镇）林业工作站（技术推广站）、林场等基层单位的科技人员晋升专业技术职务，对学历、论文、成果、外语等要求适当放宽。允许企事业单位根据工作需要自主聘任专业技术人员的技术职务，不受专业技术职务资格和职数的限制。

（陈玉华）

【福建省2002年林业大事】

1月 省林业厅闽林［2002］第1号文公布本省林区范围为：南平、三明、龙岩、漳州、泉州、宁德等6市所属的所有县、市、区；莆田市的仙游县、莆田县、北岸区、城厢区，福州市的马尾区、晋安区、福清市、长乐市、闽侯县、闽清县、连江县、永泰县、罗源县、平潭县，厦门市的同安区、集美区、杏林区、思明区、开元区。

4月21～22日 省林业厅召开全省林业宣传信息工作会议，表彰林业宣传信息工作先进单位和个人，制定出台《福建省林业厅关于进一步加强林业宣传信息工作的意见》。

4月25日 福州人造板厂与建瓯市森工企业合作组建的建瓯市福人林业有限责任公司召开第一届股东代表大会，审议通过公司章程，选举产生第一届董事会个人股董事和第一届监事会个人股监事。福州人造板厂将投资2000万元，与改制后的森工企业合作，建立工业原料材基地。

4月27日 全国人大常委会副委员长王汉斌视察福州国家森林公园，并书题："绿色明珠"赠予公园。

5月26日 福建（上海）花卉市场正式开业，并同时举办福建（上海）花卉展销会。该花卉市场设在上海市嘉定区，占地面积16.7公顷。

5月29日 省委组织部宣布福建省委关于林业厅主要领导变动决定，黄建兴任省林业厅党组成员、书记、厅长；原厅党组书记、厅长何团经调泉州市任职。

6月9日 日本宫崎县林业代表团与厦门木材总公司签订协议备忘录，宫崎县将向中国每年出口直径30厘米以上的柳杉原木100万立方米，厦门市木材总公司作为日本柳杉在中国大陆的总经销。日前，第一批4货柜日本柳杉板和原木已抵运厦门。

9月2日 福州国家森林公园动物（演）艺场一母狮产下3只虎狮兽，母狮因难产而亡。虎狮兽由东北虎父与非洲母狮交配怀孕107天后所生，其中惟一幸存者取名"花花"。花花出生时体重1.5千克，皮毛像虎，头面像狮，浑身皮毛为黑白相间的雪花斑纹。因虎狮兽的自身生理免疫力差，花花只存活120多天，它体重达15千克，身高41厘米，体长62厘米，是我国目前存活时间最长的虎狮兽。现已制成标本陈列于森林公园内的森林博物馆。

10月18～20日 '2002福建·永安笋竹节在永安市举行。本届笋竹会主题是"打响笋竹品牌，发展竹业经济"，共设展位143个，推介招商引资项目116项，达成各类商品贸易成交额11.56亿元。有750多户中外企业、4100多个客商参会参展。

10月30日 福建省梅花山华南虎繁育野化研究中心4号母虎又顺利产下3只虎崽，使华南虎的繁育技术取得新突破。2001年7月，该母虎已经生产3只虎崽，存活2只。

11月7～10日 '2002中国（厦门）国际木材林产品交易会在鹭岛举行。本届交易会共设有标准展位310个，以"绿色产品创新生活"为主题，倡导绿色环保理念和最新的流行方向，集中展示木地板、装饰板、家具及木工机械、木竹藤工艺品等名牌产品。共推介第三届林业山海协作、中日林产品贸易等招商引资项目335项，正式签约25项。会上洽谈签订合同、协议、意向达298项。总成交金额7.8亿元。

中国林产工业协会对全国90个品牌地板开展"2002年度中国地板行业信誉品牌"推优评选活动，福州人造板厂生产的"福人"牌木地板以中国家居地板评比第一名，荣获榜首。（陈玉华）

江西省林业

【概　述】

森林培育 2002年，全省完成人工造林16.23万公顷，比2001年增长3.37倍。其中：国有造林1.55万公顷，新造竹林0.19万公顷。按林种分，用材林造林2.05万公顷，占12.63%；经济林1.96万公顷，占12.10%；防护林12.16万公顷，占74.96%；薪炭林和特种用途林0.05万公顷，占0.31%。完成迹地更新1.17万公顷，其中人工更新0.16万公顷，人工促进天然更新1.01万公顷；低产林改造6.27万公顷；封山育林140.21万公顷，其中当年新封3.53万公顷；森林管护面积124.29万公顷；零星（四旁）植树6255万株；林木种子采集量358吨；育苗3956公顷，当年苗木产量78 728万株；花卉种植面积1.12万公顷，其中草坪0.57万公顷；幼林抚育30.19万公顷；成林抚育14.67万公顷，抚育改造出材量53.91万立方米；年末实有母树林2983公顷，种子园498公顷。

退耕还林工程　2002年完成人工造林14.67万公顷，其中退耕地还林7.34万公顷，荒山荒地造林7.33万公顷，超额完成国家计划的10.04%。在当年人工造林中，生态林面积11.74万公顷，占80%。兑现2001年度完成任务的粮食9926吨、现金445万元，粮、款兑现涉及农户112 052户；预付2002年度粮食数量781 432吨。完成林业固定资产投资26 087万元，其中粮食折资13 627万元，种苗费10 400万元，其他费用2060万元。2002年工程资金来源合计36 323万元，其中国债资金10 260万元，中央财政专项资金25 200万元，地方配套资金388万元，其他资金475万元。

防护林工程　长江、珠江流域防护林体系二期工程，2002年实际完成投资6090万元，其中国家投资5015万元。2002年工程资金来源总计6130万元，其中2001年末结余资金280万元，当年资金合计5850万元。当年资金包括：国家预算内资金5093万元（国债资金4486万元，中央财政专项资金587万元），利用外资102万元，自筹资金357万元，其他渠道资金298万元。群众参与重点工程建设投工投劳折合资金528万元。两项工程共完成人工造林6831公顷，低效防护林改造83公顷，封山育林24.11万公项（当年新增面积3.56万公顷）。其中，长江流域防护林体系二期工程造林6783公顷，低效防护林改造83公顷，封山育林23.71万公顷（当年新增面积3.32万公顷）。

野生动植物保护及自然保护区工程　2002年底，全省已建立县级以上自然保护区123处，保护区总面积75.34万公顷，其中：国家级保护区4处，省级保护区18处，市县级保护区101处。自然保护小区5500处，保护小区总面积20.47万公顷。全省自然保护区和保护小区总面积95.81万公顷，占全省国土面积的5.74%。2002年完成固定资产投资707万元，其中国家投资644万元。当年资金来源合计933万元，其中国家预算内资金706万元，地方配套资金61万元，其他资金227万元。

速生丰产用材林基地建设工程　2002年完成造林4531公顷，其中荒山造林2582公顷，迹地造林1949公顷。按投资主体分，林场造林2163公顷，外资造林1571公顷，农户造林797公顷。完成固定资产投资1439万元。资金来源总计1906万元，其中2001年末结余资金81万元，当年资金1825万元（其中利用外资1620万元）。

主要工业产品产量　2002年生产木材279.87万立方米（其中：原木263.72万立方米、薪材16.15万立方米），比2001年减少39.73万立方米。其中：林业系统内各种经济类型企业单位生产的木材57.09万立方米，系统内国有林场、事业单位生产的木材55.40万立方米，林业系统以外企事业单位采伐自营林地的木材14.47万立方米，乡（镇）集体企业及单位生产的木材29.21万立方米，村及村以下各级组织和农民个人生产的木材123.70万立方米。生产竹材4086.50万根，比2001年增加62.32万根。其中：毛竹3287.80万根，比2001年减少434.57万根；篙竹798.70万根，比2001年增加496.89万根。生产锯材31.69万立方米，比2001年增加12.19万立方米；人造板88.99万立方米，比2001年增加34.64万方立米，其中：胶合板21.11万立方米，纤维板35.50万立方米，刨花板10.11万立方米，其他人造板22.27万立方米。生产松香29 980吨，比2001年增加4980吨，增长19.92%；松节油4047吨，比2001年增加947吨，增长30.55%；松节油深加工产品5000吨，比2001年增加600吨，增长13.64%；活性炭20 909吨，比2001年增加3409吨，增长19.48%。

林业产业总产值　2002年实现林业社会总产值180.48亿元，比2001年增长17.74%。其中：第一产业产值104.29亿元（农业32.38亿元，林业70.14亿元，牧业1.77亿元），占57.78%；第二产业产值71.47亿元（采掘业10.35亿元，制造业60.12亿元，其他产业1亿元），占39.60%；第三产业产值4.72亿元，占2.62%。

林业系统工业总产值和增加值　按现行价格计算，全省林业系统完成工业总产值9.63亿元，工业销售产值9.34亿元，两项指标均比2001年有所下降。其中国有林业单位完成工业总产值8.27亿元，销售产值7.84亿元。按主要行业分（工业总产值现行价）：木材及竹材采运业5.15亿元，木材加工及竹、藤、棕、草制品业3.18亿元，林产化学产品制造业0.30亿元，其他行业0.73亿元。林业系统独立核算工业企业总产出6.70亿元，中间投入4.89亿元，当年应交增值税1971万元，工业增加值20 121万元。

林业建设投资　全省林业建设资金实际到位72 190万元，比2001年增加31 187万元，增长76.06%。其中：国家预算内资金32 343万元，国内贷款17 604万元，利用外资4583万元，自筹资金6925万元，其他资金10 735万元。在国家预算内资金中，预算内基本建设资金1136万元，国债资金15 648万元（其中退耕还林工程10 000万元，防护林工程2800万元，种苗工程1000万元，野生动植物保护及自然保护区工程5398万元，病虫害防治工程205万元，森林防火工程591万元，其他513万元)，中央财政专项事业资金14 171万元（其中退耕还林工程中央财政专项资金2200万元，农业综合开发资金1200万元，扶贫资金500万元，其他中央财政专项资金10271万元)，其他国家预算内资金1388万元。

林业固定资产投资 2002年全省林业固定资产建设计划投资37 640万元，实际完成32 839万元。其中，营林固定资产投资32 413万元，占98.70%；森工固定资产投资426万元，占1.30%。与2001年相比，营林固定资产投资增加19 753万元，增长1.56倍；森工固定资产投资减少447万元，下降51.20%。当年新增固定资产14794万元，资金来源总计33 003万元（2001年末结余628万元，当年资金32 375万元)。

营林基本建设投资 2002年全省营林基本建设完成投资32 192万元，比2001年增加19 745万元，增长1.59倍。其中：用于造林16 499万元，封山育林1492万元，迹地更新146万元，森林管护3685万元，低产林改造491万元，中幼龄林抚育260万元，种苗工程2920万元，护林防火298万元，森林病虫害防治305万元，林业站62万元，森林公安59万元，森林公园3万元，自然保护区及野生动植物保护5万元，林政及木材检查站55万元，林业调查规划设计59万元，林业教育4万元，林业科技及重点实验室建设14万元，其他投资5835万元。

劳动工资 全省林业系统国有经济单位2301个，集体经济单位7个，其他经济单位2个。年末从业人员75 377人，比2001年减少14 483人。其中：在岗职工70 497人（专业技术人员11 904万人)，其他从业人员4880人。与2001年相比，在岗职工减少7927人，其他从业人员减少6556人。离开本单位仍保留劳动关系的职工比2001年减少6273人。离退休人员39 892人，比2001年减少2857人。在岗职工年平均工资6035元，比2000年增加722元，增长13.59%。

（钟世富）

【江西省政府召开林业情况通报会】 2002年1月30日，省政府在南昌市召开全省林业情况通报会。副省长孙用和出席会议并讲话。会议要求“明确一个指导思想，坚持五个结合，抓好七项工作”，即：以实施林业重点工程建设为契机，围绕结构调整和农民增收这两大任务，全面加强生态环境建设，加快山区综合开发步伐，促进林业事业更大发展。要始终坚持求实与创新相结合；保护与开发相结合；合理布局与突出重点相结合；深化改革与对外开放相结合；加强调控与转变作风相结合。抓好全面实施林业分类经营，努力深化林业体制改革；加强森林资源保护管理，维护林业改革发展大局；全面推进山区综合开发，大力调整林业产业结构；认真实施林业重点工程，切实加强生态环境建设；大力发展非公有制林业，积极扩大林业对外开放；全面推进科教兴林战略，努力提高林业经营水平；认真转变和改进工作作风，不断提高宏观管理水平。 （李　军）

【江西省林业厅开展“百人宣讲团”活动】 为深入学习宣传党的十六大精神，全力推进林业跨越式发展，2002年12月22～28日，江西省林业厅组织开展了为期一周的“百人宣讲团”活动。期间，省林业厅抽调100名干部，组成30个宣讲组，由处级领导干部带队，深入60个退耕还林工程县，宣讲党的十六大精神，介绍林业发展形势，督查林业重点工程建设。

为使“百人宣讲团”活动顺利开展并取得实效，省林业厅成立以厅党组书记、厅长严金亮为组长的领导小组，负责整个宣讲活动的组织领导工作。同时，实行厅领导分工负责制，每位领导负责1～2个设区市的宣讲督查工作。

“百人宣讲团”每到一处，都按照“做好一场宣讲报告，开好一个座谈会，解剖一个乡（镇）的林业重点工程建设情况，提交一份调研报告”的要求，以宣讲党的十六大精神为契机，大力宣传当前林业建设的大好形势和林业政策，深入调查了解退耕还林工程建设中遇到的矛盾和问题，认真帮助基层解决实际困难，达到了宣传政策、鼓舞士气、掌握进度、督促工作的目的，有效推动了全省林业重点工程建设。

（利继忠）

【中德合作江西造林项目（一期）全面完成】 中德合作江西造林项目分布于九江市的瑞昌市、湖口县、彭泽县、九江县、德安县、永修县等6个县（市)，项目总投资1亿元人民币，其中德国政府无偿投资1700万马克（折合人民币6800万元)。该项目于1998年正式启动，计划营造林3.65万公顷，2002年已全面完成。项目造林质量得到德国专家和国家林业局的高度评价。

该项目实行开放式、自下而上的参与式林业经营模式，造林地、造林树种、经营方式等均由农民自愿选择，逐级上报汇总，改变了传统的自上而下的分配造林计划的模式。在5年来项目实施的实践中，各项目县（市）积极探索，总结并形式了一套完整的林业项目管理体系，其中造林合同、封山育林合同、苗木供应合同、项目管理实施办法、项目财务管理办法、档案管理办法、县级目标考核奖惩办法、项目审计监督规定等，作为样本在全国项目实施省（区）推广。

（沈明华）

【江西省林木种苗信息网域开通】 江西省林木种苗站于2001年10月与南昌世纪辰光科技服务公司合作建立了江西林木种苗在线网站。此后，该网站又与11个设区市种苗站和25个国家种苗工程单位在网上进行了链接，于2002年1月25日正式建成并开通了覆盖全省的林木种苗信息局域网。该网站开辟了政策法规、优良树种、在线订购、信息反馈、在线联系、BBS论坛等专页栏目。（游环宇）

【江西省森林生态效益补助资金试点工作】 2002年，全国森林生态效益补助资金试点项目在江西等11个省正式启动实施。为抓好森林生态效益补助资金试点，江西省政府成立了以分管副省长为组长，财政、林业、审计、监察等部门领导为成员的森林生态效益补助资金试点工作领导小组，领导小组办公室设在省林业厅。3月12日，省政府又召开全省森林生态效益补助资金试点工作启动电视电话会议。省财政厅、省林业厅先后制定下发了《江西省森林生态效益补助资金试点工作实施方案》、《江西省森林生态效益补助资金管理办法实施细则》、《江西省森林生态效益补助资金其他管护费用项目管理指南》、《江西省重点防护林和特种用途林管理办法》及《江西省重点防护林和特种用途林管护检查办法》等文件，有力地促进了试点工作的开展。试点区基本实现了"三无"，即无乱砍滥伐现象、无大的森林病虫害、无大的森林火灾。（邱水文）

【江西省森防检疫目标管理全面达标】 2002年全省森林病虫害发生率、防治率、监测覆盖率、成灾率、种苗产地检疫率分别为1.84%、65.08%、84.04%、1.34/1000和97.2%，全部达到或超过省定指标。（聂 林）

【江西古树名木亮"家底"】 2002年，江西省绿化委员会、江西省林业厅联合组织在全省范围内开展古树名木普查建档工作。普查建档工作从4月开始，至年底结束，历时8个月。据普查资料统计，除森林公园及自然保护区外，江西省共有古树名木98 160株，其中：古树98 062株（国家一级4168株，国家二级1193株，国家三级72701株）；名木98株。按生长情况分，散生的有32 081株，群状分布的有66 079株。树种非常丰富。除常见的樟树、马尾松、枫香、木荷、苦槠等树种外，还有南方红豆杉、铁树、银杏、金钱松、竹柏等国家一级、二级重点保护树种，且分布广泛。在普查的基础上，建立古树名木档案，每株都有全省惟一的编号和树木的"全身彩照"，用GPS定位出古树名木的精确经纬度。并把古树名木的身份家世、健康状况等详细资料输入电脑，实行动态跟踪管理，切实做好保护工作。（罗 勤）

【第三次环鄱阳湖越冬候鸟调查圆满结束】 2002年1月6～10日，由国家林业局全国鸟类环志中心和江西省野生动植物保护管理局联合组织的第三次环鄱阳湖越冬候鸟调查活动圆满结束。调查结果表明，到鄱阳湖越冬候鸟的数量、种类都较前大为增加。各类越冬候鸟共有451 757只，其中属于国家一、二级保护鸟类有96 773只（内有白鹤3404只、白头鹤573只、白枕鹤2246只、灰鹤967只、东方白鹳926只、小天鹅59 736只、白额雁28 921只）；鸿雁种群数量最大，达63 006只。调查结果为今后进一步做好候鸟保护工作提供了科学依据。（俞长好）

【江西开展破案攻坚战】 为保护森林资源，打击破坏森林和野生动物资源的违法犯罪行为，省林业厅、省公安厅联合决定，于2002年3月1日至4月30日，在全省范围内开展一场破案攻坚战，取得了重大战果。共侦破处理各类案件1032起，其中森林刑事案件94起（内有重大案件30起，特大案件12起），治安案件78起，林业行政处罚案件860起。处罚各类违法人员共1522人，其中逮捕34人，劳动教养13人，治安拘留38人，警告24人，林业行政处罚1207人，治安罚款31人，其他处罚175人。由于严打整治斗争成绩比较突出，受到国家林业局的通报表彰，省森林公安局被评为为全国林业严打整治斗争优秀组织单位，萍乡市森林公安局刑侦大队、上饶市森林公安局、安福县公安局森林分局被评为全国林业严打整治斗争先进集体，陈光明、李仁、马林和、邱庆林、徐庆华等5人被评为全国林业严打整治斗争先进个人。（王学军）

【江西"候鸟行动"告捷】 根据国家林业局森林公安局的统一部署，江西省于2002年12月16～25日在全省范围内开展了代号为"候鸟行动"的打击破坏鸟类资源违法犯罪集中统一行动，并取得了明显成效。全省共出动森林公安警力9324人次；清理宾馆、饭店、酒楼2157家，清理市场566个；查处各类案件178起，其中刑事案件6起（重大案件1起），林业行政案件167起，治安案件5起，处理各类违法人员299人；收缴各种野生鸟类11 048只，其中活体9392只，全部放飞大自然，死体1656只；没收非法枪支10支、猎具46套，捕鸟网具1396具。"候鸟行动"有力地打击了各类破坏候鸟资源违法犯罪活动，受到国家林业局森林公安局通报表彰，江西省森林公安局荣立集体二等功一次，黄柏桢、李鸣华分别荣立一等功和二等功一次。（王学军）

【江西工业原料林基地发展势头强劲】 2002年4月，江西省人民政府办公厅批转省林业厅关于加快工业原料林基地建设的若干意见，意见对工业原料林基地建设的资金扶持、林木采伐、税费减免等作出明确规定，并要求在全省选择一批规模大、效益好、带动力强的大型林产加工企业给予扶持，重点扶持企业建设原料林基地，逐步形成"市场连企业，企业办基地，基地带农户”的林业产业化经营模式，着力培植一批“贸工林”一体化的龙头企业，以此带动工业原料林基地建设和整个林业产业的发展。目前，全省大型林产加工企业建设原料林基地热情空前高涨。宜春霍曼内特有限公司6.7万公顷工业原料林基地、宜春中竹纸业有限公司6.7万公司竹材原料林基地、山东晨鸣纸业16.7万公顷工业原料林基地、印尼金光集团40万公顷工业原料林基地、信丰绿源人造板有限公司2.7万公顷工业原料林基地、吉安绿洲人造板有限公司3万公顷工业原料林基地，均已完成规划并开始分步实施。预计“十五”期间，全省在建企业自办工业原料林基地将超过67.7万公顷。（蔡恒义）

【江西武夷山国家级自然保护区】 江西武夷山国家级自然保护区位于武夷山脉中段，与福建武夷山国家级自然保护区毗邻，地理坐标为北纬27°48′～28°00′，东经117°39′～117°55′，行政隶属江西省铅山县。该保护区属于森林生态系统类型保护区，主要保护对象为中亚热带亚高山森林生态系统。保护区总面积16 007公顷，其中核心区4835公顷，缓冲区2021公顷，实验区9151公顷。武夷山保护区于1981年经江西省人民政府批准成立，2002年7月经国务院批准晋升为国家级自然保护区。

该保护区现行管理机构为武夷山国家级自然保护区管理局，下设办公室、保护管理科、科研管理科、西坑管理站、桐木关管理站等机构。现有在编职工51人。

该保护区内的野生动植物资源大都保留了自然的原始风貌，保存有近4000公顷的天然南方铁杉林，保护区内峡谷深深，林分构成异常复杂，3个或3个以上不同科属树种合抱一团或混生于此，构成特异的“大树植物园”。保护区昆虫种类繁多，有国家一级保护昆虫金斑喙凤蝶分布，被国内外专家誉为“昆虫的世界”。保护区平均海拔高度在900米以上，终年云雾缭绕，环境幽雅，负离子含量局部地区每立方厘米高达9×104个，是休闲避暑的好地方。（程松林）

【铜鼓县深化林业经营体制改革】 铜鼓县林业部门为适应市场经济发展的要求，搞活林业经营机制，保持林业优势，促进县域经济的更快发展，2002年已公开拍卖、认购、买断、租赁商品林经营权面积4733.33公顷。6个国有林场进行了改制，共有在册职工1547人，参与改制对象1532人，占99%。林业经营改革取得了初步成效。花山林场改制前在册职工351人，其中非生产人员就有76人，还有198名退休工人和110多个内退人员及遗属，加上挂编人员，基本上是1个产业工人负担2.3个非生产人员。改革后，林场科室降为4个，管理人员减为16人，每年经济支出由165.7万元减少到47.5万元，每年可减少开支120万元，退休人员的养老金实行社会化发放。茶山林场改制职工汪新贵仅2002年就投资50余万元进行林区公路改造。大沩山林场曹海兴投资17万元进行竹林改造。改制后，每年个人投入林区公路及资源培育资金达250余万元。由于林木归个人所有，投资者既要考虑当前生活问题，更要注重今后发展，把林木采伐降到最低限度，同时经常到林地生产劳动，使森林资源得到了有效保护。

（李长生 曾华龙）

【泰和县全面转让林木经营权】 泰和县是江西省林业重点县之一。2002年抓住林业产权制度改革这个牛鼻子，拍卖山林，转变经营，置换身份，积极推行以林木经营权转让为主的林业产权制度改革，为林业脱困，减员增效，进一步发展林业找到了一条可行之路。全县已有11个国有林场6333.33公顷林木资源成功拍卖，浙江松阳何发富投资3000余万元购买了县林产化工厂和6333.33公顷湿地松林16年的经营权。与此同时，该县全面推行林业职工身份置换改革，并将转换林木经营权所得的40%用于支付解除国有林业职工劳动关系的补偿金。2002年共置换职工274名，发放置换金420余万元。（王 敏）

【信丰县绿色通道工程】 信丰县位于赣州市中部，京九铁路、105国道贯穿全境，在境内长分别为70.6千米和65.2千米，成为该县构筑绿色通道的主体骨架。该县“绿色通道工程建设范围涉及7个乡（镇）105个行政村和3个国有林场。1998年以来，全县共完成通道绿化面积37993.3公顷，其中公路绿化66.7公顷，江河沿线绿化53.3公顷，城镇绿化43.3公顷，村庄绿化306.7公顷，山地丘陵绿化37453.3公顷。全县绿色通道工程造林成活率达到95%以上，营造林管护率达100%。京九铁路信丰段被评为全国首批35条绿色通道示范段之一。（陈式松）

【瑞金着力加强赣江源资源保护】 为加强赣江源头的森林资源保护工作，瑞金市人大常委会于2002年1月决定，把该市日东乡上石寮源头为中心的周边汇水区20千米的范围设立县级自然保护区，面积共12 666.67公顷（其中国有8000公顷、集体4666.67公顷）。该市绿化委员会、市林业局等有关部门迅速作出规划，有计划、有步骤地推进自然保护区生态林业建设。2月，该市绿化委员会、市林业局、市工会、团市委、市妇联等10个部门联合发出“保护母亲河、人人都行动”的倡议书，接着又于大年初三，组织各界群众1.5万余人到该自然保护区进行义务植树劳动，共栽种木荷、桉树、枫香等7种阔叶树5万余株。与此同时，在自然保护区内实行封山育林（全封），禁止砍伐林木、禁止猎捕野生动物，做好森林资源保护工作。力争5年内，保护区内森林覆盖率由

设立之初的83.5%上升到95%以上。 （刘春春）

【婺源县自然保护小区建设】 婺源县从1981年开始探索建立自然保护小区。目前已建立188处自然保护小区，面积最大的灵岩洞森林公园达3000公顷，小的只有1公顷多。按类型划分有自然生态型、珍稀动物型、自然景观型、水源涵养型和资源管理型；按事权范围划为国家级森林公园及县、乡、村、组4级自然保护小区。灵岩洞森林公园、鸳鸯湖自然保护区、秋口镇渔潭村鹭鸟保护小区、清华镇甲村红嘴相思鸟保护小区，是婺源县的自然保护小区示范点。

自然保护小区的建立 按照“自愿申报，统一规划，逐步规范”的原则，由山权单位向县林业局提出申请，县林业局派技术人员现场勘察划定自然保护小区。采取”封禁+管护”的方式，在各生态小区明显处设立标牌，注明保护小区的名称、范围、保护对象，护林公约、责任人等，并对周围村民广泛宣传。护林员的职责除负责看护好保护小区外，还兼任保护小区的森林火灾和病虫害的监测员，并定期向林业主管部门汇报。在保护小区内严禁砍柴、伐木、烧山、放牧、打猎、割草等人为活动。

自然保护小区的管理 跨乡（镇）的自然保护小区本着山权、林权不变，收益比例分成的办法，由县林业部门统一管理；跨村的自然保护小区由乡（镇）管理，跨村民小组的由村委会管理，村民小组内的归村民小组管理，乡、村、组接受县林业主管部门的技术指导。

自然保护小区的建设资金 县林业局每年从育林基金中按3%的比例提取保护和发展基金，专门用于自然小区的管理；重点保护区的资金来源于县财政投入和主管单位自筹，如旅游门票收入等。并采取以下优惠政策：凡自愿申请列入自然保护小区的乡、村，除可以获得一定的保护小区发展基金支持外，县林业局还就保护小区建设的一系列技术问题提供免费咨询和指导，乡林业站还将协助其加强管护工作。自然保护小区的森林病虫害防治、森林防火工作纳入县级森防、防火系统。

婺源县建立自然保护小区形成独特的县级自然保护区体系的做法获维也纳世界发明协会世界发明奖，婺源县也因此获世界科学与和平贡献奖。（李桂盛）

【万载县村民李细良发展“订单林业”】 万载县马步乡银田村是一个仅离县城4千米的平原村，由于地处城郊，大多数村民以跑运输、烧砖瓦为主业，林业生产一直不受村民重视。该村民李细良多年以来从事运输、经商，有了一定的资金积累。随着运输、经商行业竞争的日趋激烈，2001年李细良开始转行经营林业，与宜春霍曼内特有限公司协商联营建设工业原料林基地，创办了银田联营林场，发展订单林业，并于当年投资10万余元，栽种了美国黑杨3万株、江南桤木5万株、湿地松15万株，面积达66公顷，成活率达到95%以上。李细良创办银田联营林场、发展“订单林业”有4个特点：

销售上抓好一个“订单” 把订单放在造林的首位，首先与霍曼内特公司协商订立了联营建设工业原料林基的协议。协议规定，银田林场作为霍曼内特公司的工业原料林培育供应基地，实行定向培育、定额采伐、定向供应、定线流通，公司对林场生产的全部木材按保护价定向收购。同时，公司还负责提供造林苗木，并垫付造林后前3年的抚育费用，苗木款和幼林抚育费可以到木材采伐时再归还。这一“订单林业”形式，不仅解决了木材的销售问题，而且弥补了林场造林资金的不足，大大激发了李细良造林的积极性。

经营上实行3种模式 ①联营造林，比例分成。林场与村组签订合同，承包村组所有的荒山、荒坡、荒地进行造林与经营，森林采伐收入按2:8比例分成(村组2成，林场8成)。②租地种树，支付地租。对公路两旁、河流两岸、花炮厂内等公共用地，由林场租赁经营，租赁期50年，租赁费一次性或分期支付。林场与村委会签订合同，林场负责投资造林、经营管理、森林采伐和销售，村委会协助林场做好树木的管护、土地纠纷的调解等工作。③林场+农户”，保护价收购。林场与农户签订合同，承包农户房前屋后、田头地角等闲置土地栽种杨树，由林场统一规划，并负责提供苗木、肥料、农药、技术；农户提供土地，自己栽植，自己管理。林木由林场统一采伐、统一收购、统一销售，按照让农民得大头、林场得小利的原则，采伐木材时按每50千克木材不低于保护价4元的标准支付承包费。对个别经济十分困难的农户，经林场核实后，可提前支付部分木材款和承包费，少数无力或不愿意自己栽植的农户，由林场出资请人代栽。这一运作模式，有效地提高了农户签约栽树的积极性，仅2002年冬，全村346户农户就有125户农户与林场签订了合同，栽植了杨树。

管理上采取“六个统一” 由于土地所有权属不同，有村组集体的，有农户自留地及房前屋后宅基地，并考虑千家万户造林缺资金、缺技术、缺劳力等情况，银田林场在管理上实行“六个统一”：即统一规划，由林场与行政村共同对全村造林实行统一规划设计；统一栽植，由林场出资并提供苗木请人按设计要求统一挖穴栽植；统一管理，由林场负责施肥、抚育、病虫害防治、管护的全程管理；统一采伐，根据企业生产需要和营林生产状况，按程序报批林木采伐计划，由林场实行统一采伐；统一收购，所有联营、租赁、承包土地所生产的木材，由林场按“定向供应、定线流通”的规定向霍曼内特公司销售。

李细良造林运作的“一个订单”、“三种模式”、

"六个统一"的林业经营模式，促进了农村土地使用权的流转，探索了一条南方集体林区发展平原林业的有效途径。①可以缓解平原乡镇林业用地少的矛盾。通过租赁、承包、联营造林，充分利用了房前屋后、水旁、路旁、田头地角等闲置土地，从而缓解了平原乡镇无地造林的矛盾。②可以促进平原乡镇林业的规模经营。采用宜租则租、宜包则包、"林场＋农户"等土地有偿流转办法，使土地经营权逐步向有经济实力和经营经验的大户集中，促进了平原林业的规模经营。③可以大大提高农户栽树的积极性。实行的"六个统一"管理模式，使农户在技术上能保证，销路上有保障，价格上无风险，没有后顾之忧。④可以加快农村产业结构调整步伐。五是可以充分发挥林业的综合效益。根据万载县对公路旁栽植杨树的调查，10年生杨树最大胸径46.6厘米，最小24.2厘米，平均36.2厘米，按这一推算，每株树的产值是275元，农户可得100元。如果按平均每户农户房前屋后栽30棵计算，10年收入3000元，平均每户每年300元。同时可绿化美化环境，改善人们的生存条件和生态环境。 （王诗真）

【宜春霍曼内特有限公司已成为江西省林产工业龙头企业】 宜春中密度纤维板有限公司与德国HWH人造板公司实现合资联营后，生产的8毫米高密度地板基材是国内复合强化锁扣地板首选基材，E-1、E-2级中密度中厚板是国内最高品质的产品，深受国内大型出口家具制造企业和人造板二次加工企业的欢迎，呈现产销两旺的势头。2002年该公司共生产高、中密度纤维板6.7万立方米，占全省全年中密度纤维板生产总产量的20.5%。全年实现销售收入1.30亿元，税利2500万元，企业资产负债率从82%降到41.38%，已成为江西省林产工业的龙头企业。

（曹春林）

【吉安县规范松脂生产管理效果显著】 吉安县拥有4.8万公顷人工湿地松林，其中有0.8万公顷已进入采脂期，丰富的湿地松资源为该县林产化工业的发展奠定了基础。该县在松脂资源开发初期，由于缺乏管理经验，生产中出现了一些违规采脂现象，使松脂资源遭受了不同程序的破坏。为此，该县从松脂生产管理抓起，及时采取果断措施，规范松脂生产管理：①规范松脂资源管理。严格按照《江西省采脂规定》编制采脂作业设计书，报林业主管部门批准后进行采脂作业；采脂结束后，必须经辖区林业站检查验收；新开采的松林实行隔行采脂，且胸径在16厘米以上；国道、省道、铁路、高速公路两旁50米以内，县道30米以内以及风景林和重点保护区内的松林禁止采脂。同时明确松脂采割者为松林资源保护管理责任人，在森林防火、病虫害防治、制止采伐林木中负有监管责任。②规范松脂生产管理。采脂工实行凭证上岗，必须经县级以上林业主管部门培训，并获得《采脂许可证》后，方可进行采脂；通过举办采脂技术培训班，提高采脂工的割脂技术水平；2002年举办松脂采割技术培训6期，培训采工298名。③加强督查，狠抓管理。派出12个采脂督查组，深入林区加强松脂生产监督管理，发现问题，及时解决。经过一年的整顿，该县松脂生产管理已步入规范化、制度化、标准化的轨道。 （肖达良）

【江西省2002年林业大事】

1月14日 省林业厅所属江西省南昌林业学校经省人民政府批准并入江西财经大学。1月22日，召开了南昌林业学校并入江西财经大学交接工作会。

1月17日 江西省人民政府令第109号公布关于修改《江西省森林限额采伐管理暂行办法》等5件省人民政府规章的决定。

1月30日 省政府在南昌市召开全省林业情况通报会，参加会议的有各设区市主管林业工作的副市长、市林业局局长和分管林政工作的副局长，省林业厅机关各处室和有关单位负责人等。副省长孙用和、省政府副秘书长赵泽华和省林业厅厅长严金亮、副厅长龙远飞、肖河、魏运华，纪检组长李正生出席会议，孙用和、严金亮等分别讲话。

2月1日 省委常委、省委农工部长潘逸阳到省林业厅视察工作。潘逸阳听取了省林业厅的工作汇报，充分肯定了省林业厅的工作。省委农工部副部长缪兵随同视察。

2月27日 省领导孟建柱、黄智权、步正发、王君、傅克诚、朱治宏等与省、市机关干部、解放军官兵2000多人到南昌市红谷滩新区参加义务植树劳动，共栽种木槿、樟树等近700株。

3月12日 省政府在南昌市召开全省森林生态效益补助资金试点启动工作电视电话会议，副省长孙用和出席会议并讲话，省政府副秘书长赵泽华，省林业厅、财政厅、监察厅等有关部门负责人到会，各设区市设立了分会场。这标志着江西省有偿使用森林生态价值的历史已经开始。全省有57个县（市、区）、2个市属林场、7个省级以上自然保护区列入全国试点范围，2002年试点面积为126.67万公顷，占全省生态公益林面积的48.7%。

4月25日 江西省人民政府办公厅转发省林业厅《关于加快工业原料林基地建设的若干意见》，要求培植一批"贸、工、林"一体化的龙头企业，并确定先在宜春市进行工业原料林基地建设试点。

5月10日 省政府召开全省退耕还林工作电视电话会议，部署2002年退耕还林工作，副省长孙用和出席会议并讲话。

5月20～26日 中央纪委驻国家林业局纪检组长、局党组成员杨继平在江西省考察林业工作。杨继平先后深入弋阳、浮梁、波阳、庐山、靖安等地，考察长防林、退耕还林、封山育林、自然保护区和森林公园建设工作，并于5月25日在省林业厅主持召开林业形势报告会。省林业厅机关全体干部、厅属各单位副处以上领导干部及各设区市林业局局长200余人听取了杨纪平所作的林业形势报告。省人大常委会副主任周懋平出席报告会并讲话。

6月11～20日 省林业厅厅长严金亮率各设区市林业局和厅有关处室负责人一行22人，赴山东、江苏两省考察林业工作。考察团先后到山东的荷泽、济宁和江苏的徐州等地，重点学习考察农田林网化、绿色通道、木材加工以及银杏产业化建设等方面的经验，并与当地政府和林业部门进行了广泛深入的交流。

7月2～14日 省人大常委会副主任彭崑生率领江西省林业考察团一行10人赴美国、加拿大进行考察访问。

7月29日 江西省第九届人大常委会第三十一次会议讨论通过《江西省林木种子管理条例》，自2002年9月1日起施行。

9月24日 江西省人民政府森林防火总指挥部成员（扩大）会议在南昌市召开，研究部署了今冬明春全省森林防火工作。副省长、总指挥孙用和出席会议并讲话。

9月28日至10月8日 中日鸟类环志研讨会在遂川县营盘圩乡举行。此处系鸟类迁徙路线的“遂川鸟道”。会议期间，中日鸟类专家们通过晚上网捕和白天CD模拟声音引诱及人为驱赶捕捉，共捕获候鸟46种185只，做了环志后放飞。

10月1～6日 国家林业局党组成员、中国林科院院长江泽慧等在江西省婺源、玉山、上饶、瑞金等地考察林业工作。省委书记孟建柱、省长黄智权在南昌会见了江泽慧一行。省委常委、省委秘书长陈达恒、省人大常委会副主任张海如、副省长孙用和、省委副秘书长孙清儒和省林业厅副厅长龙远飞、肖河先后陪同考察。

12月10～18日 原林业部副部长、中国林场协会会长沈茂成在江西省大余、崇义、井冈山、吉安等地就国有林场工作开展调查研究。省林业厅副厅长魏运华、纪检组长李正生先后陪同调研。

12月28日 省政府在南昌市召开全省生态环境现状调查工作总结会议，副省长赵志勇出席并讲话。历时半年的调查结果表明，全省森林植被覆盖率达59.7%，生态环境质量良好，建立各类自然保护区111处，占全省面积的4.62%。 （李 明）

山东省林业

【概 述】 2002年，山东省完成成片造林15.1万公顷，占全年计划的142%；新育苗木3.5万公顷，完成年计划的239%；新增封山（滩）育林1.8万公顷，完成年计划的239%；新建农田林网20.7万公顷，完成全年计划的104%；农林间作4.9万公顷，中幼龄林抚育面积50.6万公顷，四旁植树1.4亿株。全省林业系统总产值325亿元，比2001年增5%。在家庭联产承包责任制的基础上，林业专业户、林业联合体和跨区域林业经济实体不断涌现，非公有制林业快速发展。造林季节天气严重干旱，致使一些地方造林成活率低；山区造林进度不快，仍是薄弱环节；苗木结构不合理，大苗、常绿苗木短缺，杨树等一些苗木出现局部过剩。

【山东省林权制度改革】 2001年底，山东省人民政府《关于推进林权制度改革的意见》出台后，各地进一步规范改制程序，利用拍卖、承包、租赁等形式，推进林权制度改革。到2002年，有119个县（市、区）实行了改制，改制林地面积171.7万公顷，占有林地面积的71.3%，拍卖沟、路、渠林带长度9056万米，经营面积33.3公顷以上的林业大户1300个，共发放林权证书52.1万份，签订林业承包合同105.6万份。

【山东省林业产业】 全省各地将工业原料林基地建设与增加农民收入相结合，林业成为农业结构调整的重要部分。全省集中资金，重点扶持了22户林业龙头企业。龙头企业和农户形成了稳定的产销关系。在经营机制上，推行“订单林业”、“合同种植”等方式。兖州太阳纸业等9户林业龙头企业拟建原料林基地37万公顷，到2002年底，已与农户签订林木种植合同41万多份，合同种植面积达到16万公顷，实际建成各类原料林7.3万公顷。

【山东森林资源保护管理】 2002年全省共发生森林火灾18起，森林火警65起，受害森林面积114.6公顷，烧死烧伤树木9.1万株，未发生重大以上火灾和人员伤亡事故。依法审批审核征占用林地项目263个，同意使用林地840公顷，征收森林植被恢复费800多万元，采取立碑、挂牌方式，设立森林植被恢复基地1000公顷。全年发放林木采伐许可证440本，发放木材运输证6780本，累计发放木材经营加工许可证1.3万份。2002年，全省组织开展了“破案攻坚战”、“候鸟行动”等活动，共查处各类林业行政案件14 512起，其中盗伐194起，滥伐2410起，违法运输木材案件7700起，违法征占用林地101起，其他案件4107起，查获野生动物21.9万多头（只），挽回直接经济损失702万元。全省森林病虫害防治率达到77.4%，监测覆盖率达到87.3%，种苗产地检疫率达到96.5%。

【山东省林业科技成果】 2002年有30项科研项目完成研究任务，并通过专家验收。14项获年度省科学技术进步奖，35项科研成果获年度省林业科技进步奖。新建省级标准化示范区3处，并对全省15处省级林业高科技示范园加强管理和指导，促使科研成果向现实生产力转化。

2002年山东省科技进步奖林业项目名录

项目名称	等级	完成单位
果品贮藏保鲜技术研究	一等奖	省林科院、省林工商公司
杨树新品种引进选育及良种繁育	合并二等奖	省林科院
沿海沙质海岸防护林体系综合配套技术研究		
植物组培快繁简化体系的研究	二等奖	山东农业大学
杨树害虫综合治理及专家咨询系的研究	三等奖	省林科院
单板类杨树速生丰产林天牛综合控制技术研究	三等奖	省林科院
山东省森林资源调查与规划研究	三等奖	省林业监测规划院
山东省IAILII项目区林木病虫害测报与防治研究	三等奖	省林木保护站
蜘蛛在林果害虫防治上的利用研究	三等奖	省林科院
几种经济树种种子后熟生理及萌发条件的研究	三等奖	山东农业大学
矮华板栗良种选育和泰山板栗良种选育及栽培技术研究	三等奖	临沂市经济林站、泰安林科所
鲁南沿海鸟类资源调查及合理利用研究	三等奖	日照市东港区林业推广站
鹤望兰的快速繁殖及规模化生产技术	三等奖	聊城师范学校
多微孔塑膜果品套袋技术试验研究	三等奖	鲁华果品套袋研究所

【中日绿色黄河友好林竣工】 1998年，山东省和日本山口县共同确定在济南市建设中日绿色黄河友好林项目，期限5年，规模500公顷，总投资375万元，其中山口县投资2800万日元。

2002年，山东省与日本山口县缔结友好省县20周年之际，中日绿色黄河友好林同时竣工，项目造林500公顷，山口县到位资金2790万日元。山东省人大常委会主任韩喜凯、副主任王克玉，副省长邵桂芳与山口县二井关成知事、岛田明议长以及山口县志愿者参加了植树活动和项目的竣工仪式。按照中日绿色黄河友好林协议书的规定，山东省与山口县政府在济南市长清区西仓村东北处，修建中日绿色黄河友好林纪念碑1座，护林房1处。另外，山口县友人山本硅造先生，于2000年个人捐资100万日元，山东省按照友好林的建设标准，为其营造9公顷纪念林，山东省林业厅为其颁发了证书，长清区人民政府为其建立纪念碑1座。

年度	造林面积（公顷）	日方投资（万日元）	日方栽树人数（人）
1998	70	70390	7088
1999	120	670	148
2000	120	670	106
2001	110	615	109
2002	80	445	261

【国家林业局局长周生贤在山东考察】 2002年5月13～17日，国家林业局局长周生贤带领有关司局负责人在山东省考察工作，听取了全省林业工作情况汇报，先后考察了烟台、威海、青岛、日照、临沂、济宁、泰安等地的林业建设情况，对山东省的林业工作给予充分肯定，认为山东林业发展指导思想明确，规划布局合理，党政领导高度重视，建设成效十分显著。并明确提出，今后国家林业局将从林业重点工程建设、森林生态效益资金补助、森林防火设施建设、森林病虫害防治、林业种苗工程、林业基础设施建设等6个方面，给予大力支持。

【山东省在首届中国森林风景资源博览会上获银奖】 2002年6月8～12日，国家林业局在浙江省临安市举办了首届中国森林风景资源博览会。山东省作为森林公园较多的省份，确定了“精心筹备、积极参展、市场操作、突出特点”的工作方针，本着“突出特色，展示水平，宣传山东”的原则，对参展展品进行统一筹划，精心设计，在全国31个参展单位中，荣获银奖，并由于领导重视、组织得力、动员参展面广、宣传材料丰富且制作精良，荣获森博会颁发的组织奖。

【山东省第三届花卉博览会】　2002年9月28日至10月7日在潍坊青州市举行，由山东省林业局、山东省花卉协会和潍坊市人民政府主办，青州市人民政府承办，同期还举行了山东·青州花卉交易会。全省17个市、省直6个单位及潍坊市属12县（市、区）组团参加。大会邀请荷兰、美国及国内许多著名的花卉专家讲授了花卉业的发展现状及趋势、栽培管理技术、现代化经营管理知识等。展出内容包括各种盆花、鲜切花、盆景、插花、赏石、根雕、展位设计布置等7类，还有新品种选育与引种栽培、先进技术的开发与推广两大类科技成果。共评出各项奖683个，其中金奖77个、银奖157个、铜奖279个，优秀奖170个。

这次花博会是建国以来山东省举办的规模最大、档次最高、影响最广的一次花卉盛会。花博会占地总面积10万平方米，展厅面积3万平方米，展位800多个，展品和交易品达50多万件，省内及国内外花卉企业167户参加交易，交易额600万元，投资意向30多项，协议投资3.7亿元。参观人数达30余万人次，最多的一天突破5万人，创下了山东省举办花展参观人数的最高记录。

【山东省审定公布第一批17个林木良种】　2002年4月5日山东省林木品种审定第二届委员会换届成立，下设用材林、经济林、园林树木和花卉3个专业委员会。同时制定《山东省林木品种审定及管理办法》和《山东省林木良种审定规范》。经过各专业委员会对审报品种的现场核查和初审，11月山东省林木品种审定委员会主任委员会对初审通过的品种进行了审核，审定或认定17个林木良种。用材林良种：中荷1号美洲黑杨、L323美洲黑杨、L324美洲黑杨、T26美洲黑杨、T66美洲黑杨、I－107欧美杨、L35欧美杨、I－102欧美杨、荷刺2号刺槐、卡帕茨欧美杨（认定）、W1－141欧美杨（认定）；经济林良种：岱红甜樱桃、新汶早红桃（认定）、黄金杏（认定）、金丝魁王枣（认定）；园林树木和花卉良种：莱州大红仙客来、红叶臭椿。

【山东省林业标准化技术委员会成立】　2002年4月16日山东省林业标准化技术委员会成立，挂靠山东省标准化协会。由52名专家、业务管理和行政领导组成，下设种苗、园林花卉、经济林、木材及木制品、造林营林、森保、资源与环境检测、果品贮藏保鲜及加工制品、综合9个技术小组，负责全省林业标准化技术归口工作。主要任务：向山东省质量技术监督局和山东省林业局提出全省林业标准化工作的方针、政策和技术措施，提出制定修订林业地方标准的工作计划和项目建议，组织对标准的审查并提出审查结论，组织林业标准化研究，组织培训和咨询服务，承担林业地方标准归口管理范围内产品质量标准的水平评价或认证工作等。

【山东省杨树新品种选育、引进及产业化开发研究】由山东农业大学梁玉堂教授主持完成，历时5年，共汇集黑杨派无性系76个，白杨派无性系33个，选育出综合性状优良、适于培育大径级工业用材的优良杨树新品种9个（L323、L324、L35、T66、T26、I102、I802、中荷1号、I107)，选育出适于营建短轮伐期纸浆材林的优良毛白杨新无性系3个（BT-17、BL-193、BL-175)；杂交培育出适于间作、四旁等地栽培的窄冠黑杨优良无性系4个（1号、2号、6号、11号)；利用生物技术，抗盐基因转化八里庄杨获得成功，培育转基因大田苗1万多株，磷脂酶D反义基因转化三倍体毛白杨获得成功，现已选出多个转基因植株，取得阶段性成果；并确立了全省各栽培区适宜近期推广应用的杨树品种，制定了毛白杨新无性系最佳的营养繁殖技术，建立、健全了杨树良种繁育体系，培养了近1000名专业技术人才。研究水平达国际先进，被评为2002年度山东省十大科技成果。

【山东省林业监测规划院设计资质升为甲级】　山东省林业监测规划院是山东省惟一具有资质的省级林业调查规划设计单位。经国家建设部严格审核审查，于2002年11月批准该院资质升为农林行业（造营林）工程设计甲级。

【烟台市建立专职护林防火队伍】　为适应社会主义市场经济条件下护林防火工作的需要，烟台市充分用足、用好国家生态效益补偿政策，按照队伍管理、房屋建设、责任区域划分、服装装备、规章制度和报酬“六统一”的办法，在龙口、蓬莱、栖霞、招远、莱山、牟平、海阳、莱州、莱阳、芝罘10个市（区）建立10个护林防火大队、76个中队、523个小队、7600人的专职护林防火队伍。大队设在县（市、区）林业局，由编委列编制，人员从林业主管部门内部调剂，负责护林防火队伍的管理和案件查处；中队设在管护责任区（乡镇），人员实行划片包干，负责管护责任区森林资源管护工作；小队设在林区（村），负责本村山林管护。

【沾化冬枣贮藏保鲜技术攻关取得突破】　针对冬枣保鲜难度大，货架期短的世界难题，2002年，滨州市政府成立了冬枣保鲜科技攻关领导小组，聘请国内知名贮藏保鲜专家、教授到滨州会诊，与中国林科院王贵禧研究员、中国科学院植物研究所田世平研究员、中国科学院长春应用化学研究所孙家珍教授、中国科学院上海植物生理生态研究所焦新之研究员、北京林业大学续九如教授等在国内有影响的专家合作，进行了沾化冬枣气调减压、生物病害防治、保鲜剂等多项试验，使沾化冬枣保鲜超过120天，好果率达到80%，刷新了全国冬枣贮藏保鲜期记录。

【沾化冬枣通过国家原产地域保护评审】 2002年7月13日，国家质量监督检验检疫总局原产地域产品保护办公室在沾化县召开沾化冬枣原产地域产品保护专家技术审查会，沾化冬枣通过了国家原产地域产品保护评审，成为全省第一个申请，第一个通过国家标准审定并发布公告的产品。

【聊城市绿色通道建设成效显著】 2002年聊城市委、市政府把绿色通道工程建设列为全年林业生产的重点，作为“造福子孙的富民工程、江北水城建设的环境工程、林业产业化的基础工程”来抓，以市委[2002]27号文件印发了《关于大力实施绿色通道工程建设的决定》，要求国道、省道、高速公路、铁路及聊城通往各县的主要干道，每侧林带宽度不得低于100米；县到县公路，每侧林带宽度50米；县到乡公路，每侧林带宽度30米。张秋波市长分别与8个县（市、区）和经济开发区签订了责任状。到2002年底，全市宽林带绿色通道总长度已达2300多千米，占全市道路的70%以上，大大地提高了全市的林木覆盖率和绿化水平，推动了全市林业的快速发展。

（山东省林业由刁训禄供稿）

河南省林业

【概　述】 2002年，河南省各级林业部门认真贯彻落实“三个代表”重要思想和省委、省政府的各项工作部署，坚持把发展林业作为改善生态环境、促进农业结构调整、增加农民收入的重要措施，以深化林业改革，全面提高林业建设的质量和效益为重点，加快林业建设步伐，较好地完成了省委、省政府和国家林业局下达的各项工作目标。

林业生态工程建设取得重大进展 通过组织实施退耕还林等林业生态工程，加快了造林绿化步伐，全省共完成人工成片造林25.1万公顷，飞播造林3.2万公顷，封山育林6.7万公顷，新建和完善农田林网140.9万公顷，分别占年度目标的123.4%、105.4%、100%和279.9%。退耕还林工程全面启动，实施范围达81个县（市、区），共完成退耕还林16.4万公顷，其中退耕地造林7.7万公顷、荒山荒地造林8.7万公顷，超额完成了国家计划。同时，按照国务院（国发[2002]10号）文件规定，督促新开展退耕还林的县（市、区）提前兑现了一半补助粮食，进一步调动了广大群众退耕还林的积极性。天然林保护工程进展顺利，全面完成了飞播造林、封山育林和下岗职工安置任务，建立健全了森林资源三级管护网络，使工程区86.7万公顷森林资源得到了有效保护。重点地区防护林体系建设工程稳步推进，长江及淮太防护林、太行山绿化、防沙治沙等工程项目共完成人工造林46千公顷，有12个县（市、区）通过了高标准平原绿化县级自查和市级复查。通道绿化工程成效显著，共完成通道绿化2.09万千米，特别是郑州、洛阳、焦作等市的通道绿化规模大、标准高、质量好，受到国家林业局领导好评；在郑州、洛阳、开封、三门峡等市组织实施了环城防护林建设，共营造环城防护林3300公顷；在25个县（市、区）组织实施了小型公益林建设项目，完成国家和省级建设投资1000万元。在22个县（市、区）实施了水土保持生物治理工程，完成造林3670公顷。组织实施了世行三期贫困地区林业发展项目和亚行贷款豫西农业综合开展（林果）项目，共完成造林17 000公顷，启动了世行四期林业持续发展项目。

森林资源保护工作不断加强 认真贯彻省政府关于禁伐天然林的通告，在全省停止了天然林商品性采伐；加强了森林采伐限额管理，通过实行采伐全过程监管，严格执行林木凭证采伐、凭证运输和凭证销售制度，有效控制了森林资源的过量消耗；认真落实征占用林地审核制度，审核率比2001年提高1.5个百分点。加强了林业资源监测工作，对73个退耕还林县的土地资源进行了摸底调查，完成了退耕还林、通道绿化和征占用林地情况省级抽查与验收。完成了《河南省义务植树条例》、《河南省野生植物保护管理办法》和《河南省实施〈种子法〉办法》等法规规章草案的起草工作，组织开展了林业系统普法考试和执法人员抽查考试。新组建森林公安分局71个，录用民警257名；组织开展了“中原绿剑3号行动”、“追逃行动”、“候鸟行动”等多项林业严打专项斗争，查处各类破坏森林和野生动物案件4339起，其中重特大案件82起，打击处理违法犯罪人员5126人，有效遏制了破坏森林资源案件的上升势头。继续实施了鸡公山和宝天曼国家自然保护区二期工程，启动了麋鹿放归自然项目；组织申报保护区工程项目4个，其中黄河湿地已通过国家评审，太行山一期工程已经国家批准启动；完成了3处新申报省级自然保护区的考察审核工作；组织救护野生动物7243只（头、条）。全面启动了伏牛山重点火险区综合治理项目一期工程，完成了各风景区和森林公园森林防火10年规划编制工作，新建重点林区防火物资储备库18座，全省森林火灾受害率低于0.05/1000，没有发生重大森林火灾。加强了森林病虫害的防治和检疫工作，组织实施了红脂大小蠹工程治理项目，对杨树食叶害虫实施了飞机防治，共防治森林病虫害34.33万公顷，防治率达到69.6%。

林业产业体系建设迈出新步伐 把建好林木种苗、速生丰产林、名特优经济林、花卉、木本药材、培植业原料林等六大林业商品基地作为产业发展重点，结合国家种苗工程、林纸一体化、农业结构调整、农业综合开发和外资造林等工程项目的实施，加快了发展步伐。全省共完成林业大田育苗3万公顷，容器育苗2.1亿袋；新造速生丰产用材林3.5万公顷；新发展经济林4万公顷，改造低产劣质经济林3.3万公顷；花卉生产发展到2.1万公顷，比2001年增加8000公顷；新发展木本药材基地6667万公顷，均超额完成了计划任务。加强了森林公园建设，新建国家森林公园5处、省级森林公园和森林生态旅游区13处，全省省级以上森林公园和森林生态旅游区总数达到68处，全省森林景区共接待游客362万人次，较2001年同期增长20%以上；森林旅游总收入达到1.67亿元。全省林业社会总产值达到189亿元，较2001年度增长10%以上。

科教兴林工作取得新成果 与中国林科院建立了省院全面科技协作关系，启动了一批科技示范项目。围绕林业重点工程组织开展科技攻关和研究项目90多项，实施国家重点工程科技支撑项目4个、国家和省级林业高技术产业化项目4个、国家林业科技推广项目6个，共推广林业新技术10多项和林果新品种20多个，有16项科技成果通过省级鉴定，5项科技成果获省科技进步奖，其中两项获一等奖，填补了全省林业科技成果无一等奖的空白。加强了林木良种审定工作，审（认）定林木良种8个。实施了“科技活动周”和“科普及实用技术传播工程”，组织科技人员送技术下乡500多人次。开展了对外科技合作与交流，组织赴国外技术考察与培训45人次，与美国、匈牙利等国的3个科研、教学机构签订了科技合作协议，启动了一批科技合作交流项目。加强了林业职业教育，省林校招生规模突破3000人，并实现了与河南科技大学的联合办学，成立了大专层次的职业技术学院。加强了干部教育培训，举办了市（县）林业局长培训班、退耕还林培训班和重点工程项目管理培训班。组织开展了造林质量年活动，在全省建立了退耕还林责任档案，实行了营造林质量一把手负责制和重点林业工程质量事故责任追究制度，加强了造林全过程的质量管理，对造林质量进行定期检查、严格验收和公开通报，增强了全行业的质量意识。经验收，全省绝大多数地方造林成活率达到85%以上，较往年有了明显提高。

林业改革步伐加快 林业产权制度改革全面推进，对非公有制林业发展现状进行了专题调研，起草了《关于加快非公有制林业发展的意见》，通过大力推行承包、拍卖、股份合作等办法，促进了林地使用权和林木经营权的流转，非公有制林业呈现蓬勃发展之势，非公有制造林占2001年全省新造林的40.9%，其中不少市（县）达到60%以上。营造林机制改革稳步推进，一些地方推行了造林工程招投标制，引入了工程监理机制。不少县（市）已实现由群众性造林为主向以专业队和造林公司造林为主转变。国有林场改革不断深化，在继续推进人事、劳动用工、收入分配三项制度改革的同时，积极开辟新的经营项目，加快了贫困林场的脱贫步伐，全省共分流安置木材生产人员2000多人，国有林场正在逐步摆脱以生产木材为主要收入来源的局面。

林业项目、资金争取和管理成效显著。加大了项目资金争取力度，全省共落实国家和省级各项林业资金9.23亿元，比2001年增长49%。其中：基本建设投资2.36亿元，财政专项资金4.62亿元，利用外资5858万元，国内贷款1.47亿元。加强了工程项目申请、评估、立项、执行、验收等全过程管理，制定下发了《林业重点工程建设项目管理暂行办法》和《林业基本建设项目招标投标管理暂行办法》，组织编制了县级林业重点工程分布图，举办了各工程项目规划设计培训班，努力做到按设计施工，按标准验收，按效益考核。进一步建立健全了林业资金管理制度，制定并下发了《林业专项资金报账制暂行办法》，转发了国家林业局《林业重点工程建设资金违规违纪责任追究制度》。加强了林业建设资金管理使用监督和检查，对退耕还林、天然林保护、林木种苗等国债项目资金进行了稽查，对省林业厅直属单位的银行账号进行了认真清理，开展了内部审计，提高了林业资金使用效果，保证了林业工程项目的顺利实施。

林业宣传工作更上一层楼 结合实施林业重点工程、林业重大活动、林业严打行动和新林业法律法规的颁布施行，配合各种媒体，采取请省委、省政府领导发表署名文章、专题系列报道等多种方式，掀起了对林业的宣传热潮。全省共在中央和省会媒体播发林业宣传稿件4200多篇，编发林业信息60期共400多条，向省委、省政府和国家林业局报送信息250多条，其中被采用近200条，进一步扩大了全省林业的社会影响；组织开展了林业生态建设好新闻评选活动，调动了新闻记者和广大林业宣传工作者的积极性；加强了《河南林业》编辑工作，提高了编校质量，在省级社会类期刊质量检测中，质量排名由54位上升到29位。

党的建设和廉政建设进一步加强 加强了政治理

论学习。以厅中心组和支部为重点，组织干部职工认真学习了党的十五届五中、六中全会、省委第七次党代会、中央和省委经济工作会议以及党的十六大等会议精神，系统学习了江泽民同志“七一”讲话、“5·31”讲话和十六大报告，坚持用“三个代表”重要思想武装广大干部职工的思想，使大家的政治理论水平有了新的提高。加强了机关党的建设。完善了党内工作制度，组织开展了争创“五好”基层党组织和民主评议党员活动，评选表彰了一批先进基层党组织、优秀党员和优秀党务工作者。深入开展了“转变作风年”和“调查研究年”活动，机关工作作风进一步好转，取得了一批调研成果。加强了党对工会、共青团、妇委会工作的领导，各群众组织的活力进一步增强。加强了党风廉政建设和反腐败工作。认真落实中纪委八次、省纪委二次全会精神和党风廉政建设责任制，深入开展党性党风教育和林业警示教育，大力推行政务公开，实施“阳光工程”，加大了从源头预防和治理腐败的力度；认真抓好领导干部廉洁自律工作，提高民主生活会质量，对收受的礼金和有价证券进行认真清理，对春节等节日期间的廉政建设作出了专门部署和严格要求；狠抓了行风评议、治理公路“三乱”等纠风工作，对违纪案件进行了严肃查处。

【河南全民义务植树】 2002年3月9日，共青团河南省委、河南省绿化委员会、共青团郑州市委、东方家庭报社等单位共同组织了“保护母亲河——省会青年纪念林暨情侣纪念林”植树活动。省委常委、副省长王明义出席了“保护母亲河——省会青年纪念林”纪念碑及“情侣纪念林”纪念碑揭碑仪式，并与省会20余家单位的团员青年和志愿者家庭、个人及情侣千余人参加了植树活动。3月11日上午，省委、省政府、省人大、省政协、省军区五大班子领导支树平、王明义、张世军、俞家骅、张洪华、杨显明、杨风海、王文甲、胡庆海、蒋九林等与来自省直单位的700多名干部职工一起，在郑州市新郑国际机场参加义务植树活动。两个多小时大家共栽植泡桐2000多株、“107”杨树7000多株。

【河南省退耕还林暨林业工作会议】 2002年12月5日，全省退耕还林暨林业工作会议在郑州召开，会议的主要内容是贯彻落实党的十六大精神，总结2002年全省林业工作，表彰先进，安排部署2003年以退耕还林为重点的全省林业建设任务。省委副书记、省长李克强，省委常委、副省长王明义，省政协副主席胡廷积出席了会议，李克强省长、王明义副省长分别作了讲话。

会议确定全省2003年以退耕还林工程为重点的林业建设目标是：完成人工造林33.3万公顷（其中退耕还林25.3万公顷）、飞播造林3万公顷、封山育林1.3万公顷；新建和完善农田林网6.67万公顷，建成高标准平原绿化县12个；新建和完善县级以上绿色通道示范段8500千米；完成林业大田育苗2万公顷，花卉与园林绿化苗木生产基地发展到2.2万公顷；林业案件查处率达到95%以上，林木病虫害防治率达到71%，森林火灾受害率控制在0.5/1000以下；全省经济林产品年产量突破40亿千克，林业社会总产值增长10%以上。

李克强省长在讲话中从全面建设小康社会，调整农村产业结构的高度，强调退耕还林是发展林业、推进生态建设的一个极其重要的手段，是调整农业结构、增加农民收入的重要措施。李克强省长强调，在生态优先的前提下，要兼顾经济效益，要大力发展间作套种型林业，各级政府要利用好退耕还林和国家扶持农业的政策，把林产品加工业做精、做深。李克强要求，各级政府、各部门一定要精心组织，强化管理，落实政策，本着对国家负责，对人民负责的态度，把退耕还林工作做好。

围绕实现2003年全省以退耕还林为重点的林业建设目标，王明义副省长指出要全力搞好退耕还林工作，狠抓通道绿化建设，认真实施好天然林保护工程，继续做好重点山区防护林体系建设，认真抓好外资造林项目，切实保护和管理好现有森林资源，坚持依法治林，大力发展林业产业。王明义要求各地要加强领导，强化措施，确保各项林业建设任务圆满完成。同时要大力推进全社会办林业，进一步完善林业发展政策，努力改革林业经营机制，认真实施科教兴林战略，狠抓造林质量管理，加大对林业建设资金的监管力度。

各省辖市分管林业工作的副市长、林业局局长，2003年度退耕还林重点县（市、区）的县（市、区）长、林业局局长，省天然林保护和退耕还林工程领导小组成员，省绿化委员会成员参加了会议。

【河南森林病虫害防治检疫】 2002年，全省发生各种森林病虫害51万公顷，其中杨树食叶害虫13.8万公顷，大小蠹7.6万公顷，杨树蛀干害虫2.9万公顷，泡桐叶甲、大袋蛾7000公顷，马尾毛虫5万公顷，栎树食叶害虫1.4万公顷，刺槐食叶害虫4800公顷，草履蚧3000公顷，中华松针蚧1万公顷，油松毛虫3700公顷，泡桐丛枝病1.1万公顷，板栗疫病7200公顷，杨树病害8400公顷，松落针病2600公顷，经济林病虫害11.3万公顷。全省共计防治各种森林病虫害35.6万公顷，其中杨树食叶害虫13万公顷，大小蠹2.3万公顷，杨树蛀干害虫2.2万公顷，泡桐叶甲、大袋蛾5000公顷，马尾松毛虫1.4万公顷，栎树食叶害虫8500公顷，刺槐食叶害虫3450公顷，草履蚧2130公顷，中华松针蚧7230公顷，油松毛虫2730公顷，泡桐丛枝病7940公顷，板栗疫病6730公顷，杨树病害6090公顷，松落针病1600公顷，经济林病虫害9.8万公顷。全省共完成产地检疫林木种子450吨，果品24 500吨，花卉4400万株，药材3000千克，苗木1.2万公顷。调运检疫苗木16 460万株，花卉4680万株，林木种子482吨，木材128万立方米，果品20 500吨，药材2600千克。处理违章事件165次。办理国外引种审批手续3份。

【河南外资林业项目】 全省贫困地区林业发展项目（世行三期）共完成造林1.5万公顷，完成幼林抚育3.3万公顷，完成投资5878万元，其中利用外资3516万元。共营建管护棚57座，采购化肥1180吨，护林防火车11部。经国家林业局核查和省林业厅组织的检查验收，造林面积核实率98%，保存成活率93.7%，环保措施合格率98.3%，一级苗使用率96%。亚行贷款豫西农业综合开发（林果业）项目，共完成造林及低产林改造2766公顷，完成投资6690万元，分别为计划的111%和98%。2002年12月26日，省林业厅、省财政厅联合在郑州召开了全省世行贷款林业持续发展项目启动会。该项目共涉及全省12个省辖市的20个县（市、区），总投资3.35亿元人民币，其中利用世行贷款2020万美元，主要建设任务是营造速生丰产用材林2.3万公顷、经济林15 750公顷，新建苗圃5个。

【郑州市委书记李克视察风沙源生态治理工程】 2002年12月4日，省委常委、郑州市委书记李克在副市长康定军、王璋及有关部门负责同志陪同下，视察了郑州市风沙源生态治理工程的重点规划区，并对郑州市风沙治理和生态城市建设提出了明确要求。

该工程按照“西抓水保东治沙，城市周围森林化”的发展思路，以北部风沙源治理为重点，营造三道绿色屏障，启动7个辅助工程，实现“以绿治沙”。工程完成后，郑州市将形成由内到外，由远及近的三道绿色生态屏障，规划区新增林地2.7万公顷，城区新增绿地8036万平方米，城市人均公共绿地增加40平方米，城市绿化覆盖率达到37.6%，90%以上的通道两侧绿树成荫。届时，风沙侵害将得到有效遏制，人居环境进一步改善，郑州将重现碧水蓝天。

【河南省政府和中国林科院签订全面科技合作协议】 2002年1月19日，河南省政府和中国林科院在郑州签订全面科技合作协议。省长李克强，副省长王明义，国家林业局党组成员、中国林科院院长江泽慧等出席签字仪式。王明义、江泽慧分别代表双方签署《河南省人民政府、中国林业科学研究院全面科技合作协议书》。根据协议，今后双方将本着“真诚合作、互惠互利、共同发展”的原则，在林业科技、林业重点工程及森林生态网络体系建设、林木种苗及经济林开发、平原绿化及林业产业发展等方面开展全面合作。

在签字仪式上还签署了《河南省林业厅、中国林业科学研究院共建河南省经济林研究中心协议书》和《河南省林业厅、中国林业科学研究院全面科技合作首批示范项目协议书》，以及《中国林业科学研究院河南省南阳市人民政府共建科技兴林示范市协议书》、《中国林业科学研究院、河南省南阳市人民政府共建林业高新技术园区协议书》。

【河南省退耕还林暨春季植树造林电视电话会议】 2002年2月21日，省政府召开退耕还林暨春季植树造林工作电视电话会议，省委副书记、常务副省长李成玉作了讲话，省委常委、副省长王明义对2002年的退耕还林和春季植树造林工作作了具体部署。李成玉强调，退耕还林工程政策性强，操作难度大，涉及农村千家万户的切身利益。各级政府要充分履行职责，切实发挥领导、组织和协调作用，真正做到领导、责任、组织、投入、政策五到位。要在县、乡两级建立退耕还林责任档案，一亩一亩落实退耕还林面积，一旦出了问题要有据可查，有人承担责任，确保把16万公顷的退耕还林任务落到实处。对造林资金的使用要严加管理，跟踪监督，一旦发现挪用的，要严肃查处，追究有关领导的责任。王明义在部署工作时指出，各地要按照“相对集中、连片治理、按流域推进”的要求，根据省里下达的退耕还林任务，抓紧组织编制总体规划和年度作业设计，把退耕还林任务落实到县、乡、村、农户和山头地块，做到图、表和山头地块三对照。

【国家林业局周生贤局长来豫考察】 2002年2月25日至3月1日，国家林业局考察组一行4人，在周生贤局长的率领下，对河南省林业工作进行了考察。周生贤局长在河南省委副书记、常务副省长李成玉，省委常委、副省长王明义，省人大常委会副主任亢崇仁等领导的分别陪同下，深入到5个市、9个县，实地考察了全省工业原料林基地、退耕还林工程、牡丹基因库、城郊环境绿化、平原绿化、治沙工程、通道绿化、种苗花卉工程等。2月28日下午，省委副书记、省长李克强，省委常委、副省长王明义与国家林业局考察组进行了座谈。周生贤局长对实地考察情况和河南林业工作给予了充分肯定。他指出河南林业发展有几个特点：领导重视，指导思想明确，重点突出，措施得力，效果很好。周生贤局长还对河南林业今后的发展问题，提出了殷切的希望和具体要求。李克强省长对国家林业局对河南林业工作的关心与支持表示衷心感谢。他说，河南是一个农业大省，特别是在现在粮食连年丰收、库存大幅度增加情况下，发展林业就显得尤为重要。林业发展对生态环境保护、农业结构调整、工业发展这几个方面都会起到重大作用，今后一定要把河南林业发展放到突出位置来抓，从基建、财政、事业费方面加大投入。李克强省长要求各级各有关部门一定要认真规划，加强监督，严把所有用钱的环节，确保不发生挤占挪用资金的现象，甚至发生腐败行为。各有关部门要齐心协力，切实落实配套措施，确保林业资金真正发挥效益。省委常委、副省长王明义在座谈会上向考察组汇报了河南省林业发展情况和今后一个时期河南林业发展的基本思路。3月1日上午，周生贤局长在河南考察林业工作结束后，在河南人民会堂为全省林业系统干部职工作了关于林业发展形势的报告。报告会由河南省委常委、副省长王明义主持。

【河南省退耕还林工作电视电话会议】 2002年6月5日，河南省退耕还林工作电视电话会议在郑州召开。省委常委、副省长王明义在会上作了讲话。王明义在讲话中充分肯定了全省退耕还林工作所取得的成绩，指出了工作中存在的问题，并对全省2002年下半年的退耕工作提出了明确要求：加强新栽幼树管护，巩固退耕还林成果；切实提高造林质量；认真兑现各项政策；认真编制退耕还林年度作业设计；及时做好雨季造林的各项准备工作。

【河南科技大学林业职业学院成立】 经河南省人民政府同意、省教育厅批准，河南科技大学林业职业学院于2002年9月28日举行揭牌仪式，省政协副主席胡廷积、省林业厅巡视员李德臣、洛阳市人大常委会主任段运劳、河南科技大学党委书记夏林为学院揭牌。河南科技大学党委副书记李金来、副校长王清义、洛阳市人大常委会副主任张松涛及有关单位负责人、学校师生共3000余人参加了会议。河南科技大学林业职业学院是在河南省林业学校基础上成立的，为河南科技大学的二级学院，是河南省的第一所林业类高等职业学院。学院由河南科技大学和省林业厅合作办学，主要培养专科层次实用型人才，学制3年。河南科技大学负责招生计划、教学计划安排和毕业证发放，保证教学质量。河南省林业学校提供必要的办学条件，负责学生日常管理。双方在合作办学过程中，将按照高等职业教育的培养目标，不断增加投入，加强学科建设和教学管理，努力办出水平和特色。学院从2002年秋季开始招生，招生计划为200人，其中林学、园林专业各80人，观赏园艺专业40人。

【第二届中原花木交易博览会】 2002年11月6～12日在鄢陵县举行，本次花博会由国家林业局场圃总站、省林业厅、省花协、许昌市人民政府主办，鄢陵县人民政府承办。花博会吸引了来自全国20多个省（区、市）的1800多家客商，布置室内外展台612个。期间，200多家花木企业达成合同意向380多项，签约金额达4.7亿元，共有32万人次前来参观、考察。会后，组委会还组织专家评选出优质花木产品金奖87个，银奖64个，突出贡献奖33个，优秀布展奖15个，优秀组织奖10个。

【河南省森林防火电视电话会议】 2002年10月14日，省政府召开了全省森林防火工作电视电话会议，会议就森林防火工作形势作了分析，安排部署了全省下步的森林防火工作。省护林防火指挥部成员，有森林防火任务的13个省辖市的分管市长、24个重点县（市、区）的主要负责人及其护林防火指挥部成员参加了会议。省委常委、副省长、省护林防火指挥部指挥长王明义作了讲话。会议由省政府副秘书长李庆贵主持，省林业厅厅长、省护林防火指挥部副指挥长张敬增传达了全国秋冬季森林防火工作会议精神，通报当前森林防火工作的有关情况。王明义副省长在讲话中肯定了近几年全省森林防火工作取得的成绩，就当前秋防工作提出具体要求：①要认清形势，切实增强做好森林防火工作的责任感；②要突出重点，狠抓各项预防措施的落实；③要严阵以待，认真做好扑救森林火灾的准备；④要加强领导，认真落实森林防火责任制。王明义副省长最后强调，搞好森林防火工作意义重大，各级、各部门都要以临阵的姿态，周密部署，扎实准备，切实把森林防火工作抓紧抓好，为全省经济发展和社会稳定作出积极贡献，以实际行动迎接党的十六大胜利召开。

【河南候鸟行动】 2002年12月16～25日，河南各级森林公安机关参加了由国家森林公安局在全国14个省（区、市）组织开展的以打击破坏鸟类资源违法犯罪行为为主的“候鸟行动”，全省共出动警力6940余人次，查处各类破坏鸟类资源案件232起，打击处理不法分子274人；清查宾馆、饭店、酒楼、餐馆570余家，市场和火车、汽车货运站点223处；堵截、查获、收缴、救护各种鸟类2.48万只（头），其中国家一级保护野生动物大鸨、金雕等3只，国家二级保护野生动物猫头鹰、苍鹰、灰鹤、白头鹤、黄嘴白鹭、白冠长尾雉等31只；河南省重点保护野生动物草鹭、鸿雁、画眉、红嘴相思鸟等3400余只（头）；捣毁长期非法收购、出售野生鸟类的窝点266处；收缴猎枪、鸟夹、电网等猎捕工具1400余件，其中猎枪14支。 （河南省林业由徐忠供稿）

湖北省林业

【概　述】

造林绿化　全省完成人工造林29.63万公顷，占年度计划的111%，比2001年增加96%；飞播补植造林1.52万公顷，占计划任务的100%；封山育林和封山管护403.23万公顷，占计划任务的100.8%；中幼林抚育41万公顷，占计划任务的136.7%；四旁植树11 533.2万株。全省共有2514万人参加义务植树，义务植树尽责率为84.3%；完成植树1.164亿株，占年度计划1亿株的116.4%，人均植树4.6株；建设义务植树基地1301个，办绿化点2071个，植绿篱2094万延长米，铺草坪3506.3万平方米。全省共完成绿色通道植树3976万株，折合造林面积2.27万公顷，新达标里程6118.7千米，投入资金1.3亿元。全省完成绿化和林业育苗1.53万公顷，超计划110%。

六大重点工程

天然林保护工程　全省共建森林管护总站（大队）20个，管护站（所）696个，管护片（点）3300个，确定管护人员8050人；一次性安置富余职工10 643人；完成造林0.18万公顷，对口育苗733.33公顷；21个工程县（市）森林资源消耗量降到61.4万立方米，比1999年下降52.3%；商品材产量由1999年的35.3万立方米调减为0。

退耕还林工程　经省级复查，全省共完成退耕还林及荒山造林21.22万公顷，占计划的94.9%。其中，坡耕地退耕还林9.18万公顷，占计划的98.1%；完成荒山造林12.04万公顷，占计划的92.6%；全省57.7万农户从退耕还林工程中受益。

长江防护林工程　全省共完成工程造林3.18万公顷，占计划任务的112.5%，其中人工造林1.85万公顷，封山育林1.1万公顷，低质低效林改造0.21万公顷，种子直播0.02万公顷。

速生丰产林工程　全省共营造杨树、日本落叶松等速生丰产林5.65万公顷，占年度计划任务1万公顷的565%，其中森工企业自办基地达1.13万公顷。

高效经济林工程　全省共营造各类高效经济林5.47万公顷，占年度计划任务的174.7%。

野生动植物保护和自然保护区建设工程　开展野生动植物保护宣传和科普活动，重点打击破坏野生动植物资源违法犯罪活动；全面调查野生动物驯养繁殖、经营利用情况，规范全省野生动植物保护行政执法和管理程序；强化野生动植物及其产品进出口管理，共审核上报野生动植物及产品的《允许进出口证明书》40余份，办理非《进出口野生动植物商品名录》物种证明100余份；组建宜昌野生动物园，开展野生动物收容救护，湖北省野生动物救护研究开发中心全年收容救护野生动物23种62头（只）；组织野生动物产业化开发建设，开展野生动物驯养繁殖和经营利用，建立野生动物驯养繁殖基地和中心，全省共有养殖户404家，驯养繁殖品种99个、189万余头（只）。九宫山、洪湖、星斗山申报国家级自然保护区通过了国家林业局两次初审；新建了4处省级自然保护区、116处保护小区和5处市级自然保护区；后河一期工程、后河GEF项目、洪湖湿地示范工程、武汉市野生动物市场等4个项目开始启动。

外资造林　全省利用外资造林1.43万公顷，占计划的99.3%，其中世行项目0.85万公顷、日援项目0.56万公顷、粮援项目0.02万公顷；完成项目幼林育林2.58万公顷，占计划的104%，其中世行项目2.43万公顷、粮援项目0.15万公顷；日援项目完成封山育林0.53万公顷，占计划的101%。

苗木花卉　全省共完成育苗1.23万公顷，其中留床育苗0.49公顷，新育苗0.74公顷，可出圃苗木13.9亿株；完成容器育苗4652万袋。完成花卉种植0.69万公顷，销售花卉1.48亿株（盆、枝），销售草坪566.8万平方米，销售金额达3.35亿元。

国有林场建设　全省国有林场共完成人工造林1.92万公顷，占计划的144%；完成林业育苗0.21万公顷，占计划的155%；完成中幼林抚育3.88万公顷，占计划的116.4%；完成封山育林37.47万公顷，占计划的112.6%；新修和维修防火林带5613.8千米、林区公路（林道）2191.9千米，分别占计划的133.7%和109.6%；生产木材13.3万立方米，实现经济收入2.6亿元。

森林采伐限额管理　全省年森林采伐限额725万立方米，实际采伐总量为507万立方米，比2001年下降13万立方米，占年森林采伐限额的69.93%。

林地管理　全省申请审核审批的征占用林地项目261宗，涉及林地面积6240.61公顷，依法审核审批办证261宗，办结率为100%；国家和省重点工程项目征占用林地审核审批率达100%，其他一般工程建设征占用林地审核审批率达92.5%，分别比2001年提高7.4和12个百分点；依法征收各项林业规费1.09亿元，其中森林植被恢复费6466万元。

木材流通管理　对木材经营加工单位和木材市场秩序进行了全面清理整顿，取缔无证经营、加工木材的单位304家，责令停产、停业违法经营加工木材的单位和个体户153家，暂扣许可证责令整改的75家，天然林保护工程区关闭木材加工企业62家，查处违法经营加工木材案件2691起。

林业工作站和木材检查站建设 经过乡（镇）机构改革，2002年全省共有林业工作站996个，占乡（镇）总数的80.8%，其中属林业局直接管理的425个，属双重管理的377个，属乡（镇）管理的194个；全省合格县建设尚未达标的6个县（市、区）通过了省林业局验收，秭归县全国林业工作站示范县建设达到国家标准。对18个木材检查站进行了更名更址；开展了木材检查站创建文明执法示范窗口活动；全省林业系统基本实现了“无公路三乱”的目标。

林权登记 制定了《全省开展林权登记换发林权证书工作实施方案》，下发了《切实做好全省林权登记换发林权证书工作通知》，举办了23期培训班，培训人员1780人次，办林权登记发证试点29个，全省大部分县（市、区）林权登记发证工作已全面展开；在退耕还林工程县（市、区），对已退耕还林并经验收合格地块的发证工作进展顺利，发证率达57%。

林业法制建设 2002年，《湖北省森林防火条例》颁布实施，《湖北省林业局行政执法责任暂行规定》和《湖北省林业行政执法过错责任追究暂行规定》制定实行；全省林业系统“四五”普法全面铺开，林业行政执法人员执法证件的换发工作如期完成；开展林业行政复议，依法受理并裁决3起林业行政复议案件，对10多起未进入复议和诉讼程序的林业行政执法案件、纠纷进行了调处；组织开展全省林业系统普法考试，全省林业系统重点普法对象参加率和成绩合格率均达到90%以上；进一步加大依法治林力度，组织开展“湖北林业严打二号行动”、“打击毁林烧炭专项行动”、“候鸟行动”等专项执法行动，依法查处各类森林和野生动物案件27 357件，综合查处率为98.94%。

森林公安队伍建设 湖北省林业局森林公安处更名为湖北省森林公安局，市（州、县）建立森林公安分局（支队、大队）53个，新增森林公安人员编制124个；2002年，全省森林公安录用民警考试参考76人、合格67人；全面落实“先培训、后上岗，先培训、后授衔”的规定，先后组织新入警人员岗前培训、森林公安领导干部培训、晋升培训及各类业务培训共5期、受训206人；制定《湖北省市州级森林公安机关年度工作目标考核管理暂行办法》和实施细则，实行目标考核管理；加强森林公安派出所规范化建设，开展森林公安派出所达标创建活动；组织开展全省森林公安机关枪支警械专项整治。

森林防火 全省共发生森林火灾271起，其中火警194起，一般火灾77起；过火面积2410.6公顷，受害森林面积538.3公顷，森林受害率0.08/1000。与上个森林防火期相比，森林火灾起数下降19.8%，受害森林面积下降35.9%，森林受害率下降43个百分点。

森林病虫害防治 全省森林病虫害发生面积24.65万公顷，防治面积17.1万公顷，防治率为69.4%；森林病虫害成灾面积2.93万公顷，成灾率为3.39%；实际监测面积377公顷，监测覆盖率81.1%；种苗产地检疫面积1.38万公顷，种苗产地检疫率为88.3%。

森林公园和森林旅游 成立森林公园森林旅游管理中心，新增太子山、中华山、三角山3个国家森林公园，全省森林公园达到68处，其中国家级18处；围绕“森林”做文章，开发新的森林旅游线路，全省森林旅游人数达到459万人次，森林旅游收入达到10 632万元，带动社会旅游收入3678万元，社会旅游从业人员达3491人。

林业资金 2002年，全省林业资金投入大幅度增加，国家和省对湖北的营造林投入达13.1亿元，其中国家投入11.56亿元，省级投入5874.5万元。林业贴息贷款2300万元，林业预算外资金5600万元，世行贷款2200万元。国家投入是2001年的2.8倍；市县以下及社会投入林业资金达5.8亿元。

林产工业 2002年全省林业实现总产值155.3亿元，比2001年增长9.28%；全省人造板总产量84.85万立方米，林产工业总产值33.1亿元；全省林业出口创汇33.1万美元，同比增长10.3%，其中林产工业品出口创汇930万美元，同比增长10.7%。以福汉、福江、吉象、巨宁等品牌为代表的一批林业名牌产品正在壮大成长，名牌产品企业的利税已占全省森工企业的近80%。

林业科教 “948项目”日本果梅品种引进通过国家林业局的验收；国家高新技术产业项目宜昌快繁基地建设顺利竣工；6项课题研究通过省科技厅的成果鉴定；火炬松种源中龄林生长材性的变异与综合选择的研究和严重侵蚀地区水土保持林体系营建技术研究成果推广应用分获省科技进步三等奖和科技成果推广三等奖；湖北省林业科技项目储备制度和湖北林业科技专家库已建立，11个省级林业重点科研项目和7个省级重点推广项目首次实行招投标制；13项实用的林业科技技术成果在重点林业工程中得到推广；林业教育工作迈上新台阶，林业技术人员的培训力度进一步加大，全省共培训技术人员1200人。

林业对外合作 启动了世行四期项目；中国湖北·日本福岛友好纪念林项目圆满完成，日本政府贷款长江中上游湖北省造林项目已经国家计委批准立项并列入备选项目；WWF湖北湿地保护长江项目已制定框架文件；德国政府援助湖北二期生态项创利通过德国KWF银行的可行性论证评估。先后接待4个国家13批次66位外宾对湖北的来访，派出各类技术人员及管理人员27名出国考察、培训和学习。

林业宣传、信息和档案工作 对党的十六大报告、义务植树、林业严打、退耕还林、天然林保护、野生动植物及湿地保护等林业重大活动和六大重点工程进行了全方位的宣传；参与了2002年湖北环保世纪行宣传活动，开展了“严管林、慎用钱、质为先”警示宣传教育；在各种新闻媒体上刊（播）发稿件200余篇（条）。全省采用编发各地林业信息500条，其中被国家林业局和省委、省政府采用的林业信息共274条，在全国林业厅（局）中名列第二。着重抓了林业系统和林业企事业档案管理工作，省林科院和省国有林场工作站档案目标管理分别晋升为国家二级（科技）和省一级（地方），省林业局被省人事厅、省档案局评为全省档案工作先进集体。

（涂定卓　何明飞）

【湖北指导林业发展有新举措】 2002年，按照国家林业局“严管林、慎用钱、质为先”的要求，湖北省林业局大胆改革创新，采取新措施指导林业发展。①在“慎用钱”上，组织开展“资金管理年活动”，制定方案，下发一系列管理规定，使林业资金管理进一步走向规范化、制度化的轨道；组建省林业局重点工程资金稽查办公室，对重点工程的实施进行有效监督；在全省范围内对国债项目资金使用情况进行全面检查，对发现的问题及时进行整改；对21个天保工程县工程质量和资金使用进行拉网式核查，对发现的问题进行整改；对大部分林业重点工程实行报账制，以确保工程建设资金的使用效果。②落实“质为先”上，成立26个林业监理公司，对部分县（市）重点林业工程实行工程监理；推行林木种苗“三证一签”制度，使种苗生产进入法制化轨道；以县为单位对重点林业工程的作业设计实行统一会审，杜绝多个营造林项目重复现象，挤掉一部分造林水分；制定一系列规范性文件和检查，使造林质量检查有“法”可依。③在“严管林”上，实行森林资源管理责任人制度，开展严格的责任追究；实行森林采伐“伐前公示”制度，增加采伐审批透明度；对木材流通重要案件实行责任追究制，加强对森林资源的管理；完善和落实林政管理机构负责人上管一级的管理办法，稳定林业执法队伍；实行资源林政执法人员末位离岗培训制度，保持林政执法队伍的公正和活力；增加森林采伐限额执行情况年度核查县（市），使采伐限额管理更加严肃认真。④在民营林业的发展上，实现林业投入主体多元化。2002年，个体、公司和集体造林面积占全省造林面积的72%，全省实现林地流转面积达57万公顷。上海新高潮集团、东海集团、岳阳纸业、石首吉象、鄂林木业等大中型企业纷纷斥资投入营造林、建设原料林基地。全省涌现出一批造林面积过万亩、千亩的造林大户。民间资本进入全省森林工业领域也有突破性进展，森鑫公司、九棵松集团扩建等森工项目顺利建成投产，标志着全省民营林业迈上了一个新台阶，初步实现了林业投入主体的多元化。⑤林业项目管理上，建立林业科技项目库和专家库，对林业科技项目实行招标制；在退耕还林工程中实行招标制和责任制，在天保工程区组织开展“天保杯”活动；实行营造林质量验收招标制，省、市、县分级检查制，质量验收与监督核查分离制；推行林业工程项目廉政验收；改进检查方法，“明查”与“暗访”相结合。⑥在林业重点工程和全民绿化上，省绿委、省林业局与水利、交通、教育等部门衔接，联合发文，调动这些部门参与绿化的积极性；改革经营机制，加快林地流转步伐，用机制吸引广大群众投入林业；制定林业优惠政策，以政策机制吸引企业投入林业。⑦在激励机制上，为那些对地方林业发展作出突出贡献的党政领导申报并授予绿化奖章，鼓励他们进一步支持林业，关心林业；兴办林业科技论坛，激励那些有真才实学的林业科技人员为林业发展多出成果；将林业项目安排与资源管理、任务完成情况紧密挂钩，真正使林业项目起到一种宏观调控作用。

（湖北省林业局办公室）

【湖北原料林基地建设提速】 近几年来，全省人造板年产量连续超过80万立方米，年消耗木材超过200万立方米，但原材料的供求矛盾日渐突出。2002年，以省木业集团总公司、鄂林木业有限公司、湖北吉象人造林制品有限公司、咸宁市兴林阻燃刨花板厂、蕲春九方圆公司等为代表的林产工业企业加速发展工业原料林基地，取得了较大成效。2002年，全省共完成原料林基地造林1.13万公顷，投入资金2202万元，使全省林产工业原料林基地达到5.13万公顷。在基地建设中，各企业按照生产和发展的需要，确定基地建设的发展方向及规模，实行定向培育、集约经营、科学管理。为做到速度、质量和效益的统一，各企业都成立了造林公司或专业管理队伍，安排技术人员，认真进行规划调查、造林作业设计，对树种选优、技术规程、苗木质量、栽植质量、林木抚育各程序加强管理，全面控制，切实把好原料林基地建设质量关，使林木的成活率、保存率都达到较高水平。

（湖北省林业局计资处）

【湖北省林权登记换发证书工作全面展开】 为贯彻落实《省人民政府办公厅转发省林业局关于林权登记换发证书工作实施方案的通知》精神，切实做好全省林权登记换发证书工作，省林业局成立了湖北省林权登记换证工作办公室，制定了工作方案，召开了动员会，举办了林权管理与林权登记换发证书工作培训班，在全国率先开展了林权登记换发证书工作。这一工作计划用两年时间完成：2002年下半年全省铺开，2003年基本完成，2004年上半年完成扫尾工作。

（湖北省林业局资源管理处）

【《湖北省森林防火条例》颁布实施】 2002年，全省将森林防火立法工作作为一项重要任务提到议事日程。为了保证《湖北省森林防火条例》的如期出台，省林业局配合省政府法制办和省人大农村委、法规工作室，做了大量具体细致的工作，先后赴黄石、大冶、阳新、崇阳、通山、恩施、巴东、鹤峰等地进行了深入的立法调研，召开了部分市（县）有关负责人参加的征求意见座谈会，对《条例》送审稿和草案进行了反复修改。通过努力，《湖北省森林防火条例》于2002年9月27日经省九届人大常委会第三十五次会议审议通过，自2002年11月1日起开始施行。《条例》进一步明确了林业主管部门的执法主体地位，强化了对森林防火工作的监督职能，加大了处罚力度；《条例》还第一次以法规的形式对“林区”进行了界定，为林业部门加强森林资源的管理与执法提供了重要的法律依据。（湖北省林业局政策法规处）

【湖北抢救保护三峡库区珍稀动植物资源初见成效】三峡工程导流明渠截流成功后，库区水位不断升高，抢救和保护三峡珍稀野生动植物资源任务十分紧迫。湖北省宜昌市为此采取了一系列措施，取得了初步成效：①与中科院武汉植物研究所联合建立三峡植物园，成功引种栽培巴东木莲等三峡库区珍稀濒危植物47种、乡土植物1200种。同时，在三峡植物园建成了三峡地区最大的优良林木无性系快繁基地。②大力引进外资，与港商合资兴建三峡地区规模最大的珍稀野生动物驯养、繁育、研究和保护中心——三峡森林野生动物世界，搜集保护三峡地区珍稀濒危野生动物120多种。③与三峡开发总公司联合建立大老岭、龙门河两个三峡地区生物多样性保护基地。④建成以五峰后河国家级自然保护区为代表的自然保护区21处，使全市保护区总面积达到7万公顷。此外，珍稀濒危动植物资源救护基地也正在加快建设之中。

（宜昌市林业局）

【湖北人造板市场产品质量堪忧】 2002年，湖北省林产品质检站对省内人造板市场产品质量进行了市场监督抽查，共抽查了武汉、黄石、鄂州和咸宁等地11个板材、建材市场的79家批发商或经营部经营的细木工板（木芯板）和强化复合地板产品86个，其中合格产品22个，总合格率为25.6%。从抽检结果看，省内大、中型木材加工企业的产品质量可信度较高。在被检查的细木工板产品中，合格的7个品牌为福汉、福洪、金汉、灵龙、福利、参源和金博；不合格的47个产品，主要是甲醛释放量超标、横向静曲强度和胶合强度不合格。在被检的强化复合地板产品中，合格产品有山山、雅阁、巨宁、福汉、高邦等15个品牌；不合格产品的主要问题是表面耐磨达不到6000转的最低标准，其中大部分品牌只达到3000～5500转，个别如“彩碟”牌仅为500转。除了产品本身质量存在严重问题外，一些产品的标志标识也具有很大的随意性。在抽检产品中，约95%细木工板商品标识既无生产厂家及地址，也无正规商标和质量等级，90%的产品以“AAA”等代替质量等级；约95%的产品无甲醛释放量限量标识，标准要求标注的不标，不要求标注的却标上，如“执行ISO质量体系”、“健康环保型”等。这些质量低劣的人造板产品，生产厂家不具备必要的生产和检验设备，土法上马，工艺技术难以保证产品质量；生产企业为降低成本，不按规定使用环保型胶合剂，有的使用腐朽变质材料，有的偷工减料，以次充好，甚至强化复合地板表面不用耐磨层。这些伪劣产品损害消费者的利益，同时给群众身体健康带来隐患。

（湖北省林业局产业办）

【湖北荣获7项国家林业局局级优秀工程勘察设计奖】在全国范围内开展的2001年度国家林业局局级优秀工程勘察设计评选活动中，全省共有7个项目荣获国家林业局局级优秀工程勘察设计奖，分别为：省林勘院的湖北省国家造林项目规划设计、湖北省长江三峡地段生态林业工程实施计划纲要（设计）、湖北省大冶市雷山森林公园总体规划设计、湖北省207国道荆门段复线工程设计，宜昌市林勘院的宜昌市郊林业重点防护林工程实施方案设计，十堰市林勘队的长江中上游防护林体系建设湖北省十堰城区总体设计，咸宁市林勘院的咸宁区森林资源发展和保护项民总体设计。（湖北省林业局计资处）

【湖北省林业局派出第二批专家组对口援藏】 2002年3月28日至4月5日，湖北省林业局派出了第二批援藏专家组赴西藏山南地区进行林业科技援藏。专家组在乃东、贡嘎、扎囊等县（市），实地考察山南地区的春季造林情况，进行造林示范及现场技术培训、技术指导；深入藏民居住区、林业系统，实地考察山南地区中心苗圃、雅鲁藏布江流域防护林和经济林基地建设情况；了解地方政府及林业部门对林业生产和管理、人才培训、林木新品种等方面的需求；商讨合作开发山南地区的藏药资源以及下一步对口援藏的计划安排。专家组在山南地区重点开展了以下工作：①对2001年第一批专家组实施的技术援助项目进行跟踪指导；②对山南地区2002年春营造的防风固沙林、绿色通道建设、冲积扇造林、高山造林、经济林基地做了实地技术指导，对下一步抚育管理提出了建议；③援助价值近万元的911生根素，提高当地造林成活率；④对山南地区中心苗圃引进的优良品种和多功能建设进行了研究和技术指导；⑤代表湖北省林业局党组慰问山南地区的广大林业职工，并在计划之外援助20万元资金用于筹建乃东县林业局。

（湖北省林业局办公室）

【越冬马尾松毛虫在湖北部分地方大面积发生】2002年，湖北春季气温回暖快、虫口基数高、虫源地多，导致全省部分地方越冬马尾松毛虫大面积发生。据全省国家级中心测报点和各地森防站调查统计，全省越冬代松毛虫发生面积达9万多公顷，其发生范围主要集中在大别山区和大洪山一带，涉及到黄冈、孝感、随州、宜昌、咸宁等市。部分县（市）发生面积达2万多公顷，有虫株率达95%以上，虫口密度平均达200多条/株，局部地方达1000多条/株，危害十分严重。虫灾发生后，各级政府及林业主管部门高度重视，纷纷采取得力措施，认真组织防治工作。省政府紧急调集100万元资金用于救灾，各地也多方筹集资金，积极开展飞机灭虫和人工防治。全省防治面积5.3万公顷，其中飞机防治2.09万公顷，人工防治3.21万公顷；购买白僵菌高孢粉1800千克，粗粉17 000千克，灭幼脲6000千克；飞防130多架次；出动劳力3.5万人次，诱虫灯诱蛾1.5万千克，上山摘茧800余千克。通过以上措施，有效地降低了虫口密度，保护了森林资源。

（湖北省森防总站）

【湖北森林病虫害防治检疫管理信息网络基本建成】 2002年，湖北省林业局投入资金50万元，在全省县级以上森林病虫害防治机构，组建了以省森防总站为中枢、各测报点为终端、网络传递为纽带的森林病虫害防治检疫管理信息网络，为提高全省森防信息化管理水平，规范森防基础数据管理，实现测报防治检疫信息传输电子化和管理决策科学化提供了有力的保障。　（湖北省森防总站）

【湖北林业严打二号行动】　为了确保林业六大重点工程建设顺利实施，按照国家林业局的统一部署，从2002年3月1日至4月30日，在全省范围内组织开展了严厉打击破坏森林和野生动植物资源违法犯罪的“林业严打二号行动”。全省共出动警力和执法人员10 593人次，挂牌督办案件42起，其中特大案件6起，重大案件20起；结案37起，刑事拘留17人，逮捕20人，取保候审3人。获取案件线索2728起，共查获案件2026起（其中侦破刑事案件94起，查处治安案件128起，查处行政案件1802起）。在侦破的刑事案件中，属重大案件的37起，共处理各类违法犯罪人员1103人（其中逮捕49人，刑事拘留62人，劳教1人，治安和行政处罚2623人），收缴木材1749.66立方米，为国家挽回经济损失262万余元。通过组织开展“林业严打二号行动”，全省范围内破坏森林和野生动植物资源的积案、疑难案件得到有效查处，有力地打击了各种违法犯罪分子，教育了广大群众，破坏森林和野生动植物资源的违法犯罪得到了有效遏制，林区治安形势进一步稳定。

（湖北省林业局森林公安局）

【湖北自然保护区建设】　经省人民政府批准，2002年，湖北省在十堰市的赛武当、恩施自治州的七姊妹山分别建立森林生态系统自然保护区和在黄冈市龙感湖建立湿地生态系统自然保护区，面积达13公顷；在全省65个县（市）建立各种不同类型的自然保护小区116处，面积8.9公顷；至此全省省级自然保护区总数达13处，总面积29.14公顷。同时，省人民政府要求，新建立的自然保护区及保护小区所在的县（市、区）人民政府要加强对自然保护区及保护小区管理工作的领导，严格按照《中华人民共和国自然保护区条例》等有关法律法规的规定，制定有利于自然保护区及保护小区保护和建设的措施，认真组织落实保护区及保护小区边界划定工作，并标明区界、予以公告；禁止在自然保护小区内进行砍伐、放牧、狩猎、捕捞、采药、开垦、烧荒、开矿、采石、挖沙等活动；各级有关部门要把自然保护区的建设纳入国民经济和社会发展计划，加大资金投入力度，促进自然保护区建设健康有序的发展。

（湖北省林业局保护处）

【日本友人在湖北种植“中日友好纪念林”】　2002年3月1日，来自日本福岛绿化协力队的33名队员，在湖北省林业局有关领导陪同下，前往浠水县散花镇石牛山村，为全省第一片“中日友好纪念林”植下第一批树。以“推进地球绿化”为宗旨的福岛县绿化协力队，是日本一个民间林业组织。2002年9月，该组织与湖北省签订“中国湖北·日本福岛友好纪念林”援助项目协议，无偿出资300万日元，在浠水县营造一片面积达20公顷的友好纪念林，分3次种植2.4万株樟树、枇杷、黑李、意杨等树种，帮助湖北改善长江沿岸的生态环境。

（湖北省林业局植树造林处）

【湖北发现大面积红豆杉林】　在湖北省野生动植物保护总站组织的综合科学考察组对竹溪县十八里长峡自然保护区进行的综合科学考察中，发现了大面积红豆杉林，总面积达到273.6公顷，总株数为49.5万株，蓄积量约为2892立方米。这一发现使全省红豆杉树数量超过100万株，成为全国红豆杉资源大省之一。专家建议有关部门应采取得力措施加强保护性监测，并尽快建立省级或国家级十八里长峡自然保护区。　（湖北省野生动植物保护总站）

【武汉市启动森林生态效益补助资金试点工作】 2002年，武汉市林业局召开全市森林生态效益补助资金试点工作会议，布置在黄陂、新洲、江夏、蔡甸4区各选择一个乡（镇）开展森林生态效益补助资金试点，试点涉及生态公益林面积0.4万公顷。补助对象为承担生态公益林保护和管理的单位和个人，包括国有林场、国有苗圃、自然保护区、集体林场及其他所有制的单位和个人；补助范围为用于生态公益林保护和管理费用支出补助，包括管护人员费用，护林标牌和护林防火、防治病虫害等基础设施建设费用及检查验收和项目管理费用；补助标准为每公顷每年75

元，补助资金由同级财政部门拨给同级林业部门，由林业部门设立专账，专人封闭式管理；资金发放实行报账制，由区林业、财政部门组织自查，市林业、财政部门抽查，根据检查结果发放资金。该市森林生态补助资金试点工作是根据《武汉市人民政府关于推进林业分类经营改革的通知》和国家林业局、财政部有关文件精神要求，在未纳入全国试点范围的情况下自我启动的，是全国继广州市之后自行启动试点的第二个城市。 （武汉市林业局）

【湖北省林产品质量监督检验站全面开展林产品质检工作】 2002年，省林产品质检站在取得省技术监督局质量检测认证和林产品质量监督检验授权的基础上，建立了一系列严密、规范的规章制度和操作规程，围绕检验的公正性，数据结论的准确、可靠性，实施全方位质量控制，形成了工作规范化，技术标准化，管理制度化的良好站风，在省林业局和省技术监督局的支持和指导下，全面开展了林产品质量监督检验工作。2002年，省林产品质检站承担了全省人造板企业产品质量专项统检、人造板产品定期抽检和全省人造板市场质量抽检工作，共检测了百余家较大的人造板制造企业各类人造板产品质量，并在全省主要人造板市场抽查检测了79家批发商、经营部的人造板产品质量，为全省人造板质量监督管理提供了准确和权威性的数据，受到了省质量技术监督局和其他有关部门的肯定。同时，省林产品质检站还接受各人造板生产企业送检样品达200多次，为企业的质量控制提供测试报告，并帮助企业进行产品质量分析，为企业技术改造和质量升级出谋划策，受到了企业的好评。 （湖北省林业局产业办）

【宜昌市围绕三峡大坝生态安全全力构建生态环境新格局】 宜昌市以服务三峡工程为宗旨，坚持生态优先原则，全力构建三峡坝库区林业生态环境新格局。根据“十五”规划，到2005年，宜昌市将通过实施四大工程，采取六项措施，使三峡坝库区森林面积达到48.92万公顷，森林覆盖率由49.2%提高到55.5%，提高6.3个百分点；自然保护区面积达到14万公顷。四大工程是：实施天然林资源保护工程，管护森林面积47.64万公顷，人工造林0.4万公顷，封山育林7.54万公顷，飞播补植3.4万公顷；实施退耕还林工程，退耕还林5.39万公顷；实施野生动植物保护和自然保护区建设工程，新建1处国家级、3～4处省级自然保护区，25处国家级和省级森林公园；实施城市森林生态网络体系建设工程，以城市公用绿地为点，以道路、江河为线，以城郊森林为面，全面布局林业生态环境建设，重点建设三峡机场至三峡坝区88千米专用公路绿化带，栽植大树（苗）5万株，花灌木100万株，新建一批城市中心公园、街心花园和商贸区休闲绿地，加大植物园、动物园和森林公园建设力度。六项具体措施是：一“封”，大力开展封山育林，对三峡坝库区13万公顷有林地实行全封和半封；二“造”，全面开展荒山造林，完成荒山造林1.3万公顷；三“退”，对坝库区25度以上的坡耕地全部实行退耕还林还草；四“停”，全面停止天然林采伐，对天保工程区内的55个木材加工（经营）企业，实行关闭或转产，对人工林的采伐进行严格控制；五“建”，建好省柴灶，减少森林资源消耗；六“迁”，结合坝库区移民将长期居住在25度以上坡耕地区域的农户实施异地搬迁。 （宜昌市林业局）

【咸宁市实行退耕还林政策兑现“十不准”】 2002年，咸宁市政府出台《退耕还林政策兑现工作实施方案（试行）》，对退耕还林工程建设中的自查验收、粮食供应、现金与种苗补助发放、资金使用管理、粮食兑付、造林质量违规处理和组织领导等方面，作出了19项具体规定，并要求严格实行退耕还林政策，兑现“十不准”：不准虚报、冒领、骗取国家退耕还林钱、粮补助；不准用退耕还林钱、粮补助冲抵税费；不准用退耕还林钱、粮补助抵扣种苗费；不准克扣退耕还林钱、粮补助；不准给退耕农户兑付陈化、变质的粮食；不准将退耕还林补助粮食变卖后以现金或代金券的形式兑付；不准按人口平均兑付退耕还林钱、粮补助；不准将粮食运费分摊给农民；不准将退耕还林钱、粮补助挪作他用；不准毁林复耕。

（咸宁市林业局）

【枝江市推行“买路造林”县乡道路绿化成效大】 枝江市林业局在高标准建成165千米的国道、省道“绿色长廊”后，继续进行产权改革，动员全市林业系统各单位和干部职工买路造林。近两年来，全市林业系统累计投入资金100多万元，买断县乡道路产权总里程200千米，折合造林面积333.34公顷，使枝江市县乡道路已初步形成用材林与常绿观赏树相结合的绿色长廊。枝江市的主要做法：①解放思想，更新观念。彻底消除畏难情绪和等、要、靠思想，把县乡绿色通道建设作为贯彻落实“三个代表”重要思想的具体体现，坚持与改善生态环境相结合，与林业产业结构调整相结合，与发展民营林业相结合，与建设站办实体增强自身实力相结合，与树立林业部门崭新形象相结合。②深化改革，活化机制。制定优惠政策，对买路造林的职工在政策上鼓励，资金上扶持，并在种苗供应、技术指导、林木管护等多方面给予帮助，实行干部身份不变，工资待遇不变，职务等级不变；转换机制，广泛引入租赁承包、招标拍卖、合作经营、股份经营等多种经营机制，在产权上实行“谁造林、谁所有”，在经营上实行“谁造林、谁经营、谁受益”，充分调动了林业职工参与绿色通道建设的积极性；③加大造林科技含量。对“买路造林”实行统一规划、统一供苗、统一栽植，统一检查验收，大力推广杨树截干栽植新技术，确保了绿色通道工程建设质量，造林合格率和保存率均达到 95% 以上；④政府重视，扶持发展。市财政每年安排 20 万元，对林业职工买路造林优先安排苗木补助或者低息贷款，各乡（镇）街道办事处每年安排一定的农民义务工用于县乡道路绿化；对近期难见效或管护难度大的路段，采取无偿划拨的方法，直接交与林业部门造林绿化。

（枝江市林业局）

【保康县保护与开发并重推动野生花卉产业发展】 保康县野生花卉资源十分丰富，其中野生牡丹分布面积 166.6 公顷，约 10 万株，野生种类占世界野生种的半数以上；野生紫薇分布面积 1300 多公顷，约 50 多万株；蜡梅天然林 4000 公顷，约 1000 万株，为蜡梅属起源地和中心地带；杜鹃花科植物分布广泛，已发现原始野生云锦杜鹃纯林 67 公顷。为充分开发利用丰富的野生花卉资源，2002 年，保康县依据《森林法》制定了《保康县珍稀植物资源管理办法》，建立了野生蜡梅自然保护区，成立了紫蔽繁育开发中心，兴建了作为该县旅游观光的亮点工程——紫薇林，开展了野生牡丹、紫薇的杂交育种，野生蜡梅、紫薇嫁接，野生花卉盆景制作、扦插及组培育苗，初步走上了保护与开发并重的发展野生花卉产业之路。

（襄樊市林业局）

【通山县北山林场灾后重建见成效】 2000 年 3 月的一场特大森林火灾毁掉了通山县北山林场过半的森林。火灾过后的两年多来，北山林场职工紧紧围绕“二年苦干、三年变样、五年见效”的奋斗目标，通过艰苦的灾后重建工作，把一个光秃秃的火烧迹地建设成林茂果丰的“花果山”。①狠抓造林绿化。北山人把造林作为灾后重建的重中之重，按照适地适树的原则，以市场为导向，实行竹木并举，大力发展竹业和苗木生产；严格执行定时间、定面积、定措施、定责任、定奖惩，把好整地、种苗、栽植、验收关，实行造林任务与场领导的职责、与干部职工工资、与当年评选先进挂钩的“五定四关三挂钩”的责任制，两年共完成造林定植 619.47 公顷，栽植苗木 151 万株；抚育 498.47 公顷，育苗 7.94 公顷，建立绿化苗圃基地 80 公顷。②重视护林防火。痛定思痛，全场职工真正认识到护林防火的重要性，加大了森林防火的工作力度。10 千米长、30 米宽的主隔离带，36 千米长、30～50 米宽支隔离带栽植了防火树种，实行生物防火；维修防火线 32 千米、林道 48 千米；张贴“森林防火戒严令”和“护林防火十不准”等宣传资料 7200 份；建立水久性防火标牌 8 个，护林防火宣传栏 15 个；悬挂防火横幅 18 条，建立瞭望台（电台）2 座，坚持 24 小时值班制度，13 名护林员在防火期坚持每天到周边村组鸣锣警示，并在主要进山路口指派专人进行火种检查、登记。③开源节流，积极创收。两年来北山林场共砍伐火烧木 14 698 立方米，销售火烧材 14 650 立方米，实现销售收入 340 万元，上交利税 55 万元，投入恢复造林资金 235 万元；同时，争取国债项目等资金 73.4 万元，保证了灾后重建工作的顺利推进。

（咸宁市林业局）

【谷城县林业综合改革试点工作稳步推进】 2002 年是谷城县实施林业综合改革试点工作的第四年，按照省政府确定的林业综合改革总体规划，谷城县进一步深化林业改革，加快林业产业发展，促进了县域经济发展和农民增收，全县农民人均收入同比增加 100 元。

谷城县林业综合改革的主要措施包括：

深化五项改革：①深化林地使用权流转改革，进一步规范林地使用权流转行为，采取拍卖、租赁、入股、联办、承包等多种形式，新增林地流转面积 0.34 万公顷，全县林地流转面积达到 2.34 万公顷，吸纳资金 3500 余万元。②深化森林分类经营改革，继续开展森林分类经营试点，进一步完善森林生态效益补偿操作办法，健全森林管护制度。③深化林业内部改革，加强乡（镇）林业站改革，10 个乡（镇）林业站共分流职 156 人，通过自主创业、兴办基地和苗圃等对分流人员进行了妥善安置；加强国有林场改革，按照“管好一块，放活一块”的要求，转换经营机制，深化内部承包经营；发展民营企业，先后组建了谷城县绣林苗业有限公司、谷城县食用菌开发有限责任公司、连山旅游开发有限责任公司等三大公司。④深化林权改革，按照“稳定所有权，放活使用权”的基本思路，开展林权制度改革，开展林权登记发证试点，向林地经营者发放《林权证》，让经营者吃“定心丸”，进一步调动广大群众发展林业的积极性。⑤深化林业产值统计口径改革，按照《谷城县林业统计口径改革实施方案》，完善统计模式，更真实地反映了林业产值以及对 GDP 的贡献。

五大产业建设齐头并进：①巩固提高茶叶产业。茶叶基地面积稳定在 0.67 万公顷，加快老茶园的更新改造和有机茶的发展，有机茶面积已达 333.34 公顷。全县茶叶年产量达 3000 吨，年产值 6000 万元。②适度发展食用菌产业。示范推广食用菌优良品种 12 个，全县食用菌年产值达到 2000 万元。③大力发展花椒产业。新建花椒基地 0.14 万公顷，总面积已达 0.47 万公顷，其中见效面积 0.2 万公顷。④突出发展杨树产业。全县杨树基地已达 0.67 万公顷，初步形成了以一江两河沿岸为重点的杨树产业基地。⑤突破性发展森林旅游业。将薤山林场作为旅游业的龙头，狠抓硬件设施建设和软环境的优化，全年共接待游客 10 万余人次，实现旅游收入 500 万元。薤山旅游区已被省旅游局列入 AAA 级国家旅游区推荐名单。同时积极开发国有承恩寺林场、庙岗林场的森林旅游

资源。（谷城县林业局）

【农民杨守义栽竹致富】 在106国道崇阳县跑马岭地段，有一片翠绿葱茏、长势喜人的雷竹园，这就是崇阳县石城镇湾头村农民杨守义栽种的雷竹高效园。1999年，县委、县政府将发展雷竹生产作为农业结构调整的主导产业来抓，出台了一系列优惠政策，鼓励农民栽竹致富。杨守义带头响应县委、县政府的号召，在跑马岭承包6.67公顷荒山，贷款5万元从县雷竹公司购买6000棵种竹建起了雷竹示范园。雷竹栽下后，经过精心培育、管理，第二年就开始出笋，每根种竹平均出笋在5根以上，雷竹存园达3万根，产鲜笋5000多千克。2001年满园丰产，卖竹种1万株，产鲜笋5000多千克，收入达8万元，一年就还清了贷款。2002年春季，卖竹种2万根，产鲜笋1万千克，收入达16万元，除去开支，纯收入在10万元以上。杨守义种竹致富不忘群众，不忘发展。他正准备进一步扩大种植规模，利用成功的经验，再承包邻近单位的13.34公顷雷竹基地进行经营管理。他还打算在基地上建5间房，办一个竹笋加工厂，进行综合立体开发。同时，通过提供竹种和技术服务，帮助周边群众发展雷竹生产，使跑马岭变成"雷竹岭"，使他的雷竹园成为带动千家万户致富的示范园。鉴于杨守义在绿化荒山、发展雷竹产业中的突出贡献，崇阳县委、县政府在2002年春全县三级干部大会上，授予杨守义发展雷竹突出贡献奖，颁发奖金1万元。

（咸宁市林业局）

【全国防沙治沙先进个人罗士元】 湖北省钟祥市胡集镇蛮河村罗士元，几年来带头承包荒滩植树造林，2001年被省政府评为植树造林先进工作者，2002年被全国绿化委员会、人事部、国家林业局联合授予全国防沙治沙先进个人光荣称号。1985年，时年44岁的罗士元正担任蛮河村党支部书记，他看到由于河流改道形成的万余亩沙滩地，长年以来沙尘四起、天昏地暗，给人们生产、生活和生存带来极大不便和灾难，就下决心要治理好这块沙滩地。他率领部分村民先后在荒滩上进行植树造林试验，但由于资金、技术、管理、体制、信息等多方面原因的制约，均以失败而告终。1998年，罗士元退休后被子女接进城安度晚年，但他仍心系那片荒滩，于是利用在城里生活的有利条件，到图书馆、书店查找有关资料，到林业部门咨询信息、技术，积极寻求治理荒滩的"妙药良方"，功夫不负人心人，终于从林业部门专家处了解到用扦插的办法种植杨树，成活率高、防沙效果好，且经济效益高，于是请林业专家到家中，召开家庭会议，准备回乡承包荒沙滩。1998年8月1日，罗士元与胡集镇蛮河村签订了200公顷为期30年的荒滩治沙造林承包合同，变卖家产等筹资10万元，聘请林业专家现场考察论证，制定科学治沙造林方案，1999年3月回到故乡，开始了治沙造林的征程。在林业部门大力支持下，罗士元先后从省内外购回优质意杨树苗10万株，率亲戚朋友开展植树造林。为确保质量，他高薪聘请专家进行指导，并坚持白天上工地、晚上向专家学习栽培和管理技术，每天休息仅5个小时；为确保成活率，他像呵护自己的子女一样呵护每一株树苗，辛勤施肥、浇水。1999年夏季遭遇了近10年未遇的旱灾，他坚持每天到河边挑水近百担、往返路程近百里。在他的精心护理下，栽种的10万株意杨成活率达85%以上。"一份耕耘，一分收获"，一晃3年过去，罗士元承包的200公顷荒沙地上的意杨，如今已生长茂盛，昔日的荒沙滩已变成一片绿海，天昏地暗的日子也一去不复返了。在罗士元的带领下，蛮河口村掀起了承包荒滩植树造林的热潮，而今，这片万余亩的荒沙地已全部种上了意杨树。

（荆门市林业局）

【湖北省2002年林业大事】

1月17日 湖北省林产品质量检验监测中心站通过机构认证，全面履行林产品质量检验监测职能。

1月25日 省政府召开省护林防火指挥部领导成员会议，省护林防火指挥部指挥长、副省长贾天增在会上讲话，要求注意六大隐患，切实加强森林防火工作。

2月2日 省林业局召开全省林业局长会议，省委副书记王生铁作了讲话，省政府副秘书长陈柏槐出席会议。

2月27日 省绿化委员会、省交通厅、省林业局在孝昌县联合召开京珠高速公路湖北段绿色通道建设现场会。

湖北省森林病虫害防治检疫站更名为湖北省森林病虫害防治检疫总站。

3月1日 省委书记俞正声，省长张国光，省委常委杨永良、王生铁、罗清泉、黄远志、赵文源、宋育英、邓道坤、吴凤龙、陈训秋、周济和省人大、省政府、省政协、省军区、省武警总队以及武汉市领导，在武汉市江夏区五里界花山吴村沪蓉高速公路两侧冒雨参加义务植树活动。

3月10日 省林业局主持召开全省林（竹）纸一体化研讨会。

3月19日 省政府在神农架林区召开打击毁林烧炭违法行为专项行动工作会议，传达学习中央领导李瑞环、温家宝同志重要批示及省委书记俞正声、省长张国光在听取有关毁林烧炭情况汇报时的讲话，通报全省查处毁林烧炭案件的情况，省政府副秘书长陈柏槐对打击毁林烧炭违法行为专项行动作了动员和部署。

3月28日 省林业局派出第二批专家组赴西藏山南地区进行林业科技援藏。

4月10日 《湖北省退耕还林工程2002年度实施方案》通过国家林业局评审并被批准实施。

4月9～11日 湖北鄂州生态防护林项目通过中期评审。

4月28日 武汉环城森林生态工程总体设计通过评审。

5月2日 中共中央政治局委员、国务院副总理钱其琛，国务院副秘书长崔占福、国家旅游局局长何光玮一行视察湖北神农架国家级自然保护区。

5月8～9日 保康县在神农架林区森林公安的配合下，查获一起非法盗伐、收购国家珍稀保护树木红豆杉案。

5月10日 省政府召开贯彻落实全国退耕还林电视电话会议精神工作会议，省委常委、常务副省长邓道坤作了讲话，并对全省2002年退耕还林工作进行了部署。

5月14日 省人大常委会副主任章治文带领省人大农工委、省林业局有关负责人在广水市视察退耕还林及植树造林工作。

5月18日 省林业局组织有关单位参加了省委宣传部、省科技厅、省科协联合举办的"科技活动周"活动，并获得优秀活动奖。

5月22日 荆门市举办"拒食野味，保护野生动物"万人签名活动。

6月27日至7月1日 省林业局主办、省花协承办的湖北（武汉）插花花艺大赛在武汉举行。

7月3日 中日合作林木育种委员会第一次联合委员会议在武汉召开。

7月15日 湖北省林业学校升格为湖北省生物生态职业技术学院。

7月20～21日 省林业局召开市（州）林业局长会议，总结2002年上半年工作。

7月25日 湖北福汉木业有限公司"福汉"牌细木工板获湖北省名牌产品称号。

8月22～28日 湖北省德援二期造林项目顺利通过德国KFW银行评估论证。

9月12日 省林业局主办、省林学会承办的第二届林业科技论坛会在武汉召开，收到林业科技论文160多篇。

9月26日 省林业局召开全省市（州）林业局长会议，动员和部署林权登记换证工作。

9月27日 省九届人大常委会第三十五次会议审议通过了《湖北省森林防火条例》，并宣布自2002年11月1日起开始施行。

8～9月 湖北省组织开展"森防宣传月"活动。

9月29日至10月4日 第三届湖北（武汉）全国花卉博览暨全省林木种苗交易会在武汉举行，来自台湾、广东、广西等11个省（市）和全省林业、农业、水利及花卉企业的200多个单位参加了花博会，参展种类包括花卉、盆景、根雕、仿真花、林木种苗、竹工艺品、园林工程、园林机械等十五大类6000余件（种），现场成交金额达950多万元，达成意向性金额1.2亿元。

10月24～25日 全省绿色通道建设工作会议在武汉召开，省政府副省长、省绿化委员会主任刘友凡到会作了讲话，并检查了京珠高速公路和107国道湖北段绿色通道建设情况。

10月28日 省林业学校隆重举行建校50周年校庆活动。

10月26～30日 刘友凡副省长率省扶贫办、省林业局有关负责人到神农架林区和十堰市的房县、丹江口市等地就天然林保护工程、退耕还林工程、绿色通道建设、护林防火、扶贫开发工作和农村税费改革进行调研。

11月6日 全国人大环资委副主任叶如棠、委员陈潜及国家林业局野生动植物保护司司长卓榕生、政策法规司副司长王洪杰等一行考察神农架国家级自然保护区。

11月12日 国家高新技术产业化示范工程林木优良无性系快繁基地在宜昌建成。

12月1日 全省林业宣传工作会议在武汉召开。

12月3日 首片"湖北·福岛中日友好纪念林"在湖北省浠水县建成。

12月4日 湖北省林权登记发证管理信息系统（HBLQ）研制开发成功。

12月19日 中国地质大学（武汉）神农架自然保护区教学科研基地建立。

12月24日 世行贷款林业持续发展项目（世行四期）启动会在武汉召开。 （何明飞）

湖南省林业

【概　述】 2002年，湖南省林业系统按照"瞄准一个目标，建立两大体系，实施九大工程，促进'三化'建设"的总体思路，开拓创新，圆满地完成了各项工作任务。

九大工程稳步推进 ①退耕还林工程由试点转向全面实施。2000～2002年，国家正式下达退耕还林任务82万公顷，涉及14个市（州）的99个县（市、区）。2002年完成退耕还林任务40.67万公顷，其中，退耕地造林20万公顷，宜林荒山荒地造林20.67万公顷。②1999年启动的“三难地”绿化攻坚工程进入冲刺阶段。到2002年底，全省共改造“三难地”45.85万公顷，为规划任务的95.1%。③2002年整合的防护林体系建设工程完成投资6818万元，造林5.43万公顷。④野生动植物保护及自然保护区建设工程新增自然保护区32处，全省自然保护区达到88处；总面积113万公顷，比2001年增长了37.8%，占国土面积的5.35%。⑤生态公益林保护工程启动了森林生态效益补助资金试点工作。试点面积200万公顷，涉及67个县（市、区）、5处国家级自然保护区和133个国有林场。累计下拨资金2.5亿元。⑥速生丰产林建设工程方面。制定了南桉北杨开发计划，加大了杨树、桉树的开发力度。林纸结合、林板结合的发展势头较好。全年共营造速生丰产林3.67万公顷，速生丰产林达到104.27万公顷。⑦林产工业工程完成了全省林产工业情况调查，编制了今后10年的发展规划。全省以民营企业占主体的林产品加工体系初步形成。2002年共生产人造板95万立方米、木竹浆纸43万吨、木竹地板及复合地板550万平方米、松香（含氢化松香、冰片）1.4万吨；林产工业总产值达到80亿元，较2001年增长11.7%。⑧森林生态旅游工程有3处公园晋升为国家级森林公园、5处公园晋升为省级森林公园。省政府召开了全省花卉和森林生态旅游工作会议。1年中，森林生态旅游共接待游客539万人次，直接经济收入4.6亿元，创造社会产值25亿元。⑨优质种苗和花卉工程已形成每年供应3.7万千克林木良种、3.5亿株苗木的生产能力。花卉苗木种植面积突破3.3万公顷，销售额突破15亿元。

八件大事鼓舞人心 ①成功举办了首届花卉博览交易会。由省人民政府主办，省绿化委员会、省林业厅、省花卉协会承办的花博会于9月28日至10月7日在省森林植物园隆重举行。总展出面积6万平方米，摆放鲜花100多种20多万盆，展品1500多项。14个市（州）和省内外200多户花卉企业和一批花农参加了花卉展览和交易活动，签订花卉经营合作项目协议22个，金额达1亿多元。会展期间，省委书记杨正午等20多位省级领导和10多万游客前往参观。②在首届中国森林风景资源博览会上取得好成绩。6月8～12日，国家林业局在浙江省临安市举办了首届中国森林风景资源博览会。湖南摘取博览会综合金奖和最佳组织奖。九疑山国家森林公园瑶族风情艺术团的歌舞演出获得了民族风情表演特等奖。③林业投入稳步增长。国家和地方对林业的投入均较2001年有较大增加。④省林木种苗繁育示范中心建设一期工程基本完成。⑤林业信息化工程建设全面提速。年内，完成了工程可行性研究设计，开发了政务信息系统，启动了全国森林资源管理信息系统试点工程。⑥造林质量跃上新台阶。人工造林面积核实率99.45%，质量合格率98.61%，良种使用率99.86%，作业设计率99.97%，抚育率95.38%，检查验收率99.97%，档案建立率99.97%，管护率99.52%。在2002年10月召开的全国营造林质量工作会议上，湖南荣获首次国家营造林质量奖。⑦“城市绿化周”活动有声有色。1月24日，省第九届人大常委会作出《关于开展“城市绿化周”活动的决定》，确定每年的3月12～18日为全省城市绿化周。在植树节和第一个“城市绿化周”期间，全省有3000万人参加义务植树，植树1.2亿株，完成大环境绿化408.4公顷，新增城镇绿地102公顷。⑧整个行业面貌改观。省、市（州）、县（市、区）和基层林业绿化机构的工作和生活条件都有不同程度的改善，干部职工精神面貌焕然一新。

7次行动卓有成效 7次行动分别是：①征占用林地清理整治专项行动。②木（竹）材经营加工单位专项清理整顿。③春季森林防火保卫战。④野生动植物保护管理执法检查活动。⑤严厉打击破坏森林和野生动物资源犯罪活动的“破案攻坚战”。⑥打击破坏野生鸟类资源违法犯罪的“候鸟行动”。⑦松材线虫病狙击战。全年发生森林火灾1076起，受害森林面积3423公顷，受害率0.36/1000，控制在省政府规定的0.50/1000指标之内。全省森林公安机关共侦破各类森林案件13 234起，打击和处罚各类违法犯罪人员15 692人，挽回直接经济损失1282万元。林业检察机关受理批捕、起诉案件986件1381人，审结964件1361人。林业审判机关受理各类涉林案件3605件，审结3392件，解决争执山林面积407.3公顷，结案率为94%。野生动植物保护管理部门共查处野生动植物案件1662起，其中动物案件1392起，植物案件270起。一年中，森林病虫害发生面积22万公顷，发生率2.3%，成灾率2/1000，分别较2001年下降了0.9%和1.6/1000。防治12.54万公顷，防治率为57%；监测覆盖率90%；种苗产地检疫率95%。

同时，林业法律法规不断完善，林业宣传不断加强，林业行政审批制度改革不断深化。

2002年，全省有林地面积达到971.97万公顷，比2001年增加14.02万公顷；森林覆盖率达到53.13%，比2001年增加0.37个百分点；活立木蓄积量达到31352.34万立方米，比2001年增加789.53万立方米；立竹达到15亿株，比2001年增加2600万株；为社会提供活立木1310万立方米、商品木材368.42万立方米、商品竹材7100万根；林业总产值达到333亿元。

当前，湖南林业工作存在的主要问题是：①建设

资金比较困难。②林业产业化建设速度不快。③森林资源管理保护有薄弱环节。④干部职工素质与时代要求有差距。 （蒋红星）

【2002年湖南省林业工作会议暨全省林业科技大会】 2002年2月20～21日，湖南省2002年林业工作会议暨全省林业科技大会在长沙召开。省委副书记、常务副省长周伯华、副省长庞道沐在会上讲话。省人大常委会副主任罗海藩、省政协副主席陈彰嘉出席。省政府副秘书长余长明主持会议。省林业厅葛汉栋厅长在工作报告中首次系统阐述了全省林业下一步“瞄准一个目标，建立两大体系，实施九大工程，促进‘三化’建设”的工作构想。赵爱群副厅长作了过去5年的林业科技工作报告。会议表彰了8个科技工作先进单位和8名先进个人，请6名专家作了专题学术讲座。各市（州）人民政府分管林业的副秘书长、林业局局长和科教科长、各县（市、区）林业局或农林局长共260多人参加会议。 （蒋红星）

【湖南省委书记杨正午考察欧洲林业】 应芬兰农林部和英国林业委员会的邀请，湖南省委书记、省人大常委会主任杨正午、省林业厅厅长葛汉栋，省计委主任徐宪平，省外事办主任刘莲玉等一行9人组成的湖南省生态林业考察团于2002年8月14～21日对芬兰、英国的林业进行了专题考察。考察团与芬兰农林部副部长、芬兰森林和公园局副局长、美卓纸业总裁、斯道拉恩索纸业副总裁、芬兰林业联盟纸业副总裁、英国林业委员会东英格兰林区主任、WWF英国分会执行主席、荷兰分会执行主席等进行了会谈，签订了《中国湖南省与世界自然基金会合作备忘录》、《中国湖南省林业厅与芬兰森林和公园局合作备忘录》。该考察开创了湖南省委书记赴国外考察林业的先例，直接引进无偿外资达230万美元。（蒋红星）

【全国退耕还林现场经验交流会在湖南召开】 2002年12月4～6日，全国退耕还林现场经验交流会在湘西自治州召开。国家计委农经司、国务院西部办、国家林业局13个司局、北京市等25个省（区、市）林业厅（局）和新疆生产建设兵团林业局负责人共100多人出席会议。国家林业局党组副书记、副局长李育材到会讲话。湖南省委副书记、常务副省长周伯华，省人大常委会副主任罗海藩、副省长庞道沐和省政协副主席陈彰嘉等领导同志会议。 （张运明）

【湖南荣获“国家营造林质量奖”】 1995年以来，湖南营造林质量连续6年名列全国前三位，其中连续4年排名第一。2002年10月23日，在首届全国营造林质量工作会议上，国家林业局对连续3年营造林质量工作表现优异的湖南、福建、北京等3省（市）授予国家营造林质量奖，颁发奖牌和证书，并“以奖代补”各奖励资金50万元。 （何友军）

【湖南组织花卉生产经营情况普查】 2002年3～5月，湖南省林业厅组织开展了花卉生产经营情况普查。据统计，到2001年底，全省花卉种植面积2.78万公顷，年销售额12.7亿元；有花卉企业794户，其中种植面积3.3公顷以上或年营业额500万元大中型花卉企业202个，花卉市场89个，花店1223个；花卉从业人员17万人，花农1.7万户；保护地栽培面积595万平方米，其中加温温室7万平方米，日光温室69万平方米，简易大棚519万平方米。

（苏立刚）

【湖南省政府转发省林业厅《关于加快发展花卉产业的意见》】 2002年12月，省政府以湘政办发［2002］60号文转发了省林业厅《关于加快发展花卉产业的意见》，该意见提出了今后一个时期全省花卉发展的目标、区域布局、开发重点，并明确了林业厅是湖南花卉的行业主管部门。 （苏立刚）

【中德财政合作（一期）湖南洞庭湖生态造林项目进行中期评估】 2002年8月，德国复兴银行东亚太平洋事务副总裁温泽尔先生率项目中期评估组对湖南一期项目进行了考察评估。评估组随机抽查了省项目办物资设备采购的有关文件和津市项目办的报账材料、总账、明细账及有关苗木采购、劳务费发放的单据等相关文件，实地考察了防浪林3个造林地及所选用的杨树无性系，走访了农户。评估组认为：“湖南省项目办及市、县项目办为项目付出了巨大的努力，项目实施进展顺利所取得的成果令人满意。”追赠500万马克（折250万欧元）补充财政协议于8月16日由财政部在北京签署。 （欧阳硕龙）

【湖南省加强林业执法力度】 各级林业审判庭在法院和林业部门党委的正确领导下，围绕公正和效率主题，着力提高审判质量，维护了林区社会稳定。全省共受理各类涉林案件3605件，依法审结3392件，结案率94%，其中，审结林业刑事案件465件，判处罪犯570人，比2001年上升33%；林业民商案件1369件，诉讼标的达3000余万元；山林权属林业行政案件97件，解决争执山林面积407.3公顷；其他民事行政案件919件；非诉林业执行案件542件。

（李林山）

【湖南省木材行业管理办公室成立】 2002年12月18日，省林业厅成立湖南省木材行业管理办公室，与省林业厅森林资源利用发展中心实行一套人马，两块牌子。主要工作职责是负责指导全省木（竹）材行业的管理工作。 （徐金伟）

【湖南组织林产工业情况调查】 2002年3～4月，湖南省林业厅与省委政策研究室联合组织了林产工业情况调查，调查采取普查与重点调查相结合的方法进行。调查发现，全省有林产工业企业1.8万余户，省级农业产业化龙头企业11户，产品5大类1000多种，农民从林产工业获得年收入10亿元以上，调查汇总的《全省林产工业发展情况调查报告》呈送省委、省政府，并刊于省委办公厅《内参》第34期。（向德庚）

【湖南省清理整顿木材经营加工单位】 2002年9～12月，湖南省林业厅、省经贸委、省工商行政管理局、省乡镇企业局联合在全省开展了木（竹）材经营加工清理整顿工作。共清理整顿木（竹）材经营加工单位15 104家，取缔不合格企业1208家，处理行政处罚案件975起，没收木材9404立方米，收取罚款和木材变价款92.4万元，没收林业规费456.1万元。通过清理整顿，木材经营加工企业点多面广、低水平重复建设以及违法经营加工无证木材、过量消耗森林资源的势头得到明显遏制。（郭 焱）

【湖南省林产工业协会成立】 2002年9月12日，湖南省林产工业协会在长沙召开成立大会。会议审议并通过了《湖南省林产工业协会章程》，选举省林业厅葛汉栋厅长为第一届理事会荣誉会长，唐苗生助理巡视员为会长。该协会是湖南省内从事木竹生产经营、木竹加工、林产化工等林产工业企事业单位自愿结合起来的跨部门、跨地区、跨所有制、非盈利性、自律性的地方性行业组织。现有109个成员单位。（郑朗浩）

【湖南征占用林地清理整治行动】 2002年2～5月，湖南省林业厅在全省开展了征占用林地清理整治专项行动，共清理出非法占用林地项目706个，非法征占用林地面积1326多公顷。省林业厅组成专项行动工作小组，直接查处了7个案件，并邀请《湖南日报》记者对洪江市市政建设和武冈县邓元泰砖厂乱占林地案进行了现场采访和公开曝光，整个行动成效显著。全省共查处非法占用林地案件460起（补办手续的308起，行政处罚的152起），占应查处案件的67%，补交森林被恢复费2014万元，罚款50万元。（蒲少华）

【湖南林业统计】 从2002年起，省林业厅建立了主要林产品和林业行业总产值月度调度制度，做到了每月出数字。同时，加强了林业经济信息的发布，将造林面积、有林地面积、森林覆盖率、森林蓄积量、立竹株数等林业主要经济指标列入了全省国民经济和社会发展公报，并比照国家林业局的做法，继续发布了年度林业发展报告，首次编制了林业重点工程统计公报，向社会宣传了林业建设成就，提高了林业的地位。（吴剑波）

【湖南启动8个贫困林场脱贫项目】 2002年，国家林业局下拨湖南扶贫资金400万元，启动了全省贫困国有林场通讯设施建设项目和溆浦让家溪、株洲军山、新化古台山、澧县天供山、衡阳陈坪、永顺杉木河、道县桥头、隆回大东山8个贫困林场脱贫项目。通过项目的实施，这8个贫困林场可望在2005年全面脱贫。至此，湖南已在全省启动建设62个林场扶贫项目，中央、省共投资1400万元，已有17个林场实现了脱贫目标，22个林场实现了扭亏，新增产值2900万元，安置职工2350人，创利455万元。（蔡 兵）

【湖南省召开全省花卉和森林旅游工作会议】 2002年9月27日，湖南省人民政府在省林业厅召开了全省花卉和森林旅游工作会议。庞道沐副省长到会讲话，葛汉栋厅长作了题为《与时俱进 锐意创新 努力开创我省花卉、森林旅游事业的新局面》的工作报告，李定一副厅长主持。14个市（州）分管林业工作的副市（州）长、林业局局长和厅机关副处以上干部共150人参加了会议。（伍 荣 张长虹）

【湖南省加强森林公园行业管理】 为了加强对森林公园管理，省林业厅于2002年3月对全省森林公园的总体规划编制、评审、审批情况进行了一次大清理，下发了《关于切实加强森林公园总体规划管理工作的通知》。接着，对全省自1995年6月28日《湖南省森林公园管理条例》颁布实施以来的森林风景资源保护、管理工作，进行了一次全面检查。同时，规范新建森林公园的申报工作，省林业厅专门就新建森林公园需具备的条件、审批手续、申报材料要求等作了具体规定。（伍 荣 张长虹）

【全国人大、省人大、政协领导视察湖南自然保护区】 2002年11月2～7日，全国人大环资委副主任委员叶如棠、委员陈潜到湖南省八大公山、张家界自然保护区进行调研。年内，省人大环资委、农业委员会和省政协环资委的领导也对洞庭湖湿地保护区、莽山自然保护区的建设和管理工作进行了视察和调研活动。（彭亚辉）

【中芬合作第七次会议在湖南长沙召开】 2002年11月27～28日，湖南省林业厅与芬兰森林和公园局第七次合作会议在长沙召开，芬兰森林和公园局总局长简·黑努先生和局长比·雍芬尼和庞道沐副省长、葛汉栋厅长出席，双方签订了自然保护、生态旅游、种苗合作等3个合作协议。（彭亚辉）

【首届洞庭湖观鸟大赛在岳阳召开】 2002年12月5～8日，中国野生动物保护协会、湖南省林业厅和岳阳市人民政府在岳阳市东洞庭湖国家级自然保护区共同举办了首届洞庭湖观鸟大赛，来自北京、上海、广东等地的12支参赛队伍共计80多人参与了角逐。

（彭亚辉）

【《十年播绿 兴林抑螺》出版】　为总结10年“兴林抑螺”工程实施的经验，进一步推动洞庭湖区兴林抑螺和血吸虫病防治工作的深入开展，湖南省林业厅组织编辑了《十年播绿　兴林抑螺》一书，2002年12月由湖南科技出版社出版。全书分领导讲话、学术论文、经验交流和附录4个部分，共32万多字。省领导文选德、吴向东、庞道沐和国家林业局党组成员、中国林科院院长江泽慧题词，中国林科院首席专家彭镇华教授作序。

（邓绍宏）

【湖南亚热带天然林可持续发展研究项目通过专家评审】　由省林业厅厅长葛汉栋担任组长，省林业科学院等单位承担的湖南亚热带天然林可持续发展研究课题，于2002年8月5日在长沙通过了由省科技厅组织的专家评审会。评审会由中国工程院院士马建章教授担任专家评审组组长。会议对研究成果给予较好的评价。评审结束后，湖南科技出版社正式出版了《湖南亚热带天然林可持续发展研究》一书。

（邓绍宏）

【湖南省开展向平江4位扑火英雄学习的活动】

2002年3月8日，湖南省平江县余坪乡张市村二组村民杨宗明到该村梅树洞整地时，违反野外用火规定，用打火机点烧茅草引发山火。为解救被火围困的群众，平江县林业局副局长、森林防火办主任杨瑞斌、森林公安分局局长王端宝、民警李辉及张市村村民杨品高4人在扑救山火中壮烈牺牲。英雄牺牲后，国家林业局周生贤局长指示要把4位英雄作为林业行业的一面旗帜大力宣扬，在全国林业系统认真开展学习英雄活动。湖南省委书记、省人大常委会主任杨正午发出唁电，强调要认真总结，深入宣传英雄们的先进事迹，在全省开展“学英雄、颂英雄”活动，以实际行动实践“三个代表”重要思想，推进湖南两个文明建设。3月10日，平江县委、县政府隆重举行英雄追悼大会，追授杨瑞斌、王端宝、李辉三位同志为“优秀共产党员”，追授杨品高同志为“知难而进、无私奉献的好公民”，在全县号召学习英雄的活动。3月15日，省林业厅作出向英雄学习的决定。3月26日，省人民政府追认4位英雄为“革命烈士”。4月14日，在全国森林防火工作现场会上，葛汉栋厅长向大会报告了4位英雄的感人事迹。4月23日，公安部决定追授王端宝、李辉同志为“全国公安系统二级英雄模范”。6月20日，国家林业局追授杨瑞斌、王端宝、李辉三位同志“森林卫士”称号。6月22日，省人民政府决定追授杨瑞斌、王端宝、李辉同志为“湖南省人民满意的公仆”。6月25日，省委、省政府在平江县隆重举行4位英雄追授命名大会，国家林业局副局长马福、湖南省委常委、省政法委书记周本顺到会并讲话，省委、省政府下发《关于开展向杨瑞斌、王端宝、李辉、杨品高等4位英雄学习的决定》。10月5日，省森林防火办、《湖南林业》杂志社出版纪念平江4位扑火英雄的《湖南林业》专刊。9～10月，省森林防火指挥部、省林业厅组织平江英雄报告团到14个市（州）进行了巡回演讲。全省近5万人聆听了报告会。

（徐　艺）

【张家界地区森林防火综合治理工程获准立项启动】

2002年3月15日，国家林业局批准张家界地区森林防火重点火险区综合治理工程项目列入全国森林防火重点火险区综合治理范围。项目总投资1701万元，其中国家投资850万元，省、市、县、区自筹851万元。治理范围包括张家界市永定区、武陵源区、慈利县、桑植县，湘西自治州永顺县，常德市石门县和怀化市沅陵县7个县级单位，总面积233.84万公顷。

（徐　艺）

【湖南省森林防火工作会议】　2002年9月27日在长沙召开。副省长、省森林防火指挥部指挥长庞道沐出席会议并讲话。省森林防火指挥部副指挥长、省林业厅厅长葛汉栋作了题为《认清形势，落实责任，扎扎实实搞好今冬明春的森林防火工作》的报告。各市（州）政府分管森林防火工作的副市（州）长、林业局局长以及省林业厅副处级以上干部共160余人参加大会。会上，省森林防火指挥部根据检查考核评比结果，兑现了各市（州）人民政府和各市（州）林业局森林防火责任制奖金，表彰了1999～2002年度全省森林防火工作先进单位和先进个人。先进单位28个：望城县森林防火指挥部办公室、浏阳市森林防火指挥部办公室、韶山市林业局、株洲市森林防火指挥部、炎陵县森林防火指挥部、临湘市森林防火指挥部、汨罗市森林防火指挥部、桃源县森林防火指挥部、澧县森林防火指挥部、新化县奉家镇林业站、城步苗族自治县森林防火指挥部办公室、隆回县森林防火指挥部、洞口县森林防火指挥部、桃江县森林防火指挥部、安化县森林防火指挥部、南岳区森林防火指挥部办公室、临武县森林防火指挥部、宜章县森林防火指挥部、桂东县宋坪国有林场、武陵源区森林防火指挥部、怀化市森林防火指挥部办公室、会同县森林防火指挥部、沅陵县齐眉界国有林场、凤凰县南华山国有林场、花垣县森林防火指挥部办公室、江华瑶族自治县森林防火指挥部、双牌县森林防火指挥部、永州金洞林场森林防火指挥部。先进个人43名：周加林、石国凡、陈志雄、罗岁喜、温石池、田启良、张飞跃、皮岸滨、吴渼云、米庆碧、鲁先华、彭煌巍、田晓川、马云中、朱建业、宋喜球、胡建明、谢正瑞、邹放明、漆增荣、伍晓军、吴建辉、任志强、屈良新、李禄生、孙海南、刘祝佑、杨圣健、钟建刚、李建军、李福全、吴扬琼、贺国祥、张秀元、周志

斌、李和平、彭明礼、彭军、向勇、潘林茂、盘晓春、李双喜、李志平。 （徐 艺）

【湖南省林业厅建整扶贫工作】 2002年，湖南省林业厅派出驻古丈县河蓬乡苏家村第三届建整扶贫工作队，工作队多方筹措资金78万元，在抓好以党支部为核心的村级组织建设的同时，高标准新修村级公路1500米、涵洞11座，恢复水毁工程80多处，全线整修和铺砂石，使6000米的"湘林路"达到林区三级公路标准；完成38户村民的人畜饮水工程；新建1栋2层砖混结构的村部综合楼；全面整修村小学；新建灌溉电排2座，修复水渠跨塌方110处，增加有效灌溉面积9.2公顷；造林100公顷；兴办3个村级经济实体；培植科技示范户11户；救助8名贫困学生。2002年全村实现人平纯收入1480元，比1999年增加900元。林业厅被省委评为"先进包村单位"；厅扶贫工作队被评为"先进工作组"。 （易书成）

【湖南省核减年森林采伐限额】 根据国家林业局、国家财政部的要求，湖南省对森林生态效益补助资金试点单位"十五"期间的年商品材采伐限额进行了核减，并将核减量按采伐类型落实到了编限单位。全省"十五"期间后几年（2003～2005）每年的商品材限额由700.7万立方米调减为663.97万立方米，出材量由428.8万立方米调减为406.32万立方米；人工林采伐限额由468.5万立方米调减为443.83万立方米，出材量由244.00万立方米调减为228.90万立方米。 （张向前）

【湖南省2002年木材生产计划】 2002年，国家林业局共计下达全省木材生产计划为：采伐量628.11万立方米，出材量384.39万立方米；省林业厅实际下达的木材生产计划为：采伐量602.9418万立方米，出材量368.4225万立方米，楠竹7706.61万根。 （张向前）

【湖南林业外事】 全省林业系统2002年共派遣因公出国（境）人员23批59人次到欧洲等地开展行业考察、科技交流、专业培训和友好访问等。全年共接待到访外宾16批65人次。外宾访湘目的体现出多样化特点。

国家外专局全年出资40余万元人民币资助了湖南林业系统11个引智和出国（境）培训项目。外交部和湖南省外侨办挑选了3名赴日本国研修人员，研修专业为森林保护和育种，日方累计资助我方技术人员30万元人民币。

澳大利亚联邦科学与工业组织所属林业与林产品研究所的林木育种专家罗哲·阿诺德（Roger Arnold）博士，由于在湖南省耐寒桉树引种、栽培和推广工作中贡献突出，2002年11月6日，被湖南省人民政府授予"2002年度湖南省国际科学技术合作奖"。 （熊四清）

【湖南省森林生态效益补助资金试点工作正式启动】 2002年，湖南省森林生态效益补助资金试点工作全面铺开，试点面积200万公顷，其中：重点防护林为173.48万公顷，特种用途林26.52万公顷。全省14个市（州），84个试点县、市、区、场、自然保护区共组织44 021人完成了1234个乡、13 904个村、83 292个村民小组、97万农户、61万个小班的分户面积登记，签订了13 904个村的管护补助协议，树立永久性国家重点防护林和特种用途林公示牌1027块，小公示牌11 417块，发放补助资金1.5亿元。 （杨建飞）

【湖南启动中欧合作天然林保护管理工程】 2002年4月，中欧合作天然林管理项目正式启动。在欧盟5年无偿援助1690万欧元中，湖南炎陵县、永顺县获得赠款528万欧元。该工程的保护重点是永顺县小溪原始次生林和炎陵县大院冷杉群落。 （佘席伟）

【湖南省林业厅连续3年获奖】 湖南2000年被列入中国社会林业工程研究重点省和ABT与GGR推广重点省，承担中国社会林业工程湖南省子项目研究课题和ABT与GGR推广项目。为此，省林业厅成立了课题组，确定了15个重点研究县，建立了ABT与GGR推广网络，研究和推广工作成绩显著。2000～2002年，湖南省林业厅连续3年获得国家林业局科技司颁发的社会林业工程项目研究一等奖和ABT与GGR系列推广特等奖。 （刘跃进）

【湖南省召开首次耐寒桉树良种暨栽培技术推介会】 2002年，湖南省制定了鼓励速生丰产林发展的"南桉北杨"计划。6月17日，省林业厅在道县召开了全省耐寒桉树良种暨栽培技术推介会，确定了今后湖南桉树的发展方向。 （刘跃进）

【湖南省新建20个国家级森林病虫害中心测报点】 2002年，经国家林业局批准，全省新增20个国家级森林病虫害中心测报点，使总数达到40个，监测范围基本覆盖全省主要森林病虫害的主要发生区域。其中主测对象为松毛虫的有长沙、通道、洞口、祁东、岳阳、韶山、桂阳、古丈、新化、宁远、醴陵、耒阳、湘乡、攸县、新宁、浏阳、临澧、溆浦、洪江、东安、茶陵、新邵、双峰、慈利、鹤城、衡山、汨罗、平江、邵东等29个；主测对象为黄脊竹蝗的有桃江、安化、桃源等3个；主测对象为杨树蛀干害虫的有汉寿、华容等2个；监测对象为松材线虫病的有宜章、江华、张家界、龙山等4个；主测对象为松茎象和松毒蛾的分别有资兴和凤凰各1个。中心测报点按照国家林业局对其软硬件建设要求进行建设和管

理，并及时将辖区有关森林病虫害发生发展动态信息通过电子网络报送国家测报中心。（罗贤坤）

【湖南省开展森林植物检疫执法大检查】　2002年，省林业厅在全省范围内开展了森林植物检疫执法大检查。检查的主要内容是：执法部门产地检疫、调运检疫执法程序是否规范，是否符合《植物检疫条例》的有关规定；苗木生产单位、木材市场、摩托车经营部、医药店、五金店和电信、电力等有关部门是否按规定办理了检疫手续；森林植物及其产品的染疫情况。（戴立霞）

【湖南省新建一批森林植物检疫检查站】　为防止以松材线虫病为主的外来有害生物的传入，经省人民政府批准，全省在省际边界地区和张家界周围建立了43个森林植物检疫检查站，其中以木材检查站为依托增挂森林植物检疫检查站的牌子36个，铁路森林植物检疫检查站6个，水上森林植物检疫检查站1个。（戴立霞）

【京珠高速公路临长段绿色通道工程建设】　2002年，为贯彻落实国务院《关于进一步推进全国绿色通道建设的通知》精神，省政府及交通管理部门结合京珠高速公路临湘至长沙段建设，部署安排了全省第一条绿色通道工程建设。规划在全长184千米的高速公路主干道两侧红线以外各建30米宽的绿化带。分别由岳阳、长沙两市人民政府负责组织实施。一年中，工程实施顺利，岳阳市134.5千米路段，完成绿化带施工面积755.2公顷，其中农田植树面积373.3公顷，荒山造林234.9公顷，疏林补植164.3公顷，低效林改造18.7公顷；长沙县48.5千米路段，完成绿化带施工面积239.4公顷，其中农田植树面积89公顷，旱土及荒山造林37.3公顷，疏林补植67公顷，低效林改造25.9公顷，四旁植树15.5公顷。（肖　彬）

【湖南省举行首届花卉博览交易会】　由湖南省人民政府主办，省绿化委员会、省林业厅、省花卉协会承办的湖南省首届花卉博览交易会，于2002年9月28日至10月7日在湖南省森林植物园隆重举行。花博会以“绿色湖南，世纪湘花”为主题，展出总面积6万平方米，分室内综合展览和室外景区两大部分，全省14个市（州）组团参加了室内外展出，省内外16个花卉企事业单位参加了室内综合展览。参展展品达1500多项，其中申报评奖的展品531项。综合展馆内有绿化观赏苗木、盆花、盆栽、插花、干花、盆景、赏石、竹木根艺、花肥、花种、花药、园林机具、科研成果等13大类展品；14个市（州）的室外造景展示了各地园林绿化和造园技艺水平。本届花博会共评出组织奖19个，特别贡献奖2个，参会展品等级奖212个，优秀奖86个。花博会期间，有200多户花卉企业和花农参加了花卉交易活动，现场销售额达80多万元，签订花卉生产经营合作协议22个，金额达1亿多元。有5个国家9名外国专家前来参观并出席开幕式，共接待游客10多万人。会展期间，还组织开展了全省花卉发展论坛、花卉书画艺术展、中小学生科普活动周、卡丁车大赛和民族文艺表演等一系列的相关活动。（黎玉才）

广东省林业

【概　况】　2002年全省林业工作进展顺利，成效显著。据统计，全省林业用地1083万公顷，其中有林地930万公顷；活立木蓄积量3.39亿立方米；森林覆盖率57.2%；林木年总生长量1741万立方米，林木年总消耗量675万立方米，森林资源继续保持生长量大于消耗量的良性循环。全省完成造林面积17万公顷，中幼林抚育14.7万公顷，四旁植树2076.4万株，完成义务植树9003万株。

重点生态工程建设步伐加快　4月中旬，省政府召开全省宜林荒山重点县造林绿化现场会，李容根副省长就进一步加快全省宜林荒山造林绿化工作作了具体部署，会后印发《全省宜林荒山造林绿化工作规划》，有力地推动了全省宜林荒山造林绿化工作，全省完成荒山造林9万公顷，封山育林3.2万公顷。“四江”流域水源涵养林工程全面启动，开局良好，共完成备耕5873公顷，育苗4523.35万株；东江、韩江流域水源涵养林工程建设质量较好，造林成活率较高。深汕高速公路绿色通道建设工程共完成造林面积2671.5公顷；京九铁路、京珠高速公路等列为绿色通道建设工程重点，已营造示范林；全省绿色通道共完成人工造林5893公顷，补植套种920公顷，封山育林3667公顷。沿海防护林、红树林逐步得到恢复，共营造沿海防护林2327公顷，其中红树林1353公顷。新建立国家级自然保护区1处，市、县级2处；新建立省级森林公园2处，市级2处。

生态公益林效益补偿及管护工作逐步规范化　各地按省的要求对效益补偿资金实行专款专账管理。全年共使用补偿资金（含地方配套资金）2.49亿元，其中落实损失补偿1.7亿元，综合费用7819.28万元，受益群众2589.65万人。专门的生态公益林管理机构逐步建立健全，使生态公益林管理工作更加系统化、专业化，全省共落实生态公益林管护人员20 189人，落实率达97.9%。生态公益林建档工作走上正轨。目前，全省生态公益林林种树种结构得到改善，生态功能等级进一步提高，生态、社会效益明显增加。

林木种苗行业管理力度加大 严格实行种子生产和经营凭证制度。开展林木种子的质量检验工作，积极加强各项种苗工程建设的指导和管理。全省育苗完成1.2万多公顷，基本保证了造林、种果和城镇绿化用苗的需要。同时，积极做好乡土优良阔叶树种种子的调剂工作。

三个林业目标责任制贯彻落实情况较好 各地认真执行保护和发展森林资源、森林防火、生态公益林建设管理和效益补偿责任制，梅州、江门、广州等市保护和发展森林资源成绩突出，惠州、广州等市森林防火工作有新的突破，广州、韶关、梅州、惠州等市生态公益林建设管理和效益补偿责任制执行情况较好，以上各市受到省政府的通报表扬。目前，落实林业目标责任制从总体上强化了森林资源的保护管理工作，是各地抓好林业工作的一项重要措施。

林木林地资源管理工作更加科学化、制度化 严格执行年森林采伐限额执行情况检查通报制度和破坏森林资源责任追究制度；规范征占用林地的审核审批管理，对申请使用林地面积较大的项目严格把关。积极稳妥地开展林地林权登记换发证工作，省政府建立了省林地林权登记换发证工作联席会议制度，印发了《广东省林地林权登记换发证工作方案》，全省有35个县已开展试点工作。成立广东省木材行业管理办公室，与经贸、农业、工商部门密切配合，对全省木材经营加工单位进行了清理整顿，取缔关闭348家，责成454家限期整改。强化木材检查站建设管理，增设和调整了7个木材检查站，加强木材运输的监督检查工作。继续抓好林业站建设示范县工作，积极稳定林业站机构，县、乡机构改革后，全省林业工作站保留1316个。完成《广东省林地保护利用总体规划(2001～2010)》的编制、审核、论证，经省府常务会议审议原则同意。开展全省森林资源连续清查第五次复查工作，应用全球卫星定位仪，调查了全省森林资源现状及消长状况。严厉打击破坏森林资源违法犯罪活动，较好地维护了林区社会治安秩序稳定和森林资源的安全。

森林防火和病虫害防治工作成效显著 进一步落实森林防火行政首长责任制；继续抓好生物防火林带工程建设，加大森林防火宣传力度，严格管制野外用火，加强督促检查，加强民兵森林消防队伍装备建设，在春季连续高温干旱的不利条件下，没有发生重大以上森林火灾，全省发生森林火灾182起，其中火警51起，一般火灾131起，受害森林面积1023公顷，森林火灾受害率为0.11/1000。认真贯彻落实“十五”森林病虫害防治目标管理责任制，加强森防基础设施建设和体系建设，强化了第二批13个国家级中心测报点和11个森防检疫标准站的建设，重点抓好松材线虫病、松毛虫、松突圆蚧、黄脊竹蝗的防治工作；全省森林有病虫面积176万公顷，发生危害面积52.8万公顷，累计防治面积14.6万公顷，实际防治面积6.4万公顷，占应防治面积6.9万公顷的93.2%。

野生动物保护与合理利用工作不断深入 开展形式多样、群众喜闻乐见的野生动物宣传教育活动，制作播放保护鸟类公益广告等。省林业局和南海市政府联合举行了首次大规模野生动物放归活动，并邀请中央新闻媒体大力宣传湛江红树林、珠海淇澳、海丰公平大湖等各类野生动物主要栖息地。与省物价局、财政厅制定了《广东省非国家重点保护陆生野生动物资源保护管理费收费管理办法》。在全省范围内开展野生动物驯养繁殖场和展览、表演的清理整顿，严格审批新建野生动物养殖场，实行《驯养繁殖许可证》的年检制度。

速生丰产林工程开始启动 全国速生丰产林工程启动后，全省在8月下旬组织召开了全省速生丰产林建设现场会和全省竹业工作会议，组织编写了《广东省速生丰产用材林基地建设规划方案》、《广东省竹林基地建设规划（2002～2010)》、《广东省发展柚木人工林规划方案》，全面启动速生丰产林建设，大力推动竹业发展。以木、竹原料为依托的林产工业蓬勃发展，全省木材总产量253.88万立方米，竹材产量7037.82万根，人造板产量176.2万立方米，木片产量为68.96万立方米，松香类产品产量为10.57万吨。

森林公园建设势头良好 组织编制全省森林公园建设与发展规划，对全省森林公园建设情况进行了全面调查，到目前为止，全省共建各类森林公园224处，总面积52.8万公顷，占林业用地的4.9%；全省森林公园基础设施逐步配套，有30多家开展了森林旅游。

非公有制造林蓬勃发展 目前全省非公有制林业基本形成了外商、民营企业和个体共同发展的新格局。2002年全省林业实际利用外资1796万美元，新增项目主要是木材加工和花卉种植。马来西亚外商在南雄投资1450万美元，建成投产年产3万立方米中密度纤维板生产线。到年底，外商投资造林累计7.1万公顷，其中当年造林1.07万公顷。广东威华集团有限公司以建设原料林基地带动林产工业发展，目前分别与清远、龙门、阳春、增城等地签订了5.3万公顷速生丰产林基地合作协议，建成速生丰产林基地

8000公顷。个体私营造林势头很猛，茂名市个体造林面积达到15.3万公顷，阳江、梅州、惠州、湛江、江门、云浮等市的个体造林大户也不断涌现。

林业龙头企业队伍继续壮大 通过检查验收，广东华银集团有限公司、蕉岭县森华林业有限公司、阳春市林业开发总公司、罗定市林工商公司、进发食品工业（揭东）有限公司、清新县茂源绿色食品发展有限公司等6户林业企业成为第二批广东省林业龙头企业。目前，全省共有林业龙头企业10户，较好地发挥了带动作用。

林业科技支撑作用日益凸显 全省各地根据各自林情分别建立了优良乡土阔叶树种、优良速生树种以及名特优水果、茶叶及笋用竹等经济林果示范基地，增城、高要、台山、仁化等地林业科技示范基地发挥了较好的辐射带动作用。全年争取国家和省科技项目共23项，其中获得广东省农业技术推广一等奖1项，二等奖3项，三等奖5项，有1项成果获2002年度省科技进步奖三等奖。科技推广体系逐步完善，投资新建广州、茂名、梅州、肇庆、惠州、揭阳和增城等7个市（县）站，重点抓了韶关等10个区域性林业试验中心的建设。大力推广地理信息系统和遥感技术等先进科学技术，在韶关市各县（市、区）和各市属林场建成林业地理信息系统；与华南植物研究所、广州地理研究所合作，利用遥感技术探索监测全省森林资源动态变化新方法；开展生产性科学研究和新技术的推广应用，在东江一级支流流域开展生态公益林培育技术及其效益研究。

林业政策法制建设进一步强化 围绕“加强生态建设，促进林业发展，实现全省经济社会可持续发展”，广泛开展调查研究，提出相应政策性措施；《广东省全民义务植树条例》、《广东省经济林管理办法》分别列为省人大、省政府的立法预备项目；进行深化行政审批制度改革，清理地方性林业法规、政府规章及其他政策措施共29件；深入开展林业法制宣传，部署“四五”林业普法工作，组织市、县林业行政主管部门的领导和法制工作人员、执法人员380多人参加国家和省组织的执法培训，组织近140人参加林业执法人员抽查考试工作，抽考成绩合格率达94.6%；开展林业执法大检查，促进了各地的林业行政执法队伍建设。

【广东省省长构想广东林业发展】 2002年1月31日，广东省省长卢瑞华在接受新华社和中央电视台记者采访时说：绿色广东不仅为市民带来了好心情，而且提供了一个更好的投资环境。卢瑞华指出，广东未来的绿化构想是着眼全局，分区进行。珠江三角洲及经济特区要加强城市森林、花卉、果树的栽培，同时培育抗污染树种和城市绿化优良树种，加强林业生物技术、信息技术的开发应用。东西两翼地区要积极发展工业林，引进、推广优良林木新品种和优良乡土阔叶树种，继续发展名优稀特经济林，发展“三高”林业。北部则要充分发挥山区优势，加快生态公益林的更新改造，提高生态功能等级。

【国家林业局局长周生贤到广东调研】 全国绿化委员会副主任、国家林业局周生贤局长一行6人，2002年6月3～7日，先后考察了广州、江门、肇庆3个市的8个县（市、区）和广州地区的5个林业单位，共参观和检查了26个点，既有城市林业、森林公园、自然保护区和生态公益林、生物防火林带建设示范点，又有良种繁育、野生动物养殖、速生丰产林以及花卉苗木生产基地，还参观了林业龙头企业人造板生产情况，深入林场职工家里亲切慰问。考察结束后，周生贤局长一行与李容根副省长和省林业局领导及各处室主要负责人进行了座谈，并给省局机关干部及局直事业单位领导和各市林业局长等作了一场报告。6月7日，中央政治局委员、广东省委书记李长春会见周生贤局长一行，李长春书记简要介绍了广东林业的发展态势，并明确指出，生态建设是实施可持续发展战略，争创环境新优势的重要组成部分，各级党委和政府，要把加强生态保护和建设作为实践“三个代表”的重要内容，切实解决群众关心的生态环境问题，努力开创生产发展、生活富裕、生态良好的发展道路。

【广东省政府通报2001年度全省林业目标责任制考核结果】 2001年度，全省各级人民政府采取一系列行之有效的措施，强化森林资源的保护和管理，落实森林防火各项工作，加强生态公益林的建设和管理，使全省生态环境进一步改善，巩固和发展了十年绿化成果。森林资源保护和发展方面，梅州市被评为第一名，江门市被评为第二名，广州市被评为第三名；森林防火方面，惠州、广州市被评为一等奖，肇庆、江门、梅州、东莞等市被评为二等奖，中山、阳江、茂名、揭阳、珠海、佛山、韶关市被评为三等奖；生态公益林建设管理和效益补偿方面，广州、韶关、梅州、惠州市获得通报表扬。

【广东理顺森林公安机构管理体制等问题】 广东省政府办公厅《转发省机构编制委员会关于理顺全省森林公安机构管理体制问题意见的通知》明确规定：全省森林公安机构行政关系仍由林业行政主管部门主管，业务工作接受公安部门指导；各级森林公安机构由事业编制改定公安专项编制；各级森林公安机构的人员经费、办公和业务经费按政法经费标准列入地方财政预算。2002年11月12日，省林业局召开全省理顺森林公安机构管理体制工作会议，对全省理顺森林公安机构管理体制工作进行了部署。

【广东落实国家级、省级自然保护区的管理机构编制及人员经费】 落实了全省36处国家级、省级森林和野生动植物及湿地类型自然保护区的机构和编制，国家级自然保护区定为正处级的管理局，省级自然保护区定为副处级的管理处，共核定事业编制512名。其经费由省财政核拨。

【广东省林业高科技园区建立】 广东林业高科技园设在广州市天河区龙眼洞地区，建设总面积约为900公顷，投资总概算为1.389亿元人民币。将分为高科技研究与实验区、良种繁育示范区、新技术和新品种试验示范及成果孵化区、科技成果与信息网络示范区、高科技开发区、濒危野生动物救护繁殖区、林业科普区、科技教育培训区、森林生态观光休闲区、林木种质检验检疫隔离区等十大功能区进行建设。该科技园区的建立将有力地推动林业科技创新和体制创新，加快广东林业高科技及其产业化发展，促进林业结构调整，加速林业现代化建设。2002年6月4日国家林业局周生贤局长、省政府李容根副省长出席广东林业高科技园区揭牌仪式并为园区揭牌。

【广东省林业局作出关于加快林业科技进步与创新的决定】 《决定》要求：①组织重点科技攻关，解决林业重点工程建设技术难题；②加快科技成果转化，开创林业科技推广新局面；③依托林业龙头企业，促进林业科技产业化；④建立稳定的科技投入机制，多渠道增加林业科技投入；⑤切实加强对科技兴林的领导，营造良好的科技创新环境。《决定》明确，加大对林业科技资金的投入，认真贯彻国家林业局关于从林业工程建设总投资中提取3%的资金用于科技支撑的规定。

【广东开展全省林业系统行政执法检查】 2002年11月18～22日，省林业局派出由邓惠珍局长，陈俊勤、邓梦柏、廖晓晨副局长带队的4个检查组，分赴全省各地进行林业执法大检查。检查组对各地建立健全执法责任制、学习宣传林业法律法规、严格依法办事办案等情况进行了深入细致的检查。各检查组在11月29日情况汇报会上分别介绍了各自的检查情况。邓惠珍局长强调，对重大案件要跟踪督办，对全省林地使用情况要进行清查，针对此次检查发现的问题要提出整改意见，今后要注意加大林业站、木检站的建设力度，着力抓好“三支队伍，两个阵地”建设。

【广东举办全省市、县林业局长培训班】 为了进一步提高林业局长的领导水平和驾驭全局的能力，确保党和国家的林业工作方针、政策落到实处，2002年9月9～12日，省林业局在南海市举办了全省市、县林业局长培训班。省林业局领导、各市县林业局和省林业局各处室及直属单位的主要领导共163人参加了学习。省林业局党组书记、局长邓惠珍作了题为《尽职尽责，与时俱进，做一名合格的林业局长》的辅导讲话。北京林业大学、国家林业局中南规划院、中国林科院的专家、教授作了专题讲座。培训班学员学习了林业政策法规、林业基金管理、营造林管理与检查验收规定、森林资源保护与林政管理、林业科技、森林防火以及自然保护区发展与建设等林业行政管理方面的知识。

【广东省林业局成立木材行业管理办公室】 为保证木材行业的健康有序发展，有效保护和利用森林资源，广东省林业局决定成立广东省木材行业管理办公室，归口林政处管理，配备人员编制3名。

【广东省林业勘测设计院更名为广东省林业调查规划院】 该院还加挂了广东省森林资源与生态环境监测中心的牌子。该院的主要任务是：负责森林资源调查工作；协助林业主管部门编制林业发展规划；开展森林生态环境监测等工作。更名后，该院机构性质、规格、人员编制、领导职数、经费渠道等不变。2002年9月27日，广东省林业局邓惠珍局长和中南林业调查规划院周光辉副院长参加广东省林业调查规划院揭牌仪式并为调查规划院揭牌。

【广东省获首届中国森林风景资源博览会金奖和组织奖】 由国家林业局主办的首届中国森林风景资源博览会暨天目山森林旅游节于2002年6月8～12日在浙江临安举行。广东省精心制作的博览会广东馆，主题突出、选材新颖、布局合理，得到了观众的一致好评。经博览会组织评委评定，获博览会金奖和组织奖两项殊荣。

【广东4个市被命名为国家园林城市】 4个城市是江门、惠州、茂名、肇庆市。

【广东2个市被授予平原绿化先进单位称号】 2个城市分别是江门、肇庆市。

【广东4个市、县被评为全国森林防火工作先进单位】 4个市、县分别是江门市、郁南县、南雄市、蕉岭县。

【2002年广东省林业重要会议】

全省林业局长会议 3月13日，省林业局在广州番禺召开全省林业局长会议。各地级以上市及顺德市林业局长，省林业局党组成员，省林业局各处室、保护办、林场总站、林勘院、林科院、省林校、省直林场主要负责人，部分新闻单位记者参加了会议，各市林业局计财科长列席会议。会议传达了全国林业厅(局)长会议精神，总结了2001年全省林业工作，部署了2002年的主要工作。邓梦柏副局长主持会议。省政府周炳南副秘书长代表李容根副省长作了讲话。邓惠珍局长充分肯定了2001年全省林业各项工作，提出了2002年的主要工作任务：①全力构建生态公益林体系。重点是集中力量狠抓消灭宜林荒山工作和全面启动“四江”流域水源涵养林建设工程；②继续加强森林资源保护和管理。重点是抓好林地林权登记换发证、森林防火工作和野生动物保护管理；③扎实推进林业产业化进程；④加快推动依法治林和科技兴林工作；⑤加强资金管理，管好、用好各项林业资金；⑥进一步加强林业队伍建设。

全省宜林荒山重点县造林绿化现场会 4月18日，省政府在惠州召开全省宜林荒山重点县造林绿化现场会。10个市及其所属24个宜林荒山重点县分管林业工作的副市长、县长，林业局局长，省有关单位负责人以及新闻记者共98人参加了会议。会上，李容根副省长就全省宜林荒山造林绿化工作作了讲话，省林业局邓惠珍局长通报了2001年以来各地宜林荒山造林绿化的工作情况。会议要求：各地要提高认识，认清形势，增强宜林荒山造林绿化的紧迫感和责任感；真抓实干，强化管理，提高宜林荒山造林绿化的成效；健全机制，加大投入，保障宜林荒山造林绿化工作的顺利开展；加强领导，狠抓落实，确保3年完成宜林荒山造林绿化任务。

全省速生丰产林现场会 8月26日，省林业局在增城市召开全省速生丰产林现场会。省林业局邓惠珍局长，陈俊勤、邓梦柏、廖晓晨副局长，22个市林业局局长，省林业局各处室、林勘院、林科院主要负责同志共45人参加了会议。会议传达了全国速生丰产林工程启动会精神，研究部署了新形势下广东速生丰产林工程的建设工作。与会代表参观了增城市几个造林点和威华中密度纤维板厂。邓惠珍局长在会上提出全省速生丰产林建设的总体目标：到2005年，建成233万公顷速生丰产林（包括6.7万公顷珍贵树种用材林），其中：66.7万公顷以桉树、相思、南洋楹为主的速生丰产林，100万公顷以松树为主的工业原料林，66.7万公顷竹林。规划至2015年全省建立300万公顷相对稳定的速生丰产林基地。

全省竹业工作会议 8月27日，省林业局在增城市召开全省竹业工作会议。省林业局邓惠珍局长，陈俊勤、邓梦柏、廖晓晨副局长，18个竹业建设重点市和重点县林业局局长共30人参加了会议。会议总结了全省竹业建设取得的成绩和经验，研究了进一步发展竹业的基本思路和目标任务，安排部署了今后一个时期全省竹业建设工作。与会代表还参观考察了浙江省的竹业发展情况。会议提出，到2005年和2010年全省竹林基地将分别发展到66.7万公顷和80万公顷，竹业总产值到2005年要达到50亿元，2010年达到70亿元。全省将成立竹产业协会，并在省林科院组建竹产业发展研究中心，作为全省竹产业研究开发与技术推广的专门机构。

全省森林防火工作电视电话会议 10月21日，广东省委、省政府召开全省森林防火工作电视电话会议。省森林防火指挥部全体成员，各有关部门、省林业局有关处室负责人和新闻单位共45人参加了省政府主会场会议；各市、县（区）政府分管森林防火工作的副市长、县（区）长、森林防火指挥部领导成员及防火办负责人在当地电视电话会议室参加收视收听。会议由省政府副秘书长周炳南主持，省委副书记欧广源在会上作了讲话。会议传达贯彻了全国秋冬森林防火工作会议精神，总结了2002年全省春防工作，对秋冬森林防火工作进行再动员、再部署、再落实。欧广源副书记指出：①认清形势，充分认识做好秋冬森林防火工作的重要性；②明确责任，进一步落实森林防火行政领导负责制；③立足主动，把各项预防措施真正落到实处；④加大投入，不断加强森林防火设施设备和扑火队伍建设；⑤通力协作，共同做好森林防火工作；⑥严阵以待，切实做好扑火救灾调度指挥工作。

湘粤桂第二十八次、湘粤赣（闽）第二十三次边界护林联防会议 12月10日，湘粤桂第二十八次、湘粤赣（闽）第二十三次边界护林联防会议在广州召开。会议以保护边界地区森林资源，提高林业经济效益，加强团结，增进友谊为主题，总结了近两年边界护林联防工作，交流了经验，提出了进一步加强边界护林联防的建议。广东省森林防火指挥部总指挥李容根副省长对2001～2002年度，由广东省值班的五省边界护林联防工作给予了充分肯定，要求林业主管部门要以党的十六大精神为动力，以这次会议为契机，向各兄弟省（区）取长补短，为共同做好边界护林联防工作作出更大的贡献。省林业局邓惠珍局长在会上作了工作报告。会议还对2001～2002年五省边界护林联防工作先进单位和个人进行了表彰。

全省林地林权登记换发证工作动员大会 12月13日，省政府在广州召开全省林地林权登记换发证工作动员大会。省直有关单位领导，各市、县分管林业工作的领导和林业局长参加了会议。会议由省政府周炳南副秘书长主持，李容根副省长在会上要求各地要从有利于调动广大农民的造林、爱林、护林的积极性，有利于形成一个新的造林管理机制，有利于维护林区社会稳定和依法管理的高度，切实抓好换发林权证工作。邓惠珍局长对全省开展林地林权登记换发证工作提出了具体要求：①明确换发林权证的范围；②严格换发证工作程序；③先易后难进行换发证，积极协调处理好山林权属纠纷；④认真做好行政边界山林界线和山权核定工作；⑤积极筹措解决换发证所需的专项资金；⑥建立健全林地林权登记发证管理制度。惠州市、始兴县政府作了典型发言。

全省林业局长会议 12月13日，省林业局在广州召开全省林业局长会议。省林业局领导，各市、县林业局长，省林业局各处室、局直事业单位和林场主要负责人共180多人参加了会议。会议由陈俊勤副局长主持，邓惠珍局长在会上作了讲话。邓惠珍局长提出，2003年要深入学习贯彻党的十六大精神，重点抓好十项工作：①为召开全省林业工作会议做好筹备工作；②认真抓好重点生态工程建设和生态公益林效益补偿工作；③积极开展创建林业生态县活动；④强化林地林木资源的保护和管理；⑤狠抓森林防火和病虫害防治工作；⑥加强野生动植物保护和自然保护区建设；⑦大力推进商品林基地和森林公园建设；⑧着力推动林业技术运用和高科技园区建设；⑨切实管好、用好各项林业资金；⑩抓好“三支队伍、两个阵地”建设。

（广东省林业由谭成略供稿）

广西壮族自治区林业

【概 述】

林业生产创新高 2002年，全区完成植树造林面积27.17万公顷，占年度计划的123.5%，比2001年同期增长25.09%。其中，荒山造林面积完成17.47万公顷，迹地更新6.01万公顷，低产林改造造林3.69万公顷。植树造林按用途分，用材林12.56万公顷，经济林8.78万公顷，防护林5.81万公顷，薪炭林63公顷，特种用途林280公顷。至年末全区封山育林新封面积完成32万公顷，比2001年同期减少40%。幼林抚育作业面积41.68万公顷次，幼林龄抚育实际面积28.62万公顷。中幼龄林抚育面积13.21万公顷，与2001年同期持平。全区实现林业产业总产值185.29亿元，与2001年同期增长3.84。其中第一产业产值138.36亿元，比2001年同期增长7.43%；第二产业产值44.03亿元，第三产业产值2.89亿元。全区实现林业工业总产值44.03亿元。木材产量376.8万立方米。人造板产量80.31立方米，比2001年同期增长18.59%。木片产值33.69万立方米，比2001年同期略有增长。松香产量19.74万吨，比2001年同期增长8%。木浆造纸38万吨。

全面实施退耕还林工程 2002年广西在2001年试点成功的基础上，全面启动实施退耕还林工程。国家下达年度工程建设任务16万公顷，其中退耕地造林和宜林荒山荒地造林各8万公顷，在全区14个市(地)的64个县（市、区）实施，涉及退耕农户33.9万户，年内已签订退耕还林责任合同30.6万户，占90%。经县级自检上报，工程完成造林施工总面积15.8万公顷，占年度计划任务的98.5 %，其中退耕地造林完成7.97万公顷，占年度计划任务的99.6%；荒山荒地造林完成7.8万公顷，占年度计划任务的97.5%。退耕地造林中，营造生态林比率为90.16%，营造经济林比率为9.84%；25度以上坡耕地占35.87%，15～25度占32.8%，15度以下占31.33%。主要造林树种为桉树、松树、八角、板栗、任豆、相思、香椿、杉木、竹子、苦丁茶等。

本年度国家共下拨广西退耕还林专项经费40 980万元，其中：种苗和造林补助费12 000万元，现金补助2520万元，补助粮食款26 460万元。自治区安排工作经费600万元（其中400万元按退耕地45元/公顷标准补助市县），县级财政安排配套工作经费697.8万元。年内，全区共兑现退耕还林补助粮食8030.2万千克，占年度计划18 900万千克（含2001年度试点任务的第二年补助900万千克）的42.5%；现金补助兑现654.5万元，占计划2520万元（含2001年度试点任务第二年补助120万元）的26%；种苗和造林补助费完成8795.9万元，占计划数12 000万元的73.3%。其余钱粮补助将在2003年3月造林检查验收后兑现完毕。

速生丰产林建设 2002年广西速丰林造林完成7.6万公顷，占计划任务14.66公顷的51.9%。经年度检查验收，全区各地均能使用优良种源区的良种及优良组培扦插苗，一级苗使用率达95.2%，平均造林成活率达93.3%，平均树高达标率为163.8%，其中速生桉生长较快，一些地方年最高生长量达到5～7米。

2002年广西将速丰林建设与林纸、林板结合，成为新的经济增长点。先后在北海、玉林、象州等召开速丰林建设工作会议，自治区政府批转了自治区计委、财政厅、林业局关于加快广西速生丰产林发展的意见，出台了一系列发展速生丰产林的优惠政策。目前，广西个体造林户多达300多万户。2002年速丰林造林面积中约有60%是非公有林。凭祥市个体经济能人梁子雄完成速丰桉造林66公顷，北海市个体经营者张正东营造速丰桉400多公顷；此外还有印度尼西亚金光集团、香港嘉汉木业有限公司、日本王子公司等在广西投资营造速丰林达1.3万多公顷。区直林场辐射营造速丰林1.5万公顷，占全区速丰林造林面积的 19.7 %。东门、高峰、博白等林场打出了自己的品牌，从规划设计到种苗培育、造林定植、抚育管理，直到木材采伐一条龙生产，形成了“一场一品”。

绿色工程建设 2002 年绿色工程建设进入了阶段性完善的一年。自治区绿化委员会组织协调林业、铁路、交通等部门监督工作，全区通力合作，在各地（市、县）和有关部门对绿色工程建设完成情况自检自查的基础上，针对公路、铁路、河流两侧和城镇、乡村、车站、码头等造林绿化不足的地方，结合义务植树和本部门与绿色通道相关项目开展绿色工程完善提高工作。全年完成公路、铁路两侧各宽 1 千米，河流两岸各宽 2 千米，以及城镇、乡村居民点四周 100 米范围内宜林地的植树造林 9852 公顷，抚育幼林幼树面积 3.5 万公顷，补植面积 3480 公顷；公路、铁路等部门植树造林 172 万株，补植树 154 万株。全区绿色工程 4 年共完成造林合格面积 17.37 万公顷，占总任务量的 132.5%。

珠江防护林建设 在项目实施上，有的项目县开始实行招投标制，如昭平县、岑溪市、平南县对工程建设进行公开招投标，择优选择施工单位。在造林方式上，大多数项目县的工程建设采取联营造林、承包造林和补助造林等方式，营林机制有所创新。在工程管理上，对作业设计首次实行专家会审制度，严把作业设计质量关。印发了《广西壮族自治区重点防护林工程县级作业设计操作规程（试行）》和《广西林业生态工程造林检查验收办法（暂行）》，制定了《广西重点防护林工程建设档案管理办法》，工程管理逐步规范化。

年内有 37 个县（市、区、林场）实施珠防林工程项目，计划人工造林 2.26 万公顷、封山育林 3.77 万公顷。经年底各工程县自检统计，完成人工造林 2.29 万公顷，占计划任务的 101.6%；封山育林 3.91 万公顷，占计划任务 103.8%。共投入资金 6777.76 万元，其中国家债券 5700 万元已全部到位，实际已使用 4213.56 万元，地县财政配套 573.05 万元，林业部门自筹 562.76 万元，其他部门和群众自筹 1428.39 万元。群众投工投劳 219.66 万个工日。

沿海防护林工程 进一步加强工程建设管理，逐步推行项目造林招投标制和监理制。如北海市通过招标落实项目实施单位，防城港市通过招标选择确定项目造林用苗，降低了工程造林成本，确保了工程建设质量。同时，对造林作业设计首次采取专家会审制度，严把作业设计质量关。各级领导还建立了海防林工程建设示范点 13 个、面积 348.67 公顷。据统计，年内海防林工程共完成人工造林面积 2355.5 公顷，占计划任务 2300 公顷的 102.4%。其中新增防浪护堤林（红树林）455.7 公顷；加宽和改造疏残海岸基干林带曲线长 2.3 千米，折合面积 20.4 公顷；改造低产林残次林营造速生丰产林 619.5 公顷、水土保持林 822.56 公顷；营造防风固沙林 437.34 公顷。共投入资金 678.5 万元，其中：国债投资 510 万元、地方财政配套 44 万元，自治区林业局和市（地）、县级林业部门投入 60 万元，部门和群众自筹 64.5 万元，群众投工投劳 6.05 万个工日。

封山育林 年内，各地继续实施封山育林工程，实行封造结合加快植被恢复进度，通过制订村规民约、配备护林员、搞好防火等措施，加强对封育区的管护工作。特别是结合珠防林等重点工程来实施，有效地提高了封育质量，确保了封山育林成效。据统计，年内共完成封山育林 319 976 公顷，其中林业重点工程完成 46 356 公顷。

种苗工程建设 国家林业局批准广西在 1999～2003 年建设一批林木种苗工程，包括对一些良种基地、采种基地、国有苗圃以及省级示范苗圃的新建、改扩建项目的基础设施建设，建设规模 16 892.8 公顷，总投资 9137 万元（其中：国债投资 6322.5 万元，地方配套投资 2814.5 万元）。2002 年是广西实施种苗工程建设的第四年。全区安排投资新、续建林木种苗工程 19 处，利用国债投资 1200 万元，地方配套投资 308 万元，规模达 2159 公顷。广西林木种苗示范基地是 2002 年广西种苗工程建设的重点，于 10 月 13 日正式挂牌。引进、培育用材林、绿化苗木及花卉等各种优良苗木 300 多万株。营造试验、示范林 133.3 公顷已初见成效。2002 年全区完成育苗面积 2450 公顷，占计划任务的 198.7%，生产苗木约 7 亿株，其中容器育苗 2.1 亿株。育苗的主要树种有：尾叶桉、任豆、西南桦、马尾松、相思类、八角、肉桂、杉木、香椿、毛竹、杂交竹、吊丝竹、荷木以及其他一些树种。

严厉打击破坏森林和野生动物资源违法犯罪行动 2002 年，全区森林公安机关深入开展林业严打整治斗争，适时开展了“查处破坏森林和野生动物资源犯罪紧急行动”、“严厉打击破坏森林资源和野生动物资源违法犯罪‘破案攻坚战’”等一系列专项行动，重点打击盗伐和滥伐林木、非法侵占林地、毁林开荒、非法收购盗伐、滥伐林木及非法猎捕、杀害、收购、运输、出售国家重点保护野生动物等违法犯罪活动，同时将查证属实、尚未解决的人民群众来信反映的重特大案件和有较大影响的案件。全年全区森林公安机关共查处各类森林案件 6351 起，其中查处森林和野生动物刑事案件 637 起，治安案件 698 起，林业行政处罚案件 5016 起。打击处理各类违法人员 7926 人，其中逮捕 526 人。通过查办案件共挽回经济损失 1335 万元，其中收缴木材 36 426 立方米，野生动物及其制品分别为 22 933 只（头），皮 93 张。

6 月，自治区高级人民法院、人民检察院、公安厅联合下发了《关于森林公安机关办理管辖案件有关问题的通知》，解决了长期以来困扰森林公安机关在办理刑事和治安案件时，没有刑事侦查权和治安行政处罚裁决权以致破坏森林和野生动物资源刑事案件久拖不决的问题。

国家森林生态效益补助试点 2002年1月31日印发《广西壮族自治区关于开展森林生态补助资金试点工作的意见》的通知，明确了试点工作的必要性，试点工作的指导思想、原则、资金的补助对象、范围及标准，安排了各试点单位的试点任务，强调了试点工作采取的有关措施等。2月1日印发了《广西壮族自治区森林生态效益补助资金管理办法（暂行）》的通知，规定了补助资金的使用范围，森林资源保护和管理费用支出的具体界定，补助资金的管理与监督措施。4月，各试点单位按照森林生态效益补助资金的试点原则和要求，将全区试点面积233万公顷落实到山头地块，其中国有林面积37.4万公顷，占16.0%；集体林面积196万公顷，占84.0%。列为试点的单位有124个，其中区直国有林场10个，地直国有林场8个，国家级自然保护区7个，县（市、区）99个。试点范围主要分布在生态区位重要或生态区位脆弱的地带，中越边境地带，目前，全区已签管护合同87 910份，签订管护面积227.5万公顷，占试点任务的97.5%。通过试点，加强了广西珠江流域源头、中越边境、岩溶以及生态脆弱地区的重点防护林和特种用途林的保护和建设，提高森林质量和防护功能，防治水土流失、加快石漠化综合治理力度、保护国土生态安全，改善了林农和林业职工生活状况及缓解就业压力起到积极作用，加大了资金的投入，森林资源管护建设有了保障。

森林防火 年内全区共发生森林火灾468起，其中火警227起，一般火灾241起，没有发生重、特大森林火灾，火场总面积8339公顷，受害森林面积1713公顷，森林火灾受害率0.17/1000，因火灾烧毁成林蓄积4.9万立方米，烧毁幼树136.1万株，造成人员伤亡8人，其中轻伤2人，重伤2人，死亡4人，其他损失折款156.8万元，支出扑火经费161.4万元。与2001年相比，森林火灾起数增加1.09倍，火场总面积增加1.69倍，受害森林面积增加1.26倍，森林火灾受害率上升0.09/1000。

2002年全区森林火灾发生有3个特点：①时间集中。下半年森林火灾明显少于上半年，主要集中在春防期间，又主要集中在清明节前后。清明节前后仅1个月的时间就发生森林火灾250起，过火面积4919公顷，受害森林面积1010.6公顷，分别占全年的53.4%、59%和59%。②地点集中，主要集中在百色地区和河池地区。百色、河池两地全年累计发生森林火灾205起，过火总面积4945.3公顷，受害森林面积874.2公顷，分别占全区14个市（地）的43.8%、59.3%和51.0%。③火因集中，在已查清火因的416起火灾中，烧荒烧炭占41.3%，上坟烧香烧纸占29.6%。

林政管理 年内编制下达了蓄积649.3万立方米，出材415.6万立方米的木材生产计划，给78个单位追加商品材限额蓄积53.5万立方米，出材32.9万立方米。2002年4月下旬，组织人员对全区14个地（市）及其所属的18个重点县的林木采伐许可证签发管理情况，对2001年度木材生产计划管理和伐区管理情况进行检查。对全区林木采伐许可证签发管理岗位资格证进行年审，取消了10名违法发放采伐证人员的岗位资格证书，暂停8名违规发证人员的核发采伐证资格，并通报全区。针对检查发现的各地木材生产计划管理体制不顺等问题，下发了《关于进一步加强年度木材生产计划管理的通知》，对年度木材生产计划管理范围、管理机构及职责等作了明确规定。组织有关专家对各地申报的89个设计队进行林业调查规划设计资质审核评定，并给符合条件的资源县林业调查规划设计队等83个单位颁发了林业调查规划设计资质证书，给广西大学林学院林业调查规划室等3个单位的调查设计资格进行升级。4月，自治区人民政府与全区各地区行署、地级市人民政府签订了《广西“十五”期间领导干部任期森林资源消长目标责任状》，下发了《自治区人民政府办公厅关于印发广西壮族自治区“十五”期间领导干部任期森林资源消长目标责任状考核办法的通知》。1～3月，在全区范围内开展了一次查处破坏森林资源案件的紧急行动，共查处各种破坏森林资源案件188起，其中国家林业局重点督办的16起案件已基本结案。已被党纪政纪处分和公安、纪检和监察机关采取措施的有关责任人341名，其中领导干部25人。

年内依法审理征占用林地项目，林地审核率和森林植被恢复费收取率大幅度提高。全年共审核审批征用占用林地项目276宗，面积19 954.5公顷，依法收取森林植被恢复费18 774.8万元。全区征占用林地的项目审核率和项目面积率分别从2001年的62.5%、85.4%分别提高到76.5%、92.6%，森林植被恢复费收取率从2001年的85.4%提高到92.9%，均创历年最高水平。组织人员积极参加自治区“三大纠纷”专项治理工作组，组织开展跨地（市）山林纠纷和自治区直属农场、林场“三大纠纷”的调处工作。在全区退耕还林和法人造林的重点县以及跨地（市）的区直国有林场开展试点工作，并制定了实施方案报自治区人民政府。

年内组织开展了对全区各地（市）及林业局驻区直国有林场和有关企业木材运输证签证办木材运输证签发与管理情况进行了检查。停止了5个驻区企业签证办的签证工作，暂停了1个驻区直国有林场签证办的签证工作。大力查处违反木材流通管理规定的各种违法行为，全区共查处22 438起违法运输木材和违法经营加工木材的行政案件。

年内，对林木采伐许可证核发管理、木材运输证签发与管理、林地管理等580多名人员和1300多名伐区调查设计人员进行了岗位培训。

森林病虫害防治 2002年，全区森林病虫害发生面积13.87万公顷，成灾面积1.04万公顷。其中，马尾松毛虫发生面积4.27万公顷，成灾面积0.52万公顷，是近10年来灾害最轻的一年。年内，各级林业主管部门积极做好森林病虫害预防和除治工作。年初，邕宁、武鸣等县使用海燕飞机喷撒白僵菌防治松毛虫，飞行85架次，作业面积0.57万公顷。各地抓好人工放菌，并做好其他病虫害的防治。全区全年防治森林病虫害5.43万公顷，占应防治面积的82.35%。年内全区进行了松材线虫疫情的监测调查。根据国家林业局的要求，森林病虫害防治工作继续实行目标管理责任制，通过各级林业主管部门加强森林病虫害防治工作的管理，经自治区林业局年终考核结果，本年度森防目标管理的各项指标全面达标。经国家林业局批准，2002年全区有21个森防检疫站被确认为全国森防检疫标准站；2个苗圃确认为无检疫对象苗圃；新批准19个国家级森林病虫害中心测报点，自治区国家级森林病虫害中心测报点已达39个。

野生动植物保护管理 “爱鸟周”、野生动物保护宣传月期间，全区各地利用电视、报刊等媒介，通过举办知识竞赛、专题讲座、标本展览等多种形式，广泛开展野生动植物保护法律、法规宣传活动。

规范野生动植物采集、养殖、运输、利用管理，组织专家修订完善陆生野生动物驯养繁殖、经营利用、运输管理规定，草拟《广西壮族自治区重点保护野生植物管理办法》及广西重点保护植物名录。整顿边境地区野生动植物管理，加强执法检查，检查42家边境地区收容救护、养殖、利用单位，依法取缔7家，限期整改6家。完成总投资750万元，全国惟一的全国虎种源繁育工程——广西桂林虎种源繁育基地建设工程完成可行性研究和初步设计，工程即将开始实施。完成野生动植物资源监测外业调查，开展白头叶猴资源调查与监测。

自然保护区建设与管理 大明山自然保护区经国务院批准晋升为国家经自然保护区，成为继花坪、弄岗、大瑶山、木论之后广西第五处森林和野生动物类型国家级自然保护区。上林龙山、昭平七冲两处新建保护区筹建工作正在进行。申报十万大山自然保护区晋升国家级保护区。完成岑王老山、元宝山自然保护区综合考察和总体规划。全区林业系统自然保护区现状调查全面完成。年内，中央财政预算内专项资金1252万元投入花坪、大瑶山自然保护区基础设施建设，自治区财政保护区管护专项资金1130万元投入自然保护区。

林业科技 广西林业科技示范园于2002年10月13日揭牌成立，示范园项目总规模1657.2公顷，一期工程总投资2982.99万元，主要由林业科研示范区、工厂化育苗展示区和优良树种展示区三大部分组成。组织区内林业专家对《广西林业科技“十五”计划项目》进行评审，批准立项78个，经费总投资计划976万元，分为科研攻关和科技推广两大类，包括种苗、营林、花卉及产业化、科技示范园、森林经营、软科学、森林病虫害防治、林产工业、野生动植物、农村能源、科技推广各学科领域。年内落实林业科技经费100万元，安排科技项目28个。组织鉴定杉木多世代滚动式种子园营建技术和广西森林火险短期气候预测方法研究两个科技成果。广西林业成果获得2002年自治区人民政府科技进步奖励共6项，其中广西东门桉树引种改良及高产栽培技术研究获得自治区科技进步二等奖。以1995年桉材不变价计，该项目新增产值达334 876.16万元。基于GIS的森林资源遥感调查技术研究、广西森林火险短期气候预测方法研究等5个林业项目获自治区科技进步三等奖。苍梧县和金秀县两县通过了审查被列为全国林业标准化示范县。年内接待澳大利亚、芬兰、美国等外国专家10批30多人次。3月和11月分别组织林业考察团赴澳大利亚进行林业科学技术工作考察。

林业教育 年内，组织开展并完成了广西林业人力资源整体开发研究课题。8月，经自治区人民政府批准，广西林业学校升格为广西生态工程职业技术学院。年内共完成林业普通中专招生1403人，高职招生625人，函授（大专）招生1360人，保送生18人。组织专业技术干部开展世界贸易组织基础知识继续教育3138人。

林业宣传 2002年广西林业宣传工作始终围绕广西林业的中心工作，即围绕生态建设、工业原料和经济林建设、加工利用、保护体系和党的建设等方面，采取文字、图片、图像、网络、声音等多种宣传手段，以冬春季备耕造林、植树节、“爱鸟周”、防治荒漠化日等为契机，精心策划，为推动广西林业跨越式发展创造了一个良好的舆论环境。年内仅自治区林业局在区内外报刊、电视台、电台等新闻媒体发表的林业新闻达190篇，其中，中央级的林业新闻5篇，省级130篇，组织专版和专题报道22个，全年共出版《广西林业》杂志6期，刊登文章1500多篇和黑白及彩色图片480幅。自治区林业局获由全国政协人口资源环境委员会、全国绿化委员会、国家广播电影电视总局、国家林业局、中国绿化基金会、中华全国新闻工作者协会6家单位联合举办的全国关注森林组织奖，江秀奎荣获国家森林奖，有2篇文章获新闻二等奖，3篇文章获新闻三等奖，2篇文章获文化艺术奖二等奖，1篇文章获文化艺术奖三等奖。江秀奎、蒋卫民获《广西日报》优秀通讯员。（江秀奎 陆志星 刘海龙 黄现祥 潘生武 韦英繁 吴小珊 张

振球 余钊 赵庭坤 邱承刚 魏绣枝 苟建荣 蒋卫民）

【广西国有林场建设】 2002年广西有国有林场151个（含中国林科院热带林业实验中心），在岗职工31 003人，离退休职工13 160人。经营面积117.38万公顷，其中，有林地86.84万公顷，新造林未成林地12.32万公顷；森林活立木蓄积量5145.9万立方米。年末固定资产原值13.57亿元，净值10.27亿元，分别比2001年增长4.6%和1.6%。全年实现工农业总产值12.36亿元（按现行价计），比2001年减少3.8%。其中，营林产值2.8亿元，木材产值5.6亿元；产品销售总收入8.53亿元，增加5.7%；多种经营收入3.84亿元，减少2.3%。缴纳税金4844万元，减少14.7%；上交林业基金3471万元，增加15.5%。151个国有林场中，有127个亏损，亏损额7104万元；有24个盈利，盈利额1127万元，盈亏相抵后净亏5977万元。

营林生产 完成荒山造林7452公顷，迹地更新造林26 146公顷，低产林改造3198公顷（其中，区直林场营造速生丰产林14 733公顷）。营造经济果木林7163公顷，全区国有林场年末经济果木林总面积6.49万公顷，职工人均拥有经济果木林2.09公顷。幼林抚育作业面积9.08万公顷，实际面积4.14万公顷；育苗380公顷，其中年内新育260公顷。

林产品生产 生产木材163.94万立方米，比2001年减少6.3%；销售木材165.35万立方米，较2001年增加29.6%；年末库存木材6.79万立方米，较2001年减少44.6%。生产松香2.66万吨，纤维板13.9万立方米，刨花板0.8万立方米，木片出口2.92万绝干吨，比2001年增加1.4%，占全区木片出口总量8.45万绝干吨的34.6%，创汇237万美元，比2001年减少4.3%。

森林保护 年内，森林病虫害发生面积14 286公顷，发生率1.6%，防治面积13 766公顷，防治率96%。

科技进步 年内，东门林场完成的东门桉树引种改良及高产栽培综合技术研究获广西科技进步二等奖。

职工自营经济 2002年，广西国有林场职工自营经济进一步向规范化发展，种植面积大幅增加，但受市场价格下跌的影响（特别是八角及各类水果），收入比2001年有所下降。国有林场从事自营经济的职工参加户数为2.04万户、2.96万人，分占职工户数和人数的74%和85%。种植面积6.34万公顷，总收入1.56亿元，纯收入6411万元，人均纯收入2168元。自营经济已成为增加职工收入的主要渠道，成为林场经济的重要组成部分和新的经济增长点。

（苏 丽）

【广西林业产业建设】 2002年广西林业产业总产值185亿元，其中规模以上林业工业总产值50亿元。2002年全区以森林资源为原料的生产经营企业共13 901户，年消耗木材537万立方米，其中林产工业产值300万元以上的177户，超亿元企业8户，超亿元的县11个。

木材加工业 2002全区拥有以木、竹为原料的木材加工企业11 998户，规模以上工业企业实现总产值144 379万元。锯材产量56.73万立方米，木片加工33.69万立方米，家具产量464万件。

人造板生产 2002年，全区有人造板生产企业276户，年生产能力122万立方米，产量81万立方米，中密度纤维板生产企业13户（中密度纤维板生产线18条），年生产能力82万立方米，实际产量53万立方米；广西三威林产工业集团、高峰林浆纸业集团、丰林国际有限公司等3户骨干企业生产能力68万立方米，占全区纤维板生产能力83%。胶合板生产能力30万立方米，产量18万立方米；刨花板生产能力12万立方米，产量8万立方米。强化木地板生产企业1户，年生产能力500万平方米，产量121平方米。全区人造板销售收入11亿多元。高峰林浆纸业集团年产8万立方米中密度纤维板（陆川）项目和广西三威林产工业集团年产15万立方米中密度纤维板（岑溪）项目分别于2002年4月和2002年12月竣工投产，使全区中密度纤维板生产能力增加23万立方米。

松香生产 全区松香生产企业119户，年生产能力46万吨。2002年生产松香27万吨，生产松节油3.5万吨，松香松节油深加工产品4万吨，松香系列产品销售收入14亿元，为农民增加收入8.45亿元。全年出口松香、松节油及深加工产品约18万吨，占全国出口量的50%，占世界松香贸易量的35%。出口创汇约1亿美元。松香松节油深加工产品主要有歧化松香、歧化松香钾皂、聚合松香、氢化松香、马来松香、浅色松香、造纸施胶剂、松香酯类、松香胺、合成樟脑、芳樟醇、松油醇、双戊烯等系列产品40余种。

竹木浆造纸 全区规模以上竹木浆造纸企业10户，竹木浆年生产能力47万吨，造纸年生产能力32万吨。其中，广西国发林业造纸有限公司木浆年生产能力8万吨，造纸年生产能力10万吨；柳江造纸厂竹木浆年生产能力8万吨，造纸年生产能力9万吨；南宁凤凰纸业有限公司木浆年生产能力10万吨；贺达纸业有限公司木浆年生产能力8万吨。2002年全区竹木浆造纸产量39万吨，销售收入11亿元。除南宁凤凰纸业有限公司、贺州纸浆厂生产商品浆外，其他企业均以自产自用为主。柳江造纸厂利用竹子制浆，其商品竹浆年产量可达6.5万吨，除配抄纸张自用外可外售漂白商品竹浆约3万吨。柳江造纸厂是目前国内利用竹子生产漂白化学竹浆技术水平最高、应用于造纸经验最成功、最成熟的企业，已得到造纸界专家的肯定和公认。竹木浆造纸产品主要有牛皮箱板纸、纸袋纸、牛皮纸、中高档文化用纸等品种。

栲胶生产 栲胶生产企业2户，生产能力1.35万吨，全年生产栲胶6156吨，比2001年增长5.8%。广西生产的栲胶主要是利用杨梅、余柑树皮为原料生产而成的产品，主要应用于鞣革、医药、印染、冶金、石油等行业。

木材经营和松香生产清理整顿 由自治区林业局牵头，会同自治区经贸委、工商行政管理局、质量技术监督局、乡镇企业管理局联合开展木材经营（加工）和松香生产单位清理整顿工作。全区共自查核查木材经营（加工）单位13 782家，松香生产单位119家。依法查处无证经营993家，关闭取缔884家，查处违法经营649家，责令停业整顿196家，查处无证松香厂28家。

广西高峰林浆纸业集团有限责任公司成立 自治区林业局将地处自治区南部的高峰林场、七坡林场、东门林场、派阳山林场、钦廉林场、六万林场、博白林场、良凤江国家森林公园等8个区直林场以及广西国营林场开发公司和武鸣栲胶厂共10家单位，按照国家和自治区的有关政策法规，以资产为纽带，共同组建广西高峰林浆纸业（集团）有限责任公司。广西高峰林浆纸业（集团）有限责任公司经自治区人民政府正式批准成立，11月16日正式挂牌成立。9月28日在南宁召开了第一次股东大会，会议选举产生了集团公司第一届董事会和监事会，选举产生了集团公司董事长、监事会主席，通过了聘请总经理、副总经理决议。建设100万吨大型木浆纸厂（第一期60万吨浆，60万吨纸）、33.3万公顷造纸原料林基地项目已有实质性进展，造纸原料林基地的初步可行性研究报告通过了专家评审，年产60万吨化学木浆及造纸项目的初步可行性研究报告也通过了专家评审，自治区环保局已同意立项。集团公司与芬兰斯拉恩索公司经多次洽谈，签订了《中外合资意向书》、《中外合资项目框架协议书》、《造林合同书》，合作营造速生丰产桉树林的首期造林资金已经到位。

广西林业产业行业协会成立 2002年初，自治区民政厅批准成立广西林业产业行业协会。6月25日组织召开了广西林业产业协会成立大会预备会，讨论修改了《广西林业产业协会章程》、《广西林业产业行业协会财务管理制度》、《广西林业产业行业协会收费管理办法》，推荐选举产生了广西林业产业行业协会领导机构。年底，自愿申请加入广西林业产业行业协会的骨干企事业单位超过100家。自9月份起协会创刊《广西林产信息》，每月一期。12月23日召开广西林业产业行业协会成立大会。

广西梧州福莱斯三威林业有限公司成立 由广西三威林产工业有限公司与海南福莱斯林业有限公司共同投资组建的林板一体化公司——广西梧州福莱斯三威林业有限公司12月1日举行了成立仪式。广西三威林产工业有限公司是广西林产工业的龙头企业之一，拥有6亿元资产，年人造板生产能力30万立方米，具有人造板、深加工产品、贴面材料、化工等四大系列、九大产品、120多个规格品种的大型综合性林产工业企业。海南福莱斯林业有限公司则是以经营人工林为主的林业工程公司，已在海南、广东等成功营造大面积速生丰产林，具有相当强的技术实力和丰富的管理经验。两家共同组成的公司，将发挥各自优势，以原料林基地为依托，以高新技术为支撑，以股份化低成本扩张为手段，发展人造板业为主，并向林化、林纸等相关产业发展，建成集林产品贸易、林产品加工、原料林基地于一体、可持续发展的林产工业集团。公司中期目标是实现年产人造板100万立方米，建设人工原料林基地6.7万公顷。

企业与产品信誉 广西梧州松脂股份有限公司荣获2002年度“全区用家满意企业”称号；广西梧州松脂股份有限公司的“桂花牌”脂松香荣获2002年度“全区用家满意产品”称号。广西三威林产工业有限公司、广西柳江造纸厂、广西国发林业造纸有限公司分别以33 640万元、25 133万元、24 681万元的销售额及分别为451万元、68万元、1001万元的利润，92 390万元、10 6000万元、61 474万元的总资产入选2002年广西企业50强。

森林旅游 2002年，自治区林业局组织召开了2002年广西森林旅游联谊会；在大明山国家级自然保护区成功举办了广西第三届（大明山）森林旅游登山节暨大明山首届杜鹃花节；6月组织参加国家林业局在浙江省临安市举办中国森林风景资源博览会暨天目山森林旅游节，得到组委会和参观者的充分肯定和好评，荣获创意制作银质奖。批建了苍梧飞龙湖森林公园和藤县太平狮山森林公园两处自治区级森林公园；国家林业局批建了黄洞天坑国家森林公园；八角寨国家森林公园的资江景区和龙胜温泉国家森林公园被国家旅游局评定为AAA级旅游区。据不完全统计，2002年全区森林风景区共接待游客240.80万人次（其中入境旅游者7.37万人次），比2001年增长37.5%；直接旅游收入12 221.15万元，比2001年增长7.5%。全区共建成各级森林公园34处，其中国家级森林公园12处，54处自然保护区中有7处对外开展森林旅游活动。全区直接从事森林旅游工作的职工共有2188人，导游316人，旅游车船338台（艘），住宿床位6605张，电话容量4416门。广西的森林旅游业已初具规模，初步形成了森林旅游吃、住、行、游、娱、购的服务体系。 （韦立敏）

【广西园林花卉和经济林】

园林花卉 2002年，全区花卉种植面积达1.54万公顷，其中切花0.03万公顷，盆栽花卉0.26万公顷，工业、药用花卉0.57万公顷，绿化苗木0.56万公顷，其他0.12万公顷。年总产值6.9亿元。全区花卉生产企业450多户，建立一批龙头企业和花卉生产基地，如全国闻名的横县茉莉花生产基地、玉林市花协生产示范基地，北海市怡林园林绿化有限公司等。全区花店1600多家，其中南宁、桂林、柳州、玉林等4个中心城市已相继建立了专业花卉市场。花卉产业的发展呈现出个体、私营、国营、集体、外资企业共同发展的新格局，花卉业已成为广西社会经济发展和农民增收的新亮点。5月成立了花卉管理办公室，对区内外花卉生产情况进行调研，完成了2003～2020年中长期《广西壮族自治区花卉产业发展规划》。5月下旬，自治区林业局召开了首次全区花卉产业工作会议，把花卉生产正式列入工作议程。

花　市 为适应广西花卉产业蓬勃发展的新形势，检阅广西花卉业的生产经营水平，扩大宣传，树立品牌，培育市场，搞活流通，丰富市民节日文化生活，由自治区林业局、南宁市人民政府于2002年元月28日至2月底，共同主办2002年广西南宁春节花市，同时举办广西南宁首届花卉园艺大奖赛。花市面积5.5公顷。入主花市的有来自区内和广东等兄弟省的林业、农业、农垦、园林、城建等系统的花卉企业、个体花商共55家，经营的主要种类有鲜切花、盆栽花卉、绿化苗木、干花与仿真花、花具、花肥、盆景、奇石、根雕、园林器械等共有520多个品种，参赛作品510盆（件），上市盆花达50多万盆，销售20.5万盆，销售额350多万元，接待参观者和顾客32.5万人次，取得了显著的社会效益。本届花市是广西建国以来所举办的各类花展、花市中规模最大，内容最丰富、精品最多的一次花市，代表了目前广西花卉业生产经营的发展水平。

经济林 据2000年广西森林资源第六次连续清查结果表明，广西经济林有林地面积203.69万公顷，占全区有林地总面积的20.74%，占全区林业用地总面积的14.91%。多年来，发展了经济利用价值较高的，以八角、玉桂、油茶、油桐、龙眼、荔枝、沙田柚、板栗、柿子、杧果、白果、柑橘、橙、李、黄榄、罗汉果、金银花、黄柏、杜仲、黄栀子等为主要的几十个品种，同时对低产低效经济林实施逐步改造。至2002年末，全自治区经济林实际种植总面积已达200.87万公顷，其中：果树林89.35万公顷、木本油料林34.95万公顷、调香料林47.34万公顷、工业原料林（不含采松脂林）20.29万公顷、饮料林3.17万公顷、药材林1万公顷、其他森林食品林4.77万公顷。全年经济林产品产量250万吨，总产值91.6亿元（根据国家林业局经济林信息统计口径计算）。

（郑玉昆）

【广西农村能源建设】 2002年，广西有农村能源行政管理机构192个，工作人员672人。其中地（市）级机构5个，县级27个，乡级159个。地（市）级工作人员23人，县级124人，乡级487人。农村能源技术推广机构741个，工作人员2135人。科研人员89人。教育培训57 096人次。全年投入农村能源建设资金50 903.01万元。其中各级财政拨款11 572.25万元，贷款70.75万元，群众自筹26 008.38万元，折劳投资13 251.63万元。全自治区农村能源设施年节约薪柴约1205万吨，形成年开发与节约能源能力688万吨标准煤，相当于每年少砍了约53万公顷的有林地面积。有效地保护了森林资源。“152”生态能源示范工程项目已基本完成任务，进入最后的验收阶段。“152”项目示范区把沼气技术推广与养猪、养鱼、种菜、种果结合起来，大力推广“养殖—沼气—种植”三位一体的生态能源模式，沼气用于做饭、照明，沼液、沼渣下田下地做肥料，起到了省柴、省电、省劳，增肥、增产、增收、增效，减少生产投资，减少病虫害发生，净化环境的多种作用，粮食、生猪、水产、林果业丰产丰收，实现了农业增产和农民增收。加快了生态家园富民计划的实施步伐，全区已建成40多万户生态家园示范户，生态家园建设与旧村改造和新村建设结合起来、与农业和农村经济结构调整结合起来，并配套进行改厨（改房）、改路、改水、改厕、改栏等改造工作，实现了庭园经济高效化、农业生产无害化、家居环境清洁美化，形成了以农户为单元的基本生活生产内部的生态良性循环，在农村全面建设小康社会中发挥着重大的作用。

沼气利用 新建沼气池40.1493万户，年末累计169.16万户，年产气量60 463.38万立方米。全自治区开展沼气综合利用的建池户80.86万户。利用沼渣、沼液育种播种面积57 703公顷，养猪84.48万头，节约饲料30 167.93吨；沼液养鱼4516.98公顷，增加产量1321.37吨，种菇16.44万平方米，生产蘑菇1332.97吨。推广南方能源生态模式45.08万户，推广面积35 205.60万平方米；年出栏牲畜623.27万头，年产蔬菜368.43万吨，年产水果163.75万吨。建成大中型沼气工程34处，总池容0.43万立方米，废弃物处理量31万吨，年产气量18.94万立方米，供气户数0.15万户。生活污水净化沼气池324座，总池容0.64万立方米，年处理量35.75万吨。

微型水力和地热利用 新增微型水力发电机1001台，装机容量1031千瓦。年末全自治区微型水力发电机37 255台，装机容量52 215千瓦，年发电量4985.41万千瓦时，用户数101 309户。地热利用点14处，利用地热种植作物3.8公顷，发展养殖5.6公顷。

风能和太阳能利用 新增小型风力发电机168台，装机212.1千瓦。年末全自治区小型风力发电装机1182台，总装机容量324.4千瓦，年发电量19.66万千瓦时，用户数1466户。新增太阳能热水器1.74万平方米，累计达6万平方米。

省柴节煤灶推广 年末全自治区省柴节煤灶用户782.10万户。

农村能源产业与技术服务 2002年，广西有农村能源生产企业32户，从业人员377人，固定资产1058.3万元，流动资金1004万元，年销售额2350万元，实现利税492.92万元。服务企业193户，从业人员602人，固定资产707.51万元，流动资金1082.81万元，年销售额2931.60万元，实现利税496万元。

2002年广西农村生活用能情况

项目	2001年用量	折标准煤（万吨）	2002年用量	折标准煤（万吨）	用户数（万户）
秸秆			828.8万吨	355.6	
薪柴	221.8万吨	126.7	958.9万吨	547.6	
煤炭	872.0万吨	622.6	151.0万吨	107.8	
电力	570 262.3万千瓦时	228.1	225 741.5万千瓦时	90.3	
成品油	152.6万吨	218.2	9.7万吨	13.9	
焦炭	44.3万吨	41.8			
沼气			64 249.6万立方米	45.9	179.3
液化石油气			194 884.7吨	33.4	227.8
太阳能			4.8万平方米		2.0

（李 遐）

【广西壮族自治区2002年林业大事】

1月23日至2月1日 国务院西部开发办副主任王志宝到广西进行生态调研，先后考察平果县石漠化治理、东兰县退耕还林、北海市红树林保护以及桂林市的生态能源建设。

1月28日至2月28日 广西南宁2002年春节花市在邕城举行，此次春节花市是广西较高水平的一次花卉业的大检阅、大交流、大提高的盛会，展出的鲜花达10万盆。

2月6日 自治区党委书记曹伯纯，自治区党委常委、秘书长邱石元，自治区党委常委、南宁市委书记李纪恒，自治区党委组织部副部长张延吉，自治区林业局局长黎梅松等看望有突出贡献的桉树育种栽培专家项东云。

2月28日 曹伯纯、李兆焯、陈辉光、邱达雄等自治区党政军领导和即将赴京出席全国人大、政协的部分代表、委员，以及驻邕的区直、市直机关干部，部队官兵近两千人来到邕宁县吴圩镇参加义务植树。参加义务植树的自治区党政军领导还有马庆生、陆兵、马铁山、周传统、邱石元、陈秀榕、张慕洁、韦家能、林灿、袁凤兰、吴恒、孙瑜、俞曙霞、邓浦东、姜兴和、陈光明、郭永运、刘子贤、方声坤、张德顺等。

4月30日 目前国内最大的林纸一体化商品木浆项目——广西林纸一体化工程年产60万吨漂白化学木浆项目初步可行性研究报告在南宁通过了专家组的评审。自治区党委副书记、自治区副主席王万宾出席了评审会。

11月12日 全区退耕还林现场会在平果县召开，自治区副主席孙瑜参加了会议并讲话。

11月14日 自治区副主席孙瑜听取自治区林业局林业工作汇报时指出，2003年全区林业工作要突出重点抓好对生态建设，产业培植和农民增收有重大影响的五件大事。

11月16日 广西高峰林浆纸业（集团）有限责任公司新闻发布会暨揭牌仪式的举行，标志着目前自治区最大、全国屈指可数的林业“航母”正式启航。自治区副主席王汉民出席了新闻发布会并讲话。

11月23～24日 两年一届的湘粤桂三省（区）五县边界护林联防第十一联防区第二十九次工作会议在灌阳县召开。

12月20日 自治区九届人民政府第三十九次会议通过并以自治区政府主席令颁发了《广西壮族自治区树蔸树木采挖流通管理规定》。 （蒋卫民）

海南省林业

【概 述】 2002年，海南省林业建设在省委、省政府的正确领导和国家林业局的大力支持、指导下，全省各级林业部门和广大林业干部职工团结一致，紧紧围绕生态省建设的工作中心，按照“调整结构、提高效益、产业升级；依法管林、保护环境、生态平衡；转变作风、提高素质、队伍合格”的总体工作目标，以“三个代表”重要思想统领林业工作全局，与时俱进，大胆创新，不断开拓林业工作的新局面，取得了显著的成绩。全省森林资源持续增长，造林绿化成效明显，林业生态建设进展顺利，林业产业稳步推进，全省林业继续保持稳健发展态势。至2002年全省森林面积175.93万公顷，其中天然林65.93万公顷，人工林90万公顷，灌木林20万公顷；森林蓄积量1.2亿立方米；森林覆盖率达53.3%；全省林业各类投资3亿多元，完成行政事业性收费850万元，植被恢复费289万元，全省林业总产值达85.5亿元，比2001年增长8.2%。

造林绿化 2002年，全省共完成人工造林3.93万公顷，其中，椰林工程0.3万公顷，用材林0.12万公顷，经济林1.29万公顷，其他林1.30万公顷，此外，四旁植树折合面积0.92万公顷，超额完成了省政府下达的3.4万公顷年度造林任务，实现了全省森林覆盖率增长一个百分点的目标。主要措施：①明确造林目标，落实管理责任。狠抓《海南省市县领导发展森林资源目标管理责任状》的落实。通过对2001年责任状的检查评比和兑现奖惩，进一步激发了各市（县）造林绿化的积极性，在全省范围内形成你追我赶的造林绿化热潮。各市（县）及有关部门根据下达的造林任务，认真制定全年工作方案，将任务层层分解落实到乡（镇）和山头地块。省林业局集中力量加强对重点市（县）造林工作的指导和监督检查，并在资金安排上给予倾斜。②突出工作重点，加快造林步伐。一是重点抓好沿海防护林工程。二是全力推进天然林保护工程和退耕还林工程。努力争取全省森工企业富余职工一次性安置补助经费纳入了国家天保工程实施范围，全省森工企业2467名富余职工将得到妥善安置，为进一步实施天保工程奠定了坚实基础。三是巩固封山育林成果，加快天然林封育步伐。全年共完成0.7万公顷。四是全力支持文明生态村建设。在人力、物力、科技指导上给予大力支持。五是全民义务植树运动得到深入扎实开展。通过在全省开展“绿化宝岛百万人大行动”等活动，全民义务植树运动得到蓬勃开展，全年全省参加义务植树活动人数达242.7万人次，共植树1157.4万株。③加大科技推广，狠抓种苗质量。在全省范围内开展林业种苗执法大行动，重点抓好种苗质量的提高；组织科技人员进行科技攻关，利用现代生物组培技术培育椰树、棕榈藤等15个品种，开发花梨、香枫、南亚松等21种珍贵乡土树种；组织有关企业向全省10个市（县）的15个种植点赠送优良柚木组培苗5000株和有关技术资料，进行造林试验和观测；建设了两个按树优良无性系繁育中心苗圃，生产规模为年产苗木1000万株，完成采穗圃种植1.33公顷，并从岛外引进优良桉树品系U6，营造示范林0.1万公顷。

林政管理 2002年全省森林资源消耗量为280万立方米，占总采伐限额的81.5%，其中商品材消耗130万立方米，农民自用材消耗18万立方米，烧材消耗130万立方米，分别占各分项限额的67.4%、97.8%、99.8%；全省封山育林面积0.7万公顷；全面完成并审查全省各市（县）林地规划；审核征占用林地项目84宗，面积552.06公顷，收取植被恢复费289万元，完成非林地还林560公顷，调查处理山林权属纠纷15宗；全年全省退塘还林面积57.33公顷，目前，全省累计填塘还林面积已达319.09公顷；2002年全省共发生各类林业案件644起，查处618起，查处率96%。抓获处理犯罪嫌疑人792名，林政罚款792万元，收缴木材6416立方米，扣押非法运输木材车辆256辆，没收违法经营贩运的野生动物15 870只（条），查处、取缔违法经营加工木材单位295家。主要措施：①强化森林资源管理，严格控制采伐限额。制定并实施木材生产季报制度、保护森林资源目标和考核办法，采取日常抽查和年终检查相结合的方式，多层次、全方位监督木材生产，控制消耗，确保限额不突破；严格依法审核各类征占用林地的建设项目，坚持“占补有余、占补平衡”原则，确保全省林地面积不因征占用而减少；进一步加强农垦系统林木采伐限额的管理，严格把好省属国有林业单位的林木采伐审批关，特别是对海防林的采伐审批实行高标准、严要求。②加快林业立法进程，建立健全林业行政执法责任追究和监督制度。完成《海南省林地管理条例》草案并报请省人大审议通过；完成《海南省森林保护管理条例人《海南省实施（中华人民共和国野生动物保护法）办法》的修改稿；制定下发《林业行政执法责任制考核办法》、《林业行政执法监督办法》和《林业行政执法过错与错案责任追究办法》。③严厉打击破坏森林资源的犯罪行为。通过对大案要案和典型突出案件的查处，带动全省的林业执法工作。开展“破案攻坚战”活动，专门成立“破案攻坚战”督查领导小组，重点侦破盗伐、滥伐林木和非法收购、出售、运输珍贵濒危野生动物制品及其影响大、性质恶劣的案件。破获了国家林业局挂牌督办的昌江太坡镇保突村树木被毁案、儋州新盈农场黄义寿滥伐林木案、尖峰岭天池国家重点保护林木被盗案和省挂牌督办的昌江乌烈望坡滥伐林木案、临高龙波镇龙清村林木被毁案、文昌铺前占地毁林案、白沙县陈永建违法收购运输花梨木案等重特大案件。

森林防火 2002年，全省各地认真贯彻落实“预防为主，积极消灭”的方针，通过召开全省森林火灾扑灭现场演示会，利用卫星、飞机、电视等先进的监控手段，对森林火情进行全方位、高效的监控，取得了较好的成绩。全年全省共发生森林火灭253次，火场总面积715公顷，受害面积313公顷，无重、特大森林火灾和人员伤亡事故发生，森林火灾受害率为0.18/1000，实现了连续第九年火灾受害率低于国家规定的0.3/1000控制指标。

森林病虫害防治 2002年是森林病虫害高发期，省林业局在年初就及时将已发生和可能发生的松材线虫病、松毛虫、红宗象甲、木麻黄蚁舟蛾等主要病虫害列为省级预防和除治重点。2002年6月，海南省发现新传入的椰子危险性害虫。在省政府的部署和支持下，全省开展了长达半年之久的大规模的排查防治工作，有效地控制了该病虫害在全省的扩散和蔓延。全年全省森林病虫害发生面积3.07万公顷，成灾面积0.3万公顷，成灾率2.02/1000，发生率2.06%，防治面积2.3 3万公顷，防治率75.72%，监测覆盖率85%，种苗产地检疫86.14%，符合国家林业局下达的“四率”指标要求。

林业产业和林业科技 2002年全省各级林业部门加大产业结构调整力度，充分利用海南省优越的光热条件和宝贵的土地资源，按照高产、优质、高效的原则，依靠体制创新和科技创新，不断调整优化林业产业结构，大力发展热带花卉产业、竹藤、名特优经济林、速生丰产工业原料林和珍贵用材林等新兴林业产业，不断提高林业经济效益和满足社会对林业的需求，增加农民的经济收入；推广林瓜、林果、林藤、林药等立体复合经营模式。①精心扶持新兴产业。2002年继续抓好花卉产业，全年新增花卉种植666.67公顷，新扩建的博鳌花卉基地花卉种植已初具规模，且部分主要花卉产品远销广州、上海和北京等地，经济效益良好，供不应求；成功举办了海南省首届迎春花市；设在海南热带森林博览园、占地652平方米的热带兰花种质资源库和盆景园项目正在紧张建设中；竹藤产业全面铺开，瞄准国际市场的广阔前景，利用德国援助项目资金进行立项，在全省进行竹藤栽培和加工技术培训，并专门召开竹藤产业发展国际研讨会，全年培育棕榈藤苗220万株，种植棕榈藤613.33公顷，培育竹苗30万株，种植竹子近666.67公顷。②保持支柱产业发展势头。全年共出口创汇1244万美元，其中，木麻黄切片出口8.6万干吨，创汇787万美元；桉木切片5.5万干吨，创汇430万美元；松香出口600吨，创汇27万美元。③发展速生丰产用材林。重点抓好优良品种的引进和培育，在东方、临高、定安、儋州、澄迈等地营造优良桉树品系U6超短轮伐期速生丰产用材示范林0.1万公顷；营造托里桉、粗皮桉、巨桉等6个品系试验林89.2公顷；开展国际热带木材组织橡胶用材品系的选优和栽培项目工作，种植速生丰产橡胶33.33公顷，选育优良品系3个，引进并建立基因库13个品系；全年营造速生丰产用材林0.4万公顷。④加快林业高新科技建设步伐。占地66.67公顷的海南热带森林博览园项目一期工程已基本竣工，主要包括大门与广场、生物科技馆、生态博物馆、音乐喷泉等4个标志性建筑；植物组培、种子种苗质量检测检验、森林病虫害测报检疫科研、热带森林生物多样性展示、热带林业国际合作等5个中心；榕树、热带兰花、热带（亚热带）木本水果、木棉、竹子、药用植物、特有树种、乡土古老树种、无土栽培瓜果等9个种质园，是集生物工程开发、科研科普、生态旅游为一体，体现科技与生态品位的省会新型绿色项目，将对海南省林业科学研究和林业产业结构升级产生重大的影响。

冬交会再创佳绩 2002年是海南林业系统第三次参加海口冬交会。此届冬交会推出了花卉、竹藤和近年来的林业新兴产业及产品，展示了无公害无污染绿色品牌瓜菜、林业保健品、林业药品等高科技产品，大部分为首次在社会上公开亮相。由于省林业局领导亲自挂帅，精心筹备，使林业展馆再次成为冬交会的最大亮点，短短3天时间，签订林副产品订单24万吨、水果2.03万吨、花卉1.5亿盆（支）、各类种苗6000万株，订单成交金额分别为2.083亿元人民币和1677万美元，并摘取该届冬交会布展一等奖桂冠。

精神文明建设 2002年，全省林业系统全面开展形象工程建设，通过转变机关作风，整顿队伍，提高林业整体素质，大力加强廉政建设，重点从依法行政、基建物资招标采购、资金安排、人事任免等源头预防和解决腐败问题；改进执法环境，推行“阳光政务”，切实抓好“三基”建设。①加强基本队伍建设。狠抓企业三讲教育活动的“回查”工作、民主评议党员工作、签订党风廉政建设责任书等工作，查摆全省各林业单位在思想作风、学风、工作作风、领导作风和生活作风等方面所存在的问题，采取长短结合，标本兼治的作法，制定出29项整改措施和20多项相关的规章制度，侧重源头性、基础性、制度性和长期性，解决林业系统机关政风建设方面存在的突出问题，明确责任领导、责任部门和落实时间，从根本上转变政风，依法行政，提高执法水平和服务水平。同时清理了所有的21项林业行政审批事项、2件省政府林业规章和3件地方性林业法规；清理省林业局制定的政策措施13件。此外，全力做好事业单位机构改革及人员分流工作，保留下来的4个事业单位全部进入国家公务员管理系列；抓好“送温暖”、城市“低保”和扶贫工作，筹集资金4.6万元对直属单位的181户困难、病残、离退休职工进行了慰问，为245户省直林业职工办理了最低生活保障金；捐款6.5万元帮助该乡中学建设教学设施及农村电视、水电建设。②完善基础设施建设。建立卫星遥感和地理信息监测系统、森林火灾监测系统、森林病虫害监测系统、森林公安指挥中心、信息局域网络等林业的高科技网络平台；将闲置的“绿洲楼”，建设成为执法单位的办公大楼，改善执法单位办公环境条件。③狠抓基层建设。在全省林业基层单位开展“两个文明”建设，治理脏乱差、绿化美化环境，不少基层单位成为当地的文明生态单位，大部分基层站已成为国家林业局规定的达标单位，塑造了良好的林业形象，行业面貌焕然一新。

存在问题 ①仍有少数市（县）领导对造林绿化工作重视不够，工作力度不大；②林业建设资金投入仍显不足，没有可靠的资金保证；③林业良种良苗率仍不高；④一些地方毁林开垦和捕杀野生动物行为仍难以完全杜绝；⑤森工企业、林场的体制改革仍然存在较大的压力和困难。

【海南林业重点工程】

天然林保护工程 ①加强森林资源保护工作。至2002年，全省11个大保工程实施单位共安排管护人员956人，平均每人管护面积333.33公顷，森林管护采取专业队伍和场乡联防的方式，实行护林承包责任制，核定管护人员，严格落实森林管护责任。开展打击破坏森林和野生动物资源违法犯罪“破案攻坚战”等专项活动，坚持打击和预防相结合，针对林业点多、线长、面广、分散、交通不便、警力不足的实际情况，实行社区共管，遏制了破坏天然林资源案件的发生，天保范围区内的31.9万公顷天然林资源得到了有效保护，全省天然林面积不断增加，林分质量逐步得到恢复，珍稀野生动物逐年递增，生态环境得到了改善。②完成天保工程森林分类区划和县（局）级方案的编写工作。③完成天保工程区机构设置和人员的定编工作。④建立天保工程实施管理目标责任制。按照“四到省”（即把天保工程实施的目标、任务、资金、责任分解落实到各级政府）的要求，省林业局对11个天保工程实施单位实行天保工程实施管理月标责任制度，签订天保工程森林管护目标责任状，实施单位再与管护人员签订管护合同，做到层层分解、责任明确。此外，还将森林管护成效及天保工程实施管理目标作为考核实施单位主要领导及其成员的重要内容，对于年终检查考核中达不到目标责任状要求的单位，按照考核规定给予必要的处分。⑤加强天保工程资金的管理。严格实行“专户存储、专款专用、单独核算制度，加大检查和监督力度，加强对工程资金使用的审计监督，发现问题及时整改，确保工程资金使用的合理、合法、合规。⑤妥善分流安置富余人员。2002年国家将海南省天保工程区富余职工一次性安置补助经费纳入国家天保工程实施范围，获得安置资金7401万元，其中，中央财政补助5921万元，全省天保工程区2467名富余职工将得到妥善安置。

沿海防护林工程 2002年国家安排海南省海防林工程中央预算内专项资金（国债）1700万元，全省有13个市（县）列入该造林项目，计划造林7253.33公顷，实际完成7306.67公顷，其中：人工造林和更新面积6040公顷，套种椰树1266.67公顷。

退耕还林工程 原来国家没有将海南省列入全国退耕还林计划，在海南省的积极争取下，国家在2002年8月第二次追加任务时下达海南省退耕还林工程计划1.34万公顷，其中，退耕还林造林0.67万公顷，宜林荒山荒地造林0.67万公顷，并安排资金3300万元，其中粮食补助1500万千克。由于计划下达较晚，全年完成退耕还林任务1.17万公顷。

文明生态村建设 为响应省委、省政府关于在全省开展创建文明生态村的号召，使椰林工程的实施与绿化美化农村及发展农村经济更加紧密结合起来，确保2002年完成0.4万公顷椰林工程的任务，省林业局无偿提供40万株椰苗（价值320万元），支持各市（县）开展文明生态村建设，在全省创建466个文明生态村，共有46 065户农户受益。

自然保护区建设 大力改善大田国家级自然保护区海南坡鹿栖息环境及保护区的办公设施，重点抓好自然保护区的升级工作，尖峰岭自然保护区获准升格为国家级，黎母山森林公园获准建立为国家级森林公园；完成五指山自然保护区晋升为国家级的申报工作，现已通过国家林业局评审委员会的评审；完成吊罗山自然保护区晋升国家级的科考工作；完成全省红树林资源的摸底调查；完成全省国家公益林认定规划，并由省政府上报国家林业局；开展五指山、东寨港、霸王岭、尖峰岭等自然保护区的社区共管活动，使保护区与社区居民的关系得到进一步改善。

【海南林业国际合作项目进展顺利】

1. 由德国政府援助的中德合作海南热带林保护与恢复项目，由于第一期项目取得了显著的成效。2002年，德国政府与省林业局签订了在海南省实施第二期中德合作海南热带林保护与恢复项目合作意向书，项目期限从2002年1月至2004年12月，德方投入项目资金约200万欧元。该项目的终极目标是使中国热带森林生态系统得到长期保护，项目目标则是当地居民和有关的行政机构按照可持续的方式保护和使用在海南项目区域内的森林资源，其中包含要完成的5个成果：①森林的可持续管理得到改善。②自然保护区管理指南和战略的实施得到改善。③农村群众和有关行政机构的可持续管理自然资源的意识得到提高。④以试点支持示范区实施可持续资源管理措施。⑤与国际竹藤组织合作发展海南省的竹藤生产和开发利用。第二期项目实施以来，进展顺利，该项目的子项目——竹藤项目已全面启动。

2. 继续执行国际热带木材组织无偿援助的海南热带天然林保护与永续经营利用项目和地理信息系统遥感监测项目。

3. 由欧盟委员会援助的中欧天然林管理项目已进入前期准备工作，项目执行期5年，项目实施地点为海南省昌江县的王下乡和霸王岭林业局。该项目是欧盟委员会针对中国正在实施的天保工程而开展的一项技术援助合作，也是欧盟委员会援助中国林业的第一个项目。根据财政协议，欧盟委员会承诺向中国提供1690万欧元的捐款，中方配套相当于560万欧元的资金或物资，项目总投资为2250万欧元，折合人民币1.63亿元，其中，海南省获得项目赠款330万欧元。

【海南省政府与市（县）政府签订资源目标管理责任状】　为了实现省委、省政府提出的在“十五”期间全省森林覆盖率每年增长一个百分点的奋斗目标，省长汪啸风与19个市（县）长签订了《2002年度海南省市（县）领导发展森林资源目标管理责任状》。责任状明确了2002年的奋斗目标和任务：全省计划植树造林3.4万公顷；森林资源消耗量全省不得超过343.6万立方米，征占用林地审核率100%；森林火灾受害率控制在0.2/1000以下。责任状还进一步明确了市（县）领导的职责和奖惩办法，并把任务完成情况作为领导干部任期的考核内容，使市（县）领导真正负起发展森林资源的重任。

【海南省政府表彰造林绿化先进市（县）】　为鼓励先进，树立典型，鞭策后进，省政府对在执行《2002年度海南省格领导发展森林资源目标管理责任状》表现突出，取得成绩显著的五指山市（一等奖）、乐东黎族自治县（二等奖）、白沙黎族自治县（二等奖）、琼海市（三等奖）、琼中黎族苗族自治县（三等奖）、万宁市（三等奖）6个市（县）进行了通报表彰及物质奖励。

【海南省尖峰岭自然保护区升格为国家级自然保护区】
2002年7月2日，经国务院批准，海南省尖峰岭自然保护区升格为国家级自然保护区。保护对象为热带原始林生态系统，管护面积由7733.33公顷增至20170公顷。这是继大田国家级自然保护区、东寨国家级自然保护区、霸王岭国家级自然保护区、大洲岛国家级自然保护区、三亚国家级珊瑚自然保护区后成为海南省第六处国家级自然保护区。

尖峰岭热带森林自然保护区创建于1960年，1976年10月被列入省级自然保护区，是海南省第一处自然保护区。

尖峰岭保护区里的热带雨林是我国现存纬度最低、垂直系统最完整、保护最完好的一片，具有丰富的生物多样性以及物种和生境的稀有性、典型性与代表性，也是我国生物多样性最高的地区之一。在保持水土、调节气候、维持生态系统良性循环等方面具有重要价值。尖峰岭顶海拔1412.5米，最低处海拔仅200米，相对高差千米以上。气候和土壤等生态环境因素呈多样性，植被则由海滨到山顶依次有刺灌丛、热带稀树草原或稀树灌丛、热带半落叶季雨林、热带常绿季雨林、热带北缘沟谷雨林、热带山地雨林、热带山地常绿林等七大植被类型，是森林植被类型最为完整的热带林区，基本代表了海南岛南部的主要类型，是我国面积最大、保存最好的热带原始森林。此外，尖峰岭是天然的“物种基因库”，有着丰富的生物资源，目前已发现维管束植物2800多种，其中有桫椤等珍稀濒危植物31种，乔木400多种；哺乳动物68种；鸟类215种；两栖动物38种；爬行动物50种；昆虫4000多种，其中蝴蝶449种。该区物种不仅在海南岛占有很高的比例，而且在全国的物种区系中也占有重要地位。其生物多样性指标可与南美、热带非洲、热带亚洲的热带雨林相媲美，并已引起一些国际组织的广泛关注，已有国际热带木材组织和亚洲开发银行相继在此实施了一批环保援助项目，海南省政府也会将尖峰岭生态旅游区建设列为“十五”期间四大旅游精品项目之一。

【海南省黎母山森林公园获准建立国家森林公园】
2002年，经中国森林风景资源评价委员会审议，报国家林业局审核，海南省黎母山森林公园获准建立国家森林公园。这是继尖峰岭国家森林公园、蓝洋国家森林公园、吊罗山国家森林公园、七仙岭国家温泉森林公园、火山口国家森林公园之后海南省第六处国家森林公园。

黎母山森林公园位于琼中黎族苗族自治县境内，地处海南名山——黎母山腹地，植物类型多样，有完整的植物景观系统。该园拥有7400公顷热带雨林，4200多种植物，其中，国家级保护植物青梅、桫椤、海南粗榧、油丹等200多种，还有海南坡鹿、木鹿、海南鹧鸪、猕猴、穿山甲、果子狸等近百种珍稀保护动物。该园经营面积1.3万公顷，自1994年经省林业局批准成立省级森林公园后，基础设施日益完善，建成了宾馆等配套设施，园内交通便捷，先后开辟了锦绣谷、黎母石、吊灯岭、鹦哥坳、天河五大景区和一个保护控制区，38个景点。目前，各项建设正在紧张进行，相信在不久的将来，海南林业产业又将增添一个新的森林旅游重量级品牌。

【海南省2002年林业大事】

1月26日至2月26日　海南举办为期1个月的首届迎春花市。参加单位涵盖了全省100多户花卉企业，花卉品种达500多种，是海南省历史以来规模最大、交易品种最多、产品档次最高、服务质量最好的一次花卉交易会，也是21世纪海南省第一个花卉交易盛会，旨在进一步促进海南省产业结构的调整，推动全省经济发展，强化生态省建设意识，满足广大人民群众对改善和美化生活环境、提高生活质量、共同开创人与自然和谐的文明发展道路的需要。充分展示了海南省热带花卉产业发展的丰硕成果及海南省热带花卉业广阔的发展前景，很好地表达了海南省传统花卉文化的深刻内涵。

2月 海南省竹藤协会正式成立，这标志着海南省竹藤产业发展揭开了新的一页。海南省竹藤协会是海南省竹藤产业的行业联合体，该协会致力于团结和组织广大从事竹藤产业研究、技术推广的科学工作者以及关心、支持从事竹藤产业和管理工作者并联合有关从事竹藤研究和推广、竹藤培育和经营、竹藤产品开发、生产和销售的单位和企业，在行业内进行自我协调，自我约束、自我管理、自我完善，维护本行业的合法权益，为政府和行业、企业和社会服务，促进海南竹藤产业发展，提高其生态效益、经济效益和社会效益。

2月27～28日 海南省林业局在琼海市召开了全省林业局长会议。参加人员有各市（县）林业局长，各森工企业、国有林场、保护区、森林公安局的主要负责人，省林业局各处室、直属企事业单位副处级以上干部共180多人，是近年来规模最大的一次全省林业局长会议。海南省副省长江泽林亲临会议并作指示。江泽林副省长充分肯定了海南林业近年来取得的成绩，对今后林业工作提出五点要求：①要根据可持续发展战略，切实做好林业生态保护建设工作；②要大力发展高效林业产业；③切实抓好森林防火工作；④要加强林业法制建设和林业执法队伍建设，将工作重心放在预防上；⑤抓好机关作风建设和党风廉政建设，带出一支过硬的队伍。省林业局局长韩剑准在会上作了讲话，并指出：必须明确“三大任务”，一是结构调整，产业升级；二是依法管林，生态平衡；三是提高素质，队伍合格。要紧紧抓住“三大任务”，坚定不移，全力以赴，长抓不懈。会议传达贯彻了全国林业厅（局）局长会议精神，对2001年林业工作进行了全面总结，对2002年工作进行了总体部署。

3月22日 全省首次森林消防演习现场会在海口举行，参加会议的有全省林业系统、森林公安部门人员共400多人。海口市消防支队现场进行了示范表演，海口等8个市（县）林业局扑火队进行了实战演练。省林业局局长韩剑准在会上作了讲话，要求全省有关部门要保持清醒的头脑，全力以赴抓好当前的森林防火工作，确保不发生重大火灾和伤亡事故，迎接党的十六大和博鳌亚洲论坛首届年会的召开。

4月18～20日 由对外贸易经济合作部国际经贸关系司和国家林业局国际合作司主办，海南省林业局承办，国家林业局对外合作项目中心和中国国际热带木材组织（ITTO）项目工作会议在海口市召开。来自广东、广西、云南、海南及中国林科院等40多位代表参加了会议。外经贸部、国家林业局、中国林科院的有关领导和省林业局副局长周燕华等先后就ITTO的政策变化、中国在ITTO的地位、中国实施的ITTO项合情况、申报ITTO项目对策以及加强与ITTO项目的联系等作了专题报告。会议采用交流、考察、讨论形式进行，各省代表在会上作了热烈的发言，一些项目专家还介绍了实施ITTO项目的经验。

4月25～26日 全省林业育苗备耕工作现场会在白沙县召开。周燕华副局长，各市（县）林业局分管营林工作的领导、营林科（股）长和省林业局营林科技处全体同志参加了会议。会议回顾和总结了海南省2001年以来营林工作的成绩和经验，全面部署了2002年营林工作，并提出五条落实措施：①大力发展非公有制林业；②制定林业优惠政策；③发挥龙头企业带头作用；④扩大招商引资；⑤发动全民参加义务植树。会议还组织代表们参观了白沙县邦溪乡土树种苗圃、美国佛来斯桉树育苗基地、邦溪万亩经济林基地和南美岭9300多公顷速生丰产用材林基地以及林下种藤、种药等现场。

4月27～29日 省林业局和省花卉协会在儋州市举办了首届花卉培训班，对来自全省各市（县）林业局、林区、林场及花卉企业等单位的70多名学员进行培训。培训班就国内外花卉产业发展的现状和趋势，全省花卉资源、气候资源、产业布局，热带花卉的主要品种及栽培技术，热带兰花的品种、栽培技术及市场需求，国内外花卉市场供求情况及市场开发等方面的专题进行了全面、详细的讲解，并组织学员参观花卉基地。

5月20日 省政府副省长江泽林在省林业局局长韩剑准陪同下，到国家林业局汇报海南林业工作。国家林业局非常重视，由周生贤局长亲自主持并组织10多位有关司局领导听取了汇报。江泽林副省长、韩剑准局长着重从抓好天然林保护工程、沿海（沿河、沿路）防护林工程、百万亩椰林工程、自然保护区建设工程、速生丰产林工程及名特优经济林等六大工程汇报了海南林业的生态建设成效，并请求国家林业局帮助海南省解决林业建设中的有关问题。周生贤局长充分肯定了海南近几年来的林业工作，指出海南发展林业基础好、条件优、发展林业有着其他地方不可替代的优势。周生贤表示，国家林业局将从重点林业工程、森林病虫害防治、森林防火、种苗、产业及林业执法队伍建设等方面大力支持海南。对海南省提出的退耕还林、生态公益林建设、天保造林等七个方面的问题，国家林业局都逐一作了答复和指示。

6月 省林业局组织尖峰岭国家森林公园、吊罗山国家森林公园、蓝洋国家温泉森林公园、霸王岭省级森林公园和黎母山省级森林公园参加国家林业局举办的首届中国森林风景资源博览会暨天目山森林旅游节，来自全国31个省（区、市）的林业部门组团参加了博览会。在博览会举行的展馆布展评比中，海南展馆被评为展馆布展铜奖。

6月18～20日 全国强化林业统计质量暨第二次林业系统国有林场普查数据汇总会在海口召开，来自各省的70多位代表参加了会议。会议内容为：针对当前统计工作中存在的突出问题，研究在新形势下加强林业统计工作、切实提高统计质量的措施，交流各地开展统计工作的经验；征求对六大林业重点工程统计制度执行一年来的意见和建议，讨论并提出修改方案；汇总第二次全国林业系统国有林场普查数据。

7月 海南省林业局重点工程稽查办公室成立。其主要职责是：根据国家林业局、省财政厅等有关部门下达的工作任务及重点林业工程的实施情况，编制省林业局稽查工作计划；按省林业局批准的稽查工作计划和工作方案，对重点工程项目单位的资金使用和管理情况进行稽查，并根据稽查情况提出处理意见和建议；参加有关重点工程规划的编制、会议和重点检查及调研；草拟稽查工作的规章制度、稽查工作方案和有关报表及重点工程稽查档案管理；负责相关的业务培训。

8月13～14日 全省人工种植棕榈藤现场会在保亭县召开。省人大常委会副主任王学萍，省林业局、省农业厅、有关专家以及五指山、保亭、白沙、琼中4市（县）分管林业市（县）长和林业部门领导等20余人参加了会议。会议总结了本地区近几年来发展棕榈藤产业所取得的成就，提出了发展海南藤类资源的建设和思路。王学萍副主任对各市（县）在发展棕榈藤产业方面所做的工作给予了充分肯定，并就今后如何发展海南省棕榈藤产业作了指示：①加大宣传力度，让领导和百姓都了解棕榈藤产业；②搞好规划，全面推开种植棕榈藤工作；③建立种植模式示范村基地；④通过发放藤药权属证引导农民合理、合法种植棕榈藤；⑤科学、合理、保护、发展棕榈藤产业。

8月 省政府下文成立海南省绿化委员会（琼府办［2002］48号文）。江泽林副省长任主任；王琼文（省委副秘书长）、陈川民（省政府副秘书长）、韩剑准（省林业局局长）、李建飞（省建设厅副厅长）、王法仁（海口市市长）为副主任；成员由鹿松林（省委宣传部副部长）、陈衍顺（省直机关工委副书记）、祝春荣（省发展计划厅副厅长）、刘平治（省财政厅副厅长）、陈健春（省人事劳动保障厅副厅长）、何少群（省国土环境资源厅副厅长）、林北平（省教育厅副厅长）、周忠良（省文化广电出版体育厅副厅长）、陈邦基（省交通厅副厅长）、张新扬（省农业厅副厅长）、黄良胜（省海洋与渔业厅副厅长）、郭绍明（省旅游局副局长）、严正（省水利局副局长）、周燕华（省林业局副局长）、郭奕秋（省农垦总局副局长）、徐远航（省总工会副主席）、郑作生（团省委副书记）、王桂兰（省妇联副主席）、陈剑锋（海南军区后勤部部长）、王栓贵（南航部队后勤部部长）、梁带根（省武警总队副总队长）组成。省绿化委员会统一领导本省全民义务植树运动和造林绿化工作，省绿化委员会办公室设在省林业局，韩剑准兼任办公室主任，办公室工作人员由省林业局内部调剂解决。

8月26～29日 省林业局在海口举办了全省林业执法人员培训班。这是海南建省以来规模最大的一次培训班，对来自各市（县）林业局分管林政工作的领导、林政股（科）长、森林公安分局局长，四大林区、直属林场、自然保护区领导，省林业局林政法规处、省森林公安局、省木材管理总站、省野生动植物自然保护中心全体执法人员共160人进行培训。培训班聘请省政府法制办的专家就《行政处罚法》、《行政诉讼法》、《赔偿法》、《森林法》、《野生动物保护法》、《林业行政处罚程序》、林业刑事案件立案应注意的问题等林业法律、法规及相关知识进行讲授，并对培训人员进行训后闭卷考试。

10月13日 由国家科技部资助，中国林科院社会林业国际培训中心和国际竹藤组织联合举办的热带竹藤栽培及其乡村小企业加工技术国际培训班在海口开办。来自美国、日本、马来西亚、中国、越南、缅甸、菲律宾、加纳、古巴、委内瑞拉等16个国家的40多位代表参加了为期半个月的培训。目的是为了推广竹藤栽培和加工技术、竹手工艺及工业化竹加工技术，交流如何在热带地区迅速发展竹藤产业的先进经验与促进中国与世界各国的技术和贸易合作。学员们参观了海南省的定安、陵水、保亭、五指山、白沙、信州，广东省的信宜、罗定、广宁和广州等地，进行实地教学。同时，组办方还请来了世界知名竹藤专家，举办了棕榈藤的遗传改良、育苗、优质藤材栽培和竹藤加工等技术的培训。

11月 由国家林业局天然林保护工程管理中心主办的中欧天然林管理项目座谈会在海口市召开，来自湖南、四川、海南等项目实施省的30多位代表参加了会议。会议根据欧盟与中国关于天然林管理，项目资助协议，研究确定项目的主要目标和内容，了解欧盟对外援助项目的有关要求和规定，研究和部署项目启动前的有关准备工作。国家林业局天然林保护工程管理中心主任张志达介绍了中欧天然林管理项目的争取过程、项目进展情况以及项目的目标和主要内容。指出了实施天然林管理项目的重要意义，并就下一阶段工作作了指示。国家外经贸部国际司和国家林业局国际合作司的领导也就如何实施好项目提出了要求。

11月3～7日 由国家林业局发展计划与资金管理司、国家林业局经济发展研究中心举办的全国林业经济发展座谈会在海口召开。来自全国31个省（区、市）的70多位代表参加了会议，国家林业局副局长雷加富，省林业局局长韩剑准、副局长周燕华，国家林业局发展计划与资金管理司副司长高玉英，天然林保护工程管理中心副主任谭光明、经济发展研究中心主任黎祖交等领导出席会议并作了讲话。会议期间，国家林业局雷加富副局长等领导听取了海南省林业工作情况的汇报，考察了海南省天保按工程及非公有制林业，雷加富副局长充分肯定了海南林业近年来发生的巨大变化和取得的可喜成绩，并就海南省的林业工作情况作了讲话。

11月22～23日 在海口召开了全省退耕还林工作会议。全省18个市（县）林业局局长和一名副局长、营林股（科）长、林政股（科）长，计财股（科）长参加了会议，会议由吴华盛助理巡视员主持，周燕华副局长作了实施退耕还林工程的工作布署，韩剑准局长在会上作讲话。韩剑准局长从国内外生态环境建设与治理的形势阐述了退耕还林工程的重要意义，并提出了三点要求：一要加强领导，二要精心组织，三要狠抓落实。省林业局要把这项工作作为2003年工作的一件大事来抓，加强督促检查，重点跟踪，确实抓出实效。

12月 海南省野生动物保护部门向社会公布：只要食客点菜时点到国家保护的野生动物，举报后经野生动物保护部门执法人员确认，可以享受免单奖励。该举措在社会上引起了很大反响，极大地震慑了非法经营者。（海南省林业由张其光、王雪供稿）

重庆市林业

【概　述】 2002年，是重庆市林业建设实现跨越式发展极其重要的一年，也是重庆市林业任务最艰巨、工作最繁忙、成效最显著的一年。在这一年里，重庆市林业工作认真按照国家林业局和市委、市政府的总体部署，紧紧抓住中国入世和西部大开发的历史机遇，以“三个代表”重要思想为指导，以三大经济区布局为框架，以退耕还林和天然林资源保护两大工程为重点，以实现林业跨越式发展为目标，以绿山富民活行业为已任，以强化管理职能为突破口，全面地完成了各项林业工作任务。

造林绿化成效显著 全年完成造林314 666.7公顷，为年计划的136.7%，其中飞播造林21 333.3公顷，为年计划的106.7%。“三四五”绿色通道工程建设完成公路绿化1136千米，面积311.7公顷；水系绿化138千米，铁路绿化27.5千米，面积27.7公顷。

义务植树向纵深发展 重庆市有1594.8万人参加了全民义务植树，尽责率达到92.5%，这是历史上最高的一年。义务植树8100万株，为目标任务6000万株的133.3%。

天然林资源保护取得突破性进展 全面落实了2 388 000公顷天然林资源保护管理任务，严格执行限额采伐计划，禁止了商品性采伐，切实保护了森林资源。

科技兴林成果显著 新上林业科研项目7个，完成林业科研项目3个，获市科学技术进步三等奖1项。推广林业先进适用技术15项，优秀品种30项，林业先进适用技术推广率达到47%。国有林场脱贫进程加快。重庆市又有6个国有林场实现脱贫，职工年收入达到4020元，为年计划的116.7%。

【重庆市天然林资源保护工程稳步推进】 2002年，重庆市以落实管护责任为突破口，积极探索天保工程管理模式，全面落实了238.8万公顷天然林资源保护管理任务，停止了商品材采伐，森林采伐消耗明显减少。

狠抓天保工程“七落实”措施，把管护任务落实到山头地块和人头 重庆市委、市政府把加强天然林资源管护列为全市八大民心工程，高度重视。1月23日，重庆市政府颁发了《重庆市天然林资源保护工程森林资源管护办法》（渝府发［2002］5号），这是全国实施天保工程管护责任制的第一个省级政府规章。为推进天保工程的顺利实施，6月，重庆市政府召开了全市天保工作会议，全面部署天保工程“七落实”措施。各地按照市政府安排意见，积极探索有效的组织管理模式，不断深化森林资源管护承包责任制，狠抓管护区域、保护标志、管护任务、责任单位、承包人员、管护措施、奖惩制度的七落实。

严格执行政策，积极稳步推进国有林业企事业单位职工分流安置 按照国家和重庆市的有关规定，对符合政策规定和安置条件的职工按照公开、公平、公正、自愿、稳妥的原则，鼓励他们实行一次性安置。2002年，重庆市一次性安置富余职工1108人，至此，重庆市已全面完成了4954人富余职工的一次性安置任务。

积极探索解决农村烧材、用材问题，大力开展公益林建设 各地认真贯彻落实《重庆市人民政府办公厅关于加强烧材管理严格控制森林资源消耗的通知》（渝办发［2002］48号）精神，采取扩大煤区、兴办沼气、改灶节柴、营造薪炭林等措施，切实解决农村烧柴问题。在全市范围内开展了木炭执法大检查活动，共捣毁炭窑14个，没收木炭5700千克。同时，大力推行生饲料养猪，建立薪炭林基地，禁止用木材作燃料烘烤烟叶、黄连。采取封山设卡和个体承包的办法，切实加强了以封山育林、飞播造林为主的公益林建设。重庆市完成封山育林 80 000 公顷，为年计划 31 600 公顷的 2.5 倍。

全面推行森林防火和森林病虫害防治工作目标责任制，千方百计减少森林资源的损失 各地按照“预防为主，积极消灭”的方针，切实加强了森林防火工作。2002 年，重庆市发生森林火灾 200 次，其中火警 166 次，一般森林火灾 34 次，火场总面积 406.8 公顷，受害森林面积 185.2 公顷，森林火灾受害率为 0.107/1000，大大低于 0.3/1000 的控制指标。同时大力强化森林病虫害预测预报和防治工作，狠抓重点区域、重点虫种和危险性病虫害的防治，努力控制大面积森林病虫害的发生。2002 年，重庆市发生各类森林病虫害 78 933.3 公顷，防治 64 000 公顷，防治率为 81.1%，高于国家规定的 70%的防治目标。

加强林政资源管理，严厉打击各类破坏森林资源的违法犯罪活动 重庆市在认真开展森林资源“一清”、“二调”工作的同时，进一步规范了全市森林、林木采伐管理，严格实行凭证采伐林木制度，加大了采伐限额执行情况的监督力度，实行超限额采伐一票否决制。制定了《大树进城管理办法》、《重庆市林木采伐管理检查办法》，开展了为期 3 个月的木材经营加工单位清理整顿，依法取缔违法加工经营户 161 户。切实加大了林地林权管理力度，坚持林地征占用审核会审制度，加强了林政资源的管理，严厉打击破坏森林资源的犯罪行为，对破坏森林资源的大要案件实行挂牌督办。

【重庆市扎实开展退耕还林工程】 2002 年，是重庆市退耕还林全面启动实施的第一年，也是重庆造林史上任务最繁重的一年。各区（县）在时间紧迫、任务繁重的情况下，采取切实有效措施，认真落实国发[2002] 10 号文件和《重庆市政府关于进一步完善退耕还林政策措施的意见》（渝府发［2002］56 号）精神，广泛宣传发动，精心组织实施，加强部门配合，严格工程管理，圆满完成了国家下达的退耕还林任务。全年完成退耕还林 293 333.2 公顷，其中退耕地造林 146 666.6 公顷，荒山荒地造林 146 666.6 公顷。同时完成了工程实施区内退耕农户的建卡 163 万余份，签订合同 118 万余份，颁发林权证 36 万余份，种苗和造林费补助，粮食、现金的兑现工作进展顺利。

重庆市退耕还林工作通过前两年试点和 2002 年全面展开，积极探索，积累了一些成功的经验：①进一步完善了退耕还林的政策措施，为工程的顺利实施提供了政策保障。退耕还林工程全面启动后，重庆市委、市政府切实加强了工程建设的领导，进一步完善了退耕还林政策措施，落实了粮食调运费实行市（区、县）按比例承担，工作经费按退耕地每公顷 15 元和荒山荒地每公顷 7.5 元的补助政策。根据国家退耕还林新的政策，重庆市政府下发了《关于进一步完善退耕还林政策措施的意见》。②加强了退耕还林的组织和实施，为工程的顺利实施创造了条件。重庆市对退耕还林领导小组、成员单位及时进行了调整充实，实行了目标、任务、资金、粮食、责任五到区（县）的制度，层层签订了目标责任书。③强化了退耕还林宣传发动工作，调动了群众参与退耕还林工程积极性。加大了对退耕还林工程的宣传力度，重庆市林业局与重庆电视台、《重庆日报》合作，开办了“退耕还林百日战役”专栏，大力宣传退耕还林政策和措施。全市召开各类会议 7350 次，举办培训班 2330 期，办专栏专刊墙报 2864 期，印发宣传资料 100 万份，书写退耕还林标语 8.3 万余幅，建立固定宣传碑牌 1593 块。④开展了退耕还林“百日战役”，确保了年度任务的全面完成。为保证全面完成工程建设任务，重庆市委、市政府及时组织开展，市林业局抽出 70 名机关干部和技术骨干，组成 24 个督导工作组，实行局级领导联系片、处室负责人包区（县）、工作人员蹲县的办法，派驻区（县）开展退耕还林督导工作。各区（县）也相应成立了退耕还林督查组，组织了上万名机关干部、技术人员，上百万农户奋战在退耕还林的植树现场，真正形成了“百日战役”的气氛。经过全市人民的共同努力，在短短的 100 天里，植树造林达 226 666.7 公顷，全面完成了国家下达重庆市 293 333.3 公顷退耕还林任务。⑤狠抓了退耕还林的种苗准备和管理，为工程的实施奠定了基础。各地在实施中，狠抓基地育苗，严格执行了种苗“一签两证”管理制度，强化了种苗质量监督。⑥加强了退耕还林基础工作和检查督促，保证了工程建设的质量。

【重庆市长江干流生态林工程建设任务顺利完成】 重庆市长江干流生态林工程，是改善三峡库区生态环境的重要战略措施，受到了国家林业局和重庆市委、市政府的高度重视。1998 年，正式启动了重庆市直辖以来第一个林业形象工程长江干流造林工程，库区 13 个区（县）积极行动，切实加强组织领导，精心组织，多方筹集，大力推广先进适用技术，克服了长江干流山高坡陡，立地条件差等困难，积极探索出一套行之有效的管理办法，落实管护措施。经过几年的艰苦努力，该项工程顺利完成了建设任务，共营造长江干流生态林 47 600 公顷，基本构建起了长江干流绿化带，将为保障三峡工程的长治久安起到积极作用。

【重庆市世界银行贷款多功能防护林项目顺利通过竣工验收】 世行贷款多功能防护林项目是重庆市首次利用外资发展林业的一项重大生态建设项目。该项目

1995年正式启动，在綦江、合川、涪陵、江津、彭水、石柱、黔江等14个区（县）108个造林实体实施，取得显著成效。6年来，通过造、封、管等措施，共完成营造林102 679.85公顷，其中：新造林60 091.87公顷，封山育林32 587.98公顷，完成项目投资17 327.04万元，其中：世界银行贷款资金9720万元，配套资金7607.04万元。

6年来，治理生态经济沟209条；项目区呈现出多林种相结合，生态、经济、社会三大效益相统一的良好态势，新增森林面积102 679.85公顷，平均增加森林覆盖率6.7个百分点，有效地改善了重庆市三峡库区长江干流及一、二级支流植被稀少、森林覆盖率低、水土流失严重的状况，增加了木材及林副产品产量，提高了林地生产力，为项目区农民提供了就业机会，增加了劳务收入，生态系统开始向良性循环发展。

2002年3月，该项目顺利通过了世行检查组的竣工验收，受到了世行官员和国家林业局的高度评价，认为重庆市世行贷款多功能防护林项目执行得非常好，把多功能防护林建设的思路贯穿于山、水、田、林、路综合治理的始终，创造性地探索出综合土地利用模式、水流域治理模式、集约经营防护林模式以及后续管理模式，圆满地完成了多功能防护林建设的各项任务，营建了一片片高质量的多功能防护林，治理了一条条沟系，项目管理积累了许多好经验，在今后的营造林工作中值得广泛推广。

【重庆市中德合作造林工程建设进度快、质量好】 2002年，重庆市中德合作造林项目在国家林业局的精心指导下，在项目区（县）党政的高度重视下，进一步建立完善了项目管理制度，加强了财务管理，狠抓质量监督。经过项目区广大干部群众的共同努力，完成中德合作造林育苗50.4公顷，营造林10 803.4公顷，参与式土地规划面积6400公顷，分别占计划任务的208%、183%、137%。至此，全市已完成项目营造林20 417.3公顷，其中：新造林10 384.52公顷，封山育林10 032.78公顷。

【重庆市编制和组织实施三峡库区环湖百万亩绿色屏障工程】 为了实现长江干流和一级支流的全面绿化，建立起比较完善的生态体系和比较发达的林业产业体系，保障三峡工程的长治久安，2001年，重庆市委、市政府决定三峡库区长江两岸地区实施三峡库区环湖百万亩绿色屏障工程。市林业局组织林业技术专家及时编制完成了《三峡库区环湖百万亩绿色屏障工程实施方案》，在三峡库区江津、巴南、涪陵、万州、奉节等21个区（县）实施，工程建设规模为67 666.7公顷，计划用3年的时间完成工程建设任务。为加快工程建设进度，2002年该工程正式启动，市、区（县）高度重视，相继成立了工程项目领导小组，落实了办事机构，层层签订目标责任书，分解目标任务。经过各地精心组织，扎实工作，三峡库区环湖百万亩绿色屏障工程取得了明显进展。据统计，全市完成工程造林21 600公顷，为年度计划的103.2%。其中，新造林8933.3公顷，封山育林12 666.7公顷。

【重庆市自然保护区建设取得新进展】 2002年，重庆市十分重视自然保护区建设，将自然保护区建设列入全市西部大开发十件大事之一。制定下发了《关于加强缙云山国家级自然保护区管理的意见》，新建了开县雪宝山、渝北华蓥山、巴南安澜鹭类、万州王二包、黔江武陵山、巫山五里坡6处市级（省级）自然保护区，城口大巴山自然保护区晋升为国家级自然保护区。至此，全市已建立各类自然保护区43处，其中：国家级2处，市级10处，县级31处，经营面积81.35万公顷，占全市幅员面积的9.87%。

【重庆市林业产业发展开始起步】 为加快林业产业体系建设，重庆市结合市情，制定了以种苗花卉、森林旅游、优质笋竹、林产品加工业为重点的四大产业开发规划。在花卉产业方面，培育花卉苗木基地3467公顷，新育造林苗木3077.8公顷；培育花卉龙头企业，建立了渝西市级苗木花卉市场和江北花卉市场；成功举办了重庆市首届花卉博览艺术节。在森林旅游方面，新增市级森林公园2处、国家级森林公园4处，森林旅游人数新增70万人次。参加中国森林旅游资源博览会获铜奖。全市共完成优质竹造林14 733公顷，为年计划12 000公顷的122.8%，重点培植了竹产业龙头企业。培育了以红豆杉加工为重点的林化产业，以昆虫世界博览园建设为重点的昆虫产业以及野生动植物驯养业。

【重庆市2002年林业十件大事】

1．9月20日至10月31日，重庆市退耕还林秋季“百日战役”首战告捷，圆满完成29.34万公顷退耕还林任务。

2．9月10日至10月6日，成功举办重庆市首届花卉博览艺术节。

3．3月，重庆市为期6年的世界银行贷款多功能防护林造林项目顺利通过竣工验收。

4．2002年，国家对重庆市的林业投入首次突破10亿元。

5．2002年，重庆市完成林业富余职工一次性安置1108人，至此，重庆市全面完成了4954人一次性安置任务。

6．完成重庆市直辖后的首次全国森林资源连续清查工作。

7. 出版反映重庆直辖五周年林业建设成就的《重庆林业》画册和《绿色的使命》光盘。

8. 1月23日，重庆市政府颁发《天然林资源保护工程森林资源管护办法》。

9. 12月13日，中共重庆市委、市政府批转《中共重庆市纪委、重庆市监察局关于违反林业重点工程政策法规党纪政纪处分的暂行规定》。

10. 4月23日至5月29日，首次完成重庆市直辖后923名乡（镇）林业站长岗位培训。

（重庆市林业由杨富权、张来国供稿）

四川省林业

【概　述】　四川省1998年9月在全国率先启动天然林保护工程；1999年10月又在全国率先开展退耕还林工程。这两大工程是本届省政府下大决心、花大力气、常抓不懈的一件大事，也是全省实施西部大开发的切入点和突破点。几年来，在省委、省政府的领导下，各级党委、政府高度重视，真抓实干，广大干部群众同心协力，艰苦奋斗，在探索中前进，在困难中发展，工程建设取得了历史性成就，得到了中央的充分肯定和社会的广泛赞同，实现了5年初见成效的总要求，主要取得六个方面的经验和成绩。

圆满完成了国家下达的建设任务　全省停止了天然林商品性采伐，1920万公顷森林得到有效管护，5年累计少消耗森林资源5000多万立方米，森林火灾损失率连年控制在0.05/1000以下；完成坡耕地退耕还林54.2万公顷，荒山造林135.1万公顷，封山育林186.7万公顷。造林面积和质量均通过国家组织的核查，达到了要求。

两大工程建设基本覆盖全省。天保工程实施范围逐步扩大到174个县、28户重点森工企业、2处国家级自然保护区；退耕还林工程已在全省21个市（州）、168个县实施，300多万农户、1000余万农民得到实惠。

如期实现了工程建设阶段目标　①生态环境明显改善。工程监测结果表明，全省净增森林面积116万公顷，森林覆盖率增加2.39个百分点，年均递增率由工程实施前的0.3个百分点上升到0.6个百分点；新增森林蓄积4960多万立方米。全省3.4万平方千米水土流失面积得到有效控制，滞留泥沙总量5.6亿吨，每年1.4亿吨。全省自然保护区由46处增加到90处，保护面积由2.8万平方千米上升到5万平方千米，占幅员面积的比例由5.78%提高到10.31%，大量生物资源得到有效保护，维护了生态平衡。②促进了农村经济发展和农民增收。通过实施两大工程，中央加大了对全省生态环境建设的投入，不仅增加了农民的劳务和钱粮补助收入，有效地发挥了投资和消费对经济的拉动作用，而且推动了林果业、竹产业、畜牧业、生态旅游业的发展，为培育地方经济注入了新的活力。农民从两大工程劳务、产业结构调整中增加了收入。据不完全统计，2002年全省农民人均从两大工程建设中获得收入136元，比1997年增加34%。③社会效益显著。实施天保工程后，9万多名林业职工转向造林、护林，8万多名林业离退休人员纳入社会保险；林权纠纷大大减少，几把斧头砍树的历史已告结束，长期困扰森工企业和林区的突出矛盾得到有效缓解。退耕还林开仓济贫，改善了贫困山区广大农民的生产生活状况，维护了社会稳定。全省实施两大工程，已引起国内外广泛关注。天然林保护工程1999年被评为改革开放20年四川十件大事之首。新华社、《人民日报》、中央电视台和川内主流媒体进行了多角度、多层次的报道。欧盟、全球环境基金会、世界银行等国际组织和有关国家政府，多次派员考察，先后提供赠款及援助1.68亿元、贷款1262万元，用于天然林保护、社区发展、保护区管理和人工林营造。这些项目的实施，加快了全省林业对外开放的步伐，扩大了生态环境建设的社会影响。

积累了具有地方特色的经验　①坚持各级政府负总责，切实加强领导。省政府对两大工程负总责，成立了工程建设领导小组，计划、财政、审计、林业、粮食、监察等相关部门各司其职，各负其责，围绕工程建设打总体战。省政府将两大工程纳入各级政府首长目标责任制，与各市（州）政府签订了目标责任书。实行各级政府分级负责，有关部门协调配合，做到倾导、工作和措施“三到位”，使工程建设有序推进。②坚持实事求是，确定科学的工作思路。在天保工程建设中，把停止天然林经营性采伐、加快营造公益林步伐、转产分流安置林业职工、保证林业离退休人员基本生活等一系列亟待解决的重大问题结合起来，统筹考虑，一并部署，确定了“停、造、转、保”的工作思路。在退耕还林中，坚持“三个确保、三个结合”的思路，为确保生态目标、确保群众生计、确保工程质量，把工程建设与农业综合开发、农村经济结构调整、扶贫攻坚结合起来。这些思路的确立和贯彻，使工程建设有了明确的方向。③坚持生态优先原则，突出治理重点。按照流域治理要求，对天然林保护、退耕还林、荒山造林以及绿色通道建设、城市绿化等生态工程进行统筹安排。在总体布局上，突出江河源头及两岸、陡坡地段、湖库周围、沙化干旱地区等治理重点，在保护好现有植被的同时，加大荒山绿化和退耕还林力度。针对全省地域特点，实行分类指导、分区突破。西部地区重点保护好天然林和其他林草植被，治理干热干旱河谷和沙质荒漠化土地；盆周山区重点抓好封山绿化、退耕还林，治理"大字报地"、"望天地"；盆中地区重点开展退耕还林和四旁绿化，治理"馒头山"，营造农田林网。④坚持依法治林，推动工程管理制度化、法制化。天保工程启动不久，省人大作出了停止天然林采伐的决议，颁布了《四川省天然林保护条例》，修改通过了《四川省绿化条例》，把两大工程实施纳入了法制轨道。省纪委、省监察厅分别出台了违反两大工程政策规定党纪政纪处分规定，林业、监察、公安、财政、粮食部门通力协作，开展经常性的联合执法。在工程实施中，加强法律监督、行政监督、舆论监督，严格执行森林资源保护管理责任追究制、造林质量事故责任追究制、工程资金管理责任追究制，对违纪违法案件，发现一起查处一起。通过严格执法监督，案件发生数逐年下降，有效地促进了林区社会治安明显好转。⑤坚持稳定压倒一切，正确处理改革发展稳定的关系。各地把稳定工作作为头等大事来抓。坚持"谁造谁有"、"谁投资、谁经营、谁受益"，"允许继承、允许转让"的林业基本政策；在稳定农村家庭联产承包制的基础上，及时对退耕还林还草地发放林草权属证书。各地把合理分流人员作为实施天保工程的重要任务来抓，通过政策性安置分流一部分，大力发展多种经营，转产分流一部分，减轻了企业负担。全省8万多名离退休人员纳入省级和地方社会养老保险统筹。2002年省政府决定将实施天保工程的林业企事业死亡职工丧葬费纳入省级统筹项目解决，并一次性补发了1992年以来拖欠的丧葬费，为林业职工办了一件实事，缓解了部分森工家属的生活困难。通过向退耕农户及时足额兑现钱粮补助政策，做到取信于民，极大地调动了农民的积极性，加快了退耕还林步伐。⑥坚持科技兴林，提升工程建设总体水平。全省相继制定了《四川省天然林保护工程科技支撑专题规划》、《四川省退耕还林工程科技指导纲要》。各地也从实际出发，制定了两大工程科技支撑体系建设的规划方案。大力推广良种壮苗、高山营林等林业先进实用技术。加强工程建设关键技术的攻关研究，高山云杉扦插育苗技术，干旱河谷、攀西干热河谷造林树种选择及营造技术，都取得了新的突破。开展了生态环境建设的效益监测，为客观、科学地评价生态环境建设的成效提供了依据。开展形式多样的技术培训工作，狠抓科技示范点建设，兴办科技示范林。

总结推广了行之有效的生态治理模式 各地结合自然地理条件和实际情况，创造性开展工作，积极探索总结生态环境建设与地方经济发展相结合的治理模式。①生态林草模式。在江河源头、高山陡坡、土层瘠薄等水土流失严重的西部生态脆弱地带，以营造生态林草为主，改善生态环境，发展生态能源和旅游业。②林草牧模式。在陡坡耕地集中，充足的盆周、盆中山区，采取林下种草、林草结合等措施，帮助农民种草养畜，培育壮大畜牧产业。③林竹纸模式。在气候温暖湿润、工业基础较好的地区，依托制浆造纸等龙头企业，植树种竹，建设原料林基地，既保证了企业原料需求，又增加了群众收入，极大地推进了产业互动。一些地方还结合退耕还林，成规模种植药材、茶叶、桑麻、野菜等，既加快了生态治理，又促进了经济发展。

推动了区域经济结构战略性调整 各地抓住实施两大工程的机遇，始终把发展作为解决一切问题的出发点，坚持把生态建设与产业开发结合起来，在可持续发展的新的平台上，培植生态经济型产业。充分利用两大工程形成的景观资源优势，做大做强生态旅游业；面向市场，采取"公司+农户"、"企业+基地"等形式，加快发展木竹培育业和加工业；发挥自然和人力资源优势，引导农民种草养畜，因地制宜发展养殖业；突出传统优势，发展特色经果业。

基本确立了两大工程建设的高效管理体系 几年来，通过不断试验、总结、完善、规范，逐渐形了两大工程建设的管理运行体系。①以行政首长负责制为核心，有关部门共同参与的组织指挥体系。②以森林资源管理、建设资金管理和工程质量管理为重点，各项措施相互配套的科学管理体系。③以法律法规和有关政策为依据，实行工程监理、执法监察、社会监督和检查验收"四结合"的综合监督体系。④以个体承包为主体，业主开发、专业大户和专业队伍造林护林等多种形式并存的林业经营体系。⑤以林木采种基地和多种经济成分苗圃为基础，省、市、县、乡4级齐抓共管的种苗供应体系。⑥以工程项目为载体，集试验示范、推广应用、开发研究于一体的科技支撑体系。

实施天然林保护和退耕还林工程使全省社会经济面貌发生了深刻的改变：昔日的砍树人转变为现在的种树人和护林人；生态恶化的采伐区转变为山川秀美的保护区；引起水土流失的毁林开垦地转变为植树种草的治理地；区域经济由单一的"木头财政"逐步转变为多元化的生态经济。

【《四川省绿化条例》修正公布】 2002年3月30日四川省第九届人民代表大会常务委员会第二十八次会议作出了《关于修改〈四川省绿化条例〉的决定》，修正公布的《四川省绿化条例》，于2002年5月1日起施行。条例从原来的7章53条修改为7章54条，其中新增8条、删除6条、修改24条。与原条例相比，主要有以下新的特点：①根据《防沙治沙法》和有关退耕还林政策规定，充实了有关防沙治沙、退耕还林还草等方面的内容。②进一步明确了绿化委员会的职责，规定县级以上地方人民政府的绿化委员会统一负责本行政区域绿化工作，对各行各业各部门的绿化活动进行指导、协调、检查和督促。③强化了政府及其有关部门在绿化工作中的责任。④加强了对森林资源的保护，进一步规范了林木移栽行为。⑤根据《森林法》的有关规定，新增了森林、林木、林地使用权可以依法转让的规定，新增了森林生态效益补偿基金用途的条款，增强了法规的操作性。此外，修改后的条例还完善了法律责任，便于执法部门的执法行为。

【武警四川省森林总队正式成立】 根据《国务院、中央军委关于组建武警四川省森林总队有关问题的批复》（国函［2001］164号）精神，2002年1月18日，武警四川省森林总队筹备组到位。筹备组由张国华、崔永安、王高潮、陈立学、赵峰5人组成，并组成临时党委，随即积极开展了组建的各项工作。2002年10月10日，武警四川省森林总队正式挂牌成立。总队机关驻成都市，下设司令部、政治部、后勤部3个部门，辖4个支队和两个直属队。张国华任总队长，崔永安任政治委员，韩柱、赵峰任副总队长，暴王怀任副政治委员，王高潮任参谋长，陈立学任政治部主任，曹立波任后勤部长。2002年11月20日，攀枝花、阿坝、甘孜、凉山4个支队分别在攀枝花市、马尔康县、康定县和西昌市正式挂牌成立。

【四川对两大工程实行监理制】 省林业厅从2002年起在全省范围内，对天然林资源保护、退耕还林工程建设全面实行工程监理制，对工程进行全过程、全方位的监理。从省林科院抽调一批技术精、业务熟的专业人员，聘请各市（州）林业专业人员，组成10个监理组，采取循环监理与驻场监理相结合的方式，对两大工程进行监理，确保了工程建设质量和成效。

【四川开展“破案攻坚战”】 按照国家林业局、公安部的部署，省林业厅、公安厅于2002年3～4月，在全省范围内开展了严厉打击破坏森林和野生动植物资源违法犯罪“破案攻坚战”。据不完全统计，在“破案攻坚战”期间，破获、查处各类森林和野生动物案件1334起，其中：刑事案件58起，督办案件43起，依法打击处理违法犯罪分子1541人，为国家、集体挽回经济损失189.75万元，有效地打击了破坏森林和野生动植物违法犯罪分子的嚣张气焰。

【四川2002年造林面积突破1000万亩】 2002年是全省建设长江上游生态屏障的关键一年，全省各地按照省委、省政府的部署，齐心协力，狠抓以天然林资源保护工程和退耕财工程为龙头的生态环境建设，大力植树造林。截至2002年12月底，全省共完成成片造林67万公顷，其中防护林55.64万公顷、用材林5.44万公顷、经济林5.9万公顷、薪炭林930公顷，年度工程造林总面积首次突破1000万亩。

【四川2002年飞播造林用种质量大幅度提高】 为把好全省飞播造林用种质量关，提高飞播造林成效，四川省林业厅责成省林木种苗质量监督检测中心，对全省2002年飞机播种造林用种进行了全面监督抽查检验，坚持不经检验合格就不上飞机的做法，成效十分明显。抽检结果表明全省2002年飞播造林用种质量大幅度提高。2002年全省飞机播种共造林9.8万公顷，使用的种子有11个树种。省种检中心按照国标《林木种子检验规程》的规定，对用于飞播造林的种子第一次实现了全覆盖抽检，共抽取种子样号148份，涉及种子批量415 378千克。抽检结果是：种子综合质量合格率95.3%，扣除未使用的不合格种子，实际飞播用种综合质量合格率为97.2%，比2001年提高了11.6个百分点，是历史上最好的一年。

【四川生态经济型产业得到快速发展】 全省各地、各部门抓住机遇，坚持把生态建设与产业开发、区域经济发展结合起来，推动经济结构的战略性调整，大力培育生态经济产业：①生态旅游业。充分利用全省自然生态和人文景观的优势，大力发展旅游业。阿坝州2002年从旅游业获得的财政收入达到1.5亿元，接近实施天保工程前“木头财政”收入的两倍。②木竹培育业。采取“公司＋农户”、“企业＋基地”等形式，积极建设木竹原料林基地。乐山市以中外合资吉象人造林制品有限公司为龙头，重点发展巨桉、欧美杨等工业原料林0.67万公顷，辐射带动了全市901个村14万农户，户均增收150元。③养殖业。因地制宜发展优质牧草，引导农民种草养畜。南江县利用林下种草3340公顷，发展南江黄羊60万只，已成为全国商品羊重点基地县。④经果业。充分发挥自然和物种优势，发展有地方特色的名特优新经济林。目前，全省30公顷以上经果林基地达4065个。

【中国卧龙大熊猫博物馆正式开馆】 由朱镕基总理题写馆名、全国第一个单物种博物馆中国卧龙大熊猫博物馆于2002年5月22日正式开馆。中国卧龙大熊猫博物馆始建于1999年，总投资1700多万元，占地4650平方米，分为一庭五厅（中庭、绪厅、环境厅、演化厅、生活厅、保护与发展厅），收藏了近500件各类动植物标本。

【澳大利亚林学家到泸州市考察国外松引种】 2002年1月18日，澳大利亚昆士兰州森林研究院森林生态平衡研究中心计划组组长、首席遗传学家麦克·戴德仕（Dr Mark Dieters）博士考察了四川泸州市龙马潭区九狮山风景区引种的国外松。此次考察的目的，主要是了解世界各地湿地松、火炬松及加勒比松等的引种、生长、病虫害情况。麦克·戴德仕博士希望与当地林业科研机构合作开展湿地松和加勒比松杂交新品种的推广应用研究。

【第十二届中国（成都）兰花博览会】 2002年2月27日至3月4日，由中国兰花协会、中国兰花学会、四川省林业厅、四川省农业厅、成都市人民政府主办，四川省兰花协会、成都市兰花协会、成都市林业局、成都市农牧局、彭州市人民政府和四川省金茂集团有限公司承办的第十二届中国（成都）兰花博览会，在彭州市成功举办。全国政协副主席王光英、中国花卉协会会长江泽慧发来贺信，省委常委、副省长陈文光出席了开幕式，

本届博览会共有全国10多个省（市）的40多个代表团、2000余名个人和日本、韩国、美国等国外代表团参展。展出各地名贵兰花6000余盆，300余个品种，其中精品兰花2000余盆，参评兰花1500余盆，规模超过了历届兰博会。本届兰博会评出232个奖项，其中特别奖1个，金奖40个，银奖60个，铜奖110个，栽培奖10个，组织奖6个，展台布置奖5个。四川代表团共获得金奖21个、银奖29个、铜奖60个、组织奖4个、栽培奖7个、展台布置奖5个，位居全国首位。兰博会期间，兰花交易喜人，成交金额达到5000万元以上。

【四川在首届中国森林风景资源博览会上荣获两个奖项】 由国家林业局主办的首届中国森林风景资源博览会于2002年6月8～12日在浙江省临安市隆重举行，来自全国各地的5万多人现场参观了博览会，散发各种宣传资料3万余份。四川省的九寨国家森林公园、瓦屋山国家森林公园、福宝国家森林公园、白水河国家森林公园、千佛山省级森林公园和王朗国家级自然保护区6个单位参加了博览会，剑门关国家森林公园等9个单位参加了森林公园、自然保护区建设与发展专题研讨会，米仓山省级森林公园等2个单位参加了中国森林公园网站开通新闻发布会。博览会上，四川极为丰富、优美的森林风景资源，精彩纷呈的电视画面，声情并茂的解说，独具特色的民族表演吸引了众多的参观者，获得一致好评。通过专家组的评审，四川省荣获国家林业局首届中国森林风景资源博览会组织奖、首届中国森林风景资源博览会铜奖两个奖项。通过参加博览会，达到了展示全省森林风景资源，交流学习，开阔视野，拓展思路，树立四川森林风景资源形象的目的。

【四川国家级森林公园添5个新成员】 2002年，四川的华蓥山、五峰山、千佛山、措普、米仓山5处森林公园经中国森林风景资源评价委员会审议，国家林业局审核，被国家林业局批准为国家级森林公园。至此，全省的国家森林公园由16处上升到21处，全省81处森林公园中国家级森林公园所占比例达到26%，为加快发展全省旅游业奠定了良好基础。

【四川竹林基因库建成】 全省第一个竹种基因库2002年在长宁县建成，在这个竹类植物园，几乎集中了世界上所有的竹类品种。取名为“世纪竹园”的竹种基因库位于中国4A级旅游区、中国生物圈保护、中国自然遗产保护区蜀南竹海的外围景区，总面积200公顷，中心区67多公顷，设有竹种繁育园、竹类系统园、竹文化研究园、珍奇竹园、竹木生态园五大园区。竹园集中种植繁育了世界各地的竹类品种427种，比著名的富士竹园还多近200个品种，可随时对外提供样品及繁育竹种。这里有最大的越南竹，最小的竹翠竹，有形状奇特的佛肚竹、龟甲竹，有色泽艳丽的黄金竹，有一年四季都能生笋的撑绿竹，有多刺的牛儿竹，有长宁独有的新竹种瘤枝毛竹、半边罗汉竹等。世纪竹园以竹类植物及其生态系统研究和展示为主体，重点是竹类植物的收集、繁育、研究、利用和多样性保护。竹园集竹类植物的科学研究、科学普及、科技示范、竹类经营推广、竹产品生产加工、竹文化展示和旅游观光等功能为一体，力争成为世界竹生态和竹文化旅游地。

【20个林木品种通过省级鉴定】 2002年12月20日，四川省林木品种审定委员会经济林和用材林专业委员会在成都召开会议，对四川省林科院、广元市朝天区林果科研所、广元市元坝区林业局申报的银杏、核桃品种和西藏柏木母树林等22个申报材料进行了审定。与会委员根据国家有关标准和《四川省林木品种审定及管理暂行办法》，对报审材料进行严格认真评审，最后以无记名投票方式表决，结果有20个报审材料通过初审。经主任委员会审核，通过初审的20个品种均合格，同意通过认定，并进行了登记和编号。

【《四川省林木品种审定及管理暂行办法》发布】 为认真贯彻《种子法》，科学、公正、及时、有效地审定林木品种，规范品种审定程序，促进良种推广，省林业厅对原《四川省林木良种审定实施办法》进行修订，重新制定了《四川省林木品种审定及管理暂行办法》。此举标志着对林木品种管理和对林木品种的审定和推广工作，又迈上了一个新的台阶。该《暂行办法》适用于四川境内的主要用材林树种、经济林树种、防护林树种、园林树种及花卉。审定范围包括：

①全省野生乡土树种，经多年栽培驯化，证明具有生产使用价值的优良树种。②经区域试验证实，在特定区域内生产上有较高使用价值，性状表现优良的树种、品种。③依照国家有关标准和技术规程建设的林木良种生产基地生产的种子、穗条及其他繁殖材料。④优良种源区内的优良林分，经去劣留优改造的采种基地中生产的种子。⑤有特殊使用价值的树种类型、家系、无性系、品种。⑥引种驯化成功的树种及其优良种源、家系和无性系。该《暂行办法》规定，向品种审定委员会申报审定的林木品种，必须符合以下条件：严格按照林木品种选育程序或引种驯化程序进行选育；在产量、抗性、品质、观赏价值等方面显著优于特定对照种、品种，并具有相对稳定性；已行成配套的繁殖技术，并具备一定数量种子或穗条（种根）的生产能力；经过区域化试验，确定了适生范围。《暂行办法》还明确要求，审定通过的品种，报审者有义务向同级林业行政主管部门的种子管理机构提供一定数量的原种，用于种质资源收集保存。审定通过的品种只能在公告的适宜种植区推广，要扩大适宜种植区的，必须经区域试验，重新申请审定。审定通过的品种在生产、经营、推广、宣传、广告活动中应当使用审定公告上的法定名称，需要使用其他名称的，必须同时注明法定名称。未经审定或审定未通过的林木品种，不得作为良种生产、经营、推广。

【首批院省科技合作示范项目正式启动】 2001年10月，四川省人民政府与中国林科院签订了长期全面科技合作协议。根据此协议，2002年启动首批科技合作示范项目。经省林业厅与中国林科院多次研究，并组织有关专家论证，筛选了8个示范项目，于2002年12月正式启动。

这次启动的项目主要涉及全省生态环境建设和林业发展中的一些关键技术问题。主要有：干热干旱河谷及高海拔地区、川中“馒头山”等困难地带绿化造林树种选择及造林技术研究与示范，森林生态网络工程体系建设，退耕还林工程优良生态树种和经济树种的引种栽培技术示范，油橄榄优良品种的选引及丰产栽培技术，数字林业技术开发应用等。

为了使示范项目发挥攻关和示范辐射作用，省林业厅筛选落实了项目承担单位和技术人员，中国林科院指派了学术水平高的博士、研究员为项目指导专家。通过这种省院科技合作，依托中国林科院在科技、人才、信息方面的优势及先进实用技术和最新科技成果，将进一步促进科技与生产的紧密结合，增强林业科技的创新能力，为全省林业发展和生态环境建设提供更加有利的科技支撑，推动四川林业的跨越式发展，加快建设长江上游生态屏障的步伐。

【川西高海拔地区云杉扦插育苗取得突破】 云杉是川西高海拔地区主要的绿化造林树种，在长江上游生态环境建设中具有不可替代的重要作用。云杉等针叶树的无性繁殖一直比较困难，过去通常采用种子繁殖实生苗。在四川西部的多数高海拔地区常规实生育苗周期长达5年。天保和退耕还林两大工程实施以后造林种苗不足已成为制约西部工程进展的“瓶颈”问题。为解决这一难题，甘孜州九龙县林业局的科技人员在中国林科院专家的指导下开展了高海拔地区云杉（川西云杉、丽江云杉）扦插育苗技术研究。经过3年艰苦努力，取得了突破性进展。该课题通过了专家鉴定，评价是“在国内同类研究中具有领先水平”。目前已培育出50万株云杉扦插苗，生根率达到90%以上，根系普遍较普通实生苗发达，可以充分保证造林成活。这一成果使育苗周期缩短3～4年，大大降低育苗成本，而且还具有保证种苗质量、节约土地使用面积、技术易操作等特点；必将产生巨大的生态、经济效益。

【2001年度省科技进步奖林业获7个奖】 2001年度四川省评出196项省科技进步奖，其中7项林业科技成果榜上有名。省林科院李荣伟研究员主持完成的长江中上游防护林经营利用技术研究获一等奖；省林业基金管理站陶仁川等主研的森林资源资产价值核算方法及森林资产动态管理系统、中科院成都生物所刘照光等主研的岷江上游大沟小流域生态恢复重建获二等奖；省林科院主持研究的四川省人工林鼠害防止研究、银杏、核桃优良种质资源选择及繁殖技术研究，川农大林学园艺学院主持研究的时浆丛生竹集约培育模式研究、桉树的菌根类型及其应用技术的研究获三等奖。

【四川西部天然林保护工程效益监测2002年度监测结果】 为了有效地监测四川天然林保护工程实施后的多种效益，1999年四川省林业厅委托省林科院和林业设计院进行了四川西部天保工程的效益监测。效益监测站设在高原丘陵区的炉霍、高山峡谷区的黑水、川西南的攀枝花市和西昌市。四川西部林区主要指甘孜、阿坝、凉山3个州和攀枝花、乐山、雅安3市总共65个县（市），面积约33.35万平方千米，占四川国土总面积的68.7%。

天然林的生物量 森林生物量为12.01亿吨，其中天然林生物量11.65亿吨。实施天保工程后，天然林生物量增加了8499万吨，固碳量增力了4249.5万吨，蓄积量增为了3191.43万立方米。

凋落物存贮量 凋落物存贮总量2247.49万吨，其中天然林凋落物贮存量为2089.91万吨，占92.99%。实施天保工程几年来，森林归还林地凋落物量为4321.95万吨，输入林地氮、磷、钾养分总量为69.66万吨。

土壤有机质贮量与土壤肥力 森林土壤有机质总量28.64亿吨，其中天然林有机质贮量为26.49亿吨，占92.49%。有机质氮、磷、钾总量为15.48亿吨，其中天然林氮、磷、钾总量为13.97亿吨，占90.25%。

涵养水源 森林土壤与枯落物蓄水容量为200.74亿吨，其中天然林林地土壤与枯落物蓄水量为176.27亿吨，占87.81%。实施天保工程后累计使23.678万立方米森林免受采伐，这些森林林地与枯落物蓄水量可达9336.95万吨。

森林的效益及其服务价值 实施天保工程几年来，天然林生态服务价值（涵养水源价值、保护土壤价值、固定CO_2和供给O_2的价值）为4223.76亿元；林业直接经济效益112.48亿元，其中增加活立木73.32亿元，薪材39.16亿元；森林服务价值是直接经济价值的37.55倍。

【甘孜州建成28处自然保护区】 甘孜州充分发挥“生物多样性宝库”优势，到2002年止，已建立自然保护区28处，总面积27 923.87平方千米，占该州国土面积的18.3%，占全省保护区面积的46.1%，甘孜州已成为全省拥有自然保护区最多、保护区面积最大的市（州）。甘孜州境内金沙江、雅砻江、大渡河构成水网，山地、丘状高原、高山峡谷兼备，高山湖泊、沼泽、草甸、流石滩、冰川众多。20世纪80年代以来，该州统筹规划，陆续建成自然保护区28处，其中国家级1处，省级11处，州级1处，县级15处。

【乐山市保护母亲河重点项目被评为全国惟一的优质示范工程】 2002年8月上旬，团中央、全国绿委、全国人大环资委、全国政协环资委、水利部、农业部、国家环保总局、国家林业局共同将全国保护母亲河绿色工程——四川乐山项目评为全国惟一的保护母亲河优质示范工程。

乐山市保护母亲河全国重点工程于1999年正式启动，历经3年的建设，营造生态公益林2000公顷，提前1年完成造林任务。其间，工程建设先后3次接受全国保护母亲河办公室专家组的检查验收，都给予了高度评价。

【洪雅县举办2002四川洪雅生态文化节】 2002年7月18日，洪雅县举办了2002四川洪雅生态文化节。这次生态文化节旨在传承地方民俗文化精华的基础上，将现代生态理念注入民间传统文化中，使生态建设与文化建设有机融和，充分体现人与自然的和谐共存，促进生态环境与经济建设的协调发展。生态文化节期间，还举办了绿色食品展销会、招商引资项目洽谈会，签约了9个项目，总投资13.48亿元。

【四川省2002年林业重要会议】

全省天然林资源保护和退耕还林工程工作会议 12月27～28日，省政府在成都召开了四川省天然林资源保护和退耕还林工程工作会议。会议的主要任务是：以党的十六大精神为指导，努力实践“三个代表”重要思想，全面总结5年来实施两大工程取得的成绩和经验，表彰先进，研究部署下一阶段的任务，为建设长江上游生态屏障再添措施，再鼓干劲，再立新功。

全省林业工作会议 3月14～15日，在成都召开了全省林业工作会议。

会议传达了全国林业厅（局）长会议精神，总结了2001年工作，分析了当前林业所面临的新形势，部署了2002年工作。会议要求继续全力推进生态工程建设，重点是天然林资源保护和退耕还林工程，并切实抓好以下几项带全局性的工作：①采取有力措施，强化森林资源保护管理。按照“严管林”的要求，做到“五个强化”：强化领导责任制、强化管理制度、强化林区社会治安、强化森林防火工作、强化森林病虫害综合防治。②加强质量管理，确保工程成效。在工程建设中；按照“质为先”的要求，严格把好“四关”：认真做好各项前期准备工作，严把“设计关”；切实做好种苗生产和供应，严把“种苗关”；强化检查监督，严把“验收关”；实行工程监理制度，严把“监督关”。③按照“慎用钱”的要求，严格资金管理。做到“四个严格”：严格执行资金管理办法和规章制度，强化财务会计基础工作；严格推行“报账制”，完善和探索确保资金安全高效使用的管理机制和方法；严格资金稽查、监管，加强稽查队伍建设，加大资金使用的稽查力度；严格奖惩，进一步加大调控力度。④加快结构调整，推动产业发展。⑤落实“先导计划”，依靠科技兴林。⑥继续抓好稳定工作，创造良好的发展环境。

全省天保工程和退耕还林现场会 10月15～16日，省林业厅在阿坝州茂县召开了全省天保工程和退耕还林现场会议。会议全面总结了自1998年和1999年全省所取得的成效、经验，分析了存在的问题，就如何进一步搞好两大工程、建设长江上游生态屏障提出了新的要求，进行了部署。会议参观了阿坝州茂县两大工程造林现场。来自全省21个市（州）的林业局长、计财科长及直属单位、厅机关各部门的负责人共100多人参加了会议。

全省森林防火暨野生动植物工作会议 1月18日在成都召开。

省委常委、副省长陈文光在会上作了讲话，并代表省委、省政府向全省广大林业职工和大力支持林业工作的驻川部队、武警官兵及省级有关部门表示亲切问候。陈文光副省长强调：一要进一步提高对森林防火工作重要性、艰巨性的认识，真正把森林防火工作抓紧抓实；二要全力推进野生动植物保护及自然保护区建设工程的启动实施，把全省的野生动植物保护工作提高到一个新的水平；三要继续抓好天然林保护和退耕还林工程，推动工程建设不断向纵深发展。

省林业厅厅长曹正其全面总结了2001年全省森林防火和野生动植物保护工作，分析了当前形势，安排部署了2002年全省森林防火和野生动植物保护工作。曹正其厅长指出，森林防火工作要认真贯彻温家宝副总理提出的“预防为主，积极消灭，防消结合，加强管理，落实责任，依法治火”的方针，为实施好林业重点工程，建设长江上游生态屏障发挥保障作用；要实施好野生动植物保护及自然保护区建设工程，加强自然保护区建设和管理，继续开展国际合作与交流，加强野生动植物保护管理。

全省林业科技工作会议　1月11日在成都召开。省林业厅副厅长杨冬生作了题为《推进林业科技进步和创新，为建设长江上游生态屏障提供强大支撑》的大会主题报告。报告系统总结了“九五”工作，深入分析了林业科技发展面临的形势和任务，围绕科技“先导计划”对“十五”工作进行了全面部署。大会进行了交流发言，来自科研院校和基层林业单位的7位代表用多媒体演示汇报了他们在科研和改革以及科技创新发展中取得的成绩和经验，为各地的林业科技工作提供了发展思路和有益的借鉴。省林业厅曹正其厅长作总结讲话。曹正其厅长在报告中要求林业部门各级领导和广大科技人员一定要从可持续发展的战略高度，充分认识科学技术的重要性，坚定不移地推进科技兴林。并从进一步明确科学技术对林业发展的决定性作用、认真落实林业科技“先导计划”，从整体上提升四川林业科技水平、加强成果转让和技术推广的宏观指导、统筹安排科技工作与各项生产建设、建立健全和严格执行技术标准等5个方面对下一步林业科技工作的开展提出了要求。

（四川省林业由李国明供稿）

贵州省林业

【概　述】　根据省委、省政府的工作部署和国家林业局省级林业工作联系点确定的全省森林覆盖率平均每年增长1个百分点的工作目标，切实加强“严管林，慎用钱，质为先”三项工作，扎实推进以退耕还林为重点的六大林业工程建设。

营林生产　全省完成营造林面积506 779公顷，为计划的101.1%，其中造林面积374 309公顷，为计划的101.7%；封山育林新封面积132 470公顷，为计划的99.4%。造林面积按造林方式分，人工造林342 128公顷，飞播造林32 181公顷；按林种分，用材林21 163公顷，经济林19 920公顷，防护林331 043公顷，薪炭林743公顷，特种用途林1440公顷。四旁植树（含零星）3326万株，为计划的110.8%；完成育苗3842公顷，为计划的2.3倍，容器育苗3.12亿株；幼林抚育作业面积23.20万公顷次，迹地更新671公顷，低产林改造3827公顷。

重点工程　退耕还林工程完成退耕地造林和宜林荒山造林307 066公顷，为计划的100.1%。天然林保护工程完成飞播造林23 298公顷，为计划的100.4%；封山育林46 254公顷，为计划的101.1%。长防工程完成人工造林6099公顷，为计划的101.7%。珠防工程完成人工造林13 419公顷，为计划的101.2%；封山育林28 850公顷，为计划的101.6%。速生丰产用材林基地工程完成造林7032公顷，其中浆纸原料林342公顷、人造板原料林1129公顷、大径级用材林1899公顷、其他工业原料林3662公顷。新建自然保护区11处，完成投资719万元。

林业产业　全省生产商品材17.45万立方米、毛竹174.31万根、锯材2.43万立方米、木片0.59万立方米、人造板12.09万立方米（其中胶合板1.4万立方米、中密度纤维板3.54万立方米、刨花板4.6万立方米、其他人造板2.55万立方米）、木地板17.32万平方米、松香3881吨、松节油52吨、木炭150吨。

林业投资　全年应拨贷资金116 130万元，实际到位116 130万元，其中国家预算内资金到位111 329万元，国内贷款85万元，利用外资1402万元，自筹资金534万元，其他资金2780万元。累计完成投资131 579万元，新增固定资产126 022万元。

林业产值　全省完成林业产业总产值360 221万元，比2001年增加86 307万元。其中第一产业实现产值293 607万元，占81.5%；第二产业实现产值63 257万元，占17.6%；第三产业实现产值3357万元，占0.9%。

林产品　全省生产生漆1214吨、油桐籽96 795吨、油茶籽9685吨、乌桕籽3910吨、五倍子1554吨、棕片4876吨、松脂4424吨、竹笋干5105吨、核桃7448吨、板栗8690吨、紫胶27吨、鲜切花20 387万支、盆栽植物137万盆、观赏苗木218万株、草坪13万平方米。

加强资源保护　全省天保工程区都建立和完善了

管护组织、管护制度，落实了管护责任和管护人员，工程区480.47万公顷森林资源得到有效管护。各级政府认真贯彻落实森林防火工作行政领导负责制，层层签订森林防火工作责任状和目标责任书，扎实抓好森林防火工作，有效地控制了森林火灾的发生和蔓延，全省共发生森林火灾1803起（火警1239起，一般火灾564起），受害森林面积2728公顷，森林火灾受害率为0.5/1000，低于1/1000的控制指标。认真执行森林病虫害防治目标管理，以工程治理为主，多种措施进行防治，全年发生森林病虫害23.45万公顷，成灾率为4.58/1000，防治面积为18.20万公顷，防治率77.75%。按照国家林业局的总体安排，认真开展"破案攻坚战"，严厉打击破坏森林资源和野生动物资源违法犯罪活动，全年各级森林公安机关共受理各类森林案件3863起，查处结案3668起，综合查处率为95%，共为国家、集体挽回经济损失426万元。

强化林政管理　进一步加强林木采伐管理工作，天保工程区坚决执行国家关于调减木材生产计划的政策，未安排木材生产。非天保区，实际商品材采伐量为256 969立方米，占下达计划292 860立方米的87.7%。严格征占用林地的审核，全年共审核征占用林地206起，比2001年增加57起，同意征占用198起，比2001年增加51起。林业分类经营工作在试点的基础上，制定了《林业分类经营工作方案》和《森林分类区划界定技术方案》，并于2002年8月30日在安龙县召开了全省森林分类区划界定工作会议，把黔南州、黔东南州、黔西南州、安顺市、六盘水市的18个非天保县，作为第一批开展林业分类经营工作的地区。开展木材经营加工单位清理整顿，关闭和取缔以天然林为原料的木材经营加工厂（点）199家，取缔非法木材交易市场55个。

加快自然保护区建设　完成了习水国家自然保护区、绥阳宽阔水省级自然保护区、道真大沙河省级自然保护区的总体规划工作；习水国家级自然保护区基本建设一期工程，梵净山国家级自然保护区基本建设二期工程；争取国家林业局批准了茂兰国家级自然保护区二期建设工程、雷公山国家级自然保护区建设工程、贵州高原濒危植物繁育中心3处野生动植物和自然保护区建设工程项目，总投资3500万元；全省新建自然保护区11处，保护区数量从2001年的72处增加到83处，保护区总面积占国土面积的比例从2%提高到3%以上。

加大科技支撑力度　举办林业局长、容器育苗、林业重点工程计划与资金管理、林业站站长、种苗检验员、林业法律法规、检疫员、木材检验员等各类培训班60多期，有近3000人次接受培训。结合工程项目实施，推广应用林木良种选育、容器育苗、无性系繁殖、困难地段营造林、生物防治水土流失、石漠化治理、工程效益监测、岩溶地貌植被恢复、生根粉、保水剂、地膜覆盖等技术，提高工程建设质量。

进一步理顺林业工作站管理体制　按照省政府关于基层林业工作站收归县级林业部门管理的要求，全省已有58个县（市）947个林业工作站的"人、财、物"三权收归了县林业局。2002年全省投入林业站建设资金500多万元。

加强林业立法工作　2002年，完成了《贵州省森林公园管理办法》的立法工作。该《办法》经省人民政府2002年4月12日常务会议通过，于2002年7月1日起正式施行。完成了《贵州省林地管理条例》的立法调研，已报给省政府法制办，进入省政府立法渠道。

存在问题　营造林作业设计不规范、质量不高；冬春干旱严重，影响造成成活率，补植补造任务大；工程建设资金到位不及时，个别县滞留工程资金严重；林业管理体制和经营机制不适应社会主义市场经济形势发展的需要。（杨胜德）

【贵州天然林资源保护工程建设】　工程区各级党委、政府把天保工程作为西部大开发生态建设的主要工程来抓，列为年度责任目标考核内容，各有关部门积极配合，认真解决工程实施中出现的问题，工程进展顺利，各项建设任务完成较好。

工程资金　2002年全省天保工程中央投资24 070万元，其中，公益林建设4010万元、森林管护10 102万元、养老统筹1290万元、政策性社会性支出1434万元、下岗职工基本生活保障费1505万元、种苗基地建设1470万元、森林防火300万元、一次性安置3959万元，截至2002年12月底，各项资金全部到位。

森林管护　2002年全省天保工程区实际管护森林480.47万公顷。按照《贵州省天然林资源保护工程森林管护实施细则（试行）》，天保工程区都建立和完善了管护组织、管护制度，落实了管护责任和管护人员及管护措施。各工程县林业局与乡（镇）签订管护合同3288份，与护林人员签订合同26 047份；落实护林员35 860人，其中分流人员3557人，村干部14 439人，村民17 875人，新建护林碑牌6718块。工程区群众爱林护林和联防联护的积极性高涨，做到了村村有人管，片片有人看，森林资源得到切实有效的保护。

公益林建设　2002年，全省完成天保工程公益林建设69 552公顷，占计划的100.9%，其中飞播造林（以植代播）23 298公顷，为计划的100.4%；封山育林46 254公顷，为计划的101.1%。按照国家林业局的部署，2002年4～5月，组织各工程县对2000、2001年实施的天保工程进行自查。根据自查统计，2000－2001年，全省69个县（市、区）完成天保工程公益林建设 97 533 公顷，占计划的 93.5%；核实面积 94 333 公顷，平均核实率 96.7%；合格面积 93 466 公顷，平均合格率 99.1%。

分流和安置下岗职工 全省共下拨一次性安置资金 4496 万元，其中中央财政资金 3959 万元，完成森工企业下岗职工一次性安置 2423 人，占计划的 113.2%。加上 2001 年完成一次性安置 1375 人，全省共完成森工企业一次性安置 3798 人，占国家计划的 108%。同时通过天保工程项目建设安排工程区富余职工 4567 人，其中森林管护 3197 人，公益林建设 474 人，种苗建设 196 人，转产项目 210 人，其他岗位 490 人。

养老保险 中央安排职工养老保险社会统筹财政补助资金 1290 万元。全省天保工程区应参加养老保险统筹 12 929 人，实际参加养老保险统筹 10 864 人。

县级实施方案编制 按照国务院批准的《长江上游、黄河上中游地区天然林资源保护工程实施方案》和国家林业局批复的《天然林资源保护工程贵州省实施方案》，在 2001 年试点的基础上，本着自下而上，上下结合的原则，经过逐级审查论证和修改完善，于 2002 年 11 月全部完成 69 个县（市、区）共 86 个单位的天保工程县级实施方案编制工作。

资金管理 制定下发了《贵州省天然林保护工程财政资金管理办法》和《贵州省天然林资源保护工程财政资金管理实施细则》，明确界定了各项资金的使用范围、付款依据、审批程序、核算办法、项目实施单位负责人及财务人员的职责。做到专户存储、专款专用、单独核算，并对工程资金的拨付和使用加强检查监督，跟踪管理工程资金，确保天保工程资金使用安全和投资效果。

存在问题 全省森工企业职工自愿报名参加一次性安置人数 7511 人，国家下达的安置指标仅 3515 人，只占需要量的 45%。 （杨胜德）

【贵州全面启动退耕还林工程】 在 2000 年和 2001 年两年试点的基础上，贵州省于 2002 年全面启动退耕还林工程。2002 年国家下达贵州退耕还林工程计划任务 30.7 万公顷，其中退耕地造林 15.3 万公顷、宜林荒山造林 15.3 万公顷，安排在全省 9 个州（市、地）的 84 个县（市、区、特区）实施（含黄果树管委会和遵义市开发区共 86 个县级实施单位），涉及近 1000 个乡（镇）、80 万户农户。截至 12 月 31 日，全省已完成 2002 年退耕还林工程造林任务 307 066 公顷，为计划的 100.1%，其中退耕地造林 153 500 公顷，为计划的 100.1%；荒山造林 153 566 公顷，为计划的 100.1%。中央投资 8.291 亿元（包括 2000 年和 2001 年 2 万公顷退耕还林任务，2002 年继续兑现投资 0.69 亿元），其中粮食补助 1.95 亿千克折资 5.46 亿元、现金补助 0.52 亿元、种苗补助费 2.3 亿元、前期工作经费 0.011 亿元。主要做法：

超前部署 2001 年 10 月，省政府在贵阳召开全省退耕还林还草工作会议，对 2002 年退耕还林工作进行安排部署，会上省政府与 9 个地（州、市）签订了退耕还林工程责任状。会后，省政府印发了《省人民政府关于切实抓好退耕还林还草工程的通知》（黔府发［2001］46 号），进一步明确和完善了相关政策措施。地、县、乡各级党委、政府切实把退耕还林工作纳入议事日程，层层签订责任状，层层抓落实。

分片包干 省林业厅 9 位厅领导分工负责，包片负责 9 个州（地、市）的督促检查工作。各州（市、地）林业部门也采取行政领导分片负责、巡回检查，技术干部分片承包、驻县指导的“双向承包”责任制，把造林任务完成情况与工资、奖金、职称评定、年终考核挂钩，确保工程的顺利实施。

以点带面 各级领导率先垂范，兴办示范点，以点带面，推动工程建设。据统计，全省乡（镇）级以上领导办点 1425 个，面积 52 600 公顷，占退耕地造林任务的 34.3%。

专业承包 为了确保造林成效，各地积极探索推行民兵预备役专业队造林、大户承包造林、荒山招投标造林等多种承包造林的组织形式，取得了良好效果。

加强督查 为确保按质按量完成退耕还林工程建设任务，省林业厅安排资金 50 万元，委托省林业生态工程监理中心抽调工程技术人员 55 名分赴 52 个退耕还林工程重点县进行监理，从设计、苗木、整地、栽植、验收、政策兑现等方面进行全方位把关。冬季造林期间，省林业厅又从机关和各直属单位抽调 100 人，由 30 个处级干部带队，组成 30 个工作组，分赴 30 个工程县进行了为期两个月的驻县督查。加大工程资金的稽查力度，对 13 个县（市、区）林业局开展了资金稽查，稽查资金总额达 5458.9 万元。省审计厅把退耕还林工程作为 2002 年的审计重点，与工程实施同步进行，对工程资金安全、有效运行，确保钱粮兑现起到了重要作用。

规范管理 退耕还林工程涉及千家万户，工作量大，为提高工作效率，规范工程管理，省退耕办应用计算机技术，自行研制开发了退耕还林工程信息管理系统，经国家林业局及省内有关专家验收、鉴定，达到了国内领先水平，已在全省 86 个工程县全面推广应用。同时，省退耕办还与省林科院共同编制了《贵州省退耕还林工程效益监测与评价实施方案》，对全省 10 个工程县进行重点监测，为今后客观评价全省退耕还林工程的生态、经济和社会效益提供科学依据。

多种模式 各地在坚持生态优先的前提下，把退耕还林工程与农村产业结构调整，促进地方经济发展和农民增收紧密结合起来，积极探索林竹、林草、林茶、林果、林药结合等多种治理模式。遵义市以即将上马的竹浆造纸企业为龙头，建立百万亩竹林基地；黔西南州围绕建设畜牧大省的目标，发展林间种草和配套养畜；毕节地区围绕西电东送，大力发展坑木林基地；黔东南州着力建设油茶基地；铜仁地区大力发展速生丰产的杨树基地；余庆县的苦丁茶基地和八角基地、道真县的杂交桑树基地、晴隆县的茶叶基地、水城县的黄栀子基地、龙里县的刺梨基地等。

（杨胜德）

【贵州开展苗圃基地改革试点】 为加强国有苗圃基地管理，转换经营机制，省林业厅选择了10个国有苗圃基地作为深化改革，推行经营机制转换和创新的试点，制定改革试点方案，加强督促指导，取得了一定成效。

推行劳动生产合同制和管理岗位聘用制 在选定的10个苗圃中，有7个实行岗位承包合同制，打破“大锅饭”。每个职工都与苗圃签订生产承包合同，明确奖惩制度和利益分配办法，年终作出工作总结由职工评议，未完成合同规定任务的，不论是场长或职工都要作扣发工资、罚款及下岗等不同程度的处理；对保质保量完成任务的，按合同兑现工资；对超额任务完成的给予奖励。由于采取以上措施，大大调动了干部和职工的工作积极性，苗圃育苗收入成倍增加。

实行股份合作制等多种经营模式 黔西南州苗圃站利用国家投资建好生产硬件设施后，与个体育苗大户联合育苗，苗圃以圃地入股，大户投入资金育各类苗木13.3公顷，收益按股分比例分成。安顺地区中心苗圃以国家投资修建的温室入股，引进外来资金和技术，联合育苗，收益按股份分成。由于生产流动资金缺乏，实行这种股份制或股份合作制经营模式的在贵州较为普遍。玉屏县中心苗圃采取“统一布局，分户投资，分户经营，多渠道销售”，经营和推行招标、议标制和股份合作制，盘活现有土地和固定资产，使投资者、劳动者有其股，调动各方面的积极性，彻底打破“大锅饭”，改变事业单位传统管理方式，使苗圃在体制创新、转换机制中获得新生。

采取两块牌子一套人马，独立核算、自负盈亏 贵阳市长坡岭林场苗圃、铜仁地区中心苗圃、江口县苗圃等利用自已的区位优势和自然条件，将苗圃建设与森林公园建设相结合，实行两块牌子，一套人马管理，公园的负责人和管理人员、工作人员也是苗圃的负责人和工作人员，公园采取独立核算，自负盈亏，取得明显的经济效益。

精简机构，转变职能，深化内部改革 开阳县苗圃在职职工22人，原设有办公室、财务室、供销科、生产科，管理人员10人。通过精简机构，转变职能，现只设办公室（包括财务）和生产办，管理人员减少到5人，让更多的人到生产第一线，大力压缩管理等非生产性费用开支。同时，在人事、劳动、分配三项制度上实行改革，在人事上采取平等竞争机制，干部能上能下，工人能进能出。在劳动管理上，根据实际工作进行分工组定生产指标，组内又将任务到人，责任到人，实行目标考核，严格奖惩，健全和完善各种形式的承包经营责任。在利益分配上，实行按劳分配为主体，多种分配形式并存的原则。每月扣干部、工人风险金200元，到年底根据生产情况，发放风险金，实行岗位工资与效益工资相结合，调动了干部职工的积极性，苗圃生产能力大大提高，育苗面积从建设前的3.133公顷扩大到现在的20公顷。

由于进一步加强了苗圃基地的各项改革，强化内部管理，涌现出了一批在生产、经营、管理中有特色，在质量上讲诚信的单位。在全国开展的全国特色种苗基地和全国质量信得过苗圃评选活动中，经国家林业局组织专家进行实地抽查和评审，贵州有玉屏县部省联营板栗良种繁育基地荣获全国特色种苗基地称号，有铜仁地区中心苗圃、安顺市中心苗圃、开阳县国有苗圃、天柱县国有苗圃场、丹寨县林业局苗圃场荣获全国质量信得过苗圃称号。（杨胜德）

【贵州育苗生产实现两大突破】 随着造林绿化步伐的加快，贵州宜林荒山的造林条件越来越差，加上近年来冬春干旱严重，造林难度越来越大。为了有效地提高造林成活率，贵州切实加大育苗工作力度，在育苗生产上实现了两大突破：

容器育苗数量实现了新的突破 2002年初，省林业厅在超前做好育苗生产安排的同时，将容器育苗作为指令性任务落实分解到各地（州、市）、县，并挤出资金100万元专款用于容器育苗以奖代补。针对贵州以往在容器育苗生产上普遍存在的基质配方粗放、比重大、山区运输困难，容器育苗实用技术难以推广的问题，省林业种苗站与贵州大学联合开展了容器育苗基质及苗木生长规律的课题研究，对贵州主要造林树种容器育苗基质配方的营养化、轻型化和生长规律作了连续两年的研究，筛选出适宜主要造林树种的不同基质配方。为解决地、县技术缺乏的问题，课题组将研究成果编写成资料和教材，并通过举办培训班等形式应用指导于生产。2002年全省计划生产容器苗2亿株，实际产苗3.12亿株，为计划的156%，容器苗产量占全省总产苗量的比例由2001年的不到2%提高到30%。

破季节育苗和造林实现了新的突破 在大幅度增加容器育苗数量的同时，省林业厅根据全省造林任务重，补植补造工作量大的实际，提出了改变只在春季育苗和冬春造林的传统习惯，加大破季节育苗，特别是搞好秋季育苗，为开展雨季造林、延长造林时间适时上山造林和开展补植补造提供苗木保障。破季节育苗和造林首先在黔西南州、六盘水市等西部高海拔地区推行并取得了明显成效，目前全省各地已普遍推

行。破季节育苗和造林的突破，对确保造林任务的完成，提高造林成效起到了重要作用。（尹晓阳）

【贵州启动GEF项目】 2002年，中国林业可持续发展项目正式启动实施，其中由全球环境基金增款1600万美元的自然保护地区管理项目，简称GEF项目，在四川、湖南、海南、贵州、湖北、甘肃和云南7省13处保护区实施。贵州获GEF增款113.4480万美元，其中省林业厅保护处46.548 01万美元，梵净山自然保护区67.9669万美元。项目建设的主要内容是：通过在我国具有全球生物多样性优先保护价值的自然保护区采用较先进的技术、手段和方法，开展参与性的自然保护区规划和管理、以社区为基础的自然保护、培训与机构能力建设、项目管理与监测评估等，提高自然保护区管理水平，加强生物多样性保护。（李明晶）

【中美合作森林健康经营示范项目贵州省麻江示范区】 森林健康经营是国家林业局从美国引进的森林经营技术项目，其核心是培育和保护健康的森林。它是林业可持续发展的重要内容之一，即通过对森林的正确管理，按照自然的进程，维护森林生态系统的稳定性、生物多样性、对灾害性破坏的自我调节能力，减少因火灾、病虫害及环境污染、人为过度采伐利用、自然灾害等因素引起的损失，培育和保护健康的森林，使可续的生态系统能够适时更新，从大范围的破坏中恢复，保持生态系统的平衡，并满足现在和将来人类所期望的多目标、多价值、多用途、多产品和多服务的需要。该项目在贵州、云南、陕西、江西4省的麻江、丽江、佛坪、信阳4县建立示范区。

贵州麻江县示范区已完成了《中美合作森林健康经营示范项目麻江示范区建设实施方案》的编制，获得美方的认可和国家林业局的批准，将于2003年4月正式开始实施。项目总投资485.62万元，其中国家投资455.62万元，美方投入30万元。规划示范区建设总面积2465.85公顷，其中宜林荒山造林92.65公顷、迹地更新14.99公顷、退耕还林304.3公顷、低效林改造949.6公顷，至2006年建设期完，项目区森林覆盖率达到70%以上；同时，通过与美国林业专家的合作引进森林健康经营技术在示范区试验示范，进行消化和吸收，研制适应于示范区和贵州省的森林健康经营技术，建立森林健康监测体系和评价指标体系，力争使项目区内人均收入在现有的基础上提高15%～20%，地带性生物得到恢复和有效保护，生物多样性有所增加，防止有害生物的侵入，从而使森林资源得到保护和合理开发利用，并通过示范区农民积极参与项目的实施，建立起适应于示范区和贵州省林业可持续发展新的经营管理模式。

2002年10月20～23日，国家林业局、美国林务局和贵州省林业厅在贵阳联合召开了中美森林健康研讨会，国家林业局造林司司长魏殿生、美国驻华大使馆环境官员Jock Whittlesey先生、美国林务局亚太项目主管官员Gary Man先生及美方5位林业专家及贵州、云南、陕西、江西省林业厅，麻江、丽江、佛坪、信阳4县林业局的领导和专家近50人出席了研讨会议，并进行了学术交流。（殷建强）

【关岭模式】 2001年冬，贵州省关岭自治县人武部以规模化、集团化、专业化的形式组织民兵投入珠江防护林、退耕还林工程建设，2002年高标准完成造林4200公顷，成活率达90%以上。国家林业局对此给予了充分肯定，称之为“关岭模式”，全军环保绿化委员会授予安顺军分区关岭人武部全军造林绿化先进单位的荣誉称号。主要做法：

按师、团、连、排成建制组进行组织 关岭自治县人武部遵照贵州省军区和安顺军分区《关于组织部队和民兵预备役人员参与西部大开发的指示》精神，在县委、县政府的领导下，成建制地组织了1500人的民兵团，人武部部长和政委、副部长分别兼任民兵团团长、政委、副团长，民兵团下设3个营，民兵营长由推选出来的有组织能力和造林经验的民兵干部担任，教导员由人武部军事科、政工科、后勤科科长担任。武装部的干部职工和参加过培训的骨干全部分派到各营连驻乡包片，实施组织指挥，负责技术指导和质量监督。

在造林季节组织民兵进行集体大突击 植树期间，利用短期出现的阴雨湿润气象条件，组织民兵突击任务。为提高成活率，合理栽植苗木，冬春主要栽种裸根苗，春末夏初补植补造时，主要栽种营养袋苗。同时推广了“打浆浸苗法”，使用生根粉、保湿剂、现整地现栽种等方法抗旱保苗。

民兵专业队造林是确保林业重点工程造林质量的有效途径，有利于林业重点工程的宣传发动和组织实施；有利于集中兵力，打好林业重点工程攻坚战；有利于植苗质量的提高；有利于林业重点工程的管护。为总结推广关岭组织民兵专业队植树造林的经验，2002年7月5日，省政府和省军区在关岭县召开了全省林业重点工程民兵预备役专业队造林现场会，要求各地、州、市、县、乡、村按师、团、连、排成建制组织民兵预备役专业队承包造林。年底，省林业厅和省军区联合成立了贵州省民兵预备役专业队造林指挥部，负责协调指挥组织民兵预备役专业队承包造林。（杨胜德）

【贵阳市乌当区荒山造林实行招投标】 乌当区地处贵阳市郊，人口密度大，人为活动频繁，荒山造林后，管护任务十分艰巨，多年以来造林效果不理想。2002年，乌当区在退耕还林荒山造林中引进竞争机制，通过招投标的形式，对1333公顷荒山实行承包造林，取得了造林进度快、质量高的明显效果，顺利地完成了2002年的退耕还林荒山造林任务。主要做法：

调查研究　为了确保招投标的顺利进行并取得实效，区林业绿化局专门派出4个调研组深入到全区12个乡（镇）进行调查摸底，认真听取群众对退耕还林工作和实行招投标造林的意见，做到了心中有数，为招投标工作的顺利开展奠定了基础。

组织领导　区林业绿化局成立了乌当区2002年生态公益林建设招投标工作领导小组，下设办公室。从局办公室、设计室（森林调查勘查队）、财务室、营林股、林政股等部门抽调专业技术人员组成工作班子，专门负责荒山造林招投标的具体工作。

制作标书　根据荒山造林的地点、面积、树种、完成时限、验收办法、付款方式等制定承包造林合同书、造林施工设计技术方案、投标须知等一套完整的标书，将1333公顷荒山造林任务按区域划分为12个标段，每一个标段都制作了标底，进行密封。

公开招标　为了动员社会上的闲散资金，吸引有实力的单位和个人参加投标造林，参与西部大开发和生态环境建设，区林业绿化局贴出了公开招标公告并在全区12个乡（镇）进行宣传，向有实力的单位和个人发出投标邀请函，动员社会力量参与植树造林工作。在招标公告贴出后10天内，就有20家前来报名，达到了公开招标的目的和轰动效果。

成立评标委员会　为了使招投标达到公开、公平、公正的目的，成立了由8位具有中级职称的专业技术人员组成的评标委员会，设立了主任委员和副主任委员，对投标承包造林的标书进行公平揭标、议标，并向局招投标领导小组办公室提出评标建议。

确定中标人　招投标领导小组根据评标委员会的建议和投标人的经济实力及以往的造林工程项目完成的质量高低，最终确定6位投标人中标。分别承担12个标段（1333公顷）的荒山造林建设任务。随后，签订承包荒山造林合同书，并以乌当区林业绿化局正式文件的形式向社会公布中标人的姓名、造林标段、工程任务、完成的时限，接受社会的监督。

加强施工组织和工程质量监督　中标人在交纳履约保证金后，组织施工队伍上山造林，严格按照施工设计方案施工。按合同规定，中标人负责投入资金、种苗、组织造林工程队伍进行造林，区林业绿化局负责技术指导和质量检查。造林苗木全部选购国家规定的一、二级苗木，坚决杜绝三级苗和弱苗上山。为确保造林施工质量和进度，局抽调了18名业务能力强、素质高的助理工程师以上的技术人员组成的督查指导组，对6家中标单位进行具体督查和指导，在造林技术上严格把头。

检查验收和付款办法　合同规定，承包人必须负责管护3年，3年期间，共要进行5次检查验收，分别检查栽植面积、栽植树种、栽植数量、苗木规格、栽植质量、成活率、保存率，分期付款。

（杨胜德）

云南省林业

【概　述】

发展与成就　2002年，在省委、省政府的正确领导下，全省林业战线的广大干部职工高举邓小平理论伟大旗帜，努力实践“三个代表”的重要思想；深入学习贯彻党的十六大和省第七次党代会精神，按照“突出重点抓生态，调整结构建基地，保护资源重管理，解放思想促发展”的工作思路，团结奋斗，真抓实干，各方面的工作都取得了显著成绩。

天然林资源保护工程进展顺利　2002年完成森林管护面积1273.44万公顷，为计划任务的106.3%；完成公益林建设任务22.51万公顷，为计划任务的99.35%。天保工程实施以来，工程区内的生态环境得到了明显改善，森林覆盖率累计增加约4个百分点，水土流失、生态恶化的状况得到初步遏制，森工企业实现了以木材生产为主向以生态建设为主的转变，企业职工实现了由砍树人向管树人、种树人的转变，职工收入和林农收入都有所增加。仅楚雄州实施天保工程后，林下菌类增多，林区农民每年捡菌子卖就增加收入上千万元。2002年10月，成功地组织举办了国家林业局在丽江召开的全国天保工程现场经验交流会，在会上交流和参观了丽江县实施天保工程的经验，受到了来自全国各地代表的好评。

退耕还林稳步推进　在前两年试点的基础上，根据国家的部署安排，2002年全省126个县（市、区）全面启动了退耕还林工程。为确保开好头、起好步，圆满完成当年任务，省政府与各地（州、市）政府签订了目标责任状，并层层落实了目标责任制。按照优化造林模式，发挥两大效益，创新造林机制，带动产业发展，注重整体效益，搞好“七个结合”的原则，以模式创新和机制创新为突破口，加强人员培训，抓好作业设计，严格种苗管理，加强质量监督；加大科技支撑，完善奖励办法；有力地促进了退耕还林工作的稳步推进。国家下达全省退耕还林任务20万公顷，其中，退耕地还林10万公顷，荒山造林10万公顷，由于各级党委、政府的高度重视，林业部门的艰苦努力，各有关部门的密切配合，于2002年底全面完成了国家下达的计划任务，并兑现补助粮到户34 015万千克，发放现金补助到户946万元，兑现种苗及造林补助费到户10 478万元。经测算，通过退耕还林工程的实施，全省农村人口人均收入增加15.5元，54万多退耕农户户均从中获益1266元。国家政策的兑现，极大地调动了广大农民退耕还林的积极性，促进了地方生态环境的改善和经济社会的发展。

防护林体系建设和宜林荒山绿化的步伐明显加快 2002年完成珠江防护林工程造林1.09万公顷，封山育林6700公顷；完成了永胜、巧家各333.34公顷的治沙示范工程建设；安排专项资金在西畴县治理石漠化400公顷，为今后全面启动全省石漠化治理探索了路子，积累了经验。面上的造林工作得到了加强，全省完成育苗1800公顷，造林40万公顷（其中：人工造林31.1万公顷，飞播造林8.9万公顷），新增封山育林面积21万公顷，全民义务植树1.14亿株；完成幼林抚育8万公顷。

商品林基地建设开始起步 2002年，进一步修改完善了商品林基地建设的有关技术规定，明确了商品林基地建设的原则、范围和内容，加强商品林基地建设质量的管理和监督，严格施工设计审批制度，统一技术方法和要求，并积极开展试点示范工作，增加商品林基地建设的科技含量，在树种选择、造林方式上积极探索优质、速生、丰产、增收的路子，推动了商品林基地建设的发展。经各级各部门的努力，2002年，共完成化工原料林、干果、竹藤、珍贵用材林和短周期工业原料林等基地建设7.62万公顷，为省政府下达计划任务数的147%。

林政执法和野生动植物保护的力度加大 2002年，各级林业部门严格依法行政，严格执行“十五”采伐限额，继续整顿、规范木材生产、运输、经营、加工秩序，合理编制下达了“十五”采伐限额年度分解计划，全年安排木材生产251.4万立方米。依法加强林地管理，对269个征占用林地项目进行了审核审批。为摸清全省森林资源的家底，加强森林资源的动态监测，组织开展了全省森林资源连续清查第四次复查工作。同时，积极组建各级林政稽查队，加大对林政案件查处和督办的力度。全年共查处各类案件14 096件，查处率为99.06%。全省森林公安始终保持严打态势，认真查处和严厉打击毁林开垦、乱占林地、偷砍盗伐、非法经营或偷捕盗伐珍稀濒危动植物资源等违法犯罪案件。挂牌督办了一批群众反映强烈，严重危害林区治安的典型案件，摧毁了一批犯罪团伙，严惩了一批犯罪分子。特别是由省林业局牵头，在重点地区开展了“打击破坏珍稀树种的专项行动”，冲破重重困难和阻力，全力侦破和办理了一批在全省及全国都有重大影响的案件，为国家挽回了巨额损失，得到国家有关部门及省委、省政府领导的高度重视和充分肯定。据统计，2002年全省森林公安机关共查处各类森林和野生动物案件17 618起，收缴木材21 509立方米，野生动物19 117头（只），野生动物皮234张，野生动物产品29 956千克，为国家挽回经济损失4.5亿元。

自然保护区建设快速发展 由于国家对自然保护区建设的重视和投入增加，2002年全省新建和晋升省级自然保护8处，面积176 707.8公顷，全省保护区总数达至153处，总面积300.6万公顷，保护区面积比2001年增加5%，占全省总面积的7.6%，增加了0.3个百分点。同时，组织开展了黄连山、文山、碧塔海、铜壁关4处省级自然保护区升级为国家级自然保护区工作。依法加强野生动物的调配运输、驯养繁殖和经营利用管理，对全省野生兰科植物的采集、培育等情况进行了清理整顿，就加强松茸资源保护，建立松茸生产基地，采取了一系列措施。GEF、GTZ、WWF等国际合作项目进展顺利。为了从根本上保护好森林资源，加强了以沼气为重点的农村能源建设，按照省政府把建设15万户沼气池列为“民心工程”的决定，及时分解下达任务，采取10条措施狠抓落实，全年完成农村沼气池建设18万户，创历史最高水平。

森林防火工作成绩显著 通过认真贯彻落实温家宝副总理关于森林防火责任制的“五落实”，狠抓森林防火工作，森林防火责任制得到全面落实，专项资金投入明显增加，基础设施建设进一步加强，全民防火意识不断增强。同时，着力抓好专业扑火队伍的组建与管理，使全省防扑火队伍建设有了新发展。积极推广扑灭林火的先进技术，采取飞机索降和吊桶洒水灭火，实施地空立体配合，有效实现了“打早、打小、打了”的目标。2002年，全省共发生森林火灾384起，受害森林面积671公顷，分别比2001年下降了48%和76%。全年无重大森林火灾，无人员伤亡。森林火案查处率达90.6%，比2001年提高9.6个百分点，取得了“双降双无一提高”的好成绩，创下森林火灾当日扑灭率达99%的最好扑火纪录，成为历史上首次无伤亡事故的安全年。

科技支撑与林产业行业管理得到加强 通过认真贯彻全国、全省林业科技工作会议精神，继续加大对制约全省林业发展的重大科技难题的攻关力度。通过努力，2002年有9个科技项目分别获得国家和省立项支持，启动了10个天然林保护和退耕还林科技支撑项目；已启动的12项省“十五”林业重大攻关项目和省财政安排的100万元科技推广示范项目进展顺利。根据国家林业局的安排，组织开展了西部地区林业人力资源整体开发研究云南子课题的研究。全省有

305 人获得中国林学会颁发的“劲松奖”。林业产业和企业工作得到加强，代省政府起草下发了《关于加快全省木材加工企业工业原料林基地建设的若干意见》，引导木材加工企业走以基地化带动产业化的发展路子，促进林产业向规模化、集约化方向发展。为了扶持龙头企业，组织了 20 户林业企业申报国家级龙头企业，争取国家扶持，并从中优选 4 户企业向农业厅申报农业产业化国家重点龙头企业。为了加快国有企业改革，认真贯彻落实省委 3 号文件和省政府的有关决定，积极做好党政机关与所属企业脱钩准备工作，指导和推动深化国有企业的改革工作。并积极扩大对外开放，鼓励和推动企业开展对外合作。切实抓好安全生产工作，加强检查督促，确保安全生产。

林业法制建设和政策研究进一步加强　2002 年初完成了《云南省珍贵树种保护条例》的修订，并由省九届人大常委会第二十六次会议审议通过。完成了《云南省森林条例》的地方立法工作，并于 11 月 29 日由省九届人大常委会第三十一次会议审议通过，将于 2003 年 2 月 1 日正式施行。按照国家林业局确定的林业普法工作要点，认真抓好“四五”普法，加强全省林业普法工作，分期分批培训林业执法人员 2400 余人，进一步提高了林业执法队伍的素质。针对当前林业政策、体制和机制方面存在的问题，加强了对林业政策的调研工作，在深入调查研究的基础上，完成了《林业政策综合调研报告》，经多次修改后，已上报省政府。同时，通过深入调研，大胆探索市场经济条件下发展林业的新思路、新办法，鼓励和支持非公有制林业加快发展，至 2002 年底，全省非公有制林业业主已达 61.19 万户，造林 111.9 万公顷。

精神文明建设取得新的进展　通过认真学习贯彻党的十六大精神，加强了对邓小平理论和“三个代表”重要思想的学习教育，广大党员干部的思想政治素质有了提高，坚持议大事、谋全局、抓重点、重落实，切实转变作风，深入基层调查研究，指导工作，采取有力措施，确保天保工程、退耕还林等国家重点生态建设任务的完成，受到广大群众的欢迎和支持，林业部门的良好形象正在逐步树立。根据中央和省委的要求，进一步加强了党风廉政建设和反腐败斗争，严格遵守各项规定，对群众举报的有关单位领导的问题，配合纪委和政法部门进行了调查。同时，积极推动厅属事业单位人事制度改革，加强企事业单位的领导班子建设和后备干部队伍建设。高度重视挂钩扶贫工作，组织厅机关及直属单位开展捐赠扶贫活动，全年捐款 3.95 万元，捐衣被 1.1 万件。进一步落实《云南省老干部工作目标管理责任制》量化细化考核指标，切实加强老干部工作。林业宣传工作进一步加强，林业在经济社会发展中的地位和作用受到了人们的普遍关注，林业队伍的凝聚力、战斗力正日益增强。

（李　军）

【胡锦涛副主席对林业工作的重要指示】　2002 年 7 月 15～20 日，中共中央政治局常委、国家副主席、中央军委副主席胡锦涛同志深入到昭通、曲靖、昆明等地，就实施西部大开发战略、扶贫开发、社会劳动保障和加强党的建设等工作作了调查研究。

在这期间，胡锦涛同志走农村、到企业、看社区，慰问困难农户和下岗职工，考察重点项目，与部分基层干部群众和转业复员退伍军人代表座谈，接见驻昆部队师以上干部，并听取了省委、省政府的工作汇报。胡锦涛同志在视察工作中，就如何深入学习贯彻好江泽民同志“5·31”重要讲话精神，努力用“三个代表”重要思想统一广大干部群众的思想和行动，积极推进西部大开发，加快云南的发展步伐，大力加强党的建设等作了重要讲话。胡锦涛同志在讲话中对全省的林业工作作了重要指示：

要加大生态环境保护和建设的力度，努力实现可持续发展。云南地处云贵高原，生态地位极为重要。这些年，云南在生态建设方面下了很大功夫，但对得到的成绩不能估计过高，生态环境保护和建设的任务仍十分艰巨。在加快云南经济发展的过程中，必须以对子孙后代高度负责的态度，从全国生态安全和可持续发展的大局出发，遵循自然规律和经济规律，处理好眼前利益和长远利益的关系，切实把生态环境的保护和建设放到更加突出的位置来抓。要重点抓好退耕还林还草、天然林保护、江河上游水污染治理等生态建设和环境保护的主要工程，努力遏制局部地区生态环境恶化的势头。要高度重视资源开发和工程项目建设中的环境保护，坚决防止造成新的环境污染和资源破坏。在实施退耕还林还草、天然林保护等工程的过程中，要充分考虑当地群众的当前和长远生计，因地制宜地搞好后续产业开发，解决好他们的吃饭和增收问题，使群众能够从生态建设中得到实实在在的利益，避免长期依赖政府，甚至回过头来重新走破坏生态的老路。总之，要通过建立一种科学有效的利益联结机制，把群众的责任和利益更好地统一起来，把群众参与生态建设的积极性充分调动起来，努力开创生产发展、生活富裕和生态良好的文明发展道路。

（武建雷）

【白恩培书记有关林业指示】　2002 年，省委书记白恩培同志在迪庆、丽江、大理调研时指出，要实现旅游产业生态化，生态建设产业化。旅游业是一个以资源和环境为依托的产业，只有山青水秀，旅游景点才能更具魅力和吸引力。要正确处理好保护与开发利用的关系，坚持在保护中开发，在开发中保护。要注意绿化、美化，扩大城市的绿化面积，形成“城（镇）在林中，林在城（镇）中”的旅游城镇。旅游开发要与退耕还林、还草、还湖结合起来，实施好天然林保护工程，封山育林，培育生态旅游景点。生态环境保护和建设要与群众的利益挂钩，实行荒山绿化的承包责任制，允许使用权个人所有、合法继承，允许限量间伐，使群众获得实惠。

2002年，白恩培书记在文山、红河州调研时强调指出：必须抓好生态环境的保护和建设。没有好的生态环境，就没有好的旅游产品。保护和建设生态环境就是发展现实生产力，要重视经济效益、生态效益、社会效益的统一，通过产业结构的战略性调整，把国家的利益和群众的实惠结合起来，使农民增收，子孙后代受益，实现生态建设产业化、产业发展生态化。要做好退耕还林还草工作，实施好天然林保护工程，多种树种草，封山育林，禁止毁林开荒，防止水土流失。只有山美水美，旅游景点才会更美；只有山青水秀，才会人杰地灵，旅游产业才会旺盛。生态环境是旅游产业发展的灵魂，一定要保护好，建设好。

（武建雷）

【黄炳生副省长强调要把提高造林绿化成活率和保存率作为今后工作的重点】 在2002年全省第十九次绿化委员会全体会议上，黄炳生副省长强调指出：各级造林绿化主管部门，要加强对造林绿化各环节质量的监督和管理，把提高造林绿化的成活率和保存率作为今后工作的重点，想方设法把造林质量搞上去，全面完成国土绿化的各项工作：要严格实行造林绿化目标考核制度；要加快绿色通道工程建设步伐；要大力推进城乡绿化一体化进程；要切实搞好森林分类经营工作；要逐步完善造林绿化的利益机制；要依法巩固造林绿化成果。（武建雷）

【黄炳生副省长充分肯定云南省5年来的森林防火工作】 黄炳生副省长在2002年全省退耕还林暨森林防火工作会议上指出，5年来全省森林防火工作取得了显著成绩。森林防火工作在省委、省政府的正确领导下，在国家林业局的关心、支持下，通过全省党政军警民，特别是各级林业部门和森林防火战线全体同志的努力拼搏，经受住了连年冬春干旱和1999年边境森林大火的考验，森林防火工作取得了显著成绩，迈入了全国先进行列。据统计，1998～2002年，全省年均发生森林火灾508起，低于1500起控制数的66%；年均受害森林面积2928公顷，受害率为0.22/1000，为控制数1/1000的76%；年均死亡4人。1986～1997年的12年中，全省年均发生森林火灾856起，受害森林面积15 377公顷，死亡10人。上述情况表明，5年来，森林火灾的发生得到有效遏制，损失大幅度下降，呈现“两降”、“两高”、“两低”的态势。即森林火灾次数和发生率、森林火灾受害面积和受害率有较大下降；森林火灾当日扑灭率、火灾查处率有所提高；因扑救森林火灾受伤和死亡的人数大幅度降低。尤其是2000年仅发生森林火灾192起，受害面积294公顷，创下全省森林防火的历史最好成绩。

（武建雷）

【云南自然保护区管理网络】 目前全省16个地（州、市）林业局都设立了专门职能机构，配备了管理人员。全省128个县（市、区）中除五华、盘龙两区外，都设立了专管或兼管机构。

全省省、地、县三级林业主管部门共有专兼职管理人员953人。全省1531个乡（镇）林业站，有1070个挂了野生动植物保护管理站的牌子。在林业部门管理的省级以上保护区中，除5处省级保护区目前还暂由当地林业主管部门直接管理外，其他都设有管理局（处），有相应的管理人员。省林业厅十分重视理顺自然保护区的管理体制。经多方协调，已将原由城建、环保部门联合管理的苍山洱海国家级自然保护区和原由环保部门管理的昭通大山包省级自然保护区划归林业部门管理，并由林业部门建立了保护管理机构。目前，云南全省已基本建立起省、地、县、乡4级较为完整的管理体系。先后制定颁布了《云南省自然保护区管理条例》、《云南省森林和野生动物类型自然保护区管理细则》、《云南省珍贵树种保护条例》、《云南省陆生野生动物保护条例》、《云南省林地管理办法》、《云南省重点保护陆生野生动物造成人身财产损害补偿办法》、《云南省珍稀动物保护名录》、《云南省第一批省级重点保护野生植物名录》等地方性法规、政府规章和规范性文件。一些自然保护区实现了“一区一法”。如《西双版纳自然保护区管理办法》、《大山包黑颈鹤保护区管理办法》等。多年来，省林业厅组织开展了对国家和省一系列法律、法规、政策的宣传，全省拍摄电视专题片10多部，印发《野生动植物保护法律、法规手册》5万份，印发宣传材料3万份，以及国家和省重点保护的野生动物挂图2万套。创办了内部刊物《云南自然保护》。积极协助省人大、省政府开展执法检查，坚持对破坏自然环境与自然资源的行为依法进行查处。

仅2001年，全省共查处涉及自然保护区的各类案件950起，处理违法人员766人，挽回经济损失56万元。（武建雷）

【云南省退耕还林生态效益明显】 根据国家退耕还林试点工作要求和计划安排，全省从2000年开始以金沙江流域为重点开展退耕还林试点工作。列为试点的有8个地（州、市）的9个县（区）。2000年国家下达全省退耕还林试点计划任务5.27万公顷，其中退耕还林1.34万公顷，荒山荒地造林3.94万公顷。2001年下达计划任务3.34万公顷，其中退耕还林6700公顷，荒山荒地造林2.67万公顷。2002年下达计划任务20万公顷，其中退耕还林10万公顷，荒山荒地造林10万公顷。

2000～2002 年各项试点任务已按国家下达计划全面完成。2000 年完成退耕还林任务 5.34 万公顷，为计划任务的 101.4%，其中，退耕地还林完成 1.34 万公顷，占计划任务的 100.6%；荒山荒地造林 4 万公顷，占计划任务的 101.7%。2001 年的试点任务进展顺利，全省 9 个试点县的计划任务于当年 9 月底全面完成，实际完成退耕还林任务 3.4 万公顷，为计划任务的 101.9%。其中，退耕地还林完成 6800 公顷，占计划任务的 101.2%；荒山荒地造林 2.73 万公顷，占计划任务的 102.1%。截至 2002 年 11 月底，全省已完成退耕还林任务 19.72 万公顷，占 2002 年计划的 98.59%，其中，退耕地还林 9.82 万公顷，占计划的 98.42%，宜林荒山造林 9.9 万公顷，占计划的 98.76%，两项任务已基本完成。

退耕还林工程的实施，受到广大群众的欢迎，退耕农户得到了实惠，生态环境得到了治理和改善，取得了明显成效：①改善了生态环境。通过实施退耕还林工程，增加了森林覆盖和绿地，局部遏制了水土流失，有效地改善了生态环境，减少和控制滑坡、泥石流等自然灾害。②促进了地方经济的发展。从退耕还林工程实施情况来看，退耕还林的实施完全能促进当地农业产业结构调整，带动地方经济结构的调整。③增加了农民的收入。退耕农户享受到了退耕还林的各种政策，解决了部分群众的生活困难。广大农户把退耕还林称之为“德政工程”、“民心工程”。

（武建雷）

【专家对管理用好云南湿地提出五点建议】 ①做好云南湿地分类工作。以中国湿地分类体系为基础，确定云南湿地类型及其保护利用方向。②确定云南湿地的特殊价值，争取有一二个湿地被列入国际重要湿地名录。③用景观保护区的观点指导湿地保护区的保护和利用。在云南，湿地保护区的建设和管理与当地居民利益脱节等现象很普遍。国际上的保护区管理已经从单纯保护发展到社会共管，云南应该向这个方向努力。④控制旅游活动。旅游正在破坏云南湿地。抚仙湖、洱海、碧塔海、属都湖都受到了旅游的污染。利用湿地发展旅游是可以的，但云南对闺藏深山的湿地，应该先保护起来。⑤组建多学科综合的科技队伍。云南有丰富的科技力量，但多分散在各单位各部门，缺乏群体优势。保护和利用云南的湿地，应该将这些力量组织起来，形成云南自己的科技队伍。

（武建雷）

【专家对云南湿地水禽的多样性及其保护提出对策】 由于云南境内具有丰富多样的湿地资源，加之温暖湿润的气候和丰富的食物资源，每年冬季都招引着大量在北方繁殖后而南迁越冬的水禽来云南越冬，在全省各地的湖泊、水库、坝塘、河流及其周围的农田、沼泽湿地中栖息觅食。对此专家提出的保护对策：①加强宣传教育工作。要深入持久地开展爱鸟护鸟的宣传活动，提高广大人民群众的保护意识和对有关法律、法规的理解及遵纪守法的自觉性。②加大执法力度，有力地打击乱捕滥猎及贩卖野生动物的违法犯罪行为。③建立健全水禽及其他湿地鸟类种群数量的监测系统。各县林业及保护区管理部门在每年的隆冬时间（1～2 月）组织有关人员进行定时定点的水禽种群数量观察记录，为保护和合理利用提出科学依据。

（武建雷）

【云南省实施“绿色希望工程”成绩显著】 “绿色希望工程”（保护母亲河行动）是由团中央、全国绿化委员会、全国人大环资委、国家林业局、水利部、中国青少年发展基金会共同组织实施的，旨在保护黄河、长江及其他主要江河流域生态环境所开展的一项长期性、大型群众性公益事业。

由团省委、省林业厅等单位共同组织实施的云南省“绿色希望工程”（保护母亲河行动）自 1999 年 5 月启动实施以来，在筹资额、示范林建设方面已提前突破原计划近 5 年完成的预期目标。取得了一定的经济效益和社会效益，形成了较好的社会公益品牌形象，为保护和改善全省生态环境作出了积极的贡献。据统计，云南省自 1999 年启动实施至 2001 年底，全省共筹资 1500 多万元，在长江、珠江、红河等江河流域及滇池、抚仙湖等高原湖泊流域建设绿色希望工程示范基地、科技示范园 176 个，营造生态林、经济林 5000 公顷，建设绿色通道 350 多千米，发行“201 绿色电信卡”70 多万张，发放挂图、宣传材料 20 多万份，组织滇沪两地大学生及部分新闻记者“绿色希望工程三江环保世纪行”等大型活动 20 余次，在社会各界、各级团组织和广大青年中掀起了积极参与营造绿色、保护母亲河行动的高潮。直接、间接影响各界和青少年近 1000 万人。

通过近 3 年来的努力，云南省“绿色希望工程”在筹资额、示范林建设方面已突破原计划近 5 年完成的预期目标，走出了一条引导广大团员青年和社会各界积极参与植树造林、改善生态环境，建设云南秀美山川和“绿色经济强省”的新路，得到了上级有关部门的肯定。与此同时，在林业部门等单位的宣传发动下，社会各界也积极参与到此次活动中来。省记者协会、昆明船舶集团公司等单位积极筹资，组织广大新闻工作者和昆船团员青年积极开展活动，在社会上起到了良好的宣传和示范作用。

2002 年 3 月，共青团中央、全国绿化委员会、全国人大环资委、全国政协人资环委、水利部、农业部、环保总局、国家林业局、中国青少年发展基金会等八部委局联合发文，表彰了 111 个全国“保护母亲河行动”先进集体和 91 名先进个人。共青团红河州委、云南省环保局团委和共青团福贡县委荣获先进集体称号；团省委马德芳、省林业厅华诗、共青团江川县委刘绍宏 3 人被评为先进个人。（武建雷）

【云南省退耕还林试点工作取得五方面的成效】 ①改善了生态环境。退耕还林试点工程按照“全面规划、分步实施，突出重点、先易后难，先后试点、稳步推进”的总体要求，重点布局在城镇面山、公路沿线、湖库周围、江河两岸以及其他生态环境脆弱的地方。通过实施退耕还林工程，增加了全省的森林覆盖和绿地覆盖，局部遏制了水土流失，有效地改善了生态环境，减少和控制了滑坡、泥石流等自然灾害。②促进了地方经济的发展。通过退耕还林的实施，带动了地方经济结构的调整。③增加了农民的收入。退耕农户享受到了退耕还林的各种政策，解决了部分群众的生活困难，为8.6万户退耕农户、39.9万人增收致富创造了条件，得到了广大山区群众的拥护和支持。同时，通过集约经营和发展经济林果、牧草业，优化了农业生产结构的组合，增强了农业发展后劲。④摸索了路子，积累了经验。在2年试点工作中，省、地、县创造性地开展工作，出台和制定了一些相应的管理办法及措施。对不同立地类型的还林模式和经营管理机制进行了探索，为全面启动退耕还林工程打下了良好的基础。⑤取得了示范效果。由于退耕还林工作宣传到位，措施得力，效果明显，全省各地(州、市)及农户退耕还林积极性空前高涨，纷纷要求实施退耕还林还草工程建设。 (武建雷)

【云南省长江防护林工程建设】 云南省长江防护林工程建设于1989年，工程建设区主要分布在金沙江流域7个地（州、市）26个县，其中贫困县18个。

据1990年有关资料统计，项目区总面积68 106.6平方千米，人口785.2万，水土流失面积32 317.7平方千米，占项目区总面积的47.4%。按照国家计委批准的《长江中上游防护林体系建设一期总体规划》，全省长江防护林建设的总规模为87.3万公顷，其中人工造林78.9万公顷，封山育林8.4万公顷，工程总投入为42 705万元。1989年长防林工程在东川、昭通、巧家、会泽4县（市）启动。

10年来，共投入2.7亿元，完成人工造林45.7万公顷，封山育林36.5万公顷，低产林改造1.3万公顷，幼林抚育7.6万公顷。项目的实施，为改善流域区生态环境奠定了坚实的基础。 (武建雷)

【云南边防雷区披上绿装】 中越边境云南段千晨雷场，经过云南省军区两次大规模边扫雷边播绿，如今已成了片片绿洲，绿色植被覆盖率达98%。

从20世纪90年代初开始，云南省军区注重扫雷与保护生态并举，摸索出26种对生态破坏较小的科学扫雷法。扫雷官兵每扫除一片地雷，便与边民一起把荔枝、八角、草果、杉木等果苗、树苗栽种在雷场上，做到每扫净一片地雷便播上一片新绿。

如今，97%的雷场通道已是林荫蔽日，1.3万多公顷生态林为恢复雷场生态撑起了绿色屏障。

(武建雷)

【云南省林业重点工程】 云南省天然林资源保护工程实施5年来，完成森林管护面积1300万公顷，公益林建设114.25万公顷，妥善分流和安置森工企业富余职工5.79万人。

截至2002年9月底，完成森林管护1400万公顷，完成公益林建设21.8万公顷，分流安置森工企业富余职工1300多人。退耕还林工程2000年在全省东川等9个县（区）试点，2002年全面启动。工程实施3年来，共完成退耕还林28.7万公顷，兑现粮食3.5亿千克、现金4600万元。截至9月底，已全面完成2002年国家下达全省退耕还林20万公顷的任务。野生动植物保护和自然保护区建设进一步加强，林业系统新建自然保护区28个，使全省由林业系统管理的自然保护区总数达到106个，其中，国家级自然保护区8个，省级43个，地县级55个，保护区总面积360.7万公顷。全省农村能源建设成绩显著，共建农村户用沼气池59.79万户，节柴改灶45.65万户，推广太阳能热水器44.2万平方米，山区微水电2773千瓦，相当于节约薪柴165万吨或206万立方米，节约标煤44.55万吨，使342万人受益。2002年省政府将建设农村15万户沼气池作为八大民心工程之一，至10月，已完成农村沼气建设16.9586万户，创历史同期最高水平，全年预计将突破18万户。

在林业重点工程的带动下，全省5年完成人工造林158万公顷，封山育林263.5万公顷，飞播造林38.6万公顷，全民义务植树6.55亿株。 (武建雷)

【云南省国家级森林病虫害中心测报点已达35个】 2002年，潞西、兰坪、景洪、沾益、双江、麒麟、祥云、华坪、巧家、龙陵、江川、普洱、丽江、文山、个旧、宜良、德钦、禄丰、河口等19个县（市、区）被国家林业局确定为第三批国家级森林病虫害中心测报点。

加上第一批、第二批的弥勒、思茅、富宁、大理、永仁、永德、石林、通海、景东、隆阳、永胜、陆良、双柏、新平、香格里拉、绥江等16个县（市、区)，至此，全省国家级森林病虫害中心测报点已达35个。

国家林业局要求严格按照国家级森林病虫害中心测报点的建设要求和管理办法，抓紧搞好测报点建设，配备必要的设备设施，落实好运行经费，切实加强管理，按森林病虫害预防预报的有关规定，做好森林病虫害预测预报工作。 (武建雷)

【云南省实施天保工程4年成效明显】

生态环境得到改善 全省天保工程按照把天然林采伐停下来，把天然林、人工林、国有林、集体林管起来，把疏林、灌木林封起来，让荒山绿起来的原则，造、管、封并举，增加了森林覆盖率，促进了林木生长，遏制了水土流失，有效地改善了生态环境，减少和控制了洪水、滑坡、泥石流等自然灾害。

理顺了森工企业管理体制 国有重点森工企业实行属地管理后，实现了劳动力与林地资源的合理配置，生产任务与地方经济紧密结合，理顺了多年来未能解决的森工企业管理体制问题，为天保工程的顺利实施创造了条件。

通过加大森工企业人员分流的力度，保证了企业和林区社会的稳定 从1999年开始，积极探索森工企业的分流路子，一次性分流安置重点森工企业职工共8961人，17户重点森工企业的5万多名职工及地方森工队伍分流到森林管护与公益林建设上，实现了由砍树人向种树人、管树人的转变，确保了森工企业队伍和林区社会的稳定。

离退休职工养老问题得到了解决 企业离退休职工已全部纳入养老保险省级统筹，企业应交纳的养老金全部由中央财政专项补助，统一由社保部门负责发放，基本做到了养老金按时、足额发放，解决了重点森工企业老有所养问题。2002年。国家新增了医疗、失业、计划生育和工伤4项保险的专项补助，离退休职工的养老保险社会统筹问题将会得到更好地解决。

林区农民增加了收入 通过实施天保工程，建立了重点森工企业职工与聘请当地农民护林员相结合的森林管护体制，保护了森林资源，解决了部分农民的经济收入。另外，通过封山育林和天然林管护，林下资源如松茸、牛肝菌等食用菌数量大大增多，也增加了天保工程区林农的收益。

促进了地方经济的发展 在实施天保工程公益林建设过程中，各地结合产业结构调整，选择了部分经济型树种，既改善了生态环境，又为促进农民增收和地方经济的发展打下了良好基础。 （武建雷）

【云南省森林病虫害防治】 森林病虫害是“无烟的火灾”。因此，抓好森林病虫害防治工作对于保护森林资源有着极其重要的意义。

近年来，云南省对森林病虫害的防治给予高度重视，在加强森林病虫害测报及监测工作的基础上，启动实施了一些重点防治工程。2000年，在国家林业局的支持下，启动了国家级松毛虫工程治理项目，项目涉及7个地（州、市）的15个县（市）。通过连续两年的治理，已使全省松毛虫发生面积由工程治理前的14.7万公顷下降到2001年的10万公顷，工程治理区松毛虫的发生面积由工程治理前的8.1万公顷下降到2001年的6.3万公顷，全省15个工程治理县（市），除1个县松毛虫爆发成灾的势头未能有效控制外，其他各县（市）均成下降趋势，达到了预期目标。

此外，云南省还对纵坑切梢小蠹（含木蠹象）、枫木毒蛾、高山小毛虫等实施了省级工程治理。根据国务院办公厅《关于进一步加强松材线虫病预防和治除工作的通知》和全国松材线虫病预防和除治工作座谈会议精神，加强了对松材线虫病的预防及检疫工作。 （武建雷）

【云南省拥有陆生野生动物1366种之多】 云南省分布有脊椎动物1737种，占全国总数的58.2%，其中陆生脊椎动物1366种。

在1366种陆生野生动物中，有兽类300种，占全国兽类种数的50.3%；有鸟类802种，占国全鸟类种类的64%；有爬行类152种，占全国爬行类种类的39%；有两栖类112种，占全国两栖类种数的38%。其中有许多属于我国重点保护的珍稀濒危野生动物，在我国公布的335种重点保护陆生野生动物中，云南就有199种，占全国总数的59.4%。其中的亚洲象、野牛、绿孔雀、赤颈鹤等23种在我国仅分布于云南。还有很多属于国际重要的迁徙物种或具有重要经济、药用、观赏和科研价值的物种。

在1997～2001年的野生动植物资源调查中，首次发现豆雁、黑嘴鸥、白尾海雕、中华秋沙鸭等4种鸟类在云南省有分布。 （武建雷）

【云南省现有人工种植的红豆杉幼林过百公顷】 据全省开展人工种植红豆杉工作的保山、大理、丽江、楚雄、曲靖、文山、玉溪、德宏、红河、怒江等10个地（州、市）统计，全省历年人工种植的红豆杉总面积为111.2公顷，13万多株。

在人工种植的红豆杉中，绝大部分为云南红豆杉，少数为南方红豆杉。全省现有红豆杉苗圃面积9.6公顷，育苗株数1036万株。全部为1990年以后种植的，胸径均在5厘米以下，尚无蓄积量。

（武建雷）

【云南省有野生红豆杉350多万株】 红豆杉树种在云南分为云南红豆杉、南方红豆杉和喜马拉雅红豆杉3种。分布广而稀疏，面积共有22.19万公顷，354.1万株，蓄积量为70.78万立方米。

1989年，省政府确定云南红豆杉为省二级保护植物，1999年9月9日经国家林业局、农业部正式公布为国家一级保护植物。全省11个地（州）34个县有红豆杉分布，主要集中在滇西北地区的丽江、迪应、怒江、大理4地（州）。目前，全省红豆杉人工扦插面积已有200公顷，300万株。适宜在大理、丽江、迪庆、怒江、西双版纳、临沧、思茅、文山、红河等部分地区种植。

红豆杉的主要用途是提取紫杉醇，紫杉醇被视为目前防癌抗癌的最有效药物之一。 （武建雷）

【云南省赵晓东当选中国人与生物圈国家委员会委员】 目前，我国有21处世界生物圈保护区、177处国家级自然保护区，作为杰出的管理代表，云南省高黎贡山国家级自然保护区保山管理局局长赵晓东当选为第五届中国人与生物圈国家委员会委员，是生物圈保护区入选的3名委员之一。

人与生物圈计划（简称MAB）是联合国教科文组织于1971年发起的一项政府间跨学科的大型综合性的研究计划。这是一项致力于全球环境与发展的长期性科学研究，目的在于通过多学科（包括自然科学与社会科学）相结合，研究人与环境之间的关系，为资源和生态系统的保护与持续发展提供科学依据。中国人与生物圈国家委员会是人与生物圈计划在中国的执行机构，于1978年经国务院批准建立，已历经4届。2002年，中国人与生物圈国家委员会对其组成单位进行了调整，并选举产生了第五届中国人与生物圈国家委员会。第五届中国人与生物圈国家委员会由中国科学院、中国联合国教科文组织全国委员会秘书处、国家科技部、国家环保总局、国家林业局、国土资源部、建设部、国家旅游局、国家海洋局、水利部、农业部等部门及相关科研机构、大专院校、学术团体、新闻媒体、知名科学家、世界生物圈保护区代表组成。本届有48名委员，由中国科学院副院长、北京大学校长、中国科学院院士许智宏担任主席。

高黎贡山国家级自然保护区以其丰富、独特的生物多样性资源享誉中外，1994年以来，保山管理局创建了中国第一个农民生物多样性保护协会、“绿卡行动”、“保护资源的参与性管理”等多种管理模式，在全国产生了广泛的影响。 （武建雷）

【云南省级国家机关绿化委员会表彰2001年度义务植树先进单位和个人】 2002年7月，云南省省级国家机关绿化委员会表彰了2001年度在义务植树中成绩显著的15个先进单位和21名先进个人。

先进单位分别是：省人大办公厅、省政府办公厅、省交通厅、省卫生厅、省林业厅、省新闻出版局、省供销社、省电力局、国家电力公司昆明勘测设计院、省建工集团总公司、省物资集团总公司、省电子总公司、省医药集团总公司、省对外经济贸易合作厅、省级国家机关绿化委员会办公室。

先进个人是：邓延西、向建伟、杨建国、张国山、杨浩杰、刘本贵、胡爱华、刘德富、张青、杨宏良、刘兆文、孙如友、刘昆华、陈冬明、万青富、张永林、饶贵云、李宝珍、李艳梅、李新德、彭建利。

（武建雷）

【云南省森林防火指挥部办公室荣获国家林业局通报表彰】 为了加强各省森林防火指挥部办公室业务管理，增强激励竞争机制，推动各省森林防火办公室业务管理向规范化、科学化和现代化方向发展，科学合理地综合评价各省森林防火指挥部办公室工作业绩，国家林业局于2001年下发了《省级森林防火指挥部办公室工作考核暂行办法》。

2002年，全省森林防火指挥部办公室根据国家林业局的要求，坚持“预防为主，积极消灭”的方针，按照“全社会抓保护、全民搞防火、政府负全责”的原则，健全制度，规范管理，不断加强和提高管理能力和管理水平，较好地履行了职责，圆满地完成了各项工作。国家林业局森林防火指挥部办公室根据《省级森林防火指挥部办公室工作考核暂行办法》的规定，采取日常考核记载、不定期抽查与年终总评相结合的方式，对各省（区、市）森林防火指挥部办公室工作开展情况进行了综合评定，按考核结果进行了排序，云南省名列全国第四名。在国家林业局森林防火指挥部办公室发出的《关于对省级森林防火指挥部办公室2001年度工作考核情况的通报》中，云南省森林防火指挥部办公室获得表彰。 （武建雷）

【全国最大的樟树人工种植基地在勐海建成】 云南省西双版纳州勐海县樟树及樟脑生产基地建设项目实施两年来进展迅速，新种植连片和茶樟间作樟树近2000公顷，全县的樟树总面积已逾3333公顷，创目前全国人工种植樟树面积之最。两年来，县林业局已培育营养袋樟树苗60万株，停产多年的县樟脑厂2002年加工出20余吨樟脑。 （武建雷）

【临沧大雪山自然保护区发现水青树】 2002年初，临沧地区在野生植物资源调查中，于临沧大雪山省级自然保护区海拔2340～2360米的铁厂河发现10株水青树大树，此外还有一些中幼龄水青树和水青树幼苗。

水青树属水青树科水青树属植物，特产于东亚植物区。该树种起源古老，系统位置孤立，生态环境特殊，是水青树科单种属植物，是中生代末期的孑遗植物。水青树无导管，在被子植物中属于原始特征，对研究被子植物的起源具有重要的价值。水青树多生长在中山湿性常绿阔叶林中或林缘的溪边，多为单株生长，列为国家二级重点保护野生植物。此次调查中所发现的水青树大树在铁厂河附近的溪流边，乔木层除水青树外，还有响叶柳、樱桃、五角枫、大叶柳、长叶润楠、长叶木莲、石栎、三角枫等树种，灌木层有小叶茶、十大功劳、冬青、润楠、舟柄茶、箭竹、荚蒾、桃叶珊瑚，草本层有莎草、灯心草、大叶鳞毛蕨、短肠度、西南凤尾蕨、凤仙花等。

该群水青树树高均在20米以上，胸径约2米，其中最大的株胸径达3米多，可算是世界上最粗大的水青树。 （武建雷）

【金平发现国家重点保护植物华盖木】 2002年，分水岭国家级自然保护区管理局科技人员在开展金平县境内的全国重点保护野生植物资源调查时，在金平县大寨乡发现一株奇特的木兰科植物。

该株植物为常绿大乔木，树高14米，胸径0．5米，全株各部均无毛，树皮灰白色，当年生枝条绿色。叶草质长圆状倒卵形，长25～35厘米，宽6.5～10.2厘米，先端急尖，尖头锐，基部楔形，叶面深绿色，无托叶痕。其花大、白色、香味特别浓。据当地群众反映：该株植物为30年前伐后萌生的，现仅此1株。该植物经中国科学院昆明植物研究所鉴定，为国家一级重点保护植物华盖木。

华盖木为我国特有单种属植物，此前仅云南省西畴县法斗有5棵。金平发现华盖木，证明了该种植物尚有新的分布地。因此，有关该种植物的资源量和分布问题有待于进行进一步的调查和研究。（武建雷）

【昆明城市绿化】　近年来，昆明市多渠道投入资金创建园林城市，建设“绿色家园”，营造城市良好的生态环境。到2002年底，昆明市城区绿地面积已达到4109．9公顷，绿化面积已达29%，人均公共绿地面积为7平方米，超出国家标准0.5平方米。

昆明市近年来注重城市绿化工作，1997年以来先后投入资金6亿多元，用于市容整治和绿化工程。为达到城市面貌“一年一个样，三年大变样”的目标，2002年上半年，城区外围以改造滇池的生态环境为主，启动海埂生态园建设工程，在海埂种植了以杨树、水杉为主的8万株植物。城市中心区的绿化重点主要是“退屋还草”和移植景观大树，计划在市中心的19个交叉路口移栽数百棵景观大树。已在6个点移栽了数十棵胸径达25厘米的三角枫、滇朴、广玉兰，补栽了数百棵黄杨、香樟、花石榴等树木。为把“退屋还草”工作真正落实好，昆明市政府率先把原定用于修建停车场的土地改为修建茶花园，在保留原有大树的基础上，结合茶科植物和杜鹃类植物的应用，营造上、中、下不同层次和不同季节的绿色景观，形成昆明城市中心区的绿色小生态环境。

（武建雷）

【人工种植石斛在德宏获成功】　黄草（石斛）属单子叶植物纲，兰科，石斛属共35个种，分布于热带、亚热带地区，一般附生于岩石或树上，主要靠吸收水分和部分腐殖质生存。黄草具有较高的药用经济价值，有养阴余热，生津止渴之效。

德宏州地处亚热带地区，是黄草主要原产地之一，野生黄草种质资源丰富。近年来，黄草的开发利用具备了较好的市场，收购鲜草的价格不断攀升。在经济利益的驱动下，人们涌入森林，大肆采摘黄草，进行不合理的采收，甚至会因采摘黄草而砍伐黄草附生的树木，造成对森林资源的严重破坏。为避免黄草资源的灭绝，该州从保护与开发并重的角度，积极开展黄草人工种植试验。2001年在空气湿度较大的半阳坡，海拔高度1300米，有少许散射光的林地，用营养土和薄膜把黄草种苗附着于树上。2002年5月又开展人工种植黄草对比试验，用杂木做成苗床，碎石垫底，分别用腐殖土、河沙拌腐殖土、河沙拌锯木屑、河沙拌腐殖土和锯木屑，进行5组对比试验。通过试验对成活率、新梢萌发情况、新梢生长平均长度、生长势4项指标的观测，人工种植黄草表现出了较好的势头。

通过分析各种原始资料，最终得出适宜种植黄草的立地条件，为推广人工种植黄草提供了技术保障。

（武建雷）

【中美合作高黎贡山生态资源考察发现大量新种】
2002年，由美国芝加哥费尔德博物馆环境部生态、植物、真菌、两栖爬行类、鸟类专家和中方有关专家共21人组成的中美合作高黎贡山生态资源考察团，对高黎贡山自然保护区的生态资源进行了为期11天的考察。

美国生态专家Robin Fosten博士指出，高黎贡山是世界上很特殊的地块，有许多新物种还没有发现，需要从植被上进行整体研究。高黎贡山的植物共记载有种子植物4303种，此次考察发现还有5个科10个属的新分布记录和3个新种、1个五加科种新分布记录，美国植物专家Jun Wen博士估计高黎贡山的高等植物约5000种。高黎贡山自然保护区记载有大型真菌133种，而此次考察共收集了200多种大型真菌，在这200多种真菌中仅有20种是原来记录过的，美国真菌专家Mueller Gregory估计，高黎贡山的大型真菌应该有1500～2000种。高黎贡山记录有鸟类343种，其中有19种被列入世界濒危物种红皮书，有1/4的鸟类分布区域非常狭窄，此次考察发现有23种是以前没有记录过的。美国鸟类专家Douglas Stotz估计，高黎贡山的鸟类（含低海拔）应该有600种左右，如果估计正确，那么高黎贡山的鸟类将占中国的1/2，是亚洲鸟类最丰富的地方。高黎贡山记录有两栖类28种、爬行类48种，美国专家Bradley Shaffer估计，仅蛙类可能就有40～50种、蛇类80种左右；保护区记录有兽类115种，兽类考察组估计高黎贡山的兽类应该有150种左右。

通过考察，专家们一致认为：高黎贡山的生物资源是世界独一无二的。（武建雷）

西藏自治区林业

【概　述】

发展与成就　2002年，西藏林业工作在自治区党委、政府的正确领导下，在国家林业局及有关部委的大力支持下，认真贯彻落实党的十六大、中央第四次西藏工作座谈会和自治区第六次党代会等会议精神，积极推进林业改革和建设，及时调整工作思路，在林业基础性工作、林业工程项目建设、植树造林、森林和野生动植物保护和管理等方面取得了新的成效和进展。

进一步理清了林业发展思路　2002年9月，自治区党委常务副书记杨传堂和副主席杨海滨主持召开了林业专题会议，在会议上明确提出今后全区林业工作的指导思想即以江泽民同志"三个代表"的重要思想统领林业工作全局，以西部大开发和全国林业对口援藏为契机，以实现林业跨越式发展为目标，以提高人民群众生活水平为根本出发点。按照国家对我国林业实现五大转变的要求，解放思想、实事求是、与时俱进，加快体制创新、机制创新、科技创新步伐，放手发展非公有制林业。坚持"三大效益兼顾，生态效益优先"，坚持以保护为主、合理开发，走可持续发展的道路，促进全区林业快速、高效、健康发展，为西藏的稳定和经济社会发展发挥应有的作用。同时，确定了今后的工作思路：要坚决贯彻"四个精神"。即要贯彻江泽民同志"三个代表"重要思想的精神；贯彻抓住西部大开发和国家加大对林业的投入、"再造秀美山川"机遇的精神；贯彻实现整个林业工作思路的转变和"三个创新"的精神；贯彻处理好保护与开发的关系，真正实现可持续发展的精神。要体现"四大战略"。即因地制宜、非均衡发展战略；抓住机遇、跨越式发展战略；科技兴林战略；可持续发展战略。实施"五大工程"。即天然林保护工程，退耕还林（草）工程，拉萨及周边地区造林绿化工程，"三保"工程（野生动植物保护、湿地保护及自然保护区工程），"三林"工程（成片后续林工程、经济林工程、特色林工程）。

为了认真贯彻落实自治区第六次党代会、自治区经济工作会议和全国林业厅（局）长会议精神，在自治区党委、政府及有关部门的大力支持下，先后以自治区人民政府名义在拉萨召开了全区林业工作会议、林业局长座谈会、全区退耕还林培训班及业务专题会，在日喀则召开了全区植树造林现场会，在林芝工布江达县召开了全区森林防火现场会，与各地（市）签订了森林防火责任状，并举办了西藏林业跨越式发展暨工程项目及林权证发放试点和森林分类经营区划培训班，达到了提高认识，统一思想，交流经验，互相学习，落实任务的目的。

加强了林业基础性工作　2002年，认真完成了森林资源二类调查工作，摸清了资源家底，填补了全区森林资源调查史上的一项空白，为今后林业决策提供了科学依据，在此基础上，完成了全区30个有林县的森林分类区划界定工作，其界定成果于11月底通过评审并上报，为争取国家生态效益补助资金提供了依据；完成了雅江河谷黑颈鹤越冬国家级自然保护区和色林错黑颈鹤繁殖国家级自然保护区的申报工作；完成了林芝工布自然保护区自治区级的申报工作；基本完成了全区26个县的退耕还林作业设计及县级实施方案；完成了拉萨市及周边地区造林绿化工程的2003年作业设计；完成了西藏防护林工程、种苗工程建设等林业基础设施建设可研编制工作；完成了藏羚羊繁育研究中心的可行性研究报告的编制工作；完成了2002～2010年西藏自治区经济林产业发展规划的编制工作；林权证发放试点工作已经开始实施。

植树造林成效明显　据统计，2002年全区共完成造林绿化1.8万公顷，其中春季工程造林3733公顷，义务植树606.09万株，种植经济林木98.77万株，营造农田林网380.1公顷，人工模拟飞播造林试验2200公顷；完成封山（沙）育林11.8万公顷；迹地更新1742公顷；新增苗圃面积146.3公顷。同时对拉萨、山南、日喀则三地（市）的工程造林进行了检查验收，并根据工程项目合同和验收情况兑现了相应的资金。

积极抓好林业重点工程项目建设和资金管理　2002年，国家进一步加大了投资力度，下达林业项目投资2.36亿元，支持林业重点工程建设项目。

拉萨市及周边地区造林绿化工程　2002年，国家下达资金2000万元，加上2001年底安排的1500万元，共计3500万元。继续实施了拉萨环城绿化带、药王山绿化、日喀则市西郊防护林、江当治沙造林、山南贡布日绿化和贡嘎机场周围治沙造林等项目。

长江上游天然林保护工程　2002年已进入全面实施阶段。在工程区切实加强了对森林资源管护工作，强化了资源林政管理工作，加强了基础设施建设，加大了宣传力度，使工程区无乱砍滥伐和森林火灾的发生，资源得到了有效保护，局部地区的生态环境开始得到了改善。生态公益林建设成效显著，共完成生态公益林建设2415公顷，已建的苗圃开始生产苗木。现圃存各类苗木达200余万株，出圃各类苗木123万株，缓解了工程区生态环境建设用苗紧张的局面。搬迁安

置工作已完成516户的搬迁，并完成了下步搬迁的部分房建工程的建设和登记造册等工作。

退耕还林（草）工程 2002年，着重抓了退耕还林（草）工程项目管理办法、作业设计以及人员培训等工作。基本完成了退耕、荒山造林各6667公顷的县级作业设计。

人工模拟飞播造林试验 在总结2001年人工模拟飞播造林试验经验的基础上，2002年继续实施人工模拟飞播造林试验，主要是以当地树（草）种为主进行试验。

种苗工程项目建设 该项目国家批准投资2668万元。目前，7地（市）中心苗圃和部分重点县级苗圃进行了改扩建；自治区科技苗圃基础设施建设大部分已完成，并开始了生产育苗，2002年共育苗5.4公顷。完成了农牧民个体户育苗的前期工作。

加强项目监督，强化资金管理 加强了对重点建设项目和局计财处的财务等工作的监管力度。2002年经过国家计委重点项目稽察办、自治区稽察办对全局林业重点项目的稽查和区审计厅对资金使用情况的审计，在资金管理及使用方面没有发现有大的问题。

积极让当地农牧民群众参与林业工程项目建设 通过林业工程项目建设，带动农牧民群众增加现金收入。如天保工程三县群众每年人均收入增加273元，并为基层配备了用于森林管护的交通、通讯工具，使基层组织的工作条件有了较大改善；日喀则江当、年木两乡群众参与工程造林，人均年增收200多元；计划投资400万元新建农牧民个体苗圃176个，100公顷，投产后可增加农牧民收入。

加大了森林、野生动植物保护和自然保护区的管护力度

森林资源保护与管理 2002年上半年，起草了《西藏自治区实施〈中华人民共和国森林法〉办法》和《西藏自治区伐区管理暂行办法》两个文件，与自治区工商行政管理局共同下发了《关于开展对全区木材经营（加工）单位清理整顿工作的通知》，对全区271家各类木材经营加工厂点进行了清理，保留了181家，取缔或关闭了96家，木材经营加工秩序有了明显的好转。规范林业行政执法行为。查处了部分木材检查站乱收费乱罚款行为，治理公路“三乱”。完成了林芝波密县、山南贡嘎县林权登记发证试点工作，下达了2003年全区木材生产预计划，并对2002年木材生产计划执行情况进行了检查验收。

强化了森林公安执法和森林防火工作 据不完全统计，2002年全区共查处破坏森林和野生动物资源的案件286起，破获286起，破案率100%。其中刑事案件5起，破5起（特大野生动物案件立案3起，破3起，重大野生动物案件立案2起，破2起）；林业治安案件发69起，查处69起；林业行政案件受理212起，处理212起，逮捕18人（已判刑9人），治安拘留5人，查获犯罪团伙2个，14人。收缴木材1010.307立方米，收缴各类野生动物皮张303张，收缴非军用枪支13支，收缴作案工具东风车2辆。另外对木材流通领域进行了设卡检查和整顿，查获了无证运输车辆21台，处罚20余人，罚款6万余元人民币。

森林防火工作。在林芝工布江达县召开了全区森林防火现场会的基础上，于10月10日召开了全区林业工作座谈会，自治区人民政府与各地（市）行署（人民政府）签订了森林防火责任书，切实将森林防火责任制落到实处。同时，投入近200万元购置了灭火器材、通讯工具，并分发到重点林区。深入森林火灾第一线，协助当地政府组织扑救工作，自2001年冬进入防火期以来全区共发生林火10起，其中一般森林火灾8起，重大森林火灾2起，过火面积1727.2公顷，受害森林面积90.3公顷，在扑救森林火灾过程中死亡5人，伤6人，与2001年同期相比，火灾次数下降50%，受害森林面积下降58%。

加强了自然保护区的建设与管理 目前，羌塘国家级自然保护区两个管理局、5处管理分局局址建设和2处管理站站址建设的主体工程已完成。羌塘自然保护区与新疆、青海两省交界地区的界桩填埋工作已完成，区内界桩选址工作已完成。初步验收了雅鲁藏布大峡谷排龙、派乡、岗乡管理站建设项目。珠峰自然保护区一期工程建设正在收尾和验收。经国务院批准的察隅慈巴沟国家级自然保护区的可研报告正在编制上报。完成了玛旁雍错、桑日西藏马鹿、热振大果圆柏等3处自治区级自然保护区的申报工作。完成了雅江中游河谷、色林错、黑颈鹤和芒康滇金丝猴等国家级自然保护区的专家评审工作，并已上报国务院审批。促进了国际合作与交流工作，全年共接待外国专家90多人次，2002年从世界自然基金会引进资金100多万元，为羌塘保护区的5处管理站和申扎保护区提供交通工具和通讯设备，为保护区人员的培训等提供资金和技术支持。荷兰政府为珠峰保护项目无偿援助260多万美元，从1999年开始，项目执行期5年，主要支持珠峰保护区生态保护，保护区管理能力和社区发展能力的建设和自然历史与文化遗产的保护。

加强对濒危野生动植物的管理工作 完成了国家濒管办拉萨办事处的机构调整及人员配备工作，启动了经营单位登记备案制度，与日本野岛协会合作，对拉萨至通麦一线野生鸟类资源进行了实地调查，参加了国家环保总局组织的青藏铁路建设工程环保大检查工作，在《西藏日报》上整版宣传了濒危野生动植物种国际贸易公约，收到了较好的效果。

武警西藏森林部队组建工作 在自治区党委、政府、国家武警森林指挥部及有关部门关心和支持下，森警部队组建工作进展比较顺利。兵力基本到位，有力地加强了森林防火、灭火及林区社会治安的工作，

基本建设正在进行。

加快林业产业发展 ①对局属企业财务进行了审计，摸清了家底，为下一步企业改革提供了依据；②配合区农科院完成了林芝、米林、加查、朗县等4县2667公顷核桃生产基地的项目可研工作；③在国家林业局的大力支持下，西藏藏羚羊繁育中心的项目可研和选址工作已经完成，正待国家批准立项；④在2002年举办的西藏第二届名优新特产品展销会上，以林下资源主要是菌类、药材等加工产品参加展销，产品供不应求，收到了很好的社会效益和经济效益；⑤森工企业在木材加工上提高了出材率。如优富、助邦等企业木材出材率已达90%以上。

加强领导和林业队伍自身建设，充实机构，深入调查研究 ①拉萨等4地（市）林业局均升格为正县级，同时县级林业机构也得到了相应的加强，羌塘、雅鲁藏布大峡谷两处国家级自然保护区的管理机构和人员编制也基本得到落实，使林业机构及人员编制得到了加强和充实。②组织全体干部职工认真学习了江泽民同志“七一”和“5·31”重要讲话及自治区有关会议精神，特别是重点学习了党的十六大报告，安排了全体职工大会、中心组和分支部学习讨论，把学习贯彻党的十六大精神当成第一位的政治任务和头等大事。认真开展了历时近两个月时间的党的作风大检查活动，认真查找了党的作风建设方面存在的问题和不足。同时，为进一步加强机关党的作风建设，切实转变机关工作作风，提高工作效率，按照区党委、区直机关党的作风大检查活动的精神及区林业局整改意见，就“三讲”以来制定的各项规章制度，进行了修改补充完善，并整理成册，下发执行。加强了业务培训工作，全局有28人通过挂职锻炼、举办业务技术培训班、送出去学习等方式，使林业队伍业务素质有了一定的提高。③深入基层，开展调研工作。按照自治区党委、政府的指示和要求，2002年上半年下发了《深入基层，调查研究实施方案》，已组织由局领导带队的调研组10余次，到基层开展调研工作，调查了解基层林业工作现状，重点项目的实施情况，并帮助基层解决了一些实际困难和问题，对基层工作做到了面对面的指导和帮助，也为今后全区林业工作的开展提供了第一手资料。

存在问题 ①个别地方没有完成春季造林任务，造林成活率还有待于提高。②林业工程建设上还存在不严格按设计施工或简化施工程序的问题。③林政资源管理还需进一步加强。目前在个别地区还存在超限额采伐、偷砍盗伐等违法现象。④森林火灾没有得到有效控制。森林火灾发生次数仍然较多，特别是出现了人员伤亡问题；⑤自然保护区的管理工作需要加大力度。⑥森工企业结构调整进展缓慢，林业产业发展滞后。

【西藏自治区2002年林业大事】

3月19～21日 以西藏自治区人民政府的名义在拉萨召开了全区林业局长会议。会议主要内容是传达学习周生贤局长在全国林业厅（局）长会议上的讲话，传达国家计委曾培炎主任在全国退耕还林会议上的讲话；自治区人民政府加保副主席发表了讲话；总结2001年的林业工作和初步安排2002年的工作。

4月底 完成了全区22个有林县、35个灌木林县森林资源二类调查工作，这项工作填补了全区林业资源调查史上的空白。

5月 西藏自治区林业局与自治区工商行政管理局共同下发了《关于开展对全区木材经营（加工）单位清理整顿工作的通知》，对全区271家各类木材经营加工厂点进行了清理，保留了181家，取缔或关闭了96家，木材经营加工秩序有了明显的好转。

6月1日 那曲地区尼玛县森林公安派出所民警罗布玉杰在保护野生动物巡逻并追捕盗猎藏羚羊犯罪分子的战斗中壮烈牺牲。

7月2日 察隅慈巴沟自治区级自然保护区被国务院批准晋升为国家级自然保护区。

7月16～20日 以西藏自治区人民政府的名义分别在日喀则、山南、拉萨召开了全区植树造林工作现场会暨先进表彰会，自治区人民政府多吉副主席发表了讲话。

7月23～25日 西藏自治区人民政府在林芝地区工布江达县召开了全区森林防火工作现场暨表彰大会。会上，自治区人民政府副主席多吉作了题为《认清形势，总结经验，切实抓好我区的森林防火工作》的讲话；工布江达县等先进单位和个人交流了经验；表彰了在森林防火工作中作出突出贡献的18个先进单位和16名先进个人；传达贯彻了全国森林防火现场会精神。

7月12日至8月15日 由自治区林业局阿布局长与美国新一代基金会泰勒博士一行近20人组成的考察组到羌塘无人区进行野生动物考察。

8月底 完成了全区26个县的1.3万公顷退耕还林和宜林荒山荒地造林县级作业设计。

9月10日 西藏自治区党委杨传堂常务副书记和自治区人民政府杨海滨副主席主持召开了林业工作专题会议，在会上明确提出了今后全区林业工作的指导思想和工作思路。

10月10日 以西藏自治区人民政府的名义召开了全区林业工作座谈会，自治区人民政府与各地（市）行署（人民政府）签订了森林防火责任书，切实将森林防火责任制落到实处。

12月底 完成了全区30个有林县的森林分类区划界定工作，其界定成果于11月底通过评审并上报，为争取国家生态效益补助资金提供了依据。

（西藏自治区林业由陈平供稿）

陕西省林业

【概　述】　2002年，在陕西省委、省政府的领导下，在国家林业局直接指导和大力支持下，全省各级党委和政府认真贯彻江泽民同志“再造一个山川秀美的西北地区”的批示，落实“退耕还林、封山绿化、个体承包、以粮代赈”的政策措施，加强领导，措施得力；各级有关部门密切配合、各负其责；广大人民群众和社会力量意识增强、积极参与；林业战线广大干部职工艰苦奋斗、不懈努力，以跨越式发展为主线，以生态环境和林业产业两大体系建设为目标，以森林防火、森林病虫害防治和打击各种破坏森林资源的违法犯罪活动为重点，突出抓好退耕还林、天然林保护、三北防护林建设四期、野生动植物保护及自然保护区建设和平原绿化及绿色通道建设五大林业重点工程，大力开展植树造林，治理水土流失，防治荒漠化，全省林业各项事业取得了显著成绩，林业在生态环境建设中的主体地位进一步提高，制定了《陕西省林业发展“十五”计划和2010年规划》。全省计划任务和投资总额均名列全国前茅。

植树造林　2002年，全省共计完成造林面积75.1万公顷，为计划任务的104%，比2001年增加32.5万公顷，增长43.3%。其中：人工造林60.9万公顷，飞播造林14.2万公顷。完成封山（沙）育林面积4.5万公顷；完成育苗当年新育面积1.6万公顷；全民义务植树9847万株；平原绿化1.3万公顷，新建农田林网4600公顷；完成公路绿化989千米，铁路绿化150千米，河渠堤防绿化800千米。

退耕还林工程　2002年，是退耕还林试点工程取得重大进展转入全面启动实施的第一年。国家下达退耕还林计划任务54万公顷，涉及全省107个县（市、区）的96个县（市、区），其中退耕地造林25.3万公顷，宜林荒山造林28.7万公顷。各地精心组织，认真实施，集中开展造林和补植，全年完成退耕还林任务53万公顷，为计划任务的98.14%。其中：退耕地造林25.3万公顷，为计划任务的99.89%；宜林荒山造林27.7万公顷，为计划任务的96.59%。至2002年底，全省已累计完成退耕还林面积98.6万公顷，其中退耕地造林57.1万公顷，荒山造林41.5万公顷。按照省政府的统一部署，各地在先试点、取得经验的基础上，严格按照政策规定，积极稳妥地开展搞好政策兑现工作。截至2002年年底，全省已向10个市104个县（市、区）1726个乡（镇）13 847个行政村近78.8万户退耕户发放粮食8.1亿千克，现金补助1.54亿元，种苗补助2.66亿元，分别占应兑现量的99.7%、94.8%和99.1%。通过政策兑现，极大地调动了广大干部群众的积极性，使他们真切感受到了党和国家的关怀和温暖，真正做到了组织放心，群众满意。

2002年，全省上下认真学习贯彻国务院国发[2002]10号文件精神，省委、省政府召开全省退耕还林现场会议，对全省试点工作进行了认真总结，对今后全省退耕还林工作进行了安排部署，决定在全省学习和推广延安吴旗县封山禁牧、舍饲养畜经验，巩固和提高退耕还林成果，实现林业跨越式发展，为改善陕西省生态环境奠定了基础。

天然林保护工程　2002年，按照国家批准的天保工程实施方案，全省编制完成了119个县（局）级单位的《天然林保护工程实施方案》，经专家评审并报省政府批准后，已批复各地实施。完成了2000～2001年度天保工程公益林建设、种苗建设、森林防火、森林管护、人员安置、转产项目、资金管理等实施情况的省级复查验收工作，全面落实了森林管护责任。完成人工造林面积2.3万公顷，为计划任务的92.2%，飞播造林2.1万公顷，封山育林1.9万公顷。截至2002年底全省已累计分流安置职工18 729人，落实森林管护面积735.6万公顷，使全省国土面积1/3的森林资源得到有效保护。

三北防护林体系建设四期工程　2002年，三北防护林体系建设四期工程北部以毛乌素沙地防风固沙林带为重点，榆靖高速公路绿化取得了突破性进展；南部以渭河干流综合治理为重点，交通干线绿色通道建设、平原绿化工作有较大进展。完成人工造林任务9300公顷，为计划任务的70%，工程的重点项目和示范区建设任务全面完成。为了规范工程的实施和管理工作，先后制定下发了《陕西省三北防护体系建设工程项目作业设计办法》、《陕西省三北防护林体系建设工程项目验收办法》等规范性文件。完成了三北防护林体系建设第一阶段建设成果的评估总结。全国绿化委员会、人事部、国家林业局在全国防沙治沙表彰大会上，表彰了全国防治治沙标兵单位榆林市人民政府、榆林市榆阳区补浪河乡英雄女民兵连，全国防沙治沙先进集体省防护林建设工作站、衡山县波罗镇人民政府、佳县打火店林场、大荔县沙苑林场，全国防沙治沙先进个人王志雄等11人受到表彰奖励，在全省开展学习全国2002年热点人物全国治沙英雄石光银先进事迹。

野生动植物保护及自然保护区建设工程　2002

年，按照国家林业局对陕西省实施野生动物保护及自然保护区建设工程的总体要求，重点抓工程规划的编制工作，先后完成了《朱鹮栖息地恢复可行性研究报告》、《国家级自然保护区2002年监测体系建设规划报告》、《全国鸟类环志中心红碱淖环志站可行性研究报告》、《全国鸟类环志中心三河湿地环志站建设可行性研究报告》、《陕西省野生动物保护管理体系标准化建设可行性研究报告》、《陕西秦岭大熊猫栖息地恢复项目可行性研究报告》、《陕西秦岭大熊猫栖息地管理机构建设项目报告》等项目，为工程的顺利实施奠定了基础。积极主动协调有关部门，加快了自然保护区建设步伐。留坝桑园、龙草坪观音山、安康瀛湖、略阳宝峰山、宁西天华山、风县屋梁山、宁强马家山、汉西摩天岭、西乡龙池等9处省级保护区已经省政府批准建立。至此，全省自然保护区数量达到25处，面积74.5万公顷，占国土总面积由1998年的1.3%提高到3.6%。全省野生动物，特别是朱鹮、大熊猫、金丝猴、羚牛等国家重点保护野生动物种群不断扩大。朱鹮异地饲养繁殖获得成功，种群数量增加到目前的400多只，濒危状况进一步缓解。同时，完成了全省野生动物资源和湿地资源调查工作，《陕西省野生动物资源评价》、《陕西湿地》两本专著已编写完成。《陕西省第三次大熊猫调查报告》通过省内专家评审，已正式上报国家林业局。

森林资源保护 2002年，坚持“打防结合、以防为主的方针”和“政治建警、科技强警、从严治警”的原则，发挥森林公安林政稽查在资源管理中的作用。按照国家林业局的安排部署，在全省范围内开展了保护森林资源的严打整治执法大检查等项活动，与省人民法院等有关部门建立了林业刑事执法和案件查处联席会议制度。重点查处了乱砍滥伐林、乱捕滥猎野生动物、乱征滥占林地等违法犯罪案件，全省森林公安和林政部门共受理各类森林和野生动物资源的案件4510起，查处4480起，综合查处率为99.33%。其中：受理森林刑事案件290起，破案282起；受理治安案件371起，全部查处；受理林政案件3849起，处理3827起。依法处理违法犯罪人员5487人次，其中批捕法办59人，劳教3人，治安拘留139人，治安处罚等4986人。收缴违法木材7980立方米，收缴野生动物3261头（只），为国家挽回经济损失640.7万元。

2002年，全省森林防火工作努力做到“三落实”，即：领导落实，责任落实，措施落实。全省共发生森林火灾33起，其中森林火警18起，一般森林火灾15起，受害森林面积56公顷，杜绝了重大森林火灾的发生，是近15年来森林防火成绩最好的几个年份。2002年，全省各级森林病虫害防治检疫单位认真贯彻落实省政府关于加强森林病虫害防治工作的通知精神，按照国家林业局森林病虫害防治工作总体要求，召开会议，落实任务，目标管理，夯实责任，全省森防工作取得显著成效。全省森林病虫害发生面积40.3万公顷，成灾面积5.6万公顷，成灾率6.6/1000；有效防治面积26.5万公顷，防治率65.6%，比2001年提高了1.5%；全省实施监测面积357.3万公顷，监测覆盖率达到75.4%，比2001年提高2%。杨树天牛、红脂大小蠹、美国白蛾、森林鼠害、松毛虫5个治理工程的治理达标面积10万公顷，有力地推动了面上的森防工作。

林业产业化建设 2002年，召开了全省林业产业化工作会议，总结了“九五”期间林业产业工作的成绩和经验，安排部署了“十五”和今后10年林业产业工作。制定下发了《关于加快林业产业化建设的实施意见》和《关于认真贯彻落实省委、省政府〈关于加快以苹果为主的果业产业化建设的决定〉的通知》。林业产业工作坚持在保护优先的前提下，不断解放思想，积极推进林业产业化建设。经过“九五”建设，种植业、养殖业有了新的进展。初步形成了陕北以红枣、仁用杏为主，渭北以苹果、花椒、柿子等为主，陕南以核桃、板栗、生漆、蚕桑等为主，各具特色和优势的经济林生产基地，清涧、韩城、略阳、镇安、旬邑、宜川、礼泉、印台8个县（市、区）被国家林业局评为全国经济林建设先进县，佛坪、佳县、延川、富平、商州、黄龙、西乡、旬邑、城固等县被国家林业局命名为全国名特优经济林之乡。充分发挥森林资源优势，发展森林旅游业。2002年新建国家级森林公园3处，省级森林公园5处，使全省森林公园总数达到59处，其中，国家级森林公园15处、省级森林公园39处、市级森林公园5处，总面积达到22.5万公顷。接待旅客近300多万人次，旅游总收入7000多万元，比2001年增长25%。随着林业产业的发展，2002年9月成立了陕西省盆景艺术协会，就全省盆景花卉的发展方向和区域布局制定规划，组织协调生产经营，积极引进新技术新成果，开展技术培训，促进全省林业产业化建设。（王　莉）

【陕西林业建设投资】 2002年国家和省共下达林业建设投资计划280 723万元，比2001年209 075万元增加了71 648万元，增长了34.3%。其中：退耕还林工程187 171万元，天然林保护工程81 983万元，三北防护林体系建设四期工程2500万元，野生动植物保护及自然保护区建设工程2698万元，其他投资63 711多万元。总投资中，中央投资262 276万元，地方配套18 447万元。中央资金到位262 231万元，到位率达到99.8%。

（王　莉）

【陕西强化专项林业资金管理】 2002年，为加强全省林业重点工程建设的资金管理，确保资金安全，提高资金使用效率，针对不同重点工程，省林业厅、或与省计委、财政厅、审计厅、监察厅等部门联合制定下发了《陕西省天然林保护工程资金管理实施细则》、《关于切实加强林业重点工程资金管理的通知》、《陕西省飞机播种造林（治沙）工程管理办法》、《关于切实加强天然林保护工程资金管理的通知》、《关于严格执行种苗工程建设项目设计文件的紧急通知》、《陕西省种苗工程建设资金管理暂行办法》、《关于加强计划财务管理工作的通知》等规范性文件。配合国家审计署、国家计委、国家林业局，省林业厅与省计委、省财政厅联合组成专项资金稽查组，对全省林业重点工程的计划执行、资金拨付、资金使用和管理情况，进行了认真检查和重点稽查、分年审计。全省林业重点工程专项资金的管理使用总体情况是良好的，对检查和审计中发现的问题，责成有关单位限期整改，实行追踪检查整改结果。对严重违法乱纪、违反财经纪律、弄虚作假等问题，决不姑息迁就，两年多来在退耕还林中，违反财经纪律受到党纪、政纪处分的国家公职人员34人。（王　莉）

【陕西林业外资合作项目】　“九五”期间，全省林业引进外资项目资金折合人民币5.4亿元，造林绿化工程等项目涉及49个县和5处国家级自然保护区。全球生物多样性保护项目引进资金680万美元，已如期完成各项建设任务。中德合作陕西西部造林项目引进资金1300万马克，各项任务基本完成，造林合格面积2.24万公顷。德援延安造林项目引进资金1200万马克，已正式启动实施，起步良好，截至2002年底，完成造林7500公顷。比利时政府无偿援助陕西贫困地区综合发展项目10452.5万比利时法郎，用于吴旗、志丹、安塞、延川、靖边5县造林和经济林低产园改造5000公顷，该项目2000年正式启动实施，2002年各项建设任务已基本完成。利用日本协力基金贷款建设陕西黄河中游防护林项目进展顺利，2002年完成造林3万公顷。（王　莉）

【陕西种苗工程】　2002年是国家加大投资陕西种苗工程建设力度的第四年，专项安排了国债种苗建设项目、山川秀美种苗建设项目、重点防护林种苗建设项目，同时还在天保、退耕还林等林业重点工程中安排了大量的种苗建设项目，4年来，各项种苗建设项目237个，总投资5.2亿元。其中苗圃180个，采种基地29个，质量监督检验及种子库房等基础设施建设项目28个。苗圃1200多万公顷，采种基地及良种基地10.2万公顷的150个项目已通过验收，投入生产。在全省种苗生产规模化的同时，积极推广应用育苗新技术，普及塑料大棚、温室、喷灌等设施育苗技术，积极推广生根粉、全光照喷雾和容器育苗等新技术。按照天保工程科技支撑项目要求，完成了抗旱节水保苗钵体和育苗容器推广项目的实施，完成育苗任务15万袋，全省年均产容器育苗达到3.5亿株以上，是2000年以前年均容器育苗产量的9倍，合格率达到了70%以上。据统计，全省完成育苗面积16300公顷，可产苗20多亿株，收购供应飞播用种100多万千克，检验样批800多个，基本可满足全省各项目重点工程造林用苗需求。深入贯彻《种子法》，全面开展了种苗行政执法工作，查处假冒伪劣违法案件129起，全面推行“两证一签”制度，基本做到了“四不用”。积极抓好全国特色种苗生产基地和全国质量信得过苗圃申报工作，省苗木繁育中心、杨凌中富绿色硅谷股份有限公司种苗基地、洛南县油松采种基地、西安市现代化综合苗圃特色种苗生产基地、大荔县毛白杨良种繁育基地获得全国特色种苗生产基地称号；宁强县汉原苗圃、铜川市中心苗圃、宜君县彭树苗圃、杨凌区中心苗圃、旬邑县小寺子苗圃、安塞县化子坪苗圃、延长县李家湾苗圃获得全国质量信得过苗圃称号。（王　莉　赵丽君）

【陕西林业科技】　2002年林业科技贯穿于全省林业重点工程始终，对退耕还林、天然林保护和三北四期防护林体系工程建设的需要和生产实际，组织生产、科研人员申报科技支撑项目46项次，是2001年申报项目的138%。争取支持共立项22项。项目下达后，编制项目实施方案，技术骨干分组赴工程建设县，对工程区干旱、半干旱地区丘陵山地集水、保水、贮水和节水造林与密度控制技术示范，杨树良种及公益林营造技术推广，西扶、西洛核桃良种推广，泡桐抗丛枝病良种推广的科技支撑项目进行现场指导。按照实施方案，严把良种、苗木、整地、栽植管护，特别是新技术、新产品的应用关，树立标志牌，完善技术档案，真正为工程做示范。经年终抽查，榆阳区俄罗斯大果沙棘嫩枝扦插育苗平均成活率达85%，比对照提高了35%，沙地柏造林成活率达95%，比对照提高了15%。为了强化项目管理，确保项目实施质量，制定下发了《陕西省林业重点工程科技支撑推广项目暂行管理办法》，使项目的申报程序走向规范化管理。（王　莉）

【世界自然基金会秦岭Focal项目】　2002年3月世界自然基金会和陕西省林业厅秦岭大熊猫自然保护区与走廊带建立合作项目签字仪式。陕西省境内的秦岭山区是大熊猫分布的北限，是野外种群分布密度最高的大熊猫分布区，由于人口增长、经济发展和森林采伐造成的栖息地丧失和栖息地破碎化严重危胁着秦岭大熊猫种群的生存。20世纪70年代和80年代，中国大熊猫栖息地两次发生因食物匮乏严重危害大熊猫生命安全的关键时刻，世界自然基金会高度重视，与中方合作，参与资助中国大熊猫保护工程计划，经过20多年不懈努力，合作领域不断扩大，内容日益广泛，在保护大熊猫领域发挥了重要作用，无偿资助总额300多万元人民币。此次陕西省林业厅和世界自然基金会将结合中国天然林保护工程和全国野生动植物保护与自然保护区建设工程的实施，通过在秦岭地区新建大熊猫自然保护区和连接自然保护区走廊带建设，扩大秦岭大熊猫栖息地有效保护面积和改善栖息地的破碎状况。通过秦岭大熊猫保护区群的建设，丰富秦岭地区的生物多样性和整个生态系统的完整。世界自然基金会项目第一阶段将投资125万元人民币，进行保护区新建工作。（王　莉）

【延安市退耕还林草工程进入规范化管理】　延安是退耕还林工程实施的重点区域，是全国和全省退耕还林建设示范市。为了认真贯彻落实国家退耕还林（草）的政策规定，加强对工程建设的管理监督，保证退耕还林（草）工程顺利实施，延安市政府依据有关法律、法规、规章和规范性文件的规定，结合全市实际，制定了《延安市退耕还林草工程管理监督暂行办法》印发县（区）各级政府、直属机关贯彻执行。此办法紧紧围绕建设山川秀美新延安的总体目标和全市退耕还林（草）工程各项任务，从指导思想和基本原则、目标和任务、职能和责任、规划和计划、作业设计、种苗生产供应、工程实施、检查验收、政策兑现、档案管理、保障措施、监督检查、奖惩管理等13个方面对退耕还林（草）工程各个环节提出具体实施办法和要求，实行综合配套管理监督，将管理与监督有机结合，寓监督于管理之中并贯穿于管理的全过程，强化了监督机制，规范了工作运行程序。此办法的实施，将会有效预防和避免违法违纪问题的发生，为退耕还林草工程的顺利实施提供可靠保障。（王　莉）

【陕西省2002年林业大事】

1月1日　省林业厅对“九五”期间全省林业科技工作中取得突出成绩的西安市林业局等22个林业主管部门和科技单位以及王思恭等40名林业科技工作者予以通报表彰，并分别授予全省林业科技先进集体和全省林业科技先进工作者称号。

1月16日　按照省长程安东、副省长王寿森等的批示精神，省林业厅与省山川秀美办组成联合调查组对耀县在退耕还林方面存在的问题进行了认真调查处理，并将有关情况报告省政府。

1月15～16日　森林资源保护培训班在西安举办，特邀请国家林业局资源管理司负责人授课。

1月23～24日　省政府在西安召开全省退耕还林工作会议。会议总结了退耕还林试点阶段工作，安排部属2002年退耕还林工作。参加会议的有各市市长、主管林业工作副市长、林业（林特）局长，各市计划、财政、粮食部门的负责人和省委农村工作领导小组、省计委、财政厅、农业厅、水利厅、国土资源厅、审计厅、监察厅、粮食局等部门和单位的负责人。王寿森副省长作了讲话，省林业厅厅长权志长、省财政厅副厅长王树汉分别发言。

1月24日　全省退耕还林会议期间举行了日元贷款陕西植树造林项目转贷协议签字仪式。

2月22日　经过8年多的不懈努力，中德合作陕西西部造林项目全面完成了各项建设任务。

2月25日　根据国家林业局通知精神，省林业厅决定在全省范围内组织开展严厉打击破坏野生动植物资源违法犯罪“破案攻坚战”，挂牌督办一批重特大案件。

3月4日　省林业厅对在林业产业化工中取得显著成绩的24个先进单位和25名先进个人予以表彰。

3月4日　省林业厅从洋县调运30对朱鹮到位于楼观台的省野生动物抢救饲养研究中心进行饲养。

3月6日　省林业厅对三北防护林工程第一阶段建设中作出突出贡献的榆林市政府等30个先进单位和王志雄等60名先进个人予以通报表彰。

3月12日　省委、省人大、省政府、省政协、省纪委、省军区等六大领导班子领导、省林业厅领导与干部职工，在西安市动物园、植物园、园艺博览园参加植树活动。

3月19日　全省三北防护林工程建设表彰动员会在榆林召开。会议总结了全省三北防护林工程建设第一阶段取得的成绩和经验，安排部署“十五”及今后10年三北四期工程建设工作，表彰了三北防护林建设以来的先进单位和个人。

4月1～2日　全省野生动植物保护及自然保护区建设工作会议在西安召开。会议传达贯彻全国野生动植物保护及自然保护区建设工程启动会议精神，安排部署全省2002年此项工作，权志长厅长作了题为《紧紧抓住机遇，努力开创全省野生动植物保护及自然保护区建设工作新局面》的讲话。

4月2日　省长程安东主持召开省山川秀美工程领导小组会议，听取有关单位关于全省山川秀美工程进展情况的汇报，确定2002年工作重点和措施。

4月4日　王寿森副省长主持召开全省绿色通道建设规划协调会。

4月5日　全省森林病虫害防治工作会议在西安召开。会议总结了“九五”期间全省森防工作取得的成绩，安排部署“十五”及2002年的森防工作任务，表彰了森防工作先进单位和个人，签订了森林病虫害防治目标管理责任书。

4月11日　经陕西省编委同意，设立陕西省林业厅西安铁路林业局（陕编办发［2002］23号），明确了该机构的主要职责、级别、人员编制、经费来源等。

4月23日　省林业厅对2001年度在中德合作陕西延安造林（二期）项目工作中成绩突出的19位先进个人予以通报表彰。

4月26日　汉中市森林防火指挥部等3个单位、

苏波等6人分别被国家林业局授予1998～2000年度全国森林防火工作先进单位、先进个人称号，陈颢等17人被授予全国森林防火工作纪念奖章。

5月2～5日 以韩国前驻华大使权柄铉为团长、由韩国39名各界代表及百名大学生组成的韩中友谊林植树访问团到陕西开展植树活动。5月3日，省林业厅机关干部及西北农林科技大学百余名师生在乾陵共同栽植了99颗象征中韩友谊的柏树，并举行了中韩友谊林揭牌仪式。5月4日下午，省长程安东会见了韩国植树访华团部分代表。

5月12日 省人大召集省政府有关部门负责人与全国人大常委会农业与农村工作委员会副主任李春亭人座谈，省林业厅何发理副厅长在会议上汇报了全省实施退耕还林工程有关情况。

5月28日 经陕西省编委批准，陕西省农业广播电视学校林业分校更名为陕西省林业广播电视学校，编制由5人增加到13人，与林业厅培训中心合署办公。

6月8日 全省大部分地区遭受暴雨袭击，汉中、安康、商洛、西安市林业系统的部分单位，特别是地处秦岭林区的省森林资源管理局所属5个林业局，佛坪、长青、牛背梁、太白山4处国家级自然保护区和市、县所属林业单位在此次暴雨洪水灾中损失惨重。6月10日，权志长厅长主持召开紧急会议，对全省林业系统的抗洪救灾工作进行了安排部署，并发出《关于全力做好防汛救灾工作的紧急通知》。6月19日，国家林业局与省林业厅组成联合工作组，赶赴佛坪重灾区考察灾情，捐赠救灾款物，慰问灾区林业职工。6月25日，省厅机关党委组织开展了“向陕南灾区献爱心”活动，厅机关及直属各事业站中心的广大干部职工纷纷向灾区群众捐款捐物。截至6月28日，共募捐现金18865元，衣物3243件。所捐钱物，于6月29日送往陕南灾区佛坪县。

6月15日 省林业厅党组召开扩大会议，宣布厅党组关于调整省属五大林业局领导班子的决定。

6月22～23日 美国林务局官员和技术专家一行19人，在国家林业局有关人员的陪同下到陕西考察交流座谈，朱巨龙副厅长向考察团介绍了全省林业发展情况。

6月25日 权志长厅长主持召开紧急会议，传达学习温家宝副总理来陕视察灾情时的重要指示和省委副书记袁纯清在省直机关领导干部会上的讲话精神，对进一步抓好全省林业系统防汛救灾工作进行安排部署，提出具体要求。6月26日，省林业厅发出《关于进一步加强全省林业系统防汛救灾工作的紧急通知》要求各地林业主管部门、厅直属各单位密切关注汛情，做好长期防汛抗洪的准备，搞好生产自救，把灾害损失降低到最地程度。

7月16～20日 全省平原绿化工作会议在西安召开。全省有关市和37个平原县的林业局长参加会议，西安市林业局等6个单位在会上作了典型发言。会议还组织代表赴山东参观了菏泽、济宁两市高标准农田林网、绿色通道、园林式村镇等建设现场。权志长厅长、郝福财副厅长出席会议并作了讲话。

8月3～4日 省委、省政府在吴旗县召开全省退耕还林现场会。会议认真学习贯彻了国发［2002］10号文件，分析了全省退耕还林工作形势，推广吴旗县退耕还林经验，促进全省退耕还林工作再上新台阶。会议组织代表参观了吴旗县退耕还林、封山禁牧、科学造林、小流域综合治理、舍饲养羊和发展庭院经济的现场，听取了吴旗县、榆阳区等10个单位和个人的经验介绍。代省长贾治邦、国家林业局副局长李育材、省委副书记袁纯清出席会议并作了讲话，省委常委、延安市委书记王侠出席会议，副省长王寿森主持会议。

8月12～14日 权志长厅长陪同省委书记李建国赴咸阳市北部考察调研农业及生态环境建设情况。

8月16日 国务院总理朱镕基、温家宝副总理来延安，对延安退耕还林工作予以充分肯定，并就进一步做好这项工作提出要求。朱镕基指出：我三年重回故地，绿化有了很大进步，生态环境有了很大改善，你们做了很大努力。还指出：现在看起来，这个政策贯彻的很好，取得了一定成效。另一方面，这里生态还很脆弱，起码要坚持10年，才会大有成效。要继续退耕还林，封山绿化，承包到户。只要把这个政策落实了以后，一定会再造一个秀美的革命圣地。

9月13～17日 中央纪委驻国家林业局纪检组组长、国家林业局党组成员杨继平一行4人到陕西检查退耕还林工作。

9月16～23日 由全国政协副主席钱正英率领的全国政协视察团一行33人，到商洛市、宝鸡市视察天保工程实施情况。政协委员们深入山阳、丹凤、眉县等地，现地查看天保工程封山育林、飞播造林与森林管护情况，了解林业资源开发利用情况，并与基层护林员和森工企业职工代表座谈。政协委员们对陕西省天然林保护工程实施近4年来取得的成绩给予了高度评价。省政协主席安启元、副主席朱振义，国家林业局副局长雷加富，省林业厅厅长权志长、副厅长何发理陪同检查。

9月17日 经省政府同意，成立陕西省退耕还林工作领导小组。组长贾治邦（代省长）；副组长王寿森（副省长）、刘孝文（省政府副秘书长）、李登武（省军区副政委）、权志长（省林业厅厅长）。领导小组办公室设在省林业厅，办公室主任由副厅长郝福财担任。

9月19日 省盆景艺术协会成立大会在西安召开，会议选举产生了省盆景艺术协会领导机构，通过了省盆景艺术协会章程，共130余人参加了会议。朱巨龙副厅长当选盆景协会会长。

9月22～23日 由农业部、水利部、国家林业局、国家环保局等和陕西省政府共同举办的加强生态建设，再造山川秀美座谈会暨陕北水土保持生态建设示范区启动会议在延安召开。

9月30日 经陕西省编委批准（陕编发［2002］59号），将陕西省林业厅森林公安局（陕西省森林防火指挥部办公室）更名为陕西省森林公安局（陕西省森林防火指挥部办公室）。

10月17日 陕西省政府、省委组织部任命孙承骞为中共陕西省林业厅党组成员，陕西省林业厅副厅长；任命王建阳为中共陕西省林业厅党组成员，陕西省林业厅总工程师；任命阎宏为陕西省林业厅助理巡视员。

10月30日 省政府、省委组织部任命朱巨龙为陕西省林业厅副厅长（试用期已满），中共陕西省林业厅党组成员，任职时间从2001年5月计算。

11月20日 针对全省冬季野生动物案件发生率高的实际，省林业厅向各市林业（林特）局、各自然保护区管理局等有关单位发出紧急通知，要求各地各有关单位采取有力措施，严厉打击非法捕猎、倒卖、运输和经营野生动物及其产品等违法犯罪活动，切实保护野生动物资源。

11月27～30日 陕西省科协、省环保局、省林业厅、省农业厅、省经贸委、省水保局、省科学院共同举办的陕西省环境保护和生态建设教育展览在省历史博物馆举行。

11月28日 经陕西省编委批准（陕编发［2002］58号），将陕西省森林总公司更名为陕西省森林资源管理局，副厅级事业单位，隶属省林业厅领导。经费实行财政全额拨款。

12月2日 省林业厅党组同意解散省林产品开发贸易总公司依照股份制形式设立的董事会，终止以股份制形式运作的管理形式。恢复省林产品开发贸易总公司全民所有制企业性质。

12月5日 全省市林业局长座谈会在西安召开。会议传达贯彻了全国营造林质量工作会议精神，通报了全省林业重点工程造林质量、资金管理稽查情况，安排部署2002年冬和2003年全省林业工作。权志长厅长作了讲话。（王　莉）

甘肃省林业

【概　述】 2002年全省林业工作，有4个比较突出的特点：①坚持把学习贯彻党的十六大精神、全面贯彻“三个代表”重要思想和努力营造“三个环境”的活动，贯穿于林业工作的始终，以“三个代表”重要思想指导全省林业生态工程建设，促进了各项工作的全面开展。②坚持省林业厅党组统一领导，班子各成员分工负责，明确任务，落实责任，抓点示范，推动工作，既有分工，又有协作，促进了各项工作的顺利进行。③坚持从薄弱环节入手，认真研究和切实解决林业工作中出现的新矛盾和新问题。厅党组重点研究解决了退耕还林、林业事业单位改革、工程资金管理、富余人员安置、森林分类经营以及国际合作与交流等方面的问题，为今后一个时期全省林业发展打下了较好的基础。④坚持把真抓实干，狠抓落实作为统揽林业全局工作的主线，逐级签订年度工作目标责任状，建立严格的领导干部和技术人员双轨承包责任制，狠抓示范县（区）建设，开展造林绿化质量年活动，组织专门队伍全面检查验收，并依据核验结果，实行宏观调控，奖优罚劣，对完成任务好、工程质量高的表彰奖励、倾斜任务，差的通报批评、调减任务，在全省上下形成了重实绩、求实效、办实事的良好工作氛围。据统计，2002年全省共完成人工造林面积34万公顷，占计划的100%。完成封育面积15万公顷。

退耕还林工程 为了确保退耕还林等四大林业重点工程任务的圆满完成，年初省林业厅召开了会议，进行了全面部署和安排，并与各地签订了目标责任书。在春造前夕，省委、省政府还召开了全省国家林业重点生态工程暨造林绿化广播电视动员大会，党政主要领导和分管领导亲自进行动员、部署，带头参加植树周活动，为掀起全省造林绿化新高潮，全面组织实施好国家林业重点生态工程打下了坚实的基础。同时，按照国家林业局“严管林、慎用钱、质为先”的总体要求，在全省范围内开展了造林绿化质量年活动，通过强化宣传、加强科技推广、加大督查力度等办法，提高了造林的成活率和保存率。由于各级普遍推行了领导分片包干责任制，层层签订责任状，实行目标管理，从宣传动员、规划设计、整修工程、植树造林，到检查验收各个环节都由各级领导亲自把关，狠抓落实。加之2002年各地降水量比较好，退耕还林工程质量均好于往年。全省共完成退耕还林工程25万公顷，占国家下达任务的100%，其中退耕还林11.3万公顷，荒山造林13.3万公顷。2002年全省退耕还林工程面积核实率98.23%，核实面积合格率达83.80%。

天然林保护工程 ①完成了县（局）级工程实施

方案的审批。根据国务院批复的天然林保护工程实施方案，组织专门技术力量，集中两个多月时间，对各地、各单位上报的县（局）级实施方案进行了审查，并及时批复各地组织实施。②圆满完成了公益林建设任务。经省林业厅组织工作组现场核查，2002年全省共完成天保工程6.4万公顷、占计划6.2万公顷的102.55%，其中人工造林3.9万公顷，占计划3.8万公顷的101%，封山育林2.6万公顷、占计划2.4万公顷的104.66%。还完成森林管护419.6万公顷。人工造林当年验收面积核实率和合格率均为100%，株数保存率均在86%以上。③转产开发取得明显成效。各工程实施单位千方百计加大转产开发力度，特别是白龙江林管局进一步加快河西转产基地建设步伐，已累计向该基地投入资金1.09亿元，建成啤酒花基地100公顷，酿酒葡萄基地533.3公顷，万吨葡萄酒厂一期工程已建成投产，年产值达2600万元，安排职工及待业人员2000余人。④人员分流安置取得重要进展。2002年国家及省、地县投资19 399万元，通过一次性买断工龄，分流安置工程实施区6982名富余人员，已批复各地的实施方案，各工程实施单位正抓紧动员上报名单，力争年内完成分流安置工作。

三北防护林四期工程 2002年国家共下达甘肃省三北防护林四期工程建设任务18.5万公顷，其中人工造林5.2万公顷，封山育林13.3万公顷。任务分解下达后，在国家工程建设资金尚未足额到位的情况下，全省各地不等不靠，精心组织、抓点示范、狠抓落实，千方百计筹措资金，不断加大工作力度，确保了工程建设的顺利进行。景泰县政府加大招商引资力度，把生态建设与企业经营相结合，2月与宁夏美利纸业集团公司签订协议，无偿划拨宜林沙荒地1333公顷，创办了美景林场。在春造期间，日均投入推土机50多台，使用当地劳力500多人整修工程、开挖衬砌渠道，完成造林233公顷。平凉市通过创新机制，制定优惠政策，鼓励个体私营业主投资造林，极大地调动了广大群众造林绿化的积极性。已涌现出了以任万才、朱建业、吴万林等为代表的私营林业大户147户，治理“四荒”地1333公顷，以张若宏为代表的种苗培育大户521户，并建成乡、村、社、户四级林场176个，为建设青山、碧水、蓝天、绿地的新平凉打下了坚实基础。据统计，2002年全省共完成人工造林5.2万公顷，占年计划的100%，其中完成防护林4.4万公顷，经济林5400公顷，用材林2600公顷，薪炭林133.3公顷，特用林120公顷；完成封山（滩）育林（草）13公顷。其中古浪、景泰、平凉3个示范县（市）共完成人工造林6533公顷，封育13600公顷，分别占下达任务的101%和100%，而且工程标准高、质量好，在全省真正起到了示范带动作用。

野生动植物保护和自然保护区建设工程 ①编制完成了总体规划。根据国家林业局的统一部署，自2001年8月至2002年3月，历时8个月时间，通过自下而上的方式，组织力量，编制完成了《甘肃省野生动植物保护和自然保护区建设工程总体规划》，在广泛征求意见、专家评审的基础上，已上报省政府待批。②狠抓新建和晋升保护区工作。2002年省政府新批建靖远哈思山、平川崛吴山、岷县双燕、金塔沙枣园子、武都裕河、安西疏勒河中下游和玉门南山等7处省级自然保护区，新增保护区面积79万公顷，使全省各类保护区总面积达850万公顷，占全省国土总面积的18.8%，在全国处领先水平。③完成了重点建设项目的上报争取工作。2002年已完成大熊猫栖息地恢复、大熊猫栖息地保护站建设、野骆驼栖息地恢复与保护站建设、金丝猴保护工程及甘肃省野生动植物保护宣传教育中心建设等5个项目的调研论证工作，已上报国家林业局待批。国际合作项目进展顺利，GEF湿地项目11月接受评估检查，生物多样性保护项目10月底国家林业局召开了启动大会，顺利启动实施。同时还完成了第三次大熊猫调查工作。④加大了执法力度。查处了兰州市17张金钱豹、雪豹皮和15张水獭皮案、高台县偷猎4只猎隼案等33起破坏野生动物案件，抓获违法嫌疑人46人，其中已有2人分别被判处10年和13年有期徒刑，进一步震慑了犯罪，教育了群众，收到了良好的社会效果。

林业对外开放和经济合作 甘肃省已接受了由世界银行、联合国开发计划署、全球环境基金、德国复兴开发银行和亚洲开发银行等多个国际金融组织和外国政府提供的援助。联合国开发计划署援助的甘肃沙漠综合治理与持续农业项目、中国森林可持续经营能力建设研究与推广——甘肃子项目，德国政府技术援助的三北防护林工程监测管理信息系统甘肃分项目一期工程、中国与加拿大合作陇南工厂化育苗、亚洲开发银行技术援助甘肃省优化荒漠化防治方案项目等5个项目已圆满结束；GEF（全球环境基金）中国湿地生物多样性保护与可持续利用项目——若尔盖湿地甘肃子项目、UNDP（联合国开发计划署）天然林保护工程能力建设与政策研究项目、韩国政府援助白银市大环境生态造林项目、林业持续发展项目——GEF资助白水江保护地区管理项目、林业持续发展项目——世行贷款天水人工林营造项目、WWF（世界自然资金会）资助岷山森林景观保护项目等6个项目已顺利启动实施；中德财政合作天水生态造林项目将于2003年正式启动实施。以上12个项目为甘肃省林业建设引进外资2127.91万美元。此外，日本国际协力银行第五批日元贷款项目——甘肃省重点风沙区生态环境综合治理项目、日元贷款生态造林项目、中德技术合作西部林业可持续发展整体项目、亚洲开发银行（全国扶贫合作基金）DFID资助石羊河流域扶贫与荒漠化防治示范项目等8个项目已上报国家有关部委，目前正在积极力争与衔接之中。

林业事业单位改革　2002年在部分科研、推广单位进行了改革试点，重点改革科研单位的管理体制和用人机制，增强内部活力，鼓励科技人员进入市场，开展有偿技术承包、技术培训、技术服务，依靠科技创收，增强单位经济实力，提高职工收入。省林科所、省林业技术推广总站、省治沙所承包绿化工程合同总金额分别达300万元以上。为进一步深化林业事业单位改革，6月厅党组组成得力工作组，由一位厅领导带队，深入全省各国有林场、苗圃、区乡林业工作站以及林业院校、科研、推广等单位进行调研，9月8日召开了全省林业事业单位改革现场会议，通过现场观摩，交流经验，研究问题，完善政策，制定措施，推动了全省林业事业单位改革不断向纵深发展。

林业科技、教育、宣传。1年来，向国家林业局、省科技厅等申报各类科研推广项目90多项，落实46项，争取资金920万元，已组织鉴定科研项目20项。两所院校向全省输送各类专业人才915人，新招生1195人，培训林业技术人员1825人。同时，为配合植树节宣传活动，省政府举办了全省林业生态建设情况新闻发布会，林业厅配合省委宣传部在全省各地开展了“庄浪精神”巡回报告会，组织省市林业系统广大干部职工500多人在兰州市东方红广场开展了造林绿化宣传咨询活动，组织省内12家新闻单位的14名记者，开展了“关注森林——百家媒体联合行动”大型林业宣传采访活动，同《人民日报》、《甘肃日报》、甘肃电视台等联合开辟了生态建设专栏，拍摄了大型纪实片，制作了宣传光盘等。通过这些形式多样、丰富多彩的宣传活动，使国家各项林业政策深入人心、家喻户晓，为顺利完成全省林业工作营造了良好的社会氛围。

林业法制建设　在省人大、省政府的高度重视和大力支持下，《甘肃省实施〈防沙治沙法〉办法》于2002年9月通过省人大常委会一审，10月在《甘肃日报》刊登草案，广泛征求社会各界意见，12月二审通过后颁布实施。《甘肃省森林公园管理办法》经多次修改，已通过省政府法制办办务会议，待省政府常务会议通过后颁布实施。同时还适应加入世贸组织的要求，配合省人大、省政府完成了清理修订地方性林业法规、政府规章和政策性文件的工作，共清理地方性法规10部、政府规章5部，修订地方性法规3部、政府规章1部，废止地方性法规3部、政府规章1部、政策性文件54件。在此基础上，结合林业“四五”普法工作，组织专门力量，编印了《林业法规汇编》，重新修订调整完善了《甘肃省林业厅林业行政执法责任制》，统一了林业法律文书，组织抽考了执法人员，进一步加强了执法监督，规范了执法行为，提高了执法水平。还配合全国人大、省人大在全省范围，组织开展了贯彻落实《森林法》、《种子法》、《防沙治沙法》等情况的大型执法检查活动，进一步督促各地更好的贯彻落实各项林业法律法规，为依法保障全省林业建设事业的持续快速发展发挥了重要作用。

森林资源保护　在全省范围内开展了天保行动和以打黑除恶为龙头，以缉枪除暴为重点，以侦破重点案件为突破口，严厉打击林区内各种刑事犯罪活动的“严打整治”斗争和“猎鹰行动”。全省森林公安机关共查处各类案件905起。其中：侦破森林刑事案件44起，查处森林治安案件39起，处理林业行政案件656起，侦破辖区内刑事案件49起，查处治安案件117起。省政府还在兰州召开了辛虎生、郝文平革命烈士命名大会，取得了良好的社会效果。同时，还召开了全省春季森林防火工作电视电话会议，进一步落实了护林防火行政领导负责制，确保了森林资源安全。全省仅发生森林火警12起，一般火灾2起；过火面积24.95公顷，受害森林面积19.3公顷，护林防火形势好于2001年。还积极开展了森林病虫害防治工作，全省共发生森林病虫害面积17.6万公顷，防治作业面积达12.3万公顷。成立了省林政稽查大队，加强了林地林权管理，审核征占用林地项目19项，审核面积131.4公顷，收取森林植被恢复费353.7万元，并在两当县建立森林植被恢复工程示范点，已完成人工造林102.3公顷。组织清理整顿了木材市场和木材经营加工单位，启用了新版《木材经营加工许可证》，进一步规范了木材的的经营加工。

存在问题　全省林业工作虽然取得了一定的成绩，但也存在一些不容忽视的问题。①个别地县的领导对林业生态工程建设仍重视不够，认识不到位，工作不细致，措施不落实，特别是有关生态工程建设的政策，没有全面准确地宣传到村到户，群众未能很好地发动起来，工程建设质量不高。②工程资金未到位。根据年初国家林业局下达的三北四期工程建设任务，国家应投资21 741万元，2002年仅下达6000万元，除去兰州市南北两山环境绿化2700万元、黑河流域生态治理700万元，绿色通道200万元外，三北四期实际投资仅2400万元，占应到位资金的11.64%。各地县在工程建设中已垫支造林，负担沉重。加之由于地方财政困难，地方配套资金也不能按时足额到位。个别县还有挤占、挪用专项资金的问题，影响了工程建设的进程。③一些政策尚不完善。天保工程无转产开发资金，银行债务未停息挂账，分流安置一次性买断工龄标准太低，分流安置的难度大，职工生活困难，情绪不稳定，集体上访事件时有发生。④各地造林质量发展不平衡。通过对退耕还林、天然林保护、三北四期工程检查验收，个别县造林合格面积偏低，张家川等9个县面积合格率低于50%，卓尼等4个县历年造林面积保存率低于90%，影响了全省造林质量的进一步提高。

【甘肃省立法确立乡（镇）林业站的地位及职能】 2002年3月30日，甘肃省九届人大常委会第二十七次会议通过了“关于修改《甘肃省实施〈中华人民共和国森林法〉办法》的决定”，决定在《办法》第四条增加内容为“县级林业行政主管部门在乡（镇）设立的林业工作站或者林业中心站，负责乡（镇）林业工作。”的法律规定。从而用地方法规确立了乡（镇）林业工作站的法律地位及其职能作用，为乡（镇）林业站稳定机构队伍、理顺管理体制和发挥职能作用提供了强有力的法律支撑。甘肃省自1986年开始建站，经过十几年的艰苦奋斗至今已建成乡（镇）林业站785个，现有职工3397人。这些建在乡（镇）、面向山村、贴近群众的乡（镇）林业站，在不断壮大自身发展的基础上，充分利用自身优势，积极发挥职能作用，全面参与全省林业建设和管理，为林业社会化大生产作出了突出贡献。特别是天然林保护、退耕还林、三北四期和野生动植物保护及自然保护区建设等国家林业重点工程启动实施以来，乡（镇）林业站进一步发挥职能作用，已成为全省林业建设中一支不可替代的主体力量。这次甘肃省修订地方法规，增加专门法律规定，确立乡（镇）林业站的法律地位及其职能作用，必将进一步稳定和巩固乡（镇）林业站机构队伍，激发和调动林业站工作人员的热情及干劲，更好地发挥乡（镇）林业站的职能作用，为保障全省林业生态建设持续健康地发展奠定坚实的基础。

【甘肃省林业厅决定2002年为造林绿化质量年】 为全面贯彻落实“严管林、慎用钱、质为先”的林业工作方针，立足造林绿化“两率”指标，切实提高全省造林绿化质量，2002年省林业厅决定在全省开展造林绿化质量年活动，要求全省各地围绕这一活动，严把“四关”，实现“五个突破”。严把“四关”，即：①严把设计关。所有工程造林、封育项目必须由具有资质的林业设计单位完成，设计批复前，要求至少抽取10%的设地面积现场核实，省上将以地（州、市）为单位，随机抽取2～3个县的设计进行现场复核，其结果作为任务调控的依据。所有造林、封育项目的作业设计，未经有关部门批复，均不得施工。②严把种苗关。各县（市、区）林业行政主管部门的主要领导是种苗质量第一责任人，坚决杜绝“人情苗、关系苗、腐败苗”和劣质苗，禁止跨省（区）大调大运，无生产许可证、无经营许可证、无质量检验证、无检疫证的林木种苗不得使用，积极推行《林木种苗使用许可证》制度。③严把整地关。要因地制宜确定科学的整地方式，最大限度地保护原生植被，做到当年水土不流失。不整地不造林，秋整春栽、夏整秋栽，大力推行专业队伍整地造林。④严把栽植关。要积极推广带土栽植、覆膜保墒、泥浆蘸根、修剪枝叶、截干造林等实用技术，使用生根粉、保水剂等先进科技成果。大力发展优良乡土树种和耐旱树种，生态林的树种比例不得低于90%；重点营造混交林（包括人工天然混交林），其面积比例不得低于80%。实现“五个突破”，即：①宣传工作有突破。要以“造林绿化质量年活动”为主题，大力开展宣传活动，强化社会各界造林绿化的质量意识，增强各级林业干部职工的工作责任心。在全省林业系统中牢固树立“质量胜于生命、责任重于泰山”，“百年大计，质量第一”的行业新风。②监督检查有突破。检查验收一律实行定点、定人的工作责任制，“谁检查、谁签字、谁负责”。对因人为因素造成的造林质量事故，要依照《国家林业局关于造林质量事故行政责任追究制度的规定》予以处理。③管护责任有突破。要建立健全新造林地管护责任制，落实管护措施、管护人员、管护经费、管护责任，积极推行个体承包经营管护责任制，处理好责、权利关系，努力提高经营管护的积极性。④工程管理有突破。工程项目法人或地方政府主要领导是本项目或本地造林质量的第一责任人。要实行项目管理，突出规模与效益，每个施工点集中连片的最低规模：退耕还林6.7公顷，荒山造林13.3公顷，封山育林66.7公顷。⑤动态监管有突破。实行造林工程项目监理制和质量跟踪制。要求由各地（州、市）向所属各县（市、区）选派二三名经过专业技术培训合格的工程监理，全面负责该县的所有造林项目的质量监督与技术指导；各县（市、区）对每个工程项目确定一名工程监理，全面负责本项目的质量监督与技术指导。将建立全省造林质量管理信息系统，对造林地块实行动态监管。

【两当、徽县实现宜林荒山绿化】 2002年9月19日，省政府以《甘肃省人民政府关于授予两当县、徽县为整县实现宜林荒山绿化县的决定》（甘政发[2002]4号）授予两当、徽县为实现宜林荒山绿化县，并通报表彰，各奖励人民币10万元。这是继西峰、成县、康县、临夏、正宁、崇信、灵台、西和8县（市）实现宜林荒山绿化县之后，又实现宜林荒山绿化的两个县，至此，全省实现宜林荒山绿化县（市）达到10个。省政府号召各级人民政府和全省广大干部群众积极开展整县宜林荒山绿化达标工作，切实加强组织领导，加快全省宜林荒山绿化进程，为从根本上改善全省生态环境，再造秀美山川作出更大的贡献。

【甘肃省经济林建设】 到2002年底，全省经济林总面积达58.42万公顷，挂果面积达到33.5万公顷。其中鲜果类面积34.8万公顷，占59.6%；干果类面积33.5万公顷，占39.8%；以油橄榄为主的木本油料类3600公顷，占0.6%，全省农村人均经济林果面积300公顷。2002年全省经济林果品总产量达到

142.61万吨，其中鲜果类总产量138.24万吨，干果总产量4.37万吨，总产值19.16亿元，其中鲜果类15.62亿元，干果类3.54亿元。全省经济林果特产税超过百万元的县达到20多个，其中7个县超过500万元。已成为全省农民脱贫致富奔小康的主要经济来源和地方财政收入的一项支柱产业。主要工作：①经济林基地建设初具规模，区域布局趋于合理。多年来全省始终把集中连片、基地化建设、规模化发展作为主要措施来抓。现已建成万亩以上基地40多处，千亩以上基地1400多处，面积达12万公顷，1995年开始在全省实施的40个林果业基地县建设，经济林总面积达40万公顷，占全省经济林总面积的68.5%。符合全省自然地理条件的区域化格局已经形成。以泾河、渭河流域为主的苹果基地，以中西部为主的优质梨基地，以陇南为主的干果和调香料基地优势已经凸现。②建设速度逐步加快，生态环境得到了有效改善。经济林是将经济、生态、社会三大效益结合最好的林种。全省58.42万公顷的经济林面积，可增加森林覆盖率1.3个百分点。泾川县90%以上的农田得到了以经济林为主的绿色屏障的保护，水土流失治理程度达83.4%，土壤侵蚀模数减少48%，抗御自然灾害的能力显著增强，发挥了以果促农的突出效益。全省已建成的经济林示范基地，不仅有了可观的经济收入，同时又是一处绿色生态工程示范区。秦城、秦安、北道等经济林建设起步早的县（区），在1994～1999年连续6年遭受旱灾的严重形势下，呈现出了哪里有一片果园、哪里就有一片绿色、农民就多一份收入，多一份抵御自然灾害和开展生产自救的能力，显示出了经济林在抵御自然灾害方面的显著作用。③增加了农民收入，壮大了地方经济。近年来，农民人均纯收入中林业部分的比重逐年提高，经济林已成为农民增收和地方增税的主要来源。秦安县2002年果品收入超过1.5亿元，林果特产税超过1000万元，县财政收入的1/3来自林果特产税，全县有1万多农户靠发展经济林致了富，农村贫困面由1982年的67%下降到2002年底的10%。④产业体系逐步完善，贮藏加工能力增强。经济林的迅速发展也带动了果品贮藏、包装、运输、营销、加工等相关产业的发展。到2002年底，全省共建起各类果品贮藏库（窖）2.1万个，许多地区都相继建起千吨级现代化果品气调库，总贮量达到37.01万吨，占果品总产量的26.0%。全省各类果品加工企业已发展到190多户，年加工能力达到19.8万吨，占果品总产量的19.88%。建成各类果品批发市场120处，年果品上市交易量50多万吨以上，实现税收1亿多元。果品除省内销售外，还销往东南沿海、西南及东北、西北，并已成功打入东南亚、中亚和俄罗斯等国家的市场。⑤名优产品不断涌现，果品质量稳步提高。近年来，随着全省经济林基地规模的不断扩大，名优特新林果产品也得到了重视，创出不少名牌产品，如天水花牛苹果、酒泉锦丰梨、景泰早酥梨、陇东红富士苹果、临泽小枣、敦煌葡萄干、康县薄皮核桃、陇南大红袍花椒、镇原杏系列加工品、北道鲜食葡萄、秦安桃等，在国内外都有相当的知名度。武都县、秦城区、秦安县、临泽县、成县和静宁县先后被国家林业局命名为中国名优经济林花椒之乡、中国名优经济林苹果之乡、中国名优经济林核桃之乡、中国名优经济林枣之乡、中国名优经济林核桃之乡、中国名优经济林苹果之乡。秦安县、镇原县、临泽县、庄浪县2000年被国家林业局确定为全国经济林建设示范县。泾川县、秦安县、武都县、秦城区、康县、静宁县、礼县7个县（区）2001年被国家林业局授予全国经济林建设先进县称号。

【甘肃省花卉建设】 2002年，全省的花卉工作在国家林业局和中国花卉协会的大力支持下，在省委、省政府的正确领导下，以实施西部大开发和调整农村产业结构为契机，认真贯彻国家林业局和中国花卉协会的有关精神，在宏观指导、强化宣传、加强管理等方面做了大量富有成效的工作，使全省花卉建设得到了快速发展。截至2002年年底，全省共有各类花卉栽培面积1787.6公顷，各类盆花盆景168.02公顷，食用、药用及工业用花卉24公顷。年产鲜切花13 126.4万支，生产各类球种5503.4万株（粒），培育盆景盆花2274万盆，花卉年总产值41 445.99万元。

【甘肃省森林公园建设和森林生态旅游】 抢抓西部大开发机遇，本着巩固、提高、完善、增效的原则，加强对外宣传、基础设施建设和规范化管理等工作，取得了较好的成效，森林公园的生态价值、社会价值及促进地方经济发展的作用已被社会各界所认同。2002年全省新建省级森林公园5处，国家森林公园2处，现全省森林公园总数达54处，其中国家森林公园11处。公园职工总人数2586人，其中导游125人。累计投入建设资金6120.6万元，完成植树造林5478.5公顷，修建游区公路768.8千米，新装程控电话614门，住宿床位3201张。实现公园总收入2130.5万元，其中门票收入780.4万元，食宿收入427.1万元，娱乐配套服务收入332.4万元，其他收入590.6万元。

【甘肃省新增7处省级自然保护区】 2002年经省自然保护区评审委员会审定，省人民政府批准，甘肃省将建立甘肃白银市哈思山、白银市崛吴山、金塔县沙枣园子、玉门市南山、岷县双燕、武都县裕河金丝猴、安西县疏勒河中下游7处省级自然保护区，保护总面积近80万公顷。

【甘肃省森林病虫害防治】 在各级政府和林业主管部门的正确领导和支持下，2002年全省森林病虫害工作遵循国家林业局的安排部署，以保护森林资源、充分发挥林业三大效益为总体目标，坚持“预防为主、综合治理”的方针，实施森林病虫害可持续控制战略，以提高控灾御灾能力为中心，以机制创新和科技创新为动力，以目标管理为手段，以完善森防体系建设为保障，以实施重点病虫害工程治理为突破口，以提高检疫和预测预报工作水平为重点，有效地遏制了森林病虫害严重发生的势头。2002年全省森林病虫害发生面积17.63万公顷、成灾面积1.76万公顷，成灾率6.03/1000；完成有效防治面积12.3万公顷，防治率70%；完成监测代表面积214.58万公顷，监测覆盖率91.9%；实施种苗产地检疫面积2200公顷，种苗产地检疫率96.4%。

【甘肃省森林防火工作】 2002年，甘肃省大部分地区降水量持续偏低，气温偏高，中部、陇东、陇南等地区冬干连春旱，高火险天气持续不断，森林防火形势非常严峻。在气候条件对防火工作十分不利的情况下，各地县和国有林业局（场）认真贯彻执行国家和省有关政策、法规，坚持“预防为主，积极消灭”的方针，实行森林防火各级行政领导负责制，切实加强组织领导，加大宣传教育力度，不断强化森林防火工作，取得了较好的成绩。据统计，全年共发生森林火警12起，一般火灾2起；过火总面积24.95公顷，受害森林面积19.3公顷；损失林木1.3立方米，幼树4908株。森林火灾受害率0.0056/1000，低于省定目标责任制0.06/1000的控制指标。与2001年同期相比，火灾（警）起数、受害森林面积、林木损失等指标均有所下降。

【兰州市城关区全面加强两山护林防火工作】 2002年，兰州市城关区政府针对两山护林防火工作面临的严峻形势，提出了全面加强两山护林防火工作、落实防火责任制的具体要求和保障措施。明确要求各有关单位的主要领导必须认真履行护林防火第一责任人的职责，层层签订防火目标责任书，把护林防火基础设施建设、各项预防和扑救措施落到实处。要求区两山绿化指挥部要积极配合区护林防火指挥部做好两山护林防火工作，对绿化承包单位的护林防火工作进行督促、检查、协调和指导。按照“谁承包、谁投资、谁管护”的原则，各绿化承包单位是两山护林防火的直接责任单位，对林地要做到死看死守。对领导重视、制度健全、任务落实、无火警和火灾的单位，区委、区政府将给予表彰奖励；对领导思想麻痹、机构人员不落实、责任不明确、制度不健全的单位要进行通报和曝光；发生火灾事故的要追究第一责任人的责任。在火源管理方面，要求各有关单位在建立健全值班、巡山、检查、联防、火情汇报和登记等防火制度的基础上，进一步加大火源管理力度。①要对辖区两山全面实行封山管理；②在春季造林和水利工程建设中，区指挥部要和各施工单位签订防火目标责任书，规范施工人员作业行为；③两山范围内非公墓区的坟地由乡、村动员陆续搬迁，严禁在坟地烧纸；④各有林单位要与周边乡、村、厂矿签订安全防火合同，对违反合同造成火灾事故的要采取经济、行政、法律等手段进行严处；⑤在重点时期、重点地段加大护林防火力度，在林区主要路口、坟区、景区等重点地段布点设卡，加强检查，严防死守，确保两山林木安全渡过火灾高发期；⑥依法治火，严厉打击破坏两山林木资源的行为。

【甘肃省林政稽查总队成立】 2002年9月6日上午，甘肃省林政稽查总队揭牌典礼在兰州隆重举行。省人大常委会副主任姚文仓、省政府副省长负小苏为甘肃省林政稽查总队揭牌。甘肃省林政稽查总队是全省林政执法和林政执法监督的一支重要力量，肩负着组建全省主要林区林政稽查队伍，指导各地组建林政稽查队伍，管理、指导省属林政稽查队伍和全省木材检查站业务建设，组织全省林政稽查队伍对各种破坏森林资源的违法犯罪活动依法开展专项斗争和全省林政稽查队伍、木材检查站的执法行为进行层级监督的重要职责。

【甘肃省加强林业调查规划设计队伍资质管理】 为适应林业生态建设发展的需要，根据有关调查单位的申请，依照原林业部《林业调查规划设计单位资格认证管理暂行办法》的规定，2002年对全省16家林业调查设计单位分别确认了相应的林业调查规划设计资质，颁发了国家林业局统一印制的林业调查规划设计资格证书，全省林业调查规划设计单位达到60家。经国家林业局批准，甘肃省小陇山林业实验局林业勘测设计队晋升为甲C级林业调查规划设计单位，全省甲级资质林业调查设计单位达到两家。

【甘肃省林地管理】 甘肃省在林地林权管理方面的主要做法：①狠抓征占林地审核不松手，严格收取森林植被恢复费。坚持以服务基础设施重点建设项目为原则，路修到那里，管线埋到那里，就跟踪服务到那里，严格依法行政，依法办事，依法管好林地。全省共审核征占用林地项目26项，收取森林植被恢复费近400万元，林地审核率达90%以上。②按照专款专用的原则，利用森林植被恢复费建立了甘肃省森林植被工程示范点，恢复森林植被100余公顷。③加快了退耕还林地林权证的颁发工作。纳入退耕还林的10个市（州、地）已全面开展了退耕还林颁发林权证工作。全省退耕还林林权颁证面积达到3.3万多公顷。有的县做到了当年退耕，翌年全部颁证。2002年在抓林地林权管理工作上主要采取了6条措施：在2001年创办的基础上，坚持办好以反映林地管理为主要内容的《甘肃资源林政管理动态》；将原设在省林勘院的征占林地勘验评估小组归并到省林政稽查总队；开展了重点林区占用林地开矿问题的调研，形成的调研报告，引起省政府的高度重视，被省政府办公厅转发全省，起到了良好的社会效应；组织开展了森林植被恢复费收取、使用、管理和森林植被恢复情况的全面清查，与省财政厅联合下发了森林植被恢复费使用管理办法，规范了森林植被恢复费的收取和使用；组织开展了林地管理宣传活动；建立了森林植被恢复工程示范点。

【甘肃省严格采伐限额管理】 2002年，全省人工林采伐总量73 246立方米，占年采伐限额1 575 000立方米的4.65%，其中商品材出材量13 233立方米，占国家林业局下达全省商品材生产计划59 500立方米的22.24%。林木采伐量和商品材出材量严格控制在年采伐限额和国家林业局下达的木材生产计划以内，各编限单位之间、采伐类型之间、消耗结构之间均未出现互相挤占、挪用采伐限额的现象，也未出现超限额采伐的情况。在坚持执行林木采伐许可证上山制度的基础上，全面推行了采伐许可证现场公示制度。上山制度和公示制度的结合，使林木采伐置于社会公众的监督下，增加了林木采伐管理和林木采伐的透明度，更便于社会各界监督，从而强化了采伐限额的管理。

【甘肃省木材流通管理】 2002年，甘肃省加强木材流通管理，主要做法：①加强木材、林木产品和林副产品运输证的管理。对省内运输木材、林木产品和受计划控制的林副产品由省林业厅批准下达计划，根据计划配发相应的运输证。同时，加强了木材检查站的监督检查。②加强木材检查站建设。抓木材检查站的规范执法，经常对木材检查站的执法情况进行监督检查，尤其是检查木材检查站执法程序是否合法，处罚是否得当，有无执法人员乱收费、乱罚款问题。③加强林政稽查队伍建设。在省林业厅党组的高度重视下，调剂10个事业编制归省林政稽查总队使用，并抽调人员充实队伍，从而解决了全省林政稽查总队无编制及人员不足的问题。9月6日，甘肃省林政稽查总队揭牌。这标志着全省林政稽查队伍建设步入规范化轨道。与此同时，按照充实、提高、完善的原则，要求已建立的林政稽查队伍充实人员，落实财政事业费，纳入各级财政统一供给；对未建立林政稽查组织的，2002年首先要建到地（市）一级，各国有林业总场也要建立相应的林政稽查队伍。同时，要求各林政稽查队伍要普遍提高执法水平和依法行政的能力，完善执法手段，改进执法条件。全省林政稽查组织已发展到44个，执法人员达900余人，14个市（州、地）中，有11个在市（州、地）级林业主管部门组建了林政稽查队伍。④加强木材市场和木材经营加工单位的管理。按照国家林业局、国家经贸委、农业部、国家工商行政管理总局《关于清理整顿木材经营加工单位的通知》的精神和要求，对全省木材市场和木材经营加工单位进行了全面清理整顿，对有合法木材来源、有固定经营加工场所、能依法经营加工木材的4085家木材经营加工单位换（核）发了木材经营加工许可证和工商营业执照；依法取缔了628户无合法木材来源、无固定经营加工场所、无证照经营加工木材的木材经营加工单位。⑤完成了全省林区林缘区区划界定工作，《甘肃省林区林缘区名录》已由省林业厅发布实施。林区林缘区的确定，解决了长期以来妨碍涉及林区、林缘区执法的空间标准问题，为依法行政、规范执法提供了重要的法律依据。

【甘肃省加强林政执法工作】 2002年全省各级林政执法机关保持高度警戒，保持高压态势，依法从严打击各种违法行为。对国家林业局通报的陇南地区江武公路建设工程占用林地问题及全省通报的6起非法占用林地案件，组织林政、公安及新闻媒介进行了现场督办，起到较好效果，有力地促进了有关问题的解决。除江武公路建设工程占用林地问题正在办理有关手续外，其他6起案件都依法受到处理。据统计，2002年，全省共发生林政案件2872起，查处2270起，查处率达到79%，有力地打击了各种破坏森林资源的违法行为。

【甘肃省森林分类区划界定工作取得阶段性成果】 按照原林业部《关于开展全国森林分类区划界定工作的通知》要求，全省开展了森林分类区划界定工作。由于各级政府加强领导、有关部门密切配合和林业行业全力以赴，经过10年的努力，2002年森林分类区划界定工作已圆满完成。成果已通过有关专家审定，并经省森林分类区划界定工作领导小组审核。根据《国家公益林认定办法（暂行）》和《甘肃省森林分类区划界定工作方案》的规定，共区划界定国家公益林8 581 065.0公顷，占全省公益林的87.9%。省级公益林1 124 417.9公顷，占11.5%。这些公益林主要分布在全省境内的黄河、长江流域中上游，以及风沙危害和水土流失严重地区，对改善生态环境，国土保安具有重要作用。

【甘肃省林区林缘区名录公布】 根据《甘肃省实施〈森林法〉办法》的有关规定，2000年4月，甘肃省林业厅组织开展了林区、林缘区划界定工作，历经两年多的努力，于2002年6月完成了甘肃省林区、林缘区区划界定工作，并于2002年7月16日公布实施。林区林缘区的划定和公布实施，为加强森林资源管理，严惩相关违法行为，提供了明确的法律依据。

【甘肃省绿色通道建设】 为贯彻落实《国务院关于进一步推进全国绿色通道建设的通知》，把全省绿色通道建设作为甘肃国土绿化的突破口来抓，2002年，省绿委办先后6次召开专题会议，研究部署绿色通道示范工程。工作中突出了“三抓”，即：抓规划，描绘绿色通道建设蓝图；抓实施，落实绿色通道建设重点；抓管理，提高绿色通道建设质量。按照全国绿委、铁道部、交通部、水利部、国家林业局《关于编制全国绿色通道建设规划的通知》要求，由省绿委办委托具有甲级设计资质的省林业勘察设计院编制完成了《甘肃省绿色通道建设规划（2002～2010）》，并经省级财政、计委、国土、水利、林业、交通和兰州铁路局等部门领导和教育、科研等单位的专家组成的审定委员会评审通过。2002年3月，根据省委、省政府将全省建成西陇海经济带的发展战略，省绿委办向省绿委全体会议提交了《关于建设启动“横跨十地市，贯通三千里绿色长城”建设工程的意见》，为经济带的可持续发展提供绿色生态保障，得到省政府领导充分肯定。国道312线甘肃段，东起泾川县凤翔路口，西至安西县星星峡，全长1590千米，横跨10地（市）的22个县（市、区），是“营造三个环境”，树立甘肃新形象的优选标志性工程，是全省绿色通道建设中的重中之重。2002年春季已建成高标准、宽林带、多林种、大苗木的大通道200多千米。出现了平凉市崆峒区返租倒包模式和金昌市永昌县集中造林、分户经营的模式。全民动员、全社会共建312国道绿色通道已形成共识，沿线地、市（县、区）加大投入，调运优良树种，一次性绿化，呈现出党政军民共建绿色通道的喜人局面。省交通厅组织建设已开通的省内6条高速公路307千米，基本做到了同步设计、同步施工的要求。各地绿色通道建设主要做法：①坚持高标准、高质量，集中建设，根据不同等级，不同的立地条件，确定不同的绿化带宽度和建设标准，把绿化美化与自然景观相融合，提高了绿化美化效果；②把绿色通道建设作为重点生态建设项目，在投入上重点倾斜；③组织农民群众参与绿色通道建设，把公路绿化与调整农业产业结构调整相结合，沿公路营造优质经济林带，既绿化了通道，又促进了当地农民脱贫致富；④分段划片承包，全社会参与；⑤多方筹措建设资金；⑥采用多种形式，解决建设用地问题。

【甘肃省植树周活动扎实有效】 2002年甘肃植树周活动开展的扎实有效。植树周活动第一天，省绿委组织省党政军民参加兰州至中川机场绿色通道义务植树劳动，省委书记宋照肃、省人大常委会主任卢克俭、省长陆浩、省政协主席杨振杰、兰州军区副司令员陈秀以及省委、省人大、省政府、省政协、兰州军区、兰州军区空军、省军区、武警甘肃总队的主要领导，带领百名厅局长，与省市党政机关干部群众和解放军官兵1万余人一道参加了植树劳动，植树7.5万株，掀起了甘肃春季造林的新高潮。据统计，植树周期间，全省711万人次参加义务植树，植树3556万株。

【甘肃省古树名木保护工作进一步加强】 自1996年全国绿委作出《关于加强保护古树名木的决定》和全国绿委办颁发《关于加强保护古树名木的实施方案》后，省绿委组织编辑出版了《甘肃古树奇观》一书，古树名木保护管理工作有了一定基础，在全省开展了古树名木的普查登记、建档立案、挂牌立卡等工作。2002年；根据全国绿委、国家林业局《关于开展古树名木普查建档工作的通知》要求，省绿委召集各地（州、市）绿委办主任进行了专门的部署。各地统一要求都组建了普查工作组，编制实施方案，开展技术培训，全面开展古树名木普查建档和保护管理工作。目前，外业调查已全部结束，正在进行内业整理汇总工作。

【兰州至中川机场绿色通道工程建设已显成效】 具有“省门第一道”之称的兰州中川机场绿色通道建设，被列入省、市改善生态环境，树立对外开放的标志性工程。省委、省政府十分重视，各部门及兰州市政府的负责人，对兰州中川绿色通道建设工程进行了检查和调研工作，并几次召开专题协调会议，解决绿色通道建设中存在的问题。省政府办公厅专门印发了《关于兰州至中川机场绿色通道建设的会议纪要》，由省计委、省财政厅、省交通厅、省水利厅等部门共同筹集1000万元资金用于建设。2002年林带和线路绿化已基本完成。

【武威市绿色通道示范工程建设进展顺利】 武威市通道绿化工程是2002年确定的重点工程建设项目，计划在国道312线、省道308及民武公路以大通道、宽林带、多树种、高标准的原则，以乔灌结合、美化为主建设示范林带95千米，目前已基本完成定植任务，普遍浇了苗水。2002年的绿色通道示范工程全市各级领导非常重视，要求把绿色通道工程建设提高到反映全市精神文明建设成就、反映地方整体工作水平、反映改革开放程度的高度来识，工程建设质量是对各级党委政府和林业工作的严峻考验。市县领导深入现场，逐段检查督促，层层落实，协调组织；林业、交通、水利等各部门通力配合，多方筹措资金、苗木，使2002年的绿色通道工程建设质量好、标准高。

【嘉峪关市创建园林化城市示范工程成效显著】 嘉峪关市2001年提出创建国家环境保护模范城和全国卫生城市，确定了创建国家园林城市的奋斗目标。全市绿化总面积813公顷，建成区绿化覆盖率达24.5%，人均公共绿地面积8.8平方米。实现“上有绿树遮天，下有绿荫覆盖，中间繁花似锦”的绿化格局。在城市绿地系统建设中，积极引进刺柏、侧柏、樟子松、银杏、牡丹、榆叶梅、连翘等常绿和观赏树种，讲求绿化、美化、香化协调统一。截至2002年底，已建成了3个城市绿化达标小区，1个绿化达标农村居民点，11个花园式单位，绿化覆盖率均在35%以上；已建成66.8千米环城防风林带，绿化面积达450.8公顷。目前市区各种绿地布局基本合理，城市公园和绿地广场已初具规模，道路绿化已形成网络，城市防风林带建设体系已形成体系，各项绿化工程正在朝着“精雕细刻”的精品工程迈进。

【刘家峡库区万亩义务植树基地工程】 2002年春，省绿委办组织协调省军区、团省委、临夏州，由永靖县政府发动，军民和团员青年参与刘家峡库区万亩义务植树基地建设。建成解放军青年林336公顷、国防林80公顷，县直党政机关干部、职工、学生、群众义务植树100公顷，万亩义务植树基地初具规模，为全省义务植树基地化、标准化、制度化建设树立了榜样。

【酒泉地区积极开展造林绿化质量年活动】 为贯彻“严管林、慎用钱、质为先”的林业建设方针，全面提高造林绿化质量，2002年酒泉地区在全区范围内开展了造林绿化质量年活动，酒泉地区行署对开展质量年活动非常重视，在认真总结全区造林绿化所取得巨大成就的基础上，着重寻找存在的问题，并作为开展质量年活动重点解决的问题，通过“抓好规划设计，突出任务落实；严格技术标准，确保造林质量；加强抚育管理，巩固建设成果；推行监理制度，强化质量监督”等措施，全面提高造林绿化的质量与效果。酒泉地区行署下发了《关于开展造林绿化质量年活动的安排意见》，并要求各县（市）要高度重视，要把造林绿化质量年活动作为改善地方经济发展环境的一项重要举措和经济建设的重要组成部分，采取切实措施，扎实有效地开展起来。地区林业处组建了由处领导负责，计划财务、造林、资源、林技等参加的酒泉地区造林绿化工程监理机构，组织、调配了一批工程监理人员，深入各县（市）、造林现场，进行督促、检查，切实把质量年活动的各项措施落到实处，以扎实有效的造林绿化质量年活动推动全区造林绿化事业和生态环境建设的快速、健康发展。

【定西地区退耕还林工作部署扎实，准备充分】 2002年定西地区把退耕还林工作作为当前农村工作的头等大事来抓，各县积极行动，召开各种会议进行安排部署，地、县、乡各级党政领导亲自挂帅，业务部门抽调大量技术人员深入现场，与乡村干部群众一起落实任务，逐户逐块丈量核实土地面积，编制作业设计。3月上旬，地委委员、行署常务副专员武文斌及地区林业处处长董建信分头深入各县，对退耕还林工作进行调研督查。要求各县把退耕还林当作2002年农村工作的中心来抓，争先创优，提高成效。要求抓紧作业设计、土地丈量等工作，及早整地，严格执行政策，加强宣传发动，切实把工作做实做好。为此，各县进一步加大了工作力度，调整布局，落实地块，调运苗木。作业设计都严格执行生态林树种比例不低于90%，混交林面积比例不低于80%的政策，对成片种草的地段调整为灌草混交。全区造林所需的9524万株苗木和17.3万千克种子，已筹备到位苗木11700万株，柠条种子20.5万千克，除个别树种和品种需要进行余缺调剂外，总的苗木和种子数量基本满足全区造林绿化的需要。

【兰州市南北两山组建森林消防队伍】 兰州市南北两山经过50多年的建设，已形成集绿化、旅游和开发为一体的综合性生态环境保护区。截至2002年，两山已造林2.8万公顷，林木、水利设施及其他开发服务设施总价值达10亿元以上。随着两山绿化和开发建设的加快，护林防火面临的新形势极为严峻。为确保南北两山资源设施和国家财产的安全，市政府决定成立兰州市南北两山消防中队。目前，中队组建工作已全面完成。

【漳县退耕还林重点措施五到位】 2002年漳县的退耕还林工作在县委、县政府的高度重视下，各成员单位通力协作，实施乡（镇）主要领导担当第一责任人，基本做到退耕还林重点措施组织领导到位、积极发动到位、规划设计到位、苗木准备到位、技术指导到位。业务部门一把手与包乡技术干部分别签订了责任书，把技术指导责任落实到每个技术人员身上，技术人员深入现场，认真指导，严格检查，加强工程质量。

【民乐县推行工程项目承包制和科技支撑保障制】 2002年，民乐县在造林绿化工作和生态环境建设中注重发挥科技支撑的作用，提高生态环境建设的质量和效益。为了高质量、高标准完成国道227线33.8千米绿化任务，县林业部门对重点路段实行竞标承包，竞标工程实行经费、工资、成效挂钩，成活率必须达到90%以上，超奖减罚。县林业技术推广站、县林勘队、县园艺站分别中标，负责三路段的公路绿化技术指导工作。与此同时，县林业局确定了10项林业科技实验推广项目，实行行政领导、技术干部双轨负责制。①在祁连山浅山地区推广应用多功能超强吸水保水剂造林333.3公顷。②由县东滩苗圃、大河口林场、园艺站、林技站分别负责引进培育欧美107、108号杨，中林2001杨，天演速生杨，踏朗，无刺大果沙棘、七月酥、红香酥等林果新品种。③推广果园化学灭草技术23.3公顷。④推广优质杂果丰产栽培技术400公顷。⑤推广果树营养液注射技术266.7公顷。⑥实施低产果园改造3733.3公顷。⑦推广治沙造林模式化栽培技术333.3公顷。⑧ABT生根粉浸根造林，浸种（穗）育苗20公顷。⑨推广林果病虫害防治技术333.3公顷。⑩推广植物生长调节剂应用技术666.7公顷。通过科技项目实施，增加了林业的科技含量，为提高林业三大效益奠定了基础。

【西和县活化经营机制大搞生态工程建设】 近年来，西和县在实行整县宜林荒山绿化中，对一些未划分到户、因距离较远而无力绿化的大面积荒山荒坡实行专业队施工栽植，固定专人管护，林场与村社签订合同，利益共享，联营共建生态林的有效办法，大大加快了生态环境建设步伐，促进了全县林业建设的快速发展。1998～2002年已规模栽植以日本落叶松为主的生态林1.05万公顷。其中：退耕还林2300公顷。其具体做法是：①打破行政界限，统一规划实施。为了突出规模，注重实效，西和县打破荒山荒坡行政界限，实行统一规划、统一栽植、统一调苗、统一管理，严把苗木关、整地关、栽植关，保证了工程建设的质量。②健全管护制度，落实管护措施。西和县对荒山荒坡重点造林工程建立林场或管护站进行专门管护。目前，已新建青崖梁、山坪梁两个林场和老虎崖花椒站，落实管护人员29人，巩固了造林成果。③实行效益分成，兑现管护报酬。在生态林建设中，村上与林场进行三七分成，在退耕还林、荒山造林中，林场与村上三七分成，待工程验收合格后即时兑现粮款，使农民得到利益，尝到了甜头，调动了群众参与退耕还林，大搞生态建设的积极性。④落实目标责任，明确管理权限。在开发荒山荒坡大搞生态工程建设中，林场、管护站与村上一次性签订70年不变的合同，并报县林业局签证认可，明确了林场、管护站与村之间的责、权、利，划清了各自管护范围，确保双方利益不受损害。

【临泽县大力发展非公有制林业】 2002年为调整林业结构，加快林业发展，临泽县广泛宣传，积极动员，制定了一系列有利于调动千家万户造林绿化积极性的政策和措施。①坚持谁栽植、谁所有、谁管护、谁受益的政策，切实保护林农的合法权益。②集体的宜林荒地使用权采取承包、租赁、拍卖、转让或无偿划给个人，供其创办小林场，发展私有林。③鼓励群众个人投资、投物，搞联合开发造林。④在造林补助、苗木和技术指导服务上给予扶持，并优先配水灌溉。这些优惠政策措施极大地调动了群众发展林业的积极性，涌现出了一批造林大户，具有很强的辐射带动作用。

【甘肃省成功举办首届中国·西部林木种苗花卉展览交易会】 由甘肃省林业厅、省绿化委员会办公室、省花卉协会联合主办，兰州军区绿化委员会办公室、14个地（州、市）林业处（局）、甘肃矿区农林局协办，甘肃西域展会策划有限公司承办的首届中国·西部林木种苗花卉展览交易会于2002年3月3～6日在兰州举行。这次展交会参展产品汇集了省内外63户企业的8大类150多个品种的林木种苗、花卉及其相关的物资，是全省乃至西部地区林业行业中的一次规模空前的专业性博览会。共签订合同25项，合同总额达2709.6万元。其中，正式合同19项，合同额1604.6万元；意向性协议6项，金额1105万元。通过这次展交会，使广大林业工作者和社会各界了解到林木种苗、花卉发展方面的许多新信息、新技术、新品种，进一步拓宽了参展单位和人员的视野。

【临洮大丽花优良品种审定】 多年来，临洮花农不断摸索，培育出了大量的新的栽培品种，为进一步树立花卉品牌，扩大知名度，保障花卉的知识产权，2002年10月28日由省林业厅和省林木良种审定委员会组织有关花卉、种苗、林业等方面的专家在临洮县召开了临洮大丽花优良品种审定会，对临洮大丽花培育中心提交的7个色系、255个品种进行了审定。与会专家在听取汇报、查对资料和照片的基础上，经过认真研究论证，一致认为：临洮大丽花资料积累丰富、详实、可靠，选育方法严谨、科学、规范，是一个优良的品种群，在观赏性、适应性、抗性等方面具有显著优势，各项指标具有国内领先水平。对提交审定的255个品种名称予以确认。对其中花大、色艳、株矮、抗性强、种植栽培面积大、销量高的墨狮子等122个品种认定为临洮大丽花的优良品种，为临洮大丽花大面积的推广栽培提供了可靠保证。

【央视聚焦民勤生态环境】 2002年4月8日，由中央电视台团委常委、新闻电影制片厂团委书记王丽率领央视《你我他》、《绿色空间》等栏目的编导、制片、记者和《中国电视报》的记者在民勤县石羊河畔举行了隆重的中央电视台团委、《绿色空间》民勤希望林基地建设仪式。当地市（县）领导和干部群众800多人与央视客人一起植下希望之苗，浇灌绿色爱心，希望民勤这块沙漠中的绿洲在生态建设和经济发展中发挥更大的作用。当地领导对中央电视台聚焦民勤生态建设、关注西部经济发展，在生态环境特别严酷的民勤县建设“希望林基地”的重大举措表示感谢，号召全县人民不辜负中央电视台的殷切期望和鞭策，要以此为动力，掀起保护生态环境、大力植树造林的高潮。

【徐家山综合纪念林基地工程】　为把徐家山森林公园建成融历史古迹、当代绿色文明的综合性的纪念林基地（规划面积187公顷），2002年春，公园在原有的采籽支甘林、中日友好林等纪念林的基础上，利用现有条件，新开辟了新婚林、状元林、留芳林等基地，新平整土地2公顷，为社会各界种纪念树、造纪念林创造了条件，为市民参与生态环境建设、绿化家园提供了场地。

【民航绿色文明社区工程建设】　民航兰州东岗小区很重视社区绿化，已投入200万元，完成占地10公顷的居民区绿化任务，建成4个绿化美化景区。2002年投资100万元用于绿化、美化、亮化、香化、净化造景工程，提高了社区绿化精品工程的档次，为社区绿化探索了路子。

【宁县新宁镇环村环镇绿化工程】　2002年，新宁镇沿长宁公路栽植行道树20千米，绿化乡村道路15千米，长宁公路沿线建成250户庭院绿化户和四旁植树户，建成名特优经济林基地4处，县城面山营造风景林200公顷，为全省小城镇环城绿化建设树立了典型。

【白银市城乡绿化一体化试点工程】　白银市在巩固提高“四个一”试点工程的基础上，2002年投入130万元，实施了经六路道路绿化工程，纺织路街道绿化工程，国道109线楼房沟段绿色通道示范工程，整体推进了城市与周边乡（镇）的绿化步伐。

【亚洲开发银行技援甘肃省优化荒漠化防治方案项目顺利启动】　2002年3月21日下午，亚行技援甘肃省优化荒漠化防治方案项目启动会在兰州召开，这标志着甘肃省与亚行之间的第一个合作项目正式启动。项目区位于甘肃省河西走廊地区的疏勒河、黑挥和石羊河流域。项目主要建设内容是对甘肃省河西走廊沙区进行综合调查，识别和评价关于河西走廊石羊河、黑河、疏勒河流域地形地貌、植被、水源、生物多样性保护、环境条件、社会经济条件、土壤养分状况、农业制度以及对自然资源的应用等多方面的内容。项目目标是优化全省荒漠化治理方案，帮助制定、改进自然资源经营管理的政策和支持性策略，以加强荒漠化的预防和控制，保护河西地区的绿洲生态系统。

【甘肃省林业厅建议提案办理工作受到表彰】　2002年，省林业厅承办省九届人大四次会议代表议案建议和省政协八届四次会议委员提案共121件，是近年来最多的一次。在提案办案中，省林业厅严格按照省政府的要求，坚持把办理工作同重点工作结合，同正常业务工作结合，广泛采纳人民代表和政协委员的意见和建议，解决了林业生产中存在的一些重大问题，收到了较好的效果，受到了代表和提案者的好评及省人大常委会、省政府和省政协的充分肯定。

【德国专家在临夏州考察指导杨树天牛防治工作】通过现场考察、座谈，德国专家建议：①在今后的造林中，要坚决禁止种植单纯林，尤其是杨树，应采取多树种混交造林的办法，可否把当地生长良好的花椒、泡桐、杜仲等树种作为替代杨树树种，还可培育和引进一些替换杨树的优良品种，作为主栽树种。②对天牛的防治，绝不能手软，必须把危害木全部砍掉，砍伐时间最好在冬、春季节，砍伐后5月底前彻底处理；最好把木材加工厂和锯木板厂建在离杨树生长比较远的地方，避免被砍伐木材上的天牛害虫对附近杨树再次侵染危害。③可采用化学药剂防治天牛，应在树杆上打5毫米左右的眼，把防治药剂注射进树体，通过树木输导组织的传输，把药剂传到树上部；还可以把防治药剂注入到根部土壤中，通过植物根部的吸收进入树体，达到防治目的。④培育或找出大量的杨树天牛天敌和一些对天牛有抑制作用的细菌、真菌，以减少天牛虫口密度。⑤大力宣传杨树天牛防治工作，重点在广大农民，并在他们中间选出一些典型示范户，实施防治天牛的技术措施，加以推广示范，达到以点带面的目的。　（甘肃省林业由何熙供稿）

青海省林业

【概　述】　2002年，全省各地紧紧围绕省委、省政府确定的林业建设总目标，认真贯彻落实省十次党代会和省人代会关于加快重点区域的生态环境建设，坚持生态保护与建设并重的原则，精心组织实施好退耕还林工程、三北防护林建设四期工程、荒漠化治理工程、野生动植物多样性保护工程以及自然保护区建设，力争三江源生态治理、东部干旱山区水土流失治理、柴达木地区荒漠化治理有新的进展的精神，按照全省林业工作暨退耕还林还草试点总结会议的统一部署，从实际出发，以加快森林资源培育和保护为重点，以实施退耕还林还草等重点工程为龙头，开拓创新，实行“保、治、退、管”齐头并进，通过狠抓林业生态工程，加快了生态环境保护和建设步伐，高原林业建设进入了一个新的历史发展阶段。

发展与成就

植树造林和封山育林　2002 年全省造林种草任务 15.13 万公顷，其中退耕还林还草 12 万公顷（退耕地 6 万公顷、周边荒山造林 6 万公顷），据统计，全省完成造林合格面积 15.92 万公顷，为计划任务的 105.23%，其中退耕还林还草完成 12.05 万公顷，为计划的 100.37%（退耕地还林还草 6.01 万公顷，为计划的 100.11%，周边荒山造林种草 6.04 万公顷，为计划的 100.63%）。计划封山育林 4.13 万公顷，完成 4.95 万公顷，为 119.83%。计划新育苗 1067 公顷，完成 1367 公顷，为计划的 128.13%。

全民义务植树和绿色通道建设　2002 年全民义务植树计划任务 1200 万株，完成 1229.5 万株，为计划的 102.46%；全省各地在抓好路、沟、河、渠绿化的同时，重点抓好过道、省道、绿色通道建设计划总里程 400 千米，完成绿化总里程 48 265 千米，为计划的 120.63%。

天然林资源保护　在抓好国有林区天然林保护的基础上，重视林区外天然灌木林保护工作，把握好“封、护、育、造”四个环节，完成 198.33 万公顷天然林保护，人工造林 1393.33 公顷，为计划任务的 104.5%；封山育林 5400 公顷，为计划任务的 101.25%。

自然保护区建设　在省委、省政府、国家林业局的高度重视和大力支持下，三江源自然保护区晋升为国家级保护区的申报工作有了实质性的进展。同时，三江源纪念碑址周围绿化工程已完成，项目总投资 264 万元，已完成人工造林 55.41 公顷，封山育林（草）472.73 公顷，建设加密网围栏 1.5 万米。已编制完成管理局局址和二、三、四期保护站点基础设施以及 6 个核心保护区建设等 10 个子项目的可研报告，完成二道沟、曲麻河、通天河、雪山 4 个保护站选址论证；加强三江源自然保护区宣传工作，8 月 22 日，省政府、中央电视台联合拍摄的大型电视系列片《三江源》在西宁举行了开机仪式，省林业局按照分工，积极做好配合工作，完成了拍摄工作。

青海湖自然保护区一期工程进展顺利。青海湖自然保护区一期工程实施方案编制完成，湖东、湖南、湖北 3 个保护站点的建设位置、初步设计等已确定，并将于近期动工建设，2 艘巡逻舰于 7 月 21 日下湖开展巡湖工作。

可可西里保护区建设和管理有新起色。可可西里一期工程的综合办公楼建设项目已于 6 月 8 日正式在格尔木的管理局局址破土动工；不冻泉保护站通过验收已正式启用；楚玛尔河、卓乃湖、沱沱河保护站、野生动物救护中心等基础设施建设项目正在进行初步设计。

大通北川河源区和祁连省级自然保护区的科学考察和总体规划报告已完成，其中大通北川河源区经省级自然保护区评审委员会论证后已上报省政府。

野生动植物保护　完成了藏羚羊、普氏原羚等珍稀和濒危野生动物野外拯救工程启动前期工作。编制完成青藏高原特有物种繁育中心建设可研报告，现正积极争取国家林业局立项建设。可可西里宣传力度进一步加强，制作宣传图片到省外巡回展出，同时开展志愿者活动，在省内外产生强烈反响。

荒漠化治理　柴达木盆地和共和盆地以沙化耕地退耕还林还草、格尔木市和龙羊峡库区周围防沙治沙为重点，推动荒漠化治理工作，完成造林 2.18 万公顷。

森林病虫害防治　坚持“预防为主，综合治理”的方针，以有效保护森林资源为目标，以提高减灾能力为中心，紧紧围绕全省四大林业生态建设工程，加大对重点病虫鼠害的治理力度。2002 年全省共发生森林病虫鼠害 24.41 万公顷，比 2001 年增加了 2.7 万公顷，占 11.1%；全年共完成森林病虫鼠害防治面积 10.32 万公顷，比年初计划超额 38.1%，其中：防治病害 5320 公顷，与年初计划基本持平；防治虫害 4.84 万公顷，比年初计划超额 54%；鼠害防治 4.95 万公顷，比年初计划超额 30%，防治率为 42%，比年初计划提高了 3 个百分点。全年共投入各类防治农药24 774千克，防治器械 170 台。杨树天牛危害面积由工程治理初的 6667 公顷下降至 4933.3 公顷。

林业技术推广　大力推广以汇集径流为中心的系列抗旱造林技术，完成汇集径流整地 0.33 万公顷，GGR 推广应用 660 万株，吸水保水剂及干水应用 474.6 公顷，容器育苗技术推广 640 万袋，沙区杨柳深栽造林 433.33 公顷，四翅滨藜造林 320 公顷，育苗 210 万株。抓好大通县国家退耕还林科技试验点和乐都蒲台、共和江西沟、平安寺台乡的省级退耕还林科技示范点。另外，结合林业重点工程，建立荒漠化治理、抗旱造林等科技推广示范点 10 处。加强林业技术培训，举办了全省退耕还林还草技术和林政执法培训班。推行林业技术干部承包责任制，特别是退耕还林还草的乡（镇），县级林业科技人员都有包乡任务，定指标、定奖惩。

种苗建设　突出抓基础、抓骨干、抓示范，在 2001 年工作的基础上，抓紧西宁城南苗圃、18 处县级中心苗圃、12 处良种基地、18 处采种基地建设，完成新育苗1366.67万公顷。

森林防火　各级政府认真按照“预防为主，积极消灭”的方针，坚持不懈地抓好森林防火工作，截至2002年，已连续16年没有发生重大森林火灾。其主要经验是：实行了省长、州长、县长、乡长、村长和林业局长、林场场长的“七长”负责制；加强宣传教育，提高了全民的防火意识；坚持预防为主，强化了火源管理；多方筹措资金，加强了防火基础设施建设。

林业项目资金　2002年共落实国家林业投资5.4亿元，为2001年的131.07%，其中：天保工程9822万元，退耕还林工程34 863万元，三北防护林工程3600万元，自然保护区及重点火险区治理资金1127万元，国家林业局基本建设资金540万元，病虫害防治资金419万元，其他建设资金3089万元。重视引资项目工作，在继续做好香港嘉道里慈善基金会对海晏县生态扶贫项目的同时，通过努力，澳大利亚援助青海林业资源经营管理项目启动实施，在湟中、平安、互助3县实施的种苗和在玛可河管理局实施的工厂化育苗基地建设顺利进行。

湟水流域生态建设　湟水流域以西宁市南北山绿化为样板，以退耕还林还草、三北防护林建设和绿色通道建设为重点，集中建设，规模治理，完成了5.41万公顷的造林计划任务。

环湖地区生态建设　以青海湖自然保护区建设及环湖退耕还林还草为重点，在抓好青海湖自然保护区一期工程初步设计的基础上，完成湖东、黑马河、鸟岛3个保护站点建设的前期工作和启动工作，特别是积极协调部队农场，做好各农场退耕还林还草工作，确保完成了环湖地区13.67万公顷的退耕还林还草任务。

林业建设特点

抓重点，突出了规模效益　2002年突出了生态优先的原则，集中连片，突出重点，规模治理，特别突出了西宁市、青海湖区、格尔木市和109国道“三点一线”。林业生态建设正在由零星分散，小的自然单元向整个山系、流域、集中连片的大的自然单元发展。

抓责任，落实了“五到乡”责任制　继省政府与州（地、市）政府签订责任书后，各级政府也层层签订了责任书，特别是退耕还林还草任务，乡政府与农户大都签订了合同书，明确了目标责任，许多工程县、乡级政府职能加强，实行“目标、任务、责任、资金、粮食”五到乡，让乡政府拥有自主权，增强了责任感。

抓监理，提高了造林质量　2002年全省退耕还林工程实行监理制，省政府安排了专项监理费135万元，走在了全国的前列。为规范工程监理，省林业局制定了《退耕还林监理办法》，对监理单位实行招投标制，监理人员到位积极开展工作。同时加强了林业社会监督，公布了退耕还林举报电话，建立了举报制度，重视群众来信、来电、来访，做到了有报必查。

抓封育，提高了造林成效　认真落实省政府《禁牧令》，在退耕还林还草区严禁放牧，在林牧矛盾比较突出的地区，设置了网围栏，在管护方式上实行个体承包，落实了管护人员和管护制度，使林木管护工作得到加强。

抓舍饲，努力实现生态、经济目标相统一　积极探索林草结合模式，实行林草间作，种植优质牧草与畜牧业修建棚圈相配套，发展舍饲畜牧业，增加农民收入。

抓设计，提高了造林工程管理水平　造林作业设计由有资质的设计单位进行设计，对重点工程，省林业局成立了作业设计专家审批小组，集中进行审批，依照批复的作业设计进行检查验收。

抓机制，创新了林业发展模式　采取了不限所有制承包形式，不限造林承包户身份，不限造林投资渠道、不限造林组织形式的“四不限”措施，鼓励发展非公有制林业，涌现出一批私营企业、个体承包专业户，治理面积1.48万公顷，其中千亩以上承包大户有63户。

抓队伍，提高行业整体素质　2002年省林业局举办了3期公务员行为规范培训班，加强了理论学习，并根据省委、省政府的统一部署，把2002年定为林业行业作风转变年和调查研究年，建立了调研工作制度，制定了调研方案和工作计划，集中调研，围绕全省林业发展的难点，确立了两个林业重点调研课题，第一个是林业发展机制问题，特别是非公有制林业发展；第二个是林业基层机构建设问题，特别是乡林业站建设。同时，抓好退耕还林还草调研工作，根据省政府领导指示精神，在9月份召开了退耕还林还草研讨会，集中研讨退耕还林还草工作中存在的主要问题及解决办法。

【青海林业四大工程】

世纪之交，党中央作出了实施西部大开发的战略决策，把生态建设作为西部大开发的根本和切入点，在青海省相继启动实施了退耕还林工程、天然林资源保护工程、三北防护林四期工程、野生动植物保护和自然保护区建设四大林业重点工程。几年来，在省委、省政府的领导下，在国家林业局的大力支持和帮助下，按照党中央、国务院的部署，林业生态建设工程采取了一系列重大举措，各项重点工程进展顺利，成效显著。

退耕还林工程　根据国家安排，全省退耕还林工程从2000年开始试点，2002年全面启动实施，2000～2002年试点中，共安排工程实施县（市、区）41个，涵盖了全省93%以上的县（市、区）。计划任务22.8万公顷，其中退耕地造林种草9.34万公顷，荒山造林种草13.46万公顷。经核查实际完成退耕地造林种草9.56万公顷，周边荒山造林种草13.57万公顷，分别占计划任务的100.3%和100.7%，3年中国家共兑现种苗补助费17 100万元，粮食补助8400万千克，现金补助3300万元。

工程实施3年来，各级党委、政府把退耕还林工作作为农村的中心工作之一，精心安排，认真实施，狠抓“退、还、补、管”四个环节，尊重群众意愿，突出科学规划，因地制宜，适地适树、适草，按照“谁退耕，谁造林、谁管护，谁受益”的原则，确保了退一片，还一片，成功一片。退耕还林还草工程的实施，有效地改善了工程区特别是生态重点治理区域的生态状况，改善了各族农牧民群众的生产生活条件，促进了农业经济结构的调整，广大干部群众参与退耕还林还草工程的积极性和主动性不断提高，由“要我退”转变为“我要退”和“抢着退”，要求不断增加退耕还林任务面积。

天然林资源保护工程 青海省是长江、黄河、澜沧江的发源地，有“中华水塔”之称，生态位置极其重要，有效地保护好现有天然林资源，加快森林植被的恢复和发展，改善生态环境，不仅关系到青海自身的生存和发展，而且对整个江河流域经济可持续发展和生态环境的改善具有重大意义。全省天保工程区总面积39.13万平方千米，林业用地面积352.8万公顷，其中有林地面积30.3万公顷，灌木林面积162.4万公顷，森林覆盖率4.92%，活立木蓄积2978万立方米。从总量看，森林面积和蓄积量偏低，天然林资源主要分布在江河流域的高山峡谷地带，发挥着重要的水源涵养、水土保持的巨大生态功能。

2000年全面启动天保工程以来，各级党委、政府对天保工程高度重视，精心组织，狠抓落实，工程进展顺利，使全省林业生产发生了深刻变化。一是以实施天保工程为标志，全省林业建设开始了由以木材生产为主向以森林保护和发展为主的历史性转变，长期采伐消耗天然林的现象得到了遏制。198.33万公顷天然林资源得到了休养生息和有效保护，使天然林资源进入了全面恢复和发展阶段。二是生态环境建设由边建设、边破坏向全面治理转变。各地在保护好现有森林资源的基础上，抓住实施天保工程的机遇，人工造林、封山育林和飞播造林等公益林建设速度明显加快，无论是数量还是质量都超过了历史最好成绩。现已累计完成建设任务9.13万公顷，其中人工造林5266.67万公顷，封山育林6.78万公顷，飞播造林1.81万公顷。三是随着天然林保护宣传和天保工程管护责任制的逐步落实，广大干部群众的天然林保护意识、生态意识不断增强，造林护林积极性不断高涨，林区秩序和社会治安日趋稳定，使天然林采伐区转变为了保护区。经过几年的工程实施，使森林在涵养水源、保持水土等方面的功能不断增强，部分区域生态环境明显改善，生物多样性得到了有效保护。

三北防护林工程 全省实施三北防护林体系建设范围包括21个县、3个市和3个县级镇，总面积36.3万平方千米，占全省总面积的50.4%。1978～2000年工程建设累计完成造林任务128.96万公顷，其中：人工造林66.95万公顷，封山育林62.01万公顷；人工造林中完成用材林9.88万公顷，经济林1.17万公顷，防护林30.84万公顷，薪炭林25.06万公顷。四旁植树完成2.58亿株。通过工程建设，全省三北工程区的森林覆盖率由工程建设前（1978年）的1.8%，提高到2000年的3.26%，提高了1.46个百分点，年造林面积由1978年前的0.67万公顷左右提高到现在的6.67万公顷，四旁植树也由1978年的几百万株提高到2000万株。目前全省三北工程区林地总面积已由1978年的31.33万公顷，增加到126.4万公顷（包括有林地、灌木林地和未成林的造林地），活立木蓄积量也由1978年的1398.1万立方米增加到2306.2万立方米。累计林业产值达107 227.71万元。国家实施西部大开发战略以来，三北防护林建设工程重点抓了环西宁市造林绿化，格尔木市和德令哈市城区周边绿化，柴达木四大风口区荒山荒沙造林，龙羊峡库区周围造林绿化工程，共完成造林72.67万公顷，封山育林26.33万公顷。

野生动植物保护和自然保护区建设 青海省是全国野生动植物资源大省。据统计，全省共有野生动物466种，其中鸟类292种，兽类103种，两栖爬行动物16种，鱼类有55种，分别占全国物种总数的24.0%、20.2%、3.2%和6.8%。在这些物种中，列入国家重点保护的有76种、省级重点36种，列入“三有”（即有益的、有重要经济、科研价值的）动物135种。与全国相比较，种类虽然较少，但具有种群数量大、资源蕴藏量丰富和青藏高原特有种多的特点。全省有野生经济植物3187种，相当一部分为青藏高原特有种，其中6种植物列为国家重点保护野生植物名录，有7种被列为省级重点保护植物名录。与此同时，为有效保护青藏高原脆弱的生态环境和丰富的自然资源，全省不断加大对破坏森林资源和野生动植物资源违法犯罪活动的打击力度，适时组织了严打专项行动，1999年以来共查破各类案件2264起，查处违法犯罪人员3577人，收缴木材1938立方米，野生动物及其产品9542头（只），有效地保护了森林和藏羚羊等野生动物资源。全省共建立森林湿地、荒漠生态系统和野生动植物类型国家级和省级自然保护区8处，分别是三江源、可可西里、青海湖、隆宝、孟达5处国家级自然保护区和柴达木梭梭林、格尔木胡杨林、克鲁克湖－托索湖3处省级自然保护区，保护区总面积20.76万平方千米，占国土面积的28.8%，已居身全国前列。丰富的野生动植物资源和初步形成类型齐全、面积适宜的自然保护区网络为实施野生动植物和自然保护区建设工程奠定了牢固的地位。

截至2002年底，国家林业局批准可可西里自然保护区一期工程投资602万元，用于修建科研综合设施和野外保护站点等建设项目；批准青海湖国家级自然保护区一期工程投资1199万元，用于基础设施建设；批准三江源自然保护区一期工程投资1311万元，用于野外保护站点建设和购置科研、监测综合设备。

【青海省坚持领导办联系点】 省委、省政府领导高度重视林业工作，在2002年农历大年初六省政府召开会议，赵乐际省长、冯敏刚副书记、穆东升副省长专题听取林业工作汇报，专题研究退耕还林还草工作，省林业局根据省领导指示精神，提出省级领导联系点意见，省委、省人大、省政府、省政协领导亲自抓点带面，坚持联系点制度，共办21个省级领导退耕还林联系点，推动了全省林业工作。

【青海省严格"三项管理"】 2002年，青海省林业坚持严格"三项管理"：

一是严格质量管理。严格按照《关于造林质量事故行政责任追究制度》、《退耕还林工程检查验收办法》，落实了每个造林环节的责任制，制定了《青海省人工造林、封山育林检查验收办法》，加大工程的检查和督查力度。省林业局先后组织了10多次督查调研工作，发现问题及时解决。

二是严格资源管理。认真落实省政府颁布的《禁垦令》、《禁伐令》、《禁牧令》和国家林业局"严管林"的要求，严格征占用林地管理，共依法审核征占用林地项目33项，征占用林地108.74公顷；加强林木采伐限额管理，坚持凭证采伐制度，全年因工程建设上报国家林业局申请临时增加采伐限额1.36万立方米；开展退耕地林权证发放工作，确定了全省重点保护林木名录；加快全省森林分类区划界定工作步伐，为把青海省纳入国家森林生态补偿范围作好基础性工作。乡村制定了林木管护制度，建立了村规民约，加强了天然林和造林地的管护工作。认真抓好森林防火工作，加强监督检查，截至2002年底未发生大的森林火灾。同时，以提高控灾减灾为中心，加大了森林病虫鼠害防治工作力度，防治面积10.32万公顷，检疫木材2.04万立方米，各类苗木8106.5万株，种子1090吨。加大了打击破坏森林和野生动植物资源违法犯罪活动的力度，组织全省森林公安机关认真开展了严厉打击破坏森林和野生动植物资源违法犯罪"破案攻坚战"活动，挂牌督办尖扎冬果林区等林业重点案件，共查处各类森林案件452起，查处各类违法犯罪人员656人，收缴木材591立方米，野生动物产品1454头（只），为国家挽回经济损失95.35万元。

三是严格资金管理。根据国家的有关规定，省林业局制定和完善了《青海省林业重点工程管理办法》、《青海省林业系统内部审计实施（暂行）办法》等文件。加强管理，重点审计，跟踪审计监督。省林业局督查室和审计室，对工程每一个环节开展了经常性的督查审计工作，防止任何形式的挤占、挪用。

（青海省林业由林兆才供稿）

宁夏回族自治区林业

【概　述】

全面超额完成全年林业建设各项任务 2002年完成人工造林18.8万公顷，其中成活率达到85%以上的核实合格面积为17.2万公顷，占年计划任务的107%，是2001年的两倍；完成飞播造林1.3万公顷；新封山（沙）育林2.8万公顷；新育苗3267公顷；义务植树2249万株。幼林抚育实际面积186 452公顷；成林抚育122 339公顷；产核桃160吨，木材0.24万立方米，水果16.9万吨，经济林总产值30 308万元，林业总产值106 238万元。

宁夏2002年的林业建设在3个方面取得了里程碑式的突破：①退耕还林工程的实施，不仅改善了南部山区生态环境，而且给农民带来了巨大的经济效益，实现了生态建设与农民增收致富相结合的新突破；②全区禁牧封育重大举措的推行，不仅解决了生态保护的老大难问题，而且从根本上改变了一代农民旧的生产方式，实现了草地保护性利用和可持续发展的新突破；③无公害枸杞行动计划的实施，不仅直接提升了宁夏枸杞市场竞争力，而且为其他林果产品走向市场奠定了基础，实现了宁夏林业产业发展的新突破。

退耕还林工程 在前两年试点基础上，2002年国家下达宁夏退耕还林任务12万公顷，实际完成12.8万公顷，核实合格面积12万公顷，占计划任务的100%，其中：退耕还林还草完成5.4万公顷，核实合格面积5.3万公顷，占计划任务的100%；荒山荒地造林7.3万公顷，核实合格面积6.7万公顷，占计划任务的100%。

2002年的退耕还林工程，由前两年8个县（市、区）扩大到13个县（市、区），涉及原州区（原固原县）、彭阳县、海原县、西吉县、隆德县、泾源县、盐池县、同心县、红寺堡、灵武市、中卫县、陶乐县、银川郊区的135个乡（镇），659个行政村，83 140户农户。国家计委、国家林业局2002年下达退耕还林种苗及造林补助中央预算内专项资金9000万元，粮食补助12 600万千克（2002年补助8000万千克）；现金补助2520万元（2002年补助1600万元），截至年底，预算内专项资金和补助粮款均已全部下达到各工程县，各县正在向退耕农户兑现补助粮、款，春节前可全部兑现到户。2000～2002年3年累计完成退耕还林还草19.6万公顷，其中退耕还林还草8.4万公顷，荒山荒地造林11.2万公顷。

天然林保护工程 完成封山（沙）育林2.8万公顷，使全区封山育林面积累计达到16.5万公顷，完成续建中心苗圃2处，新建中心苗圃4处，林木采种基地10处，良种基地7处，县级骨干苗圃4处，为38个国有林场的5800多名职工办理了养老保险社会统筹。自然保护区建设及野生动植保护工作得到较好发展，完成罗山国家级自然保护区一期工程初步设计项目的审批，并开始施工，组织完成了盐池哈巴湖申请晋升为自治区级自然保护区的考察和规划；启动了贺兰山、六盘山两处国家级自然保护区二期建设工程；完成了白芨滩国家级自然保护区一期工程建设项目；完成了野生动物驯养繁殖许可证的管理，全区已有驯养繁殖场21家，驯养总数达9万多头（只、条），主要有马鹿、梅花鹿、孔雀、鸵鸟、鸸鹋、七彩山鸡、百鸡、狐狸、蛇等药用动物和经济动物。完成全国自然保护区数据库建立工作，以一年一度的“爱鸟周”、“保护野生动物宣传月”为重点，结合“四五”普法，开展了保护生态环境和自然资源的近千人大型宣传活动，共编写标语80余种，刷写固定标语2000多条，散发传单45 000份，制做防火警示牌300多块，受教育群众达5万多人次。

平原绿化工程 宁夏平原包括惠农、平罗、陶乐、贺兰、永宁、银川市郊区、灵武、青铜峡、吴忠、中宁、中卫等11个县（市、区），第一代农田防护林遭受天牛毁灭性破坏后，从90年代起，开始建设高标准、抗逆性强、多树种、多林种的第二代农田防护林网，经过10年努力，已经基本建成。2002年，完成人工造林3.2万公顷，飞播6667公顷，封山育林1.1万公顷，抚育5万公顷，林网植树2910万株，新增控制面积8.7万公顷，村庄绿化新增覆盖面积2.4万公顷。2002年平原绿化工程建设有了新的突破，主要表现在：二代林网的完善提高，绿色通道工程，城郊大环境的绿化，林业产业的发展，种苗生产，营造林机制和科技创新，全民义务植树和社会造林。

黄河防护林工程 完成造林4733公顷，两年来已累计完成造林1.4万公顷，占3年规划任务的81.6%，沿黄河两岸近200千米的绿化带已基本形成。

绿色通道工程 完成绿地总里程473千米，绿化面积1500公顷，植树276万株。八大干渠的绿化长度已完成80%以上，201省道石嘴山至青铜峡段已完成多树种、高标准、高起点的宽林带绿色通道160千米。

三北防护林四期工程 完成重点防护林建设任务5.24万公顷，为年计划的131%，其中：平原绿化7067公顷，治沙造林2.1万公顷，水源涵养林9000万公顷，经济林和其他造林1.1万公顷，黄河防护林4500公顷。

速生丰产用材林工程 依托造纸企业、民营企业和造林大户，营造以速生杨为主的纸浆原料林1.3万多公顷。

中部干旱带生态环境建设力度加大 自治区党委、政府2002年9月10日以宁党发［2002］59号文，对宁夏中部干旱带提出了加快生态环境建设与大力发展草畜业的6条意见，要求必须充分认识中部干旱带生态环境建设与发展草畜业的重要性和紧迫性。指导思想是：认真贯彻落实中央西部大开发战略和自治区第九次党代会精神，坚持生态优先、草畜业为主的战略方针，以实现可持续发展为目标，以增加农民收入为核心，以保护和改善生态环境为主体，以发展草畜业为主线，以科技进步为动力，遵循自然规律和经济规律，从全面禁牧入手，因地制宜，分区治理，紧密结合国家退耕还林还草项目的实施，以草兴牧，强区富民，努力实现经济社会的大发展、快发展。遵循的原则是：坚持经济、社会、生态效益相统一的原则；坚持因地制宜、科学规划、重点突破的原则；坚持保护与利用相统一的原则；坚持体制创新和机制创新的原则。发展目标是：2003年5月1日前，全区全面禁牧。中部干旱带到2005年，完成草原围栏补播33.3万公顷，新增人工种草6.7万公顷，退耕还林还草20万公顷，生态移民5万人。使草地畜牧业人工生产的饲草料占实际需要的60%以上，林草覆盖度达到60%以上，农民人均纯收入达到1500元以上，实现生态环境初步好转，经济、社会协调发展。

【宁夏自治区平原绿化工程建设重点】 经过10多年的艰苦努力，以杨树天牛为主的蛀干害虫已经得到控制，川区多树种混交的第二代农田林网已基本建成。为在新形势下川区的林业建设有更大发展，在自治区林业局召开的川区林业工作会议上，确定了全区平原绿化下一步的基本思路和建设重点，概括为围绕一个目标，做到八个突破，建设两大体系。

一个目标 从2003年开始，力争用3年时间实现川区高标准平原绿化。主要指标为：林木覆盖率达到10%以上；农田防护林控制面积占各县耕地面积的85%以上；防护林完好率90%以上；宜林荒地全部绿化；乡（镇）和村庄林木覆盖率达到25%以上；干渠、干沟和主要道路实现宽林带绿化。

八个突破 ①在二代林网的完善提高上有所突破；②在绿色通道工程上有突破；③在城郊大环境绿化上有所突破；④在城镇和村庄绿化上有所突破；⑤在林业产业的发展上有所突破；重点是枸杞无公害生产，优质高效经济林基地和速生丰产用材林基地；⑥在种苗生产上有新的突破；⑦在营造机制和科技创新上有突破；⑧在全民义务植树和全社会造林上有突破。

建设两大体系 争取到2010年川区建设成比较完备的生态体系；林木覆盖率达到15%以上；形成速生丰产林，名特优经济林和种苗业、花卉业、森林旅游业为代表的具有比较优势的产业体系，提高林业产值在农业中的比重，为改善环境和农民增收做出更大贡献。

【银古高速公路银川至河东机场段绿化工程建设全面展开】 宁夏第一条宽林带、多景点、主体化园林路——银古高速公路银川至河东机场段绿化工程2002年正式开工建设。公路全长18.3千米，两侧平均宽50米，公路绿化分为6个景区，即：银川丽景街园林广场至石中高速公路立交桥段为“凤城春早”景区；姚叶高速公路立交桥至汉延渠段为“绿树流花”景区；汉延渠至惠农渠段为“翠苇红荷”景区；惠农渠至黄河大桥段为“黄河绿屿”景区；河惠石坝立交桥至马蹄沟段为“树团锦簇”景区；马蹄沟至机场段为“桃红柳绿”景区。

根据自治区党委、政府的要求，自治区林业局按照招标程序，于10月5～6日在银川组织进行绿化工程招标评标会议。宁夏林果花卉快繁中心、宁夏鹏程实业股份有限公司、银川市绿化一处等6个公司中标。工程计划于2003年8月底完工。

【宁夏林业科技取得新成就】 2002年结合退耕还林等重点林业工程的实施，集中推广了主要造林树种工厂化育苗等10项林业实用技术。狠抓了飞播造林技术、黄土区防护林高效配置及可持续经营技术、优良枸杞新品种及高效栽培技术和森林病虫害综合防治示范等4个重点科技支撑项目，推广面积达8200公顷，取得了明显的示范、辐射和带动作用。由宁夏林业局主持，北京林业大学、日本国森林综合研究所等单位共同合作完成的防护林杨树天牛灾害可持续控制技术研究课题，2002年9月获中国林学会梁希奖。枸杞无公害生产技术体系建设研究与示范，获2002年度宁夏科技进步二等奖。

【宁夏重点风沙区生态建设】 宁夏重点风沙区生态环境综合治理项目”转贷协议签字仪式2002年5月30日在银川正式举行，这是宁夏首例引资金额最大的外国政府贷款项目。该项目是宁夏“十五”计划确定的重大生态项目，也是日本协力银行2001年对华15个贷款项目中的第一个项目，总投资7.09亿人民币，其中利用日本协力银行贷款79.17亿日元（5.32亿人民币），计划用5年时间，通过围栏封育、种草、种树等措施，改造治理沙化土地5.76万公顷。项目建设分4个片区：东部毛乌素沙地生态项目区，中部红寺堡生态治理区，贺兰山东麓生态治理区，西部腾格里沙漠南缘生态治理区。整个项目涉及13个地、市、县的35个乡（镇）、林场、农场。项目完成后，区域内森林覆盖率由目前的7.9%提高到10.57%，封育区内植被覆盖率由目前的30%提高到70%。

【宁夏林业对外合作】 实施期3年，2001年启动的中日合作黄河中游流域防护林建设项目第一期工程2002年全面完成。中德财政合作的宁夏贺兰山东麓生态林业工程项目，经过7年的建设，共完成人工造林8600公顷，围栏封育3万公顷，修建砌护渠道205千米，建省级培训中心1处，县级推广中心2处。不仅顺利完成建设任务，还较好地贯彻了项目建设“改善贺兰山东麓局部地区生态环境，为当地农民提供就业和增加收入”，既是生态建设项目，又是扶贫项目的宗旨，达到预期目标。2002年11月德国复兴银行对项目的实施情况进行了终期核查、评估，对项目建设所取得成果，给予充分肯定。宁夏—岛根县友好林二期项目全面启动，2002年6月日本岛根县组织百人团来灵武参加项目启动仪式并进行了植树活动，中日合作小渊基金宁夏青少年治沙造林教育项目一期工程，完成造林28公顷，建设灌溉设施5.6千米，修路5千米。中德技术合作宁夏荒漠化治理项目，完成造林12.6公顷，项目进展顺利。受国家林业局委托，在宁夏成功举办了全国小渊基金项目管理现场会和中美蛀干害虫防治国际研讨会。

【中日合作宁夏黄河中游流域防护林建设项目一期工程全面完成】 由日本国政府无偿援助，中日合作的中华人民共和国黄河中游防护林建设项目，从2001年10月中旬启动，2002年已完成一期工程。

2002年的一期工程，完成造林1474公顷，平均成活率84.5%，栽植乔灌木树种11个，撒播草籽3006千克，铺设草方格沙障245公顷，修建林道53.9千米，围栏104千米，建防林房5座，修建8米高的瞭望塔11座，修建地下水位观察井14眼，修建补水深井1眼，机井泵房1座，小型水塔1座，铺设输水管线12.9千米，架修高压线2.7千米。另外还完成3项附加技术援助：为普及林业技术建立示范户27户；营造展示林61.8公顷；开展造林实验7项。施工过程中，对施工设计进行了调整和改进，使工程效果更加有保障，如林道两旁沙障宽度，原设计仅为3米，根本达不到防止林道被沙埋的效果，在施工时已加大到20米以上。

【宁夏经济林建设】 2002年新造经济林7600公顷。2002年经济林的发展是按照优先发展避灾果品和特色果品的思路进行的，重点发展山杏2200公顷、红枣1600公顷、枸杞1000公顷、小杂果（桃、李、杏）800公顷、葡萄700公顷，另外还种植了苹果、梨、花椒、核桃等1400公顷。全区经济林面积达到9.4万公顷，果品总产量2.3亿千克。

【宁夏建立不同模式生态经济型示范园区】 为配合退耕还林工程的实施，真正做到退得下、还得上、能致富、不反弹，按照生态优先、经济、生态、社会三大效益兼顾的原则，确保生态目标实现的同时，与促进农业和农村经济结构调整、地方经济发展和农民脱贫致富相结合的精神，2002年在退耕区域建设了5处生态与经济相结合的示范区：固原市原州区高效经济林示范区266.7公顷（以枣、杏为主）；同心节水灌溉示范区200公顷（红枣）；红寺堡高效庭院经济林示范区200公顷（枣、葡萄为主）；盐池沙地灌区示范园区133.3公顷（枣）；彭阳美国扁桃高接示范园33.3公顷。

【宁夏灌区示范园建设】 宁夏林业局决定从2002年起利用3年时间在灌区实施特色经济林示范园工程，以此推动全区经济林全面持续快速发展。为配合示范园建设，制定了工程实施意见、管理办法和验收标准。2002年的示范园工程突出特色和优势，共建成示范园17个，总规模315.3公顷，其中：黄元帅苹果3个，灵武长枣5个，优质梨（红色西洋梨、黄金梨）6个，小杂果（桃、李、杏、葡萄）3个，分布在灵武、利通、中宁、永宁、平罗等地。

【宁夏开展“无公害枸杞行动计划”推行枸杞标准化生产】 开展无公害生产，提高枸杞质量，增强市场竞争力，抢占国内外市场，是宁夏2002年农业标准化工作的重点，通过健全指导机构，广泛宣传，举办3期技术骨干培训，制定标准，推行标准化生产，强化农药市场监管，建立产品质量监督检验体系，建立质量安全认证体系，总结枸杞无公害生产技术研究与示范，组织人员到外地考察学习等一系列工作，宁夏的枸杞产业有了较大发展。8月份农业部枸杞质量检测中心随机抽样检测，产品均达到无公害生产的标准，市场价格全面提升，每千克枸杞价格由2001年的9～10元，提升到15～16元，增值5～6元，全年枸杞产量达2500万千克，产值近3.5亿元，新增产值1亿元以上。宁夏枸杞原产地域产品保护申请，2002年10月已获国家批准，进入3个月公示期，从此以后，宁夏枸杞产地品牌将受到国家法律保护。

【宁夏全区果树花期冻害严重】 2002年4月7～8日、16～17日全区先后出现两次大幅降温天气，特别是4月17日清晨，全区出现了近年来影响范围最大的强寒潮天气，全区平均气温下降到零下5℃左右，局部地区达到零下8℃，使处于花芽萌动、现蕾、开放不同发育期的8万多公顷经济林，遭到不同程度的冻害。经对中宁、青铜峡、永宁、灵武等市（县）国有园林场（圃）调查，花果受冻率平均在80%以上，其中元帅系苹果花果受冻率达90%以上，全区5万公顷水果，已有85%的果树花芽受冻，造成杏、李、梨等树种绝产，受冻害最重的中宁、中卫两县的苹果几乎绝产，其他县的苹果、桃大幅度减产，全区预计较往年减产2亿～2.5亿千克，直接经济损失1.5亿～2亿元。

【国务院批准罗山为国家级自然保护区】 国务院2002年7月2日以国办34号文件，批准宁夏罗山为国家级自然保护区。罗山国家级自然保护区，位于宁夏中南部同心县境内，总面积33 710公顷，属荒漠区域内森林生态系统类型的自然保护区。主要保护对象是以青海云杉、油松为代表的荒漠区域典型森林生态系统。保护区内有森林、草原、荒漠三大生态类型，有植物资源65科，170属，257种，野生动物资源22目44科82个亚种，其中有22种国家重点保护野生动物，20种自治区规定的保护种类，22种属于濒危野生动植物种国际贸易公约名录，25种鸟类属于中日候鸟保护协定规定的保护物种，3种鸟类属于中澳候鸟保护协定规定的保护物种。

【贺兰山东麓围栏封育工程】 为了进一步加大宁夏的生态环境建设力度，自治区人民政府决定从2002年10月起对贺兰山东麓南起永宁县三关口，北至汝箕沟口，东沿1150米等高线以西的区域进行围栏封育，对羊等家畜实行禁牧。9月23日，贺兰山国家级自然保护区管理局召开了围栏封育工作会议，对封育前的宣传、施工以及封育后的管理等工作做了具体安排。10月2日工程全面展开。

【六盘山自然保护区龙泉沟森林生态植物园开园】 一个融生态保护、旅游观光、科研教学为一体的新景观——龙泉沟森林生态植物园，2002年6月21日开园。该园位于凉殿峡风景区主干公路左侧，总面积386.34公顷，分为24个园区，配置植物83科、219属、436种，工程总投资300万元。2002年已建成门区、春色园、夏芳园、秋怡园等。

【沙芥菜——宁夏人的奇迹】 由原宁夏大学讲师王辉创办的“乐陶陶”品牌公司，研究培育出了沙芥菜，建成了世界上第一个人工沙芥培育区。国家农业部食品质量检测中心对人工培育出的沙芥菜进行了检测，产品质量不仅符合国家绿色品牌标准，而且具有丰富的药用、食用、饲用价值，入药可止痛、消炎，采摘腌制后成为一年四季可食用的蔬菜，冬季干枯后的沙芥粉碎后饲料利用率达到100%。沙芥异名沙萝卜、沙白菜，陶乐当地群众叫沙盖，沙芥菜属，野生植物已几乎绝灭，只在边远沙漠区可见到。人工种植沙芥每公顷收入比种粮食高6000元，2001年，仅陶乐县沙芥种植户就超过了1000户，面积扩展到200公顷，2002年柯瑞公司已同2000多农户签订了最低保护价购销合同，每千克沙芥可卖到12元。这一奇迹，日本、美国等国家新闻媒体以及《人民日报》、中央电视台等20多家新闻媒体公开报道，国家农业部、科技部、国家林业局、经贸委拨出专项资金，指定中央电视台国家将宁夏这一典型拍成科教专题片推向全国。《沙芥菜——打开沙区致富路》专题片，5月开机，2002年底与观众见面。

【“植物活化石”——四和木亟待保护】 蒺藜科的落叶小灌木——四和木，被学术界誉为植物“活化石”和植物中的“大熊猫”，世界上零星分布于俄罗斯、乌克兰部分地区，集中连片生长的四和木仅存于中国，且只分布于宁夏石嘴山最北端的麻黄沟周围，面积只有1000公顷。四和木属于国家一级保护野生植物，为了保护这一植物，2001年9月，石嘴山市专门成立了四和木珍稀植物保护所，并投入15万元对四和木核心分布区实施围栏保护，聘请专人看管。但限于资金所困，围栏保护面积仅占总面积的1/3，且该地无水源，无力打井，现在面临着干旱、人为破坏和石嘴山电厂排灰污染的威胁，如不采取积极有效保护措施，四和木将逐渐灭绝。

【灵武市白土岗乡“4·15”重大毁林案】 2002年4月15日上午11时，灵武市白土岗乡长流水村发生了一起重大毁林案件，该乡的70余名村民，以周学忠兴办的永兴实业综合开发公司建设的林场有碍于羊只饮水为由，将永兴公司当年新栽植的12 455株幼树和部分水利设施毁坏。其中山桃1765株，杜仲6989株，桃树419株，火炬726株，杏树932株，臭椿797株，刺槐107株，垂柳16株，固沙小灌木627株，2年生新疆杨77株，部分被连根拔掉，或被砍断，14口水利设施观察井被石头、沙子填埋。

案件发生后，自治区林业局孙长春局长立即责成森林公安处、资源保护处组成调查组，赶赴现场调查，并及时向国家林业局、自治区人民政府、公安厅报告了案情。

截至4月22日，被毁坏的林地和水利设施已全部恢复，共补栽树木38 000余株，为被毁幼树的3倍多，其中臭椿3500株、刺槐1650株、紫穗槐27 000株、刺树2000株。周学忠2001年被村民扣压的吉普车、农用三轮车、摩托车已追回。毁林的策划者和组织者已有3人被刑事拘留，6人被取保候审。

【宁夏林业站建设】 2002年宁夏林业站建设以稳定机构、稳定队伍为中心，认真抓好“合格县”、“示范县”建设和基础设施建设，以及“两个强化”培训教育工作。全年已完成林业站建设资金250万元，为20个乡（镇）林业站新建办公室1600平方米，为12个乡（镇）林业站扩建办公用房660平方米，为36个乡（镇）林业站维修办公用房2952平方米，为19个乡（镇）林业站配备了微机、打印机，为90个乡（镇）林业站配备了GPS，为35个乡（镇）林业站配备了专业仪器及办公设备。经国家林业局林业工作站管理总站检查，银川郊区、固原市原州区、泾源县、西吉县达到了林业站建设合格县标准，正式通过了验收，宁夏基层林业站建设合格县已达到17个，占应建县数的85%。彭阳县作为全国首批林业站建设示范县，2002年共投资34.2万元，大大改善了乡（镇）林业站的办公条件和工作手段，实现了办公自动化，信息网络化。

【宁夏林木种苗建设】 2002年宁夏主要完成了48个林木种苗工程建设项目的审定，并有45个项目已启动实施，其中省级示范苗圃1处，地级中心苗圃6处，县级骨干苗圃17处，林木良种基地10处，林木采种基地11处。完成了全区省级和4个地市、20个县（市）、8个场（局）的33个种苗站的建设任务。经培训确认了70多名种苗检验人员，并按要求配备了林木种苗检验和办公自动化设备。为13个县（区）级种苗站配备了检测用车，按区林业局的要求，组织了盐池、红寺堡、固原市原州区3个县（区）的林木种苗招标采购试点工作，为在全区推行林木种苗招标采购探索了经验。举办了林木种苗行政执法、地县级林木种苗检验和全区县、乡林业站876人参加的两个强化培训教育班，分别都取得了执法证、上岗证和培训班。

【宁夏林木种苗建设推行“三抓五推一突破”】 2002年，自治区林木种苗工作的重心放在种苗管理上，采取了“三抓五推一突破”。三抓是：抓好种苗工程建设的严要求设计，高质量施工和规范化管理；五推是：大力推行针叶树育苗的工厂化容器育苗技术、推行阔叶树育苗的覆膜育苗技术、推行节水浇灌技术、推行林木种苗优良品牌、推动林木种苗的“一签三证”管理和种子苗木的统一装运营。一突破是以机械化起苗为突破口，全面提高种苗生产的质量和效益。

【新华桥省级示范苗圃建成投产】 自治区林业局直属单位——新华桥种苗场，2001年由国家林业局批准立项开工建设省级示范苗圃，经过试运行，于2002年9月8日举行了隆重的开业庆典。新华桥省级示范苗圃总投资1900万元，占地面积70公顷，现已建成自动化播种生产线，工厂化育苗车间，智能化PC温室3100平方米，微型扦插苗繁育车间1200平方米，优良品种母本园和采穗园15000平方米，成品大苗培育基地67公顷，可年产各类容器苗和绿化大苗800万株，名优花卉30万盆。该苗圃集科研示范、产业化生产、生态观光为一体，是宁夏惟一的大型现代化种苗基地。

【《宁夏林业志》正式出版】 由宁夏林业志编纂委员会编写的《宁夏林业志》，由宁夏人民出版社于2002年9月正式出版。《宁夏林业志》从1987年开始准备，经历了两个阶段11个年头（1992～1997年曾停过6年）。全书约60万字，以志为主，采用了志、述、记、传、图、表、录7种形式，记述了宁夏从1929年建省起，至1995年共67年的林业兴衰历史，重点记载了1958年宁夏回族自治区成立以来的建设情况，特别详细编写了1978年党的十一届三中全会以来，三北防护林建设工程启动以后的建设史实。志书用概述的形式，总述了林业在宁夏的重要地位、宁夏林业发展简况、主要成就、经验教训和前景展望。志书按林业的特点分林业资源、林业调查规划设计、造林育林、森林保护、森林利用、林业科技教育、林业管理、林业人物共8篇31章，并附有53幅照片和宁夏森林资源分布、林业分区、自然保护区分布、沙漠化分布等4张图，客观生动地记述了宁夏森林发展和林业建设的漫长历史。志书正文之后附有大事记559条，收录了宁夏区党委、区人大、人民政府等领导机关发布的有关发展林业、保护森林的法令、政策共17件，志书最后用编后记的格式追述了志书编写的全过程。

【宁夏春季造林苗木实行招标采购】 为了提高造林质量，自治区林业局决定在固原、盐池、红寺堡3县（区）进行春季工程造林种苗公司招标采购试点，在公平、公正、公开、严格有序的竞标会上，试点县（区）共有32家种苗生产单位和育苗大户中标，当场签订购销合同32份，采购苗木770.7万株，采购总资金262.49万元，平均采购价格比市场总体价格低20%，达到了质优价廉的采购目的。

【宁夏全面完成森林病虫鼠害防治目标管理各项指标】 2002年宁夏森林病虫鼠害发生面积为15.5万公顷，在发生面积中，杨树天牛2.9万公顷，落叶松叶蜂1.1万公顷，春尺蠖1万公顷，鼠害7.9万公顷，木蠹蛾6800公顷，灰斑古毒蛾1.6万公顷，其他病虫害4000公顷。其中成灾面积1.7万公顷，成灾率10.69%。全年完成有效防治面积12.5万公顷，防治率为80%；完成监测代表面积38.1万公顷（应监测面积44.9万公顷），监测覆盖率85%；产地检疫各类苗木2700公顷（应施检疫面积2700公顷），种苗产地检疫率95%。全面完成了国家林业局下达宁夏森林病虫鼠害防治目标管理各项指标。

【中美蛀干害虫国际研讨会在银川召开】 受国家林业局造林司、美国农业部林务局的委托，宁夏林业局于2002年6月18～21日，在银川举办了蛀干害虫国际研讨会。来自国家林业局造林司、全国森防系统各站、大专院校、科研院所和美国农业部林务局、动植物检疫局等单位的100多位专家、学者和专业技术人员参加了会议。与会专家介绍了中国蛀干害虫防治进展情况，美国光肩星天牛研究情况。针对蛀干害虫监测检疫技术、营林控制技术、防治技术、害虫行为学和生物学等专题进行了交流和讨论。专家们还考察了贺兰金山林场合作场危害现状，新华桥杨树品种试验林和吴忠市利通区杨树天牛综合治理区。会议对宁夏杨树蛀干害虫治理取得的成效给予了充分肯定和高度评价。

【全国绿化劳动模范王有德】 现任宁夏回族自治区灵武市白芨滩国家级自然保护区管理局局长的王有德，1954年生于灵武市一个回族家庭。1972年7月参加工作，1981年加入中国共产党，1991年毕业于中央农业管理干部学院，高级林业工程师，1985年被任命为白芨滩林场副场长。

17年来，白芨滩林场在他的带领下，取得了显著成绩，发生了根本变化，2002年该林场荣获全国防沙治沙先进集体，他本人1992年被林业部授予三北防护林二期工程先进工作者，1996年和2002年两次被全国绿化委员会、人事部、林业部授予全国绿化劳动模范称号，还多次被地、市授予先进工作者、优秀党务工作者、十佳公仆、优秀共产党员等称号，1998年、2002年连续两次当选自治区党代会代表，2003年1月当选为第十届全国人大代表。

王有德自担任林场领导以来，团结带领全体职工，打破了林场单一经营的生产模式，成功走出了一条“以林为主、以副促林、多种经营、综合发展”的兴场之路。17年来，白芨滩林场已种植起一条绵延42千米，宽10千米，总面积达1.7万公顷的防沙林带，控制流沙面积8000公顷，其中有2300公顷柠条、花棒采种基地，开发果园200公顷，建成规模化苗圃32公顷，成立了柳编厂、机砖厂等生产企业，承揽了姚叶高速公路等绿化工程60多项，栽植各类树木50多万株。截至2001年，林场的固定资产由40万元增加到1400万元，全场林木总资产高达4000万元，全场年生产总值达1116.8万元，职工年人均收入由不足400元达到8250元，他负责实施的中日沙漠化地区农用林业实验模式研究项目，1996年获自治区科技进步二等奖。2002年5月11日，自治区党委书记陈建国在该局视察工作时题词，“向王有德同志学习，坚持不懈地防沙治沙，为保卫母亲河，为保卫国家作出更大贡献”。2002年8月28日，自治区林业局作出决定，号召全区林业系统广大党员、干部向王有德同志学习。

【宁夏回族自治区2002年林业大事】

1月8日 宁夏森林防火成效显著，创下了自1958年自治区成立以来连续43年无重大森林火灾的显著成绩。

1月14日 自治区人民政府办公厅宁政办发[2002] 11号文，发布2001年度享受宁夏自治区人民政府特殊津贴的人员名单，自治区果树技术工作站站长赵世华榜上有名，津贴从2002年元月1日起执行，每月补贴100元，期限5年，均免征个人所得税。

1月14日 被自治区林业公安营救的500余只自治区重点保护鸟在贺兰山苏峪口放出，重新回到大自然，这批鸟包括石鸡160余只、鹧鸪50余只、野鸽子200余只。

1月21～22日 银川市农业局、财政局联合举办了林业技术培训班，市、县、乡（镇）的林业局长、站长和林业技术员90余人参加了培训。

1月29日 春节前夕，自治区林业局副局长杨万仁带领慰问组，专程到彭阳县交岔乡，将林业系统职工捐赠的350多件衣被和1万多千克面粉，送到了包村扶贫点——东洼村群众手中，还给两家特困户送去了慰问金。

1月31日 自治区人民政府以宁政发［2002］10号文，表彰2001年度全区林业生态建设先进县。决定对2001年完成任务好、管理措施过硬、造林质量和成活率高的彭阳县、盐池县、固原县、同心县、平罗县予以表彰奖励，并授予2001年度全区林业生态建设先进县荣誉称号。各奖励人民币2万元。

2月18日 彭阳县在狠抓荒山绿化的同时，大力发展以山杏为主的高效经济林建设，已建成万亩以上的杏园16处，66.7公顷以上杏园21处，杏园总面积达2万公顷，年产杏连续5年超过600万千克，创产值近480万元，被国家林业局命名为全国仁用杏之乡。

2月28日 枸杞、桑蚕、酿酒葡萄和治沙4个重大生态建设项目获国家科技部批准立项，已得到国家资助金额1150万元。

3月7日 灵武市白土岗乡、五里坡等地农民180余人，自3月7日以来不断涌入盐池县马儿庄乡烟墩山和余台子村一带乱采滥挖甘草，致使20多平方千米的天然草原遭受严重破坏。经县、乡劝阻查挡，已得到遏制。4月29日以来，盐池周边一带村民又涌入马儿庄乡平台村附近草原上乱采滥挖，县乡工作组正在积极劝阻查挡。

3月11日 自治区林业局2002年3月11～13日，在宁夏电力宾馆举办实施《无公害枸杞行动计划》骨干培训班，各有关地（市）、县（市、区）林业局、站分管领导、技术人员、区枸杞所、区农垦系统有关人员共100多人参加了学习。

3月12日 杜寿鹏栽下了2002年宁夏的第一株树苗，这使他成为连续3年宁夏植树第一人。1999年，他投资1000多万元在贺兰县金山乡征下了80多公顷荒地开始绿化事业，现在已在667多公顷林地上种上了76个品种，63万株树木，仅柏树就有47万株。还引进南方的蜀桧和北京桧等名贵树种，成活率达90%以上，力争5年内变成千亩柏树园。

3月18日 自治区党委办公厅决定对2001年度全区党委系统47名先进工作者予以通报表彰，区林业局赵惊奇被评为先进工作者。

3月20日 全区退耕还林工作会议在固原县召开。各地（市）、县（区）计委主任，林业、粮食、农牧局长，部分乡（镇）长和自治区有关部门负责人210人参加了会议。自治区林业局长孙长春通报了前两年退耕还林试点示范工作情况，安排部署了2002年退耕还林工作；自治区粮食局副局长王少英通报了退耕还林补助粮食发放情况和今年计划兑现粮食准备工作。自治区计委、财政、农牧、水利部门的领导，固原行署、吴忠市、银川市和西吉县、同心县的负责人分别作了大会发言。自治区副主席陈进玉出席会议并作了讲话。会议由自治区政府副秘书长容健主持。

3月24日 红寺堡管委会春季造林苗木全部实行公开招标采购。在两个多小时的招标会上，先后有15家种苗生产单位和育苗大户中标，当场签订采购合同15份，采购苗木310万株。采购价格比市场平均价格低了20个百分点，达到了价廉质优的采购目的。

3月25日 自治区人民政府办公厅发出《关于禁止乱开滥垦荒地切实加强宜林宜牧荒山荒地管理的紧急通知》。

4月2日 自治区林业局、宁夏邮政局、宁夏贺兰山国家级自然保护区管理局在苏峪口森林公园松涛山庄共同举办《贺兰山红尾鸲》普通邮票首发式。红尾鸲是贺兰山仅有的世界稀有名鸟，是山地针叶林中的罕见繁殖鸟。红尾鸲体形小巧可爱，嘴短尾长，羽毛美丽多彩，集蓝灰色、棕色、白色于一体，常喜单个或成对活动于稠密的丛林中。在《贺兰山红尾鸲》邮票发行之前，国家邮政总局以贺兰山为表现题材向全国发行邮票已有多次，依次为贺兰山《大峰露天煤矿》、《贺兰山岩画》、《三关口明长城》、《西夏王陵》。

4月3日 中共宁夏区党委任命艾矛为自治区林业局副局长。

4月5日 下午3时，灵武市白芨滩林场大泉分场举行中日合作中国黄河中游防护林建设项目造林启动仪式，该项目是日本政府对华无偿援助的第一个生态建设项目，总投资约15亿日元，分3年3期完成，2001年6月15日正式换文，同年10月在灵武市、盐池县、陶乐县开工实施。规划修建林道61千米，围栏99千米，建护林房5处，瞭望塔11座，架高压线路2.73千米，铺设输水管线12.9千米，治沙造林4200公顷。

日本驻华使馆、日本国际协力事业团中国事务所、日本海外林业咨询协会、日本三井物产株式会社、日本媒体驻华记者等日方代表35人，国家林业局、自治区领导、自治区有关单位、新闻单位等来宾300多人参加了仪式。

4月7日 为了有效地保护二代农田林网的建设成果，灵武市有计划地组织群众对30万株天牛虫害木砍伐焚烧。砍伐后的虫木，够材料的，经过严格的药物熏蒸处理后，允许群众使用，不够标准的集中彻底销毁。

4月13日 宁夏日报社决定对2001年度新闻宣传工作成绩突出的10个先进集体，204名优秀通讯员进行表彰奖励。区林业局余峰、固原市林业局贾仁安被评为优秀通讯员。

4月15日 国家林业局授予117个单位为1998～2000年度全国森林防火工作先进单位称号，授予209名同志为1998～2000年度全国森林防火工作先进个人称号，授予连续从事森林防火工作20年以上的1269位同志全国森林防火工作纪念奖章。宁夏贺兰山自然保护区管理局被授予先进单位，固原地区六盘山国营林业局党委书记马德杰、彭阳县挂马沟林场助理工程师杨瑞俊被授予先进个人。

4月20日 香港画家梁洁华女士、伍淑清女士率香港青少年170余人，来宁夏开展义务植树活动。

5月14日 由南非拉普斯商娱房地产公司规划、筹资建设的银川市森林公园合作开发项目启动，5月12日晚，该公司总裁马丁·纳科先生与银川市有关方面负责人在2001年签订的协议基础上签订了森林公园合作开发建设补充协议，这是宁夏与南非客商合作的第一个项目。自治区主席马启智当天会见了马丁先生。

5月16日 国家林业局以林造发［2002］118号文，对78个地区（市）授予平原绿化先进单位称号，宁夏吴忠市榜上有名。

5月30日 永宁县胜利乡八渠村果农发现一种名为“红缘天牛”的害虫。这种害虫除危害杨树，几乎对所有树种都有极大危害，这次就是在木质较硬的枣树上发现的，有关部门已请专家积极会诊，并采取措施防止蔓延。

6月2日 宁夏最大的植物种质资源库——银川植物园示范基地建成，并于6月10日正式开园。该园位于银川市西南郊，总面积325公顷，从1989年开工建设，经过13年的奋战，昔日的荒漠变成集科研示范、产业化生产和生态观光于一体的现代化农业高科技示范园。园内引种栽培各类植物95个科，1000余种，其中79个植物属宁夏首次引种。

6月13日 全国绿化委员会、人事部、国家林业局以人发［2002］63号文，表彰全国防沙治沙标兵单位、标兵个人、先进集体和先进个人，宁夏回族自治区中卫县人民政府被授予全国防沙治沙标兵单位称号，盐池县柳杨堡乡沙边子村农民白春兰（女）被授予全国防沙治沙标兵称号，同时还授予盐池县柳杨堡乡人民政府、宁夏农林科学院沙漠治理研究所、灵武市白芨滩防沙林场、青铜峡市树新林场、永宁县林业局等5个单位全国防沙治沙先进集体称号，马达、楼晓钦、李赞陵、梁存发、李永贵等5人被授予全国防沙治沙先进个人称号。武警宁夏总队营房处韩进安也被授予全国防沙治沙先进个人称号。

7月2日 盐池县人民政府为46名常年奋战在治沙一线的治沙功臣进行了免费体检。其中包括曾得到自治区及国务院有关部门表彰奖励过的白春兰、王锡刚、余聪等人。

7月23日 海峡两岸30多位知名学者和专家，聚会银川，集中研讨生态治理的8大难点问题，提出合理的整治方案，自治区政协副主席、宁夏大学校长陈育宁教授作了题为《宁夏南部山区生态重建》学术报告，受到专家好评。台湾知识农业协会理事长、中兴大学教授颜正平，台湾大学教授、中国海峡两岸学术文化交流学会理事长丁一倪等专家参加了研讨会。

8月14日 自治区党委和自治区人民政府在盐池县召开宁夏中部干旱带生态建设工作会议。会议要求充分认识宁夏中部干旱带生态建设的极端重要性，围栏封育、因地制宜，调整思路，突出重点，狠抓落实，加快发展。中部干旱带涉及10个县、市（区），91个乡（镇），106万人口，土地面积占全区的52%，草地面积占全区的63%，由于降雨量小，水资源短缺，加上长期开荒种粮，过度放牧，土地荒漠化严重，经济社会发展滞后，自治区领导陈建国、马启智、韩茂华、于革胜、赵廷杰、梁俭等出席会议。

8月15日 自治区人民政府发布政府令，自2002年10月1日起，公布实施《宁夏回族自治区自然保护管理办法》。

8月18日 第二届中国·宁夏枸杞节在宁夏展览馆开幕，全国政协副主席白立忱应邀参加了开幕式。自治区领导陈建国、马启智等出席了开幕式，出席开幕式的还有国土资源部副部长陈洲其，司法部副部长岳宣义，国家旅游局原副局长何若泉，河南省委副书记、常务副省长李成玉，山东省常务副省长韩寓群，青海省人大常委会副主任张玉林，辽宁省副省长刘克田，江西省副省长朱英培，陕西省副省长巩德顺，新疆维吾尔自治区副主席阿不都热依木·阿吉依明，新疆生产建设兵团副司令员朱鉴凡等。全国有14个省（区、市）派出了政府代表团或商贸团体前来参加枸杞节。举办本届枸杞节，旨在充分发挥宁夏枸杞资源及品牌优势，拓宽枸杞应用领域，提高枸杞深加工产品的科技含量，加快枸杞新产品的研发能力，扩大宁夏枸杞产品在国内外的市场占有率，促进宁夏枸杞产业做大做强，更好地为宁夏经济发展和人类健康服务。

9月3日 自治区科技厅、农牧厅、水利厅、林业局，以宁科办［2001］209号文，联合表彰戴秀章等30名农业科技先进人物，其中：农业科学技术研究先进工作者9人，农业科技推广先进工作者16人，农民企业家5人。受表彰的人员中，林业系统占5人，他们是戴秀章（区农科院）、张全科（区林技总站）、楼晓钦（区林勘院）、胡明星（中宁县林业局）、张为（彭阳挂马沟林场）。

9月3日 小渊基金宁夏青少年治沙造林教育项目揭牌仪式在灵武市举行。

9月21日 自治区人民政府在《宁夏日报》第2版发布公告（不另行文），对贺兰山东麓部分地域实行围栏封育，从10月1日起，贺兰山东麓洪积扇南起永宁县三关口，北至汝箕沟口，东沿1150米等高线，该区域内羊只家畜实行禁牧，2003年5月1日前，该区域彻底实现禁牧。

9月21日 自治区林业局依据《植物检疫条例》第四条的规定，结合宁夏实际，在国家级森林植物检疫对象的基础上，根据宁夏的生态条件，森林动植物种类分布等情况，确定了25种潜在的有可能传入自治区并造成巨大危害的害虫，作为宁夏回族自治区补充森林植物检疫对象，向全区发布，要求严格执行。

9月29日 区发展计划委员会、区西部开发领导小组办公室、区林业局以宁计农经［2002］587号文提前下达2003年退耕还林第一批任务，计6.7万公顷，其中：退耕地造林3.2万公顷、宜林荒山造林3.5万公顷，涉及原州区、彭阳县、西吉县、海原县、隆德县、泾源县、同心县、红寺堡、盐池县、中卫县、灵武市等11个县（市、区）。

10月18日 海原县在全县24个乡（镇）进行了为期1个月的古树名木普查，普查采取问、访、查、拍等方法，查明全县共有古树66株（含名树2株），其中一级古树5株、二级古村7株、三级古树54株，对这些古树已分别建立了档案，设立了标志牌，制定了管护细则，落实了管护责任人。

10月25日 经过评选，国家林业局决定授予165个单位为全国特色种苗基地，宁夏石嘴山市中心苗圃，灵武市北沙窝林场种苗基地，中宁轿子山林场种苗基地3个单位获此殊荣。全国192个单位被评为全国质量信得过苗圃，中宁县种苗场、青铜峡市树新林场榜上有名。

10月30日 自治区发展计划委员会、区西部开发领导小组办公室、区林业局以宁计农经［2002］658号文，提前下达2003年退耕还林第二批任务，计12万公顷，其中，退耕地造林6.1万公顷，宜林荒山荒地造林5.9万公顷，涉及15个县（市、区），除第一批的11个县（市、区）外，增加了陶乐、永宁、贺兰、银川郊区等4个县（区）。

11月2日 自治区人民政府在银川举行生态建设及发展草畜业新闻发布会，通报2003年大规模实施生态建设及发展草畜业三大工程。①退耕还林还草13.3万公顷，宜林荒山造林13.3万公顷；②启动政府扶持10万贫困户养羊20万只；③200万公顷草原草地草滩承包到户。会上赵廷杰副主席指出要做好4个方面的工作：做好2003年大面积退耕还林的准备工作；做好2003年大面积退牧还草准备工作；实施10万贫困户养羊工程为切入点，做好草畜转化工作；做好禁牧封育发展畜牧业工作。

11月3日 自治区人民政府任命李月祥为自治区林业局副局长。

11月23日 宁夏生态学会成立。它是宁夏生态科学技术与教育工作者自愿结合、依法成立的全区性、非营利性的综合性学术团体。

11月24日 宁夏美利纸业集团大力实施林纸一体化工程。该集团绿丰公司组建了8个原料林基地林场，到2002年上半年已造林1.3万公顷，植树2000多万株，从2001年开始计划用5年时间，营造3.3万公顷速生造纸林。兴建年产41万吨高档印刷纸生产线，年产30万吨杨木浆生产线，这一计划完成后，企业将跨入我国造纸业十强，跻身世界造纸业先进企业行列。

12月2日 自治区人民政府召开第103次常务会议讨论通过了《银川市人民政府关于划定贺兰山贺兰口岩画景区保护范围的请示》。依法对贺兰口岩画景区划定了4个区域、11.059平方千米的保护范围。会上自治区主席马启智强调指出：贺兰山岩画是珍贵的文化遗产，对人类历史、文化等研究具有不同替代的作用，必须采取有效措施，对其依法进行保护。

12月3日 国家林业局发出通报，表彰全国自然保护区先进集体和先进个人，白芨滩国家级自然保护区管理局被授予全国自然保护先进集体，贺兰山国家级自然保护区管理局的李志刚，六盘山国家级自然保护区管理局的李永良被授予全国自然保护区先进个人称号。

12月4日 国家林业局以林资发［2002］278号文，批准宁夏林业勘查设计院由乙级晋升为甲B级资质，证书编号为林资证字甲 B027 号。

12 月 26 日 自治区人民政府常务会议原则同意建立宁夏火石寨“丹霞”地貌景观、党家岔（震湖）湿地两处自治区级自然保护区，鉴于盐池哈巴湖自然保护区涉及范围较大，地下资源分布情况有待进一步详查，暂不设立自治区级自然保护区。

12 月 27 日 自治区无公害枸杞行动计划实施领导小组在银川召开实施无公害枸杞行动计划总结表彰大会，会议表彰了中宁、原州、惠农 3 个先进县、3 个先进乡（镇）、3 个先进单位，唐慧锋等 10 个先进个人。自治区林业局副局长刘荣光通报了一年来的实施情况，自治区林业局局长孙长春布置了 2003 年的无公害枸杞行动计划，自治区人民政府副主席赵廷杰就进一步抓好无公害枸杞行动计划作了三点指示。

12 月 28 日 自治区林业局系统干部、职工近千人，在宁夏林校礼堂，举行学习党的十六大精神军民共建文艺晚会，局机关及直属各单位自编自演了歌舞、说唱等文艺节目。

（宁夏回族自治区林业由刘方圆、田原供稿）

新疆维吾尔自治区林业

【概　述】

发展与成就

森林资源培育 2002 年，自治区共完成人工植苗造林面积 23.78 万公顷（不含生产建设兵团），其中用材林 200 公顷，防护林 1.05 万公顷，经济林 7.47，薪炭林 167 公顷，特用林 53 公顷，相当于往年任务量的 2.4 倍，为计划任务的 109.69%，创造了全区人工造林历史新记录。全区公民义务植树 1.02 亿株，四旁植树 1896 万株，新建义务植树基地 234 个。完成绿色通道建设 1341.3 千米。完成育苗 0.97 万公顷，其中新育 0.69 万公顷，出圃合格苗木 2.9 亿株。全区新封平原天然林 13.33 万公顷，引洪灌溉平原天然林 6.67 万公顷，中幼林抚育 2.67 万公顷。

森林资源保护 2002 年全区将加强森林资源保护管理列为一项中心工作。一方面，从加强领导班子建设和完善监督检查制度着手，通过在全系统广泛开展森林资源保护管理警示教育活动，建立健全森林资源管理制度，落实森林资源管护责任制，加大资源管理工作的透明度，定期、不定期地组织人员专题到生产单位、生产第一线监督检查等措施，进一步加大森林资源保护管理工作的力度。另一方面，深入开展森林资源保护工作。通过开展“新疆保护藏羚羊一号行动”等专项严打整治斗争，严厉打击破坏森林资源的各种违法犯罪行为，全区共查处各类森林案件 2762 起，处理违法犯罪人员 4428 人。护林防火工作及早进行了安排部署，全区共发生林火 28 起，及时得到了控制和扑救，森林受害率为 0.04/1000。森林病虫鼠害防治工作继续认真落实森防目标责任制，及时掌握病虫鼠害发生的趋势和动态，努力做好预测预报和防治工作，全区森林病虫害发生面积 16.48 万公顷，完成防治面积 14.35 万公顷，森林病虫害成灾率、防治率、监测覆盖率和种苗产地检疫率分别为 4.46%、87.11%、83.6% 和 95.53%，全部达到国家规定标准。

林业科研、技术推广工作 建立了自治区林业科研项目库，征集项目 42 项。新上林业科研推广项目 11 项。组织修订自治区林业地方标准 16 项，制定地方标准 5 项。组织申报自治区科技进步奖项目 4 项，其中 3 项获自治区科技进步三等奖。积极组织开展优良林木品种引种和选育技术、集约丰产栽培技术和低产林改造技术等林业科研成果的推广应用，各级林业科研、技术推广单位通过举办实用技术培训班、观看科普录像和召开现场会等方式，培训人员 2 万多人次。

资源和林政管理 2002 年，新疆先后制定了《林木采伐管理办法》、《征占用林地审核审批管理办法》、《木材运输证核发管理暂行规定》、《林政案件管理办法》等，进一步规范了资源和林政管理工作。全区完成林权证发放 15 万份。签发出疆木材 14 万立方米。2002 年，新疆维吾尔自治区人民政府批准新设木材检查站 12 个，全区木材检查站共计 103 个。全区共发生各类林政案件 2860 起，查处 2690 起，损失林地 1472 公顷、林木 35 860 立方米、幼树 84.35 万株，收缴野生动物 259 头（只）、木材 353 立方米，行政处罚 3096 人次。

存在问题 ①森林资源总量不足，局部小环境生态改善与大环境恶化的趋势尚未从根本上扭转。②林业生态建设和产业化发展还不能满足自治区经济社会可持续发展的需要。③森林资源保护管理的压力很大，特别是平原地区森林资源管理基础薄弱，一些地方乱砍滥伐林木、乱批滥占林地、乱捕滥猎野生动物、乱采滥挖野生植物的行为时有发生。④林业工程管理中还有不少薄弱环节。工程建设中暴露出来的一些新问题还未能及时有效地解决。一些地方工程建设质量不高甚至弄虚作假、虚报瞒报，严重影响了工程建设的顺利开展。⑤森工企业改革滞缓、债务沉重、市场竞争力弱，后续产业发展慢，新的经济增长点还未形成。⑥林业科技支撑与工程建设有效结合的机制尚未形成，林业建设科技含量低，科技在林业建设和发展中的支撑作用还不明显。（蔡立新）

【新疆森林分类经营及生态效益补助资金试点工作稳步开展】 完成了森林分类区划界定工作。根据区划结果，全区林业用地面积722.7万公顷（不含天保工程区），占全区土地面积的4.4%。其中，防护林和特种用途林697.1万公顷，占96.46%；商品林25.6万公顷，占3.54%。按事权划分，国家防护林和特种用途林564.7万公顷，占81.01%；地方防护林和特种用途林132.4万公顷，占18.99%。各单位的区划界定报告、统计表、林种布局图等都已编制完成，现场界定书、林权证已基本签订、颁发完毕。

完成了森林生态效益补助试点工作任务。先后制定了《森林生态效益补助资金管理办法（暂行）》、《国家重点防护林和特种用途林管护办法（暂行）》、《国家重点防护林和特种用途林管护质量检查验收办法（暂行）》。41个试点单位的100万公顷试点任务顺利完成。各试点单位都根据国家政策，编制了具体的试点方案，各项试点工作开展顺利。自治区人民政府与各地（州）签订了《新疆维吾尔自治区重点防护林和特种用途林保护管理责任书》。各地（州）、各县（市）、各林业主管部门以及各管护单位和个人也都层层签订了责任书和合同，建立健全了责任制，把管护面积真正落实到山头、地块、人头。（祁金山）

【新疆提出21世纪头20年林业发展的奋斗目标】 计划分3个阶段，以实现林业跨越式发展为目标，不断深化林业体制改革，推进林业经济结构战略性调整，加快现代林业建设步伐，为全面建设小康社会提供可靠的生态保障。2003～2007年为转折调整阶段，2008～2012年为快速发展阶段，后10年为由快速发展向可持续发展过渡阶段。前10年要为后10年的实现健康稳定大发展打好基础。3个阶段主要林业建设的奋斗目标分别是：林业生态建设取得显著成效，年新增有林地面积16.7万公顷以上，全区森林覆盖率分别达到3%、3.5%、4%。绿洲森林覆盖率达到21.5%、27.5%、32%以上。新建各类自然保护区7处、8处、9处，占全区国土总面积的16%、25%、33%。林业产业实力显著增强，林果面积分别达到66.7万公顷、86.7万公顷、100万公顷，林果产品及其深加工产值分别达到50亿元、80亿元、150亿元。林果收入分别占农民总收入的12%、20%、30%以上。林业在自治区经济发展中发挥更加重要的作用，林业产值在自治区国民经济生产总值中所占的份额不断增加。林业职工收入在当地职工收入居于中上水平。

通过努力，使山区生态环境、绿洲生态环境和荒漠生态环境恶化的趋势基本得到遏制，山区森林生态功能增强，绿洲内部生态趋于平衡，绿洲面积不断扩大。全区生态大环境逐步改善，干旱、风沙、盐碱等生态环境危害逐步减少。达到宜林荒山、荒滩、荒地林草化，绿洲农田林网化，公路铁路林带化，城镇乡村园林化，创造优良的生态环境，促进人与自然的和谐，努力推动新疆经济社会走上生产发展、生活富裕、生态文明的发展道路。（蔡立新）

【新疆保护藏羚羊一号行动】 2002年11月5～12日，为加强对阿尔金山自然保护区野生动植物的保护，严厉打击武装盗猎和非法捕杀、收购、运输、出售藏羚羊及其产品的违法犯罪行为，新疆维吾尔自治区人民政府开展了代号为“新疆保护藏羚羊一号行动”的反盗猎行动。自治区副主席熊辉银任总指挥，自治区林业局党委书记李湘林，副局长穆汉、张小平及武警森林总队长郭胜辉任副总指挥。组织了由自治区林业局、森林公安局、武警新疆森林总队及巴州林业局、森林公安局、若羌县人民政府和新闻媒体等参加的行动队。参战人员116名，抽调各种车辆24台。共打击处理各类违法犯罪人员76名，检查各种车辆21台；收缴小口径枪3只、小口径子弹85发、猎夹12个、作案北京212型吉普车1辆等作案工具；查获藏羚羊皮2张、藏羚羊头5个、藏羚羊蹄36个、藏羚羊肉35千克、北山羊皮32张、卤虫32吨以及部分野生动物头、角、毛、皮、骨等；捣毁捕杀藏羚羊窝点1个、非法狩猎户1家；捕获犯罪嫌疑人3名。（王　政）

【新疆天然林保护工程实施】 工程区已全面落实森林管护责任制。根据《天然林资源保护工程管护办法》和《天然林资源管护检查验收办法》的要求，纳入天保工程的29个林场，按营林区和沟系区划，将95个营林区、6225个林班、6万多个小班的管护责任全部落实到了各山头、地块和管护人员。自治区林业局天然林保护管理中心先后两次会同国家林业局天保中心组成3个工作组，对天保工程区森林管护责任制落实情况和山区三北防护林四期更新造林情况进行了督促检查。同时，完成了1682名职工的一次性安置工作。（田照敏）

【新疆退耕还林工程全面启动实施】 2002年，新疆在前两年试点的基础上全面启动了退耕还林工程。年初共下达计划任务17.33万公顷，其中退耕地造林7.33万公顷，宜林荒山荒地造林10万公顷。全区实际完成退耕还林14.8万公顷，其中退耕地造林7.93万公顷，为计划任务的108%；荒山荒地造林6.87

万公顷，为计划任务的69%。工程涉及全区75个县市（区）、572个乡、3412个村、136 062家农户

（余河新）

【新疆林果业建设】 2002年，新疆紧紧围绕农村经济结构调整和农民增收，以特色优势资源为依托，以产业经营为手段，利用独特的光热水土资源，大力发展香梨、核桃、石榴、巴旦杏、葡萄、枸杞等名特优林果品种，完成林果种植面积7.47万公顷。全区林果保存面积已达32.13万公顷，年产各类干鲜果品131万吨，产值29.19亿元。（艾合买提）

【新疆维吾尔自治区2002年林业大事】

1月10日 自治区党委副书记周声涛到阿尔泰山林业局视察工作。

1月27～29日 自治区林业局举办森林资源保护管理警示教育学习班。

2月5～7日 自治区林业局场长会议在乌鲁木齐召开。

4月12日 自治区党委书记王乐泉、自治区主席阿不来提·阿不都热西提，自治区政协主席贾那布尔等自治区党政军及新疆生产建设兵团的领导到乌鲁木齐市水磨沟义务植树基地参加义务植树劳动。

5月23日 自治区主席阿不来提·阿不都热西提，自治区党委副书记、常务副主席王金祥、自治区副主席熊辉银听取自治区林业工作汇报。

5月23日至6月5日 以全国政协副主席杨汝岱为组长，全国政协经济委员会副主任、原林业部副部长刘广运为副组长的全国政协经济委员会退耕还林专题组一行对新疆退耕还林工作进行了专题调研。

6月28～29日 国家濒管办在乌鲁木齐召开了2002年度中央政府和香港、澳门特区政府GITES管理机构年会。

7月15～27日 自治区林业局在新疆林业学校、乌鲁木齐板房沟林场举办了两期领导干部理论培训班，深入学习江泽民同志“5·31”重要讲话和“三个代表”重要思想。自治区林业局机关、天西、阿山林业局的正处级领导干部和直属各单位的党政主要领导共100多人参加了培训。

8月5～9日 由中国国家林业局湿地公约履约办公室、湿地公约秘书处和世界自然基金会联合主办，新疆维吾尔自治区林业局承办的喜玛拉雅地区高原湿地保护国际研讨会在乌鲁木齐召开。

8月17日 由新疆野生动植物保护管理办公室和新疆农业大学共同承担的国家重点科研项目提高普氏野马繁殖成活率的研究通过国家林业局科技司组织的成果鉴定。该成果达到国际先进水平。

8月18～21日 全国林业系统纪检监察工作研讨会在新疆吉木萨尔林场召开。

10月10日 武警新疆森林总队成立。自治区主席阿不来提·阿不都热西提，国家林业局副局长雷加富，自治区党委常委、政法委书记张秀明，武警总部副参谋长冯守正，国务院有关部委、武警总部、自治区各有关部门负责人以及森林部队官兵1000多人出席成立大会。

11月5～12日 自治区人民政府组织自治区野生动物保护部门、森林公安、森林武警等部门，深入阿尔金山昆仑地区开展代号为“新疆保护藏羚羊一号行动”的反盗猎行动。

11月18日 中韩新疆吐鲁番固沙造林合作项目执行协议（M/M）签字仪式在乌鲁木齐举行。自治区副主席熊辉银、韩国国际协力团理事李京洙（副总裁、副部级）、自治区林业局党委书记李湘林、副局长张小平出席了签字仪式。张小平、李京洙分别代表中韩双方签字。

12月9～21日 自治区林业局先后举办两期干部理论学习班，对局机关副处级以上领导干部及直属单位党政主要领导进行党的十六大精神集中培训。

（田照敏）

新疆生产建设兵团林业

【概　述】 2002年，兵团林业工作围绕林业改革与发展的整体思路，以建立完善的生态体系和发达的产业体系为目标，以完成7.33万公顷造林绿化建设任务为中心，抓好重点防护林工程、退耕还林工程、天保工程和种苗工程建设，带动兵团整体造林绿化向深层次、高标准发展，取得了较好的成绩。

主要成绩

造林工作取得历史性突破 据统计，2002年全兵团共完成造林建园73 522公顷，其中退耕还林工程47 520公顷，三北造林26002公顷。

天保工程顺利实施 管护面积44 363公顷，资金投入总量416万元，且332名职工全部参加社会统筹养老保险。同时，加强天保工程资金监管、检查，做到了专款专用、管护人员到位，确保了天保工程按实施方案执行。

种苗工程建设进一步加强 全年投入国债资金800万元，新建3个、续建6个中心苗圃。全年育苗1918公顷，其中新育1324公顷，留床594公顷。兵

团大部分师、团（场）做到了造林绿化苗木自给有余。

森林公安工作取得进展 兵团森林公安机构和队伍，组建工作取得初步成绩，执法工作开始起步。全年查处森林案件361起，其中刑事案件3起，处罚199人，挽回经济损失175万元，震慑了违法破坏森林资源的犯罪分子，教育了广大干部职工。

森林防火取得好成绩 通过签订森林防火责任状，加强火源管理、扑救物资更新和火灾隐患检查纠正，森林火灾发生率明显下降，全年仅发生3起森林火灾。

依法行政，森林资源管理工作步入正常化、规范化、法制化轨道 ①实现"四个"转变。即在思想认识上，由重造林向造管兼重转变，一手抓造林，一手抓管理；在森林资源管理上，由有法不依、执法不严向违法必究、执法必严，进行依法行政管理转变；在林业发展机制上，由单一的公有林业发展模式向以公有制为主、大力发展非公有制的发展模式转变，形成多元化发展林业的新格局；在林业工程建设上，由以生态效益为主，向生态、社会、经济三大效益兼顾转变，在建立起完备的综合防护林体系的同时，加速发展林果业，尽快建立起发达的产业体系。②开展林业执法宣传教育活动。组织编印了林业行政执法手册500本，分发到各团领导和有关部门进行学习。③举办林政执法人员培训班，努力提高林政执法人员业务素质和执法能力。兵团举办林政执法培训班3期，培训人员达到460人。④规范了林地占用审批程序，全年审批征占用林地19宗，14.52公顷。⑤认真查处了群众举报、媒体曝光的毁林案件。全年群众举报毁林案件4起，兵团、师协同进行了认真查处，起到了一定的威慑作用，各类毁林案件明显下降。全年发生乱砍滥伐、毁林开垦等各类案件333起，其中294起得到处理；乱占林地3起，仅为2001年的1/4，森林资源法制化管理取得了初步成效。

健全森林病虫鼠害预测预报网络体系，基础设施进一步加强 在国家林业局的大力支持下，当年新建农一师九团和农十三师黄田农场两个国家级中心预测预报点，至此，兵团共有5个国家级森林病虫害中心预测预报点；同时，投资专款80万元购置森林病虫害设备仪器，森林病虫害除治能力得到提高，有效地保护了森林资源。

主要特点

各级党委高度重视、率先垂范、真抓实干 各级党委切实把林业生态建设摆上了重要日程，把建设任务落实到各级领导的肩上，亲自部署和落实，并且身体力行，带头参加重点工程植树活动，起到了很好示范作用。

工程建设集中连片，突出了规模效益 各地从实际出发，以规模治理为突破口，建设了一大批颇具影响力、感召力和吸引力的区域性大工程。林业生态建设正在由零星分散治理、小的自然单元向集中连片、区域治理、大的自然单元发展，产生了很好的生态、社会、经济效应。退耕还林工程建设重点防护林工程建设基本做到统一规划、突出重点、分步实施、集中连片、区域治理、整体推进。

工程建设步伐加快，质量提高 2002年是兵团林业建设任务最大、实施情况较好的一年。在造林过程中，做到了严格按照作业设计和《造林技术规程》施工，全面推行标准化造林，提高了工程建设质量。2002年兵团根据国家有关质量管理的文件和规定，下发了《退耕还林工程建设检查验收办法》和《三北防护林四期工程检查验收办法》，严格把好工程建设质量关，转变质量意识，提高质量水平。

注重了优化林分结构，发挥整体效益 实现了由单一树种向多树种转变、纯林向混交林转变、单层林分向乔灌混交的复层林转变，由追求单一目标、发挥单一效益向实现多目标、发挥多效益方向转变。

工程建设整体规划，合理布局 各师、团在完成造林任务的同时，进行高水平规划，前瞻性设计。农十师平顶山绿化工程、农二师314国道绿化工程，按照"春有花、夏有荫、秋有果、冬有青"的要求，造林树种的配置在以乡土树种为主的前题下，增加了常青树、花灌木的比重，整个工程的人工造林通过高标准规划，高质量施工，逐渐向园林化发展。

多渠道融资，投入力度加大 2002年兵团林业建设国家投资达16 376万元，实现了历史性的跨越，为兵团林业建设注入了强大的动力。但是，由于造林立地越来越困难，造林成本费用愈来愈高，资金缺口仍然很大，各师、团（场）多方筹集资金确保了林业建设的顺利实施。农十师平顶山绿化工程采取"国家投一点，师出一点，单位集体拿一点，职工个人捐一点"的办法，确保了工程任务的完成。

存在问题

林业改革上思想还不解放，开拓创新意识还不强，与国家快速发展林业的迫切要求不相适应 林业建设责权不分、职责不明、机制不活、产权不清，长期束缚林业发展的体制问题和深层次矛盾未从根本上解决，林业自身蕴藏的巨大潜能还远未释放出来。

退耕还林工程建设上，对国家的政策理解不深，承包管理办法不规范 少数团（场）存在一是不按作业设计施工、营林质量差、管理水平低、成活保存率低；二是树种选择不当，退耕还林与职工致富目标脱节；三是忽视了生态优先，兼顾经济的原则。

林业科技含量与新时期林业发展的要求不相适应 林业科技队伍不健全，科研与技术推广经费不落实，造林树种的多样性、苗木的抗逆性、造林模式的针对性以及危险病虫害的综合防治等，缺乏先进实用的成果，已有成果的推广也不能全面到位，科技成果

的转化率和普及率低。 （贾寿珍）

【新疆生产建设兵团植树造林】 2002年，兵团积极执行国家“西部开发、生态先行”的战略决策，围绕生态环境保护建设工程，以产业结构调整为契机，以高标准、高质量完成退耕还林为中心，以农田防护林工程、防沙治沙工程、退耕还林工程、特色果品基地建设和种苗基地建设工程为重点，加强领导，强化措施，2002年兵团造林绿化工作取得了显著成绩。

全兵团2002年共完成常规造林面积2.6万公顷，其中防护林1.64万公顷，经济林0.96万公顷。防护林中农田防护林面积0.85万公顷，荒漠造林2040公顷，封沙育林面积17.35万公顷，其中新封6332公顷，是历年来完成任务最好的一年。

退耕还林还草工程建设继续保持较快的发展速度，全年完成退耕还林还草4.752万公顷，其中退耕地造林27 207公顷，宜林荒地造林种草20 313公顷。

全民义务植树尽责率达到96.6%，参加义务植树人数达103.5万人，植树6155万株，人均植树59株。

重点防护林工程和种苗工程建设进展顺利。当年24个重点防护林建设项目完成造林0.52万公顷，9个种苗基地建设项目完成了温室和渠系配套等基础设施建设。育苗1869公顷，其中新育苗1225公顷，留床苗644公顷。

林业新技术和新成果的推广力度有所加强。推广应用节水造林技术0.33万公顷，防啃剂0.15万公顷，性诱剂1.3万公顷，BT乳剂30吨、近0.67万公顷，地膜育苗267公顷，林木病虫害综合防治技术2.33万公顷，标准化果园建设面积0.27万公顷。同时，继续加强林业新技术和新成果的引进工作。主要特点：

各级领导高度重视林业 ①把加快生态环境建设和保护作为实施西部大开发战略的“四项”重点工程之一，将造林任务作为兵团惟一一项指令性计划下达到各师。②各级主要领导要亲自抓造林绿化工作，把林业建设提升到形象工程的高度，率先垂范，带头参加义务植树劳动和创办造林绿化点。全兵团各级领导办造林绿化点466个，面积1305公顷。③实行造林绿化领导责任制。健全制度，明确责任，奖罚分明，把植树造林，改善生态环境纳入干部政绩考核内容，任务完成的好坏作为评选先进单位、先进个人的重要条件，与领导的工资、奖金挂钩，重奖重罚。

加大宣传力度，提高广大干部群众的绿化意识 ①大力宣传目前落后的林业现状和恶劣的生态环境，对经济发展不利的影响；②加强林业法制宣传；③加强林业科技宣传和造林绿化先进典型的宣传。据统计：各师、团（场）树立永久性林业宣传牌（碑）2724块，悬挂大型林业宣传横幅850个，刷写张贴林业宣传标语口号16 088条，运用宣传车26辆次，在各种报刊发表和刊登领导讲话、新闻稿件、科技性文章共1253篇，出板报、墙报1164期，领导电视讲话221人次，激发了广大干部、群众的积极性。

部署早、行动快，准备工作充分 据不完全统计：80%以上的造林用地是在2001年夏秋准备就绪，处于待植状态，从而保证了整地和栽植质量。

加强了造林绿化督查工作，提高造林质量 兵团林业局于2002年7月下旬至8月初与兵团计委、统计局等部门组成联合检查组，对兵团14个师2002年造林绿化任务完成情况、退耕还林政策落实情况和资金使用等进行实地检查验收，共抽查了51个团（场），占全兵团团（场）总数的30%，并将检查结果在全兵团予以通报，农一师、农六师、农十三师等单位造林面积实、质量好被评为兵团2002年春季造林绿化和退耕还林优胜单位，给予通报表彰。

以林业生态工程为主体，推进林业生态体系建设 ①防风固沙工程建设力度加大。准噶尔南缘防沙治沙工程、塔里木下游绿色走廊综合治理工程、塔克拉玛干沙漠西北缘600千米绿色生态带建设工程3个重点防风固沙工程项目，共完成造林0.24万公顷。农四师六十三团、六十团，农七师一二六团、一二七团、一二八团、一二九团，农六师新湖农场、芳草湖农场等单位在沙漠边缘采取营造大型防沙基干林和封育荒漠植被相结合，取得了良好的效果。②以农田林网化建设为主体的生态防护林体系建设稳步推进。共计造林0.85万公顷。继续坚持“三随两结合”造林营林方针，即林随地走、林随路走、林随渠走，造林与水土开发相结合，造林与小城镇和小康连队建设相结合，推动造林绿化全面发展，农田林网化建设水平不断提高。③退耕还林工程建设进展顺利。

狠抓种苗基地建设 完成育苗面积1867公顷，为2003年造林打下了良好的基础。兵团林管站，农三、四、五、六、七、八和十三师等一批中心苗圃、示范苗圃建设取得新的进展。

加强林业技术培训工作 ①组织有关人员参加了国家组织的政策和技术培训。②兵团、师针对退耕还林提高了林业职工的专业性技能和整体素质。

造林质量得到提高 2002年是造林质量年。各师、团造林坚持了四个标准化，做到了“四随、五不栽”。严格执行造林技术规程，整地质量好，苗林规格高，造林期间每道工序都有检查、有验收，严格要求，管理到位，造林成活率高。 （赖 煜）

【新疆生产建设兵团天保工程】 2002年，按照《新疆生产建设兵团天然林保护工程实施方案》要求，加强领导、健全组织，强化资金监管和森林防火工作，天保工程得到顺利实施，并取得良好成绩。经国家林业局联合组织的天保工程核查组现场检查考核，综合评价名列前茅。

加强领导，健全了天保工程的组织机构 兵团、师、团各级领导非常重视天保工作。兵团、农四师及六十一团、六十七团、七十四团、七十七团相继成立了天保工程领导小组，由各级主管领导担任领导小组组长。由于各级领导小组密切协作，尽职尽责，确保了天保工程的各项工作顺利实施。

加强资金监管 兵团制定了天保资金管理办法，各单位设立了资金账户，保证了资金的安全和专款专用，无占用、强行划拨和抵扣贷款本息、税金、债务等违纪现象。截至2002年末，累计投入资金416万元，其中国家投资382万元，团（场）自筹34万元；当年投资215万元，其中国家投资191万元，团（场）自筹24万元。

加强天保区护林防火工作 在天保工程区加大了执法力度和巡逻检查次数，4个天然林保护工程实施单位在各主要进山入口处，新修了护林站，增添了围墙和护栏及醒目的森林防火宣传警示牌，严格进山人员管理，对进山人员进行登记，规范野外用火。护林员到岗到位，定时对林区进行巡逻检查，对牧民进行用火制度宣传，保证了天然林保护区无森林火灾。

妥善安置天保富余人员 兵团天保实施单位现有富余人员146人，各单位积极探索富余人员下岗再安置办法，已安置37人，其中一次性安置6人。

（贾寿珍）

【新疆生产建设兵团退耕还林工程】 2000年3月，经国务院批准，退耕还林点示范工程正式启动。当年兵团有6个团（场）列入退耕还林试点示范，2001年试点团（场）由6个增至9个，工程任务由0.41万公顷（其中退耕地0.27万公顷）增至0.8万公顷（其中退耕地0.47万公顷）。2002年国家全面启动退耕还林工程，兵团退耕还林的规模大幅度增加．全年退耕还林任务5.33万公顷（其中：退耕地造林和宜林荒地造林种草各半）。3年来，从试点示范到全面启动兵团退耕还林工程进展顺利，取得了阶段性成果。截至2002年底，全兵团累计完成退耕还林面积5.88万公顷，完成计划的89.8%。其中：退耕地造林3.44万公顷，完成计划的101.2%；宜林荒山荒地造林种草2.44万公顷，完成计划的77.9%。2002年完成退耕还林面积4.71万公顷，完成计划的88.2%；退耕地造林2.69万公顷，完成计划的100.8%；宜林荒山荒地造林种草2.02万公顷，完成计划的75.8%．主要工作：

统一认识，加强组织领导 兵团党委、领导非常重视退耕还林工作，将其列入了党委重要议事日程。成立了由兵团副司令员胡兆璋任组长，兵团林业局、计委、财务局、粮食局参加的退耕还林领导小组和办公室。师、团（场）也分别成立了相应机构，统一领导和协调退耕还林工作。兵团各级严格按照“严管林、慎用钱、质为先”的总体要求，切实落实国务院关于退耕还林工程目标、任务、资金、粮食、责任“五到省”指示，坚持兵团负全责，项目师、团（场）实行目标责任制，兵团、师、团（场）主要领导层层签订责任书，团（场）与承包人签订承包合同，明确了承包年限、管理承包面积、树种、成活率、保存率、生长率、年产量、资金投入、奖罚措施、双方责任，保证了退耕还林工作按要求顺利进行。

加强工程监督，保证建设质量 兵团、师、团（场）林业主管部门和计委对工程实施进展情况、建设质量、完成任务等，分阶段进行跟踪检查，不合格的，要求限期改正，暂停拨付各项补助资金。对退耕地反弹单位，追回已拨的各类补助资金，对责任人严肃处理。为保证退耕还林工程按期完成计划任务，确保工程建设质量，兵团设立了举报电话和举报信箱，接受监督，力求做到有案必查、有查必结。

科学制定退耕还林方案，合理确定林草种植结构 结合兵团实际，兵团提出“十五”期间完成退耕还林13.33万公顷的目标。本着“全面规划、分步实施，突出重点、先易后难，先行试点、稳步推进”的原则，严格按照国家生态林、经济林认定标准，合理确定退耕还林模式，宜林则林、宜草则草、林草结合、以还生态林为主，强化生态环境建设。并以团（场）为单位编制了退耕还林实施方案，组织专家对方案进行了论证。

坚持区域治理，规模推进，实现生态、经济、社会效益协调发展 ①坚持生态环境建设与经济发展相结合，按产业发展的思路，把生态环境建设同团（场）的经济发展、职工脱贫致富结合起来，形成良性循环机制。为解决好社会效益与经济效益、当前效益与长远利益的关系，采取了多林种、多树种，林草结合，建立多层次、多功能、多效益的比较完备的生态经济型综合体系，实现生态、经济和社会效益的统一。②坚持因地制宜，确定合理的退耕还林治理模式。为了保证做到“退得下、还得上、能增效、稳得住、不反弹”，根据兵团实际情况，退耕还林模式分成3个类型：一是风沙前沿地带，生态环境极为脆弱，多年来由于生态环境建设和保护较差，局部地区沙漠化加剧，属于退耕还林重点治理区，实行以退耕还林为主，乔灌结合，造封结合，建立完善的防护林体系；二是山前丘陵（坡地）、山前平原类型区，主要分布在北疆山前逆温带，降雨相对较为丰富，原为天然针、阔叶林和灌木混交林和放牧草场，多年的开垦种植，使植被稀少，水土流失现象较为严重，也是属于退耕还林重点治理区，采取灌草结合为主，与发展畜牧业相结合；三是河谷、河滩类型区，主要分布在额尔齐斯河、塔里木河流域等河谷、河滩地，土地肥沃，原为茂密的天然河谷林和次生林，经过开垦已逐渐变为农田，生态环境急待恢复和保护，以还林为主，采取林（乔）草结合。③坚持建设同保护、开发、利用相结合。实行退耕还林、防护林体系建设和荒漠植被保护相结合。④植被稀少的宜林荒地造林种草，采取人工播种、人工植苗、引洪灌溉、封育管护等措施，以提高成活率，增加植被。

加强科技支撑，把科技保障贯穿于退耕还林工作全过程 ①坚持因地制宜，适地适树适草的原则。依据不同区域的自然条件，确定相应的树种、草种和林草结构，以适应性强的优良乡土树种和抗逆性强品种为主，多造混交林，坚持造封结合。②规范和完善种苗生产供应机制，兵团、师两级种苗管理部门负责协调外来苗木的引进、供应，签订责任状。做到数量充足、质量优良、品种对路，一级苗造林达到85%以上。外来品种坚持先试验后推广，实行种苗质量责任制，种子和苗木出圃有标签、检验证和检疫证。③加强先进实用科技成果的组装配套和推广应用，坚持了造林种草整地标准化、苗木（草种）标准化、栽植（播种）标准化、管理标准化。④加强技术服务和指导，确保退耕还林工作按规划设计，按设计施工，按标准验收。（赖　煜）

【新疆生产建设兵团经济林、园艺生产】 2002年是兵团经济林、园艺产业取得长足发展的一年，产业规模全面扩大，产品质量全面提高，经济效益全面增长。

当年全兵团经济林、园艺生产总面积达到11.69万公顷。①果园保存面积达到5.16万公顷。其中当年新植果园面积1.49万公顷，以香梨、葡萄、特色干果为主的名特优果品标准化生产示范基地的规模达到5.15万公顷。②蔬菜种植面积4.69万公顷，其中酱用番茄2.45万公顷，制干辣椒0.33万公顷，保护地蔬菜面积0.12万公顷。③西瓜、甜瓜种植面积1.36万公顷，其中甜瓜面积0.7万公顷。全年果品总产量30.3万吨，蔬菜总产量223.5万吨，西瓜、甜瓜总产量47.4万吨。果品、蔬菜、瓜类全面推广无公害、绿色栽培技术。有20个团（场）的香梨、葡萄、甜瓜、酱用番茄基地通过了绿色食品认证，产品质量、产品档次明显提高。据测算：全年平均园艺总产值16.1亿元，其中果品产值5亿元，蔬菜产值9.1亿元，西瓜、甜瓜产值2亿元。主要工作：

规划经济林、园艺产业发展目标，做大做优做强特色经济林、园艺产业 年初召开了兵团经济林、园艺产业发展研讨会，组织经济林、园艺生产管理人员和专家研讨兵团“十五”期间和2010年经济林、园艺产业发展问题。研讨会形成的《关于加快兵团经济林、园艺产业化发展的意见》，提出了经济林、园艺生产发展思路、指导思想和工作目标。重点是坚持经济效益和生态效益并重的原则，集中建设6个优质特色经济林、园艺产业带（区），重点做优做强10个特色经济林、园艺标准化生产示范基地，大力推广经济林园艺产业十大主体技术，努力构建以20万公顷香梨、葡萄、哈密瓜、干杂果等特色果品生产基地为主体，设施园艺初具规模，蔬菜花卉长足发展的园艺产业新格局。“十五”期间，重点建设8万公顷特色果品生产示范基地。到2005年，经济林、园艺作物种植面积达到14.8万公顷，其中香梨3.33万公顷，葡萄3.33万公顷，干杂果1.33万公顷，哈密瓜2万公顷，蔬菜4.67万公顷，设施园艺0.13万公顷。园艺产业总产值45亿元，约占兵团农业总产值的25%，力争2010年超过30%。

利用国家和兵团对发展经济林、园艺产业的优惠政策，重点培育一批龙头项目和龙头企业 兵团主管部门向国家和兵团申报了10类43个经济林、园艺产业发展项目，2002年获准22项。其中国家计委、农业部国投项目2项，资金1000万元；国家林业局贴息贷款额度2亿元；兵团项目19项，资金2800万元。①国家高技术产业化项目——新疆兵团名特优园艺园林植物脱毒苗快繁产业化项目，自1999年实施以来，有序进展，初见成效。项目的龙头单位——石河子大学已建成脱毒苗试验室、配套的自动化温室和日光温室（2800平方米），对多种园艺园林植物的脱毒技术进行了试验研究和试生产，基本完成了项目的建设内容，国家计委颁授了牌匾。农七师林业站项目建成后，采用工厂化育苗，每年春季培育各种蔬菜苗三四批，100万株，年创产值20万～30万元，成为蔬菜产业化示范基地。农二师三十团、农三师四十五团、农十三师黄田农场也都按项目设计要求建成二级快繁基地（节能日光温室4.6万平方米），已投入苗木繁育和设施园艺生产。此项目在前两年1000万元投资的基础上，2002年国家追加投资500万元。②兵团南疆特色果树优质苗木繁育基地项目正式启动。项目于2001年经农业部批准，首批获国家建设资金500万元，兵团自筹配套120万元。2002年开始在农一师九团、塔里木农垦大学实施，已建成育苗温室5栋，特色果树品种资源圃20公顷，育苗基地26.7公顷，培育特色果树苗木200万株。③兵团计委批复的一〇三团绿色哈密瓜出口示范基地，冠农果茸绿色香梨出口示范基地，红星二场优质葡萄出口示范基地，四十三团优质干椒出口示范基地等4个项目，2002年已正式启动实施。④2002年国家给兵团2亿元的林业贴息贷款额度，落实申报贴息贷款项目46个，享受国家贴息款1097万元。⑤2002年兵团计划安排园艺产业基本建设投资1000万元，农业综合开发、扶贫及以工贷赈项目筹措1800万，共计启动经济林、园艺产业项目22个。

大力推广经济林、园艺产业“十大主体”技术，重点解决果品品种退化 2002年是推广十大主体技术（即：优良种苗标准化繁育技术、节水灌溉技术、

以有机肥为主的配方施肥技术、整形修剪技术、花果管理技术、化学调控技术、设施园艺与配套工程技术、有害生物综合防治技术、采后处理保鲜包装储运技术、绿色有机食品生产技术）的第一年，推广工作取得了较好的成效。特别是针对特色果品品种退化，组织开展了协同攻关活动。①开展香梨优株单选。从丰产优质香梨园中初选100多个优良株系，组织专家组复选，最终确定了18株为兵团香梨的优选单株。②开展农二师、农十三师香梨、葡萄生产专题调研，在生产中示范推广应用疏果整穗、人工授粉、脱萼套袋、水肥管理等一整套改善果品品质和商品质量的农艺措施，取得了良好的效果。农二师脱萼香梨整齐度和外观商品性显著提高，农十三师疏果整穗葡萄较常规葡萄每千克售价高出0.3～0.5元。③邀请科研院所、高等院校的专家教授，对兵团脱毒苗产业化项目单位、酱用番茄重点种植团（场）、师团蔬菜生产管理和技术人员以及蔬菜种植专业大户等150人，进行了蔬菜生产及产业化发展专题培训。④采用节水灌溉技术的果园、设施园艺面积近0.67万公顷。农十师一八一团、农十三师淖毛湖农场晚熟哈密瓜取得了很好的成效。农二、农十三师果品推广以有机肥为主的配方施肥技术，农一、农二、农三、农十三、农五师将整形修剪、花果管理、化学调控技术作为职工培训的重点内容。农五师九十团在红提葡萄生产试用“十大主体技术”产品赢得了消费者的青睐。⑤结合果树夏季修剪和“科技之冬”活动，兵团、师两级技术培训10万人次。

规范标准，培育品牌，推进特色经济林、园艺产品优化升级　①经济林、园艺生产品牌意识增强。农五师注册了“北疆”牌红提葡萄商标，农八师一四三团注册了“古丽巴克”、“沙阿娜”牌蟠桃商标，蟠桃打入了香港市场。农五师“北疆”红提葡萄通过国际质量管理体系认证，2002年有1万箱优质红提葡萄出口到哈萨克斯坦。②继前几年农二师、农十三师、农五师被国家林业局和中国经济林协会授予中国香梨之乡、中国无核白葡萄之乡，中国枸杞之乡称号，2002年农业部分别授予农六师中国哈密瓜之乡、农八师一四三团中国蟠桃之乡称号。③启动新阶段“菜篮子”工程建设，无公害园艺产品计划开始实施。

深入现场，调查研究，总结推广先进经验　①组织专家深入中基公司、天业公司及酱用番茄生产团（场）进行调研，撰写了《兵团加工番茄产业发展现状和建议》。②2002年5月，应意大利邀请，兵团组团赴意大利参加第十九届切塞纳国际蔬菜水果博览会参展和考察。展示了兵团园艺，了解了国际蔬菜水果生产发展方向，学习了园艺生产新经验、新技术。

（邵　燕）

【新疆生产建设兵团森林公安工作】　兵团森林公安局的正式组建，为依法保护森林和野生动植物资源安全、巩固退耕还林、三北防护林、防沙治沙、造林绿化工程建设成果，加大天然林保护力度，确保林业改革和建设顺利进行提供了组织保障。

2002年，兵团森林公安局在制度建设、队伍建设、装备建设取得较大成绩的基础上，以组建基层森林公安机构、理顺森林公安执法权限为中心，以查处森林案件为重点，使各项工作逐渐打开了局面。①积极开展森林公安执法授权工作，为使兵团森林公安机关在办案过程中，与兵团公、检、法减少推诿、扯皮现象，与兵团公安局、检察院、法院协商，开展执法授权工作，现已进入最后会签阶段。②森林案件查处工作开始起步。全年共查处各类林业案件176起，挽回经济损失近200万元，其中刑事案件5起（劳教3人）。狠狠打击了破坏森林资源的犯罪活动。③基层森林公安机构的组建，取得了突破性进展。天保区六十一、六十七、七十四、七十七团正式组建了森林公安派出所，为基层森林公安队伍建设迈出了坚实的一步。④开展森林防火执法检查。受兵团森林防火指挥部委托，全面检查了农四师4个山区林场及农七师一三七团的森林防火情况，详细掌握了基层森林防火基础设施建设、防火设备及其完好状况以及防火预案、通讯设施等情况和存在的问题，及时进行了整改，确保了全年无大的森林火灾。

（万　冬）

人事劳动

国家林业局领导成员

局长、党组书记：周生贤
副局长、党组副书记：李育材
党组成员 江泽慧（副部长级）
中央纪委驻国家林业局纪检组组长、党组成员：杨继平
副局长、党组成员：马 福 雷加富 祝列克

国家林业局机关各司局负责人

办公室

主 任：张永利
副主任：焦德发（兼，2002年11月任职）
曹国江 李世东（2002年10月任职）
程 红 臧春林（2002年9月免职）
助理巡视员：杨百瑾 闫立民（2002年11月任职，试用期一年）
调查研究室主任：王前进（2002年11月任职，正司局级，试用期一年）
李世东（2002年10月免职）
副主任：程 红（兼，2002年11月任职，副司局级）

植树造林司（全国绿化委员会办公室综合组、长江中下游地区等防护林工程管理办公室）

司 长：魏殿生（兼全国绿化委员会办公室综合组组长、长江中下游地区等防护林工程管理办公室主任）
巡视员：郭 涛（2002年11月任职）
副组长：韩国祥
副司长：吴 斌（兼长江中下游地区等防护林工程管理办公室常务副主任）
赵良平（兼长江中下游地区等防护林工程管理办公室副主任，2002年11月免职）
副主任：马爱国（兼副司长）
总工程师：李怒云
司长助理：罗维祥（2002年5～11月中央三部委选派挂职）

森林资源管理司（全国木材流通行业管理办公室）

司 长：寇文正（兼全国木材流通行业管理办公室主任，2002年10月免职，退休）
肖兴威（兼全国木材流通行业管理办公室主任，2002年10月任职，正司局级）
巡视员：林 进（2002年10月任职）
副司长：李忠平（2002年10月免职） 王祝雄
苏春雨（2002年11月任职）
李晓康（2002年5～11月中央三部委选派挂职）
常务副主任：孙 建（兼副司长，2002年11月任职，正司局级，试用期一年）
助理巡视员：苏春雨（2002年11月免职）
徐济德
副主任：贾 骞
副司局级调研员：徐向一（2002年3月任职）
董新民（2002年3月任职）

野生动植物保护司（野生动植物保护及自然保护区建设工程管理办公室、湿地履约办公室）

司 长：卓榕生（兼野生动植物保护及自然保护区建设工程管理办公室主任）
副司长：刘永范（兼野生动植物保护及自然保护区建设工程管理办公室常务副主任）
副主任：贾建生（兼副司长）

总工程师：严　旬
湿地履约办常务副主任：印　红
助理巡视员：王　伟

森林公安局（森林防火办公室）

局长（主任）、分党组书记：肖兴威（2002年10月免职）
杜永胜（2002年10月任职，试用期一年）
巡视员、分党组成员：曹　真（2002年10月任职，试用期一年）
副局长（副主任）、分党组成员：杜永胜（2002年10月免职）
曹　真（2002年10月免职）
潘世学
张　萍（2002年10月任职）
助理巡视员、分党组成员：张　萍（2002年10月免职）
崔永环（2002年10月任职，试用期一年）

政策法规司

司　长：陈根长
巡视员：汪　绚
副司长：王洪杰　卢昌强

发展计划与资金管理司

司　长：姚昌恬
副司长：高玉英
巡视员：单吉儒
副司长：郝燕湘　杨　超
侯翠花（2002年5～11月中央三部委选派挂职）
助理巡视员：程　良（2002年11月免职）

科学技术司

司　长：张建龙
巡视员：李东升
副司长：胡章翠　李二波

国际合作司

司　长：曲桂林
巡视员：刘洪存（2002年11月任职，试用期一年）
副司长：章红燕

人事教育司

司　长：关松林
巡视员：马安全
副司长：高红电　杨连清

直属机关党委

常务副书记：刘玉来
副书记、纪委书记：杨建新

离退休干部局

局　长、党委书记：孙传玉
副局长、党委副书记：柳学军
副局长：薛全福
助理巡视员：秦德顺　雷堂华
副司局级干部：程美瑾（2002年8月任职）

机关服务局

局长、党委书记：焦德发（2002年11月免党委书记）
党委书记：张永利（兼，2002年11月任职，正司局级）
常务副书记：焦德发（2002年11月任职）
副局长：恽文田　于　利　王寿奎
周　瑄（2002年11月任职，试用期一年）
正司局级调研员：蒋瑞符（2002年9月免职，退休）
副司局级调研员：张华山

国家林业局机关工会联合会

主　席：李玉华（2002年11月任职，正司局级，试用期一年）
副主席：李玉华（2002年11月免职）

中央纪委、监察部驻国家林业局纪检组、监察局负责人

组　长：杨继平
副组长、局长：刘双来
副局长：严晓凌（2002年3月任职）
综合室主任：蒋周明（2002年9月任职，试用期一年）
第一纪检监察室主任：严晓凌（2002年2月免职）
辛运林（2002年2月任职）
第二纪检监察室主任：吴兰香（2002年9月任职，试用期一年）

国家林业局直属单位负责人

国家林业局驻黑龙江省森林资源监督专员办事处

专员、党组书记：荆家良（2002年8月免职）
姜春芳（2002年8月任职，试用期一年）

副专员、党组成员：赵恩举（2002年8月免职）
刘志忠
齐兴武（2002年8月任职，试用期一年）

国家林业局驻长春森林资源监督专员办事处

专员、党组书记：黄庆昌（2002年8月免职，退休）
赵恩举（2002年8月任职，试用期一年）

副专员、党组成员：刘嗣上
李伟明（2002年8月任职，试用期一年）

党组成员：及瑞华

国家林业局驻内蒙古自治区森林资源监督专员办事处

专员、党组书记：金永洪

副专员、党组成员：周广德（2002年8月免职，退休）
李文达（2002年8月调离）
刘洪国（2002年8月任职，试用期一年）
冯树清（2002年8月任职，试用期一年）

党组成员：李国臣（2002年8月任职）

国家林业局驻大兴安岭林业集团公司森林资源监督专员办事处

专员、党组书记：王森业

副专员、党组成员：王荣满
段光晨（2002年8月任职，试用期一年）

国家林业局驻云南省森林资源监督专员办事处

副专员：王信建（主持工作）

国家林业局驻福州森林资源监督专员办事处

专　员：周华永
何美成（2002年1月任职）

国家林业局驻成都森林资源监督专员办事处

副专员：石　峰（主持工作）

国家林业局国有林场和林木种苗工作总站

总站长：王维正

副总站长：孔　明　刘　红

总工程师：张建民

国家林业局林业工作站管理总站

总站长：马广仁

副总站长：林海涛　米海生　李近如

国家林业局林业基金管理总站

副总站长：林谷明（主持工作）　王翠槐　丁立新

总会计师：韩　冰

国家林业局世界银行贷款项目管理中心

主　任：宋士奎

副主任：姜喜山　王志高

总工程师：陈道东

国家林业局宣传中心

主　任：封加平

副主任：汤升享（2002年9月免职）
曹清尧（2002年9月任职）

中国林业职工思想政治工作研究会秘书长：柳维河

国家林业局经济发展研究中心

党委书记、主任：王成祖（2002年1月免职）

党委书记、主任：黎祖交（2002年1月任职，2002年9月免党委书记，任党委副书记）

党委副书记、副主任：黎祖交（2002年1月免职）

党委书记：张　蕾（2002年9月任职，正司局级，试用期一年）

副主任：张　蕾　王前进（2002年11月免职）
刘东生　王焕良

国家林业局濒危物种进出口管理中心

主　任：马　福（兼）

常务副主任：陈建伟

副主任：孟　沙　周亚非　孟宪林
施光孚（2002年3月免职，退休）

国家林业局天然林保护工程管理中心

主　任：张志达

副主任：张周忙　陈　蓬　谭光明

总工程师：叶荣华

国家林业局退耕还林工程管理中心

主　任：张鸿文

副主任：柏章良　李青松　刘树人

总工程师：杜纪山

防治荒漠化管理中心

主　任：刘　拓

副主任：胡培兴　曹清尧（2002年9月免职）
臧春林（2002年9月任职）　罗　斌

总工程师：杨维西

国家林业局对外合作项目中心

主　任：曲桂林（兼）

常务副主任：金普春（2002年10月明确为正司局级，试用期一年）

副主任：苏　明

国家林业局科技发展中心

主　任：黎云昆

副主任：李　兴　李明琪

国家林业局审计中心

主　任：刘双来（兼）

常务副主任：刘雪平

副主任：马宗如

国家林业局人才交流开发中心

主　任：安丰杰（2002年10月明确为正司局级，试用期一年）

副主任：谢　颖　孙国吉　高红电（兼，2002年11月任职，副司局级）

中国林业科学研究院

院长、分党组书记：江泽慧（兼，副部长级）

常务副院长、分党组副书记：张守攻

副院长、分党组成员：熊耀国　李向阳　金　旻　蔡登谷（2002年11月任职）

京区党委书记、分党组成员：宋　闯

纪检组组长、分党组成员：蔡登谷（2002年11月免职）
陈幸良（2002年11月任职，试用期一年）

国家林业局调查规划设计院

院　长：林　进（2002年11月免职）
李忠平（2002年11月任职，试用期一年）

党委书记：王忠仁

副院长：王庆杰　刘国强　赵中南

副院长、党委副书记：张惠新

总工程师：张煜星

国家林业局林产工业设计院

院长、党委书记：于建亚

副院长：朱志强　李　鹏

党委副书记：石廷克

中国绿色时报社

党委书记、社长：王宏祥

总编辑、党委副书记：汤升享（2002年9月任职，试用期一年）

党委副书记、副社长：丁付林

总编辑：万以诚（2002年9月免职）

副总编辑：海相涛
张连友（2002年9月任职，试用期一年）
曾联盟（2002年9月任职，试用期一年）

正司局级调研员：万以诚（2002年9月任职）

副司局级干部：杨　丹（2002年7月任职，试用期一年）

中国林业出版社

党委书记、社长：张柏涛

总编辑：陈　利（2002年9月任职，试用期一年）

副总编辑：陈　利（2002年9月免职）

副社长：李玉峰

副社长、副总编辑：刘东黎

副总编辑：邵权熙（2002年9月任职，试用期一年）

北京林业管理干部学院

院　长：周生贤（兼）

党委书记：张希武

常务副院长、党委副书记：彭有冬

党委副书记、纪委书记：王建子

副院长：杨　冬　刘家顺

正司局级调研员：朱延福

副司局级调研员：方怀龙

中国林学会

秘书长：施斌祥（返聘，2002年8月免职）
关松林（兼，2002年8月任职）

常务副秘书长：李岩泉（2002年8月任职，正司局级，试用期一年）

副秘书长：程美瑾（2002年9月调离）
李岩泉（2002年8月免职）
沈　贵（正处级，2002年8月任职）
尹发权（正处级，2002年8月任职）

中国野生动物保护协会

秘书长：陈润生（2002年9月任职，正司局级，试用期一年）

副秘书长：陈润生（2002年9月免职）
耿　戌（正处级）

中国花卉协会

秘书长：姜伟贤（2002年10月明确为正司局级，试用期一年）

副秘书长：王殿富　陈建武

中国绿化基金会

办公室主任：董启昌（返聘）

办公室副主任：王九渊

林火预警监测中心

主　任：潘世学（兼，2002年11月任职，副司局级）

国际竹藤网络中心

主　任：张建龙（兼，2002年8月任职）
常务副主任：岳永德（2002年11月任职，正司局级，试用期一年）
副主任：程　良（2002年11月任职，副司局级）

国家林业局西北华北东北防护林建设局

局长、党组书记：郭　涛（2002年1月免职）
王成祖（2002年1月任职）
副局长、党组成员：刘裕春（2002年1月免职）
曹之治（2002年12月免职）
潘迎珍
张　炜（2002年12月任职，试用期一年）
总工程师、党组成员：张文明
纪检组组长、党组成员：张秀斌（2002年11月免职）
副司局级调研员：曹之治（2002年12月任职）

国家林业局森林病虫害防治总站

党委书记、总站长：陈凤学（2002年1月明确为正司局级，2002年12月免总站长）
总站长、党委副书记：赵良平（2002年12月任职，正司局级，试用期一年）
副总站长：潘宏阳（2002年1月明确为副司局级）
郭丕毅（正处级，2002年1月任职）
党委副书记：付　贵（正处级，2002年1月任职）
总工程师：宋玉双（正处级，2002年1月任职）
纪委书记：李永成（正处级，2002年11月任职）

南京森林公安高等专科学校

党委书记：周鸿升（2002年1月明确为正司局级）
校长：苏惠民（2002年1月明确为正司局级）
党委副书记、纪委书记：王邱文（2002年1月任职，副司局级）
副校长：张治平（2002年1月明确为副司局级）
张南群（2002年1月明确为副司局级）
正处级调研员：吴马可

国家林业局西南航空护林总站

党委书记、总站长：余　兵（2002年1月明确为正司局级，2002年9月免党委书记）
党委书记：郝佩和（2002年9月任职）
副总站长：史永林（正处级）　和　宏（正处级）

国家林业局东北航空护林中心

党委书记、主任：郝佩和（2002年3月明确为正司局级，2002年9月免职）
党委副书记、副主任：白胜文（2002年9月任职，主持工作，副司局级，试用期一年）
党委副书记、纪委书记：李炳泉（2002年3月明确为副司局级）
副主任：李世奇（2002年3月明确为副司局级）
张宝柱（2002年3月明确为副司局级）

国家林业局华东林业调查规划设计院

院长、党委书记：傅宾领（2002年1月明确为正司局级）
党委副书记、纪委书记：周　琪（2002年1月明确为副司局级）
副院长、总工程师：何时珍（2002年1月明确为正处级）
副院长：丁文义（2002年1月明确为正处级）
正处级调研员：江一平（2002年3月免职，退休）

国家林业局中南林业调查规划设计院

院长、党委书记：包拓华（2002年1月明确为正司局级）
党委副书记、纪委书记：尹友轩（2002年1月免职）
周学武（2002年1月任职，正处级）
副院长：周光辉（2002年1月明确为副司局级）
蒋云安（2002年12月任职，副司局级，试用期一年）
总工程师：熊智平（2002年1月明确为正处级）
副司局级调研员：尹友轩（2002年1月任职，2002年9月免职，退休）

国家林业局西北林业调查规划设计院

院长、党委书记：郭天相（2002年1月明确为正司局级、免院长）
副院长、党委副书记：刘裕春（2002年1月任职，主持行政工作）
党委副书记、纪委书记：康晓达（2002年1月明确为副司局级）
副院长：王金昌（2002年1月明确为副司局级）
彭长清（2002年1月明确为副司局级）
总工程师：李立球（2002年1月明确为副司局级）

国家林业局昆明勘察设计院

院长：杨开才（2002年1月明确为正司局级）
党委书记、副院长：刘文德（2002年1月明确为正司局级）
副院长：唐芳林（2002年1月明确为副司局级）
周红斌（2002年1月明确为副司局级）
副院长、总工程师：张敏琦（2002年1月明确为副司局级）

各省、自治区、直辖市林业（农林）厅（局）负责人

首都绿化办（北京市林业局）

局长、党组书记：宋希友

副局长、党组副书记：李树旺

副局长、党组成员：甘　敬　康德铭　王苏梅（2002年3月任职）

史贵升（正局级，2002年12月任职）

副局长：张　皎（2002年12月调离）

总工程师：周冰冰（2002年9月退休）

纪检组组长、党组成员：冯端翊

助理巡视员：谭天鹰　黄德峰（2002年5月任职）

天津市林业局

局　长：张宝恕

党委副书记：李春国（2002年8月任职）

副局长：王宜民　李森阳

河北省林业局

局长、党组书记：萧凤来

副局长、党组副书记：曲宪忠

副局长、党组成员：杨新世　白顺江

副局长：葛会波

纪检组组长、党组成员：张振宇

助理巡视员：闫铁龙

山西省林业厅

厅长、党组书记：曹振声

副厅长、党组成员：王银娥　霍转业　马双柱

周　洪（2002年3月任职）

副厅长、总工程师、党组成员：杨保庆

纪检组组长、党组成员：赵贺贤（2002年6月免职）

谢占杰（2002年6月任职）

巡视员：赵贺贤（2002年6月任职）

助理巡视员：周　洪（2002年3月免职）

姚文达（2002年3月任职）

温普德（2002年3月任职）

内蒙古自治区林业厅

厅长、党组书记：高锡林

副厅长、党组成员：张纯良　邹立杰（2002年6月免职）　曹文仲

田选明（2002年4月任职）

纪检组长、党组成员：李树平

总工程师：李纯英

巡视员：邹立杰（2002年6月任职）

助理巡视员：曹志全

辽宁省林业厅

厅长、党组书记：陈天民

副厅长、党组副书记：舒兴第　王克余（2002年3月免职）

副厅长、党组成员：金连成　马志刚（2002年3月任职）

纪检组组长、党组成员：孔秀香

巡视员：王克余（2002年3月任职）

助理巡视员：高雅坤　郑福余（2002年7月任职）

吉林省林业厅

厅长、党组书记：刘延春

副厅长、党组成员：张鲁风　王玉明　金德友

纪检组组长、党组成员：宣德义

党组成员：刘志田

巡视员：魏连生

助理巡视员：闫活承

黑龙江省林业厅

党组书记：赵向东

厅　长：韩连生

副厅长、党组成员：王英忱　刘亚文　杨克杰

王凤友

纪检组组长、党组成员：王瑞斌

省防火指挥部专职副指挥、党组成员：陈贵荣

助理巡视员：李耀民　杨国亭（2002年11月任职）

上海市农林局

局长、党委副书记：陈文泉

党委副书记：范陈杰　朱仰东

副局长：沈兰全

纪委书记：朱仰东

助理巡视员：郑宗鹤　衣开端（2002年10月任职）

江苏省林业局（2002年4月成立）

局长、党委书记：夏春胜（副厅级，2002年4月任职）

副局长：严宏生（正处级，2002年4月任职）

葛明宏（正处级，2002年4月任职）

浙江省林业局

局长、党组书记：程渭山

副局长、党组成员：陈国富　邢最荣　叶胜荣

纪检组组长、党组成员：陈炳龙

安徽省林业厅

厅长、党组书记：唐怀民

副厅长、党组成员：王　文　程　鹏　刘永春

纪检组组长、党组成员：时思玉

助理巡视员：张玉良

福建省林业厅

厅长、党组书记：何团经（2002年5月免职）
　　　　　　　　黄建兴（2002年5月任职）

副厅长、党组副书记：吴炳清　张添根

纪检组组长、党组成员：柴喜堂

副厅长、党组成员：吕月良　陈家东

巡视员：张宗辉（2002年10月退休）

江西省林业厅

厅长、党组书记：严金亮

副厅长、党组成员：肖　河　龙远飞　魏运华
　　　　　　　　　王翠槐(2002年11月挂职)

纪检组组长：李正生

巡视员：吴志清（2002年4月免职）

助理巡视员：许青龙　陈金生

山东省林业局

局长、党组书记：孙庆传

副局长、党组成员：石效贵　丁希滨　田庆斌

纪检组组长、党组成员：孔庆荣

河南省林业厅

厅长、党组书记：张敬增

副厅长、党组副书记：赵顷霖(2002年7月任职)

副厅长、党组成员：张守印（2002年7月免职）
　　　　　　　　　余学友　乔新江

纪检组组长、党组成员：李建庭

巡视员、党组成员：李德臣
　　　　　　　　　张守印（2002年7月任职）

助理巡视员：蒋克勤

湖北省林业局

局长、党组书记：吴先金

副局长、党组成员：石　山　张和坤　左雄中

纪检组组长、党组成员：李德珍

总工程师、党组成员：刘晓洪（2002年4月任职）

助理巡视员：吴恒洲（2002年8月任职）

湖南省林业厅

厅长、党组书记：葛汉栋

副厅长、党组副书记：赵爱群

副厅长、党组成员：李定一　胡长清

纪检组组长、党组成员：黄旭国

巡视员：刘绍祥

助理巡视员：唐苗生（2002年1月任职）

广东省林业局

局长、党组书记：邓惠珍

副局长、党组成员：陈俊勤 邓梦柏 廖晓晨

纪检组组长、党组成员、监察专员、直属机关党委书记：倪南青

广西壮族自治区林业局

局长、党组书记：黎梅松

副局长、党组成员：张　锁(2002年12月退休)
　　　　　　　　　廖培来　罗永魁　裴安道

副局长：金大刚

纪检组组长、党组成员：黎先甫

助理巡视员：肖　超（2002年10月任职）

海南省林业局

局长、党组书记：韩剑准

副局长、党组成员：周燕华

助理巡视员：吴华盛

重庆市林业局

局长、党组书记：周克勤

副局长、党组成员：任大军　何　平　邓东华

纪检组组长、党组成员：李新国

巡视员：郑文鼎

助理巡视员：周尚前（2002年3月退休）

四川省林业厅

厅长、党组书记：曹正其

副厅长、党组副书记：赵洪银

副厅长、党组成员：彭晁时（2002年6月免职）
　　　　　　　　　杨冬生　鲁志明

纪检组组长、党组成员：李春富

机关党委书记、党组成员：刘书贵（2002年6月任职）

巡视员：杨传帮　彭晃时（2002年6月任职）

助理巡视员：唐洪均　余顺华(2002年6月任职)

贵州省林业厅

厅长、党组书记：张锦林

副厅长、党组副书记：张礼安

副厅长、党组成员：李国恒　金小麒　徐来富
　　　　　　　　　汤向前（2002年3月任职）

副厅长：曹国江（挂职）

纪检组组长、党组成员：宋云忠

机关党委书记：甘如一

总工程师：官国倍

云南省林业厅

厅长、党组书记：陈继海（2002年11月免党组书记）

党组书记：李军（2002年11月任职）

副厅长、党组成员：徐光凡(2002年12月免党组成员）　李　军　王德祥
　　　　　　　　　冷　华（2002年12月任党组成员）

纪检组组长、党组成员：赵克清（2002年8月免职）
　　　　　　　　　　　李长奎（2002年12月任职）

巡视员：陈德照（2002年1月退休）
赵克清（2002年9月任职）
党组成员：马　胜（2002年1月任森林公安局局长）
副厅长：陈学军（挂职，2002年10月免职）

西藏自治区林业局

党组书记、副局长：多吉次仁
局长、党组副书记：阿　布
副厅长、党组成员：扎　西　陈惠中　徐济德（援藏干部）

陕西省林业厅

厅长、党组书记：权志长
副厅长、党组成员：何发理　郝福才
朱巨龙（2002年11月任党组成员）
孙承骞（2002年9月任职）
纪检组组长、党组成员：陈玉忠
总工程师、党组成员：王建阳(2002年9月任职)
助理巡视员、党组成员：阎　宏（2002年9月任职）
党组成员：郭道忠

甘肃省林业厅

厅长、党组书记：马尚英
副厅长、党组成员：史本成　张生贤　田志勇
纪检组组长、党组成员：冯兴治
绿化办副主任：魏至公

青海省林业局

局长、党组书记：马福海（2002年2月调离）
李三旦（2002年1月任职）
副局长、党组成员：李三旦（2002年1月免职）
王　谦　常晓勇
郑　杰（2002年4月任职）
纪检组组长：杨友林

宁夏回族自治区林业局

局长、党组书记：孙长春
副局长、党组成员：刘荣光　艾　矛　杨万仁
纪检组组长、党组成员：郭玉堂
助理巡视员：郭生歧

新疆维吾尔自治区林业局

党委书记、副局长：李湘林
局长、党委副书记：买买提·阿不都拉
党委副书记、纪委书记：严效寿
副局长、党委成员：穆　汉　侯翠花　张晓平
副局长：杨　丹（2002年8月挂职）

国家林业局干部人事工作

【综　述】　2002年是新世纪全党组织建设的重要一年，是林业建设的关键一年。党的十六大胜利召开，新的《党政领导干部选拔任用工作条例》颁布，林业六大工程全面实施，推进林业实现五大转变，对国家林业局组织建设工作提出了更高的要求。在国家林业局党组的正确领导下，人事教育司以邓小平理论和“三个代表”重要思想为指导，围绕国家林业局中心工作，全面贯彻局党组关于把组织建设的重点转向干部素质教育，努力提高干部队伍素质的总体部署，与时俱进，开拓创新，深化干部人事工作改革，加强各级领导班子和干部队伍建设，全面提高干部队伍整体素质，组织建设工作取得了新的成效。

突出干部素质教育，强化干部选拔任用和管理监督机制，努力建设高素质的干部队伍

1. 重点抓了司局级领导干部的任职培训。与国家行政学院联合举办了两期司局级领导干部任职培训班，共培训了80名近几年来新提任的司局级领导干部，尤其是2001年通过竞争上岗走上领导岗位的年轻干部。培训的重点是帮助领导干部牢固树立正确的权力观，培养系统思维和战略思维能力、驾驭全局的能力，提高组织协调、宏观决策能力和领导管理水平。国家林业局提出培训目的、要求，双方共同研究设计教学计划，充分利用国家行政学院的精品课程、名牌师资，提高他们的求知欲望，激发他们的探索热情。培训内容丰富，针对性很强，教师授课水平高，培训效果明显。参加培训的同志普遍反映，通过培训开阔了思路，拓展了视野，既更新知识提高理论水平，又锻炼意志增强凝聚力，增强了责任感和使命感，收获很大。2002年还根据中组部、中央党校的要求，选派了3名同志到中央党校进修学习，1名同志到国家行政学院学习。

2. 全面实行司局级干部任前公示制和试用期制。《国家林业局干部任前公示制办法》和《国家林业局干部任职试用期制办法》于2002年4月初正式印发实施。2002年4月以后新提任的49名司局级干部，均按照规定实行了公示和试用期制。干部任前公示和试用期制的实施，强化了群众对干部选拔任用工作和领导干部的监督，进一步扩大了组织建设工作的成果，深化了干部选拔任用工作改革，对提高干部选拔任用工作水平，从源头上把好干部素质关起了重要的作用。

3. 学习贯彻《党政领导干部选拔任用工作条

例》。根据中组部的要求，上半年组织开展了贯彻执行《党政领导干部选拔任用暂行条例》自查工作，对1998年以来国家林业局机关和直属单位编制和领导干部职数执行情况进行核查，组织清理了1995年《暂行条例》颁布实施以来国家林业局制定的相应配套制度，全面清理了历年干部工作文档和干部个人档案。

7月，中央颁布新的《党政领导干部选拔任用工作条例》，按照中组部和局党组的要求，对学习贯彻《条例》作出统一部署，具体组织下发了《中共国家林业局党组关于学习贯彻〈党政领导干部选拔任用工作条例〉的通知》和《关于学习贯彻〈干部任用条例〉的安排意见》。8月，在北京举办了学习贯彻《条例》的培训班，局机关各司局和在京直属单位的主要领导、负责人事工作的处长以及京外各直属单位组织（人事）处长等90多人参加了培训。为检查学习贯彻《条例》情况，9月底组织了《条例》知识答题活动，进一步促进了各司局、各单位学习贯彻《条例》工作的深入开展。

在学习宣传《条例》中，把重点放在贯彻执行上，严格坚持原则、执行标准、履行程序、遵守纪律。在干部考核工作中，严格把好职数、任职条件、资格、考核任用程序等关口，坚持超职数提报任用的不受理，未经民主推荐的不考察，未经组织考察的不上会，对民主推荐和考核谈话中多数人不拥护的不任用。2002年在对一些单位的司处级干部考察过程中，有超职数提报、民主推荐、考核谈话推荐票数未过半数或发现有不宜任职问题的都未予任用。

全面加强各级领导班子、后备干部队伍建设，增强活力和战斗力

1. 板块式研究制定了领导班子调整考核工作方案。集中开展干部考察工作，调整充实了机关有关司局、森林防火机构、林业宣传和科研院所、驻各地森林资源监督专员办以及林业社团等10多个单位的领导班子，调整司局级领导干部79人次，其中新提任司局级干部49人（含正司局级19人）。2002年的组织建设工作有以下特点：一是继续重视年轻干部和妇女干部的选拔和培养使用。新提任的49名司局级干部中，45岁以下的中青年干部19人，占39%，其中40岁以下的年轻干部9人，占18%，最年轻的副司局级干部36岁；妇女干部5人（其中正司局级3人），占10%。二是干部轮岗交流力度大。有44人次属于轮岗交流，占56%，其中从机关司局轮岗交流到直属单位任职的5人，从地方交流到直属单位任职的6人，交流到地方单位使用的1人，在局机关司局或直属单位轮岗交流的30多人。三是扩大了选拔干部工作视野。从黑龙江森工总局、大兴安岭林管局、内蒙古牙克石林管局、吉林森工集团、宁夏回族自治区计委、安徽农业大学等单位考察选拔了6名优秀的司局级干部（其中正司局级干部1名）到局直属单位任职，占新提任司局级干部的12%。通过调整充实，培养了年轻干部，进一步优化了班子结构，为各级领导班子注入了新的活力，调动了干部的积极性。

2. 根据局机关和直属单位的工作需要，考核任用了一批处级领导干部，进一步充实了中层领导力量，增强了各单位的战斗力。共调整和提拔任用处级干部161人次，其中新提任正处级干部48人，副处级干部47人。在调整和提用的处级干部中，属轮岗交流的70人次。

3. 根据国家机关公务员考核录用的有关规定，结合国家林业局公务员队伍情况，按计划精心组织了2002年新录用公务员的专业科目笔试、面试和考核工作，共新录用公务员8名，进一步充实了机关公务员队伍。

加大年轻干部培养选拔力度，做好重点接收和选派干部挂职锻炼工作

1. 为加快年轻干部培养速度，促进干部得到全面锻炼，按照局党组的部署，在机关和在京直属单位进行全面部署，精心组织了报名推荐、组织考核等工作，并与贵州省委组织部协调同意，选派了6名年龄在40岁以下、具有研究生学历或硕士以上学位干部赴黔东南苗族侗族自治州和黔南布依族苗族自治州对口扶贫县挂职锻炼。这是历年来国家林业局选派干部挂职锻炼工作中干部学历最高的一次，是国家林业局加大对年轻干部、高学历干部培养的又一重大举措。

2. 根据中央下达国家林业局的选派援疆干部任务，考核选派了两名同志分别到新疆维吾尔自治区林业局和阿勒泰地区林业局挂职工作。按照中央组织部、统战部和国家民委的统一部署，重点安排接收了新疆、四川和云南的3名同志来国家林业局挂职锻炼。同时还根据有关省（地、市、县）的要求，有重点的接收青海省林业局、四川省绵阳市、河南省兰考县、浙江省兴寿县和遂昌县等地的5名同志到局机关或六大工程办公室挂职锻炼，安排4名西藏林业局的干部到局党校学习，帮助西部重点省（区）培养干部。

完善机构和编制设置，做好社团管理

1. 为适应林业六大工程建设的需要，全面推进“严管林，慎用钱，质为先”三项工作的开展，国家林业局积极与中编办、财政部、公安部等部委协调，反复做工作，力争在机构设置上保证林业六大重点工程的顺利实施。通过多方积极努力，成立了国家林业局森林防火预警监测信息中心，新增设7个森林资源监督专员办事处，并调整部分原设立的森林资源监督专员办事处监督省（区）的范围，基本覆盖全国林区。在工作总站设立国家林业局森林资源行政案件稽查办公室。

2. 国家竹藤网络中心是第一个总部设在中国的国际合作组织，为保证其工作的顺利开展，经国家林业局积极工作，中编办、财政部、科技部联合下文，明确了国际竹藤网络中心为国家林业局直属非营利性科研机构，并核定了人员编制。

3. 在场圃总站设立国家林业局森林公园管理办公室。在经研中心设立了重点林业工程社会经济效益测报中心。在中国林业林科院生态环境与保护所成立了国家林业局外来林业有害生物检验鉴定中心。同时根据工作需要，对天保中心、机关服务局等单位的内设机构重新进行了调整。

4. 社团工作方面，为保证中国林学会2002年换届选举工作的顺利进行，及时完成理事长人选向中组部的报批和副秘书长以上候选人的批复工作。完成中国林业机械协会、中国花协、中国林业工程建设协会、中国经济林协会法人代表、章程变更等事项的批复工作。根据民政部加强社团分支机构管理工作要求，完成局主管11个社团分支机构复查登记材料的审核和上报。协助保护司，完成筹备中国野生植物保护协会申报和与农业部的协调工作，协调意见已上报民政部。

继续推进积极改革，加强人才选拔、表彰和劳资工作，做好可持续发展林业人力资源保障专题研究

1. 组织了中国林业可持续发展战略研究项目第三部分（保障体系）第六专题——中国可持续发展林业人力资源保障课题的研究工作。

2. 认真做好全国杰出专业技术人才推荐。经认真推选，中国林科院彭镇华教授、黑龙江省双丰林业局孙海军高级工程师获得中组部、中宣部、人事部、科技部评选的全国杰出专业技术人才称号。

3. 积极落实“博士服务团”工作。根据中组部、团中央的要求和国家林业局培养高层次复合型人才的需要，经局领导批准，将“博士服务团”作为干部培养锻炼的重要途径之一，选送德才兼备的优秀人才到西部地区工作。经个人报名、单位推荐，从12名同志中确定了3名同志分别到云南、江西、青海服务。

4. 推进事业单位专业技术职称制度改革。根据当前林业工作全局的需要和国家林业局党组关于建设一支高素质科技人才队伍的有关要求，针对现行职称工作存在的问题，拟定了《国家林业局关于进一步深化直属事业单位职称改革的实施意见》，提出了引入竞争机制，实现专业技术人员能力、水平评价与专业技术职务聘任分离，下放管理权限，落实事业单位用人自主权等明确要求。目的是通过改革，充分调动每个人的积极性。该《实施意见》的主要精神正逐步贯彻到各单位的工作中，在直属单位，尤其是京外直属单位产生了积极的影响。

5. 筹备林业系统劳动模范和先进工作者表彰活动。根据林业发展新的形势，为表彰林业系统的先进人物，树立典型模范人物，进一步激励广大林业工作者投身新时期林业建设，确保林业实现跨越式发展，经协商人事部同意并以两部（局）名义下发了文件。

6. 做好有关事业单位的劳资工作。根据新建事业单位性质和资金渠道，研究审批了审计中心、科技发展中心、退耕还林办公室、天然林工程管理办公室的工资构成比例；根据经济发展状况、物价水平和相关行业情况，为保护林业系统从事有毒有害工作人员的身体健康，国家林业局商请人事部调整林业事业单位有毒有害保健津贴标准。对国家林业局的意见，人事部表示支持，拟根据资金情况于2003年统筹考虑。

7. 根据林业发展的需要，研究建立注册林业工程师执业资格制度，目前已经做了大量前期工作。执业资格制度是深化职称改革的一项重要内容，也是加强专业技术人员行业管理、提高专业技术人员水平和技术能力的重要途径。森林资产和生态效益是公共产品，实行注册林业工程师执业资格制度，是维护社会公众利益的重要措施，是提高林业工程技术人员素质的有效手段。注册林业工程师在林业建设项目的主要技术文件上行使签字权，是林业建设科技支撑的重要保证，将为林业六大工程建设规范化管理奠定基础。目前对名称、执业范围、注册管理、考试大纲及科目、认定问题、考前培训、组织机构、建立推行过程等也进行了较深入的研究，初步拟定了《注册林业工程师执业资格制度暂行规定》、《注册林业工程师执业资格考试实施办法》、《注册林业工程师执业资格评审认定办法》等3个规定。（段兆刚）

社 会 团 体

中国林学会

【综　述】　2002年，中国林学会在国家林业局和中国科协的领导下，在党的十六大精神鼓舞和指引下，紧密围绕林业建设的中心工作，积极开展各项业务工作，为学科发展和林业科技进步及林业六大重点工程建设作出了自己应有的贡献。

一年来，学会积极围绕林业建设的中心工作和学科发展前沿，大力开展学术交流活动，据不完全统计，中国林学会及所属各分会（专业委员会）2002年共举办各类学术活动22项，参加活动的人数达2000多人（次），交流论文1000余篇；组织撰写了《2002年病虫害防治绿皮书》、《2002年减轻自然灾害白皮书》和《2001年学科发展蓝皮书》中有关森林病虫害、森林防火和林业学科发展等相关内容，并获得了中国科协学术活动组织奖；承办了中国科协2002年学术年会的第一分会场——西部资源多样性与可持续发展。积极开展形式多样的林业科普宣传，成功举办了中国林学会第十八届林学夏令营活动；编写完成了《防治沙尘灾害科普挂图》、《21世纪学科发展丛书》等，其中《森林的故事》一书的前期准备工作已经启动，计划2003年编写出版；在第三次全国科学技术普及工作先进个人、先进集体评选活动中，由中国林学会推荐的中国林学会常务副秘书长李岩泉、河北省林学会副秘书长刘巧哲荣获全国科普工作先进个人称号，《森林与人类》编辑部获得全国科普工作先进集体称号。广泛开展国际民间交流活动，先后派团对日本、澳大利亚、新西兰、美国等国进行了考察访问，并就相关领域的问题进行了深入广泛地探讨与交流，达成了一系列共识。加强继续教育工作，先后举办了WTO与中国林业应对措施暨林业重点工程高研班、用材林商品应用及果树绿化树科学选育培训班。2002年12月，在新闻出版署与科技部联合举办的第二届国家期刊奖评选中，中国林学会主办的《林业科学》再次荣获这一中国期刊界的最高奖。

2002年8月，中国林学会第十次全国会员代表大会在北京隆重召开，来自全国林业各条战线上的263名代表出席了会议，与会代表通过无记名投票选举，选举产生理事182名、常务理事44名。聘请名誉理事长曲格平、高德占。大会一致选举江泽慧为中国林学会第十届理事会理事长，关松林（常务）、王涛、尹伟伦、张建龙、张守攻为副理事长，关松林为秘书长。会议决定聘任李岩泉为学会常务副秘书长，沈贵、尹发权为副秘书长。

2002年，学会秘书处起草了《中国林学会十届理事会期间事业发展五年规划》、《关于推进中国林学会改革的方案》等议案，修订了《中国林学会高级会员管理办法》、《中国林学会团体会员管理办法》、《中国林学会所属各分会（专业委员会）管理条例》等一系列办法、条例。

截至2002年底，中国林学会个人会员达82 326名，高级会员611名，团体会员8个。　（郭建斌）

【中国林学会第十次全国会员代表大会】　2002年8月15～16日在北京隆重召开，263位代表出席了会议。全国人大常委会副委员长布赫、全国政协副主席王文元及曲格平、高德占、李学勇、胡启恒、刘于鹤、江泽慧、沈国舫、雷加富、程东红等领导出席了大会开幕式。国家林业局副局长雷加富、中国科协书记处书记程东红分别代表国家林业局和中国科协在大会开幕式上作了讲话，中国林学会九届理事会理事长刘于鹤代表九届理事会作了题为《与时俱进、开拓创新，努力开创学会工作新局面》的工作报告。大会邀请中国林科院院长江泽慧教授、国家林业局科技发展中心黎云昆主任、北京林业大学董乃钧教授作了学术报告。会议期间颁发了中国林学会梁希奖、陈嵘奖、优秀秘书长奖和先进挂靠单位、从事林业工作50年以上科技工作者及劲松奖。会议审议并通过了中国林学会第九届理事会工作报告、《中国林学会章程（修改稿)》。会议选举产生了中国林学会第十届理事会理事、常务理事、理事长、副理事长、秘书长。

（刘合胜）

【中国林学会梁希奖、陈嵘奖等评选活动】 为了鼓励在推动林业科学技术进步中作出重要贡献的集体和个人，充分调动和发挥广大会员和林业科技工作者的积极性、创造性，促进林业科学技术和学会事业的发展，中国林学会于2002年开展了第四届中国林学会梁希奖和第四届中国林学会陈嵘奖以及第三届中国林学会优秀秘书长奖和第五届劲松奖的评选活动，评选出第四届中国林学会梁希奖获奖项目14项，第四届中国林学会陈嵘（学术）奖获奖项目3项，陈嵘（科普）奖2项，陈嵘（建议）奖4项，陈嵘（学会工作）奖18个，获得第三届中国林学会优秀秘书长奖15人，获得第五届中国林学会劲松奖4218人。表彰了支持学会工作的先进挂靠单位23个（省级林学会和中国林学会分支机构挂靠单位）和从事林业工作50年以上科技工作者353名。通过开展上述奖励表彰活动，加强了中国林学会与广大会员之间的联系，扩大了学会的影响，提高了中国林学会的凝聚力和社会地位。（刘合胜）

【中国竹产业发展论坛】 2002年10月17～19日，中国林学会竹子分会在2002福建永安笋竹节期间举办了中国竹产业发展论坛。100多位从事竹类研究、生产和管理部门的专家、代表参加了这次论坛。论坛着重交流和研讨了竹类植物的生物多样性保护、竹林的可持续经营理论与实践、竹子的加工与利用、竹文化、竹产业的发展趋势等问题。中国工程院院士张齐生教授，中国林科院首席科学家萧江华、傅懋毅研究员，国际竹藤组织副总干事陈绪和教授，国家林业局竹子研究开发中心主任王树东，南京林业大学竹类研究所原所长周芳纯教授等国内竹类研究的知名专家出席了本次论坛，并作了大会专题报告。会上交流了国内外竹类研究的最新进展，竹炭、竹材人造板的发展动态、竹子生化利用研究、高效商品竹林培育等研究成果引起了与会代表的普遍关注。（刘合胜）

【第五届林木遗传育种年会】 第五届林木遗传育种年会于2002年10月25～28日在江西南昌举行。这次会议是在我国林业六大重点工程建设已全面启动，林业的性质和定位发生了一系列转变，林木育种工作面临新的机遇和新的挑战的形势下召开的。来自全国29个省（区、市）林业科研、教学和生产单位的200多名代表出席了会议，会议收到论文163篇。24位专家代表林木育种的不同方面做了大会专题报告，这些报告反映了林木遗传育种的最新进展及发展趋势，代表了我国林木育种研究水平，对今后林木育种工作具有指导意义。分组交流采取自愿报名的方式，为更多的专家特别是青年学者提供了发言机会。与会代表系统总结了近年来我国林木育种工作的经验和教训，展示了林木育种工作的最新成就，对21世纪我国林木遗传育种工作面临的形势和任务进行了广泛深入地探讨，达成了许多共识。会议还就当前我国林木良种的培育、生产、经营和管理中存在的一些问题提出了对策和建议。（刘合胜）

【中国林学会林业计算机应用分会2002年学术研讨会】 2002年10月22～24日在北京召开。这次会议将国家林业局资源司全国森林资源管理信息系统建设研讨会和北京林业大学的信息化论坛三会合一，由分会秘书处承办。来自全国28个省（区、市）的166名代表参加了会议，会议收到论文273篇。会议的主题是加强林业信息化建设，促进林业快速发展。会议邀请了中科院院士、北京大学遥感所所长童庆禧，中科院院士、天津大学教授张春霆，中科院院士、中国林科院研究员唐守正等学者到会作了专题报告。会议就3S技术的发展和应用、网络技术、国家数字林业建设、国家林业局电子政务建设等进行了深入地交流与研讨。会议还邀请了北大方正数码等7家公司到会展示了相关产品和技术。（刘合胜）

【植树节宣传活动】 2002年3月12日，由中国林学会、东城区政府和九三学社国家林业局支社共同组织的义务植树宣传活动在地坛南门举行，来自中央各单位、军队和北京市的领导和群众共同在地坛南门栽下了松树和柏树，国家林业局党组成员、中央纪委驻国家林业局组组长杨继平参加了植树并看望了参加宣传的人员。活动期间，向公众散发了《总理论林业》、《中国自然保护区》、《林业历史回顾》等书籍，共计500余册，并向参加植树的领导赠送了成套的画册和书籍。展出了以森林与水、森林与环境、森林与城市为主题的展版18块，向公众展现了森林在水资源保护及城市美化中的作用。对公众所关心的栽、种草等技术性问题，邀请了部分专家进行了现场咨询。

（秦向华）

【中国林学会第十八届林学夏令营】 来自青海、安徽近80名老师和学生参加了本期夏令营。夏令营期间，学生们住在大学研究生宿舍，吃在学生食堂，用公共浴池，提前体会了大学生活；营员们在抗战纪念馆、天安门广场、毛主席纪念堂感受了老一辈革命家和人民大众为了新中国的诞生所做的贡献，纷纷感觉到了自己身上建设未来现代化国家的重担；在北京植物园、锦绣大地农业园区、科技馆、自然博物馆，营员们在感叹现代科技给人类带来的无穷乐趣和方便之余，都暗地里下决心学好文化知识，将来成为一个掌握现代科技的领跑者；在长城、故宫、天坛，营员们体会到了我国古代劳动人民的勤劳和智慧，也体会到珍惜文化遗产的重要性。在每天的参观之余，营员们

将自己的感受写成日记。夏令营营委会对优秀者和优秀的团队进行了表彰。 （秦向华）

【第二届国际林联森林树木锈菌学术研讨会】 2002年8月19～23日，由中国林学会、西北农林科技大学和国际林联第七学部第二学科系第五学组共同主办的第二届国际林联森林树木锈菌学术研讨会在陕西杨凌举行，来自美国、加拿大、日本、芬兰、瑞典、巴西、希腊和中国的56位代表（国外代表26位）参加了研讨会。在为期5天的会议里，与会代表深入交流了世界树木锈菌的研究成果，探讨了锈菌分类学和锈菌生物多样性，研讨了松树疱锈病、瘤锈病、杨树叶锈病和其他树木锈菌的形态学、分类学、生物学、病理学、生态学、流行学和树木锈病管理等方面的最新进展。会议推选美国的 James Walla 博士为下届 IUFRO Working Party 7. 02. 05 主席，芬兰的 Risto Jalkannen 博士、美国的 Detlev Vogler 先生和西北农林科技大学林学院曹支敏副院长为副主席，决定第三届国际森林树木锈菌会议于2006年在美国的加利福尼亚州的 Davis 举行。 （曾祥谓）

【《林业科学》再次荣获国家期刊奖】 2002年12月，在新闻出版署与科技部联合举办的第二届国家期刊奖评选中，中国林学会主办的《林业科学》再次荣获这一中国期刊界的最高奖。

第二届国家期刊奖的评选与第一届相比做了比较大的调整。就科技期刊而言，国家期刊奖只设30名，比上届的64名缩减了50%以上。在最后的获奖名单中，上届获奖的64种科技期刊仅有25家能够再次获奖。《林业科学》能够继续保持荣誉的确是一件值得林业界为之自豪的事情。

作为代表中国林业最高学术水平的综合性学术期刊，《林业科学》近年来在配合国家西部大开发战略，配合国家生态环境建设，配合林业六大重点工程和五大转变等方面，主动采取措施，做了许多积极地努力，收到了良好的社会效益。目前，国际著名检索系统《化学文摘》(美)、《文摘杂志》(俄)、《动物学记录》（英）以及联合国粮农组织库、农业与生物科学文库、中国期刊全文库、中国科技文献库、中国生物学文摘、中国地理科学文摘、中国农业文摘·园艺卷等均收录《林业科学》刊载的论文。 （张君颖）

中国野生动物保护协会

【中国野生动物保护协会第三届三次常务理事会】 2002年5月17日，中国野生动物保护协会在北京召开第三届三次常务理事会。国家林业局副局长、协会常务副会长马福主持了会议，并在会上介绍了全国野生动物和自然保护区建设的基本情况。同时提出，协会要在工作思路、方法和形式上努力做好工作。一是要加强与各位理事的联系和沟通，做好服务，发挥理事们的潜在优势，共同做好野生动物保护工作；二是要加大科普宣传力度，提高全社会野生动物保护意识将永远是协会的主题；三是要重视发展会员，加强协会的组织建设，要筹备召开会员代表大会。王福兴副会长作了《1999～2001年的工作报告及2002年主要工作》，回顾了3年来协会取得的成就和2002年的主要工作。会议审议通过了修改的《中国野生动物保护协会章程（试行)》，审议通过了《中国野生动物保护协会团体会员发展和管理办法》、《中国野生动物保护协会资深会员发展和管理办法》和《关于变更中国野生动物保护协会法定代表人的决议》。会议通报了关于授予陈玉村、龚三堂、钟国华、王廷正、村本义雄、胥明肃等6人为中国野生动物保护协会名誉理事的决定。

会上，原广电部副部长、中央电视台台长杨伟光，中央电视台播音指导、全国政协委员赵忠祥，中科院汪松教授等常务理事就加强科普宣传，发挥科技专家的作用，加强国际合作与交流以及野生动物园建设等问题，提出了很好的意见和建议。 （蔡炳城）

【全国野生动物保护协会组织发展座谈会】 2002年11月23～26日，中国野生动物保护协会在上海组织召开了全国野生动物保护协会组织发展座谈会，全国27个省（区、市）39位代表参加了会议。会议交流了组织建设，会员发展的经验；研讨了以活动促发展，以发展促活动，发挥会员的作用问题；演示了全国会员管理系统的使用方法；探讨了协会改革与发展的对策，提出了发展会员的主要工作思路和2003年的工作重点。 （蔡炳城）

【西南4省（市）爱鸟护鸟科普联合行动】 2002年3月24日至4月7日，中国野生动物保护协会与贵州、云南、四川、重庆4省（市）林业厅（局)、保护协会、科协等单位共同举办了以关注鸟类、珍爱自然、建设绿色家园为主题的西南4省（市）“爱鸟周”科普联合行动。这次联合行动由中国科协西部科普工程资助，活动采取集会、座谈、图片展览、观鸟（比赛)、放飞、市场检查等多种形式，在省（市）所属各地、县开展爱护鸟类，保护生态环境活动。四川省批准浦江县建立成都市青少年保护鸟类教育基地，实施爱鸟护鸟素质教育；贵州省把从餐桌上抢救下来的许多鸟类放飞，并进行了爱鸟护鸟签名活动；云南省开展观鸟、护鸟竞赛活动；重庆市联合了各有关单位共同开展活动，调动了广大人民群众的参与，取得了很好的效果。4省（市）新闻媒体对“爱鸟周”活动进行了跟踪报道。《人民日报》、《中国绿色时报》、《中国环境报》、《科技日报》、《科学时报》等5家新闻单位的记者进行了随行采访报道。（蔡炳城）

【救护鸟类放飞活动】 2002年3月20日，中国野生动物保护协会在我国鸟类迁徙的东部沿海“通道”和观鸟的重要场所——秦皇岛市开展了救护鸟类放飞活动。这次放飞的鸟类共有丹顶鹤、金雕、黑鹳3种国家一级保护野生动物，以及灰鹤、秃鹫、大天鹅、灰背隼等7种国家二级保护野生动物共35只，都是由中国野生动物保护协会秦皇岛野生动物救护中心开展救护工作救治的。是我国开展救护动物放飞以来，放飞国家一、二级重点保护野生动物种类和数量最多的一次。国家林业局副局长马福，全国政协委员、原林业部副部长沈茂成出席了放飞仪式，中央和地方19家新闻单位的记者参加了放飞活动并做了报道。通过这次放飞活动，旨在向人们普及鸟类知识，宣传保护鸟类就是保护人类自己。（蔡炳城）

【“科技活动周”大型科技游园会】 2002年5月18～22日，中国野生动物保护协会参加了由中国科协等有关部门在北京玉渊潭公园举办的以“科技创造未来”为主题的科技活动周大型科技游园会，向公众展示了我国野生动物保护工作的成就和中国野生动物保护协会的工作。协会科技委部分委员、秘书处工作人员开展了保护野生动物的科技咨询活动。这次活动共展出展板32块，发放宣传资料5000余份，吸引了很多游人顿足观看，促进了公众对保护事业的关注和支持，取得了良好的宣传效果。“科技活动周”是我国政府于2001年开始设立，由科技部、中央宣传部、中国科协和有关部门组织实施的全国范围的群众科技活动。每年5月的第三周为“科技活动周”。

（蔡炳城）

【组团参加在南非举行的可持续发展世界首脑会议】 2002年8月26日至9月4日，中国野生动物保护协会组团赴南非出席了联合国可持续发展首脑会议。代表团在非政府组织组织的生物多样性保护专题会议上，阐述了中国野生动物保护协会在生物多样性保护和可持续发展问题上的原则立场，介绍了协会在实施可持续发展方面所做的工作，表达了加强国际合作的愿望，扩大了协会的影响，受到了许多组织的肯定和欢迎；代表团印发了我国实施野生动植物保护和自然保护区建设工程取得的成就，和协会在实施可持续发展方面所做工作的宣传材料；参加了中国非政府组织核心会议，探讨了在我国实施可持续发展过程中非政府组织的合作问题；与IUCN等国际组织的代表进行了会谈，探讨了未来合作的途径和方式；接受了新华社等有关媒体驻外记者的采访，阐述了协会在生物多样性保护和可持续发展问题上的观点。（蔡炳城）

【组织厨师拒烹珍稀野生动植物活动】 2002年1月26日，中国野生动物保护协会与东方美食学院、东方美食杂志社在北京共同发起百万中餐职业厨师拒烹珍稀野生动植物签名启动暨争做绿色厨艺大使活动。来自全国各省（区、市）包括港、澳、台的200名中餐职业厨师，代表1000名首批绿色厨艺大使参加了活动。会上，进行了野生动植物保护的专题讲座；著名特级厨师、百岁老人刘映潭到会讲了话；200名绿色厨艺大使进行拒烹珍稀野生动植物的宣誓；颁发了《绿色大使证书》。1000名首批绿色厨艺大使每人将征集1000名厨师的签名，力争到2006年签名厨师将达到100万人。旨在对职业厨师和社会开展科普宣传活动，提高保护野生动植物的意识，树立绿色厨艺新观念，从菜板上抢救珍稀野生动植物。（蔡炳城）

【中国岳阳观鸟大赛】 2002年12月5～7日，中国野生动物保护协会与国家林业局保护司、湖南省林业厅和岳阳市政府在湖南省岳阳市东洞庭湖国家级自然保护区，共同主办了观鸟大赛，来自全国60余名鸟类专家、国际组织和观鸟爱好者参加了比赛。东洞庭湖国家级自然保护区是我国首批加入国际湿地公约的最重要的候鸟越冬地之一，每年有近百万只，250多种鸟类在保护区内越冬，其中许多是国际极危、濒危鸟类和国家重点保护鸟类。本次比赛以“保护湿地，保护鸟类”为主题，旨在普及鸟类知识，推广业余观鸟活动，使观鸟这种人与自然接触的活动在全国得到推广和提高，唤起人们进一步支持保护鸟类和自然保护区建设。在比赛中，增加观察到湖南省鸟类的新记录20种，使保护区内观察到的鸟类达到275种，中央和地方新闻媒体进行了大量宣传报道。（蔡炳城）

【组织会员观鸟活动】 为使爱鸟护鸟活动不断深入发展，使更多的人参与到活动中来，春秋两季，中国野生动物保护协会与北京野生动物保护协会等单位，两次共同组织部分北京野生动物保护协会会员走出城市，到怀柔、密云水库和野鸭湖湿地自然保护区观鸟。会员们在鸟类专家的指导下，观察鸟的形态特征、生活习性，识别鸟的种类，还进行了观鸟比赛。在观鸟过程中，会员们看到了绿头鸭、针尾鸭、东方白鹳、海鸥、小白天鹅、百灵等30种3000余只野鸟。会员通过观鸟活动，进一步提高了保护野生动物意识，也了解了协会的工作，增加了会员之间的沟通

和了解，推进野生动物保护工作的开展。(蔡炳城)

【中国民间组织向阿富汗捐赠狮子等动物】 2002年9月30日，中国野生动物保护协会与八达岭野生动物世界等单位在首都国际机场举行向阿富汗捐赠狮子等动物的仪式，外交部、国家林业局、民航总局等有关单位代表出席了仪式。10月3日，赠送的狮子等动物运抵喀布尔动物园，外交部驻阿大使孙玉玺与喀布尔市长举行了交接仪式，捎去了中国人民对阿富汗人民的良好祝愿，给阿富汗人民带来欢乐和鼓舞，促进中阿两国人民的友谊。狮子是阿富汗民族的象征，此次捐赠活动是在喀布尔动物园狮子死亡之后发起的。捐赠工作中，协会与阿驻中国大使馆签订了协议，多次请专家就捐赠行动进行论证，向阿方提出了要有适合这批动物生存所必需的笼舍、食物、饲养员、兽医设施等条件；北京市出入境检验检疫局对动物进行了隔离检疫；民航快递有限责任公司无偿承担了从北京到乌鲁木齐的运输任务；在乌鲁木齐停机期间，新疆自治区野生动物保护协会帮助将动物运到指定地点隔离饲养，通过各方的大力合作完成了捐赠任务。国内外各大媒体对捐赠活动进行了重点报道。

(蔡炳城)

【签署中奥大熊猫合作研究协议】 2002年9月20日，中国野生动物保护协会与奥地利美泉宫动物园签署了《中奥大熊猫合作研究协议》，并由当时在奥地利访问的国务院总理朱镕基对外宣布。按照协议，中方向奥地利提供中国卧龙保护大熊猫研究中心的大熊猫“龙徽”和“阳阳”，在美泉宫动物园开展合作研究10年。合作期间，奥地利向我国大熊猫保护工作提供一定的支持。 (张陕宁)

中国治沙暨沙业学会

【综 述】 中国治沙暨沙业学会2003年1月12日在北京召开了第二届第三次在京常务理事会。会议由蔡延松理事长主持，国家林业局副局长祝列克、中国治沙学会名誉理事长董智勇出席会议并讲话。学会副理事长兼秘书长朱俊凤汇报了2002年学会工作，国家林业局治沙办主任刘拓介绍了当前治沙工作的形势与任务。会议结束时蔡延松理事长作了总结讲话。

中国治沙暨沙业学会在国家林业局领导关怀下，在治沙办、造林司等有关司局的大力支持下，学会一年来的工作取得很大成绩。为了纪念宣传世界防治荒漠化日，中国治沙学会、中国生态学会联合举办了世界防治荒漠化和干旱日研讨会。参加国家林业局造林司、中国国际咨询公司、国家计委组织的《沿海防护林体系二期工程规划》评估工作，应中国农工民主党邀请，赴内蒙古巴林右旗对沙漠化治理情况进行调查研究，赴杨凌农业高新技术产业示范区对中富绿色硅谷股份有限公司咨询服务，应中国工程院、中国科协邀请，代表中国治沙学会和中国林学会，参加西部大开发生态环境建设研讨会。建立了中国治沙暨沙业学会治沙植物实验示范基地，为学会科技人员提供实验场所。此外，学会还协助有关司局开展咨询服务。

与会专家一致认为，学会2002年举办中国首届沙产业博览会是一项非常有意义的活动，对防沙治沙，促进沙产业发展和农牧区脱贫致富将起到积极作用。同时搞好中国治沙学会成立10周年纪念活动和为国家林业服好务，这是2002年的工作重点。

国家林业局副局长祝列克对治沙学会在过去的一年中所取得的成绩表示祝贺，并指出2002年我国造林66.6万公顷，是建国以来造林最多的，也可以说是历史以来人工造林的一个跨越式的大发展。2002年完成的治沙任务相当于前两年任务之和。我国林业面临的任务还十分艰巨。全国农村工作会议对防沙治沙工作提出了更高的要求。沙区的很多问题主要是贫穷造成的，而且这个穷还有进一步恶化的趋势。因此，在这个形势下搞好治沙工作就显得担子更重了。农村之所以一直处于落后状态，除了整个生产力发展水平差以外，还存在着人口与资源面临着短缺的问题，这与防沙治沙的关系非常密切。因此，治沙工作的目标取向也要有一个全新的考虑：即按照十六大的精神，如何全面建设小康，分析防沙治沙工作在全面建设小康中扮演着一个什么样的角色，怎样才能促进农村的全面小康建设，这将是防沙治沙的一个很重要的课题，也是防沙治沙在新世纪的一个主要任务。希望治沙学会进一步发挥其来自企业、学校、科研、生产等单位理事的作用，更多、更好地替政府出谋划策，不断推进全国防沙治沙事业的开展。(赵兴华)

【中国治沙暨沙业学会领导参加全民义务植树活动】 2002年4月5日，由中国治沙暨沙业学会、中国绿化基金会、中国林业工程建设协会在北京房山区石楼镇联合举办了义务植树活动。全国政协副主席赵南起，全国人大常委、农村与农业委员会主任高德占，中国治沙暨沙业学会理事长蔡延松，国家林业局副局长雷加富等领导参加了植树活动。植树前，听取了房山区委、区政府领导有关防沙治沙，改善生态环境，大力发展苗木生产的情况汇报，汇报后，赵南起、高

德占、蔡延松、雷加富来到石楼镇苗圃，冒雨参加了植树。（赵兴华）

【纪念世界防治荒漠化和干旱日研讨会】 2002年6月15日，由中国治沙暨沙业学会、中国生态学学会联合主办的纪念世界防治荒漠化和干旱日研讨会。国家林业局副局长李育材、祝列克出席会议并讲话。会议由中国治沙暨沙业学会理事长蔡延松和中国生态学学会理事长李文华院士主持。参加会议的有中国工程院院士关君蔚、王涛、冯宗炜和北京大学、中国农业大学、北京林业大学、中国科学院、中国林科院等科研、教学单位的专家、教授和亿利资源集团以及中央电视台、经济日报社、中国绿色时报社等新闻单位记者，出席会议共50余人。

会议由蔡延松理事长介绍了本次研讨会的意义、目的和研讨的内容，他提出大家要围绕“生态环境建设与防沙治沙”会议主题，谈观点、建言献策。会上发言的有中国工程院院士王涛、冯宗炜、关君蔚、李文华等人。

与会专家、学者们一致认为，防沙治沙是一项系统工程，需要各学科、各领域的人共同研究与探索，需要全社会齐心协办、共同参与。会议上还围绕土地沙化形势、防沙治沙策略、沙产业发展进行了认真的探讨。

国家林业局副局长李育材、祝列克在研讨会结束时讲了话。与会专家一致认为：这次研讨会开得很成功，达到了目的，中央电视台第一频道、中央电视台第十二频道、《经济日报》、《中国绿色时报》等宣传媒体进行了报道。（赵兴华）

【中国治沙暨沙业学会等单位联合发起《绿色宣言》】 2002年6月5日《人类环境宣言》发表30周年，又是世界环境日，为了让绿色观念进一步深入人心，让更多人投入到保护绿色的行动中，中央电视台、上海绿地集团、中国生态学学会和中国治沙暨沙业学会联合向社会发出了以倡导绿色观念为主题的《绿色宣言》倡议活动，得到了全国120多家新闻媒体大力支持，并在多家报刊上发表。《绿色宣言》在中央电视台6月5日《世界环境日特别节目》播出后引起很大反响。唤起人们注意保护人类赖以生存的环境，自觉采取行动参与环境保护的行列，为推进环境保护的进程做出自己的贡献。（赵兴华）

【中国治沙暨沙业学会参加专业研讨会活动】

1. 应国务院农业发展研究中心邀请，中国治沙暨沙业学会参加了重庆市北培区花卉与苗木研讨会和青岛市全国农业技术发展研讨会。

2. 应中国工程院、中国科协邀请，代表中国治沙学会和中国林学会，参加西部大开发生态环境建设研讨会，并在大会上作了学术报告。会议由中国工程院副院长沈国舫主持，30多名院士和200多名专家参加了会议。

3. 应中国企业家世纪论坛主席邀请，中国治沙暨沙业学会参加青海省郁金香节大型研讨会。

4. 应中国人力资源开发研究会培训中心、国家林业局规划院信息中心邀请，治沙学会参加造林绿化与造林规划设计研讨会和森林资源管理及林业执法研讨会，就造林规划设计及我国速生丰产用材林基地建设和林业执法等问题进行研讨。（赵兴华）

【中国治沙暨沙业学会增补理事、常务理事、副理事长】 根据中国治沙学会第二届第二次在京常务理事会议精神，2002年要加强学会组织建设，作好发展新会员工作。为此，学会下发了《关于发展会员的通知》。通知下发后，经各省（区、市）及企事业单位报名，由常务理事会审定，发展新会员438名，其中个人会员338名。团体会员5个单位100名，由于人事变动和工作需要增补理事5名、常务理事5名和副理事长1名。（赵兴华）

中国水土保持学会

【综　述】

学术活动 组织科技专家参与中国科协2002年减轻自然灾害全国学术研讨会及白皮书编纂工作，北京林业大学余新晓教授代表水土保持学会作了《关于水土流失灾害》的报告；参加第五届中国西部科技进步与经济社会发展专家论坛，杨振怀理事长代表中国水土保持学会向大会作了题为《加快西部地区水土保持生态环境建设》的主题报告，学会常务理事王礼先教授向大会作了《生态环境建设的区域配置》专题发言；在中国科协2002年学术年会活动中成功举办“环境中的水土保持”分会场学术研讨会，关君蔚院士等60多位科技代表以及四川师范大学的部分师生参加了学术研讨会，25名专家进行了学术交流，出版了论文专集；7月26日～8月4日在云南省昆明市成功组织第三届海峡两岸山地灾害与环境保育学术研讨会，共有155位代表参加，其中台湾代表62名，香港代表3名，围绕山洪泥石流灾害、崩塌滑坡以及流域管理3个专题进行研讨和学术交流，编印了《海峡两岸山地灾害与环境保育研究》论文集第三册；10月17～25日组织18人赴台湾中国文化大学参加第三届水土资源生态环境保育学术研讨会，会议的主题是：21世纪生态环境可持续经营。会议围绕集水区生态环境保育、生态工法设计与应用、生态环境系统的复育、生态环境建设的维护与管理等4个方面的专题广泛深入地进行了研讨和交流；组织水保技术骨干34人参加三峡库区水土保持生态环境学术交流考察活动；完成国家林业局科学技术司委托的《平原绿化建设技术规程》和《平原绿化建设工程管理办法》的编制工作；完成《中国水土保持科学》期刊的申报工作，年底得到国家新闻出版总署的批准；协助组织召开第十二届国际水土保持大会；编辑完成中国水土保持学会会讯1期。

教育培训 组织实施西部科普工程项目，与水保学院部分教师合作完成编写《治沙工程技术手册》培训教材，举办西部地区防沙治沙工程技术培训班两期，培训98名基层技术干部，完成2001年度项目总结报告和验收工作；完成水利部水保司委托交办的全国甲级编制开发建设项目水土保持方案资格证书单位持证上岗人员培训工作，380名技术骨干取得了岗位培训合格证书；参加“世界地球日”咨询宣传日活动；组织参与2002年科技周活动，展出反映北京市郊区县水土流失危害及水土保持成果的宣传展板，编印《搞好水土保持，建设秀美山川》宣传画册；播放水利部与中央电视台共同录制的《人与自然》光盘；散发水土流失与水土保持小知识单页科普资料；参加中国科协等单位组织的科学消费新闻发布会，组织专家签名支持倡导科学消费观念。

组织建设 完成中国水土保持学会专业委员会复查登记工作；组织推荐水土保持学科带头人及科技业务骨干入选人才库，经评审入选学科带头人34人；科技骨干173人；2002年，中国水土保持学会直接发展会员13人，分布于未成立省级学会的省（区、市）；省级学会发展会员177人，目前全国性会员共9183人。 （黄 元）

【第十二届国际水土保持大会】 由中华人民共和国水利部主办，中国水土保持学会等单位协办的第十二届国际水土保持大会于2002年5月27～31日在北京召开。这次大会研讨的主题是全球水土资源的可持续利用，来自世界各国的专家学者就区域水土保持政策与行动、土壤侵蚀过程与环境效应、水土保持技术与方法、水土流失动态监测预报评价、流域管理与开发、沙漠化控制6个专题进行了广泛、深入的交流与研讨。会议期间参观考察了北京市密云县、怀柔区的水土保持生态建设典型。 （黄 元）

中国林业经济学会

【中国速丰林建设经济问题研讨会】 中国林业经济学会和云南省林业厅于2002年4月19～20日在昆明市联合主持召开了中国速丰林建设经济问题研讨会。来自全国各地的林业管理部门的专家、学者、国有企业负责人、民营企业负责人的代表共60余人参加了会议。会议就资源采伐与管理政策，税费政策与金融信贷政策，扶持政策，林工结合经济问题，市场开发与市场机制的培育问题，非公有制的发展问题，还有农村经济结构调整中速丰林建设与土地利用调整问题，及加入世界贸易组织后机遇与挑战问题等进行了研讨。

速丰林建设问题是当代中国林业发展面临的重大战略问题，在当前实施的林业六大重点工程当中，速丰林建设工程是其中的重要工程，同时也是六大工程当中惟一的产业性工程，因此他在林业重点工程及整个林业工作中的份量不是1/6，而是与生态建设工程同等重要。因为速生林建设的重要性，这项工程受到国家林业局、国家综合部门机构的高度重视，也得到社会各界的广泛关注。

代表们在发言中指出中国速丰林要达到外国的发展水平，一是要靠大规模的非公有制经营，因此还要有长期良好的林业发展环境。二是国外高质量人工林是由大型非公有制企业经营的，而国内主要是由地方林业部门、国有林区经营的。三是速丰林发展要能促进地方经济发展。

总结目前国内发展速丰林的几个阻碍因素：一是国家有林业政策与制度，到了地方就发生了改变，所以投资经营者的权利没法得到保证。二是林木经营权和采伐权的分离；三是地方政府不断进行干预，越到基层越明显。四是税费问题，影响到投资者的获利。五是林业分类经营问题，主要是地方林种分类规划未必科学合理。

学术研讨会提出了以下需要研究的问题：生态与经济结合的问题；造林与林产加工结合的问题；投入、信贷、税费、林木采伐权等制约资金进入速丰林发展的政策问题；市场开发与市场培育问题；速丰林的科学经营问题；速丰林的经营方向问题；农村经济结构调整与速丰林发展的关系问题；不同所有制的不同待遇问题；政府、企业、林农发展速丰林中的定位问题；森林保险的问题。

（中国林业经济学会秘书处）

中国林场协会

【综　述】

组织建设　自1993年11月成立以来，高度重视会员的发展和协会的组织建设工作。制定了《中国林场协会会员发展和组织管理暂行办法》，并根据民政部的要求，对所有会员单位进行了重新登记，修定了《中国林场协会章程》，并通过了国家民政部的审核。目前，协会共有国有林场、森工采育场、集体林场等团体会员396个。为了使协会的工作与行业主管部门的工作相配合，国家林业局场圃总站林场处与协会秘书处合署办公；在内部管理上，制定和完善了工作制度和管理办法，申领了《收费许可证》、《法人代码证书》和《税务登记证》，使协会的活动更加规范。

依法维护林场的合法权益　正确维护林场特别是国有林场的合法权益，是协会为林场服务的重要方面。协会积极协助业务主管部门对以各种形式侵占国有林场合法权益的现象进行坚决的斗争。针对一些国有林场没有申领林权证的状况，协会利用各种形式，加强对林权证作用的宣传，提高了林业主管部门及国有林场对所有权和使用权法律凭证的认识和申领林权证的积极性，目前，未申领林权证的国有林场有10%左右。近几年，随着市场经济的发展，特别是森林旅游的兴起，地方政府未经林业主管部门批准，随意改变一些风景林场的行政隶属关系，将林场划归非林业部门管理的现象时有发生。协会在坚持鼓励和支持国有林场依法开发或招商引资合作开发原则的前提下，协助业务主管部门依法对个别地方政府的错误行为进行了制止。为了促进贫困林场脱贫，协会协助主管部门、新闻单位对造成林场贫困的原因进行了分析，提出了扶贫建议。2002年又有100多个贫困林场脱贫，为生态环境建设和促进林区稳定做了大量工作。

积极开展服务活动，增强协会的凝聚力　一是组织评选了首届十大国有林场管理奖；二是成功举办了两期贫困林场场长培训班。11月在北京林干院举办了两期贫困林场场长培训班。通过培训，使贫困林场场长开阔了视野，拓宽了思路，增强了脱贫的信心和决心，提高了贫困国有林场场长的综合素质；三是积极组织开展调研工作。在福建、湖南、陕西等省，组织开展国有林场如何在林业六大重点工程中发挥好骨干示范作用的调研活动，部分省（区）写出了调查报告材料。为了更好地为林场服务，沈茂成会长亲自到广东和江西省对国有林场、森林公园及协会工作进行了调研；四是初步建立了林场信息员队伍，为今后信息交流工作打下了基础；五是为促进国有林场林木良种繁育和新技术推广，探索建立主要面向国有林场的林木良种繁育推广示范网络。2002年5月底，协会与湖北省国有林场工作站合作，建立了第一个全国国有林场林木良种繁育推广示范基地。（管长岭）

中国林产工业协会

【综　述】　2002年，中国林产工业协会在国家林业局的指导和中国林产工业公司、广大会员单位的大力支持、密切配合下，在强化服务、规范管理、增强协会功能等方面做了大量工作。

加强协会组织建设，发挥协会在行业建设中的整体作用

推动规范管理，加强制度建设　2002年，在北京召开了中国林产工业协会第三届理事会第二次全体会议，参加会议的有来自国家林业局、国家环保总局、财政部和世贸组织研究会的领导和专家，全国大专院校、科研单位、生产企业等单位的代表110余人。会议专门邀请中国世贸研究会副会长、对外经济贸易大学世贸研究中心主任薛荣久教授作了《中国入世和中国林业企业如何应付入世》的报告，著名经济学家、财政部国有资产优化配置中心主任文宗瑜博士作了《我国当前经济形势和国企改革》的报告，中国环境科学研究院刘尊文作了《环境标志和环境保护体系认证》的报告。会议讨论通过了《中国林产工业协会收费管理办法》、《中国林产工业协会分支机构管理办法》、《中国林产工业协会理事单位调整办法》、《中国林产工业协会推荐品牌评选办法》，增补、调整了协会理事和常务理事单位。会后，向会员企业印送了

《中国林产工业协会第三届理事会第二次全体会议专家报告文集》。

继续完善入会程序，认真作好发展新会员工作 协会坚持把规范入会程序与热情服务相结合，把主动发展与严格把关相结合，协会会员结构进一步优化。协会为部分会员颁发了会员证书，为副会长、常务理事、理事单位制作了匾牌，使协会的凝聚力不断增强，社会影响不断扩大。

发挥桥梁纽带作用，向政府有关部门反映企业意见，推动解决实际问题 协会秘书处认真履行“忠实维护会员企业的共同利益，竭诚为会员企业服务，努力推动全行业经济发展和技术进步”的宗旨，广泛听取会员单位意见，千方百计促成政府有关部门解决企业的实际问题。

向国家林业局反映并促成取消对纤维板和浸渍纸层压木质地板的检疫，减轻了企业的负担 许多地板和纤维板生产企业反映，纤维板生产经过三次高压处理、四次高温处理和一次高速磨浆过程，既不会使任何病、虫留存，也不可能产生任何病、虫，同时在库存和运输过程中使用的托架，经过干燥处理和检疫通过，无须再次检疫。根据企业反映的情况，协会向国家林业局报送了《关于取消对纤维板和浸渍纸层压木质地板进行检疫的建议》（林产协［2002］01号），建议修改《植物检疫条例实施细则》(林业部分)，取消对纤维板和浸渍纸层压木质地板进行检疫。这一报告得到了国家林业局领导的高度重视，批转造林经营司组织办理。协会积极参与国家林业局组织的调研组，对北京、广西等地的企业进行了专题调研。国家林业局根据调查结果和纤维板、浸渍纸层压木地板的实际生产情况，充分考虑协会的意见，制定下发了《国家林业局办公室关于进一步明确人造板检疫范围的通知》（办造字［2002］32号），取消了对纤维板贴面板和浸渍纸层压木质地板（即强化地板）的检疫，要求各森检机构和林业有关单位遵照执行。

组织编写并提供国家林产工业产品相关标准 根据国家林业局计划与资金管理司的要求，向国家海关总署提交了2002年的林产工业产品（木结构房屋）单耗标准，并组织会员单位继续完成2001年海关单耗标准（实木地板）的编写工作。

配合国家林业局计资司调整增值税即征即退产品目录 协会对《财政部、国家税务总局关于以三剩物和次小薪材为原料生产加工的综合利用产品增值税优惠政策的通知》（财税［2001］72号）中规定的15种产品进行了调整，将原来不包括的产品范围予以扩大，将原来不明确的产品范围，如地板块、活性炭等进一步明确，努力使增值税即征即退政策适用范围更广，受益企业更多，为林产工业行业发展创造宽松的环境。

规范行业市场行为，打造行业知名品牌 为积极推动名牌战略的实施，协会组织了2002年度中国地板行业信誉品牌评选工作。评选均由会员单位自愿申报，申报的品牌达108个。中国林产工业协会地板专业委员会经过认真审查，并委托国家人造板质量监督检验中心等权威检测机构进行严格的市场抽检，抽检合格的品牌（系列）有79个，协会组织专家评审组进行会审，并将会审通过的55个品牌（系列）及有关企业名单向社会公示30天，最终产生了45个中国地板行业信誉品牌（系列)。协会将获得“信誉品牌”称号的品牌（系列）及有关企业向社会公开发布，为参评企业印制海报、颁发匾牌和证书，组织开展宣传。这项活动受到了社会各届的一致好评。

搞好信息服务，强化服务功能 继续办好《林产工业》、《木材综合利用信息》刊物，开辟协会专栏，加强信息服务。组织开展2001年全国林产工业行业主要产品产量与销量的调查，收集、整理、分析了全国林产工业产品产量、进出口量和全球排名信息，并提供给会员企业。继续为会员单位免费提供《林产工业》、《木材综合利用信息》、《人造板通讯》。

主办、协办专业展览会，推动行业技术交流和产品展示

1. 与华港展览服务有限公司共同主办了第四届地面装饰材料展，同时举办了地板及原辅材料高级研讨会。

2. 与上海荷雅企龙展览公司共同主办了第四届中国国际地面材料及铺装技术展览会。

3. 与上海歌华展览服务有限公司共同主办了中国国际上海建筑装饰展览会。

4. 与中国建筑进出口公司下属华硕展览公司签定长期合作协议，在充分调查研究的基础上，决定利用上下游合作关系，办好专业展览，增强经济实力，并围绕展览开展活动，为协会的发展打下坚实的基础。

开展国际交流，增加友好往来

1. 组织会员企业赴意大利参观国际木工展，学习国际先进技术及管理经验。

2. 接待美国阔叶材外销委员会，并协办了美国硬木专题研讨会。

加强分支机构管理，积极开展各项活动

1. 为配合2002年“3·15”活动，促进地板行业的健康发展，中国林产工业协会地板委员会召开会员大会，开展“树立品牌形象、维护企业和行业信誉”倡议活动，联合倡议规范市场、保证质量、优质服务，努力维护消费者和企业的合法权益，为企业创造公平竞争的良好外部环境。

2. 2002年3月，中国林产工业协会纤维板专业委员会在国家林业局林产工业规划设计院举办了中国林产工业协会纤维板专业委员会首届国际技术交流会，重点介绍了中密度纤维板国内外生产工艺与设备、能源工厂及环保型胶粘剂等内容，与会代表与专家进行了充分交流，收到良好的效果。

3. 2002年6月，中国林产工业协会胶合板行业分会（筹）在南京林业大学召开了会员大会。会议选举产生了中国林产工业协会胶合板行业分会理事会，选出理事单位21家、常务理事单位11家。协会任命著名人造板专家、南京林业大学木材工业学院院长周定国教授为胶合板行业分会秘书长，黄河浪为副秘书长。

4. 2002年11月，中国林产工业协会松香行业分会在昆明召开了第一届会员大会，会议总结了2002年工作，提出了2003年工作计划；会议要求各会员单位从2003年起，要及时向分会秘书处报送企业经营情况报表，加强分会信息工作，提高会员的整体素质，发挥应有的作用。

5. 2002年12月，纤维板专业委员会在国家林业局林产工业规划设计院召开人造板表面技术交流会，特邀德国专家介绍浮雕纸模和新型涂料装饰纸先进技术，与会专家进行了讨论和贸易洽谈，对促进我国纤维板二次加工技术进步起到了积极作用。

6. 2002年12月，胶合板行业分会在澳大利亚塔斯马利亚林业公司支持下，在北京亮马大厦召开技术研讨会，会上重点介绍了人造板有害物质限量强制标准和澳大利亚塔斯马利亚林业公司木材资源状况，供需双方进行了贸易洽谈，为促进企业产销合作创造了有利条件。　（中国林产工业协会）

中国林业教育学会

【综　述】

中国林业教育学会第二次会员代表大会　于2002年8月7～9日在昆明召开。国家林业局、教育部的有关领导，全国部分省（区、市）林业厅（局），林（农）高等院校、中等林业职业学校，林区教育管理部门及林业企业的120名代表参加了会议。刘于鹤理事长代表第一届理事会作了工作报告，朱延福副秘书长作了财务工作报告和关于学会章程修改的说明。与会代表围绕林业教育的改革与发展、林业教育如何更好地为林业建设和人才培训工作服务以及今后如何进一步发挥学会的桥梁纽带作用做好学会工作等内容进行了交流研讨。会议通过了《中国林业教育学会第一届理事会工作报告》和《中国林业教育学会章程》，颁发了学会 第二届“荣誉理事”证书；与会代表通过无记名投票方式，选举产生理事150名、常务理事43名。大会一致选举刘于鹤为中国林业教育学会第二届理事会理事长，胡汉斌（常务）、李坚、余世袁、李葆珍、杨连清、宋长义为副理事长，会议决定聘任宋长义为秘书长，朱延福、安丰杰、黄桂荣、贾笑微为副秘书长。

经教育部批准，同意中国林业教育学会设立4个分支机构：中国林业教育学会高等教育分会、中国林业教育学会职业教育分会、中国林业教育学会成人教育分会、中国林业教育学会基础教育分会，并到民政部办理了备案手续。经民政部批准中国林业教育学会的法人代表更换为学会常务副理事长胡汉斌。

中国林业教育学会第二届理事会常务理事名单（按姓氏笔画排序）

马广仁　马志刚　王有年　王宏祥　甘如一
卢昌强　石鹏建　刘于鹤　刘　红　刘洪存
刘树人　刘贵友　刘惠民　安丰杰　朱延福
余世袁　宋长义　张守攻　张　凯　张柏涛
张煜星　张森林　李　坚　李作文　李东升
李怒云　李葆珍　杨连清　沈和定　苏惠民
陈敬佑　陈　蓬　洪　伟　胡汉斌　赵　忠
唐庭棣　徐骁力　柴喜堂　莫翼翔　贾笑微
章怀云　黄桂荣　彭有冬

经学会第二届常务理事会第一次会议研究决定，中国林业教育学会设立7个内设机构：

组织工作委员会：主任：宋长义
副主任：朱延福
学术工作委员会：主任：李　坚
副主任：杨连清（常务）
编辑工作委员会：主任：胡汉斌
副主任：黄桂荣、颜　帅
图书馆工作委员会：主任：刘勇
副主任：林希森、任志民
国际交流与合作工作委员会：主任：李葆珍
副主任：刘洪存
人才资源工作委员会：主任：余世袁
副主任：安丰杰（常务）
学会秘书处：主任：贾笑微

研讨与交流　2002年12月18～21日，中国林业教育学会高等教育分会在北京召开了全国高等林业职业技术教育研讨会。国家林业局人教司、教育部等有关单位的领导出席了会议。来自全国高等林业院校的高职学院、独立设置的高等职业技术学院及黑龙江森工集团总公司、中国林业出版社的33位同志参加了会议。会上国家林业局人教司杨连清副司长围绕国家林业局近期关于林业职业教育、人才培训的主要工作和林业职业教育、人才培训如何为国家林业六大重点工程建设和林业五大转变服务作了重要讲话。教育部高教司李津石介绍了全国高等职业技术教育的现状和高职高专教育要进一步扩大规模、以评估促学校及学科建设、推进产学合作和双证制度、建立双师型师资队伍、实行培训与学历教育相结合、教育部与省市共建高职学校和实训基地等6项工作。会议就高等林业职业技术教育的发展现状与存在问题、科学定位、任务与办学模式，如何为行业和地方经济建设服务等内容进行了研讨与交流。

10月25～31日，中国林业教育学会图书馆工作委员会组织的全国林业院校数字化资源建设和数字化资源共享学术研讨会在云南召开。会议围绕林业院校图书馆数字化建设进行了讨论，并在充分利用网络开展馆际之间资源共享等方面达成了共识。

7月18～21日，中国林业教育学会基础教育分会在吉林召开了以企业办学体制改革，创新教育课程改革为主题的年会。会议聘请有关专家作了《新课程实施与教师角色转变》的专题报告，并就林区基础教育改革情况和素质教育等内容进行了交流。

8月7～9日，为使林业教育工作者充分认识我国加入世界贸易组织后林业教育面临的新形势、新任务，促进林业教育的改革与发展，在中国林业教育学会第二次会员代表大会期间组织入世后教育新观念专题报告会：《加入 WTO 与中国的林业》、《加入 WTO 与中国教育》、《21 世纪初我国高等农林教育发展战略研究》，使与会代表拓宽了视野、增大了信息量、扩展了思考空间。对今后深化林业教育改革有一定的指导意义。

国际交流 2002年12月3～18日，以贺庆棠教授为团长的中国林业教育考察团一行8人赴澳大利亚、新西兰进行林业教育考察。学习和了解了两国林业教育的教学管理和运行机制、成人教育培训、实训基地建设及毕业生就业和人力资源开发情况；同时向两国同行介绍了中国林业建设和林业教育情况并共同探讨了合作与交流的方式。

林业教育研究优秀论文评选 中国林业教育学会与国家林业局人教司共同开展了第二届林业教育研究优秀论文评选工作。本次活动共收到参评论文185篇，评出一等奖10篇，二等奖21篇，三等奖30篇，优秀奖32篇，获得组织奖的有8个单位。在学会第二次会员代表大会上为获奖者及单位颁发了证书。

(贾笑微)

中国林业体育协会

【综　述】

全民健身工作 6月8日，召开了2002年中国林业体协秘书长年会，会议对中国林业体协一年的工作进行了总结，并对当前全国林业体育工作进行了分析和部署，并结合林业的特点和需要，坚持开展有益于林业职工身心健康的传统体育项目，努力达到和实现《全民健身计划纲要》第二期工程的目标任务。

6月8～13日，中国林业体协在苏州举办了全国林业第八届象棋比赛，推动了全行业的群众性体育活动，进一步提高了林业象棋的技艺。

在中国林业体协的组织下，国家林业局职工足球队赴南京森林公安高等专科学院，进行了一场友谊比赛。

为推动林区的群众性体育活动的开展，将中国林业体协参加全国体育大会的围棋、保龄球、司诺克台球和桥牌等4个项目的比赛任务交给内蒙古大兴安岭森工集团承担，目的是为了推动林区全民健身活动的开展。

参加全国比赛 中国林业体协2002年参加全国性比赛共计7次。

1. 全国体育大会，由内蒙古森工集团、四川省绵阳市林业局组成中国林业代表队参赛。

2. 四川省、山西省林业厅联合组队中国林业代表队参加了全国象棋团体赛。

3. 山西省林业厅组队代表中国林业体协参加了全国象棋个人赛。

4. 中国林业体协散打队在全国散打锦标赛上夺得男子团体第三名，个人获得第一名、第三名、第四名。

5. 中国林业体协拳击队在全国拳击锦标赛上夺得男子第三名。

6. 中国林业体协短道速滑队在全国第十届冬运会预赛上有4人获得决赛资格。

7. 中国林业体协冰壶队男、女队获得全国第十届冬运会决赛资格。

中国林业体协 2002 年参加全国竞赛及举行活动表

项　目	时间	地点	参加单位	成　绩
全国象棋锦标（团体）赛	4月1～10日	济南	四川、山西省林业厅组队	
全国第二届体育大会	5月25日至6月3日	绵阳	内蒙古森工集团、绵阳市林业局	
全国林业体协秘书长年会	6月8～10日	苏州	河北、辽宁、内蒙古、安徽、福建、山东、四川、贵州、陕西、山西、广东、江苏省（区）林业厅（局）、内蒙古森工集团、大兴安岭林业集团、宁波市林业局、苏州农业职业技术学校	
全国林业第八届象棋赛	6月8～13日	苏州	河北、辽宁、山东、四川、陕西、山西、广东、江苏省林业厅（局）、大兴安岭林业（森工）集团、宁波市林业局、苏州农业职业技术学院	团体：四川、山西省林业厅、大兴安岭林业集团获前三名 个人：曾启泉、赵利琴、杜宝宪获前三名
全国象棋锦标（个人）赛	11月2～12日	宜春	山西省林业厅	

（郑　飞　伊尧正）

大事记与重要会议

2002年中国林业大事记

1月

10日　国务院西部地区开发领导小组办公室和国家林业局联合召开退耕还林工作电视电话会议。宣布2002年全面启动退耕还林工程，并对启动后的工程建设工作作出了部署和安排。

11日　国际湿地公约局批准中国新指定的14块国际重要湿地，从而使中国国际重要湿地达到21块，面积303万公顷。

16日　国家林业局局长周生贤在北京应约会见来华参加亚欧环境部长级会议的日本环境省大臣川口顺子一行，双方就朱鹮及候鸟保护合作等相关问题交换了意见。

18日　国务院副总理温家宝在中南海主持召开会议，审定《中国可持续发展林业战略研究总论》。

22日　全国政协举行全国林业工作情况通报会。全国政协副主席赵南起、张克辉、王文元出席会议。国家林业局局长周生贤向与会政协委员汇报了林业工作的现状和今后的发展思路、六大工程为林业跨越式发展带来的机遇以及林业当前要抓好的两件大事和三项工作。

23～24日　全国林业厅（局）长会议在北京召开。会议的主要任务是：以“三个代表”重要思想为指导，贯彻落实党的十五届五中全会和中央经济工作会议精神，总结分析2001年的工作，研究部署2002年的工作，努力开创新世纪林业建设的新局面。国家林业局局长周生贤作了题为《总结经验，开拓进取，全面推进林业跨越式发展》的讲话。副局长李育材作总结讲话。局领导江泽慧、杨继平、马福、雷加富、祝列克出席会议。

28日　国家林业局发布第二次全国荒漠化和沙化土地监测结果。到1999年底，全国有荒漠化土地267.4万平方千米、沙化土地174.31万平方千米。

31日　国家林业局直属机关党的建设和机关建设工作会议在北京召开。国家林业局党组书记、局长周生贤在会上强调，机关“两建”工作要紧紧围绕林业重点工作作出部署，“两建”成果要反映在整体工作的推进当中。中央纪委驻国家林业局纪检组组长、局党组成员、局直属机关党委书记杨继平作工作部署。

2月

2日　国家林业局和世界自然基金会（WWF）在北京联合举行第六个“世界湿地日”纪念大会。WWF亚太区域项目主任依沙贝尔女士代表WWF总裁克劳德·马丁向国家林业局局长周生贤颁发了“献给地球的礼物”荣誉证书，同时获此殊荣的还有野生动植物保护司司长张建龙。国家林业局副局长马福出席纪念大会并发言。

5日　国家林业局在北京召开全国造林质量群众举报工作新闻发布会。祝列克副局长宣布从2002年开始在全国开展造林质量群众举报工作，并公布了举报信箱、举报电话及举报网址等。

6日　全国绿化委员会、国家林业局、共青团中央决定，在全国开展“保护母亲河——青春在林业生态工程中闪光”活动，动员全国青少年参与林业重点工程建设。

8日　国家林业局部署开展为期两个月的旨在严厉打击破坏森林和野生动植物资源违法犯罪活动的“破案攻坚战”，并对外公布了15起挂牌督办案件。

3月

3日　国务院批准《京津风沙源治理工程规划》。京津风沙源治理工程在历经两年试点的基础上全面启动实施。工程计划用10年时间，通过采取多种生物措施和工程措施，增加森林覆盖率，治理沙化土地，减少风沙和沙尘天气危害，最终使京津及周边地区生态有明显的改观，从总体上遏制土地沙化的扩展趋势。

4～14日 国家林业局副局长马福率中国林业代表团出访澳大利亚、新西兰。通过访问，探讨了与澳大利亚在森林防火领域的进一步合作，推动了在《中新林业合作谅解备忘录》中现有合作项目的实施。

5日 《中斐（济）关于林业合作谅解备忘录》签订仪式在北京举行。国家林业局副局长李育材和斐济渔业林业部部长那依瓦鲁分别代表两国在备忘录上签字。

5～8日 国家林业局副局长祝列克率中国政府代表团参加在佛得角举行的《联合国防治荒漠化公约》（UNCCD）可持续发展世界首脑会议（WSSD）部长级筹备会议。

10～20日 国家林业局副局长雷加富率中国政府代表团参加在纽约联合国总部召开的联合国森林论坛（UNFF）第二次会议暨部长级会议，并在会上介绍了中国政府实施六大林业工程和林业跨越式发展战略的目标及措施等。

12日 全国绿化委员会印发《关于进一步推进全民义务植树运动加快国土绿化进程的意见》。

15日 国家林业局印发《林业重点工程资金违规责任追究暂行规定》。

18日 国家林业局与退耕还林工程区的24个省（区、市）人民政府和新疆生产建设兵团签订退耕还林工程建设任务和工程质量责任书。副局长李育材代表国家林业局在责任书上签字。

20日 中央军委、解放军四总部和驻京部队各大单位、武警部队的百名将军参加首都义务植树劳动。

23日 全国绿化委员会、中共中央直属机关绿化委员会、中央国家机关绿化委员会、首都绿化委员会联合组织“迎绿色奥运——百名部长义务植树活动”，有近200名部级领导参加了首都义务植树劳动。

26日 国家林业局在内蒙古呼和浩特市召开京津风沙源监测体系启动会，正式启动对京津风沙源区的动态监测工作。

27～28日 江泽民总书记在陕西榆林和延安市考察防沙治沙及生态建设情况时指出：生态环境建设不仅关系到西部地区的发展和人民生活的改善，也关系到整个中华民族的生存和发展环境，一定要坚持不懈地抓好。只要一代一代人坚持不懈地努力，西部的生态环境一定能够得到根本改善。国家林业局局长周生贤陪同考察。

29日至4月2日 国务院总理朱镕基在山西考察时指出：加快退耕还林步伐，是调整农业结构、加强生态建设的重大举措，也是当前增加农民收入最直接、最有效的办法，更是贫困山区脱贫致富的根本途径。加快退耕还林步伐，要认真总结各地试点经验，进一步完善政策，落实配套措施，妥善解决新问题。国家林业局副局长李育材陪同考察。

30日至6月3日 全国政协经济委员会组成专题调研组，由全国政协副主席杨汝岱带队，先后对云南、四川、甘肃、新疆4省（区）的退耕还林工作进行了调研。国家林业局副局长李育材陪同到四川省进行调研。

4月

1日 江泽民总书记在6省（区）西部大开发工作座谈会上强调，要认真搞好天然林保护、防沙治沙和退耕还林等重点工程，注意把退耕还林还草与农田基本建设、农村能源、生态移民、农牧业结构调整结合起来。

4～15日 国家林业局党组成员江泽慧率中国林业与花卉代表团访问荷兰、希腊，就加强双边林业合作分别与荷兰、希腊两国农业部签署了合作意向书。访荷期间，代表团还应邀出席了第五届荷兰佛里亚达世界花卉园艺博览会开幕式。

6日 党和国家领导人江泽民、朱镕基、李瑞环、胡锦涛、尉健行、李岚清在北京朝来森林公园参加首都义务植树活动。江泽民指出：“植树造林，绿化祖国，造福后代，我们要再接再厉，一代一代干下去。”“植树造林，贵在坚持，要全民动手，扎扎实实，坚持不懈地把这项工作做好。”

9日 国家林业局副局长李育材在北京会见蒙古国自然环境部部长巴尔斯包勒德先生一行，双方就防沙治沙、野生动植物和湿地保护工作交换了意见。

9～13日 国务院总理朱镕基在海南省考察时指出：保护生态环境是中国的一项基本国策，是可持续发展战略的重要内容。保护和改善环境，就是保护和发展生产力。必须把生态环境保护放在更加突出的位置。

11日 国务院以国发［2002］10号印发《国务院关于进一步完善退耕还林政策措施的若干意见》。

12日 国务院办公厅以国办发明电［2002］5号印发《国务院办公厅关于进一步加强松材线虫病预防和除治工作的通知》。

14日 团中央在北京举办中日青年环保合作论坛。国家林业局局长周生贤陪同胡锦涛副主席会见了日方代表团，副局长雷加富出席开幕式并致辞。

17日 国家林业局印发《造林质量管理暂行办法》和《林木种苗质量监督抽查暂行规定》。

19日 国家林业局决定在国有林场和林木种苗工作总站加挂国家林业局森林公园管理办公室牌子，加强森林公园和森林旅游行业管理工作。

23～28日 全国政协副主席赵南起率全国政协防治土地沙化调研组考察了内蒙古赤峰市、通辽市的防沙治沙工作，提出防沙治沙工作应坚持“以防为主、防治结合”的方针，把防沙治沙与增加当地农民收入、促进当地经济发展结合起来，充分调动各级党委、政府和群众的积极性，使防沙治沙工作再上新台阶。国家林业局副局长祝列克陪同考察。

23日 国家计委、国家林业局、农业部、水利部联合印发《京津风沙源工程建设管理办法》。

25～26日 国家林业局副局长李育材在北京出席中美科技联委会会议，并就中美林业领域合作等问题发了言。

27日 中共中央统战部在北京举行林业建设情况报告会。全国政协副主席、中共中央统战部部长王兆国主持报告会并讲话。国家林业局局长周生贤、局党组成员江泽慧分别向与会的各民主党派中央、全国工商联领导人和无党派人士系统地介绍了我国林业建设情况。

5月

10日 国务院西部地区开发领导小组办公室和国家林业局联合召开退耕还林工作电视电话会议。李育材局长出席会议并讲话。

12日 国家林业局决定由国有林场和林木种苗工作总站代行林采种苗行政执法工作。

15日 国家林业局副局长雷加富在北京会见美国工商部木材执行委员会理事长一行，介绍了目前中国的林业政策以及木材生产情况，并希望加强中美双方在木材贸易方面的合作。

22日 中国卧龙大熊猫博物馆在四川卧龙国家级自然保护区开馆。国务院总理朱镕基题写馆名。国家林业局副局长马福致辞并为博物馆揭幕。

26～31日 第十二届国际水土保持大会在北京举行。大会的主题是：全球沙土资源保护与可持续发展。国务院副总理温家宝在开幕式上表示，通过加大投入、依靠科技、依法治理水土流失，到21世纪中叶，中国一定能够实现山川秀美的宏伟目标。

28日 江苏省林业局挂牌成立。国家林业局局长周生贤，江苏省委副书记、常务副省长梁保华为林业局揭牌并讲话。

6月

3日 《中华人民共和国国家林业局与希腊共和国农业部关于林业合作的协议》在北京人民大会堂签署。协议有效期为5年。国家林业局副局长李育材与希腊农业部代表在协议上签字。

6日 国家林业局党组成员、中国林业科学研究院院长江泽慧获“全球环境基金2002年全球环境领导奖”。

8～15日 中国首届森林风景资源博览会在浙江省临安市举行。全国政协副主席钱伟长出席开幕式，国家林业局副局长祝列克致开幕辞。

11～29日 国家林业局党组成员、中国林业科学研究院院长江泽慧率中国林业科技代表团赴加拿大进行学术交流并受对外友协委托率团出席在美国召开的亚太地区环境保护研讨会。加拿大艾伯塔大学授予江泽慧院长“名誉法学博士”学位。

13日 中美林业合作联合工作组在北京召开第一次会议。国家林业局副局长李育材、美国农业部林务局副局长萨利·科林思女士参加会议并致辞。

13～14日 中国林业政策国际论坛在北京举行。国家林业局局长周生贤、副局长祝列克到会并作专题发言。150余名中外专家学者就林业可持续发展、林业税费和财政政策、林地权属、森林采伐管理、加入世贸组织对中国林业的影响等议题进行了研讨。

16日 联合国防治荒漠化公约秘书长迪亚洛先生签署证书，授予中国国家林业局局长周生贤“防治荒漠化杰出贡献奖”。这是自《联合国防治荒漠化公约》常设机构成立以来首次对国家政府主管部门领导颁奖。

17日 全国绿化委员会、人事部、国家林业局在北京人民大会堂联合召开全国防沙治沙表彰大会。全国人大常委会副委员长邹家华、全国政协副主席赵南起出席大会。大会授予石光银治沙英雄荣誉称号，表彰了一批全国防沙治沙标兵单位、标兵个人、先进集体和先进个人。

25日 全国政协主席李瑞环出席政协九届常委会第十八次会议，听取关于中国防沙治沙工作有关情况的汇报。全国政协副主席叶选平主持会议。国家林业局局长周生贤向大会通报了中国防沙治沙工作的有关情况。

7月

2日 国务院办公厅以国办发［2002］34号文件印发《国务院关于发布河北泥河湾等17处新建国家级自然保护区的通知》，其中属林业系统管理的有13处。至此，国家级自然保护区总数达188处，林业系统管理的达134处。

同日，中国政府与世界银行签订中国林业持续发展项目贷款协定和赠款协定，为林业持续发展项目人工林营造部分提供9390万美元；全球环境基金为林业持续发展项目保护地区管理部分提供1600万美元赠款。

3日 国家林业局再造秀美山川示范教育基地揭牌仪式在河北省塞罕坝机械林场举行。全国政协副主席杨汝岱、赵南起出席揭牌仪式。中央纪委驻国家林业局纪检组组长、局党组成员杨继平出席仪式并讲话。

4日 国家计委正式批复实施《重点地区速生丰产用材林基地建设工程规划》。

8日 中组部、中宣部、人事部、科技部授予中国林业科学研究院彭镇华、黑龙江省双丰林业局孙海军等50名同志“全国杰出专业技术人才”荣誉称号，并受到胡锦涛、李岚清、丁关根、王忠禹等领导的接见。

31日至8月1日 全国林业厅（局）长座谈会在北戴河召开。国家林业局局长周生贤作了《抓好六大工程，推进五大转变，不断开创林业跨越式发展新局面》的重要讲话。副局长李育材主持会议。局领导杨继平、马福、雷加富、祝列克出席会议。

8月

1日 重点地区速生丰产用材林基地建设工程宣布启动。工程总投资规模718亿元，工程建设的总体目标是：到2015年，新造和低产林改造1333万公顷，提供国内生产用材需求量的40%，保证国内木材供需基本趋于平衡。

16日 中国政府批准中国野生动物保护协会与奥地利美泉宫动物园开展大熊猫合作繁殖研究，并向奥方提供一对大熊猫。

22日 国家林业局印发《关于调整人工用材林采伐管理政策的通知》。

27日～9月4日 国家林业局党组成员杨继平率中国林业代表团赴英国考察，并代表中国国家林业局与英国国家林业委员会执行主任大卫·比尔斯签署了《中华人民共和国国家林业局和大不列颠及北爱尔兰联合王国国家林业委员会关于林业合作的谅解备忘录》。

27日 世界湿地公约局在南非约翰内斯堡召开新闻发布会，给中国政府颁发《国际重要湿地名录认可证书》。

30日 国家林业局副局长祝列克在北京会见所罗门群岛马莱塔省总理一行，双方就木材进出口贸易合作等问题交换了意见。

9月

1日 国家林业局副局长李育材出席联合国可持续发展世界首脑会议。期间，在南非约翰内斯堡分别会见《联合国防治荒漠化公约》执行秘书迪亚洛和全球机制主任皮尔·赖登，就中国防治荒漠化、履约及建立伙伴关系等事宜交换了意见。

4日 中国政府批准中国野生动物保护协会与泰国清迈动物园开展大熊猫合作繁殖研究，并向泰方提供一对大熊猫。

16～25日 全国政协视察团赴陕西省视察天然林保护工程建设情况。全国政协副主席钱正英为视察团团长。国家林业局副局长雷加富陪同视察。

19～25日 国家林业局局长周生贤陪同朱镕基总理赴奥地利访问。期间，周生贤局长与奥地利联邦农林、环境及水利部部长威廉·莫尔特勒签署了为期5年的《中奥林业合作谅解备忘录》。双方还签署了为期10年的大熊猫合作研究协议。

19日 中国政府批准中国野生动物保护协会与美国孟菲斯动物园开展大熊猫合作繁殖研究，并向美方提供一对大熊猫。

22日 “中日友好万人友谊林”纪念碑揭幕暨植树活动在北京八达岭长城举行。国家主席江泽民为友谊林亲笔题词。

23日 国家林业局局长周生贤在北京会见日本林野厅原长官、小渊基金事务局长秋山智英一行，双方就中日林业小渊基金合作事宜交换了意见。

28日 国务院副总理温家宝在中南海主持召开会议，听取中国可持续发展林业战略研究项目阶段性成果汇报。温家宝指出：林业是经济和社会可持续发展的重要基础，是生态建设紧根本、最长期的措施。在可持续发展中，应该赋予林业以重要地位；在生态建设中，应该赋予林业以首要地位。

10月

8日 中央机构编制委员会办公室印发《关于国家林业局向重点林区增派及调整森林资源监督机构的批复》。同意国家林业局新增派郑州、西安、武汉、贵阳、海口、合肥、乌鲁木齐7个森林资源监督专员办事处。对原派驻吉林、四川、福建省森林资源监督专员办事处予以更名，并调整监督范围。

10日 经党中央、国务院、中央军委批准组建的武警四川、新疆、西藏3个森林总队正式成立并举行挂牌仪式。国家林业局副局长马福、雷加富分别出席挂牌仪式。

12日 经中央机构编制委员会办公室批准，国家林业局决定在原森林火灾预报信息中心的基础上成立国家林业局森林防火预警监测信息中心。

16日 中国治沙英雄石光银获得联合国粮农组织（FAO）颁发的杰出林农奖。这是继中国治沙模范牛玉琴获得1992年度联合国粮农组织首届杰出林农奖之后，第二位在治沙领域作出突出贡献的获奖者。

23～24日 全国营造林质量工作会议在北京召开。国家林业局局长周生贤在会上作了题为《抓质量，促跨越，为实现新时期林业发展目标而奋斗》的讲话。局领导李育材、杨继平、雷加富出席会议，祝列克作总结讲话。

24日 经国家林业局批复同意，中国林业科学研究院与国际竹藤中心共同组建中国林业科学研究院、国际竹藤中心研究生院。

25日 财政部、国家林业局印发《森林植被恢复费征收使用管理暂行办法》。

26日　第九届全国人大常委会第三十次会议召开全体会议，听取国务院关于林业工作情况的报告。李鹏委员长出席，周光召副委员长主持会议。受国务院委托，国家林业局局长周生贤作关于林业工作情况的报告。

同日，《中国可持续发展林业战略研究总论》首发式在北京举行。

28日　《再造秀美山川的壮举——六大林业重点工程纪实》一书首发式在北京举行。

11月

2日　周生贤局长签署第4号、第5号国家林业局令，公布《林业行政处罚听证规则》和《林木种子生产、经营许可证管理办法》。

4～15日　国家林业局副局长马福率中国政府代表团出席在智利举行的濒危野和动植物种国际贸易公约（CITES）第十二届缔约国大会。

5日　国家林业局副局长李育材在北京会见世界保护联盟（IUCN）亚太区域主任阿班女士，双方探讨了签署合作谅解备忘录的意向，并就加强在物种和生物多样性保护、湿地保护区建设和环境立法能力建设等方面的合作交换了意见。

8日　联合国教科文组织人与生物圈计划国际协调理事会执行局合议，批准中国内蒙古赛汗乌拉国家级自然保护区加入世界人与生物圈网站。

11日　财政部印发《林业治少贷款财政贴息资金管理规定》。

18～26日　国家林业局副局长马福率中国政府代表团赴西班牙参加湿地公约第八次缔约方大会，中政府代表团推动了《加强高原湿地保护》等5项决议，世界自然基金会等国际组织盛赞中国为“高原湿地保护之父”；否决了对中国不利的第二号决议——“世界大坝委员会的报告与湿地公约的关联性”。

18日　国家林业局党组书记、局长周生贤在中共十六届第一次全体会议上当选为中央候补委员。

21日　中国绿化基金会设立中国第一个防沙治沙专项基金。中国烟草总公司捐赠首笔款项100万元人民币。

26日　由中国国家林业局和芬兰农业林业部共同主办的中芬林业管理和投资研讨会在北京举行。这是中芬两国政府在林业领域召开的第一次大型研讨会。

27日　中国林业科学研究院授予芬兰共和国总统塔里娅·哈洛宁女士名誉博士学位。这是我国首次向外国总统授予林业科学领域名誉博士学位。

12月

2日　周生贤局长签署第6号国家林业局令，公布《中华人民共和国植物新品种保护名录（林业部分）》。

14日　国务院总理朱镕基签署第367号国务院令，公布《退耕还林条例》，自2003年1月20日起施行。

16～23日　国家林业局在北京、河北、辽宁、浙江、安徽、福建、江西、山东、河南、湖北、湖南、广东、江苏、上海14个省（市）组织开展严厉打击破坏鸟类资源违法犯罪的集中统一行动（代号“候鸟行动”）。

18日　中国国家林业局局长周生贤和印度尼西亚林业部部长普拉科萨分别代表两国政府，在北京签署了《中华人民共和国政府和印度尼西亚共和国政府关于合作打击非法林产品贸易的谅解备忘录》。

24日　国家林业局在北京召开机关各司局和在京直属单位全体司局级干部会议。会议传达了中央经济工作会议、全国计划工作会议和全国组织工作会议精神，总结了2002年的工作，并对2003年的工作作了全面部署和安排。周生贤局长在会上作了题为《以党的十六大精神为指导，准确把握和认真贯彻中央的各项工作部署，全面开创林业跨越式发展的新局面》的讲话。李育材副局长主持会议。杨继平、马福、雷加富、祝列克出席会议。

28日　国家林业局决定在植树造林司设立国家林业局防止外来有害生物入侵管理办公室，加强对外来林业有害生物管理工作。　　（林　军）

林业重要会议

【全国林业厅（局）长会议】　2002年1月23～24日，国家林业局在北京召开全国林业厅（局）长会议。会议的主要任务是，以“三个代表”重要思想为指导，进一步贯彻落实党的十五届六中全会、中央经济工作会议和中央农村工作会议精神，总结分析2001年的工作，研究部署2002年的工作，努力开创新世纪林业建设的新局面。

国家林业局领导周生贤、李育材、江泽慧、杨继平、马福、雷加富、祝列克，武警森林指挥部政委尹成富，各省、自治区、直辖市林业厅（局）长，四大森工（林业）集团党委书记、总经理，新疆生产建设兵团林业局长，各计划单列市林业局长和国家林业局各司局、各直属单位主要负责人等参加了会议。中共中央、国务院有关部门和单位的同志应邀出席了会议。

周生贤局长在会上作了题为《总结经验，开拓进取，全面推进林业跨越式发展》的主题报告。李育材副局长作了会议总结，马福副局长就做好2002年的森林防火工作进行了专门部署。

会议认为，过去的一年，在党中央、国务院的高度重视下，经过全社会尤其是林业系统广大干部职工和林农群众的共同努力，我国的林业建设呈现出蓬勃发展的良好势头。六大工程相继启动，林业投资大幅度增加，森林生态效益补偿政策开始实施，《防沙治沙法》正式出台，全国林业工作会议的筹备工作进入攻坚阶段，社会对林业的关注程度与日俱增，林业建设的支撑保障能力进一步增强，林业跨越式发展迈出了决定性的一步。

会议指出，林业建设在取得巨大成绩的同时，也积累了一些好的工作经验。一是坚持以多视角、新思维来考察林业。二是坚持用理论上的创新来指导实践上的跨越。三是坚持战略上总体谋划、战术上分步实施。四是坚持始终把调动人的积极性、创造性放在首位。

会议分析指出了当前林业工作中存在的主要问题。一是各地工作进展不平衡，一些地方的工程整合还不到位，还没有与六大工程很好地对接。二是“严管林，慎用钱，质为先”的措施还不够落实，各种违法违纪行为仍大量存在，有的还相当严重。三是六大工程建设的体制、机制、政策等还不配套，蕴藏在广大人民群众中的林业建设积极性远未发挥出来。四是全行业的思想还不够解放，受旧的体制和观念的影响还比较深，有些方面的改革步伐还不大。五是工作的方式、方法和作风还很不适应形势发展的要求。所有这些，都有待于我们认真解决。

会议根据当前林业发展面临的新形势、新任务、新要求，提出了当前工作中尤其要注意把握好的六个问题。一是要坚持解放思想，与时俱进。林业必须尽快从计划经济体制的束缚中解放出来，从不合时宜的错误观念中解放出来，从已经过时的林业政策的桎梏中解放出来，真正按照“三个代表”的要求，解放思想，实事求是，开拓创新，与时俱进，不断使林业取得新的更大的发展。二是要坚持以实施六大工程为主体，义务植树和社会造林并举发展林业。只有这样，才能真正形成完整的新世纪林业生产力新布局，才能在全社会形成一种千军万马齐上阵、生龙活虎搞林业的大好局面。三是要坚持把调整生产关系摆在当前工作的突出位置。必须根据当前面临的新形势、新任务、新要求，对现行的林业管理体制、投入机制、战略布局、产权制度、监管形式、组织结构等进行一系列的重大改革和调整，进一步清除制约林业生产力发展的各种障碍，加快体制创新、机制创新、制度创新、政策创新，为林业跨越式发展创造必要条件。四是要坚持把分类经营思想贯穿于各项林业改革的始终。当前，最重要的是要继续抓好分类区划界定工作，尽快把公益林业用地和商品林业用地落到山头地块，做到权属、地类清楚，经营主体明确。同时，要以森林分类区划界定为依据，将逐步到位的森林生态效益补助资金切实兑现到公益林的所有者和经营者手中，取信于民。五是要坚持把大搞非公有制林业作为加快林业发展的突破口。今后的林业建设，要充分对非公有制林业开放，加快发展速度，扩大发展规模，创新发展方式，让其尽快在整个林业建设中的比重有个大的提升，真正成为促进林业发展的突破口。六是要坚持把执法监管作为各级林业主管部门的一项重大职责。大力强化林业部门的执法监管职能，把“运动员”角色转换为“裁判员”角色。切实改进工作方法，善于抓宏观，谋全局，而把应该下放的各种具体事务坚决地放下去。变被动防守为主动进攻，变当“被告”为作“原告”。只有这样，才能牢牢掌握工作的主动权，永远立于不败之地，更好地推动中国林业建设。

会议最后提出了2002年林业工作的总体要求：要以“三个代表”重要思想为指导，突出一个重点，办好两件大事，强化三项工作，全力推进林业跨越式发展。同时，提出了2002年林业要着力抓好的八项工作。一是突出重点，狠抓关键，全面推进六大工程建设。二是上下一心，抓紧工作，精心筹备全国林业工作会议。三是全面完成造林绿化任务，切实提高造林绿化质量。四是采取坚决有力措施，强化森林资源保护管理，特别是要下大力气抓好森林防火工作。五是按照“慎用钱”的要求，大力强化资金管理。六是紧紧围绕六大工程建设，全面提高科教兴林水平。七是以加入WTO为契机，加速推进林业对外开放。八是切实加强“两手抓”，为全面完成2002年林业改革和建设任务提供有力保证。

【全国林业厅（局）长座谈会】 2002年7月31日至8月1日，国家林业局在北戴河召开全国林业厅（局）长座谈会。会议的主要任务是，深入学习领会江泽民同志“5·31”讲话精神，以“三个代表”要求为指针，分析新形势，研究新问题，明确新任务，全面抓好六大工程，加速推进五大转变，不断开创林业跨越式发展的新局面

国家林业局领导周生贤、李育材、杨继平、马福、雷加富、祝列克，武警森林指挥部政委尹成富，各省、自治区、直辖市林业厅（局）长，四大森工（林业）集团总经理，新疆生产建设兵团林业局长和国家林业局各司局、京内各直属单位主要负责人等参加了会议。中共中央、国务院有关部门和单位的同志应邀出席了会议。

周生贤局长在会上作了题为《学习“5·31”讲话，贯彻“三个代表”要求，抓好六大工程，推进五大转变，不断开创林业跨越式发展新局面》的主题报告。李育材副局长作了会议总结。

会议认为，江泽民同志“5·31”讲话，是继2001年“七一”重要讲话之后又一篇马克思主义的光辉文献，它标志着以马列主义、毛泽东思想和邓小平理论为基础的“三个代表”重要思想理论体系的日臻完善和不断成熟，为党的十六大的召开奠定了重要的政治、思想和理论基础。会议深刻论述了林业与“三个代表”的紧密关系，提出要结合林业建设的实际，完整、准确地理解“三个代表”重要思想，并在林业实现跨越式发展的进程中，全面、深入地贯彻落实和自觉实践“三个代表”重要思想。

会议认真总结回顾了上半年的林业工作，并指出，随着六大工程建设不断向纵深发展，全社会关心林业、支持林业、参与林业建设的大环境、大气候正在形成，林业真正进入了一个蓬勃发展的春天。一是林业在经济社会可持续发展全局中的战略地位和作用日益凸显，并正在成为全社会的共识。二是六大工程建设更加深入人心，林业跨越式发展迈出了实质性步伐。三是各级林业主管部门的工作热情空前高涨，广大务林人的精神面貌焕然一新。四是各地积极探索，锐意改革，为林业跨越式发展积累了许多宝贵经验。

会议分析指出当前林业建设中存在的主要问题。一是林业政策不活、机制不灵的问题仍很突出。二是资金使用和管理上的漏洞还很多。三是国有林区经济状况还有待改善，林业职工生活困难。四是森林防火、森林病虫害防治、林木种苗管理和品种结构调整、基层林业工作站建设的压力仍然很大，制约着林业发展的速度。五是六大工程建设中暴露出来的新矛盾新问题层出不穷，后续和替代产业的培育工作亟待摆上重要日程。

通过形势分析，会议特别指出，当前的林业发展，形势喜人，形势逼人。林业正在经历着一场极其深刻的历史性变革，正处在一个十分关键的转折时期。林业要抓住机遇，趋利避害，乘势而上，就必须大力推进由以木材生产为主向以生态建设为主的历史性转变，这是林业处在这个重要发展阶段的基本特征。在这个阶段里，林业正在加速实现由以采伐天然林为主向以采伐人工林为主、由毁林开荒向退耕还林、由无偿使用森林生态效益向有偿使用森林生态效益、由部门办林业向全社会办林业的重要转变，这是林业处在这个重要发展阶段的主要特征。这统称为林业的“五大转变”。

会议进一步分析指出，五大转变，是中国经济社会发展对林业的必然要求。会议强调，推动五大转变，对促进中国林业建设具有十分重大的历史意义。第一，由以木材生产为主向以生态建设为主的转变，是对林业定性定位和指导思想的一次重大调整，是对林业认识的一个巨大飞跃。第二，由以采伐天然林为主向以采伐人工林为主的转变，是在尽量满足社会对木材需求的前提下，最大限度发挥森林生态、社会效益的战略选择。第三，由毁林开荒向退耕还林的转变，是优化国土利用结构，加快林业发展步伐的有效途径。第四，由无偿使用森林生态效益向有偿使用森林生态效益的转变，是林业发展的一个重大机制创新。第五，由部门办林业向全社会办林业的转变，是完成新时期林业建设任务的重要保证。

根据上述要求，会议明确了当前和今后一个时期全面推进五大转变要重点抓好的工作。推进由以木材生产为主向以生态建设为主的转变，必须抓紧建立公共财政支持体系、行政管理体系、执法监管体系、公众林业服务体系、森林资源和生态环境动态监测体系五大体系。推进由以采伐天然林为主向以采伐人工林为主的转变，必须尽快实现四个到位：天保工程区木材减产和富余职工分流安置到位、天保工程区后续产业培育到位、森林经营措施到位、商品用材林基地建设到位。推进由毁林开荒向退耕还林的转变，必须努力确保四个成果：退耕还林成果、退耕户的经济成果、典型的私有林发展成果、生态农业建设成果。推进由无偿使用森林生态效益向有偿使用森林生态效益的转变，必须切实抓好四个重点：按照分类经营的要求，切实将两类林业用地落实到山头地块；按照国家建立公共财政体系的原则，落实中央和地方对生态公益林的补助资金；抓好生态公益林补助试点工作，为全面建立该项制度打好基础；抓紧建立森林生态社会价值核算评估体系，确立科学、合理的核算标准和统计方法。推进由部门办林业向全社会办林业的转变，必须大力强化五项工作：以政策为先导，调动一切力量投入林业建设，努力实现林业建设主体的多元化；以落实林木所有者的财产处置权和减轻林业税费负担为重点，刺激非公有制林业的发展；不断丰富和完善义务植树的实现形式，努力提高适龄公民的尽责率，推动全民义务植树运动向深度广度发展；着力抓好城市林业和绿色通道工程建设，构筑几道亮丽的林业风景线；研究建立能够使各行各业、各个部门认真履行参与和支持林业建设义务的约束机制。

会议最后对下半年的重点工作作了强调部署。一是切实抓住六大工程全面启动的大好时机，大力推进林业跨越式发展。二是继续抓好“两件大事”，为召开全国林业工作会议做准备。三是以高度的政治责任感，全力抓好下半年的森林防火工作。四是加强执法监管，抓好森林和野生动植物资源保护管理工作。五是以资金安全运行和有效使用为核心，狠抓各项“慎用钱”措施的落实。六是采取有力措施，加强林业安全生产和林区社会稳定工作。

【国家林业局全体司局级干部会议】 2002年12月24日，国家林业局在北京召开局机关各司局和在京直属单位全体司局级干部会议。会议的主要任务是：传达贯彻中央近期召开的一系列重要会议精神，对2002年的工作进行认真总结，对2003年的工作作出全面部署，同时对春节前要做好的几项工作提出要求。由于年底不再召开全国林业厅（局）长会议，这个会议实际承担着全国林业厅（局）长会议的任务，因而是一次十分重要的会议。

国家林业局领导周生贤、李育材、江泽慧、杨继平、马福、雷加富、祝列克，国家林业局各司局、在京各直属单位所有司局级干部参加了会议。周生贤局长主持会议并作了《以党的十六大精神为指导，准确把握和认真贯彻中央的各项工作部署，全面开创林业跨越式发展的新局面》的讲话。

会议认为，2002年，林业以“三个代表”重要思想为指导，认真贯彻落实党中央、国务院的各项工作部署，紧紧围绕“突出一个重点，办好两件大事，强化三项工作”这个中心任务，做了大量工作，取得了很大成绩。特别是通过不断总结林业建设的新实践和不断深化对林业发展的再认识，果断结束了“以木材生产为中心”的林业建设指导思想，提出了大力推进中国林业由以木材生产为主向以生态建设为主的历史性转变，确定了当前和今后一个时期林业发展的前进方向，完善了新时期林业建设的理论平台，形成了“抓好六大工程，推进五大转变，实现林业跨越式发展”的工作思路，使中国林业从此迈上了在明晰思路指导下加快发展的新阶段。可以说，2002年是林业工作取得整体突破的一年，是林业建设成就辉煌的一年，是林业发展史上具有重要意义的一年。

会议通过分析当前林业建设的新形势与存在的突出问题，对2003年的林业工作作出了全面部署。2003年林业工作的总体思路是：以邓小平理论和“三个代表”重要思想为指导，从调整林业生产关系入手，深化一个重点，办好两件大事，强化三项工作，突出四项改革，抓好五大建设，全面开创林业跨越式发展新局面。为此，要着力抓好以下五个方面的工作。一是深化一个重点，推进六大工程健康实施。二是办好两件大事，为林业建设创造有利环境。要推动林业战略研究成果的运用，并加强后续研究；筹备召开好全国林业工作会议，并抓好会议精神的贯彻落实。三是强化三项工作，夯实林业跨越式发展的根基。要严格森林资源保护管理；要慎用林业建设资金；要全面提升林业建设质量。四是突出抓好四项改革，构造新型林业经营管理体制。要推进国有森林资源管理体制改革；要深化林业分类经营改革；要促进林业所有制结构改革；要启动林业行政执法体制改革。五是抓好思想、组织、作风、制度、业务五大建设，为林业跨越式发展提供坚强保证。

（林业重要会议由张宏亮供稿）

索　引

A

B

D

F

G

H

T

W

X

Y

Z

先进单位光荣榜

上海新高潮(集团)有限公司

上海新高潮(集团)办公楼全景

上海新高潮(集团)有限公司是以木业生产为主，同时兼营房地产、宾馆服务等多行业的资产总额达60亿元的综合性集团企业，下属企业20家(不包括外地企业)，占地面积113公顷，建筑面积75万平方米，员工2万人，内设128个分厂，128条生产线，并在总部下属新美集团建成1.2万千瓦的自备发电厂和水厂，每月加工原木25万立方米，年用材量达300万立方米，主要生产旋切单板、胶合板、化妆板(贴面板)、细木工板、多层板、防火板、实木地板等七大类、50多种产品，产品销售遍布全国1000多个网点并从1998年开始出口。1998年取得4个英国UKAS产品标准证书；2000年高潮牌细木工板、装饰单板、贴面胶合板被推荐为上海名牌产品100强；2002年高潮牌细木工板、胶合板、化妆板、防火板通过中国环境标志认证。

上海新高潮(集团)原木堆放场

集团公司每年木材消耗量的95%以上的原木均从国外进口，面对国内外森林资源的日趋匮乏，世纪之交，国家实施林业六大重点工程带动了新世纪林业的大发展，上海新高潮(集团)有限公司积极响应国家号召，在全国范围内重点开展速生丰产工业用材林建设。2002年营造速生丰产用材林基地6.7万公顷；到2003年底集团公司的木业深加工和速生林资产合计将超过100亿元，到2008年资产超过300亿元。从而实现从木材消耗大王到造林先锋的战略跨越，打造世界级的“绿色王国”。集团下属上海亚尔科技有限公司是以生物工程技术为主业，从事植物培育技术、树种的遗传改良、人工造林等生态环境研究和运用，建立科研、组培及工厂化育苗的生产科研车间3万平方米，苗圃与基因库667公顷，温室4500平方米，着力于陆地生态系统速生树木研究，开发种植生态人工速生丰产林，对人工林种植管理、管护和投资回报进行专题研究及系统分析。从2003年起集团公司完成3333公顷苗木繁育基地，年供种苗1.5亿株，满足每年造林6.7万公顷的需要。上海新高潮(集团)有限公司在总裁陶新康的带领下，充分发挥“自强不息、争创一流”的企业精神，不断加强企业管理，提高员工素质，朝着新世纪更新更高更强的理想目标迈进。

上海新高潮(集团)下属木业公司干燥车间

上海新高潮(集团)下属发电厂

蓬勃发展的燕赵林业

每年由省委、省政府组织召开的春季造林动员广播电视会，秋冬季造林绿化总结表彰会已成惯例

2002年是河北省林业工作取得整体突破的一年，林业生态建设和林果体系建设成绩喜人，通道绿化工程全国评比第一名，太行山绿化工程、沿海防护林建设工程、封山育林工程在全国名列前茅。全年共完成造林合格面积49.3万公顷，完成义务植树1.1亿株，林业产业总产值达349.7亿元，约占全省农业总产值的20.2%。干鲜果品产量达75.8亿千克，果品总产量继续保持全国第二位，果品总产值达105亿元。总结成绩，一是各级领导重视程度之高、行政推动力度之大前所未有。各级党委、政府把林业工作摆在改善生态环境、促进经济发展和农民增收的突出位置。许多市、县把林业确定为立市、立县主导产业和带动增收的希望产业，党政主要领导亲自谋划、亲自抓落实。造林绿化已逐步由部门行为转变为政府行为，进而转变为广大群众的自觉行动。二是各级政府和全社会对林业投资之多、支持力度之大前所未有。经过积极争取，全省退耕还林、京津风沙源治理、三北防护林、森林生态效益补助试点等项目在任务和投资上大幅度增加，有力地带动了全社会对林业的投入。全年落实省以上各种林业建设资金15.5亿元，比2001年增长63.2%，市(县)级财政投资达1.2亿元，企业、个人等社会投入约7亿多元，均创历史最高水平。三是全年造林任务之重、建设规模之大前所未有。河北省全面推进了以退耕还林为主的十大重点工程。许多县(市)都掀起了大规模的造林绿化高潮，特别是平原农区的造林规模更是前所未有。全省各地集中连片的万亩工程达到30多个，百公顷工程达到200多个。京津风沙源治理、三北防护林、太行山绿化、平原绿化、速生丰产林、沿海防护林等工程实现了突破，建成了一批规模较大、科技含量较高的精品示范工程。四是结构调整进展之快、效益之高前所未有。全省完成以改劣换优和新发展名特优为

各级领导关注林业蔚然成风，图为副省长宋恩华(中)深入基层调研林果生产

绿色通道绿化工程取得显著成绩，全省绿色通道建设工程里程突破2.02万千米，省内7条高速公路两侧全部绿化，省道、县道、乡道的高标准绿化工程也在全面建设，在全国评比中名列第一

主的果品结构调整14.87万公顷，其中，新发展名特优果树基地12万公顷，出口创汇基地完成2.53万公顷，无公害果品产地认定2.67万公顷；设施果树栽培完成0.2万公顷，全省以桃、葡萄、杏、李子、樱桃等为主的设施果树栽培总面积超过了0.67万公顷。全省共引进果树新品种20个，完成黄金梨、冬枣等优质果树为主高接换头5.33万公顷，特别是2002年新发展黄金梨优质果树基地0.4万公顷，使基地总面积达到0.53万公顷，成为全国最大的黄金梨基地；涌现出富岗苹果、黄骅冬枣、辛集黄金梨等一大批优质高效果品，来自果品业的收入明显提高。五是广大干部群众参与林业建设的热情之大、积极性之高前所未有。随着群众对生态建设重要性认识的加深和林业比较效益的增加，特别是国家对退耕还林等重点生态工程实行补助政策，广大群众造林绿化的积极性越来越高。许多农民自发的向林业部门要技术、寻信息、求优种，一些企业、事业单位和群众团体也纷纷加入到造林绿化工作中来，建设绿色产业、发展绿色经济，已成为人们的共识。

塞罕坝万顷人工林海

果品结构调整取得显著成绩，成为农业结构调整和农民增收的支柱产业，并带动二、三产业的发展。图为赵县利用梨花盛开期间组织系列活动

邢台县浆水镇前南峪村的生态经济沟开发模式在有效改善生态环境，保证洪灾之年洪水不下山的基础上，兼顾群众长短经济效益，使太行山区人民因林果致富

坝上农田防护林网

退耕还林工程在河北省124个县全面启动。2002年的建设任务33.3万公顷（含荒山匹配）全面完成

稳步推进蓬勃发展的江西林业

省委书记孟建柱(左二)、副书记傅克诚(左三)、副省长孙用和(左一)在省林业厅党组书记、厅长严金亮(右二)的陪同下视察林业工作

2002年，江西省林业厅深入贯彻落实“三个代表”重要思想，按照省委、省政府“既要金山银山，更要绿水青山”的要求和“坚定不移地把林业工作的着力点放在提高森林资源的质量上，下大力气调整林分结构和林业产业结构，千方百计搞活用工制度、搞活森林资源、搞活经营机制”的思路，以林业重点工程为带动，着力加快森林生态体系和林业产业体系建设，林业事业继续保持了良好的发展态势。

突出重点，狠抓营林。以退耕还林工程为龙头，实施了长江防护林、珠江防护林、中德合作造林、平原绿化、绿色通道、防沙治沙等林业重点工程，全省造林绿化工作稳步推进。全年完成人工造林16.23万公顷，迹地更新1.17万公顷，低产林改造6.27万公顷，全民义务植树8000万株。

依法治林。按照森林生态效益补助资金试点工作要求，制定生态公益林管理办法，进一步加强了国家重点生态公益林的保护管理。加强林业执法工作，强化林地林权管理，积极推行政务公开，适时开展林业严打专项整治行动和木材经营加工企业清理整顿工作，森林资源保护管理工作逐步规范。

壮大产业。通过加大对林业优势产业和优势企业的扶持，做大做强林业龙头企业。大力发展森林旅游、森林食品、森林药材、森林蔬菜等特色产业，不断壮大林业经济实力。2002年，全省实现林业总产值180.48亿元，比2001年增长17.74%。

深化改革，增强活力。以林业分类经营改革为主线，着力深化林业产权制度、森林资源流转、国有场圃和林业企业等各项改革工作，不断调整林业生产关系，发展林业生产力，非公有制林业、平原林业、社会林业蓬勃发展，全社会办林业的发展新格局逐步形成。

浮梁县瑶里省级自然保护区的天然马尾松林

德国林业专家克劳斯·伯兰德与林业技术人员交流林业实践经验

林化产品——松香

农田防护林

江西鄱阳湖国家级自然保护区的白鹤(国家一级重点保护野生动物)

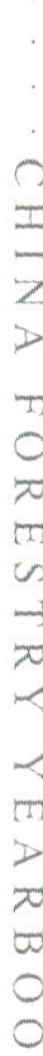

实施生态战略的大兴安岭林业集团公司

地委书记、集团公司党委书记 杨喜军

大兴安岭地委和林业集团公司，全面贯彻党的十六大精神，认真落实《中共中央国务院关于加快林业发展的决定》，在实施天保工程基础上，全力进行生态林业的战略转移，以绿色经济为方向，加快结构调整步伐，培育旅游、特色种植养殖、木材深加工等经济增长点，重塑大兴安岭林业经济。

地区、集团公司领导关心重视林区教育

地委副书记、集团公司总经理 王忠林

天保工程林地

"文化广场"——林区人民文化生活不断提高

职工自营经济不断发展

林区城乡建设日新月异。图为坐落在加格达奇的新世纪广场

努力发展特色种植养殖业

"大森林的主人"——鄂伦春族下山定居50周年，生活发生了翻天覆地的变化

大兴安岭人吹响"生态建设"进军的号角

保障“青山常在，永续利用”——大兴安岭地区行政公署森林防火指挥部（大兴安岭林业集团公司森林防火办公室）

林业集团公司副总经理，行署（林业集团公司）防火指挥部（防火办）党委书记、专职副指挥　吴玉波

党委副书记、主任　孙长福

党委副书记　张庆斌

党委委员、副主任　王新才

2003年，大兴安岭地区已连续4年干旱，气象资料表明干旱程度比1987年“五·六”大火前的1986年还严重，风大、少雨、可燃物载量高，火险等级居高不下，春季森林防火形势异常严峻。在这种特殊的情况下，全区各级领导干部，特别是党政主要干部，以对党和人民高度负责的精神，把防火工作作为第一件大事、第一位责任、第一项任务来抓。尤其是在“三·一九”草甸森林火灾和“五·一七”富拉罕支线森林火灾中，各级领导靠前指挥，军警民协同作战，不畏困难，不怕牺牲，顽强奋战，勇降火魔，发扬大兴安岭精神和火场精神，夺取扑火的全面胜利。秋防期间，全区各级防火部门采取一系列超常规的火源管理措施，取得全区无火警、火灾的好成绩，为天然林保护工程的全面实施，为“青山常在，永续利用”长远目标的实现，为促进林区经济发展、维护社会稳定作出了贡献。

2000年4月11日，全国森林防火工作现场会议期间，国家林业局局长周生贤，黑龙江省副省长申立国（左四）在地委书记杨喜军，行署专员、林业集团公司总经理王忠林陪同下在防火指挥部（防火办）检查工作

2003年3月31日，国家林业局副局长雷加富（中）、黑龙江省副省长付晓光（右）、武警森林部队指挥部主任何旺林（左）在地区防火指挥部（防火办）召开复燃火扑救形势分析会议

地区防火指挥部召开防火工作会议

大兴安岭林区各级防火指挥部（防火办）在防火期内，严查进入林区车辆的防火器材及人员的入山证。图为阿木尔林业局防火办主任张成率队检查防火检查站工作

森林警察部队扑救富拉罕森林火灾

全国"五一"劳动奖状——大兴安岭图强林业有限责任公司

党委书记 李泽清

总经理 王天辉

2002年，图强林业有限责任公司抢抓机遇，迎接挑战，以改革求发展，向管理要效益，经济和社会事业取得了全面进步。全年林业企业总产值实现17 136万元，完成年计划的120.8%。实现利润1031万元，完成上缴款3100万元，上缴税金953万元，职工年人均收入6128元，连续15年实现无森林火灾。特色养殖业、林木产品精深加工业、绿色食品业等接续替代产业初具雏形。城镇面貌日新月异，已建成花园式、园林式、生态式新城，先后接待全省的城镇建设会议参观活动等近10次，承办全区党政领导干部大会等全区现场工作会议10余次。公司荣获了全国"五一"劳动奖状、全国森林防火先进单位、全国安康杯竞赛优胜企业、省第九届劳模会先进集体、全区经济和社会发展目标责任制评比第一名、文明地区创建第一名等殊荣。

副省长付晓光（右二）、武警森林指挥部主任何旺林少将（左一）在图强公司检查工作

图强公司经营的天保林地

森林防火常备不懈

天保管护站和护林防火检查站

建立珍贵皮毛动物养殖基地，打造新产业

图强“兴安第一街”

开展“改、树、塑”活动，确立改革与发展的导向

公司的女子军乐队，奏响图强之歌

大兴安岭林业集团公司塔河林业局

县委书记 潘忠

县长 戴利

这是一片多情的绿土，这是一条多韵的小河，这是一个多彩的山城，这就是镶嵌在祖国金鸡冠上的一颗翠绿的明珠——塔河。

塔河县是我国最北部的两个县份之一，地处东经123°～125°，北纬52°～53°，与俄罗斯接壤，边境线长173千米。居大兴安岭地区的中心地带，锁嫩漠铁路、公路之咽喉，扼南北东西来往之要冲。全县总面积14，420平方千米，林业施业区面积91.8万公顷，总人口逾10万人，县辖3乡3镇，林业局辖9个林场、1个经营所，4个贮木场，是个以林业为主体经济的政企合一的县。近年来，塔河县(塔河林业局)紧紧抓住国家实施天保工程、西部大开发，生态示范保护区建设的机遇，立足资源优势，做大林业，做精农业，做强个体私营经济和第三产业，基本形成了以木材生产为龙头，以木材加工，农产品加工，林产化工，机械修理为重点，野生浆果加工，北药开发，鄂伦春族风情旅游等多种产业协调发展的经济新格局。到目前为止，全县国内生产总值累计实现34.46亿元，累计为国家提供商品木材1844.5万立方米，上缴利税8.8亿元，全县个人储蓄存款超过11亿元。

伴着改革的春风，时代的脚步，塔河的城市面貌日新月异，投资环境越来越好，人民生活水平稳步提高。真可谓：花山树海冰情雪韵四时皆佳呈瑞景，物华天宝人杰地灵五业俱旺竞风流。

政府楼和中央大街

层积板

锅炉产品

木耳养植

专业森林消防队

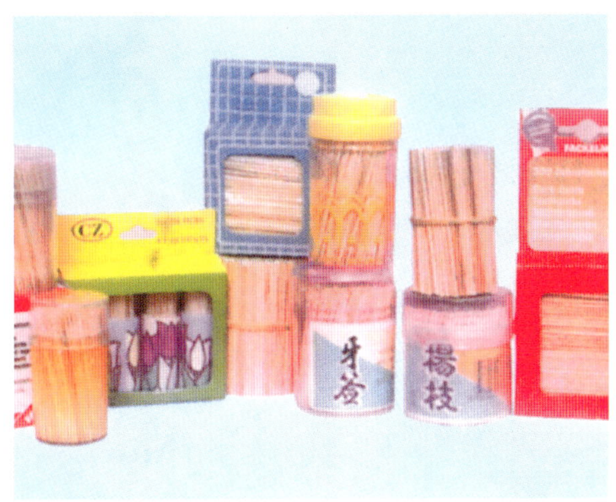

各种牙签、食品棒

郁郁葱葱的天然林(天保工程)

大兴安岭地区韩家园林业局

局党委书记 石尚忠

局党委副书记、局长 王世民

韩家园林业局建于1991年，行政区划隶属于黑龙江省大兴安岭地区呼玛县。该局地处大兴安岭东南坡，与俄罗斯隔江相望，施业区总面积907 636公顷，施业区地势比较平缓，境内平均海拔350米左右，属寒温带大陆性气候。施业区内有多种珍稀动植物，如飞龙、野鹿、猞猁等。江、河、泡中盛产鳇鱼、鲤鱼、"三花五罗"等名贵淡水鱼。地下蕴藏丰富的煤炭、黄金、石灰石、铁、磷等矿产资源。林中盛产多种野生浆果及木耳、猴头等真菌。

实施天保工程以来，该局根据生态建设的要求制定了"以主导产业兴企发展，以替代产业增收富民"的总体工作思路，深入实施"振兴、合心、塑形、富民"八字战略，求实奋进，开拓创新，小康建设水平明显提高。2002年，全局实现企业总产值14 884万元，实现利润297.6万元。

近年来，局党政领导班子按照"发展要有新思路，改革要有新突破，开放要有新局面，各项工作要有新举措"的要求，重点推进了局域经济民营化、特色经济产业化、林业产业非林木化、城镇建设园林化的实施进程，非国有经济迅速发展，以养鹿、养獭兔、养绒山羊为主的特色养殖业形成了一定的养殖规模，其中养鹿业发展尤为迅速，以大自然的真山真水为依托建成了天然的鹿养殖基地——松涛鹿苑，并和省内外科研单位联合开发了纳米鹿酒、鹿茸鞭口服液、鹿茸鞭胶囊、营养液化妆品等系列鹿深加工产品，年可创产值1500多万元，特色养殖业的发展壮大有力地拉动了全局经济的增长，为了发挥生态和冰雪优势发展旅游业，加大了城镇建设力度，提高了城镇建设品位，并以松涛苑为中心建立了集观赏、娱乐为一体的生态示范园区，为发展旅游业奠定了艰实的基础。

局办公楼

主题为〞升华〞的局标

天然放养的梅花鹿群

惊险刺激的水上漂流

中国社会林业工程科技示范县——浙江省安吉县

温家宝同志考察安吉林业

局长 兰林富

“世界竹子看中国，中国竹子看浙江，浙江竹子看安吉”。安吉县是著名的中国竹子之乡，是浙江重点林区县之一。全县总面积1886平方千米，林地面积为13.2万公顷，森林覆盖率为69.4%，其中竹林面积为6.7万公顷，占林地面积的51%，毛竹总蓄积量为1.35亿株，年采伐商品毛竹2000万株，小杂竹8.3万吨。全县竹资源年总产值4.2亿元，占农业总产值的30%；年竹业总产值达44.2亿元，占工农业总产值的28%；年增加税收5000万元，占全县财政收入的20%；竹产业为山区竹农年增加收入5亿元，竹产区乡(镇)每户竹业收入达6250元，人均竹业收入1759元，占总收入的38.65%。竹业的兴起不仅解决了全县3万多个就业岗位，而且还带动了相关产业的发展，竹产业已成为全县国民经济的支柱产业。经过多年努力，全县竹子经营水平已达到全国一流。全县已培育毛竹高效林1万公顷、笋竹两用林1.3万公顷，改造低产竹林1.7万公顷，建立毛竹高效技术现代园区7000公顷。竹林经营已向规模化、集约化、科学化方向发展。全县现有笋、竹加工企业1000余家，年加工竹材4000万株（其中从省、县外调入2000万株），加工鲜笋2.5万吨，笋、竹加工产品有10个系列、1000多个品种，年加工产值达40亿元，每年出口创汇达6亿元，产品主要销往港、澳、台地区及东南亚、欧、美等国。此外，安吉还利用高科技从毛竹叶中提取竹叶黄酮，获得成功，年产量达10吨以上。并利用竹叶黄酮制成保健胶囊、饮料、啤酒等系列产品。

竹海旅游是安吉近年来兴起的朝阳产业。该县利用良好的生态环境和茫茫竹海，积极开发森林旅游业，特别是建造了国家AAAA级旅游景区——中国竹子博览园，占地40公顷，引栽竹子320多个品种；还新建了反映中国6000年竹历史、竹文化的中国竹子博物馆；同时，作为现代书画大师吴昌硕的故里，还深深地挖掘和宣传“昌硕文化”，使安吉竹文化底蕴更加深厚。据统计，2002年全县接待游客200.6倍万人次，(其中上海游客120万人次，占60%以上)，旅游总收入达4.92亿元。

安吉县曾获得全国林业生态建设先进县、全国科技兴林示范县、全国林业科技工作先进县、中国社会林业工程科技示范单位(县)、浙江省竹产业建设先进县等荣誉称号。多位党和国家领导人曾视察过安吉。

竹林

竹地板加工

竹笋系列

竹饮料

竹种园

基地牌子

湖南省先进森保站——浏阳市森林保护站

吴晓文站长向浏阳市林业局局长谭景长汇报森防工作

浏阳是湖南省重点林区市，总面积50万公顷，其中林业用地34.2万公顷，森林覆盖率63%。

浏阳市森林保护站成立于1988年，现有在职干部职工14人，其中专业技术人员6人，为国家级病虫害中心测报点，担负着全市森林病虫害监测防治、森林植物检疫以及野生动植物保护管理工作，在上级党委、政府和林业主管部门正确领导下，森林保护工作得到不断加强，森保站拥有一支精干的森防队伍、比较齐全的检疫防治设施、宽敞的办公场地和现代化的办公设备及交通工具，被国家林业局授予全国森林病虫害防治检疫标准站称号。

森保站坚持贯彻以“预防为主、综合治理”的方针，在全市长年聘请了18名兼职测报员，65名兼职检疫员，建立了隔离试种苗圃，在“中国花木之乡”柏加设立了植物检疫办事处。全市建立了国家级无检疫对象苗圃3个，省级无检疫对象种苗繁育基地2个，首次在柏加4000农户、面积1333公顷的非公有制的种苗繁育基地开展了无检疫对象苗圃创建工作，并达到了国家级标准。在全省率先建立了森林病虫害限期除治制度，把责任落实到乡(镇)政府和主管领导。从20世纪80年代开始，坚持小面积防治为主的防治对策，重点对虫源地进行了有效监测与防治，建立、健全了全市森林植物检疫封锁体系、监测预警体系和防治救灾体系，控制森林病虫害的蔓延成灾，连续7年被长沙市林业局评为目标管理先进单位，多次被评为省先进森保站。

湖南省林业厅厅长葛汉栋(前排左)和副厅长李定一(后排右二)在浏阳市柏加乡指导无检疫对象种苗繁育基地创建工作

森保站组织人员烧毁从疫区调进的国外松造林苗木

森保站召开会议研究森防工作

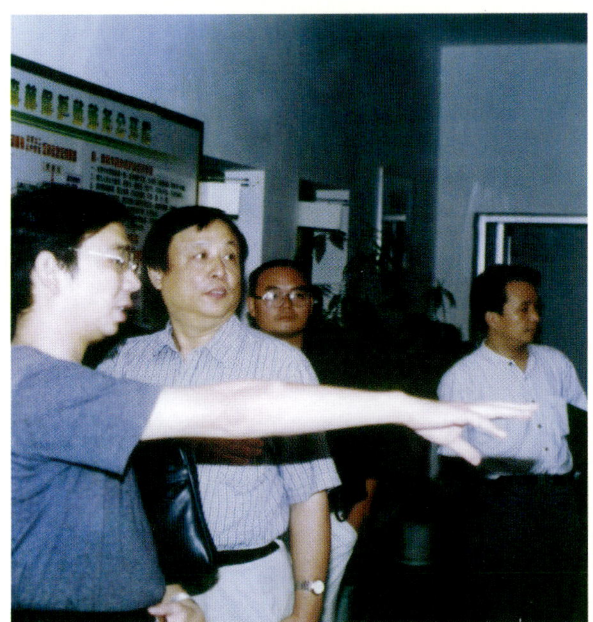

国家林业局造林司病虫害防治处吴坚处长（左二）来站指导工作

森保站组织病虫害防治检疫法律法规宣传

森保站检疫检验室

检疫人员进行产地检疫

跨越发展的河北省文安县林业

局长 高柏成

局办公大楼

文安县林业局成立于1997年4月，现有干部职工206人，其中初级职称65人，中级职称25人，高级职称10人，固定资产726万元，车辆16部。该局在局长高柏成的领导下，认真践行"三个代表"重要思想，以"改善生态环境，绿化文安，造福子孙"为己任，以"严格执法，热情服务"为指针，全局干部职工树立了"林兴我荣，林衰我耻"的爱岗敬业意识，团结一致，艰苦奋斗，机关建设日新月异，林业事业突飞猛进。2002年，投资500万元高标准建成林业局第二栋办公楼，安装了大屏幕电子显示屏、多媒体演示器，14个股(站)全部新配齐计算机，完成了微机联网；投资400万元完成全县首家拆墙透绿工程，被评为省级花园式单位。

2002年，该局依托三北防护林工程、退耕还林工程，以市场运作林业，实行"谁栽、谁有，谁投资、谁受益"的造林政策，大力发展民营林业，研究、探索、实施了"龙头带基地"、"基地连农户"、"股份合作"、"大户承包"等几种造林新机制，大力推广承包、租赁、拍卖、联营等多种形式，采取园区示范、农场带动、大户推广、林板互动的路径，发展林板一体化，推动了文安由林业经济大县向林业资源强县的转变。新机制的实施，做到了政府要绿、农民要利、企业要降低成本的最佳结合点，为文安林业注入了生机和活力，2002年完成造林6666公顷，相当于过去5年的植树总和。民营林业投资达1.6亿元。

通过实施林板一体化经营，积极推进了农业结构调整，文安林业真正实现了由部门行为转变为政府行为，由政府行为转变为党委行为，由党委行为转变为社会行为，实现了由单纯经济林向旅游休闲林、生态环保林、林养结合示范林的转变。

目前，全县有林地面积2.3万公顷，森林覆盖率由1997年的12%上升到22.7%。初步形成了以河渠路堤为框架，以农田林网为脉胳，以用材林、经济林、防护林为基地，以城镇村街绿化为连接的网、带、片、点相结合，乔、灌、花、草相结合的绿化新格局。该局曾获国家林业局基层林业工作站先进县，河北省绿林杯竞赛先进集体、形象建设先进单位、森防工作先进单位，市林业工作先进单位，连续3年被县委、县政府授予成绩突出局、2001年获成绩突出领导好班子称号。

速生丰产林

全国防沙治沙先进集体——河北省廊坊市安次区林业局

廊坊市安次区地处京、津之间，幅员面积594.9平方千米，耕地面积3.7万公顷，总人口33.4万。

近年来，安次区把林业建设作为农业结构调整的突破口，依靠科技兴林，大力实施项目带动战略，努力建设"林果大区"，建立了速生丰产林、热杂果、苗木、蜡杆四大林果基地，基地总规模1.7万公顷，其中的晚秋黄梨基地、蜡杆基地全国闻名。目前，全区林地面积已达2.4万公顷，森林覆盖率达到了39.6%，每年林木增长材积13.5万立方米，年林业总产值超过3亿元。全区已基本形成了网、带、片、点相结合的综合防护林体系，实现了林业的生态、经济、社会三大效益同步增长。

2002年，安次区重点实施了绿色通道和廊坊市大二环绿化工程，绿化总长度达到62千米，植树120万株。工程规模大、质量高、效果好，成为了保护首都的绿色屏障。

由于造林绿化成绩突出，安次区林业局先后荣获全国营造林先进单位、全国造林绿化先进单位等称号，2002年被全国绿委、人事部、国家林业局授予全国防沙治沙先进集体称号。

廊坊市林业局总结推广"以林代圃"等一系列兼顾群众长短利益的模式，并作出突出成绩，备受各级领导和新闻媒体的关注。图为区林业局局长王玉祥接受河北电视台记者采访

河北省林业局有关领导到安次区检查指导速生丰产林建设

安次晚秋黄梨畅销全国各地

安次区苗木基地

速生丰产林建设成效显著

开拓创新求实效的山西省平顺县林业局

局长　平明则

中国大红袍花椒之乡

平顺县是一个典型的干石山区县，全县辖5镇7乡，263个行政村，16.7万口人。国土总面积15.2万公顷，宜林荒山荒坡面积7.85万公顷，耕地面积仅有1.3万公顷，发展林业有着得天独厚的条件。历届县委、县政府领导都致力于绿色资源的开发，生态林业建设得到各级领导好评，先后被山西省委、省政府评为生态建设红旗县，被国家林业局评为全国经济林建设先进县。

2002年，全局紧紧抓住全国退耕还林工程全面启动的大好契机，围绕山大坡广这一优势，在荒山上大做文章，全面推进林业生态建设，实施退耕还林大举措，高标准完成省、市下达的5267公顷退耕还林任务。同时，还完成太行山示范工程240公顷，国债工程266.7公顷，干果经济林1000公顷，全县一年造林绿化规模跃过了1万公顷的台阶。人工造林面积核实率、合格率、成活率分别达到了100%、98%、92.3%，按照“质为先”的要求，大力强化了质量管理，初步形成了重质量、求实效的良好局面，林业建设呈现出工程最多，速度最快，质量最高的“三高”发展态势，是平顺林业史上大跨越、大发展的一年。

平顺县林业局坚持以生态建设为中心，两个文明一起抓，开拓进取，求实创新，以队伍高标准，工作高效率，服务高质量加速了退耕还林建设步伐，推进了平顺林业生态建设事业的健康发展。全县现有林地6万公顷，森林覆盖率达到35.6%，经济林面积达2.1万公顷，大红袍花椒发展面积达8667公顷。

山桃苗木培育基地

退耕还林成效

内蒙古自治区通辽市科尔沁区生态建设

通辽市科尔沁区林业局党政领导班子成员研究林业生态建设发展大计

通辽市科尔沁区位于内蒙古东部，东北西部科尔沁沙地腹部的西辽河平原，全区辖20个镇400个村屯，总土地面积为35.17万公顷，其中林地面积9万公顷，森林覆盖率25.6%。自三北防护林建设以来，尤其是西部大开发以来，科尔沁区林业建设取得了长足的发展，经多年的努力，科尔沁区初步形成了以铁路林、公路林为骨架，以农防林、乡路林为主体，以防风固沙林为重点，以其他林地为依托的综合防护林，使科尔沁区的生态环境和自然条件得到了一定的改善，保障和促进了农牧业的发展，城区的生态环境有所提高。有林面积的不断增加和资源的持续稳定增长，使林业的生态、经济和社会效益日趋明显。1.03万公顷农防林形成了5550个网眼，保护了12万公顷农田；宜林荒沙已绿化6.67万公顷，占应绿化的85%，风沙源得到了根本治理，铁路初步建成了绿色通道，绿化率达到90%；全区400个村屯有80%达到了绿化标准。活立木总蓄积已达到了330万立方米，林业收入占人均收入中的比重已达到了10%以上。

主要措施：①加强领导，提高认识，充分利用新闻媒体大力宣传林业生态建设的重要意义，使广大干部群众提高认识，形成共识。建立各级党委政府主要领导办绿化点，工程技术人员包项目“双保险”制度。明确任务，细化责任，实行领导任期目标一票否决制。②落实政策、转变机制、落实责任、调动社会各界参与林业生态建设的积极性。退耕还林是国家政策性非常强的工程，严格掌握退耕还林政策，确保工程质量。荒山荒地本着谁造谁有，谁经营谁受益的原则。鼓励非公有制造林，调动社会各方面的积极性参与林业生态建设。③科学规则，超常规运作。打破乡(镇)之间的界线，统一规划、统一施工，合理配置林种、树种，使林业生态建设成为一个有机整体，充分发挥林业三大效益。④依托科技，加大林业生产的科技含量，提高造林及林分质量。严格执行国家造林技术规程，使林业建设向着健康高效方向发展。⑤加强林木管理和管护工作，全面贯彻《森林法》，确保林业生产走上正常发展轨道。

由于科尔沁区林业生态建设取得了一定成绩，曾多次受到国家和自治区的表彰和奖励。1991年通过了国家平原绿化达标的验收，并荣获了全国平原绿化先进单位的称号。1995年被林业部确定为全国高标准平原绿化试点市、同年被评为全国绿化百佳县，1997年被评为全国三北防护林体系建设先进单位。并先后有5个林业科研项目获得内蒙古自治区人民政府和内蒙古林业厅科技进步奖。

乡间林荫路

中国记者林一角

林茂粮丰

京蒙巾帼世纪生态林营造现场

辽宁省抚顺市林业

局领导班子

抚顺市地处辽宁省东部山区，地貌特点为“八山、半水、一分田、半分道路和庄园”。全市国土总面积为108.2万公顷，其中林业用地面积83.6万公顷，森林面积72.3万公顷，森林总蓄积量5299.1万立方米，森林覆盖率66.4%，其中有林地面积、森林总蓄积、森林覆盖率均处于全省首位。全市现有32个国有林场、47个林业站、23个私有林场。多年来，丰富的森林资源为抚顺及辽宁中部城市涵养水源、保持水土、调节气候、抵御自然灾害、维护和改善生态环境作出了突出的贡献。

2002年，全市林业工作坚持市林业工作会议确定的指导思想，以生态体系和产业体系建设为中心，以改革开放和科技进步为动力，以结构调整和产品升级为主线，以国家林业六大重点工程全面启动为契机，以农村经济发展和农民增收为根本出发点，全面实施森林分类经营，停止天然林商业性采伐，加强森林资源的培育、保护和合理开发，加快林业所有制结构、产业产品结构和林种、树种结构的调整步伐，全面提高林业建设和山区综合开发的整体水平，促进富民兴市，实现山川秀美，为抚顺的经济发展和生态环境改善作出了重大贡献，超额完成了全年林业各项工作任务。

完成植树造林18 766.7公顷，其中荒山造林12 040公顷，为省定指标的140%；补植造林3373.4公顷；更新造林3353.3公顷。全市植树6979万株，为省定指标的171%；义务植树1099万株，为省定指标的123%；四旁植树1318万株，为市计划的132%；新封山育林28 333.3公顷，为省定指标的150%。

完成林业育苗2113.3公顷，为省计划的5.3倍，产苗5.7亿株，其中产成苗3.6亿株；容器育苗完成145万杯，为计划100万杯的145%。

完成森林病虫害防治23 540公顷，防治率为81.42%。全年发生林火41起，其中森林火警10起，过火面积12.2公顷，实现了全年无一般性森林火灾的目标，同时实现了连续15年无森林火灾发生。查处各类林业案件3172起，收缴木材4281立方米，挽回经济损失584.6万元。实现林业产业总产值19亿元，比2001年增长7000万元。

2002年度，全市林业建设和林业各项工作多次受到国家林业局和省林业厅的表彰。

吉林省退耕还林先进单位——长春市双阳区林业局

双阳区位于吉林省中部，距长春市中心东南45千米，幅员总面积1655.43平方千米。全区共有林地40 561公顷，其中有林地23 378公顷，未成林造林地7975公顷。林业局下辖甩湾子、烧锅、太平、石溪和新安5个国有林场，双阳、长岭和北山3个国有苗圃。全区13个乡(镇、街道)均派驻了林业工作站。系统共有职工938人。

局长、党委书记 张明哲

近几年，在全区大面积开展了群众性的封山育林和植树造林，使历史遗留下来的残次天然林得到了恢复，大面积的坡耕地和宜林地得到了退耕和绿化。2000年又完成了三北防护林三期工程规划；2002年双阳区决定要用10年时间把全区约1.8万公顷的坡耕地、沙化地全部实施退耕还林，使双阳形成点上绿化成景、线上绿化成荫、面上绿化成林，把“阳城”变“绿城”，实现林业发展，生态改善、山川秀美的目标。两年共完成退耕还林任务3800公顷，并实现了连续22年无重大森林火灾的工作目标。2002年被吉林省政府评为全省退耕还林先进单位，2003年又顺利地通过了全国生态示范区检查验收。

局领导班子

双阳区不但有十分丰富的森林资源，旅游资源也得天独厚。双阳北山圆通寺、双阳湖旅游度假村，坐落在烧锅林场境内，位于长春市第一峰——大砬子山，以奇、特、险闻名的长春市吊水壶旅游风景区，与北侧长春净月潭旅游风景区和南面磐石市的官马溶洞遥相呼应，构成了长春市南部的一道旅游热线。

海拔711米的长春市第一峰

三北农田防护林

小兴安岭上的一颗明珠——黑龙江省鹤北林业局

党委书记 郭振歧　　　　局长 邓恩元

鹤北林业局位于黑龙江省东北部，小兴安岭东南麓，始建于1972年，施业区总面积38.2万公顷，经过多年的开发建设，已形成了营林、木材生产、多种经营、林产工业、商贸旅游等完备的林业产业体系，实现了连续21年无森林火灾。先后荣获全国精神文明建设先进单位，全国边疆文化长廊建设成绩显著单位，全国思想政治工作优秀企业，全国模范职工之家，国家林业局党的建设促进经济工作先进单位，黑龙江省森工经营管理标兵单位等称号。

2002年，该局按照“一切为了富民、一切为了强企”的总体工作思路，实施了“南引、北开”战略，强化管理深度开发战略。林产工业招商引资2000万元，盘活闲置资产2400万元，使木材综合利用厂家由原来的31家增加到63家，产品增加10余种，基本实现了“原木3年不出局”目标，拉动了经济增长和地方财税收入，同时安置转岗就业职工2000人。对外扩大开放，利用地缘优势，在俄罗斯建立了独资的森鹤木业公司，年设计采伐木材20万立方米，已达成开发俄森林资源49年的合作协议，成立了国内的腾鹤经贸有限公司，在俄注册了弘鹤外贸公司和独资的国际运输公司，拓宽了鹤北的经济走势和发展空间。不断强化企业经营管理，拓宽木材销售渠道，增加销售收入近2000万元，上缴税金600余万元。压缩管理费用，出台10项管理新举措，年增收节支近2000万元，资源保护、营林质量名列前茅，商贸旅游、多种经营等非林非木产业方兴未艾。企业实现了“对上不欠缴、对下不欠工资、对外不欠税费”的目标，职工年人均收入达4400元。

该局认真贯彻“三个代表”重要思想，全面加强党的建设和精神文明建设，涌现出爱岗敬业无私奉献的李宝发等一大批优秀党员领导干部26人，形成了各具特色的典型群体。在局党委开展的扶贫解困“双百工程”活动中，使100名特困职工和特困学生受到资助。为了塑造全新的企业形象，从为职工办好事、办实事入手，投资2000余万元，改造局址环境；投资100余万元，健全完善各种文化设备设施，建立离退休职工文化活动中心，改造文化广场，常年开展广场文化、校园文化、场所文化、冰雪文化等活动；投资600余万元，兴建教学楼、购置先进的教学设备设施，将林场学校撤并到山下集中办学，极大地改善了教育教学环境。招商引资兴建了3栋3.1万平方米的住宅楼，使全局住宅楼达到20栋，人均居住面积22平方米，各项公益福利设施、基础设施配套齐全。全局山上19个林场(所)全部列入标准化花园式单位，一个现代化园林生态式企业初具雏形，职工生活质量明显提高。全局呈现出政治安定，经济繁荣，职工群众安居乐业的喜人景象。

对俄森林资源开发项目签字仪式

现代化的园林生态式基层林场(所)

方兴未艾的森林旅游

蓬勃发展中的浙江省江山市林业

江山市位于浙江省西南部，浙、闽、赣3省交界处。土地面积20.2万公顷，有林地面积12.6万公顷，森林蓄积量312万立方米，森林覆盖率67.1%。先后获得全国造林绿化百佳县（市）、全国绿化先进集体等荣誉称号。

省委副书记乔传秀考察江山木业

常务副省长章猛进考察江山木业

徐惠民局长在观察猕猴桃生产情况

原始次生林

近年来，江山林业工作按照林业"分类经营、分区突破"的总体要求，以竹木加工、花卉苗木、干鲜果、毛竹（食用小竹）、森林旅游等五大产业建设为着力点，坚持不懈地抓示范建设，促辐射发展，使林业两大体系建设得到了长足发展。

以木材深加工园区建设为抓手，竹木加工产业得到迅猛发展。初步形成了以生产细木工板、松木建筑胶合模板、竹胶板、指接板、高档家具、竹炭、机制炭、工艺品雕刻等产品为主的竹木精深加工产业链，培育壮大了如德生木业、日升木业、慧丰木业等一批产值在5000万元以上的木业龙头企业，使江山成为浙江省最大的人造板生产加工基地之一和华东地区最大的南方小径材交易集散地。全市现已培育发展各类竹木加工经营单位807家，年经营加工木材100万立方米，产值12亿元。

以示范基地建设为依托，花卉苗木产业迅速辐射壮大。通过建立千亩花卉苗木示范园区，辐射带动了全市花卉苗木业的发展，先后涌现出了茅坂十里花木长廊，绿业公司石门、花园岗苗圃，虎霸集团温室大棚高档花卉园等一大批示范基地。通过这些基地的试验、示范、市场作用，逐渐形成了以杂交马褂木无性系系列品种为拳头，以木兰科、樟科、杜英科为主导的乔木类花卉苗木生产网络。全市已培育花卉苗木666.7公顷，计划发展杂交马褂木666.7公顷，努力打造"中国杂交马褂木之乡"。以猕猴桃建设为重点，干鲜果产业得到巩固和发展。依托"中国猕猴桃之乡"的优势，按照标准化、有机化栽培技术要求组织生产管理，大力实施猕猴桃精品基地建设，提升猕猴桃果品质，增强市场竞争力，已建设精品猕猴桃基地2933.3公顷，产量达5000余吨。与此同时，积极引进其他名特优经济林新品种，不断丰富干鲜果种类，全市除猕猴桃之外，又发展了板栗基地3666.7公顷，各类名特优新水果基地6666.7公顷，年产板栗3500吨，水果4万吨。

以低产林改造和结构调整为主线，竹产业得到长足发展。将发展毛竹（食用小竹）作为林业种植结构调整，促进"林业增效、林农增收"的一条有效途径，大力开展毛竹低产林改造、品种结构调整和加工经营。全市共发展毛竹基地9533公顷，食用竹基地206.7公顷，全市毛竹蓄积量2032.68万支，竹笋年总产量2945.7吨，发展竹类加工企业11家，竹业总产值达到6021万元。

以生态建设为基础，大力发展森林旅游业。通过大力开展绿化造林，封山育林，使全市8933.3公顷的宜林荒山披上了绿装，通过对全市12.6万公顷有林地进行森林分类经营区划界定，实行资源限伐、禁伐保护，使森林资源和生态环境有了可靠保障，生态环境得到了极大改善。以此为依托，积极开发建设森林公园发展第三产业，目前已建立仙霞省级森林公园1处，面积24.4平方千米，吸引了众多游客前来休闲观光。

浙江省长兴县林业局抓改革促发展成效显著

县林业局局长冯梅山在2000年金秋招商会上与投资商签订协议

浙江省长兴县林业局成立于1979年，现有干部职工29人。辖区内有16个乡(镇)、3个国有林场，共有林业用地6427公顷，森林覆盖率46%，立木蓄积184万立方米，绿化程度95%。2002年，突出改革活林、招商强林、科技兴林，林业生态、产业两大体系建设同步推进。生态公益林封山育(护)林19 333公顷，造林247公顷计划超额完成；实现林业社会总产值7.52亿元，与2001年同比增长16.12%。该局在抓改革促发展中成绩卓著，曾荣获全国平原绿化先进单位等称号。

太湖大堤防护林

2002年，该局锁定难度最大的国有林场体制改革这个目标，对在编的397名职工，分别做了置换身份和提前退休处理。使改制后的林场卸下沉重的包袱，步入良性循环。

长兴县国有小浦、泗安、红山3个林场，随着社会经济发展，尤其是划定公益林3335公顷后，职工工资及生产成本的逐增与木材等项收入逐减的矛盾日趋突出，欠发工资和欠缴养老金等达487万元。据此，该局编制了以置换职工身份，盘活存量资产为主要内容的改制方案，实施这个方案共需资金2499万元，除资产变现526万元外，尚缺1973万元。

白鹭回归故里

解决缺口资金是促使改制成功的关键。该局面对现实，创新思路，创新方法，超前探索，向县政府领导提出“多个一点”的解决办法，并得到领导的认可和付诸实施。1973万元缺口资金得到彻底解决。229名在职职工如期领到置换身份的补偿金566万元，符合提前退休条件的62名在职职工办理了提前退休手续。

完成职工身份置换后，原有的场长、支部书记及管理人员全部卸任。县林业局出资100万元，注册成立长兴县永绿林业发展中心，对3场的资产实行统一管理经营，按照“独立核算、自负盈亏、确定基数、包干上级、超支自理、超收分成”的要求，局与中心签订目标责任状。新的管理模式运行后，已起到节支增效的效果，管理费用比2001年同期减少158万元，利润由2001年负45万元增至30万元。

投资9000 万元的顺裕人造板厂年产值5000万元

为促进改制后的国有林场步入良性循环，实现双赢，局党委指派一名主要领导和两名工程技术人员实行分类指导。帮助修改了林地、森林、林木使用权流转承包办法，落实了生态公益林管护措施，将443公顷经济林和低产林木承包给231名置换身份后的职工经营。与此同时，推出产业、资源招商项目，引进长兴顺裕人造板有限公司和众饮矿泉水、苗木花卉开发项目3个。2002年完成生态公益林封山育(护)林3019公顷，长防林国债项目造林109公顷，实现林业产值2535万元，与2001年同比增长27.58%。目前，林场树木葱郁，山青水秀，林区安定，鸟语花香，生机勃勃，呈现出前所未有的兴旺景象，使老林场焕发了青春。

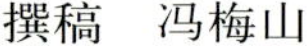

撰稿　冯梅山

品尝长兴白果

安徽省造林绿化先进集体——舒城县林业局

局长江炳安查看高产示范园中油茶结实情况

采伐等运的木材

舒城县位于合肥市南50千米，总面积2106.88平方千米，地势西高东低，最高山峰万佛山老佛顶海拔1539米，最低杭埠镇海拔18米，是一个集山区丘陵、平原为一体的半山区县，山丘区占2/3，圩畈区占1/3，现辖30个乡(镇)，496个行政村。总人口96万，其中农业人口86万。山场102 000公顷，其中：林业用地93 841.5公顷。境内属北亚热带湿润性气候，年平均降水1033.5～1596.0毫米。

县内大宗林产品主要有木材、毛竹、板栗及茶油等。全县年平均商品采伐量3万立方米，折成商品材1.8万立方米，年收入1200万元；年产毛竹40万根，年收入200万元；四旁树木平均年采伐量2万立方米，折成商品材1.2万立方米，年收入360万元；板栗平均年产量8000吨，年收入4800万元，油茶籽产量2000吨，可产茶油500吨，年收入500万元，主要林产品年总收入约在0.7亿元左右。

近年来，舒城县的林业工作紧紧围绕建设森林生态网络，再现秀美山川战略构想。以生态建设为主题，“点”、“线”、“面”结合打造生态舒城。

以自然保护区建设和村镇绿化为打造生态亮“点”。加大对自然保护区的投入，完善保护设施。同时，利用独特的自然景观发展生态旅游，以旅游收入促进自然保护区建设。以县城绿化为龙头，带动全县村镇绿化上台阶。几年间计投入资金近亿元新建城市公园6.09公顷、绿化广场3.87公顷。城镇绿化做到“白天不见村、夜晚不见灯”，“春有花、夏有荫、秋有果、冬有绿”。

以干道绿化和农田林网建设纺出生态绿线。在全县主要交通干线两侧建设20～50米的宽林带绿色长廊。通乡、通村、通组道路全部实现绿化，对农田进行综合改造，水、路、林一体化建设形成防护林网，全县干支交通线全部绿化到位，农田林网建设率达95%以上，在龙舒大地上形成了纵横交错的绿色林网。

毛竹林

山青水秀的舒城县万佛湖两岸

板栗丰产林

管、封、造结合织就绿色地毯。一是管。实行林业分类经营，建立健全完整的森林资源管理体系，使森林资源的利用规范化。杜绝了乱砍滥伐森林等违法犯罪活动，保护好现有森林资源。二是封。在杭埠河、丰乐河源头流域两侧及生态重点地区，划出了2.7万公顷封山区，建立护林封山管理体制，杜绝刀斧上山，改善主要河流两侧的森林质量。防止水土流失。三是造。结合国家退耕还林、长江防护林、大别山水源涵养林工程，大力开展荒山荒地造林和退耕还林。提高森林总量，2000年以来累计完成造林1万公顷，全县森林覆盖率达到45.3%。

在抓好生态建设的同时，十分注重林业经济的发展。从县内板栗、油茶等传统林产品的集约化经营入手，抓低产林分的改造和良种的选育。建立良种采穗圃。推广板栗、油茶良种嫁接技术。使全县板栗、油茶等经济林果产量逐年增长，农民从林业生产中的收益稳步增加。古老的龙舒又呈现出河清日晏、国泰民康的景象。2000年，舒城县林业局被六安市护林防火指挥部授予护林防火先进单位称号，2001年被安徽省人民政府授予造林绿化先进集体称号。

万佛山林间清泉

安徽省万里绿色长廊工程建设先进集体——泗县林业局

泗县林业局现内设职能股2个、直属事业单位6个、企业2个、乡(镇)林业中心站9个。全县林业系统现有在职干部职工138人，其中，高级职称2人，中级职称15人。

局领导班子

近年来，在县委、县政府的正确领导下，在县人大的有效监督和上级业务部门的精心指导下，整个林业系统工作以党组为核心，以民主集中制为原则，实行集体领导下的分工负责制和协作制。坚决贯彻执行党和国家的路线、方针、政策，以经济建设为中心，认真学习并努力实践“三个代表”的重要思想，解放思想，实事求是，群策群力，勇于创新，团结奋斗，与时俱进，理清林业工作思路，按照科学规律办事，强化群众观点和服务意识，引导农民进行农业产业结构调整，着力提高林业生产力水平和林业的整体效益，使林业真正成为农村经济新的增长点和群众致富奔小康的有效途径。泗县林业生产，特别是万里绿色长廊工程建设步入全省先进行列，连续3年获市评比第一名，3年总评获全省一等奖。被市政府授予人民满意的公务员集体，被县委、县政府评为森林生态网络体系建设先进单位，泗城镇属地计划生育十佳单位、综合治理先进单位。各有1人次被省委、省政府授予劳动模范和先进工作者。

荒山绿化

农田林网

河堤绿化

全国林业系统先进集体——江西省崇义县林业局

“中国竹子之乡”江西崇义县位于赣西南边陲，湘、粤、赣3省交界处，是我国南方集体林区重点林业县，全国森林分类经营试点县和全国山区综合开发示范县。全县总人口19.6万，国土总面积20.1万公顷，其中耕地面积9200公顷，占4.6%，林业用地17.3万公顷，占86%，素有“九分山，半分田，半分道路、水面和庄园”之称。

崇义县林业局成立于1957年，下属11个国有林场、19个林业工作站以及华森公司等多家林产工业企业，现有职工3000多人。改革开放以来，崇义林业取得了突出成就：森林资源恢复增长，林分质量不断提高。全县森林覆盖率“九五”期末为85%；森林蓄积量“九五”期末为1023万立方米；建成商品材基地9.3万公顷，人工林年均立木生长量已达国家速生丰产标准，天然次生林改造后年均立木生长量提高了0.5个百分点，实现了林地产出翻番的目标，商品材年产量一直稳定在13万立方米左右。以县为单位，崇义县森林覆盖率、活立木蓄积量、商品材年产量均居江西省首位。

产业建设长足发展，资源消耗连年下降。由于林产工业的发展，既确保了财政增长、农民增收，实现了木材采伐量连年下降的目标。据统计：崇义县商品材年产量由“七五”期间的21万立方米下降到了“九五”期间的13万立方米，但林业上缴税利占全县财政收入的比重却由“七五”期间的不到30%上升到了“九五”期间的50%左右。

林区经济稳步发展，山区面貌日新月异。林业已成为全县经济的支柱产业，林业上交税利占全县财政收入的比重已稳定在50%左右，10年来森林资源培育保护累计投入5423万元，年均投入542.3万元，累计投入兴办社会公益事业900万元，其中县人民广场投资500万元。

妥善安置林业职工，确保了林区社会安定。按照国家政策，分流老森工人员492名，解除合同制工人劳动合同331人，依靠自身积累及时缴交了职工养老保险，按照足额发放职工工资，确保了离退休人员经费，确保了林业单位的稳定。

进入21世纪，崇义县林业局顺应时代潮流，提出了将崇义建设成为山川秀美、生态文明的森林公园，最终实现“生态大县、经济强县、文化名县”的奋斗目标。

茂密的毛竹林

人工林抚育

保存完好的天然阔叶林

长势旺盛的人工杉木林

大展宏图的江西省靖安县林业

县林业局党委书记、局长 胡新华

靖安县位于江西省西北部，是我国南方集体林区重点林业县之一。县城距南昌市84千米、九江市160千米、京九铁路50千米。靖安县先后被列为首批国家级示范森林公园、科技兴林示范县和生态示范区建设试点县。全县土地总面积1377.47平方千米，其中林业用地面积11.4万公顷，占土地总面积的82.4%，森林面积10.2万公顷，占林地面积的89.1%，据1999年二类资源调查显示，全县活立木总蓄积量498.7万立方米，毛竹总蓄积量3277.3万株，全县森林覆盖率79.3%。境内群峰耸翠，气候温和，资源丰富。现有种子植物1697种，其中木本702种，蕨类145种，大型真菌131种，有资源植物3000余种，其中国家级保护植物48种，一级保护植物有银杏、南方红豆杉、伯乐树。国家二级保护植物有凹叶厚朴、樟树、闽楠、永瓣藤、香果树等。有陆生脊椎野生动物31目79科272种，属国家重点保护动物32种，其中国家一级重点保护动物有白颈长尾雉、云豹、豹、华南虎，国家二级重点保护动物有小鲵、鸳鸯、隼类、等省级重点保护动物65种。

2002年，靖安县根据县情，大力做好林业这篇文章，取得喜人的成绩。一是在全社会推进森林资源流转改革，拍卖国有、集体商品林面积达1.5万公顷，有5000多户职工群众参与了森林资源流转。二是进行森工企业职工身份置换改革，职工参与身份置换达2000余人，占总数的91.3%，改革稳定有序，取得实效。三是实施林业三大生态重点工程项目。其中实施森林生态效益补助资金项目2.8万公顷，长江防护林工程及其续建工程2580公顷，退耕还林2000公顷。四是加大果业开发，全县已开发果业4.5万公顷；林果全年产量达2600万千克，其中柑2500万千克，林农来自果业的收入达315元。五是发展木竹精深加工产品，全县已拥有竹胶板、竹地板、木栅栏、竹雕、绿化食品加工等规模产品，成为县域经济的一大支柱产业。六是大力发展森林旅游业，利用森林优势，加快国家示范森林公园景区基础设施建设，建成百里风光营，形成了吃、住、行、游、购、娱配套齐全的旅游格局，全年接待游客17.5万人次，实现旅游收入2625万元。靖安县正在坚定不移地走工业强县、旅游兴县、林果富民之路，为林业的跨越式发展大展宏图。

生态公益林

竹雕

原始森林

全国营造林工作先进单位——山东省龙口市林业局

山东省龙口市地处渤海湾南岸，自古以来就有“莱子古国金黄县”的美誉。近几年来，龙口市制定了“封山，植园，三沿三环”的林业发展战略，全市各级突出重点，加大投入，强化措施，狠抓落实，全方位开展造林绿化工作，年投入资金1亿多元人民币，相继建成了206国道(龙口段)、牟黄公路(龙口段)等高标准绿色长廊，林业事业保持了持续、快速、健康发展的良好势头。目前全市森林覆盖率达到了48.2%。龙口市连续多年被评为山东省、烟台市林业工作先进单位，2001年被国家林业局授予全国营造林工作先进单位称号，被国家林业局确定为山东省惟一的全国林业工作站建设示范县。

局办公大楼

撰稿 傅永壮

龙口市内主要干线公路两侧由外向内形成了乔灌草相搭配，三季有花，四季常青的立体绿色长廊

全国营造林工作先进单位——湖北省建始县

县林业局机关大院

诱人的猕猴桃果实

日本落叶松速生丰产林

日本落叶松王

经济林苗木长势喜人

建始县位于恩施州东北部，全县土地面积26.7万公顷，52万人口。林业用地16.9万公顷，有林地13.2万公顷，耕地3.3万公顷，森林活立木蓄积424万立方米，森林覆盖率69.2%。

近年来，建始县正确把握新时期林业发展的脉搏，抓住西部大开发和天保工程、生态工程、退耕还林工程启动实施的机遇，以森林资源管护为重点，立足科技兴林，优化林业结构，实施绿色产业战略，创建绿色产品基地，建设绿色“大生态”。全县共完成人工造林9853.3公顷(其中经济林3700公顷)；育苗325.3公顷，产苗1.2亿株；封山育林2.06万公顷；中幼林抚育6000公顷；义务植树220万株，建义务植树基地13个；公路绿化里程200千米，栽植行道树18万株。停止了天然林商品性采伐，森林管护13.2万公顷；完成了天保工程生态公益林建设任务0.8万公顷；一次性安置国有森工企业职工239人。完成退耕还林7333.3公顷。森林火灾受害率控制在0.3/1000以内，无大的森林病虫害发生。林政管理进一步加强，共计查处各类林业违法案件1000余起，森林资源得到有效保护，使全县森林覆盖率达到69.2%。林业工作一直在恩施州乃至湖北省处于领先地位，建始森林资源快速增长，经济、社会、生态效益显著提高。2000年，建始县林业局被国家林业局评为全国营造林工作先进单位，建始县被湖北省人民政府评为全省林业工作先进县；林业站、木材检查站、林业派出所全部合格达标；2003年，建始县被省林业局确定为全省天保工程试点示范县。

建始县是中国南方最大的日本落叶松基地县，40年来累计发展日本落叶松速生丰产林2万公顷，建成中国南方最大的日本落叶松种子园100公顷，年产日本落叶松种子1500千克，苗木3000万株。

全国造林绿化百佳县——湖北省石首市

石首大地，荆江贯流，水网密布。古有八百里“云梦泽”之说。沧海桑田，给石首留下了4万公顷故道和洲滩，这里地肥水沛，是发展林业的风水宝地。改革开放以来，石首市加大林业生产力度，大力开发故道、洲滩，推广种植以杨树为主要树种的速生林，林业发展突飞猛进。全市有林地面积3.2万公顷，活立木蓄积量138万立方米，森林覆盖率18.9%，多次荣获全国平原绿化先进县、全国造林绿化百佳县等一系列称号，石首市林业局1999～2001年连续3年被评为湖北省红旗林业局。石首林业的快速发展得到了各级领导的高度重视与支持。中共中央政治局委员、湖北省委书记俞正声，原全国政协副主席王文元，国家林业局局长周生贤等先后到石首参观林业，对石首的林业工作给予了充分的肯定。美国、日本、新西兰、德国、瑞典等国的林业专家专程到石首考察林业，也给予了很高的评价。

为了充分、合理地利用丰富的杨树资源，该市创办了目前产量规模全省第一、工艺水平国际一流、生产设备世界最好、经济效益首屈一指的大型现代化木材加工企业——湖北吉象公司。公司自投产以来，始终保持强劲的发展势头。2002年创产值4亿元，创利税1.1亿元。自2003年起，公司年消耗木材将达50万立方米，可创产值5亿多元，创利税1.4亿元。林业产业一跃成为石首经济发展的主导产业，增加农民收入的富民产业。目前，全市已形成集育苗、造林、加工、销售于一体的林业产业链，林业产业化经营体系日趋完善。“基地兴龙头、龙头带产业、产业富百姓”的良性经济运行模式已成为加快石首新时期林业发展的一大特色和趋势。

中共中央政治局委员、湖北省委书记俞正声(中)视察吉象公司

原全国政协副主席王文元(右)视察石首市基地造林

国家林业局局长周生贤(左)视察石首市原料林基地

苗圃基地

湖北省造林绿化先进集体——太子山林场管理局

局长 刘宗友

太子山林场管理局位于湖北省京山县境的西南部，属大洪山脉与江汉平原的过渡地带，1957年经国务院批准建立，是湖北省林业局惟一直属的国有林场。经过几代太子山人的不懈努力，将昔日战火烧透了的荒山秃岭变成了江汉平原北缘一颗璀璨的绿色明珠和生态旅游胜地。

该局下辖4个国有林场、林科所、公安派出所、职工医院、子弟学校、驻汉办事处9个事业单位以及制药厂、机械厂、宏太木业、旅游开发公司等8个企业单位。总人口2056人，总面积7930公顷，森林覆盖率80.4%，活立木蓄积40万立方米，累计生产商品材15万立方米，商品绿化苗3000多万株，上交税费1000多万元，林木资产折价近2亿元，固定资产净值3000多万元，是国家累计投资的6倍多。几十年来，在造林绿化、护林防火、生态建设、森林资源保护与利用、林产工业、林业科研和自身建设等方面取得了显著成绩，先后获得全国林业先进单位等多种荣誉称号。2002年被授予湖北省造林绿化先进集体，局长刘宗友被授予湖北省劳动模范称号。

速生丰产林苗木基地

如今，该局经济实力整体增强，其增长速度和质量位居全省国有林场前列，同时机关驻地不到5年时间就建设成了一个具有现代气息的林区花园式集镇，几年间，先后修建了局办公楼、林场办公楼、派出所综合楼、林科所科研楼、教学楼等7座，新建职工住宅3万平方米，电力、通信、电视、供水等基础设施全面配套，形成了既符合现代生活要求，而又具有林区特色的基础设施系统。

太子山国家森林公园接待中心

机关驻地夜景

阻燃高科技　国内第一家——湖北神鹿阻燃板有限公司

企业法人代表、董事长　张远启

神鹿阻燃板有限公司是咸宁一家拥有高新技术的国有企业，主要生产各种不同规格的阻燃刨花板。公司引进芬兰先进设备和具有国际领先地位的生产工艺及配方，阻燃剂配方填补了国内空白。

该公司是国内惟一一家用木材生产阻燃板的企业，其生产规模之大，可达到年产阻燃刨花板3万立方米、贴面板1.4万立方米的生产能力；产品规格多，厚度4～40毫米，幅面1220毫米×2400毫米，物理力学性能达到国家GB/T4897–92一级标准，阻燃性能达到法国NFP 92501M_1和我国GB8625–1997B_1级标准。产品游离甲醛释放量为E_1级，属“绿色·环保·防火”产品。

该产品不仅具备普通人造板的其本特征和作用，而且它的阻燃独特性能备受国内外广大客户的青睐。产品广泛用于建筑、装潢、家具、包装、消防、车船、国防工业等各个行业，特别是对宾馆、学校、医院、商场、娱乐场所等人群密集区域应用更为独特，给人民的生命财产带来吉祥的福音。

具有国际专利水平的芬兰进口铺装机

合作签字仪式

PLC 主控室

全国林业系统先进集体、省级文明单位——湖北省咸宁市林业局

中共中央政治局委员、湖北省委书记俞正声视察咸宁林业工作

全国政协副主席张怀西，国家林业局党组成员、中国林科院院长江泽慧，国家林业局副局长祝列克出席第四届中国竹文化节

国家林业局局长周生贤视察咸宁林业工作

咸宁市地处长江中游南岸，幕阜山脉北麓，区位适中，交通便捷，俗称湖北“南大门”。全市“七山一水两分田”，发展林业自然条件优越。现有森林面积41万公顷，活立木蓄积877万立方米，森林覆盖率52.3%。这里山川秀美、生态和谐、物产丰富，是闻名遐迩的桂花之乡、楠竹之乡、猕猴桃之乡、茶叶之乡。

几年来，咸宁市林业局紧紧围绕“率先实现山川秀美，推进林业跨越式发展”的目标，以创建“文明单位”、“先进集体”活动为载体，内强素质，外树形象，在强化社会服务的同时，努力建设自身，奋力壮大自我，经济实力显著增强，精神面貌焕然一新，社会形象日益提升。连续两年荣获咸宁市政府年度目标考核优胜单位，先后被湖北省林业局授予红旗林业局、先进林业局称号；2001年在湖北省各市(州)综合评比中名列第一；2001～2002年度被湖北省委、省政府表彰为省级文明单位，被国家林业局、人事部命名为全国林业系统先进集体。新时期，咸宁广大务林人将以举办第四届中国竹文化节为契机，力争到2010年，建成20万公顷竹林、6.7万公顷速生丰产林、6.7万公顷高效经济林，特色产业基地发展到33.3万公顷，森林面积发展到53.3万公顷，森林覆盖率提升到56%，全市林业总产值突破40亿元，把咸宁建成林业强市，使咸宁早日走上经济繁荣、山川秀美、生态和谐、社会文明的可持续发展道路。

山川秀美绿满咸宁

湖北省宜昌市林业焕发勃勃生机

宜昌是三峡大坝所在地，是一个森林资源十分丰富的山区市，是生物多样性富集地区，素有“绿色宝库”之称。全市有高等种子植物3964多种，物种数量占全国种子植物的1/7，其中1630种为中国特有，37种为三峡库区特有；还有珍稀名贵植物100多种，其中国家级保护植物47种。全市有森林动物87科414种，其中国家级一级保护动物8种、国家二级保护动物54种、省级重点保护动物96种。全市现有国有林场23个，经营面积7.4万公顷，集体林场890个，经营面积4.8万公顷。同时，建成国家、省、市各级自然保护区21处7万公顷、森林公园10处5万公顷。

国家林业局党组书记、局长周生贤（右二）向农民调查退耕还林情况

国家林业局党组成员、中国林科院院长江泽慧（中）、省人大常委会副主任贾天增（左）、市委书记李佑才（右）在宜昌植树

宜昌市林业局党组书记、局长刘先新（中）向美国专家介绍美国苗木在三峡生长情况

局党组一班人

实施大树进城使宜昌城区风景宜人

退耕还林和天然林保护工程的实施使宜昌山青水秀

近几年来，特别是1998年以来，市委、市政府相继作出了决定，坚持依法治林，实施科技兴林，依托天然林资源保护、退耕还林等重点林业工程，“停、封、造、节、改、迁”六管齐下，全面推进造林绿化，保护和扩大森林植被，为举世瞩目的三峡工程提供了可靠的绿色生态屏障，为全市经济社会可持续发展奠定了坚实的基础，先后荣获全省荒山造林第一市、全省绿化达标先进市、全国绿化先进城市、全国林业生态建设先进城市、全国森林防火先进单位等称号。宜昌市林业局也先后被评为全省文明单位、全国林业系统先进集体。目前，全市林业用地面积139.5万公顷，占国土总面积的70%，全市森林（不含灌木林）面积101.85万公顷，其中国有林8.76万公顷，森林覆盖率（不含灌木林）达到48.5%，活立木蓄积量达到3250万立方米，森林覆盖率和活立木蓄积均居全省之首，被誉为长江三峡的“绿色明珠”。

结合宜昌实际，确定了全市林业发展“三步走”的战略构想和总体目标：第一步到2010年，全市森林覆盖率由1999年的48.5%上升到60%，林业总产值达到100亿元；第二步到2020年，全市森林覆盖率达到65%，林业总产值达到200亿元；第三步到2050年，全市森林覆盖率达到75%，林业总产值达到300亿元。按照这一战略构想和总体目标，当前和今后一个时期，全市林业发展的工作思路是：明确一个目标，即全面建设绿色宜昌；把握二个重点，即林业生态建设和林业产业发展；推进三项改革，即林业产权制度改革、林业分类经营改革、林业综合执法改革；建设四大体系，即林业科技推广体系、林业资源监测体系、森林病虫害防治体系、野生动植物保护体系；实施五大工程，即退耕还林工程、天然林保护工程、长江防护林工程、速生丰产用材林及高效经济林工程、野生动植物保护及自然保护区工程；发展六大产业，即种苗花卉业、林产加工业、生态旅游业、天麻药材业、野生动物养殖业、干鲜果茶业。

朝气蓬勃与时俱进的湖北省松滋林业

市委书记孙贤坤和市林业局局长曾凡雄谋划林业发展大计

松滋市位于湖北省西南部，长江中游南岸，江汉平原与武陵山余脉结合地段，是著名护林英雄任长生的故乡。全市土地面积21.8万公顷，现有林业用地面积6.82万公顷，有林地面积6.03万公顷，森林活立木蓄积总量186万立方米，森林覆盖率30.8%。目前，全市已基本形成了山区以湿地松、杉木、马尾松等为主的速生丰产林；丘陵以柑、橙、柚为主的水果；平原湖区以意杨为主的短周期工业原料林三大生产区。

近年来，松滋坚持依靠科技进步，大胆改革，创造性地开展工作，通过国家重点林业工程建设项目长江防护林工程、退耕还林工程的实施，5年累计营造成片林1.31万公顷，为加速松滋高标准绿化、实现该市人类与自然的和谐发展打下了坚实的基础。与林业科研单位合作，推广应用林业新技术7项、林木新品种24个，选育的地方良种松滋蜜柑、松滋罗脐和松滋柚被中国经济林协会评为名优果品，林业科技的推广运用已成为该市林业发展的强劲动力。通过探索创新，全市林地经营体制改革如火如荼。目前，共发展私营林场956家，合理流转经营权的林地面积1.6万公顷。个体投入超过100万元的已达5家，100万元以下50万元以上的21家。民营林业已成为该市林业发展的一支重要生力军。此外，该市坚持大力调整农村种植结构，园林绿化苗木产业得到迅速发展。至2002年底，全市以繁育香樟、桂花、栾树、红果冬青等苗木为主的育苗大户已达156家，育苗面积2840公顷，年均向沪、苏、浙、粤等沿海省(市)提供优质园林绿化苗木达350万株。发展苗木产业已成为该市农村经济发展新的亮点。

扎实而富有成果的工作使该市先后被上级林业主管部门授予全国平原绿化先进单位、湖北省造林绿化先进集体、湖北省绿化达标先进县等光荣称号，市林业局也年年被当地市委、市政府评为十星级文明单位的称号。

硕果累累

荒滩造林成为个体投资者的新选择

高效经济林基地已成为农民增收的又一亮点

利用低丘岗地开发的经济林基地

发展中的湖北省鄂州市林业

鄂州市委书记马荣华(前右一)、鄂州市林业局局长吕守稳(左一)陪同国家林业局有关人员考察生态防护林项目苗圃基地

湖北省林业局局长吴先金(右一)视察鄂州林业

鄂州市位于湖北省东南部长江南岸，与武汉毗邻。全市国土面积1504平方千米，是长江流域著名的“百湖之市”。由于地理环境限制，鄂州林业发展的空间较小，市林业局一班人坚持把林业发展作为第一要务，外树形象，内强素质，艰苦创业。1998年长江流域发生的特大洪灾给鄂州林业带来了前所未有的机遇，在国家和省林业局的大力支持下，先后通过实施FAO无偿援助的生态防护林项目、WWF提高10个湿地自然保护区能力项目以及长江防护林、岗地林果开发、退耕还林、种苗工程和绿色通道等林业项目，使鄂州林业建设得到了长足发展。全市森林覆盖率由7.8%提升到12%，建成了长江滨湖地区6666公顷工业原料林基地、3333公顷优质果林基地和3333公顷高效花卉苗圃基地以及220千米公路绿化带，建立了省级梁子湖自然保护区和沼山、麻羊垴、葛山三大森林景区。林业的生态效益、经济效益和社会地位显著提高。该局连续3年获湖北省先进林业局称号，连续两年获湖北省护林防火先进市(州)称号，连续3年被评为全市先进单位，连续4年获市级文明单位称号。

发展中的市示范苗圃

2002年1月19日，全市副科级以上干部及驻鄂州武警官兵3500余人到临江乡粑铺大堤参加义务植树。图为植树现场一角

湖南省桃江县竹产业发展

局长 杨楚藩

桃江县地处湘中偏北，属雪峰山余脉向洞庭湖过渡的丘岗地带。桃江自古以来就有“楠竹之乡”的美称，1996年，被国家林业部定为十大“中国竹子之乡”之一。据史料记载，距今约两千年前，桃江即已成为毛竹产区。改革开放以后，尤其是近5年来，随着竹林低改、母竹移栽等科学技术的推广，毛竹生产迅速发展。目前，全县竹林面积已由1995年的4万公顷增加到4.8万公顷，占全县林业用地的41%；竹林质量也明显提高，竹材眉径平均增粗1厘米，枝下高增加1.06米，毛竹蓄积由6060万株增加到1.08亿株。全县24个乡(镇)，乡乡有竹。

近5年来，按照“山上建基地，山下搞加工，山外拓市场，科技创高效”的竹产业工作思路，桃江县委、县政府及林业部门投入资金800多万元，发动群众投工投劳1000多万个，争取项目资金8000多万元，吸纳社会资金1亿多元，新造竹林近2666.7万公顷，改造低产竹林2.7万公顷，发展民营竹制品加工厂近9000家。目前，全县从事竹类生产加工劳动力近30万人，其中从事竹制品加工的达13万多人，主要竹制产品包括家居装饰类、建筑建材类、日用生活类、食品保健类、家具用具类、工艺美术类、文娱用品类、外贸制品类、农资日杂类、物品包装类等10大类400多个品种。产品远销全国各大、中城市（含港、澳、台地区）以及日本、韩国、蒙古、俄罗斯和欧美、东南亚等地一些国家。

为进一步拉长竹产业链，桃江县从拓展竹业市场入手，在全国各地设立了94个竹制产品销售网点，并投资8000万元筹建桃花江（全国）竹业城，规划占地20公顷，目前已投入资金5000多万元，建成后将成为集竹产业开发、科研、信息、交流、商贸于一体的大型竹业市场。与此同时，近几年来，桃江县积极发展竹旅游业，先后投资2000多万元，建设了以观竹赏竹为主的桃花江竹海、桃花江森林公园、竹乡农家等旅游景点，丰富了竹文化内涵，提升了竹产业开发品位，这些旅游景点每年接待游客近50万人。

2002年，全县竹业总产值达10亿元，占全县工业总产值的75%，农民竹业人平均收入725元，占全县农民平均纯收入的31%。毛竹综合开发已成为桃江县新的经济增长点和桃江农民脱贫致富奔小康的重要途径。

跨越式发展中的湖南省攸县林业

攸县位于湖南省东部，总面积2664.1平方千米，是一个“七山一水半分田，半分道路和庄园”的丘陵山区县。全县30个乡(镇)，74.7万人口，有林业用地16.3万公顷，活立木蓄积201万立方米，森林覆盖率为54.1%。

1988年，县委、县政府提出了“5年消灭荒山，8年绿化攸县”的奋斗目标，到1992年底，在全省28个荒山大户县中第一个实现消灭荒山，一跃成为全国造林绿化先进县。1997年又提前实现了全面绿化达标。10多年来，全县共完成工程造林2.56万公顷，累计封山育林7.58万公顷，森林覆盖率较前提高10.5个百分点，圆满完成了攸县林业第一次创业的战略任务。

2000年，县委、县政府又不失时机地作出了开展林业二次创业的重要决策，要求林业建设着眼于改善和优化生态环境，促进经济和社会可持续发展，突出森林资源保护生态环境建设和林业产业化发展3个重点，逐步发展形成以楠竹、油茶、杉木大径材、松脂和花卉苗木为主的五大产业体系，实现攸县林业由“绿”到“富”的跨越式发展。

近两年来，先后实施退耕还林等国家重点工程项目4个，完成工程造林0.95万公顷，培植木竹经营加工户348户，种苗花卉繁育户3615户，2002年实现林业总产值4.3亿元。

木制品

中外合资企业

林海广镜

湖光山色

广东省湛江市东海试验区林业

东海区也称东海岛，位于广东省西南部，湛江市南部，是广东省沿海县级区，也是沿海防护林工程建设的重点县级区之一。全区总面积401.4平方千米，人口20.3万，有四镇一国有林场，区内建有东海岛经济开发试验区和东海岛省级旅游度假区。

局长 余福荣

东海试验区领导十分重视林业工作，大力宣传植树造林、造林护林、改善生态环境的意义和重要作用，同时加强林业法制宣传，进一步提高了广大干部群众的绿化与森林保护意识。目前，全区森林覆盖率达17.5%，有林业用地面积6416.5公顷，占全区土地总面积的19.5%。全区林分面积5389.4公顷，经济林24.5公顷。建成生态公益林4728公顷，全部为沿海防护林，占林地面积的73.69%。据2002年全省红树林资源调查统计结果，东海区红树林面积280.26公顷，其中红树林有林面积1476.4公顷，未成林2.4公顷，天然更新12.4公顷，宜林面积1311.4公顷。根据国家对重点林业建设工程实行项目管理的要求，东海区对重点林业建设工程实行工程项目管理，在加强林业建设工程专项资金监督管理的同时使林业建设质量不断得到提高。

2002年东海林业国债项目沿海防护林体系工程建设实行项目管理。由于责任明确，措施得当，资金落实，因而工程建设进展顺利，各单位都按照项目工程建设规划保质保量地完成了工程建设任务，取得了良好的效果。

四川省攀枝花市西区林业局

局长 覃文富

局领导班子

四川省攀枝花市西区林业局担负着辖区8231公顷的林地管理。自1994年建局以来，全局职工齐心协力，不等不靠，抓住机遇，以实施天然林保护、退耕还林和市区视野区绿化造林工程为龙头，以恢复和扩大林草植被为重点，采取“封、造、退、停”4项措施，积极构建长江上游生态屏障，为西区成功打造“长江上游第一漂”的旅游精品，营造了一条绿色通道，实现了林业的跨越式发展。

西区境内山石裸露，土地贫脊，坡高路陡，属于干热河谷气候，水热严重失调，气候干燥，属难造林地带。早在2000年，区委、区政府就提出“3年消灭宜林荒山”的总体目标，全局职工同心奋战，跑遍了全区的山头地块，因地制宜，作规划，订措施，层层签订责任书，建立示范林基地，办起样板山，创建示范林基地9个520公顷，共完成植树造林4374公顷，为市计划的176.26%，为区计划282.25%。提前1年实现了区政府提出的目标，提前2年实现林业“十五”计划。在省农田水利基本建设“李冰杯”竞赛(林业建设)中荣获第一名。连续几年被市政府评为林业工作目标第一名。部分地段已见成效，开始发挥出良好的生态效益和社会效益。

保护和发展森林资源是林业一切工作的出发点和归宿。几年来，林政执法人员开展了艰辛的保护工作，依法治林，达到了“山上管住、山下管严、路上管死、市场管紧”的目标。同时，林业基层基础建设，科技推广应用等也取得了显著成绩。

退耕还林初见成效

科技兴林引进麻竹

发展中的贵州省兴仁县林业

兴仁县地处贵州省西南部，黔西南州中部，是一个边远的山区县，全县面积1785平方千米，辖16个乡(镇)286个行政村。县林业局下设营林科技、苗圃、森林病虫检疫、资源林政管理、木材检查、办公室、林业公安7个站(室、所)和清水河风景林自然保护区及全县16个乡(镇)林业站，局下属森工企业有梨树坪国有林场和木材工业公司。全县林业干部职工215人，其中局机关48人，16个乡(镇)林业站61人，梨树坪国有林场95人，木材工业公司11人。全县林业工程技术人员43人，其中，工程师7人，助理工程师16人，技术员20人。

全县现有森林面积3.7万公顷，建国初期森林覆盖率达29%，由于人口密度大，长期毁林开垦，森林资源破坏严重，1984年森林覆盖率下降到5.3%。在县委、政府领导下，县林业局加大宣传力度，认真抓好造林，保护好森林资源，实现了森林面积、蓄积和森林覆盖率“三个”同步增长，目前森林覆盖率已达到20.7%。

兴仁县林业局按照上级林业主管部门的安排，调动全县人民加强生态建设的积极性，搞好森林资源保护，认真抓好林业重点工程建设。1999年度，兴仁县启动实施国家珠江防护林体系建设工程，1999～2002年度，完成珠防工程建设8326公顷(其中人工造林2925公顷，封山育林5401公顷)，为建设任务8033公顷的103.6%。由于全县珠防工程管理规范，中国林科院2000年受国家林业局的委托，开发了全国珠江防护林体系工程建设信息管理系统软件；2002年，兴仁县正式实施国家退耕还林工程、阔叶良种繁育基地项目和落实森林分类区划界定工作，2002～2003年，实施退耕还林工程造林6333公顷，其中退耕地造林3333公顷，荒山造林3000公顷；兴仁阔叶良种繁育基地是贵州省首期实施的阔叶树良种繁育项目，项目建设滇楸、香椿两个阔叶树种种子园66.7公顷，目前项目正在建设之中。兴仁森林分类区划界定工作已全面完成。兴仁县造林绿化和森林防火工作多次受到省、州的表彰，2000年被评为全国营造林工作先进县，2002年被国家林业局作为珠防工程信息管理系统试点县。

云南省曲靖市马龙县林业局

县政协副主席、县林业局长 刘文虎

局党政领导班子

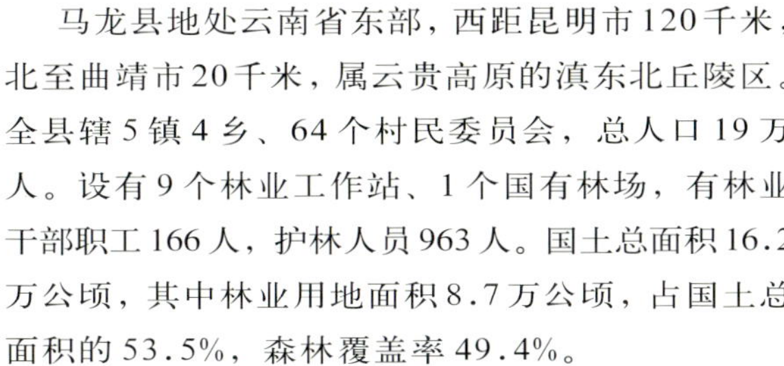

马龙县地处云南省东部，西距昆明市120千米，北至曲靖市20千米，属云贵高原的滇东北丘陵区。全县辖5镇4乡、64个村民委员会，总人口19万人。设有9个林业工作站、1个国有林场，有林业干部职工166人，护林人员963人。国土总面积16.2万公顷，其中林业用地面积8.7万公顷，占国土总面积的53.5%，森林覆盖率49.4%。

历史上，马龙森林遭受了“大炼钢铁”和“两山到户”两次大的破坏，1986年的森林资源普查，森林覆盖率仅为29%。随着党中央、国务院可持续发展战略的实施，全县对生态环境建设的力度越来越大，林业工作得到了各级党委、政府的高度重视，森林植被逐步得到恢复。特别是国家实施天保工程、退耕还林工程以来，马龙县在全民中不断强化生态环境保护意识和依法治林意识，实施天然林管护面积7.6万公顷，公益林建设和退耕还林3333公顷。全县林业建设取得了巨大成绩，生物多样性日渐丰富，国土生态安全得到保障，完成了以木材生产为主向生态建设为主的历史性转变，多次受到省、市林业主管部门的表扬和奖励。

万亩义务植树基地

辉煌的历程——云南省腾冲县林业

团结务实的领导班子

腾冲位于云南西部边陲，是全国6个资源林政管理示范县和全国重点林区县之一，西与缅甸接壤，国境线长148.075千米。全县土地总面积57万公顷。有林地覆盖率51.9%，灌木林覆盖率11.5%，合计达63.4%，活立木总蓄积4661.87万立方米，活立木年生长量191.17万立方米，素有“天然植物园”和“绿色基因库”的美称。

几年来，腾冲县把保护和发展森林资源，改善生态环境列为各级党委政府的重要议事日程和工作重点，并把林业工作纳入各级领导干部的年度考核和任期目标责任制。历届领导都采取了以封山育林为突破口，以项目为龙头，以工程造林为重点，封造结合，造管并重，保护与发展并举，典型引路，样板挂帅，调动社会各方面的力量，进行社会集资，实行全社会办林业、全民搞绿化和逐年签订县、乡(镇)领导干部责任状等重要措施，促使腾冲林业走上了持续、快速、健康发展的路子。2002年实现林业社会总产值4.3亿元，农村林业经济稳步增长。1998～2002年共完成人工造林2.17万公顷，封山育林1.4万公顷，四旁及义务植树522万株，退耕还林1200公顷，荒山荒地造林1200公顷，实现5年无重特大森林火灾。为此，腾冲县先后被评为全国造林绿化先进县、全国森林资源和林政管理示范县、全国资源林政管理工作先进县、全国造林绿化百佳县、全国经济林建设示范县(市)、全国经济林建设先进县(市)和全国绿化先进集体等，有一个乡戴上了全国造林绿化百佳乡的桂冠，还有3人被授予全国绿化奖章和造林绿化或护林防火先进个人称号。

长势喜人的人工秃杉林

优美的办公环境

腾冲历届领导班子把发展林业这项长期性建设的“接力棒”一届一届地传承下来，实事求是，因地制宜地发展和创新林业模式。在新的世纪里，腾冲人民以新的视角来重新认识林业，把发展林业作为改善生态环境，发展地方经济，增加人民群众收入的一个重要产业来培植，加快林业两大体系建设步伐，促进全县林业经济持续发展和林业生态旅游建设的开发，全面推进林业可持续发展，为全面建设小康社会作出林业应有的贡献。

天然林

云南省彝良县林业局

局长 王吉兴

副局长 彭泽源

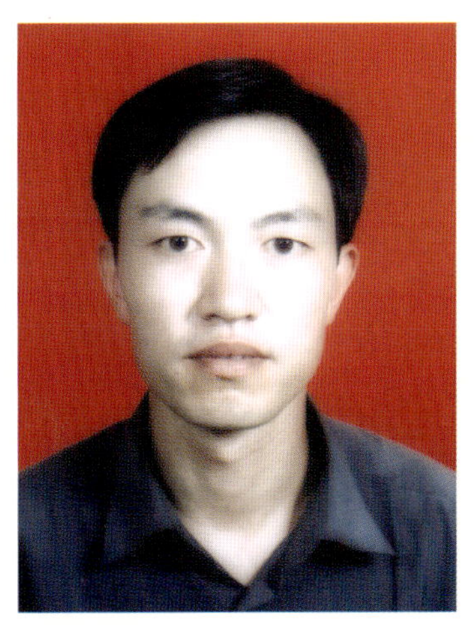
副局长 黎芸榜

彝良县位于云南省东北部，川、滇、黔3省结合部，山区面积较大，占97%。近年来，彝良县林业局把治理生态环境作为首要目标，认真搞好各项工程的实施，严格工程管理制度，狠抓工程质量管理，树立精品、质量、责任意识，对工程造林的每一个环节都严格把关，严格实行苗木检查验收和检疫制度，不合格的苗木不准移栽，整地不合格不准栽植，确保栽一片，活一片，成林一片。森林覆盖率已由20世纪70年代的15%提高到了42%，生态环境得到初步改善，为实现国民经济的可持续发展打下了良好的基础。彝良县林业局现有正式职工40人，其中工程技术人员14人，有中级以上职称的技术人员5人，设有11个科室。该局紧紧围绕县委、政府提出的“竹子、天麻、旅游”产业做文章，在保护好10.7万公顷天然林的同时，探索先进的经营机制，大力发展笋材两用竹林、天麻菌材林，有力地推进了全县林业产业化的进程。

彝良县林业局切实抓住天保工程、退耕还林工程实施的机遇，坚持生态先行，在保证生态效益的前提下，大力调整林业产业结构，积极引进外资，动员一切社会力量参与林业建设，先后引进了三峰苦丁茶有限公司等多家公司到彝良投资，共谋发展。

竹产业

封山育林

天麻产品

陕西省宁陕县林业

局领导班子

成立半专业化森林消防大队

领导视察

宁陕县是国家、陕西省的重点林区县之一，县辖14个乡(镇)，7.4万人，有林地面积322 446公顷，森林覆盖率82.1%。县林业局始终把森林资源培育列入林业发展的重点，全县完成造林任务4000公顷，占任务的100%，其中工程造林2480公顷、荒山造林1 520公顷；育苗完成28.7公顷，占任务的123%；封山育林466.7公顷，国社合作造林1333.3公顷，新建板栗园763.5公顷，栽竹314.8公顷，幼林抚育0.8万公顷，板栗嫁接94万株，义务植树30万株，人均4.2株，新建良桑园26.7公顷，老劣桑改造10万株，建红桦树采种基地136.9公顷，年采种1640.2千克，建种苗基地2处，面积12.7公顷，年出圃优质苗木1600万株，为退耕还林、造林绿化提供了充分的种苗保障。

森林保护。加大了林业政策法规的宣传教育力度，全面夯实了天然林管护责任，加强了对天保工程476名护林员的培训考核工作。狠抓了森林防火工作，在全省首家组建起县级半专业化森林消防大队，编制205人，设11个中队，森林防火工作被秦东联委评为先进县。严厉打击破坏森林资源的违法犯罪活动。严格做好工程建设征占用林地管理。

退耕还林。1999年退耕还林成果巩固良好，钱粮兑现清楚明白。2002年退耕还林认真进行了自查验收，为政策兑现做好了准备。积极组织督促各乡(镇)对历年退耕还林造林地块进行补植和管护工作，成活率达不到85%以上的全部进行补植，有效巩固了退耕还林成果，城区生态环境建设成效显著。

野生动植物保护。广泛开展了野生动植物保护管理宣传教育，组织开展了打击破坏野生动植物的“春雷”、“护绿”行动。切实加强了珍稀植物的调查保护和管理，经调查全县有名贵树种红豆杉3108株。加强野生动物驯养繁殖、经营利用的管理，国际狩猎场试猎成功，大熊猫保护区已列入省级自然保护区。

调整林业结构。“九五”以来，通过解放思想、转变观念，在发展第一产业重视用材林基地建设的同时，大力调整林业树种结构，发展经济林木。

开发生态旅游。立足资源优势，突出特色，打造生态旅游产业，以西安—三峡—张家界旅游黄金通道为轴向，以大熊猫保护区、天华山国家级森林公园、唐王国际狩猎场、陕南民族文化村等重点项目为支撑，大力组织开发建设七亩坪、天华山、平河梁、上坝河和云雾山的五大生态旅游景区，开发建设汶水河流域和210国道沿线两大“百里生态旅游长郎”，构建以绿色为主，集秦岭自然景观精华于一身，融生态旅游、度假休闲、探险狩猎、生态资源保护利用为一体的生态旅游胜地。

林政资源管理。严格执行村民自用材、薪材限额采伐管理，禁止烧炭、椴木食用菌生产，每年度开展3次林政执法大检查，实行封山禁牧、封山育林，县委、县政府对各乡(镇)党委、政府实行森林资源管理“一票否决制”。

乡(镇)林业站建设。结合县、乡机构改革，率先在全省恢复和重建乡(镇)林业站，实行县林业局垂直管理，14个乡(镇)林业站定编55人。县政府出台了《宁陕县(乡)镇林业工作站管理办法》，健全了各项规章制度，经省林业厅检查验收为合格达标县。

实施生态工程　再造秀美商南——陕西省商南县林业局

商南地处秦岭东南麓，陕、豫、鄂3省8县结合部，总面积2307平方千米，浅山丘陵地貌。全县土地面积23.2万公顷，其中林业用地19.5万公顷，林业资源丰富。近年来，该县抓住西部大开发的机遇，调整思路，突出重点，主抓项目，依法治林，使林业产业结构实现了战略性调整，林业重点工程建设取得实质性进展，生态环境及林业产业建设保持了持续、健康、快速发展的良好态势。

生态环境建设成效显著。1999年以来全面完成退耕还林5933公顷，荒山荒地造林4733公顷；天然林保护工程完成人工造林800公顷，飞播造林1.1万公顷；建设重点苗圃工程2个，年生产苗木280万株；治理水土流失面积545.9平方千米，泥沙流失量由原来的110万吨下降到75万吨。

林业产业经济效益倍增。2002年，全县林业总产值达到8022万元，占农民人均纯收入的20.3%。

林业队伍不断发展壮大。全县拥有7个事业单位，2个国有林场，2个国有苗圃，3个经济服务实体。在16个乡(镇)设立有16个林业工作站(天然林工程管理站)，在重点林区要道设有5个林业派出所和9个木材护林防火检查站。实施退耕还林工程，加快生态建设步伐。按照一个规划、二条治理带、三个保护区、四条长廊，突出特色，落实责任的总体思路，采取封、禁、飞、造相结合的办法和五种措施，大力推动退耕还林。

广泛深入宣传，全面实施天保工程。多层次广泛宣传天然林保护政策；采取措施，加大森林资源保护力度，对全县8000公顷天然林进行全面封护管理；按照天保工程要求，重点抓好生态公益林建设和森林分类管护工作，落实森林目标管护责任。

以基地建设为重点，做好种苗生产建设。为抓好县中心苗圃和示范苗圃建设，成立了苗圃建设督查小组，下设办公室，抽调专人办公。办公室负责干部工程建设中的组织、协调、监督、检查和竣工验收工作。两个苗木基地发挥了龙头带动作用，每年可生产各类苗木280万株。

大力调整林业产业结构，促进增产增收。为了改变以往传统的以造林为主的林业产业结构，在大力发展茶、药、果、菌的同时，继续扶持主导产业，注重名优特经济林果，集中建设林业产品基地。优化林业产业结构，实现林种、树种、品种结构趋于合理，提高林业收入。

依靠科技兴林，提高林业建设科技含量。将科技支撑贯穿于林业建设全过程，加强先进实用技术科技成果的组装配套和推广应用，积极推广良种壮苗技术、集水保墒、低效林改造、病虫害防治、良种化建园、核桃高接换优、茶树无性系建园技术，每年应用面积要达到80%以上。加大技术培训力度，采取多种形式广泛开展林业技术干部业务素质培训和农民实用技术培训，全面提高林业干部和农民的科技素质和科技应用能力。加大产业科技开发力度，采取综合科管措施，使林产品由面积数量型向质量效益型转变，千方百计使林产品增产，使农民增收。

全国造林绿化先进集体——甘肃省成县林业局

成县位于甘肃省东南部，长江流域嘉陵江水系上游。全县12镇10乡245个行政村，人口25.8万，总面积16.8万公顷，其中林业用地8.6万公顷，占51.4%，森林覆盖率45%。20世纪90年代以来，成县紧抓长防林体系建设工程重点县的机遇，全面加快了建设步伐，林业事业得到长足发展。

领导和干部职工共商林业发展大计

绿化造林快速发展。1997年顺利通过了灭荒达标县验收，1998年被评为全国造林绿化百佳县，2001年被评为全国造林绿化先进单位，成县林业局被评为全省造林绿化先进集体，近两年以退耕还林为主的绿化造林成效日益明显。资源保护不断加强。几年来共完成森林资源管护面积7.5万公顷，落实管护人员198人；完成封山育林6667公顷，建设各种围栏80千米。2002年，县林业局被甘肃省林业厅推荐为全国天然林保护工程先进集体。

鸡峰山国家级森林公园一角

优质核桃仁远销外省市

猫儿川封育区种苗基地建设

林果基地逐步扩大。把以核桃为主的林果产业开发，当作农民脱贫致富的切入点和突破口。

几年来，共发展核桃6667公顷，180万株，年产坚果200万千克，总产值2000万元。2001年被国家林业局命名为中国核桃之乡。

生态旅游势头良好。地处连接麦积山和九寨沟黄金旅游线的中间位置，旅游资源丰富，鸡峰山国家森林公园，已成为闻名陕、甘、川的旅游黄金地。

多种经营特色显著，发展迅速。国有林场职工发展养殖业、餐饮业，开发林副产品，培育优质苗木，全面搞活林场经济。林区经济呈现多元化发展的局面。

非公林业蓬勃发展。近年来，共发展林业大户20户，造林总面积533多公顷，发展村级林场8个，产生了良好的经济效益。

依法治林日益加强。成立了野生动物保护站和森林公安分局，森林警察由原来的18人增加到28人，打击力度逐渐加强，林区秩序稳定。

基础设施明显改善。2001年5月，竣工完善了林业“三站”办公楼，购置了新的办公设备，同时各场(站)维修了管护住房，购置汽油发电机1台，卫星接收机5套，彩电10台，并逐步完善了全县22个乡(镇)林业站建设。

发展壮大中的青海省门源县林业环保局

门源县回族自治县隶属青海省海北藏族自治州管辖，位于青海省东北部，祁连山脉东段，属高原大陆性气候，县城所在地浩门镇平均气温0.5℃，年均降雨量520毫米，平均海拔2870米。国土总面积7037平方千米。东部和北部分别与甘肃省的天祝、山丹、永昌、肃南等县接壤。

2001年成立的门源县林业环保局局属单位有全国500强国有林场之一的国营仙米林场以及浩门林场、森林公安局、4个森林公安派出所、县林业工作站、县林业技术推广中心、县森林病虫防疫站等。全县共有林业职工265人。其中，专业技术人员40名，大中专文化程度63人。

全县林业用地面积29.4万公顷，其中：天然林面积18.9万公顷，疏林地4400公顷，未成林造林地1万公顷，宜林地9.1万公顷。

近年来，通过实施天保、退耕还林、三北防护林以及自然保护区和野生动植物保护四大工程和生态重点县建设等林业生产建设项目，共完成退耕还林3800公顷，荒滩造林种草1万公顷，封山育林2.8万公顷,森林覆盖率由实施天保工程前的1997年的19.37%增加到了26.79%，活立木蓄积量由263.8万立方米增加到了321万立方米。

列入全国500强之一的国营仙米林场所管辖的青海省四大林区之一的仙米林区，由于采取了有效的管理措施，尤其是列入天保工程范围之后，采取了场与乡、村三级联防，分片承包，责任到人，奖惩分明的一整套管护措施，天然林资源得到了有效保护，林分状况得到了迅速恢复，森林活立木蓄积量明显增加。取得了建国以来无森林火灾的优异成绩，得到了国家林业局的表彰奖励。

通过四大林业生态建设工程的深入实施，县域生态环境状况明显改善，随着仙米国家森林公园的正式批建，建成了独具高原特色，以开展生态观光旅游、休闲度假、科普教学等为主的理想场所。

全国林业系统先进集体——青海省互助县林业局

局长 张生祥

互助县是三北防护林体系建设和青海省林业建设重点县，其森林覆盖率位居青海之冠。在全国植被区划中属温型草原亚区，境内野生动植物资源丰富，自然风光壮美，山水秀丽旖旎，有木本植物160余种，草本植物780余种，野生动物190余种。

2000年以来，互助县全面启动实施三北四期防护林、天然林资源保护和退耕还林三大林业重点工程，使全县林业建设呈现持续、健康、跨越式发展态势。1978～2002年间共完成造林10万公顷；累计完成新育苗2380公顷，可育苗面积达528公顷，种苗生产自给自余。累计完成四旁植树7551.7万株，其中营造农田林网81万公顷，公路绿化353千米，川水地区基本实现林网化；全县农田保护面积5.5万公顷，林网率达78.7%。县乡公路和乡村公路宜林地段基本绿化；封山育林1.4万公顷；全县总土地面积34.2万公顷，其中林业用地面积13.8万公顷。全县有林地面积达6.1万公顷；灌木林面积已达5.1万公顷；森林覆盖率达32.03%；活立木蓄积量达到499.09万立方米。县域城镇绿化率达36.4%，全县80%以上的村庄绿化覆盖率达25.5%，60%的水土流失区得到治理。“九五”期间，全县林业生产取得长足发展，林业总产值由1978年的191.11万元增加到2001年的2091万元，其中二、三产业产值达500万元。全县林业产业化基本形成了以森林旅游业、种苗生产基地、木制品加工、山野菜开发等项目为龙头的发展雏形。目前，林业组织机构健全，局属共有13个股级事业单位，全县21个乡(镇)均设有林业工作站，全系统共有410名国家正式职工，其中专业技术人员210名(其中含高级2名，中级22名，初级186名)，技术工人200名。大学专科、本科以上工作人员占总职工人数的46.5%。

在互助林业跨越式发展的进程中，多次受到国家上级部门的表彰奖励。曾荣获无森林火灾先进单位、全国森林资源林政管理先进单位、全国农业科技推广先进单位、全国造林绿化百佳县、全国营造林工程先进单位、全国造林绿化先进单位、全国林业系统先进集体等称号。

退耕还林

北山国家森林公园

苗圃基地

青海省玛可河林业局

局领导亲临现场指导

玛可河林区位于青海省果洛藏族自治州班玛县境内，面积10.16万公顷，活立木蓄积410万立方米，森林覆盖率52.6%，是青海省长江源头分布最集中、面积最大、森林覆盖率最高的天然原始林区。平均海拔4200米，在全国林业区划中为大渡河高山峡谷水源涵养林区，在全省长江源生态建设体系中占有重要地位。

玛可河林区生物物种极为丰富，共有森林植物67科220属466种，其中乔木树种以川西云杉、紫果云杉、岷江冷杉、方枝柏及珍贵的红杉等寒温带常绿暗针叶树种为主，阔叶树种主要有白桦、红桦、糙皮桦等。此外还分布有金露梅、银露梅、高山杜鹃等花灌木及绿绒蒿、川贝母、党参等珍稀植物。林区内栖息有白唇鹿、金雕等国家一级野生动物9种；雪鸡、棕熊等国家二级野生保护动物29种及10余种重点省级保护动物。

玛可河林业局为青海省林业局所属处级单位，林业局设在距班玛县城东南56千米处，离青海省会西宁市833千米。全局现有在职干部职工201人，离退休人员133人。

林区自1965年开发利用至今，共生产商品材68万立方米，消耗立木蓄积百万余立方米，可利用森林资源已濒临枯竭。自1992年起开始实施长江源头防护林工程建设，完成封山育林1000公顷，人工造林632公顷。

1998年，启动天保工程，将木材生产量调减为0，彻底停止了一切形式的天然林采伐，工作重心全面转向天然林资源保护与公益林建设，顺利实现了以木材生产为主向以生态建设为主的转变。

在以党委书记马应库，局长赫万成及副局长时保国为核心的领导班子的带领下，全局职工团结一致，以建设、发展玛可河为己任，努力奋斗。工程实施至今，共完成人工造林面积3468公顷，为计划任务的106%；完成封山育林35 145公顷，为计划任务的100%；完成幼林抚育1178.33公顷，为计划任务的100%。完成人工促进天然更新11 952.76公顷，为计划任务的100%；在加快恢复玛可河林区森林资源步伐的同时，对现有森林资源进行了有效管护，林区内社会治安状况良好，并实现玛可河林区连续17年无森林火灾。

目前，全局各项天保工程建设项目已通过国家林业局核查，并获得好评，荣获国家林业局1998～2000年度森林防火先进单位称号，局长赫万成荣获全国林业先进工作者称号。

群山环绕

全国森林防火先进单位——宁夏贺兰山国家级自然保护区

宁夏贺兰山国家级自然保护区地处银川平原和阿拉善高原之间，属典型的大陆性气候，蕴藏着丰富的森林和野生动植物等资源，被称为西北地区的动植物基因宝库，是宁夏三大重要水源涵养林区之一，同时又是银川平原的天然屏障。1950年成立了专门管理机构，1982年经自治区批准为省级自然保护区，1988年被国家院批准为森林和野生动植物类型的国家级自然保护区，总面积15.78万公顷。有国家重点保护动物168种，重点保护稀有珍贵和濒危植物20种，主要承担着森林资源保护、天然林保护工程等工作任务。

近年来，在国家林业局、自治区人民政府的关心支持下，在自治区林业局的领导下，全局围绕两个文明建设和争创"管理水平一流、基础设施一流、科研水平一流"及率先实现小康社会的目标和规划要求，全方位、多领域地加大对自然保护区保护管理和改革发展力度，认真实施天保工程和自然保护区基础设施工程，进一步巩固禁牧封育成果，实现了贺兰山林区53年无森林火灾，多年来整顿关闭影响生态环境的近百家厂矿企业，彻底关闭了对苏峪口国家森林公园污染严重的贺兰山磷矿，依法足额收取植被恢复费等各项规费209万元，首期完成了贺兰山东麓105千米的网围栏工程。进一步改善交通等服务设施和加大招商引资力度，争取和配套800万元国债资金，翻建了苏峪口国家森林公园旅游公路，引资1200万元建设贺兰山森林公园游览索道，多种经营收入达517.6万元，科研工作为保护区发展注入了生机和活力，取得了可喜成果。中德合作贺兰山东麓防护林工程贺兰山项目区终期验收通过。切实加强党建和精神文明建设，自然保护区各项事业取得了显著成就，实现了贺兰山自然保护区跨越式发展。先后被国家和自治区评为护林防火先进单位，被自治区党委授予全区先进基层党组织称号，2002年12月被自治区党委、政府命名为文明单位，被国家林业局、自治区林业局评为思想政治工作先进单位，局长侯建海被全国绿化委员会、人事部、国家林业局评为全国绿化劳动模范。

盛开的蒙古扁桃

丰富多彩的文化生活

园林绿化

新疆维吾尔自治区富蕴林场

富蕴成立于1952年，原隶属阿勒泰伐木公司；1958年改为富蕴林场，以林木采伐、生产经营为主；现为阿尔泰山林业局下属企业，主要从事天然林保护工作，为全民所有制企业。企业下设天保办、计财科、后勤办、林政科、护林办、多种经营办6个部门。共有职工180人，其中少数民族职工99人，占全场总人数的55%；全场共有中技以上文化程度人员106人，占全场职工的58.9%。目前，该场已发展成为一个技术力量雄厚，制度健全，管理科学的林业企业。2002年，在上级部门的大力支持下，在广大干部职工的积极努力下，全场各项工作取得了一定的发展，较好地完成了年初的既定目标。

党建及精神文明建设工作顺利。重点抓两个文明建设，加强和完善了制度建设，层层签订了目标管理责任书，从不同角度提高了职工的素质。同时，广泛深入地开展了民主管理，民主参与，民主监督的工作，切实维护职工的合法权益，为跨越式发展奠定了良好的基础。

天保工程管理日臻完善：

进一步落实了管护责任，充分明确每一级的职责、权限，很好地推动了天保工程的实施。

不断完善天保档案，建立了管护日志和个人档案，作到了规范、整齐、完备，使天保工程开展得更加规范和科学。

富蕴林场苗圃

富蕴林区

富蕴林场大沟管护站

不断加大天保工程宣传力度，继续利用广播和电视广为宣传。

严格控制资金的使用，认真落实天保工程有关政策，进一步加强了对工程项目和资金的管理。对天保工程资金实行专户存储，专款专用，单独建账和核算，做到了“慎用钱”。

护林防火成效显著。层层签订护林防火责任书。并向进入林区的流动人员发放宣传单，在醒目的位置书写标语。提高了广大农牧民护林防火和生态保护的意识。

野生动植物保护、森林病虫害防治不断加强。加强了对野生动植物保护的管理和宣传教育工作，层层落实野生动植物管护制度，签订责任书，严禁进入林区乱捕滥猎和乱采乱挖，并逐步建立和完善了野生动植物档案管理工作。建立了病虫害测报样地，并安排专人观测，保证了森林病虫害调查检测的及时性，对发现的病虫害进行及时上报，并建立了档案以备检查。

资源林政管理进一步加强。严格执行“严管林”的方针，进一步加大了资源林政的执法力度，提高了执法检查的频率，加大了重点监管的区域，有计划、有步骤地开展了林区清理工作，使林区的治安明显好转，盗伐滥伐、毁坏林木的现象也得到了一定的遏制，有效地保护了林区的资源。

安全生产长抓不懈。进一步完善了安全生产责任制，制定了完成目标管理责任书的有效措施，定期开展了安全生产大检查，并就检查的情况，制定了整改计划和防范措施，同时，还建立了防范各类重特大事故的预案，提高了对重特大事故的防御能力。

河北省京津风沙源治理工程先进单位——围场满族蒙古族自治县林业局

局长 傅云林

围场满族蒙古族自治县位于河北省最北部，位于大兴安岭余脉、燕山山脉和内蒙古高原的汇接处。境内有6条主要河流，总流量42亿立方米，是滦河、辽河的发源地之一。全县辖37个乡(镇)，312个行政村，13.9万户，51万口人。全县总面积92.2万公顷，其中林业用地47.6万公顷，占51.6%，有林地面积40.2万公顷，森林覆盖率为44%；境内有塞罕坝机械林场、孟滦林管局两个省属单位和御道口牧场。

自1980年被列入三北防护林体系建设以来，全县每年造林1.3万公顷左右，目前，累计完成人工造林20.7万公顷，保存面积14.7万公顷，保存率73%以上；封山育林9.3万公顷，封育合格率60%以上，使全县有林地面积由26.1万公顷增加到40.2万公顷，森林覆盖率由29%提高到44%，平均每年增加1个百分点，林木蓄积量达到1650万立方米，年均增长40万立方米以上。特别是2000年以来，利用国家实施退耕还林和京津风沙源治理项目的机遇，共完成退耕还林1万公顷，配套荒山造林1万公顷，完成治沙造林4467公顷，封山育林4667公顷。由于建设成效显著，全县先后15次被国家有关部门评为全国造林绿化先进单位、全国护林防火先进单位、全国森林资源林政管理先进单位。2000年被全国绿化委员会授予全国造林绿化百佳县称号，2001年又被评为全国三北防护林体系建设先进单位。连续9年获全省工程造林金杯奖，2001年获河北省退耕还林联查评比第一名，2002年被评为全省京津风沙源治理先进单位。林业的发展不仅改善了生态环境，建立了为京津阻沙蓄水的生态屏障，而且还蓄积了资源、财源，促进了薯、牛、菜等产业的形成和发展，增强了富民强县能力。同时由于自然景观的恢复和改善，加快了生态旅游业的开发，带动了社会各业的发展。

全国林业系统先进集体——甘肃省小陇山林业实验局

国家林业局局长周生贤视察小陇山林区时和林业职工亲切握手

局领导班子成员共谋发展大计

小陇山林业实验局位于甘肃省东南部，隶属甘肃省林业厅。管辖小陇山林区的全部和西秦岭、关山林区的一部分。地跨长江、黄河两大流域，是兼有我国南北特点的典型天然次生林区，也是全国天保工程重点实施区。总面积83万公顷，其中林业用地61.9万公顷，非林业用地21.1万公顷。活立木总蓄积量2771万立方米，森林覆盖率55.7%。

全局职工发扬“艰苦创业、顽强拼搏、开拓创新、求实奋进”的小陇山精神，各项事业有了长足的发展，后备森林资源持续增长，森林面积、蓄积面积逐年增加，林分质量不断提高，基础设施日趋完善，科教文化成绩显著，林业产业框架初步形成，林区生产、生活条件大为改善，开展“兴林富民、场乡共建”，林区群众摆脱贫困，实现温饱。全局现有21个国有林场，15个经营服务单位，国家级森林公园1处，省级森林公园7处，省级自然保护区3处。

该局先后被授予全国国有林场先进单位、全国国有林场100佳、全国森林防火先进单位、全国林业行业思想政治工作先进单位、全省造林绿化先进单位、全国国有林场十大标兵单位、全国营造林工作先进单位、全国林业系统先进集体等荣誉称号。

撰稿 李健　　摄影 田向东

贵州省册亨县林业局

局党组书记、局长 于智华

册亨县素有“天然温室”的美誉，年均气温19.3℃，年均降水量1300多毫米，年无霜期在340天以上。这里群山绵延，土壤深厚肥沃，十分适宜各种植物的生长，发展林业生产具有得天独厚的优越条件。

林业、林副产品及其深加工已成为该县农民、财政增收的重要来源之一。2002年，林业和林副产品向地方财政提供税费收入已占全县总数的1/3。

册亨县委、县政府已把林业列为林、牧、菜三大支柱产业之首，计划实施各项造林工程和封山育林8000公顷。其中上级下达退耕还林、荒山造林4000公顷，龙滩电站淹没区植被恢复造林1333公顷，自我启动667公顷，封山育林2000公顷。力争每年以植树造林、封山育林8000公顷的速度，用5年时间使册亨县的森林面积由现在的10.6万公顷增加到14.7万公顷，森林覆盖率由45%提升到60%以上，使全县的生态效益、经济效益步入良性循环的轨道。为了确保计划目标的实现，做强做大林业支柱产业，县委常委扩大会决定组成实施林、牧、菜三大支柱产业总督查指导组。其中，由县人大主任朱崇光负责指导协调和督促检查林业支柱产业的建设，成立了以县委常委、县委组织部长周光磊任组长，副县长莫武安、县政协副主席符宁平为副组长的督促组，督办林业产业化工作。

册亨县的崇山峻岭正在铺绿染翠，册亨县的林业支柱产业正在蒸蒸日上。

撰稿 贺光澍

县长与县委常委、组织部部长、县退耕还林督查组组长周光磊（右一）在者楼镇营养袋育苗基地查看树苗生产情况

摄影 墙忠元

四川省泸定县林业局

泸定县国土总面积为216 535公顷，其中林业用地151 121公顷，占总面积的63.9%，非林业用地85 261公顷，占总面积的36.1公顷。全县林草覆盖率已达87.5%。

1998年以来，以天保工程和退耕还林工程建设为契机，努力构建泸定境内大渡河沿岸绿色经济长廊。尤其是在退耕还林方面，县林业局进行大胆的探索和尝试，把工程重点布局在“三线一河”(“三线”指国道318线，省道泸石线和康巴旅游环线，“一河”即大渡河)。其工程建设目标是：构建泸定县境内大渡河沿岸的绿色经济长廊，建成长江上游的重要生态屏障。为确保“能致富，不反弹”，县林业局探索多种科技示范模式，如“树上山，粮下川”模式，“以调促退”模式和“林经结合”模式，为干旱干热河谷地区退耕还林工程提供了值得借鉴和推广的成功经验。

在产业结构调整方面，全县力争建成以杵坭、德威、加郡、得妥4乡为重点的蚕业基地，按照“工厂加基地”的做法，形成种、养、加一条龙，使之产生良好的经济效益，尽快成为泸定的支柱产业。力争建成以烹坝、田坝、杵坭、冷碛4乡(镇)为重点的小杂水果基地，通过举办“泸定樱桃节”、“泸定香桃节”等活动，发展旅游观光农业，以此提高泸定知名度，增加农民收入。力争建成以岚安、泸桥、兴隆、磨西4乡(镇)为重点的干果基地，大力发展核桃、花椒、板栗，按照“公司加农户”的做法，解除退耕农户产品销售难的后顾之忧。

全民义务植树

容器育苗

太行山绿化先进单位——河北省沙河市林业局

沙河市林业局现有干部职工78名，其中行政管理人员12名，高、中技术人员16名。近年来，在局长尹丙辰的带领下，抢抓国家重视和加强生态建设的大好机遇，通过实施飞播造林、封山育林和人工造林，发展个体大户造林，落实封山禁牧措施，在短期内使太行山绿化取得了显著成效。目前，全市已有万亩以上造林大户3个，千亩以上大户28个，并建成了史峪重点工程等3个省级示范工程，由于成绩突出，2002年，沙河市被河北省政府授予春季造林、太行山绿化先进市称号，被省林业局授予2000～2001年度飞播造林、封山育林十佳单位称号。局长尹丙辰被评为2001年河北省林业生态建设先进个人，市林业局分别于2001年和2002年被授予河北省太行山绿化第一名等称号。

局长尹丙辰深入太行山区指导工程建设

沙河市栾卸村太行山绿化工程一瞥

河北省造林绿化先进集体——平泉县林业局

局长 刘宝忠

平泉县位于河北省东北部，冀、辽、蒙3省(区)交界处，素有“燕赵门楣，京津锱辅”之称，距内蒙古科尔沁和浑善达克两大风沙区仅400千米，特殊的地理位置决定着该县林业建设肩负着“为京津保水源阻沙源，为农民增资源拓财源，为辽河流域涵养水源”的重任。平泉县林业局现有林业工程技术人员290人，其中，高级工程师10人，工程师71人。该局于2002年开始承担退耕还林工程建设项目，在工程建设中，该局认真贯彻落实《退耕还林条例》，本着“产业发展促生态，发展生态保产业”的建设思路，组织专业技术人员按照“山上植树造林保水土，坡地退耕还林调结构，沿路绿化美化建通道，河川速生杨树护堤岸”的治理模式，进行科学规划，合理布局，因地制宜的探索出四荒拍卖、联户承包、反租倒包、先治后包、以坑入股、交绿化押金、户退统还、土地置换8种有效的造林机制，极大地调动了全县广大干部群众造林还林的积极性。全体林业技术人员按照工程技术标准精心指导，严格把关，竭诚服务，并大力推广乔灌结合、林药间作、林草间作、套育苗木、针阔混交5种科学的造林模式，确保了全县退耕还林工程建设质量。2002年，全县完成退耕还林5600公顷，匹配荒山造林5600公顷。该局在被省林业局评为十佳林业局的基础上，又被省人民政府评为全省造林绿化先进集体。 撰稿 宋占永 刘环宇

中国国际工程咨询公司专家组成员对平泉三北防护林工程进行评估，对工程质量给予高度评价 摄影 范明祥

河北省环城绿化先进单位——秦皇岛市林业局

局领导研究环城绿化方案

秦皇岛市林业局认真贯彻执行“三个代表”重要思想，把建设比较完备的林业生态体系和比较发达的林业产业体系作为发展目标，生态与生产良性互动、协调运作，为发展先进生产力，丰富先进文化的内涵，满足人民群众日益增长的对林业的多样化需求，为实现经济社会可持续发展奠定了坚实的基础。

近年来，全局紧紧抓住国家重视生态建设、增大林业投入的契机，抢抓发展机遇，抢占林业工作制高点。重点工程建设、林业产业化建设取得双丰收。先后启动实施了退耕还林、三北防护林、沿海防护林等一批生态建设工程，实行造、飞、封、管相结合的造林方式，创新造林机制，抓规划、抓政策、抓投入、抓服务，在青滦河系、长城沿线、沿海、平原农田林网营造绿色屏障，两年间累计造林2.7万公顷，使全市有林地面积达26.7万公顷，森林覆盖率34.45%，在全省列第二位。特别是2002年以来，市委、市政府提出把秦皇岛市建成“生态型、国际性、现代化海滨城市”的城市定位以后，全局强力组织实施了环城绿化工程(简称3318工程，即环城市区、铁路、公路、河流等三环三带十八线)，两年间造林3333公顷，“三环三带十八线”上绿树林立，形成了环城透绿、山河染秀的景观。在北戴河区营造了千亩用材林、千亩经济林、千亩风景林，层林尽染的生态效果已经显现。环城绿化工程提高了秦皇岛市的城市品位和文化内涵，成为秦皇岛市的亮点，受到各级领导的好评，2002年被省政府评为环城绿化先进单位。

秦皇岛市环城绿化“3318”工程山海关段千亩速生林

黑龙江省宾县林业局

局长 田玉民

宾县位于黑龙江省中部，哈尔滨市东侧，幅员面积3861平方千米，有10个国有林场，17个林业工作站，拥有固定资产9800万元。林业经营总面积为142 723公顷，其中有林地面积113 041公顷，森林总蓄积922.8万立方米。人工林面积41 303公顷，蓄积392.0万立方米，分别占森林总面积、总蓄积的36.5%和42.5%。年采伐3.7万立方米。林木年生长量32万立方米。

近年来，宾县林业局以建生态、兴产业、富职工为总体思路，全力构筑生态、产业两大体系，实现林木蓄积、林地面积双增长。生态建设重点实施了国家三大工程。主要有三北防护林建设工程、重点生态公益林保护工程、退耕还林工程。产业建设以市场为导向，以林产工业为重点，以全面开发林区资源为目标，林区经济实现持续、稳定发展。相继成立了以万人欢林场、太平山林场为龙头的柳编工艺品厂，产品出口日本、加拿大、新加坡等国，年创利税110万元；以木材加工为龙头的二龙山筷子厂，年创产值350万元，产品远销南方市场；以生产木制门、防火门为拳头产品的二龙山木业有限公司，年生产2.5万件，年创产值2000万元。

全局多种经营发展迅猛。桑蚕养殖、加工已形成体系，北药种植已形成规模，林蛙养殖面积达7800公顷，年出栏商品蛙30万只；种苗基地建设不断向高科技发展，主要树种有落叶松、樟子松、银中杨、水曲柳、黄波罗、椴树等珍贵树种。

局领导班子

湖南省中方县林业局

局领导班子

中方县位于湖南省西部，县林业局现有干部职工277人，其中高级工程师3人，工程师8人，初级专业技术人员104人。局机关内设股(室、站)17个，下设森林公安分局、木材检查站、康龙自然保护区管理处等二级机构，辖4个办事处、林业工作站，22个乡(镇)林业工作站。中方县属湖南省重点林区县(市)之一，林业用地面积100 461公顷，占国土面积的69.9%。有林地面积90 862公顷，森林覆盖率63.2%。活立木蓄积200多万立方米。中方县属中亚热带常绿阔叶林带，植物资源丰富，其中属国家重点保护的一、二级植物有28种，国家重点保护的野生动物有26种。境内有省级自然保护区1处，省级重点文物保护单位1个。

5年来，全县完成人工造林2900多公顷，幼林抚育0.9万公顷，工程封山2.2万公顷，改造低产林1866公顷，退耕还林2666公顷，义务植树329万株。为落实怀化市委市政府“一线一圈”重点工程，该局2000年开始创建面积达100公顷的中方县长冲垅生态林业示范园，现已累计投资430万元，引种培育绿化、花卉苗木140多个品种39万多株，栽植树桩5000余株，一个集林业科研、苗木花卉、观光林业、休闲娱乐于一体的综合性林业示范基地已经初具规模。

湖南省级自然保护区——中方县康龙自然保护区

全国林业先进单位——山西省国营林场管理局

局长 刘俊

山西省国营林场管理局是省林业厅直属事业单位，是省直九大国有林区、全省221个国有林场和天然林保护工程的管理单位。近几年来，该局确立了以发展为主题，以结构调整为主线，以机制创新为核心，以加强管理为保障的林区改革总体思路，积极推行“一场两制”的管理模式。从1998年实施天保工程后，指导国有林区实施经营方向、工作重心的重大转移，实现了由以木材生产为主向以生态建设为主的历史性转变。通过积极的保护和封山育林、飞播造林等生态建设措施，使省境范围内黄河上中游地区238万公顷森林资源得到有效保护和恢复；同时，该局按照“建绿色生态，办绿色产业、创绿色文明”的方向，指导国有林区、林场大力开发森林旅游业、种苗业和林下资源，实现了生态经济的协调发展，为建设林茂场兴职工富的小康林区奠定了很好的基础。

该局在连续5年被省直工委评为文明单位之后，又荣获了文明标兵单位称号。在全国首届森林风景资源博览会上，获得了综合成绩金奖和组织奖。

局领导班子

九寨沟国家级自然保护区管理局

九寨沟国家级自然保护区管理局、九寨沟风景名胜区管理局为州人民政府直属正县级单位，实行两块牌子，一套人马，统一管理，属全额自收自支事业单位，宗旨是保护九寨沟自然保护区内的生物多样性和珍稀自然遗产。

1978年，九寨沟被国务院批准为国家级自然保护区。1982年，南坪九寨沟被国务院批准为风景名胜区。1984年，国务院批准九寨沟为第一批国家级重点风景名胜区。1992年12月14日，九寨沟被批准列入《世界自然遗产名录》。1997年10月29日，九寨沟加入世界人与生物圈保护区网络。近年来，九寨沟又先后被评为全国优秀风景名胜区、中国旅游胜地40佳、中国AAAA级风景区，2000年又被四川省委、省政府确定为全省旅游精品之首，并成为四川六大景区“世界遗产最佳旅游精品线”的龙头。2001年2月12日，九寨沟又通过了绿色环球’21初步认证，2002年6月20日接受专家组的正式评审。九寨沟国家级自然保护区总面积640.9平方千米，其中林业用地面积37 185.1公顷，非林业用地面积27 119.4公顷；活立木蓄积960万立方米，森林覆盖率63.5%，植被覆盖率85.5%，自然分布的原生植物有2576种，脊椎动物有170多种，鸟类140多种。森林生态保护任务艰巨，责任重大。

九寨沟管理局在森林生态保护工作中坚持贯彻落实“保护生态、人人有责”的方针，加强森林生态保护力度，规范管理制度，完善保护措施，贯彻天然林保护等工程实施与落实工作，使森林生态系统保护取得了较好的成绩。

丰茂的植被

巡山护林

全国经济林建设先进县——河北省乐亭县

局长　张恩华

“乐丰”牌鲜桃

乐亭县位于河北省唐山市东南部，属冀东平原，地处环渤海湾中心地带和京津唐秦4市环抱之中。总面积1308平方千米，其中耕地面积6.3万公顷。辖9镇5乡680个行政村，人口49.3万，其中农业人口44万。全县属暖温带滨海半湿润大陆性季风气候区。地势平坦，土质肥沃，气候温和湿润，水源丰富，年均降水量610毫米，全年无霜期180天，具有发展经济林生产得天独厚优势和条件。

近年来，该县立足本地资源优势，紧紧抓住特色、规模、市场、品牌、科技5个关键环节，加快果品产业发展步伐。到2002年底，全县果树面积发展到1.8万公顷，果品总产量达到56.3万吨，实现产值9.6亿元。其中：桃树1万公顷，年产鲜桃26万吨，产值4.7亿元；苹果3333公顷，产量12万吨，产值1.4亿元；葡萄3333公顷，产量15万吨，产值3亿元。果品生产已成为该县域经济的特色主导产业和农民增收致富的重要来源。果品业产值占全县农业总产值的31%，全县农民人均果品收入2113元，占农民人均总收入的55%。全县涌现出人均果品收入3000元以上的专业村103个，其中人均果品收入3000～5000元的村73个，5000～8000元的村25个，8000元以上的村5个。果品产量、产值、效益自1994年以来连续9年在唐山市各县(区)位居第一，1998年以来连续5年在河北省名列前茅。该县先后被国家林业局确定为全国经济林建设示范县，评定为全国经济林建设先进县，命名为中国桃乡，被首届中国果菜产业论坛组委会评为中国果菜十强县，被河北省林业局命名为河北省优质桃生产示范基地县、河北省无公害果品生产基地县。

立足实际，培育特色经济。把发展鲜桃生产，特别是设施桃作为振兴乐亭经济的关键，通过政策扶持、提供信息、技术服务等，狠抓结构调整，促进果品产业向鲜桃生产集中发展。

依托优势，发展规模生产。建成了桃树专业乡(镇)5个，专业村150个，千亩以上的桃树专业村80多个，专业户近2万户。温室大棚设施桃树面积达到1000公顷。每年的3～11月份均有鲜桃上市。

开拓市场，搞好系列化服务。投资1亿元建成了占地20公顷的集信息、仓储、运输、加工、服务于一体的多功能国家级大型市场——冀东果菜批发市场，投资7000多万元建成了8000吨的气调库1座。同时成立了由350余人参加的经纪人协会，在全国40多个大中城市建立了300多个果品批发销售网点，使果品销往全国23个省(区、市)。

调整结构，创知名品牌。坚持每年引进名特优新品种10个以上，不断更新换代。狠抓提质增效，严格按无公害标准组织生产，全县果品基本实现了无公害标准化生产。同时还与中国农大联合开发了既有营养又有保健作用的SOD长寿鲜桃。“乐丰”牌鲜桃被国家绿色食品发展中心认定为绿色食品。“乐丰”牌果品被评为国家级名牌5个，省级名牌6个，所有果品都被评为省级以上名优产品。

科技兴果，提升整体水平。全县建立健全了县、乡、村、户4级科技推广服务网络，使科技成果转化率达98%以上，科技贡献率达56%以上。

山西省沁水县林业局

局长焦建国亲临退耕还林地指导工作

局领导班子

山西省沁水县地处太行、太岳、中条三山之间，山峦重叠，沟壑纵横，森林资源十分丰富，是省重点林区县之一。全县有林地面积为10.5万公顷，占总面积的39.5%，疏林地6733公顷，四旁树总保存株数为1481.8万株，活立木总蓄积为242.5万立方米，森林覆盖率达43%。

沁水县林业局始建于1976年，建局20多年来，他们充分发挥优势，一手抓生产，一手抓管护，有效地改善了当地生态环境，促进了经济可持续发展。该局现有下属单位3个（大尖山林场、马邑苗圃、林木种苗站）。局机关设有办公室、造林绿化股、林政资源管理股、木材检查站、勘测设计队和工程种苗管理股6个股（室、队、站）。现有正式干部职工51名，其中在职人员41名，离退休人员10名，行政人员9名，事业人员32名，有中级技术职称的5 名。

2002年沁水林业建设在局长焦建国的带领下，以世行贷款造林工程、天保工程和退耕还林工程建设为重点，以提高造林绿化质量为中心，以强化职工队伍、科技队伍、执法队伍、管护队伍建设为保证，带领全系统广大干部职工认真践行“三个代表”重要思想，勤政务实，开拓创新，团结奋斗，勇于拼搏。完成四旁植树160万株，完成造林4867公顷，其中完成退耕还林2200公顷，质量合格率为100%。粮款兑现率为100%。完成世行贷款造林467公顷。天保工程完成植被恢复工程造林1400公顷，其中封山育林733公顷。新育林木种苗66.7公顷，绿化道路105千米。在管护上狠抓“三防”建设，力查大案要案，乱砍滥伐、偷砍盗伐、无证经营、运输等林政案件得到有效遏制。严格火源管理，注重森林病虫害的预测预报和防治工作，全年没有发生一起森林火灾，取得了近几年森林防火工作的最好成绩。

沁水林业建设今后将以工程建设为突破口，以改善生态环境，提高林业质量效益为重点，5年内规划造林绿化1.7万余公顷，完成植树7000余万株，使全县森林覆盖率再提高6个百分点。

科学规划，合理布局，全面完成各项任务指标

森林资源

内蒙古自治区呼伦贝尔市林业局

天然林保护

防火宣传

呼伦贝尔林区总面积15.4万平方千米，占全市土地总面积的61%。其中有林业用地面积12.18万平方千米，占全市总土地面积的48%。森林覆盖率为48%。森林活立木蓄积量8.85亿立方米。

呼伦贝尔林业属国有次生林区，管辖13个旗市(区)林业局和6个直属局，下设国有林场84个，经营总面积562万公顷，其中有林地面积340万公顷，森林活立木蓄积1.97亿立方米，占全市的22.26%。森林覆盖率25.6%。次生林区以中幼龄林为主，树种主要有兴安落叶松、白桦、黑桦、柞树、山杨、樟子松等。

2002年是呼伦贝尔林业生态建设取得突破性的一年。国家实施的林业生态建设六大工程中的四大工程在全市全面启动并顺利实施，在“生态立市”战略思想的指导下，坚持以林业生态建设和资源保护两大任务为中心，以兴林强局富民为主线，造林绿化步伐明显加快，森林资源保护管理得到有效加强，林业产业化体系进程进一步加快，非公有制林业呈现出蓬勃发展的良好态势，结束了以木材生产为主的传统林业生产经营模式，形成了以四大工程为载体，推动林业由木材生产为主向以生态保护为主的转变、以采伐天然材为主向采伐人工材为主的转变、由无偿使用森林生态效益向有偿使用转变、由部门办林业向社会办林业的转变，实现呼伦贝尔林业跨越式发展的现代林业发展总体工作思路。

苗圃建设

治　沙

办公环保产品

生态旅游

山野菜产品

鸭绿江畔的绿色明珠——吉林省白山市三道沟国有林场

场长　董瑞山

场领导班子

白山市三道沟国有林场始建于1973年，坐落于吉林省白山市东南部风景秀丽的鸭绿江畔，隔江与朝鲜民主主义共和国相望，系龙山湖旅游经济开发区和省级风景名胜区，施业区总面积42 662公顷，活立木蓄积613.18万立方米，净生长量2.19万立方米，森林覆盖率93.2%，森林资源十分丰富，林木以红松、云杉、冷杉、水曲柳、胡桃楸、柞、椴、白桦、色树、榆树、枫桦、杨树为主，珍贵树种有刺楸、紫杉、天女木兰等，各类山野菜、药用植物、食用菌、野生浆果种类繁杂丰富，有野生动物285种，现有国家重点保护野生动物23种，主要矿产有钴、金、铜、铁、石灰石、硅石、水晶石等20余种。三道沟林场现有职工269人，拥有固定资产727万元，年生产木材1万立方米，是白山市林业局下属的一家集森林培育、木材采伐、木材加工、多种经营为一体的国有林场。

近年来，随着天保工程的实施，三道沟林场紧紧抓住这一新的历史契机，依托自身的森林资源和地理资源优势，围绕新时期林业跨越式发展的要求，把握改革与发展的主旋律，注意研究林业企业面临“两危”的严峻形势，居安思危，摆正位置，找出差距，及时调整林场发展战略，确立了依托资源优势，转变经营方向，调整产业结构，大力发展非林非木产业，培植企业新的经济增长点，变一木独撑为多木并举的经营策略，站在引导企业发展的前列，抓住资金与效益这一主要矛盾，以成本管理为中心，强化森林管护和分类经营，重视基础工作，加大三项制度改革力度，培育立场项目，加快实施产业结构调整优化战略，推动了林场由传统的经验管理向适应社会主义市场经济要求的科学管理转变，初步实现了林场由资源优势向经济优势转变的新格局，全场经济呈现出经济效益稳定增长，后续产业和新经济增长点逐步形成的良好局面。2002年，林场完成工业总产值692万元，实现利税108万元，职工人均工资由1992年的2400元增加到现在的6400元，始终做到了上不欠国家利税，下不欠职工工资，全场没有一个待岗待业的，实现了连续18年无森林火灾的发生，企业先后被白山市委、市政府评为三好企业、“五一”劳动奖状、基层安全创建工作安全文明单位、场务公开先进单位、市模范先进集体称号。

目前，三道沟林场正借着新一轮林业加快发展的东风，以发展为主线，立足自身的森林资源和地域资源优势，全方位培育和经营开发林下综合资源，在木材深加工、精加工增值上下功夫，拉长木材的产业链，同时，充分利用地处鸭绿江畔龙山湖风景区这一得天独厚的旅游资源优势，积极发展森林旅游业，开发旅游系列产品，使其成为拉动林场经济增长的一个新亮点，为打造林场新形象再立新功。

鸭绿江畔远眺林海

贮木场楞场一角

吉林省红石林业局

局长　慕广学

红石林业局始建于1973年，国家总投资26 034.1万元。截至2002年末，企业固定资产原值67 513万元，净值40 617万元，累计完成工业总产值20.3亿元，上缴利润15 150万元，上缴税金21 443万元，上缴林价2.2亿元，为国家生产商品材627万立方米。全局现有总人口19 808人，职工9371人，其中专业技术人员1840名。主要产品原木年产量在20万立方米，锯材年产量25 000～30 000立方米，其中刨光材、集成材占较大比例。投资1.2亿元的中密度纤维板项目，主要设备从瑞典引进，于2000年底建成投产，年生产能力6万立方米。其他产品有实木门窗、家具、刨切单板、实木地板、胶合板、细木工板、卫生筷子、雪糕棒等30多种产品。在资源综合开发方面，成立了专门机构，加大了投入的力度，累计发包沟系23.3万公顷，占辖区总经营面积的78%。建成了食用菌、养鹿、林蛙养殖、中草药种植四大基地，建立了市场带基地，基地带生产的开发模式，全局形成了以养殖业、种植业、采集业、服务业为龙头的十大行业150个项目，资源综合开发产值达到11 634万元，下岗职工安置率达96%。

改革开放以来，特别是20世纪90年代以后，企业通过深化改革，强化管理，大力加快产业产品结构调整，使企业综合素质明显增强，经济效益和职工收入明显提高，经济实力迅速攀升，走上了一条持续、快速、健康的发展之路。进行了三项制度改革、产权制度改革、营林生产方式改革、后勤服务事业改革，增强了企业的动力；在管理上，强化了成本管理、生产管理、质量管理、营销管理、资源管理，增强了企业的活力；在产业产品结构调整上，进行了林产工业调整、资源综合开发和中密度项目建设，增强了企业的发展后劲。企业先后被省委、省政府评为精神文明建设先进单位，被吉林市委、市政府评为精神文明建设标兵单位；被省政府评为“三好”企业，被国家统计局评为投入产出调查先进集体，被省委、省政府命名为精神文明建设先进单位，被全国总工会命名为模范职工之家，获得吉林省“五·一”劳动奖状、全国“五·一”劳动奖状、全国模范职工之家，被省委、省政府命名为劳动模范集体、精神文明建设先进单位、先进基层党组织。

吉林省延边林业集团亚光林业有限公司

延边州委书记田学仁到公司视察林产工业发展情况

吉林省林业厅副厅长王玉明到公司视察工作

延边林业集团亚光林业有限公司(原大石头林业局)位于长白山腹地牡丹江畔，是国家重点森工企业，公司有森林经营面积257 505万公顷，木材蓄积为2500万立方米，经过51年的开发和建设，如今已经形成了以营林为基础，木材生产、多种经营、木材综合利用、基本建设、机械加工、文化教育、科技卫生配套齐全的大型综合性林业企业。1989年进入国家二级企业。1993年被国务院发展研究中心、国家统计局评为全国同行业50家最大工业企业。改革开放以来，公司坚持外拓内管，大力发展外向型经济，对外经济联系迅速发展，与日本、韩国、意大利、澳大利亚等国家和台湾地区建立了经济联系。

目前为止，亚光公司拥有固定资产23 734.8万元，年销售收入8556.3万元。

亚光有限公司重视开发和利用林区资源，不断开发新产品，增加综合利用品种，进行木材深加工、精加工。以长白山的天然柞木、水曲柳为原料，引进意大利和台湾地区先进的指接淋漆地板加工设备，生产的指接淋漆地板、实木复合地板、实木地板达到国家质量标准，各种订制锯材产品等10大系列几千个品种的林产工业产品，以品种全、花样新、质量好、信誉高吸引着国内外广大客户。年产20万立方米的实木复合地板、年产30万箱的卫生筷子、雪糕棒、木制品系列生产厂，为客商提供充裕的优质产品。

公司拥有先进的胶合板生产线2条，从日本引进的地板生产线1条，可生产各种规格胶合板、乐器板、客车板、建筑模板、包装箱板、刨切单板、装饰板、复合地板、炕板及用户特定产品。多年来，该公司产品大量销往日本、韩国等亚洲国家和地区，在国内外市场享有一定的知名度。

公司拥有中高级技术人员600多名，科技力量雄厚，设备先进，林业资源得天独厚，并有先进的通讯设施和优越的生活环境。同时，出台了有利于国内外客商开发投资的一系列优惠政策。

绿色环保复合地板

集成材生产设备

吉林省湾沟林业局

局长、党委书记　曹世兴

封山育林管护区

湾沟林业局位于吉林省东南部，著名的长白山西麓。自1958年建局已有45年的历史，是吉林森工（集团）总公司下属的大型森工企业，总经营面积达9万公顷，森林总蓄积767万立方米，全局有2万职工家属。

该局地跨江源、靖宇、抚松3县，施业区除拥有优质的红松、水曲柳、云杉、柞木、椴树等名贵树种外，还蕴藏着丰富的煤炭、石膏、赤铁矿、硅石、石灰石等矿产资源。建局以来共生产木材626万立方米，锯材120万立方米，有力地支援了国家经济建设。

近几年，该局党政领导班子不断进取，深化改革，积极探索在新形势下林业发展的新路子，努力践行“三个代表”重要思想。特别是国家实施天保工程以后，加大了森林资源培育和管护的力度，在森林资源管护上做到两个到位，一是管护设施到位，在封山管护区实行保护区式管理。二是责任到位，同看护人员层层签订责任状，24小时看护，把一切破坏森林资源的因素排除在保护区之外。在注重生态保护的同时，还积极谋划林业发展之路，抓住机遇，加快产业产品结构调整步伐，巩固主导产业，积极发展替代产业。①发挥林区优势，大力实施资源综合开发，经过几年的发展和完善，全局形成了以中草药、养鹿、林蛙、山野菜采集加工、森林旅游等为龙头的替代产业，大部分林场通过实施资源综合开发初步实现了经济自立。②利用丰富的矿产资源大力发展水泥建材业。1989年，该局建成一座年产8.8万吨的水泥厂，经过10年发展不断壮大，尤其是经过2002年四期扩建以后，固定资产达到2.18亿元，水泥年生产能力达到58万吨，年发电达5000万度，一举跨入吉林省大型骨干水泥厂家行列，所生产的“枫叶岭”牌水泥通过产品质量认证和质量体系认证，荣获吉林省名牌、长春国际农业博览会金奖和绿色建材产品称号，远销省内外。

该局坚持两个文明协调发展，两个成果一起要，经过不断努力，先后荣获吉林省扭亏增盈先进单位、吉林省企业思想政治工作优秀单位，连续多次被评为吉林省精神文明建设先进单位。

撰稿：曲祥志　摄影：范会信

枫叶岭牌水泥

梅花鹿

苗　木

吉林省辉南县林业局

局领导班子

百万亩封山育林区

辉南县林业局主要负责全县范围内林业法规政策的宣传贯彻，林业各项行政事物的管理，林业科学研究和技术推广与指导服务工作，涉及面广，政策性强，是全县重点行政执法单位之一。内设6个行政科室，8个事业科室(站、办、所)，下辖17个林业站，4个国有林场，1个苗圃，全局干部职工总人数达616人。

该局经营管理面积171 036公顷，其中林业用地83 033公顷，占总面积的48.6%；有林地67 484公顷，占林业用地总面积的81.3%；活立木总蓄积量460.1万立方米，森林覆盖率42.3%，全县年更新造林计划300公顷，各类采伐计划3.5万立方米，年度林业总产值约4744万元。

该局1994年被省绿委命名为全省造林绿化十佳县；1995年被国家绿委命名为全国造林绿化百佳县，1996年代表省、市接受林业部造林“两率”检查验收，造林成活率和保存率双双获得百分的优异成绩；1997～1999年连续3年在全市林业系统两个文明建设竞赛评比中获得第一名；1997年被通化市委、市政府命名为文明单位；1998年6月，全省林业系统行风建设现场会在辉南县召开，该局和局属3个基层单位分别介绍了经验；1998年森林防火内业建设获全国一等奖，专业扑火队建设获全国二等奖；封山育林获全省“绿化杯”；1999年9月，全省封山育林现场会在辉南县召开，该局介绍了封山育林的经验；1999年10月，该局又被省委、省政府命名为文明单位；2000年辉南县被评为全省连续20年无重大森林火灾模范单位；2001年被吉林省人民政府评为绿化先进县，同年度又被国家林业局评为全国绿化先进集体；2002年该县被评为全国森林防火工作先进单位。

该局在县委、县政府及上级主管部门的领导下，响应党中央再造秀美山川的号召，积极参与国家林业重点工程建设，为全县生态环境的改善作出了贡献。林业企业在困境中得到长足发展，局属4个国有林场已连续多年实现利润超百万元。

绿　化

森林资源

前进中的伊春市新青区（新青林业局）

区（局）党委书记　徐忠义

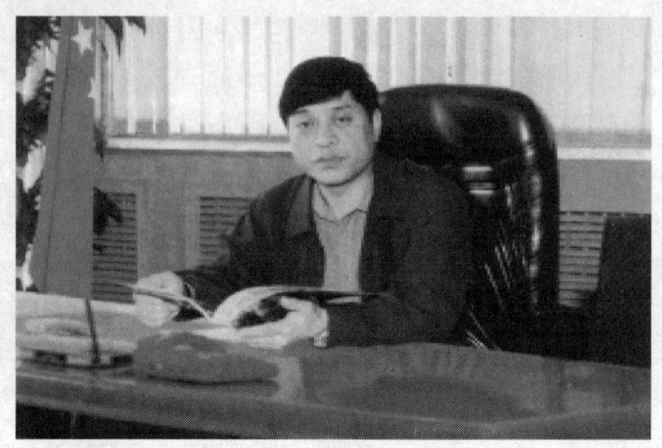

区（局）长　张泱

黑龙江省伊春市新青区（黑龙江省新青林业局）位于林都伊春北部，小兴安岭红松故乡腹地，行政区划面积1048.72平方千米，总人口5.5万人，林业施业区面积28万公顷，森林覆盖率83.6%，资源丰富，是黑龙煤四大黄金产地之一，这里交通便利，通讯畅达，风光秀美，景色宜人，具有巨大的开发潜力。

近年来，新青区委、区政府深入学习贯彻党的十六大精神，践行“三个代表”重要思想，发扬求真务实，实事求是的作风，团结和带领全区人民，与时俱进，开拓创新，开创了区域经济加快发展资源的新局面。

新青区认真实施天保工程，全力保护好28万公顷秀美林海，致力于构建多种经济成分并存的优势特色经济新格局，确定并全面实施了“一精两特三繁荣”的调整思路。“一精”是大力发展以人造板、木制家具、木质工艺品为主的木材精深加工业；“两特”是大力发展以山特产品、北药及鹿、獭兔、林蛙等为主的特色种植业和特色养殖业；“三繁荣”是大力发展以商业、饮食服务娱乐业为主的第三产业。到目前已初步形成了以森林采运、营林生产、胶合板、纤维板、刨花板、细木工板、木制家具、木制工艺品为主的森林工业体系；以营养保健食品、天然绿色食品为主的食品工业体系；以墙体材料、装饰材料为主的建材业体系；以黄金、石材为主的矿产采掘工业体系；以大豆、蔬菜为主的食品农业生产体系；以黑木耳、鸡腿蘑为主的食用菌生产体系；以五味子、刺五加、刺嫩芽、沙棘为主的山菜果药生产体系；以猪、牛、羊、鸡、鸭和梅花鹿、獭兔、林蛙为主要品种的养殖业生产体系。非国有经济已占全区经济总量的77%，实现了经济发展速度与质量效益同步增长，经济建设与社会事业同步发展，区域经济综合实力与可持续发展后劲同步增强，文明建设与人民生活水平同步提高。

实木家具

温室蔬菜种植

獭兔养殖

黑龙江省伊春市金山屯区（局）

局长　王立光

金山屯（局）始建于1952年，是政企合一管理体制，区为伊春市辖区，局为黑龙江省属森工企业。坐落在黑龙江省东北部，小兴安岭中段南坡，汤旺河中游，伊春市东南60千米处。行政区南北长60千米，东西宽54千米，总面积1849平方千米。四周与西林区、南岔区、鹤立局、美溪区及鹤岗市接壤。地理坐标为东经129°12′58″～129°56′，北纬47°14′～47°46′46″。这里交通便利，铁路有汤林线从区内通过；公路有鹤伊高等级公路通过并与金南公路在区（局）址处交汇。金山屯区（局）辖区11个林场所、2个街道办事处、21个社区居民委员会。总人口4.7万人。通讯设施完备，拥有移动、联通、网通等多家通讯网络公司。

金山屯环境优美、旅游业迅速发展，区内景点集自然与人文景观于一体，各景点集旅游、度假、餐饮于一体的综合性绿色森林生态四季游。尤其是号称“兴安第一漂”的大半河，河水纯净，清澈见底，水流时而舒缓，时而湍急见长。吸引了国内外大批游客。

施业区内资源十分丰富，森林总蓄积1200万立方米，覆盖率达78.5%，主要林木有驰名中外的红松、云杉、冷杉、桦、柞、榆及质地优良的黄波罗、水曲柳。在广袤的大森林地带，还有野生动、植物资源和矿产资源。具有经济价值的野生植物多达350多种。野生动物繁多，主要有马鹿、猞猁、獐子、青羊、野猪、黑熊、狼、狍、兔等。

山特产品主要有：人参、刺五加、五味子、黄芪、黄柏等具药用价值的30多种；山野菜类有蕨菜、刺嫩芽、金针菜等，年采集量500多吨；属食用菌类的有黑木耳、猴头菇、榛蘑等，属山野果类的有笃斯、草莓、猕猴桃、榛子、红松籽等。

浙江省遂昌县林业局

遂昌县位于浙江省的西南部，是钱塘江和瓯江的源头。全县总面积25.4万公顷，其中林业用地面积25.1万公顷，森林蓄积量597万立方米，毛竹立竹量2134万株，森林覆盖率81.3%，是全省第二大林区县，境内有九龙山国家级自然保护区和遂昌国家森林公园，是“中国竹炭之乡”。得天独厚的绿色资源和非常重要的生态区位，为林业工作奠定了基础。

生态建设已初见成效。为实施该县“生态工业强县、绿色经济富民”的发展战略，加大生态建设力度。通过实施封山育林、退耕还林、林种结构调整等措施，以及加快绿色长廊建设，使该县生态林业建设得到进一步加快。

森林旅游业已初具规模。遂昌国家森林公园总面积23 953公顷，由白马山、湖山、神龙谷三大景区组成，白马山景区为海拔1200多米的高山台地，具有常年云雾、夏季无夏、冬季雪丰的特色，是一处绝佳的清凉世界、避暑胜地；湖山景区坐落在乌溪江上游，水域面积2000公顷，景区内湖光山色，如诗如画，融峡谷、田园风光为一体；神龙谷景区则具有保存完好的古树群落和大面积的天然阔叶林，进入其间，仿佛置身于原始森林。目前国家森林公园已完成前期的规划设计等工作。

竹、木产业建设方兴未艾。通过加强与高等院校、科研院所的技术合作，开展了竹类高效经营技术试验推广以及建立浙江省竹子现代园区等项目，使全县竹林经营水平飞速提高，广大竹农普遍受益。科技园区竹林整体经营水平和效益处于全国领先水平。与此同时，大力扶持竹炭企业，全县的竹炭出口已经占有70%的世界市场份额。近年来，该县木材加工业也得到了迅猛的发展，到目前为止，全县有木材加工企业284家，其中绿源木业股份有限公司的年产值已达1.5亿元。

花卉苗木产业快速发展。抓住当前城市森林和园林绿化急剧发展的契机，大力开发大苗及乡土苗木，近3年来，全县育苗面积增加了近10倍，并呈规模经营趋势，花卉苗木业已成为该县农业增收、农民增效新的经济增长点。

该局曾先后获全国绿化先进单位、全国林业宣传先进单位、全省林业产业建设先进单位、县示范文明单位等荣誉称号。2002年，该局被国家林业局授予全国自然保护区先进集体，局下属的云峰镇林业站被国家林业局评为“两个强化”先进林业工作站，森林公安分局获全国林业严打整治斗争先进集体、荣立省级集体三等功。

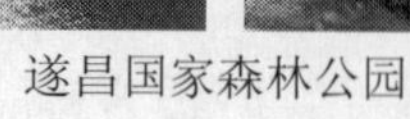

遂昌国家森林公园

遂昌九龙山国家级自然保护区

励精图治兴林业 与时俱进谱新篇——江西省石城县林业

石城县林业局长　包利平

石城县党总支一班人

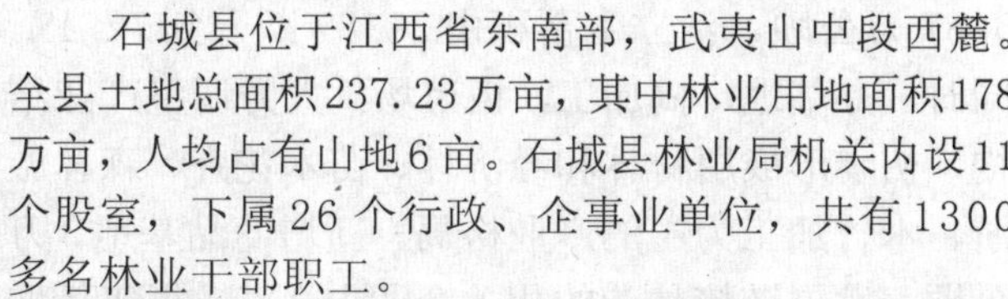

石城县位于江西省东南部，武夷山中段西麓。全县土地总面积237.23万亩，其中林业用地面积178万亩，人均占有山地6亩。石城县林业局机关内设11个股室，下属26个行政、企事业单位，共有1300多名林业干部职工。

2002年，石城县林业局紧紧围绕“保资源、抓改革、求稳定、促发展”这一宗旨，大力盘活资源，加强生态建设，推进企业改革，各项工作取得了突破性的进展，连续四年评为全市造林绿化先进单位。

生态建设日新月异。2002年，全面启动重点公益林、退耕还林、长防林续建等工程项目建设，生态工程建设总投资达800万元，森林覆盖率已增长至73.66%，活立木蓄积量增加到262万立方米。

基础建设效益明显。投资150万元建设占地550平方米的林业大厦投资40万元改善机关办公条件，提高了办事效率，投资120万元在县城工业园兴建一个占地2000平方米的竹木加工厂，每年可创税利20万元。

职工面貌焕然一新。始终坚持以人为本的发展理念，积极发挥局领导班子的坚强堡垒和党员干部的模范带头示范作用，大力改革利益分配和干部职工任用制度，努力提高职工工作积极性，塑造了石城林业职工“团结、务实、廉洁、高效”的新形象。

新落成的办公大楼

赣江源头生态建设掠影

打造红都绿色——阔步前进的瑞金市林业局

瑞金市林业局领导班子在研究工作

瑞金市湿地松防护林营造

红都瑞金位于江西省东南边陲赣州东部，居赣江支流贡水上游，为入闽进粤之要道，地处武夷山脉南段西麓。辖17乡（镇），总人口60万，国土面积2448万平方千米，林业用地18.3万公顷。是江西省3个重点林业县（市）之一，是闻名中外的红色故都和全国爱国主义教育基地。

市林业局是全市林业行政主管部门，前身为1954年成立的瑞金县人民政府林业科，1958年成立县林业局。内置长防办、退耕办、生态公益林办、绿化办、防火办、营林科、林政科、计财科、森工科、森防站、办公室等管理机构，下设4个国有林场，1个森林苗圃，1个林贸公司。在各乡（镇）设有17个林业站，重点林区设5个林业公安派出所、4个木材检查站。现有在职干部职工1052人，专业技术人员84人，其中助理工程师职称以上28人。

市林业主管部门成立50年，根据“八山一水一分田”的自然条件，围绕“治山兴林富民”的战略目标，准确把握不同历史时期林业发展的规律和特点，不断丰富和诠释林业建设新的内涵。

1990年以来，瑞金不断加大林业投入，坚持不懈地狠抓植树造林、封山育林、森林防火、林政管理，造林绿化事业迈上了持续、健康、快速发展的轨道。先后实施了长防林一期工程、国债防护林工程、绿色通道工程，并取得初步成效，构筑起一道绿色生态屏障。累计工程营造林10.2万公顷，占建设任务的135%。相比治理前，5.13万公顷宜林荒山基本得到开发利用，森林面积由9.47万公顷增加到17.7万公顷，水土流失面积由8.7万公顷减为5.87万公顷，活立木蓄积由38.8%跃升到72.1%。同时，办基地，搞加工，拓市场，大力调整产业结构，初步形成用材林和经济林、苗木花卉、森林旅游、木竹加工为主的产业格局。新增商品基地3万公顷，发展链接林业的相关企业162家，每年新增林业产值800万元，人均林业纯收入递增80元以上。林业已成为国民经济发展的重要组成部分。

2002年，瑞金采取有力措施，保质保量完成2001年国债长防林建设任务0.05万公顷，正式启动生态公益林试点建设2.67万公顷。国有关山林场和林科所改制取得阶段性成果，以果业为主的个私林业发展如火如荼，林业建设凸现勃勃生机和活力 。

瑞金林业建设成效多次受到国家、省、市的表彰和奖励。瑞金市先后荣获全国长防林工程建设先进单位、“十年绿化赣南”先进县（市）称号，被省绿化委员会评为全省造林绿化最佳县（市）。市林业局近10多年先后荣获赣州市以上各项荣誉称号23个。

围绕新形势下林业建设的总体思路，瑞金市林业局将进一步与时俱进，解放思想，深化改革，开拓进取，狠抓林业生态环境建设，夯实林业产业发展基础，强化林政资源保护，认真落实国家“严管林、慎用钱、质为先”的要求，努力推进林业的五大转变和跨越式发展，打造生态良好、山川秀美的新瑞金。

用绿色美化家园——前进中的江西省乐安县林业局

局领导班子成员研究林业重点工程建设事宜

乐安是一个林业大县，林地面积大，森林资源丰富。全县共有林地面积 18.3 万公顷，占全县总面积的 75.8%，森林面积 13.5 万公顷，占林地面积的 74.1%，全县活立木蓄积 417 万立方米，毛竹 2628 万株，森林覆盖率 68%。

近年来，县林业局坚持按照“生态优先，生态立县”的原则，以治理水土流失，增加森林覆盖率和防止环境污染为重点，加强生态环境保护、城乡小流域治理、生态建设和环保工作力度，强化林政资源管理，并切实抓好长防林、退耕还林、野生动植物保护及自然保护区等林业重点工程建设，推进五大转变。全县活立木蓄积、森林覆盖率等均有明显增长，林业产业结构大为改善，生态林比例逐步扩大。

争取项目资金，实施重点工程，培植发展后劲。精心组织，落实责任，严格按质量、进度要求实施好林业重点工程，为争取更多的林业重点工程创造条件；依托林业重点工程建设，大力推进非公有制林业的发展，促进全社会办林业进程；以实施好林业重点工程为基础，加大争取资金的工作力度。

狠抓林业招商引资，培植林业经济增长亮点。该局紧紧抓住国家实施西部大开发战略，东部沿海发达地区的资金、技术、人才向内地转移这一历史机遇，狠抓林业招商引资，培植林业经济增长亮点。

强化资源管理，开展专项整治，推进依法治林。林政资源管理是林业工作中非常重要的环节，该局始终把林政资源管理作为全局工作的重点来抓，从严查处了超限额采伐、无证采伐、无证运输等违法违规行为，保护资源的合理开发，使之走上良性发展的轨道。

坚持分类经营，深化林业改革，推进五大转变。该局坚持以分类经营为指导，在狠抓长防林、退耕还林项目实施的基础上，积极做好国有林“两权分离”试点和国有企业改制工作。

狠抓内部管理，促进作风建设，重塑林业形象。按照“内抓管理，外树形象”的要求，强化制度管理，加强精神文明建设和廉政建设。加强了机关干部职工的学习和培训教育，提高了干部职工的文化素质和业务水平；制定和完善了招商引资、机关业务工作考评和各股（室）业务工作考评方案；改善办公条件，提高办事效率。在机关营造了一个良好的办公环境，并配置了电脑、复印机等办公设备，提高了机关办公自动化水平和办公效率。

吓通瀑布群

流坑十里香樟古树群

江西省大余县林业局

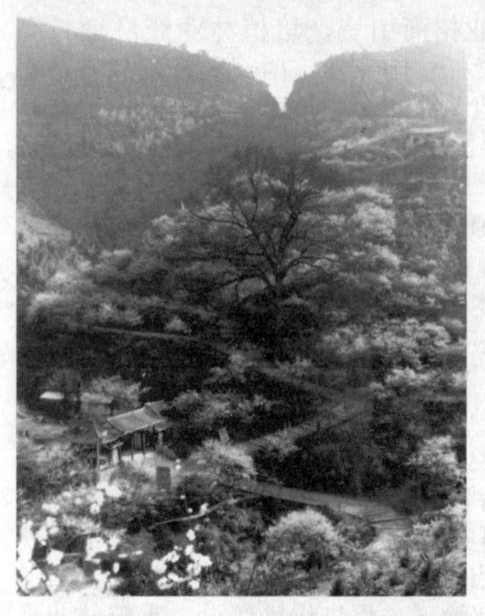

大余县位于江西省西南边陲，东邻信丰县，南与粤北接壤，西靠崇义县，北接南康市，是江西36个重点产材县之一，森林资源丰富。该县是“全国花木之乡”、“金边瑞香之乡”，是享誉中外的“世界钨都”。323国道贯穿全境，从县城到广州大约4个小时行程，到赣州约80分钟行程。

大余县林业局成立于1954年4月，20世纪60年代开始筹建国有林场，现辖7个企业(其中包括国有烂泥迳林场、帽子峰林场、长潭里林场、黄溪毛竹林场)，有员工1600多人。该局技术力量雄厚，现有工程技术人员中有2名高级工程师、6名工程师、66名助理工程师，有技术人员42人。

该局成立以来，认真贯彻执行国家林业政策，积极抓好森林资源培育、封山育林、荒山绿化、义务植树、森林防火和林政资源管理与森林保护、木竹加工等各项林业工作。几十年来先后获国家级表彰4次，省、部级表彰36次，为绿化赣南大地作出了积极贡献。

大余县土地总面积136 650公顷，有林业用地105 844公顷，其中森林面积99 718公顷，森林覆盖率76.2%。据1999年全省森林资源清查数据显示，该县有活立木蓄积429万余立方米，其中：天然林275万余立方米，人工林137万余立方米；按树种分，针叶林活立木蓄积有238万余立方米，阔叶林立木蓄积有162万余立方米。根据全省采伐限额安排，该县每年可向社会提供商品材5万余立方米。该县竹林资源也十分丰富，有毛竹林13 244公顷，立竹量2260万根，每年可向社会提供商品竹200余万根，为竹木深度加工提供了极为丰富的资源。同时，该县还建有经国家林业局批准兴建的国家级梅关森林公园，公园内三江口原始森林景区野生动植物资源丰富；有“海上丝绸之路”美称，南方现存最长、最完好的梅关古驿道；龙山瀑布群奇观；佛缘广阔的丫山灵岩古寺；名扬四海的牡丹亭和湖光碧影的油罗口水库景区，令游客流连忘返。

三江口

波光粼粼的油罗口水库景区

全国林业系统先进集体——山东诸城市林业局

局长　吴太荣

诸城市林业局是诸城市政府主管林业工作的正科级事业单位，肩负着林业建设和林业执法双重职责。该局现有干部职工42人，其中高级职称8人，中级职称12人，是一支团结奋进、敢于创新、善打硬仗、勇于拼搏的队伍，在依法治林、科技下乡、为民服务的工作中，始终坚持严格执法、文明服务的宗旨，集中体现了当代林业工作者的精神风貌，为该市的精神文明和软环境建设作出了积极贡献。近年来，该局以建设林业强市和生态环保城市为目标，强化措施，狠抓落实，围绕国家提出的林业六大工程和实现五大转变的战略思路，坚持依法治林和科技兴林的方针，不断增加林业投入，提高林业科技水平，实现了林业经济、生态和社会三大效益的同步增长，林业建设取得显著成绩。1993年提前一年达到山东省委、省政府确定的"八五"绿化标准；1996年被国家绿化委员会授予全国造林绿化百佳县和全国造林绿化先进单位荣誉称号。

吴太荣局长向省市领导汇报铁路绿色通道建设情况

该局以三个代表重要思想为指导，紧紧围绕林业生产发展的战略目标，大力开展全民义务植树活动，及时提出了"增强一个意识（造林绿化意识），促进两个提高（森林覆盖率、林业经济效益），壮大三项产业（木材、果品及苗木），突出四个重点（绿色通道、农田林网、封山育林和丰产林），落实五条措施（加强领导、搞好服务、落实政策、依法行政及监督检查）的林业工作思路，加快了林业发展的步伐。目前，全市有林地面积达到4.4万公顷，建设农田林网6.7万公顷，村镇植树2600万株，活立木蓄积量116万立方米，苗木面积3333.3公顷，森林覆盖率达到23.34%；年产果品12万吨、优质茶叶1500吨，年出圃优质苗木1亿株，林业年总产值5亿元。

速生丰产林

林牧结合

解放思想 增强活力 加快林业发展步伐——山东省东阿县林业局

局长 杜吉利

局领导班子

东阿县位于山东省聊城市东部，南邻黄河，东与济南市接壤，著名的阿胶就盛产于该县。

东阿县林业局下属13个科（室），2个基地，1个公司，人员62人。其中高级工程师5人，工程师23人，助理工程师13人。

该县勇于解放思想，不断增强林业发展活力，使全县林业生产得到了突破性的发展。据统计，2002年全县共造林7600公顷，新建农田林网6667公顷，完善林网8667公顷，育苗342.7公顷，到2002年底，全县有林地2万公顷，其中速生丰产用材林1.6万公顷，名优示范园13.3公顷，防护林1133公顷，经济林2467公顷，农田林网4.7万公顷，林木覆盖率35.7%。

该县林业的发展表现出了自己良好的特点:一是林网树木以速生丰产杂交杨为主，槐、桐等多树种相结合；二是经济林名特优品种比例逐年加大，优良品种占有率达到85%；三是以沿黄防护林为主的沟渠河道防护林体系，以沙区为主的速生丰产林体系和全县农田林网防护体系已具规模，以制板为主的木材加工体系正迅速崛起；四是林业的三大效益逐步得到各级领导的重视和广大群众的认识，林业在全县国民经济和农村产业结构中的地位越显重要，并为全县农村经济的发展发挥越来越大的作用。

撰稿：王长文

局办公综合楼

果树示范基地

山东长岛国家级自然保护区

领导决策

群鸥翱翔

山东长岛国家级自然保护区，是1988年5月国务院批准建立的山东省第一个国家级自然保护区。多年来，保护区坚持以自然资源和自然环境保护为中心，重点在造林绿化、改善海岛生态环境上下功夫，积极开展野生动植物资源保护与科研工作，使区内自然生态环境状况有了明显改善和提高。目前，全县森林覆盖率达到54%，鸟类资源得到有效保护，海岛“人爱鸟、鸟护林、林涵水、水养人”的良性循环生态系统已初步形成。保护区先后荣获全国绿化工作先进单位、全国造林绿化百佳县、全国森林防火先进单位、全国沿海防护林体系建设先进单位、山东省野生动物保护工作先进单位等称号。

保护区建设取得突破性进展。保护区通过一期和二期工程建设，使基础设施进一步完善，保护功能明显增强，为野生动物栖息、繁衍创造了良好的环境。造林绿化步伐明显加快。2002年，编制完成了《山东长岛县林业生态建设总体规划》，并以此为蓝本，全力组织实施。通过实行封山育林，大力开展植树造林，采取森林病虫害防治等多种有效措施，森林植被面积不断扩大，绿化美化档次显著提升。2002年，全县完成退耕还林80余公顷，封山育林2200公顷，四旁植树15.5万株，裸露山体造林3340平方米，全面完成了上级下达的各项指标任务。同时，松材线虫病防治始终将疫区封锁在长岛境内，其他病虫害防治率达到100%，几十年来未发生一起森林火灾事故。

鸟类保护环志科研工作成效显著。采取一系列有效措施，进一步加大鸟类保护环志科研力度。2002年，完成候鸟环志13目29科123种29 206只。目前，累计环志候鸟124种121 738只，占全国环志总量的20%，其中猛禽环志19种53 231只，占全国猛禽环志总量的80%以上，在国内外回收环志鸟174只，成为我国候鸟科研的重要基地。与此同时，积极开展鸟类生态与保护利用等项目的课题研究，其中3项获市以上科技进步奖，研究水平居国内领先和先进水平，填补了国内、省内空白，发表有影响力的学术论文10余篇。

“十五”期间，保护区将立足长岛经济和社会发展，按照全县“三年大变样”的目标要求，高起点、高标准推进造林绿化步伐，积极培育、保护森林和野生动物资源，坚持科技兴林、依法治林，促进林业生态、产业两大体系协调发展，把长岛建设成一个“无山不绿、有水皆清、四季花香、万壑鸟鸣”的绿色生态家园。

林海松涛

环志鸟放飞

创一流工作业绩 展大县林业风采——奋进中的河南省固始县林业局

党委书记、局长 张永富

固始县林业局下辖7个二级单位和两个木材检查站。近年来，在县委、县政府的正确领导和省、市业务部门的大力支持、指导下，局党委一班人带领林业系统干部职工团结拼搏，开拓创新，按照林业跨越式发展要求，以农村产业结构调整为主线，以生态环境建设为重点，抢抓机遇，深化改革，开创了全县林业工作的新局面。

开展林业二次创业，实施林业项目工程带动战略。该局充分发挥职能作用，大力实施绿色富民工程，相继实施了淮防林工程、第三期世行贷款林业项目工程、水土保持林工程、平原林网化工程、退耕还林工程等重点林业工程项目。2002年，全县共完成成片造林7867公顷，完成农田林网建设2.3万公顷，义务植树280万株，四旁植树200万株，封山育林3333公顷，林业育苗267公顷；全县森林面积达到3万公顷，森林覆盖率达到14.8%，活立木蓄积量达121.6万平方米。

林业产业结构逐步趋向合理，区域化格局初步形成。在林业体系上，初步建立了比较完备的林业生态体系和比较发达的林业产业体系，产业结构初步形成了一、二、三产业并举的发展格局。南部山区，林、果、药、茶竞相发展；北部临淮，杞柳、杨树成为支柱，柳编业发展迅猛，产品畅销欧美、东南亚市场；固始被国家行业协会授予“中国柳编之乡”称号。中部平原，高标准农田防护林、庭院林业、高效经济林基地相结合的生态经济型林业新模式和平原林网、绿色通道的区域化发展格局初步形成。

林业科技含量不断增强，造林质量明显提高。①提高每个造林环节的科技含量，做到科学规划、科学施工、科学管理。②大力培育和引进优质树种和品种(系)，建立了以速生杨为主的用材林良种示范基地、经济林良种示范基地、杞柳新品种试验示范基地，共引进优质林木新品种10多种，实行择优汰劣，有效地改善了树种现状。③发挥科技人员作用，健全科技网络，搞好科技服务，推广普及林业科技知识，使科技转化为生产力。在多次遭受干旱、洪涝灾害的情况下，林业生产总体上保持了稳定的发展态势，全县形成了茶叶、板栗、银杏、中药材、杨树、杞柳、杉木、油桐、杂果、花卉、蚕桑、毛元竹等十二大林果业基地。2002年林业净产值达2.8亿元。

林业产权制度改革不断深入，非公有制林业发展势头强劲。按照“谁投资、谁受益”的原则，该县出台了一系列优惠措施，采取承包、租赁、拍卖等多种形式，坚持国家、集体、个人一起上，鼓励多成分、多形式、多元化开发，吸引了大批有识之士投资开发林业。全县从城市到乡村、从机关单位到社会各界、从南部山区到北部临淮，个体造林、育苗大户如雨后春笋般涌现。非公有制林业的兴起，极大地推动了全县林业生产的快速发展。

平原区农田林网

水源涵养林一角

全国林业系统先进集体——河南省林州市林业局

近年来，林州市林业局紧紧围绕“建生态经济强市，创高效林业基地”的目标，大力弘扬艰苦创业的红旗渠精神，开拓创新，与时俱进，一手抓生态建设，一手抓产业发展，走出了一条绿山与富民相结合的山区林业发展新路子。全市总面积20.5万公顷，其中林业用地10.1万公顷，现已绿化7.9万公顷，森林覆盖率42.1%，年果品产量6000万千克，林果业产值1.3亿元。先后获得了全国造林绿化百佳县(市)、全国林业生态建设先进县(市)、全国经济林建设先进县(市)、全国名优特经济林之乡、河南省人民满意的公务员先进集体、全国林业系统先进集体等荣誉称号。

生态建设成效显著。按照创建生态旅游城市的总体要求，科学制定规划，采取有效措施，大搞生态环境建设，初步建立了比较完善的生态体系。抓住国家实施退耕还林这一机遇，以大工程带动大发展，突出抓好这一“民心”工程，圆满完成两年工程任务5533公顷。认真组织实施太行山绿化工程，造林绿化水平全面提高，在全省太行山区提前1年完成10年造林规划。构筑以绿色通道为网络的生态屏障，建设高标准绿色通道107千米，道路绿化率达到85%以上。积极开展全民义务植树运动，每年的义务植树尽责率都在85%以上，城乡面貌焕然一新。生态旅游事业快速发展，建成了国家级森林公园五龙洞，形成了太行大峡谷等多条生态旅游线路。

林果产业蓬勃发展。该局把林果业结构调整作为山区群众脱贫致富的重要出路。积极发展“红旗渠”牌系列干鲜果品，走区域特色林业产业化之路。把林果业结构调整同重点林业工程相结合，大力推广立体综合开发模式，提高了林地利用率。因地制宜，在全国率先提出并推广了“松柏盖顶，干果缠腰，鲜果坐底”的生态经济沟建设模式，开发建设生态经济沟80余条。通过深化林权制度改革，推动了非公有制林业的快速发展。全市共有非公有制造林户3万余户，营林面积1.5万公顷。建基地，扶龙头，活市场，林果基地已初具规模，扶持的林果企业已取得良好效益。注重林果业经纪人队伍建设，发展经纪人76名，农民合作组织8个。

依法治林稳步推进。在搞好林业生产的同时，该局坚持造林、管护两手抓，认真宣传贯彻《森林法》，切实加大林业执法力度，加强了森林资源的保护和管理。从制度建设入手，层层落实护林责任，建立一整套严格的护林制度。从队伍建设入手，建立健全了群管群护与专业管护相结合的双层管护组织。2003年，该局又成立了森林公安分局和林政稽查大队。从基础设施建设入手，提高了森林火灾和森林病虫害的预防和控制能力。严格执法，打防并举，从严查处各类毁林案件，确保了全市森林资源的安全。

20世纪80年代中期以来，林州市大力开展封山育林，取得了明显成效。图为林虑山封山育林区一角，该封育区位于林州市区西部，太行山东麓，南北长20千米，东西宽10千米，总面积约1.3万公顷，主要树种为栎类、刺槐、山楂、油松等。由于采取了严格的封育措施，昔日参差不齐的残次林分已变成了今日郁郁葱葱、一望无际的莽莽林海

林州市具有悠久的果品生产历史，盛产花椒、核桃、板栗、柿子、山楂等“红旗渠”牌系列优质果品及其加工品。年果品总产量6000万千克。20世纪20年代特色林产品被选为美国旧金山国际商品展览会展销品。大红袍花椒、核桃、大枣分别在第二届和第三届全国特种种植展示交流会上获国家金奖。图为大红袍花椒，具有个大、皮厚、色红、味浓的特点，享誉全国

湖北省钟祥市林业在腾飞

市林业局局长　张修义

万树村——文集镇沿山村

位于湖北省中部，汉水中游的钟祥市，素有“长寿之乡”、“旅游胜地”之称，是国家级历史文化名城和中国优秀旅游城市。全市现有林业用地面积13.5万公顷，占国土总面积的1/3。如今钟祥，有山皆绿，有水皆清，平原滴翠，城乡繁荣。在改善和优化生态环境，促进社会可持续发展方面，林业建设发挥了重要作用。湖北省委、省政府曾多次授予钟祥市全省造林绿化先进市称号，2000年又被授予林业工作先进市称号。

1990年，市委、市政府提出了7年绿化钟祥的奋斗目标，组织打响了一个又一个消灭荒山、绿化钟祥的漂亮战役，取得了全胜。1994年，消灭了所有宜林荒山，被省委、省政府授予造林灭荒先进市；1996年，提前1年实现全市绿化达标，被省绿化委员会评为绿化达标先进单位。2002年以来，钟祥市抓住党中央国务院高度重视生态环境建设的机遇，大力实施了退耕还林工程，两年内完成退耕还林7333公顷。13年来，全市累计人工造林4万公顷，封山育林6.2万公顷。森林覆盖率和蓄积量分别上升至32.92%和369万立方米。

市委、市政府冲破传统林业观念束缚，全面推进林业产业化，促进了林业经济迅速发展。兴建了年产2万立方米细木工板的林业产业化龙头企业——湖北金林木业有限公司，带动了全市及周边地区5万农户，300多家木材加工运输户投入到林业产业化行列，产业链产值达3亿元，为林农户平均增收500元。同时，林业种植业的大发展也带动了林业经济驶上快车道。全市共发展速生丰产用材林、经济林、花卉苗木基地5.3万公顷。以大口国家森林公园为主，森林旅游日益繁荣。林业产业已经成为拉动钟祥地方经济增长的支柱产业。

林业产业化龙头企业——金林公司

林木良种基地

快速发展中的湖北省沙洋县林业

县林业局综合楼

汉江防护林生态建设

沙洋县地处江汉平原与鄂西北山区结合部，居长江第一大支流——汉江下游首段西岸。全县国土面积2044平方千米，耕地面积6.2万公顷，辖13个镇，总人口60.7万。

沙洋于1998年撤区建县，1999年3月沙洋县林业局正式挂牌成立。自成立以来，局领导一班人带领全县林业系统广大干部职工，抢抓机遇，克难奋进，林业生产和建设的各个方面都取得了显著进步。突出表现在：①造林绿化成效明显。全县林业围绕增加森林面积和提高森林覆盖率，大力开展植树造林，推进林业生态体系建设，共完成人工造林9600公顷，四旁植树300万株，低产林改造3333公顷，中幼林抚育1000公顷。先后实施了农田林网建设、绿色通道建设和退耕还林等重点林业生态工程。农田林网控制率达93%，2001～2002年，在境内3条主要国省道两侧，开展了大规模的绿色通道建设，共建设高标准路段110千米，植树65万株。②林业产业快速发展。结合地处平原与丘陵结合部，宜林荒山及滩涂沙地较多的优势，突出抓了高效经济林、速生丰产林和花卉苗木基地建设，建成以板栗、甜柿、沙梨、早蜜桃为主的高效经济林基地2000公顷；以杨树为主的速生丰产林5333公顷。林木和花卉苗木有较快发展，建成3个县级骨干苗圃，面积80公顷，年出圃各类苗木500万株。以杨树为主要原料的林产工业正加紧建设，5万立方米中密度纤维板和20万吨优质印刷纸工程项目已申报立项。③森林资源和野生动植物管理进一步规范。认真执行森林限额采伐制度，基本做到了凭证采伐林木，凭证运输、经营和加工木材；森林采伐确保控制在全省下达限额之内，林地征占用得到严格审批控制，野生动植物得到有效保护，乱捕滥猎野生动物案件得到有效查处。各项林业案件综合查处率达到98%以上。森林病虫害发生率控制在5%以下，防治率达到80%以上。同时，全县还加强了林业法律法规的学习和宣传，加强了林业执法机构和队伍建设，先后成立了林政稽查队、森防野保站、种苗管理站、林业技术推广中心等机构，建立健全了规范执法行为的各项制度，依法行政的水平有了明显提高。④自身建设显著加强。狠抓了林业基础设施建设和林业基地建设，局机关投资150多万元兴修了8层综合楼，装修了办公楼，添置了办公设备，绿化了机关庭院，机关面貌大大改善。13个镇林业站通过办基地、建实体，经济实力明显增强，基本上实现了“人平1亩苗圃，100亩基地，1万元收入”的目标，先后有5个林业站被国家林业局和省林业局评为先进林业工作站。2002年，县林业局分别被省林业局和县委、县政府评为先进林业局、文明单位。

绿色通道建设

五里镇万亩板栗基地

帅店林场花卉苗木基地

兴两大工程　建绿色竹溪——湖北省竹溪县林业

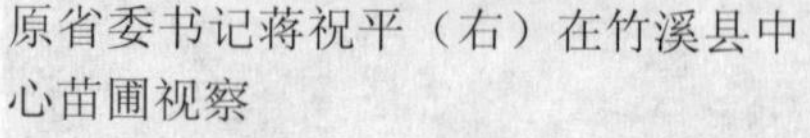
原省委书记蒋祝平（右）在竹溪县中心苗圃视察

市、县领导参加义务植树。左一为原市委书记李宪生，左二为县委副书记、县长明平安，左三为原县委书记张光新

竹溪县林业局党委书记、局长孟强在县退耕还林中心苗圃查看苗木长势情况

近年来，竹溪县林业抢抓退耕还林和天保等林业重点工程在该县建设实施的大好机遇，大力开展植树造林和资源保护，实现了造林绿化与资源管理的双赢。到2002年底，累计完成退耕还林工程近1万公顷，封山育林10.9万公顷，20万公顷天然林资源得到了有效保护。

地处秦巴深山的竹溪县，总面积3310平方千米，地域构成大体是“八山半水一分田，半分道路和庄园”，是典型的山区农业县，同时也是湖北省林业资源富县之一。全县林业用地24.9万公顷，活立木蓄积877万立方米，森林植被覆盖达到74%。境内野生动植物资源丰富，现已查明的国家一级野生动物有金钱豹、金丝猴等3种，二级15种；国家一级珍贵树种有珙桐、红豆杉、光叶珙桐、银杏等4种，二级植物8种，省级珍贵树种25种，堪称野生动植物资源的“绿色宝库”。自2000年正式启动实施退耕还林和天保工程以来，县委、县政府充分利用当地山场辽阔、资源丰富等自然优势，举全县之力，大力实施退耕还林和天保工程，迅速成立了林业工程建设指挥部，县长任指挥长，下设了工程管理办公室，各乡（镇）也设立了相应机构。通过广泛宣传，全面发动，形成了“全党动员，全民动手，全员上阵”的林业工程建设新格局。

竹溪县林业局下设9个职能股室，有管护总站、县中心苗圃等5个二级单位，15个林业站，5个木材检查站，1处省级自然保护区，现有干部职工658人。该局充分履行管理、服务职能，致力于造林绿化、资源的保护管理，谋求竹溪林业发展新途径，取得了非凡成绩。尤其是启动实施退耕还林和天保工程以来，从强化林业宣传入手，精心组织。2002年，通过国、省、市的综合检查验收，该县的两大工程建设得到了的充分肯定。通过近3年的林业工程建设，竹溪的山更青，水更绿，天更蓝，生态环境得到了明显改观。竹溪县先后被授予全国造林绿化百佳县、全国资源林政管理先进县等称号，县林业局被国家林业局授予营造林工作先进单位称号，被省林业局授予红旗林业局称号。

撰稿、摄影：罗祖魁、刘邦荣

鄂西北最大的退耕还林苗圃基地——竹溪县中心苗圃，年产苗1000万株，有松、杉、刺槐等26个苗木品种

天然林资源保护工程

湖北省孝昌县非公有制林业遍地开花

孝昌林业局书记、局长　黄政

孝昌林业局领导班子

近年来,孝昌县社会兴办非公有制林业如百花绽放，发展态势迅猛。累计投入资金2.3亿元，其中：自筹资金（含社会各行各业投入）1.8亿元，占78%。全县造林经营面积7800公顷，其中：用材林2800公顷，经济林3933公顷，公益林1066公顷；林业第三产业现有木材经营（加工）户80个，森林生态旅游经营户7个。

孝昌县发展非公有制林业有得天独厚的优势，一是交通地理位置优越，境内京珠高速公路、孝襄高速公路、107国道、京广铁路纵横交错，林产品购销四通八达。二是“四荒”面积大，农民急待脱贫致富，已见效的苗木花卉业、速生丰产林、反季节水果等为解决费税改革后的“三农问题”找到了一条出路。三是有一大批成功的不同发展模式的典型，为非公有制林业的发展奠定了坚实的基础。孝昌县非公有制林业由原来的以果树生经营为主向苗木花卉、速生丰产林、森林生态旅游、林产品加工等多功能、多角度、全方位的方向发展，拓宽了非公有制林业的发展空间，增强了非公有制林业的造血功能。

孝昌县在发展非公有制林业方面用好用活国家的方针政策，同时积极探索新的运行机制。2002年8月，县委、县政府出台了《关于鼓励集体个人承包租赁荒山造林的意见》，对承包、租赁荒山发展林果业达到3.3公顷以上的，在政策扶持上，第一年由集体投工投劳进行整地，并免费提供造林种苗，优先考虑纳入林业工程建设项目，优先协调国家扶贫资金。在技术服务上，由林业、农业、国土资源等相关部门拿出切实可行的规划设计，对承包户无偿提供产前、产中、产后技术服务，无偿培训林农。这些措施从政策和技术等方面为非公有制林业发展提供了保障。

非公有制林业的发展离不开各行各业的支持和配合。孝昌县委、县政府在抓综合服务上，协调林业、农业、财政、税务等部门从项目贷款、技术、政策宣传等方面提供全方位优质服务。同时，全县上下抓好示范带头作用，做到县有示范园，乡有典型户，村有带头人，切实落实“谁造、谁有、谁受益”的政策，加速了孝昌县非公有制林业向纵深发展。

孝昌县小河镇京珠沿线荒山造林基地

湖北省红旗林业局——荆门市林业局

荆门市位于鄂中腹地，江汉平原向鄂北岗地的过渡地带。下辖京山县、沙洋县、钟祥市、东宝区、掇刀区和屈家岭管理区。全市国土总面积1.24万平方千米。其中林业用地40万公顷。全市活立木蓄积1062万立方米，森林覆盖率达33.2%。

荆门市林业局属荆门市政府组成部门之一。局机关设有7科1室，局直属企事业单位17个。全市林业系统干部职工3000人。其中，局直系统干部职工1000余人。

近几年来，该局坚持生态与产业并重的方针，突出退耕还林、绿色通道、速生丰产林、花卉苗木、干鲜果品生产、木材加工、绿色菌菇种植和林业法制及自身建设等工作重点，强化措施，狠抓落实，实现了森林面积、森林蓄积、森林覆盖率的同步增长；林业生态效益、社会效益和经济效益同步提高。林业生态环境得到了极大的改善，林业产业建设初步形成了花卉苗木、杨树加工、森林旅游、林果和食用菌等五大林业产业。

在抓林业生态和产业建设的同时，该局围绕内强素质，外树形象，积极从思想建设、业务建设、作风建设、实体建设入手，加强了林业自身建设，树立了良好的行业形象。该局先后被评为红旗林业局和市级文明单位。

绿色通道

荆门林业科技大楼

花卉苗木基地

速生丰产林基地

充满希望的湖北省阳新县林业

县林业局局长　石教法

阳新县林业局领导班子成员

阳新县位于长江中游南岸，幕阜山脉北麓，国土总面积2800平方千米。全县山场面积14.73万公顷，有林地面积12.4万公顷，分别占国土总面积的52.3%和44.2%；全县森林立木蓄积量190万立方米，森林覆盖率42.96%。境内盛产楠把竹、香樟、茶叶、油茶等，年产茶叶25万千克、水果1000万千克。全县先后被原林业部和省列为全国丰产林试点县和省林业建设重点县、被中国林科院列为全国世界银行贷款贫困地区林业发展项目科技示范县、被国家林业局世行管理中心和湖北省林业局外资办列入世界银行贷款贫困地区林业发展项目综合示范县。为此，阳新县林业局先后荣获全国保卫绿色行动先进单位、全国集体林场建设先进单位、全国世行贷款国家造林项目先进单位、全国花卉博览会二等奖、湖北省林业先进县，连续多年被黄石市林业局授予先进单位称号，连续5年被县委、县政府分别授予先进单位、双文明建设单位和三服务满意单位称号。现已建成1.33万公顷楠把竹基地、3.33万公顷速生丰产林基地、0.66万公顷吴茱萸基地、0.66万公顷香樟科林基地、0.2万公顷茶叶基地、0.33万公顷油茶基地。

近年来，该局紧紧抓住国家退耕还林、长江防护林、世行贷款造林项目在全县实施的机遇，突出主导树种，体现区域特色，培植主导产业，按照区域板块经济建设的要求，着力建设2万公顷低丘吴茱萸药用林基地，2万公顷山区把竹笋材两用林基地，1.33万公顷丘岗地香樟香料林基地，1.33万公顷平原湖区意杨短周期工业原料林基地，同时，大胆创新营造林机制，大力推进林地流转，鼓励发展民营林业，发展壮大民间团体（个体造林协会，森林防火基金），推进林业产业化进程，为阳新林业跨越式发展奠定了坚实的基础。

樟树天然林

吴茱萸基地

樟树人工林

绿色丰碑——湖北省钟祥市国有大口林场

钟祥市国有大口林场始建于1957年，下辖5个分场和1个农业村，现有总面积6267公顷，森林覆盖率90.3%，活立木蓄积38万立方米，总人口1390人，在职职工132人，离退休92人。

大口林场坚持突出资源管理、结构调整、森林旅游3条主线，取得了林业经济效益和生态经济效益双丰收。连续3年，林场工农业总产值保持9.2%的递增速度。

高举生态建设大旗，积极营林造林增资源。①严格限额采伐，加强抚育管理；②造林高标准、严要求，狠抓“五率”促“四高”。即严格把关整地合格率、优苗上山率、良种合格率、当年成活率、郁闭前的保存率，要求做到造林高标准、管理高效率、科技高含量、产业高效益；③加强基础设施建设，兴建种子储备库(投资14万元，占地120平方米)；④动员职工群策群力，开展全民造林运动 。

加大依法治林力度，护林防火常抓不懈。①加强宣传，统一认识，形成人人重安全，人人讲安全，人人抓安全的良好氛围；②加强领导，健全组织，常年设立书记场长牵头、派出所所长负责、拥有50余名队员的森林消防突击队；③强化责任，与分场及护林员层层签订责任状，同时加大对破坏森林资源的查处打击力度。

依托森林资源，大力发展森林旅游。大口林场在不断发展自身的基础上，加大投资力度，不断完善基础设施建设，促进公园旅游业的良性发展。近几年，公园采取了一系列举措促发展：加大宣传力度，依靠宣传创品牌；加强基础设施建设，依靠内功塑形象；深化体制改革，促进服务质量提高。几年来，公园年创旅游利税均在150万元以上。

巩固安定团结，在稳定中求发展。狠抓“五大建设”，促进机关工作作风转变；实践“三个代表”，心系群众办好事、办实事。近些年，修建了程控电话、闭路电视、移动通讯塔，进行了电网改造。每年投资10多万元为干部职工办理了社会统筹保险。

新时期新阶段，大口林场将与时俱进，开拓创新，努力把大口林场建设成为中南地区国有林场中的一颗璀璨的明珠！

湖北康欣科技开发有限公司

湖北康欣科技开发有限公司成立于1998年5月，主要从事科技项目开发、速生丰产林基地建设等业务，公司注册资本为5000万元。公司以新生代速生丰产用材林优良品种苗木的培育开发和林纸一体化工业原料林基地建设为主要业务发展方向。

该公司培育开发的优质速生林有山哈杨、鲁山杨、圣山杨、常绿杨、转抗杨等10余个品种，具有速生、丰产、优质高效的特性，已成为生产胶合板、纤维板、刨花板、木芯板、造纸、火柴、卫生筷、包装业、民用建筑的主要工业原料。

该公司已投资建设速生丰产用材林优质苗圃233.3公顷，造林1338公顷，分布于武汉市东西湖区、江夏区、黄陂区、蔡甸区、汉川市和应城市等地。

该公司是湖北林业产业的排头兵，是湖北省速生丰产林协会常务理事单位，湖北省、武汉市首批重点速生丰产林基地建设工程项目的企业之一；同时积极筹划国家速生丰产用材林基地工程项目建设，专项投入林业产业的发展，得到了湖北省林业局、湖北省科技厅等相关部门全方位的支持；该公司凭借超前的经营战略、灵活的经验机制、现代的经营作风、良好的经营信誉得到当地政府和农民的一致好评。

武汉市林业局局长尹冬梅，湖北省林业局局长吴先金，武汉市市长张学忙，湖北省省长罗清泉、副省长刘有凡先后亲临康欣苗木基地现场指导工作。

该公司在经营上实行品牌战略，凭着企业的实力，树立“生态、经济、社会协调发展”的指导思想，在区划开发、设计实施、施肥抚育等各个阶段，将森工企业的需求放在第一位，努力建设出一个“质量优、周期短、产量高”的速生丰产用材林基地，在市场中建立良好的品牌形象。

康欣科技将以武汉市、汉川市为根据地、大本营，积极带动农户，组织套种套养，充分发挥土地资源的优势，把基地建设成为速生林、农作物竟相争辉的示范基地，同时向江汉平原周边稳步扩展造林。

随着我国天保工程及生态环境建设步伐的加快，康欣科技将利用目前优越的自然条件、良好的市场信誉、稳定的销售网络，计划定向完成种植2.7万公顷国家级速生丰产用材林基地和新生代速生丰产优质苗木培育基地项目建设。

湖北省红旗林业局——咸丰县林业局

新特林苗圃基地

咸丰县位于鄂西南边陲，是全国首批西部开发退耕还林试点示范县和天保工程实施区。全县国土面积25.5万公顷，林业用地17.2万公顷。

咸丰县林业局内设7个股（室）；下辖11个二级单位和11个林业站，职工185人，其中，专业技术人员145人。

近年来，该局依托重点工程，发展绿色经济，全县活立木蓄积量和森林覆盖率分别从“九五”期间的524万立方米和63.1%上升到目前的664万立方米和73%。先后被评为全国造林绿化百佳县、全国森林资源林政管理先进单位、全国三年无火灾先进县、全省退耕还林先进县等殊荣。2000～2002年连续3年被评为全省红旗林业局，成为全省林业系统中的一面旗帜。

工程建设成效显著。到2002年共完成坡耕地退耕还林6333.3公顷，宜林荒山造林4000公顷；天然林管护面积11.2万公顷，累计封山育林5400公顷，飞播补植2000公顷。工程建设先后通过了检查验收和审计。2001年，咸丰县代表湖北省出席了全国南方片退耕还林经验交流会议，所介绍的退耕还林工作模式引起了与会者的广泛关注，多次在全省退耕还林工作会议上作典型发言，先后有3省20多个县（市）前来参观考察学习。

坪坝营森林公园挂牌仪式

产业建设初具规模。到2010年全县拟建六大龙头企业、七大骨干基地、四大支柱产业。林业产值占农业总值的50%以上，从业人员20万人。目前依托退耕还林和天保工程已初步建成2666.7公顷干鲜果、2000公顷中药材（厚朴、黄柏）、1333.3公顷无性系茶叶、666.7公顷草食牧业、66.7公顷种苗等样板示范基地。成立了鄂西南新特林种科研中心，建成了名珍特优新种苗花卉基地66.7公顷；县林化厂通过招商引资，组建了咸丰振兴松香厂，年产松香5000吨；以坪坝营森林公园为龙头，森林生态旅游产业蒸蒸日上。

自身建设硕果累累。兴建32个高效林业科技示范林基地，总经营面积4000万余公顷；内强素质，外树形象，实现了办公自动化、财会电算化，林政执法通讯现代化；建设林木产品专业市场，集中规范管理；建成了坪坝营森林公园接待中心和林业宾馆；强化林业行业作风建设，争创文明单位。2001～2002年，该局被评为县级最佳文明单位、先进基层党组织。

万亩梨园

湖南省澧县林业局

优秀水果新世纪李

澧县林业局位于澧阳镇澧阳南路10号，占地面积近3000平方米，拥有8间3层办公楼，局机关共有在职干部职工56人，其中大专以上文化45人，工程技术人员44名。内设8个股（室）和1个林业派出所。下设苗圃、林业技术推广中心、2个林场和3个木材检查站。全县林业系统干部职工415人。担负着全县5.9万公顷林业用地面积的林果造林规划、技术指导及森林资源的管理和保护的重要职责。

在县委、县政府的领导下，在常德市林业局的指导下，经过全系统林业干部职工的努力，全县林业有了较大的发展，林业用地面积逐步扩大，由“九五”期间的3.9万公顷扩展到现在5.2万公顷，森林蓄积量、森林覆盖率不断增加，蓄积量由“九五”期间112万立方米增加到现在的150万立方米，森林覆盖率由19.6%提高到22.9%，全局的工作得到了县委、县政府的充分肯定，2000～2002年连续3年被评为“双文明”先进单位，连续4年被市林业局评为先进单位。

近几年来，该局紧紧抓住国家发展林业的大好机遇，实施了退耕还林、德援项目及兴林灭螺工程。退耕还林从2002年开始，年完成退耕还林任务4733.3公顷；德援造林项目从1998年起实施，共完成德援造林4974公顷，封山育林1.3万公顷；兴林灭螺共完成造林3066.7公顷，并从2001年起启动了生态公益林补助项目，对1.5万公顷生态公益林实施了补偿，同时，根据全县山丘平湖并存的特点，在山丘区着重发展优质经济果木林，共发展了以早熟柑橘、脐橙、新世纪梨、水晶梨、布朗李等品种的经济果木林9333.3公顷，在平湖区着重发展了速生丰产杨，全县共发展杨树1.4万公顷，使之成为全市的杨树发展大县之一。

回首昨天，硕果累累，展望未来，任重道远，澧县林业局将在县委、县政府的领导下，在社会各界的支持与配合下，全局上下齐心协力，大力造林，依法治林，为澧县的林业的发展再立新功。

浯溪今昔绿更澜——全国营造林工作先进单位湖南省祁阳县林业局

局长　苏建设

山水一色　绿染两岸的浯溪胜境

“闻道浯溪水亦香”，地处湖南东南部的革命老区祁阳，素以山青水秀人灵气而闻道三湘。祁阳县林业局下辖20个镇林业站，1个森林公安分局，2个国有林场。全县土地总面积19.97万公顷，林业用地面积9.87万公顷，有林地面积6.83万公顷，森林活立木蓄积量170万立方米，森林覆盖率达46.25%，年林业社会总产值达1.8亿元，是湖南省重点林区县之一。

“九五”以来，祁阳县林业局全体务林人顺应时势，坚持以植绿播绿为己任，以营造林工作为基础，以结构调整为主线，以退耕还林、长防林等重点工程为龙头，不断创新山地流转机制，盘活山地资源，鼓励“个体、私营、股份、联合租赁”等各种所有制经营形式竞相迸发、共同发展，奏响了一曲气势恢宏的绿色畅想曲。几年来，累计完成植苗造林1.2万公顷，其中：退耕还林5200公顷，长防林工程造林3467公顷；完成中幼林抚育1.8万公顷，油茶、毛竹垦复2万公顷，封山育林6666.7公顷，完成义务植树、四旁植树各1400万株，培育发展了一批以全国绿化奖章获得者陈爱国为代表的千亩以上的造林大户11户。各种形式的个体造林总面积达3333.3公顷，累计吸纳社会资金1200余万元，社会出资造林已成为该县山林开发和重点工程造林的主要力量。全县已逐步建成了以国道沿线为轴心的1333.3公顷良种苗木花卉基地和3333.3公顷名贵药材基地，以东部祁山山脉为中心的400公顷优质笋竹两用林基地，以南部阳明山脉为重点的6667公顷杉木用材林基地，以及中、西、北部丘陵区6667公顷国外松采脂基地、6667公顷速生工业原料林基地、6667公顷优质水果基地和1万公顷高产油茶基地等八大林业产业基地，林业结构调整初见成效，两大体系建设稳步推进，造林绿化事业硕果累累。营造林工作连续5年排永州市第一，先后有双江口村、彭家湾村和詹家村被全国绿委授予造林绿化千佳村称号，2000年6月县林业局被国家林业局评为全国营造林工作先进单位，2002年又被国家林业局授予全国“两强”教育先进单位。

撰稿：谢善民　摄影：赵扬名

绵绵青山尽锦绣

郁郁葱葱的工业原料林基地

科技兴林的广东省江门市林业局

2002年6月5日，国家林业局局长周生贤视察江门林业工作

江门市林业局始建于1983年，肩负着管理全市44万公顷林地森林资源的重任。该局下设办公室、计财科、营林科技科、林政科、绿委办、森林防火办、林场管理科、野生动植物保护办等8个职能科室及直属行政单位江门公安局森林分局。直属事业单位有江门市林科所，狮山、大沙、古兜山、古斗、四堡、西坑、河排等7个国有林场。

20年来，该局坚持依法治林，科技兴林的方针，有效地保护和发展森林资源，林业事业取得了较大的发展。林业科技推广工作先后荣获国家、省科技进步奖11项。江门市先后被评为全国平原绿化先进市、广东省林业科技推广工作先进市，市森林防火指挥部被评为全国森林防火先进集体。到2002年底，全市有林地面积从1995年的33.1万公顷增加到34万公顷，增长4.2%；活立木蓄积量从795万立方米增加到1149万立方米，增长44.5%；森林覆盖率达到43%，林业用地绿化率达91.8%。

江门市科技兴林工作走在全省前列，全市相继建成了国家级林木良种繁育中心——红岭种子园，全国第一个相思类树种最多、种质资源最丰富的新会沙堆杂交相思良种繁育基地，家系最多、谱系最完整的新会大泽尾叶桉基地，大沙林场加勒比松和古兜山黑木相思实生苗种源测定林。全市林木良种基地面积达336.3公顷。在松、桉、相思三大类树种中已选育出一批材积增长达20%～200%的速生或抗逆性强的优良品种(家系)。在加快良种繁育基地的基础上，该局大力研究和推广良种良法造林，现在，全市各地造林良种采用率达100%。同时，该局充分利用外资、民资大力发展非公有制林业，全市非公有制造林面积达90%。2002年开始筹建江门林业高新技术万亩示范区。

局长　梁许赞

梁许赞局长在检查全市造林情况

新贺州、新林业——广西壮族自治区贺州市林业局

局长　黎瑞强

局领导班子在国家级姑婆山森林公园了解规划建设情况

走进贺州，就走进了一个绿色的世界，全市有林业用地面积81.6公顷，占全地区总面积的71%；有林地面积为66.6万公顷，森林覆盖率(含灌木)达66.1%，绿化率达93%；森林活立木总蓄积量为2690.9万立方米，森林覆盖率高于广西和全国平均水平，八步区和昭平县的活立木蓄积量分别超过1000万立方米，是广西森林活立木总蓄积量超过1000万立方米的4个县(区)之一。全市用材林有松、杉等50多种，其中松树占用材林的65%，年生产商品材约30万立方米，是广西木材主要产区之一；年产松脂约3万吨，是广西林化工业基地之一。2002年全市林业系统总产值达14.54亿元(现行价)，其中：第一产业7.27亿元，第二产业6.81亿元，第三产业0.46亿元，创税利1.1亿元，出口创汇达8373万元，据2002年调查，全市财政收入18%来自林业，成为贺州市社会经济发展的支柱产业之一。

贺州市是国家林业局批准建立的第一个全国外向型林业改革试验区。

国家级姑婆山森林公园青山水长流

广西贺州市飞播林区一角

广西壮族自治区西林县林业

西林县位于广西最西端，地处滇、黔、桂3省(区)结合部，东经104° 29′ ～105° 26′ ，北纬24° 1′ ～24° 44′ 。全县辖9个乡2个镇，93个行政村，494个自然屯，全县总人口12.86万人，其中农业人口11.64万人，农村劳动力6.5万人，全县土地总面积302 438.5公顷，林业用地面积242 300公顷，占土地总面积80.1%，有林地面积218 335.02公顷，森林覆盖率72.2%。全县森林总面积190 653公顷，其中用材林面积109 642公顷，占57.5%；经济林面积25 701.2公顷，占13.5%；防护林面积47 308.2公顷，占24.8%；薪炭林面积8001.5公顷，占4.2%。全县林木活立木总蓄积量8 286 375立方米，其中森林蓄积量8 250 140立方米，占99.6%；疏林地蓄量7116立方米，占0.1%；散生木和四旁树蓄积量29 119立方米，占0.3%。

西林县属南亚热带季风气候，夏无酷暑，冬无严寒。年平均气温19.3℃，年均降雨量1105.5毫米，年日照时数1608.5小时。西林县地形地貌呈西北高东南低的地势，境内最高海拔为王子山(1883米)，最低海拔为那佐达下河(390米)，平均坡度26° ～35° ，属深切割的中山地貌类型。西林境内成土母岩以三迭纪中统板纳组和兰木组的砂岩、粉砂岩和泥岩为主。土壤以红壤和黄壤为主。植被区系属亚热带西部落叶栎类、细叶云南松林区系。常见的人工栽培和天然乔木树种有杉木、马尾松、细叶云南松、枫香、苦楝、香椿、大叶榕、小叶榕、樟木、落叶栎类、酸枣、荷木、杨树；经济林有油桐、油茶、板栗；常见灌木以余甘子、红花柴、短翅黄杞等为主；主要草本有龙须草、黄茅草、扭黄茅、五节芒等。珍贵物种有红椿、毛红椿、小叶棒、蒜头果等。

据2002年统计，西林县国民生产总值为38 629万元，人均2971元；第一产业19 672万元；第二产业5792万元，第三产业13 765万元，林业总产值2917万元。全县累计完成造林更新面积95 081公顷，其中荒山造林82 168公顷，迹地更新1467公顷，低改造林11 446公顷，1993年完成灭荒任务，1994年经验收全县绿化合格。全县1987年以来共生产木材385 238立方米，松香559吨、茶油4102.2吨、桐油10 285.2吨、茶叶463吨、板栗404吨，各种竹52 393万根，竹笋1033吨，各种水果20 836吨。全县现有防火线30千米，瞭望台4座，专业森林消防队成员30人，防火机具35台。全县累计完成林业各项投资28 524.3万元，其中国家投资1009.76万元，县林业系统自筹资金投资11 781.96万元，林农投资15 732.58万元。

西林林业在国家实施西部大开发政策的指引下，在上级业务主管部门的具体指导下，在县委、县人民政府的坚强领导下以及全县广大人民群众共同努力下，正朝着生态、环保、社会可持续发展的快车道，在东引西进的经济发展战略指引下，加快西林经济发展，创造更加优美的环境，使人们生活更加安康幸福。

邓忠华局长(左三)在退耕还林钱粮兑现现场会上给群众发《粮食兑现证》

杉木成熟林

原始生态公益林

八角盛产林

开拓进取中的广西壮族自治区平南县林业局

平南县林业局自1999年新一届领导班子上任以来，按自治区党委提出的工作思路和全市林业发展的战略意图，坚持以营林为基础，以市场为导向，以科技为依托，以依法行政、依法治林为手段，积极推进林业生态建设，为加快全县林业跨越式发展而努力。至2002年底，全县林业用地面积达169 460.6公顷，森林面积133 052.6公顷，疏林地面积6205.5公顷，灌木林地面积26 554.2公顷，无立木林地9233.3公顷，森林覆盖率达53.3%。

2002年，该局以三大效益为中心，努力调整林业产业结构，大搞林区综合开发，在经济林和用材林建设上大做文章。至2002年底，全县用材林面积达88 009.3公顷，防护林面积45 044.1公顷，经济林面积25 021公顷，薪炭林面积5920.3公顷，特殊用途林面积39.2公顷。针对全县松、杉等针叶树种偏多，林种树种较为单一的状况，县委、县政府作出了“大力发展速生丰产林，再造平南秀美河山”的决策，重点抓了以短轮伐期速生丰产用材林为主的林业产业基地建设工程，大力发展速丰桉，通过各种形式激励非公有制成分参与林业建设。

同时该局切实为民办实事，抓好良种玉桂的引种和低产八角林的改造，目前已取得较大的成绩，仅2002年改造低产八角300公顷，还新增玉桂、八角种植890公顷，全县年产玉桂桂皮899万吨，产值720万元；八角果876万吨，产值700万元。此外，该局为充分发挥好本地林业资源优势，激励本地和外地民营企业投资发展竹编、木编加工业，年产值达2000万元，为全县创汇230万美元。目前，全县林业的大发展为经济发展提供了新的经济增长点，并形成一个“绿色银行”。

平南石硖龙眼圆肉干

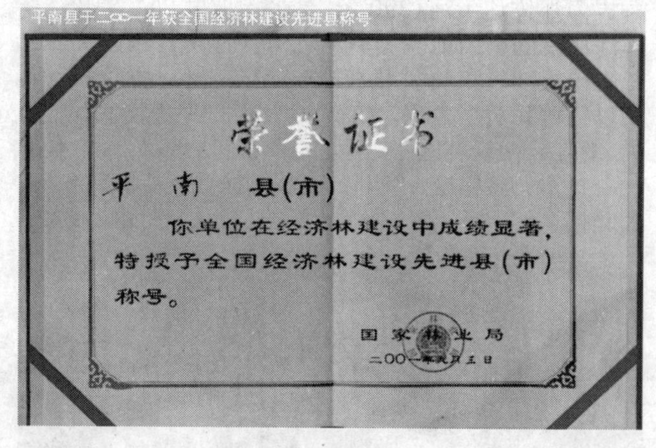
平南县于二〇〇一年获全国经济林建设先进县称号

荣誉证书

平南 县(市)

你单位在经济林建设中成绩显著，特授予全国经济林建设先进县(市)称号。

国家林业局

二〇〇一年 月 日

平南挂果的石硖龙眼

平南石硖龙眼果场

重庆市城口县林业局

城口县位于重庆市最北端，地处大巴山南麓，幅员面积32.9万公顷，林业用地23.9万公顷，占幅员面积的72.6%。林业局坐落于城口县政治、经济、文化中心——葛城镇商业街42号，局长施玉普。局机关现有职工48人，林业大专以上学历20人，中等专业学历21人；高级职称2人，中级职称10人。内设8个科（室），均配备电脑，基本实现办公自动化；有2个下属林业场（所），1个国有苗圃，32个基层林业站，全系统有林业职工380人。

城口林业为城口地方经济建设作出了巨大贡献，每年为县财政上缴税利几百万元，占地方财政总收入的50%以上，并为农村村民提供了较多的、稳定的经济收入，特别是为城口生态建设作出了不可磨灭的成就，营造林1.3万余公顷，(其中：速生丰产林4000公顷；经济林6667公顷；长防林4000公顷），使城口森林覆盖率稳定保持在48%。

"九·八"洪灾后，国家林业政策调整，全面禁止采伐天然林。1998年，国家开始在全国实施天保工程；2000、2001年重庆市将城口纳入首批退耕还林试点示范县，城口林业开始转入"全面护林，大力营造林"。至2002年，城口正式列入国家退耕还林工程县。至今，该局累计完成退耕还林1.3万公顷，荒山造林2.6万公顷。

2003年6月，城口申报的国家级自然保护区重庆——大巴山自然保护区获国务院批准，成为重庆市第三个国家级自然保护区，这标志着城口境内的森林资源将得到更加有效的保护。城口境内生长着1998年被世界自然保护联盟公布的世界受威胁植物红色名录、列为我国已灭绝的3种植物之一的崖柏，有国家一级保护植物珙桐、光叶珙桐、红豆杉、南方红豆杉、银杏和独叶草等6种；有国家一级保护动物豹、云豹、金雕、林麝等4 种。

展望未来，城口林业面临着千载难逢的发展机遇。国家实施的西部大开发将生态环境建设和保护列为根本；建设生态经济强县是城口未来经济社会发展的战略定位。城口林业人将在林业局党组一班人的带领下，全力抓住这些大好机遇，拿出超常人的气魄和胆略，付出超人的辛劳和汗水，坚决贯彻执行党的各项林业方针政策。通过坚持不懈的努力，到2020年，力争使全县森林覆盖率达到60%以上，林业产业的产值占全县GDP的50%以上，为城口人民再造一个安全舒适的生态家园。

重庆市巫山县林业局

国家林业局副局长雷加富(右二)、市林业局局长周克勤(右一)考察巫山林业工作

巫山地处渝东门户，三峡库区腹心，是重庆市14个重点林业区（县）之一，全县现有林业用地192 581.3公顷，占国土总面积的65.1%，其中森林面积87 386.8公顷，森林覆盖率为29.6%，活立木蓄积3 352 461立方米，高于全国和全市平均水平。同时，巫山又是一个典型的贫困山区县，境内山大坡陡，沟谷纵横，垂直高差悬殊，地表侵蚀强烈，自然灾害频繁，水土流失严重，大力发展林业，改善生态环境是一项长期而艰巨的战略任务。近年，在县委、县政府的领导下，立足库区生态环境保护和建设全局，紧紧围绕退耕还林、天然林管护、自然保护区建设三大工程，大力增加林草植被，切实保护现有森林资源，实现了森林面积和蓄积的双增长。

退耕还林工程稳步推进。此项工程2002年正式启动，累计下达全县退耕还林任务3.7万公顷，其规模之大，涉及面之广，参与人数之多，都是林业建设史上前所未有的。1年多来，已完成造林2.7万公顷，超过全县“九五”期间工程造林的总和。

天保工程成效显著。全县纳入天保工程管护的森林面积达12.8万公顷，管护任务十分繁重。为了充分调动社会各方面的力量，变一元管理为多元管理，变部门管理为社会管理，建立了被国家林业局命名为“巫山模式”的天然林管护体制，率先制定出台了天保工程森林资源管护办法和与之配套的考核奖惩办法，实行了“县乡(镇)政府负总责，林业主管部门具体主管，相关部门积极配合，村民组织或国有森林经营单位全面实施”，目标、任务、资金、责任、奖惩五到乡、镇、林场的管理模式。

森林公园和野生动植物自然保护区建设工程初具规模。近年来，凭借得天独厚的区位和资源优势，已成功申报建立了小三峡国家森林公园、梨子坪市级森林公园和五里坡市级自然保护区，总面积达79 686公顷，占国土总面积的27%。

三峡库区珍稀植物抢救保护工程进展顺利。为了保护三峡库区珍稀植物资源，维护其生物多样，成功实施了库区珍稀植物抢救保护工程，对二期水位线下的1.6万株中华蚊母、2万株疏花水柏枝实施了抢救搬迁，建立了三峡库区规模最大的珍稀植物抢救保护基地。目前，林业科技人员正在研究、探索上述植物的保护、繁殖和造林技术，建立种质资源基地，使其不断发展壮大，力争在长江两岸再造中华蚊母和疏花水柏枝群落，恢复和建立蓄水后的库区生态系统，使之尽快重返自然。

县委书记王爱祖(中)、县长黄明(右二)等县领导研究部署林业建设

局领导班子

前进中的重庆市黔江区林业

重庆市林业局局长周克勤在中密度纤维板厂调研

重庆市黔江区幅员面积2412平方千米，林业用地面积11.9万公顷，有林地面积7.8万公顷，活立木蓄积量426万立方米，森林覆盖率35.1%。

近年来，黔江区林业工作坚持以生态为基础，以产业发展为重点，以效益为中心，以绿山富民活行业为目标，建基地，兴加工，强保护，促旅游，努力构建全区木业、核桃、蚕桑和森林旅游四大主导产业，实现第一产业基地化，第二产业规模化，第三产业多元化，林业企业集团化，强化林业行业自身建设，紧紧围绕国家西部大开发机遇，坚持林业生态、经济、社会三大效益协调发展，全方位调整林业产业结构，突出建设木业、果业、蚕桑和森林旅游四大产业，努力强化林政资源、森林防火、病虫害防治和野生动物保护四大管理，逐步完善改革活林、社会办林、科技兴林和依法治林等四大措施，重点实施退耕还林、天然林保护、速生丰产工业原料林、核桃、蚕桑、森林旅游、林产品加工等六大工程，促进林业跨越式发展，取得十分显著的成效。黔江区先后获得全国经济林建设先进区、全国林业系统“三五”普法先进单位；2001年、2002年全区林业工作在全市林业工作考评中连续两年荣获一等奖；继续保持市级爱国卫生先进单位；获市精神文明单位荣誉称号；综合治理、计划生育、安全生产、档案等工作继续保持区级先进单位。

天保工程区标志碑

展望未来，到2005年，区内森林覆盖率将达到38%以上，林业产值将达2亿元；2010年，全区森林覆盖率将达到45%，林业产业结构实现重点突破，跨越式发展，产值将达到10 亿元。

黔江区区直机关干部义务植树现场

黔江区天保工程保护管理区

武陵仙山天然林保护区

黔江区优质核桃育苗基地

四川省蓬溪县林业局

蓬溪县地处四川盆地丘陵区，幅员面积1250.57平方千米，辖31个乡（镇），总人口76万，林业用地面积29 754.9公顷，其中有林地面积25 097.7公顷，森林覆盖率25%，是全国重点防护林工程建设达标县，天保工程、退耕还林工程建设县。

县林业局负责全县生态环境建设管理和林业产业管理，法人代表宋德忠，机构设有办公室、造林股、森林警察大队、林政股、计财股，下属事业单位有林业技术推广中心、国有苗圃、32个乡（镇）林业站。局机关有干部职工23人，其中高级工程师1人，中级职称8人，初级职称7人。32个乡（镇）林业站有职工45人，录用干部24人，聘用干部21人，形成了比较健全的林业服务体系。

公路绿化

退耕还林栽植的枇杷

2002年县林业局在县委、县政府的领导下，在上级业务主管部门指导下，高举邓小平理论伟大旗帜，深入贯彻“三个代表”重要思想，与时俱进，开拓创新，以保护和增加森林资源为中心，以实施天保工程和退耕还林工程为重点，以全民义务植树为动力，以依法治林、科技兴林为手段。通过全局干部职工的奋发努力，有效履行了部门职责，共完成退耕还林工程1333公顷，荒山造林80公顷，实施天保工程26 359公顷，营造生态公益林273公顷，全面停止了商品材采伐，高效优质完成了上级下达的各项工作任务。县林业局荣获县委、县政府表彰的政绩考核先进集体、市文明单位、市园林绿化单位称号，县林业局班子荣获“四好”班子称号，局长宋德忠获省表彰的林业两大工程建设先进个人称号。

庭院经济林

跨入新世纪 再创新辉煌——阿坝州川西林业局

局领导班子

干旱河谷植苗造林

阿坝州川西林业局位于川西北高原东南缘的阿坝藏族羌族自治州理县境内，局机关设在米亚罗镇。地处东经102° 32′ ～120° 30′ ，北纬30° 55′ ～31° 22′ 。经营区总面积25万公顷，林业用地面积10.8万公顷。森林覆盖率39.89%。

全局现有在职职工409人，现有资产总额4894万元，其中固定资产2718万元。建局至1998年累计采伐森林面积2.7万公顷，生产木材550万立方米，从1954年开始人工更新造林到天保工程实施前，累计更新造林有效面积2.7万公顷，更新跟上采伐率达100%。

进入20世纪80年代，森林资源枯竭，木材产量急剧下降，企业出现严重亏损。为了摆脱“两危”，企业上下一心，发扬艰苦奋斗精神，集资、借贷进行企业产业结构调整。1993～1998年先后改造甲司口电站(装机3000千瓦)，新建装机3200千瓦的漆树坪电站，2台1800千伏安矿热炉和米亚罗宾馆综合楼，建立起全国第一家养麝场，促进了多种经营的发展，改变了单一的原木生产经营的产业格局，成为全州森工企业转产的先行兵。

天保工程启动以后，全局管护森林面积9.9万公顷，人工造林合格面积6373公顷，封山育林完成1.4万公顷。2002年，全年共完成造林516公顷，幼林抚育完成645公顷，补植完成140.7公顷，封山育林完成514.5公顷，森林管护完成9.9万公顷，病虫害防治完成353.3公顷，苗圃改土完成3.3公顷。商品电销售完成1905.5万度，发电销售收入246万元，硅钙生产完成1009.2吨，销售935.349吨，销售收入506万元。宾馆收入42万元，养獐164头，取麝750克。

在取得较好成绩的基础上，该局决心以西部大开发为契机，抓住实施天保工程的大好机遇，充分利用地理环境优势，大力开发水电资源，发展旅游产业，扩大硅钙生产规模，壮大养麝业，积极寻找新的经济增长点，继续下大力气调整产业结构，力争到2010年，川西林区小区域生态环境得到有效改善，企业经济结构发生较大变化，职工生活水平得到较大提高，为振兴林业作出新的贡献。

硅主要产品样品

正在生产的硅钙铁水

养獐场的獐子

蓬勃发展的四川省大英县林业

即将落成的大英县林业局办公大楼

四川省大英县林业局于2001年11月在大英县县级机构改革中正式单列，内设办公室、营林造林股、林政资源管理股、林业公安科、人事科教股，下辖蚕丝公司、国有苗圃和11个乡（镇）林业站，现有正式职工112人，主要负责全县林业生产发展、森林资源培育和保护、林业产业化建设等方面的工作。

2002年以来，林业系统全体干部职工认真实践“三个代表”重要思想，与时俱进，大力兴林，团结拼搏，勤奋工作，开创了大英林业工作新局面：林业重点工程建设进展顺利，全民义务植树蓬勃开展，森林资源得到有效保护，绿化整体水平明显提高，环境恶化状况得到进一步遏制，加快了新时期林业的五大转变，为实现大英林业跨越式发展奠定了坚实的基础。目前，全县有林地面积达到20 797公顷，森林覆盖率达到29.6%，比1997年增加了8.8个百分点，活立木总蓄积达到86万立方米，比1997年增加了38万立方米，基本形成了网、带、片、点相结合的生态防护体系。

狠抓种苗生产，夯实造林基础。种苗是林业生产的物质基础，始终坚持一把手抓种苗，花大力气抓种苗，超前抓种苗，围绕林业重点工程建设和农村产业结构调整，及早安排落实育苗计划，以骨干苗圃和国有苗圃为主，狠抓种苗的定向培育，降低了造林成本，提高了造林质量和造林成活率。

坚持生态优先原则，狠抓林业重点工程建设。①坚持不懈地抓好天保工程，按照“严管林”的要求，加强了天保工程目标管理，将全县1.16万公顷森林纳入了常年管护，将领导责任落实到了各级领导干部头上，将规划任务落实到了技术人员头上，将管护责任落实到了具体的管护人员头上，做到了管护责任范围、管护措施、管护资金三落实。在此基础上完成了天保工程公益林建设600公顷。②积极稳妥地推进退耕还林工程，因地制宜，因害设防，在充分尊重农民意愿的前提下，科学规划，精心组织，全面实施，保证了全县退耕还林任务的全面完成。目前，已完成退耕还林和配套的荒山造林各2667公顷，粮食补助、生活补助已按照国家规定全部兑现到了每个退耕农户手中，退耕还林的林权证也即将颁发完毕，从而充分调动了广大农民群众的积极性，确保了“退得下，稳得住，不反弹”。

坚持科技兴林，推进新时期林业五大转变。通过科技下乡、兴办林业科技示范园、办绿化示范点等活动，着力在优质速生树种、名特优新经济林品种、主要造林绿化树种的筛选、组合、引进上下功夫，引进树种(品种)81个，丰富了全县物种资源，优化了林种树种结构，带动了全县林业产业化发展。

坚持全民义务植树，促进造林绿化工作平衡发展。每年“3·12”植树节前后和春秋造林最佳时期，都要向全县各机关、企事业单位、厂矿、学校发出义务植树通知书，采取划片包干的办法将任务落实到每个单位和每个职工头上，从而增强了公民的绿化意识，提高了全县适龄公民的尽责率，使昔日的荒山披上了绿装，促进了全县整体绿化水平的提高。

坚持依法制林，巩固造林绿化成果。为了适应森林资源保护和林业执法需要，建立了以林业公安、林政管理为主的执法队伍，形成了较完备的林业管理体系，重点加强了森林资源的保护管理，加大了林业执法力度，严厉打击了破坏森林资源的违法犯罪活动，并适时开展了森林病虫害防治、森林防火、野生动植物保护、森林植物检疫等工作，维护了林区社会稳定。

撰稿：曹　阳　李荣全

四川省汶川县林业

汶川县林业系统共有在职职工309人。机关下设7个职能股（室），有4个下属单位。自1998年实施天保工程以来，汶川县从事天然林采伐利用的人员全部转入营林生产，职工全部放下斧头，拿起锄头，由砍树人变为植树人、护林人。直接从事营造林生产工作或指导、管理工作。到2002年为止，全县完成人工造林4029.25公顷，森林抚育4673.9公顷，封山育林9403.9公顷，飞播造林934.7公顷，年均完成森林管护14 203公顷，国债生态建设重点工程营造林1761.0公顷，补植封育2592.1公顷；退耕2466.67公顷，还林2466.67公顷，荒山造林400公顷。5年来，三大工程建设共治理全县水土流失面积54.6万公顷，使全县水土流失严重地区得到有效治理，全县生态质量得到逐步提高。

严格森林资源保护管理。全面检查、督促森林防火行政领导责任制“五条标准”落实情况，严厉打击了各种违法犯罪行为。严格征占用林地审核审批制度，坚决制止了林地的非法流失。加强森林病虫害防治工作，建立健全了森林病虫害监测预警体系、检疫御灾体系和防治减灾服务体系。

严格执行《林业重点生态工程建设资金管理暂行规定》、《林业重点工程资金违规责任追究暂行规定》等规章制度，规范资金使用管理，确保了资金的安全有效运行。

综合运用经济、行政手段，推动林业产业产品结构调整和组织结构调整，优化产业布局，促进林业产业规范、有序、健康发展。严格执行《造林质量事故行政责任追究制度》和《造林质量考核办法》，全面加强了营造林质量管理。加强先进实用科技成果推广应用，强化林业科技支撑，加强绿色通道建设，深化义务植树工作，全面提升了林业建设质量。

汶川县在三大工程建设过程中坚持“立足主业，狠抓转产，综合开发，持续发展”的指导思想，发挥区位、地理优势，坚持以生态效益优先，社会效益、经济效益兼顾，以三大工程为依托，突出科技支撑，发展特色林业、生态林业；优化三大工程管理，使三大工程建设与农业产业结构调整结合起来，与农民增收和脱贫致富结合起来，与县城经济发展结合起来。在完善规划、分步实施方面狠下功夫。强化天保工程、退耕还林工程建设质量，加大绿色长廊、义务植树基地建设力度，使荒山荒坡、陡坡耕地尽快绿起来；强化资源林政管理，以可持续发展为目标，严格林地、林木及其他森林资源管理，加强森林火灾和森林病虫害防治；增加森林资源总量，提高森林资源质量，不断巩固林业建设成果。

后续产业发展情况：根据省委、省政府“一二三产业互动，城乡经济相融”，农业产业结构调整侧重于“南茶北草”，“建设出口创汇基地”，加快茶叶产业经营，创建出口创汇基地的部署，通过引入“公司+基地+农户”等形式实施退耕还林，主要发展高档茶园、甜樱桃、核桃等高效经济林基地，解决农村群众剩余劳动力就业、就地生财，逐步增收脱贫的问题，探索生态农业建设的新模式，以点带面，辐射全县，带动农村群众开展山区林业综合开发。截至2002年底，县林业局已建成高档茶园200公顷，速生丰产杉木林1万公顷，甜樱桃等高效经济林33公顷；指导全县农村群众发展甜樱桃、核桃等高效经济林333公顷。并引进金沙公司和都江堰公司在绵池镇和威州镇各建立甜樱桃基地33公顷、13.3公顷，为汶川县林业经济综合开发、规模化治理树立了典范，开辟了一条新的途径。

四川省珙县林业局

珙县特有香料树种——岩桂

珙县林业局现有林业用地5.2万余公顷，人工造林达到3.3万多公顷，森林覆盖率达45.1%，绿化覆盖率达46.2%。

该局内设办公室、计财股、造林股、林政资源股、森林公安分局及4个林区派出所、木材检查站、野生动植物保护站、森林病虫防治检疫站、种苗站、林业科技推广站、果树站、营林调查设计队，全县设林业局派驻机构8个片区林业站。林业行政人员13名，事业人员135人，林业国有企业人员120名。

退耕还林工程成效显著。2002年度完成退耕还林工程1000公顷，其中岩桂702公顷，竹类267公顷，其他31公顷，涉及全县14个镇(乡)，苗木质量和造林质量显著提高。同时完成1999～2001年2667公顷退耕还林的面积、成活率、保存率的核查，其中保存率达99.8%，报损面积6.4公顷，完成2667公顷的退耕还林钱、粮补助兑现工作，全年共计兑现粮食1600余千克，现金补助80万元。

认真实施天保工程。对全县3.6万公顷的森林资源实施天保工程目标管理，121名林业职工签订森林管护责任书，管护责任落实到村、社、小班，全面实行每日巡山日记。

岩桂基地建设积极推进。珙县充分利用退耕还林工程，根据县域经济发展和农村经济结构调整的要求，大力发展珙县特有的香料树种——岩桂，到2002年，全县已建成岩桂基地2333公顷，投产667公顷，产黄樟油50吨，总产值达到200万元。

笋竹两用基地建设初见成效。充分利用退耕还林项目的支撑作用，加大成片造竹力度，共计成片造楠竹、苦竹、硬头黄、广西麻竹等竹类267公顷。成功引种栽培甜龙竹、苦龙竹2000余株，实现当年栽植、当年发笋，通过省林业厅、科技厅专家组的检查验收。现全县已形成以成片造竹为主体，江河造竹为支撑的各类竹林4333公顷，可年产楠竹12万根，杂竹片5.0万吨，笋2.0万吨，产值达500万元。

粮援工程造林基地

速生丰产林基地

退耕还林成效显著

贵州省修文县林业绿化局

兑现政策

岩溶地貌植被恢复

修文县位于贵州省中部，属云贵高原黔中丘原区，全县土地总面积1075.7平方千米，总人口30万，其中农业人口26.5万，人均国内生产总值3640元。辖区海拔在1200米左右，气候温暖湿润，年均温度13.9℃，年均积温4273.9℃,无霜期269天，年降水量在978～1300毫米之间，平均相对湿度83%。属典型的亚热带季风气候区，雨热同季，冬无严寒，夏无酷暑。成土母岩有碳酸岩、砂岩、砂页岩、紫色岩、第四纪黏土等。森林土壤有黄壤、黄棕壤、石灰土、紫色土、高山灌丛草甸土等，原生树木种类丰富，据不完全统计，有阔叶树种26科53种，针叶树种3科18种，竹类1科9种，经济林木9科12种，有银杏、香樟、榉木、青檀等国家一、二级保护树种和珍贵用材树种。植物生长繁衍较快，为林业生态建设提供了良好的自然条件。

2002年，全县林业各项工作在县委、县政府的领导下，在上级部门的指导下，在各乡（镇）人民政府及相关工作部门的大力支持下，认真贯彻执行党的各项方针政策，狠抓落实市林业绿化局和县委、县政府的各项决议、决定，以生态建设为中心，以退耕还林工程和天保工程为龙头，加强全县生态整治工作，获贵阳市人民政府林业工作目标二等奖。同时认真搞好精神文明建设，配合县委、县政府抓好举办第二届阳明文化节工作，积极开展“三优”、“两满意”创建活动，获得先进单位奖及先进个人奖1人。

全年共完成退耕还林233.3公顷、天保造林233.3公顷，新增封山育林893.3公顷，完成森林管护3.1万公顷，中幼林抚育补植1666.7公顷，四旁植树50万株，义务植树40万株，育苗23公顷，新增公共绿地2万平方米，加强了林政执法力度，森林防火、森林病虫害防治、木材停伐减产均控制在上级下达指标内，圆满完成了各项目标任务。全县森林覆盖率达30.5%，城镇人均绿化面积1.2平方米，在提供了较好工作、生活环境的同时，对保持水土、涵养水源、改善投资环境，促进全县社会经济的可持续发展等方面均起到了积极的作用。

经济林整地

石漠化治理

青山常在　持续发展——云南省西盟县林业

云南西盟佤族自治县位于云南省西南部，与缅甸相邻，国境线全长89 033千米，总面积1353.57平方千米。西盟县地处低纬度地区，气候四季温暖，冬无严寒，夏无酷暑，雨量充沛，土层深厚、肥沃，物种丰富，为林业、农业的发展提供了良好的外部条件。全县林业用地面积56 775.1公顷，占土地面积的41.9%，其中有林地面积7898.1公顷，全县森林覆盖率36.2%。

西盟县林业局共有林业干部职工103人。局机关下设办公室、森林防火办、林业科技推广站、森林公安分局、森林资源监测站、农村能源站、资源林政股等8个内设机构，人员45人；全县共设有8个林业工作站，1个林场。现有林业助理工程师20人，技术员26人，技术工人17人。

西盟县委、县政府结合西盟实际，对发展林业制定了一系列切实可行的方针、政策。制定并实施“854221”绿色工程规划，明确提出：打好“四个基础”（农业、交通、科教、城镇建设），调整“两个结构”（所有制和私营经济），抓好“四个产业”（畜牧业、林业、矿业、蔗糖业）。并制定和实施退耕还林（草）工程规划，统一调查规划出全县可供退耕还林的资源（含宜林荒山荒地）为3万公顷。整个“九五”期间，全县共完成植树造林1.2万公顷。2002年实际完成退耕还林工程任务1600公顷。年度完成投资1302.1万元。其中中央投资432万元，地方群众投工投劳344 588个工作日，折合资金870.1万元。西盟林业局森林资源保护工作，责任落实，领导负责，投入防火资金（三三配套制）55 000元，实现2002年全年无森林火警、火灾的好成绩；加大执法力度，各种违法犯罪，破坏森林资源的行为得到有效遏制，基本杜绝了滥采野生石鱼斗资源行为。2002年，完成建设沼气池353口，总投资45万元，其中省下达扶贫资金10万元，地区配套资金2.1万元，县自筹（投工投劳折资）32.9万元。

云南省镇雄县林业局

党组书记、局长　曾永中

党组副书记、副局长　邓声雄

镇雄是一个拥有124.6万人口的山区农业大县，全县幅员面积3696平方千米，其中非林业用地面积23.8万公顷，占全县总面积的64.4%。林业用地面积为13.2万公顷，占全县总面积的35.6%。森林覆盖率21.7%。全县按照云南建设“绿色经济强省”的发展目标，结合镇雄实际，走特色产业发展之路，在加大造林灭荒力度的前提下，调整林种树种结构。镇雄县林业局下设12个股（所、站、室）、35个乡（镇）林业站、1个森林公安分局、1个森林经警中队（辖3个分队）、2个森工企业（林产公司和国有马厂林场）。全县共有林业正式职工399人，临时合同工及国有林场（区）护林员191人。近年来，全体林业干部职工，以经济建设为中心，紧紧围绕国家林业大政方针，抓住国家实施西部大开发和启动实施林业重点工程的机遇，不断开拓、锐意进取、奋力拼搏，使林业各项工作取得了显著成绩，林业生态、经济、社会三大效益进一步得到发挥，林业在国民经济中的地位和作用明显提高。在林业生产建设方面，全县除重点抓好绿色扶贫、干果基地、长防林建设、重点防护林、以工代赈、封山育林等林业工程的续建外，致力于天然林资源保护、退耕还林、能源建设、自然保护区建设等重点林业工程建设。

撰稿：余廷俊　宋盛中

副局长　朱绍良

副局长　陈序斌

陕西省潼关县林业局

局党总支书记、局长 廖长德

潼关县林业局坚持以“营造绿色新潼关，建设秀美东大门”为目标，以绿色通道、退耕还林、日元贷款和三北防护林四大工程项目建设为重点，组织广大干部群众，大力开展植树造林，取得了显著成绩。①绿色通道工程全线贯通。全县共栽植杨树300万株，泡桐5万株，金丝垂柳6万株，中槐2万株，绿色道路53条，绿化里程165千米。②退耕还林工程进展顺利。以潼洛川和黄渭河南岸苔塬迎面坡两大区域为重点，栽植花椒、刺槐、柿树110万株，完成整片造林667多公顷。③日元贷款造林项目在前两年实施的基础上，以查漏补缺、补植完善为主，巩固提高工程建设成果。全县共补栽刺槐120万株，补植造林400公顷，项目任务完成率95%。④三北防护林工程建设年度任务全面完成。以黄渭河沿岸和滩涂绿化为重点，结合绿色通道和速生杨基地建设，实施并完成了三北防护林工程2002年度造林项目，栽植杨树26万株，人工造林160公顷，项目任务完成率120%。⑤天保工程态势喜人。在继续抓好现有天然林管护的同时，又积极争取并启动实施了飞播造林和人工造林项目，完成飞播造林1000公顷。⑥冬枣基地建设开局良好。截至目前，全县共栽植冬枣15万株，嫁接冬枣50万株，建成冬枣示范基地200公顷，实现了冬枣基地建设开门红。

局领导班子

局机关大楼

甘肃省天水市北道区林业建设

甘肃省天水市北道区林业局坐落于人文始祖伏羲的诞生地和伏羲文化的发祥地，素有“小江南”之美称的北道区。北道区地处甘肃东南部，东接关中，南控巴蜀，西倚甘南，北扼陇坻。全区土地总面积38.1万公顷，是全国水土流失较为严重的县(区)之一。十年九旱，土地贫瘠，自然条件较差，农业基础薄弱，加之长期的乱垦滥伐及不合理的开发利用，造成植被减少，水土流失加剧。为了改善生态环境、遏制生态恶化，近年来，局党委一班人以西部大开发为契机，走实施六大工程、推进五大转变，大工程带动大发展的跨越式之路，相继启动实施了天然林保护，退耕还林，三北防护林三期、四期等一大批国家林业重点工程，建设规模和投资额逐年大幅度增加，林业生态环境建设取得了明显成效，目前，全区历年累计造林面积达2.9万公顷，其中防护林1.3万公顷，用材林8353公顷，经济林7667公顷。通过实施三北防护林体系建设一、二、三期工程，共完成造林面积1.84万公顷，1999～2002年完成退耕还林工程1.1万公顷，森林覆盖率达到了14.6%；林业用地面积由原来的4.15万公顷增加到现在的5.9万公顷，增长率为42.3%，未成林造林地由原来的2000公顷增加到现在的1 万公顷。

2002年是全区实施“十五”规划的第二年，也是林业建设步入跨越式发展的关键年，为了紧紧抓住千载难逢的机遇，林业局带领广大林业职工和乡村干部一道绘制了实施三大工程(天保、退耕还林、三北四期工程)，突出两个重点(城区南北二山及景区绿化)，确保一项增长(果树生产)的宏伟蓝图。三大工程共完成造林7260公顷，封山育林400公顷，2002年5月13日参加全国退耕还林座谈会的与会代表200余人视察北山绿化工程时，给予了很高的赞誉。河北、山东、青海等地前来参观的代表团络绎不绝，由于成绩突出，被国家林业局科学技术司授予社会林业工程项目研究和实施一等奖，被市委、市政府授予全市退耕还林工程建设先进单位。

北山万亩葡萄基地建设工程点

防护林农田林网农桐间作

退耕还林工程点

全国林业系统先进集体——新疆维吾尔自治区呼图壁林场

场领导班子

呼图壁林场成立于1962年。1981年改为经营性林场，1988年启动天保工程试运行，2000年天保工程全面实施。现林场所辖林区总面积202 088公顷，其中林业用地47 538公顷，仅主体树种雪岭云杉森林总蓄积近600万立方米，至今已向国家提供木材80万立方米。

建场以来，坚持“以营林为基础”的林业方针，多年来，不仅为国家经济建设提供着资源支持，同时，坚持资源建设与开发同步，有效地保持着林相、林分结构的良好状态，并通过人工造林，使森林后备资源面积得到不断扩大，森林的生态、环保功能得到有效增强。目前，累计完成山区人工造林4733公顷，苗木成活率92.6%，形成郁闭面积327公顷，扩大有林地面积211.1公顷，实现利税2800万元，育林基金1060万元。“九五”期间人工造林、种苗培育经自治区林业厅联合检查验收，造林面积保存率100%，苗木成活率95%以上，种苗培育质量均在95分以上，达到优秀标准。所辖林区连续34年无森林火灾和病虫疫灾害发生。林区野生动物(主要有马鹿、黑熊、雪花豹、黄羊、野猪、獾等)得到了有效保护。

林场职工的生活水平不断提高，1997～2001年，林场按照国家房改政策由企业和职工双向投资1284万元，先后建成8幢住宅楼，总计315户职工参加了房改；同期职工工资由“九五”期初的人均4741元提高到期末的7588元，增长62.5%；职工“三险一金”全部落实，走在了全疆林业系统的前列，切实为职工全身心投入企业的建设解除了后顾之忧。一系列成绩的取得，也为林场赢得了多项荣誉。

撰稿：赵晓林

林区资源

林农并举齐发展

大兴安岭塔河县局盘古镇（场）

盘古始建于1969年，1989年8月24日建镇，盘古林场与镇政府政企合一。总人口5627人，林场施业区总面积为124 005公顷，森林覆盖率为68%，经济材树种主要有：落叶松、樟子松、白桦树、杨树等。森林中有黄芪、五味子等药材；有木耳、蘑菇等菌类；有雪兔、飞龙等珍贵动物资源；还有都柿、红豆等野果资源。

随着天保工程的实施和木材产量的逐年下调，盘古镇(场)积极推动经济结构和产业结构调整，大力发展替代产业、个体私营经济和自营经济，改善经济发展环境，努力营造良好的投资环境。

盘古山产品资源丰富，每逢夏季，盘古人都会入山采集山产品，特别是都柿、红豆，每年可产几百吨，都柿、红豆是纯天然绿色食品，用这种野果加工生产出来的饮料、啤酒等，对人体有一定的保健作用。盘古的药材也很丰富，有黄芪、五味子、沙参、桔梗等，也是纯天然的，这种药材不同于种植的，有很高的利用价值。盘古矿泉水采用深山中百米以下深层地下水，不受污染，含多种微量元素，属天然优质泉水。

盘古交通方便，有盘古到哈尔滨的快车，加格达奇至漠河公路，可以进行汽车运输。盘古水力资源丰富，有盘古河横穿盘古镇内，盘古河发源于白卡鲁山，主河道长127千米。盘古通信方便，已实现宽带信息技术。

盘古镇环境优美，随着近几年来的规划建设，盘古已建成绿树成荫，百花环翠，天蓝水碧，生态文明的绿色城镇。

盘古镇具备天地人和的投资环境，有充足丰富的发展资源，竭诚欢迎国内外各界友人来此观光、洽谈、开发、办厂。

内蒙古自治区贺兰山国家级自然保护区

内蒙古自治区贺兰山国家级自然保护区位于阿拉善左旗境内，腾格里沙漠的东缘，是内蒙古西部最大的天然次生林区，管辖面积88 500公顷。有以青海云杉为主的天然次生林35 846公顷，森林覆盖率40.5%，最高峰海拔3556.10米。区内有维管束植物690种，脊椎动物177种，年降水量250～438毫米，是重要的模式标本产地，被誉为天然基因库。贺兰山由于地处我国西北荒漠—半荒漠过渡地带，具有西北荒漠—半荒漠地带少有的森林生态系统、野生动植物群落和自然景观，也是西北地区一道极其重要的生态屏障，阻隔了腾格里沙漠的东移。宁夏人称“没有贺兰山就没有宁夏川”，阿盟人称“没有贺兰山就没有阿拉善”。

贺兰山于1992年经国务院批准列为国家级自然保护区，1993年阿拉善行政公署决定撤销原贺兰山林场，成立贺兰山国家级自然保护区管理局。贺兰山管理局现有在职职工126人，下设6个内设科（室）。基层设有4个中心管理站、6个警务区，28个护林防火检查站。

贺兰山国家级自然保护区经过近10年的保护和建设，基础设施得到了加强，保护区面貌发生了根本的变化。特别是实施退牧还林和基础设施建设以来，更使保护区得到了前所未有的发展，生态系统得到了自然恢复，野生动物总量有了明显增加，植物种群也在向多样化方向发展。1987年贺兰山二类清查资料显示，贺兰山自然保护区管辖面积67 710公顷，以青海云杉为主的天然次生林面积为24 000公顷，森林覆盖率31.6%。2001年二类清查资料表明，贺兰山自然保护区管辖面积为88 500公顷，天然次生林面积35 846公顷，森林覆盖率40.5%。实施退牧还林工程以来贺兰山国家级自然保护区管辖面积增加(禁牧区)20 790公顷，其中森林面积增加11 846公顷，森林覆盖率提高8.9%。另外，贺兰山西坡退牧还林对野生动植物种群及水源涵养功能影响项目研究资料表明，贺兰山自然保护区地被物覆盖度由过去的36.3%增加到70.6%；以蒙古扁桃为主的灌木结实率较过去提高约10%左右，生长量和冠幅都有较明显的增长，野生植物种群正在向多样化方向发展；以岩羊、马鹿、蓝马鸡为代表的野生动物种群数量明显增加，且活动范围逐渐向浅山丘陵区扩展。

独具特色的自然景观，古老神奇的藏传佛教文化以及浓郁的蒙古族风情，赋予了丰富的生态旅游资源。

贺兰山国家级自然保护区在当地政府部门的高度重视、社会各界的大力支持及贺兰山几代护林人的辛勤管护下，保持了53年无森林火灾的好成绩，2002年被国家林业局评为全国森林防火先进集体和全国自然保护区先进集体，被自治区人民政府评为全区造林绿化先进集体，被阿盟林业局评为护林防火先进集体。

广西壮族自治区桂林市林业局

桂林市现有土地面积276.94万公顷，其中林业用地187.72万公顷。有林面积157.62万公顷，其中人工林58.4万公顷，天然林99.13万公顷，灌木林26.43万公顷，竹林9.47万公顷。活立木蓄积量5305.72万立方米。活立木年生长量220万立方米，年森林消耗量102万立方米，每年净增118万立方米。全市森林覆盖率62.06%（不含灌木林）。

桂林市委、市政府高度重视林业建设工作，把植树造林，绿化国土，改善生态环境作为重要工作来抓。从政策、人力、资金方面大力扶持，加快了林业建设的步伐，取得了显著的效果，有效地改善了生态环境。近两年，桂林市先后荣获国家营造林先单位、全国林业生态建设先进市、全国林业"三五"普法先进市、全国森林病虫害防治先进单位、全区农村能源建设先进市等称号。

桂林漓江风光闻名于世。10多年来，通过造林绿化，森林覆盖率由38%提高到59.9%

桂林森林资源丰富，境内有花坪、猫儿山、青狮潭等11处自然保护区。图为猫儿山自然保护区景点"云海"

福建省建瓯市林业

建瓯，是全国重点林区和杉木中心产区，素有"绿色金库"之称。全市林业用地35.3万公顷，占全市土地总面积的83.94%，其中有林面积33.1万公顷。森林覆盖率80.8%，绿化程度96.3%，森林蓄积量1927.76万立方米，年产木材30万立方米，毛竹林面积7.9万公顷，立竹总数1.82亿根。有林地面积、森林蓄积量、木材产量和毛竹面积、立竹株数均居全省前列，毛竹林面积和立竹总数为全国第一，被国家林业部授予"中国竹子之乡"。全市锥栗面积2.8万公顷，是全国面积最大的"中国名特优经济林锥栗之乡"。

建瓯市林业局为全市林业主管部门，内设办公室、林政股、营林股、产业发展股、计划财务股、竹业股、经济林股、监察室等。各乡（镇）林业站均为市林业局派出机构。下辖林业科技推广中心、木材检验中心、伐区调查规划中心、森林公安分局等单位。2002年荣获省林业厅营造林工作先进单位，省第三联防区护林联防先进单位，南平市委市政府竹业工作擂台赛一等奖、竹业创业竞赛第一名，南平市林业局林业工作先进单位、林业工作擂台赛一等奖，建瓯市委市政府党建工作先进单位、创业竞赛活动先进单位、社会治安综合治理工作先进单位。

全市用材林蓄积量为1263.73万立方米，占林分蓄积量的67.42%，全市速生丰产林基地和工业原料林基地面积4.7万公顷，占全市有林地面积的14.3%。2002年全市销售竹材722.91万根，竹业总产值10.13亿元，建瓯是锥栗的原产地和主产区，锥栗栽培历史已有500余年，历史上著名的"贡闽榛"锥栗即产于建瓯"西乡"（今龙村乡）。全市锥栗栽培面积2.8万公顷，占全省锥栗栽培面积的80%以上。产量6000吨，产值达到5000多万元，居全国首位。

全市现有木竹笋加工企业506家，年产值千万元以上的木竹笋加工企业达19家。人造板企业18家，设计年生产能力18.7万立方米，全年生产13.28万立方米。

全市生产锯材4.06万立方米，木片0.66万吨，活性炭2979吨。

近年来，建瓯强化林政管理，进行了严格的限额采伐、木材流通、林木林地权属管理，森林火灾、森林病虫害得到有效控制。生态公益林保护措施有力。林业行政执法部门依法治林，近3年来共查处林政案件7600多起，为国家挽回经济损失2000多万元。

福建省宁化县林业局

党政班子成员研究林业发展规划

闽江源头生态公益林

宁化县是我国南方重点集体林区县之一。全县林地面积18.5万公顷，占土地总面积的76.9%，其中有林地面积17.8万公顷，活立木蓄积量达897万立方米，毛竹面积2.2万公顷，立竹2442万株，森林覆盖率达74.6%，绿化程度达98%。

2002年，林业局党政领导坚持以经济建设为中心，以林业产业结构调整为主线，以满足社会对林业的多功能需求为目标，深化改革，依法治林，完善经营体制，壮大林业产业，不断推进林业生态体系和产业体系建设，促进林业经济持续健康发展，全面完成了林业生产各项任务。林业产业建设不断发展。林业改革不断深化。精神文明建设不断加强。认真落实科教兴林措施，加强了林业科技人才培训和林业科技推广，不断提高林业队伍整体素质和林业生产率。

福建省连江县林业局

连江地处福建东部沿海，背依省会福州，是近台靠海的沿海开放县。全县土地总面积11.2万公顷，人口62万人，行政建制设22个乡(镇)，265个村(居)。全县林业用地7.2万公顷，有林地6.1万公顷，森林覆盖率54.9%，林木蓄积量112万立方米。林业机构设林业局、2个国有林场、1个国有苗圃、22个林业站。林业系统干部职工267人，其中专业技术人员61人(高级职称1人，中级职称9人，初级职称48人)。根据建设比较完备的林业生态体系和比较发达的林业产业体系的总体目标，经过多年的造林绿化，全县已建立以杉木、湿地松为主的用材林基地、毛竹用材林基地、麻竹食用笋林基地以及果茶基地，主要河流闽江和敖江沿岸、104国道、罗长高速公路沿线已全面绿化，长达209千米的海岸防护林带已基本形成，全县划定生态公益林面积3266.7公顷，建立自然保护区(小区、点)9处，天然林、古树名木、珍稀野生动物资源得到有效的保护。当前，全县各级党委、政府和林业部门正全面狠抓沿海防护林、速生丰产林、天然林保护、竹业等重点工程的实施，为加快林业发展，实现山川秀美的宏伟目标，促进国民经济和社会的可持续发展不懈努力，连江林业的明天会更美好。

山东省林业工作先进单位——文登市林业局

近几年，全市各级林业部门发扬团结拼搏，勇争一流的精神，按照市委、市政府关于农业产业结构调整的总体规划部署，加强领导，强化措施，大力发展“五林”(封山育林、退耕还林、绿色通道经济林、农田林网防护林、城镇村园林绿化)工程，加大林业产业结构调整力度，促进了全市林业初步步入了多层次、高效益、产业化、规模化的新阶段。现在全市林业用地面积50 288.4公顷，占全市土地总面积的30.5%；有林地45 695.6公顷，占林业用地的90.8%。全市林木覆盖率达到31.3%，比1991年增加了3.3个百分点。全市初步形成了以防护林为主的山地生态林体系、以沿海基干林带为主的海岸防护林体系、以农田林网为主的农田防护林体系、以干水果和桑柞为主的经济林体系、以城镇村和绿色通道为主的绿化美化林体系及以森林旅游为主的风景林体系等六大林业体系，全市林业产业结构渐趋合理，为改善生态环境和发展经济起到了良好的促进作用。

2002年全市造林面积1460公顷，其中人工造林1460公顷；退耕还林933公顷。发展经济林250公顷，防护林1210公顷，育苗533公顷，其中新育苗315公顷，林网改善1000公顷，新建林网1333公顷。全年植树640万株，其中义务植树178万株，四旁植树121万株；新建、补植绿色通道264.9千米；森林覆盖率31.4%。处理破坏森林违法案件5起。2002年林业工作主要围绕城区周边山头绿化及三河整治、造林绿化、东母猪河道整治、绿色通道建设、米山水库周边水源涵养林建设及生态公益林管护等6项工程进行建设。

文登市林业局先后获得多种荣誉，被市委、市政府授予先进机关称号；林木种子站被省林业局评为种苗工作先进单位；野生动植物保护站、植物检疫站被国家林业局确定为国家级森林病虫害测报中心及第一批国家级森林病虫害防治检疫标准站；林业工作站被山东省人事厅、省林业局授予全省林业工作先进单位。

全国营造林工作先进单位——宁夏回族自治区隆德县林业

云杉栽植

近年来，隆德县委、县政府带领全县人民掀起大规模的造林绿化、美化家园的高潮，坚持因地制宜，合理规划，先易后难，突出重点的原则，积极实施了生态林业建设工程、天保工程、退耕还林工程、三北防护林建设及种苗建设工程。目前，全县林木保存面积达到25 933公顷，森林面积14 667公顷，四旁零星树木保存1603万株，活立木总蓄积363 468立方米，森林覆盖率达到25.6%，林草覆盖度增加到43.6%，全县生态恶化的趋势逐步得到遏制，社会对林业的关注和支持与日俱增，林业建设的保障和支撑能力不断增强。

主要经验是：领导重视和全民造林绿化意识的不断提高，是全县林业得到持续发展的根本保证；健全林业机构，壮大林业队伍，为全县林业的发展起到了主力军作用；以小流域治理为单元，林业建设由粗放式、传统型步入规模型、基地化发展的路子；生态林业建设、退耕还林等林业重点工程的实施为全县林业发展注入了新的活力，同时也给全县林业跨越式发展带来了强大动力；以科技为支撑，林业实用技术在林业生产中得到推广和应用；建立健全县乡村三级科技服务网络，实行科技承包，充分发挥工程技术人员的积极性和主观能动性；加强林木管护，确保造林成果的巩固，最大程度发挥投资效益。

鱼鳞坑整地栽植

全国林业分类经营示范市——广西壮族自治区梧州市

梧州市位于广西东部，属亚热带湿润季风气候区，北回归线穿市而过，气候温和，雨量充沛，全市有林业用地面积94.3万公顷，现有林面积89.9万公顷，其中森林面积86.3万公顷，森林覆盖率72.3%。

1997年该市被国家林业局确定为外向型林业改革试验区，2000年被列为全国15个林业分类经营示范地（市）之一。现有全国性林业示范县（市）4个，其中：苍梧县分别是全国科技兴林和林业工作站建设示范县，藤县是全国飞机播种造林管护示范县，岑溪市是全国经济林建设示范市。

20世纪90年代初，全市实行“造林灭荒”、“绿化达标”、“森林资源消长”、“绿色工程”、“生态农业”等多种目标责任制，从而有效地促进全市林业的稳定发展，造林绿化工作取得历史性突破。1991年实现“造林灭荒达标”，1994年实现“绿化达标”，“九五”期间实现森林面积和森林蓄积量双增长。使林业建设逐步走向了良性循环的轨道。

全市大力调整林种、树种结构，发展以速生丰产林、工业原料林、名特优新经济果木林和竹林等六大商品林基地，取得显著成绩，商品林基地总规模已达59.7万公顷。近年来在巩固原有用材林基础上，下大力气把重点放在发展速生丰产林建设上来。全市速生丰产林面积累计达3.5万公顷。认真落实退耕还林各项政策，努力为农民增收服务。2001年以来，累计投资3500多万元，完成退耕还林1.6万公顷，为改善生态环境质量作出了重要贡献。

龙丕怀局长检查育苗基地

环城森林景观工程——兴安小区后背山林相改造

吉林省向海国家级自然保护区

向海国家级自然保护区是以保护丹顶鹤等珍稀水禽和蒙古黄榆等稀有植物群落为主要目的的内陆湿地与水域生态系统类型的自然保护区。保护区位于吉林省西部通榆县境内，总幅员10.5万公顷。区内地形复杂，生境多样。有林地2.9万公顷，湖泊水域1.25万公顷，芦苇沼泽2.36万公顷，草原3.04万公顷。有丹顶鹤等国家一级保护鸟类10种，大天鹅等国家二级保护鸟类42种。1981年建区，1986年晋升为国家级自然保护区，1992年列入《国际重要湿地名录》，1993年被评为“具有国际意义的A级自然保护区”，1993年纳入中国“生物圈保护区网络”。

近几年来，国家和省、市各级政府高度重视自然保护工作。一是基本建设突飞猛进。二是加大了宣传力度，提高了社区群众的保护意识。三是采取工程措施强化生态建设。四是实施依法治区。五是实行社区联合保护。2000年理顺向海保护区管理体制，由原来的县管转为省林业厅管理，加大了管理投资力度，有力推动了向海保护区的建设和发展。

重庆市巫溪县白果林场

场长　王兴兵

重庆巫溪县白果林场地处渝鄂交界之处，与神农架自然保护区紧邻。林场现管护着0.8万公顷天然林资源，境内沟壑纵横，森林茂密，空气清新，气候温凉，是神农架原始森林的余脉，也是重庆保存最完好的一片原始森林，具有山水相结合的独特原始风光和历史人文景观。

该林场自天然林禁伐以来，着力加大森林资源保护力度。5年以来共减少森林资源消耗2.5万立方米，落实责任管护森林，生物多样性得到有效保护和恢复；完成造林1667余公顷，封山育林3600余公顷，有林地逐年增加，生态逐年好转；富余人员得到安置，职工收入逐年提高；森林覆盖率已提高到75.3%，林区社会稳定。

贵州省瓮安县林业

瓮安县地处乌江中游，黔中腹地，黔南北部。全县辖23个乡镇，247个行政村。总面积1974平方千米，其中，林业用地面积8.8万公顷，占县国土面积的44.4%。至2002年，全县有林地面积从1984年的2.4万公顷增加到5.2万公顷，林木活立木蓄积从96万立方米增加到180.2万立方米，森林覆盖率从17.97%上升到42.99%，实现了3个同步增长。

瓮安县林业局是一个集行政、事业、企业三合一单位。有林业干部职工212人，其中，行政9人，事业158人，企业45人。其中，大学文化6人，大专文化41人，中专文化67人，高中文化11人，初中以下40人。有工程师3人，助理工程师50人，技术员10人。

该局设有3个行政股（综合股、财务股、业务股）、29个事业站所（营林、林政科技、木材检查、林业公安、内防、塔坡绿化站、23个乡镇林业站）和1场1区（县国有林场、朱家山自然保护区）。

营林生产。2002年，瓮安实施两大工程、一个项目。退耕还林工程完成3000公顷（其中退耕地造林2333.3公顷，宜林荒山666.7公顷），占计划的100%；完成天保公益林建设866.7公顷（其中以植代播533.3公顷，封山育林333.3公顷），占计划的100%。世界银行贷款"贫困地区林业发展项目"造林完成959.6公顷，占计划的99.4%。经补植补造后苗木成活率均在85%以上。育苗16.9公顷，年产毛竹、花椒、杉木、柳杉等苗木500余万株。四旁植树30万株，义务植树20万株。

在林业工程项目实施中，瓮安县围绕"绿山、富民、强县"目标，着力打造林业产业，毛竹生态林面积1645.1公顷，核桃等干果林617.1公顷、花椒香料林面积166.1公顷，促进了林业工程由单纯生态型向生态经济型、由速度数量型向质量效益型转变。荣获黔南州"造竹工程先进县"、"退耕还林先进县"称号。

森林保护。①森林管护。实施天保工程森林管护，聘请森林管护人员215人，签订管护合同215份，工程区基本做到无森林火灾，无乱砍滥伐，无毁林开垦，无乱占林地，无森林病虫害，无滥捕滥猎野生动物。②林木病虫防治。全县设6条临测线，50个临时样地，11个固定样地，森林病虫监测覆盖率98%。苗木产地检疫率100%。对县内1333.3公顷金秋梨基地进行病虫化学防治，取得了良好效果。③森林防火。在县国有林场映山红分场投资10万余元，建防火瞭望塔1座，监视面占县域面积的1/3，建立了1个森林防火大队和3个中队，各乡镇均建立了森林防火组织，朱家山等重点林区安装了无线电中转通讯设备，有效预防了森林火灾发生。④依法治林。全县木材检查验证51车次，处罚违章车辆19车次，查处林业行政案件204起，没收木材101.85立方米，责令补种树木10 100株，行政处罚235人，治安拘留13人，逮捕2人，查处野生动物案件14起，查处无证收购珍贵名木、野生植物14起；年审木材经营加工单位67户，清理取缔无证加工单位5户，经教育自动取缔10户。办理征占用林地6宗，调解林地林木权属争议4宗。⑤开源节能，保护森林资源，全县共建沼气池1011口。

森工企业改革。瓮安县林业局现有森工企业人员45人，2002年实行经理承包责任制，自主经营，独立核算，自负盈亏，公司全年销售木材177立方米，保证了企业职工档案工资和各种费用开支。企业抓住国家实施天保工程的机遇，一次性安置企业职工19人，企业生存空间得到进一步扩展。

科技兴林。共举行大型林业科技咨询活动2次，县级林业技术培训会2期，以乡、镇、村、组为单位的技术培训活动80多次，印发科技宣传资料7万份。

全面构建长江上游生态屏障——四川省得荣县林业

得荣县位于四川西南边陲，地处川、滇、藏两省一区结合部的金沙江畔，是长江上游的重要生态屏障。1998年9月，根据中央指示，按省委、省政府的统一部署，启动了天然林保护及退耕还林两大工程。几年来，得荣县党委、政府高度重视，相关部门紧密配合，紧紧围绕“以工程带动大发展”思路，始终坚持生态优先，产业发展，农民增收的有机统一，在探索中前进，在困难中发展，天保、退耕还林工程、自然保护区建设取得阶段性成效。全县呈现生态与产业良性互动，兴林与富民共同推进的大好局面。

一、生态建设取得的成效

按照“严管林、慎用钱、质为先”的工程建设指导方针和“停、造、管、分、绿”的工作思路，狠抓落实，圆满完成各工程阶段性任务。一是全面停止一切天然林经营性采伐，对119 174公顷的森林全面实施了有效管护，累计减少森林资源消耗50万立方米；二是完成公益林人工造林5797.7公顷、封山育林9475.5公顷；三是完成退耕还林造林2980公顷(包括退一还二380公顷)；四是新建嘎金州级自然保护区，下拥省级自然保护区；五是全县生态环境明显改变，森林覆盖率达到21.2%，比1997年末净增近7个百分点，野生动物种群数量增加；六是有力地促进了农村经济结构产业调整，拓宽了农民增收致富门路，对社会稳定、经济发展发挥了积极作用。

二、主要做法

1.坚持政府行为，部门配合的工作方法。按省、州要求，成立了以县长为组长的领导小组，相关部门各司其职、各负其责。并与年度目标考核结合起来，抓协调，促政策到位；抓基础，促措施到位；抓作风，抓领导到位，严格检查督促，发现问题及时整改。

2.坚持实事求是，一切从实际出发的工作思路。在天保、退耕还林工程实施中，按照中央、省提出的“停、造、转、保”和“退得下、还得上、稳得住、不反弹”的工作要求，严格执行《四川省天然林保护条例》、《退耕还林条例》，把停止天然林经营性采伐，实施天保、退耕还林工程与县域经济结构调整、扶贫新村建设、农业综合开发有机结合起来，统筹安排、精心部署、创造性实践，狠抓生态建设。

3.坚持工程实施同产业化经营相结合的有机统一。天保、退耕还林首要的根本目的是加强生态环境建设，如果离开了生态优先的基本原则，工程就会失去根本，迷失方向；如果生态建设不能与地方经济发展和农民增收致富有机结合，必然失去地方和农民的支持与拥护。得荣县指导思想明确，从1998年起就坚持走“大工程带动大发展”的思路。因地制宜，大胆探索，在实践中总结出林果、林经等生态发展模式。

4.建立了工程建设的高效管理体系。一是建立了以行政首长负责制为核心，有关部门共同参与的组织指导体系；二是以资源管理、资金、质量管理为重点的科学管理体系；三是以法律、法规和政策为依据，执行工程监理、执法监察、检查验收等监督体系；四是建立以骨干苗圃为种苗供应体系；五是以“希望之光”项目为载体，集试验示范、人才培养、推广运用的科技支撑体系。

三、正确认识形势，努力实施好天保、退耕还林工程，全面构建长江上游生态屏障

生态与经济协调发展是先进生产力的要求，人与自然的和谐相处是先进文化的重要内容，维护国家生态安全是广大人民的根本利益。因此，要进一步认清形势，统一思想，努力实践“三个代表”重要思想，继续坚持依法治林、科学育林和苦干兴林，打好造林绿化攻坚战，不断巩固和扩大生态环境建设成果，全面推进“绿山、富民、强生态”的各项建设，实现青山常在、绿水长流。相信美丽的太阳谷——得荣一定会更加靓丽富饶。